Lingüística histórica del español
The Routledge Handbook of Spanish Historical Linguistics

Lingüística histórica del español/The Routledge Handbook of Spanish Historical Linguistics ofrece una síntesis actualizada de los diversos campos que componen la lingüística histórica del español.

Este volumen, pionero en su género, estudia la historia interna y externa de la lengua española con atención a los desarrollos teóricos y conocimientos contemporáneos sobre la naturaleza del cambio lingüístico y sobre el papel de los factores no lingüísticos en tales procesos. El volumen, escrito íntegramente en español, reúne contribuciones de un nutrido grupo de expertos internacionales. Con capítulos tanto de destacados filólogos como de lingüistas de orientación más teórica, el volumen ofrece a los lectores una panorámica equilibrada y completa del objeto de estudio desde muy diversas perspectivas de investigación.

Esta obra aspira a servir de referencia en el campo de la lingüística histórica española y resultará de interés para estudiosos y profesores interesados en dicho ámbito, así como para los estudiantes de lingüística hispánica.

Steven N. Dworkin es Catedrático jubilado de Lingüística Románica de la Universidad de Michigan, EE. UU. Es especialista en etimología y lexicología diacrónica.

Gloria Clavería Nadal es Catedrática del Departamento de Filología Española de la Universitat Autònoma de Barcelona, España, y especialista en historia del léxico e historia de la lexicografía del español.

Álvaro S. Octavio de Toledo y Huerta es Científico titular en el Consejo Superior de Investigaciones Científicas (ILLA). Doctor en Lingüística Románica por la Universidad de Tubinga, Alemania, ha pertenecido igualmente a la de Múnich y a la Complutense y la Autónoma de Madrid, España.

Routledge Spanish Language Handbooks
Series Editors: Manel Lacorte
University of Maryland, USA
Javier Muñoz-Basols
University of Oxford, UK

Routledge Spanish Language Handbooks provide comprehensive and state-of-the-art overviews of topics in Hispanic Linguistics, Hispanic Applied Linguistics and Spanish Language Teaching. Editors are well-known experts in the field. Each volume contains specially-commissioned chapters written by leading international scholars.

Each Handbook includes substantial pieces of research that analyse recent developments in the discipline, both from a theoretical and an applied perspective. Their user-friendly format allows the reader to acquire a panoramic perspective of selected topics in the fields of Spanish language and linguistics.

Published in English or in Spanish, the Handbooks are an indispensable reference tool for undergraduate and postgraduate students, teachers, university lecturers, professional researchers, and university libraries worldwide. They are also valuable teaching resources to accompany textbooks, research publications, or as self-study material. Proposals for the series will be welcomed by the Series Editors.

Dialectología hispánica/The Routledge Handbook of Spanish Dialectology
Edited by Francisco Moreno-Fernández and Rocío Caravedo

Sintaxis del español/The Routledge Handbook of Spanish Syntax
Edited by Guillermo Rojo, Victoria Vázquez Rozas and Rena Torres Cacoullos

Lexicografía hispánica/The Routledge Handbook of Spanish Lexicography
Edited by Sergi Torner, Paz Battaner and Irene Renau

Lingüística histórica del español/The Routledge Handbook of Spanish Historical Linguistics
Edited by Steven N. Dworkin, Gloria Clavería Nadal y Álvaro S. Octavio de Toledo y Huerta

For more information about this series please visit: www.routledge.com/Routledge-Spanish-Language-Handbooks/book-series/RSLH

Lingüística histórica del español

The Routledge Handbook of Spanish Historical Linguistics

Editado por
Steven N. Dworkin,
Gloria Clavería Nadal y
Álvaro S. Octavio de
Toledo y Huerta

DIRECTORES DE LA COLECCIÓN:
MANEL LACORTE Y JAVIER MUÑOZ-BASOLS
ASESOR PARA LA COLECCIÓN DE ESPAÑOL:
JAVIER MUÑOZ-BASOLS

LONDON AND NEW YORK

Designed cover image: Nikada/Getty Images

First published 2024
by Routledge
4 Park Square, Milton Park, Abingdon, Oxon OX14 4RN

and by Routledge
605 Third Avenue, New York, NY 10158

Routledge is an imprint of the Taylor & Francis Group, an informa business

© 2024 selection and editorial matter, Steven N. Dworkin, Gloria Clavería Nadal and Álvaro S. Octavio de Toledo y Huerta; individual chapters, the contributors

The right of Steven N. Dworkin, Gloria Clavería Nadal and Álvaro S. Octavio de Toledo y Huerta to be identified as the authors of the editorial material, and of the authors for their individual chapters, has been asserted in accordance with sections 77 and 78 of the Copyright, Designs and Patents Act 1988.

All rights reserved. No part of this book may be reprinted or reproduced or utilised in any form or by any electronic, mechanical, or other means, now known or hereafter invented, including photocopying and recording, or in any information storage or retrieval system, without permission in writing from the publishers.

Trademark notice: Product or corporate names may be trademarks or registered trademarks, and are used only for identification and explanation without intent to infringe.

British Library Cataloguing-in-Publication Data
A catalogue record for this book is available from the British Library

ISBN: 978-0-367-47433-1 (hbk)
ISBN: 978-1-032-54979-8 (pbk)
ISBN: 978-1-003-03556-5 (ebk)

DOI: 10.4324/9781003035565

Typeset in Bembo
by Apex CoVantage, LLC

Índice

Lista de tablas — x
Lista de figuras — xi
Biografías de los autores — xii

Introducción y visión panorámica de la "Lingüística histórica del español" — 1
Steven N. Dworkin, Gloria Clavería Nadal y Álvaro S. Octavio de Toledo y Huerta

PARTE I
Perspectivas metodológicas y horizontes de investigación — 5

1 Lingüística histórica y filología — 7
   Pedro Sánchez-Prieto Borja

2 Manejo de las fuentes: los corpus — 17
   Andrés Enrique-Arias

3 Las gramáticas del español como fuentes de datos lingüísticos — 28
   Daniel M. Sáez Rivera

4 Los diccionarios del español como fuentes de datos lingüísticos — 39
   Gloria Clavería Nadal

5 Dialectología histórica de la Península Ibérica — 51
   Inés Fernández-Ordóñez

6 Sociolingüística histórica panhispánica — 63
   José Luis Blas Arroyo

7 Tradiciones discursivas e historia lingüística — 75
   Araceli López Serena

8 Oralidad y escrituralidad — 86
   Silvia Iglesias Recuero y Eugenio Bustos Gisbert

Índice

9   Procesos de gramaticalización en la historia del español   98
Rena Torres Cacoullos y Carlos I. Echeverría

10   La creación de marcadores discursivos en español   111
Mar Garachana Camarero

11   La formación de nuevas variedades: koineización y criollización   123
Donald N. Tuten

12   Procesos de estandarización y prescriptivismo en la historia del español   134
Sebastian Greusslich

PARTE II
Grandes procesos evolutivos   145

13   Fonética y fonología del castellano medieval   147
César Gutiérrez

14   Cambios fonológicos a partir del siglo XV   157
André Zampaulo

15   Morfología flexiva del verbo   168
Paul O'Neill

16   Morfosintaxis nominal: grandes procesos evolutivos   181
Joel Rini

17   Morfosintaxis verbal: grandes procesos evolutivos   195
Javier Elvira

18   Historia de las fórmulas de tratamiento   208
Miguel Calderón Campos y María Teresa García-Godoy

19   Cambios en el orden de palabras y la estructura informativa   221
Miriam Bouzouita y Ioanna Sitaridou

20   Evolución de las relaciones interoracionales   233
Francisco Javier Herrero Ruiz de Loizaga

21   Cambios en la arquitectura discursiva   245
Rafael Cano Aguilar

22   Formación de palabras   256
Franz Rainer

23 Unidades fraseológicas   267
    María Teresa Echenique Elizondo

24 Caracterización del léxico medieval   279
    Steven N. Dworkin

25 Caracterización del léxico del español premoderno   291
    María Jesús Mancho Duque

26 Caracterización del léxico de los siglos XVIII–XIX   303
    Josefa Gómez de Enterría

PARTE III
Historia lingüística desde la época prerromana al español europeo actual   315

27 Periodización de la historia de la lengua española   317
    Rolf Eberenz

28 La influencia de las lenguas prerromanas como consecuencia del
    contacto lingüístico   328
    Luján, Eugenio R.

29 En torno a la existencia de una variedad hispánica del latín   339
    Santiago Del Rey Quesada

30 El estadio lingüístico de la época visigótica   351
    Isabel Velázquez

31 La contribución del árabe al hispanorromance   362
    Patricia Giménez-Eguíbar

32 Aspectos sociolingüísticos del contacto entre cristianos,
    judíos y musulmanes   372
    Laura Minervini

33 Latín tardío y romance temprano   383
    Roger Wright

34 La "época de orígenes": los primeros testimonios romances hasta
    los inicios del siglo XIII   393
    María Jesús Torrens Álvarez

35 Latín e hispanorromance durante la Edad Media (1200–1450)   404
    Marta López Izquierdo

36	El castellano de los siglos XIII y XIV
Javier Rodríguez Molina	415
37	Transición de la lengua medieval a la premoderna
Lola Pons Rodríguez	427
38	Latín y romance como lenguas de cultura desde 1450 hasta 1700
Christopher J. Pountain	438
39	El español clásico
Florencio del Barrio de la Rosa	450
40	El español europeo de los siglos XVIII y XIX: aspectos generales y fenómenos gramaticales
Álvaro S. Octavio de Toledo y Huerta	461
41	El español, lengua en ebullición: cambios en curso en las variedades del español moderno
Francisco Moreno Fernández	473
42.1	Historia de los contactos entre el español y otras lenguas de la península ibérica. Contactos entre el español y el vasco
Bruno Camus Bergareche y Sara Gómez Seibane	485
42.2	Historia de los contactos entre el español y otras lenguas de la península ibérica. Contactos entre el español y el gallego
Montserrat Recalde	493
42.3	Historia de los contactos entre el español y otras lenguas de la península ibérica. Contactos entre el español y el catalán
Carsten Sinner	501

PARTE IV
Historia de las variedades no europeas del español   509

43	El español en América (I): primera etapa colonial (siglos XVI–XVII)
Juan Pedro Sánchez Méndez	511
44	El español en América (II): de la Colonia a las Independencias (ca. 1680–1830)
Concepción Company Company	522
45.1	El español en América (III): de las Independencias a nuestros días. Variedades de México y Centroamérica
José Luis Ramírez Luengo	532

45.2	El español en América (III): de las Independencias a nuestros días. Variedades andinas y caribeñas *Miguel Gutiérrez Maté y Elena Diez del Corral Areta*	539
45.3	El español en América (III): de las Independencias a nuestros días. Variedades del Cono Sur *Virginia Bertolotti y Magdalena Coll*	546
46	El español en América (IV): los Estados Unidos *Sonia Kania*	554
47	El judeoespañol (*djudezmo*, *ladino*): formación, rasgos lingüísticos, estado moderno *David M. Bunis*	565
48	La historia de la lengua española en África *John M. Lipski y Lotfi Sayahi*	577
	Índice de materias	589

Tablas

10.1	Clasificación de los marcadores del discurso del español	112
12.1	Modelo de Haugen	136
15.1	Los tiempos PYTA en español y portugués, herederos de los tiempos perfectivos del latín	174
15.2	Los tiempos PYTA para los verbos portugueses modernos *estar, fazer, vir* 'venir', *comer*	175
16.1a	Paradigma de *rosa, –ae* (fem.) 'rosa'	182
16.1b	Paradigma de *amīcus, –ī* (masc.) 'amigo'	182
16.1c	Paradigma de *vīnum, –ī* (neutro) 'vino'	183
16.1d	Paradigma de *folĭum, –ī* (neutro) 'hoja'	183
16.2a	Declinación del pronombre personal de primera persona del latín al español antiguo	184
16.2b	Declinación del pronombre personal de segunda persona del latín al español antiguo	184
16.3	Declinación del pronombre personal ILLĔ del latín al español antiguo	185
18.1	Paradigma de los pronombres de tratamiento (plural)	209
18.2	Paradigma de los pronombres de tratamiento (singular)	210
18.3	Sistemas pronominales binarios o ternarios	211
18.4	Sistemas binarios en singular y de pronombre único en plural	213
39.1	Incidencia del factor estilístico en la variación de tres fenómenos típicos del español clásico	455
45.3.1	Distribución regional, social y situacional del voseo en el Cono Sur (siglos xx y xxi)	550
48.1	Ubicación dialectológica del español de Guinea Ecuatorial (*apud* Lipski 2004)	585

Figuras

7.1	Los niveles universal, histórico y actual del lenguaje y los saberes elocucional, idiomático y expresivo de acuerdo con la propuesta de Coseriu	76
7.2	Niveles y dominios de lo lingüístico	76
9.1a	Expresión del pronombre de sujeto de 3.ª sg. según el rol sintáctico de la mención previa y el género del referente en textos premodernos	105
9.1b	Número y distribución de sujetos de 3.ª sg. según el rol sintáctico de la mención previa: referentes femeninos versus masculinos	105
29.1	Remodelación del esquema del espacio variacional entre inmediatez y distancia comunicativas de Koch y Oesterreicher (1990, 39) propuesta en Del Rey Quesada (2021)	347
29.2	Ejemplos de variantes marcadas y no marcadas en el espacio variacional del latín	348

Biografías de los autores

Bertolotti, Virginia. Profesora titular (Catedrática) en la Facultad de Información y Comunicación de la Universidad de la República, Uruguay. Investigadora de nivel II del Sistema Nacional de Investigadores y académica de número de la Academia Nacional de Letras del Uruguay. Ha centrado sus intereses académicos en la conformación histórica del español en América, en la gramática y en la enseñanza de la lengua escrita, así como en la historia lingüística del Uruguay. Web: http://historiadelaslenguasenuruguay.fic.edu.uy.

Blas Arroyo, José Luis. Catedrático de Lengua Española en la Universidad Jaume I (Castellón, España), donde imparte cursos de sociolingüística y gramática y en la que dirige el Laboratorio de Sociolingüística. Al frente de este ha dirigido varios proyectos de investigación sobre sociolingüística histórica del español. En el último de ellos (*Componentes socioestilísticos, idiolectales y discursivos en la variación y el cambio lingüístico en español*, PID2021–122597NB-I00), financiado por el Ministerio de Ciencia e Innovación, se inscribe su contribución en esta obra.

Bouzouita, Miriam. Catedrática en Lenguas Románicas (español) en la Universidad Humboldt de Berlín (Alemania). Con anterioridad fue profesora en la Universidad de Gante (Bélgica) y en Queen Mary, Universidad de Londres (Reino Unido). Ha publicado sobre temas históricos (p. ej., el orden de palabras, clíticos, futuros y condicionales), diatópicos, sociolingüísticos y de contacto de lenguas y dialectos. Ha coordinado varios proyectos internacionales, como *Dialectos del español* (www.dialectosdelespanol.org), para investigar la variación morfosintáctica en el mundo hispanohablante, y el proyecto de creación de infraestructura para anotar y parsear morfosintácticamente el *Corpus oral y sonoro del español rural* (COSER) a través de videojuegos (www.juegosdelespanol.com).

Bunis, David M. Catedrático jubilado de la Universidad Hebraica de Jerusalén. Sus investigaciones se centran en la lengua y la literatura judeoespañolas. Entre sus libros figuran *A Lexicon of the Hebrew and Aramaic Elements in Modern Judezmo* (Jerusalén, 1993); *The Judezmo Language* (en hebreo, Jerusalén, 1999); *Voices from Jewish Salonika* (Jerusalén y Salónica, 1999), además de numerosos estudios en revistas, tomos colectivos y homenajes sobre aspectos lingüísticos y literarios del judezmo.

Bustos Gisbert, Eugenio. Profesor de Lengua Española en la Universidad Complutense de Madrid. Su investigación y publicaciones se centran en la morfología y pragmática históricas, así como en la dialectología histórica del español americano.

Calderón Campos, Miguel. Catedrático del Departamento de Lengua Española de la Universidad de Granada. Su investigación y publicaciones actuales se centran en la configuración de corpus diacrónicos y en la selección de documentación archivística de interés para el estudio de la oralidad (siglos XVI–XIX). Es IP de los proyectos "ALEA XVIII" y "ALEA XVIII-Oriental", financiados por FEDER/Junta de Andalucía-Consejería de Transformación Económica, Industria, Conocimiento y Universidades/ P18-FR-695, A-HUM-116-UGR20.

Camus Bergareche, Bruno. Catedrático de Lengua Española en la Universidad de Castilla-La Mancha. Ha publicado trabajos sobre sintaxis histórica de la negación y de los cuantificadores españoles y catalanes, las perífrasis verbales, morfología teórica y descriptiva y sobre distintos problemas de gramática del español. Su actividad más reciente incluye la elaboración de un corpus de español hablado en el País Vasco, en colaboración con Sara Gómez Seibane y en el marco del proyecto *COREC: Corpus oral de referencia del español en contacto. Fase I: Lenguas minoritarias* del Ministerio de Ciencia e Innovación (PID2019–105865GB-I00), dirigido por Azucena Palacios (UAM) y Sara Gómez Seibane (Universidad de La Rioja).

Cano Aguilar, Rafael. Catedrático emérito de Lengua Española en la Universidad de Sevilla. Su investigación se ha centrado en la historia del español, la sintaxis histórica y la formación del español en Andalucía. El capítulo del que es autor se enmarca en los proyectos I+D *Tradicionalidad discursiva e idiomática, sintaxis del discurso, traducción y cambio lingüístico en la historia del español moderno: prosa (pre-) periodística/ensayística y literaria* (PGC2018 -097823-B-I00) y *Hacia una diacronía de la oralidad/escrituralidad: variación concepcional, traducción y tradicionalidad discursiva en el español y otras lenguas románicas (DiacOralEs)* (PID2021-123763NA-I00).

Clavería Nadal, Gloria. Catedrática del Departamento de Filología Española de la Universitat Autònoma de Barcelona y especialista en historia del léxico e historia de la lexicografía del español. El capítulo del que es autora se integra en el proyecto de investigación *Historia interna del Diccionario de la lengua castellana de la Real Academia Española en el siglo XIX (1869–1899)* (PGC2018–094768-B-I00 y SGR2021–00157).

Coll, Magdalena. Profesora titular (Catedrática) del Departamento de Psico y Sociolingüística de la Facultad de Humanidades y Ciencias de la Educación de la Universidad de la República, Uruguay. Investigadora de nivel II del Sistema Nacional de Investigadores y Académica de Número de la Academia Nacional de Letras. Doctora en el Programa de Lengua y Literatura Hispánicas del Departamento de Español y Portugués de la Universidad de California, ha publicado libros y artículos en lingüística histórica, lexicografía y lenguas en contacto.

Company Company, Concepción. Investigadora emérita de la Universidad Nacional Autónoma de México, miembro de número de la Academia Mexicana de la Lengua y miembro de El Colegio Nacional. Su trabajo se ha centrado en sintaxis histórica, en teoría del cambio lingüístico y en ecdótica de documentos americanos. Es autora de más de cien artículos y capítulos de libros con arbitraje internacional. Es directora y coautora de la *Sintaxis histórica de la lengua española* (7 volúmenes, 2006, 2009 y 2014) y codirectora del *Corpus diacrónico y diatópico del español de América (CORDIAM)*.

Del Barrio de la Rosa, Florencio. Doctor en filología hispánica por la Universidad de Valladolid, es Catedrático de Lengua Española en la Università Ca' Foscari de Venecia (Italia). Ha pronunciado conferencias e impartido seminarios en distintas universidades europeas, así como en la Xi'an International Studies University (China) y en la George Mason University (Estados Unidos). La morfosintaxis histórica del español y las consecuencias del cambio lingüístico en la formación de esta lengua constituyen uno de los focos principales de su investigación. Se ocupa también del análisis de aspectos morfológicos, sintácticos y léxicos de la lengua española desde una perspectiva sincrónica y contrastiva. En 2018 ha publicado el volumen *Espacio variacional y cambio lingüístico en español*.

Del Rey Quesada, Santiago. Licenciado en Filología Hispánica y Filología Clásica por la Universidad de Sevilla, en la que es Catedrático de Lengua Española. *Alumnus* de la Fundación Alexander von Humboldt, ha sido profesor en las universidades de Tubinga y Múnich. Sus principales líneas de investigación giran en torno a la elaboración lingüística de las lenguas romances desde la época medieval hasta la moderna, el análisis histórico del discurso, la lingüística de variedades, el contacto de lenguas y la teoría y la historia de la traducción. El capítulo del que es autor se enmarca en los proyectos PGC2018-097823-B-I00 y PID2021-123763NA-I00.

Diez del Corral Areta, Elena. Profesora titular de Lingüística Hispánica en la Universidad de Lausana. Sus líneas de investigación se centran en la historia del español de América, principalmente en el nivel de la sintaxis, y en la edición y estudio de textos antiguos manuscritos no literarios. Es miembro de la Red CHARTA (https://charta.es) desde 2008 y actualmente dirige el proyecto *CorColombia* (*Corpus histórico del español de Colombia*). Para más información sobre sus proyectos y publicaciones puede consultarse su página web institucional: <https://unil.ch/esp/elenadiezdelcorralareta>.

Dworkin, Steven N. Catedrático jubilado de Lingüística Románica de la Universidad de Michigan. Sus investigaciones se centran en la historia de la lengua española, sobre todo en la evolución de su léxico. Además de un centenar de artículos en revistas científicas, tomos colectivos y homenajes, es el autor de *A History of the Spanish Lexicon: A Linguistic Perspective* (2012) y *A Guide to Old Spanish* (2018).

Eberenz, Rolf. Catedrático emérito de Filología y Lingüística Españolas de la Universidad de Lausana. Su investigación se ha centrado en la historia de la lengua y la periodización de la trayectoria histórica del español, la morfosintaxis diacrónica, el análisis histórico del diálogo y las huellas de la oralidad en la tradición escrita.

Echenique Elizondo, María Teresa. Catedrática jubilada de la Universitat de València y profesora honorífica de la Universidad Complutense de Madrid (Instituto Universitario Menéndez Pidal). Investiga sobre diacronía del español. Entre sus publicaciones se encuentran *Cómo se hacen las unidades fraseológicas: continuidad y renovación en el espacio castellano* (2018) y *Diccionario histórico fraseológico del español (DHISFRAES). Muestra arquetípica* (2021).

Echeverría, Carlos I. Se desempeña como profesor asistente (*assistant profesor*) en el Departamento de Lenguas y Literaturas Clásicas y Modernas de Texas Tech University, en las áreas de lingüística hispánica y traducción. Sus principales líneas de investigación son la morfosintaxis española (desde los puntos de vista sincrónico y diacrónico), la teoría del lenguaje y los estudios sobre la traducción.

Elvira, Javier. Catedrático de Lengua Española en la Universidad Autónoma de Madrid. Dedica su investigación a la lingüística histórica y a la gramática histórica del español. Se he ocupado de problemas variados de morfología y sintaxis históricas y también de cuestiones relacionadas con la teoría del cambio. Sus libros más recientes son *Lingüística histórica y cambio gramatical* (2015) y *La inteligencia verbal* (2020).

Enrique-Arias, Andrés. Catedrático de Lengua Española en la Universitat de les Illes Balears (Palma de Mallorca, España). Ha desempeñado tareas de investigación y ha impartido docencia en diversas universidades, como University of Southern California, Colgate University, Harvard University, Boston University, Albert-Ludwigs-Universität Freiburg y Università Ca' Foscari de Venecia. Es autor de más de un centenar de publicaciones sobre morfosintaxis histórica del español, lingüística de corpus, sociolingüística, filología, traducción bíblica medieval y la historia del contacto del castellano y el catalán en Mallorca. Es investigador principal del proyecto *Biblia Medieval* y del *Proyecto del Atlas Histórico del Español*. Asimismo, es coautor de *Sociolingüística y pragmática del español* (Georgetown University Press).

Fernández-Ordóñez, Inés. Catedrática de Lengua Española en la Universidad Autónoma de Madrid y miembro de la Real Academia Española. Es especialista en la dialectología, actual e histórica, del español y se interesa sobre todo por la variación gramatical. Dentro de esta última faceta dirige el *Corpus oral y sonoro del español rural* <www.corpusrural.es> y participa del proyecto de edición digital del *Atlas Lingüístico de la Península Ibérica* <www. alpi.cchs.csic.es>.

Garachana Camarero, Mar. Catedrática de Lengua Española en la Universidad de Barcelona. Sus líneas de investigación se centran en el estudio de la semántica y de la sintaxis del español desde una perspectiva cognitiva. De manera particular, se ha ocupado de la evolución de los marcadores del discurso y de las perífrasis verbales del español, asuntos a los que ha dedicado diversas publicaciones. En la actualidad dirige el proyecto *Diccionario histórico de las perífrasis verbales del español. Gramática, pragmática y discurso (III). Perífrasis formadas a partir de verbos superléxicos y de movimiento* (PID2019–105415RB-I00) y coordina el grupo de investigación GRADIA (https://gradiadiacronia.wixsite.com/gradia).

García-Godoy, María Teresa. Catedrática de Historia de la Lengua Española en la Universidad de Granada. Su investigación y sus publicaciones se centran en la evolución léxica y morfosintáctica del español en los siglos XVI a XIX, con particular atención a los sistemas de tratamiento. Es IP del proyecto *Hispanae Testium Depositiones. Las declaraciones de testigo en la historia de la lengua española* (FFI2017–83400-P, MINECO/AEI/FEDER/UE).

Giménez-Eguíbar, Patricia. Catedrática de Lingüística Hispánica de la Western Oregon University (EE. UU.). Su investigación se centra en el impacto de los factores sociales y culturales en la evolución del léxico desde el punto de vista de la sociolingüística histórica. Su perfil investigador cuenta con más de una veintena de artículos y capítulos en las revistas más prestigiosas de su campo.

Gómez de Enterría, Josefa. Profesora Honorífica de Investigación en la Universidad de Alcalá. Sus publicaciones se centran en diversos léxicos de especialidad en español, tanto en diacronía como en sincronía. Ha sido investigadora principal de varios proyectos financiados por el Plan Nacional del Gobierno de España, desde el año 2000 hasta el 2019 ininterrumpidamente.

Biografías de los autores

Gómez Seibane, Sara. Profesora de Lengua Española en la Universidad de La Rioja. Es investigadora de la (morfo)sintaxis del español en un amplio marco cronológico y en contacto con la lengua vasca. Actualmente, codirige junto a Azucena Palacios el proyecto de investigación *COREC. Corpus oral de referencia del español en contacto. Fase I: lenguas minoritarias* (AEI/PID2019/105865GB-I00).

Greusslich, Sebastian. Docente investigador y colaborador de la cátedra de lingüística románica en la Philips Universität de Marburg. Su investigación y sus publicaciones se centran en la historia de la lengua española, lingüística variacional y tradiciones textuales, morfosintaxis histórica, lexicografía hispánica y el español como lengua pluricéntrica con especial atención al área andina.

Gutiérrez, César. *Assistant professor* de español en Wake Forest University (EE. UU.), donde imparte clases de lengua, lingüística y cultura españolas. Sus áreas de investigación son la fonética y fonología históricas, la etimología y la dialectología de las lenguas iberorromances.

Gutiérrez Maté, Miguel. Profesor en la Universidad de Augsburgo. Su tesis doctoral (2013) fue sobre sintaxis histórica del español de Colombia y de Santo Domingo. Actualmente prepara, a partir de su tesis de habilitación, el libro *ROMANIA BANTU. Restructuring with and without Transfer in Two Ibero-Romance/Kikongo* (De Gruyter) *Varieties: Palenquero Creole and Cabindan Portuguese* (De Gruyter) y está coeditando los volúmenes *Contact Varieties of Spanish and Spanish-Lexified Contact Varieties* (De Gruyter, HSK). Es miembro de la Red BayMis dedicada al *Sprachbund* de Misiones, Argentina.

Herrero Ruiz de Loizaga, Francisco Javier. Catedrático de Lengua Española en la Universidad Complutense de Madrid. Su investigación se centra en la historia de la lengua española, especialmente en sintaxis histórica (por ejemplo, *Sintaxis histórica de la oración compuesta en español*, de 2005, o el capítulo dedicado a la conjunción *que* en la *Sintaxis histórica de la lengua española* coordinada por C. Company, de 2014) y en el análisis histórico del discurso. Ha dedicado a la gramaticalización de diversos elementos numerosos estudios. Dirige actualmente el proyecto PROLEGRAMES (*Procesos de lexicalización y gramaticalización en la historia del español: cambio, variación y pervivencia en la historia discursiva del español*, PID2020–112605GB-I00), en el que se inserta su contribución en este volumen.

Iglesias Recuero, Silvia. Profesora del Departamento de Lengua Española y Teoría de la Literatura de la Universidad Complutense de Madrid. Sus principales líneas de investigación se centran en la pragmática histórica y el análisis histórico del discurso, especialmente en la historia de la formulación lingüística y discursiva de los actos de habla en español.

Kania, Sonia. Catedrática de Lingüística Hispánica en la Universidad de Texas en Arlington. Su investigación y sus publicaciones se centran principalmente en la edición y estudio de textos coloniales no literarios de México y Nuevo México. Es codirectora del corpus *Textos coloniales* de la *Biblioteca digital de textos del español antiguo* (BiDTEA) del Hispanic Seminary of Medieval Studies.

Lipski, John M. Catedrático de Lingüística Hispánica y General en la Universidad del Estado de Pennsylvania, EE. UU. Estudia los contactos lingüísticos que han contribuido a la evolución del español y a la formación de lenguas nuevas (*pidgins*, criollos, lenguas mixtas). Sus libros más recientes son *Palenquero and Spanish in Contact* (2020) y *El habla de los congos de Panamá* (2011).

López Izquierdo, Marta. Catedrática de Lingüística Española y Humanidades Digitales en la Universidad París 8. Sus trabajos versan sobre la historia de la lengua española desde una perspectiva de sociolingüística histórica y textual. Es autora de varias publicaciones recientes sobre procesos de traducción desde una perspectiva comparada (latín/romance) y sobre fenómenos de contacto de lenguas.

López Serena, Araceli. Catedrática de Lengua Española en la Universidad de Sevilla. Su investigación se centra en la filosofía de la lingüística y la teorización sobre la variación lingüística, en línea con las propuestas de la lingüística de las variedades de filiación coseriana. Entre 2015 y 2022 ha dirigido dos proyectos de investigación consecutivos, financiados por el Gobierno de España (FFI2014–51826-P y PGC2018–097823-B-I00) sobre tradiciones discursivas y tradicionalidad discursiva aplicadas al estudio histórico del español moderno, con cuyos resultados y los del proyecto PID2021-123763NAI00 se vincula su contribución a este volumen.

Luján, Eugenio R. Diploma de Estudios Avanzados en Gramática Comparada por la École Pratique des Hautes Études de París y doctor en filología por la Universidad Complutense de Madrid, es Catedrático de Lingüística Indoeuropea en esta universidad. Ha trabajado sobre diversas cuestiones de morfología indoeuropea desde una perspectiva comparativa y tipológica y una de sus principales líneas de investigación en la actualidad versa sobre el estudio de las lenguas prerromanas de la península ibérica. El capítulo del que es autor forma parte del proyecto de investigación *Estudios de léxico paleohispánico* (PID2019–106606GB-C3–1), financiado por el Ministerio de Ciencia e Innovación de España y del que es investigador principal.

Mancho Duque, María Jesús. Catedrática de Lengua Española en la Universidad de Salamanca. Sus publicaciones se centran en el léxico de los Siglos de Oro, en el registro de la espiritualidad, preferentemente en la obra de san Juan de la Cruz y de santa Teresa de Jesús, y en el de la ciencia y de la técnica. Es directora del *Diccionario de la ciencia y de la técnica del Renacimiento* (*DICTER*).

Minervini, Laura. Profesora de Filología y Lingüística Románica en la Universidad de Nápoles Federico II. Su investigación y publicaciones se centran en las situaciones de contacto lingüístico y cultural en el espacio mediterráneo medieval y de la primera Edad Moderna.

Moreno Fernández, Francisco. Profesor Alexander von Humboldt en la Universidad de Heidelberg. Investiga sobre sociolingüística, sociología del lenguaje y dialectología del español. Entre sus publicaciones se encuentran *Variedades de la lengua española* (2020) y *Dialectología Hispánica. The Routledge Handbook of Spanish Dialectology* (2022), con Rocío Caravedo.

Octavio de Toledo y Huerta, Álvaro S. Científico titular en el Consejo Superior de Investigaciones Científicas (ILLA). Doctor en Lingüística Románica por la Universidad de Tubinga, ha pertenecido igualmente a la de Múnich y a la Complutense y a la Autónoma de Madrid. Su investigación se centra en la morfosintaxis y la dialectología históricas del español, con particular interés por la lengua de los textos españoles (pre)clásicos y (pre)modernos. Codirige, junto a Javier Rodríguez Molina, el proyecto *LIMES: límites y márgenes en la historia del español* (PGC2018.095553.A.100).

O'Neill, Paul. Catedrático de Filología Románica de la Ludwig-Maximilians Universität (LMU) de Múnich, Alemania. Investiga sobre variación fonológica y morfológica del iberorromance.

Actualmente está elaborando una gramática histórica del español y del portugués que publicará en dos volúmenes en la editorial Oxford University Press.

Pons Rodríguez, Lola. Catedrática en la Universidad de Sevilla. Ha sido directora de los cuatro proyectos de investigación *Historia15*, dedicados al castellano de la Baja Edad Media, época a la que ha dedicado principalmente sus intereses investigadores. Recientemente ha publicado una edición del *Diálogo de la lengua* (1535) de Juan de Valdés en la Biblioteca Clásica de la Real Academia Española. Su capítulo forma parte del proyecto de investigación "La escritura elaborada en el español de la Baja Edad Media al siglo XVII: lengua epistolar y cambio lingüístico" (PID2020-113146GB-I00, Ministerio de Ciencia e Innovación), que codirige.

Pountain, Christopher J. Catedrático emérito de Queen Mary, Universidad de Londres. Autor de muchos estudios que versan sobre la historia morfosintáctica del español, sus investigaciones actuales se centran en la influencia culta en las lenguas románicas y en la variación diastrática y diafásica en la historia del español.

Rainer, Franz. Profesor de Lenguas Románicas en la Universidad de Ciencias Económicas y Empresariales de Viena. Su investigación y sus publicaciones se centran, además de en el lenguaje económico, en la formación de palabras de las lenguas románicas, tanto en sincronía como en diacronía.

Ramírez Luengo, José Luis. Profesor de Lengua Española en la Universidad Complutense de Madrid. Su investigación y sus publicaciones se centran en la diacronía de este idioma, muy especialmente de sus variedades americanas, así como en el contacto del portugués y el español y en la configuración histórica de la ortografía de este último.

Recalde, Montserrat. Profesora de Gramática del Español en la Universidad de Santiago de Compostela (https://gramatica.usc.es/es/members/11). Sus líneas de investigación y sus publicaciones pertenecen a las áreas de la sociolingüística y el análisis del discurso.

Rini, Joel. Catedrático de Filología y Lingüística Española, ha impartido cursos y realizado investigaciones sobre la historia interna de la lengua española en la Universidad de Virginia desde su doctorado en lingüística románica en 1987 (Universidad de Michigan). Ha publicado dos libros y más de 30 artículos sobre diversos aspectos de la gramática histórica española.

Rodríguez Molina, Javier. Profesor titular de Lengua Española en la Universidad Complutense de Madrid (UCM). Es investigador principal, junto con Álvaro S. Octavio de Toledo y Huerta, del Proyecto *LIMES: límites y márgenes en la historia del español*, financiado por el Ministerio de Ciencia e Innovación (PGC2018.095553.A.100) y del proyecto *Panépica* (https://panepica.es), dedicado al estudio de la épica hispánica y financiado por la Fundación BBVA. Sus líneas de investigación principales son la historia de la lengua, la sintaxis histórica, la lexicografía histórica y la crítica textual.

Sáez Rivera, Daniel M. Profesor titular de la Universidad de Granada y antes de la Universidad Complutense de Madrid (2019–2022). Sus intereses investigadores son amplios: historia de la lengua española (sobre todo morfosintaxis y pragmática históricas, destacadamente la historia de las formas de tratamiento), historiografía lingüística, sociolingüística y lingüística aplicada. Su contribución en este volumen se inserta en el proyecto I+D *Procesos de lexicalización y gramaticalización en la historia del español: cambio, variación y pervivencia en la* *historia discursiva del español (PROLEGRAMES)* (ref. PID2020–112605GB-I00, Ministerio de Ciencia e Innovación).

Sánchez Méndez, Juan Pedro. Catedrático de Lingüística Iberorrománica de la Université de Neuchâtel (Suiza). Investiga sobre la historia de la lengua española en América y sobre lingüística iberorrománica, con especial atención a la época medieval. Entre sus publicaciones se encuentran varios libros y una larga serie de artículos sobre fonética, fonología, morfosintaxis, lexicología, historiografía lingüística y fuentes documentales y sus métodos.

Sánchez-Prieto Borja, Pedro. Catedrático de Lengua Española de la Universidad de Alcalá. Sus ámbitos de investigación son la crítica textual, la historia de la lengua y la dialectología históricas. Ha sido fundador y coordinador de la Red Internacional CHARTA (2005–2017). Le fue concedido el Premio a la Transferencia del Conocimiento que otorga el Consejo Social de la Universidad de Alcalá (2012) y fue nombrado académico correspondiente de la Real Academia Española (2015).

Sayahi, Lotfi. Profesor de Lingüística Hispánica en la Universidad de Albany, State University of New York. Su investigación se centra en el contacto entre el español y el árabe. Es autor del libro *Diglossia and Language Contact: Language Variation and Change in North Africa* (2014) y de más de 40 artículos y capítulos de libros.

Sinner, Carsten. Catedrático de Lingüística y Translatología de las Lenguas Iberorrománicas en la Universidad de Leipzig, donde también dirige el Centro Gallego, el lectorado de catalán, el Centro de Euskera, la Cátedra Marià Villangómez de Estudios Catalanes y el Núcleo de Investigación del Judeoespañol. Su investigación se centra en las intersecciones de los estudios del contacto lingüístico, la lingüística de variedades, la historia de las lenguas, la traductología y la terminología, entre otros.

Sitaridou, Ioanna. Catedrática de Lenguas Románicas (español) y Lingüística Histórica en la Universidad de Cambridge, cuyo Departamento de Español y Portugués ha dirigido hasta 2021. Es asimismo codirectora del Centro de Estudios Griegos de Cambridge y jefa de estudios en Lingüística en el Queens' College, del que es igualmente *fellow*. Ha investigado por extenso en sintaxis histórica, adquisición y cambio lingüístico, contacto de lenguas y variación (especialmente en el español rioplatense y el judeoespañol), y coedita actualmente la revista *Glossa Contact*. Ha sido profesora invitada en las universidades de Oslo y Federal de Bahía, entre otras, y su investigación sobre la pervivencia del infinitivo griego en el Mar Negro turco (www.romeyka.org) le ha granjeado becas en las universidades de Princeton y Harvard, así como la cátedra international *Labex Empirical Foundations of Linguistics* en la Sorbona Nueva (París 3).

Torrens Álvarez, María Jesús. Científica titular del Consejo Superior de Investigaciones Científicas (Instituto de Lengua, Literatura y Antropología). Sus investigaciones se centran en la edición y el estudio de textos castellanos medievales. Su capítulo en este volumen se enmarca en el proyecto de investigación *El castellano norteño en la Edad Media* (PID2020–119308GB-I00), financiado por MCIN/AEI/10.13039/501100011033.

Torres Cacoullos, Rena. Catedrática de Lingüística Hispánica en la Pennsylvania State University. Estudia la gramaticalización y el contacto lingüístico, con enfoque en las restricciones probabilísticas sobre las formas morfosintácticas que aparecen en alternancia en el discurso. Entre sus publicaciones se encuentra *Bilingualism in the Community: Code-Switching and Grammars in Contact* (2020).

Tuten, Donald N. Profesor de Español y Lingüística en la Universidad de Emory (Atlanta, EE. UU.). Su investigación y sus publicaciones se centran en la sociolingüística histórica y la actuación de los cambios lingüísticos.

Velázquez, Isabel. Catedrática de Filología Latina de la Universidad Complutense. Sus principales líneas de investigación son la edición y estudio de textos epigráficos y literarios latinos de la Antigüedad Tardía y Alta Edad Media, en especial de época visigoda, aunque en ocasiones en textos humanísticos. El capítulo que presenta está adscrito a los proyectos *Avipes-CM* (H2019-HUM5442, Comunidad de Madrid/Fondo Social Europeo) y *Estudios de léxico paleohispánico* (PID2019-106606GB-C-3-1, Ministerio de Ciencia e Innovación de España).

Wright, Roger. Catedrático emérito de Historia de la Lengua Española en la Universidad de Liverpool; se jubiló en 2008. Su investigación y sus muchas publicaciones se han centrado en la historia del romance y del castellano entre el Imperio romano y la época de Alfonso el Sabio; su libro más conocido es *Latín tardío y romance temprano en España y la Francia carolingia* (1989 [1982]).

Zampaulo, André. Es catedrático de Lingüística Hispánica y Lusófona en Saint Louis University. Su investigación y sus publicaciones exploran el papel de la fonética y de la información probabilística en la formación de los patrones fonológicos del español y del portugués (tanto diacrónica como sincrónicamente), así como sus consecuencias para la fonología y el cambio lingüístico. Entre sus publicaciones se encuentran *A History of the Portuguese Language* (Oxford University Press, en prensa) o *Palatal Sound Change in the Romance Languages: Diachronic and Synchronic Perspectives* (Oxford University Press, 2019).

Introducción y visión panorámica de la "Lingüística histórica del español"
(Introduction and overview to "The Routledge Handbook of Spanish Historical Linguistics")

Steven N. Dworkin, Gloria Clavería Nadal y Álvaro S. Octavio de Toledo y Huerta

La historia de la lengua y la lingüística histórica son disciplinas cuyo objetivo es el estudio de la evolución de las lenguas y del cambio lingüístico. La conformación de estas disciplinas se produjo en el siglo XIX (Várvaro 1972–1973) y siempre han sido áreas prioritarias de estudio dentro del amplio campo de la lingüística y la filología dedicadas al español. En los primeros decenios del siglo XXI, se hace necesario, más que nunca, un manual en el que se pongan al día los conocimientos más recientes de la lingüística histórica aplicada al español, pues la venerable obra de Lapesa (1981), aunque de valor atemporal, no recoge las investigaciones de los últimos cuarenta años, en los que se han producido notables avances de todo tipo. Igualmente, la *Historia de la lengua española* coordinada por Cano Aguilar (2005), aunque es obra mucho más moderna, no establece un vínculo sistemático entre los hallazgos fundamentales de la lingüística histórica del español y los presupuestos teóricos y metodológicos de los estudios más innovadores sobre el cambio lingüístico. Por su parte, la lexicología y la lexicografía históricas del español, aunque cuentan con larga tradición y alguna obra de conjunto moderna (Dworkin 2012), tienen aún muchas posibilidades de desarrollo, pues no existe un diccionario etimológico actualizado, ya que el *DCECH* corresponde a la investigación etimológica de la primera mitad del siglo XX, y se carece, a principios de siglo XXI, de un diccionario histórico completo, pese a que actualmente existe un proyecto en curso (*DHLE*) con unas bases metodológicas y filológicas adecuadas, pero de ejecución extremadamente compleja. En cuanto a la sintaxis, la *SHLE* viene trazando desde hace algo más de una década un completo panorama que incorpora los avances recientes en la investigación de (haces de) fenómenos concretos, pero se echa en falta, pues no es propósito de esa obra, la actualización de las correspondencias generales entre conjuntos de cambios diversos y periodos históricos en el desarrollo del castellano/español. Las investigaciones que atienden específicamente a la fonética/fonología y la morfología históricas, en fin, han quedado quizás un tanto en sombra en las dos últimas décadas con respecto al estudio del léxico y la sintaxis, muy favorecidos estos por el empleo, desde comienzos de siglo, de corpus electrónicos; es de notar, en todo caso, la escasez en los últimos 15 años de visiones de conjunto sólidamente fundadas acerca de la evolución fónica y morfológica del idioma.

La obra que presentamos, *Lingüística histórica del español/The Routledge Handbook of Spanish Historical Linguistics*, entraña novedades sustanciales con respecto a las obras existentes hasta este momento. No pretende ser una historia de la lengua en sentido convencional y tradicional, sino que intenta proporcionar una síntesis de vanguardia de las cuestiones más candentes de los últimos treinta años desde la perspectiva, original y amplia, de las investigaciones que se están desarrollando modernamente y de los avances que se están consiguiendo. Persigue este manual combinar la historia interna o gramática histórica —es decir, el estudio de los cambios lingüísticos— con la historia externa o historia de la lengua —esto es, el estudio de la evolución del castellano/español dentro de sus sucesivos entornos históricos, culturales, sociopolíticos, etc.—. Se atiende a la metodología y a las fuentes de la disciplina desde la mirada compleja y esperanzadora de principios de siglo XXI, y se combinan enfoques globales con otros más restringidos pero igualmente iluminadores, siempre trazando puentes entre esa historia interna, que toma como base el cambio lingüístico como hecho de lengua, y la historia externa, que atiende al peso de los factores no lingüísticos en los procesos de cambio. Por primera vez, se intenta cubrir la descripción histórica del español en toda su geografía y de forma equilibrada, con igual atención al desarrollo del español europeo y también, desde sus orígenes, al americano, así como, con mirada más amplia, al resto de territorios y comunidades de hablantes entre los que el español llegó a encontrar cierto arraigo.

La *Lingüística histórica del español/The Routledge Handbook of Spanish Historical Linguistics* es, pues, una obra que proporciona un examen amplio de la historia de la lengua española con una síntesis del estado de la cuestión de los conocimientos que se integran en los varios campos (fónico, gramatical, léxico) que comprende siguiendo el hilo cronológico, desde las lenguas prerromanas hasta el español del siglo XXI; con un alcance amplio e innovador, en el que se conjugan las cuestiones de carácter metodológico con la atención a la evolución propiamente lingüística y a la historia externa. Este manual muestra, además, como esta disciplina puede contribuir y se puede beneficiar de las investigaciones tanto de la lingüística sincrónica como de la lingüística histórica.

Los capítulos que conforman la obra se organizan en cuatro grandes secciones que representan cuatro grandes perspectivas (con frecuencia íntimamente relacionadas) en los estudios de lingüística histórica del español: la que toma por objeto los fundamentos metodológicos de la disciplina y los modelos de análisis más destacados, la que trata de describir las principales transformaciones lingüísticas experimentadas por el idioma, la que procura la caracterización de los tramos cronológicos más claramente perceptibles en su evolución y, finalmente, la que explora las raíces y los efectos de la muy considerable variación interna que hoy presenta. La primera y la última de estas perspectivas, en particular, encuentran en este volumen un desarrollo notable en relación con otras obras semejantes, como corresponde a los intereses de la lingüística histórica hispánica más reciente.

Así, en la parte primera se ofrecen las "Perspectivas metodológicas y horizontes de investigación" y en ella se exponen las principales cuestiones teóricas y metodológicas de la lingüística histórica actual y su aplicación al estudio del español, como, por ejemplo, las consideraciones filológicas relativas a los textos en el estudio de la historia de la lengua, el uso crítico de los corpus y las bases de datos, la dialectología y la sociolingüística históricas, las tradiciones discursivas, la función de la oralidad y la escrituralidad, los procesos de gramaticalización y pragmatización, de koineización y estandarización en el español.

En la parte segunda, y tomando como base la naturaleza sistémica del cambio lingüístico, se atiende a los "Grandes procesos evolutivos" que configuran la formación y evolución de la lengua, desde la fonética y la fonología a la arquitectura discursiva y los cambios léxicos, con una perspectiva amplia en la que se considera también la formación de palabras, las unidades fraseológicas o la investigación de los cambios en el orden de constituyentes y la estructura informativa.

La parte tercera tiene como hilo conductor la "Historia externa del latín al español europeo actual"; toma como punto de partida la consideración de las distintas propuestas de periodización, y el punto de arranque del recorrido histórico se encuentra en las posibles influencias ejercidas por las lenguas prerromanas para extenderse a la caracterización de la época latina, el castellano plenamente medieval, el cuatrocentista, el español clásico y el de los siglos XVIII y XIX, para acabar con el español actual y sus cambios en marcha, así como con la historia de los contactos entre el español y otras lenguas de España (vasco, gallego y catalán). Se trata, pues, del apartado más cercano a la *histoire de la langue* tradicional, pero renovado no solo con la consideración de las principales aportaciones de las últimas décadas acerca de cada periodo, sino también con una visión de conjunto (y, en los capítulos individuales, de detalle) sobre la periodización del español y con la atención específica a algunas de las épocas del idioma menos estudiadas hasta el momento, sobre todo desde el punto de vista gramatical (por ejemplo, el siglo XIV o los siglos XVIII–XIX).

La parte cuarta, atendiendo a la variación interna de la lengua pluricéntrica que es hoy el español, dirige su mirada a la conformación y evolución de la "Historia de las variedades no europeas" y considera la historia del español de América en toda su amplitud, la formación y evolución del judeoespañol y la historia de la presencia del español en otras partes del mundo, fundamentalmente África y Filipinas.

En suma, la obra consta de 52 contribuciones distribuidas en 48 capítulos que van desgranando las múltiples y complejas facetas que han ido constituyendo la historia de la variedad que hoy denominamos "español" a lo largo de más de veinte siglos. Aunque cada capítulo tiene un contenido que lo hace único, en casi todos ellos se encontrará una misma estructura organizativa —introducción, conceptos fundamentales, aproximaciones teóricas, perspectivas actuales y futuras y conclusiones, además de tres lecturas recomendadas para profundizar en el tema del capítulo y las referencias citadas en el mismo— que persigue un fácil manejo por parte del lector, especialmente el alumno universitario, principal destinatario de esta obra, en atención al cual todos los autores han hecho lo posible por lograr una exposición sucinta, concisa y clara en forma y contenidos. Las abundantes remisiones entre unos capítulos y otros permitirán al lector una lectura comprensiva y abarcadora que superará los límites que impone la fragmentación de la obra en microcapítulos. Las referencias bibliográficas al final de cada capítulo persiguen proporcionar al lector, ante todo, una visión panorámica de los estudios más relevantes y recientes sobre cada tema.

Han intervenido en esta obra 60 especialistas destacados de más de cuarenta universidades de Europa y América. La calidad de los contribuyentes y el esfuerzo de síntesis que han realizado hacen del estado de la cuestión que ofrece este manual, por la pluralidad de asuntos y la actualidad de los planteamientos, una guía apta para iniciarse en el amplio campo de la lingüística histórica del español.

Agradecimientos

La elaboración de este volumen ha sido posible gracias a la participación de muchas personas y queremos expresar nuestra gratitud a todas ellas. En primer lugar, agradecemos a cada uno de los autores que participan en este volumen el entusiasmo con el que aceptaron la propuesta, su contribución y su paciencia en el dilatado proceso de revisión y corrección. Agradecemos también el apoyo constante de los directores de la colección, Manel Lacorte y Javier Muñoz-Basols, y del equipo de la editorial Routledge en la persona de Tassia Watson.

Referencias citadas

Cano Aguilar, R., coord. 2005. *Historia de la lengua española*. 2.ª ed. Barcelona: Ariel.
DCECH = Corominas, J. y J. A. Pascual.1980–1991. *Diccionario crítico etimológico castellano e hispánico*. Madrid: Gredos.
DHLE = Real Academia Española. 2013–. *Diccionario histórico de la lengua española (DHLE)*. http://rae.es/dhle.
Dworkin, S. N. 2012. *A History of the Spanish Lexicon: A Linguistic Perspective*. Oxford: Oxford University Press.
Lapesa, R. 1981. *Historia de la lengua española*. 9.ª ed. Madrid: Gredos.
SHLE = Company, C., dir., 2006–. *Sintaxis histórica de la lengua española*. Ciudad de México: Fondo de Cultura Económica / Universidad Nacional Autónoma de México.
Várvaro, A. 1972–1973. "Storia della lingua. Passato e prospettive di una categoria controversa (I), (II)". *Romance Philology* 26 (1): 16–51; 26 (3): 509–531.

Parte I
Perspectivas metodológicas y horizontes de investigación

1
Lingüística histórica y filología (Historical linguistics and philology)

Pedro Sánchez-Prieto Borja

1. Introducción

En este capítulo inicial se examinan las relaciones entre lingüística histórica y filología o, propiamente, crítica textual, puesto que esta última se ocupa de establecer ediciones fiables, tras reconstruir la historia del texto a partir de su tradición manuscrita e impresa.

Palabras clave: filología, crítica textual, historia de la lengua, edición crítica, estudio lingüístico de textos

This opening chapter examines the relationships between historical linguistics and philology or, strictly speaking, textual criticism since the latter is concerned with establishing reliable editions, after reconstructing the history of the text from its manuscript and printed tradition.

Language history, a discipline that combines descriptive and reconstructive methods, needs to start from reliable textual materials. One of the tasks of the transcription and editing methods is to provide the historians of the language with quotable sources, but at the same time, the latter must know the history of the texts in order to contextualize and adequately assess the linguistic data that the texts offer. The debate is between different editing methods; none of them is definitive, since the study of the different levels, from the spelling to the lexicon and speech, surely requires different editions. In the digital age, the editing of texts opens itself up to new possibilities as a mandatory source of data for the language historian, but, for this very reason, also to new demands for rigor and reliability.

Keywords: philology, textual criticism, history of the language, critical edition, linguistic study of texts

La historia de la lengua, disciplina que combina los métodos descriptivo y reconstructivo, necesita partir de materiales textuales fiables. Uno de los cometidos, pues, de los métodos de transcripción y edición consiste en proporcionar fuentes citables al historiador de la lengua, pero, al mismo tiempo, este último debe conocer la historia de los textos para poder contextualizar y valorar adecuadamente los datos lingüísticos que los textos ofrecen. El debate se presenta entre diferentes métodos de edición; ninguno de ellos es definitivo, pues el estudio de los diferentes niveles, de la grafía al léxico y discurso, precisa, seguramente, de ediciones distintas. En la era digital, la edición se abre a nuevas posibilidades como fuente obligatoria de datos para el historiador de la lengua, pero, por esto mismo, a nuevas exigencias de rigor y fiabilidad.

2. Conceptos fundamentales

El punto de partida de la investigación en historia lingüística e historia de la lengua es el texto; sin embargo, este no se presenta como una realidad objetiva *per se*, sino que se concreta dentro de su historia, es decir, en el marco de una hipótesis sobre cómo surgió. La historia se puede desglosar en génesis y transmisión (difusión del texto a través de copias), pero se ha de añadir otro plano conceptual, el de la recepción, que no depende solo del texto recibido, sino de cómo este es leído, glosado, comentado, interpretado y aun esperado. En un plano ontológico, el texto se define por su tenor, es decir, por su expresión lingüística lineal y literal; por ello, una traducción es otro texto; sin embargo, modernamente, se ha visto el texto como abierto (Shillingsburg 1996), de manera que bajo el mismo se incluyen todas sus manifestaciones o concreciones, por la vía de la versión, resumen, amplificación y aplicaciones secundarias (citas y otros usos transtextuales). Con todo, dentro de la filología, el concepto de texto se liga al de original, al texto prístino o autorial. Cabe distinguir un doble plano, el del texto ideal, libre de errores [Ω], y el original como testimonio concreto, manuscrito o impreso (0), y que, con seguridad, no estará libre de errores; los códices de la cámara regia alfonsí aspiran a este rótulo, pero no dejan de ser una puesta en limpio, autorizada por el rey y con no pocas modificaciones respecto de los borradores previos o cuadernos de trabajo (Catalán 1997). Si este original es de mano del autor, se llamará autógrafo; si de otra mano, alógrafo. Auténtico puede ser el mismo original o el ejemplar autorizado por el autor. Más difuso y controvertido es el concepto de arquetipo (Blecua 1987, 59), estado textual más antiguo al que es posible remontarse con la tradición manuscrita. Antígrafo es el modelo del que se copia.

Se habla corrientemente de modernización en las copias. Esta no es uniforme, por lo que da lugar a un estado lingüístico mixto. Un problema conceptual es qué se entiende por variante de lengua; su naturaleza depende de la tradición textual (*cf.* §§ 3 y 6). Suele distinguirse entre variantes gráficas (las que no tienen transcendencia fonética) y de lengua (de la fonética al léxico). Las copias pueden introducir formas marcadas geográficamente, aunque, en general, todo texto (y toda copia) lo está. Con "dialectismo", los editores suelen referirse a los usos no castellanos, con excepciones (López Gutiérrez y Godino López 1997).

En cuanto al método de edición, no pertenecen a la misma categoría intelectual la transcripción de un manuscrito y el intento de elucidar el proceso por el que una obra nació, operación imprescindible para establecer el texto crítico. En la perspectiva de la edición, la garantía de autenticidad y rigor se liga a la consulta del facsímil, especialmente recomendable para lecciones controvertidas. La transcripción paleográfica, que refleja en todo pormenor los usos del manuscrito o impreso, conviene al estudio gráfico-fonético, mientras que la edición crítica (o presentación crítica) es adecuada al examen morfosintáctico, léxico y discursivo. Se ha llamado la atención acerca de la interpretación que toda edición implica, por lo que puede condicionar al estudioso, p. ej., al proponer este una puntuación que tal vez no refleja la conformación sintáctica del texto genuino. En *El caballero de Olmedo* de Lope de Vega (ed. de Rico 1981 y 2009; reseña de Morreale 1983, 3), Don Alonso, al oír el cantar "Que de noche le mataron/al caballero,/la gala de Medina,/la flor de Olmedo" exclama "¡Cielos! ¿Qué estoy escuchando?/ Si es que avisos vuestros son,/ya que estoy en la ocasión,/¿de qué me estáis informando?" (vv. 565–568), donde ha de leerse "ya que estoy en la ocasión de que ('de la cual') me estáis informando".

3. Aproximaciones teóricas

La crítica textual se ha aplicado sobre todo a las obras de la literatura y, desde sus orígenes científicos en el siglo XIX (Baker y Greub 2018, 61–62), ha centrado su atención en los problemas propiamente textuales (o de sustancia) y no en los lingüísticos ni en los de la forma verbal del texto editado, aunque no faltan excepciones, desde el mismo *Cantar de mio Cid* (Menéndez Pidal 1976). El modelo lachmanniano parte de la exigencia de reconstruir el arquetipo a partir del acopio y cotejo de testimonios manuscritos e impresos (*collatio*), aplicado al Nuevo Testamento en griego, según un método reformado por Dom Quentim para la edición benedictina de la Vulgata, que compara los testimonios de tres en tres, y ensayado parcialmente en la edición de la *General estoria* de Solalinde (1930). La reconstrucción del original ha sido criticada por historiadores de la lengua, que han preferido partir de un solo manuscrito, y se han orientado hacia al bédierismo (Bédier 1928), aunque con evidente simplificación de las ideas del sabio parisino. Según Faulhaber (2011, 2), "para Bédier, entonces, la mejor solución es editar el mejor manuscrito, enmendándolo sólo para corregir los errores evidentes. Así tendremos un texto verdaderamente medieval, sin injertar en él la subjetividad de los editores. Y esto es precisamente lo que hizo el equipo de Solalinde, cuyas intervenciones se redujeron al mínimo". Pero el concepto de "evidente" está lejos de ser objetivo, y las correcciones ocasionales dan lugar a un texto fallido que ni es una transcripción ni una edición propiamente dicha. Solo una filología que se plantee la génesis y transmisión del texto en su integridad y sitúe a este en la historia lingüística está en situación de formular la propuesta de lectura que implica toda edición que merezca este nombre: "la solución positivista de Bédier, escamotea, bajo el pretexto de la objetividad del manuscrito base, el carácter inexorablemente problemático del texto" (Orduna 2000, 171).

La rica discusión inicial entre ambas corrientes, lachmanniana y bedierista, ha conocido una simplificación polemizante en autores que defienden la variación como modelo único de acceso plural al texto, sin establecer una jerarquía entre los testimonios, de manera que las variantes se presenten en pie de igualdad; surge así el lema, en apariencia aceptable, de *éloge de la variante* (Cerquiglini 1989); antecedente notable en el ámbito hispánico es la *edición sinóptica experimental* de *Los siete tiempos de las leyes*, de Jacobo de Junta (Roudil 1986); propiamente, es una transcripción paleográfica interlineada.

La desconfianza en la estemática o clasificación genealógica de los testimonios llevó a posturas más ponderadas que ponen el foco en la historia del texto. Así nació hace un siglo en Italia la filología neolachmanniana de Barbi, reformulada recientemente (Orlandi 1995), y que se fundamenta en el juicio crítico sobre cada paso del texto. De este modo, todas las enmiendas han de ser justificadas. El aparato se convierte así en una fuente de información sobre las elecciones lingüísticas del autor, pues estas son modificadas, o alteradas, en las copias por incomprendidas (en el *Calila e Dimna*, "E fallé las leyes mucho alongadas *e las setas* ['sectas'] *muchas*" de A es en B *e las letras muchas*; Döhla 2009, 134). Progresivamente, la variación que recogen los aparatos críticos va siendo utilizada en los estudios lingüísticos. Los conceptos de *lectio facilior* y *difficilior* son señalados con frecuencia y en ellos el plano lingüístico tiene importancia. Cuentan a este propósito pasajes raros, difíciles y *hápax* o formas no documentadas, fuente valiosa esta para la historia del idioma (*cf.* el caso de la repetición del numeral, con valor distributivo, en "mas val con sendos ojos salvar vuestro pecados/que con *dos dos* veerbos ['veros'] en infierno dañados", en la *Vida de San Millán*, de Berceo (Horcajada Diezma y Sánchez-Prieto Borja 1999), o el empleo de la conjunción disyuntiva *do* en documentación burgalesa como euskerismo (Torrens Álvarez 2014). La regla que podría guiarnos es que una lección no documentada o rara puede ser errónea en un pasaje, dudosa en dos, y segura si se repite en tres lugares del texto.

Una línea que no se identifica ni con el reconstructivismo neolachamanniano ni con el mero seguimiento del manuscrito o impreso propio de las posturas más simplificadas del bédierismo es la de la bibliografía textual y el concepto de *copy text* (Greg 1950–1951; Tanselle 1989). Aunque en sus ediciones del teatro isabelino, Tanselle y otros críticos se decantan por las lecciones de la *princeps*, aun ante sospechas de intervención autorial en la redacción, su comparación pormenorizada entre ediciones, tiradas y aun ejemplares puso a la imprenta dentro de la filología, e incorporó las variantes al estudio de la creación textual y de la lengua del autor (*cf.* en *Quijote* "rasgó una gran tira de las faldas de la camisa, que andaban colgando, y diole once ñudos" para hacer un rosario, mientras que en la reimpresión de la *princeps* los nudos son *agallas* de árbol).

Aunque menos que las tradiciones manuscritas, los textos impresos sufren modificaciones, e incluso la censura estuvo presente desde antiguo. En *El pastor de Fílida* (Castillo Martínez 2009), la edición de Lisboa (1589) altera la lección genuina, representada por Madrid (1590), "El Tajo, morada antigua de las sagradas musas" en "El Tajo, morada antigua de las musas" como señala la editora para evitar las referencias gentílicas en un contexto contrarreformista. Otras veces son motivos comerciales los que explican los cambios. Cuando Cromberger publica el *Libro del caballero Zifar* (Sevilla and Cromberger 1512), para que el libro sea vendible, su lengua ha de actualizarse; así, usos de los manuscritos como "faze aquel polvo tan bermejo que semeja sangre" (89,17–18) son ahora "parece el polvo de color de sangre". El historiador de la lengua ha de advertir que rasgos como el uso de los pronombres objeto son fácilmente modificados en la preparación del original de imprenta y en la composición de la forma, por lo que el loísmo de un Gracián en su *Tercera parte* del *Criticón* pudo deberse a las prensas de Pablo de Val (Madrid 1657), frente a los usos aragoneses de los dos primeros volúmenes (Zaragoza 1651; Huesca 1653).

La presentación gráfica de los textos guarda relación directa con sus posibilidades de estudio. Ya Menéndez Pidal (1976) propuso una edición paleográfica y otra crítica para el *Cantar de mio Cid*; la primera no es estrictamente paleográfica, pues ofrece puntuación y ciertas intervenciones; la segunda es injustificadamente enmendatoria ("Ý se echaua myo çid despues que *fue çenado*" (v. 403), que cambia en *fo de noch*). Precisamente, la autenticidad textual, y con ella lingüística, es uno de los problemas principales en el estudio de los textos. Por otra parte, ha sido frecuente la confusión entre manuscrito y rama, pues suelen atribuirse a un manuscrito (y a su copista) todos los errores que porta un testimonio, cuando muchos de ellos serán heredados de su rama, y lo mismo cabe decir para los usos lingüísticos, heredados unos, innovados otros; por ello Segre (1979) dijo que cada manuscrito es portador de un diasistema.

En cuanto a la fiabilidad de las ediciones críticas, no cabe un juicio general, pues algunas se mueven en lo razonable, mientras que otras intervienen contra los principios de la *emendatio*. Frente a la enmienda conjetural u *ope ingenii*, cabe apoyarse en el texto mismo, pues unos pasajes iluminan a otros; ejemplo puede ser, con Blecua (1992), "ángel de Dios *veno,*/saludó a ella", frente a la banalización "ángel de Dios bueno", en el ms. S del *Libro de buen amor*, aquí testimonio único (*cf.* "El septeno/fue más bueno,/cuando tu fijo por ti *veno*", v. 1640c). Otras veces, la reconstrucción sobrepasa los límites de la identidad del texto consigo mismo, como en la propuesta de Hilty (1986) para el *Auto de los Reyes Magos*, "nacido es Dios, por ver, de fembra/in achest mes de december", que enmienda en "nacito es Dios de mugier/en achest mes de december" (vv. 15–16). Precisamente, uno de los grandes peligros es enmendar todo lo aparentemente raro, pues se escamotean al estudioso lecciones genuinas o que posiblemente lo sean.

4. Perspectivas actuales

Una cuestión que se dirime casi más en el plano práctico que en el teórico es la de qué texto estudiar. La respuesta está condicionada por diversos imperativos; muchas veces, lo primario es el texto y, en el marco de la preparación de la edición, se lleva a cabo el estudio lingüístico. Otras veces es el tema estudiado el condicionante. Son perspectivas diferentes, pues en el primer caso se promueve el estudio integral, mientras que en el segundo es la orientación e interés del investigador la que determina el objeto. Por descontado, la selección cronológica es un aspecto básico, y cabe distinguir entre los estudios centrados en un período, o en un siglo, y los que abarcan un espacio evolutivo más amplio. Esta cuestión es fundamental, porque cada período ofrece unos u otros tipos textuales. Si en el siglo XX predominó el estudio de la Edad Media y siglos XVI–XVII, en el XXI se han visto privilegiados los siglos XVIII y XIX (p. ej., García Godoy 2012). Al respecto, se ha de notar, que en los siglos más cercanos no se acaban los problemas textuales. Las *Cartas marruecas* de José Cadalso aparecieron póstumas por entregas en 1789 en *El Correo de Madrid*, y luego como libro, en 1793, con correcciones debidas al impresor Sancha (Blecua 1987, 224).

En cuanto al tipo de texto, los estudios de Menéndez Pidal para la época de orígenes se basaban, obligatoriamente, en fuentes documentales; él mismo consideraba que, del XV en adelante, eran preferibles las obras literarias, por su riqueza y variedad, frente al carácter estereotipado de los documentos. Así sucede con la *Historia de la lengua española* de Lapesa (1981). Ya en las últimas décadas del siglo XX se produjo un giro significativo, pues no pocos investigadores empezaron a acudir a los archivos para recuperar directamente testimonios y transcribirlos (cabe citar grupos de las universidades de Salamanca, Deusto, Sevilla, Málaga, León, Alcalá y el CSIC, entre otros). Un fenómeno paralelo se ha dado para el catalán y el gallego. Tienen gran interés las manifestaciones espontáneas, como los dicterios de contenido político durante la guerra de la Independencia: "Señor José Segundo y señores mierdas" (Octavio de Toledo y Pons Rodríguez 2016). Un espacio en el que se han dado grandes progresos es el de la escritura femenina, estudiada ahora con rigor a partir de las cartas personales. Las manifestaciones anteriores al siglo XVII son escasas, mientras que desde el XVIII abarcan casi todos los ámbitos sociales. Se han podido señalar ciertas características diferenciales desde el punto de vista registral y sociolingüístico, pero incluso en el de la manuscritura se han avanzado caracterizaciones (Almeida Cabrejas *et al.* 2017).

Pero la renovación no ha alcanzado solo a aquellos ámbitos menos trabajados por los grandes maestros. Incluso la época de orígenes ha conocido nuevos estudios, y textos emblemáticos, como la *Nodicia de kesos*, reciben nuevas lecturas (*cf.* "en ke puseron organo", leído ahora *ogano* 'hogaño'), así como una datación precisa (974 aprox., Fernández Catón *et al.* 2003). Más llamativo es el caso de cartularios como el de San Millán de la Cogolla. Según nota García Andreva (2010, 85), el *LHP* toma como fuente la edición de Serrano, plagada de errores (damos el lema del *LHP*, y luego las lecturas de García Andreva y Serrano separando con |): *albergaria* (albergaria | alberguaria); *almude* (almude | almute); *benefetria* (benfetria | benefectria); *bodeguero* (botecarius | votecarius). Además, las lecturas de Serrano se incorporaron al CORDE, con lo que esto implica para los estudios actuales de historia lingüística.

La posibilidad de acceder a facsímiles de gran calidad, sobre todo, en línea, ha abierto nuevas posibilidades tanto en la investigación como en la enseñanza. Así sucede, p. ej., con el *Cid* (Riaño Rodríguez y Gutiérrez Aja 2003, y Cervantes Virtual www.cervantesvirtual.com/portales/cantar_de_mio_cid/obra_manuscritos/). Incluso la datación de esta obra ha conocido nuevas propuestas, no necesariamente definitivas (Bayo Julve 2002).

La ampliación de la tipología textual no puede limitarse al binomio literatura y documentación de archivo, pues se han de considerar otros, como los historiográficos (Fernández-Ordóñez 2006) y los llamados de especialidad, entre los cuales destacan los de materia médica (Herrera y Sánchez González de Herrero 1997), desde el siglo XVI; en el ámbito de la economía, de 1688 es el tratado sobre los orígenes de la bolsa en Ámsterdam, por José de la Vega (Buezo *et al.* 2000).

Otro espacio que ha conocido una importante ampliación ha sido América; frente a las colecciones propiciadas por los historiadores, de calidad irregular, se ha emprendido de manera rigurosa la recuperación de los fondos archivísticos, especialmente de México (Company Company 1994; Arias Álvarez et al. 2014), pero también de otros ámbitos, como Honduras y El Salvador (Ramírez Luengo 2017). Cabe destacar la especificidad americana que representa el bilingüismo o, si se quiere, la interferencia de las lenguas indígenas de quienes escriben el castellano. Es referencia al respecto el estudio de Rivarola Rubio (2000), pues solo tras una cuidada transcripción es posible recuperar las peculiaridades gráficas que pueden revelar, a su vez, rasgos de la pronunciación del español por los mayas: "dos coplos y una corpea y dos parenas y un martillo de adaracar calvos, una pecornea piquiña" (I, 1587).

Se ha asistido desde las últimas décadas del siglo xx a una toma de conciencia de la necesidad de llevar a cabo ediciones transcritas con criterios normalizados, pues esto facilitaba su estudio lingüístico y la comparación entre textos. La insuficiencia de una sola presentación justifica la propuesta de diferencias entre transcripción paleográfica y presentación crítica; el inicio a finales de los años 80 de los grandes corpus llevó a plantear la necesidad de estandarización; surgieron así propuestas como la San Millán de la Cogolla (Sánchez-Prieto Borja 1998, 2011) pensada, sobre todo, para textos literarios medievales y clásico, y los criterios de la CHARTA (2013), que han logrado una notable aceptación.

Un desarrollo reciente es el de la marcación TEI. Esta afecta tanto a la cabecera descriptiva del documento (*head*), organizada en campos, por lo que también puede presentarse como base de datos y al texto mismo. Una aplicación concreta es la marcación XML-TEI basada en los criterios CHARTA (Isasi et al. 2020). La edición digital ofrece dos ventajas fundamentales: la posibilidad de presentar materiales diversos, de acuerdo con el concepto de edición integral, y la recuperación de los datos del texto mismo, así como los metadatos. Las posibilidades para el estudio son enormes y dependen de qué se haya marcado previamente en el texto; p. ej., las estructuras sintácticas, o la puntuación misma del manuscrito o impreso (Isasi et al. 2020, 73).

Un breve repaso por niveles de análisis muestra un cierto declive del nivel fonético, lógico ante la llamada "ley del péndulo", como se ve por las actas de los congresos de la Asociación de Historia de la Lengua Española. Sin embargo, cabe señalar un progreso metodológico importante, que nace de partir, en la mayoría de los casos, de las fuentes manuscritas e impresas antiguas; sobre todo en tesis doctorales, se lleva a cabo un examen paleográfico, dentro una perspectiva integral que comprende la materialidad de la escritura en lo filológico-lingüístico (Martín Aizpuru 2020). Nótese, p. ej., la necesidad de examinar el sistema de abreviación, y al respecto cabe dudar si formas como *fuerds* con lineta han de resolverse como *fuéredes* o *fuerdes*; de igual modo, es testimonio más seguro *muncho* (ya en Toledo, 1236) que *mucho* con lineta sobre *h*, pues este parece hábito paleográfico convencional. La integración de la paleografía en la filología es una exigencia metodológica que redunda en beneficio de la valoración apropiada de los datos lingüísticos; es destacable al respecto el caso de las dos formas de la "i" en la letra cursiva medieval, prolongada hacia abajo para el valor vocálico (*mj*) y hacia arriba y abajo para el consonántico (*justos*), según señaló Fernández López (1996).

En el nivel sintáctico, las alteraciones a las que la transmisión somete a los textos son importantes y condicionan el estudio, pues ciertos elementos conectivos, y no solo la conjunción *y*, se añaden y suprimen con facilidad en las copias, configurando patrones sintácticos distintos. Sobre la repercusión de la variación entre testimonios para el análisis de la sintaxis versa el estudio de Romero Cambrón (2006), aplicado a la obra de Fernández de Heredia; Almeida Cabrejas (2013) señala fenómenos sintácticos que podrían hacer dudar al estudioso, como *membrar* con lo recordado como sujeto ("cuémo me mienbra que fablando en aquella razon oí unas vozes com en el cielo", *Estoria de España*, Y.I.2, 28rb).

La documentación de un rasgo en fuentes documentales y literarias, prosa y poesía, apunta a la extensión de ese determinado rasgo en la lengua de uso. En cuanto a la adscripción registral, formas como el *pues* explicativo (y explicativo-causal) empezaron claramente en el registro más elevado (cancilleresco), pero acabaron popularizándose; incluso expresiones que, a primera vista, pasarían por populares, como *diz que* (o *dizque*), se encuentran primero y con mayor frecuencia en los registros más elevados.

5. Perspectivas futuras y conclusiones

¿Cuál es la mejor manera de editar los textos? En el caso de los textos literarios, resulta sesgado, por parcial, oponer interés literario a interés lingüístico, de acuerdo con la manida expresión de texto como "monumento" frente a texto como "documento". Entender y valorar el texto en todas sus dimensiones ayudará, sin duda, a plantear adecuadamente cualquier estudio. Por otro lado, la facilidad de disponer de grandes volúmenes de textos es, al mismo tiempo y sin contradicción alguna, una gran ventaja y un gran inconveniente. En realidad, las dos perspectivas, la filológica y la lingüística, son complementarias, y la necesaria especialización no debe hacernos perder de vista la corriente evolutiva general de la lengua, solo aprehensible en el texto íntegro. Es bastante probable que en el futuro sigan coexistiendo estos dos caminos, el de la sensibilidad filológica que quiere ver el texto en su contexto sociohistórico y en su historia misma, y el del manejo del enorme caudal de datos que proporcionan los textos digitales. Es posible también que la primera orientación pierda peso, pero, aun de manera reducida, el examen minucioso del texto particular, frente a la disolución de este en los corpus, va a seguir reclamando su lugar. Los métodos filológicos seguirán atrayendo a estudiosos por su valor interpretativo acerca de la historia textual y lingüística; como señala para la *Historia troyana* en verso Barbato (2020, 22), la métrica permite, a veces, entrever la lengua del texto que hay detrás de la de los copistas: *avré* > *averé* (M), *morredes* > *moriredes* (M), *perdremos* > *perdermos* (E), y del mismo modo, la rima: *veyo* > *veo* (M).

La edición crítica seguirá siendo reclamada por aquellos lectores que deseen un texto comprensible: *cf.* la edición citada de la *Historia troyana* en verso, con cuidada puntuación, que es el elemento de más alcance para presentar una propuesta de lectura. Lo que es seguro es que la edición digital ocupará prácticamente todo el espacio, frente a la que tenga el papel como soporte, pero no sobresaldrá la que se limite a mostrarse en medio digital (p. ej., para lector tipo *e-book*), sino que se primará la interactividad; por una parte, que explote la multiplicidad permitida por la web, y que ofrezca facsímiles de los testimonios manuscritos, transcripciones paleográficas y edición crítica, además de formas de interactividad con enlaces entre estos materiales y búsquedas selectivas que permitan recuperar amplia información. En esta vía se inserta el proyecto sobre textos historiográficos Transcribe Historia (https://transcribeestoria.bham.ac.uk/) coordinado por Ward (2018). Otro camino será la edición múltiple de textos paralelos (*cf. Biblia Medieval*). En este sentido, la recuperación de información se ligará a las posibilidades de explotación del texto, que ofrece dos alternativas ahora, no incompatibles entre sí, las del encasillado del texto en una base de datos y la marcación según el modelo TEI; el éxito definitivo de esta vía para numerosos proyectos de edición interactiva dependerá, a nuestro juicio, del grado en que el proceso pueda automatizarse; pensamos, p. ej., en la marcación de las estructuras sintácticas.

Con vistas a la explotación de las ediciones digitales, un elemento fundamental es la lematización, en cuanto que permite recuperar información inalcanzable de otro modo. La atribución de categorías léxico-gramaticales que implica la lematización, junto con la adición de metadatos XML, hacen posible búsquedas complejas, como la de adjetivos que emplean las mujeres de Madrid en el siglo XIX en sus cartas con el sustantivo *hijo*. En la misma dirección apunta la cuantificación, para la que resulta imprescindible relativizar los datos, p. ej., con apariciones de una invariante cada diez mil palabras (véase, por ejemplo, LYNEAL, de Ueda).

En definitiva, las ediciones no solo se diferencian por ser críticas o paleográficas, sino por su rigor. Así, para el *Calila e Dimna,* Döhla (2009) no intenta una reconstrucción del texto genuino, tarea no del todo hacedera ante lo innovador de las dos ramas, sino que presenta en columnas paralelas los testimonios A y B, con amplia anotación explicativa, y se convierte en una fuente importante para el estudio lingüístico, con el inconveniente, eso sí, de la distancia de casi dos siglos con el original del XIII. El historiador de la lengua ha de ser consciente de que recuperar el texto del siglo XIII y, más aún su lengua, es tarea imposible para obras como esta. Situación infinitamente mejor es la de contar con el original, aunque tampoco es garantía de autenticidad autorial absoluta. La historia de la lengua, en tanto basada en fuentes escritas problemáticas por su propia naturaleza, no puede consistir en otra cosa que en formular hipótesis; eso sí, cuanto mejor se comprenda la trayectoria textual de las mismas más sólidas serán estas hipótesis.

Lecturas recomendadas

El *Manual de crítica textual* de Blecua (1987) sigue siendo lectura obligatoria para quienes se quieran adentrar en la edición de textos, o pretendan valorarlos en cuanto testimonio lingüístico. Blecua se adhiere a una postura neolachmanniana, y, por tanto, no es excéptico acerca de la capacidad enmendatoria del editor ante errores de la transmisión, a condición de que este sea capaz de explicar cómo se ha producido el error. Aunque no es muy explícito este manual acerca de las variantes lingüísticas, sí propone darles cabida en un segundo aparato de variantes adiáforas (frente al que recoge las variantes propiamente textuales o elegibles).

Fernández-Ordóñez (2002) se encuentra entre los pocos estudiosos que se han planteado los problemas lingüísticos de la edición y, en particular, el límite entre variantes textuales y de lengua. Señala qué variantes de la tradición manuscrita de un texto medieval, la *Segunda Parte* de la *General estoria* y la versión Vulgata de la *Estoria de España,* han de considerarse lingüísticas y, por tanto, no elegibles *per se* en la tradición textual. Entre ellas, señala no solo las fonéticas y morfosintácticas, sino ciertas diferencias discursivas, como la presencia o ausencia de los constituyentes oracionales: "E Ruth fizo cómo (le) mandó Boos".

La tesis doctoral de Torrens Álvarez, publicada (2002), se propone como modelo integrado de edición y estudio de un texto medieval, el *Fuero de Alcalá* (*ca.* 1235). Cabe destacar la cuidada edición con triple acceso: facsímil en blanco y negro, de notable calidad, la detallada transcripción paleográfica, en la que se marcan las linetas abreviativas, y la edición crítica, que facilita el acceso al texto y el estudio de aspectos que van de la morfosintaxis al léxico y al discurso; véanse p. ej., sus observaciones sobre las estructuras quiásticas: "el ochavo de la leche tome e del queso" (Torrens Álvarez 2021).

Referencias citadas

Almeida Cabrejas, B. 2013. "Fenómenos sintácticos raros y edición de textos: el caso de la segunda parte de la *General estoria*". *Revista de Historia de la Lengua Española* 8: 3–28.

Almeida Cabrejas, B., R. Díaz Moreno y M. C. Fernández López, eds. 2017. *"Cansada tendré a Vuestra Excelencia con tan larga carta". Estudios sobre aprendizaje y práctica de la escritura por mujeres en el ámbito hispánico (1500–1900).* Lugo: Axac.

Arias Álvarez, B. (dir. y ed.), M. R. Delgado García, M. A. Mendoza Posadas y I. Mora Peralta. 2014. *Documentos públicos y privados del siglo XVI. Textos para la historia del español colonial mexicano I.* México: Universidad Nacional Autónoma de México.

Baker, C. y Y. Greub. 2018. "Sous le signe de Lachmann: la domination de la méthode critique d'édition entre 1872 et 1913". En *L'Ombre de Joseph Bédier. Théorie et pratique éditoriales au XXe siècle,* eds. C. Baker, M. Barbato, M. Cavagna et Y. Greub, 61–89. Estrasburgo: Éditions de Linguistique et Philologie.

Barbato, M., ed. 2020. *Historia troyana. Versos.* Alessandria: Edizioni dell'Orso.

Bayo Julve, J. C. 2002. "La datación del *Cantar de mio Cid* y el problema de su tradición manuscrita". En *Mio Cid Studies: 'Some Problems of Diplomatic' Fifty Years On*, eds. A. Deyermond, D. G. Pattison and E. Southworth, 15–35. Londres: University of London.

Bédier, J. 1928. "La tradition manuscrite du *Lai de l'Ombre*". *Romania* 54: 161–198 y 321–356 (tirada aparte París: Champion, 1929, reimpr. 1970).

Blecua, A. 1987. *Manual de crítica textual*. 2.ª ed. Madrid: Castalia.

Blecua, A., ed. 1992. *Juan Ruiz, Arcipreste de Hita, Libro de buen amor*. Madrid: Cátedra.

Buezo, C., P. Corrales, P. Fanconi, L. Guerra, C. Moral, M. M. Paúl and J. Satter, eds. 2000. *José de la Vega, Confusión de confusiones*. Madrid: Universidad Europea y CES Ediciones.

Castillo Martínez, C. 2009. "La edición moderna de textos del Siglo de Oro: el caso de *El pastor de Fílida*". En *Lecturas y textos en el siglo xxi. Nuevos caminos en la edición textual*, coords. C. Castillo Martínez y J. L. Ramírez Luengo, 95–102. Lugo: Axac.

Catalán, D. 1997. *De la silva textual al taller historiográfico alfonsí. Códices, crónicas, versiones y cuadernos de trabajo*. Madrid: Fundación Ramón Menéndez Pidal y Universidad Autónoma de Madrid.

Cerquiglini, B. 1989. *Éloge de la variante. Histoire critique de la philologie*. París: Seuil.

CHARTA 2013 = Red CHARTA. *Criterios de edición*. www.redcharta.es/criterios-de-edicion [22/11/2020].

Company Company, C. 1994. *Documentos lingüísticos de la Nueva España. Altiplano Central*. Universidad Nacional Autónoma de México: Instituto de Investigaciones Filológicas, Centro de Lingüística Hispánica.

CORDE = Real Academia Española. *Corpus diacrónico del español*. http://corpus.rae.es/cordenet.html [21/11/2020].

Döhla, H.-J. 2009. *El libro de Calila e Dimna (1251): nueva edición y estudio de los dos manuscritos castellanos*. Zaragoza: Instituto de Estudios Islámicos y del Oriente Próximo.

Faulhaber, C. B. 2011. "Reseña de Alfonso X el Sabio, *General estoria*. Madrid: Biblioteca Castro/Fundación José Antonio de Castro", *Infoling*, 18 marzo de 2011. http://www.infoling.org/informacion/Review59.html.

Fernández Catón, J. M., M. Díaz y Díaz, J. A. Pascual Rodríguez, J. M. Ruiz Asencio, J. R. Morala Rodríguez, J. A. Fernández Flórez y J. M. Díaz Bustamante. 2003. *Documentos selectos para el estudio de los orígenes del romance en el Reino de León. Siglos X-XII*. León: Centro de Estudios e Investigación "San Isidoro". www.saber.es/web/biblioteca/libros/documentos-selectos-estudio-origenes-romance-reino-leon-siglos-x-xii/html/indice.htm?idLibro=155 [22/11/2020].

Fernández López, M. C. 1996. "Una distinción fonética inadvertida en el sistema gráfico medieval". En *Actas del III Congreso Internacional de Historia de la Lengua Española*, eds. A. Alonso González, L. Castro Ramos, B. Gutiérrez Rodilla and J. A. Pascual Rodríguez, 113–123. Madrid: Arco Libros.

Fernández-Ordóñez, I. 2002. "Tras la *collatio* o cómo establecer correctamente el error textual". *La Corónica* 30 (2): 105–180.

Fernández-Ordóñez, I. 2006. "La historiografía medieval como fuente de datos lingüísticos. Tradiciones consolidadas y rupturas necesarias". En *Actas del VI Congreso Internacional de Historia de la Lengua española*, eds. J. L. Girón Alconchel y J. J. de Bustos Tovar, vol. 2, 1779–1808. Madrid: Arco/Libros.

García Andreva, F. (2010). *El Becerro Galicano de San Millán de la Cogolla. Edición y estudio*. Logroño: Cilengua (incluye CD-ROM).

García Godoy, M. T., ed. 2012. *El español en el siglo xviii. Cambios diacrónicos en el primer español moderno*. Berna: Peter Lang.

Greg, W. W. 1950–1951. "The Rationale of Copy-Text". *Studies in Bibliography* 3: 19–36 (Reimpresión con cambios menores en Greg, W. W. 1966. *Collected Papers*, ed. J. C. Maxwell, 374–391. Oxford: Clarendon-Oxford University Press).

Herrera, T. y M. N. Sánchez González de Herrero, eds. 1997. *Tratado de patología*. Madrid: Arco Libros.

Hilty, G. 1986. "El *Auto de los Reyes Magos* (prolegómenos para una edición crítica)". En *Philologica Hispaniensia in Honorem Manuel Alvar*, vol. 3, 221–232. Madrid: Gredos.

Horcajada Diezma, B. y P. Sánchez-Prieto Borja. 1999. "La reduplicación distributiva del numeral y el arabismo morfosintáctico en el romance hispánico medieval". *Zeitschrift für romanische Philologie* 115 (2): 280–299.

Isasi Martínez, C., L. Martín Aizpuru, S. Pérez Isasi, E. Pierazzo y P. Spence. 2020. *Edición digital de documentos antiguos: marcación XML-TEI basada en los criterios CHARTA*. Sevilla: Editorial Universidad de Sevilla.

Lapesa, Rafael. 1981. *Historia de la lengua española*. 9.ª ed. Madrid: Gredos.

LHP = *Léxico Hispánico Primitivo (siglos* VIII *al* XII*). Versión primera del Glosario del primitivo léxico ibero-rrománico*, proyectado y dirigido inicialmente por Ramón Menéndez Pidal, redactado por Rafael Lapesa con la colaboración de Constantino García. Edición al cuidado de Manuel Seco. Madrid: Fundación Menéndez Pidal y Real Academia Española, 2003.

López Gutiérrez, L. y A. Godino López. 1997. "Algunos dialectalismos espigados en la obra de Delibes". *Revista de Dialectología y Tradiciones Populares* 52 (2): 261–268.

Martín Aizpuru, L. 2020. *La escritura cancilleresca de Fernando III, Alfonso X, Sancho IV y Fernando IV*. Berna: Peter Lang.

Menéndez Pidal, R. 1976 (1908–1911). *Cantar de mío Cid. Texto, gramática y vocabulario*. 3 vols. 5.ª ed. Madrid: Espasa Calpe.

Morreale, M. 1983. "Apostillas a una reciente reedición de *El caballero de Olmedo* de Lope de Vega (F. Rico, a cura di, Madrid, 1981)". *Rassegna Iberistica* 18: 3–14.

Octavio de Toledo, Á. S. y L. Pons Rodríguez. 2016. *Textos para la historia del español, vol. X. Queja política y escritura epistolar durante la Guerra de Independencia: documentación de la Junta Suprema Central en el AHN. Selección, edición y estudio lingüístico*. Alcalá de Henares: Universidad de Alcalá.

Orduna, G. 2000. *Ecdótica. Problemática de la edición de textos*. Kassel: Edition Reicherberger.

Orlandi, G. 1995. "Perché non possiamo non dirci lachmanniani". *Filología Mediolatina. Rivista della Fondazione Ezio Franceschini* 2: 1–42.

Ramírez Luengo, J. L. 2017. *Textos para la historia del español, vol. XI: Honduras y El Salvador*. Alcalá de Henares: Universidad de Alcalá.

Riaño Rodríguez, T. y M. C. Gutiérrez Aja, eds. 2003. *El Cantar de mío Cid. Reproducción digitalizada del manuscrito de la Biblioteca Nacional, transcripción paleográfica y texto modernizado*. Alicante: Biblioteca Virtual Miguel de Cervantes. www.cervantesvirtual.com/bib_obra/Cid/ [22/11/2020].

Rico, F., ed. 2009. *Lope de Vega, El caballero de Olmedo*. En Cervantes Virtual. www.cervantesvirtual.com/obra/el-caballero-de-olmedo-0/ [21/11/2020].

Rivarola Rubio, J. L. 2000. *Español andino. Textos de bilingües de los siglos XVI y XVII*. Madrid: Vervuert.

Romero Cambrón, Á. 2006. "Sintaxis histórica y crítica textual: camino de ida y vuelta". En *Actas del VI Congreso Internacional de Historia de la Lengua Española*, eds. J. L. Girón Alconchel y J. J. de Bustos Tovar, vol. 2, 2051–2062. Madrid: Arco Libros.

Roudil, J., ed. 1986. *Jacobo de Junta, el de las Leyes, Œuvres, I. Summa de los nueve tiempos de los pleitos, édition et étude d'une variation sur un théme*. París: Annexes des Cahiers de Linguistique Hispanique Médiévale.

Sánchez-Prieto Borja, P. 1998. *Cómo editar los textos medievales: criterios para su presentación gráfica*. Madrid: Arco Libros.

Sánchez-Prieto Borja, P. 2011. *La edición de textos españoles medievales y clásicos. Criterios de presentación gráfica*. San Millán de La Cogolla: Cilengua.

Segre, C. 1979. "Les transcriptions en tant que diasystèmes". En *La pratique des ordinateurs dans la critique des textes*, 45–49. París: Éditons du CNRS.

Shillingsburg, P. 1996. *Scholarly Editing in the Computer Age. Theory and Practice*. 3.ª ed. Ann Arbor: University of Michigan Press.

Solalinde, A. G., ed. 1930. *Alfonso el Sabio, General estoria. Primera parte*. Madrid: Centro de Estudios Históricos.

Tanselle, G. T. 1989. *A Rationale of Textual Criticism*. Filadelfia: University of Pennsylvania.

Torrens Álvarez, M. J. 2002. *Edición y estudio lingüístico del Fuero de Alcalá (Fuero viejo)*. Alcalá de Henares: Fundación Colegio del Rey.

Torrens Álvarez, M. J. 2014. "Los coordinadores disyuntivos latín *et aut* > castellano (*e*)*do*> vasco *edo*: una historia inadvertida". *Zeitschrift für romanische Philologie* 130 (3): 671–697.

Torrens Álvarez, M. J. 2021. "La lengua de Madrid en la Edad Media: los fueros". En *La lengua de Madrid a lo largo del tiempo*, coords. P. Sánchez-Prieto Borja, M. J. Torrens Álvarez y D. Vázquez Balonga, 41–86. Sevilla: Editorial Universidad de Sevilla.

Ward, A. (2018). "The *Estoria de Espanna* Digital. Collating Medieval Prose – Challenges... and More Challenges". *Digital Philology: A Journal of Medieval Cultures* 7 (1): 65–92. https://muse.jhu.edu/article/700509.

2

Manejo de las fuentes: los corpus (Use and analysis of sources: linguistic corpora)

Andrés Enrique-Arias

1. Introducción

El análisis comparativo de textos de diferentes épocas, géneros y dialectos es una herramienta fundamental en las investigaciones lingüísticas de orientación diacrónica, pues los textos son la principal fuente de datos para estudiar los estados de lengua del pasado. En las últimas décadas el método ha adquirido una nueva dimensión con la creación de una amplia variedad de corpus diacrónicos en formato electrónico y la aplicación de herramientas informáticas que permiten analizar un gran volumen de datos a una escala que era inalcanzable con los procedimientos manuales tradicionales. En este capítulo se repasan las bases metodológicas de la lingüística de corpus aplicada al estudio diacrónico del español; para ello se establece el valor empírico relativo de los principales planteamientos vigentes, se evalúan algunos de los recursos que están disponibles de modo libre en Internet y se presentan las principales vías de investigación de la diacronía del español que están siendo impulsadas por la lingüística de corpus. Asimismo, se exponen para cada técnica o recurso los problemas, cautelas y limitaciones metodológicas que conlleva su empleo.

Palabras clave: corpus informatizados; lingüística de corpus; lingüística histórica; español; metodología

The comparative analysis of texts from different historical periods, genres and dialects is a fundamental tool in diachronic linguistic research, as written texts are the main data source for studying the language of the past. In recent decades, this method has acquired a new dimension with the creation of a wide variety of diachronic corpora in electronic format and the application of computer tools that allow the analysis of a large volume of data on a scale that was unattainable with traditional manual methods. This chapter includes a review of the methodological foundations of corpus linguistics applied to the diachronic study of Spanish; to this end, the relative empirical value of the main current approaches is established, along with an evaluation of some of the resources that are freely available on the internet as well as a survey of the main lines of corpus-based research in Spanish historical linguistics. Finally, there is a discussion of the potential problems, precautions and methodological limitations entailed by the use of these resources.

Keywords: electronic corpora; corpus linguistics; historical linguistics; Spanish; methodology

2. Conceptos fundamentales

La lingüística de corpus, entendida como el estudio del lenguaje a través del análisis de textos, es sin duda la metodología más utilizada en el estudio diacrónico del español desde el mismo momento en que la lingüística románica se constituyó como disciplina científica hace ya más de un siglo. El motivo es que los textos son la principal fuente de datos para estudiar los estados de lengua del pasado; en consecuencia, la investigación en lingüística histórica exige el dominio de las herramientas metodológicas adecuadas para interpretar, analizar y comparar datos procedentes de testimonios escritos de diferentes periodos, géneros, y dialectos. Aunque en sentido estricto un corpus es una colección de textos en cualquier formato (libro, audio, CD, microfilm, etc.), hoy en día esa denominación se aplica básicamente a colecciones de textos almacenados en soporte informático, organizados y clasificados de acuerdo con parámetros como registro, procedencia geográfica o fecha de producción, y dotados de algún tipo de herramienta de búsqueda que permita extraer la información mediante procesos automáticos. La lingüística de corpus es en sí misma una subdisciplina consolidada con aplicaciones a prácticamente todas las áreas de la investigación lingüística (Lüdeling y Kytö 2008).

Los estudios sobre la diacronía del español se han beneficiado de la explotación de los datos procedentes de los corpus, especialmente para la compilación de diccionarios y el estudio de fenómenos morfosintácticos. La razón es que, como los corpus informatizados permiten hacer búsquedas a través de cientos de millones de palabras en una fracción de segundo, son de gran ayuda a la hora de localizar un alto número de ocurrencias y superar el problema que supone la baja frecuencia de determinadas estructuras en el lenguaje natural. Por este motivo los corpus son la base empírica fundamental para aplicar métodos de análisis cuantitativo en la investigación de problemas de variación y cambio lingüísticos en perspectiva diacrónica.

En el análisis de los corpus diacrónicos que se presenta en las páginas que siguen no se pretende proporcionar un repertorio exhaustivo de recursos digitales (los interesados en un listado actualizado de estos recursos pueden consultar el *Portal de Corpus Históricos Iberorrománicos* CORHIBER), sino más bien plantear una serie de reflexiones metodológicas generales que servirán de guía para evaluar el mérito relativo de las diferentes tipologías de recursos disponibles. Además de considerar la cantidad y calidad de los datos, que sin duda son aspectos esenciales a la hora de evaluar un corpus diacrónico, se tendrán en cuenta otros componentes metodológicos no menos importantes relacionados con la extracción y análisis de datos, como son la interfaz de consulta de los corpus, el formato en que se presentan los resultados y las metodologías para su análisis. Se consideran, por tanto, no solo las aplicaciones de búsqueda y visualización de resultados que forman parte de los corpus, sino también las herramientas computacionales usadas por los lingüistas para el procesamiento y análisis externo de los datos, ya sean módulos de descarga de resultados, hojas de cálculo para la anotación manual de las concordancias o lenguajes de programación para el análisis cuantitativo.

Finalmente, no se incluye el estudio de recursos electrónicos que no son propiamente corpus textuales, como los diccionarios históricos (cap. 4) o los atlas dialectales (cap. 5). Tampoco se consideran los corpus que no están en formato accesible de manera libre en Internet, es decir, las colecciones en formato impreso, CD, microfichas o similar.

3. Pautas metodológicas generales

A la hora de valorar la solidez metodológica de un corpus textual como herramienta para la investigación diacrónica del español, la cuestión que cabe plantearse es en qué medida facilita la obtención de información precisa y libre de errores sobre las variedades diatópicas, diastráticas y diafásicas de la lengua a lo largo de las diversas fases de su evolución. Los recursos disponibles son muy diferentes en lo que respecta a tamaño, tipologías textuales, rango cronológico o herramientas de extracción de datos. En esta sección se proponen algunas pautas metodológicas generales que conviene tener en cuenta para evaluar la adecuación de un corpus para una investigación científica. Para ello se toman como punto de partida los parámetros de representatividad, diversidad, comparabilidad, análisis, perspectiva y calidad (*cf.* Silva-Corvalán y Enrique-Arias 2017, 65). Conviene advertir que no es necesario que un solo recurso satisfaga todos estos requisitos, pues es también posible combinar datos de varios corpus especializados en un género, periodo o variedad geográfica particular.

3.1 Representatividad

La representatividad es uno de los problemas esenciales de la lingüística de corpus (Kabatek 2013). Es bien conocido que Labov (1994, 11) definió la lingüística histórica como "the art of making the best of bad data". En efecto, los textos históricos solo permiten una visión artificiosa y fragmentaria de los sistemas lingüísticos del pasado, por múltiples razones. Para empezar, los textos disponibles en los corpus no son necesariamente los más representativos, sino simplemente los que han sobrevivido a las vicisitudes de la historia y, entre ellos, los que han despertado el suficiente interés como para llegar a ser seleccionados y publicados. En el caso del español, es bien sabido que hay épocas, como el siglo XIV o el periodo de la segunda mitad del XVII y primera del XVIII, que están relativamente peor representadas en los corpus disponibles (cap. 36, cap. 40). Por otro lado, los textos escritos tampoco son un reflejo directo de las interacciones orales de los hablantes del pasado, pues las convenciones de la escritura filtran muchas características de la lengua viva (cap. 8). Dado que, además, durante gran parte de la historia la escritura ha sido una actividad restringida a un grupo muy minoritario de la población (hasta finales del siglo XIX la inmensa mayoría de los hispanohablantes era analfabeta), los testimonios escritos en gran medida dejan fuera la lengua de la gente común, y más aún si cabe en el caso de las mujeres, minorías raciales y grupos desfavorecidos en general (cap. 6).

Por otro lado, la realidad indiscutible es que los corpus diacrónicos son el mejor método a nuestra disposición para reconstruir los estados de lengua del pasado. Si bien no existen informantes que nos puedan confirmar directamente que un enunciado x es posible, la aparición reiterada del enunciado en cuestión en los corpus textuales permite concluir con seguridad razonable que tal enunciado era compatible con las reglas del sistema lingüístico en vigor en la época en que aparece representado en los textos pues, a no ser que se trate de una situación de diglosia extrema, el registro escrito será coherente con los usos orales. En cualquier caso, el diseño de una investigación basada en corpus diacrónicos debe tratar de aproximarse al ideal de representatividad mediante la inclusión de una variedad de registros y evitando un número desproporcionado de textos marcados estilísticamente (poéticos, litúrgicos, técnicos, traducciones serviles) que puedan introducir sesgos en los resultados.

3.2 Diversidad y comparabilidad

La composición de un corpus de textos históricos conlleva la paradoja que resulta de tener que introducir un componente de diversidad en la nómina de textos incluidos y, al mismo tiempo, mantener cierto grado de homogeneidad entre las diferentes secciones del corpus (Enrique-Arias 2012, 97, 2018, 263). Partiendo de la base de que los corpus deben servir para estudiar la variación lingüística en sus dimensiones diacrónica, diafásica y diastrática, los textos deben cubrir un arco cronológico lo suficientemente amplio como para registrar las fases evolutivas de la lengua, y los datos deben incluir una pluralidad de tipologías textuales en lo que se refiere a registros, procedencia geográfica o tipologías textuales. Al mismo tiempo, el corpus debe estar equilibrado, y las diferentes dimensiones de la variación representadas en el corpus (registros, dialectos, tipos de textos) deben constituir a su vez subcorpus equilibrados, de tal modo que sea posible establecer comparaciones entre los diferentes cortes diacrónicos representados en la muestra.

Una alternativa pensada precisamente para controlar mejor la comparabilidad de los textos en un corpus diacrónico es la metodología de los corpus paralelos. Se trata de contrastar versiones alineadas en paralelo de textos con el mismo contenido pero compuestos en diferentes épocas o variedades, como puedan ser traducciones de un mismo original o las colecciones de los distintos testimonios o copias de una misma obra (Enrique-Arias 2018). La utilidad de los corpus paralelos en lingüística histórica es evidente, pues en ellos se aprecia con particular claridad la evolución diacrónica de las estructuras de la lengua.

3.3 Análisis

El diseño de un corpus debe permitir analizar de manera óptima los elementos relevantes para el tipo de fenómeno que se quiere estudiar. Por ejemplo, para el estudio de los usos escriptológicos de los textos es preciso contar con un corpus en transcripción paleográfica que incluya imágenes facsimilares de los originales; los corpus formados a partir de ediciones críticas no nos servirán, pues, en estos materiales, los editores tienden a normalizar el texto descartando variantes de interés lingüístico. Por otro lado, si se trata de investigar fenómenos de tipo léxico, el ideal es un corpus que permita hacer búsquedas por lemas (el *lema* es la forma básica por la que una palabra aparece en el diccionario, como el infinitivo en los verbos o el masculino singular en los adjetivos), de modo que, por ejemplo, una búsqueda de [*cantar*] permita obtener todas las formas flexionadas (*canté, cantaría, he cantado*, etc). Por último, las investigaciones de tipo morfosintáctico son mucho más fáciles en corpus que ofrecen la opción de rastrear palabras gramaticales y en los que la anotación posibilita hacer búsquedas introduciendo rasgos morfológicos o constituyentes sintácticos.

El problema a la hora de editar los textos para un corpus es que mantener la variación gráfica del manuscrito tiene como contrapartida una pérdida de claridad, así como dificultades añadidas para la lematización del texto y su etiquetado gramatical; este problema es más evidente en los escritos más alejados de la norma general, como los procedentes de escribientes semicultos o los que incluyen variantes dialectales (Enrique-Arias 2015, 402–403). La solución para cumplir las expectativas de los que se acercan al texto desde diferentes perspectivas pasa por ofrecer al lector varios niveles de acceso al texto (facsímil, transcripción paleográfica y presentación crítica), ya sea como versiones paralelas o a través de la anotación de diferentes capas. Como se verá más adelante, estos sistemas de múltiple presentación han sido aplicados con fortuna en las ediciones de varios corpus en línea.

De modo semejante, las investigaciones sobre el foco geográfico original de los fenómenos de variación requieren textos con datación cronogeográfica precisa. Este tipo de corpus normalmente está formado por colecciones documentales con textos del ámbito jurídico (cap. 5).

3.4 Perspectiva

Bajo la noción de perspectiva se analiza el medio de acceso a los datos, un parámetro que condiciona crucialmente el planteamiento y alcance de las investigaciones. En la mayoría de los corpus los datos se obtienen a través de un buscador: los usuarios necesitan introducir una palabra o frase en un cuestionario de consulta y la aplicación de búsqueda crea una concordancia que muestra todos los ejemplos del texto buscado en el corpus junto a su contexto de aparición, con información básica sobre el texto de origen. Esto significa que es necesario conocer de antemano por medio de gramáticas, diccionarios o estudios previos las formas que son relevantes para rastrear el fenómeno que se desea investigar, pues el investigador no accede al texto completo de donde proceden los datos. Este método puede funcionar bien cuando se conoce la lista exhaustiva de las formas relacionadas con aquello que se pretende estudiar, pero no es lo idóneo cuando se trata de investigar estructuras que se pueden expresar con elementos de clase abierta o para los que no es posible saber de antemano todas las formas posibles de expresión (Enrique-Arias 2016). Conscientes de estas limitaciones, algunos corpus ofrecen medios alternativos de acceso a los datos, como concordancias del texto completo, posibilidad de descarga de los textos o disposición en paralelo de varias versiones.

3.5 Calidad

Los textos deben estar libres de errores de transcripción y la herramienta de búsqueda y consulta debe funcionar sin dar fallos. Otro aspecto que se podría adscribir al parámetro de calidad (aunque también podría verse bajo el subapartado del análisis) es la correcta datación cronológica de los textos. A este respecto, una distinción crucial es la que se da entre copias tardías y copias contemporáneas o cercanas al original del autor, pues es bien sabido que durante la transmisión manuscrita la intervención de los copistas puede llegar a alterar de manera sustancial la lengua del original. Si, por ejemplo, analizamos un texto de una época dada en testimonios copiados tardíamente, corremos el riesgo de caracterizar la lengua de los copistas de siglos posteriores y no la del autor que se quiere analizar. Los corpus informatizados hechos a partir de obras literarias tienden a datar los textos a partir de la fecha conocida o supuesta de composición y no de acuerdo con la de la copia que se ha utilizado como base en la edición volcada en el corpus, lo cual tiene consecuencias para la correcta situación cronológica de los procesos de cambio que se reflejan en los textos.

4. Panorámica de los corpus diacrónicos del español

Existe a día de hoy un buen número de bases de datos textuales informatizadas diseñadas para el estudio diacrónico del español. Por su gran tamaño y por cubrir toda la historia de las manifestaciones escritas de la lengua, destacan los corpus de acceso libre en Internet desarrollados por la Real Academia Española (RAE) para su trabajo lexicográfico. Uno de ellos es el *Corpus Diacrónico del Español* (CORDE), que cubre las variedades del español desde sus inicios hasta 1974 con 250 millones de formas; el otro es el *Corpus del Diccionario Histórico de la Lengua Española* (CDH), conformado actualmente por unos 350 millones de registros distribuidos en tres capas de consulta. El CDH nuclear consta de un subconjunto de 53 millones de ocurrencias de textos españoles y americanos (en gran medida comunes con el CORDE y el CREA) sometidos a un proceso semiautomático de anotación lingüística y lematización. Junto a los corpus de la RAE existe también otro gran corpus que abarca toda la historia de la lengua hasta el siglo XX, el *Corpus del español* (CE), con 100 millones de palabras, lematizado y con anotación gramatical.

La ventaja más evidente de los corpus grandes es la cantidad y variedad de textos que contienen y el amplio rango cronológico que cubren. Como ilustra Octavio de Toledo (2019) con varios ejemplos de fenómenos morfosintácticos, las bases de datos más extensas, como el CORDE, tienen algunas ventajas en el estudio de la variación, no solo por facilitar el análisis de estructuras con una frecuencia muy baja sino porque permiten apreciar correlaciones entre cambios sin relación aparente, o porque al reunir un mayor número de ejemplos posibilitan estudiar coocurrencias con más factores.

Por otro lado, estos corpus tienen el inconveniente de la pérdida de contacto con las fuentes primarias: los resultados, que se obtienen en forma de concordancias a través de un formulario de búsqueda, no dan acceso a los textos completos ni al facsímil del original de donde proceden los ejemplos. Esta configuración no permite comprobar la exactitud de las ocurrencias concretas en los resultados de búsqueda y, así, descartar que se hayan producido errores en las diversas fases de preparación de los textos para la base de datos. Asimismo, estos recursos presentan los inconvenientes ya señalados de los corpus creados a partir de ediciones, en particular el hecho de no poder distinguir las lecturas genuinas del original de las que son resultado de las intervenciones de los editores. Finalmente, como los textos se clasifican de acuerdo con la fecha conocida o supuesta de producción, y no la de la copia del testimonio, hay riesgo de atribuir a la lengua de los autores fenómenos que son en realidad característicos de copistas de épocas posteriores.

Para poder utilizar con propiedad los corpus creados a partir de ediciones de textos medievales existe un excelente recurso: Rodríguez Molina y Octavio de Toledo (2017) han creado un índice de las ediciones de los textos medievales presentes en el CORDE. Se trata de un repertorio en que se evalúan aspectos como la fiabilidad y representatividad del testimonio que se ha seleccionado para incluir la obra en el corpus, la existencia de problemas de datación o la calidad de la edición utilizada. Dado que muchos de los textos reseñados se emplean también en el CDH, el CE y otros corpus, el recurso tiene un gran valor para los interesados en la fiabilidad filológica de las ediciones reunidas en estos corpus.

Otro complemento interesante a los corpus creados a partir de ediciones de textos literarios son los portales de Internet que dan acceso a todo un complejo de elementos útiles para la constitución del texto, como imágenes de los manuscritos y transcripciones paleográficas de varios testimonios de una tradición. Este es el caso, por ejemplo, del proyecto acerca de la poesía cancioneril del siglo XV dirigido por Dorothy Severin *An Electronic Corpus of 15th Century Castilian Cancionero Manuscripts* o del portal *Biblia Medieval*. Asimismo, cada vez es mayor la disponibilidad de acceso a las fuentes primarias a través de colecciones digitales de manuscritos publicadas en línea por un número creciente de bibliotecas y archivos, como la Biblioteca Nacional de España o la Biblioteca de la Real Academia de la Historia, entre otras.

Frente a las limitaciones de acceso a los datos en los corpus que solo permiten resultados en forma de concordancias, algunos recursos ofrecen alternativas con una perspectiva más abierta. Es el caso de la *Biblioteca Digital de Textos del Español Antiguo* (BiDTEA), que reúne el texto completo de un buen número de manuscritos medievales hispánicos en transcripción paleográfica. Los textos se pueden descargar de manera libre y van acompañados de unas muy útiles concordancias de los textos completos organizadas de acuerdo con parámetros diversos (alfabético, frecuencia, alfabético inverso).

Otra alternativa para el acceso a los resultados es la metodología de los corpus paralelos, es decir, la posibilidad de comparar textos con el mismo contenido, pero compuestos en diferentes épocas. Para el estudio diacrónico del español existe el portal *Biblia Medieval*, que reúne transcripciones paleográficas descargables, versiones normalizadas, imágenes facsimilares y concordancias completas de la totalidad de los testimonios que han transmitido traducciones bíblicas en castellano durante la Edad Media y el Renacimiento. Cuando el usuario introduce una consulta, las diferentes versiones aparecen dispuestas en paralelo junto a sus fuentes, hebrea o latina. Este tipo de búsqueda tiene un valor heurístico particular, pues los resultados permiten descubrir en las versiones paralelas equivalentes de la estructura buscada que en muchos casos no estaban previstos en el rastreo inicial (Enrique-Arias 2012, 2016).

Un tipo de recurso informatizado de especial relevancia para los estudios diacrónicos son las colecciones documentales en línea. Los documentos del ámbito jurídico tienen la característica de ser la única manifestación escrita que tiende a llevar sistemáticamente indicación de fecha y lugar; por ello, los corpus documentales son los recursos más adecuados para poder adscribir fenómenos lingüísticos a unas coordenadas cronogeográficas concretas. En lo que respecta a la publicación de corpus documentales del castellano y romances vecinos (asturleonés y navarro-aragonés), se han hecho progresos sustanciales gracias a los esfuerzos concertados de los grupos de la red internacional *CHARTA* (*Corpus Hispánico y Americano en la Red. Textos Antiguos*), que trabajan en la edición de fondos documentales del mundo hispánico. Fruto de esta iniciativa se ha creado el sistema de triple presentación (facsímil, transcripción paleográfica y presentación crítica) adoptado ya en numerosos proyectos de corpus (Sánchez-Prieto Borja 2011). Destaca el *Corpus de Documentos Anteriores a 1900* (CODEA), que contiene 4000 documentos antiguos (más de dos millones de registros) procedentes de distintos archivos españoles. El corpus, que además incorpora una función que permite cartografiar los resultados, ya ha sido empleado con éxito para determinar el origen geográfico de algunas variables lingüísticas (cap. 5, cap. 39). Con un planteamiento semejante, pero centrado en el español de América, está el *Corpus Diacrónico y Diatópico del Español de América* (CORDIAM), que reúne documentos, textos literarios y textos periodísticos producidos en América entre 1494 y 1905 y permite descargar las concordancias con los resultados de búsqueda (cap. 44).

Por último, cabe mencionar los corpus que tratan de aproximarse a la lengua de la vida cotidiana o de las clases populares a través de los textos más próximos a la inmediatez comunicativa. Se trata de recursos especialmente apropiados para el cultivo de una disciplina de reciente creación: la sociolingüística histórica, que estudia la relación entre lengua y sociedad a lo largo de la historia (cap. 6). Por ejemplo, el proyecto *Post Scriptum* reúne un corpus de cartas privadas escritas en España y Portugal durante la Edad Moderna con varios formatos de presentación (paleográfico, normalizado, facsímil) (cap. 5). Un enfoque similar es el del *Corpus Mallorca*, que contiene más de un millar de cartas privadas, declaraciones de testigos e inventarios de bienes en castellano producidos en el contexto catalanohablante de Mallorca. El corpus sigue el sistema de triple presentación de la red CHARTA y permite la descarga de resultados en formato de hoja de cálculo.

Una distinción crucial es la que se da entre los corpus con texto plano sin anotar (la mayoría de los que se han ido presentando en las páginas precedentes) y los que tienen texto lematizado y etiquetado gramaticalmente, como los ya mencionados CDH, CE y *Biblia Medieval* o, para el periodo medieval, el *Old Spanish Textual Archive* (OSTA) En estos últimos se pueden hacer búsquedas más sofisticadas: es posible obtener, por ejemplo, ocurrencias de uso de los lemas (es decir, de todas las formas flexionadas de una palabra), así como comprobar las agrupaciones más frecuentes de una palabra (coapariciones) o hacer búsquedas de acuerdo con categorías gramaticales (por ejemplo, qué adjetivos acompañan a una determinada palabra, o qué combinaciones hay de artículo y nombre propio). Como complemento a la gran oferta de recursos que existen y sus funcionalidades, muchos investigadores optan por crear sus propios materiales mediante la descarga de los textos o los resultados de búsquedas y la utilización de programas diversos para etiquetar los fenómenos, introducir anotación gramatical, crear concordancias o usar expresiones regulares para hacer búsquedas especialmente complejas.

En suma, existe una gran variedad de recursos para aplicar la metodología de la lingüística de corpus al estudio diacrónico del español. Dado que cada uno de ellos presenta al mismo tiempo ventajas y limitaciones, en muchos casos el proceder más efectivo será combinar el empleo de más de un recurso: así, los corpus más grandes son el medio ideal para hacer búsquedas preliminares que permiten hacerse una idea general de la documentación de una estructura a lo largo de la historia del español; al mismo tiempo, otros corpus más pequeños especializados en una época, área geográfica o tipología textual concreta pueden servir para afinar los resultados y centrarse con más detalle en algún aspecto del fenómeno que se pretende investigar. Al mismo tiempo, el aprovechamiento de los corpus se puede ampliar mediante el uso de herramientas externas para la descarga, marcación y análisis de los resultados.

5. Perspectivas futuras

Uno de los procedimientos más eficientes para entender los mecanismos que rigen los cambios lingüísticos es el examen de los textos que muestran los momentos de transición en que conviven el sistema original anterior al cambio y el sistema innovador. La distribución y la frecuencia relativa de las estructuras asociadas con el sistema antiguo y con el nuevo proporcionan información valiosa sobre los factores que motivan el cambio, los contextos en los que se ha originado y los canales por los que se ha extendido. Los corpus diacrónicos informatizados facilitan enormemente esta labor, pues permiten obtener en un instante listados de ocurrencias que en otro tiempo hubieran supuesto meses de laboriosa búsqueda.

El otro gran desarrollo metodológico reciente de la lingüística histórica es la adaptación de los métodos de estudio de la variación desarrollados por la sociolingüística para el estudio de los datos históricos obtenidos de los corpus (Silva-Corvalán y Enrique-Arias 2017, 295–296) (cap. 6). Sin embargo, las investigaciones de la diacronía del español no han explotado esta posibilidad en toda su dimensión, lo que contrasta con la atención dispensada a otras cuestiones metodológicas, como los problemas filológicos de selección y presentación de textos en los corpus o la efectividad de las herramientas de búsqueda. En efecto, en muchos trabajos de variación diacrónica del español el análisis de los datos se limita a hacer conteo de ocurrencias y cálculo de porcentajes sin ni siquiera incluir un test estadístico de significatividad; más infrecuente aún es el empleo de técnicas que son de uso común en sociolingüística cuantitativa y lingüística de corpus, como el análisis multivariable mediante programas de regresión logística. La aparición de nuevas herramientas para el análisis cuantitativo, como el modelado estadístico de efectos mixtos (*mixed-effects modeling*), así como la posibilidad de presentar resultados en un amplio elenco de formatos gráficos, ensanchan considerablemente los métodos para el estudio de los datos de los corpus. Una muestra del potencial de los nuevos recursos es el trabajo de Rosemeyer y Enrique-Arias (2016) sobre la expresión de la posesión en castellano medieval. Frente al proceder tradicional de identificar el contexto variable y reducirlo a una oposición binaria de dos estructuras en competición, un análisis estadístico de regresión logística multinomial calcula la probabilidad del empleo del esquema más frecuente (*su casa*) frente a cualquiera de sus competidores (*la su casa, la casa de él, la casa*): el análisis multinomial refleja mejor que el binario cómo opera en realidad el fenómeno variable, puesto que el hablante dispone de más de dos opciones a la hora de expresar la posesión.

Otra de las tareas pendientes de la lingüística histórica hispánica es constituir el "mapa variacional" del español, es decir, establecer una tipología de cuáles son los principales fenómenos sujetos a variación en cada época y área geográfica en la evolución de la lengua. La creación de corpus documentales con textos datados y situados en su espacio geográfico de producción proporciona, finalmente, el material base para poder llevar a cabo este objetivo mediante la confección de un listado filológicamente fiable de rasgos lingüísticos situados en sus coordenadas cronogeográficas. La compilación y análisis de estos datos, además de servir para delimitar el foco geográfico donde se originan los cambios, permitirá establecer mediante cálculos matemáticos la data cronogeográfica de textos comparables para los que no disponemos de esa información (Kawasaki 2014).

Las posibilidades de uso de los corpus se van ensanchando gracias a la creación de nuevos recursos; normalmente se trata de corpus de pequeño ámbito asociados a un proyecto particular, pero que contribuyen a incorporar variedades poco representadas, como dialectos, variedades de contacto, habla de mujeres o de minorías. En esta línea está el corpus *Programes*, concebido para complementar a otros corpus mediante la compilación de testimonios de una época insuficientemente representada, como es el caso del primer español moderno (cap. 40): el corpus da acceso a textos descargables de los siglos xvii al xix, con particular atención al periodo 1640–1725. En la misma línea, el *Corpus Histórico del Español Norteño* (CORHEN) reúne documentos particulares de las variedades castellanas del centro-norte peninsular, con especial atención a una época umbría como es la del periodo de orígenes (siglos X–XIII) (cap. 34). El ámbito limitado de estos nuevos recursos normalmente se corresponde con un alto grado de especialización por parte de sus creadores, quienes, al ser especialistas en la tipología textual asociada, aportan un alto grado de calidad en la selección y edición de los textos.

Uno de los aspectos de los corpus que seguramente tendrá mayor relevancia en el futuro es la participación de los investigadores mediante la habilitación de herramientas colaborativas. Cabe imaginar que las nuevas aplicaciones facilitarán cada vez más que el trabajo realizado por un programador, o la codificación de datos hecha por el usuario lingüista, sean aprovechables para otros usuarios. Un avance en este sentido es el que los creadores de corpus pongan a la disposición de los usuarios los textos completos y provistos de las diferentes capas de anotación disponibles, como se hace por ejemplo en *Biblia Medieval* o en *BiDTEA*. Los formatos digitales facilitan además el poner a la disposición de los usuarios un amplio elenco de recursos para el estudio y comprensión de los textos: facsímiles digitales de los manuscritos, transcripciones paleográficas así como las herramientas analíticas necesarias para manipular los textos (herramientas de búsquedas con posibilidad de filtrado por diferentes parámetros, concordancias, glosarios, enlaces externos, estudios monográficos, etc.). Otra iniciativa destacable es el planteamiento de la plataforma *Tei-Tok*, un programa creado originalmente para el corpus del proyecto *Post Scriptum* pero que se ha hecho de acceso libre; el programa permite que filólogos con conocimientos informáticos de nivel usuario puedan gestionar todo el proceso de creación de un corpus diacrónico: edición, anotación y visualización de los textos.

Por otro lado, la metodología de los corpus informatizados está fuertemente ligada a los cambios tecnológicos y es, por tanto, una disciplina en continuo movimiento. Es previsible, por ejemplo, que el desarrollo de macrobuscadores permita extraer datos de manera masiva rastreando varios corpus simultáneamente. Otra innovación será la posibilidad de interacción de imagen y texto con el desarrollo de documentos legibles por máquina, de modo que sea posible analizar y recuperar información gráfica y textual de los facsímiles digitalizados. Otros avances tecnológicos que son aplicables a la lingüística de corpus son el empleo de programas de inteligencia artificial para el análisis de la variación o la geolocalización para el cartografiado de resultados. Asimismo, el rastreo de la web como corpus tiene un gran potencial: entre los billones de páginas existentes hay recursos como las colecciones de *Google Libros*, alimentadas por un gran número de bibliotecas y cuya herramienta de búsqueda OCR mejora constantemente, que pueden proporcionar datos complementarios a los corpus convencionales. Por ejemplo, Enrique-Arias (2019, 355–358) localiza a partir de búsquedas en *Google* la distribución diatópica en el sur de Aragón y norte de Valencia de la forma *jublar*, variante antigua y dialectal de 'juglar' no documentada en los corpus diacrónicos. La limitación actual de este método es que requiere visitar uno a uno cada enlace de los resultados de búsqueda y cerciorarse de que los ejemplos son legítimos; posiblemente en el futuro habrá posibilidades de mejorar el proceso de búsqueda y filtrado para poder usar procesos automáticos en las búsquedas en la red.

6. Conclusiones

El desarrollo y amplia accesibilidad de los recursos informáticos ha abierto grandes posibilidades para avanzar en el estudio diacrónico del español. La disponibilidad creciente de nuevos datos y herramientas de análisis, las iniciativas de colaboración e intercambio entre equipos creadores de recursos y el mayor rigor y exigencia por parte de los investigadores en lo que respecta a la calidad filológica de los textos abren un panorama prometedor para el futuro de la disciplina. No obstante, a pesar de la abundante oferta de recursos electrónicos no existe un corpus en línea que sea capaz de satisfacer todas las necesidades de la investigación de la diacronía del español. Cada uno de los recursos disponibles, ya sean los grandes corpus, las colecciones documentales o la explotación de datos de Internet, tiene sus ventajas metodológicas y sus debilidades. En términos generales es posible concluir que los grandes corpus que permiten compilar un mayor número de datos y cubren un arco cronológico más amplio implican un menor control de la calidad filológica, datación y origen geográfico de los textos y, por tanto, un nivel más alto de posibles resultados mal clasificados. Al mismo tiempo, los recursos que permiten un mejor control del origen de los datos tienden a ser corpus más pequeños y reúnen tipologías textuales concretas que pueden introducir sesgos en los resultados. Por todo ello, la capacidad del investigador a la hora de evaluar el mérito relativo de los diferentes recursos y la habilidad para valorar la validez empírica de los datos son cualidades esenciales para poder aprovechar en todo su potencial las ventajas metodológicas del empleo de los corpus en investigaciones de orientación diacrónica.

Lecturas recomendadas

Torruella (2017) ofrece, en un tono accesible, una panorámica amplia sobre los corpus diacrónicos y una síntesis práctica de las bases teóricas y metodológicas de la investigación con corpus diacrónicos, los diferentes elementos que intervienen en la creación de los recursos informatizados o los procedimientos para el análisis de los datos extraídos de los corpus.

Kabatek (2016) contiene una muestra de las investigaciones recientes que se llevan a cabo con corpus diacrónicos del español e incluye, además, aportaciones acerca de otras lenguas iberorromances.

Los lingüistas a menudo optan por no limitarse a emplear las herramientas que ofrecen los corpus y procesan los resultados de manera externa con otros programas. Anthony (2013) presenta una revisión crítica de los programas informáticos que se pueden emplear para codificar y analizar estadísticamente los datos lingüísticos extraídos de corpus.

Bibliografía citada

A Recursos

BiDTEA = Gago Jover, F., ed. *Biblioteca Digital de Textos del Español Antiguo.* www.hispanicseminary.org/textconc-es.htm.

CDH = Real Academia Española. *Corpus del Diccionario Histórico de la Lengua Española.* http://web.frl.es/CNDHE.

CE = Davies, M., dir. *Corpus del Español.* http://corpusdelespanol.org.

CODEA = Sánchez-Prieto Borja, P., coord. *Corpus de Documentos Anteriores a 1900.* http://corpuscodea.es.

CORDE = Real Academia Española. *Corpus Diacrónico del Español.* http://corpus.rae.es/cordenet.html.

CORDIAM = Company, C. y V. Bertolotti, dirs. *Corpus Diacrónico y Diatópico del Español de América.* www.cordiam.org.

CORHEN = Torrens Álvarez, M.J., dir. *Corpus Histórico del Español Norteño.* https://corhen.es.

CORHIBER = Torruella, J. y J. Kabatek, coords. *Portal de Corpus Históricos Iberorrománicos.* https://portal-corhiber.wixsite.com/portal-corhiber.

Enrique-Arias, A., dir. *Biblia Medieval*. www.bibliamedieval.es.
Enrique-Arias, A., coord. *Corpus Mallorca*. www.corpusmallorca.es.
OSTA = Gago Jover, F. y J. Pueyo Mena. *Old Spanish Textual Archive*. http://osta.oldspanishtextualarchive.org/
Post Scriptum = Marquilhas, R., coord. *P.S. Post Scriptum. A Digital Archive of Ordinary Writing (Early Modern Portugal and Spain)*. http://teitok.clul.ul.pt/postscriptum.
Programes = *Procesos de Gramaticalización en la Historia del Español*. ucm.es/procesosdegramaticalizacionenlahistoriadelespanol/documentos-programes.
Severin, D., dir. *An Electronic Corpus of 15th Century Castilian Cancionero Manuscripts*. http://cancionerovirtual.liv.ac.uk.
TeiTok = Janssen, M. 2014 [recurso en línea]. Teitok.org.

B Estudios

Anthony, L. 2013. "A Critical Look at Software Tools in Corpus Linguistics". *Linguistic Research* 30 (2): 141–161.
Enrique-Arias, A. 2012. "Dos problemas en el uso de corpus diacrónicos del español: perspectiva y comparabilidad". *Scriptum Digital* 1: 85–106.
Enrique-Arias, A. 2015. "Edición digital y corpus diacrónicos: problemas en la edición de textos históricos producidos en un entorno bilingüe". En *Temas, problemas y métodos para la edición y el estudio de documentos hispánicos antiguos*, eds. J. P. Sánchez Méndez, M. de la Torre y V. Codita, 395–406. Valencia: Tirant lo Blanch.
Enrique-Arias, A. 2016. "Sobre la noción de perspectiva en lingüística de corpus: algunas ventajas de los corpus paralelos". En *Lingüística de corpus y lingüística histórica iberorrománica*, ed. J. Kabatek, 21–39. Berlín: De Gruyter.
Enrique-Arias, A. 2018. "Some Methodological Issues in the Corpus-Based Study of Morphosyntactic Variation. The Case of Old Spanish Possessives". En *Diachronic Corpora, Genre and Language Change*, ed. R. J. Whitt, 261–279. Ámsterdam: John Benjamins.
Enrique-Arias, A. 2019. "Los corpus informatizados aplicados al estudio del libro antiguo. Técnicas, recursos, problemas". En *La producción del libro en la Edad Media: una mirada interdisciplinar*, eds. G. Avenoza, L. Fernández y M. Lourdes Soriano, 335–363. Madrid: Sílex.
Kabatek, J. 2013. "¿Es posible una lingüística histórica basada en un corpus representativo?". *Iberoromania* 77: 8–28.
Kabatek, J., ed. 2016. *Lingüística de corpus y lingüística histórica iberorrománica*. Berlín: De Gruyter.
Kawasaki, Y. 2014. "Datación crono-geográfica de documentos medievales españoles". *Scriptum Digital* 3: 29–63.
Labov, W. 1994. *Principles of Linguistic Change: Internal Factors*. Oxford: Blackwell.
Lüdeling, A. y M. Kytö, eds. 2008. *Corpus Linguistics: An International Handbook*. Berlín: De Gruyter.
Octavio de Toledo, Á. 2019. "Large Corpora and Historical Syntax: Consequences for the Study of Morphosyntactic Diffusion in the History of Spanish". *Frontiers in Psychology* 10 (780): 1–15 [en línea]. http://doi.org/10.3389/fpsyg.2019.00780.
Rodríguez Molina, J. y Á. Octavio de Toledo. 2017. "La imprescindible distinción entre texto y testimonio: el *CORDE* y los criterios de fiabilidad lingüística". *Scriptum Digital* 6: 5–68.
Sánchez-Prieto Borja, P. 2011. *La edición de textos españoles medievales y clásicos. Criterios de presentación gráfica*. San Millán de la Cogolla: Cilengua.
Silva-Corvalán, C. y A. Enrique-Arias. 2017. *Sociolingüística y pragmática del español*. Washington, DC: Georgetown University Press.
Torruella Casañas, J. 2017. *Lingüística de corpus: génesis y bases metodológicas de los corpus (históricos) para la investigación científica*. Nueva York: Peter Lang.

3

Las gramáticas del español como fuentes de datos lingüísticos (Spanish grammars as sources of linguistic data)

Daniel M. Sáez Rivera

1. Introducción

En el presente capítulo se aborda el empleo de las antiguas gramáticas del castellano (hasta el siglo XIX), como fuente de datos lingüísticos para la historia del español. Tras un breve estado de la cuestión, se señalan la utilidad, pertinencia y cautela necesarias al utilizar las gramáticas del pasado como fuentes histórico-lingüísticas. Se distinguirá entre gramática interna y gramática externa, siendo la última un género historiográfico que permite atisbar la gramática interna de hablantes del español del pasado. Sigue una breve historia de la gramática del español según sus tipos textuales al hilo de la cual se proporcionan herramientas teóricas adecuadas para el análisis de gramáticas: la distinción entre usos descritos, prescritos y escritos, de un lado, y la diferencia entre gramatización y gramaticalización, de otro. Todo lo anterior se ejemplifica en gramáticas concretas con atención a distintos niveles lingüísticos.

Palabras clave: gramáticas antiguas, fuentes, historia del español, historiografía lingüística, gramatización

This chapter explains how linguists can use older grammars of Spanish (understood as those published through the 19th century), as sources of linguistic data for the history of the Spanish language. After a brief state of the art survey, this chapter will describe the usefulness, necessity, relevance and appropriate cautions on the use of grammars from the past as historical-linguistical sources. It will next distinguish between inner grammar and outer grammar, the latter being a historiographic genre which allows us to glimpse the inner grammar of speakers of Spanish in the past. The chapter then offers a brief history of Spanish grammars according to their main text types. Several useful theoretical tools are provided at this point: the distinction between descriptive, prescriptive, and written uses, and the difference between grammatisation and grammaticalization. Several examples from concrete grammars are supplied with attention paid to different levels of linguistic analysis.

Keywords: old grammars, sources, history of Spanish language, linguistic historiography, grammatisation

2. Breve estado de la cuestión

Consideraremos *antiguas gramáticas del castellano* aquellas publicadas entre finales de la Edad Media y el siglo XIX (inclusive), siguiendo el título y la propuesta de la compilación de Gómez Asencio (2001).

El empleo de las gramáticas como fuente para la historia de la lengua española constituye una tradición que arranca con Cuervo (1893, 1895a, b) tanto para el estudio de lo fónico-gráfico como de lo morfosintáctico (segundas personas de las formas verbales, leísmo, laísmo y loísmo, etc.). Existen hitos posteriores, como Alonso (1955/1967) para la historia de la pronunciación o Girón Alconchel (1996) para la historia morfosintáctica. Para la historia de las formas de tratamiento (*tú, vos, usted*, etc.), es ejemplar y seminal el trabajo de Salvador Plans (1996), aunque existe alguno anterior y muchos posteriores, que amplían las fuentes a manuales epistolares y de urbanidad (*cf.* Sáez Rivera 2021).

3. Cuestiones metodológicas. Utilidad, pertinencia y cautelas en el empleo de gramáticas antiguas como fuente lingüística

Evidentemente, las gramáticas antiguas prácticamente solo son fuente de datos a partir de la *Gramática de la lengua castellana* (1492) de Nebrija. Una vez que empiezan a publicarse, las gramáticas han sido muy utilizadas como fuente de datos sobre todo para el Siglo de Oro (siglos XVI–XVII), debido a que, como señala Salvador Plans (2006), dan noticia de la competencia de hablantes del pasado, proporcionan información sobre la lengua hablada —especialmente sobre la pronunciación— y también valiosos datos sobre variación (dialectal, social, de situación, lenguas de especialidad, tradiciones discursivas, etc.), así como sobre actitudes lingüísticas e ideología lingüística, manifestadas por ejemplo en el señalamiento de lo que la tradición historiográfica de la historia de la lengua española llama "normas" (Martínez Alcalde 2019) o en el establecimiento de un canon de autores (*cf.* Ramajo Caño 1993 para el Siglo de Oro y Quijada van den Berghe 2011 para el siglo XVIII).

No obstante, pese a la utilidad de este tipo de fuente, hay que observar una serie de cautelas en su manejo. En primer lugar, las gramáticas muestran una serie de inercias, herencia sobre todo del latín (Gómez Asencio 2001): por ejemplo, hasta muy tarde, incluso el siglo XIX, se sigue hablando de "caso" en el español, aunque se señale que se establece no por terminaciones sino por preposiciones (Merrill 1962). En segundo lugar, es necesario atender a los procesos de copia entre gramáticas, especialmente frecuentes a partir del siglo XVII, constituyendo estas una "tradición editorial" o "tradición de copias, alteraciones y adiciones encadenadas" (Sáez Rivera 2005, 793); estas copias pueden ser *incrementales*, cuando se añade información nueva, con frecuencia de actualización a la lengua coetánea, o *detrimentales*, cuando se deforma la fuente introduciendo errores (Sáez Rivera 2009): por tanto, cualquier dato extraído de una gramática tiene que ser comprobado para decidir si es original de su época o no. En tercer lugar, los gramáticos extranjeros pueden escribir y describir una interlengua, no un español nativo, con el ejemplo extremo del español asevillanado e interferido con el francés de Huillery (1661) (Sáez Rivera 2016), por lo que hay que cotejar los datos extraídos con gramáticas coetáneas de nativos y con textos paralelos sin atisbo posible de interferencia, cotejo hoy facilitado por las herramientas de corpus (*cf.* Cap. 2). En cuarto lugar, resulta necesaria la historiografía lingüística para poder interpretar correctamente los conceptos y categorías gramaticales del pasado (p. ej., el famoso "nombre participal infinito" de Nebrija: *cf.* Tollis 1984): así, es especialmente difícil la interpretación de las noticias de pronunciación de las gramáticas y tratados ortográficos antiguos, que desconocen la distinción fonema/sonido/alófono y emplean términos como "voz", "letra", "oficio", "fuerça", "figura" o "nombre" con mezcla de observaciones fonéticas y distinciones fonológicas o nociones opacas a la hora de describir las pronunciaciones (p. ej., "ceceo").

Tampoco se puede olvidar la cautela filológica, que implica la necesidad de acudir directamente a las fuentes, comprobando, contextualizando y, si es necesario, reinterpretando los datos. Hoy día disponemos de completas bibliografías que facilitan la localización de ejemplares, como la *Bibliografía nebrisense* (Esparza Torres y Niederehe 1999; *cf.* también el portal <http://corpusnebrissense.com/index.html>, mantenido por Pedro Martín Baños) o toda la serie de la *BICRES* o *Bibliografía cronológica de la lingüística, la gramática y la lexicografía del español* (Niederehe 1995–2005; Esparza Torres y Niederehe 2012; Esparza Torres et al. 2012), que abarca desde el siglo XVI al XIX. Muchos ejemplares están digitalizados en bibliotecas, catálogos y repositorios en la red, en curso de recopilación en el portal de la *Biblioteca Virtual de la Filología Española* (BFVE, <https://bvfe.es/es/>), que además ofrece valiosas biobibliografías de los autores. Todo ello facilita la tradicional tarea ecdótica de *recensio* y *collatio* de los textos historiográficos (Sáez Rivera 2014) y el consiguiente trazado de *stemmas* o árboles de relación de testimonios textuales (p. ej., el propuesto para la *Nouvelle grammaire espagnole* de Sobrino en Sáez Rivera 2006, 297). La existencia de digitalizaciones en red no exime de la consulta de los ejemplares originales ni de la producción de nuevas ediciones, sobre todo críticas (p. ej., la reciente y modélica edición de Franciosini citada aquí entre las fuentes primarias).

4. La gramática "externa" como fuente de la gramática "interna"

Partiendo de la conocida distinción chomskyana (Chomsky 1986, 15–50) entre lengua-I y lengua-E, podrían diferenciarse una "gramática-E(xterna)" y una "gramática-I(nterna)". La primera consistiría en la gramática como género historiográfico o tradición discursiva en sí misma, con las siguientes características prototípicas: denominarse en su época precisamente "gramática", presentar un texto corrido a una columna (frente a diccionarios, nomenclaturas y diálogos, que se suelen presentar como mínimo a dos columnas), pertenecer a un tipo textual descriptivo, presentarse editorialmente en un formato editorial más pequeño que el folio (frente a los diccionarios, normalmente en folio), poseer un contenido metalingüístico centrado en el nivel fónico-gráfico y el morfosintáctico (aunque las gramáticas antiguas suelen añadir contenido léxico, fraseológico y pragmático) y practicar pedagógicamente una enseñanza deductiva de los contenidos señalados (Sáez Rivera 2011, 559). Esta "gramática-E" serviría históricamente de fuente de la "gramática-I" o "gramática interna" de los hablantes del pasado, entendiendo gramática en un sentido amplio que incluiría desde las reglas de la fonética/fonología/grafía a la morfología, la sintaxis, el léxico y la pragmática, pues las gramáticas antiguas recogían todos los niveles lingüísticos en su contenido.

Para poder emplear adecuadamente las gramáticas-E como fuente de la gramática-I conviene un conocimiento sólido de las gramáticas como género historiográfico, reparando en las siguientes cuestiones: contexto histórico-cultural de producción; vida y obra de los gramáticos; desarrollo de teorías gramaticales o lingüísticas; polémicas gramaticales de la época; nómina y definición de las categorías gramaticales y empleo coetáneo de los términos lingüísticos.

5. Breve historia de la gramática del español en sus tipos textuales

Las gramáticas constituyen un género historiográfico más entre los empleados en una comunidad discursiva (Swales 1990, 24–27) concreta, entendida esta como un conjunto de individuos que se comunican para lograr metas comunes a través de textos pertenecientes a géneros discursivos en particular, siendo en este caso la meta común el aprendizaje y la enseñanza del español, sobre todo a extranjeros (Sáez Rivera 2011, 559). En tal comunidad discursiva, la gramática sería un género más junto a diálogos escolares, nomenclaturas o vocabularios temáticos, diccionarios alfabéticos, narraciones breves, colecciones de refranes, cartas o notas histórico-lingüísticas, entre otros.

Una parte destacada del género historiográfico *gramática* es el prólogo inicial en el que se indica su propósito, objetivo y público. A continuación, las gramáticas antiguas suelen incluir una sección de pronunciación (normalmente denominada "pronunciación de las letras", posteriormente —en particular a partir del siglo XVIII— desglosada en ortografía y prosodia) y desarrollan a continuación especialmente la morfología (denominada habitualmente "analogía") y la exposición de las categorías gramaticales o partes del discurso (usualmente en torno a nueve, a saber: artículo, nombre, adjetivo, pronombre, verbo, adverbio, preposición, conjunción e interjección). Sigue la sintaxis, inicialmente de poca entidad y extensión (pues se desgranaba más bien en los tratados retóricos), y al final algunas notas léxicas y fraseológicas además de observaciones varias (relación del vernáculo con el latín, por ejemplo). Son apéndices frecuentes (sobre todo en gramáticas para extranjeros) nomenclaturas, breves diccionarios, diálogos escolares, cartas e incluso textos literarios, con lo que se crean verdaderos manuales completos. La gramática puede ser también texto liminar de un diccionario (por ejemplo, el inglés-español de Minsheu 1599, que incluye además una serie de diálogos de mucha fortuna posterior) o una colección de diálogos (como la serie multilingüe bajo el nombre de Noël de Berlaimont que arranca en el siglo XVI y llega incluso al XIX, y que incluye el español por primera vez en 1551).

Se puede dividir la gramática en subtipos o subgéneros según el público al que se dirige, esto es, la comunidad discursiva en la que se insertan (Sáez Rivera 2011), lo cual produce diferencias en sus contenidos y metodología que pasamos a abordar.

5.1 Gramáticas para nativos

Con la excepción de la *Gramática de la lengua castellana* (1492) de Nebrija, las gramáticas de español para nativos se desarrollan sobre todo a partir del siglo XVII. Las podemos dividir en *generalistas* o *de referencia*, de largo aliento y consulta especializada, y *escolares*, que sirven de manuales formativos.

5.1.1 Gramáticas generalistas o de referencia

En el siglo XVII destacan el manchego Bartolomé Jiménez Patón (*Instituciones de la gramática española* 1614) y el extremeño Gonzalo Correas, profesor en Salamanca y autor de un *Trilingüe de tres artes de las tres lenguas castellana, latina, i griega* (1627) que incluye una gramática del español conocida como "arte chica", resumen del "arte grande" o *Arte de la lengua española castellana* (1626), que quedó manuscrito hasta el siglo XX. Descuella igualmente la gramática del jesuita jiennense Juan Villar (*Arte de la lengua española*, 1651). Ya a mediados del siglo XVIII aparece la *Gramática de la lengua castellana* (1743/1769) de Benito Martínez Gómez-Gayoso, seguida por el *Arte del romance castellano* (1769) en dos volúmenes de Benito de San Pedro. La primera gramática de la Real Academia Española se publica como *Gramática de la lengua castellana* (*GRAE*, 1771) y se va reeditando con cambios hasta llegar a principios del XX, con hitos como la cuarta edición de 1796 (en la que se desecha p. ej., el laísmo de la norma) y las de 1854, 1870 y 1880. Los dos mayores gramáticos del siglo XIX son el valenciano Vicente Salvá (*Gramática de la lengua castellana*, 1830) y el venezolano Andrés Bello, famoso por su *Gramática de la lengua castellana destinada al uso de los americanos* (1847), reeditada y anotada por Cuervo en 1874.

5.1.2 Gramáticas escolares

Se producen a partir del siglo XVIII, siglo en el que destacan los *Rudimentos de gramática castellana* (1770) de Salvador Puig y numerosas obras que se acumulan a finales de siglo, como los *Elementos de gramática castellana, ortografía, caligrafía y urbanidad* (1790) de Santiago Delgado y Marín, el *Arte nuevo de enseñar las reglas de gramática y orthografía castellana* (1791) de José Balbuena o el *Curso de gramática castellana en solo ochenta días* (1798) de Guillermo Cristóbal y Jaramillo. En el siglo XIX, a raíz de la Ley de Instrucción Pública de Moyano (1857), por la que se declaran la gramática y la ortografía de la Real Academia Española textos únicos y obligatorios en el sistema educativo, la corporación publica el *Compendio* y el *Epítome*, resúmenes de la *GRAE*. Serán numerosas las gramáticas escolares en la América española tras las independencias, fruto de la creación de los sistemas propios y nacionales de educación, y son objeto de especial estudio actualmente.

5.2 *Gramáticas para enseñar español a extranjeros*

Son las primeras en desarrollarse: ya la quinta parte (libro V) de la gramática de Nebrija va de hecho dirigida a la enseñanza a extranjeros. Se suelen estudiar por "focos" nacionales, conforme se denominan en la serie de libros dirigidos por Gómez Asencio (2006–2011). Ahora bien, estos "focos" en la práctica se suelen entrelazar en fuertes procesos de internacionalización, especialmente visibles a partir del siglo XIX con la difusión de diversos métodos denominados normalmente por sus creadores (Ahn, Ollendorf, Robertson, etc.), mientras en el siglo XX priman etiquetas de *método* (natural, estructural, comunicativo, ecléctico) y, más tarde, de *enfoque* (p. ej., por tareas). Para una historia completa de la enseñanza del español a extranjeros, puede consultarse Sánchez Pérez (1992).

Destacan, hasta las primeras décadas del siglo XIX, los siguientes "focos":

1) Flandes.—Es el primero que surge, por la presencia española en la zona, dado que los Países Bajos (esto es, Flandes) formaron parte de la Corona española desde Carlos I hasta el Tratado de Utrecht (1713), por el cual se enajenaron (Sáez Rivera 2008, 169, n. 2). Por ello no extraña que aparecieran en Lovaina, en el taller de Gravio, dos gramáticas, ambas anónimas (1555 y 1559), y en Amberes la *Gramática castellana* (1558), de Cristóbal de Villalón. A finales del siglo XVII se imprime en Bruselas la *Nouvelle grammaire espagnole* (1697) de Francisco Sobrino, copia incremental de la exitosa *Grammaire espagnole* de César Oudin (*cf.* inf. nº 3) con numerosas reediciones hasta incluso principios del siglo XX.

2) Italia.—Es el segundo foco, también debido a la influencia política española en el área, especialmente en el Sur (Nápoles) y en las islas (Cerdeña y Sicilia): *cf.* Sáez Rivera (2008, 111–113). Así, las *Osservationi della lingua castigliana* (1556) de Juan de Miranda inician la gramática basada en el contraste lingüístico (en este caso, con el italiano), modelo que influirá poderosamente en la gramática de Oudin. Sobresale igualmente Lorenzo Franciosini, cuya *Grammatica spagnuola e italiana* (1624) debe mucho a Oudin y algo a Miranda. Franciosini es el primer traductor del *Quijote* al italiano, igual que Oudin lo fue al francés, abriendo ambos una tradición aún viva de empleo de la obra magna cervantina para la enseñanza del español.

3) Francia.—El país vecino de España, en el siglo XVI enemigo, tarda un poco más en tener su primera gramática para enseñar español: *La parfaicte méthode pour apprendre l'Espagnol* (1596) de Nicolas Charpentier. Al año siguiente publicó César Oudin, secretario e intérprete del rey francés, su ya mencionada *Grammaire espagnole* (1597), muy reeditada en el siglo XVII y que siguió retocando su hijo Antoine, también secretario e intérprete regio al que sucedió

Claude Dupuis, autor de *La grammaire espagnole de Des Roziers* (1659). A Juan de Luna, protestante refugiado en Francia y luego Inglaterra, se debe un *Arte breve y compendiosa para aprender la lengua española* (1616). Resulta asimismo señero Claude Lancelot, coautor de la famosa *Grammaire générale et raisonnée* (1660) que, con el seudónimo de De Trigny firma en el mismo año una *Nouvelle méthode pour apprendre la langue espagnole* (1660). En el siglo XVIII destaca por su calidad la gramática de Jean de Vayrac, autor en 1708 de una voluminosa *Nouvelle grammaire espagnole*, muy ampliada en la segunda edición de 1714.

4) Inglaterra (y Estados Unidos).—Uno de los primeros profesores de español en Inglaterra fue Antonio del Corro, también protestante refugiado, que publicó en Oxford sus *Reglas gramaticales para aprender la lengua española y francesa* (1586). No mucho después, Richard Percyvall hace publicar su *Bibliotheca hispanica, containing a grammar, with a dictionarie in Spanish, English and Latine*. El relevo en la producción de materiales para enseñar español lo toma el ya mencionado Minsheu con su diccionario bilingüe (1599). Ya en el siglo XVII, Juan de Luna publica en Londres una edición de su *Arte breve* (1623). El siglo XVIII se inicia con *A new Spanish and English Dictionary* (1706) del capitán John Stevens, con una gramática y unos diálogos muy inspirados en Minsheu. En 1725 sale una edición muy aumentada de esa gramática (*A new Spanish Grammar, more perfect than any hitherto publish'd*) que constituye el arranque de toda una cadena editorial posterior (Sebastián Puchol 1739; Giral Del Pino 1766; Raimundo del Pueyo 1792; Felipe Fernández 1797). Esta tradición desemboca en Estados Unidos a través del catalán-cubano Mariano Cubí y Soler, que publicó en Baltimore en 1822 *A new Spanish Grammar, adapted to every class of learners*, con gran repercusión en su momento.

5) *Países germanófonos*.—Las primeras gramáticas de español se publican aquí en latín, así las *Institutiones in linguam hispanicam* (1614) de Doergank, obra derivada de Oudin con influencia también de Miranda. El cántabro Juan Ángel Sumarán da a la luz en Viena una destacada *Grammática y pronunciación alemana y española* (1634). En torno a la corte vienesa se publican varias gramáticas y manuales más en los siglos XVII y XVIII, como la muy apreciable *Grammatica et syntaxis linguae Hispanicae* (1711) de Matías Cramer. A partir del último cuarto del siglo XVIII, con la *Kurzgefasste Spanische Grammatik* (1778) de Barth como bisagra, proliferan las gramáticas del español: a comienzos del siglo XIX destaca *Theoretisch-Praktische Lehre der Spanischen Sprache* (1806) de Manuel Pérez Ramajo.

6) Otros focos.—En el arranque de la gramática de español en Holanda se sitúa *Linguæ hispanicæ compendiosa institutio* (1630) firmada por Carolus Mulerius (Karl van Muller). Con un título similar se publicó en Dinamarca la pionera en ese país, *Linguae Hispanicae Compendium* (1662) de Carolus Rodriguez Matritense, esto es, Carlos Rodríguez de Madrid. La primera gramática para enseñar español en Portugal es muy tardía, la *Grammatica hespanhola para uso dos portuguezes* (1848) de Nicolau António Peixoto.

Cabe distinguir, en fin, un subgénero transversal, el de las gramáticas dialogadas o erotemáticas, ya para extranjeros (*Espejo de la gramática en diálogos* del murciano Ambrosio de Salazar, publicada en Rouen, 1614) o para nativos, especialmente escolares.

6. Herramientas teóricas de análisis

Conviene distinguir, siguiendo a Girón Alconchel (1996), entre usos descritos, prescritos y escritos: no siempre es lo mismo lo que el gramático dice que hay que decir (uso prescrito) que lo que dice que se dice o se suele decir (uso descrito) y lo que realmente dice (usos escritos). En los usos descritos se suelen incluir apreciaciones de frecuencia de formas o construcciones y diferentes marcas diatópicas (geográficas o dialectales), diastráticas (de grupos sociales, incluidos lenguajes de especialidad) y diafásicas (o de situación: distinciones de estilo o de registro) e incluso diacrónicas (señalamiento de arcaísmos), pudiendo adjudicarse formas o construcciones a tradiciones discursivas específicas (Sáez Rivera 2007). Estas marcas suelen estar además entreveradas o entrelazadas.

Valga un ejemplo: el gramático castellano Villalón incorpora informaciones diatópicas similares o asimilables a las marcas lexicográficas en su *Gramática castellana* (1558), sobre todo en la sección dedicada al género de los sustantivos. Así, señala que "[t]odo nombre de árbol es del género masculino. [...] Aunque en algunas partes de Castilla dizen *esta peral, esta moral, esta nogal*" (Villalón 1558, 22). El uso descrito puede mutar rápidamente en prescrito (o proscrito, esto es, condenado como incorrecto): en la misma sección del género, al indicar que todo nombre acabado en -*ar* es masculino (*mar, par, azúcar, aljófar, azahar*), se añade: "en algunas partes de Castilla dizen *esta mar*, del género femenino: pero mal dicho" (Villalón 1558, 28). Un caso de combinación de marcas es el siguiente: en su gramática, Stevens (1706, 48) señala que la *paragoge* o añadido de una letra o sílaba al final de una palabra es rara en el presente pero usada antiguamente (un arcaísmo), conforme se encuentra en antiguas canciones y baladas, de modo que la asigna a una tradición discursiva concreta, un género poético popular. Se añade, además, que *voy* y *soy* muestran paragoge de -*y* respecto a *vo* y *só*, siendo estas últimas las formas antiguas.

Los usos escritos pueden encontrarse en la lengua de metalenguaje si la gramática está escrita en español, como suele ser el caso de las gramáticas para nativos, mientras que las gramáticas para extranjeros suelen adoptar como lengua de metalenguaje la del foco o público al que se dirige. Podemos clasificar también dentro de los usos escritos los ejemplos de las reglas y las muestras de lengua (diálogos, cartas, narraciones breves, etc.) que suelen acompañar a las gramáticas. Sin embargo, es necesario considerar que los ejemplos son parte de la teoría (Auroux 1994, 110) y los usos lingüísticos que muestran pueden estar al servicio de esta, aparte de que suelen ser con frecuencia copiados; las muestras de lengua, por otro lado, están pregramaticalizadas (Besse 2001; Sáez Rivera 2005) o preparadas para enseñar ciertas estructuras, y las lecturas incluidas en las gramáticas poseen un valor de modelo de lengua, sobre todo cuando están firmadas por autoridades literarias.

Otra noción teórica útil para el análisis es la de *gramatización* (término de Auroux 1994), entendido como la codificación de una forma o estructura lingüística en una gramática, noción que, siguiendo a Girón Alconchel (2018), podemos poner en paralelo con la de gramaticalización (*cf.* cap. 9), proceso de cambio lingüístico que puede seguirse mediante datos extraídos de gramáticas. Por ejemplo, Bello (1847, § 923), al tratar la duplicación de los pronombres de acusativo y dativo simplemente señala (gramatización por uso descrito) que "[e]s usual el acusativo *a usted* después del caso complementario: *Le* han sorprendido *a usted*; *Los* aguardábamos *a ustedes*", dando a entender que no es aún obligatoria (no está, por tanto, enteramente gramaticalizada) tal duplicación con *usted*, forma que además no considera aún pronombre, sino "nombre indeclinable" (Bello 1847, § 920).

7. Ejemplos de obtención de datos en gramáticas antiguas

7.1 Nivel fónico-gráfico

Las observaciones sobre pronunciación de las gramáticas, sobre todo para extranjeros, permiten afinar la historia de los usos fónicos. Por ejemplo Claude Dupuis (1659, fol. āix, r-v) señala que "les veritables Castillans prononcent le *g* devant *e* & *i* comme vn demy *c* en ouurant la bouche tant soit peu, mais plus fort que l'on ne prononce pas en France la (*h*) aspirée", pasaje que Kiddle

(1975, 96) aduce como prueba de que las grafías <g, j + e, i> correspondían a la velar sorda [x], si bien Menéndez Pidal (2005, 1006), con análisis más fino, considera que Dupuis revela un paso intermedio entre la palatal fricativa /ʃ/ y la velar /x/, la palatoalveolar /ç/ (el *ich-Laut* del alemán).

7.2 Nivel morfológico

Aparte de para diferentes cambios en el paradigma verbal, las gramáticas son utilísimas como fuente de documentación del leísmo, laísmo o loísmo, con "gramáticos para todos los gustos" (Gómez Asencio 1989). Es conocido el caso de Salvá, quien propuso reservar el pronombre *le* de acusativo (hoy complemento u objeto directo) para referir entidades animadas (personas y animales), influyendo en la *GRAE* y, por tanto, en la formulación del estándar actual del leísmo.

> si bien hai quien dice siempre *lo* para el acusativo sin la menor distinción, y *le* para el dativo, lo general es obrar con incertidumbre, pues los escritores más correctos que dicen *adorarle*, refiriéndose a dios, ponen *publicarlo*, hablando de un libro. Pudiera conciliarse esta especie de contradicción, estableciendo por regla invariable usar de *le* para el acusativo si se refiere a los espíritus u objetos incorpóreos y a los individuos del género animal; y del *lo*, cuando se trata de cosas que carecen de sexo, y de las que lo tienen, pero pertenecen al reino vegetal. Así diré *examinarle*, si se trata de un espíritu, un hombre o un animal masculino, y *examinarlo*, si de un hecho.
>
> (Salvá 1847, 152–153)

7.3 Nivel sintáctico

Jiménez Patón gramatiza en el siglo XVII el complemento directo preposicional según el rasgo [+ humano], al señalar que la preposición *a* se emplea para marcar los complementos de los verbos "activos" (lo que hoy llamamos "transitivos") formados por "cosas animadas", con una ejemplificación que incluye solo nombres propios de persona.

> La construcción destos verbos actiuos es mediante preposición y sin ella. En cosas animadas, por la mayor parte, se pone la preposición, como *siruo a Pedro, fauorezco a Ioan, amo a Francisco*. En cosa sin alma, están sin ella, como *amo la verdad, leo los libros, oyo el Euangelio*.
>
> (Jiménez Patón 1614, 102)

7.4 Nivel léxico

Ya en Miranda (1566) se recoge la explicación léxica de las voces *merced*, *hideputa* e *hidalgo*, que incluye una disquisición etimológica, de donde pasa a Oudin (1597) y reaparece en Franciosini (1624), aunque este elimina toda hipótesis etimológica. Es tanta la frecuencia de explicaciones de estas voces que Marcos Fernández incluye una etimología burlesca de *hidalgo* al final de su *Olla podrida a la española* (1655).

7.5 Nivel pragmático

Han sido muy explotadas las gramáticas de los Siglos de Oro e incluso del siglo XVIII como fuente para la historia de los tratamientos (p. ej., Salvador Plans 1996; Sáez Rivera 2008, 2021). Pero las gramáticas escolares han sido menos sondeadas como fuentes de datos lingüísticos, cuando constituyen una mina por explorar, sobre todo para el nivel pragmático y la cortesía en particular. Por ejemplo, Delgado Marín (1790, 94) condena el empleo de *tú* en el ambiente respetuoso de la escuela: "En las Escuelas no se permita tratarse de *tú*, ni menos por apodos, ó nombres ridículos"; los escolares han de emplear "vmd."[=*usted*], según se deduce de los ejemplos: "Nunca llamará la atencion quando habla diciendo, *¿me entiende Vmd.? ¿está Vmd.?*" (Delgado Marín 1790, 90). Es tal la importancia que se confiere en la escuela de primeras letras del siglo XVIII a la cortesía que se supone obligación del maestro enseñarla, como recoge Balbuena Pérez (1791, 195): "Otra de las obligaciones del Maestro, y no la menos importante, es el enseñar a los Niños cortesia, politica, ò buena crianza, que consiste en el distinto modo de tratar con los superiores, con los iguales, é inferiores, el aséo, y limpieza de su persona". Delgado Marín (1790, 108–109), por otra parte, no recoge los tratamientos especiales debidos a ciertas personas, "como V. S.ª Exc.ª Mag^d., &c. pues nadie va á hablar á algun personage de estos sin enterarse ántes del tratamiento que se les da por su casa, ó empleo"; en cambio, Balbuena sí los presenta y explica a colación de la enseñanza de la escritura de cartas (una tradición discursiva), e incluso señala pragmáticas vigentes de tratamientos como la *Nueva recopilación de leyes* (Balbuena Pérez 1791, 246–256).

8. Perspectivas futuras y conclusiones

Las gramáticas antiguas y otras herramientas lingüísticas, como los diccionarios (*cf.* cap. 4), constituyen una fuente preciosa de datos para la historia del español, si bien a la hora de aprovecharlas hay que adoptar la serie de cautelas ya señaladas (*cf.* § 3).

Como tareas pendientes, se puede señalar la necesidad de revisitar y revisar estudios clásicos (p. ej., Alonso 1955, 1967) acudiendo directamente a las fuentes, así como sondear más fenómenos de cualquier nivel lingüístico y en más gramáticas (sobre todo las de los siglos XVIII y XIX), diversificar y ampliar las fuentes historiográficas (para la pronunciación, por ejemplo, catecismos y cartillas: *cf.* Echenique Elizondo y Satorre Grau 2013; para la morfosintaxis y la pragmática, géneros como los diálogos escolares, los formularios de cartas o las colecciones didácticas de cuentos y otras muestras de textos, etc.: *cf.* Sáez Rivera 2008), así como adentrarse en la gramática del siglo XX como una fuente más de un siglo ya historiable.

Lecturas recomendadas

En un artículo aparecido un año antes de su muerte, Alonso (1951) ofreció el que sigue siendo el trabajo más accesible para iniciarse en su labor con las gramáticas del Siglo de Oro como fuente para la historia de la pronunciación del español (Alonso 1955/1967).
Siguiendo la estela de Amado Alonso, Girón Alconchel (1996) sondea las principales gramáticas del Siglo de Oro explorando fenómenos morfosintácticos como la evolución de las segundas personas de plural en el verbo español y del complemento directo preposicional.
Gómez Asencio (1989) es un artículo ya clásico de este llorado profesor que rastrea en gramáticas de los siglos XVIII–XIX las diferentes opciones de leísmo, laísmo y loísmo (siendo "loístas" en esa época los gramáticos que propugnaban *lo* como pronombre acusativo masculino singular).

Bibliografía citada

A Repertorios bibliográficos

Alvar Ezquerra, M. y Mª Á. García Aranda, dirs., 2023. *Biblioteca Virtual de la Filología Española (BVFE): directorio bibliográfico de gramáticas, diccionarios, obras de ortografía, ortología, prosodia, métrica, diálogos e historia de la lengua.* www.bvfe.es.

Esparza Torres, M. Á., E. Battaner Moro, G. B. Garrido Vílchez, H.-J. Niederehe y A. Álvarez Fernández. 2012. *Bibliografía cronológica de la lingüística, la gramática y la lexicografía del español (BICRES V): desde el año 1861 hasta al año 1899*. Ámsterdam y Filadelfia: John Benjamins.

Esparza Torres, M. Á. y H.-J. Niederehe. 1999. *Bibliografía Nebrisense: las obras completas del humanista Antonio de Nebrija desde 1481 hasta nuestros días*. Ámsterdam y Filadelfia: John Benjamins.

Esparza Torres, M. Á. y H.-J. Niederehe. 2012. *Bibliografía cronológica de la lingüística, la gramática y la lexicografía del español (BICRES IV): desde el año 1801 hasta el año 1860*. Ámsterdam y Filadelfia: John Benjamins.

Niederehe, H.-J. 1995–2005. *Bibliografía cronológica de la lingüística, la gramática y la lexicografía del español (BICRES I-III): desde el año 1501 hasta el año 1800*, 3 vols. Ámsterdam y Filadelfia: John Benjamins.

B Fuentes primarias (gramáticas y otras herramientas lingüísticas citadas)

Balbuena Pérez, J. 1791. *Arte nuevo de enseñar niños, y vasallos a leer, escrivir, y contar las Reglas de Gramatica, y Orthografía Castellana, precisas para escrivir correctamente*. Santiago: Ignacio Aguayo [ejemplar: Madrid, BNE, 2–4353].

Bello, A. 1847 [1995]. "Gramática de la lengua castellana destinada al uso de los americanos". En *Obras completas*, vol. 4. 3ª ed. Caracas: La Casa de Bello.

Delgado Marín, S. 1790. *Elementos de gramática castellana, ortografía, caligrafía y urbanidad, para uso de los discípulos de las Escuelas Pías*. Madrid: Benito Cano [ejemplar: Madrid, Palacio Real, VIII-2479].

Dupuis, Cl. 1659. *La grammaire espagnole de Des Roziers*. París: Chez l'Autheur [ejemplar: París, BNF, X-14692].

Fernández, M. 1655. *Olla podrida a la española*. Amberes [=Ámsterdam]: Felipe van Eyck.

Franciosini, L. 1624 [2018]. *Gramatica spagnola e italiana*, ed. F. San Vicente. Padua: CLEUP.

Gómez Asencio, J. J., ed. 2001. *Antiguas gramáticas del castellano*. Madrid: Fundación Histórica Tavera [CD-ROM].

Jiménez Patón, B. 1614 [1965]. *Epítome de la ortografía latina y castellana. Instituciones de la gramática española*, eds. A. Quilis y J. M. Rozas. Madrid: CSIC.

Salvá, V. 1847. *Gramática de la lengua castellana*. París: Librería de don Vicente Salvá.

Stevens, J. 1706. *A New Spanish and English Dictionary: To Which is Added, A Copious English and Spanish Dictionary. Likewise A Spanish Grammar*. Londres: George Sawbridge [ejemplar: Madrid, BNE, R-6000].

Villalón, C. de. 1558 [1971]. *Gramática castellana Por el Licenciado Villalón*, ed. C. García. Madrid: CSIC.

C Fuentes secundarias (estudios)

Alonso, A. 1951. "Identificación de gramáticos españoles clásicos". *Revista de Filología Española* 35: 221–236.

Alonso, A. 1955/1967. *De la pronunciación medieval a la moderna*, 2 vols. Madrid: Gredos.

Auroux, S. 1994. *La révolution technologique de la grammatisation*. París: Pierre Mardaga.

Besse, H. 2001. "Comenius et sa 'méthode d'enseignement graduée'". *Langue Française* 131: 7–22.

Chomksy, N. 1986. *Knowldege of Language: Its Nature, Origin, and Use*. London: Praeger.

Cuervo, R. J. 1893. "Las segundas personas de plural en la conjugación castellana". *Romania* 22: 71–86.

Cuervo, R. J. 1895a [1987]. "Disquisiciones sobre la antigua ortografía y pronunciación castellanas". En *Obras*, 240–477. Bogotá: Instituto Caro y Cuervo.

Cuervo, R. J. 1895b. "Los casos enclíticos y proclíticos del pronombre de tercera persona en castellano". *Romania* 24: 95–113 y 219–263.

Echenique Elizondo, M.ª T. y F. J. Satorre Grau, eds. 2013. *Historia de la pronunciación castellana*. Valencia: Tirant lo Blanch.

Girón Alconchel, J. L. 1996. "Las gramáticas del español y el español de las gramáticas en el Siglo de Oro". *Boletín de la Real Academia Española* 76: 285–308.

Girón Alconchel, J. L. 2018. "Gramaticalización y gramatización en la historia del español". En *Actas del X Congreso Internacional de Historia de la Lengua Española*, eds. M.ª L. Arnal Purroy et al., vol. 1, 321–330. Zaragoza: Institución Fernando el Católico.

Gómez Asencio, J. J. 1989. "Gramáticos para todos los gustos: leístas, laístas y loístas". En *Philologica. Homenaje a D. Antonio Llorente*, eds. J. Borrego Nieto et al., vol. 2, 375–388. Salamanca: Universidad de Salamanca.

Gómez Asencio, J. J. 2001. "Lo latino en las gramáticas del español". En *Actas del II Congreso Internacional de la Sociedad Española de Historiografía Lingüística*, eds. M. Maquieira Rodríguez et al., 35–53. Madrid: Arco Libros.

Gómez Asencio, J. J., dir. 2006–2011. *El castellano y su codificación gramatical*, 3 vols. Burgos: Instituto Castellano y Leonés de la Lengua.

Kiddle, L. B. 1975. "The Chronology of the Spanish Sound Change š > x". En *Studies in Honor of Lloyd A. Kasten*, 73–100. Madison: Hispanic Seminary of Medieval Studies.

Martínez Alcalde, M.ª J. 2019. "La(s) norma(s) del castellano en los primeros tratados para su codificación: testimonios y cautelas". En *La configuración histórica de las normas del castellano*, eds. V. Codita, E. Bustos Gisbert y J. P. Sánchez Méndez, 135–160. Valencia: Tirant lo Blanch.

Menéndez Pidal, R. 2005. *Historia de la lengua española*. Madrid: Fundación Ramón Menéndez Pidal y Real Academia Española.

Merrill, J. S. 1962. "The Presentation of Case and Declension in Early Spanish Grammars". *Zeitschrift für Romanische Philologie* 78: 162–171.

Quijada van den Berghe, C. 2011. "Autoridades y canon en gramáticas del español del siglo XVIII". En *El castellano y su codificación gramatical, Vol. 3, El siglo XVIII: de 1700 a 1835*, dir. J. J. Gómez Asencio, 805–831. Burgos: Instituto Castellano y Leonés de la Lengua.

Ramajo Caño, A. 1993. "La norma lingüística y las autoridades de la lengua: de Nebrija a Correas". *Anuario de Letras* 31: 333–377.

Sáez Rivera, D. M. 2005. "La explotación pedagógica del diálogo escolar en la didáctica del español (ss. XVI–XIX)". En *Las gramáticas y los diccionarios en la enseñanza del español como segunda lengua: deseo y realidad*, eds. M.ª A. Castillo Carballo et al., 792–798. Sevilla: Universidad de Sevilla.

Sáez Rivera, D. M. 2006. "Crítica textual, historiografía lingüística e historia de la lengua: *propr(r)io-mismo* a partir de la *Nouvelle grammaire espagnole* de Francisco Sobrino". En *Historia de la lengua y crítica textual*, ed. L. Pons Rodríguez, 267–302. Madrid y Fráncfort: Iberoamericana y Vervuert.

Sáez Rivera, D. M. 2007. "Tradiciones discursivas, historiografía lingüística e historia de la lengua". En *Cuatrocientos años de la lengua del Quijote: estudios de historiografía e historia de la lengua española*, eds. M. Fernández Alcaide y A. López Serena, 89–111. Sevilla: Universidad de Sevilla.

Sáez Rivera, D. M. 2008. *La lengua de las gramáticas y métodos de español como lengua extranjera en Europa (1640–1726)*. Tesis doctoral. Madrid: Universidad Complutense de Madrid. www.ucm.es/BUCM/tesis/fll/ucm-t30253.pdf.

Sáez Rivera, D. M. 2009. "La explosión pedagógica de la enseñanza del español en Europa a raíz de la Guerra de Sucesión española". *Dicenda* 27: 131–156.

Sáez Rivera, D. M. 2011. "Los libros de gramática del español en el siglo XVIII: estructura y tipología textual". En *El castellano y su codificación gramatical, vol. 3, El siglo XVIII: de 1700 a 1835*, dir. J. J. Gómez Asencio, 549–570. Burgos: Instituto Castellano y Leonés de la Lengua.

Sáez Rivera, D. M. 2014. "Notas sobre la gramática para la enseñanza del español en el ámbito germánico en el siglo XIX". En *Métodos y resultados actuales en historiografía de la lingüística*, eds. M.ª L. Calero et al., vol. 2, 653–663. Münster: Nodus.

Sáez Rivera, D. M. 2016. "Un francés de Chartres en la Sevilla del siglo XVII: la interlengua asevillanada de François Huillery en su *Vocabvlario para facilmentey brieuemente deprender a ler, escrebir, y hablar la lengua Castellana. Con algunas curiosidades* (París,1661)". En *Diálogos entre la lengua y la literatura*, eds. C. J. Álvarez López y M.ª del R. Martínez Navarro, 15–49. Sevilla: Vitela.

Sáez Rivera, D. M. 2021. "Las formas de tratamiento en las gramáticas del español en los siglos XVIII y XIX". *Revista Internacional de Lingüística Iberorrománica (RILI)* 38: 151–172.

Salvador Plans, A. 1996. "Las fórmulas de tratamiento en la teoría gramatical de los siglos XVI y XVII". En *Scripta Philologica in memoriam Manuel Taboada Cid*, vol. 1, 185–206. La Coruña: Universidade da Coruña.

Salvador Plans, A. 2006. "Los tratadistas del siglo de oro como fuente para el análisis de la historia de la lengua". En *Actas del VI Congreso Internacional de Historia de la Lengua Española*, eds. J. J. Bustos Tovar y J. L. Girón Alconchel, vol. 1, 159–183. Madrid: Arco Libros.

Sánchez Pérez, A. 1992. *Historia de la enseñanza del español como lengua extranjera*. Madrid: SGEL.

Swales, J. M. 1990. *Genre Analysis: English in Academic and Research Settings*. Cambridge: Cambridge University Press.

Tollis, F. 1984. "À propos des 'Circunloquios' du verbe castillan chez Nebrija: le 'nombre participial infinito'". *Historiographia Linguistica* 11: 55–76.

4

Los diccionarios del español como fuentes de datos lingüísticos[1] (Spanish dictionaries as sources of linguistic data)

Gloria Clavería Nadal

1. Introducción

Los diccionarios del pasado se constituyen en una fuente de conocimientos esencial para la historia de la lengua española, muy en particular, aunque no exclusivamente, de su léxico. Por los datos que atesoran y por la elaboración metalingüística que entrañan, son fuentes privilegiadas para la reconstrucción del sistema lingüístico de la época a la que pertenecen y, además, forman parte del proceso de estandarización de la lengua y de la creación de la conciencia lingüística.

Palabras clave: diccionarios; fuentes; historia del español; historiografía lingüística; historia de la lexicografía

Dictionaries from the past constitute an essential source of knowledge for the history of the Spanish language, especially (though not exclusively) regarding its lexicon. The data and the metalinguistic comments they contain render these dictionaries privileged sources for the reconstruction of the language of the times when they were produced. In addition, these dictionaries form part of the process of language standardization and of the creation of a linguistic awareness or consciousness.

Keywords: dictionaries; sources; history of Spanish language; linguistic historiography; history of lexicography

2. Conceptos fundamentales

Se incardina este capítulo en la intersección de dos disciplinas lingüísticas cercanas, la historiografía lingüística y la historia de la lengua. Para esta, los diccionarios representan una fuente de datos imprescindible en la reconstrucción de la evolución del español porque constituyen un ejemplo de la lengua de la época en la que fueron elaborados y también por el particular procesamiento de la realidad lingüística que involucran de modo que, según Reyre (2006, XLV), "un diccionario antiguo es un 'museo de la palabra'". Las fuentes lexicográficas se enraízan en la enseñanza y aprendizaje de lenguas, y su comparación —"arqueología lexicográfica" según

Ilson (2003)—, manifiesta la propia evolución de la lengua, pese a que son obras en las que la tradición alcanza un peso relevante. El diccionario es, además, un objeto cultural en el que muy fácilmente se revelan las actitudes e ideologías lingüísticas, reflejadas tanto en la macroestructura, con la selección de entradas (exclusiones e inclusiones), como en la microestructura, desde la información sobre el lema tratado.

La tradición lexicográfica del español se inicia en la Edad Media muy supeditada al latín. Sus primeras manifestaciones son los glosarios latino-españoles (siglos XIV y XV),[2] cuyos *interpretamenta* romances contienen un vocabulario esencialmente patrimonial (Castro 1991, LXXXII), y el manuscrito editado por Mac Donald (2007). De 1490 es el *Universal vocabulario* de Alfonso Fernández de Palencia (Gemmingen 2003, 164–166), un diccionario monolingüe latino con traducción aproximada al romance, parte que, como bien atestigua el *DECH*, resulta muy valiosa para la documentación del léxico. Desde finales del siglo XV es Antonio de Nebrija el iniciador de un nuevo modelo de lexicografía latino-romance con el *Lexicon hoc est dictionarium ex sermone latino in hispaniensem* (Salamanca, 1492) y el *Dictionarium ex hispaniensi in latinum sermonem* (Salamanca, ¿1495?) (Gemmingen 2003, 167–171). Cuando con el Renacimiento se revalorizó el aprendizaje del español por la dimensión internacional que alcanzó la nación (Gili Gaya 1960, x), las obras nebrisenses fueron aprovechadas para establecer las equivalencias del español con otras lenguas vernáculas. Entre los diccionarios bilingües, cabe destacar, además de las equivalencias entre español y las diferentes lenguas europeas (Acero 2003), el *Vocabulario arávigo en letra castellana* de Pedro de Alcalá (Granada 1505), con correspondencias en árabe vulgar granadino, y los vocabularios hispano-amerindios (Smith-Stark 2009; Hernández 2018a) compilados por los misioneros para el aprendizaje de las lenguas indígenas con fines evangelizadores; uno de sus primeros logros es el *Vocabulario en lengua castellana y mexicana* (México 1555, 1571) de Alonso de Molina (Hernández 2018a, 94–96). También con raíces latinas y medievales, se elaboraron a partir del Renacimiento obras multilingües en las que interviene el español; no hay que olvidar, además, de las nomenclaturas, con tratamiento del léxico organizado por materias (Acero 2003; Alvar Ezquerra 2013).

Uno de los hitos fundamentales de la historia de la lexicografía es el *Tesoro de la lengua castellana o española* de Sebastián de Covarrubias (Madrid 1611), vinculado tanto a la lexicografía latina como a la plurilingüe y centrado en la indagación etimológica. Aunque tradicionalmente se ha considerado el primer diccionario "monolingüe" del español (Azorín 2000, 131; Carriazo y Mancho 2003), no puede comprenderse adecuadamente fuera de las coordenadas descritas en los párrafos anteriores (Lépinette 1989).

El diccionario monolingüe se consagra en el siglo XVIII con la Real Academia Española y su *Diccionario de autoridades* (1726–1739), cuyos modelos son los repertorios de la Accademia della Crusca y de la Académie française. Exhibe, sin embargo, esta obra una personalidad propia con amplios criterios de selección del vocabulario y abundante fundamentación textual (Freixas 2010). La tradición lexicográfica académica se consolida con una segunda edición del *Autoridades* (1770, A–B), en la que se introducen algunas bases novedosas, y con las veintitrés ediciones del diccionario académico en un solo volumen, desde el *DRAE* 1780 hasta el *DLE* 2014, disponible en línea con actualizaciones anuales. En estas obras se ha ido gestando el concepto de norma léxica del español (Ruhstaller 2003; Jiménez Ríos, En prensa; Fajardo 2021).

Existen, además, otros muchos diccionarios también valiosos para el historiador del español moderno (García Platero 2003). Por ejemplo, el *Diccionario castellano con las voces de ciencias y artes* de Esteban de Terreros y Pando (Madrid 1786–1793) interesa en particular por las palabras de carácter técnico que registra y, en la consolidación decimonónica de la lexicografía no académica, cabe destacar el *Nuevo diccionario de la lengua castellana* de Vicente Salvá (París 1846). Para el siglo XX, sobresalen por su atención al uso el *Diccionario de uso del español* (Madrid 1966–1967) de María Moliner y el *Diccionario actual de la lengua española* de Manuel Seco *et al.* (Madrid 1999), como testimonios de los derroteros léxicos más recientes.

A partir del siglo xix, se produce una diversificación de los productos lexicográficos a la que no se puede atender aquí por motivos de espacio: desde los diccionarios enciclopédicos a los de provincialismos, sinónimos, etimológicos, sectoriales, etc. Todas estas obras han sido profusamente empleadas como fuentes para trazar la historia del léxico [caps. Dworkin, Mancho y Gómez de Enterría].

3. Aproximaciones teóricas y perspectivas actuales

3.1 La revolución en los recursos: los repositorios de diccionarios

La recopilación y estudio de los diccionarios antiguos ha experimentado, en los últimos tiempos, grandes avances impulsados por las nuevas tecnologías. En poco más de un siglo, se ha pasado de disponer solo de catálogos de obras lexicográficas en papel (Muñoz y Manzano 1893, libro tercero; *BICRES I–V*) a su recolección y tratamiento digitales, con lo que ha mejorado enormemente su accesibilidad. Progreso extraordinario representa, en este sentido, la BVFE, repositorio digital creado por Manuel Alvar Ezquerra (2022) que reúne más de 5000 obras lexicográficas alojadas en la red.

A mediados del siglo xx, el *Tesoro lexicográfico de la lengua española* (*1492–1726*) de Gili Gaya (1960) supuso un avance decisivo en el acercamiento a los diccionarios antiguos. Entendido como diccionario de diccionarios, permitió conjugar las perspectivas evolutiva y contrastiva en el estudio del léxico (Corbella 2018, 134) y, aunque este proyecto quedó inconcluso, la idea y el uso del concepto de tesoro han tenido varias derivaciones relevantes.

El *Nuevo tesoro lexicográfico de la lengua española* (*NTLLE*) facilita, a través de la palabra de la entrada, la imagen digital de 66 obras, desde Nebrija hasta el *DRAE* 1992. Aunque recoge una amplia muestra de la lexicografía española disponiendo el contenido de los diccionarios a modo de corpus paralelo, carece de una mínima homogeneización y unificación de los lemas: así ocurre, por ejemplo, con las simples variaciones gráficas (*xeringa, geringa, jeringa*) o las distintas formas que una voz haya podido adoptar (*yacht, yacte* para el actual *yate*). Este inconveniente queda resuelto en el *Mapa de diccionarios académicos*, que pone en paralelo seis ediciones del *DRAE* (1780, 1817, 1884, 1925, 1992 y 2001), o en la *Lemateca del DRAE*, elaborada a partir de las distintas ediciones decimonónicas del diccionario académico (*cf.*, además, el portal *Dicciocho*).

Siguiendo la estela iniciada por Gili Gaya, el *NTLE* sistematiza a modo de *corpus glossariorum* y hace fácilmente contrastable la información de las 145 fuentes que comprende, desde el siglo xiv, con los glosarios mencionados anteriormente, hasta un texto de Feijoo de 1726. Es un instrumento utilísimo para indagaciones sobre la historia de los diccionarios y sus dependencias, así como para el estudio del léxico desde fuentes metalingüísticas.

Esta concepción de tesoro se ha aplicado con especial éxito al ámbito dialectal con el acopio de vocabularios y otro tipo de materiales de diferentes épocas, como los reseñados en Corbella (2018, 142–149). Se ha empleado, asimismo, en la recolección de diccionarios históricos (*TDHLE*: Real Academia Española 2021), aunque con datos muy fragmentarios.

En el terreno del español de América, existen distintos materiales y proyectos en curso. La lexicografía bilingüe en español y lenguas indígenas de América constituye una cantera extraordinaria. El catálogo de Hernández (2018a) proporciona una esmerada descripción de más de 150 vocabularios (siglos xvi–xviii). Estos repertorios, aparte de ser testimonios de la lengua de su época, mejoran el conocimiento de la gestación e historia del léxico americano y del proceso de adopción de los préstamos indígenas, como ocurre, por ejemplo, con el origen de *vainilla*, presente ya en un vocabulario hispano-tzeltal de alrededor de 1571 (Hernández 2018a, 47). Vinculado a este catálogo (Hernández 2018b), se está elaborando el *Tesoro léxico de los americanismos contenidos en los vocabularios hispano-amerindios coloniales* (*TELEAM* 1550–1800). Entre España y América gravita el *Tesoro léxico canario-americano* (*TLCA*: Corrales y Corbella 2010), además del conjunto de recursos citados en Corbella (2018, 149–155), y recientemente ha cristalizado el proyecto internacional *Tesoro lexicográfico del español en América* (*TLEAM*) con un portal que se augura de gran utilidad en el estudio léxico de las variedades ultramarinas (Corbella y Díaz 2023).

3.2 Los diccionarios como fuentes de información lingüística

El recurso a los diccionarios para el conocimiento de la historia del español es un procedimiento que cuenta con estudios ya clásicos; modelos emblemáticos son las investigaciones de Colón (2002) y sus múltiples análisis contrastivos del léxico nebrisense; también lo son los acercamientos de Morreale (1988) al *Tesoro* de Covarrubias y, en el español moderno, cabe recordar los trabajos de Lapesa (1996, 357–379) para el primer tercio del siglo xx con una notable fundamentación lexicográfica.

Gracias a la facilidad de identificación de las voces, los diccionarios se han utilizado frecuentemente como pruebas documentales de la existencia de la palabra en un momento determinado. Corominas, por ejemplo, tomó como base de su diccionario etimológico la nomenclatura del *DRAE* 1936 y el léxico más moderno se halla frecuentemente documentado usando las distintas ediciones del diccionario académico. Los diccionarios, sin embargo, aportan datos cronológicos de carácter complementario y la presencia de la palabra en estas fuentes constituye un jalón más de su historia (Álvarez de Miranda 2006, 1230–1231). Mientras algunos son novedosos por recoger el uso de la época, los diccionarios normativos excluyen sistemáticamente cierto tipo de neologismos (Clavería 2016). Buena ilustración de la primera postura representa Terreros en la entrada *editor*: "en Francia es voz nueva, pero ha hecho fortuna; no sabemos si la hará en Castellano, en donde también lo es, y quiere probarla". Cobra sentido, pues, contraponer las documentaciones textuales con las diccionarísticas con el fin de otorgar mayor alcance y exactitud a las investigaciones léxicas (*cf.*, como ejemplos, Battaner 1977; Álvarez de Miranda 1992; Gómez de Enterría 2020); este contraste refleja la compleja relación entre uso y norma (Egido 2021) y su interacción en los mismos fundamentos del diccionario (Fajardo 2021).

La ausencia de una voz en una fuente lexicográfica puede ser un dato revelador y, a menudo, se utiliza como prueba de su inexistencia en un determinado momento (*DECH, s. v. aplastar, brillar, carroña*, etc.); hay que contar, sin embargo, que la ausencia puede estar determinada por motivos normativos o ideológicos, siempre presentes en el quehacer lexicográfico (San Vicente *et al.* 2011).

Como ocurre con las fuentes gramaticales (cap. 3, epígrafe 7), las lexicográficas atesoran multitud de datos lingüísticos. En el caso de las grafías, el diccionario contribuye a la reconstrucción de la historia de la grafemática y de la pronunciación (Quilis Merín 2013a). Tanto el orden alfabético como las definiciones de las letras aportan datos relevantes sobre la pronunciación (Echenique 2013), aunque siempre a través del análisis filológico e interpretativo (Blanco 2018). Buena ilustración de ello se encuentra en las ricas noticias sobre la pronunciación del *Tesoro* de Covarrubias (por ejemplo, Ariza 2011; Quilis Merín 2013b), en el que se describen fenómenos como la neutralización entre *r* y *l* (*s. v. almario*, por ejemplo) o se atestigua, incluso en la nomenclatura, la *g* adventicia en casos como *güerfano* o *güevo*, una prueba de su difusión en el siglo xvii. Desde el punto de vista normativo, el vínculo entre ortografía y diccionario se manifiesta en el hecho de que históricamente este ha contribuido a la fijación de la primera, como demuestran Martínez Alcalde (2007a) y Terrón (2022).

En el terreno de la morfosintaxis, los datos de los diccionarios son subsidiarios a los de las gramáticas y, aunque en ellos no aparecen los elementos gramaticales con un tratamiento detallado, se desprenden de estas fuentes pormenores de interés. En la microestructura, además, el discurso lexicográfico deviene en documentación textual y, así, se puede documentar, por ejemplo. el empleo del leísmo en contraste con los usos descritos en la gramática (*cf.* el *publicarle* referido a *bando* hasta el *DRAE* 1899). Se manifiestan también en los diccionarios informaciones de carácter pragmático entre las que destacan las fórmulas de saludo, las interjecciones o los tratamientos y la cortesía (*cf.* Ridruejo 2000 o Martínez Alcalde 2007b). En la interfaz entre léxico y gramática, los diccionarios son buenas herramientas para el estudio histórico de la fraseología (cap. 23) y, en este sentido, cabe mencionar investigaciones como las de Scandola (2006), sobre el *Diccionario de autoridades*, o Romero (2015), sobre las colocaciones y su tratamiento en los diccionarios de los siglos xvii–xxi. El propio texto del diccionario puede utilizarse para reconstruir la historia de la evolución de las estructuras complejas como hace Provencio (2020) con *en punto a/en punto de* contrastando diversos diccionarios del español moderno. En última instancia, los diccionarios de partículas y fraseológicos (*cf.* Santos 2003; Seco 2018), aunque sincrónicos, por su propia estructuración son útiles en la reconstrucción histórica del tipo de unidades que almacenan.

3.3 La variación en los diccionarios

Gran interés tienen las apreciaciones que proporcionan las fuentes lexicográficas sobre la variación lingüística. Esta información ha ido adquiriendo progresivamente mayor grado de codificación, pasando de su expresión en el propio enunciado definitorio al empleo de abreviaturas y marcas; también se ha transformado su valor desde representar calificaciones fundamentalmente retóricas basadas en la lengua literaria (Blecua 2006) hasta ser el resultado de planteamientos eminentemente lingüísticos (Gutiérrez Cuadrado 2018).

La variación diacrónica, centrada en los arcaísmos, ocupa un puesto relevante en la tradición lexicográfica y su origen se encuentra en la función que les otorgaba la retórica clásica (Gutiérrez Cuadrado 2005). La recolección de arcaísmos no puede disociarse del interés por los textos antiguos, como se observa en una de las primeras recolecciones de este tipo de vocablos, el *Índice compuesto por D. Gonzalo Argote de Molina de algunos vocablos antiguos que se hallan en el libro del Conde Lucanor, escrito por don Juan Manuel* (1575) —*cf.* Gemmingen (2003, 162–164)—. La presencia del arcaísmo en el diccionario cumple varias funciones, que van desde la propiamente filológica, como auxilio en la interpretación de textos antiguos, hasta su valor histórico y "castizo" (*Diccionario de autoridades*: v). Estos elementos léxicos ya están bien presentes en el *Tesoro* de Covarrubias (Reyre 2006: lvii; Ruhstaller 1995–1996; Eberenz 1990) y son fundamentales en la tradición lexicográfica académica desde el *Diccionario de autoridades*, en cuya base filológica alcanzan un puesto relevante (Jiménez Ríos 2001). La exhumación de arcaísmos no cesa de crecer en otros diccionarios —en el de Salvá, por ejemplo, su número asciende a más de 11 000 voces (Azorín 2018)—. Pese a que la Academia en la primera mitad del xix suprimió muchas variantes arcaicas, fruto de un cambio de concepción del diccionario (Jiménez Ríos 2018; Clavería 2020), la estela de esta tendencia permanece en el *DLE*, y persisten en la nomenclatura actual *acaloñar* o *engeño* junto a variantes antiguas como *grant/grand*, *falagüeño/ña* o *fijodalgo* (Pascual 1997).

Útiles para el conocimiento de la lengua del pasado, aunque no siempre fáciles de interpretar, resultan las apreciaciones sobre el uso (diastráticas y diafásicas). El *Tesoro* de Covarrubias se constituye en una de las mejores fuentes del español áureo porque contiene un verdadero granero de estos datos (Eberenz 1992; Fernández Alcaide 2017). Este tipo de informaciones aparece también en los diccionarios bilingües (Gemmingen 1990), siempre atentos a la lengua común.

La presencia de la variación diatópica adopta dos vertientes complementarias. Por un lado, hay notas geolingüísticas en los diccionarios generales ya desde el *Tesoro* (Eberenz 1992) y el *Diccionario de autoridades*, y también en la lexicografía posterior —por ejemplo, Salvador Rosa (1985), Aliaga (1997), Fernández Gordillo (2006) o Peña (2019) para la tradición académica; para Terreros, véase Echevarría Isusquiza (2001)—. Por otro lado, se cuenta con los datos atesorados por la lexicografía regional peninsular e hispanoamericana cuyo objetivo prioritario es la recolección del vocabulario no general y que, a menudo, toma como piedra de toque la propia lexicografía académica (Álvarez de la Granja y González Seoane 2018).

De igual forma, en el léxico propio de América, se pueden distinguir las dos vertientes enunciadas: por un lado, este tipo de voces ya se registran en el *Tesoro* (Lope Blanch 1977), en el *Diccionario de autoridades* (bibliografía citada en Clavería y Hernández 2021, 402) y, con un salto cualitativo, es uno de los ejes fundamentales del diccionario de Salvá, publicado en época posterior a las independencias americanas (Azorín 2000: 257–272; Azorín 2008; Álvarez de Miranda 2007). Dentro de la tradición académica, se empieza a conceder mayor atención al léxico americano a partir del *DRAE* 1884 (Ezcurra 2019; Clavería y Hernández 2021) coincidiendo con la fundación de las Academias correspondientes, una actitud que se ha acentuado en los siglos XX y XXI, y que culmina con la aplicación de la política panhispánica al diccionario (Greußlich 2020) y con la introducción en él del concepto de españolismo (Moreno Fernández 2020). Por otro lado, las obras lexicográficas que acopian elementos léxicos americanos, aparte de los glosarios hispano-amerindios citados anteriormente y algunos otros precedentes como el *Diccionario de voces americanas* de M. J. de Ayala (Quesada 1995) o el *Vocabulario de las voces provinciales de la América* de A. Alcedo (1786–1789), experimentan gran desarrollo después de las independencias; una de sus primeras muestras es el *Diccionario provincial de voces cubanas* de E. Pichardo en 1836 (Huisa 2018, 251–258). Son obras que destacan por su carácter diferencial con respecto al diccionario de la Academia y que, a menudo, manifiestan una notable inclinación prescriptiva. Resultan de gran interés histórico tanto por su contenido léxico como por las circunstancias sociales e ideológicas de su alumbramiento (Huisa 2021); estos condicionamientos trascienden a la macroestructura con la selección de voces, a la microestructura con la información lexicográfica y a los paratextos (por ejemplo, Chávez Fajardo 2022, 119–142).

La variación diatécnica muestra también las dos perspectivas mencionadas. En la lexicografía general, aunque el prólogo del *Diccionario de autoridades* anunciaba la intención de elaborar un diccionario dedicado a las "artes liberales y mechánicas", dio cabida a un buen número de voces del léxico *facultativo* (Azorín 2000: 174–176; Freixas 2010: 177 y ss.), tal como se refleja, por ejemplo, en el área de la medicina (Gutiérrez Rodilla 1993). Es, sin embargo, el diccionario de Terreros, como muy bien recoge su título, el que mayor atención prodigó a este tipo de voces. Los diccionarios generales del siglo XIX reflejan con mayor o menor celeridad los avances de la ciencia y de la técnica con la inclusión de voces científicas y técnicas en su nomenclatura (Azorín 2000); el *DRAE*, por su parte, se suma a esta línea de desarrollo a partir de finales de siglo (Blanco y Clavería 2021). Para el español moderno, además, se pueden aprovechar las fuentes de la lexicografía especializada y enciclopédica (*cf.* las investigaciones del grupo Neolcyt con fuerte apoyo en fuentes lexicográficas y, entre otros, Prieto García-Seco 2010).

4. Perspectivas futuras y conclusiones

Como instrumentos metalingüísticos, los diccionarios se configuran en una fuente de primer orden para el conocimiento de la lengua y de su devenir, un hecho que se manifiesta claramente en la documentación del *DHLE*, en el que una parte importante de las acepciones de cada voz procede exclusivamente de los diccionarios.[3] Además, en la lingüística histórica española, la importancia de las obras lexicográficas se ve acrecentada tanto por la falta de un diccionario etimológico actualizado como por la prolongada carencia de un diccionario histórico completo.

Las perspectivas futuras de investigación de las fuentes lexicográficas deberían, al menos, seguir dos líneas: una, asociada a las nuevas tecnologías y otra, a su tratamiento filológico.

Los recursos digitales de los que se dispone actualmente deberían ser utilizados para paliar la dispersión existente en los datos léxicos y conseguir una unificación eficiente de los mismos a través de grandes plataformas con informaciones relacionadas con criterios lingüísticos (Fajardo 2018, 273) de forma que se consiguiera el acceso sistemático al amplio caudal de datos contenidos en estas fuentes con una recuperación de la información mediante métodos científicos modernos (*cf.*, por ejemplo, Corbella, Fajardo y Díaz, En prensa). El progreso en la historia del léxico científico y técnico también requeriría la conformación de un tesoro de diccionarios especializados (*cf.* el proyecto *TeLeMe* para el léxico de la medicina). La mejor accesibilidad a los datos debería ser el punto de arranque para su explotación integral, es decir, más allá del lema.

Como obras del pasado, las fuentes lexicográficas requieren un tratamiento eminentemente filológico. Guardan entre ellas una elevada interdependencia porque el método de compilación usual se fundamenta, en gran medida, en las obras precedentes: este particular es perfectamente visible en la presencia del *Tesoro* de Covarrubias en el *Diccionario de autoridades*; los propios diccionarios de la Academia sirven de base para la tradición extraacadémica, y estos, a su vez, compilan fuentes de muy variado tipo, por lo que es imprescindible ahondar en estas filiaciones interlexicográficas para conocer el origen y evolución de cada información. El análisis filológico, por ejemplo, debería permitir la discriminación de los distintos materiales léxicos con la identificación de las palabras fantasma generadas por la propia historia textual de la labor diccionarística (Pascual 1997, 17; Álvarez de Miranda 2000), un fenómeno que en la tradición lexicográfica académica es muy evidente y cuyo origen se halla, a menudo, en los textos que nutrieron el *Diccionario de autoridades* o en el simple hecho de que cada nueva edición se elaboraba sobre la anterior, de ahí que, con la desaparición de las autoridades en el *DRAE* 1780, se desplazara el foco de atención de la lengua del texto a "*la metalengua del diccionario mismo*" (Álvarez de Miranda 2007, 331). Así, por ejemplo, Rodríguez Molina (2005) demuestra que la acepción 'amputación' en la entrada *decocción* podría ser un error por *decolación* y que la acepción se añadió erróneamente a la primera y no a la segunda; del mismo modo, en el *DRAE* (1803) se incorpora alfabéticamente desordenada la palabra *pucia* para un tipo de vaso de uso farmacéutico; probablemente se trate de una errata que, por la misma inercia y la dependencia interlexicográfica, se ha mantenido en toda la lexicografía posterior (cfr. *DLE*): se comprende, por tanto, que para el *DECH* sea una palabra de "origen desconocido". Contiene, además, la tradición lexicográfica casos de (cuasi) hápax de difícil explicación como, por ejemplo, los italianismos *fazoleto* en el *Tesoro* de Covarrubias (Eberenz 1990, 11) o *aconchadillo*, que *Autoridades* recoge a través del *Estebanillo González* (Pascual 1997, 16).

Para progresar en el empleo eficaz de los datos lexicográficos, se precisa un conocimiento depurado de cada una de las fuentes lexicográficas, que, en general, plantean aún muchos interrogantes, como evidencian investigaciones recientes como las de Blanco y Clavería (2021), Hamlin (2021), Prieto García-Seco (2021). El hallazgo de nuevos materiales proporcionará, sin ninguna duda, apreciables avances en su conocimiento; piénsese, por ejemplo, en los legajos de la segunda edición del *Diccionario de autoridades* (Carriscondo y Carpi 2020a), identificados en 2016 y puestos a disposición pública en la página web de la RAE, u otros recursos académicos, igualmente útiles, como el Fichero general y el Fichero de hilo. Las indagaciones sobre las fuentes de las obras lexicográficas (Ruhstaller 2000; Blecua 2006; Freixas 2010; Jacinto 2012; Rojo 2014) ayudan a comprender su concepción y sus principios, y permiten tender pasarelas entre los corpus textuales (cap. 2) y los lexicográficos. En este sentido, la existencia de ediciones críticas de las principales obras lexicográficas espacio —*cf.* Arellano y Zafra (2006)— espacio reportaría grandes ventajas, pues la reconstrucción filológica aplicada a los diccionarios trasciende incluso los saberes históricos.

Teniendo en cuenta que el *DLE* entronca genéticamente con el primer diccionario académico, la única ruta para su reestructuración definitiva como diccionario normativo y de uso del español actual se encuentra en la indagación filológica espacio —*cf.* desde el punto de vista geolectal Corbella (2021); Clavería y Julià (En prensa)—. La tradición lexicográfica española hace evidente que la mirada al pasado y su comprensión resultan tareas ineludibles para la recta comprensión del presente.

Notas

1 Agradezco a A. Fajardo, E. Hernández y N. Terrón la lectura de la versión inicial de este capítulo y sus consejos y observaciones.
2 En general, las fuentes lexicográficas se citan a través de los estudios mencionados o a través del *NTLLE*.
3 Las acepciones lexicográficas se identifican con 📖. Por ejemplo, en la entrada *enagua* parecen 11 acepciones y estructuras complejas, 5 de las cuales tienen origen en fuentes lexicográficas.

Lecturas recomendadas

En Medina Guerra (2003) se encuentran varios capítulos en los que se puede ampliar el conocimiento de la historia de la lexicografía española (Acero 2003; Carriazo y Mancho 2003; García Platero 2003; Gemmingen 2003; Ruhstaller 2003).

En Corbella, Fajardo y Langenbacher-Liebgott (2018) pueden consultarse varios estudios en los que puede observarse desde perspectivas muy diferentes la investigación con fuentes lexicográficas y la reflexión acerca de su valor y los problemas que plantean (Blanco, Clavería y Jiménez Ríos 2018; Corbella 2018; Hernández 2018b; Fajardo 2018).

En Huisa (2021) se hallan distintas contribuciones que abren nuevas perspectivas en el estudio de la lexicografía americana y su aportación al estudio de la conformación del léxico americano.

Referencias citadas

Acero, I. 2003. "La lexicografía plurilingüe del español". En *Lexicografía española*, ed. A. M. Medina, 175–204. Barcelona: Ariel.

Aliaga, J. L. 1997. *Contribucion al estudio de las voces aragonesas en las ediciones del Diccionario de la Real Academia Espanola (Lexicografia y diversidad geolingüística)*. Zaragoza: Prensas Universitarias.

Alvar Ezquerra, M. 2013. *Las nomenclaturas del español. Siglos XV–XIX*. Madrid: Liceus.

Alvar Ezquerra, M., dir. 2022. *Biblioteca Virtual de la Filología Española (BVFE): directorio bibliográfico de gramáticas, diccionarios, obras de ortografía, ortología, prosodia, métrica, diálogos e historia de la lengua*. www.bvfe.es.

Álvarez de la Granja, M. y E. González Seoane, eds. 2018. *Léxico dialectal y lexicografía en la Iberorromania*. Madrid y Fráncfort: Iberoamericana y Vervuert.

Álvarez de Miranda, P. 1992. *Palabras e ideas: el léxico de la ilustración temprana en España (1680–1760)*. Madrid: Real Academia Española.

Álvarez de Miranda, P. 2000. "Palabras y acepciones fantasma en los diccionarios de la Academia". En *La fabrique des mots. La néologie ibérique*, eds. J.-C. Chevalier y M.-F. Delport, 55–73. París: Presses de l'Université de Paris-Sorbonne.

Álvarez de Miranda, P. 2006. "Problemas y estado actual de los estudios sobre historia del léxico español". En *Actas del VI Congreso Internacional de Historia de la Lengua Española*, eds. J. L. Girón y J. J. de Bustos, vol. 2, 1229–1240. Madrid: Arco/Libros.

Álvarez de Miranda, P. 2007. "Panorama de la lexicografía española en el siglo xix". En *Historiografía de la lingüística en el ámbito hispánico. Fundamentos epistemológicos y metodológicos*, eds. J. Dorta, C. Corrales y D. Corbella, 329–356. Madrid: Arco/Libros.

Arellano, I. y R. Zafra. 2006. *Edición integral e ilustrada del Tesoro de la lengua española castellana de Sebastián de Covarrubias Horozco*. Madrid: Universidad de Navarra, Iberoamericana, Vervuert, Real Academia Española y Centro para la Edición de Clásicos Españoles.

Ariza, M. 2011. "Grafías y fonética en Covarrubias". *Académica* 6: 97–110.

Azorín, D. 2000. *Los diccionarios del español en su perspectiva histórica*. Alicante: Publicaciones de la Universidad de Alicante.

Azorín, D. 2008. "Para la historia de los americanismos en los diccionarios del español". *Revista de Investigación Lingüística* 11: 13–43.

Azorín, D. 2018: "Salvá y la Academia Española frente al tratamiento lexicográfico de los arcaísmos léxicos". *Revista de Filología de la Universidad de La Laguna* 36: 49–84.

Battaner, M.ª P. 1977. *Vocabulario político-social en España (1868–1873)*. Madrid: Real Academia Española.

BICRES I–V: VVAA. *Bibliografía cronológica de la lingüística, la gramática y la lexicografía del español (BICRES)*. Amsterdam y Filadelfia: John Benjamins, 1995, 1999, 2005, 2012, 2015.

Blanco, M. Á. 2018. "Un proceso significativo de revisión: la definición de las letras". En *El diccionario de la Academia en el siglo XIX: la quinta edición (1817) al microscopio*, coords. G. Clavería y M. Freixas, 175–202. Madrid: Arco/Libros.

Blanco, M. Á. y G. Clavería, eds. 2021. *El diccionario académico en la segunda mitad del siglo XIX: evolución y revolución. DRAE 1869, 1884 y 1899*. Berlín: Peter Lang.

Blecua, J. M. 2006. *Principios del Diccionario de autoridades*, Discurso leído el día 25 de junio de 2006 en su recepción pública por el Excmo. D. J. M. Blecua y su contestación por el Excmo. D. J. A. Pascual. Madrid.

Carriazo, J. R. y M. J. Mancho. 2003. "Los comienzos de la lexicografía monolingüe". En *Lexicografía española*, ed. A. M. Medina, 205–234. Barcelona: Ariel.

Carriscondo, F. M. y E. Carpi 2020a. "El diccionario más importante de la RAE no está impreso". *Nueva Revista de Filología Española* 68: 247–254.

Castro, A. 1991. *Glosarios latino-españoles de la Edad Media*. 2.ª ed. Madrid: CSIC.

Chávez Fajardo, S. 2022. *Diccionarios del fin del mundo*. Santiago de Chile: Fondo de Cultura Económica.

Clavería, G. 2016. *De vacunar a dictaminar. La lexicografía académica decimonónica y el neologismo*. Madrid y Fráncfort: Iberoamericana y Vervuert.

Clavería, G. 2020. "El *Diccionario de la lengua castellana* (1817–1832) y la propuesta decimonónica de diccionario manual". *Boletín de la Real Academia Española* 100: 15–52.

Clavería, G. y E. Hernández. 2021. "América en el diccionario académico (*DRAE* 1869, *DRAE* 1884, *DRAE* 1899): primera aproximación". En *El diccionario académico en la segunda mitad del siglo XIX: evolución y revolución. DRAE 1869, 1884 y 1899*, eds. M. Á. Blanco y G. Clavería, 401–438. Berlín: Peter Lang.

Clavería, G. y C. Julià. En prensa. "Los diatopismos en el diccionario de la Academia: orígenes y evolución".

Colón, G. 2002: *Para la historia del léxico español*, 2 vols. Madrid: Arco/Libros.

Corbella, D. 2018. "Del tesoro lexicográfico analógico al digital". En *Historia del léxico español y humanidades digitales*, eds. D. Corbella, A. Fajardo y J. Langenbacher-Liebgott, 133–163. Berlín: Peter Lang.

Corbella, D. 2021. "Marcación geográfica y estandarización: diatopismos en los diccionarios de la RAE". *Revista Internacional de Lingüística Iberoamericana (RILI)* 37: 31–46.

Corbella, D., y C. Díaz. 2023. "El Tesoro Lexicográfico de Español en América: entre repositorio lexicográfico y memoria patrimonial". En *Perspectives de recherche en linguistique et philologie romanes*, eds. D. Corbella, J. Dorta y R. Padrón, vol. I, 689–701. Estrasburgo: Editions de Linguistique et de Philologie.

DECH: Corominas, J. y J. A. Pascual. 1980–1991. *Diccionario crítico etimológico castellano e hispánico*. Madrid: Gredos (versión en CD-ROM, 2012).

DHLE: Real Academia Española. 2013–. *Diccionario histórico de la lengua española (DHLE)* [en línea: rae.es/dhle].

Dicciocho: Carriscondo, F. M. y E. Carpi. 2020b. *Dicciocho. Portal lexicográfico del XVIII*. www.dicciocho.org.

Eberenz, R. 1990. "Sprachliche Norm und Varietäten in Sebastián de Covarrubias' *Tesoro de la lengua castellana o española* (1611)". En *Sprachtheorie und Theorie der Sprachwissenschaft. Geschichte und Perspektiven.*

Festschrift für Rudolf Engler zum 60. Geburtstag, eds. R. Liver, I. Werlen y P. Wunderli, 108–117. Narr: Tübingen.

Eberenz, R. 1992. "Sebastián de Covarrubias y las variedades regionales del español. Sobre las precisiones geolingüísticas del *Tesoro de la lengua castellana o española*". En *Actas del II Congreso Internacional de Historia de la Lengua Española*, eds. M. Ariza et al., 987–996. Madrid: Arco/Libros.

Echenique, M. T. 2013. "La obra de Nebrija como fuente para el estudio de la pronunciación castellana". En *Historia de la pronunciación castellana*, eds. M. T. Echenique y F. Satorre, 165–215. Valencia: Tirant Humanidades.

Echevarría Isusquiza, I. 2001. "El primer vocabulario montañés y otros vocabularios castellanos. Terreros y la dialectología en España en el siglo XVIII: la experiencia del léxico". *Boletín de la Real Academia Española* 81: 53–150.

Egido, A. 2021. *El árbitro de las lenguas. Anotaciones sobre la norma y el uso en la Real Academia Española*. Madrid: Cátedra.

Ezcurra, Á. 2019. "Léxico general y pluricentrismo. Aproximación a los americanismos en el diccionario académico". En *El español, lengua pluricéntrica: discurso, gramática y medios de comunicación masiva*, coord. S. Greußlich y F. Lebsanft, 61–80. Göttingen: Vandenhoeck y Ruprecht.

Fajardo, A. 2018. "Lexicografía histórica con corpus y recursos digitales: aspectos metodológicos". En *Historia del léxico español y humanidades digitales*, eds. D. Corbella, A. Fajardo y J. Langenbacher-Liebgott, 255–278. Berlín: Peter Lang.

Fajardo, A. 2021. "La norma en la lexicografía del español: conflicto, contraste y consenso". *Revista Internacional de Lingüística Iberoamericana (RILI)* 37: 17–29.

Fernández Alcaide, M. 2017. "Nuevo acercamiento a la variación lingüística en el *Tesoro* de Covarrubias". *Revista de Filología Española* 97: 69–90.

Fernández Gordillo, Luz. 2006. *Tratamiento lexicográfico de los mexicanismos y seudomexicanismos en los diccionarios académicos*. Tesis doctoral. México: El Colegio de México.

Fichero de hilo: Real Academia Española. s. f. Fichero de hilo. http://archivo.rae.es/fichero-de-hilo.

Fichero general: Real Academia Española. s.f. Fichero general de la lengua española. http://apps2.rae.es/fichero.html.

Freixas, M. 2010. *Planta y método del Diccionario de autoridades. Orígenes de la técnica lexicográfica de la Academia (1713–1739)*. Coruña: Universidade da Coruña.

García Platero, J. M. 2003. "La lexicografía no académica en los siglos XVIII y XIX". En *Lexicografía española*, ed. A. M. Medina, 263–280. Barcelona: Ariel.

Gemmingen, B. F. von. 1990. "Recherches sur les marques d'usage dans le *Tesoro de las dos lenguas* de Cesar Oudin (1607)". En *Les marques d'usage dans les dicionnaires (XVIIe-XVIIIe siècles). Lexique* 9: 31–41.

Gemmingen, B. F. von. 2003. "Los inicios de la lexicografía española". En *Lexicografía española*, ed. A. M. Medina. Barcelona: Ariel.

Gili Gaya, S. 1960. *Tesoro lexicográfico (1492–1726)*, Tomo I (A–E). Madrid: CSIC.

Gómez de Enterría, J. 2020. *El vocabulario de la medicina en el español del siglo XVIII*. Berna: Peter Lang.

Greußlich, S. 2020. "Normative Dictionaries (Spanish)". En *Manual of Standardization in the Romance Languages*, eds. F. Lebsanft y F. Tacke, 605–627. Berlín y Boston: De Gruyter.

Gutiérrez Cuadrado, J. 2005. "Arcaísmos y otros – ismos. La selección léxico en el *Quijote*". *Boletín de la Real Academia Española* 85: 335–374.

Gutiérrez Cuadrado, J. 2018. "Cuestiones pertinentes e impertinentes a propósito del léxico dialectal en la nomenclatura de los diccionarios generales". En *Léxico dialectal y lexicografía en la Iberorromania*, eds. M. Álvarez de la Granja y E. González Seoane, 101–119. Madrid y Fráncfort: Iberoamericana y Vervuert.

Gutiérrez Rodilla, B. M. 1993. "Los términos relacionados con la medicina en el *Diccionario de autoridades*". *Boletín de la Real Academia Española* 78: 463–512.

Hamlin, C. M. 2021. "Alfonso de Palencia: ¿autor del primer vocabulario romance latín que llegó a la imprenta?". *Boletín de la Real Academia Española* 101: 173–218.

Hernández, E. 2018a. *Lexicografía hispano-amerindia 1550–1800. Catálogo descriptivo de los vocabularios del español y las lenguas indígenas americanas*. Madrid y Fráncfort: Iberoamericana y Vervuert.

Hernández, E. 2018b. "Tesoro lexicográfico de los americanismos contenidos en los vocabularios hispano-amerindios coloniales (1550–1800) [*TELEAM*]". En *Historia del léxico español y humanidades digitales*, eds. D. Corbella, A. Fajardo y J. Langenbacher-Liebgott, 107–131. Berlín: Peter Lang.

Huisa, J. C. 2018. "Lexicografía del español de América". En *Léxico dialectal y lexicografía en la Iberorromania*, eds. M. Álvarez de la Granja y Ernesto González Seoane, 247–266. Madrid y Fráncfort: Iberoamericana y Vervuert.

Huisa, J. C., ed. 2021. *Fuentes lexicográficas del estudio histórico del léxico hispanoamericano*. Berlín: Peter Lang.
Ilson, R. F. 2003. "Lexicographic Archaeology: Comparing Dictionaries of the Same Family". En *Lexicography: Critical Concepts*, ed. R. R. K. Hartmann, 76–84. Nueva York: Routledge.
Jacinto, E. J. 2012. *El principio de autoridad en los diccionarios generales del español (siglos XVIII–XX)*. Tesis doctoral. Madrid: Universidad Complutense.
Jiménez Ríos, E. 2001. *Variación léxica y diccionario: los arcaísmos en el diccionario de la Academia*. Madrid y Fráncfort: Iberoamericana y Vervuert.
Jiménez Ríos, E. 2018. "La revisión de arcaísmos en el *DRAE* en la primera mitad del siglo XIX". *Estudios humanísticos. Filología* 40: 405–429.
Jiménez Ríos, E. En prensa. "Los diccionarios de la Real Academia Española". En *Manual de lexicografía*, eds. M. P. Battaner *et al*. Londres: Routledge.
Lapesa, R. 1996. "Nuestra lengua en la España de 1898 a 1936". En *El español moderno y contemporáneo. Estudios lingüísticos*, 343–396. Barcelona: Crítica.
Lemateca del *DRAE*. lemateca.detede.cat.
Lépinette, B. 1989. "Contribution a l'ètude du *Tesoro de la lengua castellana o española* de Sebastián de Covarrubias". *Historiographia Linguistica* 16: 357–310.
Lope Blanch, J. M. 1977. "Los indoamericanismos del Tesoro de Covarrubias". *Nueva Revista de Filología Hispánica* 26: 293–315.
Mac Donald, G. J. 2007. *Diccionario español-latino del siglo XV: An Edition of f.II.10 Anonymous Manuscript of the Real Biblioteca de San Lorenzo de El Escorial*. Nueva York: HSMS.
Mapa de diccionarios: Instituto de Investigación Rafael Lapesa de La Real Academia Española. 2013. *Mapa de diccionarios* [en línea: web.frl.es/ntllet].
Martínez Alcalde, M. J. 2007a. "Lexicografía y codificación ortográfica en el siglo XVIII". En *Historia de la lexicografía española*, eds. J. I. Pérez Pascual, M. Campos y R. Cotelo, 111–118. Coruña: Universidade.
Martínez Alcalde, M. J. 2007b. "Pragmática y lexicografía histórica del español en el siglo XVIII: Esteban de Terreros". *Quaderns de Filologia. Estudis Lingüístics* 12: 289–300.
Moreno Fernández, F. 2020. "Los *ismos* nacionales de la lengua española". *Boletín de la Real Academia Española* 100: 115–145 y 543–614.
Morreale, M. 1988. "Virgilio en el *Tesoro* de Sebastián de Covarrubias". *Boletín de la Real Academia Española* 68: 203–273.
Muñoz y Manzano, C., conde de la Viñaza. 1893. *Biblioteca histórica de la filología castellana*. Madrid: Imprenta y fundición de Manuel Tello.
Neolcyt: neolcyt.net.
NTLE: Nieto Jiménez, Lidio y Manuel Alvar Ezquerra. 2007. *Nuevo tesoro lexicográfico del español (s. XIV-1726)*. Madrid: Arco/Libros.
NTLLE: Real Academia Española 2001. *Nuevo tesoro lexicográfico de la lengua española*, edición en DVD. Madrid: Espasa. ntlle.rae.es.
Pascual, J. A. 1997. "La caracterización de los arcaísmos en un diccionario de uso". En *Lèxic, corpus i diccionaris. Cicle de conferències*, 94–95, 9–30. Barcelona: Universitat Pompeu Fabra.
Peña, J. 2019. *El léxico de Cantabria en los diccionarios de la Academia: de Autoridades al DLE-2014*. Santander: Ediciones Tantín.
Prieto García-Seco, D. 2010. "El *Diccionario enciclopédico hispano-americano de literatura ciencias y artes* (1887–1910) de la editorial Montaner y Simón". *Boletín de la Real Academia Española* 87: 97–121.
Prieto García-Seco, D. 2021. *Un eslabón recuperado de la lexicografía española. La reimpresión retocada del Diccionario académico de 1780*. Madrid: Visor Lingüística.
Provencio, H. 2020. "*En punto a*: un caso de variación onomasiológica desde los inicios del español moderno". En *Tradiciones discursivas y tradiciones idiomáticas en la historia del español moderno*, eds. A. López Serena, S. del Rey y E. Carmona, 269–301. Berlín: Peter Lang.
Quesada, M. A. 1995. "Prólogo". Al *Diccionario de M. J. de Ayala*, IX–XLIV. Madrid: Arco/Libros.
Quilis Merín, M. 2013a. "Observaciones sobre pronunciación en el *Tesoro de la lengua castellana o española* (1611) de Sebastián de Covarrubias". *Beiträge zur Geschichte der Sprachwissenschaft* 23: 71–86.
Quilis Merín, M. 2013b. "La pronunciación del español a través de la lexicografía". En *Historia de la pronunciación castellana*, eds. M. T. Echenique y F. Satorre, 491–523. Valencia: Tirant Humanidades.
Reyre, D. 2006. "Prólogo segundo. Las llaves de *Tesoro* de Covarrubias". En *Tesoro de la lengua castellana o española de S. de Covarrubias Horozco*, edición integral e ilustrada, eds. I. Arellano y R. Zafra, XLV–XLVI. Madrid: Universidad de Navarra, Iberoamericana, Vervuert, Real Academia Española, Centro para la Edición de Clásicos Españoles.

Ridruejo, E. 2000. "La formulación de componentes pragmáticos en el *Tesoro* de Covarrubias (1611)". En *La lingüística española en la época de los descubrimientos*, coord. B. Bagola, 135–148. Hamburgo: Helmut Buske.

Rodríguez Molina, J. (2005): "*Decocción* 'amputación': una acepción fantasma en el diccionario de la Real Academia Española". *Revista de Filología Española* 85: 159–164.

Rojo, G. 2014. "Análisis cuantitativo de las citas del *Diccionario de autoridades*". *Boletín de la Real Academia Española* 94: 137–196.

Romero, L. 2015. *El tratamiento de las colocaciones en la lexicografía monolingüe general del español (siglos xvii–xxi)*. Tesis doctoral. Alicante: Universidad de Alicante.

Ruhstaller, S. 1995–1996. "Las palabras antiguas castellanas en el *Tesoro* de Covarrubias". *Travaux de Linguistique et de Philologie* 33–34: 439–453.

Ruhstaller, S. 2000. "Las autoridades del *Diccionario de autoridades*". En *Tendencias en la investigación lexicográfica del español. El diccionario como objeto de estudio lingüístico y didáctico*, eds. S. Ruhstaller y J. Prado, 193–224. Huelva: Servicio de Publicaciones.

Ruhstaller, S. 2003. "Las obras lexicográficas de la Academia". En *Lexicografía española*, ed. A. M. Medina, 235–261. Barcelona: Ariel.

Salvador Rosa, A. 1985. "Las localizaciones geográficas en el *Diccionario de autoridades*". *Lingüística Española Actual* 7: 103–139.

Santos, L. 2003. *Diccionario de partículas*. Salamanca: Luso-Española de Ediciones.

San Vicente, F., C. Garriga y H. E. Lombardini, coords. 2011. *Ideolex. Estudios de lexicografía e ideología*. Monza: Polimetrica.

Scandola, V. 2006. *El tratamiento de la fraseología en los diccionarios de la Real Academia Española (1726–2001): análisis fraseológico y fraseográfico. Contribución a la historia de la fraseología española*. Tesis doctoral. València: Universitat de València.

Seco, M., dir. 2018. *Diccionario fraseológico documentado del español actual. Locuciones y modismos españoles*. 2.ª ed. Madrid: JdeJ.

Smith-Stark, T. C. 2009. "Lexicography in New Spain (1492–1611)". En *Missionary Linguistics IV/Lingüística misionera IV. Lexicography. Selected Papers from the Fifth International Conference on Missionary Linguistics*, eds. O. Zwartjes, R. Arzápalo y T. C. Smith-Stark, 3–82. Ámsterdam y Filadelfia: John Benjamins.

TDHLE: Real Academia Española. 2021. *Tesoro de los diccionarios históricos de la lengua española*. rae.es/tdhle.

TeLeMe: Gutiérrez Rodilla, B. M., dir. *Tesoro lexicográfico médico (TeLeMe)*. teleme.usal.es.

Terrón, N. 2022. *Lexicografía y ortografía en el siglo XIX. La fijación de la ortografía académica a través del DRAE (1803–1899)*. Berlín: Peter Lang.

TLCA: Corrales, C. J. y D. Corbella. 2010: *Tesoro léxico canario-americano*. Las Palmas de Gran Canaria: Casa de Colón y Cabildo Insular de Gran Canaria.

5

Dialectología histórica de la Península Ibérica (Historical dialectology of the Iberian Peninsula)

Inés Fernández-Ordóñez

1. Introducción

La comprensión cabal del cambio lingüístico necesita acotar no solo sus coordenadas históricas y estructurales, sino también las geográficas, sociales y de registro, en comparación sistemática de las varias áreas románicas del espacio peninsular. La compilación de nuevos corpus que reúnen documentación cercana a la oralidad, geolocalizada y fechada, facilita este ambicioso abordaje. Los estudios históricos que han adoptado una perspectiva dialectal arrojan un panorama nuevo y complejo sobre la formación histórica del español, en el que las soluciones que fueron imponiéndose con el tiempo proceden de focos geográficos y de grupos sociales diferentes, y no siempre, como se asumía tradicionalmente, del castellano septentrional ni de los sociolectos de prestigio. Es tarea pendiente de la dialectología histórica definir las áreas dialectales con capacidad expansiva (y las que carecieron de ella) en la historia del español en cada época y tratar de buscar los motivos históricos que subyacen a su formación, persistencia temporal o, en su caso, desaparición.

Palabras clave: dialectos; historia del español; corpus; morfosintaxis

The complete understanding of linguistic change needs to determine not only its historical and structural limits, but also its geographical, social and register settings, through a systematic comparison of the various Romance areas of the Iberian Peninsula. The difficulty of finding sources that allow such an ambitious approach has been solved thanks to the compilation of new corpora that gather geolocalized and dated documentation that comes close to reflecting the spoken language, and that complement traditional corpora based on literary texts. Historical studies that hitherto have adopted a dialect perspective shed a new and complex overview on the historical formation of Spanish, in which the options that prevail over time come from different geographical foci and social groups, and not always, as was assumed traditionally, from northern Castilian or from prestigious sociolects. It is the future task of historical dialectology to define the dialect areas with expansive capacity in the history of Spanish in each period, as well as the areas that lacked it, and to try to find the historical reasons that underlie their formation, survival, or disappearance.

Keywords: dialects; history of Spanish; corpora; morphosyntax

2. Cuestiones teóricas y metodológicas

La dialectología histórica del español ha estado fuertemente moldeada por el planteamiento de Menéndez Pidal (1926), quien, al tiempo que alumbraba su estudio, la abocaba a su extinción más allá del siglo XIII. De un lado, impuso la idea de que la delimitación (y la suerte evolutiva) de las variedades románicas peninsulares correspondía *grosso modo* a las fronteras de los reinos medievales, con un dialecto leonés y un dialecto castellano que no se ha probado que se sintieran como entidades autónomas en la Edad Media. En cambio, agrupó las variedades habladas en Navarra y Aragón bajo el paraguas lingüístico del navarroaragonés, aunque esas variedades sí ganaron conciencia de identidad diferencial desde el siglo XIII y, en atención a los mismos criterios políticos, hubiera sido legítimo diferenciarlas al menos desde el siglo XI. El empeño de encajar los datos lingüísticos en el molde estructural de los reinos políticos condujo a que desde entonces se iniciaran líneas de investigación que restringían su objeto de interés al "dialecto" leonés, al castellano o al aragonés (que solía incluir el navarro), y no se plantearan, por lo general, estudios históricos en un marco comparado que reuniera datos procedentes de distintas áreas peninsulares. Debido al planteamiento de partida, cualquier cambio lingüístico consumado en esas variedades parecía endógeno a ellas y nunca procedente del exterior.

De esa forma, los focos de difusión de las innovaciones lingüísticas iberorromances quedaban ocultos en la imagen de su historia evolutiva. Desde el siglo XII solo una difusión parecía posible en la perspectiva pidalina: la de los rasgos supuestamente castellanos más allá de las fronteras del reino de Castilla. La castellanización de los territorios del centro y sur peninsular, simbólicamente representada por la imagen de una cuña invertida, la llamada "cuña castellana", es la segunda idea que fue ampliamente aceptada y determinó que se concibiera el área castellana como poco penetrable a la influencia externa. El tercer marco conceptual universalmente acatado fue la selección de rasgos que definían la "castellanidad". Menéndez Pidal seleccionó cinco rasgos fonéticos cuya conjunción identificaba a una variedad como castellana: la glotalización F- > [h-], la evolución de los grupos LJ, K'L, T'L, G'L a una fricativa postalveolar [ʒ], la palatalización de -KT-, -ŬLT- > [t͡ʃ], la pérdida de la consonante resultante de la palatalización de G- / I- y el desarrollo -SKJ- > [t͡s]. La documentación de estos rasgos fuera de Castilla se interpretó como castellanización del territorio afectado, sin valorar otros aspectos gramaticales o léxicos, y avaló el estudio unitario, sin distinciones geográficas, de todas las obras y las áreas en que estos rasgos se presentaran, sin sopesar que su difusión pudo no obedecer a proceso de "castellanización" alguno. En la visión pidalina, la fragmentación dialectal del castellano aún tenía importancia en el periodo previo a Alfonso el Sabio, pero desde la segunda mitad del siglo XIII la lengua literaria se caracterizaba por la uniformidad, por lo que no cabía plantear distingos geográficos en su estudio (Fernández-Ordóñez 2009, 2011). Solo se admitían la disidencia meridional, consumada a finales de la Edad Media, y los remanentes del antiguo leonés y aragonés, tildados de "dialectos históricos" pese a que el último siguió la misma senda estandarizadora que el castellano hasta finales del siglo XIV (Tomás Faci 2020).

Este planteamiento conceptual ha prevalecido en el estudio histórico del español en gran parte del siglo XX e, incluso, del siglo XXI, de forma que la dialectología comparada de las variedades románicas peninsulares no parecía necesaria ni pertinente. Sin embargo, sabemos, desde el desarrollo de la sociolingüística variacionista, que la investigación del cambio lingüístico no solo exige reconocer su inicio (la aparición de la innovación) y acotar su final (la adopción generalizada de la nueva variante), sino también explicar su difusión (*cf.* cap. 6). Por lo general, el estudio de la difusión se ha limitado a la dimensión cronológica (la extensión en el tiempo) y a la estructural (a través de los distintos contextos lingüísticos), pero también deberíamos aspirar a entender la dimensión geográfica (la identificación del epicentro del cambio, si existe, y su consiguiente difusión áreal), la social (el grupo que promueve la innovación) y la funcional (el grado de formalidad o elaboración consciente de la variante innovadora que determina su uso o ausencia en las varias situaciones comunicativas). Y ello en una perspectiva que compare simultáneamente todas las variedades románicas peninsulares, entre cuyos hablantes nunca se ha interrumpido el contacto.

Un abordaje multidimensional del proceso de difusión de las innovaciones está mucho más limitado en lingüística histórica que para la lengua actual, pues únicamente disponemos de los textos que el azar o la historia han querido salvar. Con todo, en los últimos años se han desarrollado metodologías y corpus que permiten, con ciertas salvedades, sortear los obstáculos.

2.1 Dimensión geográfica o diatópica

La variable geográfica en la investigación en lingüística histórica podría deducirse del lugar de nacimiento y crianza del autor de cada texto, pero no es frecuente disponer de esos datos antes de 1500. En la Edad Media muchos textos son anónimos, e incluso cuando conocemos el autor y su adscripción geográfica (p. ej., Gonzalo de Berceo o don Juan Manuel), no es seguro que el testimonio que nos trasmite el texto corresponda a la lengua del autor. Rara vez conservamos el original autógrafo o apógrafo y debemos conformarnos con copias posteriores que, debido al proceso de transmisión manuscrita, han modificado la lengua del original adaptándola a la de los sucesivos amanuenses, los cuales, además, pueden hablar dialectos diferentes (Fernández-Ordóñez 2001). A no ser que contemos con originales —o testimonios no separados más de 50–60 años de la fecha de composición—, es arriesgado basar nuestra investigación en copias, tanto en la dimensión cronológica como en la geográfica (Fernández-Ordóñez 2006; Rodríguez Molina y Octavio de Toledo 2017). El problema no se extingue en la Edad Moderna, dado que los cajistas de la imprenta tampoco se abstuvieron de intervenir sobre la lengua en las ediciones sucesivas. Así, los textos literarios incluidos en los corpus históricos habituales deben manejarse con precaución y emplearse como un corpus de control o complementario de otro tipo de fuentes, compiladas en los últimos años, que permiten afianzar más la geolocalización y la originalidad de los textos.

Se trata, de un lado, de colecciones de documentos jurídicos (CODEA, CHARTA, CorLexIn: *cf.* cap. 2) fechados y localizados en el espacio, por lo que tienden a reflejar la lengua del lugar en que fueron emitidos (Almeida *et al.* 2018). Las declaraciones judiciales resultan especialmente interesantes por su cercanía a la oralidad (Calderón Campos y Vaamonde 2020; Tabernero Sala 2020), no así los documentos de la cancillería regia, que suelen representar más bien los sociolectos de prestigio. Por otro lado, las cartas privadas (p. ej., las del corpus Post Scriptum para los ss. XVI–XIX) dan testimonio de la lengua de su autor y, por tanto, de sus coordenadas geográficas, sociales y personales, por lo que actualmente está aumentando el número de los estudios basados en este tipo de fuentes (p. ej., Gómez Seibane 2014; Camus Bergareche 2015; Octavio de Toledo y Pons Rodríguez 2016; Almeida *et al.* 2017; Blas Arroyo 2019; Molina Martos 2020 y varios de los trabajos reunidos en Sánchez Méndez *et al.* 2015 y Castillo Lluch y Diez del Corral 2019).

Proporcionan igualmente información preciosa los corpus dialectales y atlas lingüísticos elaborados a lo largo del siglo XX, especialmente el ALPI, único que ofrece un panorama general. Estas fuentes permiten conectar las soluciones de los cuestionarios con los datos procedentes de los textos antiguos (Fernández-Ordóñez 2011; Del Barrio de la Rosa 2018; De Benito Moreno 2020). También el análisis de la toponimia (sobre todo, menor) provee rica información, según apuntó ya Menéndez Pidal, sobre la distribución espacial de algunas variantes morfológicas y léxicas (Catalán 1989a y 1989b; Octavio de Toledo 2018a).

2.2 Dimensión social o diastrática

Bastante más difícil es la reconstrucción histórica de los grupos sociales que promueven un cambio, necesariamente restringida a quienes accedían a la escritura. Solo a partir de la Edad Moderna tenemos textos escritos por mujeres y podríamos contrastar la variación asociada al género (Almeida *et al.* 2017). La que se da entre distintas generaciones podría hipotéticamente afrontarse mediante la comparación de textos escritos por individuos nacidos en una misma área en intervalos de 20 años, aunque lo más usual es la comparación cronológica basada en la fecha de composición o publicación de las obras. La variación basada en la adscripción social de los escribientes solo parece posible en el Antiguo Régimen o en época posterior y mediante corpus (como Post Scriptum) que proporcionen datos extralingüísticos suficientes, o mediante la minuciosa tarea de componer un corpus de autores adecuado a esos fines (p. ej., Blas Arroyo *et al.* 2019; Molina Martos 2020).

2.3 Dimensión estilística o diafásica

La sociolingüística ha podido demostrar que, cuando la variable en estudio es un marcador, la variación asociada a la situación comunicativa —el estilo— es un reflejo indirecto de la variación social. Las variantes asociadas a la mayor formalidad, distancia comunicativa o elaboración lingüística reciben prestigio porque son las preferidas de los sociolectos altos, mientras que las asociadas a la menor formalidad e inmediatez en la comunicación suelen situarse en los sociolectos bajos. Por ello, resulta crucial el contraste de textos que podemos adscribir a diversas situaciones comunicativas de mayor o menor formalidad. Por ejemplo, la comparación entre documentos jurídicos procedentes de la cancillería regia y los ámbitos judicial, municipal, monástico y privado en CODEA, ordenados en esa escala de mayor a menor distancia comunicativa, brinda información sobre la valoración social de las variantes y, al tiempo, sobre la dirección del cambio (de arriba abajo, o viceversa) que pueda estar teniendo lugar (Del Barrio de la Rosa 2016b). El mismo método se ha ensayado cotejando cartas de distinta naturaleza, privadas frente a otras de carácter no íntimo (Blas Arroyo *et al.* 2019). Otra posibilidad es confrontar el comportamiento de textos de discurso diferente (directo, narrativo o expositivo), como los varios libros bíblicos, bajo la presunción de que el discurso directo reproduce un estilo espontáneo y cercano a la oralidad, mientras que la mayor elaboración y distancia comunicativa es típica del discurso expositivo, con el narrativo en una posición intermedia (Enrique-Arias 2015). A la inversa, puede ser prueba del carácter estilístico de una variante el que en una tipología textual uniforme, como los fueros, se encuentren diferencias no atribuibles a la cronología ni la geografía (Castillo Lluch 2015). También el cotejo de las variantes introducidas al dar una obra a la imprenta (entre los manuscritos apógrafos, los pensados para la imprenta y los propios impresos) permite discernir soluciones que contaban entonces con prestigio social y otras que se descartaban por arcaicas, regionales o vulgares (Octavio de Toledo 2011, 2017a).

3. Áreas dialectales y patrones de difusión

Hoy sabemos que la formación histórica del español y de su norma peninsular es más compleja de lo tradicionalmente supuesto.[1] Aparte del modelo de "cuña" castellana, que supone la traslación al centro y al sur peninsular de los rasgos del norte central, p. ej., F- > [h-], voces como *comadreja* (Menéndez Pidal 1980) y las *llares* del hogar (Morala 2018) o el diminutivo *-illo* (Fernández-Ordóñez 2011), son cada vez más los estudios que apuntan a una realidad antes oculta que configura otros patrones areales y otros focos de innovaciones triunfantes en la norma del español a lo largo de su historia. De entrada, Castilla aparece dividida en dos áreas, occidental y oriental. A la variedad occidental del castellano pertenecen habitualmente Palencia, Valladolid y Ávila, y sus rasgos se prolongan con frecuencia por Extremadura y Andalucía occidental. En la variedad oriental suelen integrarse las tierras alavesas, riojanas, Soria, Guadalajara, Cuenca y Albacete, a las que se suman, a veces, Murcia y Andalucía oriental. Las provincias situadas en el eje central, Cantabria, Burgos, Segovia, Toledo y Ciudad Real, basculan entre las dos variedades, al igual que Córdoba y Málaga oscilan entre la Andalucía occidental y la oriental según el aspecto considerado. El castellano occidental puede agruparse con los territorios leoneses y el oriental con los navarros y aragoneses (incluida su prolongación por tierras valencianas). En ocasiones, la evolución histórica del español medieval al moderno ha privilegiado las soluciones centro-occidentales, en otras, las centroorientales y, por lo general, esa victoria depende de qué solución ha conseguido imponerse en el área centromeridional en torno a Madrid y Toledo, avanzadilla privilegiada para su difusión generalizada en el sur.

3.1 Foco oriental

Ya desde el siglo XIII, o incluso antes, la aparición de los adjetivos posesivos *tuyo* y *suyo*, así como la posibilidad sintáctica de su posposición al nombre, parecen haberse iniciado en oriente antes de difundirse hacia Castilla (Romero Cambrón 2009, 2016). Pero es sobre todo a finales de la Edad Media, y a lo largo del siglo XV, cuando el castellano evolucionó fuertemente influido desde el este de la Península, de forma que muchos cambios en la gramática que distinguen el español medieval del moderno revelan un epicentro oriental que difunde innovaciones hacia el centro y sur peninsular. Esta vía de difusión se ha aducido, por ejemplo, para la generalización de *vosotros* y *nosotros* (en detrimento de *nós* y *vós*) y la consiguiente desaparición de *connusco* y *convusco* (Fernández-Ordóñez 2011; Gomila Albal 2016, 2018, 2021), o la pérdida de la /d/ intervocálica en las desinencias *-des* de 2.ª persona del plural y la creación consiguiente de las formas diptongadas (Del Barrio de la Rosa 2021). Otros cambios iniciados ya en el siglo XIII, pero con un patrón de difusión semejante (desde Navarra y Aragón hacia el sur de Castilla), son la desaparición de la expresión de género en los posesivos prenominales (Del Barrio de la Rosa 2014), la pérdida de concordancia en el participio de los tiempos compuestos (Rodríguez Molina 2010) o la generalización tardomedieval de esos tiempos, empleados originalmente en un número mucho más restringido de contextos en el norte y occidente peninsular (Rodríguez Molina 2010; Octavio de Toledo 2017b). A estos cambios consumados en el XV deben sumarse los acaecidos en el siglo XVI como resultado de los anteriores: la difusión de *tener* como verbo de posesión, arrastrada por la auxiliarización de *haber* (Del Barrio de la Rosa 2016a), y la de *cantara* como tiempo subjuntivo, también consecutiva a la adopción de *había cantado* como forma preferente de pluscuamperfecto de indicativo (Rosemeyer 2021). También desde finales de la Edad Media nuevas piezas del léxico funcional procedentes del oriente peninsular, generalmente por vía culta, fueron desplazando a las medievales: cuantificadores (*demasiado*: Fernández-Ordóñez 2016a), adverbios locativos (*detrás, debaxo*: Octavio de Toledo 2016), conjunciones (*no obstante (que)*: Garachana 2014; *por bien que, ya sea que*: Lleal 2019) o la variante *-mente* de los adverbios, que acabó con las castellanoleonesas *-miente* y *-mientre*, antes prestigiosas (Del Barrio de la Rosa 2016b).

3.2 Foco occidental

Al occidente peninsular debemos hacer responsable del triunfo en castellano de la reposición de la *-e* final apocopada desde el siglo XIV, de *quien* como relativo sujeto sin antecedente

(Fernández-Ordóñez 2011) y, desde el siglo XV, de *encima* como adverbio locativo (Octavio de Toledo 2018a) o de la penetración del cuantificador *alguien* (Malkiel 1948), que solo se haría mayoritario frente a *alguno* mucho después, en el siglo XX (Pato 2009). Quizá también tuvo un origen centrooccidental la preposición *para* (Ueda 2015), así como multitud de elementos léxicos (a modo de ejemplo, *yugo*: Morala 2016).

3.3 Nivelación dialectal

Las soluciones adoptadas en el centro de la Península (con Toledo en el eje) por parte de los sociolectos de prestigio determinaron muchas veces su generalización en el resto del territorio. En ocasiones, la innovación triunfante encaja bien con los procesos de nivelación dialectal, los cuales suelen implicar la pérdida de morfología flexiva, el triunfo de las formas menos marcadas y la génesis de soluciones interdialectales (Tuten 2003). Un ejemplo de este tipo es el empleo del infinitivo en lugar del imperativo plural, hoy plenamente establecido en la lengua coloquial: aunque en el norte solo se registra hacia el este, se extiende por todo el centro y sur peninsulares (Fernández-Ordóñez 2012). También podrían someterse a este modelo simplificador otros cambios extendidos desde el noreste hacia el sur de Castilla: la pérdida de concordancia de los participios en los tiempos compuestos (Rodríguez Molina 2010) y del género en los posesivos (Del Barrio de la Rosa 2014) y, quizá, el abandono de la duplicación del numeral con valor distributivo, desconocida en Navarra y Aragón (Horcajada Diezma y Sánchez-Prieto Borja 1999). Otras veces la mezcla dialectal generó soluciones nuevas, no existentes en los dialectos de partida; ese es quizá el caso de *donde*, variante central que parece haber combinado el adverbio medieval de procedencia *onde*, de origen centrooccidental, con el adverbio locativo *do*, de origen oriental (Del Barrio de la Rosa 2018).

3.4 Las áreas laterales aíslan el centro

No siempre el área central castellana triunfó en la difusión externa de sus usos, y fueron las áreas laterales las que acabaron por imponerse en el centro y el sur. El paradigma referencial de los pronombres átonos, con la distinción gramatical asociada entre las entidades contables y no contables, no se extendió más allá de los montes de Toledo, pese a estar documentado en la Castilla centrooccidental entre los siglos XIII y XVI (Fernández-Ordóñez 2001, 2006–2007; Matute Martínez 2004; Sánchez-Prieto y Vázquez Balonga 2018). También parece ajeno a la Castilla central y bien establecido en los márgenes el auxiliar verbal *hemos*, que reemplazó al castellano *avemos* en las perífrasis deónticas y el perfecto compuesto desde el siglo XVI (Octavio de Toledo 2021). Este patrón también explica el abandono de los imperfectos y condicionales en *-ié*, propios del habla central desde León oriental hasta La Rioja en el siglo XIII y que, pese a ello, fueron mayoritariamente descartados de la lengua escrita a partir del siglo XIV (Moral del Hoyo 2016).

La mayor parte de estas áreas no se definen por la presencia o ausencia de la forma o estructura consideradas: es su variable frecuencia de aparición en el tiempo y el espacio la que hace posible la reconstrucción histórica. La dialectología tradicional se fijó sobre todo en los rasgos privativos de las áreas "históricas", y no en la diferente frecuencia de los rasgos comunes; por ello, centró su atención en la caracterización individualizadora del asturleonés, el riojano, el navarro y el aragonés (con estudios específicos de su documentación), y no tanto en los aspectos compartidos con el castellano ni en las diferencias de frecuencia que pudieran existir con este. Así, se ha podido probar que el demostrativo *aqueste* era una forma marginal en Castilla, León y Navarra, y solo en Aragón tenía empleo regular (Enrique-Arias 2018). Del mismo modo, el área cántabra y del norte de Burgos se distancia nítidamente respecto a Burgos ciudad en la frecuencia con que manifiesta rasgos orientales (futuro de subjuntivo *-ero* en 1.ª persona del singular, síncopa *-ertes, -erdes* en 2.ª persona del plural) y occidentales (asimilaciones de preposición y artículo como *enna*, síncopa *-ermos* del futuro de subjuntivo en 1.ª persona del plural, empleo de *-u* para referentes contables), conformando un área de personalidad propia (Moral del Hoyo 2019, 2020). Y comparando cómo se manifiestan contornos estructurales en el espacio, ha podido probarse que el adverbio medieval *ý* funcionó como tal en galegoportugués, asturleonés y castellano centrooccidental, pero adquirió propiedades de pronombre adverbial en el castellano oriental, navarro, aragonés y catalán (Matute Martínez 2016). A partir de la Edad Moderna, las diferencias de frecuencia hacen posible no solo identificar las áreas focales, sino a menudo también los grupos sociales que promueven el cambio. Por ejemplo, desde la segunda mitad del siglo XVI hasta finalizar el siglo XVII la perífrasis deóntica *deber de* se vio promovida por los hablantes jóvenes de la mitad septentrional de la Península que no pertenecían a la cúpula social (Blas Arroyo *et al.* 2019), y la extensión del tuteo fuera del ámbito familiar se trasladó desde las clases populares a los jóvenes de clases educadas durante la primera mitad del siglo XX (Molina Martos 2020).

Conviene no olvidar, por otro lado, que un área adquiere identidad dialectal precisamente por las soluciones no generalizadas. En ocasiones, tales soluciones se mantuvieron como opciones poco prestigiosas en la zona. Por ejemplo, es característico del español rural oriental el recurso a infinitivos reflexivos "conjugados" con sujeto plural (*usaban carbón para calentarsen*), concordancia abundantemente documentada desde el siglo XVIII y ya con ejemplos tardomedievales (Pato y Heap 2012), pero este empleo no ha rebasado las fronteras de Castilla oriental, Navarra y Aragón. Una segunda posibilidad es que podamos documentar el rasgo dialectal solo en un periodo limitado: así, el patrón de las áreas laterales frente al centro se reproduce en la geografía medieval del adverbio *ensemble*, solo conocido en León y Aragón, que se perdió en el siglo XVI sin haber llegado a difundirse en Castilla (Rodríguez Molina 2012). Un tercer tipo evolutivo, más complejo, es que la solución característica se haya perdido del área originaria que podemos reconstruir y que, en cambio, se haya preservado en otras zonas a las que se difundió posteriormente. Por ejemplo, el adverbio *asín*, propio del área navarroaragonesa en la Edad Media (Rodríguez Molina 2015), parece haber desaparecido allí, pero está hoy día extrañamente extendido en el habla rural de toda la mitad meridional de la Península (como el portugués *assim*). Una cuarta posibilidad es el cambio de adscripción sociolingüística de la variante geolectal, de forma que en el área originaria ha perdido prestigio y se conserva restringida, mientras que en las zonas a las que se difundió ha conseguido alcanzar cierta altura en el empleo social: ese contraste se da, por ejemplo, entre la Península y Canarias, de un lado, y América, de otro, con las formas concordadas de *haber* existencial en primera persona (Castillo Lluch y Octavio de Toledo 2016) o entre el español europeo, de una parte, y Andalucía occidental, Canarias y el Caribe, de otra, con la anteposición de *más* a palabras negativas como *nada* o *nunca* (Peña Rueda 2022).

4. Conclusiones finales y perspectivas de futuro

Está aún por escribir una historia de la lengua española que integre las variables geográfica, social y diafásica en cada evolución descrita. Si bien hay un interés creciente por este planteamiento, estamos faltos de estudios que integren, en una perspectiva comparada, muchos de los cambios que definen la evolución del español a lo largo del tiempo.

No obstante, en los últimos años se ha dedicado atención creciente a la variación interna del castellano desde un punto de vista histórico, así como a la relación que establece con las lenguas con que convive. De ahí que hoy contemos con la caracterización extensiva, a partir de nuevas fuentes documentales, del castellano norteño en la Edad Media (Moral del Hoyo 2019, 2020; Sánchez González de Herrero *et al.* 2014), del andaluz oriental en la Edad Moderna (Calderón Campos 2015, 2019), del castellano del centro peninsular entre la Edad Media y la Moderna (Sánchez-Prieto 2019; Sánchez-Prieto *et al.* 2021; Grande López *et al.* 2017), así como de las variedades que se hablaban en contacto con el vasco en el siglo XIX (Camus 2015; Gómez Seibane 2014) y con el catalán entre los siglos XVIII y XIX en Mallorca (Enrique-Arias y Miguel Franco 2015). Aunque gracias a estos valiosos estudios monográficos es posible abordar preguntas antes inimaginables, la edificación sólida de una dialectología histórica no será posible mientras que no tengamos además la posibilidad de comparar, en una red equilibrada y común, todos los nuevos datos disponibles en distintos cortes cronológicos, en diferentes grupos sociales de hablantes y en variadas situaciones comunicativas.

La Edad Media, como punto de partida, es quizá la época con más estudios con orientación geolectal, pero no hay que olvidar que las lenguas no cesan de transformarse y que tenemos que dar respuesta a la génesis histórica de muchas de las áreas dialectales del presente (véase una síntesis de las del español europeo en Fernández-Ordóñez 2016b). Si bien la disposición geográfica de algunos rasgos dialectales puede tener un origen medieval, otros fenómenos, necesariamente tardíos, apuntan a una persistencia areal que quizá debemos explicar mediante el contacto establecido a través de las vías de comunicación, por movimientos demográficos posteriores o por cambios en la estima social acaecidos a lo largo del tiempo. Un ejemplo claro es el área convergente del occidente peninsular —saltando la frontera política y lingüística entre Extremadura y Andalucía, de un lado, y el centro y sur de Portugal, de otro— que subyace a la formación del seseo, a finales de la Edad Media, pero también a la generalización de *ustedes* como único alocutivo, formal e informal, en el plural, desde el siglo XVIII en adelante (Fernández-Ordóñez 2011; Lara Bermejo 2018). Otro cometido no menos importante de la dialectología histórica es descartar la naturaleza geolectal de las innovaciones y acotar los factores gramaticales, sociales y diafásicos que explican su recurrencia y, al tiempo, sus dificultades de generalización (De Benito Moreno 2020). Y la dialectología histórica tampoco puede olvidarse de los cambios fallidos o de las áreas pasajeras, innovaciones que podemos documentar en un territorio, un grupo de hablantes o un registro diafásico, pero que finalmente no se generalizaron, como el discurso latinizante, quizá de origen oriental, propio de la lengua elaborada en el siglo XV (Pons Rodríguez 2015; Lleal 2019), la elisión de la conjunción *que* en las oraciones completivas, típica de la lengua coloquial entre los siglos XVI y XVII (Blas Arroyo 2019: cap. 7) o los demostrativos *estotro* y *esotro*, trasmitidos desde el oeste peninsular hacia el occidente de Castilla y potenciados por la lengua cortesana de la misma época (Octavio de Toledo 2018b).

Nota

1 La exposición que sigue se centra en aquellos trabajos que han abordado la variación lingüística, especialmente la morfosintáctica, comparando varias áreas de la Península. Los estudios de un área geográfica concreta sin duda son preciosas teselas del mosaico que, mediante la comparación, ayudan a imaginar cómo sería la pintura completa, pero la falta de muchas piezas intermedias —geográfica, social y cronológicamente— impide aún extraer de ellos conclusiones generales.

Lecturas recomendadas

Fernández-Ordóñez (2011) expone los problemas generales que afronta la dialectología histórica y propone causas de naturaleza comunicativa, demográfica e histórica en la constitución de áreas lingüísticas modernas.

Del Barrio de la Rosa (2018) analiza simultáneamente las variables cronológica, geográfica y diafásica en varios cambios medievales a partir de la comparación de documentos de distinta tipología.

Los trabajos contenidos en Blas Arroyo (2019) prestan particular atención a las dimensiones diastrática y diafásica del cambio sin perder de vista el factor geográfico.

Bibliografía citada

Almeida, B., R. Díaz Moreno y M.ª C. Fernández López, eds. 2017. *"Cansada tendré a vuestra excelencia con tan larga carta". Estudios sobre aprendizaje y práctica de la escritura por mujeres en el ámbito hispánico (1500–1900)*. Lugo: Axac.

Almeida, B., P. Sánchez-Prieto Borja y D. Vázquez Balonga. 2018. "Para una geografía diacrónica: CODEA+ 2015 como atlas lingüístico dinámico del español". En *Actas del X Congreso Internacional de Historia de la Lengua Española*, eds. M.ª L. Arnal Purroy *et al.*, vol. 2, 1537–1551. Zaragoza: Institución Fernando el Católico y Diputación de Zaragoza.

ALPI = Navarro Tomás, Tomás, dir. 2016. *Atlas Lingüístico de la Península Ibérica*, eds. P. García Mouton, I. Fernández-Ordóñez, D. Heap, M.ª P. Perea, J. Saramago y X. Sousa [en línea]. Madrid: CSIC. www.alpi.csic.es.

Blas Arroyo, ed. 2019. *Sociolingüística histórica del español. Tras las huellas de la variación y el cambio lingüístico a través de textos de inmediatez comunicativa*. Madrid y Fráncfort: Iberoamericana Vervuert.

Bustos Gisbert, E. y J. Sánchez Méndez, eds. 2019. *La configuración histórica de las normas del castellano*. Valencia: Tirant.

Calderón Campos, M. 2015. *El español del reino de Granada en sus documentos (1492–1833)*. Berna: Peter Lang.

Calderón Campos, M. 2019. "La configuración de la variedad meridional en el reino de Granada". En *La configuración histórica de las normas del castellano*, eds. E. Bustos Gisbert, J. P. Sánchez Méndez y V. Codita, 109–134. Valencia: Tirant lo Blanch.

Calderón Campos, M. y G. Vaamonde. 2020. "*Oralia diacrónica del español*, un nuevo corpus de la Edad Moderna". *Scriptum Digital* 9: 167–189.

Camus Bergareche, D. 2015. "El castellano del País Vasco en el siglo XIX: las cartas del Archivo Zavala". En *Actas del IX Congreso Internacional de Historia de la Lengua Española*, ed. J. M.ª García Martín, vol. 2, 1777–1790. Madrid y Fráncfort: Iberoamericana Vervuert.

Castillo Lluch, M. 2015. "El orden de palabras en los fueros medievales". En *El orden de palabras en la historia del español y otras lenguas iberorromances*, eds. M. López Izquierdo y M. Castillo Lluch, 279–318. Madrid: Visor.

Castillo Lluch, M. y E. Díez del Corral, eds. 2019. *Reescribiendo la historia de la lengua española a partir de la edición de documentos*. Berna: Peter Lang.

Castillo Lluch, M. y Á. Octavio de Toledo. 2016. "*Habemos muchos que hablamos español*: distribución e historia de la concordancia existencial en primera persona del plural". En *En torno a 'haber'. Construcciones, usos y variación desde el latín hasta la actualidad*, eds. C. de Benito Moreno y Á. Octavio de Toledo, 111–168. Berna: Peter Lang.

Catalán, Diego. 1989a. "Hacia un atlas toponímico del diminutivo. -ĪNU en la toponimia hispano-románica". En *Las lenguas circunvecinas del castellano*, 219–247. Madrid: Paraninfo.

Catalán, Diego. 1989b. "La toponimia del diminutivo y la re-romanización de Hispania". En *Las lenguas circunvecinas del castellano*, 248–253. Madrid: Paraninfo.

De Benito Moreno, C. 2020. "Reflexiones sobre la 'lengua vulgar dialectal' y el vulgarismo". En *El legado de Ramón Menéndez Pidal (1869–1968) a principios del siglo XXI*, ed. I. Fernández-Ordóñez, vol. 2, 19–56. Madrid: CSIC.

Del Barrio de la Rosa, F. 2014. "Factores externos y cambio lingüístico: la pérdida de la distinción genérica de los posesivos del español antiguo". *Revista de Historia de la Lengua Española* 9: 3–26.

Del Barrio de la Rosa, F. 2016a. "De *haber* a *tener*. La difusión de *tener* como verbo de posesión en la historia del español: contextos y focos". En *En torno a 'haber'. Construcciones, usos y variación desde el latín hasta la actualidad*, eds. C. de Benito Moreno y Á. S. Octavio de Toledo, 239–279. Fráncfort: Peter Lang.

Del Barrio de la Rosa, F. 2016b. "La distribución de las variantes -mente, -miente y -mientre en el *CODEA* (1221–1420): espacio variacional y cambio lingüístico". *Scriptum Digital* 5: 85–102.

Del Barrio de la Rosa, F. 2018. *Espacio variacional y cambio lingüístico en español*. Madrid: Visor.

Del Barrio de la Rosa, F. 2021. "Sociodialectología histórica de las desinencias de 2.ª persona plural en el español peninsular europeo. Transmisión, difusión y divergencia dialectal". En *Variación diatópica y morfosintaxis en la historia del español*, eds. B. Garrido Martín, M.ª C. Moral del Hoyo y M. Raab, 221–254. Santiago de Compostela: Universidade de Santiago de Compostela.

Enrique-Arias, A. 2015. "La metodología de los corpus paralelos aplicada al estudio de fenómenos complejos de variación morfosintáctica. El caso de los posesivos del español medieval". En *Actas del IX Congreso Internacional de Historia de la Lengua Española*, ed. J. M.ª García Martín, vol. 1, 735–750. Madrid y Fráncfort: Iberoamericana Vervuert.

Enrique-Arias, A. 2018. "Factores diatópicos en la variación entre *este* y *aqueste* en la historia del español". En *Actas del X Congreso Internacional de Historia de la Lengua Española*, eds. M.ª L. Arnal Purroy *et al.*, vol. 2, 1553–1569. Zaragoza, España: Instituto Fernando el Católico y Diputación de Zaragoza.

Enrique-Arias, E. y R. Miguel Franco. 2015. "Una nueva herramienta para el estudio del castellano en contacto con el catalán en Mallorca". En *Temas, problemas y métodos para la edición y el estudio de documentos hispánicos antiguos*, eds. J. Sánchez Méndez y M. de la Torre, 407–434. Valencia: Tirant lo Blanch.

Fernández-Ordóñez, I. 2001. "Hacia una dialectología histórica. Reflexiones sobre la historia del leísmo, el laísmo y el loísmo". *Boletín de la Real Academia Española* 81: 389–464.

Fernández-Ordóñez, I. 2006. "La historiografía medieval como fuente de datos lingüísticos. Tradiciones consolidadas y rupturas necesarias". En *Actas del VI Congreso Internacional de Historia de la Lengua Española*, eds. J. J. de Bustos Tovar y J. L. Girón Alconchel, vol. 2, 1779–1807. Madrid: Arco Libros.

Fernández-Ordóñez, I. 2006–2007. "Del Cantábrico a Toledo. El 'neutro de materia' hispánico en un contexto románico y tipológico". *Revista de Historia de la Lengua Española* 1: 67–118 y 2: 29–81.

Fernández-Ordóñez, I. 2009. "Los orígenes de la dialectología hispánica y Ramón Menéndez Pidal". En *Cien años de filoloxía asturiana (1906–2006)*, ed. X. Viejo Fernández, 11–41. Oviedo: Alvízoras y Trabe.

Fernández-Ordóñez, I. 2011. *La lengua de Castilla y la formación del español*. Madrid: Real Academia Española.

Fernández-Ordóñez, I. 2012. "El norte peninsular y su papel en la historia de la lengua española". En *Estudios sobre tiempo y espacio en el español norteño*, eds. S. Gómez Seibane y C. Sinner, 23–68. San Millán de la Cogolla (La Rioja): CILENGUA.

Fernández-Ordóñez, I. 2016a. "*De más (demás), demasiado*: la historia de dos cuantificadores contemplada desde la dialectología". En *El español a través del tiempo. Estudios ofrecidos a Rafael Cano Aguilar*, eds. A. López Serena, A. Narbona y S. del Rey, 477–496. Sevilla: Universidad de Sevilla.

Fernández-Ordóñez, I. 2016b. "Dialectos del español peninsular". En *Enciclopedia lingüística hispánica*, ed. J. Gutiérrez Rexach, vol. 2, 387–404. Londres y Nueva York: Routledge.

Garachana, M. 2014. "Gramática e historia textual en la evolución de los marcadores discursivos: el caso de *no obstante*". *RILCE* 30: 959–984.

Gómez Seibane, S. 2014. "Cambios indirectos inducidos por contacto en el castellano del País Vasco del siglo XIX". En *La historia del español hoy. Estudios y perspectivas*, eds. J. L Ramírez Luego y E. P. Velásquez Upegui, 97–111. Lugo: Axac.

Gomila Albal, M. 2016. "Sobre el origen y la difusión geográfica de las formas *nosotros* y *vosotros* en castellano". *Iberorromania* 83: 103–125.

Gomila Albal, M. 2018. "Variación diacrónica y diatópica de *con* + pronombre personal de 1.ª y 2.ª persona del plural". *Bulletin of Hispanic Studies* 95: 801–823.

Gomila Albal, M. 2021. "Variación y cambio de los pronombres personales *nós* y *vós* junto con los modificadores *otros, todos, mismos* y *ambos*". En *Variación diatópica y morfosintaxis en la historia del español*, eds. B. Garrido Martín, M.ª C. Moral del Hoyo y M. Raab, 95–112. Santiago de Compostela: Universidade de Santiago de Compostela.

Grande López, C., L. Martín Aizpuru, M.ª N. Sánchez González de Herrero, R. Sánchez Romo y V. J. Marcet Rodríguez. 2017. "La documentación medieval del sur de Ávila y la variación interna del español: el corpus CODOMSA". *Scriptum Digital* 6: 155–174.

Horcajada Diezma, B. y P. Sánchez-Prieto Borja. 1999. "La reduplicación distributiva del numeral y el arabismo morfosintáctico en el romance hispánico medieval". *Zeitschrift für Romanische Philologie* 115: 280–299.

Lara Bermejo, V. 2018. *La cortesía en la Península Ibérica. Dialectología del "Sprachbund" suroccidental*. Berna: Peter Lang.

Lleal, C. 2019. "De transferencias, préstamos e intercambios en la norma medieval: el catalán en la configuración del castellano". En *La configuración histórica de las normas del castellano*, eds. V. Codita, E. Bustos Gisbert y J. P. Sánchez Méndez, 293–314. Valencia: Tirant lo Blanch.

Malkiel, Y. 1948. *Hispanic Algu(i)en and Related Formations. A Study of the Stratification of the Romance Lexicon in the Iberian Peninsula*. Berkeley y Los Ángeles: University of California Press.

Matute Martínez, C. 2004. *Los sistemas pronominales en español antiguo. Problemas y métodos para una reconstrucción histórica*. Madrid: Universidad Autónoma de Madrid.

Matute Martínez, C. 2016. "Entre pronombres y adverbios: mecanismos de cambio en la historia dialectal peninsular de *ý/hi* < IBI". *Boletín de la Real Academia Española* 96: 201–237.

Menéndez Pidal, Ramón. 1980 [1926]. *Orígenes del español. Estado lingüístico de la Península Ibérica hasta el siglo XI*. 3ª ed. Madrid: Espasa-Calpe.

Molina Martos, I. 2020. "Linguistic Change and Social Transformation". En *Address in Portuguese and Spanish*, eds. M. Hummel y C. dos Santos Lopes, 443–478. Berlín y Boston: De Gruyter.

Morala, J. R. 2016. "Lexicografía dialectal histórica y evolución etimológica: el caso de *yugo*". *Revista de Historia de la Lengua Española* 11: 131–153.

Morala, J. R. 2018. "Variación diatópica y etimología en léxico del Siglo de Oro". En *Actas del X Congreso Internacional de Historia de la Lengua Española*, eds. M.ª L. Arnal Purroy *et al.*, vol. 1, 215–238. Zaragoza: Institución Fernando el Católico y Diputación de Zaragoza.

Moral del Hoyo, M.ª C. 2016. "El castellano en los orígenes del cambio gramatical: el pretérito imperfecto de la 2.ª y 3.ª conjugación (-ié- / -ía)". En *Lingüística de corpus y lingüística histórica iberorrománica*, eds. J. Kabatek y C. de Benito Moreno, 322–357. Berlín y Boston: Mouton de Gruyter.

Moral del Hoyo, M.ª C. 2019. "Volver (y revolver) a los orígenes del castellano: El Corpus Histórico del Español Norteño (CORHEN)". En *Reescribiendo la historia de la lengua española a partir de la edición de documentos*, eds. M. Castillo Lluch y E. Díez del Corral, 361–389. Berna: Peter Lang.

Moral del Hoyo, M.ª C. 2020. "(Dis)continuidad y vocal final *-u* en castellano de *Orígenes* (y de orígenes) al siglo XIII". En *El legado de Ramón Menéndez Pidal (1869–1968) a principios del siglo XXI*, ed. I. Fernández-Ordóñez, vol. 1, 293–329. Madrid: CSIC.

Octavio de Toledo, Á. 2011. "Santa Teresa y la mano visible: sobre las variantes sintácticas del *Camino de perfección*". En *"Así se van las lenguas variando". Nuevas tendencias en la investigación del cambio lingüístico en español*, eds. M. Castillo Lluch y L. Pons Rodríguez, 241–304. Berna: Peter Lang.

Octavio de Toledo, Á. 2016. *Los relacionantes locativos en la historia del español*. Berlín y Boston: De Gruyter.

Octavio de Toledo, Á. 2017a. "Tres siglos de variantes: el cambio morfosintáctico en el prisma de la *Historia de la poncella de Francia*". *Revista Internacional de Lingüística Iberoamericana (RILI)* 29: 43–145.

Octavio de Toledo, Á. 2017b. "El pretérito perfecto de subjuntivo en la Edad Media: distribución dialectal, entornos sintácticos y tradicionalidad discursiva". *Moenia* 23: 317–366.

Octavio de Toledo, Á. 2018a. "Orónimos dialectales y morfosintaxis histórica: el método pidaliano y las formaciones adverbiales con *cima* y *somo*". *Boletín de la Real Academia Española* 98: 267–313.

Octavio de Toledo, Á. 2018b. "De un occidentalismo cortesano y una transfusión fallida: historia de *es(t)otro*". *Estudios de Lingüística del Español* 39: 305–361.

Octavio de Toledo, Á. 2021. "Why Spanish Historical Morphosyntax (Badly) Needs Dialectology". *Dialectologia* 26: 97–126.

Octavio de Toledo, Á. y L. Pons Rodríguez. 2016. *Queja política y escritura epistolar durante la Guerra de Independencia: documentación de la Junta Suprema Central en el AHN*. Alcalá de Henares: Universidad de Alcalá.

Pato, E. 2009. "Notas aclaratorias sobre la historia del indefinido *alguien*: una aplicación directa del uso de corpus diacrónicos". En *Diacronía de las lenguas iberorrománicas: nuevas aportaciones desde la lingüística de corpus*, ed. A. Enrique-Arias, 401–416. Madrid y Fráncfurt: Iberoamericana Vervuert.

Pato, E. y D. Heap. 2012. "Plurales anómalos en los dialectos y en la historia del español". En *Actas del VIII Congreso Internacional de Historia de la Lengua Española*, ed. E. Montero Cartelle, vol. 1, 829–840. Madrid: Arco Libros.

Peña Rueda, C. 2022. *Fenómenos de orden de palabras en el español rural de Canarias. El ascenso del cuantificador* más *en las superlativas complejas y en las construcciones aditivo-negativas*. Tesis doctoral. Lausana: Université de Lausanne.

Pons Rodríguez, L. 2015. "La lengua del Cuatrocientos más allá de las *Trescientas*". En *Actas del IX Congreso Internacional de Historia de la Lengua Española*, ed. J. M.ª García Martín, 393–430. Madrid y Fráncfort: Iberoamericana y Vervuert.

Post Scriptum = Centro de Lingüística da Universidade de Lisboa, ed. 2014. *P. S. Post Scriptum. Arquivo Digital de Escrita Quotidiana em Portugal e Espanha na Época Moderna* [en línea: julio de 2021]. http://ps.clul.ul.pt.

Rodríguez Molina, J. 2010. *La gramaticalización de los tiempos compuestos en español antiguo: cinco cambios diacrónicos*. Tesis doctoral. Madrid: Universidad Autónoma de Madrid.

Rodríguez Molina, J. 2012. "Variantes léxicas y gramaticales del adverbio *ensemble* en la documentación medieval". *Cuadernos del Instituto Historia de la Lengua* 7: 405–424.

Rodríguez Molina, J. 2015. "Variantes morfofonéticas del adverbio *así* en español medieval". En *Actas del IX Congreso Internacional de Historia de la Lengua Española*, ed. J. M.ª García Martín, vol. 1, 1049–1064. Madrid y Fráncfort: Iberoamericana Vervuert.

Rodríguez Molina, J. y Á. Octavio de Toledo. 2017. "La imprescindible distinción entre texto y testimonio: el CORDE y los criterios de fiabilidad lingüística". *Scriptum Digital* 6: 5–68.

Romero Cambrón, Á. 2009. "Sobre el origen de los posesivos *tuyo* y *suyo*". *Cahiers d'Études Hispaniques Médiévales* 32: 83–100.

Romero Cambrón, Á. 2016. "La expansión del posesivo pospuesto a la luz de documentación navarra (y aragonesa) del siglo XIII". *SCRIPTA. Revista Internacional de Literatura i Cultura Medieval i Moderna* 7: 1–20.

Rosemeyer, M. 2021. "Variación diatópica en la evolución del pluscuamperfecto sintético". En *Variación diatópica y morfosintaxis en la historia del español*, eds. B. Garrido Martín, M.ª C. Moral del Hoyo y M. Raab, 195–220. Santiago de Compostela: Universidade de Santiago de Compostela.

Sánchez Gonzalez de Herrero, M.ª N., *et al.*, eds. 2014. *Textos para la historia del español IX: documentos medievales de Miranda de Ebro*. Alcalá de Henares: Universidad de Alcalá.

Sánchez Méndez, J. y M. de la Torre, eds. 2015. *Temas, problemas y métodos para la edición y el estudio de documentos hispánicos antiguos*. Valencia: Tirant lo Blanch.

Sánchez-Prieto Borja, P. 2019. "La llamada norma toledana a la luz de las fuentes documentales". En *La configuración histórica de las normas del castellano*, eds. E. Bustos Gisbert y J. Sánchez Méndez, 19–49. Valencia: Tirant lo Blanch.

Sánchez-Prieto Borja, P., M.ª J. Torrens Álvarez y D. Vázquez Balonga, eds. 2021. *La lengua de Madrid a lo largo del tiempo*. Sevilla: Universidad de Sevilla.

Sánchez-Prieto Borja, P. y D. Vázquez Balonga. 2018. "Toledo frente a Madrid en la conformación del español moderno: el sistema pronominal átono". *Revista de Filología Española* 98: 185–215.

Tabernero Sala, C. 2020. "Contribución al estudio del español norteño a partir de un corpus de declaraciones en procesos judiciales (siglos XVI-XIX)". *Scriptum Digital* 9: 87–115.

Tomás Faci, G. 2020. *El aragonés medieval. Lengua y estado en el reino de Aragón*. Zaragoza: Universidad de Zaragoza.

Tuten, D. N. 2003. *Koineization in Medieval Spanish*. Berlín y NuevaYork: De Gruyter.

Ueda, H. 2015. "Frecuencia contrastiva, frecuencia ponderada y método de concentración. Aplicación al estudio de las dos formas prepositivas del español medieval, *pora* y *para*". En *Actas del IX Congreso Internacional de Historia de la Lengua Española*, ed. J. M.ª García Martín, vol. 1, 1139–1155. Madrid y Fráncfort: Iberoamericana Vervuert.

6

Sociolingüística histórica panhispánica
(Historical sociolinguistics in a pan-Hispanic perspective)

José Luis Blas Arroyo

1. Introducción

Este capítulo aborda cuestiones relacionadas con el estudio de la diacronía del español desde la perspectiva de la sociolingüística histórica. Tras exponer algunos principios teóricos de la disciplina, se plantean cuestiones metodológicas como el grado de representatividad y exhaustividad de los corpus más aptos para el acercamiento al habla vernácula, y se examina la incidencia de diversos factores extralingüísticos atestiguados en la historia del español. Asimismo, se plantean desafíos para una disciplina todavía incipiente en el estudio de la lengua española, como el problema de la difusión de los cambios, la posibilidad de combinar las perspectivas del tiempo real y el tiempo aparente, el papel de los individuos o un mayor rigor en el análisis cuantitativo.

Palabras clave: sociolingüística histórica; variación y cambio lingüístico; factores externos; inmediatez comunicativa; corpus diacrónicos

This chapter examines some relevant issues concerning the study of Spanish from the perspective of Historical sociolinguistics. After discussing some theoretical principles underlying the analysis of language variation and change, some methodological questions are raised, such as the degree of representativeness and exhaustiveness of the corpora that are more appropriate for approaching the vernacular of past times. Some contributions are then summarized on how several extralinguistic factors have conditioned various changes in the past. The chapter concludes with an overiew of some of the challenges that lie ahead in the development of this discipline, such as the problem of the transition of changes, the possibility of combining the perspectives of both real and apparent time, the role of individuals in the diffusion of change, and the need for greater rigour in the methods of quantitative analysis.

Keywords: historical sociolinguistics; language variation and change; external factors; communicative immediacy; diachronic corpora

2. Cuestiones teóricas y metodológicas

Desde hace varias décadas, la sociolingüística histórica viene aplicando los principios y métodos de la sociolingüística contemporánea al análisis de la variación y el cambio lingüístico en épocas pasadas para las que no se dispone de testimonios orales. Aunque considerablemente menos desarrollada que en el estudio del inglés y otras lenguas germánicas, esta disciplina ofrece, sin embargo, algunas contribuciones destacadas al estudio del español, por no hablar del interés mostrado tradicionalmente por representantes de la escuela filológica española acerca de los aspectos sociales del cambio lingüístico.

La sociolingüística ha demostrado que la variación es un principio inherente de la lengua y condición necesaria para la existencia del cambio, que se configura siempre —y hasta su conclusión— como un cambio en marcha. La evolución de una lengua no es la mera sustitución en el tiempo de unas formas por otras. Por el contrario, en cada estadio, unas variantes alternan con otras para la expresión de un mismo contenido semántico o funcional, al tiempo que esa alternancia adquiere un perfil social determinado, cuyo sentido determinará en buena medida la propia suerte del cambio.

Se ha dicho que el trabajo seminal de Weinreich *et al.* (1968) acerca de los fundamentos empíricos en que debe inspirarse una teoría abarcadora sobre el cambio lingüístico marca el nacimiento de la sociolingüística histórica, aunque sus autores no se refirieran a ella con esta denominación. Entre esos fundamentos destaca la propuesta de inscribir el estudio de las evoluciones lingüísticas en la estructura social, partiendo para ello del principio de uniformidad (Labov 1994), según el cual los mecanismos básicos que funcionan para la producción y difusión de los cambios en la actualidad son, en esencia, similares a los que intervinieron en el pasado: hoy como ayer, los hablantes usan formas alternativas para expresar idénticos contenidos, la variación está influida por condicionantes lingüísticos y sociales, y las diferencias en el uso de las variantes son casi siempre de orden cuantitativo.

En el desarrollo de la sociolingüística histórica suelen distinguirse dos ramas, en correspondencia aproximada con la clásica distinción entre la sociolingüística de la sociedad —o sociología del lenguaje—, por un lado, y la sociolingüística de la lengua, por otro. La primera se centra en los entornos macrosociales que presiden los cambios, ocupándose de aspectos tales como los procesos de estandarización y planificación lingüística, las actitudes e ideologías, la oposición entre bilingüismo y diglosia, etc. Por su parte, la sociolingüística de la lengua, que nos ocupará en estas páginas, analiza la influencia de diversos condicionantes externos en fenómenos de microvariación lingüística. Es conocida la afirmación de Labov (1994, 11) según la cual "historical linguistics can then be thought of as the art of making the best use of bad data". Ciertamente, hasta tiempos recientes el analista debía conformarse a menudo con el acceso restringido a la documentación escrita disponible, limitada en muchos casos a registros formales, en los que la variación es siempre menor. Esos registros formales han estado tradicionalmente asociados al habla de las élites, con frecuencia más conservadoras, por lo que constituyen un recurso incompleto para analizar la variación en el pasado. Además, en el acceso a los textos, especialmente a los más antiguos, la distinción entre originales y copias (a veces muy) posteriores puede inducir a interpretaciones erróneas, al tiempo que existen ediciones valiosas desde el punto de vista histórico a las que, sin embargo, no acompaña el suficiente rigor filológico (Fernández-Ordóñez 2001) (cap. 1). Por último, en la reconstrucción de la estructura social de épocas pretéritas, la configuración de los factores externos puede presentar diferencias significativas con respecto al presente, en paralelo a la naturaleza cambiante de la sociedad. De ahí la necesaria colaboración con otras disciplinas, como la historia social, y la prevención ante potenciales anacronismos en la interpretación del pasado.

Sin embargo, los avances realizados en las últimas décadas han permitido a Nevalainen y Raumolin-Brunberg (2003, 26) afirmar que lo que define a la sociolingüística histórica es, más bien, "[to] make the best use of the data available". Ciertamente, entre las características metodológicas de esta disciplina están la ausencia de cualquier "paradoja del observador" (Labov 1994) o la posibilidad de emprender estudios en tiempo real con toda la profundidad temporal que se quiera, frente a la (casi) obligada remisión a la hipótesis del tiempo aparente en la sociolingüística contemporánea. Por otro lado, los problemas de representatividad y exhaustividad de los datos han podido mitigarse en los últimos tiempos mediante el recurso a grandes corpus digitales. A este respecto, destacan iniciativas como la Biblioteca Virtual Miguel de Cervantes o macrocorpus como CORDE y CE (cap. 2), si bien la utilidad de estas enormes bases de datos textuales para el estudio sociolingüístico puede verse limitada, ya que los documentos compilados son mayoritariamente de naturaleza formal y la información extralingüística que ofrecen acerca de los escritores es escasa (Conde Silvestre 2007, 51–52). Afortunadamente, estos problemas se han venido paliando en los últimos años mediante la creación de un número cada vez mayor de corpus de diversa índole y extensión que incluyen textos representativos de diferentes tradiciones discursivas. Por mencionar aquí solo uno de ellos,[1] el CODEA permite analizar la variación según una escala registral que distingue entre los textos más formales, asociados a los ámbitos de emisión cancillerescos y jurídicos, hasta los más espontáneos, como la documentación escrita por particulares, pasando por otros ámbitos intermedios (municipales y eclesiásticos).

En la práctica, se han comprobado algunas diferencias significativas acerca de la difusión de ciertos fenómenos de variación y cambio lingüístico al comparar los testimonios basados en géneros discursivos formales y los que atienden a tradiciones textuales más próximas al polo de la inmediatez comunicativa (Oesterreicher 2005) (cap. 7). Entre estas destacan, por ejemplo, las declaraciones de testigos, las crónicas y relaciones de conquista, las actas capitulares, los diarios y memorias, etc. y, en especial, la correspondencia privada (Fernández Alcaide 2009; Calderón Campos 2018; Blas Arroyo *et al.* 2019), sobre todo la escrita por semicultos. Por fortuna, el contexto hispánico ha sido especialmente fértil en esta clase de textos, ya que la colonización de América produjo un número ingente de cartas remitidas desde uno y otro lado del Atlántico.

En los últimos tiempos contamos con una representación creciente de ediciones filológicamente rigurosas de estos materiales. Las transcripciones a cargo de especialistas de otras disciplinas pueden resultar también provechosas, siempre que respeten la literalidad de los textos, con modificaciones mínimas, si acaso, en apartados como la puntuación o la acentuación para facilitar la lectura al lector contemporáneo. Ciertamente, estas modernizaciones pueden dificultar el estudio de la variación fónica o gráfica, pero no así el análisis de otro tipo de fenómenos, como los que tienen lugar en la morfosintaxis o en el plano discursivo. Por otro lado, las cartas autógrafas u hológrafas son más fiables que las dictadas, especialmente numerosas en periodos en los que la alfabetización y la escritura estuvieron mucho más restringidas socialmente. Con todo, algunos estudios recientes han señalado que el papel de escribanos y pendolistas pudo ser mucho más determinante en el plano gráfico-fónico que en otros niveles, como el gramatical (Bergs 2005; Blas Arroyo 2016).

3. Desarrollos actuales

Aunque el análisis de los condicionantes lingüísticos figura también como una tarea esencial de la sociolingüística histórica, el objetivo primordial de esta es explicar cómo se han difundido socialmente la variación y el cambio a lo largo de la historia. En lo que sigue repasamos algunos resultados obtenidos en torno a esta premisa en el estudio del español. Aunque las investigaciones realizadas no siguen siempre los mismos principios y métodos de análisis y, por tanto, sus resultados pueden no ser exactamente comparables en ocasiones, en todos ellos se advierte una misma preocupación por las implicaciones sociales en la evolución de la lengua (*cf.* también el cap. 5).

3.1 Dimensiones socioculturales

La conciencia acerca de la variación tiene una larga presencia en la historia del español, como demuestran los textos de varios humanistas del Siglo de Oro (Valdés, Correas, Aldrete, etc.), quienes advertían ya que su lengua no era enteramente uniforme, ni geográfica ni socialmente (cap. 39). En la lingüística histórica no han faltado tampoco alusiones acerca de la consideración de tal o cual rasgo lingüístico como (más) propio de las clases altas o populares. Sin embargo, el análisis de las diferencias sociales en el estudio de la variación no se ha emprendido de una manera rigurosa y sistemática hasta tiempos recientes.

Conceptos tales como clase social o nivel sociocultural han ocupado un lugar central en el desarrollo de la sociolingüística contemporánea. En ella han hecho considerable fortuna dos metáforas que dan cuenta de diferentes puntos de partida en la génesis y extensión de los cambios: de los denominados *cambios desde arriba* generalmente hay conciencia en la comunidad de habla, dado que se originan en el extremo superior de la jerarquía social y en los estilos más formales; frente a estos, los *cambios desde abajo* circulan por debajo del nivel de la conciencia, y se difunden impulsados por ciertos sectores bajos o medio-bajos de la sociedad y en los registros más espontáneos, al menos en sus fases iniciales (Labov 2001).

Como un prototípico cambio desde abajo se ha caracterizado, por ejemplo, la aspiración meridional de /-s/ a principios del siglo XVI (Cano Aguilar 2005). Este mismo autor sostiene que la eliminación de la distinción sorda/sonora en las sibilantes —paso previo a fenómenos como el *seseo* o el *ceceo*— tuvo también a las clases populares como protagonistas destacadas, mientras que la distinción se habría mantenido durante más tiempo entre las élites.

La morfología de los tratamientos es otra parcela en la que se han advertido cambios de esta naturaleza. Así, Fontanella de Weinberg (1996) recuerda que, durante la primera mitad del siglo XIX, el uso general entre los hablantes bonaerenses de los niveles altos combinaba el voseo pronominal con formas verbales correspondientes a *tú* ('vos *tienes*, vos *eres*'). En cambio, los hablantes rurales empleaban las formas voseantes etimológicas ('vos *tenés*, vos *sos*'). Esta distribución cambió, sin embargo, a partir de la segunda mitad de esa centuria, cuando el empleo de estas últimas formas se extendió por toda la pirámide social, hasta llegar al voseo generalizado que hoy conocemos.

En el extremo opuesto, algunos cambios desde arriba pudieron surgir como reacción consciente ante cambios desde abajo previos, que venían a poner en peligro el prestigio sociolingüístico asociado a las élites. Por ejemplo, Blake (1988) considera que la fluctuación entre las grafías <f-> y <ff-> que muestran numerosos documentos castellanos del siglo XIII pudo obedecer a un ejercicio de hipercorrección por parte de ciertos sectores sociales intermedios con acceso a la escritura, quienes de este modo exhibían su conservadurismo lingüístico y su resistencia frente a un cambio desde abajo, [f] > [h], que estaba presente ya en Castilla desde hacía varios siglos. En el mismo sentido, Jodl (2015) cree que este cambio del castellano medieval pudo encontrar notables dificultades para establecerse definitivamente debido al estigma social de la variante aspirada.

Esa misma tendencia al conservadurismo es observada por Martínez (2001) en su estudio sobre textos decimonónicos de dos grupos de población en el sur de Texas. En el plano morfológico, mientras los "fundadores" de la colonia hispana abanderaban el cambio hacia la variante *-ra* en las terminaciones del imperfecto de subjuntivo, los "advenedizos" se mantenían mucho más fieles a la variante tradicional (*-se*), un comportamiento que este autor interpreta como un caso de hipercorrección por parte de unas gentes especialmente concernidas por la promoción social. Por su parte, Blas Arroyo *et al.* (2019) han advertido un caso similar en el freno a la inserción del artículo en las relativas oblicuas (la casa *en la que*) y, por tanto, el regreso a la variante tradicional (la casa *en que*) por parte de las élites sociales españolas del siglo XVIII. Con ello, estos grupos privilegiados exhibían su resistencia ante el impulso de una nueva variante, que, pese a todo, vendría a imponerse con el tiempo, aunque en absoluto de manera definitiva, como demuestra la variación todavía hoy existente.

3.2 *Acomodación, contacto de variedades y redes sociales*

El contacto entre variedades se ha revelado un factor fundamental en la evolución lingüística. De hecho, para autores como Penny (2004), esta sería la contribución más importante de la sociolingüística para entender la historia del español. Este autor ha sido pionero en la aplicación de la noción de *koineización* a la diacronía. Esta se traduce en procesos lingüísticos de nivelación y simplificación en situaciones de contacto demográfico y dialectal rápidas e intensas, como sucede con los grandes movimientos de población hacia nuevas ciudades, fronteras y colonias (Trudgill 1986). En los casos prototípicos de koineización, los hablantes de diferentes variedades lingüísticas mutuamente inteligibles se desplazan a una nueva comunidad, lo que favorece los procesos naturales de acomodación lingüística (Giles *et al.* 1991) (cap. 11). Además, esta mezcla demográfica y dialectal suele desembocar en la ruptura de las redes sociales antiguas, tradicionalmente mucho más densas. Y este debilitamiento extremo de las redes sociales ha demostrado tener una incidencia considerable en la activación de los cambios lingüísticos (Milroy y Milroy 1985).

A juicio de Penny (2004), una larga serie de (re)koineizaciones tuvieron lugar en España durante el largo proceso de la Reconquista, hasta el punto de hacer de este país un ejemplo único en el contexto europeo. No pocos hechos de variación y cambio lingüístico que singularizan al castellano habrían sido la consecuencia de alguna de esas fases de koineización. Por el contrario, la naturaleza más conservadora de otras variedades, como las mozárabes o ciertas hablas rurales asturianas y cántabras, podría explicarse por el carácter más cerrado de las comunidades respectivas, con redes sociales mucho más densas y escasamente proclives al contacto exterior. Incluso en tiempos mucho más recientes, la división en provincias a mediados del siglo XIX habría favorecido, en opinión de Moreno Fernández (2005, 184), la homogeneidad territorial y lingüística y el rechazo a innovaciones foráneas, promoviendo así la vernacularización lingüística y las peculiaridades regionales que todavía hoy caracterizan a numerosas comarcas españolas.

Como en otras ciudades europeas (para Londres, *cf.* Nevalainen y Raumolin-Brunberg 2003), los intensos cambios demográficos experimentados por Madrid desde su capitalidad (1561) pudieron convertir a esta ciudad en un verdadero crisol de variedades lingüísticas, que habría favorecido esta clase de procesos y su difusión posterior a otras zonas del país (cap. 39). Penny (2004), por ejemplo, interpreta fenómenos como la extensión general de la pérdida de /h-/ procedente de /f-/ latina como un ejemplo de simplificación ocasionado por la nueva koiné: la variable lingüística habría experimentado un proceso de reasignación (*reallocation*) de sus significados sociales y estilísticos, con mantenimiento de la aspiración en determinados enclaves dialectales y diastráticos. Con todo, en opinión de Tuten (2003), en la difusión generalizada de las elisiones no hubo ninguna variedad protagonista, contrariamente a lo que habría sucedido en el orden de las sibilantes: frente al sistema medieval de seis consonantes, quienes llegaron a Madrid desde el norte traían consigo otro en el que la oposición de sonoridad estaba ya neutralizada, lo que bien pudo funcionar como modelo para la simplificación.

La koiné madrileña habría afectado también a la morfosintaxis, por ejemplo, en la reestructuración parcial del sistema de clíticos. Los usos sancionados hoy por la normativa ('A Pedro *le* vimos el jueves', 'El libro *lo* guardo en la estantería') se habrían extendido desde el crisol madrileño como una solución de compromiso (interdialectalismo) ente el sistema etimológico ('A Pedro *lo* vimos el jueves', 'El libro *lo* guardo en la estantería') y otro que utilizaba sistemáticamente el pronombre *le(s)* para todos los complementos contables ('A Pedro *le* vimos el jueves', 'El libro *le* guardo en la estantería'). En opinión de Penny (2004), este sistema híbrido vendría a sustituir a los fenómenos generalizados de leísmo y laísmo con esta clase de objetos, que llegaron a ser dominantes en las variedades escritas castellanas del Siglo de Oro, y que aún hoy persisten en numerosas variedades castellanas.

Otra etapa decisiva en la koineización del castellano fue la que tuvo lugar en América en paralelo al proceso de colonización. Autores como Fontanella de Weinberg (1996) o Granda (1994), entre otros, consideran que, durante las primeras décadas posteriores a la conquista, se creó en el continente americano una koiné que más tarde se diversificaría regionalmente. En esa koiné original habrían triunfado diversos fenómenos de simplificación en los que adquirió un protagonismo destacado la variedad andaluza, la minoría lingüística más importante en ese momento. Ello explica la presencia sistemática en el español americano de fenómenos como el seseo, ausente, sin embargo, en las variedades norteñas y toledana del castellano. Por otro lado, la llegada de otros contingentes andaluces (especialmente, sevillanos) al Caribe hispánico y a las tierras bajas americanas pudo favorecer posteriormente otros procesos de rekoineización y la introducción de fenómenos como la aspiración de /-s/ o la neutralización de /r/ y /l/, entre otros. A juicio de Parodi (2001), el hecho de que estos fenómenos no hubieran formado parte de la koiné original pudo deberse a razones de prestigio sociolingüístico, pues eran rasgos que ya estaban presentes en el andaluz desde el siglo XV (Frago Gracia 1993).

3.3 Dimensiones generolectales

Tras décadas de estudios cuantitativos, la investigación sociolingüística ha demostrado la relevancia de este factor en la explicación de la variación y el cambio lingüístico contemporáneos. Numerosos estudios han comprobado, por ejemplo, que, en situaciones de estabilidad, las mujeres tienden a utilizar más formas estándares y prestigiosas que los hombres. Ahora bien, una cierta paradoja generolectal (Labov 2001) surge al constatar que, al mismo tiempo, las mujeres desempeñan un papel importante en el cambio lingüístico, especialmente en el plano fonológico: suelen abanderan los cambios que apuntan hacia nuevas formas de prestigio, lo que no es incompatible con el hecho de que algunos subgrupos femeninos —principalmente jóvenes y de clases populares— lideren también ciertos cambios desde abajo.

La comprobación o refutación de estos resultados en el análisis de textos antiguos se ha visto dificultada por la escasa representación de las mujeres en la mayoría de corpus disponibles. Aun así, la investigación sociohistórica del inglés ha revelado una imagen mixta de las mujeres de épocas pasadas, que se sitúan en la vanguardia de algunos cambios gramaticales, al tiempo que aparecen claramente rezagadas en otros (Nevalainen y Raumolin-Brunberg 2003). Estos últimos se han puesto en relación con el difícil acceso de las mujeres al estándar, como consecuencia de su tradicional marginación en el sistema educativo, con un dominio de la lectoescritura deficiente, incluso en los niveles sociales elevados.

Para el español, Fontanella (1996) comprobó que el seguimiento de las normas ortográficas del estándar entre las clases acomodadas de Buenos Aires en el siglo XIX era significativamente mayor entre los hombres que entre las mujeres. Por ejemplo, la correspondencia privada de una mujer bonaerense de comienzos del XIX (Romana J. López de Anaya) presentaba abundantes ejemplos de confusiones yeístas. Sin embargo, en las cartas de sus hijos, esas confusiones resultaban mucho más ocasionales. En su estudio sobre la adversatividad en la *Celestina*, Dietrick (1992) observa también que los personajes masculinos siguen las tendencias favorables de la época a la extensión del enlace *pero* en detrimento del más tradicional *mas*. Asimismo, comprueba que los personajes femeninos retienen el empleo aditivo de *sino*, en vías de desaparición ya a finales del siglo XV.

Ahora bien, como recuerda Conde Silvestre (2007), esta disociación del comportamiento de las mujeres en la propagación de los cambios desde arriba en situaciones históricas pasadas no se puede generalizar, ya que no faltan ejemplos de lo contrario. Así, Martínez (2001) ha advertido que, a comienzos del siglo XIX, en los territorios meridionales del actual estado de Texas, las mujeres utilizaban mucho más frecuentemente que los hombres la variante por entonces más prestigiosa entre las terminaciones del imperfecto de subjuntivo (*-se*). Por su parte, Blas Arroyo y Velando Casanova (2022) han comprobado que, durante la primera mitad del siglo XVII, el impulso a las variantes preposicionales frente a las tradicionales queístas en subordinadas completivas dependientes de sustantivos y adjetivos ('estoy seguro *de* que' vs. 'estoy seguro que') ofrece un perfil de cambio desde arriba, impulsado por las clases dominantes, y en el que las mujeres parece que tuvieron también un protagonismo destacado. De hecho, en ese estudio, un cruce entre ambos factores revela que, con independencia del estatus social, en todos los grupos las mujeres aventajan a los hombres en las inserciones preposicionales.

Dadas las dificultades reseñadas para el análisis cuantitativo, otros estudios han optado por una aproximación más cualitativa a las diferencias generolectales. Así, en su análisis sobre diversa documentación indiana, García Mouton (1996–1997) advierte indicios que singularizan a las mujeres en la afectividad de los vocativos, la presencia de diminutivos, el uso de refranes y fórmulas coloquiales, etc. Por su parte, Enrique-Arias (2006) comenta diversos usos vernáculos derivados del contacto entre el español y el catalán en la correspondencia privada de una aristócrata mallorquina (Cecilia de Zaforteza) a mediados del siglo XVIII.

3.4 Dimensiones diafásicas

Incluimos en este apartado las diferencias relacionadas con factores diversos, no siempre fáciles de delimitar, pero que en su conjunto atienden al contexto comunicativo, antes que a las particularidades sociales o geográficas de los participantes. Desde el estudio pionero de Romaine (1982) acerca de la variación en los pronombres relativos del inglés antiguo, uno de los condicionantes más atendidos por la sociolingüística histórica ha sido el referido a conceptos diversos, pero relacionados íntimamente, como *género textual* o *tradición discursiva*. En una aplicación pionera al español de estas nociones en la investigación sociolingüística, Gimeno Menéndez (1995) dibuja un contínuum estilístico en cartularios alicantinos medievales (siglos X–XII), en el que (de mayor a menor grado de formalidad) distingue entre textos cancillerescos, notariales y forales. Lo interesante es que esta gradación se correlaciona significativamente con algunos fenómenos de variación, como la ausencia de la preposición *ad* ante el objeto directo personal, una prueba del afianzamiento progresivo del romance en detrimento del latín.

Suele suponerse que los textos más formales representan un locus adecuado para la extensión de las variantes más prestigiosas y, por tanto, para la difusión de cambios desde arriba. De hecho, la intersección entre la clase social y el estilo constituye uno de los principales hallazgos de la sociolingüística: un rasgo más habitual entre los niveles socioculturales bajos se produce con más frecuencia en el discurso informal; y viceversa, los rasgos más propios de las clases elevadas aparecen también más a menudo en los contextos formales. Pountain (1998), por ejemplo, ha mostrado que las diferencias de registro suponen un factor persistente en la posición del adjetivo calificativo a lo largo de la historia del español: la anteposición se asocia fuertemente en todas las épocas con los registros más formales, mientras que se halla prácticamente ausente en el habla más espontánea. Del Barrio de la Rosa (2017), por su parte, ha señalado que el adverbio medieval *ansí* (frente a *así*) tuvo especial fortuna en un periodo situado a caballo entre los siglos XVI y XVII, como consecuencia de su empleo sistemático en documentos judiciales. Con todo, el ejemplo de *ansí* demuestra también cómo el sino de una misma variante puede cambiar con el paso del tiempo, aunque su estigmatización, debida a un progresivo arrinconamiento dialectal, habría de esperar todavía al siglo XVIII. En ese mismo trabajo se muestra también cómo los ámbitos de uso más formales pueden frenar la expansión de las innovaciones, incluso de aquellas que acaban triunfando. Así ocurre en el XVI con la expansión de *tener* para la posesión léxica en detrimento del tradicional *haber*, un verbo que, pese a todo, abunda todavía en gramáticas y tratados hasta 1625, así como en los textos judiciales.

Ahora bien, no siempre un mismo tipo de texto se corresponde con un estilo determinado. De hecho, algunos encierran en su seno ejemplos de variación estilística dignos de estudio. Pountain (2006), por ejemplo, utiliza el concepto de registro para dar cuenta de las variaciones situacionales que presentan textos literarios como el *Corbacho*, cuyo autor muestra una especial sensibilidad hacia el continuum socioestilístico. Por su parte, Martínez (2000) analiza la variación sociolingüística en función del interlocutor al que van dirigidos los textos (*audience design*) en su estudio sobre el uso de ciertas construcciones sintácticas complejas en textos decimonónicos del sur de Texas, como las construcciones gerundivas absolutas. De los resultados de esa investigación se desprende que los relatos e informes dirigidos a una audiencia general utilizaban esta construcción mucho más que los textos dirigidos a interlocutores particulares. En parecido sentido, la distinción entre cartas dirigidas a destinatarios unidos al remitente por estrechos lazos familiares y de solidaridad, por un lado, y la correspondencia menos personal, por otro, se ha revelado significativa en diversos fenómenos de variación estudiados por Blas Arroyo *et al.* (2019).

4. Conclusiones y direcciones futuras

En este capítulo hemos intentado mostrar cómo la comprensión de las dimensiones sociales de la variación y el cambio proporciona una visión más completa de la historia del español, al tiempo que puede arrojar luz acerca del modo en que estos procesos se configuran en la actualidad. Aunque el cambio obedece también a mecanismos estructurales, la significación social que adquieren las variantes alternativas desempeña a menudo un papel determinante en su desenlace.

Ahora bien, pese a los avances recogidos en estas páginas, y otros muchos de los que no hemos podido ocuparnos por razones de espacio, son todavía numerosos los desafíos a los que se enfrenta la sociolingüística histórica panhispánica. Algunos guardan relación con el problema de la *transición* (Weinreich *et al.* 1968) —el modo en que los cambios se propagan en la comunidad— y la constatación de que muchos de esos cambios no son regulares, ya que se difunden a través del tiempo y del espacio a ritmos diferentes. Muchas innovaciones se extienden a lo largo de siglos, con frecuentes avances y retrocesos, como sucede con el devenir de algunas construcciones queístas que, tras ser prácticamente categóricas en el español medieval y el primer español clásico, experimentan un descenso significativo en las centurias siguientes, para remontar de nuevo en tiempos recientes (Blas Arroyo y Velando Casanova 2022). Por el contrario, otros cambios culminan en un plazo mucho más breve. Por ejemplo, Ramírez Luengo (2001) ha rastreado la alternancia entre las terminaciones *-ra* y *-se* para el imperfecto de subjuntivo en textos uruguayos del siglo XIX en los que se aprecia un vuelco brusco (favorable a -*ra*) en las ocurrencias de cada forma en un lapso temporal de apenas 60–70 años. Por su parte, Blas Arroyo y Velando Casanova (2019) han comprobado que la sustitución del relativo *quien* para antecedentes plurales por el analógico *quienes* ('mis primos, a *quien/quienes* vimos') experimentó también un cambio abrupto en apenas unas décadas (1661–1740: 60 %) con respecto al periodo inmediatamente anterior (1581–1660: 13 %). El estudio sobre la dirección y el grado de difusión histórica de los cambios es, pues, una línea de investigación en la que queda todavía un largo camino por recorrer.

Al mismo tiempo, son necesarios estudios que analicen no solo cómo evolucionan las frecuencias de uso de las variantes en cada periodo, sino también los cambios experimentados tanto en la gramática interna como en el eje socioestilístico durante esas etapas. Mediante la adopción de una perspectiva comparatista, Blas Arroyo *et al.* (2019) han estudiado esa cuestión a propósito de diversos fenómenos de variación sintáctica en textos cercanos al polo de la inmediatez comunicativa a lo largo de casi cinco siglos. De estos análisis se desprende que, junto a no pocos patrones de persistencia, que revelan el mantenimiento de idénticos condicionantes a lo largo de la historia —con independencia de las fluctuaciones frecuenciales—, otros exhiben un claro debilitamiento e, incluso, su neutralización con el paso del tiempo.

Otro ámbito que merece una mayor atención en el futuro es la posibilidad de realizar investigaciones en *tiempo aparente*, al modo en que la sociolingüística contemporánea aborda mayoritariamente el estudio del cambio lingüístico. Ciertamente, se trata de una tarea difícil, por la previsible falta de información acerca de la edad precisa de muchos informantes en el momento de escribir sus textos. Sin embargo, cuando esa información está disponible, el contraste entre diferentes generaciones puede arrojar resultados sugestivos. En combinación con los datos del tiempo real, en los que se basa generalmente la sociolingüística histórica, esta comparación podría desentrañar, por ejemplo, el carácter generacional o comunitario de algunos cambios (Labov 2001), así como otros desenlaces genolectales como el *age grading*, esto es, la repetición de los mismos patrones de variación en los mismos grupos de edad generación tras generación.

Del mismo modo, nuevas líneas de investigación deberían animar al estudio acerca del papel que los individuos desempeñan en la difusión de los cambios y el modo en que ese papel puede variar con el paso del tiempo. Frente a la teoría que sostiene que, al menos en los niveles más profundos del análisis, el repertorio verbal se fosiliza en el tránsito entre la juventud y la primera edad adulta, algunas investigaciones recientes han demostrado que ciertos individuos cambian sus usos lingüísticos a lo largo de la vida (Blas Arroyo 2022). Asimismo, cobra interés determinar el carácter conservador, contemporizador o innovador de esos individuos en relación con los cambios en marcha con los que conviven.

Finalmente, el estado actual de la disciplina pone de manifiesto también la necesidad de profundizar en el aparato metodológico de las investigaciones. Aunque, como hemos visto, se ha avanzado mucho en el problema de la representatividad de los corpus, todavía son necesarias bases de datos extensas, que faciliten muestras de habla suficientes de ciertos grupos tradicionalmente mal representados (como las mujeres), así como de variables lingüísticas lastradas por una escasa recurrencia en el discurso. Al mismo tiempo, es necesaria la comparación entre géneros y tradiciones discursivas diferentes, así como entre situaciones comunicativas distintas dentro de un mismo género. Es también una asignatura pendiente la sofisticación de los análisis cuantitativos, hasta tiempos muy recientes limitada a una estadística meramente descriptiva, en la que no se consideraban las posibles relaciones de interacción o dependencia entre factores distintos. Igualmente, en el análisis riguroso de la variación se echa en falta la consideración del llamado principio de responsabilidad ante los datos (*accountability*) (Labov 1994), esto es, la atención a todas las variantes potencialmente alternantes en un mismo hueco funcional, y no solo a aquella sobre la que se pone el foco.

Ni que decir tiene, por último, que la atención a otros aspectos sociolingüísticos, como los apuntados al comienzo de estas páginas (actitudes lingüísticas, procesos de estandarización, etc.) es necesaria también para completar un panorama que en este breve capítulo tan solo hemos podido describir de manera (muy) parcial.

Nota

1 Para un resumen de otros corpus, editados conforme a normas filológicas rigurosas y distribuidos por muy diferentes regiones, véase Calderón Campos (2018).

Lecturas recomendadas

Conde Silvestre (2007) es un excelente manual introductorio en el que se repasan las principales cuestiones relacionadas con el análisis sociolingüístico de la variación y el cambio lingüístico aplicado a textos antiguos. Aunque buena parte de las ejemplificaciones están referidas al inglés, contiene también abundante información sobre el español.

Hernández-Campoy y Conde Silvestre (2012) es un manual de referencia internacional, en el que participan destacados especialistas en las principales cuestiones teóricas y metodológicas relacionadas con la sociolingüística histórica. Aunque atiende también principalmente al inglés, la calidad y profundidad de sus contribuciones convierten sus estados de la cuestión en sumamente útiles.

Blas Arroyo et al. (2019) reúne diversos estudios de sociolingüística variacionista centrados en fenómenos de variación sintáctica de los siglos XVI–XX, a partir de un corpus de textos cercanos a la inmediatez comunicativa, fundamentalmente correspondencia privada. El uso de una metodología comparativa permite analizar no solo las frecuencias de uso de las variantes en cada periodo, sino también la evolución de la gramática interna de cada fenómeno y de sus condicionantes socioestilísticos.

Bibliografía citada

Bergs, A. 2005. *Social Network Analysis and Historical Sociolinguistics*. Berlín: De Gruyter.

Blake, R. 1988. "Sound Change and Linguistic Residue: The Case of (f –) > (h –) > /(o)/". En *Georgetown University Round Table on Languages and Linguistics*, ed. T. Walsh, 53–62. Georgetown: Georgetown University Press.

Blas Arroyo, J. L. 2016. "The Rise and Fall of a Change from Below in the Spanish Syntax of the Golden Age Period: *deber* & *deber de* + Infinitive in Communicative Immediacy Texts". *Journal of Historical Linguistics* 6: 1–31.

Blas Arroyo, J. L. 2022. "Patterns of Individual Variation and Change in Golden Age Spanish. Analysis of Three Linguistic Variables in a Private Correspondence Corpus". *Folia Linguistica Historica* 43 [en línea]. https://doi.org/10.1515/folia-2022-2024.

Blas Arroyo, J. L., M. Porcar, M. Velando y J. Vellón. 2019. *Sociolingüística histórica del español. Tras las huellas de la variación y el cambio lingüístico a través de textos de inmediatez comunicativa*. Madrid y Fráncfort: Iberoamericana Vervuert.

Blas Arroyo, J. L. y M. Velando Casanova. 2019. "Auge y caída de una forma moribunda: la evolución del relativo *quien* con antecedente plural en la historia del español". *Studia Neophilologica* 91: 355–382.

Blas Arroyo, J. L. y M. Velando Casanova. 2022. *El queísmo en la historia. Variación y cambio lingüístico en el régimen preposicional del español (siglos XVI–XXI)*. Berlín: De Gruyter.

Calderón Campos, M. 2018. "Muestras de oralidad en el corpus diacrónico del español del Reino de Granada (siglo XVIII)". *Oralia* 17: 117–145.

Cano Aguilar, R. 2005. "Cambios en la fonología del español durante los siglos XVI y XVII". En *Historia de la lengua española*, ed. R. Cano. 2ª ed., 825–857. Barcelona: Ariel.

Conde Silvestre, J. C. 2007. *Sociolingüística histórica*. Madrid: Gredos.

Del Barrio de la Rosa, F. 2017. "Piezas léxicas y variación morfosintáctica en la historia del español. Tres casos en el español de los Siglos de Oro (1581–1620)". En *Palabras Vocabulario Léxico. La lexicología aplicada a la didáctica y a la diacronía*, ed. F. del Barrio de la Rosa, 251–266. Venecia: Edizioni Ca' Foscari.

Dietrick, D. 1992. "Estudio sociolingüístico de la adversatividad en *La Celestina*". En *Actas del II Congreso Internacional de Historia de la Lengua Española*, ed. M. Ariza, R. Cano, J. Mª Mendoza y A. Narbona, 359–371. Madrid: Pabellón de España.

Enrique-Arias, A. 2006. "Spanish/Catalan Contact in Historical Perspective: 18th Century Documents from Majorca". En *New Perspectives in Iberian Dialectology/Nouvelles perspectives en dialectologie ibérique*, eds. D. Heap, E. Pato y C. Gurski. London (Canadá): University of Western Ontario. www.uwo.ca/linguistics/methodsxii.

Fernández Alcaide, Marta. 2009. *Cartas de particulares en Indias del siglo XVI: edición y estudio discursivo*. Madrid y Fráncfort: Iberoamericana Vervuert.

Fernández-Ordóñez, I. 2001. "Hacia una dialectología histórica. Reflexiones sobre la historia del leísmo, el laísmo y el loísmo". *Boletín de la Real Academia Española* 81: 389–464.

Fontanella de Weinberg, M. B. 1996. "El aporte de la sociolingüística histórica al estudio del español". *International Journal of the Sociology of Language* 117: 27–38.

Frago Gracia, J. A. 1993. *Historia de las hablas andaluzas*. Madrid: Arco Libros.

García Mouton, P. 1996–1997. "Las mujeres que escribieron cartas desde América (siglos XVI–XVII)". *Anuario de Lingüística Hispánica* 12–13: 319–326.

Giles, H. J. Coupland y N. Coupland (eds.). 1991. *Contexts of Accommodation: Developments in Applied Sociolinguistics*. Cambridge: Cambridge University Press.

Gimeno Menéndez, F. 1995. *Sociolingüística histórica*. Madrid: Visor.

Granda, G. de. 1994. "El proceso de koineización en el período inicial de desarrollo del español de América". En *El español de América en el siglo XVI*, ed. Jens Lüdtke, 87–108. Fráncfort y Madrid: Vervuert e Iberoamericana.

Hernández-Campoy, J. M. y J. C. Conde-Silvestre, eds. 2012. *The Handbook of Historical Sociolinguistics*. Malden, MA: Wiley-Blackwell.

Jodl, F. 2015. "Estigma y auge de prestigio: el cambio *f* > *h* en castellano y gascón visto desde la sociolingüística histórica y la lingüística variacional". *Revista de Filología Románica* 32: 21–40.

Labov, W. 1994. *Principles of Linguistic Change, vol. 1, Internal Factors*. Philadelphia: Blackwell Publishing Co.

Labov, W. 2001. *Principles of Linguistic Change, vol. 2, Social Factors*. Oxford: Blackwell.

Martínez, G. A. 2000. "A Sociohistorical Basis of Grammatical Simplification: The Absolute Construction in Nineteenth-century Tejano Narrative Discourse". *Language Variation and Change* 12: 251–266.

Martínez, G. A. 2001. "Política lingüística y contacto social en el español mexico-tejano: la oposición -*ra* y -*se* en Tejas durante el siglo XIX". *Hispania* 84: 114–124.

Milroy, J. y L. Milroy. 1985. "Linguistic Change, Social Network, and Speaker Innovation". *Journal of Linguistics* 21: 339–384.

Moreno Fernández, F. 2005. *Historia social de las lenguas de España*. Barcelona: Ariel.

Nevalainen, T. y H. Raumolin-Brunberg. 2003. *Historical Sociolinguistics: Language Change in Tudor and Stuart England*. Londres: Longman y Pearson Education.

Oesterreicher, W. 2005. "Textos entre inmediatez y distancia comunicativas. El problema de lo hablado escrito en el Siglo de Oro". En *Historia de la lengua española*, ed. R. Cano. 2ª ed., 729–769. Barcelona: Ariel.

Parodi, C. 2001. "Contacto de dialectos y lenguas en el Nuevo Mundo: la vernacularización del español en América". *International Journal of the Sociology of Language* 149: 33–53.

Penny, R. 2004. *Variación y cambio en español*. Madrid: Gredos.

Pountain, C. J. 1998. "Nuevo enfoque de la posición del adjetivo atributivo". En *Atti del XXI Congresso Internazionale di Linguistica e Filologia Romanza*, vol. 2, ed. G. Rufino, 697–708. Tubinga: Niemeyer.

Pountain, C. J. 2006. "Towards a History of Register in Spanish". *Spanish in Context* 3: 5–24.

Ramírez Luengo, J. L. 2001. "Alternancia de las formas *ra/se* en el español uruguayo del siglo XIX". *Estudios Filológicos* 36: 173–186.

Romaine, S. 1982. *Socio-historical Linguistics: Its Status and Methodology*. Cambridge: Cambridge University Press.
Trudgill, P. 1986. *Dialects in Contact*. Oxford: Basil Blackwell.
Tuten, D. N. 2003. *Koineization in Medieval Spanish*. Berlín: De Gruyter.
Weinreich, U., W. Labov y M. Herzog. 1968. "Empirical Foundations for a Theory of Language Change". En *Directions for Historical Linguistics*, eds. W. P. Lehman y Y. Malkiel, 95–189. Austin: University of Texas Press.

7
Tradiciones discursivas e historia lingüística (Discursive traditions and historical linguistics)

Araceli López Serena

1. Introducción

El concepto de tradición discursiva (TD) surgió, dentro de la romanística alemana, en el seno de la lingüística de las variedades de filiación coseriana. Sus orígenes se remontan a los desarrollos teóricos iniciados por las Escuelas de Tubinga (Coseriu, Schlieben-Lange, Kabatek) y Friburgo (Oesterreicher, Koch) desde finales de los años 70. Acuñado por Peter Koch, el concepto de TD ha resultado ser altamente rentable en el campo de la lingüística histórica cuando se trata de analizar en qué medida un determinado proceso de cambio lingüístico o un hecho lingüístico particular identificado en un texto podrían haberse visto propiciados o inhibidos por condicionantes discursivo-tradicionales. En este capítulo, que pretende mostrar hasta qué punto la lingüística histórica ha sabido sacar partido de la noción de TD, se hace un breve repaso histórico de los orígenes y el desarrollo del concepto de TD en el marco de la romanística alemana y se remite a algunos trabajos sobre la historia del español a fin de ilustrar en qué medida el paradigma de las TD ha servido de inspiración para determinados tipos de investigación.

Palabras clave: tradiciones discursivas; tradicionalidad discursiva; lingüística de las variedades de filiación coseriana; niveles y dominios del lenguaje; distancia/inmediatez comunicativas

The concept of discursive tradition (DT) was developed, within German Romance linguistics, inside the framework of Coserian-inspired Varieties Linguistics. Its origins go back to the theoretical developments carried out by the Schools of Tübingen (Coseriu, Schlieben-Lange, Kabatek) and Freiburg (Oesterreicher, Koch) since the late 70s and the 80s. Coined by Peter Koch, the concept of discursive tradition has proved to be extraordinarily fruitful in the field of historical linguistics, when it comes to analyzing to what extent a particular linguistic change or a particular linguistic fact witnessed in a past language state may have been favoured or inhibited by discursive-traditional factors. Starting with a very brief historiographic review of the origins and the development of the concept of discursive tradition within German Romance linguistics, this chapter will show in which way historical linguistics has profited from this concept. For this purpose, a few contributions dealing with the history of the Spanish language will be chosen in order to illustrate the extent to which the notion of discursive tradition has proved useful in this kind of research.

Keywords: discursive traditions; discursive traditionality; Coserian-inspired Varieties Linguistics; linguistic levels and domains; communicative immediacy/distance

2. La noción de tradición discursiva: cuestiones teóricas y metodológicas[1]

2.1 El concepto de tradición discursiva: génesis y definición

El concepto de TD fue acuñado por Peter Koch (1987) en su tesis de habilitación, que a día de hoy continúa inédita. Esta monografía perseguía dos objetivos netamente descriptivos, relacionados con lo que cabe denominar enfoque *de materia* (López Serena 2021a): "por un lado, el análisis lingüístico del género *dictamen* a partir de textos prototípicos, redactados en latín y, por primera vez, en *volgare*; por otro lado, el análisis lingüístico del primer empleo del *volgare* en el género *dictamen*" (Koch 1987, 3);[2] a ellos se sumaba un tercer objetivo de naturaleza teórica, acometido, por tanto, desde un enfoque de *objeto de estudio*:[3] proporcionar a la lingüística histórica "un *marco teórico lingüístico categorial*, dentro del cual se pueden situar, delimitar e interrelacionar con exactitud las diferentes preguntas de investigación que surjan en el abordaje de los *dictamina*" (Koch 1987, 36; énfasis mío).

Para la construcción de este "marco teórico categorial", Koch se basó en la concepción coseriana del lenguaje como "actividad humana *universal* que se realiza *individualmente*, pero siempre según técnicas *históricamente* determinadas", de acuerdo con la cual "[e]n el lenguaje se pueden […] distinguir tres niveles: uno universal, otro histórico y otro individual" (Coseriu 1957, 269).

NIVEL UNIVERSAL	SABER ELOCUCIONAL	saber hablar en general, de acuerdo con los principios generales del pensar y con la experiencia general humana acerca del mundo
NIVEL HISTÓRICO	SABER IDIOMÁTICO	saber hablar de acuerdo con las normas de la lengua que se realiza
NIVEL INDIVIDUAL/ ACTUAL	SABER EXPRESIVO	saber hablar en situaciones determinadas, saber estructurar los discursos de acuerdo con las normas de cada uno de sus tipos

Figura 7.1 Los niveles universal, histórico y actual del lenguaje y los saberes elocucional, idiomático y expresivo de acuerdo con la propuesta de Coseriu (2019, 32)

nivel	dominio	tipo de reglas
universal	actividad del hablar	reglas elocucionales
histórico	lengua histórica particular	reglas idiomáticas
	tradición discursiva	reglas discursivas
actual/individual	discurso	

Figura 7.2 Niveles y dominios de lo lingüístico (*apud* Koch 1997, 45; cf. también Koch 2008, 54)

Mientras que en la propuesta originaria de Coseriu solo las lenguas y las modalidades de variación diasistemática (diatópicas, diastráticas y diafásicas) que conforman el saber idiomático se ubicaban en el nivel histórico del análisis lingüístico y de la competencia de los hablantes, Koch, tanto en su tesis de habilitación como en trabajos posteriores (*cf.* Koch 1997, 2008), consideró necesario subdividir este nivel en dos dominios diferenciados: el de las lenguas históricas particulares y el de las TD. Si proyectamos sobre las dos figuras anteriores la distinción entre materia y objeto de estudio a la que se ha hecho mención anteriormente, el nivel actual del discurso correspondería para Koch a la materia de estudio, es decir, a la realidad de los testimonios discursivos y textuales, mientras que los niveles histórico y universal constituirían abstracciones propias del objeto de estudio.[4]

Koch proponía, con ello, poner de relieve la falta de coincidencia entre (i) el saber histórico que tiene que ver con la competencia idiomática y (ii) el producir textos según tradiciones y modelos históricos, perteneciente también al saber sociohistóricamente determinado, pero independiente de las tradiciones de las lenguas particulares. En esto último se mostraba de acuerdo con el propio Coseriu en que "los textos tienen también sus tradiciones particulares, independientes de las lenguas" (Coseriu 2007, 137–138). Por este motivo Coseriu entendía que se podía aludir, dentro de las *tradiciones del hablar* (*Traditionen des Sprechens*, *cf.* Schlieben-Lange 1983), a *tradiciones textuales* o *TD*, tanto en relación con "los textos incorporados a la tradición lingüística misma" (Coseriu 2007, 138), p. ej., las formas históricamente establecidas en una comunidad idiomática para el saludo o para las secuencias de cierre de una conversación, como en relación con "los [tipos de] textos supraidiomáticos, [pues] debería resultar evidente que existe una configuración tradicional enteramente independiente de la tradición del hablar según una técnica transmitida históricamente (= independiente de las lenguas históricas)" (Coseriu 2007, 139).

Desde el punto de vista de su *intensión*, el concepto de TD está vinculado con la variación lingüística de naturaleza textual o discursiva. En este sentido, la definición que ha tenido mayor repercusión es la de Kabatek (2005a, 159), para quien las TD no forman parte, sin embargo, del nivel *histórico* del análisis, sino del *individual*,[5] y en cuya opinión una TD consiste en "la repetición de un texto o de una forma textual o de una manera particular de escribir o de hablar que adquiere valor de signo propio" (*cf.* Kabatek 2018, cap. 8). Desde el punto de vista de su *extensión*, las reglas discursivas, que proporcionan a los hablantes modelos para realizar de manera adecuada sus discursos, "remiten a tradiciones discursivas, es decir, a determinados estilos, géneros, clases de textos, universos discursivos, actos de habla, etc., todos los cuales aprehenden clases de discursos" (Koch 1987, 31).

Algunos especialistas (p. ej., Sáez Rivera 2006; López Serena 2011) han manifestado su preocupación por la laxitud de la definición tanto intensiva como extensiva del término TD, que ha conducido, de una parte, a su solapamiento con categorías tradicionales aplicadas a la descripción de la variación lingüística como *registro* o *estilo* (*cf.* Company 2008), que para Koch son TD (*cf.* su pasaje recién citado) y que, además, caben perfectamente dentro de la mencionada definición de Kabatek, pues tanto los registros como los estilos se pueden interpretar como "maneras particulares de escribir o de hablar que adquieren valor de signo propio". Además, la etiqueta TD ha confluido también con la noción, igualmente tradicional, de *género* (*cf.* Kabatek 2018, cap. 10), así como con conceptos procedentes de propuestas de teorización lingüística más recientes, como los de clases de textos, tipos de textos o incluso actos de habla y funciones expresivas (*cf.* cap. 21). Ahora bien, tal y como defiende López Serena (2021a) o señala Octavio de Toledo (2018), justamente la holgura de esta concepción tan laxa de TD, "basada en la idea de repetición evocadora y ampliable a elementos o secuencias inferiores al texto e incluso a la oración", es, probablemente, uno de los motivos por los que las TD se han convertido

> en entidades extraordinariamente atractivas para quien investiga la historia de la lengua, por cuanto le proporcionan una herramienta previamente inexistente para conectar

directamente la repetición de un elemento o construcción (su frecuencia, en suma) con una distribución restringida (o, al menos, dominante) en un conjunto de textos interrelacionables según criterios varios (pero no necesariamente dependientes unos de otros, ni en términos genéricos ni de rasgos de género).

(Octavio de Toledo 2018, 119)

2.2 La perspectiva de las tradiciones discursivas como enfoque metodológico

La citada reflexión de Octavio de Toledo entronca con la idea, defendida por Kabatek (2015), de que el alcance completo del concepto de TD encuentra su razón de ser solo cuando no nos acercamos a él desde la *categorización* y la consiguiente adscripción de productos textuales a clases de TD preestablecidas —es decir, desde el punto de vista que hemos denominado *de objeto*—, sino cuando nos interesa la *descripción* de todos los aspectos discursivo-tradicionales que seamos capaces de identificar en cada texto particular, o, lo que es lo mismo, cuando nos aproximamos a las TD desde un enfoque *de materia* (*cf.* § 3), en relación con el cual parece más adecuado hablar, no de *tradiciones*, sino de *tradicionalidad* discursiva, y anteponer los principios en que se sostiene la investigación de la *tradicionalidad* discursiva a la búsqueda, de momento infructuosa, de una definición unívoca y de consenso del concepto TD.

Entre estos principios, destaca el rechazo a la conversión de la lingüística histórica en una lingüística de corpus que no tenga en cuenta los factores discursivo-tradicionales que condicionan la interpretación de cualquier dato lingüístico:[6]

El estudio diacrónico de una lengua particular que se basa empíricamente en textos ('discursos') no tiene que engañarse con la ilusión de que los datos extraídos de estos discursos reflejen directamente reglas idiomáticas de la lengua en cuestión ni que los datos sacados de discursos sucesivos en el tiempo reflejen directamente cambio de reglas idiomáticas. Hay que tener en cuenta los "filtros" no solo de las variedades lingüísticas, sino también de las tradiciones discursivas que intervienen en cada discurso individual. Esta consideración conlleva consecuencias importantísimas para la *metodología* de una lingüística del corpus (cfr. Oesterreicher 2001, 1569ss; Kabatek 2005a, 163ss., 172–174).

(Koch 2008, 80; cursiva original)

El corolario del rechazo a una lingüística de corpus derivada de una visión lineal de la evolución de las lenguas es el propósito de

modificar [...] un monolitismo que parte del supuesto de la existencia de una —y una sola— gramática representativa de cada lengua y cada época, monolitismo reanimado por modelos actuales y por una lingüística de corpus en la que se supone que la variación textual no es más que un problema de cantidad y que, a partir de un cierto tamaño de la muestra, la variación se esfuma en la nada del "ruido" estadísticamente irrelevante.

(Kabatek 2008, 8)[7]

A este respecto, no extraña que Kabatek vincule el "enorme eco" que tuvo su primer libro sobre TD en el mundo hispánico (Jacob y Kabatek 2001) con el hecho de que apareció

en un momento adecuado: la teoría de la gramaticalización y los nuevos grandes corpus habían dado un nuevo auge a la lingüística histórica, y en el ámbito de la lingüística hispánica hubo una especie de oleada de estudios de sintaxis histórica. Entre la tradición filológica española y una nueva lingüística de índole más bien teórica y basada en datos masivos faltaba algo: una diferenciación de las tradiciones de los textos y una crítica a una diacronía demasiado simplista que ignoraba la diversidad de las tradiciones textuales.

(Kabatek 2018, 22)

3. Historia de la lengua española y tradiciones discursivas

La excelente acogida que el paradigma de las TD ha encontrado, en las últimas décadas, en la lingüística histórica española hunde sus raíces en el hecho de que "sabemos [...] que la variación sintáctica depende en gran medida de la tradición textual, y eso tanto si consideramos el texto en su totalidad como cuando lo diferenciamos internamente" (Kabatek 2012, 91; *cf.* ahora Kabatek 2018, cap. 6). Estas convicciones, reflejadas en estudios anteriores al desarrollo de la noción de TD —como los de Badia i Margarit o Bustos Tovar que menciona en este mismo volumen Cano Aguilar (*cf.* cap. 21)—, han servido de caldo de cultivo a la exitosa implantación de esta corriente, sobre todo en España, donde se contaba con el precedente de la Escuela de Filología fundada por Menéndez Pidal y continuada por Rafael Lapesa, de quienes los hispanistas que han tomado el testigo de la investigación sobre TD son, en gran medida, herederos.

Entre los historiadores de la lengua española, la adopción del concepto de TD ha estado vinculada con la aceptación de dos de las principales reivindicaciones de este paradigma: la necesidad de tener en cuenta, en la interpretación de cada dato lingüístico individual, la complejidad del contexto discursivo-tradicional que lo envuelve y la oposición a las visiones lineales de la evolución lingüística. Ambas convicciones ponen en entredicho la viabilidad de hacer historia de la lengua a partir, exclusivamente, de corpus informatizados (*cf.* § 1.2 y Kabatek 2018, cap. 7). Pero, además, la predilección por el concepto de TD por encima de otros como género, clase o tipo textual se debe también al rechazo hacia las categorizaciones apriorísticas y de vocación universalista características de la tipología textual. Ajena, por lo general, a retos teóricos aún no resueltos como la definición inequívoca del término TD, la cuestión de su ubicación en uno u otro nivel del lenguaje (*cf.* § 1.1 y la nota 3) o su delimitación frente a categorías alternativas como tipo, clase o género textual, lo que ha primado en la lingüística histórica hispánica ha sido el valor de la noción de TD como herramienta heurística.

La desestimación de las categorizaciones *in vitro* de los enfoques tipologistas y la resistencia a adscribir los productos textuales sometidos a examen por parte del historiador a clases preestablecidas va acompañada, entre quienes abrazan la corriente de las TD, por la voluntad decidida de partir de los textos y de describir, en cada testimonio particular, todos los aspectos discursivo-tradicionales que sea posible identificar. Y es que, como señala Kabatek (2015, 52), "[s]i abordamos un texto no a partir de una categorización preestablecida y sin querer adscribirlo a una u otra categoría, sino pretendiendo determinar el alcance completo de las relaciones de tradicionalidad que se manifiestan en ese texto partiendo del propio texto, encontraremos una larga lista, en principio abierta, de aspectos tradicionales". Tras la adopción firme de esta perspectiva *de materia* que rehúye las categorías teóricas preestablecidas está también la idea de que es necesario llevar a cabo una *recontextualización* (*cf.* Oesterreicher 2003) de todos los documentos que interese estudiar, esto es, prestar atención a la complejidad del contexto histórico, social y cultural en que fueron originados e interpretar en ese marco los datos lingüísticos que proporcionen. No en vano, los textos son "formas prototípicas convencionalizadas en las que han cristalizado ciertos valores de los parámetros de las condiciones de comunicación [...], así como, por un lado, requisitos de verbalización más o menos estrictamente predefinidos, y, por otro lado, conocimientos socialmente determinados en cuanto a su contenido y temática" (Oesterreicher 1997, 24). También para Jacob y Kabatek,

> [a los] modos de comunicación, que se miden en categorías de pragmática universal y que sirven para identificar los rasgos universales propios de cada constelación discursiva, corresponden en el plano histórico las llamadas tradiciones discursivas. Se trata de moldes histórico-normativos, socialmente establecidos[,] que se respetan en la producción del discurso. A través de estas categorías, cada discurso, y de ahí cada texto histórico, no sólo forma parte de una lengua determinada (o de varias lenguas) sino que se sitúa dentro de una filiación intertextual, constituida por una serie de elementos repetitivos, tanto en el plano de los "entornos" (constelaciones situacionales, mediales o institucionales) como en el plano de las formas detectables en la superficie del texto mismo (p. ej,. pasajes textuales concretos, carácter formulario, construcción, lengua).
>
> (Jacob y Kabatek 2001, viii)

En consonancia con esta definición está la postura que expresa Pons Rodríguez en las conclusiones de uno de sus primeros trabajos sobre TD, y que podemos hacer extensiva a todos los hispanistas que aplican esta noción a sus investigaciones.[8] De acuerdo con esta autora, desde la perspectiva del historiador de la lengua (medieval, en su caso concreto),

> [d]e nada sirve una clasificación histórica de los textos [...] que los descomponga en categorías herméticas o discretas; tampoco nos valen concepciones de los discursos como constructos monotípicos. Si queremos dar cuenta de la relación de la textualidad medieval con el código que le da cuerpo, tenemos que buscar una teoría de la clasificación textual que considere los rasgos lingüísticos y su relación con las condiciones de enunciación, que contemple los discursos como acontecimientos, como objetos sociohistóricos, que considere la relación entre cambios en la historia social y cambios en los tipos de discursos. Esa es la visión que está en la base de la teoría de las TD, que exige la puesta en marcha de mecanismos de relación con otros componentes del discurso debidos también al modelo textual elegido y determinados por la realidad social o institucional, y, en consecuencia, susceptibles de ser modificados o alterados por cualquier cambio de esos parámetros.
>
> (Pons Rodríguez 2006a, 78)

En este estudio, la autora ofrece también pistas sobre otros motivos adicionales que han conducido a la extraordinaria difusión de la noción de TD entre los historiadores de la lengua española. Por un lado, en su opinión, los trabajos pioneros sobre TD vinieron a cubrir el hueco, denunciado por Marimón Llorca (2005, 1022), que suponía "la casi total ausencia de estudios históricos en la investigación sobre tipos de textos": no extraña, pues, que cuando Pons Rodríguez (2006a, 70) se refiere a la escasez de categorizaciones textuales aplicadas a la diacronía mencione como excepción la clasificación de muestras de escrituralización en lenguas románicas hecha, precisamente, por Koch (1993). Por otro lado, en la acogida del marbete TD como alternativa a los de *género textual* o *discursivo* desempeñó un papel fundamental el hecho de que los lingüistas han considerado, de manera general, el término *género* más bien propio de los estudios literarios. De hecho, el propio Oesterreicher no tuvo reparos en aclarar que él prefería hablar de TD y no de géneros textuales o tipos de textos, "[e]n primer lugar, para enfatizar la dinámica interna de estos modelos discursivos históricos", pero "en segundo lugar, para evitar la identificación con una teoría literaria de los géneros" (Oesterreicher 2012, 231–232; *cf.* también Pons Rodríguez 2006a, 72–73).

4. Conclusiones y perspectivas futuras

Enfatizar la naturaleza histórica de las TD como patrones o moldes que los hablantes utilizan para construir e interpretar discursos; oponerse a una concepción lineal del cambio lingüístico cegada por la ilusión de que los datos extraídos de los corpus reflejen directamente reglas idiomáticas ajenas a las condiciones discursivo-tradicionales de producción y recepción de los textos de los que se toman tales datos, así como por la falacia de que los datos procedentes de discursos cronológicamente sucesivos sean evidencia directa de algún cambio en cuanto a las reglas idiomáticas; rehuir los "intereses y procedimientos puramente clasificatorios de la llamada tipología textual" (Oesterreicher 2012, 232) o interpretar las TD como formas prototípicas convencionalizadas en las que han cristalizado ciertos valores de los parámetros de las condiciones de comunicación que definen la inmediatez y la distancia comunicativas (*cf.* Koch y Oesterreicher 2007) son los principios fundamentales en que se asienta la corriente de las TD (*cf.* también López Serena 2021b). Metodológicamente, estamos ante un paradigma cuya "hipótesis fuerte" podríamos establecer siguiendo la propuesta de Kabatek, quien sostiene

> que la historia de una lengua no presenta solo variación a nivel de dialectos, sociolectos o estilos sino que la lengua varía también de acuerdo con las tradiciones de los textos, es decir, que estos no solo añaden sus elementos formales, sus características de género o las marcas de un tipo determinado de estructuración a los productos de sistemas ya dados sino que condicionan o pueden condicionar, a su vez, la selección de elementos procedentes de diferentes sistemas (o de un sistema de sistemas).
>
> (Kabatek 2008, 8–9)

La investigación lingüística histórica sobre TD ha dado sus principales frutos en el ámbito de la sintaxis histórica,[9] en el que se ha recurrido a ella (i) para examinar diferencias lingüísticas entre textos que se han rehecho sobre algún modelo anterior y han modificado, al mismo tiempo, la TD original (*cf.* Pons Rodríguez 2006b; Octavio de Toledo 2017), (ii) para analizar si algún cambio lingüístico en particular, o bien la conservación de algún fenómeno pasado, están determinados por aspectos discursivo-tradicionales (*cf.* Octavio de Toledo 2014) y (iii) para describir los cambios experimentados por algunos tipos textuales (*cf.* también el cap. 21), como hace Guzmán Riverón (2006) al estudiar ciertas TD documentales del español del Caribe o Pons Rodríguez (2007) al apuntar que la paulatina implantación de *el cual* en castellano supuso

> un ejemplo de progreso en la elaboración lingüística intensiva del idioma [...] a la búsqueda de una mayor distancia comunicativa [...], un cambio *desde arriba* [...] cuyo factor agente estuvo en el intento de elaboración en romance de una nueva lengua del derecho (fueros, *Partidas*) y que traspasó la tradición discursiva que lo adoptó desde la esfera jurídica latina.
>
> (Pons Rodríguez 2007, 297)[10]

Aunque no de forma tan sistemática como sobre sintaxis, también se ha investigado en algunas ocasiones sobre TD y léxico (sobre todo en relación con la selección léxica que se opera en los textos: *cf.* p. ej,. Dworkin 201). Es de esperar que en futuras investigaciones aumente la consideración de los cambios léxicos desde la perspectiva de su carácter discursivo-tradicional.

Notas

1 Los contenidos de este epígrafe sintetizan parcialmente lo que se expone, de manera más extensa y pormenorizada, en López Serena (2021a).

2 Las traducciones de todas las citas cuyos textos originales no están en español son mías.
3 La oposición entre las aproximaciones a las TD que adoptan un enfoque de materia y las que abrazan, más bien, un enfoque de objeto de estudio está basada en la distinción epistemológica entre materia y objeto de estudio (*cf.* Fernández Pérez 1993; López Serena 2021a). *Materia* es la realidad fenoménica, heterogénea y compleja, que se da en todas las manifestaciones lingüísticas, a partir de las cuales los lingüistas delimitamos y perfilamos *objetos de estudio* específicos en virtud de determinados criterios e intereses de investigación, sometiendo la *materia de estudio* a procesos de abstracción, modelización e interpretación a través de los cuales esta deja de ser realidad fenoménica y se torna constructo teórico.
4 Nótese, sin embargo, que, como todas las distinciones terminológicas, la oposición entre materia y objeto de estudio y su correlación con la teorización y la descripción lingüísticas, respectivamente, incurren en una simplificación sobre la que es preciso advertir, toda vez que tampoco la descripción existe al margen de categorías teóricas.
5 No es posible profundizar aquí en la falta de acuerdo, dentro de este paradigma teórico, sobre el lugar que las TD deben ocupar en los tres niveles de abstracción del lenguaje presentados, pero conviene advertir, al menos, sobre el hecho de que mientras Koch (1987, 1997, 2008) y Oesterreicher (1997) las sitúan en el nivel histórico, Kabatek (2005b, 2015, 2018) y Lebsanft (2005, 2006) prefieren ubicarlas en el nivel individual. En la postura de Koch y Oesterreicher es determinante el hecho de que, en la lingüística de las variedades de filiación coseriana, el término *histórico* está relacionado con el carácter universal de la historicidad del lenguaje (*cf.* Coseriu 1978); para Koch, así, "[a]tribuir al discurso, como nivel genuinamente actual del lenguaje, [...] un saber acerca de reglas sería una contradicción intrínseca, puesto que las reglas entrañan tipificaciones y no pueden ser empleadas una única vez" (Koch 1987, 31; traducción mía), por lo que "[e]n la medida en que se trata de un saber profundamente impregnado de historicidad, el saber expresivo pertenece al mismo nivel que el saber idiomático" (Koch 1987, 31; traducción mía). Para Kabatek, sin embargo, tiene más peso la distinción entre *primera* y *segunda* historicidad: a su modo de ver, la historicidad propia de las lenguas (primera historicidad) es muy distinta de la historicidad de segundo orden que caracteriza a las TD, pues "los fenómenos tradicionales [...] no se relacionan entre sí como técnicas, sino como productos, como ocurrencias individuales" (Kabatek 2015, 59; traducción mía), de modo que "esta segunda historicidad es limitada, pues se refiere a los textos ya producidos en una comunidad, al acervo cultural, la memoria textual o discursiva" (Kabatek 2008, 9; cf. también Kabatek 2018, 15 y 24). Sobre esta distinción, cf. ahora López Serena (2023).
6 En efecto, como ya advertía Coseriu (2007, 133), "las reglas del nivel de las lenguas pueden quedar en suspenso en el texto, es decir, pueden dejar de aplicarse por la configuración traditional del texto o por alguna motivación que se encuentre en el texto mismo".
7 *Cf.* en el mismo sentido Oesterreicher (2008, 241).
8 En el rechazo de la consideración de constructos monotípicos insisten también Guzmán Riverón (2006, 87) y Kabatek (2018, cap. 7).
9 *Cf.*, p. ej., los trabajos contenidos en Kabatek (2008) o los mencionados por Cano Aguilar (cap. 21).
10 En una línea semejante, Pons Rodríguez (2010, 82) analiza "cómo varían el prestigio y la marcación de los adverbios originalmente bajolatinos *inclusive*, *exclusive* y *respective* a partir de que trascienden sus tradiciones discursivas y su lengua particular de partida", concluyendo que "[e]l modelo lingüístico del latín técnico-jurídico fue, sin duda, un estímulo para que se produjeran trasvases entre similares tradiciones discursivas (TD) de lenguas distintas".

Lecturas recomendadas

De los trabajos contenidos en Kabatek (2018), volumen compilatorio de contribuciones que el autor había publicado en forma de artículos dispersos en varios sitios y lenguas distintas, se recomiendan especialmente los capítulos 6 a 11, en los que se abordan, respectivamente, la rentabilidad de las TD en los "nuevos rumbos" adoptados por la "sintaxis histórica", el problema de cómo confeccionar corpus lingüísticos diacrónicos representativos (cap. 7), el papel que las TD desempeñan en el estudio del cambio lingüístico (cap. 8), la delimitación entre TD y géneros (cap. 10) o la categorización y tipología de las TD (cap. 11).

Los trabajos recogidos en Kabatek (2008) interesan, especialmente, por dos motivos (*cf.* también la reseña de Narbona Jiménez 2009): porque ilustran el tipo de aproximación a la sintaxis histórica que prima en el paradigma de las TD y porque contienen la única publicación originalmente en español que dedicó Peter Koch a presentar su visión de las TD, que ejemplifica con la historia de la forma de tratamiento *vuestra merced*.

Tres trabajos recientes de López Serena (2021a, 2021b y 2023) forman una tripla complementaria. El primero aplica al estudio de las TD la diferencia entre el enfoque *de materia* y el de *objeto de estudio*. Atendiendo a la definición de las TD desde su consideración como materia de estudio, la autora se pregunta si es posible o necesario diferenciar las TD en sentido estrecho, concebidas como objetos de estudio, de categorías como género, registro, estilo y perfil concepcional. Finalmente, se denuncia cierto uso "inflacionario" del término TD en los estudios de historia de la lengua española de la última década. El segundo analiza la recepción del concepto de TD en la investigación lingüística hispánica y brasileña. En sus páginas se ponen de relieve los principios, métodos y orientaciones en que se han sustentado los acercamientos a este enfoque de análisis que han tenido lugar en España, Hispanoamérica y Brasil. Su lectura puede ser de utilidad tanto para quienes deseen informarse sobre las principales referencias que cabe destacar, en los ámbitos geográficos señalados, en relación con el paradigma de las TD, como, sobre todo, para quienes quieran formarse una idea acerca de los pilares metodológicos sobre los que se erige esta corriente de la lingüística histórica. El tercer trabajo reconstruye el porqué de la necesaria adscripción de las TD al nivel individual del lenguaje, tal y como lo concibe Coseriu.

Bibliografía citada

Company, C. 2008. "Gramaticalización, género discursivo y otras variables en la difusión del cambio sintáctico". En *Sintaxis histórica del español y cambio lingüístico: nuevas perspectivas desde las tradiciones discursivas*, ed. J. Kabatek, 17–51. Madrid y Fráncfort: Iberoamericana y Vervuert.

Coseriu, E. 1957 [1988]. *Sincronía, diacronía e historia. El problema del cambio lingüístico*. Madrid: Gredos.

Coseriu, E. 1978. *Los universales lingüísticos y los otros*, trad. C. Parodi. México: Instituto de Investigaciones Filológicas. www.coseriu.de.

Coseriu, E. 2007. *Lingüística del texto. Introducción a la hermenéutica del sentido*, ed. Ó. Loureda Lamas. Madrid: Arco Libros.

Coseriu, E. 2019. *Competencia lingüística y criterios de corrección*, ed. A. Matus y J. L. Samaniego. Sevilla: Editorial Universidad de Sevilla.

Dworkin, Steven N. 2011. "La variación y el cambio léxico: algunas consideraciones". En *Así se van las lenguas variando: nuevas tendencias en la investigación del cambio lingüístico en español*, eds. Mónica Castillo Lluch y L. Pons, 155–169. Madrid y Fráncfort: Iberoamericana Vervuert.

Fernández Pérez, M. 1993. "Sociolingüística y lingüística". *Lingüística Española Actual* 15: 149–248.

Frank, B., T. Haye y D. Tophinke, eds. 1997. *Gattungen mittelalterlicher Schriftlichkeit*. Tubinga: Narr.

Guzmán Riverón, M. 2006. "Tradiciones discursivas e historia de la lengua española en América". En *Cuatrocientos años de la lengua del Quijote. Estudios de historiografía e historia de la lengua española*, eds. M. Fernández Alcaide y A. López Serena, 79–87. Sevilla: Universidad de Sevilla.

Jacob, D. y J. Kabatek, eds. 2001. *Lengua medieval y tradiciones discursivas en la península Ibérica. Descripción gramatical, pragmática histórica, metodología*. Madrid y Fráncfort: Iberoamericana y Vervuert.

Kabatek, J. 2001. "¿Cómo investigar las tradiciones discursivas medievales? El ejemplo de los textos jurídicos castellanos". En *Lengua medieval y tradiciones discursivas en la Península Ibérica. Descripción gramatical, pragmática histórica, metodología*, eds. D. Jacob y J. Kabatek, 97–132. Madrid y Fráncfort: Iberoamericana y Vervuert.

Kabatek, J. 2005a. "Tradiciones discursivas y cambio lingüístico". *Lexis* 29: 151–177.

Kabatek, J. 2005b. "Sobre a historicidade de textos", trad. J. Simões. *Linha d'Água* 17: 159–170.

Kabatek, J. 2008. "Introducción". En *Sintaxis histórica del español y cambio lingüístico: Nuevas perspectivas desde las tradiciones discursivas*, ed. J. Kabatek, 7–16. Madrid y Fráncfort: Iberoamericana y Vervuert.

Kabatek, J. 2012. "Nuevos rumbos en la sintaxis histórica". En *Actas del VIII Congreso Internacional de Historia de la Lengua Española*, ed. E. Montero Cartelle, vol. 1, 77–100. Santiago de Compostela: Meubook.

Kabatek, J. 2015. "Warum die 'zweite Historizität' eben doch die zweite ist – von der Bedeutung von Diskurstraditionen für die Sprachbetrachtung". En *Diskurse, Texte, Traditionen: Modelle und Fachkulturen in der Diskussion*, eds. F. Lebsanft y A. Schrott, 49–62. Gotinga: Bonn University Press y Vandenhoeck & Ruprecht.

Kabatek, J. 2018. *Lingüística coseriana, lingüística histórica, tradiciones discursivas.* Madrid y Fráncfort: Iberoamericana y Vervuert.

Koch, P. 1987. *Distanz im Dictamen. Zur Schriftlichkeit und Pragmatik mittelalterlicher Brief- und Redemodelle in Italien.* Tesis de habilitación. Friburgo: Albert-Ludwigs-Universität Freiburg.

Koch, P. 1993. "Pour une typologie conceptionelle et médiale des plus anciens documents/monuments des langues romanes". En *Le passage à l'écrit des langues romanes*, eds. M. Selig, B. Frank y J. Hartmann, 39–81. Tubinga: Narr.

Koch, P. 1997. "Diskurstraditionen: zu ihrem sprachtheoretischen Status und ihrer Dynamik". En *Gattungen mittelalterlicher Schriftlichkeit*, eds. B. Frank, T. Haye y D. Tophinke, 43–79. Tubinga: Narr.

Koch, P. 2008. "Tradiciones discursivas y cambio lingüístico: el ejemplo del tratamiento *vuestra merced* en español". En *Sintaxis histórica del español y cambio lingüístico: nuevas perspectivas desde las tradiciones discursivas*, ed. J. Kabatek, 53–87. Madrid y Fráncfort: Iberoamericana y Vervuert.

Koch, P. y W. Oesterreicher. 2007. *Lengua hablada en la Romania: español, francés, italiano,* trad. de A. López Serena. Madrid: Gredos.

Lebsanft, F. 2005. "Kommunikationsprinzipien, Texttraditionen, Geschichte". En *Historische Pragmatik und historische Varietätenlinguistik in den romanischen Sprachen*, eds. A. Schrott y H. Völker, 25–43. Gotinga: Universitätsverlag Göttingen.

Lebsanft, F. 2006. "Sprecher zwischen Tradition und Innovation: Zum Problem von 'Diskurstraditionen' und 'Diskursgemeinschaften' am Beispiel der Sprache der Politik". *Zeitschrift für Romanische Philologie* 122: 531–548.

López Serena, A. 2011. "La doble determinación del nivel histórico en el saber expresivo. Hacia una nueva delimitación del concepto de tradición discursiva". *Romanistisches Jahrbuch* 62: 59–97.

López Serena, A. 2013. "Variación y variedades lingüísticas: un modelo teórico dinámico para abordar el estatus de los fenómenos del español hablado en Andalucía". En *Conciencia y valoración del habla andaluza,* ed. A. Narbona, 73–127. Sevilla: UNIA.

López Serena, A. 2021a. "La tradicionalidad discursiva como *materia* y las tradiciones discursivas como *objeto* de estudio". *Verba* 48 [en línea]. https://doi.org/10.15304/verba.48.6864.

López Serena, A. 2021b. "Tradiciones discursivas, historia de la lengua española e historia del portugués brasileño. Fundamentos teóricos, principios metodológicos y aproximaciones descriptivas". *Lexis* 45: 483–553.

López Serena, A. 2023. "Entre lo individual y lo histórico. El lugar de las tradiciones discursivas en la tripartición coseriana del lenguaje", *Boletín de Filología de la Universidad de Chile* 58 (1), en prensa.

Marimón Llorca, C. 2005. "La investigación histórica sobre tipos de textos en español: problemáticas y perspectivas". En *Actas del IV Congreso Internacional de la SEHL,* ed. C. Corrales, 1021–1032. Madrid: Arco Libros.

Narbona Jiménez, A. 2009. "Reseña de Johannes Kabatek, ed. *Sintaxis histórica del español y cambio lingüístico: nuevas perspectivas desde las tradiciones discursivas*". *Revista de Historia de la Lengua Española* 4: 79–87.

Octavio de Toledo, Á. 2014. "Entre gramaticalización, estructura informativa y tradiciones discursivas: algo más sobre *nada*". En *Procesos de gramaticalización en la historia del español,* eds. J. L. Girón y D. Sáez, 263–319. Madrid y Fráncfort: Iberoamericana Vervuert.

Octavio de Toledo, Á. 2017. "Juan de Mena como traductor: aspectos lingüísticos del *Omero romançado*". En *Romanische Sprachgeschichte und Übersetzung,* eds. H. Aschenberg y S. Dessì-Schmidt, 53–114. Heidelberg: Winter.

Octavio de Toledo, Á. 2018. "¿Tradiciones discursivas o *tradicionalidad*? ¿Gramaticalización o *sintactización*? Difusión y declive de las construcciones modales con infinitivo antepuesto". En *Procesos de textualización y gramaticalización en la historia del español,* eds. J. L. Girón, F. J. Herrero y D. M. Sáez Rivera, 79–134. Madrid y Fráncfort: Iberoamericana Vervuert.

Oesterreicher, W. 1997. "Zur Fundierung von Diskurstraditionen". En *Gattungen mittelalterlicher Schriftlichkeit,* eds. B. Frank, T. Haye y D. Tophinke. Tubinga: Narr, 19–41.

Oesterreicher, W. 2001. "Historizität – Sprachvariation, Sprachverschiedenheit, Sprachwandel". En *Language Typology and Language Universals,* eds. M. Haspelmath *et al.*, vol. 2, 1554–1595. Berlín y Nueva York: De Gruyter.

Oesterreicher, W. 2003. "Autonomización del texto y recontextualización. Dos problemas fundamentales en las ciencias del texto". En *Homenaje a Luis Jaime Cisneros,* ed. E. Hopkins, 343–387. Lima: Pontificia Universidad Católica del Perú.

Oesterreicher, W. 2008. "Dinámicas de estructuras actanciales en el Siglo de Oro: el ejemplo del verbo encabalgar". En *Sintaxis histórica del español y cambio lingüístico: nuevas perspectivas desde las tradiciones discursivas,* ed. J. Kabatek, 225–248. Madrid y Fráncfort: Iberoamericana y Vervuert.

Oesterreicher, W. 2012. "Innovación y cambio gramatical: formulaciones *ad hoc*, difusión de innovaciones y formas del cambio lingüístico". En *Actas del VIII Congreso Internacional de Historia de la Lengua Española*, ed. E. Montero, vol. 1, 228–246. Madrid: Meubook.

Pons Rodríguez, L. 2006a. "Retórica y tradiciones discursivas". En *Cuatrocientos años de la lengua del Quijote. Estudios de historiografía e historia de la lengua española*, eds. M. Fernández Alcaide y A. López Serena, 67–78. Sevilla: Universidad de Sevilla.

Pons Rodríguez, L. 2006b. "Una reflexión sobre el cambio lingüístico en el siglo XV". En *Actas del V Congreso Andaluz de Lingüística General. Homenaje al profesor José Andrés de Molina Redondo*, ed. J. de D. Luque, vol. 3, 1563–1577. Granada: Granada Lingvistica.

Pons Rodríguez, L. 2007. "*La qual çibdad*: las relativas con antecedente adjunto del siglo XIII a hoy: evolución de un procedimiento cohesivo". *Romanistisches Jahrbuch* 58: 275–305.

Pons Rodríguez, L. 2010. "La elaboración léxica desde modelos latinos: tres estudios de caso en el castellano medieval (*inclusive, exclusive, respective*)". En *Modelos latinos en la Castilla medieval*, eds. M. Castillo Lluch y M. López Izquierdo, 81–111. Madrid y Fráncfort: Iberoamericana y Vervuert.

Sáez Rivera, D. M. 2006. "Tradiciones discursivas, historiografía lingüística e historia de la lengua". En *Cuatrocientos años de la lengua del Quijote. Estudios de historiografía e historia de la lengua española*, eds. M. Fernández Alcaide y A. López Serena, 89–103. Sevilla: Universidad de Sevilla.

Schlieben-Lange, B. 1983. *Traditionen des Sprechens: Elemente einer pragmatischen Sprachgeschichtsschreibung*. Stuttgart: W. Kohlhammer.

8
Oralidad y escrituralidad (Orality and writing)

Silvia Iglesias Recuero y Eugenio Bustos Gisbert

1. Introducción

En este capítulo se analiza la importancia de la distinción entre oralidad y escritura en el estudio de la evolución histórica del español. En primer lugar, se aborda la propia definición de tal dicotomía, especialmente a raíz de la publicación de la obra de Koch y Oesterreicher (1990), que define un espacio variacional de carácter gradual entre ambas categorías. En segundo lugar, se examina su aplicación al estudio de nuestra lengua en tres grandes ámbitos: los textos de impronta oral, la organización textual y los mecanismos de oralidad especialmente sintáctico-discursivos presentes en los testimonios escritos (teniendo en cuenta también el problema de la "oralidad fingida"), y el desarrollo de los conectores discursivos y otros mecanismos de conexión textual. Por último, se señalan las limitaciones y carencias de los estudios realizados, toda vez que se sugieren nuevas perspectivas y aplicaciones del concepto de oralidad/escrituralidad, en relación con los condicionamientos discursivos y retóricos de los textos, su interacción con las diferentes tradiciones discursivas (TD), la existencia de otros mecanismos de expresión de la oralidad y su papel en la configuración de las normas del español, especialmente en el caso de las variedades americanas.

Palabras clave: oralidad; escrituralidad; lingüística histórica; historia del español; variación lingüística

This chapter analyzes the importance of the distinction between speech and writing in the study of the historical evolution of Spanish. It first deals with the definition of this dichotomy, especially in the light of Koch and Oesterreicher's (1990) work, which delimits a gradual space of variation between both categories. Secondly, it studies the application to the study of our language in three main areas: the texts with oral characteristics, the textual organization and the mechanisms of orality, especially syntactic-discursive, present in written testimonies (also taking into account the problem of "feigned orality") and the development of discursive connectors and other mechanisms of textual connection. Finally, it points out the limitations and shortcomings of current studies, while proposing at the same time new perspectives and applications of the concept of orality/writing to the discursive and rhetorical conditioning of the texts, their interaction with the different discursive traditions, the existence of other mechanisms of expression of orality and their role in the configuration of the norms of Spanish, especially in the case of the American varieties.

Keywords: orality; writing; historical linguistics; history of Spanish language; historical variation

2. Aproximaciones teóricas

Son muy numerosos los estudios que se han hecho sobre las diferencias entre oralidad y escrituralidad y sus relaciones. Desde la perspectiva diacrónica, que es la que importa aquí, se han planteado una serie de cuestiones:

1 ¿Podemos aplicar el principio sociolingüístico del uniformismo y suponer diferencias similares entre las variedades típicas de la interacción conversacional y de la escritura formal a lo largo de la historia del español?
2 ¿Qué relaciones ha habido entre oralidad y escrituralidad a lo largo de la historia del español? ¿Hay épocas más permeables al reflejo de lo oral en lo escrito que otras?
3 ¿Es posible reconstruir al menos algunos elementos típicos de la oralidad de épocas pasadas? Y, si es así, ¿qué elementos?
4 ¿Qué documentación podría ser más adecuada para esta búsqueda? ¿Cómo debe usarse: con qué precauciones y teniendo en cuenta qué factores de su naturaleza discursiva?
5 ¿En qué forma se conecta la variación concepcional con la existencia de diferentes TD desde su historicidad?
6 ¿Cómo cambiaría nuestra interpretación de la historia de nuestro idioma el reconocimiento del espacio variacional?

Descartada la visión ingenua de la lengua escrita como mera representación de la lengua oral, los primeros acercamientos al problema de la variación oralidad y escrituralidad en la investigación diacrónica aceptaron la visión normativa habitual en las descripciones tradicionales (normalmente centradas en el léxico y la fonética) de la variedad "coloquial": la lengua hablada se hacía corresponder con registros sociales bajos y estilísticamente descuidados. De esta manera, los fenómenos típicamente adscritos a la oralidad eran aquellos "subnormativos", alejados de la "lengua ejemplar", que se identificaba con la escritura preferentemente literaria, y se solían atribuir al habla de personas incultas o de baja extracción social.

Esta concepción ha dado lugar a situaciones que pueden parecer paradójicas (Oesterreicher 1996): por un lado, sobre todo para los niveles fónico, (morfo)fonológico y léxico, los investigadores recurrían a documentación no literaria (documentos jurídicos en su mayoría), puesto que se consideraba que tales textos escapaban a las normas de la escritura cuidada, y, por tanto, reflejaban mejor los usos orales vulgares que testimoniaban los cambios; ejemplos palmarios de esta concepción son *Orígenes del español* de Menéndez Pidal (1926); por otro lado, una vez pasadas las etapas iniciales de formación de las lenguas y variedades románicas, la historia de las lenguas nacionales se "limitaba principalmente a la descripción de sus grandes obras literarias" (Eberenz 1998, 243), y todas las demás variedades (con excepción de los dialectos "históricos") quedaban olvidadas (Menéndez Pidal 2005; Lapesa 1981). Esta tradición se continúa en obras muy posteriores en las que lo que se busca es rastrear la pervivencia de variedades de los dialectos primarios o secundarios en textos escritos en castellano (Sánchez Méndez 2012).

Posteriormente, desde supuestos teóricos aparentemente no normativos, teorías lingüísticas como el estructuralismo, el generativismo e incluso el cognitivismo han mantenido una concepción "escriptista" o "escriturista" de la lengua, lo que ha continuado el enfoque no variacionista en las descripciones de los cambios lingüísticos y en la elaboración de las historias externas e internas de las lenguas (Oesterreicher 2006; Kabatek 2006; Garatea Grau 2016). Esta resistencia de la lingüística histórica a adoptar una orientación decididamente variacional limita de manera grave la comprensión global de los procesos de cambio, pues ignora aspectos funcionales, pragmáticos y sociolingüísticos decisivos en tales procesos y distorsiona la realidad del funcionamiento de la lengua a lo largo de la historia.

Sin embargo, en las últimas tres décadas el binomio oralidad-escrituralidad ha entrado de lleno en los enfoques variacionales y se ha empleado en los estudios de lingüística —y de lingüística histórica— de manera preferente para hacer referencia a diferencias discursivas y lingüísticas en el uso de la lengua en distintas situaciones comunicativas. Estas diferencias en la organización y la formulación lingüística de los enunciados se han catalogado de *concepcionales* en el enfoque de Koch y Osterreicher (1990 [2007]), el más influyente en el ámbito del español; su concepción está cercana, aunque no coincide exactamente, con la de *modalidades lingüísticas o registros* (Biber y Conrad 2009), o la de *variedades diafásicas o de estilos contextuales* en la sociolingüística cuantitativa (Labov 1994, 157).

No hay que confundir este modelo variacional de los términos *oralidad* (oral) y *escrituralidad* con las distinciones puramente *mediales*, es decir, las que se establecen en función del medio o canal de transmisión de un mensaje, y que dan lugar a una dicotomía estricta "escrito o gráfico" vs. "hablado o fónico", que no permite posibilidades intermedias.

La distinción concepcional, a diferencia de la medial, no es de naturaleza dicotómica, sino gradual entre dos polos —oralidad y escrituralidad— que representan concepciones prototípicas de variedades lingüísticas como sendos conjuntos de fenómenos caracterizadores de la actividad y de los productos discursivos propios de situaciones de comunicación muy diferentes, también descritas prototípicamente: la *inmediatez* y la *distancia comunicativas* (Koch y Oesterreicher 1990 [2007]), o la *informalidad* o la *formalidad* (Labov 1994) o lo *coloquial* o lo *formal* (Briz 2010) de la situación.

Esta concepción socio-discursiva de la oralidad y la escrituralidad permite liberar a los fenómenos propios de las variedades o registros orales de la estigmatización normativa tradicional, por una parte, y de las descripciones "im-/expresionistas" habituales, por otra, puesto que, en tanto que recursos propios de ciertos géneros y situaciones comunicativas y adaptados a las necesidades y condiciones de las mismas, entran a formar parte del espacio variacional del español —junto con las variedades geográficas, sociales y de registro/estilo— y se convierten en objeto de estudio sincrónico y diacrónico.

Por otra parte, es evidente que esta visión variacional de la oralidad-escrituralidad conecta natural y necesariamente con otra perspectiva recientemente introducida en los estudios diacrónicos: el de los géneros y las TD (López Serena 2012), dado que los géneros, en cuanto formas de organización de la actividad discursiva asociadas a tipos de actividades o situaciones comunicativas, pueden ser situados, prototípicamente también, a lo largo del continuo inmediatez-distancia y vincularse con distintas variedades concepcionales.

Surge así un programa de investigación de la diacronía que se propone como objetivo ideal incorporar a la historia del español, en sus dimensiones interna y externa, todas sus variedades: geográficas, sociales, estilísticas o de registro y concepcionales. Asumir este enfoque conduce a cambios radicales tanto en los objetos de investigación como en la manera de plantear esta. Con respecto a lo primero, se da cabida a fenómenos excluidos previamente por "incorrectos", fruto de "errores de actuación" o de la incapacidad lingüística de los hablantes (anacolutos, repeticiones, enunciados suspendidos, etc.); se traen a primer plano aspectos hasta ahora olvidados de la construcción de enunciados y de textos por estar vinculados a la construcción discursiva: estructura informativa, conexiones interoracionales, elipsis, etc.; en relación con esto último, se convierte en objeto de investigación (la historia de) la organización y el desarrollo textuales en géneros pertenecientes tanto a la órbita de la oralidad como de la escrituralidad. En lo que concierne al modo de plantear la investigación, se pretende la adscripción y descripción de los procesos de cambio dentro del espacio variacional: dónde y cómo nace un determinado fenómeno, cómo y dónde se difunde, cómo cambia, si es que lo hace, su perfil variacional, etc.

3. Perspectivas actuales

A continuación, trataremos los dos aspectos más relevantes en la investigación histórica de la oralidad y la escritura. El primero atañe a la selección de las fuentes documentales; el segundo, a la determinación de fenómenos propios de la oralidad.

3.1 Fuentes documentales

La publicación del libro de Koch y Oesterreicher (1990 [2007]) supuso un cambio para los estudios de historia de la lengua española (y también de las restantes lenguas románicas); si la tradición filológica española se había interesado especialmente por la época medieval, la investigación ahora se centraba en los textos producidos a partir del quinientos, pues era en ellos en los que mejor se podía rastrear la presencia de lo oral en lo escrito (Oesterreicher 1996, 2004), ya que el aumento de la producción textual que implicó el establecimiento de la imprenta en España permitía una comparación más ajustada de diferentes universos textuales. Llama la atención, sin embargo, que el universo textual analizado se haya centrado esencialmente a los siglos XVI y XVII y que sea mucho menos, comparativamente, lo que sabemos de épocas posteriores (García Godoy (2012); López Serena *et al.* (2020); Octavio de Toledo y Sáez Rivera (2020), para el español moderno). Para ello se ha hecho necesario ampliar el tipo de documentación empleada; se incorporan así cartas privadas, géneros no literarios de la vida cotidiana como manuales médicos, o recetarios, etc.

Sin embargo, la documentación no facilita estas tareas, ya que solo contamos con textos escritos, y, aunque se suele afirmar que la distinción concepcional oralidad-escrituralidad es teóricamente independiente de la dicotomía medial fónico-gráfico, es obvio no solo que "la inmediatez comunicativa presenta una afinidad con la realización fónica pasajera y lo escrito, o la distancia comunicativa, a su vez con la realización gráfica perdurable" (Oesterreicher 1996, 319), sino que la presencia de buena parte de fenómenos característicos de cada uno de los extremos de la escala —como, por ejemplo, los titubeos y repeticiones o la condensación informativa en SSNN muy complejos— están condicionados por factores psicolingüísticos (planificación-producción-recepción-interpretación cuasi-simultáneas y en tiempo real o diferidas y distanciadas) y sociopragmáticos (interactividad, complicidad o connivencia, contexto compartido) de las situaciones de inmediatez y distancia comunicativas.

No obstante, estas dificultades, y dado el carácter gradual de la distinción oralidad-inmediatez y escrituralidad-distancia, hay textos (e incluso géneros discursivos) que podrían ser más proclives a admitir ese tipo de variación estilística o concepcional. Por ello, en esa búsqueda de los *disiecta membra* de la oralidad pasada se suele acudir con preferencia a determinadas fuentes, que siguiendo a Del Rey Quesada (En prensa), se pueden dividir, *grosso modo*, en dos grandes categorías:

En primer lugar, textos "escritos de impronta oral" que "bien por el perfil sociolingüístico del emisor, bien por la naturaleza discursiva del texto, son susceptibles de incorporar rasgos (aparentemente) auténticos asociados a la inmediatez comunicativa" (Del Rey Quesada, En prensa); así, contamos con crónicas y otras narraciones de autores "semicultos" (Oesterreicher

1994, 1996, 2004; Stoll 1998; Schmidt-Riese 2003) que presentan una doble ventaja: están escritos (o dictados) por personas que carecen de una formación que les permita dominar el registro escrito, por lo que no se trata de una "oralidad fingida". Por otro lado, la existencia de textos de un contenido similar, pero escritos por autores de una mayor competencia escritural (Bernal Díaz del Castillo, Fernández de Oviedo, López de Gómara, etc.), permite evaluar de forma más objetiva y no circular la presencia de la oralidad en esas crónicas (Stoll 1998). Además, disponemos de cartas escritas por personas con un nivel medio o incluso bajo de competencia escrita (Cano Aguilar1996; Fernández Alcaide 2009), aunque estas plantean el problema de la mediación de los escribanos en el proceso de redacción. Y de las actas de procesos judiciales de diverso tipo (penales, civiles o inquisitoriales) en que haya quedado registrada con aparente fiabilidad la producción oral de algunos de los implicados en las transcripciones de las respuestas a los interrogatorios o los testimonios de testigos y acusados, si bien estos documentos son de una fiabilidad discutible pues pertenecen a una TD eminentemente escrita (Cano Aguilar 1998; Eberenz 1998; Calderón Campos y Vaamonde 2020, entre otros). Que sepamos, no se han tenido tanto en cuenta otros tipos de documentos que pueden reflejar la oralidad, como son los censos, encuestas y relaciones que se hicieron en América del siglo XVI al XVIII.

El segundo gran tipo de fuentes son las obras literarias pertenecientes a géneros y subgéneros (diálogo, teatro, novela, etc.) en los que se produce una mímesis de la oralidad o una oralidad simulada, esto es, una representación literaria de interacciones dialógicas entre varios personajes. Ahora bien, es fundamental tener siempre presente que esta "mímesis de la oralidad" ofrece, en realidad, "oralidades elaboradas" (Del Rey Quesada 2019), donde conviven elementos provenientes de distintas variedades —la lengua de la escrituralidad, la lengua estándar o no marcada y la lengua de la inmediatez comunicativa— en mayor o menor grado, según las normas retóricas o estilísticas propias de cada época y de cada género o subgénero, que conciben de formas muy diferentes la "naturalidad dialógica"; intervienen también de manera decisiva las capacidades, preferencias e intenciones de los propios autores (Bustos Tovar 1998, 2006). De esta manera, no podemos pensar encontrar la misma "mímesis de la oralidad" en las interacciones dialogales del *Poema del Cid*, del *Libro de Apolonio*, del *Quijote* o de *Fortunata y Jacinta*.

A estas dos grandes fuentes debemos añadir los comentarios metalingüísticos —descriptivos o evaluativos, siempre más parcos de lo que nos gustaría— que ofrecen obras gramaticales, lexicográficas, manuales de pronunciación, etc.

3.2 Lo hablado escrito: los mecanismos

Justamente el segundo foco de interés de los estudios sobre la dicotomía oralidad/escrituralidad está en determinar cuáles son los mecanismos lingüísticos propios de la oralidad y cómo evolucionan a lo largo de la historia. Podemos distinguir, a este respecto, tres cuestiones diferentes.

En primer lugar, se ha puesto de manifiesto cómo la organización textual es diferente en los textos orales y los escritos, algo que se corresponde, sin duda, con la menor planificación del texto oral y, en ocasiones, con un cierto desconocimiento de los procedimientos de organización de los textos escritos. Son de especial interés en este ámbito los trabajos sobre las crónicas indianas realizadas por semicultos en los que se observa cómo la organización de los capítulos resulta en apariencia caótica y la secuenciación de los contenidos está mediada por la intervención del narrador que unas veces se nos presenta en primera persona, mientras que en otras se distancia a una tercera. También en las cartas de emigrantes a Indias (Fernández Alcaide 2009) se observa en ocasiones una mayor oralidad concepcional, que se revela sobre todo en una menor planificación de la que se emplearía en un texto más formal, si bien, en este caso, la pertenencia a una TD típicamente escritural atenúa los rasgos de oralidad presentes en los textos.

En segundo lugar, se han investigado algunos de los mecanismos lingüísticos que caracterizarían los textos o fragmentos orales. Hay que decir, en este sentido, que, en ocasiones (y esto ya sucede en el trabajo seminal de Koch y Oesterreicher 1990 [2007]), no se distingue bien la variación concepcional de la diastrática o diafásica, y se tiende a considerar "oral" lo que es diastráticamente bajo o diafásicamente informal, sin tener en cuenta que existirían tantas oralidades como variaciones posibles en cada uno de estos niveles. No tiene por qué ser la misma la "oralidad" de una persona de grupo sociocultural alto que la de un grupo medio o bajo, que, además, se pueden encontrar en situaciones comunicativas diferentes. Esa identificación es especialmente relevante en el caso de los mecanismos de carácter fonético, donde lo oral se identifica sin duda con subestándar (diatópica o diastráticamente), sin que tal opinión esté, a nuestro juicio, suficientemente fundada.

Fuera de este ámbito, los mecanismos de oralidad que se han señalado son de naturaleza esencialmente sintáctica y, siguiendo a Cano Aguilar (2008), son de dos tipos diferentes. Por un lado, unidades de la lengua general que resultan más habituales en los intercambios comunicativos y el coloquio, como son, por ejemplo, los usos de formas deícticas (pronombres personales de referencia no siempre clara, señalamientos adverbiales de baja densidad informativa, etc.), la utilización de vocativos, imperativos e interrogativos, o las expresiones fáticas con que el hablante condiciona la interpretación del mensaje. Por otro lado, mecanismos específicos de la oralidad como la concordancia semántica, la configuración agregativa no planificada del discurso basada en la yuxtaposición y el empleo de la conjunción copulativa; la multifuncionalidad de determinados conectores, especialmente de *que*, y, sobre todo, las dislocaciones del orden oracional canónico. A ellos se han añadido otros que tienen que ver con el uso de determinados mecanismos sintácticos en contextos de variación dialectal como puede ser la alternancia entre el perfecto simple y compuesto en el español americano (Álvarez 2020).

La distinción de oralidad y escritura ha sido también fructífera para el estudio de los marcadores discursivos (MD), que, a su vez, ha enriquecido la reflexión sobre las relaciones entre los dos polos o variedades. Se han multiplicado los estudios sobre la formación y evolución de marcadores y operadores propios de las interacciones orales y del desarrollo de funciones típicamente conversacionales en determinados MD; pero también ha surgido la necesidad de refinar y ampliar las hipótesis sobre los procesos de formación de tales unidades y tener en cuenta las complejas relaciones entre escritura y oralidad —así como la ubicación de las distintas TD en el espacio variacional— en el nacimiento y la vida de estas unidades (Iglesias Recuero 2000; Herrero Ruiz de Loizaga 2020; Pons Rodríguez 2020).

4. Conclusiones y perspectivas futuras

La irrupción de las reflexiones sobre la oralidad y la escrituralidad en la lingüística histórica ha renovado y difundido el interés de los investigadores por temas que habían quedado relegados en el estudio histórico, especialmente los relativos a la construcción del discurso, dentro de los cuales los marcadores han adquirido, como ya hemos señalado, una especial prominencia. Pero también otros temas "tradicionales" de la investigación histórica están siendo repensados a partir de esta distinción en conjunción con los géneros y TD: por mencionar solo algunos, podríamos hablar de la creación de los relativos compuestos (Girón Alconchel 2012), la duplicación pronominal del dativo (Becerra Bascuñán 2006), el *se* "pseudorreflexivo" (Guzmán Riverón 2020), la formación de adverbios en -*mente* (Company Company 2012), los tratamientos (García Godoy 2016), o las perífrasis verbales (Blas Arroyo y Porcar Miralles 2016). Aunque de manera tímida aún, se va aceptando la necesidad de atender no solo a los procesos lingüísticos involucrados en el cambio, sino a las condiciones discursivas —textuales y sociopragmáticas: tipos de textos, géneros y registros o estilos— en que pudo producirse la innovación y se desplegó su difusión, pues ambos factores (tradicionalmente llamados internos y externos) se perciben como inexorablemente imbricados. Convergen así gramática, sociolingüística y pragmática históricas en la descripción y explicación de los cambios, convergencia defendida, por otra parte, por teorías lingüísticas de naturaleza funcional y cognitiva.

No obstante, no es fácil que la lingüística histórica adopte una perspectiva "macrosintáctica" (Narbona Jiménez 2012, 2018, 2019) —o discursiva— sociolingüística, cuando los modelos teóricos de descripción lingüística no la favorecen, incluso aquellos que sostienen que "el uso" es el origen de todos los cambios. Esta carencia es tanto más llamativa cuanto más aparentemente responden los fenómenos objeto de descripción a los procesos de construcción discursiva de los enunciados: temas como la estructura informativa se siguen abordando mediante enunciados aislados, sin co-textualizarlos ni situarlos variacionalmente, a pesar de que se utilizan conceptos como topicalidad, foco, informatividad o accesibilidad (p. ej., los trabajos recogidos en Dufter y Octavio de Toledo 2014; aunque no siempre es así: Octavio de Toledo 2014). Tampoco es mayoritaria la perspectiva onomasiológica, que permitiría obtener perspectivas más globales sobre recursos lingüísticos y épocas; esto conduce, por continuar con el mismo tema del orden de palabras, a seguir hablando de órdenes no canónicos. Quedan también relegados en el estudio histórico otros temas de "macrosintaxis", como la anáfora y la correferencia textuales, los tipos de "elipsis", etc., aunque algunos de ellos no son desde luego nuevos y hay trabajos dispersos; asimismo, la expresión de las relaciones de conexión interoracional necesita ser colocada en la perspectiva de las TD y de la escala inmediatez-distancia (p. ej., Cano Aguilar 2014).

Hay otros fenómenos —unidades y construcciones— vinculados prototípicamente a la naturaleza interaccional —y, por tanto, oral— del lenguaje que han recibido solo una atención parcial y que, en nuestra opinión, pueden abrir caminos interesantes de investigación: hay estudios aislados, pero está por hacer la historia de los distintos tipos de enunciados interrogativos y exclamativos (Iglesias Recuero 2019), los enunciados suspendidos y las construcciones "insubordinadas" (Gras 2010), las "prótasis independientes" o "subordinadas principales" (Garachana Camarero 2004), la construcción de las respuestas (López Serena 2018), entre otros. Para ello es necesario recurrir mayoritariamente como fuente documental a los diálogos literarios. Es verdad que la presencia de "lo conversacional o coloquial" en el diálogo de la escritura será siempre parcial (Bustos Tovar 2000, 198) y que esta mímesis "se traduce en importar *de manera selectiva* formas organizativas del discurso conversacional al dialógico y configuraciones sintácticas *sentidas como relevantes* para la obtención exitosa de dicha mímesis" (Cano Aguilar 2016, 143);[1] es, asimismo, verdad que la "naturalidad conversacional" reviste distintas formas en distintas épocas y autores y que su relación con la lengua de la inmediatez es compleja). Pero es también cierto que es casi con exclusividad en la mímesis literaria de la interacción conversacional donde podemos encontrar datos para la elaboración de una historia de estas construcciones que no son propias de la distancia comunicativa.

Hay que ser conscientes de que la reconstrucción total de la oralidad pasada es imposible. Es más que probable que nunca podamos ofrecer una visión histórica completa de "la peculiar técnica de construir y organizar enunciados" que caracteriza a las variedades empleadas en la inmediatez comunicativa (Narbona Jiménez 2019, 139). Muchas de tales técnicas —sobre todo, las categorizadas como "universales" o más estrechamente vinculadas a las condiciones psicolingüísticas de la producción no planificada, que "se deja ver" según se va emitiendo el enunciado (repeticiones, falsos comienzos, uso "excesivo" de marcadores como rellenadores de pausas o estructuradores temáticos: López Serena 2008, § 4.2.1)— han estado estigmatizadas como "incorrecciones" y expulsadas del reino de la escrituralidad —literaria y no literaria— hasta época muy reciente, y algunas lo siguen estando aún con excepciones. Sabemos que todo ello existía por comentarios como el famosísimo de Juan de Valdés acerca de los "bordones", que nos descubre el uso de "palabrillas" en forma de marcadores discursivos para rellenar pausas de búsqueda léxica o de organización sintáctica.

En otros casos, la documentación de los fenómenos es tardía y, aunque podamos sospechar un origen y una difusión más tempranos en las variedades de la inmediatez, los datos con que contamos solo permiten que permanezcamos en el terreno de las hipótesis sobre esas etapas previas. Tomemos, por ejemplo, la construcción introductora de discurso directo típica de las narraciones orales *va y me dice* (Garachana Camarero 2015): la encontramos a fines del XIX en Pereda con su uso actual, pero ¿desde cuándo se utilizaba? Las normas retóricas que han pesado sobre la escritura y, por tanto, también sobre la mímesis de la conversación explican por qué es frecuente documentar solo a partir del XIX unidades o expresiones propias de la oralidad prototípica. Es verdad que en la investigación no se debe abusar del recurso al "estado latente", pero a veces es plausible suponer un periodo de "oscuridad documental".

Hemos hablado de cómo la nueva concepción variacional y discursiva de la distinción oralidad-escrituralidad ha traído consigo una ampliación de la documentación empleada en la elaboración de la historia del español: no solo se han introducido otro tipo de textos no literarios más allá de los jurídicos (como las cartas), sino que se ha empezado a fijar la atención en "otras partes" de los textos literarios y no literarios que recogen o recrean interacción oral —un buen ejemplo es el corpus Oralia Diacrónica del Español (Calderón Campos y Vaamonde dos Santos 2020)—. Pero, lo que nos parece más relevante es que ha hecho nacer una nueva percepción y acercamiento a todas las fuentes documentales: los textos ya no deberían ser tratados nunca más como simples repositorios intercambiables de datos homogéneos, sino que se ha vuelto necesario tomar conciencia de sus condiciones de producción y recepción, esto es recontextualizarlos (Oesterreicher 2001) para poder calibrar dónde se sitúan los usos lingüísticos en el espacio variacional del español. Este enfoque teórico y metodológico del corpus requiere de un acercamiento cualitativo (y no simplemente cuantitativo) a los datos, porque no basta con catalogar un género como potencialmente de "impronta oral", sino que es fundamental tener en cuenta sus condicionamientos discursivos y retóricos (Bustos Tovar 2000). Estudios como Díaz Bravo y Fernández Alcaide (2018) han puesto de manifiesto diferencias importantes entre géneros y textos cercanos a la inmediatez comunicativa; Octavio de Toledo (2011), la importancia de la(s) vida(s) textual(es), o Del Rey Quesada (En prensa), la gradualidad de la influencia de los modelos o fuentes escritas.

Esa nueva visión de las fuentes ha supuesto asimismo un nuevo planteamiento del otro polo de la escala: la escrituralidad, y, en consecuencia, las relaciones entre oralidad y escritura en el origen y difusión de los cambios y en la pervivencia de las unidades "creadas" a lo largo de la historia del español. Ya apuntados en Badía Margarit (1960), y desarrollados en trabajos sobre la construcción de la prosa medieval y humanística (Cano Aguilar 1989), han cobrado un interés renovado los procesos de elaboración extensiva e intensiva (Koch y Oesterreicher 1990 [2007]) en la historia de los distintos géneros y TD del español (Kabatek 2008; López Serena *et al.* 2020). Dentro de este campo, y siguiendo lo apuntado por Sornicola (1993), en los últimos años se ha visto necesaria una reconsideración del influjo de las "escrituralidades" latinas: clásica, medieval o humanística en la vida de las lenguas romances como fuente de unidades y construcciones concretas a través de su valor como modelos de elaboración en distintos tipos discursivos. Con ello, se han revitalizado —y complicado— los conceptos de préstamo, calco o transferencia. Todo ello plantea el desafiante reto de ir trazando las relaciones entre oralidad y escritura a lo largo de la historia del español, de tratar de descubrir si, como se ha propuesto, hay periodos o no de mayor permeabilidad entre una y otra, en qué dirección(es) se produce esa permeabilidad y en qué géneros, y de intentar explicar, en ese marco, tanto la estabilidad como los cambios de perfil conceptual de unidades y construcciones más amplias.

Por último, la relación entre oralidad(es) y escritura en la configuración de las normas del español es también una cuestión que no se ha abordado como merece, especialmente en lo que se refiere a la configuración de las normas de las variedades americanas del español. Es sabido cómo la norma escrita española es modelo a lo largo del periodo colonial y parte del siglo XIX (Garatea Grau 2009), pero no sabemos en qué momento se produce realmente la liberación de las antiguas colonias de ese peaje al español peninsular y si se produce a la vez en las diferentes áreas americanas. La norma española explica también determinados usos históricos americanos contrarios a las normas americanas actuales como, por ejemplo, el leísmo e incluso el laísmo o determinados usos del perfecto compuesto en zonas en las que hoy se ha generalizado el perfecto simple hasta muy avanzado el siglo XIX (Álvarez 2020) También es probable que esa imitación de lo español explique la latencia del voseo americano en no pocas zonas (Díaz Collazos 2015) y su conversión en rasgo distintivo de la oralidad. Tampoco sabemos cuál es el papel de la oralidad en la configuración de normas regionales subestándares en aquellas zonas donde la alfabetización todavía está poco desarrollada.

Esperamos haber mostrado que es mucho el camino recorrido y también mucho el que todavía falta. Sin duda, los próximos años ofrecerán nuevos estudios que enriquezcan, maticen o superen lo que hoy sabemos sobre la oralidad y la escritura en la historia de nuestra lengua.

Nota

1 La cursiva es nuestra.

Lecturas recomendadas

En Koch y Oesterreicher (1990 [2007]), se establecen los fundamentos teóricos de la distinción concepcional entre oralidad-inmediatez y escrituralidad-distancia comunicativas y de otros conceptos como *elaboración* o *cadena variacional* (este último dentro del paradigma coseriano). En la segunda parte se ofrece una visión de los principales fenómenos de la oralidad en las tres lenguas románicas del título.

López Serena (2008) es el estudio más detallado en español sobre la mímesis de la oralidad o la oralidad fingida en la literatura española, en concreto, sobre Carmen Martín Gaite, en el que se aúna la visión concepcional y variacionista de la oralidad de Koch y Oesterreicher con el modelo de análisis sintáctico de la escuela de Blanche Benveniste (Grupo de Aix en Provence), además de ofrecer una completísima y profunda revisión crítica de los estudios sobre la oralidad —y sobre las variedades "orales"— hasta la fecha de su publicación.

Narbona Jiménez (2012, 2018) son dos trabajos, complementario el uno del otro, que revisan con una perspectiva agudamente crítica los logros, las dificultades y las vías futuras de la investigación sobre la oralidad en la historia del español.

Referencias citadas

Álvarez, S. 2020. "El pretérito perfecto compuesto en el español uruguayo del siglo XIX". En *Las formas de decir. La prensa en Uruguay en el siglo XIX*, eds. V. Bertolotti y M. Coll, 109–142. Montevideo: Universidad de la República.

Badía Margarit, A. 1960. "Dos tipos de lengua cara a cara". En *Studia Philologica. Homenaje a Dámaso Alonso*, vol. I, 115–139. Madrid: Gredos.

Becerra Bascuñán, S. 2006. *Estudio diacrónico y sincrónico del objeto indirecto en el español peninsular y de América*. Copenhague: Museum Tusculanum Press y University of Copenhague.

Biber, D. y S. Conrad. 2009. *Register, Genre and Style*. Cambridge: Cambridge University Press.
Blas Arroyo, J. L. y M. Porcar Miralles. 2016. "Patrones de variación y cambio en la sintaxis del Siglo de Oro: un estudio variacionista de dos perífrasis modales en textos de inmediatez comunicativa". *RILCE* 32 (1): 47–81.
Briz Gómez, A. 2010. "Lo coloquial y lo formal. El eje de la variedad lingüística". En *De moneda nunca usada. Estudios dedicados a José M. Enguita Utrilla*, eds. R. M.ª Castañer Martín y V. Lagüéns Gracia, 125–133. Zaragoza: Institución Fernando el Católico (CSIC) y Diputación de Zaragoza.
Bustos Tovar, J. J. 1998. "Lengua viva y lenguaje teatral en el siglo XVI: de los pasos de Lope de Rueda a los entremeses de Cervantes". En *Competencia escrita, tradiciones discursivas y variedades lingüísticas*, eds. W. Oesterreicher, E. Stoll y A. Wesch, 421–444. Tubinga: Narr.
Bustos Tovar, J. J. 2000. "Algunos tipos de diálogo en el español del siglo XVI". En *Lengua, discurso, texto. I Simposio Internacional de Análisis del Discurso*, eds. J. J. de Bustos *et al.*, vol. II, 1515–1530. Madrid: Visor.
Bustos Tovar, J. J. 2006. "Lengua común y lengua del personaje en la transición del siglo XV al XVI". En *El personaje literario y su lengua en el siglo XVI*, eds. C. Baranda y A. Vian, 13–40. Madrid: Editorial Complutense.
Calderón Campos, M. y G. Vaamonde dos Santos. 2020. "*Oralia diacrónica del español*: un nuevo corpus de la Edad Moderna". *Scriptum Digital* 9: 167–189.
Cano Aguilar, R. 1989. "Período oracional y construcción del texto en la prosa alfonsí". *Glosa* 1: 13–30.
Cano Aguilar, R. 1996. "Lenguaje 'espontáneo' y retórica epistolar en cartas de emigrantes españoles a Indias". En *El español hablado y la cultura oral en España e Hispanoamérica*, eds. T. Kotschi, W. Oesterreicher y K. Zimmermann, 375–404. Madrid y Fráncfort: Iberoamericana y Vervuert.
Cano Aguilar, R. 1998. "Presencia de lo oral en lo escrito: la transcripción de las declaraciones en documentos indianos del siglo XVI". En *Competencia escrita, tradiciones discursivas y variedades lingüísticas: aspectos del español europeo y americano en los siglos XVI y XVII*, eds. W. Oesterreicher, E. Stoll y A. Wesch, 219–242. Tubinga: Gunter Narr.
Cano Aguilar, R. 2008. "Historia de la lengua oral en la Romania: español /Geschichte der gesprochene der Sprache in der Romania: Spanisch". En *Romanische Sprachgeschichte/Histoire Linguistique de la Romania*, eds. G. Ernst, M.-D. Glessgen, C. Schmitt y W. Schweickard, vol. 3, 2439–2446. Nueva York y Berlín: Walter de Gruyter.dsdfr
Cano Aguilar, R. 2014. "Oraciones condicionales". En *Sintaxis histórica de la lengua española*, coord. C. Company Company, vol. 3, t. 3, 3905–4092. México: UNAM y FCE.
Cano Aguilar, R. 2016. "El diálogo renacentista entre la conversación y la escritura: sobre el *Diálogo de los pajes de palacio* de Diego de Hermosilla". En *Oralidad y análisis del discurso. Homenaje a Luis Cortés Rodríguez*, eds. A. M. Bañón, M. del M. Espejo, B. Herrero, J. L. López y L. M. Cortés, 141–160. Almería: Universidad de Almería.
Company Company, C. 2012. "Condicionamientos textuales de la evolución de los adverbios en – *mente*". *Revista de Filología Española* 92 (1): 9–42.
Del Rey Quesada, S. 2019. "Variantes de la oralidad elaborada en la segunda mitad del siglo XIX: dos traducciones coetáneas de *Los cautivos* de Plauto". *Oralia* 22 (2): 283–326.
Del Rey Quesada, S. En prensa. "Entre género y tradición discursiva: la estructura de la conversación en el diálogo teatral del Siglo de Oro y de la Edad Moderna". En *Pragmática histórica del español: tratamientos, actos de habla y tradiciones discursivas*, ed. S. Iglesias. Sevilla: Universidad de Sevilla.
Díaz Bravo, R. y M. Fernández Alcaide. 2018. "La oralidad en el siglo XVI: lo literario y lo privado (I). Marcadores discursivos". *Bulletin of Hispanic Studies* 95 (4): 357–381.
Díaz Collazos, A. M. 2015. *Desarrollo sociolingüístico del voseo en la región andina de Colombia (1555–1976)*. Berlín: De Gruyter.
Dufter, A. y Á. S. Octavio de Toledo y Huerta, eds. 2014. *Left Sentence Peripheries in Spanish. Diachronic, Variationist and Comparative Perspectives*. Ámsterdam y Filadelfia: John Benjamins.
Eberenz, R. 1998. "La reproducción del discurso oral en las actas de la Inquisición (siglos XV y XVI)". En *Competencia escrita, tradiciones discursivas y variedades lingüísticas: aspectos del español europeo y americano en los siglos XVI y XVII*, eds. W. Oesterreicher, E. Stoll y A. Wesch, 243–266. Tubinga: Gunter Narr.
Fernández Alcaide, M. 2009. *Cartas de particulares en Indias del Siglo XVI. Edición y estudio discursivo*. Madrid y Fránckfort: Iberoamericana y Vervuert.
Garachana Camarero, M. 2004. "Sintaxis histórica y discurso". *Verba* 31: 265–280.
Garachana Camarero, M. 2015. "Teoría de la gramaticalización. Estado de la cuestión". En *Actas del IX Congreso Internacional de Historia de la Lengua Española*, ed. J. M. García, vol. 1, 331–360. Madrid y Fráncfort: Iberoamericana y Vervuert.

Garatea Grau, C. 2009. "¿Por qué los textos y la escritura son parte de la historia del español de América?". *Lexis* 33 (1): 127–140.

Garatea Grau, C. 2016. "El habla y no la lengua; la diacronía y no la sincronía: la inversión de dos ideas saussureanas". *Signo y Seña* 30: 22–36.

García Godoy, M. T. 2016. "¿Fue vulgar y plebeyo el origen de *usted*? La diacronía del pronombre de respeto desde la interfaz oral/escrito". *Oralia* 19: 61–84.

García Godoy, M. T., ed. 2012. *El español en el siglo XVIII. Cambios diacrónicos en el primer español moderno*. Berna: Peter Lang.

Girón Alconchel, J. L. 2012. "Gramaticalización como creación de lengua a partir del habla. Relativos e indefinidos compuestos en los *Fueros de Aragón* y en el *Fuero de Teruel*". *Archivo de Filología Aragonesa* 68: 15–38.

Gras, P. 2010. *Gramática de construcciones en interacción*. Tesis doctoral dirigida por E. Montoliu. Barcelona: Universidad de Barcelona.

Guzmán Riverón, M. 2020. *La pseudorreflexividad "léxica" en lenguas románicas. Un acercamiento a través del español y del inglés*. Tesis de habilitación. Ludwig-Maximilians-Universität München.

Herrero Ruiz de Loizaga, J. 2020. "La formación de la interjección *¡ahí va!* en el español peninsular". *Revista de Filología Española* 100 (1): 77–106.

Iglesias Recuero, S. 2000. "La evolución histórica de *pues* como marcador discursivo hasta el siglo XV". *Boletín de la Real Academia Española* 80: 209–308.

Iglesias Recuero, S. 2019. "La construcción del diálogo en *La Celestina*: las secuencias de reparación". *Estudios Humanísticos. Filología* 41: 187–216.

Kabatek, J. 2006. "Las tradiciones discursivas del español medieval: historia de textos e historia de la lengua". *Iberorromania* 62 (2): 28–43.

Kabatek, J., ed. 2008. *Sintaxis histórica del español y cambio lingüístico: nuevas perspectivas desde las tradiciones discursivas*. Madrid y Fráncfort: Iberoamericana y Vervuert.

Koch, P. y W. Oesterreicher 1990 [2007]. *Gesprochene Sprache in der Romania: Französich, Italienisch, Spanisch*. Tubinga: Max Niemeyer [*Lengua hablada en la Romania: español, francés e italiano*. Versión española de A. López Serena, revisada, actualizada y ampliada por los autores. Madrid: Gredos].

Labov, W. 1994. *Principles of Linguistic Change. Vol. 1: Internal Factors*. Cambridge: Blackwell.

Lapesa, R. 1981. *Historia de la lengua española*. 9.ª ed. Madrid: Gredos.

López Serena, A. 2008. *Oralidad y escrituralidad en la recreación literaria del español coloquial*. Madrid: Gredos.

López Serena, A. 2012. "La doble determinación del nivel histórico en el saber expresivo. Hacia una nueva delimitación del concepto de tradición discursiva". *Romanistisches Jahrbuch* 62 (1): 59–97.

López Serena, A. 2018. "Gramática, discurso, oralidad: las formas 'invisibles' de la polaridad positiva en español coloquial". *Anuari de Filología. Estudis de Lingüística* 8: 57–83.

López Serena, A., E. Carmona y S. Del Rey Quesada, eds. 2020. *Tradiciones discursivas y tradiciones idiomáticas en la historia del español moderno*. Berlín: Peter Lang.

Menéndez Pidal, R. 1926. *Orígenes del español*. Madrid. Espasa-Calpe.

Menéndez Pidal, R. 2005. *Historia de la lengua española*. Madrid: Fundación Ramón Menéndez Pidal y Real Academia Española.

Narbona Jiménez, A. 2012. "Fuentes escritas para el estudio de la oralidad". En *Actas del VIII Congreso Internacional de Historia de la Lengua Española*, ed. E. Montero, vol. I, 343–356. Santiago de Compostela: Meubook.

Narbona Jiménez, A. 2018. "Oralidad en la escritura y sintaxis histórica del español". En *Actas del X Congreso Internacional de Historia de la Lengua Española*, eds. M. L. Arnal, R. M. Castañer, J. M. Enguita, V. Lagüéns and M. A. Martín, vol. 2, 1393–1414. Zaragoza: Institución "Fernando el Católico".

Narbona Jiménez, A. 2019. "El estudio de la sintaxis del español coloquial (balance provisional)". *Normas* 9: 138–159.

Octavio de Toledo, A. S. 2011. "Santa Teresa y la mano visible. Sobre las variantes sintácticas del *Camino de perfección*". En *Así se van las lenguas variando: nuevas tendencias en la investigación del cambio lingüístico en español*, eds. M. Castillo Lluch y L. Pons Rodríguez, 241–304. Berlin: Peter Lang.

Octavio de Toledo, A. S. 2014. "Entre gramaticalización, estructura informativa y tradiciones discursivas: algo más sobre *nada*". En *Procesos de gramaticalización en la historia del español*, eds. J. L. Girón Alconchel y D. Sáez Rivera, 263–319. Madrid y Fráncfort: Iberoamericana y Vervuert.

Octavio de Toledo, A. S. y D. Sáez Rivera. 2020. *Textos españoles de la primera mitad del siglo XVIII para la historia gramatical y discursiva*. Madrid: Síntesis.

Oesterreicher, W. 1994. "El español en textos escritos por semicultos. Competencia escrita de impronta oral en la historiografía indiana". En *El español de América en el siglo XVI: actas del simposio del Instituto Ibero-Americano de Berlín*, ed. J. Lüdtke, 155–190. Madrid: Iberoamericana.

Oesterreicher, W. 1996. "Lo hablado en lo escrito. Reflexiones metodológicas y aproximación a una tipología". En *El español hablado y la cultura oral en España e Hispanoamérica*, eds. T. Kotschi, W. Oesterreicher y K. Zimmermann, 317–340. Madrid y Fráncfort: Iberoamericana y Vervuert.

Oesterreicher, W. 2001. "La 'recontextualización' de los géneros medievales como tarea hermenéutica". En *Lengua medieval y tradiciones discursivas en la Península Ibérica*, eds. D. Jacob y J. Kabatek, 199–232. Madrid y Fráncfort: Iberoamericana y Vervuert.

Oesterreicher, W. 2004. "Textos entre inmediatez y distancia comunicativas. El problema de lo hablado escrito en el Siglo de Oro". En *Historia de la Lengua Española*, dir. R. Cano Aguilar, 729–769. Barcelona: Ariel.

Oesterreicher, W. 2006. "La historicidad del lenguaje. Variación, diversidad y cambio lingüístico". En *Actas del VI Congreso Internacional de Historia de la Lengua Española*, eds. J. J. Bustos Tovar y J. L. Girón Alconchel, vol. I, 137–158. Madrid: Arco/Libros.

Pons Rodríguez, L. 2020. "In Substance, They Came from Above. On the Acquisition of Discourse Particles in Medieval Spanish". En *Changes in Meaning and Function. Studies in Historical Linguistics with a Focus on Spanish*, eds. J. Fernández Jaén y H. Provencio, 221–236. Ámsterdam: John Benjamins.

Sánchez Méndez, J., ed. 2012. *Oralidad y escritura en la Edad Media hispánica*. Valencia: Tirant lo Blanch.

Schmidt-Riese, R. 2003. *Relatando México. Cinco textos del periodo fundacional de la colonia en tierra firme*. Madrid y Fráncfort: Iberoamericana y Vervuert.

Sornicola, R. 1993. "Mutamenti di prospettiva culturale riflessi nella lingua: l'influenza del latino sulla sintassi delle lingue europee". *Archivio di Storia della Cultura* 6: 161–177.

Stoll, E. 1998. "Géneros en la historiografía indiana: modelos y transformaciones". En *Competencia escrita, tradiciones discursivas y variedades lingüísticas: aspectos del español europeo y americano en los siglos XVI y XVII*, eds. W. Oesterreicher, E. Stoll y A. Wesch, 143–168. Tubinga: Gunter Narr.

9
Procesos de gramaticalización en la historia del español (Grammaticalization processes in the history of Spanish)

Rena Torres Cacoullos y Carlos I. Echeverría

1. Introducción

La gramaticalización es el conjunto de procesos mediante los cuales se desarrollan nuevas unidades gramaticales a partir de elementos previamente registrados (léxicos o gramaticales) o las unidades gramaticales adquieren funciones más generales. En el plano de la expresión, la gramaticalización suele manifestarse en la fijación de secuencias de elementos variables en construcciones de esquematicidad parcial (p. ej., en el desarrollo del esquema *estar* + gerundio) o en la fusión de formas originalmente autónomas (p. ej., *por* + *a* > *para*). En el plano del contenido, el fenómeno se manifiesta en el desgaste de rasgos específicos (p. ej., la pérdida del rasgo deíctico del demostrativo al volverse pronombre) y en la convencionalización de implicaturas frecuentes (p. ej., la convencionalización de la implicatura de intención en la primera persona de *ir a* + infinitivo en la ruta 'movimiento hacia una meta' > 'futuro'). La gramaticalización es el resultado de procesos cognitivos generales tales como la formación de unidades de procesamiento, la analogía y la categorización, lo cual da como resultado rutas evolutivas comunes en diversas lenguas. En este capítulo, presentamos algunos ejemplos de gramaticalización en la historia del español, cuyo estudio ha significado importantes aportaciones teóricas, con énfasis en la aplicación de la metodología variacionista.

Palabras clave: morfosintaxis; variación; gradualidad; frecuencia; cognición

Grammaticalization is the set of processes by which lexical items or phrases within a particular construction take on grammatical form and meaning or grammatical items generalize to new contexts. In changes in form, the tendency is for flexible sequences to become fixed in partially schematic constructions (e.g., in the development of *estar* + gerund) or to fuse together in bound morphemes (e.g., *por* + *a* > *para*). Parallel changes in function are semantic generalization or bleaching of meaning features (e.g., loss of the deictic feature of demonstratives as they become pronouns) and conventionalization of frequent contextual implicatures (e.g., conventionalization of the inference of intention with first person subjects in *ir a* + infinitive, in its path from 'movement toward a goal' to 'prediction'). The changes constituting grammaticalization are the result of domain-general cognitive processes such as chunking, analogy, and categorization. Thus, grammaticalization tends to develop along cross-linguistic evolutionary paths. This chapter reviews examples of grammaticalization in the history of Spanish, the study of which has made important theoretical contributions, with a focus on applications of the variationist method.

Keywords: morphosyntax; variation; gradualness; frequency; cognition

2. Conceptos fundamentales

Un tipo común de cambio semántico en la gramaticalización es el que se conoce como *desgaste* o *debilitamiento semántico*, es decir, la pérdida de rasgos semánticos de un elemento léxico en una construcción en vías de gramaticalización. Piénsese en el ejemplo de la secuencia *a pesar de*, que se vuelve locución conjuntiva concesiva. En un principio se apreciaba aún el significado de pena o pesadumbre de *pesar*, como ocurre claramente en (1a). Sin embargo, con el tiempo la expresión pasa a comunicar la noción más abstracta de oposición u obstáculo, que puede corresponder a una entidad animada o inanimada, como en (1b) y (1c), y de ahí surge el significado concesivo de contradicción o incompatibilidad que vemos en casos como (1d) (Torres Cacoullos 2006; Torres Cacoullos and Schwenter 2005) (los ejemplos de textos o de corpus proceden de los respectivos estudios citados).

(1) a fue preso Daniel, *a pesar del rey* que lo querie enparar (*La fazienda de ultra mar*, s. XIII).
　　b él salió muy presto d'él, *a pesar de los villanos* que con las hachas de todas partes lo herían (*Lisuarte de Grecia*, s. XVI).
　　c ordenó el cielo que, *a pesar del ungüento*, Carrizales despertase (*El celoso extremeño*, s. XVII).
　　d *A pesar de mi uniforme*, me desagrada el militarismo (*Doña Perfecta*, s. XIX).

Fenómeno comúnmente paralelo es la *descategorización*, que corresponde a la erosión de las propiedades morfosintácticas de las categorías de sustantivo y de verbo (Hopper 1991, 30). Por ejemplo, en la expresión antes mencionada, la palabra *pesar* va despojándose de los atributos de los sustantivos prototípicos: menos apariciones en plural, con determinantes y con adjetivos (p. ej., *este grant pesar*) y menos coordinación con otros sustantivos (p. ej., *más enojos et pesares que plazeres*). También es concomitante, en el plano de la expresión, la *atrición* o *reducción fonológica*. Por ejemplo, la desinencia de futuro -*ré* corresponde a una reducción de la forma HABEO en la combinación infinitivo + HABERE (CANTARE HABEO > cantaré).

Sin embargo, no todo es pérdida. En las formas en vías de gramaticalización perviven huellas del significado de su fuente hasta bien avanzado el proceso. En efecto, "las formas arrastran su significado etimológico por siglos" (Company Company 2003, 50), fenómeno que recibe el nombre de *retención* o *persistencia*. Por otra parte, contribuyen al significado de las nuevas expresiones gramaticales las inferencias pragmáticas que se dan en contextos frecuentes de uso. Un tipo de enriquecimiento semántico es la *subjetivización*, término que se refiere a la tendencia a reemplazar significados correspondientes a descripciones objetivas por significados correspondientes a perspectivas o actitudes (vid. Traugott and Dasher 2002). El significado concesivo de *a pesar de* es un ejemplo de subjetivización. (Sobre los tipos de cambio que suelen registrarse en los procesos de gramaticalización, vid. Company Company 2012, 675–689).

Los cambios en los planos de la expresión y del contenido suelen ir acompañados de aumentos en la frecuencia de uso. Para seguir con el ejemplo de *a pesar de*, en textos antiguos se registran cuatro ejemplos en un total de unas 750 000 palabras, lo que significa una frecuencia textual normalizada de 0.5 casos por 10 000 palabras, número que luego aumenta a 12 casos por 10 000 palabras entre los siglos XVII y XX. En segundo lugar, mientras que en el siglo XVII casi todos los casos son con frases nominales, en el siglo XIX un tercio son predicativo-verbales (infinitivos y oraciones), diversificación que trae consigo un aumento en el número de elementos comprobados que son introducidos por la conjunción. Por último, la frecuencia relativa de la secuencia *a pesar de* en el universo de todas las apariciones de la palabra *pesar* entre los siglos XII y XV es de apenas 2 %, pero en el siglo XVII este porcentaje llega a superar el 70 %.

Estas tres medidas de frecuencia son importantes en los procesos de la gramaticalización (vid. Bybee 2010, 46–47, 106–110). La *frecuencia textual*, que corresponde al número de casos (apariciones o menciones), es importante porque, con la repetición, las secuencias de unidades lingüísticas se van volviendo unidades en sí mismas. Por otra parte, la *frecuencia de tipo o de inventario*, que corresponde al número de los distintos contextos de aparición, determina la productividad de una construcción, es decir, la probabilidad de que se extienda a otros entornos. Finalmente, la tercera medida que hay que considerar en este contexto, la *frecuencia relativa* de una secuencia con respecto a las menciones de los elementos constituyentes en otras configuraciones, determina si el procesamiento de la secuencia ocurre de manera directa o mediante sus constituyentes.

3. Aproximaciones teóricas

En el estudio de la gramaticalización pueden distinguirse dos perspectivas teóricas principales, que corresponden a dos formas radicalmente distintas de entender el lenguaje y las lenguas, y que, como es de esperar, han dado lugar a más de una controversia entre sus exponentes. *Grosso modo*, podemos identificar estas dos perspectivas con las tradiciones de la gramática generativa (p. ej., Newmeyer 1998) y la lingüística funcional o basada en el uso (p. ej., Bybee 2010), respectivamente.

Por un lado, la gramática generativa ha tendido a ver los fenómenos de gramaticalización de forma fragmentada, como el resultado de reanálisis históricos puntuales atribuibles a saltos generacionales bien definidos. De este modo, la gramaticalización, como el cambio lingüístico en general, se ve en esencia como un hecho de adquisición. Este enfoque, resultado natural de centrar el estudio del lenguaje en la llamada "competencia lingüística", entendida como el saber lingüístico estabilizado del hablante adulto, ha llevado incluso a dudas sobre la pertinencia de hablar de auténticos procesos de cambio lingüístico y de gramaticalización. A este respecto afirma Newmeyer: "El término *proceso* es peligroso cuando se emplea para hablar de un conjunto de desarrollos *diacrónicos*. [. . .] No es posible situar nada que sea transgeneracional en *ninguna* facultad humana" (1998, 238; énfasis en el original, traducción nuestra).

Por otro lado, la lingüística basada en el uso, al no estar atada a los presupuestos de la gramática generativa, ve la gramaticalización desde una óptica completamente diferente. Para los autores que pertenecen a esta corriente, los cambios lingüísticos no han de atribuirse necesariamente a saltos generacionales, sino que pueden surgir en el uso de la lengua, incluso por parte de adultos, cuyo estado de adquisición puede considerarse maduro. La diferencia fundamental es, pues, que aquí la lengua y la gramática (como objeto de estudio) no se conciben como una entidad monolítica, sino como una entidad dinámica, deducible de la actividad lingüística variable de los hablantes y producto de los procesos cognitivos generales de los mismos. De ahí que, en esta tradición, los conceptos de cambio y variación lingüísticos vayan de la mano. Así pues, la idea de *procesos* de gramaticalización queda reivindicada. En palabras de Bybee: "Si los procesos diacrónicos son impulsados de manera continua por mecanismos que se constatan en el uso de la lengua por parte de todos los hablantes de todas las generaciones, incluir la aplicación repetida de mecanismos bajo el rótulo de *proceso* no presenta ningún peligro" (2010, 113; traducción nuestra).

La lingüística basada en el uso, especialmente en su vertiente variacionista (vid. § 4), ve el cambio como algo que se extiende de manera gradual en el tiempo y en los contextos lingüísticos (Poplack 2011, 211). La perspectiva variacionista comienza con la observación de que, para la misma función gramatical (o gramaticalizable), suelen registrarse dos o más recursos morfosintácticos alternativos en el discurso (p. ej., para el tiempo futuro, *mañana voy a comprar/compraré/compro el billete*). Esta polivalencia de la relación forma-función en el discurso puede ser concebida como un resultado de la gramaticalización bajo el concepto de estratificación (*layering*; Hopper 1991, 22) o, por el contrario, desde la perspectiva variacionista, como un mecanismo fundamental del cambio. El avance del cambio morfosintáctico mediante las elecciones repetidas de los usuarios de la lengua entre formas alternativas (vid. Sankoff 1988) puede llevar incluso al desarrollo de diferencias de función entre estas mismas formas. Por ejemplo, tanto el esquema *estar* + gerundio (*estoy hablando*) como el presente de indicativo (*hablo*) expresan progresividad y ambos recursos también pueden expresar habitualidad (vid. § 4.2). La diferencia está en que *estar* + gerundio ha aumentado en frecuencia de manera dispareja en contextos progresivos y ha ido perdiendo su significado originario locativo y su valor habitual, mientras que el presente de indicativo ha ido restringiéndose a usos habituales (Torres Cacoullos 2012, 97).

En lo que sigue comentaremos algunos ejemplos del español para dar una muestra de las posibilidades de investigación que abre la lingüística basada en el uso en el ámbito de la gramaticalización, así como para mostrar la importancia de factores como el contexto de uso y los procesos cognitivos. Para un panorama teórico general reciente en español, remitimos al lector al trabajo de Garachana (2015).

3.1 La emergencia de nuevas unidades de procesamiento

La dirección de cambio más común es que distintos elementos que se expresan en constituyentes sintácticos independientes se vuelvan uno solo. Decíamos que la gramática generativa concibe el reanálisis como un cambio puntual y abrupto entre generaciones, como un hecho de adquisición. Desde la perspectiva de la gramática basada en el uso el reanálisis de los constituyentes sintácticos es el resultado de lo que se conoce en la psicología como *chunking* ('troceado, agrupación en trozos'), a saber, el proceso cognitivo automático mediante el que secuencias de unidades distintas que se usan juntas pasan a interpretarse de manera unitaria (Bybee 2010, 34–37). Buen ejemplo es la fusión de *por* + *a* en la nueva preposición *para* (Torres Cacoullos y Bauman 2014, 1499–1502, 1514–1517). En el siglo XIII, *por* + *a* cuenta con una frecuencia bastante alta, pero aún aparecen esporádicamente las dos preposiciones separadas gráficamente, como se ve en (2a) (de la edición de Kasten *et al.* 1997). La concurrencia de *por* y *a* es aproximadamente 50 veces más frecuente que las combinaciones de *por* con otra preposición, como la combinación de *por* y *de* en (2b).

(2) a   fueron se amos el mont ariba *por al* logar del sacrifficio (*General estoria*, primera parte, s. XIII).
    b   la reyna Casiope presciaua se *por* fermosa & aun *por de* buenas costumbr<e>s (*General estoria*, segunda parte, s. XIII).

¿Cómo probar que el mecanismo del cambio es el *chunking* de dos preposiciones antes independientes? Una forma posible es acudir al grado de composicionalidad. Por ejemplo, diríamos que la palabra derivada *reconocible* muestra mayor composicionalidad que *terrible*, porque aquella es más transparente morfológicamente y está más patentemente relacionada con el verbo correspondiente *reconocer* que *terrible* con *terror*. Prueba la composicionalidad del significado de *para* en los textos antiguos su uso con verbos de movimiento en los que el sujeto no solo se dirige a un destino, sino que llega a él, como se ve en los ejemplos (3a) y (3b), en el último de los cuales el destino incluso corresponde a una persona. En esta construcción, *para* se combina con un término formado por un pronombre o una frase nominal definida con referente humano específico, que es precisamente el tipo de referente que suele introducir la preposición *a* de dativo y, progresivamente, de acusativo (en la marcación variable del objeto: vid. Company Company 2003, 34–35).

(3) a et por ende vínose *para Toledo* para aprender de aquella sciençia (*Conde Lucanor*, s. xiv).
    b Venimos nós *para ti* que nos consejes (*Calila e Dimna*, s. xiii).

El uso espacial con destino hacia una persona, desconocido en el español moderno, constituye una evidencia de la contribución semántica independiente de la preposición *a* y, por lo tanto, de la composicionalidad de *para* en sus inicios. Por otra parte, aunque los usos espaciales de *para* en los que el destino es una persona alcanzan una proporción de casi un tercio de los casos (50/144) en los siglos xiii y xiv, tales ejemplos disminuyen a aproximadamente un cuarto en los siglos xv y xvi (4/15) y finalmente desaparecen en el siglo xvii. Este declive evidencia un cambio que podemos caracterizar como la pérdida de la composicionalidad de *para*, con la absorción de la *a* en la nueva preposición fusionada. Así, los datos cuantitativos apuntan a un cambio cuyo resultado es un reanálisis, pero que en sí no es abrupto, sino que procede de manera gradual.

3.2 Procesos analógicos

La generalización semántica que es característica de la gramaticalización se da, decíamos, mediante el debilitamiento de componentes del significado originario. Por ejemplo, como adverbio de manera, *altamente* ya muestra el desgaste semántico del significado físico de *alto* cuando indica estatus elevado en los primeros textos del español, como se ve en (4a). En su gramaticalización posterior este adverbio experimenta aumentos de frecuencia hasta llegar a usarse mayormente como intensificador de adjetivos en el español moderno. Su uso junto a adjetivos negativos a partir del siglo xviii, a pesar de ser menos común que el uso con adjetivos positivos, refleja el desgaste semántico inclusive de la asociación con la noción de 'altura' como componente obligatorio de su contenido, como puede observarse en (4b) (Aaron 2016).

(4) a que se coronasse tan *altamente* como hazen los reyes xpistianos (*Gran conquista de ultramar*, s. xiii).
    b la balanza comercial de los tres países del TN ha sido *altamente deficitaria* con México (Guat: Rev*Gerencia*: 98JUN11, s. xx).

Aaron (2016) muestra que la analogía es un mecanismo que puede impulsar la gramaticalización de construcciones distintas con base en la ruta evolutiva de una construcción similar. Tradicionalmente, el concepto de analogía se ha invocado en lingüística histórica para explicar cambios en los paradigmas morfológicos (*cf.* caps. 16, 17). En el terreno de la morfosintaxis el término puede utilizarse para designar el proceso mediante el cual se crean construcciones innovadoras con base en construcciones registradas de manera previa (vid. Bybee 2015, 93). *Extraordinariamente* y *extremadamente* se registran como intensificadores desde su primera aparición en el siglo xvi, cuando *altamente* ya funcionaba como intensificador en un 10 % de los casos documentados. Evidencia un proceso analógico la existencia de desarrollos paralelos, como el hecho de que para las tres formas la construcción con predicados verbales ha ido restringiéndose a verbos estativos. Pero, mientras que en su paso de modificador de verbos a modificador de adjetivos *altamente* tiene como etapa intermedia la construcción con participio pasado y *ser*, como se ilustra en (5a), los otros dos adverbios parecen saltarse esta etapa por completo, llegando directamente al tipo de uso que vemos en (5b) (Aaron 2016, 55–57). La forma frecuente sirve como modelo para formas similares.

(5)   a   El Te Deum laudamus *fue altamente cantado* (*Milagros de Nuestra Señora*, Gonzalo de Berceo, s. xiii).
       b   Zamora, región y ciudad *extraordinariamente gloriosa* en tantos aspectos (*Epistolario*, Juan Ginés de Sepúlveda, s. xvi).

3.3 El papel de la categorización

Es prerrequisito de los procesos analógicos la categorización, ya que los enunciados previamente experimentados han de poder analizarse en unidades que se puedan asignar a una categoría antes de servir de base para la formación de nuevos enunciados. En la gramática basada en el uso, las categorías no se caracterizan por rasgos abstractos sino como agrupaciones de ejemplares, o representaciones de casos concretos de uso considerados idénticos (Bybee 2010, 79). Tomemos como ejemplo la extensión de *estar*, verbo copulativo que se origina como verbo de postura y que ha experimentado aumentos de frecuencia frente a *ser* en varias construcciones en la historia del español (vid. Silva-Corvalán 1994, 94–95). Brown y Cortés-Torres (2012), usando un corpus de conversaciones informales, constatan que en el español puertorriqueño, como en otras variedades del español, *estar* se construye hoy con adjetivos que antes se presentaban solo con *ser*, como se aprecia en (6).

(6)   a   . . . sí *son brutales* . . .
       b   Y esas son las playas que *están brutales*
                                   (Corpus Cortés-Torres del español de Puerto Rico, s. xx)

Estas autoras explican los casos innovadores ($n = 116$) con cuatro categorías de adjetivos. Cada una de ellas se forma en torno a uno o más miembros centrales, a saber, secuencias de alta frecuencia de uso, como por ejemplo *estar brutal* ($n = 16$). Esta secuencia convencionalizada atrae a otros adjetivos semánticamente similares: *fuerte* y *malo* y varios adjetivos que aparecen solo una vez en los datos (p. ej., *cabrón*, *difícil*, *terrible*). Así, se forma una categoría de adjetivos como agrupación en torno a un miembro central. Esta productividad del esquema refleja la asociación cognitiva con el miembro central de la categoría, asociación que a su vez ilustra la importancia de la experiencia de los hablantes, y en particular del almacenamiento de ejemplares en el acervo lingüístico.

4. Perspectivas actuales

El método variacionista se distingue de otras aproximaciones cuantitativas por considerar las unidades en formación junto con los recursos preexistentes con los que comienzan a alternar como parte del proceso de gramaticalización. Así, se presta atención a las frecuencias relativas de recursos lingüísticos alternativos. La hipótesis de partida es que el aumento de frecuencia relativa no es uniforme en todos los contextos lingüísticos, sino que ocurre de manera dispareja según el entorno. En palabras de Labov, el avance del cambio lingüístico "se manifiesta en [. . .] los cambios en las restricciones contextuales sobre [las formas alternativas]" (1982, 20). Estas restricciones contextuales, o factores condicionantes, pueden servir para operativizar hipótesis sobre los procesos de gramaticalización estudiados, como se ilustra a continuación.

4.1 La variación y las rutas de gramaticalización

Las expresiones gramaticales paralelas en las distintas lenguas suelen tener los mismos orígenes, los cuales a su vez tienden a seguir las mismas rutas de evolución. Por ejemplo, tanto en lenguas emparentadas como en lenguas sin relación genética, los pronombres de tercera persona tienden a originarse en demostrativos (Heine y Kuteva 2002, 112–113). Desde esta perspectiva, si cada lengua posee sus propias construcciones, de los procesos históricos que dan lugar a estas construcciones pueden deducirse verdaderos universales lingüísticos (Bybee 2010, 194). En este apartado (basado en Torres Cacoullos y Ramos 2018) veremos lo que los patrones de variación lingüística nos muestran sobre las etapas intermedias de los procesos de gramaticalización.

El español se encuentra estructuralmente entre el latín, que carecía de pronombres de sujeto de la tercera persona singular (en adelante, 3.ª sg.), y el francés, lengua en que el uso de los pronombres de sujeto se ha vuelto obligatorio. Los pronombres de 3.ª sg. (*él/ella*) en función de sujeto derivan de los demostrativos distales del latín ILLE/ILLA. De acuerdo con la hipótesis de la retención, las formas en vías de gramaticalización poseen contenidos que se derivan del significado de la forma originaria (vid. Bybee 2010, 174). Cabe preguntarse, entonces, si se encuentran vestigios del significado deíctico distal (la indicación de 'aquello') en el pronombre de sujeto de 3.ª sg. Para concretar la hipótesis, pensemos que la deixis espacial puede extenderse a la deixis temporal, "la que entraña proximidad [. . .] relacionada con la mención previa del referente en el discurso" (Givón 1984, 354). La hipótesis, por tanto, es que el sujeto pronominal debe señalar referentes más deícticamente distantes que el sujeto no expresado (nulo).

Para poner a prueba esta predicción usamos la medida anafórica del rol sintáctico de la mención previa: los referentes más deícticamente distantes son aquellos cuya mención previa se encuentra en un papel sintáctico distinto del de sujeto. En (7a), el verbo de interés es *fablasse* y la mención previa del referente del sujeto se hace mediante el objeto indirecto *l'* (*pidría*), mientras que en (7b) el verbo de interés es *quería* y la mención previa del referente del sujeto se hace mediante el sujeto de *avía*.

(7) a Saladín le dixo que reçelava que l'_i pidría que non le $\emptyset_i$ fablasse más en aquel fecho. Et ella díxol' que non le demandaría esso (*Conde Lucanor*, s. XIV).
    b por el amor et grant fiança que en mí $\emptyset_i$ avía, que $\emptyset_i$ me quería dexar toda su tierra (*Conde Lucanor*, s. XIV).

El análisis estadístico de la expresión variable del sujeto de 3.ª sg. en textos premodernos confirma que el contexto de la mención previa en una posición distinta de la de sujeto favorece la elección del sujeto pronominal en lugar de un sujeto no expresado. Se advierte que también propician la elección de una forma pronominal los sujetos que designan mujeres. Los dos factores muestran una interacción, de manera que el efecto del rol sintáctico (deixis) es más importante para la expresión del sujeto pronominal *ella* (femenino) que para *él* (masculino), como se muestra en la Figura 9.1a. Por otra parte, resulta que los referentes femeninos ocupan la posición

Procesos de gramaticalización en la historia del español

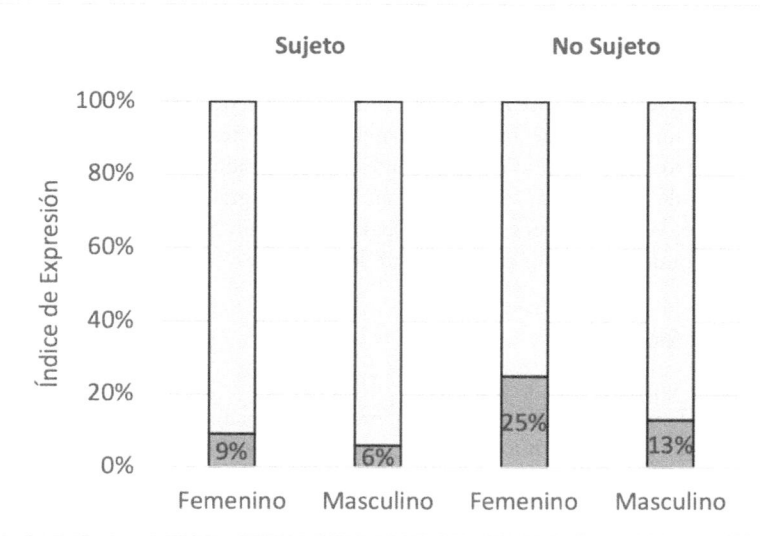

Figura 9.1a Expresión del pronombre de sujeto de 3.ª sg. según el rol sintáctico de la mención previa y el género del referente en textos premodernos

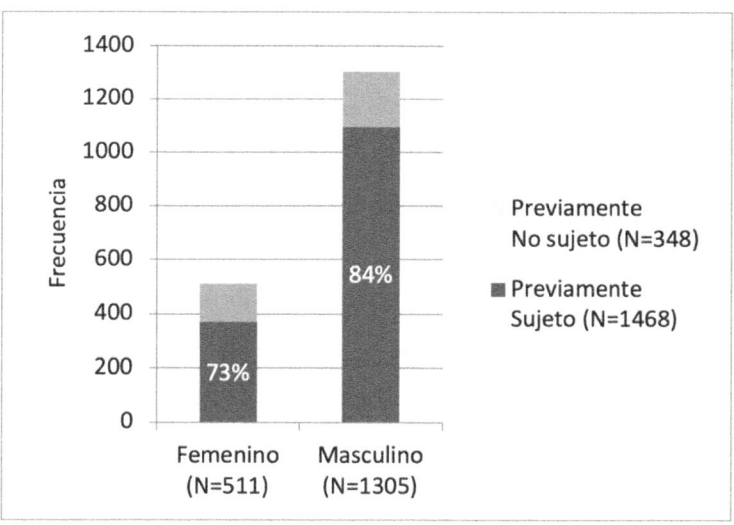

Figura 9.1b Número y distribución de sujetos de 3.ª sg. según el rol sintáctico de la mención previa: referentes femeninos versus masculinos

de sujeto con menos frecuencia que los sujetos con referentes masculinos, como se muestra en la Figura 9.1b (altura de las columnas). Asimismo, la distribución contextual de los datos indica que los referentes femeninos que ocupan la posición del sujeto tienen menos probabilidad de haber sido mencionados previamente como sujetos, como se ve también en la Figura 9.1b (sombreado en las columnas). Dada la estrecha asociación entre sujeto y tópico, estas dos diferencias distribucionales proporcionan una medida de la menor topicalidad de los referentes femeninos en textos premodernos.

Conjuntamente, las diferencias en el condicionamiento lingüístico y en la distribución de los datos en los casos de referentes femeninos y masculinos indican que el pronombre de 3.ª sg. señalaba antiguamente sujetos no esperados. Se sustancia así la hipótesis de la retención, aunque sea a través de los contextos de uso, de un componente del significado deíctico originario. Al mismo tiempo, el análisis de la variación sugiere que en la ruta de gramaticalización de demostrativo distal a pronombre de sujeto parece ser que el paso intermedio es una etapa en la que el sujeto pronominal está condicionado por la topicalidad del referente.

4.2 Variación y facilitación

Estudios recientes sugieren que lo que en psicología se conoce como *facilitación* o *priming* (en lingüística, la tendencia a que una estructura previa se repita) contribuye al aumento en la frecuencia de nuevas construcciones gramaticales y que este fenómeno, además, proporciona una medida del avance de la gramaticalización. El efecto más estudiado es el que opera cuando el *prime* y el *target*, es decir, el elemento facilitante y el facilitado, presentan la misma estructura gramatical. Considérese, por ejemplo, *estar* + gerundio, que ha ido aumentando en frecuencia relativa frente al presente de indicativo para expresar una situación simultánea con el momento de habla (aspecto progresivo), como se ilustra en (8). De acuerdo a lo que sabemos de la facilitación en lingüística, la probabilidad de elección del esquema progresivo es más alta cuando se ha usado previamente la misma forma, como en (9a).

(8) a ¿Sabes tú con quién **estás hablando**? (*Amor de padre*, s. xix).
    b ¿Cómo tienes valor? ¿Olvidas que hablas con un republicano? (*Amor de padre*, s. xix).
(9) a Os *estoy leyendo* en el semblante lo que **está asando** en vuestra alma... (*Amor de padre*, s. xix).
    b *están cocidas* con sus garbanzos, cebollas y tocino, y la hora de ahora **están diciendo**: "¡Coméme! ¡Coméme!" (*Quijote*, II, s. xvii).

Lo que resulta revelador es el efecto que se observa cuando el *prime* es una estructura no idéntica pero sí similar: en nuestro caso, otra construcción con la forma *estar* (que puede ser locativa, resultativa o copulativa), como se ilustra en (9b). Tal efecto es significativo en textos anteriores al siglo xix. Si consideramos el aumento independiente en la frecuencia de *estar* frente a la de *ser* en varios contextos (§ 3.3), se puede conjeturar que este tipo de facilitación ha contribuido al avance del esquema progresivo.

Por otra parte, el hecho de que *estar* + X (donde X puede ser un elemento cualquiera fuera del gerundio) actúe como *prime* para *estar* + gerundio indica un vínculo entre las formas verbales de ambos tipos de construcciones, lo que a su vez sugiere que *estar* sigue siendo reconocible como unidad léxica autónoma y, por consiguiente, se mantiene la estructura interna de la secuencia con el gerundio. Es decir, la facilitación de *estar* + gerundio por parte de *estar* + X proporciona una medida del grado en el que la construcción es analizada como una secuencia de dos verbos. No obstante, este tipo de facilitación ya no condiciona la variación en análisis estadísticos del español moderno, mientras que la facilitación de identidad sigue siendo significativa, lo que puede tomarse como evidencia de que la secuencia ha avanzado a una verdadera perífrasis verbal que es autónoma de otras construcciones con *estar* y en la que *estar* carece ya de autonomía léxica y más bien se comporta como un verbo puramente auxiliar (vid. Berry 2017, 17).

5. Perspectivas futuras y conclusiones

La gramaticalización, o, mejor, los tipos de procesos que tienden a concurrir en este fenómeno, se comprueban en todas las lenguas y en todos los momentos de su desarrollo histórico. Por tanto, podemos estar seguros de que esta área no se agotará en el estudio del español, al menos mientras este pueda describirse como un idioma vivo. En efecto, incluso si en algún momento pudiésemos decir que todos los procesos de gramaticalización hasta la fecha culminados en español ya se han descrito, siempre quedarían procesos en curso cuya constatación permitiría predecir las gramaticalizaciones del mañana. Ahora bien, como veremos, todavía parecen quedar en la historia de la lengua desarrollos por descubrir o elucidar, lo cual abre camino a más posibilidades de investigación en este ámbito. En lo que sigue, nos limitaremos a señalar algunas de las líneas que podrían seguirse en el futuro.

5.1 Desarrollos oscuros en la historia de la lengua

Sin duda, existen en español muchos desarrollos gramaticales que son ya bien conocidos, y sobre los cuales no resulta fácil decir mucho más de lo que ya se ha dicho, al menos por lo que concierne a sus antecedentes y a la constitución de las unidades gramaticales respectivas. Sin embargo, como adelantábamos, parecen quedar aún desarrollos en la historia de la lengua —incluso en su historia temprana— en gran medida pasados por alto o que aún no han sido ubicados de manera precisa en la diacronía y de los cuales deberán ocuparse investigaciones futuras.

A modo de ilustración, una sección de la lengua en la que aún queda bastante por hacer es la de los recursos para expresar causación. Así, aunque varios autores han negado la existencia de verdaderas perífrasis causativas en español, al menos en el sentido en que se utiliza el término *perífrasis* en casos como el de *haber que* + infinitivo para expresar obligación (p. ej., Fernández de Castro 1999, 97–99), existen indicios que apuntan en la dirección contraria. Porto Dapena (1977) y Echeverría (2018), por ejemplo, analizan oraciones con *enviar/mandar a* + infinitivo en que la primera forma verbal no parece contar con autonomía léxica, sino que más bien parece ser un auxiliar gramaticalizado, y de hecho tales casos pueden encontrarse en estados de lengua bastante antiguos:

(10) a esta causa *lo envió a llamar* con sus criados por disimular más la cosa (Pedro Gutiérrez de Santa Clara, *Quinquenarios*, s. xvi-xvii, *apud* CORDE).

En este ejemplo, el carácter de auxiliar de *envió* se manifiesta no solo en el hecho de que esta forma carece de objeto propio, sino también en que las únicas entidades que pueden describirse como enviadas en el contexto extralingüístico se mencionan mediante la frase *con sus criados*, lo cual dejaría sin argumentos semánticos a *enviar* como unidad léxica autónoma. Vemos, pues, que a partir de dicho verbo la lengua parece haber desarrollado una perífrasis que expresa la puesta en marcha de la acción del verbo principal a través de un intermediario, hecho que es coherente también con las tendencias sintagmáticas que presentan las oraciones con *enviar/mandar a* + infinitivo en la diacronía (vid. Echeverría 2018; Sanaphre Villanueva 2010). No obstante, queda por determinarse cuándo y cómo surge exactamente semejante unidad gramatical, así como hasta qué punto puede extenderse el concepto de perífrasis a otras clases de construcciones causativas en la historia del español.

5.2 Nuevas perspectivas para viejos problemas

Otra línea de investigación prometedora en el ámbito de la gramaticalización en español es el estudio de fenómenos bien conocidos, o al menos aparentemente bien conocidos, pero desde enfoques distintos de los que se han adoptado en trabajos previos. En las secciones anteriores hemos dado ya ejemplos de estudios que han abordado temas clásicos de la disciplina investigando de manera sistemática los cambios en los contextos de uso del fenómeno o conjunto de fenómenos estudiados, método que permite poner a prueba de manera adecuada nuestras hipótesis sobre los procesos de gramaticalización. El mismo enfoque, pues, podría conducir a un mejor entendimiento de otros fenómenos, como la llamada *pasiva perifrástica*, es decir, la combinación de *ser* con un participio de pasado para presentar al sujeto como paciente, como en (11).

(11) Esa extraña bestia, según les dijeron, *fue vista* en la población de Ebolo (Miguel Seguí, *Los últimos dinosaurios vivos*, s. XXI, *apud* CORPES).

Aunque es común emplear el término *voz pasiva* al considerar ejemplos como el recién citado, estudiosos como Alarcos Llorach (1980: 90–94, 163–171) han mostrado ya que el término *voz* no puede utilizarse aquí en el mismo sentido en que se usa en referencia, por ejemplo, a las oraciones pasivas del latín, lengua en que el contenido 'pasivo' tenía expresión propia. En efecto, si bien es indudable que el esquema del ejemplo anterior pone al sujeto en un papel pasivo, como sucedía con la conjugación pasiva en latín, no es posible identificar en el sistema español un recurso gramatical específicamente pasivo, ni siquiera uno perifrástico. Esto queda claro al constatar que las pasivas con *ser* poseen la misma estructura que las oraciones tradicionalmente consideradas atributivas (p. ej., *El campeón fue {vencido/vencedor}*), desempeñando el participio una función claramente adjetiva, como demuestra la necesaria concordancia con el sujeto.

Ahora bien, aun aceptando que no se ha desarrollado en español una verdadera perífrasis pasiva, en que las dos formas verbales actúen como un complejo indivisible en relación de auxiliar y auxiliado, vale la pena preguntarse si no estamos aquí ante un proceso de gramaticalización aún no culminado. Por ejemplo, en el empleo histórico de *ser* + participio puede hablarse de un proceso de especialización, que llevó a la desaparición de los usos resultativos que eran comunes en la lengua antigua (vid. Rosemeyer 2012), y sabemos que la especialización es índice de gramaticalización (vid. Hopper 1991, 25–27). Sería útil, por tanto, explorar esta posibilidad tomando en consideración otros índices tales como la adyacencia de la cópula y el participio o la presencia de coordinación en el atributo.

5.3 Divergencias diatópicas

Una última línea de investigación que mencionaremos aquí es el estudio de las diferencias en los procesos de gramaticalización comprobables en distintas variedades dialectales. Cuando usamos expresiones como *español* o *lengua española* (como hacemos también al hablar de "inglés", "francés", etc.), solemos hacerlo como si se tratase de una entidad unitaria y perfectamente homogénea. Sin embargo, en lingüística es bien sabido que el español, con su inmenso alcance territorial y sociocultural, es un idioma en el que existen diferencias diatópicas en todos los niveles de análisis lingüístico, incluido el morfosintáctico. Por consiguiente, resulta lógico suponer que en la historia de distintas variedades los procesos de gramaticalización comprobables no serán siempre idénticos, aun si resulta posible hablar de un grado de convergencia importante. Y, sin embargo, esta es un área de estudio que no ha recibido mucha atención en la disciplina.

Un trabajo que se ha ocupado de este tema es el de Schwenter y Torres Cacoullos (2008), el cual analiza el uso del pretérito perfecto compuesto y del pretérito perfecto simple en español peninsular y mexicano. Con la ayuda de los métodos de la lingüística variacionista comparativa, estos investigadores muestran que el pretérito perfecto compuesto peninsular presenta un mayor grado de gramaticalización que el mexicano en la transición de perfecto a perfectivo (es decir, en el cambio de un recurso para designar eventos pasados asignándoles relevancia o pertinencia actual a un recurso para presentar eventos pasados como totalidades, independientemente de cualquier desarrollo interno). Esta diferencia se refleja en distintas tendencias de uso, por ejemplo, con respecto al uso de adverbios y a la distancia temporal del evento. Así, la presencia del adverbio *ya*, como en (12), favorece de manera significativa el uso de la forma compuesta en el español peninsular, cosa que no se observa en la variedad mexicana.

(12) cuando *ya* me *he dado* cuenta ha sido cuando ya está terminado (CORLEC, s. xx).

Más investigaciones comparativas de este tipo sin duda aportarían una mejor comprensión del desarrollo de la diversidad del español moderno.

Lecturas recomendadas

Bybee (2015) es una introducción accesible al estudio del cambio lingüístico, con énfasis en las tendencias interlingüísticas y en el papel de los factores discursivos y cognitivos. Dos de los once capítulos tratan específicamente sobre la gramaticalización, lo cual hace de esta una obra de especial relevancia para quienes estén interesados en este ámbito de estudio dentro de la lingüística histórica y la gramática basada en el uso.

Company Company (2003) toca varios de los problemas que ha enfrentado el estudio de la gramaticalización en las últimas décadas, con aplicaciones a varios de los procesos de cambio más notables documentados en español desde sus orígenes. Se trata, por tanto, de un trabajo de un inmenso valor tanto teórico como descriptivo, que debiera ser de interés para hispanistas y lingüistas históricos en general.

Torres Cacoullos (2012) muestra, mediante el estudio de la constitución histórica del esquema progresivo con *estar* + gerundio en español, cómo operativizar hipótesis sobre procesos de gramaticalización tomando en cuenta los factores condicionantes de los fenómenos de interés, y constituye, así, una referencia útil para el estudio cuantitativo de tales procesos desde una óptica variacionista.

Bibliografía citada

Aaron, J. E. 2016. "The Road Already Traveled: Constructional Analogy in Lexico-Syntactic Change". *Studies in Language* 40 (1): 26–62.
Alarcos Llorach, E. 1980. *Estudios de gramática funcional del español*. Madrid: Gredos.
Berry, G. M. 2017. "Structural Autonomy and Aspectual Import: A New(er) Spanish Progressive". *Probus* 29 (2): 205–232.
Brown, E. L. y M. Cortés-Torres. 2012. "Syntactic and Pragmatic Usage of the [*estar* + Adjective] Construction in Puerto Rican Spanish: ¡Está brutal!". En *Selected Proceedings of the 14th Hispanic Linguistics Symposium*, eds. K. Geeslin y M. Díaz-Campos, 61–74. Somerville: Cascadilla Proceedings Project.
Bybee, J. L. 2010. *Language, Usage and Cognition*. Cambridge: Cambridge University Press.
Bybee, J. L. 2015. *Language Change*. Cambridge: Cambridge University Press.
Company Company, C. 2003. "La gramaticalización en la historia del español". *Medievalia* 35: 3–61.
Company Company, C. 2012. "Historical Morphosyntax and Grammaticalization". En *The Handbook of Hispanic Linguistics*, eds. J. Hualde, A. Olarrea y E. Rourke, 673–693. Londres y Nueva York: Blackwell.
CORDE: Real Academia Española, Corpus diacrónico del español. www.rae.es.
CORLEC: Corpus Oral de Referencia de la Lengua Española Contemporánea. www.lllf.uam.es/ESP/Corlec.html CORPES XXI: Corpus del español del Siglo XXI. www.rae.es
Echeverría, C. I. 2018. "Can Infinitival Causative Constructions be Periphrastic? A Diachronic Look at the Use of MANDAR *a* + INF in Spanish and Chilean Texts". *Comunicación presentada en el 2018 Hispanic Linguistics Symposium*, University of Texas at Austin, 25–27 de octubre.
Fernández de Castro, F. 1999. *Las perífrasis verbales en el español actual*. Madrid: Gredos.

Garachana Camarero, M. 2015. "Teoría de la gramaticalización. Estado de la cuestión". En *Actas del IX Congreso Internacional de Historia de la Lengua Española*, eds. J. M. García Martín, vol. 1, 331–360. Madrid y Fráncfort: Iberoamericana y Vervuert.

Givón, T. 1984. *Syntax. A Functional-Typological Introduction*, vol. 1. Ámsterdam: John Benjamins.

Heine, B. y T. Kuteva. 2002. *World Lexicon of Grammaticalization*. Cambridge: Cambridge University Press.

Hopper, P. J. 1991. "On Some Principles of Grammaticization". En *Approaches to Grammaticalization*, vol. I, eds. E. C. Traugott y B. Heine, 17–35. Ámsterdam: John Benjamins.

Kasten, L., J. Nitti y W. Jonxis-Henkemans, eds. 1997. *The Electronic Texts and Concordances of the Prose Works of Alfonso X, El Sabio*. Madison: Hispanic Seminary of Medieval Studies.

Labov, W. 1982. "Building on Empirical Foundations". En *Perspectives on Historical Linguistics*, eds. W. P. Lehmann y Y. Malkiel, 17–92. Ámsterdam: John Benjamins.

Newmeyer, F. J. 1998. *Language Form and Language Function*. Cambridge, MA: MIT Press.

Poplack, S. 2011. "Grammaticalization and Linguistic Variation". En *Handbook of Grammaticalization*, eds. B. Heine y H. Narrog, 209–224. Oxford: Oxford University Press.

Porto Dapena, J.-Á. 1977. "Notas de sintaxis: 'enviar' y 'mandar' + infinitivo con 'a'". *Thesaurus* 32 (1): 26–39.

Rosemeyer, M. 2012. "How to Measure Replacement: Auxiliary Selection in Old Spanish Bibles". *Folia Linguistica Historica* 33: 135–174.

Sanaphre Villanueva, M. 2010. *Analytic Causative Constructions in Medieval Spanish: The Origins of a Construction*. Tesis doctoral, Rice University.

Sankoff, D. 1988. "Sociolinguistics and Syntactic Variation". En *Linguistics: The Cambridge Survey*, ed. F. Newmeyer, vol. 4, 140–161. Cambridge: Cambridge University Press.

Schwenter, S. A. y R. Torres Cacoullos. 2008. "Defaults and Indeterminacy in Temporal Grammaticalization: The 'Perfect' Road to Perfective". *Language Variation and Change* 20: 1–39.

Silva-Corvalán, C. 1994. *Language Contact and Change: Spanish in Los Angeles*. Oxford: Clarendon Press.

Torres Cacoullos, R. 2006. "Relative Frequency in the Grammaticization of Collocations: Nominal to Concessive *a pesar de*". En *Selected Proceedings of the 8th Hispanic Linguistics Symposium*, eds. T. L. Face y C. A. Klee, 37–49. Somerville, MA: Cascadilla Proceedings Project.

Torres Cacoullos, R. 2012. "Grammaticalization Through Inherent Variability: The Development of a Progressive in Spanish". *Studies in Language* 36: 73–122.

Torres Cacoullos, R. y J. Bauman. 2014. "Las preposiciones *por, pora* y *para*". En *Sintaxis histórica de la lengua española. Tercera parte: Adverbios, preposiciones y conjunciones. Relaciones interoracionales*, vol. 3, t. 2, dir. C. Company Company, 1479–1564. México: Universidad Nacional Autónoma de México y Fondo de Cultura Económica.

Torres Cacoullos, R. y M. Ramos. 2018. "Expresión variable de los pronombres de sujeto: diferencias entre *él* y *ella*". En *Actas del X Congreso Internacional de Historia de la Lengua Española*, eds. M. L. Arnal Purroy et al., vol. 1, 759–776. Zaragoza: Institución "Fernando el Católico".

Torres Cacoullos, R. y S. A. Schwenter. 2005. "Towards an Operational Notion of Subjectification". En *31st Annual Meeting of the Berkeley Linguistics Society*, eds. R. T. Cover y Y. Kim, 347–358. Berkeley: BLS.

Traugott, E. C. y R. B. Dasher. 2002. *Regularity in Semantic Change*. Cambridge: Cambridge University Press.

10
La creación de marcadores discursivos en español (The development of Spanish discourse markers)

Mar Garachana Camarero

1. Introducción

Este capítulo reseña la investigación diacrónica sobre los marcadores discursivos (MD) del español.[1] Dada la amplia nómina de trabajos publicados, especialmente desde 1990, resultaría ingenuo aspirar a incluir una relación exhaustiva. Por ello, centraremos el interés en reflexionar acerca de la aportación que estas investigaciones han supuesto.

Palabras clave: marcadores discursivos; gramaticalización; pragmaticalización; construcción del discurso

This chapter reviews the research devoted to the diachrony of Spanish discourse markers. Given the large number of works that have been published, especially since the 1990s, it would be unrealistic to aspire to include an exhaustive list of all of them. For this reason, we will focus on the contribution that these studies have made toward our understanding of the evolution of discourse markers.

Keywords: discourse markers; grammaticalization; pragmaticalization; discourse construction

2. Estado de la cuestión

Los MD son unidades lingüísticas de límites difusos. Se ha debatido acerca de su definición y acerca de qué elementos pueden considerarse MD (López Serena y Borreguero Zuloaga 2010; Borreguero Zuloaga y López Serena 2011). También ha sido objeto de discusión el tipo de significado que vehiculan (conceptual o procedimental)[2] y su adscripción categorial como clase funcional o como clase de palabras. Tampoco existe total unanimidad sobre el término con el que referirse a los MD. Entre otras, se emplean las denominaciones de *marcadores discursivos, marcadores pragmáticos, operadores (pragmáticos o discursivos), enlaces extraoracionales, partículas (discursivas), enlaces textuales* (Loureda Lamas y Acín Villa 2010, 20). En ocasiones, se presentan como sinónimos *conector* y *marcador discursivo*, aunque en la mayoría de las clasificaciones los *conectores* son uno de los tipos que conforman la clase de los MD.[3]

Tabla 10.1 Clasificación de los marcadores del español

Función cognitiva	Función metadiscursiva	Función interaccional
Conectores:	**Organizadores y estructuradores**	**Marcadores**
Aditivos: *además, encima,*	**del discurso:** *en primer lugar, en*	**conversacionales:**
asimismo	*segundo lugar, por último, por un*	*bueno, bien, vale, perdón*
Consecutivos: *así pues, por (lo)*	*lado, por otro lado*	
tanto, por ende, de ahí	**Demarcadores del discurso:**	
Contraargumentativos: *no*	Cambio de tópico: *dicho esto,*	
obstante, en cambio, sin	Digresores: *por cierto, a todo esto*	
embargo, eso sí	Focalizadores: *en cuanto a*	
	Reformuladores: *esto es, es decir, a*	
	saber, más bien, digo, mejor dicho	
	Recapituladores: *en suma, en resumidas*	
	cuentas, en conclusión, en resumen,	
	en definitiva, en fin, total	
	Comentadores: *así las cosas, pues bien,*	
	dicho esto/eso	
Ejemplificadores: *por*	**Operadores argumentativos:** *en*	
ejemplo	*el fondo, en realidad, de hecho*	
Modalizadores:		
Evidenciales: *por lo que se*		
ve, a lo mejor, lo mismo,		
evidentemente		
Epistémicos: *precisamente*		

Con fines explicativos, definiremos aquí los MD como unidades lingüísticas prototípicamente invariables, marcadas por su heterogeneidad categorial (Schriffin 1987), cuya función es enlazar unidades de habla y fragmentos textuales, contribuyendo así a mantener el hilo discursivo y a tejer un texto cohesionado y coherente (Martín Zorraquino y Portolés Lázaro 1999; Loureda Lamas y Acín Villa 2010). En relación con la organización interna de la categoría, seguimos la clasificación sintetizada en la Tabla 10.1, basada en López Serena y Borreguero (2010), aunque con elementos de las clasificaciones más tradicionales (Martín Zorraquino y Portóles Lázaro 1999; Loureda Lamas y Acín Villa 2010).

2.1 Enfoques teóricos y diacronía de los MD en español

La investigación diacrónica de los MD del español se ha centrado principalmente en el análisis de evoluciones concretas, mientras que las cuestiones teóricas aparecen de manera tangencial (*cf.*, sin embargo, Carmona Yanes 2014; González Manzano 2014). Los fundamentos metodológicos son diversos y van desde la descripción gramatical tradicional hasta la aplicación de modelos teóricos variados (lexicografía, lingüística del texto, gramaticalización, pragmaticalización o lingüística variacional).

El estudio histórico de los MD parte de trabajos previos que centraron su interés en las conjunciones, si bien no faltan reflexiones sobre los MD (*cf.* Cano Aguilar 2009). Estas primeras aproximaciones suelen estar contenidas en gramáticas históricas clásicas (Hanssen 1913; Keniston 1937), aunque existen también trabajos monográficos más recientes (p. ej., Eberenz 1994; Espinosa Elorza 1995; Ridruejo Alonso 1993). Se trata de investigaciones centradas en la descripción de los cambios que contribuyen al conocimiento de la conformación del sistema de los MD del español sin adoptar modelos teóricos concretos.

Las obras lexicográficas resultan fuentes convenientes para la investigación histórica (cap. 4). Se acude a ellas en ocasiones para justificar el valor que se atribuye a los MD, pues los diccionarios permiten establecer el grado de fijación en la lengua de un elemento (*vid.* p. e. el empleo del *Diccionario de autoridades* para el significado de *por cierto* en Iglesias Recuero 2015).

En el marco de la lingüística textual, desde la década de 1990 se ha analizado la articulación del discurso en el pasado, lo que ha dado cabida a la investigación sobre la diacronía de los MD (*vid.* Cano Aguilar 1990, 1996, 2007, cap. 21; Bustos Tovar 1998, 2002; Iglesias Recuero 2015, entre otros). En esos mismos años se asiste al afianzamiento de la teoría de la gramaticalización, que aborda evoluciones que enriquecen la gramática a partir de palabras y construcciones que expresan un significado conceptual; además, el proceso puede llevar de lo menos a lo más gramatical (*vid.* cap. 9; Meillet 1912, 131; Kuryłowicz 1965; Lehmann 1982; Hopper y Traugott 1993). Puesto que los MD proceden de palabras o construcciones con valores referenciales y desarrollan, prototípicamente, significados procedimentales, rápidamente atrajeron el interés de las investigaciones sobre gramaticalización (Traugott 1995). Sin embargo, en un primer momento, se impuso la idea de la gramaticalización como pérdida (de significado, de autonomía sintáctica, de cuerpo fonético, de alcance): esta interpretación estrecha, parametrizada en Lehmann (1982), no permitía incluir el estudio de los MD en el ámbito de la gramaticalización.

A diferencia de lo estipulado por Lehmann, los MD no pierden alcance sintáctico (su evolución los coloca en una posición en que afectan a todo un enunciado, frecuentemente en la periferia izquierda de la oración), tampoco quedan fijados en una posición sintáctica (la movilidad de los MD parentéticos da prueba de ello), ni se convierten en piezas con un comportamiento estrictamente gramatical (funcionan en el nivel textual o discursivo). Además, los MD pueden tener una curva entonativa propia. De este modo, contravienen la idea de que la sintaxis de hoy es la pragmática de ayer, por cuanto desde el léxico o la gramática pueden originarse elementos con funcionamiento pragmático. Esto llevó a plantear que no todo cambio gramatical es un caso de gramaticalización y que los MD debían ser considerados un tipo especial de cambio, que ha recibido nombres diversos, entre los que destaca el de *pragmaticalización* (Erman y Kotsinas 1993).[4] La pragmaticalización supone una evolución desde lo léxico-conceptual hasta la expresión de significados pragmáticos.

El debate acerca de si la emergencia de los MD debe considerarse un caso de gramaticalización o de pragmaticalización no ha ocupado en exceso a los investigadores del español. En general, se ha admitido la propuesta de Traugott (1995) para el inglés y de Company (2004a, 2004b) y Octavio de Toledo (2001–2002) para el español, quienes consideran que la evolución de los MD es un tipo de gramaticalización. Sin negar el carácter especial de los MD frente a otros elementos gramaticales, se aboga por considerar que aquellos forman parte de la gramática, por lo que su surgimiento puede ser calificado de proceso de gramaticalización. Por ello, dejando a un lado unos pocos trabajos en los que se maneja el concepto de pragmaticalización (Blas Arroyo 2011; Llopis Cardona 2018) y discursivización (Ocampo 2006), lo habitual es que la diacronía de los MD se aborde desde los postulados teóricos de la gramaticalización.

Para el español, los primeros trabajos sobre los MD que tienen en cuenta la noción de *gramaticalización* datan de finales del siglo pasado (por ejemplo, Garachana Camarero 1998 y los trabajos reunidos en Garachana Camarero 2001–2002). Los albores del siglo XXI fueron el detonante para el desarrollo de un importante número de trabajos sobre gramaticalización, marco teórico en el que se ha desarrollado un mayor número de trabajos hasta la fecha. En él se inserta el proyecto de mayor calado para la investigación de la diacronía de los MD, dirigido por la doctora M.ª Pilar Garcés ("Estudio diacrónico de los marcadores discursivos para su descripción en un diccionario histórico"), pero existen otros estudios de interés, como la monografía de Espinosa (2010).

3. Consideraciones metodológicas

La variabilidad terminológica que envuelve a los MD también se detecta en la investigación diacrónica. Existen trabajos que aluden a la función concreta de los marcadores y recurren a etiquetas tales como *aditivos, reformulativos*, etc., eludiendo otro tipo de denominación más general. Por lo demás, alternan los términos MD y conector. En este punto, Pons Rodríguez (2010, 531–538) detecta una tendencia a emplear *conector* en los trabajos más antiguos, y *marcador discursivo*, en los más modernos, sin que medie trasfondo teórico alguno.

Más allá de la nomenclatura empleada, en diacronía la cuestión relativa a la clasificación de los MD resulta más compleja por el carácter evolutivo de la disciplina. En ocasiones, un MD puede desarrollar valores que permitan clasificarlo en diferentes grupos. Así, *encima* evoluciona desde empleos aditivos (organizador de la información, función metadiscursiva) hasta otros contraargumentativos (conector, función cognitiva) que originan usos refutativos (función interaccional) (vid. Garachana Camarero 2008).

Además, en el terreno histórico la delimitación entre el ámbito oracional y el supraoracional no siempre resulta nítida. En el transcurso de la historia, las partículas transitan desde la oración al texto, lo que dificulta establecer el momento preciso en que pasan a ser MD. Especialmente complicada puede ser esta delimitación con MD que contienen partículas anafóricas (*por esto, por ende*), pero también lo es en casos como el de *por cierto*, que puede, en determinados momentos y entornos, interpretarse con valores predicativos ('os digo como cosa cierta') o modalizadores epistémicos ('ciertamente') (*cf*., entre otros, Pons Rodríguez 2010, 580–582 e Iglesias Recuero 2015; para una comparación acerca de las hipótesis existentes sobre la evolución de *por cierto*, *cf*. López Serena 2018).

En lo relativo a las herramientas de análisis, ha tenido un impacto decisivo el desarrollo de corpus informatizados, que permiten trabajar con un ingente volumen de datos, si bien condicionan los resultados de la investigación al hacerla depender de los textos que contienen (Iglesias Recuero 2015). El CORDE, que es el más usado en los estudios históricos de MD, presenta una cantidad desigual de textos para los diferentes períodos (el siglo XIV y el XVIII están poco representados) y apenas recoge algunos tipos textuales, como el ensayismo secundario o la prensa (Pons Rodríguez 2015), a lo que hay que sumar los problemas de fiabilidad ecdótica de los textos que integran los corpus (Rodríguez Molina y Octavio de Toledo 2017).

3.1 La Lingüística de las variedades en los trabajos sobre MD

El auge de los estudios sobre la gramaticalización de los MD ha dejado en segundo plano cuestiones filológicas relevantes. El carácter intrasistemático que rodea a dichos estudios ha relegado a una posición muy secundaria el análisis de la variación consustancial a toda lengua (dialectal, diatópica, diastrática y diafásica), así como también cuestiones culturales diversas vinculadas a la construcción del texto y a las normas retóricas de cada época, que dictan, entre otros aspectos, el tipo de cohesión que se imprime a los textos.

Esta desatención no se encuentra en los trabajos emprendidos por los herederos de la Escuela de Filología Española. Además, el desarrollo desde la década de 1970 de la Lingüística de las variedades alemana de filiación coseriana (principalmente, la escuela de Friburgo y la de Tubinga —cap. 7— ha consolidado una importante línea de investigación que en ocasiones intersecciona con los análisis realizados desde la gramaticalización y en otras rebate algunas de sus conclusiones (*cf.* Garachana Camarero 2018; Octavio de Toledo 2018a).[5]

En esta línea de trabajo, al ponerse el acento en los patrones textuales convencionalizados como vía de difusión de las innovaciones, se ha dado relieve a la tradicionalidad discursiva en la evolución lingüística (Llopis Cardona 2015):[6] algunos MD, por ejemplo, se habrían extendido desde unos textos hasta otros (*cf.* Jacob y Kabatek 2001 y los trabajos contenidos en Kabatek 2008). Se ha destacado igualmente la importancia del calco gramatical como impulsor del cambio: Iglesias Recuero (2007) señala la adscripción latina de *finalmente*, calco del latín TANDEM; Pons Bordería (2008) presenta *esto es* como calco del latín ID EST, de uso destacado en textos notariales y jurídicos; *así las cosas* procedería de SIC REBUS STANTIBUS (Pons Rodríguez 2010 y 2015), forma especialmente empleada en textos historiográficos; también remiten al latín *en sustancia* (Pons Rodríguez 2020) o *vale decir* (Garrido Martín 2015).[7] En Garachana Camarero (2018) se señala la raigambre latino-medieval de *no obstante* y *no contrastante*, modelos para la creación romance *no embargante*: como en el caso de ID EST, la introducción de *no obstante/no contrastante* en castellano no fue directa, sino mediada por el aragonés y el catalán (y en catalán, *no obstant* posiblemente copiase una forma italiana, pues su primera documentación se registra en una traducción del *Corbaccio* de Boccaccio); así pues, son también posibles influencias desde otras lenguas de cultura además del latín, como la ejercida desde el italiano renacentista en el surgimiento de *ahora bien* (Octavio de Toledo 2018a), que llegaría también al español vía corona aragonesa. Otra influencia es la del francés decimonónico, por ejemplo, en la aparición de *por contra*, calco del francés *par contre* (Pons Rodríguez 2010, 562).

Partiendo de la idea de que los cambios lingüísticos consisten en evoluciones por expresividad (cambios de abajo arriba) o por elaboración (cambios de arriba abajo),[8] estos estudios muestran que la emergencia de los MD puede tener, además de la lengua hablada, el texto escrito como *locus* del cambio. Algunos trabajos han puesto en tela de juicio la separación nítida que media entre los cambios por expresividad y por elaboración al probar que existen procesos en los que la lengua de la distancia comunicativa y la de la proximidad comunicativa pueden llegar a interseccionar. En un trabajo sobre los MD conversacionales *por mi fe*, *a la fe*, *alahé* y *miafé*, López Izquierdo (2008) demuestra que su expansión en el siglo XV depende de la introducción, como calcos del latín, de las expresiones *juro por mi fe* y *prometo por mi fe*. La autora conjuga así el estudio de la gramaticalización de los MD con la variación sociohistórica inherente a toda lengua. Se trata de un trabajo pionero, al describir una distribución diatrática de los MD.

3.2 Los trabajos sobre la diacronía de MD. Estudios semasiológicos vs. onomasiológicos

En la investigación histórica sobre los MD, independientemente de las posiciones teóricas adoptadas, prima el interés en la forma por encima de la función (Carmona Yanes 2014). Como en sincronía, el estudio está marcado por un enfoque semasiológico (López Serena y Borreguero Zuloaga 2011). En diacronía, se habría sumado la influencia de la gramaticalización —más interesada por la forma que por la construcción textual—, así como la tradicional estructuración de las gramáticas históricas en clases de palabras.

Las excepciones al enfoque lexicocentrista, con todo, existen. Por un lado, disponemos de trabajos centrados en los mecanismos de cohesión del texto (Bustos Tovar 1998; Cano Aguilar 1990, 1996, 2007, 2009; Girón Alconchel 2003). Por otro lado, existen investigaciones que analizan grupos de conectores partiendo de una función concreta, si bien normalmente se circunscribe el trabajo a un período histórico o a un grupo de MD (p.ej., los trabajos de Rivarola 1976 o Garachana Camarero 1997 y 1998 sobre los MD contraargumentativos; el de Iglesias Recuero 2007 sobre los reformuladores recapitulativos; los de Diez del Corral Areta 2015a y 2015b, sobre los consecutivos; el de Estellés Arguedas 2011, sobre los digresivos, y los contenidos en Garcés 2013 sobre diversos grupos adverbiales con función discursiva).

La aproximación lexicocentrista ha sido criticada, pues pone el acento en la forma y deja en un segundo término la construcción del discurso (Carmona 2014). Ahora bien, en diacronía el estudio de los MD es un fin en sí mismo, ya que permite conocer cómo han ido cambiando las marcas conectivas del español y, en consecuencia, el acervo del español en relación con este conjunto de elementos cohesionadores. Además, la evolución de los MD permite extraer información relevante acerca de los mecanismos cognitivos y culturales implicados en la historia de las lenguas. Por otro lado, no hay que olvidar que la evolución de los MD, debidamente periodizada, puede arrojar luz sobre la articulación histórica del discurso. Por poner solo un ejemplo, el estudio de los conectores contraargumentativos permite dibujar a partir del xv un período en que las relaciones de oposición y contraste añaden un repertorio de formas nacidas de construcciones que significan algún tipo de obstáculo (*no embargante, no contrastante, no obstante, sin embargo*). En contrapartida, las investigaciones sobre la construcción textual pueden también proporcionar información de utilidad para los trabajos semasiológicos. Así, en determinadas etapas se observa una tendencia a fomentar la conexión ilativa entre períodos; por ejemplo, a finales del siglo xv y finales del xvii–primer tercio del xviii (Girón 2003). Esta propensión hacia la ilación hubo de tener un impacto directo sobre las marcas de conexión empleadas.

4. Los marcadores discursivos en diacronía. Periodización y formas de construcción textual

La historia de los MD del español acostumbra a arrancar del siglo xiii. Los textos anteriores, que muy posiblemente encubrirían bajo una apariencia latina una construcción romance, no permiten rastrear marcas de conexión específicamente vernáculas. La etapa prealfonsí se caracterizó por un uso muy limitado de los MD, con predominio de los elementos aditivos (*et, otrosí, demás*), consecutivos (*onde*) y conclusivos (*en cabo*). Por lo demás, la yuxtaposición solía ser más habitual (Bustos Tovar 1998, 441).

En el período alfonsí las marcas de conexión más frecuentes son las anáforas y las conjunciones, junto con la construcción sindética. Pese a ello, y en comparación con el período anterior, se documenta un mayor número de MD: *(e) demás, (e) más, bien así, e aun/ni aun, más aún, aún demás, es más, encima* (aditivo), *por ende, por esto/eso, pues, (y) así que, más, (em)pero, siquiera, también, (esto) es a saber, conviene a saber, esto es, por mi fe, a la fe*. Con todo, se mantuvieron los mecanismos aditivos y consecutivo-aditivos como pieza angular de la vertebración del discurso. Esto, sin embargo, no significa que estemos ante una sintaxis suelta, al hilo de lo propuesto por Badia i Margarit (1960), sino que los mecanismos cohesionadores eran diferentes de los que se observan en etapas posteriores de la lengua y que el número de MD era más reducido (cap. 21).

El siglo xiv y la primera mitad del xv ven continuar el *modus operandi* de los talleres alfonsíes, si bien se intuye ya alguna innovación que se manifestará con precisión durante la segunda mitad del xv, etapa decisiva para la renovación de nexos. El desarrollo de nuevos géneros textuales, que acuñaron nuevas formas de tradicionalidad discursiva, no fue ajeno a ello (Bustos Tovar 2002). Se documentan en este momento formas como *asimismo, eso mesmo, ítem (más), allende desto, por/de otra parte, así, por tanto, por consiguiente, por el contrario, con todo (eso/esto), no obstante, lo primero/segundo, en suma, en conclusión, concluyendo, a la fin/al fin, estando así las cosas, en cuanto a, hasta, incluso, a la he, miafé*. En contrapartida, desaparecen *ca, por aventura* o *en cabo*.

El Siglo de Oro continúa con el empleo de la *e* ilativa y con el aumento de piezas para la organización textual. Y los textos del xvii–xviii, en función de sus características, hacen descansar la conexión entre períodos ya sea en la simple yuxtaposición (Cano Aguilar 2020, 42–44), ya sea en los conectores aditivos, contraargumentativos y consecutivos (Girón Alconchel 2003). Asimismo, la conservación de piezas teatrales ha permitido estudios sobre los MD conversacionales (López Izquierdo 2008). En los siglos xvi–xvii se documentan formas como *por/de otra parte, cuanto más, otro tanto, igual(mente), de consiguiente, luego, por lo/al contrario, antes sí, ahora bien, por/de otra parte, aún con todo (eso), más con todo (ello/eso), sin embargo, así … como, parte … parte, ya … ya, de un lado … de otro lado, en primer/segundo lugar, en fin, al cabo, finalmente, por último, en punto a, ni siquiera, (en/lo/por lo/a/al) respective, vaya, probablemente, por cierto, realmente, en realidad de (la) verdad, evidentemente, naturalmente, indubitablemente, indudablemente, por lo visto, aparentemente, en apariencia, acaso, por suerte, felizmente, por desgracia, desdichadamente, lastimosamente, por dicha, infelizmente, por desventura, vergonzosamente, dichosamente, tristemente, naturalmente, o sea, verbigratia, digo*. Y tienden a desaparecer *lo primero/segundo, por mi fe*. El siglo xviii ve instalarse en la lengua *aparte de, de resultas, conque, en resolución, de donde, en resumen, pues bien, inclusive, vamos, tal vez, por fortuna, desgraciadamente, lamentablemente, a punto fijo, justo, desde luego, ciertamente, vale decir, más bien, mejor dicho, por mejor decir, por cierto, al fin y al cabo/a la postre, en el fondo*, al tiempo que se va extinguiendo *en realidad de la verdad*.

Las postrimerías del xviii y, especialmente, el siglo xix son una etapa decisiva para el enriquecimiento y modernización de los MD, en buena medida por el desarrollo de nuevos tipos textuales. De ahí las primeras documentaciones y las variaciones de frecuencia de uso de numerosos MD (*cf.* p. ej., Espinosa Elorza 2015; Garcés Gómez 2020 y los trabajos contenidos en Garcés Gómez 2013). Aunque todavía queda mucho trabajo por realizar para establecer la contribución decimonónica al empleo de los MD, se sabe de la introducción o extensión de *eso sí, de/por añadidura, de resultas, en síntesis, en resumidas cuentas, total, así las cosas, a lo que iba, respecto a, venga, anda, ¿sabes?, a lo mejor, obviamente, desde luego, de fijo, por desgracia, afortunadamente, dolorosamente, venturosamente, fatalmente, milagrosamente, exacto, exactamente, justamente, precisamente, preciso, claro, en efecto, a(l) fin de cuentas, en definitiva*. Además, van desapareciendo formas como *a punto fijo*.

Por último, los siglos xx–xxi apenas han sido analizados (*cf.*, con todo, Pons Bordería 2014; Llopis Cardona 2018; Pons Bordería y Llopis Cardona 2020). Sabemos, aun así, de la novedad de *encima* (contraargumentativo), *en plan, posiblemente, lo mismo, igual, presumiblemente, pretendidamente, presuntamente, supuestamente, dudosamente, indiscutiblemente, incuestionablemente, verdaderamente, desafortunadamente, infortunadamente, trágicamente, esperanzadoramente, vergonzosamente, alentadoramente* y *lo que yo te diga*.

5. Perspectivas futuras y conclusiones

El estudio diacrónico de los MD del español ha quedado ligado a la gramaticalización, por lo que la mayoría de trabajos ofrecen conclusiones relativas al surgimiento y consolidación de estas piezas dentro del sistema. Entre las cuestiones sobre las que se ha avanzado más, destaca la relativa a la etimología de los MD. Se conocen con bastante precisión los étimos de los MD, que acostumbran a proceder de adverbios (*más*), verbos o construcciones verbales (*dizque, digo, vale decir*), sintagmas preposicionales (*encima, empero, por lo tanto, en plan*) o adjetivos (*bueno, claro*) y, en menor medida, de sintagmas nominales (*¡hostia!, tío, hombre*).

Por lo demás, las investigaciones han atendido de manera desigual a los diferentes MD. La mayoría versan sobre marcadores con función cognitiva o metadiscursiva, y se están desarrollando cada vez más trabajos que se ocupan de la aparición de MD especializados en la expresión de valores modales, que marcan la manifestación del hablante en el texto (*cf.* los trabajos reunidos en Garcés Gómez 2013 o Albelda Marco y Estellés Arguedas 2020, por ejemplo). En cambio, los MD que tienen una función interactiva han sido poco explorados, debido a su propia idiosincrasia: formas propias de la lengua oral, que rara vez acceden al texto escrito. Existen, con todo, estudios sobre las marcas de la conversación (Keniston 1937; López Izquierdo 2008; Llopis Cardona 2018; Pons Bordería y Llopis Cardona 2020, entre otros).

En general, además, los trabajos o bien tratan un MD o un pequeño grupo, o bien se centran en períodos históricos concretos, de manera particular la Edad Media y los Siglos de Oro. Épocas más recientes quedan más desatendidas, por más que desde la publicación del trabajo de Pons Rodríguez (2010) se viene observando un interés cada vez mayor por estas (p. ej., Espinosa Elorza 2015; Llopis Cardona 2018; Pons Bordería 2014 y los trabajos contenidos en Garcés Gómez 2013). La parcelación de los trabajos ocasiona que todavía no dispongamos de una nómina exhaustiva de los MD que se han sucedido en la historia del español, incluidas las formas perdidas.

Por otro lado, los trabajos no suelen ofrecer información relativa a la difusión y frecuencia de empleo de los MD a lo largo de los siglos, ni se suele otorgar a las variantes formales la importancia que revisten. Una excepción es Diez del Corral Areta (2015a), quien señala que en el XVII *por consiguiente* se recoge bajo la forma *por el consiguiente*; además, *por consiguiente* también registró durante el XVIII la variante *de consiguiente*, propia de las situaciones de proximidad comunicativa (Diez del Corral Areta 2015a, 34–35).

Otra laguna importante es la referida a la delimitación dialectal de los MD. Existen, con todo, estudios como el de Company (2004a) sobre MD propios del español de México. Además, los valores mirativos de *dizque* han sido descritos para el español de Colombia (Travis 2006) y de México (De la Mora y Maldonado 2015; Olbertz 2007). Pero las diferencias dialectales afectan también a otras formas. Propondremos solo tres ejemplos: (i) el *vale* peninsular es un *dale* en diferentes regiones americanas; (ii) *va a ser que sí/no* carece de reflejo en las variedades americanas (Garachana Camarero y Sansiñena Pascual 2020) y (iii) los usos evidenciales de *se ve que* (más frecuentes en el oriente peninsular) no se encuentran en México y Cuba (Albelda Marco y Estellés Arguedas 2020). Asimismo, el contexto retórico, estilístico y cultural a menudo queda desatendido.

El panorama que arrojan los estudios sobre la diacronía de los MD es, pues, incompleto. Cabe ampliar la nómina de MD analizados, así como el período cronológico (conocemos bastante bien el empleo de los MD en la Edad Media y en la época áurea, mientras que etapas más recientes han sido menos analizadas) y los tipos textuales contemplados, dando cabida a las diferencias dialectales, diastráticas y diafásicas. Asimismo, será interesante continuar los estudios experimentales en la línea de Loureda Lamas y Pons Rodríguez (2015), quienes analizan si el significado gramatical de los MD supone un menor esfuerzo de procesamiento que el de formas homónimas no gramaticalizadas. También será relevante explorar los cambios fonológicos seguidos por los MD en la línea de lo propuesto en Garachana Camarero (2008).

Notas

1 Empleamos la denominación *marcador discursivo* por ser la más extendida en el ámbito de la lingüística española (*cf.* § 2).
2 La desemantización de los MD puede no ser total (*cf.* Carmona Yanes 2014; Llopis Cardona 2016 y los trabajos allí referenciados). Para establecer la fijación de un MD en la lengua, lo que resulta clave no es tanto que su significado sea enteramente procedimental cuanto que se haya convencionalizado como un elemento al servicio de la construcción textual.
3 Debatir en profundidad estas cuestiones rebasa los límites de este trabajo (*cf.* Loureda Lamas y Acín Villa 2010; López Serena y Borreguero Zuloaga 2010; Borreguero Zuloaga y López Serena 2011 y la bibliografía allí contenida).

4 Otras denominaciones sinónimas son *pragmatización, descategorización* o *discursivización*.
5 Para la lingüística de las variedades alemana, *cf.* Koch (1997), Koch y Oesterreicher (1990), Kabatek (2001), López Serena (2021, cap. 7).
6 Las dificultades que entraña el concepto de *tradiciones discursivas* están propiciando su sustitución por el de *tradicionalidad discursiva* (Winter-Froemel *et al.* 2015; Kabatek 2018; Octavio de Toledo 2018b; López Serena 2021).
7 En el léxico la impronta latina es mejor conocida (Clavería 1991 y Dworkin 2002).
8 El término *elaboración* se toma de Kloss (1967) y se emplea de acuerdo con la reelaboración de Koch y Oesterreicher (1990), Jacob y Kabatek (2001) y López Serena (2021, cap. 7).

Lecturas recomendadas

Pons Rodríguez (2010) es un completo estado de la cuestión acerca de los estudios sobre los MD en una perspectiva diacrónica.

Espinosa Elorza (2010) ofrece una visión de conjunto de la evolución de numerosas palabras gramaticales del español desde sus fuentes latinas.

Dos estudios aparecidos en un mismo volumen (Garachana Camarero 2018 y Octavio de Toledo 2018) incorporan una explicación de la evolución de ciertos MD del español a partir del contacto de lenguas y de la importancia de la tradicionalidad discursiva, ilustrando, pues, rutas evolutivas al margen de la gramaticalización.

Bibliografía citada

Albelda Marco, M. y M. Estellés Arguedas. 2020. "The Boundaries between Perception and Evidentiality". *Anuari de Filologia. Estudis de Lingüística* 10: 163–193.

Badia i Margarit, A. 1960. "Dos tipos de lengua cara a cara". En *Studia philologica: homenaje ofrecido a Dámaso Alonso*, vol. 1, 115–139. Madrid: Gredos.

Blas Arroyo, J. L. 2011. "Desde la cortesía a la marcación discursiva". En *Aportes pragmáticos, sociopragmáticos y socioculturales a los estudios de cortesía en español*, eds. D. Bravo, N. Hernández y A. Cordisco, 69–108. Estocolmo: Dunken.

Borreguero Zuloaga, M. y A. López Serena. 2011. "Marcadores discursivos, valores semánticos y articulación informativa del texto". En *Marcadores del discurso*, eds. H. Aschenberg y Ó. Loureda, 169–210. Madrid y Fráncfort: Iberoamericana Vervuert.

Bustos Tovar, J. J. de. 1998. "Elementos de progresión del discurso en los textos primitivos". En *Actas del IV Congreso Internacional de Historia de la Lengua Española*, eds. C. García, F. González y J. Mangado, vol. 1, 429–441. Logroño: Universidad de La Rioja.

Bustos Tovar, J. J. de. 2002. "Mecanismos de cohesión discursiva en castellano a fines de la Edad Media". En *Actas del V Congreso Internacional de Historia de la Lengua Española*, eds. M.ª T. Echenique y J. Sánchez Méndez, vol. 1, 53–84. Madrid: Arco Libros.

Cano Aguilar, R. 1990. "Período oracional y construcción del texto en la prosa medieval castellana". *Glosa* 1: 13–30.

Cano Aguilar, R. 1996. "La ilación sintáctica en el discurso alfonsí". *Cahiers de Linguistique Hispanique Médiévale* 21: 295–324.

Cano Aguilar, R. 2007. "Conectores de discurso en el español del siglo XVI". *Lexis* 21: 5–45.

Cano Aguilar, R. 2009. "La Lingüística histórica de la oración y el discurso". *Interlingüística* 18: 1–21.

Cano Aguilar, R. 2020. "Textos y formas lingüísticas en el español del siglo XVIII". En *Tradiciones discursivas y tradiciones idiomáticas en la historia del español moderno*, eds. A. López Serena, S. del Rey y E. Carmona, 31–49. Berlín: Peter Lang.

Carmona Yanes, E. 2014. "Un marco teórico para el estudio histórico de los marcadores del discurso". En *Dándole cuerda al reloj*, eds. V. Álvarez, E. Diez del Corral y N. Reynaud, 104–116. Valencia: Université de Neuchâtel y Tirant lo Blanch.

Clavería Nadal, G. 1991. *El latinismo en español*. Barcelona: Universitat Autònoma de Barcelona.

Company, C. 2004a. "¿Gramaticalización o desgramaticalización?". *Revista de Filología Española* 84: 29–66.

Company, C. 2004b. "Gramaticalización por subjetivización como prescindibilidad de la sintaxis". *Nueva Revista de Filología Hispánica* 52: 1–27.

De la Mora, J. y R. Maldonado. 2015. "*Dizque*: Epistemics Blurring Evidentials in Mexican Spanish". *Journal of Pragmatics* 85: 168–180.

Diez del Corral Areta, E. 2015a. "El siglo XIX y su relevancia en el estudio histórico de algunos marcadores del discurso". *Études Romanes de Brno* 36 (1): 21–39.

Diez del Corral Areta, E. 2015b. *Los conectores consecutivos en documentos coloniales de la Audiencia de Quito (1563–1822)*. Madrid y Fráncfort: Iberoamericana Vervuert.

Dworkin, S. 2002. "La introducción e incorporación de latinismos en el español medieval tardío". En *Pulchre, bene, recte*, eds. C. Saralegui y M. Casado, 421–433. Navarra: Universidad de Navarra.

Eberenz, R. 1994. "Enlaces conjuntivos y adjuntos de sentido aditivo del español preclásico". *Iberoromania* 39: 1–20.

Erman, B. y U.-B. Kotsinas. 1993. "Pragmaticalization: The Case of *Ba'* and *You Know*". *Studier i Modernsprakvetenskap* 10: 76–93.

Espinosa Elorza, R. 1995. "Adverbios aditivos en la lengua medieval y clásica". *Verba* 22: 585–594.

Espinosa Elorza, R. 2010. *Procesos de formación y cambio en las llamadas palabras gramaticales*. San Millán de la Cogolla: Cilengua.

Espinosa Elorza, R. 2015. "La sintaxis de la época de la Constitución de Cádiz (1750–1850)". En *Actas del IX Congreso Internacional de Historia de la Lengua Española*, ed. J. M. García Martín, vol. 1, 309–329. Madrid y Fráncfort: Iberoamericana Vervuert.

Estellés Arguedas, M. 2011. *Gramaticalización y paradigmas. Un estudio a partir de los denominados marcadores de digresión en español*. Fráncfort: Peter Lang.

Garachana Camarero, M. 1997. *Procesos de gramaticalización: una aplicación a los conectores contraargumentativos*. Barcelona: Universidad de Barcelona.

Garachana Camarero, M. 1998. "La evolución de los conectores contraargumentativos". En *Los marcadores del discurso. Teoría y análisis*, eds. E. Montolío y M.ª A. Martín Zorraquino, 193–212. Madrid: Arco Libros.

Garachana Camarero, M., ed. 2001–2002 [2006]. *Gramaticalización y cambio sintáctico* [número especial]. *Anuari de Filologia. Estudios de Lengua y Literatura Españolas* 23–24.

Garachana Camarero, M. 2008. "En los límites de la gramaticalización. La evolución de *encima (de que)* como marcador del discurso". *Revista de Filología Española* 88: 7–36.

Garachana Camarero, M. 2018. "New Challenges in the Theory of Grammaticalization. Evidence from the Rise of Spanish Counter-argumentative Markers *no obstante*, *no contrastante* and *no embargante*". En *New Insights into the Grammaticalization of Discourse Markers*, eds. Ó. Loureda y S. Pons, 198–230. Leiden: Brill.

Garachana Camarero, M. y M.ª S. Sansiñena Pascual. 2020. "*Va a ser que no*. The Spanish Periphrastic Future Construction as Refutative and Assertive Marker". *Belgian Journal of Linguistics* 34: 87–98.

Garcés Gómez, M.ª P., ed. 2013. *Los adverbios con función discursiva*. Madrid y Fráncfort: Iberoamericana Vervuert.

Garcés Gómez, M.ª P. 2020. "La incorporación de marcadores discursivos en el español de los siglos XVIII y XIX". En *Tradiciones discursivas y tradiciones idiomáticas en la historia del español moderno*, eds. A. López Serena, S. del Rey y E. Carmona, 231–250. Berlín: Peter Lang.

Garrido Martín, B. 2015. "La historia de *vale decir* como un marcador discursivo". *Cahiers d'Études Hispaniques Médiévales* 38: 187–206.

Girón Alconchel, J. L. 2003. "Evolución de la cohesión en el discurso ensayístico entre 1648 y 1726". En *Estudios ofrecidos al profesor J. J. de Bustos Tovar*, eds. J. L. Girón, S. Iglesias, J. Herrero y A. Narbona, vol. 1, 331–360. Madrid: Universidad Complutense de Madrid.

González Manzano, Mónica. 2014. "Aspectos semasiológicos de los marcadores del discurso". En *Dándole cuerda al reloj*, eds. V. Álvarez, E. Diez del Corral y N. Reynaud, 137–146. Valencia: Université de Neuchâtel y Tirant lo Blanch.

Hanssen, F. 1913. *Gramática histórica de la lengua castellana*. Halle: Niemeyer.

Hopper, P. y E. Traugott 1993 [2003]. *Grammaticalization*. Cambridge: Cambridge University Press.

Iglesias Recuero, S. 2007. "Marcadores del discurso e historia del español". En *Ex admiratione et amicitia*, eds. I. Delgado y A. Puigvert, 623–645. Madrid: Ediciones del Orto.

Iglesias Recuero, S. 2015. "Sintaxis, texto y discurso: la historia de *por cierto*". En *Les marqueurs du discours dans les langues romanes*, eds. M. Borreguero y Sonia Gómez-Jordana, 251–284. Limoges: Lambert-Lucas.

Jacob, D. y J. Kabatek. 2001. "Introducción". En *Lengua medieval y tradiciones discursivas en la península Ibérica*, eds. D. Jacob y J. Kabatek, vii–xviii. Madrid y Fráncfort: Iberoamericana Vervuert.

Kabatek, J. 2001. "¿Cómo investigar las tradiciones discursivas medievales?". En *Lengua medieval y tradiciones discursivas en la Península Ibérica*, eds. D. Jacob y J. Kabatek, 98–132. Madrid y Fráncfort: Iberoamericana Vervuert.

Kabatek, J., ed. 2008. *Sintaxis histórica del español y cambio lingüístico*. Madrid y Fráncfort: Iberoamericana Vervuert.

Kabatek, J. 2018. *Lingüística coseriana, lingüística histórica, tradiciones discursivas*. Madrid y Fráncfort: Iberoamericana Vervuert.

Keniston, H. 1937. *The Syntax of Castilian Prose. The 16th Century*. Chicago: University of Chicago Press.

Kloss, H. 1967. "Abstand Languages and Ausbau Languages". *Anthropological Linguistics* 9: 29–41.

Koch, P. 1997. "Diskurstraditionen: zu ihrem sprachtheoretischen Status und ihrer Dynamik". En *Gattungen mittelalterlicher Schriftlichkeit*, eds. B. Frank, T. Haye y D. Tophinke, 43–79. Tubinga: Narr.

Koch, P. y W. Oesterreicher 1990 [2007]. *Lengua hablada en la Romania: español, francés, italiano*. Trad. de Araceli López Serena. Madrid: Gredos.

Kuryłowicz, J. 1965. "The Evolution of Grammatical Categories". *Diogenes* 55: 55–71.

Lehmann, C. 1982. *Thoughts on Grammaticalization*. Colonia: Universität zu Köln.

Llopis Cardona, A. 2015. "Tradiciones discursivas medievales e innovaciones: el caso de *in hoc sensu*". En *Tradicionalidad discursiva e idiomaticidad en los procesos de cambio lingüístico*, eds. E. Winter-Froemel, A. López Serena, Á. Octavio de Toledo y B. Frank-Job, 183–207. Tubinga: Narr.

Llopis Cardona, A. 2016. "Significado y funciones en los marcadores discursivos". *Verba* 43: 231–268.

Llopis Cardona, A. 2018. "Sobre la pragmaticalización de *igual/lo mismo* como marcadores epistémicos". En *Enunciado y discurso: estructura y relaciones*, eds. E. Brenes, M. González y F. J. Grande, 155–179. Sevilla: Universidad de Sevilla.

López Izquierdo, M. 2008. "Variaciones diafásicas y diastráticas en Castilla a finales de la Edad Media". En *Reinos, lenguas y dialectos en la Edad Media ibérica*, eds. J. Elvira et al., 409–434. Madrid y Fráncfort: Iberoamericana Vervuert.

López Serena, A. 2018. "Intuición, teoría y datos en historia de la lengua. Las hipótesis sobre la gramaticalización del *por cierto* epistémico en español a la luz de la Filosofía de la lingüística". *Revista Internacional de Lingüística Iberoamericana* 16: 163–185.

López Serena, A. 2021. "La tradicionalidad discursiva como materia y las tradiciones discursivas como objeto de estudio". *Verba* 48. https://doi.org/10.15304/verba.48.6864.

López Serena, A. y M. Borreguero Zuloaga. 2010. "Los marcadores del discurso y la variación lengua hablada vs. lengua escrita". En *Los estudios sobre marcadores del discurso en español, hoy*, eds. Ó. Loureda y E. Acín Villa, 415–495. Madrid: Arco Libros.

Loureda Lamas, Ó. y E. Acín Villa, eds. 2010. *Los estudios sobre marcadores del discurso en español, hoy*. Madrid: Arco Libros.

Loureda Lamas, Ó. y L. Pons Rodríguez. 2015. "Sobre la creación de las partículas discursivas en español". En *Historische Sprachwissenschaft als philologische Kulturwissenschaft in der Romanistik*, eds. M. Bernsen, E. Eggert y A. Schrott, 335–351. Bonn: Bonn University Press y Vandenhoeck & Ruprecht.

Martín Zorraquino, M.ª A. y J. Portolés Lázaro. 1999. "Los marcadores del discurso". En *Gramática descriptiva de la lengua española*, eds. I. Bosque y V. Demonte, vol. 3, 4055–4213. Madrid: Espasa Calpe.

Meillet, A. 1912. "L'évolution des formes grammaticales". *Scientia (Rivista di Scienza)* 12 (26): 384–400.

Ocampo, F. 2006. "Movement Towards Discourse is Not Grammaticalization". En *Selected Proceedings of the 9th Hispanic Linguistics Symposium*, eds. N. Sagarra y A. J. Toribio, 308–319. Somerville, MA: Cascadilla Press.

Octavio de Toledo, Á. 2001–2002 [2006]. "¿Un viaje de ida y vuelta?: la gramaticalización de *vaya* como marcador y cuantificador". *Anuari de Filologia. Estudios de Lengua y Literatura Españolas* 23–24: 47–72.

Octavio de Toledo, Á. 2018a. "Paradigmaticisation through Formal Ressemblance: A History of the Reinforcer *bien* in Spanish Discourse Markers". En *New Insights into the Grammaticalization of Discourse Markers*, eds. S. Pons y Ó. Loureda, 160–197. Leiden: Brill.

Octavio de Toledo, Á. 2018b. "¿Tradiciones discursivas o tradicionalidad? ¿Gramaticalización o sintactización?" En *Procesos de textualización y gramaticalización en la historia del español*, eds. J. L. Girón Alconchel, F. J. Herrero y D. M. Sáez Rivera, 79–134. Madrid y Fráncfort: Iberoamericana Vervuert.

Olbertz, H. 2007. "*Dizque* in Mexican Spanish: The Subjectification of Reportative Meaning". *Italian Journal of Linguistics* 19: 151–172.

Pons Bordería, S. 2008. "Gramaticalización por tradiciones discursivas". En *Sintaxis histórica del español y cambio lingüístico*, ed. J. Kabatek, 249–274. Madrid y Fráncfort: Iberoamericana Vervuert.

Pons Bordería, S. 2014. "El siglo XX como diacronía". *RILCE* 30: 959–984.

Pons Bordería, S. y A. Llopis Cardona. 2020. "La gramaticalización de *macho* y *tío/a*". *Círculo de Lingüística Aplicada a la Comunicación* 82: 151–164.

Pons Rodríguez, L. 2010. "Los marcadores del discurso en la historia del español". En *Los estudios sobre marcadores del discurso en español, hoy*, eds. Ó. Loureda y E. Acín Villa, 523–616. Madrid: Arco Libros.

Pons Rodríguez, L. 2015. "Prejuicios y apriorismos en la investigación histórica sobre marcadores discursivos". En *Les marqueurs du discours dans les langues romanes*, eds. M. Borreguero y S. Gómez-Jordana, 285–303. Limoges: Lambert-Lucas.

Pons Rodríguez, L. 2020. "In Substance: They Came from Above". En *Changes in Meaning and Function*, eds. H. Provencio y J. Fernández, 221–235. Ámsterdam: John Benjamins.

Ridruejo Alonso, E. 1993. "Conectores transfrásticos en la prosa medieval castellana". En *Actes du XXe Congrès International de Linguistique et de Philologie Romanes*, ed. G. Hilty, vol. 1, 629–642. Tubinga: Francke.

Rivarola, J. L. 1976. *Las conjunciones concesivas en español medieval y clásico*. Tubinga: Niemeyer.

Rodríguez Molina, J. y Á. Octavio de Toledo. 2017. "La imprescindible distinción ente texto y testimonio: el CORDE y los criterios de fiabilidad lingüística". *Scriptum Digital* 6: 5–68.

Schriffin, D. 1987. *Discourse Markers*. Cambridge: Cambridge University Press.

Traugott, E. 1995. "The Role of the Development of Discourse Markers in a Theory of Grammaticalization". *Comunicación en la International Conference on Historical Lingustics XII*. web.stanford.edu/~traugott/papers/discourse.pdf.

Travis, C. 2006. "*Dizque*: A Colombian Evidentiality Strategy". *Linguistics* 44: 1269–1297.

Winter-Froemel, E., A. López Serena, Á. Octavio de Toledo y B. Frank-Job, eds. 2015. *Tradicionalidad discursiva e idiomaticidad en los procesos de cambio lingüístico*. Tubinga: Narr.

11
La formación de nuevas variedades: koineización y criollización (Formation of new varieties: koineization and creolization)

Donald N. Tuten

1. Introducción

Este capítulo compara y contrasta dos procesos de contacto lingüístico que llevan a la formación de nuevas variedades: la koineización y la criollización. Se parte de una presentación de concepciones dominantes y alternativas de estos modelos. A continuación, se examina el impacto que estos modelos han tenido sobre el estudio de la historia del español (y criollos de base española). Finalmente, se identifican tres tendencias importantes en los debates actuales que influirán en futuras investigaciones relevantes.

Palabras clave: contacto, koineización, criollización, simplificación, complejización

This chapter compares and contrasts research on two processes of language contact that lead to the formation of new varieties: koineization and creolization. The first section presents dominant and alternative understandings of these models. The second section examines the impact that these models have had on the study of the history of Spanish (and Spanish-based creoles), while the final section identifies three important tendencies in current debates that will influence future directions of research in this area.

Keywords: contact, koineization, creolization, simplification, complexification

2. Conceptos fundamentales

En el estudio de la formación de nuevas variedades (típicamente denominadas "dialectos" o "lenguas"), es convencional reconocer dos rutas principales: la separación social de una comunidad de hablantes, con la lenta acumulación de cambios lingüísticos "internos" a través de múltiples generaciones, o el contacto entre (hablantes de) diferentes variedades lingüísticas. Con los avances de la Sociolingüística, se ha ido dando cada vez más importancia al papel del contacto en todo cambio lingüístico, ya que, por un lado, no existen comunidades de habla completamente homogéneas y aisladas y, por otro, se entiende que todos los cambios lingüísticos se basan en la propagación de innovaciones por medio de la interacción entre individuos.

Para Mufwene (2001, 2008), el estudio de la formación de nuevas variedades (y de la evolución lingüística en general) exige una aproximación ecológica al fenómeno del contacto. Ello requiere, en primer lugar, la identificación de las condiciones demográficas, sociales y culturales en las que interactúan los hablantes aprendices de una determinada comunidad de habla y, segundo, la identificación de un *feature pool* (el conjunto total de rasgos lingüísticos empleados por la totalidad de hablantes en la comunidad). Los rasgos de un *feature pool* entran en competencia y sufren un proceso de selección, en el cual sucesivas generaciones de hablantes van favoreciendo el uso de ciertos rasgos por encima de otros bajo la influencia de tendencias universales de acomodación y adquisición, además de diversos factores como la relativa frecuencia de uso de cada rasgo, la transparencia semántica, la regularidad, la indicidad sociocultural y los patrones de interacción social.

Dentro de este esquema se pueden situar dos procesos o modelos de formación de nuevas variedades que se basan en el contacto y que han ido cobrando cada vez mayor protagonismo en el estudio de la evolución y diversificación del español: la koineización y la criollización. Como existen importantes diferencias entre ellos, los dos modelos no suelen discutirse juntos (la primera se suele clasificar como un tipo de contacto de dialectos y la segunda como un tipo de contacto de lenguas). Sin embargo, los dos modelos, por lo menos en sus versiones prototípicas, comparten características fundamentales que, juntas, sirven para diferenciarlos de otros procesos de formación basados en el contacto (como la sustitución lingüística en comunidades establecidas). En efecto, tanto en la koineización como en la criollización se produce una mezcla entre hablantes de diversas variedades en una comunidad nueva, seguida de la formación "rápida" (después de solo una o dos generaciones de niños) de una nueva variedad (una koiné o un criollo) caracterizada por la selección de los rasgos más frecuentes y/o los más simples del *feature pool* aportado por los pobladores.

3. Aproximaciones teóricas

¿En qué consisten la koineización y la criollización? Para bien o para mal, no existe un acuerdo general sobre las respuestas a esta pregunta. En lo que sigue, se presentan versiones "prototípicas" de cada modelo y se ofrecen ejemplos de perspectivas alternativas.

La koineización (llamada a veces "nivelación dialectal") es un modelo de formación de nuevos dialectos que se ha desarrollado desde los años 80 (Trudgill 1986; Kerswill 2013). Se suele entender como un proceso de mezcla que tiene lugar cuando los hablantes de diversos dialectos (variedades mutuamente comprensibles y genéticamente relacionadas) se juntan durante el poblamiento de nuevas comunidades, especialmente nuevas ciudades, zonas fronterizas y colonias. En tales comunidades, los pobladores de variada procedencia dialectal forman redes sociales abiertas, con un predominio de lazos débiles, al mismo tiempo que participan en interacciones relativamente libres de trabas. Esta situación, en la que no suele haber ni un grupo dominante ni una variedad meta, lleva a un pico inicial de variación "desordenada" en el *feature pool* (sobre todo para los rasgos que difieren entre las variedades contribuyentes) al mismo tiempo que se debilita la capacidad social de mantener normas sociolingüísticas preexistentes.

Dentro de tales comunidades, la acomodación mutua entre los hablantes y la adquisición sirven como los mecanismos fundamentales por medio de los cuales se eligen, se hacen más frecuentes y se seleccionan los rasgos de la koiné. Según la teoría de la *acomodación*, los hablantes (adultos y niños mayores) eligen los rasgos lingüísticos para alcanzar sus fines sociales y por tanto pueden divergir o converger con sus interlocutores. Con todo, tienden a adaptarse a sus interlocutores, abandonando variantes marcadas que pueden impedir su integración social y aumentando su empleo de rasgos mayoritarios y/o más sencillos, los cuales pueden preexistir en alguna variedad contribuyente o ser generados por los hablantes bajo la influencia de tendencias universales de la adquisición. La acomodación y la adquisición (caracterizada por fenómenos como el reanálisis y la sobreextensión) por parte de los adultos cambian la composición del *feature pool* y de esta manera influyen en la acomodación y la adquisición que tiene lugar entre los niños, quienes "focalizan" o estabilizan la koiné.

En comunidades koineizantes, la acomodación y la adquisición llevan normalmente a una mezcla de rasgos y a ciertos tipos de resultados estructurales:

- la nivelación o selección de rasgos no marcados ("marcado" significa minoritario en el *feature pool*, socialmente prominente en la nueva comunidad o tipológicamente excepcional);
- la simplificación o reducción "limitada" de unidades, categorías o reglas combinatorias;
- la formación de interdialectalismos: la emergencia de rasgos o formas como resultado de la convergencia imperfecta entre dos rasgos de variedades contribuyentes;
- la reasignación o la selección de dos o más variantes de diferentes variedades contribuyentes, pero con nuevas funciones lingüísticas o sociales.

En trabajos posteriores, Trudgill (2008, 2021) ha abogado por *el modelo determinista de formación de nuevos dialectos*. En esta versión, los resultados lingüísticos se ven no como probables sino como predeterminados, ya que siempre se seleccionan las variantes mayoritarias en el *feature pool*. Esta automaticidad es posible solo en comunidades de tipo *tabula rasa*, en las que los pobladores se encuentran alejados y aislados de las normas sociolingüísticas de sus comunidades de origen y de comunidades indígenas más cercanas. En tales comunidades, las acciones y las creencias de los adultos tienen poca importancia: lo que determina los resultados es el *alineamiento* y la adquisición por parte de los niños. A diferencia de la teoría de la acomodación, el alineamiento propone que en la interacción los participantes —especialmente los niños mayores— alinean automáticamente sus representaciones cognitivas y su producción en los niveles situacional, semántico, léxico, sintáctico y fonológico-fonético (Pickering y Garrod 2017). Según Trudgill, este proceso lleva a los niños a alinearse inevitablemente con las variantes de mayor frecuencia de uso. Como sería de esperar, el rechazo de cualquier papel de los factores socioculturales (identidades, actitudes, ideologías) ha provocado mucho debate (véanse las respuestas a Trudgill 2008 por varios autores en *Language in Society* 37 [2008], 241–280).

El estudio sistemático de la criollización se inició bastante antes que el de la koineización. De hecho, desde los años 50 se han desarrollado diversos modelos que se siguen adaptando y debatiendo. A pesar de ello, es posible identificar un modelo prototípico que sirve comúnmente de referencia.

Según este modelo (Thomason 2001; Bartens 2013), la criollización tiene lugar en comunidades coloniales donde se mezclan hablantes de diversas lenguas, pero donde hay una profunda división social entre un grupo dominante, compuesto de relativamente pocos hablantes de una variedad que servirá como lengua meta en la comunidad (superestrato o lexificador) y un grupo subordinado pero mayoritario, compuesto de hablantes de diversas lenguas (sustratos). Entre el lexificador y los sustratos (y a menudo entre los sustratos), no hay relación genética y la inteligibilidad mutua es nula. Históricamente, comunidades de este tipo se formaron durante la expansión colonial europea (siglos XV y XIX) en torno a fortalezas comerciales, en comunidades de cimarrones y, sobre todo, en las grandes plantaciones del Caribe.

En la gran plantación prototípica, el grupo dominante pero minoritario se compone de hablantes nativos y no nativos de diversas variedades de un superestrato europeo (p. ej., francés, inglés) y el grupo mayoritario se compone de africanos llegados desde diversas partes de África. Estos hablan diversas lenguas africanas, pero necesitan comunicarse de forma limitada con el grupo dominante, cuya lengua se convierte en una lengua meta —y una lengua franca— para el grupo subordinado. Con todo, la falta de acceso a modelos "nativos" lleva a un aprendizaje imperfecto del lexificador, al mismo tiempo que la necesidad de comunicarse con hablantes de diversas lenguas favorece el uso de lo imperfectamente aprendido y la negociación de nuevas normas rudimentarias. Por medio de la acomodación se van negociando los rasgos de mayor utilidad, que se basan en los conocimientos limitados de la lengua dominante (especialmente el léxico), el conocimiento previo de las lenguas africanas y la capacidad innata para la adquisición de lenguas. En sus intentos de comunicación, los adultos favorecen las opciones más fáciles de aprender y utilizan con creciente frecuencia las palabras y las estructuras de sus interlenguas que les proporcionan mayor éxito comunicativo (y, quizás, integración social). De esta manera forman un *pidgin* incipiente, una "lengua de emergencia" inestable y rudimentaria que no es la lengua nativa de nadie y cuyo uso se limita a funciones esenciales en la comunicación interétnica.

Al nacer hijos en la plantación, estos adquieren el *pidgin* de los adultos como su lengua nativa. En este proceso de nativización, los niños crean una lengua criolla porque, al adquirir el *pidgin* y ampliar sus funciones comunicativas, también estabilizan y expanden su estructura. Como el *pidgin*, el criollo resultante tiene un léxico derivado principalmente del lexificador y una estructura que puede combinar elementos reestructurados de la lengua lexificadora, otros de uno o más sustratos (cuando existe suficiente peso demográfico y/o semejanza tipológica) y rasgos tipológicamente no marcados, generalmente considerados más fáciles de aprender (especialmente cuando hay mayor heterogeneidad entre los sustratos y menor contacto con el lexificador).

Estas condiciones de división social y acceso limitado al lexificador, en combinación con la acomodación y la adquisición imperfecta, llevan comúnmente a resultados estructurales caracterizados por la simplificación "radical":

- una fonología caracterizada por una falta de segmentos y secuencias tipológicamente marcados, con fuerte preferencia por la estructura silábica CV y ausencia de tonos;
- una gramática de carácter fuertemente analítico con un orden sintáctico básico SVO, poca o ninguna morfología y una típica distribución de partículas que indican tiempo, aspecto y modo (TAM).

Para algunos investigadores (Thomason 2001), estos resultados indican una clara ruptura en la "transmisión normal" de la lingüística genética. Otros (McWhorter 1998; Bartens 2013) creen que rasgos como estos justifican una categoría tipológica para los criollos. En cambio, Mufwene (2001, 2008) arguye que no existe ninguna diferencia esencial entre los criollos y las demás lenguas. Según Schwegler (2010, 438), una mayoría de estudiosos aceptan que lo que le proporciona su estatus excepcional a un criollo (al igual que a una koiné) es la combinación de rasgos lingüísticos "internos" e historia "externa".

Después de formarse, un criollo (o una koiné) puede experimentar la misma diversidad de procesos de cambio que experimenta cualquier lengua. Cuando los hablantes de un criollo (sin estandarizar) se (re)integran en una sociedad en la que se ha mantenido o introducido el uso del lexificador, entonces puede producirse la descriollización, la cual puede manifestarse en una sustitución del criollo por la lengua dominante o por medio de mezclas de rasgos que forman un continuo de variedades, desde una más próxima a la lengua dominante (acrolecto) hasta el criollo (basilecto), con una gama de posibilidades intermedias (mesolectos).

Ahora bien, casi todo lo que se ha aseverado en los párrafos anteriores se ha puesto en duda y, como veremos más adelante, casi siempre se encuentran excepciones a estas generalizaciones.

Por ejemplo, algunos han postulado que los criollos (o algunos criollos) son resultado de un proceso de relexificación y reestructuración (un tipo de sustitución lingüística directa) de alguna variedad preexistente (para algunos, un protopidgin portugués usado en el oeste de África, para otros alguna lengua o familia lingüística africana). Mufwene (2001, 2008), en cambio, arguye que el desarrollo de los criollos en las grandes plantaciones del Caribe no fue abrupto sino gradual: se formó primero una koiné entre los europeos; después llegó un primer grupo de africanos que aprendió (imperfectamente) la koiné como segunda lengua; luego llegó otro grupo que aprendió esta variedad más divergente como segunda lengua, y así sucesivamente. Cada etapa de adquisición ligeramente más imperfecta contribuyó al distanciamiento de la lengua hablada por los esclavos respecto de la lengua de la metrópoli y a la emergencia de un criollo en un proceso lento de "basilectalización". Aunque Mufwene presenta este modelo como el único modelo de criollización, parece más adecuado considerarlo una ruta alternativa para el desarrollo de ciertos criollos. Aboh (2015) rechaza todos estos modelos, proponiendo que los criollos son productos normales del contacto entre lenguas tipológica y genéticamente distantes.

4. Perspectivas actuales

Penny (1987, 2000) fue el primero en proponer la aplicación sistemática del modelo de koineización al estudio de la evolución del castellano a través de múltiples etapas geocronológicas de expansión, movimiento demográfico y mezcla dialectal. Tres de estos corresponden a la Edad Media: Burgos y el condado de Castilla durante los siglos IX y X; Toledo y regiones circundantes a partir de 1085; Sevilla y la Andalucía bética después de su conquista en el siglo XIII. Las otras fases se iniciaron al terminar la Edad Media en el reino de Granada, las comunidades de la diáspora sefardí, Sevilla y las nuevas colonias americanas y, desde 1561, la nueva capital de Madrid. Penny señaló que el castellano moderno revela numerosos rasgos que se pueden atribuir a la (re)koineización (con difusión simultánea o posterior de ciertos rasgos a través del espacio) que lo distinguen de otras variedades románicas, como su menor inventario de fonemas (22–24, frente a 28 en italiano y 34 en francés), la regularización de muchos paradigmas verbales (p. ej., *escrise* > *escribí*), la eliminación de algunos contrastes gramaticales (p. ej., el contraste entre los herederos de HABERE y ESSE en los tiempos perfectos) y la emergencia de interdialectalismos (p. ej., el leísmo).

Tuten (2003) investigó conjuntos de cambios ocasionados por la koineización durante las tres fases medievales. En cada etapa, la mezcla de hablantes de diversas variedades romances de regiones del norte, oeste y este de la Península (incluidas las variedades no nativas o interlenguas de una minoría de vascófonos) desencadenó un proceso de koineización que llevó a múltiples casos de simplificación y algunos de reasignación o emergencia de interdialectalismos. Un caso ilustrativo es la eliminación de contracciones morfológicas que habían surgido de la fusión fonética de preposiciones y artículos en las comunidades estables y aisladas de las zonas montañosas. En la etapa de Burgos, los recién llegados se encontraban expuestos a una gama de posibles formas contraídas: las combinaciones que ahora se realizan como *en el* y *por el* habrían sido elementos minoritarios en un *feature pool* que incluía *no, enno, eno, enne, ene* y *polo, pelo, pollo, pello*. En la nueva comunidad mixta, es probable que muchos adultos, al adaptarse a otros hablantes de diferente procedencia, hubieran optado por eliminar formas que resultaban marcadas, reemplazando *no* y *polo*, por ejemplo, con combinaciones fácilmente generadas y menos asociadas con variedades preexistentes como *en el* y *por el*. Aún más importante, los niños habrían tendido a reproducir las formas que los adultos preferían y que ellos mismos generaban con mayor facilidad, como las combinaciones transparentes *en el* y *por el*, cuyos componentes aparecían regularmente en otros contextos.

Con respecto al español en América, estudiosos como Fontanella de Weinberg (1992), Granda (1994) e Hidalgo (2016) han argumentado que la colonización de las Indias con pobladores de diverso origen llevó a la formación de una koiné hispanoamericana general que se habría establecido en todas las colonias españolas para mediados del siglo xvi. Según esta perspectiva, la koiné general incluyó rasgos hoy generales (el seseo) o ampliamente difundidos (el yeísmo, la aspiración y pérdida de /-s/). Para Fontanella de Weinberg y Granda, la diversificación del español americano se debe principalmente al impacto posterior de la estandarización, que llevó a la eliminación de determinados rasgos de la koiné general en diferentes zonas. El concepto de la koiné general, sin embargo, fue desafiado casi inmediatamente por Rivarola (1996), quien argumentó que las diferentes combinaciones de pobladores en diferentes momentos y lugares no llevarían a resultados iguales en todas partes. Sanz-Sánchez (2013) también rechaza la noción de una koiné general. En su estudio del desarrollo del yeísmo (fusión de /ʎ/ y /j/) en el Nuevo México colonial (refundado en 1693), presenta pruebas documentales de que el yeísmo se extendió allí rápidamente como resultado de la koineización en una comunidad de tipo *tabula rasa*, gracias a la mezcla de hablantes de diversa procedencia, entre ellos un gran número de hablantes no yeístas (procedentes de la colonia original fundada en 1598) y otros de zonas centrales de Nueva España que mostraban desde su llegada cierto uso del yeísmo. Sin embargo, basándose en estos y otros datos, Sanz-Sánchez argumenta también que el yeísmo no empezó a extenderse en la Nueva España hasta el siglo xvii y que su extensión no se debió a un proceso de koineización sino a un proceso de difusión gradual.

A diferencia del modelo de koineización, que parece aplicable al desarrollo del castellano desde sus orígenes, el modelo de criollización se ha empleado principalmente en el estudio de variedades tradicionalmente consideradas radicalmente divergentes, especialmente las de algunas comunidades afrohispanas de Latinoamérica. Se ha indagado principalmente en tres temas: 1) el desarrollo de las tres variedades comúnmente clasificadas como criollos de base española; 2) la posible influencia de la (des)criollización en el desarrollo del español caribeño y de ciertas variedades afrohispanas; 3) la relativa escasez de criollos de base española.

Los tres criollos de base española existentes son el palenquero de San Basilio de Palenque (Colombia), las variedades de papiamento de Curazao, Bonaire y Aruba y las variedades de chabacano de Filipinas. Todos comparten rasgos estructurales característicos de los criollos, como la preferencia por las sílabas abiertas (aunque ya existía en el castellano medieval), la eliminación de la morfología verbal y nominal del español, y el reanálisis de elementos del español, como el empleo de *con* como marcador de objeto directo en chabacano. Muestran además el empleo de las partículas de tiempo, aspecto y modo (TAM) que son tan típicas de los criollos. Por ejemplo, el verbo (siempre con forma invariable basada en el infinitivo o la tercera persona del singular del verbo español) que equivale a 'mirar, ver' se puede encontrar en las siguientes combinaciones analíticas: en palenquero, *ta miná* (presente/progresivo) y *a miná* (perfectivo); en papiamento, *ta mira* (presente) y *a mira* (perfectivo); en chabacano, *ta mirá* (progresivo/habitual) y *a/ya mirá* (pasado/perfectivo) (Lipski 2004).

Los tres criollos, especialmente el papiamento, revelan además la influencia de *pidgins* o criollos de base portuguesa (p. ej., la preposición *na* del chabacano). Estas tres variedades muestran influencias de sustrato que sugieren un nivel relativamente alto de homogeneidad genética y/o tipológica entre los sustratos de cada comunidad. Por ejemplo, la pluralidad de formas nominales se indica con rasgos posiblemente incorporados de lenguas de sustrato: *ma* (< kikongo) en palenquero (*ma kasa* '(las) casas'), *maga/mana* (< lenguas austronesias) en chabacano (*el maga niño* 'los niños') y el uso de *nan* (de origen incierto) como partícula pospuesta o sufijo en papiamento (*kasnan* '(las) casas'). Otros rasgos fonológicos de sustrato (algunos insólitos entre los criollos) incluyen el uso de consonantes prenasalizadas (< kikongo) en el palenquero, el uso de tonos (comunes en muchas lenguas africanas) en una parte reducida del léxico del papiamento o el orden VSO (< lenguas austronesias) y la eliminación de /f/ (ausente en las lenguas austronesias) en el chabacano.

El desarrollo histórico de estos tres criollos se sigue debatiendo, pero es evidente que se aparta del modelo prototípico descrito anteriormente. El palenquero surgió en una comunidad de cimarrones (africanos esclavizados que se escaparon de Cartagena a finales del siglo XVII), y diversos tipos de evidencia indican que la comunidad original estaba compuesta (o al menos dominada) por hablantes de kikongo (Schwegler 1998). Si en Palenque faltaba una diversidad de sustratos, en Curazao es probable que hubiera dos lexificadores, aunque se sigue debatiendo si el papiamento debe considerarse un criollo de base portuguesa, española o mixta. Compiten tres propuestas sobre el desarrollo del chabacano: 1) la relexificación de un criollo de base portuguesa empleado por una comunidad llegada desde las Molucas (Whinnom 1956), 2) la emergencia independiente de cada variedad de chabacano en diferentes comunidades chino-filipinas (Fernández 2015) y 3) la emergencia del "protochabacano" por medio de interacciones entre militares españoles y los diversos grupos no europeos que les servían en Manila y Cavite (Parkvall y Jacobs 2018). Se ha postulado también que los tres criollos son versiones relexificadas de un pidgin o criollo portugués (p. ej., Granda 1968; Clements 2009), pero es igualmente posible que los rasgos portugueses entrasen en el *feature pool* original de estos criollos porque los hablantes de los sustratos y/o del español también tuvieran conocimientos de algún pidgin/criollo de base portuguesa que aprovechaban durante sus interacciones (Maurer 1998).

Granda (1978) y otros han argumentado que la relexificación de un *pidgin* de base portuguesa llevó a la formación de un criollo hispanoamericano general que luego sufrió descriollización en casi todas partes, dejando huellas en el español caribeño y otras variedades afrohispanas (como el uso elevado de pronombres explícitos y la falta de inversión sujeto-verbo en las preguntas). Según esta perspectiva, las representaciones escritas del habla bozal de Cuba y Puerto Rico constituirían la mejor evidencia de la existencia previa de un criollo general, pero estudios posteriores sugieren que el habla de los bozales (africanos llegados directamente de África) no pasó de ser un *pidgin* inestable, influenciado a veces por hablantes de papiamento o criollo haitiano (Lipski 2005). Más generalmente, se ha criticado la hipótesis de la (des)criollización desde perspectivas históricas y lingüísticas (Sessarego 2015).

Si se acepta que no hubo un criollo general (ni múltiples criollos locales) en las colonias españolas, entonces surge la cuestión del reducido número de criollos de base española (en comparación con los de base holandesa, francesa e inglesa), hecho que sorprende cuando se tiene en cuenta el gran número de africanos que fueron obligados a inmigrar a las colonias españolas durante los cuatro siglos de colonización. Se han ofrecido diversas explicaciones. En primer lugar, se ha argumentado que faltaban las condiciones sociodemográficas necesarias (aislamiento social y falta de acceso a la lengua dominante) para la formación de criollos en las colonias españolas (Mintz 1971; Sessarego 2015). Además, Sessarego (2018) postula que el sistema legal de las colonias españolas concedió "personalidad legal" a los esclavos, motivo por el cual hubo mayor integración e interacción con hablantes de la lengua dominante que en las colonias establecidas por holandeses, franceses e ingleses.

McWhorter (2018), en cambio, ha defendido la génesis africana de los criollos americanos, atribuyendo la escasez de criollos de base española en América al hecho de que España —a diferencia de otras potencias europeas— no estableció fortalezas comerciales para la trata de esclavos en la costa de África. Según McWhorter, fue en esas fortalezas donde surgieron los primeros *pidgins* de base europea, que formaron la base de los criollos del Nuevo Mundo. Como no surgió un pidgin de base española en África, tampoco pudieron desarrollarse criollos de base española en las colonias españolas (véase Sessarego 2015 para una crítica de esta hipótesis).

5. Perspectivas futuras y conclusiones

Existen tres tendencias principales en las investigaciones actuales y futuras que requieren comentario. La primera tiene que ver con la oportunidad de ampliar la gama de fenómenos lingüísticos que se analizan y se explican por medio de la aplicación de estos modelos. Sessarego (2015) señala que los estudios de criollización suelen enfocarse en cuestiones de morfosintaxis, y recomienda mayor atención a cuestiones fonológicas, particularmente la prosodia. En cambio, los estudios de la koineización han tendido a enfatizar cuestiones de fonética y fonología segmental con solo un interés secundario en la morfología, sobre todo en el estudio del español colonial (Sanz-Sánchez 2016, 246). La sintaxis y la prosodia apenas han sido objetos de estudio de la koineización, y tampoco existen estudios que intenten diferenciar entre los resultados de la mezcla léxica koineizante y la introducción de préstamos léxicos. Todo ello se relaciona con una cuestión más general: ¿son igualmente adecuados los modelos existentes para el análisis y la explicación de cambios fonológicos, morfosintácticos, léxicos o incluso pragmáticos? Por ejemplo, Trudgill afirma que su modelo determinista funciona bien para predecir los resultados fonéticos y fonológicos, pero no presta mucha atención a los cambios gramaticales y declara que el modelo no sirve para predecir los cambios léxicos. Pero, si esto es así, ¿dónde situamos los cambios gramaticales y cómo trazamos un límite entre cambios "predeterminados" y otros que no lo son? Por su parte, Sessarego (2021, 10–16) aboga por un modelo de criollización en la que se distingue entre cambios que afectan a 1) rasgos léxicos, 2) rasgos morfológicos y tonales, y 3) los demás rasgos estructurales. En general, parece probable que estos modelos sirvan bien para la explicación de ciertos aspectos del cambio, pero no tanto para otros.

Una segunda tendencia es la exploración de "contracorrientes" que llevan a resultados atípicos en casos específicos de koineización y criollización. Por ejemplo, la simplificación es un resultado típico de la koineización y de la criollización, pero hay cambios que se pueden considerar simplificaciones solo desde una perspectiva determinada. Así, el mantenimiento de distinciones de tono en una parte del léxico del papiamento se considera una simplificación con respecto a los sustratos africanos, pero una complejización con respecto a los lexificadores europeos. Otros resultados típicos se pueden analizar en términos de aumento de la complejidad, como la reasignación de diferentes funciones sociales o lingüísticas a diversas formas dialectales que tenían una misma función en las variedades contribuyentes. Tuten (2021) postula que el aumento en el número de pronombres de segunda persona que ocurrió durante el siglo XVI se puede considerar un caso de complejización que ocurrió en comunidades koineizantes (Sevilla, Madrid) o cuasi koineizantes (Nueva España) al mismo tiempo que otros cambios como la simplificación del sistema de sibilantes. El factor que favoreció la complejización fue la actuación de los hablantes, quienes sufrían de una extrema inseguridad social que les llevó a aprovechar tratamientos existentes y otros nuevos —formas que disfrutan de gran prominencia o *salience* sociocultural— para negociar su estatus social.

De forma más general, podemos preguntar si las koinés y los criollos son realmente más simples que sus variedades contribuyentes, y si lo son, en qué sentidos. Las respuestas pueden variar, ya que, según Mufwene *et al.* (2017), existen diferentes tipos de complejidad/sencillez más allá de la complejidad de *bit* (mayor/menor número de unidades/categorías) o de la complejidad algorítmica (mayor/menor número de reglas combinatorias), como, por ejemplo, la complejidad entendida en términos de los esfuerzos cognitivos necesarios para aprender un rasgo o un sistema (*learnability complexity*: véase también Sanz-Sánchez y Tejedo-Herrero 2021; Sessarego 2021). Esto sugiere que se debe indagar más en la interacción de los procesos de acomodación y alineamiento y en los de la adquisición de segundas y primeras lenguas en comunidades koineizantes y criollizantes.

La tercera tendencia explora los límites explicativos y la aplicabilidad de estos modelos a casos específicos de contacto lingüístico. En trabajos recientes, varios autores han cuestionado una aplicación "excesiva" de estos modelos al estudio de la formación de nuevas variedades. Una vertiente ha desafiado la tesis de que el español caribeño y las variedades afrohispanas de América son resultado de un proceso general de descriollización. Ya hemos visto que la posible evidencia escrita de tal criollo (como las representaciones del habla bozal) ha sido cuestionada por Lipski (2005), quien argumenta también que los esclavos llegados al Caribe solo habrían reforzado tendencias ya existentes (como la aspiración y elisión de /s/). Otros (como Sessarego 2021) han argumentado que diversas variedades afrohispanas (como las de Los Yungas en Bolivia, el Chocó colombiano y el valle de Chota en Ecuador) surgieron a raíz de procesos avanzados de adquisición de segundas lenguas. En otras palabras, no hubo ni *pidgin* ni criollo anterior sino simplemente procesos de sustitución lingüística con la retención de ciertos rasgos divergentes compartidos en las interlenguas de los adultos. Estos rasgos pueden ser rasgos de sustrato o rasgos reestructurados de la lengua meta. Schwegler (2018), por ejemplo, atenúa su defensa anterior de la descriollización, pero sigue argumentando que algunos rasgos afrohispanos, como la doble negación con un elemento negativo en posición final de cláusula, son de origen africano. Esta perspectiva contrasta con la de Sessarego (2017), quien analiza este tipo de negación como resultado de un reanálisis y generalización de una estructura ya existente en el castellano medieval. Un debate similar gira en torno a los patrones de entonación no canónicos que caracterizan las variedades afrohispanas (Knaff, Rao y Sessarego 2018). Una forma más consolidada de este tipo de trabajo consiste en distinguir con mayor precisión entre rasgos seleccionados en el criollo inicial y otros que se han incorporado posteriormente por medio de otros procesos (Lipski 2018).

Se oyen asimismo voces contrarias a una aplicación simplista del modelo de la koineización al desarrollo de muchas variedades de español. Como hemos observado, se ha cuestionado la formación de una koiné hispanoamericana general, pero también se pone en duda la aplicación del modelo a muchos contextos históricos que hasta ahora se han percibido como idóneos para la koineización. Estos incluyen la Castilla medieval, donde había minorías de hablantes de vasco y de árabe en todas las fases de expansión, y muchas ciudades y zonas de las colonias americanas, como la ciudad de México, donde los españoles y europeos constituían una exigua minoría que interactuaba forzosamente con una mayoría de hablantes del español como segunda lengua (Sanz-Sánchez y Tejedo-Herrero 2021). Estos investigadores recuerdan que hay que prestar atención a los hablantes "no nativos" —incluso cuando no hay evidencia de transferencias de rasgos de sustrato— porque su adquisición de la lengua dominante también contribuye a la formación del *feature pool* (siempre y cuando haya suficiente interacción entre hablantes nativos y no nativos). Según Sanz-Sánchez (2019), esta perspectiva es fundamental para entender la reducción de los seis fonemas sibilantes del castellano medieval a solo dos en la Nueva España durante el siglo XVI. Sanz-Sánchez atribuye este cambio a la intensa interacción entre hablantes nativos y no nativos del español en la colonia del siglo XVI y a la adquisición por parte de adultos y niños, quienes favorecían las opciones más fáciles de aprender. La reducción de sibilantes tuvo lugar al mismo tiempo en Sevilla, donde la mezcla incluía un claro predominio de hablantes nativos y es posible atribuir la simplificación a la koineización. Con todo, incluso en Sevilla había una minoría considerable de hablantes no nativos del castellano.

Sin duda estas críticas son válidas, pero también nos obligan a preguntar: ¿cuál debe ser la función de modelos como la koineización y la criollización? Una suposición común es que deben ser predictivos: unas determinadas condiciones llevan necesariamente a determinados tipos de resultados. Sin embargo, hemos visto que, en casi todos los casos históricos de koineización y criollización, hay condiciones atípicas y resultados excepcionales. Esto no debe sorprender, puesto que los modelos son abstracciones simplificadas derivadas de observaciones de casos específicos de formación de nuevas variedades. Una alternativa es el empleo de estos modelos como recursos heurísticos (Tuten 2021). Como tal, sirven como puntos de partida para la generación de hipótesis y el subsiguiente análisis, explicación y comparación de casos específicos. Desde esta perspectiva, los modelos de cambio lingüístico son solo herramientas metodológicas que nos ayudan a elucidar procesos infinitamente complejos de cambio y formación.

Lecturas recomendadas

Tuten (2003) ofrece una historia del desarrollo del modelo (hasta su publicación) e investiga diversos cambios que ocurrieron durante las etapas medievales de koineización en Castilla.

Lipski (2005) analiza el desarrollo de las variedades afrohispanas con lúcidas discusiones de muchas cuestiones mencionadas arriba.

Klee y Lynch (2009) repasan diversas cuestiones relacionadas con el estudio de la criollización y las sitúan dentro de una panorámica general del estudio del contacto de lenguas en el mundo hispano.

Bibliografía citada

Aboh, Enoch. 2015. *The Emergence of Hybrid Grammars: Language Contact and Change*. Cambridge: Cambridge University Press.

Bartens, A. 2013. "Creole Languages". En *Contact Languages: A Comprehensive Guide*, eds. P. Bakker y M. Yaron, 65–158. Berlín: Mouton De Gruyter.

Clements, J. C. 2009. *The Linguistic Legacy of Spanish and Portuguese: Colonial Expansion and Language Change*. Cambridge: Cambridge University Press.

Fernández, M. 2015. "La emergencia del chabacano en Filipinas: pruebas, indicios, conjeturas". En *Armonía y contrastes: estudios sobre la variación dialectal, histórica y sociolingüística del español*, ed. J. M. S. Rovira, 175–196. Lugo: Axac.

Fontanella de Weinberg, M. B. 1992. *El español de América*. Madrid: Mapfre.

Granda, G. de. 1968. "Sobre el estudio de las hablas 'criollas' en el área hispánica". *Thesaurus* 23 (1): 64–74.

Granda, G. de. 1978. *Estudios lingüísticos hispánicos, afrohispánicos y criollos*. Madrid: Gredos.

Granda, G. de. 1994. "El proceso de koineización en el período inicial de desarrollo del español de América". En *El español de América en el siglo XVI*, ed. J. Lüdtke, 87–108. Madrid y Fráncfort: Iberoamericana y Vervuert.

Hidalgo, M. 2016. *Diversification of Mexican Spanish: A Tridimensional Study in New World Sociolinguistics*. Berlín: Mouton de Gruyter.

Kerswill, P. 2013. "Koineization". In *The Handbook of Language Variation and Change*, eds. J. K. Chambers y N. Schilling, 519–536. Oxford: Wiley Blackwell.

Klee, C. y A. Lynch. 2009. *El español en contacto con otras lenguas*. Washington, DC: Georgetown University Press.

Knaff, C., R. Rao y S. Sessarego. 2018. "Future Directions in the Field: A Look at Afro-Hispanic Prosody". *Lingua* 202: 76–86

Lipski, J. 2004. "Las lenguas criollas de base hispana". *Lexis* 38 (1–2): 461–508.

Lipski, J. 2005. *A History of Afro-Hispanic Language*. Cambridge: Cambridge University Press.

Lipski, J. 2018. "Palenquero vs. Spanish Negation: Separate But Equal?". *Lingua* 202: 44–57.

Maurer, P. 1998. "El papiamento de Curazao". En *América negra: panorámica actual de los estudios lingüísticos sobre las variedades hispanas, portuguesas y criollas*, eds. M. Perl y A. Schwegler, 139–217. Madrid y Fráncfort: Iberoamericana y Vervuert.

McWhorter, J. 1998. "Identifying the Creole Prototype: Vindicating a Linguistic Hypothesis". *Language* 74: 788–818.

McWhorter, J. 2018. "Why Neither Demographics Nor Feature Pools Can Explain the Missing Spanish Plantation Creoles". *Lingua* 202: 4–12.

Mintz, S. 1971. "The Sociohistorical Background to Pidginization and Creolization". En *Pidginization and Creolization of Languages*, ed. D. Hymes, 481–498. Cambridge: Cambridge University Press.

Mufwene, S. 2001. *The Ecology of Language Evolution*. Cambridge: Cambridge University Press.

Mufwene, S. 2008. *Language Evolution: Contact, Competition and Change*. Londres: Continuum.

Mufwene, S., C. Coupé, and F. Pellegrino. 2017. "Complexity in Language: A Multifaceted Phenomenon". En *Complexity in Language: Developmental and Evolutionary Perspectives*, eds. S. Mufwene, C. Coupé y F. Pellegrino, 1–29. Cambridge: Cambridge University Press.

Parkvall, M. y B. Jacobs. 2018. "The Genesis of Chavacano Revisited and Solved". *Lingua* 215: 53–77.

Penny, R. 1987. *Patterns of Language-Change in Spain*. Londres: University of London.

Penny, R. 2000. *Variation and Change in Spanish*. Cambridge: Cambridge University Press.

Pickering, M. y S. Garrod. 2017. "Priming and Language Change". En *The Changing English Language: Psycholinguistic Perspectives*, eds. M. Hundt, S. Mollin y S. E. Pfenninger, 173–190. Cambridge: Cambridge University Press.

Rivarola, J. L. 1996. "La base lingüística del español de América: ¿existió una koiné primitiva?". *Lexis* 20 (1–2): 577–595.

Sanz-Sánchez, I. 2013. "Diagnosing Dialect Contact as the Cause for Dialect Change. Evidence from a Palatal Merger in Colonial New Mexican Spanish". *Diachronica* 30 (1): 61–94.

Sanz-Sánchez. I. 2016. "A diachronic perspective on Latin American Spanish Verbal Morphology: Reassessing the role of koineization". En *Diachronic Applications in Hispanic Linguistics*, ed. E. Núñez-Méndez, 239–281. Newcastle: Cambridge Scholars.

Sanz-Sánchez, I. 2019. "Documenting Feature Pools in Language Expansion Situations: Sibilants in Early Colonial American Spanish". *Transactions of the Philological Society* 117 (2): 199–233.

Sanz-Sánchez, I. y F. Tejedo-Herrero. 2021. "Adult Language and Dialect Learning as Simultaneous Environmental Triggers for Language Change in Spanish". En *Spanish Socio-Historical Linguistics: Isolation and Contact*, eds. B. Drinka and W. Chappell, 104–137. Ámsterdam: John Benjamins.

Schwegler, A. 1998. "Palenquero". En *América negra: Panorámica actual de los estudios lingüísticos sobre variedades criollas y afrohispanas*, eds. M. Perl y A. Schwegler, 220–291. Madrid y Fráncfort: Iberoamericana y Vervuert.

Schwegler, A. 2010. "Pidgin and Creole Studies: Their Interface with Hispanic and Lusophone Linguistics". *Studies in Hispanic and Lusophone Linguistics* 3 (2): 431–481.

Schwegler, A. 2018. "On the Controversial Origins of non-Canonical Spanish and Portuguese Negation: Case Closed?". *Lingua* 202: 24–43.

Sessarego, S. 2015. "Las lenguas criollas". En *Enciclopedia de Lingüística Hispánica*, ed. J. Gutiérrez-Rexach, 685–696. Abingdon: Routledge.

Sessarego, S. 2017. "Chocó Spanish Double Negation and the Genesis of the Afro-Hispanic Dialects of the Americas". *Diachronica* 34: 219–252.

Sessarego, S. 2018. "On the Importance of Legal History to Afro-Hispanic Linguistics and Creole Studies". *Lingua* 202: 13–23

Sessarego, S. 2021. *Interfaces and Domains of Contact-driven Restructuring: Aspects of Afro-Hispanic Linguistics*. Cambridge: Cambridge University Press.

Thomason, S. 2001. *Language Contact: An Introduction*. Washington, DC: Georgetown University Press.

Trudgill, P. 1986. *Dialects in Contact*. Oxford: Blackwell.

Trudgill, P. 2008. "Colonial Dialect Contact in the History of European Languages: On the Irrelevance of Identity to New-Dialect Formation". *Language in Society* 37: 241–254.

Trudgill, P. 2021. "Dialect Convergence and the Formation of New Dialects". En *The Handbook of Historical linguistics, Volume II*, eds. B. Joseph, R. Janda and B. Vance, 123–144. Oxford: Wiley-Blackwell.

Tuten, D. N. 2003. *Koineization in Medieval Spanish*. Berlín: Mouton de Gruyter.

Tuten, D. N. 2021. "Complexification of the Early Modern Spanish Address System: A Role for Koineization?". En *Spanish Socio-Historical Linguistics: Isolation and Contact*, eds. B. Drinka y W. Chappell, 18–47. Ámsterdam: John Benjamins.

Whinnom, K. 1956. *Spanish Contact Vernaculars in the Philippine Islands*. Hong Kong: Hong Kong University Press.

12
Procesos de estandarización y prescriptivismo en la historia del español (Processes of standardization and prescriptivism in the history of Spanish)

Sebastian Greusslich

1. Introducción

Esta contribución ofrece un resumen de las dinámicas actuales en la investigación sobre las diferentes etapas de la estandarización del español. En primer lugar, se tratan y aclaran los conceptos fundamentales y su recepción en la lingüística hispánica (§ 1). A continuación, se ofrece un esbozo de las perspectivas y métodos de investigación en relación con los problemas pendientes en la actualidad (§ 2). Se plantea una periodización de las etapas clave en la estandarización del español y se identifican para cada una de ellas los focos de investigación y logros obtenidos en los últimos años (§ 3). Se resaltan, finalmente, dos interesantes líneas de investigación que auguran resultados prometedores en el ámbito de la estandarología del español (§ 4).

Palabras clave: estándar, codificación, norma, pluricentrismo

The present article surveys current research trends in regard to the several stages of standardization of the Spanish language. It will first explain several basic concepts as well as their adoption in Hispanic linguistics. It will next offer an outline of research perspectives and methods related to the most pressing research questions (§ 2). In order to account for the most significant advances, this chapter will suggest a periodization model for the standardization of Spanish, and will identify the most immediately relevant scholarly issues for each of them and, finally, the respective achievements will be mentioned (§ 3). Finally, as a result of their thorough evaluation, it will highlight two particularly interesting and promising fields of research in the larger area of Spanish standardology (§ 4).

Keywords: Standard language, codification, norm, pluricentricity

2. Conceptos fundamentales

La estandarización lingüística puede manifestarse implícitamente, mediante la emergencia de normas reconocidas y amparadas socialmente, y mediante una codificación explícita. Se trata de un proceso emergente que, en general, se desenvuelve históricamente desde lo implícito hacia lo explícito (Albrecht 2020). El prescriptivismo, como actitud normativa complementaria de la descripción, se manifiesta en grados diferentes e incide tanto en la conciencia lingüística como en las obras de normativización. En cuanto a los fenómenos históricos pertinentes para la estandarización del español, se considera aquí el criterio de explicitación metadiscursiva de una norma, que debe manifestarse al menos en algún aspecto de la transmisión textual histórica (§ 3).

La noción de "estándar" es relativamente reciente en la Hispanística. Como explica Amorós-Negre (2014, 178–191), su empleo se ha extendido a raíz de la cuestión de la *glocalización* (Roudometof 2016) y la toma de conciencia del pluricentrismo del español. En la recepción hispánica del término *estándar* se conjugan la sociolingüística anglófona (Stewart y Joseph, ante todo: *cf*. Lebsanft y Tacke 2020) y los desarrollos de la tradición praguense que habían enfocado previamente el cultivo de la lengua (Lebsanft 1997, 79 y ss.; Albrecht 2020). Los términos *norma*, *uso*, *lengua común* o *lengua literaria* (Lebsanft y Tacke 2020) están afianzados en la lingüística histórica y descriptiva del español y se usan profusamente para dar cuenta del proceso histórico que atañe al tratamiento de la lengua española en el nivel institucional y en el de la "metalingüística popular", por lo que se tratarán primero estos conceptos.

La teorización acerca de la norma, la corrección y la ejemplaridad de Eugenio Coseriu ha tenido enorme impacto en el mundo hispánico. Su noción de *norma* tiene un doble sentido (Kabatek 2020 y sus referencias bibliográficas): *norma* se opone a *sistema* y designa, por tanto, el conjunto de recursos lingüísticos que este, como entidad abstracta, contiene en potencia y se actualizan de hecho en el habla (lo *correcto*, en términos de Coseriu); *norma* también remite a la diferencia entre *corrección* y *ejemplaridad*, es decir, a la distinción entre las reglas y recursos lingüísticos que se consideran apropiados para diferentes discursos particulares y que son aceptados como normales por el uso, de un lado, y las variantes codificadas, —que disfrutan, por ende, de una particular dignidad—, por otra parte (Méndez García de Paredes 1999; Amorós-Negre 2014, 181–182). La segunda acepción implica una prescripción explícita. El concepto de *lengua común* (*Gemeinsprache*) de Coseriu implica un nivel de abstracción intermedio: se trata, fundamentalmente, de lo compartido entre distintas variedades y, así, conforma la base de lo potencialmente ejemplar, que se constituye por selección.

El término *lengua común* constituye, a su vez, el núcleo implícito del pluricentrismo del español, un proceso de transformación clave en la cultura lingüística hispánica actual. En Greusslich y Lebsanft (2020) se detalla de qué modo los llamados "estándares regionales" se insertan en este entramado conceptual de *restandarización* o reajuste normativo del espacio variacional global del español (Amorós-Negre 2018). Es Lara (2004) quien ofrece el modelo de normatividad (pan)hispánica con mayor repercusión en la investigación del pluricentrismo: se caracteriza por un enfoque esencialmente jerárquico que da cuenta, al mismo tiempo, de las interdependencias y ambivalencias entre rasgos, variedades e imaginarios sociopolíticos y culturales.

Como explican Lebsanft y Tacke (2020), el conocido modelo de Haugen (1987), que detalla los elementos prototípicos de un proceso idealizado de estandarización lingüística, es resultado de la reflexión que se ha producido en la sociolingüística anglófona acerca de la variación y el cultivo de la lengua. El modelo de Haugen es útil heurísticamente y constituye una herramienta valiosa para comprender las particularidades del caso español.

Se puede resumir gráficamente como sigue:

Tabla 12.1 Modelo de Haugen (1987; cit. en Amorós-Negre 2014, 91)

	Forma (política lingüística)	*Función* (cultivo de la lengua)
Sociedad (planificación de estatus)	(1) selección (proceso de decisión) (a) identificación del problema (b) localización de la norma	(3) implementación (difusión educativa) (a) procedimientos correctores (b) evaluación
Lengua (planificación de corpus)	(2) codificación (procesos de estandarización) (a) grafización (b) gramatización (c) lexicación	(4) elaboración (desarrollo funcional) (a) modernización terminológica (b) desarrollo estilístico

En este modelo, la estandarización sería un tipo de planificación lingüística deliberado e intencional que da como resultado la selección de un conjunto de reglas de uso normativas, que se codifican explícitamente y se anclan institucionalmente. Este cuerpo de reglas codificadas se plasma, generalmente, en los ámbitos de la escritura (*grafización*), el léxico (*lexicación*), y la gramática (*gramatización*), y conduce a la elaboración de ortografías, diccionarios y gramáticas. El hablar y escribir correctamente quedan asociados a un ámbito sociopolítico donde se manifiesta el vínculo entre la variedad estándar y las instituciones que la promueven.

El prescriptivismo (Ayres-Bennett 2019), por su parte, constituye una forma explícitamente evaluativa de promocionar ciertas propiedades y rasgos de una lengua histórica en detrimento de otras alternativas. Este proceso se lleva a cabo, típicamente, por medio de textos en los que se discurre sobre el buen hablar y/o escribir, y está basada, ante todo, en la autoridad intelectual de la persona que emite las evaluaciones respectivas.[1] Sin embargo, no necesariamente se produce la aceptación e implementación de esas recomendaciones, frente a lo que ocurre con las obras de codificación: estas últimas pueden reflejar una actitud más o menos prescriptiva en su discurso, es decir, restrictiva ante determinados usos lingüísticos, y admitir, así, una gama restringida de alternativas idiomáticas, pues están típicamente vinculadas con los recursos de instituciones públicas que implementan la norma resultante. La estandarización es, pues, el proceso por el que emerge una norma lingüística explícita mientras el prescriptivismo es una actitud que los actores de dicho proceso pueden asumir en grados diferentes.

3. Aproximaciones teóricas

La investigación histórica actual sobre la estandarización del español se nutre, ante todo, de un conocimiento cada vez más matizado del proceso de elaboración que experimentó el castellano en su desarrollo hacia la codificación de una variedad estándar del español. El avance atañe tanto a la cantidad de datos disponibles como a su calidad e interpretación, y se manifiesta esencialmente en tres ámbitos: la edición de textos, la adopción metodológica de una lingüística de corte variacional y la reflexión en torno a los procesos de gramatización y lexicación en su historicidad.

Aunque en el mundo hispánico, en general, la edición paleográfica y filológica no tuvieron inicialmente la misma prioridad que en Francia o Italia, la situación ha cambiado en tiempos más recientes (p. ej., Sánchez-Prieto Borja 1991–2014; Godenzzi y Garatea 2017).[2] Este cambio (Greußlich 2012) conduce al enriquecimiento del acervo de datos lingüísticos fiables que permiten, en consecuencia, reconstruir una imagen más completa de la diacronía del espacio variacional del español en su conjunto y en su complejidad (Oesterreicher 2005).[3]

Desde la lingüística variacional, el concepto de *tradiciones discursivas* (cap. 7) facilita una herramienta hermenéutica que permite relacionar el nivel de los rasgos lingüísticos estructurales con el de la textualidad y los respectivos tipos de texto. Se consigue, así, una evaluación funcional más fina de las propiedades lingüísticas de los textos a la par que una comprensión más sustancial de los aspectos pragmáticos de su historia (Garatea Grau 2008), con lo que la dimensión pragmático-histórica del estándar emergente se comprende de forma más matizada.

En cuanto a los instrumentos mismos de codificación, la gramática y el diccionario, como exponentes (meta)comunicativos más perceptibles y accesibles de una normatividad lingüística estándar en una comunidad de habla, han sido estudiados a partir de los años ochenta del siglo XX con particular énfasis en su propia historicidad, es decir, en la contingencia histórica de su propia emergencia a través de géneros y tipos de (meta)textos diversos (Greußlich 2020). Se refuerza con ello, por una parte, la idea de que prescripción y descripción, como actitudes pragmático-ideológicas en la codificación, no se excluyen mutuamente, sino que representan más bien dos polos de un continuo (Méndez García de Paredes 1999; Ayres-Bennett 2019). A la vez, ha quedado patente que en cada obra particular ambas actitudes están presentes como parte del propósito normativo (Amorós-Negre 2020; Greußlich 2020). Por otra parte, se ha llegado a comprender a fondo la historicidad de los fenómenos de estandarización y del estándar lingüístico mismo, con lo que se ha revelado que el modelo coseriano del espacio y la cadena variacionales no es aplicable a cualquier situación, sino que refleja una constelación socio-histórica peculiar que corresponde, en grandes líneas, a la situación del occidente moderno a partir del siglo XVI y a la creación de sus lenguas *literarias* o *de cultura*, como se ha denominado este fenómeno del cultivo de la lengua en el círculo de Praga (Albrecht 2020; Lebsanft y Tacke 2020).

Estos tres campos generales de investigación (la edición de nuevos textos, la exploración de su dimensión pragmática y la de las vías de gramatización/lexicación del español) se cultivan hoy por hoy igualmente en todas las áreas de la Hispanofonía, donde se reconoce que la estandarización afecta, también en su perspectiva diacrónica, no a España exclusivamente, sino al mundo hispánico en su conjunto, de modo que el pluricentrismo actual se concibe como un fenómeno cuyo origen se retrotrae a épocas pasadas. La estandarización múltiple se plantea como problema, al menos, a partir de las independencias decimonónicas, pero posiblemente ya desde el siglo XVIII, si se considera la historia sociocultural de lento distanciamiento de los virreinatos americanos respecto a España (Sánchez Méndez 2021; Prifti 2021).

4. Perspectivas actuales

Marcos Marín (1979) propuso el siguiente esquema (en lo esencial válido aún hoy) para dar cuenta de la estandarización del español desde una perspectiva histórica, en la que identifica cuatro etapas decisivas (Ridruejo 2019).

- s. XIII Alfonso X y el castellano *drecho*
- s. XVI Imprenta, humanismo y la idea de lengua universal (Harris-Northall 2006)
- s. XVIII Las reformas borbónicas y la RAE
- s. XX   Panhispanismo y democratización

Conviene añadir los dos complementos siguientes, referidos más bien a Hispanoamérica y no contenidos en el esquema de Marcos Marín:

s. XVIII Incipiente estandarización independiente según macro-zonas en América (Sánchez Méndez 2015, 2021)
s. XX Pluricentrismo del español (y su historia previa)

Es preciso tomar este esquema ampliado como punto de partida para dar cuenta de los logros de investigación más significativos en torno al proceso de estandarización del español.

El taller alfonsí y la elaboración del llamado "castellano drecho" se han enfocado desde un ángulo estrictamente filológico, atendiendo a la base textual que produjo y el importante hito que representa en términos de la elaboración (*Ausbau*) intensiva y extensiva del castellano, así como para la fijación normativa, ante todo grafemática: los principales avances en este nivel pertenecen a Sánchez-Prieto Borja (p. ej. 2005). Complementariamente, se han desarrollado importantes investigaciones en relación al condicionamiento socio-histórico externo que explica los fundamentos pragmático-comunicativos del trabajo de traducción y de producción de textos realizado por los colaboradores del Rey Sabio (Fernández-Ordóñez 2005; Sánchez-Prieto Borja 2019). Para ello se ha tenido en cuenta, ante todo, la historia intelectual de los siguientes dominios de saber: astronomía, astrología, alquimia, medicina, derecho, política, historia. Se ha llegado a reconocer una convergencia pragmática en dos aspectos: uno, la educación del príncipe y los saberes pertinentes para el buen gobierno; el otro, los fundamentos históricos y sociales de la "justicia real", principal deber del gobernador premoderno y requisito para asegurarse la autoridad. Con ello, se ha relativizado la imagen histórica de Alfonso X como mecenas de artes con propósitos primordialmente estéticos.

Los asuntos más relevantes para la investigación lingüística actual en el contexto de la estandarización del español en los Siglos de Oro se articulan en torno a las siguientes líneas, todas las cuales convergen en el interés superior por perfilar el papel de la lengua vulgar de Castilla como vehículo comunicativo generalizado.

- La historia intelectual de la gramatización (Gómez Asencio 2006–2011; Dorta *et al.* 2007).
- La historia institucional de la imprenta y de la censura y sus repercusiones sociales.
- La retórica y la conciencia lingüística.

En cuanto a la gramatización, tradicionalmente se ha prestado mayor atención al hecho fundamental del *reducere ad artem* (es decir, el establecimiento de reglas gramaticales explícitas, típicamente en forma de un libro) del castellano en su calidad de lengua vulgar (Méndez García de Paredes 1999). La investigación reciente se centra en las fuentes de inspiración y la recepción de conceptos lingüísticos, así como en las transformaciones que experimentaron las ideas gramaticales más importantes para la gramatización del español a partir del siglo XVI. Así, la labor de descripción gramatical, influida por complejas y variadas circunstancias externas, resulta hoy mucho mejor documentada y entendida, también con respecto a la enseñanza de la gramática escolar[4] y del español como lengua extranjera, gracias a la atención preferente otorgada hoy a los siglos XVIII y XIX (*cf.* las referencias en Martínez Alcalde 2019, 57).

La imprenta se reconoce, en línea con la investigación tradicional, como herramienta de multiplicación de la comunicación en lengua vulgar y en nuevos ámbitos discursivos, lo que propicia su elaboración extensiva y una democratización del conocimiento en los Siglos de Oro (Greußlich 2012; Eckkrammer 2021). Se ha añadido en tiempos recientes una gran atención a la censura como fenómeno político-discursivo (Vergara 2017 y sus referencias para diversos ámbitos hispanos) y a la circulación de impresos en América (p. ej., Colombia: Guzmán Méndez *et al.* 2018; México: Manrique Figueroa 2019; Perú: Guibovich 2019), que brinda noticias históricas que pueden orientar las reflexiones actuales acerca de las normas del español en América del siglo XVI hasta hoy.

Con la fundación de la Real Academia Española (1713), el proceso de estandarización del español entra en una nueva fase, históricamente inserta en el marco más amplio de las reformas borbónicas del Estado. Sobre esta base institucional se desenvuelve, como es sabido, una labor continua de codificación en forma de gramáticas, diccionarios y tratados de ortografía que desde entonces han constituido puntos de referencia imprescindibles (*cf.* Lebsanft 2013; Gutiérrez Ordóñez y Gaviño Rodríguez 2014)[5] por encima de toda divergencia en la apreciación de los logros y posibles deficiencias de la institución y sus publicaciones. Con fundación relativamente tardía en comparación con otras naciones europeas, la RAE destacó tempranamente por su alta productividad. Los *novatores*, entre cuyas filas se encontraban los iniciadores de la Academia (García de la Concha 2014, cap. 1), pretendían reconectar a España con la vanguardia científico-técnica y cultural de su tiempo, y su ímpetu de ilustración explica su actitud abierta y flexible a la hora de poner en práctica la codificación de la norma lingüística. Su forma de obrar se caracterizó, desde el principio, por una tendencia a integrar los paulatinos avances en el conocimiento lingüístico: de ahí que atendieran fundamentalmente, entre las obras de los siglos XV–XVII, al *Tesoro* de Covarrubias o la gramática y los diccionarios de Nebrija. Esta apertura ilustrada converge con el concepto retórico de la llaneza implantado ya en el siglo XVI —variable en su aplicación y sus formas concretas de manifestación lingüística (Gauger 2005; Greußlich 2012)—, y explica la característica inclinación transhistórica a vincular la norma del buen uso con el hablar de las personas cultas, estableciendo de tal modo una referencia socionormativa tópica que sigue vigente hoy (Amorós-Negre 2020).

El papel rector de la RAE en el cultivo de la lengua española, así como la gran cantidad de obras importantes que ha producido, marcando el trayecto de la codificación del español (García de la Concha 2014), han suscitado polémicas y dado lugar a puntos de vista muy diversos. La notoriedad de las perspectivas crítico-reflexivas sobre la RAE y su quehacer aumenta a medida que el espacio público (*Öffentlichkeit*) va emergiendo como trasfondo sociocomunicativo durante la modernidad, al mismo tiempo que se multiplican las iniciativas privadas en el campo del cultivo de la lengua a partir de la era de la industrialización.

La actitud normativa de la RAE se ha caracterizado por su tendencia a la descripción, inspirada por un espíritu ilustrativo (Lebsanft 2013; Sánchez Méndez 2019). A la conformación de esta imagen ha contribuido un tipo particular de historiografía institucional que se nutre, sobre todo, desde el interior de la propia RAE (F. Lázaro Carreter, A. Zamora Vicente, V. García de la Concha o S. Gutiérrez Ordóñez): a pesar del riesgo partidista, estos especialistas tienden a asumir perspectivas notablemente equilibradas en torno a la propia institución.

Tanto respecto a la gramaticografía como a la lexicografía, es de notar que, en repetidos casos, los autores aparentemente disidentes de los planteamientos académicos y que llevan a cabo su labor lingüística de manera independiente muestran, sin embargo, un alto grado de convergencia efectiva con la Academia. Ello resulta particularmente claro en la metalexicografía y la historia del *Diccionario* de la Real Academia Española (*DRAE*), desde su primera edición —el llamado *Diccionario de autoridades*, 1726–1739— hasta la 23.ª —2014, ya como *DLE*, esto es, *Diccionario de la lengua española*— (Freixas Alás 2010; Lebsanft 2012): la perspectiva en torno a la tarea lexicográfica académica puede ser crítica o afirmativa en grados diferentes, pero en ningún caso se ignora la aportación esencial de la RAE en el trabajo de corpus que ha dado fundamento a todas las iniciativas lexicográficas en el mundo hispánico anteriores al auge del pluricentrismo (Greußlich 2020).

Hoy por hoy, el pluricentrismo constituye el paradigma decisivo de restandarización, con importancia política e institucional creciente a partir del I Congreso de las Academias de la Lengua en México (1951), preludio de la fundación de la ASALE (Valle 2013). La RAE comparte su papel como rectora normativa de la cultura lingüística hispánica con otros actores que influyen en la conformación del espacio público, entre los que destacan los medios de comunicación (Greußlich y Lebsanft 2020). En este entramado, ha aumentado la complejidad del panorama de variación accesible tanto a los especialistas como a los mismos hablantes —y su capacidad para percibir la forma de hablar de otros hablantes, condicionada decisivamente por la emergencia de los medios de comunicación de masas hacia finales del siglo XIX—, con la consiguiente dificultad para determinar el estatus de las variantes que se perciben y llevar a cabo su codificación.

Al mismo tiempo, en el marco del Análisis crítico del discurso se ha venido elaborando, a partir de una actitud netamente deconstructivista, un cuerpo importante de investigaciones acerca de las políticas lingüísticas de estas instituciones y sus respectivos productos textuales, poniendo énfasis en el reforzamiento de hegemonías sociales y discursivas en el mundo hispánico. Destacan en este ámbito los trabajos de Elvira Arnoux y José del Valle (*cf.* las referencias en Lauria 2019), así como la nueva revista *Anuario de Glotopolítica* (desde 2017). Como es de esperar, los actores principales de esta corriente se sitúan al margen de las instituciones que forman el objeto de la deconstrucción. El mérito indudable de sus investigaciones consiste en descubrir las aporías de la codificación lingüística en tanto que acto de exclusión, pues toda norma presupone una selección en detrimento de posibles alternativas. La principal laguna de esta corriente consiste, por otra parte, en su desinterés por promover alternativas constructivas en forma de prácticas viables. Sin embargo, es justo reconocer que ya en el contexto de la Transición española y, sobre todo, ante los retos de la globalización, ha cobrado notable importancia (Greußlich y Lebsanft 2020).

La emergencia de las normas del español en América, base histórica de la restandarización lingüística presente, es un ámbito de investigación muy beneficiado, entre otros avances, por las intensas actividades de digitalización de los últimos decenios. Lo mismo es aplicable a la península ibérica, en la medida en que cabe aún comprender mejor la emergencia de la norma castellano-norteña y su ulterior relevancia para el español en América (Sánchez-Prieto Borja 2019) [6.] El proyecto en curso de la Red CHARTA (Corpus Hispánico y Americano en la Red) aborda justamente este problema, procurando la transcripción paleográfica, crítica y facsimilar de documentos de archivo de todas las partes de la Hispanofonía entre los siglos XII y XIX: la importante ventaja de ofrecer múltiples opciones de búsqueda por vía digital y un acceso directo a los manuscritos se compagina con la desventaja de un avance cuantitativo relativamente lento, debido a las altas exigencias metodológicas con las que cumple. Un equilibrio notablemente diferente busca el proyecto CORDIAM (Corpus Diacrónico y Diatópico del Español de América) de la Academia Mexicana de la Lengua, que se ciñe a datos de América (y, consecuentemente, a los siglos XV–XIX) extraídos de ediciones preexistentes, lo que obliga al usuario a asumir la interferencia de criterios de edición muy heterogéneos; presenta, a cambio, una mayor cantidad de datos consultables.

5. Perspectivas futuras y conclusiones

En los esfuerzos científicos futuros dedicados a la estandarología del español, dos líneas de trabajo serán, a mi parecer, particularmente importantes: en primer lugar, la necesaria complementación geográfica, con énfasis en las áreas y regiones de las que todavía faltan datos lingüísticos que permitan una reconstrucción histórico-diacrónica del espacio variacional de acuerdo con los enfoques de la Sociolingüística histórica (Jansen 2021; Sánchez Méndez 2021)[7.] Será crucial la edición sostenida, sistemática y metodológicamente consensuada de documentos de archivo y de fondos privados. Inevitablemente, la investigación ha avanzado de forma desigual en diferentes países, según las condiciones institucionales y los recursos disponibles: desde un punto de vista sistemático, sería muy deseable que esta situación se remediase y que las investigaciones históricas avanzasen de forma consensuada y coordinada. Felizmente, se observan ya señales positivas al respecto: la colaboración continua en el marco de la ALFAL se presta formidablemente a este propósito y debiera ser apoyada y fomentada. Sería igualmente deseable que se reunieran documentos que permitan llevar adelante la historización institucional de todas las Academias de la lengua: en la medida en que el peso de las Academias correspondientes en la codificación aumenta, el panorama de investigación debería completarse con trabajos históricos que reconstruyeran el devenir institucional de todas las Academias hermanas con una atención y sistematicidad semejante; este tipo de estudios apenas ha empezado a desarrollarse (*cf.* Süselbeck 2014; López Morales 2016 y pocos más).

La segunda vertiente atañe a la consideración más detenida de la historia de los medios secundarios y terciarios en la lingüística diacrónica con miras a su influjo en la elaboración del estándar. En este sentido, es sumamente pertinente el impacto que tuvo tanto la impresión de libros (*cf.* Harris-Northall 2006) como la paulatina emergencia de la prensa (*cf.* Lebsanft 2006) en la conformación de las lenguas estándares modernas. Asimismo, es crucial atender a la revaloración de la lengua hablada producida con el surgimiento de la radio y la televisión, que no solo intensificaron el consumo de productos lingüísticos y favorecieron una actitud receptiva, sino que indujeron una reorganización de la ecología comunicativa en la sociedad que intensificó el contacto (aun a distancia) entre hablantes de distintas latitudes con diferentes variedades.

El papel de los medios puede considerarse ambiguo a este respecto: por un lado, obran a favor de la estandarización, ya que establecen y difunden normas y tienden a evitar, así, una variación espontánea que dificultaría la producción mediática; por otro lado, tienden a desarrollar su propia normatividad lingüística. Aunque disponemos de una historiografía de los medios como instituciones (sus reglamentos, contiendas políticas y avances tecnológicos) por regla general estos estudios histórico-sociales no consideran, sin embargo, los efectos de los medios terciarios sobre el devenir de la lengua en sus estructuras, y menos aún en los estándares de la era moderna (como punto de partida al respecto, Eckkrammer 2021).

Notas

1 Como indican Lebsanft y Tacke (2020), en la actualidad el prescriptivismo como actitud tiende a ser evitado para corresponder a las expectativas de una sociedad democrática. Sin embargo, desde un punto de vista histórico el influjo de la ideología prescriptiva es crucial para el estudio de la estandarización. Cf. también Amorós-Negre (2018).

2 Cf. también, a modo de ejemplo representativo, la serie "Textos y documentos españoles y americanos" en la editorial Vervuert. Para reflexiones metodológicas muy pertinentes, cf. Torrens Álvarez y Sánchez-Prieto Borja (2012) y <www.redcharta.es/publicaciones>. Para un esbozo metodológico sistemático de la Filología como disciplina, con indicaciones en particular acerca de la Diplomática, cf. Lebsanft (2021).

3 Para un resumen de los proyectos que están desarrollándose actualmente, cf. Sánchez Méndez (2021) y las contribuciones al volumen de Codita, Bustos y Sánchez Méndez (2019). A los proyectos CORDIAM y Red CHARTA, ambos de gran envergadura, se aludirá al final de § 3. En este ámbito se ha puesto énfasis en la exploración de las huellas de lo hablado en lo escrito; aunque la lengua hablada no es, en principio, afín al estándar, esta empresa, acometida en diferentes lugares del mundo hispánico, enriquece la comprensión de la emergencia de variedades estándares de dos modos: por un lado, cierto tipo de documentos (p.ej., jurídicos), aun siendo muy específicos en términos pragmáticos, representan un importante grado de elaboración, relevante para la emergencia de estándares; de otra parte, un

mejor conocimiento de las variedades subestándar favorece indirectamente la evaluación del estatus de las variedades estándar, pues el concepto de *espacio variacional* es relacional. Hacemos aquí caso omiso del debate sobre cómo se inserta el estándar dentro del diasistema: cf. al respecto Lebsanft y Tacke (2020).

4 Cf. García Folgado (2013) y otros trabajos de la misma autora; para la ortografía en particular, cf. Gómez Camacho (2015), Martínez Alcalde (2019) y Tacke (2020).

5 Se han venido también haciendo propuestas de reforma ortográfica de índole "americanista" (Dufferain-Ottmann 2021), si bien la naturaleza acentuadamente convencional de la ortografía no ha permitido que tales propuestas subvirtieran el consenso en este ámbito. En cuanto a la gramática, tanto Bello como otros abogan, sin más, por el conocimiento de las normas del español entre los americanos, no tanto por un posible pluricentrismo.

6 Y, en otro plano, también la de Sevilla, aunque esta última solo con referencia a las Indias, pues en la Península no dispone de un estatus comparable: cf. al respecto Sánchez Méndez (2021) y sus referencias bibliográficas. Para el asunto clásico de las normas toledana y madrileña, cf., recientemente la discusión detenida de Sánchez-Prieto Borja (2019) y el resumen de Ridruejo (2019).

7 Como especialistas en determinadas áreas o países hispanoamericanos y la historia de la codificación del español que allí se desarrolla a partir del siglo XVIII cabe citar a Soledad Chávez Fajardo, Luis F. Lara, José C. Huisa Téllez, Juan Ennis, Álvaro Ezcurra, Alejandro Fajardo Aguirre, María López García, Miguel Á. Quesada Pacheco, Darío Rojas.

Lecturas recomendadas

Ayres-Bennett y Bellamy (2021) se recomienda como complemento útil y muy actual a las referencias hispánicas, pues contiene artículos concernientes a todos los problemas relacionados con la estandarización, con énfasis en la tradición norteamericana y los debates anglófonos actuales.

La monografía de Lara (2013) ofrece un enfoque conciso de la historia de la lengua española que se presta a una lectura *ex negativo* para comprender cabalmente la conformación de las normas que posteriormente incidirán en la estandarización del español.

Se recomienda Sánchez Méndez (2003) como orientación accesible acerca del devenir del español en América desde sus inicios hasta el siglo XX. Constituye, por tanto, un complemento idóneo de Lara (2013).

Bibliografía citada

Albrecht, J. 2020. "Linguistic Norm in the Prague School of Linguistics". En *Manual of Standardization in the Romance Languages*, eds. F. Lebsanft y F. Tacke, 107–126. Berlín y Boston: De Gruyter.

Amorós-Negre, C. 2014. *Las lenguas en la sociedad*. Madrid: Síntesis.

Amorós-Negre, C. 2018. *La estandarización lingüística de los relativos en el mundo hispánico. Una aproximación empírica*. Madrid y Fráncfort: Iberoamericana y Vervuert.

Amorós-Negre, C. 2020. "Normative Grammars (Spanish)". En *Manual of Standardization in the Romance Languages*, eds. F. Lebsanft y F. Tacke, 581–603. Berlín y Boston: De Gruyter.

Ayres-Bennett, W. 2019. "From Haugen's Codification to Thomas's Purism: Assessing the Role of Description and Prescription, Prescriptivism and Purism in Linguistic Standardisation". *Language Policy*: 1–31.

Ayres-Bennett, W. y J. Bellamy, eds. 2021. *The Cambridge Handbook of Language Standardization*. Cambridge: Cambridge University Press.

Bustos Gisbert, E. 2019. "Norma madrileña, norma cortesana y norma americana". En *La configuración histórica de las normas del castellano*, eds. V. Codita, E. Bustos Gisbert y J. Sánchez Méndez, 400–418. Valencia: Tirant Humanidades.

CHARTA: *Corpus Hispánico y Americano en la Red: Textos Antiguos*. www.corpuscharta.es.

CORDIAM: Academia Mexicana de la Lengua. *Corpus Diacrónico y Diatópico del Español de América*. Ciudad de México. www.cordiam.org.

Dorta, J., C. J. Corrales y D. Corbella. 2007. *Historiografía de la lingüística en el ámbito hispánico. Fundamentos epistemológicos y metodológicos*. Madrid: Arco/Libros.

Dufferain-Ottmann, S. 2021. "Reformas e intentos de reformas ortográficas en América". En *Manual del español en América*, ed. E. Eckkrammer, 819–832. Berlín y Boston: De Gruyter.

Eckkrammer, E. 2021. "Textos y medios de comunicación". En *Manual de lingüística del hablar*, eds. Ó. Loureda y A. Schrott, 307–324. Berlín y Boston: De Gruyter.
Fernández Alcaide, M. 2019. "Norma sevillana y América: revisión crítica y nuevos datos". En *La configuración histórica de las normas del castellano*, eds. V. Codita, E. Bustos Gisbert y J. Sánchez Méndez, 418–447. Valencia: Tirant Humanidades.
Fernández-Ordóñez, I. 2005. "Alfonso X el Sabio en la historia del español". En *Historia de la lengua española*, coord. R. Cano Aguilar. 2.ª ed., 381–422. Barcelona: Ariel.
Freixas Alás, M. 2010. *Planta y método del Diccionario de Autoridades. Orígenes de la técnica lexicográfica de la Real Academia Española (1713–1739)*. A Coruña: Universidade da Coruña.
Garatea, C. 2008. "Unidad y diversidad en el español de América: en torno a variedades y normas lingüísticas". En *Política Lingüística na América Latina*, eds. D. da Hora y R. Marques, 149–170. João Pessoa: Idea.
García de la Concha, V. 2014. *La Real Academia Española: vida e historia*. Madrid: Real Academia Española.
García Folgado, M. 2013. *Los inicios de la gramática escolar en España (1768–1813): una aproximación historiográfica*. München: Peniope.
Gauger, H.-M. 2005. "La conciencia lingüística en la Edad de Oro". En *Historia de la lengua española*, coord. R. Cano Aguilar. 2.ª ed., 681–700. Barcelona: Ariel.
Godenzzi, C. y C. Garatea. 2017. *Historia de las literaturas en el Perú*. Lima: Pontificia Universidad Católica del Perú.
Gómez Asencio, J. 2006–2011. *El castellano y su codificación gramatical*, 3 vols. Burgos: Instituto Castellano Leonés de la Lengua.
Gómez Camacho, A. 2015. *Las ideas pedagógicas en las ortografías del Siglo de Oro*. Sevilla: Diputación de Sevilla.
Greußlich, S. 2012. *Text, Autor und Wissen in der historiografía indiana der Frühen Neuzeit: die Décadas von Antonio de Herrera y Tordesillas*. Berlín y Boston: De Gruyter.
Greußlich, S. 2020. "Normative Dictionaries (Spanish)". En *Manual of Standardization in the Romance Languages*, eds. F. Lebsanft y F. Tacke, 605–627. Berlín y Boston: De Gruyter.
Greußlich, S. y F. Lebsanft. 2020. "Introducción. Pluricentrismo, estándares regionales, normas implícitas y medios de comunicación masiva". En *El español, lengua pluricéntrica. Discurso, gramática, léxico y medios de comunicación masiva*, eds. S. Greußlich y F. Lebsanft, 11–36. Göttingen: V & R unipress.
Guibovich, P. 2019. *Imprimir en Lima durante la colonia: Historia y documentos, 1584–1750*. Madrid: Iberoamericana.
Gutiérrez Ordóñez, S. y V. Gaviño Rodríguez. 2014. "Trescientos años de la fundación de la Real Academia Española: de sus orígenes al siglo XXI". En *Métodos y resultados actuales en historiografía de la lingüística*, eds. M. L. Calero *et al.*, 325–348. Münster: Nodus.
Guzmán, D. *et al.* 2018. *Lectores, editores y cultura impresa en Colombia, siglos XVI–XXI*. Bogotá: Utadeo.
Harris-Northall, R. 2006. "Reduction of Variation in the Standardization of Castilian Spanish Around 1500". En *Variation and Reconstruction*, ed. T. Cravens. Ámsterdam y Filadelfia: John Benjamins, 89–101.
Haugen, E. 1987. "Language Planning". En *Sociolinguistics. An International Handbook of the Science of Language and Society*, eds. U. Ammon, N. Dittmar y K. Mattheier, vol. 1, 626–637. Berlín y Nueva York: De Gruyter.
Jansen, S. 2021. "De la colonia a la independencia: rumbo a nuevas normas e identidades lingüísticas". En *Manual del español en América*, ed. E. Eckkrammer, 791–804. Berlín y Boston: De Gruyter.
Kabatek, J. 2020. "Linguistic Norm in the Linguistic Theory of Eugenio Coseriu". En *Manual of Standardization in the Romance Languages*, eds. F. Lebsanft y F. Tacke, 127–144. Berlín y Boston: De Gruyter.
Lara, L. F. 2004. *Lengua histórica y normatividad*. 2.ª ed. México, DF: El Colegio de México.
Lara, L. F. 2013. *Historia mínima de la lengua española*. México, DF: Colegio de México.
Lauria, D. 2019. "La institucionalización de la política lingüística panhispánica hoy. Tensiones por la *Marca España*". *Glottopol* 32: 209–229.
Lebsanft, F. 1997. *Spanische Sprachkultur: Studien zur Bewertung und Pflege des öffentlichen Sprachgebrauchs im heutigen Spanien*. Tubinga: Niemeyer.
Lebsanft, F. 2006. "Massenkommunikation und Sprachgeschichte: Iberische Halbinsel". En *Romanische Sprachgeschichte*, eds. G. Ernst *et al.*, vol. 2, 1293–1303. Berlín y Nueva York: De Gruyter.
Lebsanft, F. 2012. "Der *Diccionario de la lengua española* der *Real Academia Española*". En *Große Lexika und Wörterbücher Europas. Europäische Enzyklopädien und Wörterbücher in historischen Porträts*, ed. U. Haß, 65–75. Berlín y Boston: De Gruyter.

Lebsanft, F. 2013. "Spanische Sprachpflege". En *Weltsprache Spanisch. Variation, Soziolinguistik und geographische Verbreitung des Spanischen. Handbuch für das Studium der Hispanistik*, eds. S. Herling y C. Patzelt, 57–67. Stuttgart: Ibidem.
Lebsanft, F. 2021. "El hablar como hecho cultural e histórico". En *Manual de lingüística del hablar*, eds. Ó. Loureda y A. Schrott, 43–60. Berlín y Boston: De Gruyter.
Lebsanft, F. y F. Tacke. 2020. "Romance Standardology: Roots and Traditions". En *Manual of Standardization in the Romance Languages*, eds. F. Lebsanft y F. Tacke, 3–62. Berlín y Boston: De Gruyter.
López Morales, H. 2016. *Historia de la Asociación de Academias de la Lengua Española*. Madrid: Asociación de Academias de la Lengua Española.
Manrique, C. 2019. *El libro flamenco para lectores novohispanos: una historia internacional de comercio y consumo libresco*. México, DF: UNAM.
Marcos Marín, F. 1979. *Reforma y modernización del español*. Madrid: Cátedra.
Martínez Alcalde, M. J. 2019. "Historia de la lengua". En *Manual de lingüística española*, ed. E. Ridruejo, 40–66. Berlín y Boston: De Gruyter.
Méndez García de Paredes, E. 1999. "La norma idiomática del español: visión histórica". *Philologia Hispalensis* 13: 109–132.
Oesterreicher, W. 2005. "Textos entre inmediatez y distancia communicativas. El problema de lo hablado escrito en el Siglo de Oro". En *Historia de la lengua española*, coord. R. Cano Aguilar. 2.ª ed., 729–770. Barcelona: Ariel.
Prifti, E. 2021. "Hacia el pluricentrismo: moldeamientos modernos del español en América". En *Manual del español en América*, ed. E. Eckkrammer, 183–206. Berlín y Boston: De Gruyter.
Ridruejo, E. 2019. "La norma del español y su codificación". En *Manual de lingüística española*, ed. E. Ridruejo, 184–212. Berlín y Boston: De Gruyter.
Roudometof, V. 2016. *Glocalization: A Critical Introduction*. Nueva York: Routledge.
Sánchez Méndez, J. 2003. *Historia de la lengua española en América*. Valencia: Tirant lo Blanch.
Sánchez Méndez, J. 2015. "Las concepciones lingüísticas de la Ilustración hispanoamericana". En *Márgenes y centros en el español del siglo XVIII*, eds. M. Guzmán y D. Sáez Rivera, 21–42. Valencia: Tirant Lo Blanch.
Sánchez Méndez, J. 2019. "La base ilustrada del policentrismo del español americano". En *La configuración histórica de las normas del castellano*, eds. V. Codita, E. Bustos Gisbert y J. Sánchez Méndez, 448–492. Valencia: Tirant Humanidades.
Sánchez Méndez, J. 2021. "Evolución del español durante la fase colonial". En *Manual del español en América*, ed. E. Eckkrammer, 131–150. Berlín y Boston: De Gruyter.
Sánchez-Prieto Borja, P. 1991–2014. *Textos para la historia del español*. Alcalá de Henares: Universidad de Alcalá.
Sánchez-Prieto Borja, P. 2005. "La normalización del castellano escrito en el siglo XIII. Los caracteres de la lengua: grafías y fonemas". En *Historia de la lengua española*, ed. R. Cano Aguilar. 2.ª ed., 423–448. Barcelona: Ariel.
Sánchez-Prieto Borja, P. 2019. "La llamada norma toledana a la luz de las fuentes documentales". En *La configuración histórica de las normas del castellano*, eds. V. Codita, E. Bustos Gisbert y J. Sánchez Méndez, 15–60. Valencia: Tirant Humanidades.
Süselbeck, K. 2014. "Las Academias Correspondientes de la Lengua en la Hispanoamérica del siglo XIX". En *Las ciencias en la formación de las naciones americanas*, eds. S. Carreras y K. Carrillo Zeiter, 271–294. Madrid y Fráncfort: Iberoamericana y Vervuert.
Tacke, F. 2020. "Orthography and Orthoepy (Spanish)". En *Manual of Standardization in the Romance Languages*, eds. F. Lebsanft y F. Tacke, 559–580. Berlín y Boston: De Gruyter.
Torrens Álvarez, M. J. y P. Sánchez-Prieto Borja, eds. 2012. *Nuevas perspectivas para la edición y el estudio de documentos hispánicos antiguos*. Berna: Peter Lang.
Valle, J. del 2013. "Linguistic Emancipation and the Academies of the Spanish Language in the Twentieth Century: The 1951 Turning Point". En *A Political History of Spanish. The Making of a Language*, ed. J. del Valle, 229–245. Cambridge: Cambridge University Press.
Vergara, J. 2017. *Censura y libros en la Edad Moderna*. Madrid: Dykinson.

Parte II
Grandes procesos evolutivos

13
Fonética y fonología del castellano medieval (Phonetics and phonology of medieval Castilian)

César Gutiérrez

1. Introducción[1]

En este capítulo se ofrece un estado de la cuestión de los estudios en fonética y fonología históricas del castellano medieval. Empezando desde los primeros trabajos científicos sobre la materia realizados en el siglo XIX, se discuten las principales contribuciones hechas por diversos investigadores y desde diversas perspectivas a lo largo de los siglos XX y XXI. El objetivo es ofrecer una panorámica de la disciplina hasta su estado presente, mostrando cuáles han sido las metodologías utilizadas y qué avances se han logrado.

Palabras clave: fonética; fonología; filología; historia de la lengua española; castellano

This chapter offers a state of the art survey of studies on historical Spanish phonetics and phonology. Starting with the first scientific works on the topic from the 19th century, it discusses the main contributions made by researchers employing several different approaches in the 20th and 21st centuries. The purpose is to give a general survey of the discipline, showing the methodologies used and the progress made up to the present.

Keywords: phonetics; phonology; philology, history of the Spanish language; Castilian

2. Cuestiones fundamentales y aproximaciones teóricas

La lingüística científica en el ámbito hispánico tuvo sus primeras manifestaciones en Hispanoamérica durante el siglo XIX de la mano de filólogos de la talla de Rufino José Cuervo en Colombia y de los alemanes Federico Hanssen y Rodolfo Lenz en Chile. En España, amén de pioneros como Cipriano Muñoz y Manzano o Fernando Araujo en la década de 1890, no es hasta comienzos del siglo XX, con la irrupción de Ramón Menéndez Pidal, cuando los métodos de la lingüística histórico-comparada que se practicaba en otros países de Europa son implantados. La impermeabilidad generalizada de los círculos académicos españoles a la lingüística centroeuropea decimonónica queda perfectamente retratada por el hecho de que de todas las obras citadas por el propio Menéndez Pidal en la bibliografía de la primera edición de su *Manual*, publicada en 1904, solo una es de un autor español: la *Biblioteca histórica de la filología castellana* (1893) de Muñoz y Manzano.

La romanística centroeuropea del XIX, a su vez, había mostrado un muy discreto interés por las variedades romances habladas al sur de los Pirineos, siendo el objeto de sus esfuerzos el italorromance, el retorromance y, sobre todo, el galorromance. Las pocas excepciones, como los trabajos de Gessner (1867), Cornu (1884) o Baist (1888), constituyeron, sin duda, investigaciones de grandísima valía al suponer una atractiva alternativa al prescriptivismo, énfasis en lo literario e impresionismo reinantes en la filología española de la época con respecto a todo lo que tuviera que ver con el estudio de la lengua. Sin embargo, es justo por esta razón por lo que la repercusión de estos autores dentro de España fue escasa.

En este contexto, la aparición del *Manual* de Menéndez Pidal cumplió el doble objetivo de dar el espaldarazo a la difusión de la lingüística científica contemporánea en los ambientes académicos españoles y de continuar con decisión la labor iniciada por Cuervo, Lenz, Hanssen, Muñoz y Manzano y Araujo hacia la equiparación de la filología y lingüística hispánicas con las de otras lenguas románicas. Es en este segundo aspecto precisamente en el que don Ramón adquiere toda su trascendencia para las humanidades en España, ya que, aparte de la consecución de trabajos analíticos de su propia cosecha, a la cabeza de los cuales se encuentran el ya mencionado *Manual*, la gramática y el léxico del *Cantar de Mio Cid* (1908–1911) y *Orígenes del español* (1926), contribuyó a crear y dirigió el Centro de Estudios Históricos (1910), en cuya Sección de Filología pudieron llevarse a cabo tareas y proyectos de investigación de gran envergadura, gracias tanto al liderazgo de Menéndez Pidal como al esmero y entrega de varias generaciones de discípulos formados en esta institución (entre otros Tomás Navarro, Américo Castro, Antonio García Solalinde, Amado Alonso, Lorenzo Rodríguez Castellano, Rafael Lapesa o Manuel Sanchis Guarner). Entre los logros de este grupo de investigadores, con frecuencia denominado Escuela de Filología Española,[2] destacan la inauguración del primer laboratorio de fonética de España tras el viaje formativo de Navarro Tomás por Europa (1912–1914) (Sánchez Ron 2007); la fundación de la *Revista de Filología Española* (1914), que sirvió para difundir artículos rigurosos sobre lingüística y literatura; la preparación de ediciones de textos medievales tanto literarios como no literarios —*Fueros leoneses* (1916), *Documentos lingüísticos de España. Reino de Castilla* (1919), *Crestomatía del español medieval*—, que facilitaron la puesta a disposición de la comunidad científica de fuentes transcritas con fiabilidad y con criterios filológicos; la traducción de grandes obras de la lingüística de la época debidas a prestigiosos investigadores extranjeros como la de la *Introducción a la lingüística románica* de Meyer-Lübke por Américo Castro (1927); trabajos lexicográficos como los que darían pie al *Léxico Hispánico Primitivo*; o, los preparativos para las encuestas del *Atlas lingüístico de la Península Ibérica*, cuya recogida de datos se llevó a cabo en su mayor parte entre 1931 y 1936 (García Mouton et al. 2016).

Toda esta actividad hizo posible que en poco más de veinte años (los que median simbólicamente entre la publicación del *Manual* y de *Orígenes*) la filología y lingüística españolas pasaran de hallarse en un estado muy embrionario a situarse en pie de igualdad con las filologías y lingüísticas francesa o italiana. Tanto es así, que uno de los alumnos del Centro, Amado Alonso, estaba en 1926 en condiciones de entablar un debate público sobre la subagrupación del catalán dentro de la Romania con el romanista más renombrado del momento, Meyer-Lübke.

En lo que concierne a la fonética histórica del español medieval, las aportaciones principales vinieron directamente de Menéndez Pidal, y en especial, de sus *Orígenes*. A partir del examen de un amplio volumen de datos documentales procedentes en su mayoría de textos notariales altomedievales, don Ramón se encargó de caracterizar los orígenes tardíos (siglos IX–XII) del español. Las dos cuestiones esenciales a las que aspiraba a responder en *Orígenes* tenían que ver con la fonética (describir la evolución de los sonidos del castellano y de sus iberorromances vecinos) y con la dialectología (fijar las áreas de expansión de las variedades lingüísticas peninsulares, en concreto, de las tres centrales: la astur-leonesa, la castellana y la navarro-aragonesa). Puesto que en la lingüística histórico-comparada del XIX e inicios del XX el componente fónico de las lenguas ocupaba un lugar preeminente, no debe sorprender que para los investigadores adscritos a esta corriente (Menéndez Pidal entre ellos) la fonética fuera a un tiempo el tema principal de sus pesquisas y la base sobre la que asentar sus conclusiones acerca del ser de toda una lengua. A causa de la inexistencia de testimonios de gramáticos o juicios de hablantes para la época medieval y del limitado desarrollo técnico de la fonética experimental, las averiguaciones realizadas hasta mediados del siglo XX sobre cómo era la pronunciación de los iberorromances en la Edad Media estuvieron abocadas a extraer casi toda su información de los documentos, teniendo que determinar, en textos altamente poligráficos, qué alternancias gráficas poseían un valor fonético y cuáles no.[3]

Las conclusiones a las que llegó don Ramón en su estudio le permitieron, desde un punto de vista fonético, describir mediante la interpretación de las grafías los estadios evolutivos de varios cambios en el español de orígenes (p. ej., la vocalización de /l/ en las secuencias AL + consonante o el cambio de las secuencias -MIN- a [mbɾ]), y, desde el punto de vista dialectal, determinar que los rasgos fonéticos prototípicos del castellano eran aquellos del dialecto de la ciudad de Burgos y alrededores (F- > [h] > [ø]; -CUL-, -GUL-, -LIV- > [ʒ]; -CT- > [tʃ]; -SCI-, -STI- > [ts]; pérdida de la consonante palatal en GE,I, I-; no diptongación de ĕ y ŏ ante *yod*; ausencia de L- > [ʎ]). Esto último le sirvió a Menéndez Pidal para tres propósitos: 1) diferenciar al castellano de otros iberorromances circundantes a él, 2) delimitar la difusión del castellano por la Península, y 3) afirmar el papel del castellano como componente fundamental en la formación del español moderno al expandirse, como una cuña invertida, por la Península acompañando el avance militar y político de Castilla (Menéndez Pidal 1950, §§ 100–102).

Hacia mediados del siglo XX, tanto el monumental peso of Menéndez Pidal en la filología española como la consolidación y emergencia durante el segundo tercio de la centuria de escuelas y teorías en Europa y en América (estructuralismo y generativismo) que orientaron su atención hacia los aspectos sincrónicos de la lengua condujeron a la asunción generalizada de que las conclusiones alcanzadas en *Orígenes* eran definitivas y a que durante algún tiempo no se sintiera la necesidad de continuar investigando la fonética del castellano altomedieval.

3. Perspectivas actuales

Esta situación lleva cambiando desde hace varias décadas, merced a la aparición de contribuciones muy relevantes hechas desde diversas disciplinas como la grafemática, la dialectología, la fonología y la fonética experimental, las cuales están estimulando una revisión de varios de los planteamientos menendezpidalianos, por un lado, y la mejora, por otro lado, del conocimiento de otros ámbitos menos frecuentados por don Ramón como la evolución fonético-fonológica del español en la Baja Edad Media (siglos XIII–XV).

En lo tocante a las aportaciones desde la grafemática a la interpretación de la escritura durante el periodo altomedieval, la discusión pasa por el debate surgido a partir de las propuestas de Wright (1989). Menéndez Pidal (1950, § 95) estableció que, fruto del distanciamiento entre la lengua escrita y la lengua hablada (diglosia), los documentos anteriores al siglo XII podían clasificarse en tres categorías según el nivel de latín del escriba: textos cultos escritos en latín escolástico por escribas eruditos y textos notariales escritos por autores semicultos que o bien cometían errores ocasionales o bien escribían en un latín trufado de elementos romances procedentes del registro oral (latín arromanzado). Frente a esta tipología, Wright propone, especialmente para los textos en ese latín arromanzado, que no existía una diglosia, sino que había un monolingüismo en el que el romance era utilizado en la comunicación oral y en la lectura de textos, y la ortografía latina heredada de la Antigüedad era usada en la comunicación escrita. Según esto, en la interpretación menendezpidaliana las desviaciones de la norma ortográfica latina son resquicios por los que se cuela el romance oral, mientras que en la interpretación de Wright estas desviaciones son perfeccionamientos de la norma ortográfica para hacerla menos logográfica y más fonológica. Aunque estas dos posturas parecen irreconciliables, en gran medida por el gigantesco (y a veces agrio) debate que han levantado en el seno de la filología hispánica, es posible, como señala Pensado, que ambas tengan parte de razón: "According to the evidence provided by obstruent mis-spellings, LVL [Leonese Vulgar Latin] was most probably read as Romance. But this does not imply that no awareness of a distinction between spoken Romance and the written norm was felt. Both initial hypotheses are partly true: LVL was read as Romance but it was probably felt as Latin" (Pensado 1991, 201).[4]

No obstante, ya estemos ante textos escritos en un mal latín (Menéndez Pidal) o ante textos escritos en un buen romance (Wright), las oportunidades que nos abren estos textos para conocer la pronunciación de la lengua durante el periodo altomedieval están basadas en los casos en los que el escriba pierde la referencia con el estándar de la tradición ortográfica latina, viéndose conducido, por obligación o por impericia, a ofrecernos una versión más fonológica de la escritura. Esto ocurre con antropónimos, topónimos, arabismos y faltas ortográficas. A este respecto, del mismo modo que no todas las alternancias gráficas tienen el mismo valor fonético (p. ej., <ch> = [k], [tʃ] frente a <g>, <gg>, <j> = [ʒ] o <ñ>, <nn>, <ni> = [ɲ]) también cabe pensar que no toda la variación fonética existente en el habla (o en la lectura) de los iberorromances altomedievales tuvo reflejo en la escritura de la época. Esto se hace patente en aquellos casos en los que la cronología relativa de un proceso fonético exige figurarse que los cambios de ese proceso acontecieron con anterioridad al siglo XI. Tal es el caso de las secuencias -MIN- en su evolución a [mbɾ] (FEMINAM > *hembra*, *LUMINEM > *lumbre*, SEMINĀRE > *sembrar*) (Gutiérrez 2015, 2018a). En línea con los argumentos de Pensado y Sánchez-Prieto Borja, ejemplos como estos llevan a aceptar que, junto a la estratificación social y situacional inherente a todo hecho lingüístico (Bustos Tovar 2005), existía un cierto grado de logografismo en la escritura altomedieval peninsular que impidió que una cantidad aún por determinar de cambios fonéticos se transluciera en los textos. No obstante, no conviene olvidar que para este mismo periodo también están aún por determinar muchas alternancias gráficas que carecían de valor fonético, como <auC>, <aucC>, <ocC> de ALC- (ALTARIUM, SALTUM > *autario, sauto, saucto, octeiro, soto*) en vista de que la vocalización de /l/ en [w] no parece manifestarse en arabismos (Gutiérrez 2013).

En términos escriturarios, el siglo XII supone la paulatina escisión de la escritura latina y de la escritura romance, con esta última adquiriendo caracteres cada vez más diferenciados. Esta separación culmina entre finales del XII y principios del XIII, propiciando la escrituración de las primeras obras literarias en romance, que datan, no por casualidad, de esos años. Las dos características principales de la escritura romance del siglo XIII en comparación a la de la época de orígenes son su menor grado de poligrafismo y una relación más unívoca entre grafía y fonema (Sánchez-Prieto Borja 2005). Esto ha posibilitado que se haya podido constatar, por ejemplo, que la confusión de sonoridad entre las sibilantes castellanas /s/-/z/, /ts/-/dz/ y /ʃ/-/ʒ/ ya estaba en marcha en la segunda mitad del XIII por la pareja de las fricativas alveolares (Sánchez González de Herrero 2013). Durante los siglos XIV y XV, sin embargo, la creciente artificiosidad de la escritura (aumento de la cursividad, de abreviaturas y de elementos superfluos como linetas o letras: p. ej., *hes* por *es* o *publlico* por *publico*) condujo a un nuevo logografismo, si bien de diferente naturaleza que el altomedieval en tanto que estaba motivado por condicionamientos paleográficos y por la cultura escrita de la Baja Edad Media (Sánchez-Prieto Borja 2006). Ello no ha impedido a los investigadores observar rasgos de continuidad en la fonética del XV con respecto a la del siglo anterior, como el avance del ensordecimiento de /z/, la desafricación (al menos en el habla popular) de las africadas /ts/ y /dz/ o los primeros casos de yeísmo (Cano Aguilar 2005; Lapesa 1981, § 93).

Con todo, uno de los principales progresos desde el punto de vista documental está siendo desde comienzos del siglo XXI la creación de numerosos corpus en línea, los cuales están facilitando el acceso de investigadores de todo el mundo a documentos y a transcripciones fiables realizadas con criterios filológicos. Para el castellano medieval los más relevantes son los desarrollados dentro de la Red CHARTA y dentro del Hispanic Seminary of Medieval Studies.

En cuanto a las aportaciones desde la dialectología tanto sincrónica como diacrónica, estas se han venido sucediendo desde mediados del siglo XX[5] presentando argumentos contra la visión menendezpidaliana acerca de la uniformidad interna del castellano en Castilla y mostrando su natural variación diatópica en su primitivo solar, en consonancia con la variación interna que a su vez exhibe el resto de iberorromances.[6] Contribuciones como las mencionadas han hallado repetidamente, por ejemplo, que -MB- se conserva como [mb] a lo largo de las vertientes norte y sur de la cordillera Cantábrica (celt. *ambelica > cast. *ambelga* y *embelga*, CAMBAM > cast. *camba*); que la evolución de [dj] latinovulgar no se limita solo a [ʝ] (RADIUM > cast. *rayo*) y [ts] (> [θ]) (GAUDIUM > cast. *goço*), sino que se extiende a [ʒ] (> [x]) (REPUDIUM > cast. *rebojo*, RADIĀRE > cast. *rajar*) y [tʃ] (*ASSEDIUM > cast. *secha*, RADIĀRE > cast. *rachar*); que –LIV-, -CUL- y -GUL- latinos ofrecen resultados deslateralizados autóctonos en castellano, pero también en leonés (CONCILIUM > leon. *conceyo*) o mozárabe (AURICULAM > mozár. *uraý(ŷ)a*, *ŷ* = [jj]); que -CT- se puede reducir en [t] en lugar de evolucionar a [tʃ] (COLLECTAM > sant. *cogeta*, EXSUCTUM > sant. *enjuto*); o que la lateral en las secuencias -ALC- y -ALIC- puede no vocalizar (FALCEM > cast. *falce*, CALICEM > cast. *calce*, SALICEM > cast. *salce*, frente a *hoz*, *cauce* y *sauce*). Recientemente, Fernández-Ordóñez (2011), siguiendo la estela de estudios dialectales de este tipo, ha articulado un detallado estado de la cuestión en el que insiste en la misma doble conclusión: que tanto la expansión del castellano por la Península Ibérica, fragmentando con su singularidad la unidad lingüística peninsular, como el papel protagónico de este iberorromance en la formación del español frente al astur-leonés y el navarro-aragonés son nociones que deben replantearse o, cuando menos, matizarse de manera sustancial.[7] No obstante, como señala Torrens Álvarez (2018, § 10.4), ante la realidad, siquiera intuitiva, de que un texto castellano bajomedieval puede resultar más accesible para un hablante de español actual que uno en leonés o en aragonés, sí parece necesario admitir que el castellano tuvo un papel mayor que el astur-leonés y el navarro-aragonés en la formación del español. En cualquier caso, como advierte la propia Torrens Álvarez (2018, 204) "esta es una cuestión no resuelta, que requerirá del análisis de un corpus textual muy amplio y variado tanto en geografía como en cronología y tipología discursiva".

4. Perspectivas futuras y conclusiones

Finalmente, las aportaciones desde la fonología y la fonética experimental forman uno de los frentes en los que más se ha progresado últimamente y que, a su vez, más proyección futura tiene.

Si bien los documentos escritos son una gran ventaja en el estudio de la fonética histórica de cualquier lengua y pueden ayudar tremendamente en la fijación de las cronologías reales de los cambios, es igualmente evidente que no deben constituir la única herramienta en esta tarea y que en el establecimiento de las cronologías relativas hay que complementarlos con datos de otro tipo. En el caso del castellano medieval, desde Menéndez Pidal hasta la actualidad, los datos para la descripción del cambio fónico han provenido primordialmente de las grafías y, en menor medida, de la dialectología, mientras que las explicaciones a esos cambios, cuando se han dado, han estado basadas en el papel del hablante simplificando o facilitando pronunciaciones complejas o extrañas,[8] así como en las relaciones estructurales entre las unidades del sistema fonológico.[9] El problema con estos marcos teóricos y metodologías no es que fueran empleados en su momento o que continúen vigentes en la actualidad si, tras haberse confrontado con otras aproximaciones, se ha comprobado su validez; el problema es que su perpetuación en el campo de la fonética histórica del español se deba en muchas ocasiones a la falta de atención concedida a todo aquello que no haya emanado de la tradición filológica hispánica, como resultado del cada vez más acentuado distanciamiento de la fonética histórica del español con respecto a la lingüística general y, concretamente, a la fonología y fonética sincrónicas.

En esta coyuntura, los trabajos de Carmen Pensado en los años 80 y 90 del siglo XX (Pensado 1984, 1986a, 1986b, 1993, 1996), incorporando adelantos de las teorías fonológicas del momento, representaron una apertura de la fonética diacrónica del español a aproximaciones que ponían su énfasis en los aspectos lingüísticos de la historia de la lengua más que en los estrictamente filológicos. La valía de esta línea de investigación ha conducido a que desde principios del siglo XXI autores como García Santos (2002), Wireback (2009, 2010, 2014, 2015), Rost Bagudanch (2011, 2014, 2018), Zampaulo (2013) o Gutiérrez (2015, 2016, 2017, 2018b, 2020) estén realizando reseñables contribuciones en el campo de la fonética histórica del castellano medieval. El denominador común de estos investigadores es la concesión de un papel secundario a las grafías en el estudio del cambio fónico y la utilización, en su lugar, de datos procedentes de la teoría fonológica y de la fonética experimental, en los que se atiende a la articulación y aerodinámica de la producción de los sonidos del habla, al papel del oyente o a la frecuencia. Esto ha permitido superar el descriptivismo de la mayoría de los estudios tradicionales y avanzar hacia explicaciones más refinadas tanto sobre la iniciación de un cambio fónico determinado como sobre las sucesivas etapas de su evolución.

Así, por ejemplo, Wireback (2015) ha tratado de mostrar, en paralelo con el proceso de lenición de las consonantes oclusivas en la Romania occidental (/pː, tː, kː/ > /p, t, k/ > /b, d, g/), que la rótica múltiple /r/ intervocálica en castellano no ha sido transferida sin alteración desde el latín, sino que es resultado de la degeminación de la rótica geminada latina /rː/ en contexto intervocálico (lat. CARRUM [ˈkarːum] > cast. *carro* [ˈkaro]). Por su parte, Zampaulo (2013) y Rost Bagudanch (2018) han concluido por vías diferentes que la deslateralización de la /ʎ/ salida de los grupos y secuencias latinos -LIV-, -CUL- y -GUL- (MULIEREM > *mujer*, OCULUM > *ojo*, TEGULAM > *teja*) pasó probablemente por una /ʝ/ o /j/ en su camino hacia /ʒ/ en castellano; esa /ʝ/ o /j/ estuvo en oposición fonológica con la /ɟ/ salida de [j, jː, ˈɛ, bj, dj, ɟj, ge,i] latinovulgares (EXAGIUM > *ensayo*, IAM > *ya*, PODIUM > *poyo*, RUBEUM > *royo*), lo que posibilitó que estas dos palatales no convergieran en el mismo fonema. Igualmente, Gutiérrez (2015, 2016, 2017) ha argumentado que el rotacismo de la nasal en las secuencias latinas -MIN- > cast. [mbɾ] (*NOMINEM > *nombre*), -NDIN- > cast. [ndɾ] (*LENDINEM > *liendre*) y -NGUIN- > cast. [ŋgɾ] (SANGUINEM > *sangre*) fue anterior a la síncopa de la vocal átona, ya que dicho proceso es más común en posición intervocálica en las lenguas del mundo por estar mejor motivado fonéticamente ([VnV] > [VɾV]).

Es necesario hacer hincapié en que el objetivo de una fonética histórica del español más basada en datos fonológicos y fonéticos que en filológicos no es prescindir por completo de la información documental, sino utilizarla de manera complementaria, interpretando las grafías a partir de lo que se colija sobre un cambio fónico por medio de la fonología y de la fonética experimental. Como se ha repetido tantas veces, los escribas y copistas medievales no eran fonetistas ni dialectólogos; más bien su habilidad para representar de forma escrita la pronunciación estaba mediada por circunstancias tan ajenas a la fonética y a la dialectología contemporáneas como la cultura escrita de su época, la tradición escrituraria de la que participaran y su formación. Por esta razón, aunque los documentos pueden proveer información valiosa de diversa naturaleza,[10] nos revelan más bien poco acerca de los mecanismos articulatorios, acústicos o perceptivos que pudieron tener que ver con un cambio y, sobre todo, acerca del orden más probable en el que los posibles estadios intermedios pudieron sucederse.

Esta cuestión de los estadios intermedios o de la cronología relativa evidencia muy claramente los dos problemas que pueden surgir al hacer un uso preferencial de las grafías en fonética histórica. El primer problema se deriva de interpretar fónicamente las grafías y asumir que están jalonando las etapas de la evolución. Un ejemplo de esto son las ya citadas secuencias latinas -NGUIN-, que en varios iberorromances, pero no el castellano, se escribieron <ngn> y <gn> en la Edad Media (SANGUINEM > ast., rioj., nav., arag. *sangne, sagne*). Haciendo una lectura fonológica de <ngn> se dedujo que la cadena de cambios fue -NGUIN- > cast. [ŋgn] > cast. [ŋgɾ] (Baist 1888, 706–707; Lloyd 1993, 332; Menéndez Pidal 1941, § 54$_2$; Penny 2006, 111). Sin embargo, en una secuencia triconsonántica como [ŋgn] (silabada [ŋg.n]) lo más factible hubiera sido que la oclusiva se elidiera y que la secuencia [ŋn] palatalizara en [ɲ] (*cf.* PUGNUM [ˈpuɲnum] > cast. *puño*, SIGNA [ˈsiɲna] > cast. *seña*). De hecho, esta es la lectura que deben recibir *sangne* y *sagne* en asturiano, riojano, navarro y aragonés, como *congnobi* (< COGNOUI) en el primer documento falso de Valpuesta compuesto en realidad hacia el año 1100. Por ello, y por los casos de rotización de la nasal en las secuencias -NDIN- en romances que no han sufrido síncopa de la vocal átona (*GLANDINEM > sard. *lándiri*; HIRUNDINEM > gall. *anduriño*, *LENDINEM > sard. *léndiri*) parece más acertado sostener que en castellano el rotacismo fue anterior a la síncopa en estas secuencias (-NGUIN- > [ŋgVɾ] > [ŋgɾ]) (Gutiérrez 2017).

El segundo problema acontece cuando los documentos dan directamente la solución final romance sin contener rastro alguno de grafías interpretables como estadios intermedios. Ante la escasez de los fondos documentales castellanos para la Alta Edad Media, esta es la situación más común de la mayoría de cambios fonéticos, lo cual supone una gran limitación. Un ejemplo es la evolución de los grupos latinos -BE, I-, -VE, I- > [ʝ] (FOVEAM > cast. *hoya*, RUBEUM > cast. *royo*), que a causa del paralelismo con los otros grupos de oclusiva sonora + *yod* ([dj], [gj] > [ʝ]: RADIUM > *rayo*, FUGIO > *huyo*) se ha explicado como una palatalización por fusión gestual (Ariza 2012, 130; Menéndez Pidal 1941, § 53$_1$). Sin embargo, [ʝ] desde -BE, I-, -VE, I- no es fruto de una fusión gestual, puesto que los segmentos implicados son producidos por articuladores distintos. En su lugar, -BE, I-, -VE, I- > [ʝ] es fruto de un proceso que consistió en un paulatino reforzamiento de la [j] y en un debilitamiento de la oclusiva bilabial (-BE, I-, -VE, I- > [bj] > [bʝ] > [ʝ]; *cf.* APROPPIĀRE > prov. ant. *propchar*, *RABIAM > gasc. *arràujo*) (Gutiérrez 2020).

Todo esto advierte sobre los inconvenientes de utilizar prioritariamente las grafías para establecer una evolución fonética, ya que lo concluido puede no ajustarse a lo esperable ni fonética ni tipológicamente y conducir a descripciones erróneas. Por el contrario, la consideración primaria de los datos fonético-fonológicos y su conciliación ulterior con los datos gráficos es un procedimiento que de seguro continuará reportando provechosos resultados de cara al futuro en el análisis de la fonética y fonología del castellano medieval.

Notas

1 Lista de abreviaturas referidas a las lenguas y dialectos mencionados a lo largo del artículo: ant. = antiguo, arag. = aragonés, ast. = asturiano, cast. = castellano, celt. = celta, gall. = gallego, gasc. = gascón, lat. = latín, leon. = leonés, mozár. = mozárabe, nav. = navarro, prov. = provenzal, rioj. = riojano, sant. = santanderino, sard. = sardo.

2 Aunque no perteneció estrictamente a esta Escuela, la figura de Vicente García de Diego corre paralela y complementaria a ella. Por razones de espacio, injustamente aquí solo puedo dedicarle unas pocas palabras, pero sus estudios sobre dialectología y etimología, publicados desde principios del siglo XX, son de capital importancia para la iberorromanística y hacen de él uno de los más eminentes lingüistas

españoles de todos los tiempos. Su *Diccionario etimológico español e hispánico*, compañero obligado del *Diccionario crítico etimológico castellano e hispánico* de Corominas, es junto a su *Gramática histórica española* y su *Manual de dialectología española*, el culmen de su obra, que, como dice José Polo (1986, 199), representa "en forma insuperable la 'naturalísima' unión de la dialectología con la gramática histórica plena". Para una semblanza biobibliográfica de don Vicente, véase Lodares (1990).

3 Menéndez Pidal (1941, 31–32) expone el método de trabajo con estas palabras: "La Fonética histórica, que estudia las transformaciones de la pronunciación desde la época latina a la actual se funda casi únicamente en el estudio de los sonidos tal como han sido escritos. [...] Confrontando el análisis de los sonidos modernos con las vagas indicaciones de los gramáticos de tiempos pasados y con las mudanzas de la grafía a través de las diversas edades llegamos a conocer la evolución que interesa a la fonética".

4 En un sentido similar, pero dentro de una propuesta más elaborada, Sánchez-Prieto Borja (1998, 456) sugiere que "el binomio 'escritura'/'valor fonético' podría reemplazarse por la tríada 'escritura'/'valor fonético en la lectura'/'valor fonético en el uso conversacional'".

5 La nómina de trabajos de esta clase es amplísima; aquí se citan algunos de los más relevantes: García de Diego (1950, 1978), González Ollé (1953, 1960, 1964), Galmés de Fuentes (1965), Llorente (1965, 1983, 1991), Catalán (1989a, 1989b), Pascual (1996), Cano Aguilar (1998), Morala Rodríguez (2002); y entre los atlas lingüísticos, el *ALPI* (Navarro Tomás *et al.* 1962, García Mouton *et al.* 2016) y los regionales coordinados por Alvar (*ALCyL, ALEANR, ALECant*).

6 Y desmontando, asimismo, la pretendida unidad del conjunto del iberorromance hasta el siglo XII planteada por Wright (1993, 2002).

7 Especialistas como Cano Aguilar (1998) ya expresaron esta idea con anterioridad.

8 Estos han sido los argumentos para justificar, por ejemplo, la elisión de las consonantes oclusivas sordas en la evolución de los grupos [Cl] (PLANUM > *llano*, CLAVEM > *llave*) (Lloyd 1993, 363) o la epéntesis de las consonantes oclusivas sonoras en las secuencias secundarias de nasal + rótica (HUMERUM > *hombro*, INGENERĀRE > *engendrar*) (Menéndez Pidal 1941, § 59; Penny 2006, 111).

9 Por ejemplo, Alarcos Llorach (1951) sobre la transfonologización de /ʃ/ a /x/, o Ariza (2012) sobre la desfonologización de /β/ para convertirse en alófono de /b/.

10 Además de la cronología real, es decir, del momento concreto de la historia en el que un cambio fonético pudo consumarse, también pueden ofrecer datos sobre el contexto o la posición silábica en la que un cambio pudo comenzar, así como sobre el tipo de segmentos en los que un cambio pudo empezar a manifestarse.

Lecturas recomendadas

Menéndez Pidal (1941) es la obra fundacional con la que todo interesado en la materia debe iniciarse.
Rost Bagudanch (2014) es excelente ejemplo de cómo la fonética experimental sincrónica puede informar la fonética diacrónica.
Torrens Álvarez (2018) es manual de reciente publicación que recoge y expone con solvencia varios de los principales avances en el campo de la historia del español.

Bibliografía citada

Alarcos Llorach, E. 1951. "Esbozo de una fonología diacrónica del español". En *Estudios dedicados a Menéndez Pidal*, vol. 2, 1–39. Madrid: CSIC.
ALCyL = Alvar López, M. 1999. *Atlas lingüístico de Castilla y León*. Salamanca: Junta de Castilla y León.
ALEANR = Alvar López, M. 1979–1983. *Atlas lingüístico y etnográfico de Aragón, Navarra y La Rioja*. Madrid: La Muralla y Institución "Fernando el Católico".
ALECant = Alvar López, M. 1995. *Atlas lingüístico y etnográfico de Cantabria*. Madrid: Arco/Libros.
Ariza, M. 2012. *Fonología y fonética históricas del español*. Madrid: Arco/Libros.
Baist, G. 1888. "Die spanische Sprache". En *Grundriss der romanischen Philologie, I. Band*, 689–714. Strassburg: Trübner.
Bustos Tovar, J. J. 2005. "La escisión latín-romance. El nacimiento de las lenguas romances: el castellano". En *Historia de la lengua española*, coord. R. Cano Aguilar. 2.ª ed., 259–290. Barcelona: Ariel.
Cano Aguilar, R. 1998. "Los orígenes del español: nuevos planteamientos". En *Estudios de lingüística y filología españolas. Homanaje a Germán Colón*, 127–140. Madrid: Gredos.

Cano Aguilar, R. 2005. "Cambios en la fonología del español durante los siglos XVI y XVII". En *Historia de la lengua española*, coord. R. Cano Aguilar. 2.ª ed., 826–857. Barcelona: Ariel.

Catalán, D. 1989a. *El español. Orígenes de su diversidad.* Madrid: Paraninfo.

Catalán, D. 1989b. *Las lenguas circunvecinas del castellano. Cuestiones de dialectología hispano-románica.* Madrid: Paraninfo.

Cornu, J. 1884. "Mélanges espagnols". *Romania* 13: 285–314.

Fernández-Ordóñez, I. 2011. "El norte peninsular y su papel en la historia de la lengua española". En *Estudios sobre tiempo y espacio en el español norteño*, 23–68. San Millán de la Cogolla: Cilengua.

Galmés de Fuentes, Á. 1965. "Resultados de -LL- y LY-, -C'L- en los dialectos mozárabes". *Revue de Linguistique Romane* 29: 60–97.

García de Diego, V. 1950. "El castellano como complejo dialectal y sus dialectos internos". *Revista de Filología Española* 34: 107–134.

García de Diego, V. 1978. *Manual de dialectología española.* Madrid: Centro Iberoamericano de Cooperación.

García Mouton, P. (coord.), I. Fernández-Ordóñez, D. Heap, M. P. Perea, J. Saramago and X. Sousa. 2016. *ALPI-CSIC.* www.alpi.csic.es/.

García Santos, J. F. 2002. *Cambio fonético y fonética acústica.* Salamanca: Ediciones Universidad de Salamanca.

Gessner, E. 1867. *Das Altleonesische. Ein Beitrag zur Kenntnis des Altspanischen.* Berlín: Starcke.

González Ollé, F. 1953. "El habla de Quintanillabón (Burgos)". *Revista de Dialectología y Tradiciones Populares* 9 (1): 3–65.

González Ollé, F. 1960. "Características fonéticas y léxico del Valle de Mena (Burgos)". *Boletín de la Real Academia Española* 40: 67–85.

González Ollé, F. 1964. "El habla de Burgos como modelo idiomático en la historia de la lengua española y su situación actual". En *Presente y futuro de la lengua española*, 227–237. Madrid: Ediciones Cultura Hispánica.

Gutiérrez, C. 2013. "Monoptongación de [aw] primario y secundario en español antiguo". Comunicación presentada en el 17th Hispanic Linguistics Symposium. Ottawa.

Gutiérrez, C. 2015. "La evolución de las secuencias latinas [min] en español". *Zeitschrift für romanische Philologie* 131 (1): 57–93.

Gutiérrez, C. 2016. "Apuntes sobre la historia de la voz *grama* en español". *Studies in Hispanic and Lusophone Linguistics* 9 (2): 275–298.

Gutiérrez, C. 2017. "La lenición de consonantes nasales en secuencias trinconsonánticas en español medieval". *Revue de Linguistique Romane* 81: 43–69.

Gutiérrez, C. 2018a. "Árabe *attúmn* > español *azumbre*". *Boletín de la Real Academia Española* 98: 161–176.

Gutiérrez, C. 2018b. "Competencia entre palatalización y nasalización en las secuencias -NGUL- en castellano". *Zeitschrift für romanische Philologie* 134 (2): 404–418.

Gutiérrez, C. 2020. "La relación entre la palatalización y las consonantes labiales en castellano". *Loquens* 7 (1): 1–11.

Lapesa, R. 1981. *Historia de la lengua española.* 9.ª ed. Madrid: Gredos.

Llorente, A. 1965. "Algunas características lingüísticas de La Rioja en el marco de las hablas del valle del Ebro y de las comarcas vecinas de Castilla y Vasconia". *Revista de Filología Española* 43: 321–350.

Llorente, A. 1983. "Correspondencias entre el léxico salmantino y el léxico de Aragón, Navarra y Rioja". En *Serta Philologica F. Lázaro Carreter. I. Estudios de Lingüística y Lengua Literaria*, 329–341. Madrid: Cátedra.

Llorente, A. 1991. "Las hablas aragonesas en las fronteras occidentales (límites con La Rioja, Soria, Guadalajara y Cuenca)". En *Actas del I Congreso de Lingüistas Aragoneses*, 153–167. Zaragoza: Departamento de Cultura y Educación del Gobierno de Aragón.

Lloyd, P. M. 1993. *Del latín al español, I. Fonología y morfología históricas de la lengua española.* Madrid: Gredos.

Lodares, J. R. 1990. "Vicente García de Diego y su contribución a la filología románica hispánica". *Boletín de la Real Academia Española* 70: 591–625.

Menéndez Pidal, R. 1941. *Manual de gramática histórica española.* 6.ª ed. Madrid: Espasa-Calpe.

Menéndez Pidal, R. 1950. *Orígenes del español. Estado lingüístico de la península ibérica hasta el siglo XI.* 3.ª ed. Madrid: Espasa-Calpe.

Morala Rodríguez, J. R. 2002. "De la complejidad interna del castellano en Castilla (y León)". En *Pulchre, bene, recte. Estudios en homenaje al Prof. Fernando González Ollé*, 955–969. Pamplona: EUNSA.

Muñoz y Manzano, C. 1893. *Biblioteca histórica de la filología castellana.* Madrid: Imprenta y fundición de Manuel Tello.

Navarro Tomás, T. (dir.), F. de B. Moll, A. M. Espinosa, L. F. Lindley Cintra, A. Nobre de Gusmão, A. Otero, L. Rodríguez Castellano and M. Sanchis Guarner. 1962. *Atlas lingüístico de la Península Ibérica, vol. 1: Fonética*. Madrid: CSIC.

Pascual, J. A. 1996. "Variación fonética o norma gráfica en el español medieval. A propósito de los dialectos hispánicos centrales". *Cahiers de Linguistique Hispanique Médiévale* 21: 89–104.

Penny, R. 2006. *Gramática histórica del español*. Barcelona: Ariel.

Pensado, C. 1984. *Cronología relativa del castellano*. Salamanca: Ediciones Universidad de Salamanca.

Pensado, C. 1986a. "*Comha, ravha* y otras grafías similares en portugués medieval". *Verba* 13: 329–340.

Pensado, C. 1986b. "El contacto de sílabas como origen de la evolución de las secuencias de consonante + wau en romance". *Revista de Filología Románica* 4: 73–110.

Pensado, C. 1991. "How Was Leonese Vulgar Latin Read?". En *Latin and the Romance Languages in the Early Middle Ages*, ed. R. Wright, 190–204. London: Routledge.

Pensado, C. 1993. "El ensordecimiento castellano: ¿un 'fenómeno extraordinario'?". *Anuario de lingüística hispánica* 9: 195–230.

Pensado, C. 1996. "La velarización castellana /ʃ/ > /x/ y sus paralelos romances". En *Actas del III Congreso Internacional de Historia de la Lengua Española*, eds. A. Alonso et al., vol. 1, 153–170. Madrid: AHLE, Arco/Libros y Fundación Duques de Soria.

Polo, J. 1986. "Tres clásicos de la gramática histórica española. Bibliografía y antología parcial de reseñas". *Revista de Filología Románica* 4: 199–211.

Rost Bagudanch, A. 2011. *Variación en los procesos de palatalización de yod segunda*. Tesis doctoral. Universitat de Girona.

Rost Bagudanch, A. 2014. "A vueltas con la naturaleza del cambio fonético-fonológico: los casos de /nj/ y /lj/". *Revista de Filología Románica* 31 (2): 155–179.

Rost Bagudanch, A. 2018. "El ʒeísmo, ¿un paso más en la evolución yeísta?". En *Actas del X Congreso Internacional de Historia de la Lengua Española*, vol. 1, 427–446. Zaragoza: Institución "Fernando el Católico".

Sánchez González de Herrero, M. de las N. 2013. "Estudio lingüístico de la documentación medieval mirandesa. Algunas particularizaciones sobre el continuo norteño peninsular en la Edad Media a propósito de la documentación de Miranda de Ebro". *Oihenart* 28: 9–47.

Sánchez-Prieto Borja, P. 1998. "Fonética común y fonética de la lectura en la investigación sobre los textos castellanos medievales". En *Atti del XXI Congresso Internazionale di Linguistica e Filologia Romanza*, 455–470. Tubinga: Max Niemeyer.

Sánchez-Prieto Borja, P. 2005. "La normalización del castellano escrito en el siglo XIII. Los caracteres de la lengua: grafía y fonemas". En *Historia de la lengua española*, coord. R. Cano Aguilar. 2.ª ed., 423–448. Barcelona: Ariel.

Sánchez-Prieto Borja, P. 2006. "Interpretación fonemática de las grafías medievales". En *Actas del VI Congreso Internacional de Historia de la Lengua Española*, vol. 1, 219–260. Madrid: Arco/Libros.

Sánchez Ron, J. M. 2007. "Tomás Navarro Tomás y los orígenes de la fonética experimental en la JAE". *Asclepio* 59 (2): 63–86.

Torrens Álvarez, M. J. 2018. *Evolución e historia de la lengua española*. Madrid: Arco/Libros.

Wireback, K. J. 2009. "On palatalization and the origin of yod in Western Romance". *Romance Quarterly* 56: 55–67.

Wireback, K. J. 2010. "On the palatalization of Latin /ŋn/ in Western Romance and Italo-Romance". *Romance Philology* 64: 295–306.

Wireback, K. J. 2014. "On syncope, metathesis, and the development of Latin /nv̌r/ from Latin to Old Spanish". *Bulletin of Hispanic Studies* 91: 559–579.

Wireback, K. J. 2015. "On the strengthening of initial *r-* in the history of Ibero-Romance". *Romanische Forschungen* 127: 297–327.

Wright, R. 1989. *Latín tardío y romance temprano*. Madrid: Gredos.

Wright, R. 1993. "Sociolinguistique hispanique (VIIIe–XIe siècle)". *Médiévales* 25: 61–70.

Wright, R. 2002. "La sociolingüística y la sociofilología del siglo XII". En *VI Congreso Internacional de Historia de la Cultura Escrita, III*, 7–30. Alcalá de Henares.

Zampaulo, A. 2013. "Los caminos diacrónicos de la lateral palatal en la historia del castellano: evidencia cronológica, comparativa y dialectal para una nueva propuesta". *Revista de Historia de la Lengua Española* 8: 149–178.

14

Cambios fonológicos a partir del siglo XV (Postmedieval sound changes)

André Zampaulo

1. Introducción

En este capítulo se discuten los principales cambios que han caracterizado el sistema fonológico del español a partir del siglo XV. Específicamente, se detallan aspectos fundamentales relativos a seis procesos consonánticos: la coalescencia de labiales sonoras, la fonologización de las fricativas /f/ y /h/ con la pérdida subsiguiente de esta, la evolución de las sibilantes medievales, el yeísmo, la introducción de grupos consonánticos mediante étimos latinos y préstamos galorrománicos y el debilitamiento de /s/ en posición final de sílaba. A continuación, se ofrece una caracterización general de dichos procesos evolutivos, seguida de la identificación de los principales puntos de discusión acerca de los cambios en cuestión. A esta presentación le sigue la exposición de un grupo selecto de diferentes perspectivas de análisis que se han propuesto, así como ciertas lagunas importantes que debieran colmarse en los futuros trabajos de investigación.

Palabras clave: fonologización; coalescencia; fricativa; sibilante; palatal

This chapter discusses the main changes that have shaped the phonological system of Spanish from the 15th century onwards. Specifically, the fundamental aspects of six consonantal processes are described in detail: the merger of voiced labial consonants, the phonologization of fricatives /f/ and /h/ and the subsequent loss of the latter, the evolution of medieval sibilants, the emergence of *yeísmo*, the (re)introduction of consonantal groups through the incorporation of Latinisms and Gallicims, and the weakening of syllable-final /s/. There follows a characterization of these processes and a discussion of the mechanics of these changes. The chapter next describes a number of different analytical perspectives that have been proposed to account for these changes and concludes with the identification of certain important remaining gaps that ought to be filled in future research.

Keywords: phonologization; merger; fricative; sibilant; palatal

2. Conceptos fundamentales

La Baja Edad Media representa un período de gran relevancia para la constitución del sistema fonológico del español, puesto que abarca las raíces de varios cambios que vendrían a completarse en siglos posteriores. En cuanto a las vocales, el castellano de esa época ya contenía los mismos fonemas de la lengua actual, es decir, las vocales /i, e, a, o, u/. El sistema consonántico, por otro lado, estaba caracterizado por muchos procesos de variación, los cuales culminarían, siglos después, en una definitiva remodelación en el uso del espacio articulatorio.[1] Tal es el caso del primer proceso que aquí nos ocupa: la coalescencia entre oclusivas y fricativas sonoras. Dentro de este grupo, las labiales sonoras mantuvieron supuestamente un contraste fonológico, más evidente entre vocales, hasta finales de la Edad Media. La hipótesis de dicho contraste, defendida inicialmente por Dámaso Alonso (1962, 155 y ss.), se basa en la grafía sistemática con la que se indicaban las labiales sonoras: mientras que el grafema <b> indicaba seguramente la oclusiva /b/, los grafemas <u, v> ante vocales sugieren la existencia de una consonante fricativa bilabial /β/ o más bien una fricativa labiodental /v/, como propone Amado Alonso (1949, 1967). Aunque se disputa la datación precisa de la coalescencia entre dichas labiales, es posible inferir la confusión entre ellas al menos en los registros informales del habla, como lo revelan Nebrija (1517, fol. 7r) y otros gramáticos de la época. A finales del s. XVI y principios del s. XVII, es muy probable que la coalescencia entre las labiales sonoras ya se hubiera completado en el habla de todas las capas sociales (Cano Aguilar 2005, 830).

Otro cambio relevante que caracteriza el mismo contexto histórico se refiere a la fonologización de la labiodental fricativa /f/ y la aspirada /h/. Como es bien sabido, en la Edad Media la aspirada se usaba en Castilla para las palabras que en latín contenían F, por lo que el fonema /f/ estaba ausente del cuadro consonántico del castellano (véase el capítulo 13). Sin embargo, el sonido [f] sí aparecía en distribución complementaria con otros alófonos del mismo fonema /h/, entre ellos la bilabial fricativa [ɸ] y la propia aspirada [h]. Mientras que [f] (o más bien [ɸ] o [ʍ]) solía pronunciarse ante la deslizada [w] y las líquidas [l] y [ɾ], la aspirada [h] (o más bien ø, por la frecuente elisión de [h]) se producía ante una vocal o la deslizada [j]. Así, FORTE > [ˈfweɾte]/ [ˈɸweɾte], FRIGU > [ˈfɾio]/[ˈɸɾio], OFFOCĀRE > [ahoˈɣaɾ]/[aoˈɣaɾ], FABA > [ˈhaβa]/[ˈaβa], etc. Esta situación vino a cambiar con la fonologización del contraste entre /f/ y /h/ a finales del s. XV. En esa época se introdujeron en el léxico del castellano muchos cultismos latinos y préstamos galorrománicos, escritos todos con el grafema <f>. De esta manera, empezó a usarse el sonido [f] tanto para representar la F latina (p. ej., *fugaz*, *fortunoso*) como para acercarse a la pronunciación de las palabras oriundas del francés y del occitano (p. ej., *farándula*, *fraile*, *follaje*, etc.). La nueva [f], por tanto, se usaba ahora también en los contextos en los que antes estaba ausente (es decir, ante vocales y la deslizada [j], p. ej., *familia*, *fiera*) y así estableció una pronunciación contrastiva con la aspirada [h], como ilustra la oposición entre el cultismo [ˈfoɾma] y el vocablo popular [ˈhoɾma] ('horma del zapatero'), ambos derivados del latín FORMA y escritos <forma>. La fonologización de /f/ y /h/ representó uno de los factores que impulsaron la normalización del grafema <h> para las palabras que contenían /h/ y la prescripción del grafema <f> para la nueva /f/ fonologizada a finales del s. XV y principios del s. XVI, siguiendo la recomendación de Antonio de Nebrija (1492, 1517). Sin embargo, en la misma época, la pérdida de /h/ en la pronunciación de muchos hablantes ya se había extendido desde el norte hacia el sur y caracterizaba el habla de varios grupos sociales, por lo que fue adquiriendo cada vez más el estatus de pronunciación normativa durante la segunda mitad del s. XVI, hasta generalizarse por (casi) todo el territorio en las décadas siguientes.

Asimismo, la evolución de otras consonantes fricativas, las sibilantes, constituye uno de los procesos más impactantes de la fonología histórica del español. Efectivamente, el ensordecimiento y la disimilación de las sibilantes en el castellano medieval representan dos de los cambios fonológicos mejor documentados y estudiados, principalmente por la eclosión de dos fonemas no sibilantes nuevos en el cuadro consonántico, a saber: la interdental fricativa /θ/ y la velar fricativa /x/. Además de la palatoalveolar africada /tʃ/, el castellano medieval tenía otras seis consonantes sibilantes, las cuales se contrastaban entre sordas y sonoras en posición intervocálica:

las dentoalveolares africadas /ts/ (ej., *deçir* 'bajar') y /dz/ (ej., *dezir* 'decir'), las fricativas alveolares /s/ (ej., *espesso* 'espeso') y /z/ (ej., *espeso* 'gastado'), y las fricativas palatoalveolares /ʃ/ (ej., *fixo* 'fijo') y /ʒ/ (ej., *fijo* 'hijo'). Este sistema contrastivo de seis sibilantes empezó a cambiar al principio del s. XVI cuando /ts/ y /dz/ se debilitaron y dieron lugar a las dentales fricativas /s̪/ y /z̪/, respectivamente. Algunas décadas después, en la mitad del mismo siglo, todas las sibilantes sonoras se ensordecieron y confluyeron con sus contrapartidas sordas, lo que redujo el sistema de sibilantes a tres: /s̪, s, ʃ/. Ya en la mitad del s. XVII, las sibilantes /s̪/ y /ʃ/ del castellano se distanciaron de la alveolar /s/, cambiándose a la interdental fricativa /θ/ y a la velar fricativa /x/, respectivamente.

En el sur de la Península, sin embargo, se produjeron cambios diferentes en cuanto a las sibilantes. En muchas partes del centro y del oeste de Andalucía, las fricativas alveolares /s/ y /z/ confluyeron con sus contrapartidas dentoalveolares /s̪/ y /z̪/, respectivamente. Tras el proceso de ensordecimiento en el s. XVI, la dentoalveolar /s̪/ emergió como la única sibilante adelantada en las áreas mencionadas, dando origen al fenómeno que se conoce tradicionalmente como *seseo*. En otras partes (p. ej., de Huelva, Cádiz, Málaga y Granada), se desarrolló una variante aún más adelantada, por lo que en vez de la dentoalveolar /s̪/, se prefirió más bien la articulación de una fricativa cuya percepción acústica remite a un sonido similar a la interdental /θ/, lo que suele llamarse *ceceo*. Finalmente, la palatoalveolar /ʃ/ dio lugar a la laríngea fricativa /h/ en muchas hablas andaluzas durante el s. XVII, en vez de evolucionar a la velar /x/ como sucedió en el castellano.

El español de la Edad Moderna también es testigo de otro cambio relevante para el sistema consonántico, a saber: la deslateralización de la lateral palatal /ʎ/ (< PL-, FL-, CL-, -LL-), cuyo resultado frecuentemente produce la pérdida del contraste fonológico entre esta consonante (ortográficamente representada por el grafema <ll>) y la fricativa palatal /j/ (ortográficamente representada por <y>) a favor de la segunda, lo que se conoce como *yeísmo*. Como evidencia de este fenómeno, muchos autores señalan la confusión gráfica entre <y> y <ll> ya en textos de los siglos XIII–XV, en los que se encuentran los vocablos *yeva* y *llago* para las formas castellanas 'lleva' y 'yago', respectivamente (Lloyd 1987, 344). En las colonias españolas en América, se documentan ejemplos como *ayá* en vez de 'allá' en Honduras en 1528, *hoyando* en vez de 'hollando' en la Ciudad de México en 1537 y *cogoio* en vez de 'cogollo' en Cuzco en 1549, entre otros (Kania 2010).

En la evolución del latín al castellano medieval, varios grupos consonánticos se redujeron a consonantes simples o dieron lugar a consonantes totalmente nuevas, como ilustran los ejemplos de (1) (Penny 2005, 608).

(1a) Reducción de grupos consonánticos latinos

    /pt/ > /t/   APTĀRE > *atar*
    /ps/ > /s/   IPSA > *essa* (después *esa*)

(1b) Nuevas consonantes derivadas de grupos consonánticos latinos

    /kt/ > /tʃ/   FACTU > *hecho*
    /gn/ > /ɲ/   PUGNU > *puño*
    /mn/ > /ɲ/   SCAMNU > *escaño*
    /ks/ > /ʃ/   DIXI > *dixe* (después *dije*)

Sin embargo, durante la Edad Media y el Siglo de Oro, varios préstamos que se introdujeron en el castellano culto provenían de adaptaciones de los correspondientes étimos latinos y galorrománicos, los cuales contenían los grupos consonánticos ya mencionados. Estos préstamos, a su vez, presentaban un problema para el castellano de entonces, cuyo sistema fonológico no permitía consonantes velares o /p/ en posición final de sílaba, ni tampoco /m/ antes de /n/, o /b/ antes de /d/ (en cuyo caso /b/ ya se elidía o se cambiaba a una deslizada, p. ej., *cobdo* > *codo*, *dubda* > *duda*, *debda* > *deuda*, *cabdal* > *caudal*, etc.). Este problema fonológico acabó solucionándose de dos maneras principales: por un lado, se redujeron esos grupos a una consonante simple (de manera similar a los ejemplos en 1a), y, por otro, se preservaron las consonantes, lo que en consecuencia introdujo nuevas estructuras silábicas posibles en la fonología de la lengua. También en algunos casos fue posible el desarrollo de otra consonante, como ilustra la evolución del grupo /ks/ en /ʃ/. Dichas soluciones, sin embargo, no se dieron de manera rápida o directa. Desde finales de la Edad Media hasta el s. XVIII se constatan todas las soluciones mencionadas, por lo que muchas palabras contaban con varias ortografías, como indican los ejemplos de (2) (Penny 2005, 608).

(2) Grupos consonánticos latinos en el castellano hasta el s. XVIII

    EFFE<small>CT</small>U > e*fe*to, e*fect*o
    LĒ<small>CT</small>IŌNE > li*ci*ón, le*cci*ón
    SI<small>GN</small>IFICĀRE > si*ni*ficar, si*gni*ficar
    EXĀMEN > e*x*amen /ʃ/, e*x*amen /ks/
    EXERCĒRE > e*x*ercer /ʃ/, e*x*ercer /ks/
    EX<small>C</small>ELLENTE > e*c*elente, e*xc*elente
    SOLLE<small>MN</small>E > sole*n*e, sole*mn*e
    AC<small>C</small>EPTARE > a*c*etar, a*c*eptar
    PRO<small>MPT</small>U > pro*n*to, pro*mpt*o
    AB<small>ST</small>INĒRE > a*s*tener, a*bst*ener

La ortografía variable de estos y otros vocablos (p. ej., *escritura/escriptura*, *dotación/doctación*, *citada/ciptada*, *Jesucristo/Jesucrispto*, etc.) solo se resolvió a finales del s. XVIII, cuando, por prescripción de la Real Academia Española (RAE), se eligieron las formas latinizantes que contenían dichos grupos consonánticos en la mayoría de los casos.

Finalmente, el debilitamiento de /s/ en posición final de sílaba —es decir, su realización como [h] o su total elisión— es un fenómeno que caracteriza a muchas variedades del español en la actualidad y cuyos orígenes se remontan ya a finales de la Edad Media. La evidencia más remota del debilitamiento de /s/ se documenta en textos de finales del s. XV, en los que se observa la falta del grafema <s> para indicar pluralidad en casos como *mandamo* (1467), *juego vedados*, *todas la otras* (1499), entre otros (Lloyd 1987, 348). Asimismo, la ausencia de <s> en muchas palabras de documentos escritos por los primeros colonos americanos y en cartas de sevillanos emigrados a América en el s. XVI denuncia el debilitamiento de /s/, seguramente en la pronunciación de las clases bajas. Algunos ejemplos son *los quale* (1556), *soy* por *sois* (1560), *vos enbiaste* por *vos embiastes* (1560), *decanso* por *descanso*, *decisey* por *dieciséis*, *quedavadi* por *quedábades* (1568–1569), entre otros (Lloyd 1987, 349). Es importante notar, sin embargo, que la falta de <s> ortográfica en esos y otros casos no revela con certeza si el fonema /s/ se aspiraba o se elidía, ni si su eventual pérdida había empezado necesariamente por la aspiración.

3. Aproximaciones teóricas

Se han planteado varias hipótesis sobre la coalescencia de las labiales sonoras, particularmente desde la perspectiva del contacto lingüístico. La hipótesis más tradicional se centra en una supuesta influencia directa que el idioma vasco habría ejercido sobre el castellano y otros romances peninsulares en los que se observa dicha coalescencia, debido al desplazamiento de muchos hablantes vascos hacia las demás áreas de la Península (Jungemann 1955; Menéndez Pidal 1977). Como el fonema /b/ en vasco tiene dos alófonos bilabiales, [b] y [β], y no hay evidencia de que en esta lengua hubiera existido un alófono labiodental [v] (Trask 1997), se supone que sus hablantes no habrían logrado realizar el contraste fonológico entre las labiales sonoras en castellano, por lo que la confusión entre ambas habría influido y triunfado en la pronunciación castellana. Otros procesos que suelen atribuirse al sustrato vasco son la aspiración y pérdida de la F inicial latina y el ensordecimiento de las sibilantes medievales, ya que el vasco no contaba con /f/ en posición inicial de palabra, ni tampoco con sibilantes sonoras.

Si bien la propagación general de estos cambios desde el norte hacia el sur de la Península se revela verosímil por la documentación histórica, esto no implica necesariamente, como argumentan muchos lingüistas, que dichos cambios hubiesen resultado del contacto lingüístico, ni tampoco que se hubiesen originado únicamente en tierras vascas. Efectivamente, los gestos coarticulatorios que conducen a la aspiración y la elisión de consonantes labiales forman parte de un camino evolutivo tipológicamente comprobado en otras lenguas del mundo, como el japonés (Bybee 2003, 258). Esto sugiere que una secuencia de cambios como /f/ > /h/ > ø también puede haberse originado por motivos fonéticos internos al castellano norteño y haber encontrado un terreno fértil para su propagación en la Península debido al contacto con el vasco.

Un razonamiento similar puede aplicarse a la aspiración y elisión de /s/ en el camino evolutivo /s/ > /h/ > ø. Al contrario de Martinet (1951–1952) y otros historiadores, los cuales defienden la hipótesis del contacto lingüístico con el vasco como explicación para el debilitamiento de /s/ en la historia del español, Widdison (1997) demuestra que este fenómeno ocurre también en el desarrollo de otros idiomas, como el francés antiguo, el portugués brasileño y el griego clásico. Suponiendo que el debilitamiento de /s/ en la historia del español empezó cuando esa fricativa se encontraba en posición final de sílaba ante otra consonante y que afectó progresivamente a las secuencias /s.p/, /s.k/ y /s.t/ (Méndez Dosuna 1985), Widdison (1995) elabora un estudio experimental para evaluar dicha hipótesis y propone una explicación fonética plausible, mediante la cual la aspirada [h] ya se encuentra presente en el ámbito articulatorio de /s/, pero solo se detecta cuando la señal acústica de esta no es fielmente recuperada por el oyente debido a factores de coarticulación con la vocal antecedente. Así, pues, el origen fonético del debilitamiento de /s/ no habría provenido de una supuesta transformación de /s/ en /h/ como sugieren estudios no experimentales, sino que se basaría en la manera diferente en que el oyente interpretaría (y después fonologizaría) la señal acústica original de /s/ pretendida por el hablante, como se reproduce esquemáticamente en (3) (Widdison 1995, 187).

(3) Origen de /s/ > /h/

   1   /Vs/ → [Vhs]
   2   [Vhs'] → /Vh/

Mientras que los factores sociolingüísticos seguramente habrán contribuido a la propagación de este cambio en la evolución del español, los datos aportados por Widdison indican que una explicación de base experimental para la raíz del cambio merece igual credibilidad.

Asimismo, el origen del ensordecimiento de sibilantes también se revela intrínsecamente relacionado con la mecánica de articulación y percepción de esas consonantes y con su posición en el ataque silábico. En términos fonéticos, las consonantes fricativas sonoras en general son inherentemente más difíciles de producirse que sus correspondientes sordas, ya que las primeras necesitan una alta velocidad para producir el sonido de turbulencia característico de las fricativas, mientras que a la vez la vibración de las cuerdas vocales (lo que genera la sonoridad) impide el pasaje del aire por el tracto vocal (Johnson 2013, 156). Así, pues, se puede inferir que, durante la producción de una fricativa sonora como /ʒ/ o /z/, la necesidad de turbulencia entra en conflicto directo con la necesidad de mantener la sonoridad mediante la vibración de las cuerdas vocales. Este conflicto, en la evolución del español, acaba solucionándose a favor de la necesidad de turbulencia. En términos fonológicos, la posición de ataque silábico también favorece el ensordecimiento de las fricativas. Efectivamente, las sibilantes sordas suelen ser más frecuentes que las sonoras (Smith 1997), puesto que las sordas son más prominentes en términos perceptuales debido a su mayor duración en posición inicial de sílaba (véase también Bradley y Delforge 2006 para una formalización del ensordecimiento de sibilantes según los principios de la Teoría de la Optimidad).

En cuanto a la disimilación de las sibilantes (/s̪/ > /θ/ y /ʃ/ > /x/), la mayoría de los estudios históricos atribuyen ese cambio al espacio articulatorio relativamente corto que ocupaban las sibilantes /s̪, s, ʃ/, lo que habría dado origen a una supuesta confusión acústica entre ellas (Joos 1952; Kiddle 1977). Siguiendo esta hipótesis, el conjunto resultante de consonantes /θ, s, x/ representaría un intento de los hablantes por mejorar el contraste (y, de este modo, evitar la confusión y crear una mayor distinción) entre dichas consonantes:

> The potential confusion could only be avoided by making more perceptible the acoustic difference between the phonemes and this was achieved [...] by exaggerating the contrasts of locus.
>
> (Penny 2002, 101)

Dicha "exageración", como defiende Penny, ha sido el objeto de algunos estudios teóricos, principalmente de base generativista. Mientras que las primeras aproximaciones se basaban en la propuesta de reglas fonológicas para describir los cambios (Harris 1969), los estudios más recientes recurren a diferentes órdenes de restricciones universales para representar el sistema fonológico resultante (Baker 2003). La naturaleza descriptiva de tales aproximaciones se revela problemática, ya que no dan respuesta a por qué solo se cambiaron la dental /s̪/ y la palatoalveolar /ʃ/, mientras que la alveolar /s/ se mantuvo intacta. En otras palabras, muchos de esos estudios no explican por qué las sibilantes no confluyeron en vez de disimilarse, puesto que la confluencia habría sido un cambio seguramente posible, e incluso esperado, dado el corto espacio articulatorio que compartían y la supuesta confusión acústica que producían, lo que efectivamente se observa en la evolución de las variedades andaluzas y americanas.

El yeísmo también es un fenómeno cuyo origen radica en la semejanza articulatoria, acústica y perceptual entre la lateral palatal /ʎ/ y la fricativa palatal /j/. En términos teóricos, Lipski (1989) ofrece una explicación para la deslateralización de /ʎ/ y su subsiguiente coalescencia con /j/, basándose en la fonología autosegmental. Según Lipski, la lateral palatal es un segmento "complejo" o "doble", compuesto de una estructura con dos articuladores, es decir, uno coronal (la lámina de la lengua) y otro dorsal (el dorso de la lengua), ambos activados bajo el mismo intervalo de tiempo, lo que explica la larga duración y transición que presenta la lateral palatal en su coarticulación con las vocales si se compara con la alveolar /l/. El yeísmo o la coalescencia entre /ʎ/ y /j/ se da, en la propuesta de Lipski, cuando se desconecta el nodo del articulador coronal de /ʎ/, es decir, cuando se pierde el cierre alveolar en la articulación de esta consonante, lo que suele ocurrir en el habla rápida e informal.

Por último, la introducción de los grupos consonánticos latinos y su pronunciación (o no) por los hablantes durante la Edad Media y la Edad Moderna ha recibido una aproximación más filológica que teórica en los trabajos de investigación sobre el tema. Cano Aguilar (2005, 852), por ejemplo, no solo describe la preferencia y prescripción de los diferentes gramáticos de la época, sino que también recoge datos del Corpus Diacrónico del Español (CORDE) para revelar la distinta intensidad con la cual variaban los diferentes grupos consonánticos cultos. Según Cano Aguilar, palabras como *conceto* o *efeto* son bastante frecuentes en textos de los siglos XVI y XVII, mientras que otros vocablos cuentan con muy pocos casos (p. ej., *manífico*) o con ninguna ocurrencia (p. ej., *caturar*). Esto nos permite conjeturar que la conservación o la simplificación de los grupos consonánticos cultos constituían procesos variables que dependían, en parte, de factores sociolingüísticos como la clase social de los hablantes y la extensión de su acceso a la variedad culta de la lengua.

4. Perspectivas actuales

La hipótesis del contacto lingüístico con el vasco para explicar la coalescencia de labiales sonoras en la historia del castellano puede refutarse por la propia documentación histórica, la cual indica que la confusión entre esas consonantes sucedía ya en el latín vulgar, como revelan los siguientes ejemplos del *Appendix Probi*.

(4) Ejemplos de confusión entre labiales sonoras en el latín vulgar

ALVEUS NON ALBEUS
BACULUS NON VACLUS
BENE NON VENE
BRAVIUM NON BRABIUM
PLEBES NON PLEVIS

Asimismo, dicha confusión en la pronunciación del latín hispano era motivo de broma para los romanos, según sugiere el proverbio latino BEATI HISPANI, QVIBUS VIVERE BIBERE EST o "Dichosos los hispanos para los que vivir es beber" (Núñez Méndez 2016, 129). Por tanto, puede afirmarse que, aunque la influencia del sustrato vasco pueda haber contribuido a la propagación del fenómeno a finales de la Edad Media, todo indica que ese sustrato no ha representado necesariamente el origen de este cambio fonológico.

El propio supuesto contraste entre la bilabial oclusiva /b/ y una bilabial fricativa /β/ en la historia del español cuenta con serias y acertadas objeciones. Amado Alonso (1949, 1967), por ejemplo, propone que los grafemas <u, v> se referían más bien a una labiodental fricativa [v], siguiendo la descripción y prescripción de gramáticos castellanos de los siglos XV y XVII, como se ilustra en (5) y (6).

(5) La *f* con la *v* consonante, puestos los dientes de arriba sobre el beço de baxo, i soplando por las helgaduras dellos: la *f* mas de fuera, la *v* mas adentro un poco.
(Nebrija 1492 [1986], fol. 8r.)

(6) [P]ronunziase con los dientes de arriba clavados en el labio de abaxo, levantando el de arriba, abriendo de golpe labio i dientes [...] tiene esta va mucha vecindad con la be, i por eso muchos las confunden en Castilla la Vieja, i fuera de España.
(Correas 1626 [1954], 73–74)

Asimismo, hay pruebas de la existencia de una pronunciación labiodental [v] en el centro y el sur de la Península hasta mediados del s. XV (Lapesa 1981, 39–40 y n. 27, 205–206). Así como en la evolución del portugués y otras lenguas iberorrománicas, la labiodental /v/ del castellano antiguo se habría originado con el proceso de obstruentización de la /w/ latina en el primitivo romance hispánico. Basándose en este análisis comparativo, en la evidencia histórica de los gramáticos castellanos, en la interpretación documental de Amado Alonso y en datos tipológicos contrastivos entre oclusivas y fricativas, Martínez-Gil (1998) ofrece una explicación fonológica para este cambio, según la cual la coalescencia entre la labiodental /v/ y la bilabial /b/ en español habría ocurrido en dos pasos evolutivos. Primero, hubo un proceso de fortalecimiento consonántico mediante el cual la labiodental /v/ empezó a pronunciarse con un alófono oclusivo [b] en posición inicial de palabra y tras consonantes nasales, según sugieren las vacilaciones ortográficas de los primeros documentos, p. ej., bivir/vivir, enbiar/enviar (Pensado Ruiz 1984, 164–165, 172). Consecuentemente, esta oclusiva [b] se interpretó como alófono de la bilabial /b/, lo que probablemente condujo al reanálisis /v/ > /b/ y, con esto, se dio el segundo y último paso: la generalización de la labialización de /v/ en los demás contextos mediante el alófono [β] hacia el siglo XV.

En lo que se refiere a la elisión de la F inicial latina, la hipótesis del sustrato vasco cuenta de nuevo con graves fallas. Aunque la ausencia de esa fricativa en el vasco antiguo es un dato importante que debe considerarse, también lo es el hecho de que, en muchas palabras de ese idioma, la F inicial latina sufrió un proceso de oclusivización en vez de elidirse, como se registra en bago/pago < FAGU (del árbol haya < FAGEA), bortitz < FORTIS (fuerte), biku < FICU (higo), etc. (Trask 1997). Si el contacto lingüístico con el vasco hubiese representado el factor principal para la pérdida de la F inicial latina en el castellano, cabría preguntarse, pues, cómo y por qué se habría bloqueado la oclusivización de /f/ como otro resultado posible de dicho contacto. Igual que en la confusión de labiales sonoras, una explicación basada en factores internos a la lengua se revela más creíble y probable en cuanto a la aspiración y posterior elisión de /f/. Efectivamente, la investigación sobre dialectos actuales del español revela la ocurrencia del mismo fenómeno. Mazzaro (2005) propone un análisis teórico del cambio con datos del español hablado en Corrientes, Argentina. Según la autora, la aspiración de /f/, también llamada debucalización, es un proceso natural que se origina en la coarticulación de esa consonante con la vocal posterior /u/ y después se extiende a las demás vocales. Fonológicamente, la debucalización se desencadena por la actuación del Principio del Contorno Obligatorio (PCO), que prohíbe la ocurrencia de segmentos consecutivos que compartan rasgos idénticos, como es el caso de /f/ y /u/, ambos con el rasgo [labial]. Esta aproximación fonológica cuenta con el respaldo experimental de investigaciones más recientes, cuyos resultados sincrónicos pueden aplicarse acertadamente al origen del cambio diacrónico en cuestión (véanse, por ejemplo, Mazzaro 2011 y Renaud 2014).

La aparición de las consonantes /θ/ y /x/ mediante la disimilación de las sibilantes medievales /ṣ/ y /ʃ/ también cuenta con aproximaciones recientes que arrojan luz sobre aspectos no abordados en trabajos previos. Desde una perspectiva cognitiva, Zampaulo (2013) aplica a la disimilación de sibilantes la noción de probabilidad y los conceptos de entropía y sorpresa, definidos según la Teoría de la Información (Hume y Mailhot 2013). Estas herramientas se revelan cruciales para entender los cambios disimilatorios /ṣ/ > /θ/ y /ʃ/ > /x/ como la resolución de la incertidumbre y de la ambigüedad fonética que caracterizaban el sistema de sibilantes en el período anterior al cambio. De este modo, el aumento del contraste fonológico fomentado por el cambio disimilatorio no solo habría contribuido a la eficacia de la transmisión de información por parte de los sonidos en posición intervocálica, sino que también habría resultado de la inestabilidad proporcionada por la baja frecuencia de /ṣ/ y /ʃ/ con respecto a /s/.

En cuanto al yeísmo, la investigación contemporánea se ha enfocado tanto en la documentación dialectal (Gómez y Molina Martos 2013) como en la descripción de su evolución (Moreno Fernández 2005) y en el entendimiento del fenómeno como parte de un ciclo evolutivo fonético (Rost Bagudanch 2011) y fonológico (Zampaulo 2019). Rost Bagudanch (2011) emplea datos experimentales para entender las motivaciones fonéticas del cambio y justificar los resultados evolutivos del yeísmo en diferentes períodos históricos y dialectos del mundo hispano, mientras Zampaulo (2019) aborda el fenómeno en el marco de las jerarquías de restricciones propio de la Teoría de la Optimidad.

En cuanto a los grupos consonánticos "cultos", pocos han sido los estudios que se han dedicado a investigar de cerca el fenómeno, principalmente en los testimonios de las épocas relevantes, si bien Satorre Grau (2012) muestra convincentemente cómo recorren un camino en sentido inverso a lo habitual, pues ha sido la pronunciación la que se ha adaptado a la escritura y no al revés. También argumenta acertadamente que se trata de un cambio contra corriente, ya que hace que se restituyan consonantes en posición final de sílaba, la cual representa el contexto fonológico donde se favorece más bien la relajación y pérdida de consonantes. Como bien apunta Satorre Grau, una gama de factores extralingüísticos han sido clave para la conservación de dichos grupos. Entre esos factores, tienen destacada importancia la fundación de la RAE en el s. XVIII y su elaboración de documentos de codificación ortográfica de la lengua.

5. Perspectivas futuras y conclusiones

La documentación histórica y la descripción de los cambios fonológicos del español a partir de la Baja Edad Media se encuentran ya bien avanzadas. Sin embargo, los varios análisis que se han propuesto permanecen en desacuerdo en cuanto a lo que motivó el origen de dichos cambios. Es importante tener en cuenta que el cambio lingüístico no es teleológico, es decir, no sirve necesariamente para cumplir un objetivo o mejorar el funcionamiento de la lengua, sino que se encuentra (casi) siempre presente en la variación inherente a su estado sincrónico (Croft 2000). Un determinado contraste fonológico no puede estar predestinado a perderse simplemente porque los segmentos que lo forman son similares en términos articulatorios o no presentan un sólido contraste funcional. De ser así, se tendría que explicar antes por qué esos contrastes habrían surgido en la historia de la lengua en primer lugar. Otro cuidado que debiera tener la investigación futura es evitar el impulso, bastante común en la bibliografía, de antropomorfizar la lengua. Como viene demostrando la investigación lingüística de las dos últimas décadas, los sonidos de un idioma no cambian por sí solos o por características inherentes suyas. Son más bien los hablantes y los oyentes como usuarios de la lengua los que actúan como agentes de los posibles cambios y, por ello, los trabajos futuros debieran centrar sus hipótesis en investigar cómo se manifiestan los sonidos en la interacción entre esos dos agentes, al menos para entender las posibles motivaciones de los orígenes de los cambios, ya que su subsiguiente propagación depende necesariamente de factores sociolingüísticos. Para lograr esos objetivos de estudio, las perspectivas experimental y cognitiva se han revelado cruciales. Suponiendo que la anatomía humana no ha cambiado significativamente en el último milenio (Beddor 2009, 2012), el uso de datos sincrónicos, de aproximaciones experimentales y de herramientas matemáticas de implicación cognitiva ofrece una oportunidad única para comprender las motivaciones de los cambios documentados. Este es el caso de los estudios recientes sobre las raíces de la debucalización de /f/, el ensordecimiento y disimilación de las sibilantes y la coalescencia entre /ʎ/ y /j/.

Existen aún lagunas que debieran colmarse en la investigación futura, principalmente en cuanto a la dirección de los cambios observados en la diacronía del español. Una de esas lagunas se refiere a las posibles raíces de la evolución del *ceceo* y del *seseo* en partes de Andalucía frente al contraste entre /θ/ y /s/ del castellano. ¿Qué motivaciones fonético-fonológicas y cognitivas habrían favorecido los diferentes patrones de coalescencia de sibilantes en las variedades andaluzas? ¿Cómo y por qué dichas motivaciones habrían estado ausentes en el castellano? En cuanto a las labiales sonoras, si se acepta la hipótesis de que había un contraste entre /b/ y /v/, ¿cuáles habrían sido las motivaciones para que no se mantuviese ese contraste en español, al contrario de lo que se observa en otras lenguas iberorrománicas? ¿Por qué se fusionaron esas dos consonantes en /b/ y no en /v/? La realización de estudios experimentales, tanto articulatorios como perceptuales, y la aplicación de herramientas teóricas a los datos estadísticos de corpus diacrónicos representan caminos prometedores que pueden arrojar luz a las motivaciones de estos y otros cambios históricos.

Nota

1 Por razones de espacio, no se discuten aquí los casos de elisión de /d/ intervocálica y en final de palabra, documentados ya en el castellano medieval (cfr. Estrada 2019), ni la neutralización recurrente de /ɾ/ y /l/ en coda, conocida ya desde el s. XII. Véanse Cano Aguilar (2005) y Penny (2005) para una breve descripción y ejemplificación de estos procesos.

Lecturas complementarias

Cano Aguilar (2005), Moreno Fernández (2005) y Penny (2005) ofrecen una caracterización rigurosa y ejemplificada de los procesos de variación y cambio fonológicos que han caracterizado el español desde la Baja Edad Media. Son de obligada lectura para quienes quieran adentrarse en el tema, enterarse de las hipótesis más tradicionalmente aceptadas y elaborar futuros trabajos.

Referencias citadas

Alonso, A. 1949. "Examen de las noticias de Nebrija sobre la antigua pronunciación española". *Nueva Revista de Filología Hispánica* 3: 65–70.
Alonso, A. 1967. *De la pronunciación medieval a la moderna en español*, vol. I. Madrid: Gredos.
Alonso, D. 1962. *La fragmentación fonética peninsular*. Madrid: CSIC.
Baker, G. K. 2003. *Sibilant Dissimilation and Dispersion in the History of Spanish*. Gainesville, FL: Manuscrito no publicado.
Beddor, P. S. 2009. "A Coarticulatory Path to Sound Change". *Language* 85: 785–821.
Beddor, P. S. 2012. "Perception Grammars and Sound Change". En *The Initiation of Sound Change: Perception, Production, and Social Factors*, eds. M.-J. Solé y D. Recasens, 37–55. Ámsterdam: John Benjamins.
Bradley, T. G. y A. M. Delforge. 2006. "Systemic Contrast and the Diachrony of Spanish Sibilant Voicing". En *Historical Romance Linguistics: Retrospectives and Perspectives*, eds. R. Gess y D. Arteaga, 19–52. Ámsterdam: John Benjamins.
Bybee, J. 2003. "Los mecanismos de cambio como universales lingüísticos". En *En torno a los universales lingüísticos*, eds. R. Mairal y J. Gil, 245–263. Cambridge: Cambridge University Press.
Cano Aguilar, R. 2005. "Cambios en la fonología del español durante los siglos XVI y XVII". En *Historia de la lengua española*, coord. R. Cano Aguilar. 2.ª ed., 825–857. Barcelona: Ariel.
Correas, G. 1626 [1954]. *Arte de la lengua española castellana*. Madrid: Consejo Superior de Investigaciones Científicas.
Croft, W. 2000. *Explaining Language Change: An Evolutionary Approach*. London: Longman.
Estrada Arráez, Ana. 2019. *The Loss of Intervocalic /d/ in European Peninsular Spanish*. Salamanca: Ediciones Universidad de Salamanca.
Gómez, R. e I. Molina Martos, eds. 2013. *Variación yeísta en el mundo hispánico*. Madrid y Fráncfort: Iberoamericana y Vervuert.
Harris, J. W. 1969. "Sound Change in Spanish and the Theory of Markedness". *Language* 45: 538–552.
Hume, E y F. Mailhot. 2013. "The Role of Entropy and Surprisal in Phonologization and Language Change". En *Origins of Sound Patterns: Approaches to Phonologization*, ed. A. C. L. Yu, 29–47. Oxford: Oxford University Press.
Johnson, K. 2013. *Acoustic & Auditory Phonetics*. 3.ª ed. Malden, MA: Blackwell.
Joos, M. 1952. "The Medieval Sibilants". *Language* 28: 222–231.
Jungemann, F. H. 1955. *La teoría del sustrato y los dialectos hispano-romances y gascones*. Madrid: Gredos.
Kania, S. 2010. "Documenting *Yeísmo* in Medieval and Colonial Spanish Texts". *Romance Philology* 64: 223–234.

Kiddle, L. B. 1977. "Sibilant Turmoil in Middle Spanish". *Hispanic Review* 45: 327–336.
Lapesa, R. 1981. *Historia de la lengua española.* 9.ª ed. Madrid: Gredos.
Lipski, J. M. 1989. "Spanish Yeísmo and the Palatal Resonants: Towards a Unified Analysis". *Probus* 2: 211–223.
Lloyd, P. M. 1987. *From Latin to Spanish.* Philadelphia: American Philosophical Society.
Martinet, A. 1951–1952. "The Unvoicing of Spanish Sibilants". *Romance Philology* 5: 133–156.
Martínez-Gil, F. 1998. "On the Spelling Distinction *b* vs. *u/v* and the Status of Spirantization in Old Spanish". En *Theoretical Analyses on Romance Languages*, eds. J. Lema y E. Treviño, 283–316. Ámsterdam: John Benjamins.
Mazzaro, N. 2005. "Aspiration and Velarization of /f/ in Argentine Spanish". *Toronto Working Papers in Linguistics* 25: 58–67.
Mazzaro, N. 2011. *Experimental Approaches to Sound Variation: A Sociophonetic Study of Labial and Velar Fricatives and Approximants in Argentine Spanish.* Tesis doctoral, Universidad de Toronto.
Méndez Dosuna, J. 1985. "La duración de S en los grupos SP, ST, SK: A propósito del orden regular de difusión en algunos cambios fonéticos". En *Symbolae Ludovico Mitxelena Septuagenario Oblatae*, ed. J. L. Melena, 647–655. Vitoria: Universidad del País Vasco.
Menéndez Pidal, R. 1977. *Manual de gramática histórica española.* 15.ª ed. Madrid: Espasa-Calpe.
Moreno Fernández, F. 2005. "Cambios vivos en el plano fónico del español: Variación dialectal y sociolingüística". En *Historia de la lengua española*, coord. R. Cano Aguilar. 2.ª ed., 973–1009. Barcelona: Ariel.
Nebrija, A. de. 1492 [1986]. *Gramática de la lengua castellana.* Madrid: Ediciones de la Junta del Centenario.
Nebrija, A. de. 1517. *Reglas de orthographia en la lengua castellana.* Alcalá de Henares: Arnao Guille de Brocar.
Núñez Méndez, E. 2016. *A Diachronic Approach to the Confusion of b with v in Spanish.* Newcastle upon Tyne: Cambridge Scholars Publishing.
Penny, R. J. 2002. *A History of the Spanish Language.* 2.ª ed. Cambridge: Cambridge University Press.
Penny, R. J. 2005. "Evolución lingüística en la Baja Edad Media: evoluciones en el plano fonético". En *Historia de la lengua española*, coord. R. Cano Aguilar. 2.ª ed., 593–612. Barcelona: Ariel.
Pensado Ruiz, C. 1984. *Cronología relativa del castellano.* Salamanca: Universidad de Salamanca.
Renaud, J. 2014. *An Optimality Theoretic Typology of Three Fricative-Vowel Assimilations in Latin American Spanish.* Tesis doctoral, Universidad de Iowa.
Rost Bagudanch, A. 2011. *Variación en los procesos de palatalización de yod segunda (o como la sincronía permite la explicación de la diacronía).* Tesis doctoral, Universitat de Girona.
Satorre Grau, F. J. 2012. "Los grupos consonánticos cultos: escritura y pronunciación". En *Rumbos del hispanismo en el umbral del cincuentenario de la Asociación Internacional de Hispanistas*, ed. P. Botta, vol. 8, 37–47. Roma: Bagatto Libri.
Smith, C. L. 1997. "The Devoicing of /z/ in American English: Effects of Local and Prosodic Context". *Journal of Phonetics* 25: 471–500.
Trask, R. L. 1997. *The History of Basque.* Nueva York: Routledge.
Widdison, K. A. 1995. "An Acoustic and Perceptual Study of the Spanish Sound Change s > h". *Rivista di Linguistica* 7: 175–190.
Widdison, K. A. 1997. "Phonetic Explanations of Sibilant Patterns in Spanish". *Lingua* 102: 253–264.
Zampaulo, A. 2013. "Sibilant Dissimilation in the History of Spanish: An Information-Theoretic Approach". En *Selected Proceedings of the 15th Hispanic Linguistics Symposium*, eds. C. Howe, S. E. Blackwell y M. L. Quesada, 172–178. Somerville, MA: Cascadilla Proceedings Project.
Zampaulo, A. 2019. *Palatal Sound Change in the Romance Languages: Diachronic and Synchronic Perspectives.* Oxford: Oxford University Press.

15
Morfología flexiva del verbo (Verbal inflectional morphology)

Paul O'Neill

1. Introducción

En este capítulo se analiza la morfología flexiva del verbo siguiendo la distinción de Blevins (2016) entre modelos morfológicos constructivos y abstractivos. Los primeros tienen el morfema como unidad básica de análisis y de almacenamiento mental y suelen postular una estructura interna más o menos fija para las palabras complejas. Los segundos postulan que la palabra es la unidad básica de significado y que memorizamos un gran número de palabras: la estructura interna de las palabras, como otros procesos gramaticales, emerge de las generalizaciones que hacen los hablantes sobre el material lingüístico memorizado. La evolución histórica de la morfología flexiva del verbo proporciona claras pruebas a favor de los modelos abstractos. Además, tales modelos brindan nuevas perspectivas para explicar el cambio morfológico, como la importancia de las estructuras morfómicas propuestas por Maiden (2018) para todas las lenguas romances. Estas nuevas perspectivas pueden ser muy reveladoras no solo para resolver y esclarecer ciertas evoluciones históricas del verbo español sino también para discusiones más abarcadoras sobre la naturaleza (innata o no) del componente lingüístico y el papel que la morfología y la lingüística históricas desempeñan en la capacidad creativa del lenguaje, así como su importancia para la lingüística sincrónica y la lingüística teórica.

Palabras clave: morfología histórica; morfología verbal; modelos morfológicos abstractivos; *morfomas*

In this chapter I analyze verbal morphology within the context of the two broad different theoretical approaches to morphology established by Blevins (2016): constructive and abstractive theories. The former have the morpheme as the basic unit of analysis and storage and assume a largely fixed internal structure for complex words. The latter propose that it is the word which is the basic element of meaning and that these are stored *en masse*; the internal structure of words is, like other parts of the grammar, emergent from the generalizations that speakers make over stored forms. The historical developments in the Spanish verb provide clear evidence in favor of abstractive theories. Moreover, such theories afford new perspectives to explain morphological change, for example the importance of morphomic structures which have been considered highly important for the development of the verbal morphology of the Romance languages

(Maiden 2018). These new perspectives can be revealing with regards to shedding light not only on the specific mechanisms of morphological change but also on the nature of the linguistic component and whether it is to be considered innately and genetically endowed or not, and the role of historical morphology, and historical linguistics in general, in both the creative capacity of language and synchronic linguistics and linguistic theory.

Keywords: historical morphology; verbal morphology; abstractive theories of morphology; morphomes

2. La morfología flexiva del verbo: estado de la cuestión

A pesar de la buena salud que parece disfrutar la Historia de la lengua española como disciplina, en relación con los estudios históricos morfológicos se ha observado una falta de trabajos específicos (Pujol Payet 2013, 10). El descuido de la morfología en los estudios diacrónicos del español no es nuevo: Catalán (1974, 303) menciona la escasez de publicaciones y, si bien Cano Aguilar (2004, 72) admite que la situación ha mejorado, todavía clasifica la morfología histórica como una disciplina minoritaria caracterizada en gran medida por estudios principalmente descriptivos con poco enfoque teórico. Sin embargo, existen notables excepciones (Bustos Gisbert 1989, 1998a, 1998b, 2006, *inter alia*; Mendoza 1986; Elvira 1993, 1998), especialmente los diversos artículos de Yakov Malkiel (véase Malkiel 1988) y los estudiosos formados bajo su influencia y otros académicos de universidades norteamericanas de EE. UU. (Montgomery 1976, 1985, *inter alia*; Craddock 1983; Harris-Northall 1996; Dworkin 1988a, 1988b; Rini 1996, 1999, 2020 *inter alia*). En cuanto al verbo, los estudios más recientes claramente tienen una sólida base teórica, especialmente los artículos de Maiden (2001, 2004, 2021) y su reciente monografía (Maiden 2018) que abarca una visión general de la evolución histórica del verbo romance desde la perspectiva de la morfología autónoma (Aronoff 1994). O'Neill ha publicado varios estudios dentro de la misma teoría, pero tratando fenómenos específicos de la evolución del verbo español (O'Neill 2011a, 2011b, 2016). Destacan también los artículos y monografías de Martín Vegas (1998, 2001, 2007a, 2007b), con especial referencia a la interfaz entre lo fonológico y lo morfológico

Sin embargo, todavía falta una monografía que aborde exclusiva y exhaustivamente la historia del verbo español de modo sintético, filológicamente sólido y a la vez atento a las discusiones teóricas actuales sobre cambio morfológico y nuevas concepciones de la analogía (Fertig 2013). El único manual dedicado exclusivamente a la morfología histórica es el de Alvar y Pottier (1983), más impresionante y significativo por los datos que presenta a partir de documentos históricos y de otras variedades del iberorromance que por sus explicaciones y justificaciones de los cambios históricos (Cano 2004, 79). La mejor visión general de la morfología flexiva del verbo se encuentra actualmente en Penny (2002), una descripción bien ordenada, sistemática y completa de la historia del verbo, si bien limitada en su tratamiento de la morfología flexiva por el enfoque global del volumen, por lo que el libro antepone en ocasiones la descripción al análisis y a menudo remite al lector a la bibliografía existente sobre las diferentes motivaciones para un cambio morfológico particular, en lugar de ofrecer una evaluación crítica de estas o una propuesta novedosa para el cambio (por ejemplo, el mantenimiento de -*des* para 2.ª p. pl. o las desinencias -*ie* para el imperfecto y el condicional (Cano 2004, 89)). Además, pueden ponerse en cuestión algunos análisis, como el del origen y propagación de los verbos velares (O'Neill 2016, 502) o la explicación histórica para los efectos de la *yod* y las alternancias vocálicas, basada en cambios fonológicos cuestionables y no ampliamente atestiguados, así como en procesos analógicos anómalos que parecen estar motivados retrospectivamente *ad hoc* (O'Neill 2011a; O'Neill 2011b, 671–673).

En general, muchas explicaciones se basan en cambios observados en el galorromance, y no en los atestiguados en variedades más occidentales del iberorromance, y esta crítica se puede extender, de hecho, a muchos análisis morfológicos históricos del español.[1] Para comprender a fondo la evolución morfológica del verbo español resulta fundamental, en mi opinión, el conocimiento de la morfología y fonología del gallego/portugués y las diversas variedades asturianas y aragonesas, pues dentro del continuo peninsular se comprende más claramente cómo pudo ser el protoiberorromance, punto intermedio esencial de referencia entre el latín y los primeros documentos escritos en romance.

3. Aproximaciones teóricas

Los orígenes y la propagación de muchos de los cambios morfológicos del verbo español son problemáticos y controvertidos, y su análisis e interpretación resultan además sumamente interesantes para la teoría morfológica en general. Aunque no hay consenso sobre qué es realmente la morfología (*cf.* Stewart 2016, 1–9 para un resumen general), todos los estudios morfológicos se refieren, no obstante, a las palabras, sus interrelaciones y su estructura interna. Las principales causas de conflicto y desacuerdo entre las teorías morfológicas se centran en la unidad básica de almacenamiento mental y la mejor manera de explicar la estructura interna de las palabras: mediante morfemas memorizados y reglas simbólicas deterministas o por medio de palabras memorizadas dentro de redes mentales complejas gobernadas por estructuras probabilísticas. Es decir, la palabra española *perros*, que es bastante frecuente, ¿se forma por una regla determinista que combina el morfema léxical PERRO con el morfema del plural -S para producir una palabra que es la suma de sus partes (PERRO + PLURAL), o está la palabra simplemente presente en la mente debido a su frecuencia? En este último caso, su estructura interna y su significado de pluralidad se deducen gracias a las conexiones mentales con otras palabras similares y sus significados de plural: *gatos, mesas, chicos, conejos, puertas*.

Blevins (2006, 2016) denomina los modelos morfológicos del primer tipo *modelos constructivos*, y los del segundo, *modelos abstractivos*. Los modelos constructivos típicamente "establecen elementos recursivos en el sistema a los que se asigna una regla o entrada individual que representa sus propiedades gramaticales, y a continuación derivan las palabras a partir de estos elementos mediante reglas u otros principios combinatorios (*cf.* Blevins 2006, 533). Los modelos que abogan por los morfemas como unidades básicas de almacenamiento y significado, como los modelos llamados en inglés *Item-and-Arrangement* y *Item-and-Process* son obviamente del tipo constructivo, pero también lo son algunos modelos de la Word and Paradigm Morphology (Aronoff 1994; Corbett y Fraser 1993; Matthews 1991; Stump 2001) que tienen la palabra, y no el morfema, como unidad básica de almacenamiento y significado. Estos modelos de realización 'adoptan una perspectiva teórica formal, en la que una lengua es un conjunto de expresiones o estructuras y la gramatica es un instrumento para dar cuenta de tales conjuntos' (Blevins 2016, 18). Se memorizan, pues, las raíces/temas, que se asocian con una semántica léxica inherente, y a partir de los patrones presentes en el sistema morfológico, los lingüistas formalizan unas generalizaciones que les parecen adecuadas y constituyen las reglas simbólicas deterministas del componente morfológico. Así, las palabras se construyen a partir de una raíz léxica y la concatenación de otros formantes fonológicos indirectamente asociados con ciertos significados y/o rasgos gramaticales.

Los modelos morfológicos abstractivos (Baayen *et al.* 2003; Bybee 1985, 2010; Blevins 2006, 2016; Eddington 2000, 2006) asumen, junto con las teorías morfológicas de la realización (enfoques de la palabra y el paradigma, Word and Paradigm), que la unidad mínima de significado y el elemento básico de almacenamiento léxico es la palabra, y se almacenan palabras plenamente flexionadas. También se acepta que las palabras están relacionadas entre sí y mentalmente conectadas según sus características formales y semánticas, y que esta organización 'Proporciona generalizaciones y segmentaciones en varios grados de abstracción y generalidad mediante las cuales unidades como el morfema surgen de las relaciones de identidad y similitud que organizan la representación' (Bybee 2001, 7). Según los modelos morfológicos abstractivos, por ejemplo, el formativo *-mos* en la palabra española *cantamos* no se almacenaría de forma aislada, desconectada de la raíz/tema *cant-/canta-*, y no se asociaría directamente con los rasgos morfosintácticos de 1.ª p. pl. Más bien, dada la frecuencia de la palabra *cantamos*, lo más probable es que la palabra esté almacenada y la estructura interna *cant-a-mos*, en la que /a/ es la marca de la conjugación y *-mos* se asocia con la 1.ª p. pl., se abstraería de las comparaciones con otros verbos (*tiramos, cortamos, pagamos*) que tienen la misma estructura y también se asocian con usos y significados de 1.ª p. pl. en el pasado y con grupos de verbos que presentan la misma vocal temática (*tirar, cortar, pagar*).

Dentro de los modelos morfológicos de la tradición posterior a Bloomfield (1887–1949), las teorías abstractivas se antojan a primera vista disparatadas, por cuanto abogan aparentemente por el almacenamiento masivo de formas flexivas. En lenguas como el español, con una morfología flexiva bastante rica, tal propuesta parece implicar mucha redundancia dentro del sistema y no cumple con lo que Bloomfield (1933, 238) llamaba "scientific compactness". Parece más económico, en términos de procesamiento y almacenamiento, que las palabras morfológicamente complejas se generen por reglas siguiendo las pautas de varios enfoques constructivos o de modelos que abogan por el procesamiento dual (Bybee 2001, 29; Clahsen 1999; Prasada y Pinker 1993). Sin embargo, Blevins (2016, 79) ha señalado que la economía de las hipótesis científicas [scientific compactness] no se refleja necesariamente en la adquisición o el uso lingüísticos, y que no hay prueba de que estos impongan una economía de la memoria al cerebro humano. De hecho, los científicos cognitivos que trabajan fuera del campo del lenguaje han sugerido que los modelos de memoria más realistas son aquellos "in which marvels are produced by profligate use of capacity" (Landauer 1986, 493) en contraposición a la economía de almacenamiento (*cf.* también Hay and Baayen 2005, 343).

La evolución histórica del verbo español aporta mucha evidencia en favor de los modelos morfológicos abstractivos en que las palabras, no los morfemas, son las unidades representativas y se almacenan en masa en redes orientadas paradigmáticamente. Estas redes pueden estar organizadas de forma diferente para cada hablante, pero parece que un principio que orienta la organización paradigmática es la frecuencia, general o de inventario (*token/type frequency*), así como las semejanzas formales y de significado entre las palabras.

4. Perspectivas actuales

Uno de los mejores argumentos a favor de los modelos morfológicos abstractos es la existencia de estructuras morfómicas, que deben entenderse como patrones abstractos de organización paradigmática observables a través de formas flexivas que comparten un elemento común no derivable fonológicamente (generalmente, una raíz o un tema léxico). Las estructuras morfómicas más canónicas son aquellas en que las casillas paradigmáticas de las formas flexivas no tienen semánticamente nada en común que pueda explicar la forma compartida. Un ejemplo son los pretéritos fuertes o morfoma PYTA (*Pretérito y Tiempos Afines*). En el español moderno hay aproximadamente quince raíces verbales[2] (sin contar sus derivados prefijales) que muestran un alomorfo particular exclusivamente en los tiempos PYTA (que son, hoy día, el pretérito simple y las dos formas de imperfecto de subjuntivo): como veremos más adelante, en español antiguo la cantidad de verbos era aún mayor.

Para la distribución paradigmática de estos alomorfos tanto en la lengua medieval como en la moderna, tanto Maiden (2001) como O'Neill (2014, 2011b) han mostrado que la distribución no podría derivarse de un condicionamiento semántico o fonológico común. Este hecho constituye un gran problema para los modelos morfológicos constructivos, que insisten en que la unidad mínima de almacenamiento es el morfema, no la palabra: una forma flexiva como *supieron* no se almacenaría íntegra, sino que se construiría a partir de morfemas almacenados separadamente: *sup + ie + ro + n*. Sin embargo, surge el problema de cómo volver a unir esas partes después de haberlas separado artificialmente: habría que explicar la distribución de la raíz, que carece de una semántica común con otras semejantes, pero también la distribución aún más incoherente de la vocal temática [je], que sincrónicamente está en los imperfectos del subjuntivo y la 3PL del pretérito, pero históricamente se encontraba en 2.ª p, sg., 2.ª p. pl, y 1.ª p. pl. del pretérito (*supieste, supiemos, supiestes*), así como también en el futuro del subjuntivo (*supiere, supieren*).

Por supuesto, podría ser que la raíz y vocal temática comunes sean una mera coincidencia, pero existen pruebas en apoyo de la realidad gramatical del agrupamiento paradigmático, pues tal agrupamiento condiciona el cambio morfológico: así, cuando un pretérito fuerte se convierte en débil (por ejemplo, *escriso > escribió*) este cambio no se da solo en las formas rizotónicas o solo en las formas del pretérito, sino en todas las formas PYTA (*escriso > escribió, escrisiera > escribiera, escrisiesse > escribiese, escri(e)ste > escribi(e)ste*). Además, cuando se produce un cambio fonológico en una forma flexiva de PYTA, o no se permite que este cambio fonológico cunda o el cambio se extiende a todas las demás formas de PYTA, incluso a aquellas en que no está motivado fonéticamente: por ejemplo, la 1.ª p. sg. del pretérito de *fazer* era por metafonía *fize* < FĒCĪ, y esta vocal alta luego se extendió al resto de las formas del morfoma PYTA: *fezo > fizo, fezieron > fizieron, feziese > fiziese* (argumentos que la inflexión no puede estar motivada por la yod segunda, vean Maiden 2001). De hecho, casi ningún alomorfo de los pretéritos fuertes del español moderno se puede explicar etimológicamente; las raíces han sufrido una serie de cambios analógicos y fonológicos en los que se han influenciado mutuamente, produciendo un "efecto de grupo" (*gang effect*) por el que la mayoría tiene una vocal alta (*hice, puse, supe, dije, hube* y *truje*, atestiguado dialectal e históricamente). En todo caso, la misma raíz aparece siempre en todas las formas de PYTA (*cf.* Maiden 2001 y O'Neill 2011b para más detalles).

Históricamente, el que haya un grupo de verbos bastante comunes que comparten la misma raíz en formas flexivas diferentes y no semánticamente relacionadas no constituye un problema para la lengua, al contrario: esta generalización se fortaleció, lo cual tiene sentido, porque este grupo de casillas paradigmáticas (morfoma PYTA) formaba un grupo cohesivo en cuanto a sus propiedades formales y a la capacidad de predecir el resto de formas flexivas a partir de una sola forma. Es decir, el agrupamiento morfómico ejerce una función diagnóstica bastante fuerte e importante, por lo que este agrupamiento, a pesar de la falta de un significado común, se convierte en una realidad gramatical y, dependiendo de la frecuencia de los lexemas en la agrupación, puede determinar cómo se organiza mentalmente la morfología verbal para toda la lengua: puede, pues, que en el español moderno las formas *cantaron* y *cantase* estén más estrictamente relacionadas entre sí debido a los patrones flexivos de los pretéritos fuertes. Históricamente, las casillas que se integran en estos agrupamientos morfómicos cohesivos forman un dominio dentro del cual se nivelan las diferencias morfofonémicas (*feziesse > fiziesse*).

Esta idea ayuda a explicar una serie de cambios morfológicos en el verbo español que hasta ahora han parecido extraños o controvertidos. Un ejemplo pertinente es el origen y la propagación de la vocal temática [je] que se encuentra no solo en los tiempos PYTA de los pretéritos fuertes (*supieron, supiese, supiera*), sino también en los verbos regulares de la segunda y tercera conjugaciones (*comieron, comiese, comiera; vivieron, viviese, viviera*), provocando así la neutralización entre las dos conjugaciones. El diptongo no se puede justificar etimológicamente, y la única explicación viable para una vocal históricamente abierta [ɛ] es que provenga de las soluciones del verbo DARE 'dar' en las formas flexivas de PYTA (O'Neill 2011b). Sin embargo, ¿cómo se pasó de las formas PYTA de este verbo a las de los verbos de la segunda y tercera conjugaciones? Para explicar esto es necesario analizar las formas españolas junto con las formas afines del portugués.

Suele considerarse que tanto el español como el portugués tienen tres conjugaciones verbales, respectivamente caracterizadas por las vocales temáticas *-a, -e, -i*. Sin embargo, la distinción entre los verbos de la segunda y tercera conjugaciones se difumina en muchas partes del paradigma, especialmente en el español que, a diferencia del portugués, muestra desinencias idénticas para ambas conjugaciones en los tiempos PYTA: obsérvense en la tabla 15.1 los paradigmas de los verbos *cantar, comer* y *partir* para estos tiempos en portugués y español. En ambas lenguas los pretéritos fuertes, independientemente de su conjugación, comparten las mismas desinencias en los tiempos de PYTA en la tabla 15.2. En español, la vocal temática es el diptongo [je] incluso para los verbos *estar* y *dar*, de la primera conjugación. En portugués, esta clase de verbos muestra asimismo la extraña propiedad de poseer su propia vocal temática distintiva, /ɛ/, que contrasta con la vocal media-cerrada /e/ de los verbos de la segunda conjugación, como se muestra ortográficamente por el diferente acento diacrítico en formas como *comêssemos* frente a *fizéssemos*. Como en español, los perfectos fuertes de todas las conjugaciones portuguesas comparten las mismas desinencias con la misma vocal temática para los tiempos PYTA, la vocal media-abierta [ɛ], cuyo equivalente en español es el diptongo [je], históricamente presente en la mayoría de las desinencias de los tiempos PYTA para los pretéritos fuertes (*fiziemos, fiziestes, fizieron, fiziesse, fiziera*) y que desde los primeros testimonios de la lengua se habría extendido a las desinencias tanto de la segunda como de la tercera conjugación (*comieron, partieron*), provocando una neutralización parcial entre ambas. Estos hechos están claramente relacionados.

En el español preliterario, las conjugaciones debieron ser similares a las del portugués: *cantara, comera, dormira* pero *d[ɛ́]ra > diera, estuv[ɛ́]ra > estuviera, tuv[ɛ́]ra > tuviera* (cf. O'Neill 2011b para mayores detalles). El español, sin embargo, evoluciona más allá del portugués, y los verbos de la segunda y tercera conjugaciones llegan a adoptar las desinencias de los pretéritos fuertes. No obstante, los verbos de esta conjugación no solo asumen las desinencias con la vocal temática [je] en el tiempo más frecuente, es decir, en el pretérito (por ejemplo, *comieron* frente a *comessen, comeran, comeren*; *vivieron* frente a *vivissen, vivira, viviren*), sino también en los tiempos afines, esto es, en todo el morfema PYTA. Este hecho solo puede explicarse si esa agrupación de tiempos constituye una realidad gramatical para la lengua en un nivel abstracto, de modo que las palabras, y no los morfemas individuales, son las formas básicas de representación mental y están relacionadas y conectadas entre sí.

En español parece ser un factor desencadenante para la extensión de la vocal temática [je] el que, a través del cambio fonético regular, las desinencias de 3.ª p. sg. del pretérito para los verbos de la segunda y tercera conjugaciones coincidieran con la del verbo *dar* (**COM[é]U > comió, *PARTIU > partió, *D[ɛ́](D)U > dio*). Ello formó un eslabón y proporcionó un patrón por el que las desinencias diptongadas podían expandirse a las formas del pretérito: *comió: comeron* y *partió: partiron* se convirtieron en *comieron* y *partieron*, respectivamente, según el modelo *dió: dieron* (cf. también Wheeler 2012). A partir de aquí se adoptaron las desinencias para todos los demás tiempos de PYTA, cambio en principio desconcertante y contraintuitivo, ya que, aceptando que el español preliterario tuviera las formas *dormiron, dormira, dormise*, parecería más 'lógico' y 'ordenado' que estos verbos mantuviesen la vocal temática que está presente en muchas otras partes del paradigma (*dormir, dormimos, dormís, dormido, dormirá, dormiría*), siguiendo así el patrón flexivo de los verbos de la primera conjugación (*dormir: dormiron: dormira: dormise*, con arreglo al modelo *cantar: cantaron: cantara: cantase*). Sin embargo, la lógica y la claridad parecen no ser los principios

Tabla 15.1 Los tiempos PYTA en español y portugués, herederos de los tiempos perfectivos del latín

Tiempos herederos del			PORTUGUÉS	ESPAÑOL
PERFECTO LATINO		1 SG	cantei	canté
		2 SG	cantaste	cantaste
		3 SG	cantou	cantó
		1PL	cantámos	cantamos
		2PL	cantastes	cantasteis
		3PL	cantaram	cantaron
PLUSCUAM-PERFECTO DEL SUBJUNTIVO LATINO		1 SG	cantasse	cantase
		2 SG	cantasses	cantases
		3 SG	cantasse	cantase
		1PL	cantássemos	cantásemos
		2PL	cantásseis	cantaseis
		3PL	cantassem	cantasen
PLUSCUAM-PERFECTO DEL INDICATIVO LATINO		1 SG	cantara	cantara
		2 SG	cantaras	cantaras
		3 SG	cantara	cantara
		1PL	cantáramos	cantáramos
		2PL	cantáreis	cantarais
		3PL	cantaram	cantaran
FUTURO PERFECTO LATINO		1 SG	cantar	
		2 SG	cantares	
		3 SG	cantar	
		1PL	cantarmos	
		2PL	cantardes	
		3PL	cantarem	
PERFECTO LATINO		1 SG	comi	comí
		2 SG	comeste	comiste
		3 SG	comeu	comió
		1PL	comemos	comimos
		2PL	comestes	comisteis
		3PL	comeram	comieron
PLUSCUAM-PERFECTO DEL SUBJUNTIVO LATINO		1 SG	comesse	comiese
		2 SG	comesses	comieses
		3 SG	comesse	comiese
		1PL	coméssemos	comiésemos
		2PL	comêsseis	comieseis
		3PL	comessem	comiesen
PLUSCUAM-PERFECTO DEL INDICATIVO LATINO		1 SG	comera	comiera
		2 SG	comeras	comieras
		3 SG	comera	comiera
		1PL	comêramos	comiéramos
		2PL	comêreis	comierais
		3PL	comeram	comieran
FUTURO PERFECTO LATINO		1 SG	comer	
		2 SG	comeres	
		3 SG	comer	
		1PL	comermos	
		2PL	comerdes	
		3PL	comerem	
PERFECTO LATINO		1 SG	parti	partí
		2 SG	partiste	partiste
		3 SG	partiu	partió
		1PL	partimos	partimos
		2PL	partistes	partisteis
		3PL	partiram	partieron
PLUSCUAM-PERFECTO DEL SUBJUNTIVO LATINO		1 SG	partisse	partiese
		2 SG	partisses	partieses
		3 SG	partisse	partiese
		1PL	partíssemos	partiésemos
		2PL	partísseis	partieseis
		3PL	partissem	partiesen
PLUSCUAM-PERFECTO DEL INDICATIVO LATINO		1 SG	partira	partiera
		2 SG	partiras	partieras
		3 SG	partira	partiera
		1PL	partíramos	partiéramos
		2PL	partíreis	partierais
		3PL	partiram	partieran
FUTURO PERFECTO LATINO		1 SG	partir	
		2 SG	partires	
		3 SG	partir	
		1PL	partirmos	
		2PL	partirdes	
		3PL	partirem	

Tabla 15.2 Los tiempos PYTA para los verbos portugueses modernos *estar, fazer, vir* 'venir', *comer*

		estar	fazer	vir	comer
pretérito	1 SG	estive	fiz	vim	comi
	2 SG	estiv[ɛ]ste	fiz[ɛ]ste	vi[ɛ]ste	com[é]ste
	3 SG	esteve	fez	veio	com[é]u
	1PL	estiv[ɛ]mos	fiz[ɛ]mos	vi[ɛ]mos	com[é]mos
	2PL	estiv[ɛ]stes	fiz[ɛ]stes	vi[ɛ]stes	com[é]stes
	3PL	estiv[ɛ]ram	fiz[ɛ]ram	vi[ɛ]ram	com[é]ram
pluscuam perfecto del indicativo	1 SG	estiv[ɛ]ra	fiz[ɛ]ra	vi[ɛ]ra	com[é]ra
	2 SG	estiv[ɛ]ras	fiz[ɛ]ras	vi[ɛ]ras	com[é]ras
	3 SG	estiv[ɛ]ra	fiz[ɛ]ra	vi[ɛ]ra	com[é]ra
	1PL	estiv[ɛ]ramos	fiz[ɛ]ramos	vi[ɛ]ramos	comêramos
	2PL	estiv[ɛ]reis	fiz[ɛ]reis	vi[ɛ]reis	comêreis
	3PL	estiv[ɛ]ram	fiz[ɛ]ram	vi[ɛ]ram	com[é]ram
imperfecto del subjuntivo	1 SG	estiv[ɛ]sse	fiz[ɛ]sse	vi[ɛ]sse	com[é]sse
	2 SG	estiv[ɛ]sses	fiz[ɛ]sses	vi[ɛ]sses	com[é]sses
	3 SG	estiv[ɛ]sse	fiz[ɛ]sse	vi[ɛ]sse	com[é]sse
	1PL	estiv[ɛ]ssemos	fiz[ɛ]ssemos	vi[ɛ]ssemos	comêssemos
	2PL	estiv[ɛ]sseis	fiz[ɛ]sseis	vi[ɛ]sseis	comêsseis
	3PL	estiv[ɛ]ssem	fiz[ɛ]ssem	vi[ɛ]ssem	com[é]ssem
futuro del subjuntivo	1 SG	estiv[ɛ]r	fiz[ɛ]r	vi[ɛ]r	com[é]r
	2 SG	estiv[ɛ]res	fiz[ɛ]res	vi[ɛ]res	com[é]res
	3 SG	estiv[ɛ]r	fiz[ɛ]r	vi[ɛ]r	com[é]r
	1PL	estiv[ɛ]rmos	fiz[ɛ]rmos	vi[ɛ]rmos	com[é]rmos
	2PL	estiv[ɛ]rdes	fiz[ɛ]rdes	vi[ɛ]rdes	com[é]rdes
	3PL	estiv[ɛ]rem	fiz[ɛ]rem	vi[ɛ]rem	com[é]rem

que rigen la morfología flexiva, y los verbos de la segunda y tercera conjugaciones adoptaron las desinencias de los pretéritos irregulares.[3]

Los desarrollos históricos apuntan a que, como defienden los modelos morfológicos abstractos, las palabras no se memorizan en partes individuales, sino enteras, están conectadas entre sí y su estructura interna no es fija, sino variable, pues emerge de generalizaciones a partir de los datos. Esta estructura interna y las conexiones entre palabras muchas veces se pueden apreciar a través de cambios históricos en la morfofonología. Los lazos entre palabras se forman principalmente en torno a unos significados y formas comunes, y los diferentes componentes de esta estructura interna no se almacenan separadamente ni poseen un significado gramatical independiente de la palabra entera. Tomemos, por ejemplo, la desinencia -*é* en 1.ª p. sg. del pretérito de los verbos de la primera conjugación (*canté, hablé, mostré*): esta vocal proviene de un cambio fonológico regular a partir del protorromance -[áj]. Dada la distribución sincrónica de este elemento (*canté, cantaste(s), cantó, cantamos, cantasteis, cantaron*), se podría plantear la hipótesis de que es la marca tanto del pretérito como de 1.ª p. sg. Sin embargo, esta /e/ también estaba etimológicamente presente como vocal temática en 2SG (*canteste(s)*) y, por razones analógicas, en 1.ª p. pl. y 2.ª p. pl. del pretérito (*cantemos, cantestes*). Por lo tanto, históricamente podría haber sido una marca general de pretérito para los verbos de la primera conjugación. Sin embargo, en ciertas variedades del asturiano esta vocal /e/ se extiende a las formas provenientes del pluscuamperfecto del indicativo latino, el otro tiempo PYTA, dando las formas *cantera, canteras* etc. Lo mismo ocurre en mirandés (Vasconcellos 1900, 110–115), donde las formas del pretérito y tiempos afines para el verbo *saltar* son *saltou, saltemos, saltera, saltesse, salter* (futuro de subjuntivo). Este conjunto de datos sugiere que los hablantes no consideran que el elemento vocálico sea un constituyente independiente de la palabra con un significado gramatical específico; más bien, la vocal es parte de la palabra íntegra, y su difusión se guía por la nivelación de alternancias morfofonémicas dentro del dominio del morfema PYTA.

5. Perspectivas futuras y conclusiones

Los modelos morfológicos abstractos ofrecen nuevas perspectivas con las que analizar y explicar el cambio morfológico. Aunque tales modelos suponen la memorización masiva de formas flexivas, admiten que no todas las palabras de todos los lexemas se almacenan. Tal visión del lenguaje relegaría la producción del habla a la mera recuperación de ejemplares almacenados y muchos cambios morfológicos al olvido a gran escala. Los estudios de los grandes corpus lingüísticos disponibles sugieren que los hablantes no encuentran ni siquiera todas las formas flexivas de los lexemas más frecuentes (Blevins *et al.* 2017) y, por lo tanto, parece más probable que el léxico mental esté compuesto de una colección de paradigmas parciales. La prevalencia de los cambios morfológicos y, especialmente, los casos de regularizaciones apoyan esta idea: por ejemplo, la historia de los perfectos fuertes se caracteriza por una progresiva pérdida de los lexemas que exhibían esta acentuación y alomorfía, en muchos casos de forma etimológica, a favor de una regularización (*vido> vio, escriso> escribió, plogo> plació, nasco> nació, visco> vivió, yago> yació, cinxo> ciñó, conuvo > conoció, miso> metió, tinxo> tiñó*) a partir de otros patrones flexivos regulares (*ver: vido, nacer: nasco* copian el modelo de *comer: comió, beber: bebió*). Lo que muestran estos datos es que los hablantes, a pesar de escuchar y almacenar un número limitado de formas, son capaces de extrapolar y producir formas que nunca antes habían escuchado. El cambio morfológico es el resultado del hecho de que estas creaciones a menudo son diferentes de las que han creado generaciones pasadas. Por lo tanto, el cambio morfológico histórico es crucial para comprender esta capacidad creativa del lenguaje que poseemos los humanos.

La respuesta más común de las teorías más influyentes de la lingüística moderna a esta capacidad creativa o generativa del lenguaje ha sido asumir que gran parte de nuestro conocimiento gramatical está configurado genéticamente. Este supuesto, a menudo asociado con la gramática generativa, también implica que (i) existe una gramática universal y (ii) las estructuras lingüísticas deben estudiarse de forma aislada de sus entornos, sin ninguna consideración del papel de la comunidad y la cultura. Sin embargo, existe un creciente conjunto de estudios sobre diferentes lenguas acerca de la complejidad de los paradigmas morfológicos que sugiere que los factores sociales son cruciales para explicar la pérdida de la complejidad morfológica, ya que la simplificación morfológica tiende a correlacionarse con lenguas que (a) tienen un gran número de hablantes nativos (Nettle 2012; Lupyan y Dale 2010), (b) han tenido un contacto prolongado con otras lenguas o con dialectos diferentes de la misma lengua (Trudgill 2001, 2010, 2011), y (c) han sido adquiridos por hablantes adultos como segunda lengua (Trudgill 2001; McWhorter 2007; Bentz y Winter 2013; Bentz *et al.* 2015; Nichols y Bentz 2017). El español, y especialmente las variedades latinoamericanas, cumplen estos requisitos. De hecho, se ha sugerido que el español es una koiné, ya que se produjo un intenso contacto dialectal durante la reconquista cristiana de la península ibérica hacia tierras sureñas: las variedades norteñas habrían sido mutuamente inteligibles y el español sería, según esta teoría (*cf.* Tuten 2003), el resultado de la mezcla de estas variedades, una variedad koiné fonológica y morfológicamente diferente de las variedades contribuyentes, aunque se denomine con el nombre de solamente una de ellas (castellano). Esta mezcla de dialectos ocurrió varias veces a través de diferentes migraciones y en torno al rápido crecimiento de la población de ciertas ciudades (por ejemplo, Burgos, Toledo y Sevilla), lo que dio lugar a diferentes cambios lingüísticos. Así Tuten (2003: 204–213) explica cómo, en la fase toledana, hablantes de diversas regiones centrales de la Península migraron a esa ciudad, trayendo consigo diferentes sistemas para los pronombres posesivos. El resultado fue la reestructuración del sistema, que ilustra cómo la koineización no necesariamente da lugar a un sistema morfológicamente más simple a través de la nivelación de variantes (por ejemplo la pérdida, en las formas plurales del verbo en las variedades septentrionales y americanas, de la distinción entre formas deferenciales y no deferenciales), sino que puede aumentar la complejidad mediante la reasignación de variantes a diferentes entornos lingüísticamente determinados (*tu amigo* frente a *un amigo tuyo*). Hay mucho potencial para analizar los efectos de la mezcla de dialectos en el sistema verbal del español tanto en la Península Ibérica como en Hispanoamérica, en cuyo caso también puede que se deba considerar el contacto con otras lenguas y la adquisición del español como una segunda lengua. En suma, los efectos sociales sobre el cambio morfológico constituyen una vía muy prometedora de investigación futura para la que faltan aún estudios sobre el verbo español.

Notas

1 Se trata, como señaló Malkiel (1976, 44), de "the familiar circumstance that thorough canvassing of Old French and Old Provençal [...] occasionally stimulated early Romanists to transfer experiences gained and suppositions made in the study of paleo-Gallo-Romance to slivers of Hispano-Romance material".
2 Por razones de espacio, ofrezco únicamente la forma de la 3.ª p. sg. del pretérito: *condujo, cupo, dijo, estuvo, fue (ser/ir), hizo, hubo, pudo, puso, quiso, supo, trajo, tuvo, vino*.
3 Nótese que este fenómeno también está atestiguado en variedades del gascón y, como se comentará más adelante, en variedades astur-leonesas para los verbos de la primera conjugación (cf. O'Neill 2014).

Lecturas recomendadas

Alvar y Pottier (1983) es el único manual dedicado exclusivamente a la morfología histórica. Las justificaciones de los cambios históricos no van mucho más allá de la analogía y de explicaciones ya ofrecidas por Menéndez Pidal. Sin embargo, presenta una gran cantidad de datos a partir de documentos históricos y de otras variedades del iberorromance.

Penny (2002) proporciona una visión general y una descripción bien ordenada, sistemática y completa del desarrollo de la morfología flexiva del verbo. Sin embargo, como se ha notado arriba el libro antepone en ocasiones la descripción al análisis y no realmente ofrece propuestas novedosas, sino que hace mucha referencia al concepto de la analogía paradigmática (tanto dentro del mismo lexema y entre lexemas). En la segunda edición la parte que trata la morfología verbal está muy cambiada, y mejorada, con respecto a la primera edición.

Maiden (2018) abarca el desarrollo del verbo románico y por lo tanto no ofrece una visión general de todos los procesos particulares que afectaban al verbo sino se enfoca en el desarrollo de lo que se llaman las estructuras morfómicas, que son distribuciones de alomorfia que se han de considerar puramente paradigmáticas porque su distribución no está motivada ni semántica ni fonológicamente. El autor demuestra (a) como estas estructuras surgieron (normalmente debido al cambio fonético regular o a la pérdida de una semántica común entre un grupo de tiempos), (b) porque son puramente morfológicos y (c) cómo condicionaban otros cambios morfológicos. El libro proporciona muchos datos del español y de otras variedades iberorrománicas y el desarrollo histórico que les propone es novedoso y perspicaz.

Bibliografía citada

Alvar, M. and B. Pottier. 1983. *Morfología histórica del español*. Madrid: Gredos.
Aronoff, M. 1994. *Morphology by Itself: Stems and Inflectional Classes*. Cambridge, MA y Londres: MIT Press.
Baayen, H. and R. Schreuder. 2003. *Morphological Structure in Language Processing*. Berlín: Mouton de Gruyter.
Baist, G. 1897. "Die spanischen Sprache". En *Grundriss der romanischen Philologie*, ed. G. Gröber, 689–714. Estrasburgo: Trübner.
Bentz, C., A. Verkerk, D. Kiela, F. Hill, y P. Buttery. 2015. "Adaptive Communication: Languages with More Non-Native Speakers Tend to Have Fewer Word Forms". *PLoS ONE* 10 (6): 1–23. http://doi.org/10.1371/journal.pone.0128254.
Bentz, C. y B. Winter. 2013. "Languages with More Second Language Learners Tend to Lose Nominal Case". *Language Dynamics and Change* 3 (1): 1–27. http://doi.org/10.1163/22105832-13030105.
Blevins, J. 2006. "Word-based Morphology". *Journal of Linguistics* 42 (3): 531–573.
Blevins, J. 2016. *Word and paradigm morphology*. 1.ª ed. Oxford: Oxford University Press.
Blevins, J., P. Milin and M. Ramscar. 2017. "The Zipfian Paradigm Cell Filling Problem". En *Perspectives on Morphological Structure: Data and Analyses*, ed. J. Blevins and H. Bartos, 141–158. Leiden: Brill.
Bloomfield, L. 1933. *Language*. Londres: G. Allen & Unwin, ltd.
Bustos Gisbert, E. 1989. "Algunas observaciones sobre las alternancias vocálica y consonántica en el lexema verbal de presente". En *Philologica: homenaje a Antonio LLorente*, ed. J. Borrego Nieto, 255–270. Salamanca: Universidad de Salamanca.
Bustos Gisbert, E. 1992. "La alternancia 'OVE'/'PUDE' en castellano medieval y clásico". En *Estudios filológicos en homenaje a Eugenio de Bustos Tovar*, ed. J. A. Bartol Hernández. Salamanca: Ediciones Universidad de Salamanca.
Bustos Gisbert, E. 1998a. "Algunas alternativas a la analogía. A propósito de las alternancias vocálicas en el sistema verbal". *Boletín de la Real Academia Española* 78 (275): 349–390.
Bustos Gisbert, E. 1998b. "Modelos morfológicos y cambio morfológico". *Revista de Filología Románica* 15: 35–50.
Bustos Gisbert, E. 2006. "La morfología histórica del verbo español". En *Actas del VI Congreso Internacional de Historia de la Lengua Española*, ed. J. J. de Bustos Tovar y J. L. Girón Alconchel, 387–416. Madrid: Arco/Libros.
Bybee, J. L. 1985. *Morphology: A Study of the Relation between Meaning and Form, Typological Studies in Language*, vol. 9. Ámsterdam y Filadelfia: J. Benjamins.
Bybee, J. L. 2001. *Phonology and Language Use*. Cambridge: Cambridge University Press.
Bybee, J. L. 2010. *Language, Usage & Cognition*. Cambridge: Cambridge University Press.
Cano Aguilar, R. 2004. "La morfología histórica del español en los últimos cien años". *Lexis* 28 (1–2): 71–104.
Catalán, D. 1974. *Lingüística iberorrománica*. Madrid: Gredos.
Christiansen, M. H. y N. Chater. 2008. "Language as Shaped by the Brain". *Behavioral Brain Sciences* 31 (5): 489–509. http://doi.org/10.1017/S0140525X08004998.
Clahsen, H. 1999. "Lexical Entries and Rules of Language: A Multidisciplinary Study of German Inflection". *Behavioral Brain Sciences* 22 (6): 991–1013.
Corbett, G. G. y N. M. Fraser. 1993. "Network Morphology: A DATR Account of Russian Nominal Inflection". *Journal of linguistics* 29 (1): 113–142. http://doi.org/10.1017/S0022226700000074.
Craddock, J. R. 1983. "Descending Diphthongs and the Regular Preterite in Hispano-Romance". *Bulletin of Hispanic Studies* 60 (1): 1–14.
Dworkin, S. N. 1988a. "The Diffusion of a Morphological Change: The Reduction of the Old Spanish Verbal Suffixes *-ades*, *-edes* and *-ides*". *Medioevo Romanzo* 13: 223–236.
Dworkin, S. N. 1988b. "The Interaction of Phonological and Morphological Processes: The Evolution of the Old Spanish Second Person Plural Verb Endings". *Romance Philology* 42 (2): 144–155.
Eddington, D. 2000. "Spanish Stress Assignment within the Analogical Modeling of Language". *Language* 72: 92–109.
Eddington, D. 2006. "Paradigm Uniformity and Analogy: The Capitalistic Versus Militaristic Debate (Report)". *International Journal of English Studies* 6 (2): 1–18.
Elvira, J. 1993. "La adaptación morfológica del verbo culto". *Epos: Revista de Filología* 9: 151–168.
Elvira, J. 1998. *El cambio analógico*. Madrid: Gredos.
Fertig, D. 2013. *Analogy and Morphological Change. Edinburgh Historical Linguistics*. Edimburgo: Edinburgh University Press.

Fouché, P. 1929. "Etudes de philologie hispanique. III: Le parfait en castillan". *Revue Hispanique* 77: 45–87.
Harris-Northall, R. 1996. "The Old Spanish Participle in -*udo*: Its Origin, Use, and Loss". *Hispanic Review* 64 (1): 31–56. http://doi.org/10.2307/475037.
Hay, J. and H. Baayen. 2005. "Shifting Paradigms: Gradient Structure in Morphology". *Trends in Cognitive Science* 9 (7): 342–348.
Landauer, T. K. 1986. "How Much do People Remember? Some Estimates of the Quantity of Learned Information in Long-Term Memory". *Cognitive Science* 10: 477–493.
Lupyan, G. y R. Dale. 2010. "Language Structure Is Partly Determined by Social Structure". *PLoS ONE* 5 (1): 1–10. http://doi.org/10.1371/journal.pone.0008559.
Maiden, M. 2001. "A Strange Affinity: 'Perfecto y tiempos afines'". *Bulletin of Hispanic Studies* 78 (4): 441–464. http://doi.org/10.3828/bhs.78.4.441.
Maiden, M. 2004. "Morphological Autonomy and Diachrony". En *Yearbook of Morphology*, ed. G. Booij y J. van Marle, 137–175. Dordrecht: Springer
Maiden, M. 2018. *The Romance Verb: Morphomic Structure and Diachrony*. Oxford: Oxford University Press.
Maiden, M. 2021. "The Morphome". *Annual Review of Linguistics* 7 (1): 89–108.
Malkiel, Y. 1976. "From Falling to Rising Diphthongs: The Case of Old Spanish 'ió★éu' (with Excursuses on the Weak Preterite, on the Possessives, and on 'Judío, Sandío', and 'Romero')". *Romance Philology* 29 (4): 435–500.
Malkiel, Y. 1988. *Malkiel (Yakov). A Tentative Autobibliography*. Con una introducción de H. Kahane. Berkeley y Los Angeles: University of California Press.
Martín Vegas, R. A. 1998. "Los cambios fonológicos que producen alternancias morfofonológicas: el castellano vs. otras lenguas romances". *Interlingüística* 9: 185–188.
Martín Vegas, R. A. 2001. "Algunas causas de la pobreza del componente morfológico en castellano". *Verba* 28: 355–370.
Martín Vegas, R. A. 2007a. *Morfofonología histórica del español*. Salamanca: Ediciones Universidad de Salamanca.
Martín Vegas, R. A. 2007b. *Morfofonología histórica del español: estudio de las alternancias /jé/ – /e/, /wé/ – /o/ y /Ø/ – /g*. Múnich: Lincom Europa.
Matthews, P. H. 1991. *Morphology*. Cambridge: Cambridge University Press.
McWhorter, J. H. 2007. *Language Interrupted Signs of Non-Native Acquisition in Standard Language Grammars*. Oxford; New York: Oxford University Press.
Mendoza, J. 1986. "Sistema morfológico y cambio lingüístico". *Española de Lingüística* 16 (1): 1–20.
Montgomery, T. 1976. "Complementarity of Stem-Vowels in the Spanish Second and Third Conjugations". *Romance Philology* 29: 281–296.
Montgomery, T. 1985. "Sources of Vocalic Correspondences of Stems and Endings in the Spanish Verb". *Hispanic Linguistics* 2 (1): 99–114.
Nettle, D. 2012. "Social Scale and Structural Complexity in Human Languages". *Philosophical Transactions of the Royal Society B* 367 (1597): 1829–1836. http://doi.org/10.1098/rstb.2011.0216.
Nichols, J. y C. Bentz. 2017. Morphological complexity of languages reflects the settlement history of the Americas. In *Perspectives on the Peopling of the Americas*, eds. K. Harvati, G. Jäger, & H. Reyes-Centano, 13–26. Tübingen: Kerns.
O'Neill, P. 2011a. "Alternativas vocálicas en el presente de los verbos en -IR. Un análisis desde la morfología autónoma". *Revista de Historia de la Lengua Española* 6: 87–129.
O'Neill, P. 2011b. "The Evolution of the pretérito y tiempos afines in Ibero-Romance". *Bulletin of Hispanic Studies* 88 (8): 851–878.
O'Neill, P. 2014. "The Morphome in Constructive and Abstractive Models of Morphology". *Morphology* 24 (1): 25–70.
O'Neill, P. 2016. "Velar Allomorphy in Ibero-Romance: Roots, Endings and Clashes of Morphemes". En *Studies in Historical Ibero-Romance Morphosyntax*, eds. M. Bouzouita, I. Sitaridou y E. Pato, 13–47. Ámsterdam: John Benjamins.
Penny, R. J. 2002. *A History of the Spanish Language*. 2.ª ed. Cambridge: Cambridge University Press.
Prasada, S. and S. Pinker. 1993. "Generalisation of Regular and Irregular Morphological Patterns". *Language and Cognitive Processes* 8 (1): 1–56.
Pujol Payet, I. 2013. *Formación de palabras y diacronía*. A Coruña: Servizo de Publicacións Universidade da Coruña.
Rini, J. 1996. "The Vocalic Formation of the Spanish Verbal Suffixes -*áis*/-*ás*, -*éis*/-*és*,-*ís*, -*ois*/-*os*. A Case of Phonological or Morphological Change?". *Iberorromania* 44: 1–16.

Rini, J. 1999. *Exploring the Role of Morphology in the Evolution of Spanish*. Ámsterdam y Filadelfia: John Benjamins.

Rini, J. 2020. "A Morphological Factor in the History of the Irregular Future (and Conditional) of Spanish". *Studia Neophilologica* 92 (1): 111–123. http://doi.org/10.1080/00393274.2020.1721318.

Stewart, T. W. 2016. *Contemporary Morphological Theories: a Users' Guide*. Edimburgo: Edinburgh University Press.

Stump, G. T. 2001. *Inflectional Morphology: A Theory of Paradigm Structure*. Cambridge: Cambridge University Press.

Trudgill, P. 2001. "Contact and Simplification: Historical Baggage and Directionality in Linguistic Change". *Linguistic Typology* 5 (2–3): 371–374. http://doi.org/10.1515/lity.2001.002.

Trudgill, P. 2010. *Investigations in Sociohistorical Linguistics: Stories of Colonisation and Contact*. Cambridge: Cambridge University Press.

Trudgill, P. 2011. *Sociolinguistic Typology: Social Determinants of Linguistic Complexity*. Oxford: Oxford University Press.

Tuten, D. N. 2003. *Koineization in Medieval Spanish*. Berlín: Mouton de Gruyter.

Vasconcellos, J. L de. 1900. *Estudos de philologia mirandesa*, vol. 1. Lisbon: Imprensa Nacional.

16

Morfosintaxis nominal: grandes procesos evolutivos (Nominal morphosyntax: major evolutionary processes)

Joel Rini

1. Introducción

La morfosintaxis nominal española analiza la estructura (morfología) de los sustantivos, adjetivos, determinantes y pronombres, así como la relación gramatical (sintaxis) entre ellos. Los sustantivos están compuestos por un morfema léxico (raíz) y un conjunto de morfemas gramaticales que, generalmente, expresan toda la información lingüística necesaria, p. ej., *chic-* (morfema léxico) + *-o-* (morfema gramatical de género) + *-s* (morfema gramatical de número) = *chicos*. Sin embargo, a veces es imprescindible analizar el sustantivo junto a sus adjetivos, artículos y otros determinantes porque, por sí mismo, no siempre expresa toda esta información. El género de *artista*, por ejemplo, no se revela sin el artículo *el* o *la* o un adjetivo como *maravillos-o/-a*, ni tampoco el número de *crisis, hipótesis*, etc. sin *la/las*, o *una/unas*.

La morfosintaxis nominal histórica del español se ocupa principalmente del estudio del origen y desarrollo de los sustantivos y pronombres, el origen de los morfemas gramaticales de género y número de los sustantivos, los cambios de género (y a veces, también de número) que han sufrido los sustantivos del latín al español, la evolución del artículo definido femenino y el papel que ha jugado en el cambio de género de algunos sustantivos en la evolución del español antiguo al moderno.

Palabras clave: morfosintaxis histórica; origen de los sustantivos; género y número; el alomorfo *el* femenino español; pronombres

Spanish nominal morphosyntax analyzes the structure (morphology) of nouns, adjectives, determiners, and pronouns, as well as the grammatical relationship (syntax) between them. Nouns are made up of a lexical morpheme (root) in conjunction with grammatical morphemes that generally express all the necessary linguistic information, e.g., *chic-* (lexical morpheme) + *-o-* (grammatical morpheme of gender) + *-s* (grammatical morpheme of number) = *chicos*. However, sometimes it is essential to analyze the noun together with its adjectives, articles and other determiners, because all this information is not always expressed by the noun itself. The gender of *artista*, for example, is not revealed without the article *el* or *la* or an adjective such as *maravillos-o/-a*, nor the number of *crisis, hipótesis*, etc. without *la/las*, or *una/unas*.

Spanish historical nominal morphosyntax deals mainly with the study of the origin and development of nouns and pronouns, the origin of the grammatical morphemes of gender and number of nouns, the changes in gender (and sometimes also in number) that various nouns have undergone from Latin to Spanish, the evolution of the feminine definite article and the role it has played in the change in gender of certain nouns in the evolution of Old to Modern Spanish.

Keywords: historical morphosyntax; origin of nouns; gender and number; the Spanish feminine allomorph *el*; pronouns

2. Conceptos fundamentales

2.1 El origen de los morfemas gramaticales de género y número

El latín temprano, preservado en el latín "clásico" (forma escrita durante el primer siglo a. C.) tenía tres géneros: masculino, femenino y neutro. Los sustantivos latinos se organizaban en cinco categorías llamadas "declinaciones" (equivalentes a las "conjugaciones" de los verbos). La primera declinación constaba de sustantivos femeninos; la segunda, de masculinos y neutros; la tercera, de masculinos, femeninos y neutros; la cuarta, principalmente de masculinos, pocos femeninos y aún menos neutros, y la quinta, de femeninos (con la excepción del masculino DIĒS "día").

Cada declinación constaba de cinco "casos" (de ahí el llamado sistema "casual"). Estos cinco casos (y sus funciones correspondientes en la lengua moderna) eran: nominativo (sujeto), genitivo (posesivo), dativo (complemento indirecto), acusativo (complemento directo) y ablativo (con distintas funciones: de "manera", "separación", etc.). Había también un caso "vocativo", cuya forma en gran parte de los sustantivos era igual a la del nominativo. En la mayoría de las declinaciones los sustantivos exhibían terminaciones diferentes para cada caso, aunque había también formas coincidentes para casos distintos. He aquí algunos ejemplos de varias

Tabla 16.1a Paradigma de *rosa, –ae* (fem.) 'rosa'

Singular	Plural	
rosa	rosae	Nominativo
rosae	rosārum	Genitivo
rosae	rosīs	Dativo
rosam	rosās	Acusativo
rosā	rosīs	Ablativo

Tabla 16.1b Paradigma de *amīcus, –ī* (masc.) 'amigo'

Singular	Plural	
amīcus	amīcī	Nominativo
amīcī	amīcōrum	Genitivo
amīcō	amīcīs	Dativo
amīcum	amīcōs	Acusativo
amīcō	amīcīs	Ablativo

Tabla 16.1c Paradigma de *vīnum, –ī* (neutro) 'vino'

Singular	Plural	
vīnum	vīna	Nominativo
vīnī	vīnōrum	Genitivo
vīnō	vīnīs	Dativo
vīnum	vīna	Acusativo
vīnō	vīnīs	Ablativo

Tabla 16.1d Paradigma de *folĭum, –ī* (neutro) 'hoja'

Singular	Plural	
folĭum	*folĭa*	Nominativo
folĭī	folĭōrum	Genitivo
folĭō	folĭīs	Dativo
folĭum	*folĭa*	Acusativo
folĭō	folĭīs	Ablativo

declinaciones (las formas que hipotéticamente podrían haber continuado en español se indican en cursiva).

Como se puede deducir de las declinaciones expuestas, no todos los sustantivos del español moderno en sus formas singulares y plurales se derivaron de un caso concreto. La estructura de algunos sustantivos modernos requiere una explicación más detallada basada en procesos lingüísticos e históricos (véase el apartado 3.1.). Por lo general, se sabe que: (1) los tres géneros latinos (masculino, femenino y neutro) se vieron reducidos a dos en español (masculino y femenino); (2) el morfema gramatical de género masculino *-o* se deriva, principalmente, del mismo morfema de alguna forma o formas de la segunda declinación latina; (3) el morfema gramatical de género femenino *-a* es una continuación, principalmente, del mismo morfema de la primera declinación latina, y (4) el morfema gramatical de número (plural) *-s* desciende de alguna(s) forma(s) del plural del latín.

2.2 La evolución del artículo definido femenino

La forma del artículo definido que aparece ante los sustantivos femeninos que comienzan con /a/ tónica, p. ej., *el agua*, aunque idéntico en forma, no es históricamente el artículo definido masculino, sino una continuación diacrónica del demostrativo femenino latino ĬLLA, el cual primero evolucionó a *ela* y luego experimentó un doble desarrollo: (1) cuando aparecía ante sustantivos que comenzaban con una consonante, regularmente perdía su /e/ inicial, p. ej., *ela cena > (e)la cena > la cena*; (2) cuando aparecía ante sustantivos que comenzaban con /a/ tónica, fusionaba su /a/ final con esta vocal tónica, p. ej., *ela agua > elaagua > elagua > el agua*, dando así lugar a un conjunto de dos artículos dentro de la categoría gramatical del singular femenino, es decir, *la* y un alomorfo *el*; (3) cuando aparecía ante sustantivos que comenzaban con una /a/ átona u otra vocal, alternaba con más o menos frecuencia *el* o *la*, p. ej., *el/la arena, el/la entrada*, etc.

La forma *la* se generalizó ante sustantivos femeninos que comenzaban con /a/ átona u otra vocal, p. ej., esp. ant. *el arena ~ la arena* > esp. mod. *la arena*, mientras que el alomorfo *el* se mantuvo ante aquellos sustantivos que comenzaban con /a/ tónica, el contexto morfosintáctico en que originalmente era más frecuente, p. ej., *el agua, el ala*, etc. Este cambio se cumplió hacia finales del siglo XVII, por ejemplo, en una búsqueda en el *CORDE* de diecinueve sustantivos que comienzan con /a/ átona, la mayoría de los últimos ejemplos con *el* femenino aparecen entre los años 1567 y 1690, con solo casos esporádicos después del 1700.

Tabla 16.2a Declinación del pronombre personal de primera persona del latín al español antiguo

	Sg.		Pl.	
	lat.	esp.ant.	lat.	esp.ant.
Nominativo:	ĔGO >	yo	NŌS >	nos
Genitivo:	MEĪ		NOSTRĪ	
Dativo:	MIHI >	mí	NŌBĪS	
Acusativo:	MĒ >	me	NŌS >	nos
Ablativo:	MĒ		NŌBĪS	

Tabla 16.2b Declinación del pronombre personal de segunda persona del latín al español antiguo

	Sg.		Pl.	
	lat.	esp. ant.	lat.	esp. ant.
Nominativo:	TŪ >	tú	VŌS >	vos
Genitivo:	TUĪ		VESTRĪ	
Dativo:	TIBI >	ti	VŌBĪS	
Acusativo:	TĒ >	te	VŌS >	vos
Ablativo:	TĒ		VŌBĪS	

2.3 El origen de los pronombres

Las declinaciones de los pronombres personales de primera y segunda persona del latín dieron lugar a las siguientes formas en el español antiguo.

Respecto a la tercera persona, aunque en el latín clásico no existían pronombres personales de tercera persona, se utilizaban formas del pronombre demostrativo ĪS 'él', ĒA 'ella', ĬD 'ello'. Se supone que en el latín hablado servían también los otros pronombres demostrativos HĪC 'este', ISTE 'ese', ILLĒ 'aquel' (Penny 2002, 133). Fue este último el que dio lugar a los pronombres personales españoles de tercera persona y a los pronombres de complemento directo e indirecto. Su declinación en masculino y femenino y las formas españolas derivadas se muestran a continuación.

Tabla 16.3 Declinación del pronombre personal ILLĔ del latín al español antiguo

Masculino

	Sg.			Pl.		
Nominativo:	ILLĔ	>	él	ILLĪ		
Genitivo:	ILLĪUS			ILLŌRUM		
Dativo:	ILLĪ	>	le	ILLĪS	>	les
Acusativo:	ILLUM	>	lo	ILLŌS	>	los, ellos
Ablativo:	ILLŌ			ILLĪS		

Femenino

	Sg.			Pl.		
Nominativo:	ILLA	>	ella	ILLAE		
Genitivo:	ILLĪUS			ILLĀRUM		
Dativo:	ILLĪ	>	le	ILLĪS	>	les
Acusativo:	ILLAM	>	la	ILLĀS	>	las, ellas
Ablativo:	ILLĀ			ILLĪS		

Los acusativos plurales, ILLŌS, ILLĀS, cuando eran átonos, perdieron su primera sílaba y dieron lugar a las formas del complemento directo, *lo*, *la*, y cuando eran tónicos evolucionaron a las formas *ellos* y *ellas*.

3. Aproximaciones teóricas y perspectivas actuales

3.1 La evolución del género y número

Para explicar los grandes procesos evolutivos de los sustantivos del español en los morfemas de género y número, hay que entender y aplicar los principios teóricos del cambio fonético, morfológico y sintáctico.

En primer lugar, los cinco casos del sistema nominal del latín temprano fueron reducidos a uno en latín tardío hispánico, dando lugar a una sola forma singular y otra plural. La aproximación teórica tradicional, imperante hasta hoy en día, establece que los factores principales de la reducción de los cinco casos a uno fueron: (1) los cambios fonéticos regulares y (2) el uso cada vez más frecuente de preposiciones y de un orden de palabras más fijo para expresar la función sintáctica del sustantivo (Lloyd 1987, 150). Con los cambios fonéticos regulares, como la pérdida de la /m/ final de palabra no monosilábica, la pérdida de la duración vocálica y la subsiguiente

Evolución regular de las formas singulares de ROSA 'rosa'		
Nominativo:	rosa	> rosa
Genitivo:	(rosae) ~ de rosā	> de rosa
Dativo:	(rosae) ~ ad rosam	> ad rosa
Acusativo:	rosam	> rosa
Ablativo:	rosā	> rosa

Evolución regular de las formas singulares de AMĪCUS 'amigo'		
Nominativo:	amīcus > amicos	> *amico*
		↑ (nivelación)
Genitivo:	(amīcī) ~ de amīcō	> de *amico*
Dativo:	(amīcō) ~ ad amicum	> ad *amico*
Acusativo:	amīcum	> *amico*
Ablativo:	amīcō	> *amico*

Evolución regular de las formas singulares de VĪNUM 'vino'		
Nominativo:	vīnum	> *vino*
Genitivo:	(vīnī) ~ de vīnō	> de *vino*
Dativo:	(vīnō) ~ ad vīnum	> ad *vino*
Acusativo:	vīnum	> *vino*
Ablativo:	vīnō	> *vino*

combinación de otras vocales, muchas formas de las declinaciones ya no se distinguían (Lloyd 1987, 150–151). Así, las formas singulares, por ejemplo, evolucionaron por el cambio fonético regular (aunque con nivelación en la segunda declinación) como se muestra a continuación.

Ya en el latín temprano, además, algunas funciones sintácticas se podían realizar con estructuras analíticas en vez de con la inflexión morfológica del sustantivo. Por ejemplo, el caso genitivo se podía comunicar no solo con una forma flexionada como ROSAE, AMĪCĪ, VĪNĪ, etc., sino también con la preposición DĒ (o EX) + la forma del ablativo, y el dativo, con la preposición AD + la forma del acusativo.

Así, la función del sustantivo perdida por los cambios fonéticos regulares de sus terminaciones, con la resultante falta de distinción morfológica, se recuperó por un incremento en el uso de las preposiciones ya disponibles desde el latín antiguo y gracias a un orden de palabras más fijo (Lloyd 1987, 152).

En segundo lugar, de todas las formas plurales de la primera y segunda declinación, fue la del caso acusativo la que continuó en español, quizás porque en el singular ya no había distinción morfológica entre el nominativo (sujeto) y el acusativo (objeto) y porque por el proceso de nivelación el nominativo plural se hizo idéntico al acusativo plural, o porque exhibía la misma vocal en la terminación que tenían las formas singulares, especialmente después de los cambios señalados más arriba. La explicación alternativa sería, como se muestra a continuación, una combinación de los dos factores.

Evolución en el plural de las declinaciones por el proceso de nivelación				
	sg.	pl.		
Nominativo:	ros*a*	*rose	>	ros*as*
Genitivo:	de ros*a*	de rosis	>	de ros*as*
		↑ (nivelación)		
Acusativo:	ros*a*	ros*as* (continúa)	→	ros*as*
		↓ (nivelación)		
Ablativo:	ros*a*	rosis	>	ros*as*
Nominativo:	amico	*amici	>	amicos
Genitivo:	de amico	de amicis	>	de amicos
		↑ (nivelación)		
Acusativo:	amico	amicos (continúa)	→	amicos
		↓ (nivelación)		
Ablativo:	amico	amicis	>	amicos

Claro está que ninguna de las formas plurales de los sustantivos neutros de la segunda declinación, como VĪNUM (n.), pl. nom. *vīna*, gen. *vīnōrum*, dat. *vīnīs*, ac. *vīna*, ab. *vīnīs*, continuó en español como plural, sino que, con la semejanza con las formas singulares de los masculinos tras los cambios señalados más arriba, la mayoría de los sustantivos neutros se incorporaron a la categoría gramatical de género masculino y a la vez adquirieron una nueva forma plural analógica: *amico*: *amicos* :: *vino*: X = *vinos* (desplazando **vina*, etc.).

De este modo, debido a todos los cambios señalados anteriormente, el español ha heredado del sistema casual latino no solo el morfema gramatical masculino *-o* y el morfema gramatical femenino *-a*, sino también el morfema gramatical de número (plural) *-s*. Sin embargo, ocurrieron otros cambios en el sistema nominal que requieren una explicación más detallada.

Algunos sustantivos neutros no pasaron a ser masculinos, sino femeninos, por un proceso morfológico llamado "reanálisis o reinterpretación" (Rini 1999, 26). Como los plurales neutros de los casos nominativo y acusativo terminaban en *-a*, algunos se reinterpretaron como femeninos singulares, p. ej., sg. FŎLĬUM 'hoja' ~ pl. FŎLĬA 'hojas' > sg. *hoja*. La reinterpretación fue seguida de la creación de una nueva forma plural a través de la adición del nuevo morfema gramatical de número a la forma singular: sg. *hoja* + *-s* > pl. *hojas*. En al menos un caso, la función original de singular y plural se ha mantenido semánticamente, aunque morfológicamente ambas formas ahora son singulares: sg. LĬGNUM ~ pl. LĬGNA > *leño* 'un pedazo de leña' ~ *leña* 'varios leños' (Rini 1999, 27).

Otros sustantivos neutros (de la tercera declinación) sin un marcador claro de género pasaron a ser masculinos o femeninos, p. ej., m. *nombre, enjambre, roble*; f. *cumbre, legumbre, leche, miel*, etc., y por lo menos uno ha quedado como ambiguo, *el/la mar*.

Otros sustantivos, en origen masculinos o femeninos, que tampoco tienen un marcador claro de género *-o/-a*, o bien han cambiado de género a través de los siglos, o bien siguen siendo ambiguos: *amor, honor, calor, color, árbol, arte, génesis, linde, orden, origen, pirámide, sal, valle* (Penny 2002, 125). El cambio de género de femenino a masculino ha sido particularmente frecuente en el caso de sustantivos que comenzaban con vocal, ya que en español antiguo la forma del artículo (definido o indefinido) era idéntica para los dos géneros (Penny 2002, 124). Así, el "*el* femenino" se tomaba por artículo definido masculino y, por consiguiente, a través del tiempo, el sustantivo también se tomó por masculino, p. ej., esp. ant. *el origen* (f.) > esp. mod. *el origen* (m.).

3.2 Aproximaciones teóricas a "el femenino"

En los años 80 se suscitó un debate teórico que versaba sobre el género del artículo *el* que precede a los sustantivos femeninos (Plank 1984; Posner 1985; Zwicky 1985; Harris 1987), considerado por algunos como un alomorfo de *la*, y por lo tanto femenino, y, por otros, como artículo definido masculino. En un estudio destinado a resolver el debate (Janda y Varela-García 1991) se sugirió una nueva tipología para estos sustantivos, proponiendo el término "hermafroditas" (medio masculinos, medio femeninos), explicando así, p. ej., *el* (m.) *agua sucia* (f.). Álvarez de Miranda (1993), sin considerar Janda y Varela-García (1991), propuso algo semejante, es decir, "concordancia bifronte", pero sugiere que el artículo definido *el* sigue siendo femenino y que no hay concordancia gramatical entre el determinante y el sustantivo, sino que los hablantes lo perciben como masculino y, de ahí, los otros modificadores presustantivales aparecen en su forma masculina por un proceso de "contagio", o nivelación sintagmática, p. ej., *toda el agua* > *toda* ← *el agua* > *todo el agua*, no por el propio género del sustantivo. Rini (2016), de acuerdo con Álvarez de Miranda (1993) en que no hay concordancia gramatical entre *el* y el sustantivo, introduce un nuevo criterio, la pronominalización, y comprueba que estos sustantivos son inherentemente femeninos, proponiendo, a diferencia de Álvarez de Miranda (1993), una explicación basada en la nivelación paradigmática.

3.3 El femenino y su papel en el cambio de género femenino a masculino

Recientemente se han emitido perspectivas innovadoras sobre la morfosintaxis nominal, particularmente con respecto a la capacidad de *el* femenino para cambiar el género del sustantivo de femenino a masculino. Penny (2002, 125) señala que la falta de un marcador claro de género en los sustantivos que terminan en *-e* o consonante facilitó el cambio de un género a otro, y que los sustantivos que comienzan con vocal eran particularmente susceptibles al cambio de femenino a masculino debido a que *el* femenino se reanalizó como masculino. Así, la causa del cambio de femenino a masculino en el singular del sustantivo *arte*, por ejemplo, parece bastante transparente: ĬLLA(M) ARTE(M) > *ela arte* > *elaarte* > *elarte* > esp. ant. *el arte* (fem.) > esp. mod. *el arte* (masc.). En el plural, *arte* se ha mantenido como femenino, por lo menos en la lengua estándar, porque ha aparecido a través de los siglos con el definido *las*, es decir, ĬLLAS ARTES > *elas artes* > *(e)las artes* > *las artes*. Los sustantivos femeninos *ave* y *hambre*, sin embargo, que exhiben la misma morfología que *arte* cuando aparecen con el artículo definido (*el ...-e*) complican el desarrollo histórico "transparente" del esp. ant. *el arte* (femenino) > esp. mod. *el arte* (masculino), ya que han resistido, en mayor o menor grado, el cambio de femenino a masculino. En el CREA y el CORPES se encuentra el sustantivo *ave* modificado por adjetivos femeninos con total exclusión de los masculinos, y en el CDC (Dialects) hay solo cinco ejemplos esporádicos de masculinos. En los tres corpus, *hambre* aparece del 90 % al 93 % de las veces como femenino frente al 7–10 % como masculino. Rini (2019) ha investigado sobre los posibles factores lingüísticos más allá del patrón *el ...-e* en estos tres sustantivos femeninos para explicar por qué el cambio de femenino a masculino se ha cumplido, hasta ahora, solo en el caso de *arte*, constatando los hechos siguientes: (1) desde los textos más antiguos hasta 2015 (según los datos recogidos en CORDE, CREA y CORPES), los porcentajes de aparición de estos tres sustantivos con el alomorfo femenino *el*, percibido como masculino son *el arte* (48 %), *el ave* (24 %), *el hambre* (26 %); ello hace que *arte* haya sido aproximadamente un 50 % más susceptible a un cambio de género, de femenino a masculino, que *ave* o *hambre* a lo largo de los siglos; (2) cuando se compara la frecuencia relativa de *el arte* ~ *las artes* con la de *el ave* ~ *las aves* a lo largo de los siglos, se comprueba que, según los datos de CORDE, CREA y CORPES, *el arte* ha tenido una aparición mayor que *las artes*, mientras que la aparición de *las aves* ha sido mayor a la de *el ave*; por lo tanto, la muy frecuente forma plural, *las aves*, ha mantenido el género femenino de *el ave*, mientras que la mucho menos frecuente forma plural, *las artes*, no pudo hacer lo mismo en el caso de *el arte*; y (3) aunque desde los primeros textos *hambre* ha aparecido más en el singular que en el plural, esperándose así que *el hambre*, como *el arte*, experimentase un cambio completo de femenino a masculino, el número total de combinaciones de *hambre* con *el* femenino, el elemento necesario para desencadenar el cambio, no se acerca al de *arte*: 40 483 de *el arte* frente a 7 672 de *el hambre*. No debería sorprender que *hambre* no haya aparecido con tanta frecuencia con *el* como *arte*. Basta pensar en algunos de los enunciados más habituales, en los que *hambre* aparece sin el artículo definido: *tengo hambre, morimos de hambre*, etc. Además, *hambre* ni siquiera comenzó a aparecer con *el* (femenino) hasta después del cambio de *f-* > *h-* > Ø, cuyo primer ejemplo se documenta en la lengua escrita en 1492 (Rini 2010, 440). Antes de ese año, *hambre* (*fambre*) iba precedido por *la*. De este modo, el patrón del cambio de género *el ...-e* ha tenido mucho menos tiempo para tener un impacto sobre *hambre* del que ha tenido en el caso de *arte*. Rini (2019) concluye, por consiguiente, que los factores lingüísticos más allá del marcador de género ambiguo necesarios para provocar el cambio de género *el arte* (f.) > *el arte* (m.) fueron: (1) una alta frecuencia de aparición de este sustantivo con su artículo definido; (2) una frecuencia significativamente mayor de aparición de este sustantivo en el singular que en el plural; y (3) la existencia del patrón *el ...-e* durante un período prolongado de tiempo.

3.4 Grandes procesos evolutivos de los pronombres personales

3.4.1 Los pronombres de sujeto

Quizás el desarrollo sintáctico de mayor impacto en la categoría de los pronombres personales de sujeto fue el cambio del pronombre sujeto VŌS, que, originalmente utilizado solo como plural, pasó a usarse como tratamiento respetuoso en el singular ya en el latín tardío, (Penny 2002, 137). En los primeros textos del español antiguo el pronombre sujeto *vos* se encuentra como singular (formal) y plural (formal e informal). Los hablantes del español antiguo ya en el siglo XIII intentaron resolver la ambigüedad creada por este cambio sintáctico, *vos* (singular) y *vos* (plural), agregando otros elementos al pronombre cuando la forma funcionaba como plural, *vos todos, vos otros*. Aunque *vos todos* era la solución más frecuente en el siglo XIII, *vos otros* se hizo más popular a partir del siglo XIV (Rini 1998). La forma *nos*, que no presentaba ninguna ambigüedad, pasó a *nosotros* por imitación de *vosotros*.

En el español medieval tardío, *vos* (singular) se aproximó cada vez más al valor informal de *tú*. Los hablantes crearon nuevas formas deferenciales como *vuestra excelencia, vuestra señoría, vuestra merced*. Esta última, junto con *vuestras mercedes*, tuvo mayor aceptación y dio lugar, por una serie de contracciones, a las formas *usted, ustedes* (Penny 2002, 138; cap. 18).

3.4.2 Los pronombres de objeto

Otro gran desarrollo sintáctico entre los pronombres personales fue el hecho de que las formas singulares derivadas del acusativo (*me, te*) y dativo (*mí, ti*) pasaran de sus funciones originales de acusativo y dativo a pronombres clíticos (átonos) y preposicionales (tónicos), respectivamente, con funciones tanto de complemento directo como indirecto: *A ti te invitaron a la fiesta, a mí no* (directos); *A ti te dieron un buen aumento, a mí nada* (indirectos).

Los acusativos NŌS, VŌS continuaron como *nos, vos* en español antiguo, también como complementos directos e indirectos, tanto como pronombres clíticos (átonos) como preposicionales (tónicos), p. ej., *si luego non nos mostrades nuestro emperador que agora luego uos mataremos*; *Non quieras a nos matar; moraredes en la tierra que yo di a uos* (*General estoria IV*, c1280, Alfonso X). El clítico *vos* adquirió una variante reducida, *os*, que se generalizó en el siglo XVI para finalmente desplazar a la forma *vos* (Lloyd 1987, 352).

Cuando el dativo ILLĪ iba seguido de los acusativos ILLUM, ILLAM, ILLŌS, ILLĀS, se produjeron, por cambio fonético regular, las formas del español antiguo *gelo, gela, gelos, gelas* (cf. it. *glielo, gliela*), formas que originalmente se limitaban al singular, pero que pronto se extendieron al plural (Lloyd 1987, 278). Con el ensordecimiento general de /ž/ a /š/ en el español medieval tardío, *gelo* [želo], etc. > [šelo], etc., se hicieron fonéticamente parecidos a las combinaciones con reflexivo, *se lo* [selo], etc. Por consiguiente, las formas *gelo* y *se lo* se combinaron morfológicamente, convirtiéndose en *se lo, se la, se los, se las*, que funcionan tanto como reflexivos como no reflexivos.

3.4.2.1 LOS PRONOMBRES CLÍTICOS: DE MORFEMAS LIBRES A LIGADOS

Quizás el mayor proceso evolutivo de los pronombres clíticos, *me, te, se, lo, la, le, nos, os, los, las, les,* ha sido el paso de morfemas libres en español antiguo a morfemas ligados en español moderno. Los tres criterios para diferenciar los morfemas libres y los ligados son los siguientes (marcados con negrita):

(1) Los morfemas libres no tienen una posición fija: *yo hablo ~ hablo yo*, mientras que los ligados sí la tienen: *habl-o*, nunca **o-habl*.
(2) Los morfemas libres son separables de su "anfitrión": *yo hablo ~ yo te hablo*, mientras que los ligados no lo son: ***te** hablo*, nunca **habl-**te** -o*.
(3) La aparición de los morfemas libres no es obligatoria: *yo hablo ~ hablo*, mientras que la de los ligados sí lo es: *yo hablo ~ hablo yo ~ hablo*, nunca **yo habl-Ø ~ habl-Ø yo ~ habl-Ø*.

Según estos tres criterios, se puede concluir que los pronombres clíticos eran libres en el español antiguo:

(1) No tenían una posición fija: en el declarativo, *& mataron**lo** y ~ & assi **lo** mataron* (*Estoria de Espanna I*, 1270, Alfonso X); en el imperativo, *y guia**me*** (*Biblia de Ferrara*, 1553) ~ *tú **me** guia* (*Comedia de la libertad de España por Bernardo del Carpio*, c1580, Juan de la Cueva).
(2) Eran separables de su "anfitrión": *yo **te** digo ~ **te** yo digo* (*General estoria IV*, c1280, Alfonso X).
(3) Su aparición no era obligatoria en presencia de un pronombre preposicional: *estas palabras que yo Ø-digo a ti ~ esta palabra que **te** yo digo a ti* (*General estoria IV*, c1280, Alfonso X).

Con el tiempo, los clíticos pasaron de libres a ligados, lo cual se comprueba en los siguientes hechos:

(1) Tienen una posición relativamente fija dentro de la misma categoría gramatical: por ejemplo, *lo mataron*, nunca **mataron**lo*** ; en el imperativo, *guía**me*** , nunca ****me** guía*.
(2) No son separables de su "anfitrión": *yo **te** digo*, nunca ****te** yo digo*.
(3) Su aparición es obligatoria en presencia de un pronombre preposicional: ***te** digo **a ti**, **a ti** **te** digo*.

Estos tres cambios se cumplieron aproximadamente en la misma época, lo cual permite situar "la gramaticalización" del pronombre clítico del español hacia las primeras décadas del siglo XVII (Rini 1990c).

3.4.3 Con + mí, ti, sí → conmigo, contigo, consigo

En latín clásico, la preposición CŬM 'con' aparecía enclíticamente después de los ablativos de primera y segunda personas para expresar 'con la persona que': MĒCŬM, TĒCŬM, NŌBĪSCŬM, VŌBĪSCŬM (y también después de la tercera persona reflexiva singular y plural SĒ, SĒCŬM). Como los ablativos singulares eran idénticos a los acusativos, se tomaron por acusativos y, por consiguiente, en latín tardío los plurales se formaron también con el acusativo: NŌSCŬM, VŌSCŬM (*cf. Appendix Probi*: NŌBĪSCŬM non NŌSCŬM, VŌBĪSCŬM non VŌSCŬM). El cambio fonético regular produciría más tarde formas como **mego, *tego, *sego *nosco, *vosco* (*cf.* port. ant. *mego, tego, sego* [Williams 1962, 145]), a las cuales se agregaría de nuevo la preposición *con*: **conmego, *contego, *consego*, etc. (*cf.* port. ant. *comego, contego, consego* [Williams 1962, 145]). Las combinaciones *a mí, a ti, a sí* pudieron influir en el cambio **conmego*, *contego, *consego > esp. ant. co(n)migo, contigo, consigo, y posteriormente por el cambio de /e/ > /i/ en los singulares, los plurales connosco, convosco pudieron pasar a connusco, convusco (Rini 1990a, 1990b, 1992). Estos fueron reemplazados en los siglos XIV y XV por las estructuras analíticas *con nos*, *con vos*, que luego se expandieron a *con nosotros*, *con vosotros*. La forma *consigo* va siendo sustituida por *con sí* en muchas variedades del español actual.

3.4.4 Entre tú y yo

Los pronombres preposicionales son morfológicamente iguales a los de sujeto en todas las personas gramaticales menos en la primera y en segunda persona del singular, como se observa a continuación.

Pronombres de sujeto		*Pronombres preposicionales*	
yo	nosotros-as	mí	nosotros-as
tú	vosotros-as	ti	vosotros-as
usted	ustedes	usted	ustedes
él, ella	ellos, ellas	él, ella	ellos, ellas

Las formas *mí*, *ti* (y refl. *sí*) se utilizan, por lo general, después de cualquier preposición, p. ej., *a mí*, *de mí*, *para mí*, *por mí*; *a ti*, *de ti*, *para ti*, *por ti*, etc., menos en combinación con las preposiciones *con* (§ 3.4.3)) y *entre*, donde encontramos los pronombres de sujeto en vez de los preposicionales: *entre tú y yo*. Sin embargo, en español antiguo, después de la preposición *entre*, se utilizaban los preposicionales *mí y ti*, y no *tú y yo*, como se aprecia en los ejemplos siguientes: "Ven e firmemos amiztad e fagamos postura que sea testimonio d'este fecho *entre mí e ti*; E esto júdguelo Dios *entre mí e ti*" (*General estoria I*, c. 1275, Alfonso X); "Dicho te he la ley que a entre mi & ti" (*General estoria II*, c. 1275, Alfonso X).Una posible cronología de los cambios es la siguiente: *entre mí & ti* > *entre ti & mí* > *entre ti & yo* > *entre tú y yo* (Rini 2003, 159). Este cambio sintáctico fue un proceso de siete siglos y que no se cerró hasta la primera mitad del siglo XX, cuando se encuentra el primer comentario gramatical a favor del uso de *tú y yo* después de *entre* (Rini 2003, 162).

4. Perspectivas futuras y conclusiones

El futuro de la investigación en la morfosintaxis nominal histórica del español seguramente se encuentra en el estudio de los problemas del cambio de género todavía no resueltos. Aunque es bien sabido que, del latín al español moderno, varios sustantivos han oscilado entre un género y otro, mientras que otros han cambiado de género, las razones por las cuales los sustantivos con estructuras similares han sufrido cambios diferentes (o ningún cambio, como en el caso de *el ave* vs. *el arte*) aún no se han esclarecido totalmente. Por ejemplo, el precursor latino de *árbol* (m.), como el de *arte* (m.), también era femenino, pero pasó a masculino en español. El cambio de femenino a masculino en *árbol* habrá ocurrido por la misma razón que en *arte*: ambos sustantivos iban precedidos por *el* femenino y ambos carecían de terminación específica de género. Así, igual que el patrón morfológico de aspecto masculino *el ...-e* de *el arte*, el patrón morfológico *el ...-l* de *el árbol* acabaría dando lugar a la reinterpretación de este sustantivo femenino como masculino. Sin embargo, como en *el arte* frente a *el ave* y *el hambre*, debe haber habido factores lingüísticos más allá de la presencia de *el* femenino y un marcador de género ambiguo involucrados en el cambio de género de *árbol*, ya que este sustantivo ha cambiado a masculino tanto en el singular como en el plural (*el árbol viejo, los árboles viejos*), a diferencia de *arte*, que ha permanecido como femenino en el plural. Queda por descubrir qué factores, más allá del artículo *el* femenino y la terminación ambigua de género *-l*, podrían haber contribuido al cambio de femenino a masculino en las categorías gramaticales de singular y plural de *árbol*. Además, se pueden encontrar ejemplos esporádicos de *los artes* (Rini 2019, 16), por lo que valdría la pena estudiar con detalle hasta qué punto *los artes* aparece en la lengua hablada, dado que en la lengua escrita tales formas serán a menudo suprimidas y reemplazadas por la forma estándar, *las artes*.

También están los sustantivos latinos que terminan en -OR, como AMOR, HONOR, CALOR, COLOR, LABOR, etc., que eran masculinos en latín, pero que aparecen en español antiguo como masculinos o femeninos, hasta volver finalmente al género masculino, con la excepción de *labor*, que ha permanecido femenino, y *calor* y *color*, que, aunque masculinos en la lengua estándar, siguen siendo femeninos en muchas variedades no estándares del español moderno. Hasta la fecha, no se sabe hasta qué grado cambiaron estos sustantivos a femeninos antes de volver al género masculino, ni está claro por qué estos sustantivos masculinos cambiaron en primer lugar a femeninos, ya sea temporalmente, como *amor, honor*, etc., ya sea permanentemente, como *labor*. Penny (2002, 125) afirma: "*amor, honor*, masculine in Latin but found with both genders in Old Spanish, become masculine in early Modern Spanish [...] *calor, color*, masculine in Latin but most usually feminine in Old Spanish, revert to masculine after the Golden Age; still feminine in regional speech; note that *labor* retains feminine gender even in the standard", aunque no ofrece explicación alguna para estos cambios. Sorprendentemente, no se encuentra comentario alguno sobre estos sustantivos en Menéndez Pidal (1941), Lapesa (1981) o Lloyd (1987). Las investigaciones futuras sobre este tema deben centrarse primero en dos de estos sustantivos, *amor* y *honor*, como punto de partida, para intentar comprender los cambios de género que se han producido (o no) en general en esta categoría gramatical. Estos dos sustantivos son de particular interés porque ambos comienzan con una vocal y, por lo tanto, exhiben una estructura similar a la de *el arte* y *el árbol*, que, como se vio anteriormente, fueron originalmente femeninos pero se reinterpretaron finalmente como masculinos, lo que plantea la siguiente pregunta: ¿por qué *el amor* y *el honor*, sustantivos masculinos que comienzan con una vocal, que a menudo van precedidos por el artículo definido masculino *el* y que terminan en una *-r* no específica de género, habrían cambiado, aunque fuese temporalmente, al género femenino, cuando sustantivos femeninos como *arte* y *árbol*, precedidos por el artículo femenino de aspecto masculino, estaban cambiando al género masculino debido a un mismo patrón morfológico, es decir, *el …* + terminación ambigua de género? Un análisis detallado de los datos disponibles en CORDE, CREA y CORPES podría proporcionar una idea de lo que sucedió en los cambios de género de estos dos sustantivos, el grado en que cada uno cambió primero de masculino a femenino, y luego de nuevo a masculino, y el motivo. Quizás la respuesta a estas preguntas arroje luz sobre los temas restantes para estudios futuros, tales como: (1) ¿por qué *el calor, el color*, etc., cambiaron al género femenino antes de volver al masculino en la lengua estándar?; (2) ¿por qué *calor* y *color* (pero no *amor, honor*, etc.) siguen siendo femeninos en algunas variedades del español?; (3) ¿por qué el esp. ant. *la amor, la honor, la calor, la color*, etc., cambiaron de nuevo al género masculino mientras que *la labor* ha permanecido femenino hasta la fecha?

Finalmente, los corpus electrónicos ahora disponibles pueden proporcionar al investigador datos tanto históricos como sincrónicos sobre los denominados "sustantivos ambiguos", como *mar, sartén*, etc., tal y como han ido apareciendo a lo largo de su historia y como aparecen en el español moderno, como sustantivos masculinos o femeninos en las diversas regiones del mundo de habla hispana. Un ejemplo reciente figura en Rini (2014), donde se pone de manifiesto que el sustantivo ambiguo *azúcar*, que aparece en CREA el 99 % de las veces como *el azúcar*, haciendo aparentemente masculino el género de este sustantivo, en realidad se modifica el 63 % de las veces por adjetivos femeninos y es pronominalizado por *la*, revelando así su verdadero género femenino.

Hay otros muchos temas que merecen ser investigados en un futuro próximo. Aquí se presentan solo algunos que no han sido estudiados todavía: (1) ¿cuándo pasaron de femenino a masculino los sustantivos *árbol, origen, valle*, y por qué? y (2) ¿con qué frecuencia aparecen los sustantivos ambiguos *calor, color, dote, fin, linde, mar, margen, puente, sartén, tilde*, etc. como masculinos o femeninos desde los primeros textos hasta hoy? Seguramente, a los investigadores futuros se les ocurrirán muchas más preguntas que hacer y más cuestiones y problemas que investigar y resolver.

Lo que se podrá lograr en cuanto a la historia de la morfosintaxis nominal del español con herramientas relativamente nuevas como CORDE, CREA y CORPES parece infinito.

Lecturas recomendadas

Penny (1980) es un estudio fundamental sobre los orígenes de los sustantivos no solo del español, sino también de las otras lenguas románicas. Penny, al incorporar procesos morfológicos a los fonéticos tradicionales, propone que, contra la opinión generalmente aceptada, los sustantivos de las lenguas románicas no solo descienden del caso acusativo, como anteriormente se había pensado, sino que también lo hacen del nominativo.

Rini (2014) analiza las estructuras anómalas del sustantivo ambiguo *azúcar*, como *el azúcar morena*, en las cuales aparece *el* femenino ante un sustantivo que comienza con /a/ átona, mientras que todos los demás sustantivos del español moderno que toman el "*el* femenino" comienzan con /a/ tónica, lo cual hace único este sustantivo del español moderno. Se descubre que, ante el sustantivo *azúcar*, en aquellas variedades en las que es, claramente, sustantivo femenino se ha materializado un "nuevo *el* femenino".

Rini (2016) ofrece una historia desde la perspectiva de los hablantes sobre el "*el* femenino", alomorfo del artículo definido femenino *la*, desde Nebrija (1492) hasta la actualidad, incorporando el criterio sintáctico de la pronominalización.

Referencias citadas

Álvarez de Miranda, P. 1993. "El alomorfo de 'la' y sus consecuencias". *Lingüística Española Actual* 15: 5–44.
CDC (Dialects): *Corpus del español: Web/Dialects*, Davies, M. www.corpusdelespanol.org.
CORDE: Real Academia Española. *Corpus diacrónico del español* (CORDE). http://corpus.rae.es/cordenet.html.
CORPES: Real Academia Española. *Corpus del español del siglo XXI* (CORPES). www.rae.es.
CREA: Real Academia Española. *Corpus de referencia del español actual* (CREA). www.rae.es.
Harris, J. 1987. "Disagreement Rules, Referral Rules and the Spanish Feminine Article *el*". *Journal of Linguistics* 23: 177–183.
Janda, R. y F. Varela-García. 1991. "On Lateral Hermaphroditism and Other Variation in Spanish 'feminine' *el*". En *Papers from the 27th Meeting of the Chicago Linguistic Society, part I*, eds. L. M. Dobrin, L. Nichol y R. M. Rodríguez, 276–290. Chicago: Chicago Linguistic Society.
Lapesa, R. 1981. *Historia de la lengua española*. 9.ª ed. Madrid: Gredos.
Lloyd, P. 1987. *From Latin to Spanish. Vol. I: Historical Phonology and Morphology of the Spanish Language*. Filadelfia: The American Philosophical Society.
Menéndez Pidal, R. 1941. *Manual de gramática histórica española*. 6.ª ed. Madrid: Espasa-Calpe.
Penny, R. 1980. "Do Romance Nouns Descend from the Latin Accusative? Preliminaries to a Reassessment of the Noun-Morphology of Romance". *Romance Philology* 33 (4): 501–509.
Penny, R. 2002. *A History of the Spanish Language*. 2.ª ed. Cambridge: Cambridge University Press.
Plank, F. 1984. "Romance Disagreements: Phonology Interfering with Syntax". *Journal of Linguistics* 20: 329–349.
Posner, R. 1985. "Non-agreement on Romance Disagreements". *Journal of Linguistics* 21: 437–451.

Rini, J. 1990a. "On the Chronology of Spanish *conmigo, contigo, consigo* and the Interaction of Phonological, Syntactic, and Morphological Processes". *Hispanic Review* 58: 503–512.

Rini, J. 1990b. "Excessive Analogical Change as an Impetus for Lexical Loss: Old Spanish *connusco, convusco*". *Romanische Forschungen* 102: 58–64.

Rini, J. 1990c. "Dating the Grammaticalization of the Spanish Clitic Pronoun". *Zeitschrift für romanische Philologie* 106: 354–370.

Rini, J. 1992. *Motives for Linguistic Change in the Formation of the Spanish Object Pronouns*. Newark, DE: Juan de la Cuesta.

Rini, J. 1998. "The Rise and Fall of Old Spanish 'Y'all': *vos todos* vs. *vos otros*". En *Essays in Hispanic Linguistics Dedicated to Paul M. Lloyd*, eds. R. J. Blake, D. L. Ranson y R. Wright, 209–221. Newark, DE: Juan de la Cuesta.

Rini, J. 1999. *Exploring the Role of Morphology in the Evolution of Spanish*. Ámsterdam: John Benjamins, *el ... -e* Issues in Linguistic Theory 179.

Rini, J. 2003. "The Origin of Spanish entre tú y yo 'between you and me': A Typological Parallel to English between you and I?". *Diachronica* 20: 139–165.

Rini, J. 2010. "When Spanish *h-* Went Silent. How do We Know?" *Bulletin of Spanish Studies* 87: 431–446.

Rini, J. 2014. "The Enigmatic Morphology of Spanish *azúcar* 'Sugar' and the 'New Feminine *el*'". *Iberoromania* 80: 244–260.

Rini, J. 2016. "Are Some Spanish Nouns Truly Grammatical Hermaphrodites?". *Zeitschrift für romanische Philologie* 132 (3): 731–754.

Rini, J. 2019. "Changing Genders: Linguistic Factors beyond Ambiguous Gender Marking and the Case of Spanish *el arte* vs. *el ave* and *el hambre*". *Bulletin of Spanish Studies* 96 (1): 1–16.

Williams, E. 1962. *From Latin to Portuguese: Historical Phonology and Morphology of the Portuguese Language*. 2.ª ed. Filadelfia: University of Pennsylvania Press.

Zwicky, A. 1985. "Rules of Allomorphy and Phonology-Syntax Interactions". *Journal of Linguistics* 21: 431–436.

17

Morfosintaxis verbal: grandes procesos evolutivos (Verbal morphosyntax: major evolutionary processes)

Javier Elvira

1. Introducción

La historia del verbo en español es el resultado de una evolución que desborda los límites del latín y las lenguas románicas y remonta a tendencias milenarias que se pusieron en marcha en latín o incluso en épocas anteriores. Las novedades principales afectan al tiempo, que desplaza parcialmente al aspecto en la morfología, y a la voz media, que retrocede de la flexión verbal y se reubica en la gramática a través de los verbos pronominales. El retroceso de la voz media está vinculado también con el avance de la transitividad, la voz pasiva y el declive de los verbos impersonales. Algunos aspectos de la gramática de las formas no personales del verbo se explican mejor como residuo de una sintaxis nominal arcaica, en la que el verbo no siempre era el núcleo esencial de la predicación.

Palabras clave: tiempo; aspecto; voz; transitividad; impersonalidad

The history of the verb in Spanish is the result of an evolution that exceeds the boundaries of Latin and the Romance languages and dates back to ancient trends that emerged in Latin or in even earlier times. The main innovations affect the categories of tense, which partially replaces aspect in the verbal morphology, and the middle voice, which recedes from verbal inflection and migrates to the grammar of pronominal/reflexive verbs. The decline of the middle voice is also related to the spread of transitivity and the passive voice, together with the decline of impersonal verbs. Some aspects of the grammar of nonpersonal forms of the verb are best explained as a remainder of an archaic nominal syntax of earlier times, when the verb was not always the essential core of the predication.

Keywords: tense; aspect: voice; transitivity; impersonality

2. Conceptos fundamentales: el punto de arranque

En las lenguas indoeuropeas, los rasgos más habituales expresados en la morfosintaxis del verbo son los que refieren a persona, número, aspecto, tiempo, voz y modo. Estos rasgos no han tenido

DOI: 10.4324/9781003035565-20

la misma presencia y vitalidad a lo largo de la historia. Por ello mismo, el devenir de estas distinciones en el verbo español puede ser mejor entendido desde una perspectiva más amplia, en una historia que tiene su comienzo mucho antes del latín.

El tiempo, en particular, jugó un papel relativamente reducido en la gramática del verbo proto-indoeuropeo. Naturalmente, en la proto-lengua originaria fue posible situar cronológicamente un evento a través del empleo de adverbios u otras expresiones, pero la morfología verbal prestaba mayor atención a las distinciones de carácter aspectual, que sitúan un proceso no en relación con la duración sino en relación con rasgos cualitativos del desarrollo del propio proceso (en su inicio, desarrollo, reiteración, finalización, etc.).

El aspecto jugó, en efecto, un papel esencial en los orígenes del verbo latino. Había, en particular, dos temas o radicales verbales de base aspectual: un *infectum* dinámico y progresivo y un *perfectum* de valor más complejo, porque era el resultado del sincretismo que se dio entre otros temas indoeuropeos más antiguos; el aoristo (puntual) y el perfecto (estático y acabado; Monteil 1970 [1992], 309). Desde esta situación inicial, se constata en latín un retroceso paulatino del aspecto en favor de la expresión temporal. De hecho, cada uno de los dos temas o radicales mencionados sirvió de base a un nuevo sistema temporal, en el que ambos recibieron un pretérito y un futuro (imperfecto en un tema y perfecto en el otro).

Las lenguas romances continúan la tendencia del latín a consolidar el tiempo en la morfología verbal. Este refuerzo vino acompañado del abandono de las antiguas formas de futuro latinas, vinculadas con la morfología del modo, y de la creación de nuevos morfemas de futuro a través de la morfologización de antiguas perífrasis (vgr. *amare habeo* > *amaré*, etc.). Acarreó también la creación de las nuevas perífrasis de *habeo* + participio, que surgieron inicialmente para recuperar los valores aspectuales que la nueva flexión verbal estaba dejando de expresar y que permitieron también romper el antiguo sincretismo, arriba mencionado, de los valores de aoristo y perfecto. En algunas lenguas románicas, como el francés o el italiano y, en menor medida, el español, estas perífrasis inicialmente aspectuales se han desplazado de nuevo hacia el valor temporal.

También ha cambiado la situación del modo en relación con el antiguo indoeuropeo. La morfología verbal primigenia disponía de un rico utillaje de morfemas verbales que permitían marcar las acciones como no reales y que podían expresar también otras perspectivas más subjetivas, mostrando que un proceso o acción puede ser querido, posible, deseado, etc. El latín simplificó esa situación de partida y solo conserva un único modo subjuntivo, que resulta de un sincretismo de los antiguos modos optativo y subjuntivo, entre otros. Además, en latín este modo subjuntivo sirvió de base para la creación de algunas de las formas de un tiempo futuro que no existía en indoeuropeo (Monteil 1970 [1992], 374).

También ha habido tendencias milenarias en lo que se refiere a la voz verbal. En sus comienzos, el latín había heredado la organización del antiguo indoeuropeo, en el que no había oposición activa vs. pasiva, sino voz activa vs. voz media (Monteil 1970 [1992], 299). La diferencia entre ambas radica en que en la voz activa la acción se desarrolla fuera del propio sujeto, mientras que en la voz media el propio sujeto es la sede o el lugar en el que tiene lugar la acción, que puede afectarlo directamente (Wackernagel 2009, 164–168).

Las desinencias verbales en *-r* del verbo latino fueron en su origen las encargadas de expresar la diátesis media. Escolarmente se las describe como desinencias pasivas que son usadas también por los llamados verbos deponentes. Sin embargo, desde el punto de vista histórico, esta descripción no resulta ajustada porque las formas en *-r* sirvieron originariamente para expresar la voz media y no la voz pasiva, que será un valor secundario y posterior de estas desinencias. Aunque se les llame deponentes, los verbos así llamados no deponen o abandonan ningún valor pasivo previo, pues son los herederos latinos de la voz media protoindoeuropea (Baños Baños 2009, 399).

Estos verbos expresaron originariamente los valores habituales de la voz media: movimiento o reposo físico (*sequor* 'seguir'), procesos corporales (*nascor* 'nacer'), anímicos (*irascor* 'enfurecerse'), cognitivos (*meditor* 'meditar'), etc. Las desinencias de la voz media se extendieron pronto a los usos medio-pasivos, empleados por aquellos verbos que, teniendo forma activa, podían pasar a la forma pasiva y adquirir valores medios.

El valor pasivo fue otro uso extendido de las desinencias medias originarias, empleadas con verbos transitivos en contextos en los que se intuía o deducía la existencia de un agente externo que normalmente no se hacía explícito. En el pasado latino las estructuras pasivas latinas con agente expreso son minoritarias en términos estadísticos (*Paulus amatur* [*a filio*]; Baños Baños 2009, 389–390). También la pasiva impersonal fue un valor secundario de las desinencias medias, relativamente infrecuente y restringido a un número reducido de verbos (Baños Baños 2009, 395).

La voz media y la voz pasiva tuvieron un carácter perifrástico en los tiempos de perfecto (*urbs divisa est* 'la ciudad fue/está dividida'). En esta pasiva perifrástica de perfecto se encuentra el origen último de la voz pasiva en el verbo romance. Antes de ello, en la lengua vulgar se produjo una temporalización de esta perífrasis. El cambio tuvo su origen en el doble sentido de expresiones como *domus clausa est*: 'la casa fue cerrada' (tiempo pasado)/'la casa está cerrada' (resultado adquirido). El olvido de los valores de perfecto favoreció el avance hacia el valor de presente, que encaja mejor con el significado genérico de las desinencias empleadas por el auxiliar (Väänänen 1975, § 298).

3. Aproximaciones teóricas: ¿voz media en español?

Aunque las gramáticas del español no hablan habitualmente de una voz media, algunos autores sostienen que la sintaxis de los pronombres llamados reflexivos recoge y continúa en buena medida los valores de la antigua voz media latina (Pena Seijas 1982, § 2.2). De hecho, los empleos de los llamados verbos pronominales son esencialmente los mismos que tuvieron los verbos deponentes en latín (Jiménez Juliá 2015).

Sin embargo, la vitalidad de las diferentes acepciones de los verbos pronominales no ha sido la misma en todas las épocas. Desde sus orígenes el pronombre átono español conoce los empleos propiamente reflexivos y también los de afectación interna, cambio de estado, etc.:

Con grand ira e saña Saúl, que fue rey, [...] él mesmo *se mató* con su espada.
(Juan Ruiz, *Libro de buen amor*, comp. 1330–1343, CORDE)

e fue muy triste e *doliosse* mucho en so coraçon.
(Alfonso X, *General estoria 2*, comp. 1275, CORDE)

La aparición o al menos la consolidación de un sentido pasivo es mucho más tardía. Los datos sobre usos pronominales con valor pasivo en latín tampoco son seguros; los ejemplos que se citan son siempre los mismos y pueden recibir una interpretación no pasiva:

Miryna, quae Sebastopolim *se uocat*.
'Miryna que también se llama [a sí misma] Sebastópoli'
(Plinio, *Nat. hist.*, V, 121; cit. por Väänänen 1975, nº 293)

Los datos sobre pasiva refleja en castellano medieval son también relativamente confusos, pero hay acuerdo en atribuir una escasa popularidad a la nueva construcción. La mayoría de los primeros ejemplos suelen implicar un sujeto no animado, sobre todo nombres de cosa o de carácter deverbal:

Mas entre tanto *fizosse la cosa* como plogo al muy alto.
(Alfonso X, *Estoria de España* 2, comp. 1270–1284, CORDE)

E ovose consejo que ante que *este casamiento se divulgase*, el rey de Portogal ayuntase todo el thesoro que pudiese.
(*Crónica de Enrique IV de Castilla*, comp. 1481–1482, CORDE)

El empleo de la pasiva refleja con sujeto personal es mucho más raro, también en la actualidad. Se da sobre todo con verbos que afectan de forma prototípica a un sujeto personal (vgr., *batearse, confesarse, llamarse, salvarse*, etc.).

El desplazamiento hacia un valor impersonal se generaliza después de la Edad Media, especialmente con verbos intransitivos (*vivir, salir*, etc.):

y, finalmente, todas aquellas cosas de que *se habla, trata y se vive*, porque ninguna hay hoy en el mundo tan alta o ínfima de que no *se le ofrezca* tratar alguna vez.
(Lope de Vega, *La Arcadia*, 1598, CORDE)

Pero la continuidad de la antigua voz media en época romance no termina con la aparición de los verbos pronominales. En tiempos pasados del español y en el presente de otras lenguas románicas nos queda otro residuo muy productivo de la voz media en la continuidad romance de las antiguas perífrasis con el verbo *ser* (Ledgeway 2012, 130 y ss.). Como hemos visto, estas perífrasis fueron usadas en latín para expresar el pasado de los verbos medios o deponentes, que carecían de la correspondiente flexión desinencial y la expresaban de forma perifrástica (vgr. *cingor* 'me ciño'/ *cinctus sum* 'estoy ceñido, me ceñí'). Ya se ha comentado que el mismo recurso sirvió pronto también para expresar el pasado de la voz pasiva latina (*amor* 'soy amado', *amatus sum* 'fui amado').

El recurso a la perífrasis con *ser* para la expresión de la voz pasiva en todos sus tiempos está presente en español desde sus orígenes más remotos. Pero estas antiguas perífrasis conservan también durante la Edad Media algunos residuos de su milenario empleo como perífrasis de pasado de los verbos medios (Ledgeway 2012, 130 y ss.). En efecto, en algunas lenguas románicas, con mayor o menor vitalidad según las épocas, se constata la existencia de un tipo de verbos intransitivos o monoargumentales con un peculiar comportamiento sintáctico, relacionado con el carácter no agentivo o paciente del correspondiente argumento único. Se trata de verbos cuyo sujeto formal es en realidad el paciente semántico de la acción expresada por el verbo. Con el mismo criterio, en la gramática española se ha observado también la existencia de una clase de verbos hoy llamados inacusativos. La idea está ya presente en el concepto de verbo deponente de Bello (1847 [1967], § 432). Estos verbos tienen, entre otras, la peculiaridad de poder usar sus participios como adjetivos deverbales (p. ej., *atrevido, cansado, muerto, crecido*). Cuando se usan en el llamado participio pasivo no se invierte realmente la estructura argumental: decimos *nacida la niña, muertos los padres*, pero es la niña la que nació y son los padres los que murieron. Las nociones más recientes de inacusatividad y transitividad escindida hacen referencia a este tipo de fenómenos.

En el pasado, el rasgo de comportamiento sintáctico más peculiar de este tipo de verbos intransitivos fue el empleo del auxiliar *ser* para la formación de los tiempos compuestos, peculiaridad que solo se manifiesta en la lengua medieval y hasta bien entrado el siglo XVI. Este rasgo no es exclusivo del castellano medieval y está presente también en otras lenguas románicas del pasado y del presente, como el italiano, el francés y algunos dialectos del catalán.

El uso de *ser* como auxiliar tiene su precedente más remoto justamente en el antiguo sistema latino de voz media, que tuvo su representación latina más característica en los llamados verbos deponentes y en otros vinculados a esta clase (semideponentes y medio-pasivos), todos ellos encargados de expresar acciones verbales que repercuten de alguna manera en el propio sujeto:

praeteritus est dies 'el día ha pasado' (Plin. *epist.* 10, 46).
in Pannonia *deventi sunt* 'han llegado a Panonia' (Agnell. 95).
Sorores una die *obitae sunt* 'las hermanas han muerto el mismo día' (*CIL* VI, 17633).
processi erant 'habían avanzado' (*Itala, S. Luc.* I, 7).

(cit. por Tuttle 1986)

En relación con el español, la productividad de esta perífrasis estuvo restringida por el aspecto verbal y no fue posible con verbos de significado durativo (Elvira González 2001). La auxiliación con *ser* se dio con verbos de ocurrencia y acontecimiento (*acaecer, contir, acontecer*), cambio de estado y aparición en escena (*fallir, fallecer, aparecer, nacer, morir*), movimiento (*ir, exir, caer, transir*), etc.:

Mas el rey pigmalion quando sopo que su hermana *era ida* ouo muy grand pesar.
(*Estoria de España 1*, h. 1270, CORDE)

De lo qual todos los troyanos fueron muy espantados veyendo ellos tales dos cosas *ser asi contescidas* en publico ante todos.
(*Historia Troyana*, 1490, CORDE)

También fue posible en verbos con alternancia transitivo-intransitiva, muchos de ellos también con empleo pronominal (*acabar, fenecer, finar*):

Lazaro *finado es*: e alegro me por vosotros.
(Gonzalo García de Santa María, *Evangelios e epístolas con sus exposiciones en romance*, 1485, CORDE)

Según algunos autores, los fenómenos de escisión en la gramática de los verbos intransitivos pueden considerarse un residuo de una antigua organización activo-estativa del verbo (Viti 2014, 90).

4. Perspectivas actuales: el avance de la transitividad

En años recientes, el fenómeno de la transitividad se ha revelado especialmente útil en la investigación tipológica, porque ha permitido clarificar y entender algunas cuestiones relacionadas con la sintaxis verbal. El concepto de transitividad es, sin embargo, ambiguo, pues se puede aplicar a cierto tipo de verbos que precisan un complemento directo para tener un significado completo, pero también se dice de una modalidad específica de oración que contiene un verbo transitivo. La primera acepción es la más antigua en la tradición gramatical. El propio adjetivo *transitivus* fue usado por los gramáticos latinos con referencia a aquellos verbos biargumentales que pueden "transitar o pasar" desde una voz activa, con nominativo y acusativo (sujeto y objeto directo), a una voz pasiva, con sujeto y complemento agente (y viceversa). La correspondencia no es absoluta, pero describe ya en buena medida el comportamiento de buena parte de los verbos transitivos del latín y el español.

Desde el punto de vista del significado, la construcción transitiva se asocia con rasgos semánticos de los argumentos (sujeto agentivo, volitivo, etc.; objeto afectado, paciente, etc.) o de la propia predicación (factividad, quinesis, telicidad, etc.). Se trata de un fenómeno escalar, no discreto, que está presente de manera más clara en aquellos verbos que mejor se ajustan al prototipo transitivo (Pinkster 2015, 134).

Se ha dicho que el latín muestra una clara tendencia transitivizante (Álvarez Huerta 2009, 133). Esta tendencia hay que entenderla en relación con el segundo de los empleos del término transitivo, porque se detecta un avance histórico de la construcción transitiva, es decir, una preferencia creciente por marcar con nominativo y acusativo al primer y segundo argumentos de verbos biargumentales de muy variada naturaleza. Casi el 90 % de los verbos del latín con dos argumentos se han visto atraídos a esa configuración.

Se ha consolidado así el avance de una construcción transitiva no marcada, asociada de manera prototípica con una acción agentiva, volitiva y dinámica, efectuada sobre un objeto inactivo, pero muchos verbos con argumentos de otra naturaleza semántica también se han asociado a esta estructura. El número de verbos que se han ido sumando a esta construcción era ya importante en latín arcaico. Uno de los más antiguos en incorporarse al esquema transitivo es el verbo *habeo*, que desplaza a la antigua construcción *mihi est*, de raigambre protoindoeuropea (*liber est mihi* > *habeo librum*).

Ya en época clásica, se detecta el avance del acusativo en verbos que regían originariamente otros casos, como genitivo (a), dativo (b) o ablativo (c):

(a) meministi *nomina* 'te acordaste de los nombres' (Pl. *Poen*, 1062).
(b) curato *aegrotos* domi 'cura [tú] a los enfermos de la casa' (Pl. *Capt*. 190).
(c) utitor *consilium* 'sigue mi consejo' (Pl. *Epid*. 263).

(cit. por Álvarez Huerta 2009, 133–136)

El avance de la transitividad continúa en español y las lenguas romances, pero la marca formal de la estructura transitiva ha cambiado esencialmente. El antiguo acusativo ha sido sustituido por un complemento u objeto directo, sin marca morfológica o preposicional que lo distinga frente a otros complementos, que tienen su propia preposición. El objeto directo es ahora un complemento por defecto sin marca sintáctica alguna, más allá de su posposición habitual al verbo (*Juan busca trabajo*). En algunas lenguas romances, como el español, el avance de la transitividad se ha combinado con una extensión del objeto directo personal con preposición *a* (*María busca a Pedro*), motivada por una interferencia del acusativo con el dativo.

La construcción transitiva en español es una estructura relativamente amplia en lo que se refiere al tipo de predicados que admite y da cabida a un conjunto bastante heterogéneo de predicados (Cano Aguilar 1987, 46–217): acción resultativa (*hacer*), causales (*provocar*), de modificación (*arreglar*) de objeto afectado (*engañar*), posesión (*tener*), comunicación verbal (*decir*), etc.

La construcción transitiva ha tendido a consolidarse como el esquema oracional por defecto, o no marcado, para muchos predicados biargumentales en español (Elvira González 2013). En la medida en que las acciones o los eventos expresados se distancian del prototipo agentivo, la opción por defecto resulta menos útil y se hace más necesaria la modificación formal del esquema oracional básico y la adición de material gramatical adicional (el empleo de preposiciones):

Juan carece *de* dinero/cuenta *con* tu ayuda/piensa *en* ti.

El avance de la transitividad en latín y las lenguas románicas no solo ha fomentado el uso del acusativo (o del objeto directo); también ha propiciado el afianzamiento de la categoría del sujeto, a través de su expresión morfológica (el caso en latín) o sintáctica (la concordancia y la posición antepuesta al verbo). Este avance del sujeto ha tenido como efecto secundario el retroceso de los verbos y construcciones impersonales.

El nominativo en la antigüedad indoeuropea y latina era el caso presentativo por excelencia, es decir, servía para expresar el tema del enunciado. Este nominativo fue gramaticalizado como sujeto, cuando se consolidaron sus relaciones de concordancia con el verbo, pero no expresaba necesariamente y de manera directa el valor agentivo. Ahora bien, el hecho de que fuera este el valor más frecuente favoreció que se reforzara su vinculación con la noción de agente (Jiménez Juliá 2006, 49–50).

La vinculación originaria del nominativo con la agentividad explica que, en el pasado indoeuropeo y todavía en el latín, abundasen los verbos sin sujeto. El término "impersonales" que los denomina habitualmente declara de manera explícita la desvinculación de estos verbos con un sujeto de carácter agentivo. La impersonalidad se daba sobre todo en tres áreas o dominios semánticos: los verbos meteorológicos (lat. *pluit* 'llueve'), el de las emociones (lat. *pudet* 'me avergüenza') y en las expresiones que indican posibilidad, necesidad, etc. (lat. *mihi licet* 'se me permite'; Ernout y Thomas 1953, 209–210; Bauer 1997, 283).

Los verbos impersonales de los dos últimos dominios fueron los más abundantes y tenían en común su referencia a estados o situaciones durativas, más que a acciones o eventos puntuales iniciados por un sujeto. Este era el caso de los verbos de sentimiento y sensación, que no expresaban la fuente del sentimiento en nominativo, sino habitualmente en genitivo (*me civitatis morum piget* 'me da asco de las costumbres de mi ciudad'). Un patrón de estructura impersonal muy frecuente en latín fue aquel en que la persona experimentante iba expresada en dativo y la circunstancia o causa del sentimiento iba expresada a través del infinitivo o una subordinada — *mihi dolet cum ego uapulo* 'me duele cuando lo sacudo' (Plauto, *Epid.*, 147, *apud* Bauer 2000, 115)—.

La impersonalidad de este tipo de verbos se mantiene en la lengua medieval (Elvira González 2009, 135–136). Verbos como *plazer* y *convenir* eran habitualmente impersonales y marcaban con preposición la fuente del sentimiento o la conveniencia (Cano Aguilar 1977–1978, 337–339):

E por esto nos dio a entender; que nol plazie *de* los duelos.
(*Primera Partida*, 1256–1263, CORDE)

e dixo que fuesse bien venido e quel plazie *con* el.
(*Estoria de España 2*, comp. 1270–1284, CORDE)

Incluso otros verbos sin precedente latino de impersonalidad, como *pesar*, se sumaron a este esquema argumental:

Orpheo quando uio la muerte de su mugier pesol *dello*.
(*General Estoria 2*, comp. 1275, CORDE)

Este tipo de construcciones impersonales tendió a desaparecer a lo largo de la Edad Media y fue reemplazado por otras estructuras en las que el argumento preposicional fue sustituido por un sujeto con concordancia flexiva (*me plaze destas cosas* > *me plazen estas cosas*).

Klimov (1974, 16) denominó construcciones inversas a esta modalidad de estructura argumental, en la que el argumento verbal de carácter humano o animado es expresado a través de un objeto indirecto o dativo (Nichols 1992, 260). No es casual el hecho de que esta organización de los argumentos está presente en muchos verbos que se distancian en mayor medida de la acción transitiva más característica (agentiva, controlada, volitiva, etc.) y se refieren a sensaciones, experiencias u otro tipo de situaciones de carácter estativo y no dinámico. Se trata, pues, de la configuración opuesta a la estructura transitiva, que está presente también en otras lenguas románicas (fr. *ça me plaît*, it. *questo mi piace*, etc.).

Muchos verbos del latín o del castellano medieval con baja transitividad han cambiado su originaria estructura argumental transitiva para acomodarse a este nuevo esquema. Entre los más antiguos se encuentran verbos como *atañer* o *(a)bastar*, procedentes de antiguos transitivos latinos (*attingere* 'tocar' o vulg. **bastare* 'llevar, sostener'). El nuevo patrón argumental adquirió mayor vitalidad a partir del siglo XVI y atrajo a nuevos verbos. El principal de ellos fue *gustar*, derivado del nombre *gusto*, que sigue este esquema hasta hoy (*me gusta eso*). Al mismo esquema se han sumado también por influjo analógico nuevos verbos del español de carácter culto (*importar, preocupar, concernir*, etc.) o de variados orígenes (*molar, atraer*, etc.).

En la actualidad, los verbos que se incorporan a este esquema argumental pertenecen a variados grupos semánticos: incumbencia (*atañer, competer, convenir, corresponder, incumbir, tocar*), adecuación (*bastar y sobrar*), acontecimiento (*ocurrir, sobrevenir*), afección psíquica (*convencer, encantar, divertir, interesar, preocupar, urgir, satisfacer*), etc. Todos estos verbos tienen en común el hecho de que su significado se distancia de manera esencial del prototipo básico de acción transitiva (Elvira González 2004).

Curiosamente, desde el español clásico hasta hoy, los antiguos esquemas de impersonalidad han adquirido nueva vitalidad a través de la expansión de locuciones impersonales en las que están implicados verbos como *dar* (vgr. *me da asco (de), vergüenza, miedo (de)*, etc.).

Otras lenguas indoeuropeas han experimentado también el retroceso de los verbos impersonales de sentimiento y experiencia física, pero han optado por ajustar su sintaxis al patrón básico de estructura transitiva, asignando el papel de sujeto al argumento personal o experimentante, al tiempo que la expresión del origen del sentimiento o experiencia ocupa la posición sintáctica de objeto directo (vgr. antiguo inglés: dativo + *galeikan* 'gustar' + SPrep. > sujeto + *like* + objeto directo).

5. Perspectivas futuras y conclusiones

Paradójicamente, el futuro de la investigación diacrónica sobre el verbo se encuentra en el estudio y mejor conocimiento del pasado más remoto. La tipología diacrónica da cada vez mayor sustento a la idea de que el latín y también el español se insertan en diversos puntos de una larga senda de cambio tipológico a lo largo de los siglos, un cambio que afecta a muchos y variados aspectos de su gramática.

Aunque no deje de ser todavía una cuestión controvertida, después de años y decenios de discusión entre especialistas, cada vez gana más adeptos la teoría del carácter activo del protoindoeuropeo, frente a otras posturas anteriores que defendían el carácter ergativo de la protolengua (Viti 2014, 87 y ss.). Según algunos investigadores, ese supuesto carácter activo de la lengua originaria se combinó con una sintaxis que presentaba algunos rasgos de carácter esencialmente nominal.

En esa línea, Bauer (2000) ha defendido que hubo una gramática primigenia en la que el nombre era con frecuencia el núcleo esencial de la frase y el verbo podía tener un papel secundario y a veces prescindible, desde el punto de vista morfológico y sintáctico. Sabemos, en efecto, que los nombres y adjetivos en proto-indoeuropeo podían ejercer ellos mismos un papel predicativo, sin la presencia expresa de un verbo copulativo (Kurzová 1993, 44). En esta situación, el verbo era una categoría gramatical sin fronteras funcionales claras frente al adjetivo, con el que compartía esencialmente una función predicativa. Poco a poco, sin embargo, la evolución gramatical ha impulsado al verbo como centro esencial e insustituible de toda predicación oracional. Algunas estructuras arcaicas en las antiguas lenguas itálicas, incluido el latín, parecen ser residuos de una antigua sintaxis de base nominal: vgr. *me suasore atque impulsore id factum* (Pl. *Most.*, 916) 'esto ocurrió siendo yo inductor e instigador' (cit. por Bauer 2000, 293); *homo homini lupus*, 'el hombre es un lobo para el hombre', etc.

Encontramos otro caso bien conocido de construcción de base nominal en la secuencia *ab urbe condita* ('desde la fundación de la ciudad, desde que se fundó la ciudad'), que da título al libro de Tito Livio y también en otras similares:

ab incenso Capitolio (Sall., *Cat.* 47.2)
'desde el incendio del capitolio, desde que incendiaron el Capitolio'

(cit. por Bauer 1997, 286)

Nótese que en estas construcciones el nombre es el núcleo del enunciado, aunque en la traducción a la sintaxis verbal de hoy nos vemos forzados a usar un verbo con el correspondiente objeto directo (*incendiaron el capitolio*, etc.) o a un nombre deverbal abstracto: *la fundación de la ciudad*.

El mismo carácter adjetivo tiene en su origen último el gerundivo, que tuvo un uso muy extendido en latín arcaico:

aedem faciendam coeraverunt 'se ocuparon de la construcción del templo [= de construir el templo]'

(CIL 1511; cit. por Bauer 1997, 285)

El empleo del gerundio en construcción nominal parece ser posterior y suele ser analizado como un adjetivo sustantivado que, según la descripción tradicional, proporciona flexión al infinitivo (*ars amandi*; Tarriño Ruiz 2009, 491).

Las construcciones absolutas son también un buen ejemplo de esta gramática de base nominal. Estas construcciones proceden de la proto-lengua y están presentes en todas las antiguas lenguas indoeuropeas. Se trata de estructuras bimembres que establecen una relación entre un nombre y un adjetivo verbal que se predica de él, sin la intervención de un auxiliar o cópula alguna. El adjetivo verbal implicado puede ser un participio perfectivo (a) o imperfectivo (b). La diferencia entre ambas es de carácter aspectual, pues las primeras tienen un valor perfectivo y las otras tienen un valor durativo:

(a) *hac confirmata opinione* [...] idoneum [...] hominem [...] delegit 'una vez confirmada la opinión, elige un hombre idóneo'

(César, *Comentarios GG*, IV; cit. por Bauer 2000, 290)

(b) *populo praesente* 'estando el pueblo presente'

(Pl. Bacch., 336; cit. por Bauer 1997, 293)

En ambos casos, la relación del participio con el nombre no se basa en la rección, sino en la concordancia de caso, género y número, que son rasgos esenciales de la morfosintaxis del nombre. No hay marcación sintáctica del papel argumental, pues el carácter agente o paciente del referente del nombre depende de rasgos aspectuales del adjetivo verbal: cuando el verbo está en participio perfecto el nombre expresa el paciente de la acción y en las de presente expresa el sujeto o agente.

En latín tardío la situación de estas construcciones absolutas cambió en algunos aspectos esenciales, porque el nombre presente en estas construcciones dejó de concordar en ablativo con el adjetivo verbal y usó el nominativo (*sole ruente* > *sol ruente*) y en las construcciones perfectivas empezó a usar el acusativo (*scripta epistula* > *scripta epistulam*; Bauer 2000, 344). Esto indica claramente que las funciones gramaticales de la nueva sintaxis basada en el verbo, las de sujeto y objeto, empezaron a predominar sobre las antiguas funciones de carácter nominal. Sin duda, la caída de los casos acentuó o aceleró que se borrara la función sintáctica de estos adjetivos verbales. Además, en latín tardío y en algunas lenguas románicas se produce un retroceso del participio de presente, que tenía valor predicativo, y el gerundio asumió la predicación que el participio de presente dejaba libre (Mora García 2018, 162): *sol ruente* > *sol ruendo*.

La perduración de estas construcciones absolutas de participio y gerundio en castellano medieval es desigual. Las construcciones absolutas de participio pasado fueron muy frecuentes en español medieval, con verbos transitivos e inacusativos. Tienen un carácter subordinado y aparecen con reiterada frecuencia en los textos históricos y narrativos, usadas en muchos casos en posición antepuesta con la finalidad de situar cronológicamente la acción o de referir a un hecho previo al expresado en la oración principal:

andados dos annos del jnperio de jullio çesar fueron echados de rroma estos dos omnes.
(a 1284, Alfonso X, *General Estoria 5*, comp. 1284 *ad quem*, CORDE)

Esto fecho, adugala el iuez a su casa.
(*Fuero de Zorita de los Canes*, 1218–1250, CORDE)

Las construcciones de participio de presente fueron sustituidas en latín tardío por construcciones de gerundio, que perduran en castellano medieval, especialmente en textos de carácter latinizante (Mora García 2018):

Et *el rey estando* en Burgos, vinieronle misageros d'esta cofadria de Alaua
(Juan Fernández de Heredia, *Gran Crónica de España 3*, 1376–1391, CORDE)

El poder predicativo del gerundio perdura hoy en construcciones muy variadas:

Llegó *con la cabeza colgando*
Veo a *Pedro trabajando*
Estando yo contigo nada debe ocurrirte
Mujer cabalgando [en un pie de foto]
La reacción del *defensa dándole* con el codo.
(RAE y ASALE 2010, 515–517)

Ahora bien, el adjetivo, en general, y el participio y el gerundio, en particular, han perdido con el tiempo en buena medida la capacidad de predicar de manera directa. Cabe pensar que, en el caso del gerundio, la ausencia de morfemas de concordancia de género y número debilita aún más su papel adjetivo y predicativo. Lo cierto es que el adjetivo, el participio y el gerundio han tendido a combinarse con verbos para ejercer su predicación de manera indirecta. Este retroceso es antiguo y se debe al avance de la sintaxis basada en el verbo que venimos mencionando.

El primer paso en este avance fue el recurso a los verbos copulativos, que sirvieron de intermediarios entre la predicación del adjetivo y del verbo (*Paulus bonus* > *Paulus bonus est*). El recurso al copulativo permite reforzar la predicación adjetiva con información sobre persona, modo, tiempo, etc. Los verbos de existencia fueron en las lenguas indoeuropeas los más proclives a ocupar esta posición (Pinkster 2015, 204-229).

El antiguo gerundivo latino se usa también desde antiguo reforzado por el copulativo *esse*:

frater *est exspectandus* mihi
'tengo que esperar a mi hermano'
(Terencio, *Phorm*, 40; cit. por Bauer 1997, 287)

El recurso al copulativo ha seguido creciendo en español con la incorporación de los verbos *ser* y *estar* a la predicación con adjetivos. La perífrasis progresiva de gerundio (p. ej., *estoy trabajando*) es conocida en muchas lenguas románicas, pero su evolución ha llegado más lejos en español. Su precedente más lejano está en el latín popular, como sustitución de las construcciones de *esse* + participio de presente. En época romance, el gerundio ha visto también recuperado su antiguo papel predicativo a través de la combinación con otros auxiliares: *vengo/continúo/sigo diciendo*.

La estructura copulativa se insertó también en la predicación adjetiva del participio de perfecto, con un matiz originariamente aspectual:

epistolae mihi *lectae sunt*
'he leído las cartas'
fides *est* nobis *cognita*
'hemos conocido su fidelidad'
(Cic., *Div. in Caecil.* 20; cit. por Bauer 19)

Además, el participio ha visto reforzada su capacidad predicativa a través de su inserción en diferentes perífrasis. La más antigua de ellas es la ya mencionada perífrasis de pasado en la voz media y pasiva, que permitía rellenar la laguna flexiva de estas voces en el tema de perfecto (*cingor/cinctus sum*; *amor/amatus sum*, etc.). Todavía hoy el antiguo participio, que mantiene su valor adjetivo, necesita usarse en español con el copulativo *estar* (*Juan está cansado, preocupado* etc.).

En la latinidad tardía, el valor intrínsecamente predicativo del participio favoreció también su inserción en otra nueva perífrasis en la que estuvo presente el verbo *habere*, que servirá para expresar los valores aspectuales de perfecto que la primitiva conjugación latina había perdido. El origen de estas construcciones está en usos genuinamente predicativos del participio que se conservan todavía en español (*epistulam scriptam habeo* 'tengo la carta escrita').

En fin, los datos analizados nos permiten comprobar que varios aspectos esenciales de la morfosintaxis histórica del verbo en español pueden entenderse mejor desde una perspectiva histórica amplia, que desborda los límites de las lenguas románicas. Esta perspectiva milenaria permite constatar que el verbo es probablemente una categoría gramatical que hunde sus raíces y su lógica evolutiva en el pasado más remoto.

Lecturas recomendadas

La lectura de Bauer (2000) proporciona un fundamento empírico a la idea de que los cambios esenciales experimentados en el verbo español pueden entenderse mejor como el resultado de procesos iniciados en la antigüedad milenaria del verbo indoeuropeo. Bauer defiende en particular la existencia en el latín y otras lenguas indoeuropeas de residuos de lengua activa. Las oraciones impersonales y las construcciones absolutas (que muestran rasgos de una antigua sintaxis nominal) son buenos ejemplos de esta sintaxis arcaica que se mantiene en español de hoy o de ayer.

Elvira González (2013) se ocupa de la extensión de la construcción transitiva en latín y en español y del avance paulatino de una nueva construcción estativa. Los datos examinados en este trabajo parecen confirmar la idea de que la contraposición entre acciones y estados, que vertebró históricamente la morfología verbal desde el latín, ha terminado siendo desplazada a la sintaxis.

Jiménez Juliá (2015) proporciona al lector de manera sintética las claves empíricas en las que se fundamenta la posibilidad de reconocer una voz media en español en la sintaxis de los verbos pronominales. Esta idea ha sido aceptada por muchos investigadores, pero no es contemplada de la misma manera por todos. La existencia de una abundante bibliografía sobre el tema hace que pueda resultar inabordable para el estudiante o investigador.

Referencias citadas

Álvarez Huerta, O. 2009. "Acusativo". En *Sintaxis del latín clásico*, coord. J. M. Baños Baños, 131–154. Madrid: Liceus.

Baños Baños, J. M. 2009. "Persona, número y voz". En *Sintaxis del latín clásico*, coord. J. M. Baños Baños, 375–403. Madrid: Liceus.

Bauer, B. L. M. 1997. "Nominal Syntax in Italic: A Diachronic Perspective". En *Language Change and Functional Explanations*, ed. J. Gvozdanovic, 272–301. Berlín: Mouton de Gruyter.

Bauer, B. L. M. 2000. *Archaic Syntax in Indo-European. The Spread of Transitivity in Latin and French*. Berlín: De Gruyter y Mouton.

Bello, A. 1847 [1964]. *Gramática de la lengua castellana destinada al uso de los americanos*. Buenos Aires: Sopena.

Cano Aguilar, R. 1977–1978. "Cambios en la construcción de los verbos en castellano medieval". *Archivum* 27/28: 335–379.

Cano Aguilar, R. 1987. *Estructuras sintácticas transitivas en español actual*. Madrid: Gredos.

Elvira González, J. 2001. "Intransitividad escindida en español. El uso auxiliar de *ser* auxiliar en español medieval". *Estudios de Lingüística. Universidad de Alicante* 15: 201–245.

Elvira González, J. 2004. "El desarrollo de la construcción biactancial estativa en español". *Revista de Historia de la Lengua Española* I: 45–66.

Elvira González, J. 2009. "El retroceso de la impersonalidad en español". En *Romanística sin complejos. Homenaje a Carmen Pensado*, ed. F. Sánchez Miret, 123–145. Berna: Peter Lang.

Elvira González, J. 2013. "Construcciones y significado: Aspectos diacrónicos de la transitividad en español". En *Trabajos de semántica y pragmática históricas*, eds. A. Puigvert Ocal y S. Iglesias Recuero, 25–54. Madrid: Instituto Universitario Menéndez-Pidal.

Ernout, A. y F. Thomas 1953. *Syntaxe Latine*. 2.ª ed. París: Klincksieck.

Jiménez Juliá, T. 2006. *El paradigma determinante en español. Origen nominativo, formación y características*. Santiago de Compostela: Universidad de Santiago de Compostela.

Jiménez Juliá, T. 2015. "En torno a la voz media en español". En *Studium grammaticae. Homenaje al profesor José A. Martínez*, 489–507. Oviedo: Ediciones de la Universidad de Oviedo.

Klimov, G. 1974. "On the Character of Languages of Active Typology". *Linguistics* 131: 11–24.

Kurzová, H. 1993. *From Indo-European to Latin: The Evolution of a Morphosyntactic Type*. Ámsterdam y Filadelfia: John Benjamins.

Ledgeway, A. 2012. *From Latin to Romance. Morphosyntactic Typology and Change*. Oxford: Oxford University Press.

Monteil, P. 1970 [1992]. *Elementos de fonética y morfología del latín* (traducción y actualización de *Elements de phonetique et morphologie du latin*, París: Fernand Nathan, 1970, por Concepción Fernández Martínez). Sevilla: Editorial de la Universidad de Sevilla.

Mora García, J. 2018. "Historia y significados de las expresiones con gerundio y con *en* + gerundio". *Epos. Revista de Filología* 38: 159–190.

Nichols, J. 1992: *Linguistic Diversity in Space and Time*. Chicago: The University of Chicago Press.

Pena Seijas, J. 1982. "La voz en español. Intento de caracterización". *Verba* 9: 215–252.

Pinkster, H. 2015. *The Oxford Latin Syntax. Vol. I. The Simple Clause*. Oxford: Oxford University Press.

RAE y ASALE 2010 = Real Academia Española. 2010. *Nueva gramática de la lengua española. Manual*. Madrid: Espasa.

Tarriño Ruiz, E. 2009. "Formas no personales del verbo". En *Sintaxis del latín clásico*, coord. J. M. Baños Baños, 469–494. Madrid: Liceus.

Tuttle, E. F. 1986: "The Spread of ESSE as Universal Auxiliary in Central Italo-Romance". *Medioevo Romanzo* 11: 229–287.

Väänänen, V. 1975. *Introducción al latín vulgar*. Madrid: Gredos.

Viti, C. 2014. "Reconstructing Syntactic Variation in Proto-Indo-European". *Indo-European Linguistics* 2: 73–111.

Wackernagel, J. 2009. *Lectures on Syntax, with Special Reference to Greek, Latin, and Germanic*. Ed. de D. Langslow. Oxford: Oxford University Press.

18
Historia de las fórmulas de tratamiento
(History of address formulae)

Miguel Calderón Campos y María Teresa García-Godoy

1. Introducción

En la actualidad, las fórmulas de tratamiento se conciben como la combinación de pronombres, vocativos y desinencias verbales, en un juego concertado que permite graduar la cortesía entre los dos polos de la escala de familiaridad-respeto. El sistema medieval es continuación del latino: oposición *tú/vos* en singular, y *vos* como única forma de plural. En singular, los sistemas pronominales de tratamiento han pasado por tres fases: un sistema binario *tú/vos* hasta el siglo XV; otro ternario *tú/vos/vuestra merced (> usted)* desde el XV hasta principios del XVIII; y de nuevo un sistema binario *tú/usted* o *vos/usted*, según las regiones, desde el XVIII en adelante. Los estudios sobre la historia de las fórmulas de tratamiento se centran en tres grandes temas: 1) la evolución del pronombre medieval *vos*, para llegar, por una parte, al actual plural *vosotros* y, por otra, en singular, al voseo reverencial medieval y al de familiaridad moderno; 2) el origen de *vuestra merced* y su posterior gramaticalización en el pronombre *usted*, y 3) la desaparición de *vosotros* y su paradigma en América, Canarias y, parcialmente, en Andalucía occidental. El uso de *ustedes* como única forma de plural en la mayor parte del dominio hispánico parece relacionarse con la menor necesidad de distinguir entre familiaridad y respeto en este espacio.

Palabras clave: fórmulas de tratamiento; diacronía; voseo; *vuestra merced > usted*; pérdida de *vosotros*

Modern Spanish forms of address combine pronouns, vocatives and verbal endings so that it is possible to extend the use of the polite form between the two extremes of the scale of familiarity-respect. The medieval system continues the Latin system: opposition *tú/vos* in the singular, and *vos* as the only plural form. In the singular, the pronominal address systems have undergone three phases: a binary *tú/vos* system until the 15th century, a ternary *tú/vos/vuestra merced (> usted)* system from the 15th century until the beginning of the 18th century, and once again a binary *tú/usted* or *vos/usted* system —according to region— from the 18th century onward. Studies of the history of address formulae focus on three large issues: 1) the evolution of the medieval pronoun *vos* towards the current plural *vosotros* on the one hand, and on the other, towards the medieval reverential use of *vos* as the second person singular pronoun (or voseo), as well as to its contemporary informal use; 2) the origin of *vuestra merced* and its later grammaticalization as the pronoun *usted*, and 3) the disappearance of *vosotros* and its paradigm in Latin America, the Canary Islands and partially in western Andalusia. The use of *ustedes* as the only plural form in most of the Hispanic world would seem to be related to a lesser need to distinguish between familiarity and respect in the plural.

Keywords: forms of address; diachrony; *voseo*; *vuestra merced* > *usted*; loss of *vosotros*

2. Conceptos fundamentales

Tutear es dirigirse a alguien empleando el pronombre *tú* y su paradigma pronominal y verbal de segunda persona de singular, para el trato de confianza o familiaridad. Vosear es emplear *vos* (o parte de su paradigma pronominal o verbal) para dirigirse a un solo interlocutor. El pronombre *vos* se ha empleado a lo largo de la historia con tres valores principales: con su sentido etimológico de plural, heredado del VŌS del latín clásico (ejemplo 1), como singular medieval de respeto (ejemplo 2) y como trato de familiaridad (ejemplo 3):

(1) Me *enojastes* tanto que, si al *vuestro* yerro mirase, que *vos* faría matar por derecho. Mas si *vós fuistes* sandios e villanos en me fazer mal en mi casa e muy soberviosamente, yo seré más cortés, ca *os* sacaré de prisión
(c1400–1498. Anónimo, *El baladro del sabio Merlín con sus profecías*, CDH)

(2) Señor —dixo Galván— suplíco*os* que me *fagáis* cavallero
(c1400–1498. Anónimo, *El baladro del sabio Merlín con sus profecías*, CDH)

(3) No, Óscar, a *vos* no *te* conviene que se sepa que no *cumpliste*, *te* puede perjudicar en *tus* negocios [...] pero si *vos* no *tenés* amigos
(1975, O'Donnel, Pacho, *Escarabajos* [Argentina], CDH)

El pronombre tónico plural *vos* se reforzó con la partícula *otros* a fin de evitar la confusión con el singular, en un lento proceso iniciado en el siglo XIII, que concluye con la gramaticalización de *vosotros* a finales del XV (De Jonge y Nieuwenhuijsen 2009, 1607). La pervivencia moderna de este pronombre permite diferenciar el español peninsular, donde existe oposición entre *vosotros* y *ustedes*, del americano, canario y andaluz occidental, en el que *ustedes* se emplea tanto para el trato de confianza como para el de respeto (véase tabla 18.1 y *NGLE*, § 16.15q).

El voseo reverencial (*NGLE*, § 16.17d-f), ilustrado en (2), se fue perdiendo a partir del siglo XV, aunque se mantuvo en la documentación judicial y protocolaria. Actualmente quedan restos

Tabla 18.1 Paradigma de los pronombres de tratamiento (plural)

	Tónico Sujeto	Término preposición	Átono	Posesivo	Desinencia
Vos(otros/as)	vos(otros/as)	vos(otros/as), convusco	(v)os	vuestro/a/os/as	2.ª pl.
Ustedes	ustedes	ustedes, sí, consigo	los/las, les, se	su/s, suyo/a/os/as	3.ª pl.
Ustedes (And. occ.)	ustedes	ustedes	os ~ los/las, les, se	vuestro/a/os/as ~ su/s, suyo/a/os/as	2.ª pl. ~ 3.ª pl.

Tabla 18.2 Paradigma de los pronombres de tratamiento (singular)

	Tónico Sujeto	Término preposición	Átono	Posesivo	Desinencia
Tuteo	tú	ti, contigo	te	tu/s, tuyo/a/os/as	2.ª sg.
Voseo reverencial	vos	vos, convusco	(v)os	vuestro/a/os/as	2.ª pl.
Voseo americano (pronominal y flexivo)	vos	vos	te	tu/s, tuyo/a/os/as	2.ª pl. ~ 2.ª sg.
Ustedeo	usted	usted, sí, consigo	le, lo/la, se	su/s, suyo/a/os/as	3.ª sg.

ocasionales de este uso medieval en discursos o escritos dirigidos a muy altas autoridades ("A vos Majestad, pedimos", *NGLE*, § 16.17d). El siglo XV representa un periodo de transición en el que tanto *vos* átono como *convusco* van perdiendo fuerza frente a sus competidores *os* y *con vos(otros)*, respectivamente. El debilitamiento pragmático de *vos* se analiza en las secciones 4.1 y 4.2.

En el extremo opuesto de la escala de familiaridad-respeto se sitúa el voseo americano actual (ejemplo 3). La diferencia entre ambos tipos no estriba solo en su posición en la escala de la cortesía, sino también en las características de los paradigmas implicados: el voseo reverencial rige paradigma etimológico de segunda persona de plural (tabla 18.2); el americano recurre a diferentes grados de hibridación con formas tuteantes (*NGLE*, § 4.7). Además del voseo más extendido (pronominal y flexivo), ilustrado en la tabla 18.2, se dan casos de voseo solo flexivo, del tipo *tú estái(s)* (Chile), o *tú tenés* (Uruguay) (*NGLE*, § 4.7c), y de voseo solo pronominal (*vos tienes*) (*NGLE*, § 16.17j).

El pronombre *usted*, que resulta de la evolución del sintagma nominal *vuestra merced*, es la forma general del trato de respeto en español desde mediados del siglo XVII —primeros ejemplos inequívocos no literarios fechados en 1623 de *ustedes* (CODEA) y 1631 de *usted* (*Post Scriptum*)—. Además de este uso, en algunas regiones americanas (Costa Rica, zonas de Colombia, etc.) se emplea *usted* en relaciones de familiaridad, como tratamiento entre amigos, hermanos, esposos, novios, compañeros o padres e hijos. La extensión de *usted* a ámbitos de confianza suele denominarse *ustedeo*. En ambos casos, *usted*, dado su origen nominal, induce concordancias de tercera persona (*NGLE*, § 16.1b y § 16.1h).

3. Aproximaciones teóricas

Llamamos *formas* o *fórmulas de tratamiento* al conjunto de "formas que poseen los hablantes de distintas comunidades lingüísticas para dirigirse al destinatario y hacer referencia en el discurso a una tercera persona o a sí mismos" (Rigatuso 2008, 353–354). De la definición se desprende que las formas de tratamiento se usan tanto en "modo vocativo" para el trato directo ("*Mamá, ¿puedes venir un momento, por favor?*"), como en "modo referencial" para aludir a una tercera persona ("*No sé si mamá podrá venir al cumpleaños*"). En este artículo nos ocuparemos exclusivamente de la evolución de las formas de trato directo de segunda persona.

La denominación *fórmula de tratamiento* expresa con mayor precisión que la de *forma de tratamiento* la idea de que para el trato directo se seleccionan fórmulas, más que formas aisladas, en las que se combinan elementos nominales, pronominales y verbales. Esta concepción teórica, que implica un uso concertado entre las distintas variantes pronominales seleccionadas (*tú*, *vos*, *usted*, *vosotros*, *os*, *te*, *le*, etc.), las expresiones nominales que se insertan como vocativos en el discurso

("Lo siento, *doña Julia*, no he podido llamarla") y la desinencia verbal ("¿tiene*s* fuego?"), es esencial para entender la dinámica histórica de los tratamientos, llena de matices y de gradaciones.

De esta manera, una misma selección pronominal (*usted*, en los ejemplos que siguen) sirve para expresar distinto nivel de cortesía, según se hagan explícitos o no determinados elementos de la fórmula. Así, "Hola, buenos días, ¿cómo está?", sin manifestar el pronombre sujeto, representaría el nivel más neutro, que puede hacerse más cortés añadiendo el pronombre ("Hola, buenos días, ¿cómo está *usted*?"), y más aún si se inserta un vocativo de respeto ("Hola, buenos días, ¿cómo está usted, *señora González*?"). Por el contrario, la misma fórmula se orienta hacia el polo de la familiaridad cuando se elige un vocativo de confianza, como en "Hola, buenos días, ¿cómo está usted, *Juanita*?".

Esta interpretación tripartita debe entenderse como una superación del modelo propuesto por Brown y Gilman (1960), en el que se esquematiza la dinámica de los tratamientos como una dicotomía pronominal entre formas T (tratamientos directos, que acortan la distancia respecto del interlocutor, como *tú* o *vos* en español contemporáneo) y formas V (tratamientos indirectos, que incrementan la distancia, como *usted*).

La propuesta de Brown y Gilman, vista sesenta años después, enfatiza demasiado el aspecto estrictamente pronominal y simplifica en exceso las opciones de trato, como si solo se pudiera elegir entre dos alternativas cerradas y polarizadas (un pronombre T o un pronombre V). Según se ha visto más arriba, las opciones reales son mucho más amplias y ricas en matices (Cook 2019, 17–18).

Hickey (2003, 414) ha acuñado la expresión "manipulación pragmática de la formalidad" para aludir a la capacidad de los hablantes de moverse por la escala de familiaridad-respeto con procedimientos distintos del simple juego binario entre formas pronominales T o V. Estas estrategias no exclusivamente pronominales convierten a los sistemas de tratamiento en un *continuum* con una enorme posibilidad de grados intermedios

$$T_n \ldots T_2, T_1, (N), V_1, V_2 \ldots V_n$$

donde T_n representa la fórmula de máxima intimidad, y V_n la del trato más respetuoso concebible. En el punto central de la escala no se descarta la posibilidad de una opción N de neutralidad. Con este modelo escalar, donde se combinan recursos de variada naturaleza, las lenguas consiguen dar cuenta de la multiplicidad de relaciones que caracterizan a las sociedades complejas.

Con respecto al español (tabla 18.3), suelen admitirse escalas de dos niveles pronominales (sistemas binarios) o de tres (sistemas ternarios).

Tabla 18.3 Sistemas pronominales binarios o ternarios

	Familiaridad		Respeto
	Intimidad	Confianza	
Español medieval		tú	vos
Español clásico	tú	vos	vuestra merced (> usted)
Español actual tuteante		tú	usted
Español actual voseante		vos	usted
Español actual con sistema ternario	vos	tú	usted

Este esquema, que atiende solo a lo pronominal, es esencialmente aceptable siempre que se tenga en cuenta lo dicho sobre la posibilidad de expresar grados intermedios con distintas estrategias. Por ejemplo, los hablantes del siglo XVI podían dirigirse a cualquier interlocutor con la fórmula "2.ª pl. + señor", en la que se combinaban recursos pronominales y verbales de segunda persona de plural con un vocativo cortés. Por eso, el escudero en el *Lazarillo* (ejemplo 4), que se consideraba digno de recibir el novedoso trato de *vuestra merced*, acepta también el más tradicional voseante, siempre que este se apoye en un incremento nominal de respeto. La eliminación del vocativo y, por tanto, el uso de un esquema puramente pronominal (2.ª pl.), implicaba desplazarse hacia la esfera de la confianza (ejemplo 5) o de la manifiesta expresión de poder hacia los inferiores (ejemplo 6).

(4) Escudero: A los más altos, como yo, no les han de hablar menos de: "beso las manos de *Vuestra Merced*", o por lo menos: "Bés*os, señor,* las manos".

(1554, Anónimo, *Lazarillo de Tormes*, CDH)

(5) Muy amada hermana mia: Con vn compañero mio *os* escrebi largo en la flota pasada [...] a todos esos señores *dareys* mis besamanos [...] yo estoy muy bueno y siempre rogando a su dibina majestad *os* tenga de su mano y *os* me deje ber muy presto [...] *vuestro* hermano que *vuestro* bien mas quel suyo desea.

(1556, *Carta de Juan de Castro a su hermana*, CORDIAM)

(6) Yo *vos* mando que *prendays* el cuerpo a Diego de Femadas [...] y asy preso me lo *traed* o *enbiad* aqui, a la carçel desta Alhanbra.

(1513, *Mandamiento para prender a Diego Femadas*, Moreno Trujillo *et al.* 2007, 219)

En los sistemas ternarios actuales (tabla 18.3), el trato de familiaridad se subdivide en una escala de dos grados, con preferencia por esquemas más voseantes en el nivel de máxima intimidad y por esquemas más tuteantes en el nivel intermedio:

tú vivís – tú vives – usted vive (Chile)
vos vivís – tú vivís – usted vive (Montevideo)

Obsérvese que en el modelo uruguayo el grado de mayor intimidad está representado por el voseo completo, pronominal y flexivo (*vos vivís*), mientras que el nivel intermedio lo representa el voseo verbal, con paradigma pronominal tuteante (*tú vivís*).

En lugar de sistemas ternarios puede hablarse de dos sistemas binarios superpuestos: un sistema local (*tú vivís – usted vive*, o alternancias con distinto valor pragmático de *vos*, *tú* y *usted* de intimidad), en convivencia con un sistema general (*tú vives – usted vive*), compartido con otras variedades y transmitido escolarmente. Esta alternancia de voseo y tuteo se da en Uruguay, Chile, Centroamérica y en algunas zonas de Colombia y de Venezuela, principalmente (*NGLE*, § 16.15m-ñ, 16.17ñ; Fontanella de Weinberg 1999, 1404–1408). Los sistemas pronominales ternarios se iniciaron en español en el siglo XV, tras la irrupción de *vuestra merced* en el sistema (véase sección 4.2.).

Como se aprecia en la tabla 18.3, a lo largo de toda la historia del español se han empleado estrategias de número (plural) o de persona (tercera) para evitar el tuteo y conseguir ser más indirecto, impersonal o distante; en esta gradación, el plural resulta siempre menos directo que el singular y, a su vez, la tercera persona implica mayor distancia que el plural (Lara Bermejo

2018, 18–19). La escala de Head (1978) permite medir si un tratamiento es más directo que otro, atendiendo a la combinación de recursos de número y de persona:

$$2.^a \text{ sg.} > 2.^a \text{ pl.} > 3^a. \text{ sg.} > 3^a. \text{ pl.}$$

El esquema admite también una lectura cronológica: en un primer estadio las lenguas romances recurrieron al plural como fórmula de distanciamiento; cuando este mecanismo se desgastó, la estrategia se renovó haciendo uso de la tercera persona. De esta forma, en español medieval, la oposición de número (*tú/vos*) servía para distinguir entre familiaridad y respeto; a partir del siglo XV, tras la entrada de *vuestra merced*, la tercera persona se convirtió, hasta la actualidad, en el mecanismo para expresar distancia.

Desde el punto de vista metodológico, es importante distinguir entre esquemas de tratamiento jerárquicos, deferentes y solidarios (Scollon y Scollon 2001, 54–57), combinando las dimensiones de poder (P) y de distancia (D). En los primeros se expresa poder, que el superior manifiesta con estrategias lingüísticas de confianza hacia el inferior (+P↓, −D); este, por su parte, emplea estrategias de distanciamiento reverencial para dirigirse al superior (+P↑, +D). La jerarquía se puede manifestar pronominal o verbalmente —"tú (2.ª sg.)"/"usted (3.ª sg.)"— o mediante incrementos nominales ("usted + nombre de pila"/"usted + señor + apellido").

En los esquemas deferentes no se expresa poder, pero sí distancia entre los interlocutores (−P, +D). En español actual se da, por ejemplo, entre hablantes que se tratan mutuamente de *usted*, con vocativos de nivel jerárquico equivalente ("usted + señor + apellido"/"usted + señor + apellido").

Por último, en los esquemas solidarios no se expresa poder ni distancia (−P, −D), como en los casos en que, contemporáneamente, se da voseo o tuteo mutuo, con vocativos equivalentes ("tú (o vos) + nombre de pila"/"tú (o vos) + nombre de pila").

Los conceptos de jerarquía, deferencia y solidaridad se aplican en el análisis efectuado en los dos apartados siguientes.

4. Desarrollo histórico de las fórmulas de tratamiento

Como es bien sabido, el latín contaba con un único pronombre para el trato singular (TŪ) y otro para el plural (VŌS). En latín medieval (tabla 18.4), a partir del siglo V empezó a documentarse el uso de *vōs* con valor de singular de respeto. Este nuevo sistema, binario en singular (TŪ/VŌS) y de pronombre único en plural (VŌS), se mantiene actualmente en francés y caracterizó las etapas de desarrollo inicial de la mayoría de las lenguas románicas (Ashdowne 2016, 900), como el español medieval anterior al XV.

TABLA 18.4 Sistemas binarios en singular y de pronombre único en plural

Número	Lengua	Familiaridad	Respeto
Singular	lat. medieval	TŪ	VŌS
	esp. medieval	tú	vos
	francés	tu	vous
Plural	lat.		VŌS
	esp. medieval		vos(otros)
	francés		vous

4.1 Evolución del voseo hasta el siglo XV

La expansión del plural *vōs* al singular de respeto se puede explicar como una reacción al plural mayestático característico de la correspondencia y documentación administrativa de la curia y del imperio (*iudicamus*, *permittimus*, etc.). Este uso provocó la réplica en segunda persona de plural, que se reinterpretó como singular reverencial o jerárquico.

Además, el uso del plural como singular respetuoso no debe desvincularse de la dicotomía general entre tratamientos directos o tuteantes, por un lado, e indirectos o impersonales, por otro (ver sección 3). En determinadas circunstancias, el trato directo resulta inadecuado, dado que puede interpretarse como una intromisión excesiva en el espacio privado del interlocutor, lo que en términos pragmáticos se concibe como un acto ofensivo contra la imagen pública del interlocutor ("face-threatening act", Brown y Levinson 1987).

Estas situaciones inapropiadas para el trato directo se vincularon inicialmente con la esfera cortesana y con la presencia de una autoridad a la que se debía mostrar respeto público. Es lo que ocurre en la escena del *Poema de mio Cid* en la que Minaya le ofrece al rey Alfonso las ganancias obtenidas en Valencia:

(6) [Minaya] fincó los inojos ante tod el pueblo...

—¡Merced, señor Alfonso...
Grandes son las ganancias que l' dio el Criador,
fe*vos* aquí las señas, verdad *vos* digo yo...
bésa*vos* las manos que los *prendades vós*.

(c1140, *Poema de mio Cid*, versos 1318–1338, CDH)

Otro contexto apropiado para el uso voseante se relaciona con las prácticas administrativas y jurídicas, como las donaciones y contratos de compraventa. Obsérvese que en estos casos ya no se trata del *vos* jerárquico (+P↑, +D), sino de un trato deferente en el que no se expresa poder sino distancia administrativa (−P, +D):

(8) Yo don Rodrigo, prior de la casa de Santo Toribio, con el conviento d'es mismo logar damos a *vós* Martín Peláez e a *vós* Mari Martínez una viña [...] que lo *ajades* en todos *vuestros* días.

(1253, CODEA-0591)

Progresivamente, *vos* fue extendiéndose a ámbitos privados: primero lo adoptan los nobles entre sí como muestra deferente de reconocimiento de estatus. En las primeras fases, de *vos* se trataban solo los nobles, como el Cid y su prisionero, el conde don Remont (ejemplo 9); también don Rodrigo y su esposa (ejemplo 10).

(9) —Si lo *fiziéredes*, Cid, lo que *avedes* fablado,
tanto cuanto yo biva seré dent maravillado
—Pues *comed*, conde, e cuando *fuéredes* yantado
a *vós* e a otros dos dar*vos* he de mano.

(c1140, *Poema de mio Cid*, versos 1037–1040, CDH)

(10) —Fem' ante *vós* yo e *vuestras* fijas...
—Ya lo *vedes*, que partirnos emos en vida,
yo iré, e *vós fincaredes* remanida.

(c1140, *Poema de mio Cid*, versos 269; 280–281)

Desde los ambientes nobiliarios fue penetrando en los demás estratos (Lapesa 2000, 316). Valga como ejemplo este diálogo entre la vieja alcahueta y doña Endrina:

(11) [Alcahueta] Agora señora fija, *dezit* vuestro coraçón:
esto que *vos* he fablado, si *vos* plaze o si non...
[Doña Endrina] Buena mujer, *dezidme* quál es esse o quién
que *vós* tanto *loades*, e quántos bienes tien.

(1330–1343, Arcipreste de Hita, *Libro de buen amor*, estrofas 736–737, CDH)

Como resultado, el paradigma de *vos* se convierte en una especie de comodín aplicable a cualquier persona: el voseo se hace neutro y omniabarcador. Durante la Edad Media, el peso de la gradación de formalidad recae cada vez menos en la oposición de número (*tú/vos*) y más en la selección de los elementos nominales. Así, por ejemplo, en *El conde Lucanor*, la clave para entender cómo se expresa la jerarquía entre el conde y su consejero reside en la asimetría nominal representada por el nombre de pila, *Patronio*, frente al tratamiento de respeto *señor conde*.

El debilitamiento pragmático de *vos* hasta el siglo XV puede representarse como sigue:

vos reverencial (+P↑, +D) > *vos* deferente (−P, +D) > *vos* neutro

En la primera fase, *vos* (reverencial) es la forma que se vincula con el poder y que, en oposición a *tú*, sirve para dirigirse a los superiores jerárquicos, en señal de sumisión y respeto; en la siguiente fase, el voseo ya no se relaciona tanto con el poder como con la deferencia (administrativa o nobiliaria), que resulta de mantener cierta distancia cortés hacia el interlocutor; con este valor, vosear implica reconocimiento del estatus del otro, más que subordinación; finalmente, la extensión social del voseo como forma general de tratamiento simétrico (Di Tullio 2006, 45) implica una igualación pronominal que debe compensarse con incrementos nominales.

4.2 Surgimiento y expansión de vuestra merced. Desaparición de vos en España

En esta fase de ubicuidad voseante (dado el uso muy restringido del tuteo: véase más abajo, en esta misma sección), y en el seno de una sociedad fuertemente jerárquica, surge la necesidad de desarrollar un nuevo mecanismo con la potencia pragmática suficiente para marcar con rotundidad el trato distintivo hacia interlocutores de alto nivel social (Mazzon 2010, 355). La novedad consiste en emplear como fórmulas de tratamiento indirecto sintagmas nominales construidos con "posesivo + nombre abstracto", en alusión a virtudes y cualidades de la persona a la que se interpela. Los sintagmas que más éxito tuvieron fueron *vuestra alteza*, *vuestra señoría* y, especialmente, *vuestra merced*. Con ellos, se introduce en español un cambio cualitativo trascendental, que implica una gradación de respeto basada en la oposición de persona (*tú* o *vos* [segunda persona])/*vuestra merced* [tercera persona]), en lugar de la anterior de número (*tú* [singular]/*vos* [plural etimológico, usado para dirigirse a un individuo]).

El procedimiento se había usado ya en latín medieval con fórmulas como *auctoritas vestra*, *vestra indulgentia*, etc. (*NGLE*, § 16.16a), y en castellano desde al menos el siglo XIII (Lapesa 2000, 318). Hasta finales del siglo XV, las fórmulas indirectas de tercera persona se vinculan, por una parte, con la correspondencia cancilleresca (Tuten 2021, 30) y, por otra, con el género cronístico, con escasas incursiones en la lengua cotidiana (Eberenz 2000, 106). A partir del siglo XVI, *vuestra merced* y su variante más coloquial *vuesa merced* se propagan rápidamente fuera de los ambientes cortesanos y se convierten en tratamiento general de respeto. El desgaste fonético del sintagma produjo su contracción en el actual pronombre *usted*, cuyas primeras documentaciones inequívocas proceden del primer tercio del siglo XVII.

Vuestra merced y las otras fórmulas indirectas (García-Godoy 2019, 219–224) arrebatan a *vos* el polo de la máxima formalidad. El ejemplo (12) muestra el inicio de este proceso, todavía con paradigma híbrido. A partir de entonces, el sistema binario medieval se sustituye por un sistema ternario "tú – vos – vuestra merced", en el que *vos* ocupa una posición intermedia y fluctuante y *vuestra merced* va extendiendo sus usos hasta convertirse en la forma más empleada y polivalente, tanto en el trato social como en el familiar (Fontanella de Weinberg 1999, 1416: ejemplo 13).

(12) Señor [...] con la mayor reverencia que puedo, beso *vuestras* manos e me encomiendo a *vuestra merced*.

(1430, *Carta del adelantado Ribera al rey Juan II*, CDH)

(13) Hermana mía de my alma: [...] escrebí a *vmd* en esta flota y con ella enbié çien ducados [...] y ansy hermana mya *le* suplico que bista esta se benga my sobrino.

(1594, *Carta de Leonor López a su hermana*, CORDIAM)

Todavía *vos*, usado con los vocativos adecuados, puede emplearse con el antiguo valor de respeto (ejemplo 4). Pero sin ellos, solo sirve para expresar confianza con el interlocutor o manifiesta superioridad hacia él, por lo que se va acercando progresivamente a la esfera del tuteo. En esta colisión con *tú*, el paradigma voseante se fue desprendiendo de aquellos elementos que resultaban ambiguos por su valor simultáneo de singular y plural (*os, vuestro*), que fueron sustituidos por formas singulares (*te, tu, tuyo*, véase tabla 18.2; Fontanella de Weinberg 1999, 1413–1414; Díaz Collazos 2016). En la lengua coloquial, el español europeo dejó de vosear a finales del siglo XVII. En América se ha mantenido especialmente en la región rioplatense y centroamericana (*NGLE*, § 4.7).

Durante mucho tiempo, el tuteo presentó muy fuertes restricciones: se limitaba a situaciones de intimidad familiar, particularmente entre miembros de la misma edad y, sobre todo, cuando los mayores se dirigían a los menores. Aun entre hermanos, primos y esposos, *tú* podía alternar con *vos* y *vuestra merced* (Fontanella de Weinberg 1999, 1415). Fuera de la familia, el tuteo recíproco era infrecuente, a excepción de aquellos casos en los que se daba gran proximidad afectiva y un conocimiento prolongado. Por último, podía aparecer en relaciones muy desiguales, en las que el superior tuteaba al inferior. Pero incluso en estos casos se prefería el voseo.

La extensión del tuteo a situaciones en las que tradicionalmente se usaba *usted* es un fenómeno que se inicia en la segunda mitad del siglo XIX y cobra fuerza en los años 20 y 30 del XX (Molina Martos 2020, 475–476). Esto quiere decir que, hasta este siglo, los sistemas binarios o ternarios del español estaban bastante desequilibrados (por lo que se representan con distinto tamaño de letra en el esquema), con un uso muy marcado y minoritario del tuteo, que contrastaba con una pauta general en la que *vos*, durante la Edad Media, y *vuestra merced* (o *usted*) desde el siglo XVI, acaparaban la mayoría del espacio del tratamiento.

tú – VOS
tú – vos – VUESTRA MERCED (> USTED)

4.3 Vosotros y vuestras mercedes

El pronombre plural *vos* aceptaba modificadores adjetivales (*vos solos, vos todos, vos otros*, etc.; *NGLE*, § 16.15p). El foco del cambio parece situarse en la antigua Corona de Aragón. En catalán de mediados del siglo XIII, *vosaltres* era ya frecuente, mientras que en castellano la forma compuesta solo aparecía de manera esporádica (Gomila Albal 2016, 108). Inicialmente, *vosotros* presentaba valor enfático o contrastivo, para delimitar un grupo concreto. A finales del siglo XV, ya sin valor contrastivo, se impone. La principal ventaja del compuesto era evitar la ambigüedad respecto del singular *vos*.

A partir del siglo XVI, el español cuenta con dos formas de plural: *vosotros* y *vuestras mercedes* (posteriormente, *ustedes*). En España, su uso entre los siglos XVI y XIX resultaba "vacilante" e "inseguro", sin un reparto claro de funciones entre uno y otro (Lapesa 2000, 330–331; Calderón Campos 2019, 147–153). Para Fontanella de Weinberg, el español de América, ya desde las primeras épocas, tampoco presentaba oposición de formalidad en plural, a tenor de las hibridaciones paradigmáticas documentadas hasta el siglo XIX ("Vosotros discurren y disponen"; Fontanella de Weinberg 1992, 80–81).

Con datos del CORDIAM, Bertolotti (2020, 307–314) ratifica la falta de oposición entre *vosotros* y *ustedes* entre el XVI y el XVIII. En el siglo XIX, el corpus americano registra un solo caso coloquial de *vosotros*, además de algunas desinencias de 2.ª pl. en contextos formulaicos o solemnes (Bertolotti 2020, 308–309), lo que hace pensar en un fuerte avance de *ustedes* como forma única de la interacción cotidiana a lo largo de la centuria anterior. Desde el siglo XIX, *vosotros* y su paradigma quedan relegados en América a ciertos usos ceremoniales (*NGLE*, § 16.15q), o a ambientes rurales minoritarios. Por el contrario, el español peninsular (a excepción del de Andalucía occidental) reforzó un sistema binario con oposición de confianza (*vosotros*) y formalidad (*ustedes*).

5. Perspectivas futuras y conclusiones

Con respecto al singular, se ha podido comprobar que tanto *vos* como *vuestra merced* experimentan un proceso de debilitamiento pragmático muy similar. En el primer estadio, ambas formas surgen como reacción ante el igualamiento pronominal que suponen el tuteo (en latín medieval) y el voseo (en el siglo XV), respectivamente. Los contextos iniciales del proceso son los mismos: ambientes cortesanos e intercambios comunicativos muy formales dirigidos a autoridades. Las nuevas formas, más indirectas y formales que las anteriores, sirven para satisfacer la necesidad de mecanismos diferenciados de reverencia.

Después de esta etapa, la forma reverencial amplía sus usos para convertirse en una estrategia de deferencia administrativa o de reconocimiento de estatus; desde ahí su empleo se extiende a todas las capas de la sociedad y a una enorme gama de situaciones cotidianas.

El surgimiento de estrategias novedosas de cortesía genera inseguridad en los hablantes, que se debaten entre ser fieles a los patrones tradicionales o adoptar los nuevos. En esta situación de crisis, el cambio se acelera, siguiendo el principio sociolingüístico según el cual "en los casos de duda es más conveniente ser educado que arriesgarse a ser ofensivo, y cada precedente educado amplía el número de casos de duda" (Mazzon 2010, 357), principio que podría reformularse como "en caso de duda, elige la fórmula más abarcadora y polivalente", es decir, *vos* en la Edad Media y *vuestra merced* (> *usted*) a partir del siglo XVI.

En esta fase expansiva se observan diferencias en el comportamiento de *vos* y de *vuestra merced*. *Vos* en la Edad Media, al no tener competidor pronominal (recuérdense las restricciones de uso del tuteo), se convierte de hecho en el único pronombre disponible para el trato, lo que genera un sistema pronominal prácticamente unitario, donde la distinción de familiaridad-respeto debe hacerse mediante vocativos.

Por el contrario, desde el siglo XVI, *vuestra merced* (> *usted*) mantenía su oposición con *vos*, y en menor medida con *tú*. Este sistema pronominal ternario tenía dos opciones de desarrollo.

Mayoritariamente se optó por volver a un sistema binario, consolidando la oposición entre *vos* y *usted*, a costa de *tú* (sistemas voseantes actuales), o la más normativa de *tú* y *usted*, a costa de *vos* (sistemas tuteantes). La otra opción de desarrollo, muy minoritaria, desembocó en el actual ustedeo de intimidad (Costa Rica, zonas de Colombia), y consistió en generalizar aún más el uso de *vuestra merced* (> *usted*) en detrimento de sus dos competidores de segunda persona. Esta solución coincide con la generalización en inglés de *you* a expensas de la tradicional oposición *thou/you*.

Respecto del plural, gran parte del debate se centra en determinar la cronología de la pérdida del paradigma de *vosotros* y en explicar las razones del cambio. Para ello es preciso volver al esquema de Head (1978). En el trato a varias personas, la opción más directa disponible es la de segunda persona de plural, la cual es, por su propia naturaleza, más indirecta, impersonal y difusa que la de segunda de singular (Morgan y Schwenter 2016, 275). Esto quiere decir que las posibilidades de que alguien interpelado por medio del paradigma de *vosotros* se sienta ofendido (porque espera un trato en 3ª. pl.) son menores que las de la persona que recibe individualmente un trato inapropiado de *tú* o *vos*. Por este motivo, abundan las discusiones y los comentarios metalingüísticos derivados de usos inapropiados del tuteo o del voseo, pero escasean las disputas provocadas por tratamientos inadecuados del plural. En un grupo, los pronombres de plural no singularizan ni señalan a cada miembro, al contrario de lo que ocurre en la interlocución con un solo hablante.

Por tanto, la razón de la pérdida del paradigma de *vosotros* está en el hecho de que en plural no es tan necesario como en singular distinguir pronominalmente entre confianza y respeto, ya que el tratamiento dirigido a un grupo es intrínsecamente más difuso, impersonal e indirecto que el dispensado a una sola persona.

Esta es la razón por la que el modelo de pronombre único para el plural ha sido el predominante en toda la historia del español: se usó solo *vos(otros)* desde los orígenes hasta el siglo XV, y se usa casi únicamente *ustedes* desde el siglo XIX (con la excepción sabida del español europeo distinguidor). Entre el XVI y el XIX, aunque se empleaban *vosotros* y *vuestras mercedes* (> *ustedes*), la oposición era insegura y vacilante, por lo que cabe pensar, también para este periodo, en la ausencia de oposición pronominal sistemática en el espacio del plural (véase sección 4.3.).

Por otra parte, es frecuente que los grupos no sean homogéneos, sino que estén constituidos por personas a las que el emisor trata individualmente de distinta manera, a unos de *tú* o *vos* y a otros de *usted*. Esta heterogeneidad generó dudas en los hablantes, que optaron mayoritariamente por *ustedes* como la forma más elegante, novedosa y abarcadora. Esta era, además, la elección menos arriesgada para dirigirse a grupos constituidos casi siempre por desconocidos, sobre todo en los primeros momentos de configuración de las poblaciones americanas. Planteado el problema de esta forma, el foco de la discusión parece que debe desplazarse hacia el lado contrario, esto es, hacia la investigación de por qué en España se optó por la opción relativamente menos necesaria de reforzar el contraste entre *vosotros* y *ustedes*.

Quedan además otros aspectos que deben abordarse en el futuro: en primer lugar, la elaboración de corpus específicos para el análisis de los tratamientos, donde tengan cabida tipos textuales de especial relevancia, combinando material "auténtico" (cartas privadas, declaraciones de testigos) con material de ficción (diálogos teatrales, didácticos o novelescos). En segundo lugar, faltan investigaciones regionales, que lleven el debate de la historia de los tratamientos más allá del estudio general hispánico o del contraste entre el español peninsular y el americano. Por otra parte, la investigación se ha focalizado en exceso en la evolución de *vos(otros)* y *vuestra(s) merced(es)*, dejando de lado los usos medievales del tuteo y su posterior expansión, primero a costa de *vos* y luego de *usted*. Por último, dada la importancia que tiene el componente nominal en la matización pragmática de la cortesía, debería ponerse mayor énfasis en la correlación con los pronombres de segunda persona, hasta ahora los protagonistas del debate.

Lecturas recomendadas

El artículo de Fontanella de Weinberg (1999) aborda los tratamientos desde tres perspectivas distintas: parte de una descripción de los diferentes sistemas pronominales usados actualmente; continúa con una síntesis de la evolución histórica de las formas de tratamiento de singular; y termina con un análisis somero de las relaciones entre las fórmulas de tratamiento pronominales y nominales.

Lapesa (2000 [1968]) plantea una panorámica general de todos los problemas relacionados con la historia de la deixis personal, tanto en singular como en plural.

Tuten (2021) analiza, partiendo de la teoría de la koinización, la extraordinaria complejidad que adquirió el sistema de tratamiento del español entre los siglos XV y XVII.

Referencias citadas

Ashdowne, R. 2016. "Address Systems". En *The Oxford Guide to the Romance Languages*, eds. A. Ledgeway y M. Maiden, 897–906. Oxford: Oxford University Press.

Bertolotti, V. 2020. "The Loss of *vosotros* in American Spanish". En *Address in Portuguese and Spanish. Studies in Diachrony and Diachronic Reconstruction*, eds. M. Hummel y C. dos Santos Lopes, 291–315. Berlín y Boston: De Gruyter.

Brown, P. y S. C. Levinson. 1987. *Politeness. Some Universals in Language Use*. Cambridge: Cambridge University Press.

Brown, R. y A. Gilman. 1960. "The Pronouns of Power and Solidarity". En *Style in Language*, ed. T. A. Sebeok, 253–276. Cambridge, MA: MIT Press.

Calderón Campos, M. 2019. "Pérdida del pronombre *vosotros* y su paradigma". En *Estudios de morfosintaxis histórica hispanoamericana. Vol. I: el pronombre*, eds. Juan P. Sánchez Méndez, A. Corredor Aveledo y E. Padrón Castilla, 125–162. Valencia: Tirant Humanidades.

CDH: *Corpus del diccionario histórico del español*. https://webfrl.rae.es/CNDHE.

CODEA: *Corpus de documentos españoles anteriores a 1800*. http://corpuscodea.es/.

Cook, M. 2019. "N-V-T, a Framework for the Analysis of Social Dynamics in Address Pronouns". En *The Social Dynamics of Pronominal Systems*, ed. P. Bouissac, 17–34. Ámsterdam: John Benjamins.

CORDIAM: *Corpus diacrónico y diatópico del español de América*. www.cordiam.org/.

De Jonge, B. y D. Nieuwenhuijsen. 2009. "Formación del paradigma pronominal de las formas de tratamiento". En *Sintaxis histórica de la lengua española. Segunda parte: la frase nominal*, dir. C. Company Company, 1593–1671. México: UNAM y Fondo de Cultura Económica.

Díaz Collazos, A. M. 2016. "Pragmatic Forces in the Evolution of *voseo* Object Pronouns from *os* to *te* in Colonial Spanish". En *Forms of Address in the Spanish of the Americas*, eds. M. I. Moyna y S. Rivera-Mills, 35–61. Ámsterdam: John Benjamins.

Di Tullio, Á. 2006. "Antecedentes y derivaciones del voseo argentino". *Páginas de Guarda* 1: 41–54.

Eberenz, R. 2000. *El español en el otoño de la Edad Media. Sobre el artículo y los pronombres*. Madrid: Gredos.

Fontanella de Weinberg, B. 1992. *El español de América*. Madrid: Mapfre.

Fontanella de Weinberg, B. 1999. "Sistemas pronominales de tratamiento usados en el mundo hispánico". En *Gramática descriptiva de la lengua española*, eds. I. Bosque y V. Demonte, vol. 1, 1399–1425. Madrid: Espasa.

García-Godoy, M. T. 2019. "El tratamiento indirecto en el español colonial. Los títulos honoríficos". En *Estudios de morfosintaxis histórica hispanoamericana. Vol. I: el pronombre*, eds. Juan P. Sánchez Méndez, A. Corredor Aveledo y E. Padrón Castilla, 219–262. Valencia: Tirant Humanidades.

Gomila Albal, M. 2016. "Sobre el origen y la difusión geográfica de las formas *nosotros* y *vosotros* en castellano". *Iberorromania* 83: 103–125.

Head, B. 1978. "Respect Degrees in Pronominal Reference". En *Universals of Human Language*, ed. J. Greenberg, 151–211. Stanford: Stanford University Press.

Hickey, R. 2003. "The German Address System. Binary and Scalar at Once". En *Diachronic Perspectives on Address Term Systems*, eds. I. Taavitsainen y A. H. Jucker, 401–425. Ámsterdam: John Benjamins.

Lapesa, R. [2000 (1968)]. "Personas gramaticales y tratamientos en español". En *Estudios de morfosintaxis histórica del español*, vol. I, 311–345. Madrid: Gredos.

Lara Bermejo, V. 2018. *La cortesía en la península ibérica. Dialectología del Sprachbund suroccidental*. Berna: Peter Lang.

Mazzon, G. 2010. "Terms of Address". En *Historical Pragmatics*, eds. A. H. Jucker y I. Taavitsainen, 351–376. Berlín y Nueva York: De Gruyter.

Molina Martos, I. 2020. "Linguistic Change and Social Transformation. The Spread of *tuteo* in Restoration Spain and the Second Republic (1875–1939)". En *Address in Portuguese and Spanish. Studies in Diachrony and Diachronic Reconstruction*, eds. M. Hummel y C. dos Santos Lopes, 443–478. Berlín y Boston: De Gruyter.

Moreno Trujillo, M. A., M. J. Osorio Pérez y J. M. de la Obra Sierra. 2007. *Escribir y gobernar: el último registro de correspondencia del conde de Tendilla (1513–1515)*. Granada: Universidad de Granada.

Morgan, T. A. y S. A. Schwenter. 2016. "*Vosotros, ustedes*, and the Myth of the Symmetrical Castilian Pronoun System". En *Inquiries in Hispanic Linguistics*, eds. A. Cuza, L. Czerwionka y D. Olson, 263–280. Ámsterdam: John Benjamins.

NGLE: Real Academia Española y Asociación de Academias de la Lengua Española. 2009. *Nueva gramática de la lengua española*. Madrid: Espasa.

Post Scriptum. Archivo digital de escritura cotidiana en Portugal y España en la Edad Moderna. http://teitok.clul.ul.pt/postscriptum/

Rigatuso, E. M. 2008. "Asimetrías e identidades en construcción: fórmulas de tratamiento y cortesía verbal en el español de Buenos Aires de la etapa colonial". *Boletín de la Academia Argentina de Letras* 73: 349–412.

Scollon, R. y S. W. Scollon. 2001. *Intercultural Communication. A Discourse Approach*. Malden y Oxford: Blackwell.

Tuten, D. N. 2021. "Complexification of the Early Modern Spanish Address System: A Role for Koineization?". En *Spanish Socio-Historical Linguistics: Isolation and Contact*, eds. W. Chappell y B. Drinka, 18–47. Ámsterdam: John Benjamins.

19
Cambios en el orden de palabras y la estructura informativa (Changes in word order and information structure)

Miriam Bouzouita y Ioanna Sitaridou

1. Introducción

En este capítulo se examinan varios patrones de palabras en español medieval y sus interpretaciones (pragmático-)discursivas, en concreto diferentes tipos de frontalización y dislocación a la izquierda, contrastándolos con el orden de palabras y estructura informativa correspondientes en español contemporáneo. Mientras que algunos órdenes de palabras subsisten hoy día con la misma interpretación, otros órdenes han cambiado de valor discursivo, y aun otros ya no son productivos y constituyen, por tanto, cambios en el orden de palabras.

Palabras clave: español medieval; orden de palabras; estructura informativa; foco; tópico; V2

This chapter examines various Old Spanish word order patterns and their pragmatic-discursive interpretations, namely different types of fronting and left-dislocations, and compares them with the word orders and associated information structure found in Contemporary Spanish. It demonstrates that, while some word order phenomena continue to exist nowadays with the same interpretation, others maintain the word order but with a change in their discursive value, and yet others are no longer productive and are thus examples of word order change.

Keywords: Old Spanish; word order; information structure; focus; topic; V2

En la evolución del latín a las lenguas iberorromances contemporáneas se han producido cambios morfosintácticos importantes. Destacan, por ejemplo, el paso de una estructura sintética a otra analítica y la aparición, asociada a este proceso, de nuevas categorías funcionales, así como el surgimiento de una matriz configuracional más estricta que la del latín, es decir, un orden de palabras en que existe una jerarquía menos flexible entre las diferentes categorías gramaticales. El cambio de orden no marcado Sujeto-Objeto-Verbo (SOV) del latín (1a) a Sujeto-Verbo-Objeto (SVO) del español contemporáneo (1b) ha ocupado un lugar central en este proceso.

(1) a SOV en latín
       Ibi Hannibal castra habebat.
       (Livio, *Ab urbe condita*, 21, 45, 4, *apud* Danckaert 2015, 234)

   b   SVO en español contemporáneo
       Aníbal tenía allí su ejército.

Como demuestran las *Glosas emilianenses* —de hacia 1050 (*cf.* Bossong 2006)—, el cambio ya se había producido en época medieval temprana:

(2) a Latín altomedieval
       Stantes in eclesia. audite lectiones diuinas.
       (*Glosas emilianenses*, 70r, *apud* Bossong 2006, 538)

   b   Latín clásico (reconstruido)
       In eclesia stantes, lectiones diuinas audite (*apud* Bossong 2006, 538).
       'Cuando estéis en la iglesia, escuchad los textos divinos'.

Ello parecería indicar que el orden de palabras en español contemporáneo y medieval es similar, si no idéntico. Más allá del cambio a (S)VO, los ejemplos de (3) y (4) también muestran el mismo patrón, X-V-S (donde X vale por cualquier sintagma), lo que podría reforzar la idea de una sintaxis idéntica en ambas variedades.

(3) Español medieval: X-V-S
    desi fablo cada uno con el.
    (*Estoria de España*, 6v, *apud* Sitaridou 2012, 555)

(4) Español contemporáneo: X-V-S
    Entonces dijo ella: "Pues vamos disfrazadas".
    (*El Mundo*, 20/08/1994, *apud* Batllori y Sitaridou 2020, 16)

Sin embargo, un análisis más detallado del orden de palabras y de la estructura informativa en español medieval revela algunas asimetrías importantes entre el español medieval y el moderno, ya que no existe una correspondencia unívoca entre el orden de palabras y sus propiedades pragmático-discursivas, como se expondrá en la sección 4 (*cf.* Sitaridou 2011; Bouzouita 2014, 25; Batllori y Sitaridou 2020).

En el próximo apartado se repasa la terminología más importante acerca del orden de palabras y la estructura informativa. En la sección 3 se exponen las consecuencias teóricas de ciertos patrones de palabras en relación con el debate en torno al orden del verbo en segunda posición (V2) en las lenguas románicas. En la sección 4 se abordan los diferentes tipos de frontalización y dislocación a la izquierda y se ofrecen análisis contrastivos para el español medieval y el contemporáneo. Por razones de espacio, solo nos centramos en la denominada periferia izquierda oracional, es decir, el inicio de la oración (sobre todo en la parte "alta", es decir, la periferia del sintagma complementante (SC) en el modelo de Rizzi 1997; para más detalles sobre los fenómenos de la periferia izquierda "baja" o del S_v, *cf.* Batllori 2021). Tras algunas observaciones sobre otros patrones de palabras (sección 5), se resumirán las conclusiones más importantes (sección 6).

2. Conceptos fundamentales

Antes de entrar en más detalle sobre los diferentes órdenes de palabras y sus interpretaciones pragmático-discursivas, es necesario introducir algunos términos relativos al orden de palabras y la estructura informativa (EI), que se puede definir como la manera en que el hablante organiza o "empaqueta" información (*information packaging*) lingüísticamente. Más específicamente, la EI atañe a la organización de información y, por tanto, a la manera en que el conjunto de recursos lingüísticos de que dispone una lengua (entonación, orden de palabras, partículas, etc.) interactúa con las interpretaciones pragmático-discursivas a que dan lugar estos recursos (Krifka 2007; Leonetti 2014; Leonetti y Escandell-Vidal 2021; Fuentes Rodríguez 2021, entre otros). La prosodia y el orden de palabras reflejan, pues, las suposiciones del hablante sobre el estado mental del oyente, a saber, qué conocimientos tiene ya, qué información le resulta nueva, etc. (Leonetti 2017, 890).[1] En los estudios sobre la EI se usan tres distinciones interpretativas básicas: (i) *foco* vs. (tras)*fondo* o *presupuesto* (*focus* vs. *background*), (ii) *tópico* o *tema* vs. *comentario* (*topic* vs. *comment*) y, por último, (iii) la distinción entre *información dada* o *conocida* y *nueva* (*given* vs. *new information*) (Leonetti 2014; Leonetti y Escandell-Vidal 2021; López 2016a; *GTG, s. v.*; Zubizarreta 1999, entre otros). Esta última distinción pertenece a la teoría referencial de la EI, en que se indaga la relación entre un elemento lingüístico y su referente en el nivel del discurso: en concreto, el referente de algún constituyente puede ser interpretado como conocido o nuevo, dependiendo de si ya se mencionó en el discurso anterior o no (*cf.* la sección 4.2). Las dos otras dicotomías interpretativas remiten al enfoque relacional de la EI, en que se examina la función informativa de un constituyente con respecto a otro en el nivel proposicional (Cruschina 2016; Leonetti y Escandell-Vidal 2021). Así, no se puede equiparar tópico con información conocida, ni foco con información nueva, si bien los constituyentes topicales suelen representar información dada y los focales tienden a aportar información nueva; pero expresar información conocida no es un requisito necesario para ser un tópico, ni aportar información nueva es tampoco una característica inherente de los focos.

Algunos estudiosos consideran que el foco contiene la información que se quiere destacar o poner de relieve en una oración; el (tras)fondo, al contrario, queda en segundo plano (Leonetti 2014, 7). Por ello, algunos han definido el foco como el constituyente que introduce un nuevo referente en el discurso (*cf.* López 2016b, 575). Otros lo conceptualizan en términos de alternativas que son relevantes para la interpretación de las expresiones lingüísticas: en concreto, el valor del constituyente en foco es un miembro de este conjunto de interpretaciones alternativas (Krifka 2007, 18; Leonetti y Escandell-Vidal 2021, 96). Al contrario del foco, la presencia del (tras)fondo no es obligatoria en una oración, y este puede quedar implícito. Aunque existen otras subdivisiones del concepto de foco (*cf.* Leonetti y Escandell-Vidal 2021, 93–118), suele distinguirse el *foco informativo* (también llamado foco amplio o no marcado) del *contrastivo* (*GTG, s. v.*), cuya interpretación niega el valor de una variable e introduce en el discurso un valor alternativo (Olarrea 2012). Asimismo, puede haber diferencias en el alcance del foco: el *foco amplio* se extiende a constituyentes complejos, como la oración completa o el sintagma verbal (SV), mientras que el *foco estrecho* tiene un alcance menor, ya que afecta a constituyentes, como el sintagma determinante (SD) o preposicional (SP) (Leonetti y Escandell-Vidal 2021).

Otra noción fundamental de la EI es el tópico, que se refiere a la expresión "que fija o acota el marco sobre el que versa la predicación subsiguiente" (*GTG, s. v.*). En otras palabras, el tópico "expresa aquello de lo que habla la oración. Lo que se dice acerca del tópico se denomina *comentario*" (Leonetti y Escandell-Vidal 2021, 77). Esta noción de tópico es la de *tópico oracional*, que se distingue del *discursivo* o relativo al asunto de un fragmento de discurso (*sentence/aboutness* vs.

discourse topic; Cruschina 2021; Leonetti y Escandell-Vidal 2021, 83). Las expresiones locativas y temporales también pueden ser tópicos oracionales, en cuyo caso se denominan *tópicos escénicos* (*stage topic*), pues "el momento y el lugar del habla [...] ocupan siempre un lugar destacado [...] en la memoria a corto plazo de los hablantes (es decir, son especialmente accesibles), y esto los convierte en excelentes tópicos a los que anclar una predicación" (Leonetti y Escandell-Vidal 2021, 83).

Otro concepto pragmático-discursivo usado en los estudios de EI es el *contraste*, que implica una oposición entre dos o más entidades. Debido a esta presencia de alternativas, algunos lo consideran como vinculado al foco.[2]

En cuanto a la anteposición al verbo de un constituyente que no sea el sujeto, es común encontrar los conceptos de *focalización* o *anteposición de foco* y *topicalización* para este orden de palabras (p. ej., Suárez Fernández 2007; Fernández-Ordóñez 2008–2009; Olarrea 2012, entre otros muchos). Puesto que no toda anteposición de este tipo se asocia con un valor de foco o tópico, evitamos estos términos, a los que preferimos la noción de *frontalización* (*fronting*), que "alude al uso en posición inicial de elementos nucleares que normalmente se encuentran en posición posverbal" (Biber *et al.* 1999, 900; la traducción es nuestra). Este término neutral permite distinguir diferentes tipos de anteposición de constituyentes, pues mientras algunos lo emplean solo para designar desplazamientos a la posición inicial de la oración de algún constituyente focal (p. ej., Cruschina 2008), otros también lo emplean para fenómenos con una interpretación no focal (p. ej., Leonetti 2017). Cuando existe frontalización, en cualquier caso, el sujeto tiende a aparecer en posición posverbal (*cf.* los ejemplos 7–9).

Actualmente se distinguen diferentes tipos de frontalizaciones: (i) la frontalización estilística (*stylistic fronting*: Elvira 2018); (ii) los tópicos escénicos frontalizados (*fronted stage topics*), ya sean locativos o temporales; (iii) la frontalización deíctica (Costa y Martins 2010); (iv) la frontalización de las construcciones de inversión citativa (Leonetti 2017, 896); (v) la frontalización de cuantificadores (Batllori y Hernanz 2015); (vi) el reordenamiento (*scrambling*); (vi) la frontalización focal, ya sea contrastiva o informativa (Sitaridou 2011; Batllori y Hernanz 2015, entre otros), e incluso (vii) la frontalización no focal (Leonetti 2017), entre otros (Batllori y Sitaridou 2020; *cf.* Battlori 2021).

Asimismo, usaremos el término *dislocación a la izquierda* para hacer referencia a los fenómenos de la periferia izquierda oracional en los que algún elemento correferencial explícito retoma el elemento o constituyente dislocado (Bouzouita 2015, 237, 2017, 118; *cf.* la sección 4.2). Suelen distinguirse las llamadas *dislocaciones a la izquierda con tema/tópico vinculante* (DITV; *hanging topic left dislocations*; *cf. nominativus pendens*) de las *dislocaciones a la izquierda con clítico* (DICL; *clitic left dislocations*) en virtud de (i) propiedades sintácticas como la categoría del elemento dislocado y ciertas restricciones a la correferencia ("islas" sintácticas) y (ii) rasgos pragmático-discursivos distintos, es decir, diferencias en la EI, como la accesibilidad referencial o la contrastividad del elemento dislocado (p. ej., López 2009, 2016a; Olarrea 2012; Zubizarreta 1999, entre otros), como veremos en la sección 4.2. Al contrario de la frontalización, la dislocación a la izquierda no requiere la inversión del sujeto.

3. Consideraciones teóricas

Se debate mucho actualmente sobre si los iberorromances medievales son lenguas V2, sin que exista consenso (*cf.* Dufter y Octavio de Toledo 2014; Castillo Lluch y López Izquierdo 2015; Sitaridou 2011, 2019). En el marco generativista, el orden lineal V2 —que coexiste en los iberorromances con los órdenes del verbo en primera posición (V1) y la tercera (V3; Sitaridou 2011, 2019)— no se corresponde necesariamente con el orden estructural subyacente. Así, el alemán

(5) presenta un orden superficial parecido al del español e inglés contemporáneos (6), pero difiere de ellos en un aspecto crucial: el constituyente preverbal no conlleva necesariamente una interpretación discursiva marcada.

(5) V2 estructural en alemán

    a   Die Frau liest heute abend das Buch.
    b   Heute abend liest die Frau das Buch.
    c   *Heute abend die Frau liest das Buch.
'La mujer leerá el libro esta noche' (*apud* Den Besten 1983).

(6) V2 lineal en español e inglés

    a   Juan lee el libro.
    b   John reads the book.

Así, si la frontalización fuera unida a la neutralidad pragmática en español medieval, podría defenderse que este tuvo una sintaxis de V2 *estructural*; pero si la frontalización tiene efectos discursivos (p. ej., foco), habría que analizar el español medieval como lengua sin estructura V2 (para un resumen actualizado del debate V2 y los argumentos en contra de un análisis de este tipo para el español medieval, *cf.* Sitaridou 2019; para la frontalización en relación con el parámetro V2, *cf.* Wolfe 2015; para un análisis del orden OVS como un caso del denominado "sistema V2 relajado", *cf.* Hsu 2017).

4. Datos empíricos y análisis interpretativos

4.1 La frontalización

La frontalización en español medieval se asocia a diferentes configuraciones sintácticas y tiene diversas interpretaciones pragmático-discursivas, con subtipos tanto de tópico como de foco (Batllori y Sitaridou 2020; Batllori 2021). En otras palabras, veremos que no existe una correspondencia unívoca entre el orden de palabras y las propiedades pragmático-discursivas que evoca, por lo cual un mismo patrón sintáctico puede interpretarse de diferentes maneras.

    Contrastando la variedad medieval y la contemporánea, podemos establecer que la frontalización de expresiones temporales y locativas (7a-b); la frontalización deíctica, que involucra adverbios de modo o demostrativos, como en (7c); la inversión citativa, es decir, la inversión del sujeto detrás de *verba dicendi* (7d), y la anteposición de ciertos tipos de cuantificadores (7e), también denominada foco veritativo (*verum focus*) o de polaridad (Leonetti y Escandell-Vidal 2009, 2021), han permanecido estables desde la época medieval hasta la actualidad en su valor discursivo. Batllori y Sitaridou (2020) proponen que, en este tipo de frontalizaciones, no es el elemento antepuesto el que posee un valor discursivo marcado, sino los sujetos posverbales: en (7a, c) reciben una interpretación de foco estrecho, mientras que los ejemplos (7d-e) son casos de foco amplio (es decir, los elementos destacados no son tópicos ni focos contrastivos).[3]

(7)   a   *Hoy* llegaron los turistas franceses (*apud* Ojea 2017, 80).
        b   *Aquí* falta el catálogo de la exposición (*apud* Ojea 2017, 80).
        c   *Así* lo hacen todos.
        d   *Entonces* dijo ella ...
        e   *Algo* debe saber (*apud* Leonetti y Escandell-Vidal 2009, 156).

Otros tipos de frontalización, en cambio, ya no se emplean hoy día, p. ej., la frontalización de formas verbales no finitas, como el infinitivo en construcciones analíticas con valor de futuro y condicional (8a) o en otras perífrasis verbales con infinitivo (8b), gerundio (8c) o participio (8d) (Rodríguez Molina 2010; Bouzouita 2011, 2012, 2016; Elvira 2015; Octavio de Toledo 2015; Sitaridou 2015; Batllori y Sitaridou 2020; Bouzouita y Sentí 2022, entre otros).

(8)   a   *busca*nos ie el rey Alfonso con toda su mesnada (*Cid*, 528).
       b   *Dezir*vos quiero nuevas de allent partes del mar (*Cid*, 1620).
       c   el de mio Cid, *alcançándo*lo va (*Cid*, 2419).
       d   Yo entiendo que Dios ama mucho a aqueste pueblo por que me vos venides rogar quel vaya yo a maldezir, e esto *dicho* lo é ya.

(General estoria I, 302v)

Otras frontalizaciones siguen existiendo, pero se han vuelto más restrictivas: la frontalización de objeto con interpretación de foco informativo (9) era posible en español medieval, mientras que hoy en día solo cabe anteponerlo con valor contrastivo (Sitaridou 2011; Leonetti 2017, 927; Batllori y Sitaridou 2020; véanse también Fernández-Ordóñez 2008–2009; Batllori y Hernanz 2015; Elvira 2017, 2018; Heidinger 2022).

(9)   *una ferida*·l' dava (*Cid*, v. 38).

Así, en el tránsito del español medieval al contemporáneo tuvo lugar una reducción de las posibles interpretaciones pragmático-discursivas asociadas a la frontalización, de modo que, aunque el orden de palabras no ha cambiado, sí cambió la EI.[4] Asimismo, cabe destacar que, con carácter general, la productividad de las frontalizaciones ha disminuido considerablemente (Leonetti y Escandell-Vidal 2021).

Resulta decisivo, por tanto, entender la organización de la EI en español medieval para poder determinar si ha tenido lugar un cambio o no, ya que el orden de palabras puede mantenerse, aunque se haya dado un cambio en la interpretación discursiva.

4.2 Las dislocaciones a la izquierda

Las dislocaciones en la periferia izquierda oracional contienen, frente a las frontalizaciones, algún elemento reasuntivo explícito que retoma la referencia del constituyente dislocado, como en (10–11), donde el pronombre átono correferencial *lo* establece una relación anafórica con los componentes dislocados subrayados. Como puede observarse, el fenómeno puede encontrarse tanto en oraciones principales como en subordinadas. Para el español contemporáneo se suele distinguir entre las dislocaciones a la izquierda con tema/tópico vinculante (DITV) y las dislocaciones a la izquierda con clítico (DICL), que presentan diferencias sintácticas y pragmático-discursivas (Escobar 1995, 1997; Zubizarreta 1999; Casielles-Suárez 2004; López 2009, 2016a; Olarrea 2012; Leonetti y Escandell-Vidal 2021, entre otros). En este apartado se revisarán esos rasgos con el fin de determinar hasta qué punto ha habido continuidad en la historia de estas estructuras. Veremos que, en efecto, existen algunas diferencias con la lengua antigua, aunque también hay muchas semejanzas (*cf*. Bouzouita 2014, 2015, 2017).

(10)   E priso a Agag, el rey d'Amalech, vivo, e *el pueblo vil y mesquino* metio-*lo* a espada.

(Fazienda, Sam1 15:8, fol. 32rb, apud Bouzouita 2017)

(11) Ont te ruego [...] que tú *todo esto* firme-mientre *lo* demandes.

(*Fazienda*, fol. 1ra, *apud* Bouzouita 2017)

En español contemporáneo, la diferencia sintáctica más llamativa entre las DICL y las DITV es la marcación de caso con la preposición *a* en los constituyentes dislocados de aquellas. Así, mientras que las DICL contienen un SP dislocado, las DITV exhiben en la periferia izquierda un SD; sin embargo, este criterio solamente es aplicable si el referente es animado y, por tanto, se marca con *a*. También distingue las DICL de las DITV el elemento reasuntivo: en las DICL solo puede ser un clítico; en las DITV, en cambio, también puede ser un demostrativo, un pronombre tónico o un epíteto (como en *María, hace tiempo que no veo a esa sinvergüenza*, *apud* López 2009, 4). La recursividad de las dislocaciones es asimismo distinta: varias DICL pueden coaparecer en la misma oración, contrariamente a las DITV, que solo admiten una aparición. No obstante, es posible encontrar casos en que los dos tipos de dislocaciones concurren, aunque siempre en el mismo orden: la DITV precede a la DICL. Algunos autores consideran que las DITV solo pueden aparecer en oraciones principales (p.ej., Leonetti y Escandell-Vidal 2021, 66), mientras otros apuntan que su uso en subordinadas se restringe a contextos citativos (González i Planas 2011, 2014); en cualquier caso, ambas dislocaciones pueden manifestarse en oraciones principales. Por último, las DICL son sensibles a las "islas" sintácticas: p.ej., su clítico, al contrario del elemento reasuntivo de las DITV, no puede aparecer en una cláusula relativa.

Las dislocaciones medievales presentan algunas diferencias con las contemporáneas. Para el español antiguo, el tipo de sintagma del constituyente dislocado (SP o SD) no es un buen criterio para desambiguar los dos tipos de dislocación (Bouzouita 2014, 2015, 2017), puesto que el uso de la preposición *a* como marcador de acusativo es bastante limitado, incluso en contextos con referentes humanos. Además, es posible encontrar casos como (12a-b) en que el elemento dislocado es un SP retomado por un demostrativo o un pronombre tónico, respectivamente. Es, pues, característico únicamente de las DICL contemporáneas el exhibir la preposición *a* en el constituyente dislocado, mientras que supone un rasgo de las DITV medievales la posible presencia de demostrativos y pronombres tónicos como elementos reasuntivos; existen, además, ejemplos como (13a-b) donde el SP dislocado no contiene la preposición *a*, sino *sobre*, que ya no se encuentra en español contemporáneo (para estos aspectos, véase Bouzouita 2014). En (13b), por otra parte, el clítico correferencial aparece en una relativa (es decir, en una isla sintáctica), lo mismo que en (14a), donde *la* retoma el referente del SP dislocado introducido por *a*.[5] En (14b) comparece otra supuesta violación de una isla sintáctica, ya que el clítico aparece dentro de un sintagma adjunto. En vista de que los ejemplos (12–14) exhiben características sintácticas tanto de las DICL (el SP dislocado) como de las DITV (el tipo de elemento reasuntivo y la insensibilidad a las islas sintácticas), puede concluirse, con Batllori (2021), que se trata en realidad de casos de DITV y que, en consecuencia, el criterio del tipo de sintagma dislocado no tenía vigencia en español medieval y la adquirió en el paso al español contemporáneo.

(12) a *Al que trobamos el furto, es* fique aquí comigo por siervo.

(*Fazienda*, Gé 44:17, 8vb, *apud* Bouzouita 2014)

b *A qualquier que te levare vivo a él* ha prometido cinquenta marcos de oro.

(CdE, búsqueda *qualquier*, *Apolonio*, *apud* Bouzouita 2014)

(13) a E *sobre esto* a vuestros [fijos] *lo* recontat.

(*Fazienda*, Jul 1:1–3, 70vb, *apud* Bouzouita 2014)

    b   *Mas sobre todos [sic] lo que la duquesa su muger fazía* no ha hombre que *lo* pudiesse contar.

(CdE, búsqueda *no [haber] [hombre]*, *Gran Conquista de Ultramar*, apud Bouzouita 2014)

(14) a *A Julia, su fija*, no avié cosa por que *la* él tanto *la* toviesse por fija cuemo que era brava

(*Estoria de España*, 72r, *apud* Suárez Fernández 2007)

    b *A los que andavan mezclando a otros* non avié sabor de *los* oyr.

(*Estoria de España*, 59r, *apud* Suárez Fernández 2007)

Se encuentran en la lengua medieval múltiples dislocaciones a la izquierda tanto en entornos de oración principal como en subordinadas (solo citativas en el caso de las DITV). Puesto que es difícil determinar, cuando el elemento correferencial es un clítico, si se trata de DICL o de DITV, a falta de pruebas fiables para distinguirlas, la cuestión de la recursividad sigue abierta y requiere mayor investigación.

Por lo que concierne a la interpretación discursiva de las dislocaciones a la izquierda contemporáneas, encontramos opiniones divergentes: algunos (p. ej., Jiménez-Fernández y Miyagawa 2014) proponen que ciertas DICL pueden transmitir información nueva; según otros (López 2009), en cambio, solo pueden aportar información conocida o, por lo menos, cognitivamente accesible (*cf.* Lambrecht 1994). Es más difícil comparar los puntos de vista sobre las DITV, aún insuficientemente investigadas: con todo, López (2009, 2016a) concluye que pueden contener tanto información nueva como dada.

En cuanto a la accesibilidad referencial de las dislocaciones medievales, pueden contener tanto referentes identificables como no identificables (*cf.* Lambrecht 1994): en concreto, pueden referirse a referentes activos/dados, semiactivos/accesibles, inactivos/no usados o identificables/ totalmente nuevos, ya estén anclados o no anclados en el discurso anterior, por ejemplo, a través de una cláusula relativa que contenga algún elemento ya mencionado anteriormente (Bouzouita 2015, 2017). Además, los constituyentes dislocados pueden estar compuestos de un SD o SP con independencia de su interpretación pragmático-discursiva. Sin embargo, los SD y SP dislocados con clíticos correferenciales suelen ser informativamente "dados". Es más, se confirma la escala de aceptabilidad de tópicos de Lambrecht (1994, 165), pues las dislocaciones con referentes identificables predominan claramente, tanto en español medieval como contemporáneo.

Existen, en conclusión, muchas semejanzas entre la interpretación discursiva de las dislocaciones medievales y la de las contemporáneas, aunque es cierto que no siempre es fácil distinguir entre las DICL y las DITV medievales por causa de los solapamientos sintácticos que manifiestan.

5. Otros órdenes de palabras y la posición del sujeto en español medieval

Aunque el orden lineal V2 es el más común en español medieval (Sitaridou 2011, 2019), también hay muchos casos de orden V3 (15) y V1 (16), lo que supone un contraargumento directo a un análisis de V2 estructural para la lengua medieval.

(15) Sos castiellos a espada los *metrás*.

(*Fazienda*, Re2 8:12, 44ra, *apud* Bouzouita 2008)

(16) *Abrió* Josep los alfolís del pan, e *vendió*-lo a los egipcios, e *ovo* conort en la tierra.

(*Fazienda*, Gé 41:56, 7va)

Este último ejemplo lleva a preguntarse cuál es la posición del sujeto en el español medieval, y si, al tratarse de una lengua con posibilidad de no expresar el sujeto, la aparición de este implica un aporte informativo específico. Aunque no se puede plantear la cuestión en toda su extensión aquí, cabe observar que antiguamente era posible un orden VS como en (16), con foco sobre el sujeto, que en español contemporáneo aparece sobre todo con configuración SV. Podemos deducir, en todo caso, que si los sujetos medievales pueden comparecer a la derecha de un clítico de objeto, en una posición estructural bastante baja (17), son esencialmente distintos de los sujetos preverbales de las lenguas V2, que están siempre en una posición más alta (especificador del SC) no ocupada por los sujetos del español medieval salvo que estén topicalizados.

(17) Orden Clítico-S-V en español medieval
    elo que yo quis nunca *lo uos contradixiestes*.
    (*Alexandre*, ms. O, 2248d, *apud* Sitaridou 2019, 140)

En conclusión, es posible afirmar que el español medieval muestra un orden de palabras con V2 meramente lineal (Sitaridou 2011, 2012, 2015, 2019) donde, en oraciones declarativas, el verbo queda estructuralmente asociado a la polaridad (Batllori y Hernanz 2009, 2011, 2013, 2015 y Rodríguez Molina 2014) y las frontalizaciones tienen siempre un efecto discursivo: contrasta especialmente con el español contemporáneo la presencia de focos informativos a la izquierda del verbo.

6. Conclusiones y perspectivas de futuro

Las principales diferencias y similitudes entre el español medieval y el contemporáneo esbozadas aquí son las siguientes: (i) la productividad de la frontalización del objeto ha cambiado, debido en parte a que algunos tipos de frontalización, como las de gerundio o infinitivo, ya no se usan o están sintácticamente restringidas en español contemporáneo; (ii) otros tipos de frontalización se mantienen, aunque a veces cambia la interpretación discursiva (no el orden de palabras): se perdió p.ej. el uso del foco informativo preverbal, bastante común en español medieval; (iii) el orden V2 en español medieval es mayormente un epifenómeno de los mecanismos discursivos y de la naturaleza de la periferia izquierda en esta lengua; (iv) el criterio sintáctico del tipo de sintagma dislocado, valido para distinguir DICL de DITV en español contemporáneo, no lo es para la variedad medieval, ya que ambas dislocaciones parecen admitir en la periferia izquierda un SP: esto dificulta considerablemente la distinción entre ambas dislocaciones, lo que ha llevado a Bouzouita (2015, 2017) a preguntarse si conviene mantenerla; (v) otros rasgos sintácticos de las dislocaciones siguen vigentes, p.ej., el abanico de elementos reasuntivos, la distribución de las dislocaciones, etc., lo que ha llevado a postular la continuidad histórica de estas estructuras (Batllori 2021); (vi) otras cuestiones sintácticas relativas a las dislocaciones, como la de la recursividad, siguen abiertas y requieren más investigación; y (vii) por último, existen muchos paralelos interpretativos entre las dislocaciones medievales y las contemporáneas, aunque no es fácil distinguirlas con criterios exclusivamente sintácticos.

Notas

1 Dado el carácter histórico de este capítulo, nos centramos solo en el orden de palabras y las interpretaciones pragmático-discursivas asociadas, dejando de lado la prosodia, para cuya interacción con la EI remitimos al lector a Leonetti y Escandell (2021).

2 Véanse López (2016) y Leonetti y Escandell (2021, 118–125) para más detalles sobre esta propiedad, así como Eide y Sitaridou (2014) para una exploración de este rasgo en las lenguas iberorrománicas antiguas.
3 Los ejemplos de (7–9) provienen de Batllori y Sitaridou (2020).
4 Este análisis se ve corroborado indirectamente por el hecho de que algunas variedades románicas contemporáneas, como el sardo y el siciliano, mantienen un foco no marcado con valor informativo, también posible en italiano antiguo (Cruschina 2016; Leonetti 2017).
5 Batllori (2021, 229) analiza el primer *la* como un pronombre tónico, no un clítico.

Bibliografía recomendada

Batllori (2021) es el primer estudio en ofrecer un detallado estado de la cuestión sobre el orden de palabras y la EI en el español antiguo.

Bouzouita (2014) examina en el español antiguo los rasgos propuestos en la bibliografía para los varios tipos de dislocaciones (DICL y DITV) del español contemporáneo con el fin de indagar las similitudes y diferencias sintácticas entre ambos periodos.

Sitaridou (2011) refuta el análisis de V2 estructural para el español antiguo y se propone que las anteposiciones, que crean el espejismo de V2, son todas discursivamente marcadas y que, por tanto, el orden de palabras V2 sólo se manifiesta linealmente.

Bibliografía citada

Batllori, M. 2021. "La estructura informativa del español antiguo". En *Estructura informativa*, eds. M. Leonetti y M. V. Escandell, 217–249. Madrid: Visor.

Batllori, M. y M. L. Hernanz. 2009. "En torno a la polaridad enfática en español y en catalán: un estudio diacrónico y comparativo". En *Diachronic Linguistics*, ed. J. Rafel, 319–352. Girona: Documenta Universitaria.

Batllori, M. y M. L. Hernanz. 2011. "Generative Diachronic Syntax: Word Order and Information Structure". *Catalan Journal of Linguistics* 10: 9–15.

Batllori, M. y M. L. Hernanz. 2013. "Emphatic Polarity Particles in Spanish and Catalan". *Lingua* 128: 9–30.

Batllori, M. y M. L. Hernanz. 2015. "Weak Focus and Polarity: Asymmetries between Spanish and Catalan". En *Syntax over Time. Lexical, Morphological, and Information-structural Interactions*, eds. T. Biberauer y G. Walkden, 280–298. Oxford: Oxford University Press.

Batllori, M. y I. Sitaridou. 2020. "Fronting in Old Spanish". *Glossa* 5: 1–39.

Biber, D., S. Johansson, G. Leech, S. Conrad y E. Finegan. 1999. *Longman Grammar of Spoken and Written English*. Harlow: Pearson Education Limited.

Bossong, G. 2006. "La sintaxis de las Glosas Emilianenses en una perspectiva tipológica". En *Actas del VI Congreso Internacional de Historia de la Lengua Española*, eds. J. L. Girón Alconchel y J. J. de Bustos Tovar, 529–544. Madrid: Arco Libros.

Bouzouita, M. 2008. *The Diachronic Development of Spanish Clitic Placement*. Tesis doctoral. Londres: King's College, University of London.

Bouzouita, M. 2011. "Future Constructions in Medieval Spanish: Mesoclisis Uncovered". En *The Dynamics of Lexical Interfaces*, eds. R. Kempson, E. Gregoromichelaki y C. Howes, 91–132. Stanford: CSLI Publications.

Bouzouita, M. 2012. "Los futuros analíticos y sintéticos en la *Fazienda de Ultra Mar*". En *Actas del VIII Congreso Internacional de Historia de la Lengua Española*, ed. E. Montero Cartelle, 1631–1642. Santiago de Compostela: Meubooks.

Bouzouita, M. 2014. "Left Dislocation Phenomena in Old Spanish: An Examination of their Structural Properties". En *Left Sentence Peripheries in Spanish: Diachronic, Variationist and Typological Perspectives*, eds. A. Dufter y A. S. Octavio de Toledo, 23–52. Ámsterdam: John Benjamins.

Bouzouita, M. 2015. "Las dislocaciones a la izquierda en el español del siglo XIII: la accesibilidad referencial". En *Orden de palabras en la historia del español y otras lenguas iberorromances*, eds. M. Castillo Lluch y M. López Izquierdo, 235–278. Madrid: Visor.

Bouzouita, M. 2016. "La posposición pronominal con futuros y condicionales en el códice escurialense I.i.6: un examen de varias hipótesis morfosintácticas". En *Lingüística de corpus y lingüística histórica iberorrománica*, ed. J. Kabatek, 271–301. Berlín: De Gruyter.

Bouzouita, M. 2017. "La accesibilidad referencial de las dislocaciones a la izquierda en español medieval". *Boletín de la Real Academia Española* 97 (315): 115–159.

Bouzouita, M. y A. Sentí. 2022. "La gramaticalización del futuro y el condicional en el iberorromance del siglo XIV a partir de traducciones bíblicas paralelas: el caso del castellano y el catalán antiguos". En *Traducción bíblica e historia de las lenguas iberorrománicas*, ed. A. Enrique-Arias, 243–273. Berlín: De Gruyter.

Casielles-Suárez, E. 2004. *The Syntax-Information Structure Interface: Evidence from Spanish and English*. Nueva York: Routledge.

Castillo Lluch, M. 2015. "El orden de palabras en los fueros castellanos del siglo XIII". En *El orden de palabras en la historia del español y otras lenguas iberorromances*, eds. Castillo Lluch y M. López Izquierdo, 279–318. Madrid: Visor.

Castillo Lluch, M. y M. López Izquierdo. 2015. "El orden de palabras en la historia del español y otras lenguas iberorromances: introducción". En *El orden de palabras en la historia del español y otras lenguas iberorromances*, eds. M. Castillo Lluch y M. López Izquierdo, 7–26. Madrid: Visor.

CdE = Davies, M. 2001. *Corpus del español: 100 Million Words. 1200–1900*. www.corpusdelespanol.org/.

Costa, J. y A. M. Martins. 2010. "Middle Scrambling with Deictic Locatives in European Portuguese". En *Romance Languages and Linguistic Theory 2*, eds. R. Bok-Bennema, B. Kampers-Manhe y B. Hollebrandse, 59–76. Ámsterdam: John Benjamins.

Cruschina, S. 2008. *Discourse-Related Features and the Syntax of Peripheral Positions. A Comparative Study of Sicilian and Other Romance Languages*. Tesis doctoral. Cambridge: University of Cambridge.

Cruschina, S. 2016. "Information and Discourse Structure". En *The Oxford Guide to the Romance Languages*, eds. A. Ledgeway y M. Maiden, 596–608. Oxford: Oxford University Press.

Cruschina, S. 2021. "Topicalization in the Romance Languages". En *Oxford Research Encyclopedia of Linguistics*, ed. M. Aronoff. Oxford: Oxford University Press (Oxford Bibliographies Online). https://oxfordre.com/linguistics/view/10.1093/acrefore/9780199384655.001.0001/acrefore-9780199384655-e-650.

Danckaert, L. 2015. "Studying Word Order Changes in Latin. Some Methodological Remarks". En *Perspectives on Historical Syntax*, ed. C. Viti, 233–250. Ámsterdam: John Benjamins.

Den Besten, H. 1983. "On the Interaction of Root Transformations and Lexical Deletive Rules". En *Studies in West Germanic Syntax*, ed. H. den Besten, 14–100. Ámsterdam: Rodopi.

Dufter, A. y Á. Octavio de Toledo. 2014. "Introduction". En *Left Sentence Peripheries in Spanish: Diachronic, Variationist and Typological Perspectives*, eds. A. Dufter y A. S. Octavio de Toledo, 1–20. Ámsterdam: John Benjamins.

Eide, K. y I. Sitaridou. 2014. "Contrastivity and Information Structure in the Old Ibero-Romance Languages". En *Information Structure and Syntactic Change in Germanic and Romance Languages*, eds. K. Bech y K. Gunn Eide, 377–412. Ámsterdam: John Benjamins.

Elvira, J. 2015. "¿V2 en español antiguo?". En *El orden de palabras en la historia del español y otras lenguas iberorromances*, eds. M. Castillo Lluch y M. López Izquierdo, 27–47. Madrid: Visor Libros.

Elvira, J. 2017. "La pervivencia del colon en castellano medieval". *Archivum* 67: 157–184.

Elvira, J. 2018. "Stylistic Fronting in Old Spanish Texts". En *Studies in Historical Ibero-Romance Morpho-Syntax: A Descriptive and Prescriptive Analysis*, eds. M. Bouzouita, I. Sitaridou y E. Pato, 92–122. Ámsterdam: John Benjamins.

Escobar, M. A. 1995. *Lefthand Satellites in Spanish*. Utrecht: OTS.

Escobar, M. A. 1997. "Clitic Left Dislocation and Other Relatives". En *Materials on Left Dislocation*, eds. E. Anagnostopoulou *et al.*, 233–275. Ámsterdam: John Benjamins.

Fernández-Ordóñez, I. 2008–2009. "Orden de palabras, tópicos y focos en la prosa alfonsí". *Alcanate* 6: 139–172.

Fuentes Rodríguez, C. 2021. "La estructura informativa del hablar". En *Manual de lingüística del hablar*, eds. Ó. Loureda y A. Schrott, 419–442. Berlín: De Gruyter.

González i Planas, F. 2011. *La duplicació del complementador en les llengües iberoromàniques*. Ms. Universitat de Girona.

González i Planas, F. 2014. "On Quotative Recomplementation: Between Pragmatics and Morphosyntax". *Lingua* 146: 39–74.

GTG = Real Academia Española y Asociación de Academias de la Lengua Española. 2019. *Glosario de términos gramaticales*. Salamanca: Universidad de Salamanca.

Heidinger, S. 2022. "Corpus Data and the Position of Information Focus in Spanish". *Studies in Hispanic and Lusophone Linguistics* 15: 67–109.

Hsu, B. 2017. "Verb Second and its Deviations: An Argument for Feature Scattering in the Left Periphery". *Glossa* 2 (1, 35): 1–33. http://doi.org/10.5334/gjgl.132.

Jiménez-Fernández, A. L. y S. Miyagawa. 2014. "A Feature-inheritance Approach to Root Phenomena and Parametric Variation". *Lingua* 145: 276–302.

Krifka, M. 2007. "Basic Notions of Information Structure". En *Interdisciplinary Studies on Information Structure 6*, eds. C. Féry, G. Fanselow y M. Krifka, 13–55. Potsdam: Universitätsverlag.

Lambrecht, K. 1994. *Information Structure and Sentence Form: Topic, Focus, and the Mental Representations of Discourse Referents*. Cambridge: Cambridge University Press.

Leonetti, M. 2014. "Gramática y pragmática en el orden de palabras". *Lingüística en la Red* 12: 1–25.

Leonetti, M. 2017. "Basic Constituent Orders". En *Manual of Romance Morphosyntax and Syntax*, eds. A. Dufter y E. Stark, 887–932. Berlín: De Gruyter.

Leonetti, M. y M. V. Escandell-Vidal. 2009. "Fronting and Verum Focus in Spanish". En *Focus and Background in Romance Languages*, eds. A. Dufter y D. Jacob, 155–204. Ámsterdam: John Benjamins.

Leonetti, M. y M. V. Escandell-Vidal. 2021. "La estructura informativa. Preguntas frecuentes". En *Estructura informativa*, eds. M. Leonetti y M. V. Escandell-Vidal, 15–181. Madrid: Visor.

López, L. 2009. *A Derivational Syntax for Information Structure*. Oxford: Oxford University Press.

López, L. 2016a. "Dislocations and Information Structure". En *The Oxford Handbook of Information Structure*, eds. C. Féry y S. Ishihara, 383–421. Oxford: Oxford University Press.

López, L. 2016b. "La estructura de la información". En *Enciclopedia de lingüística hispánica*, ed. J. Gutiérrez Rexach, vol. 2, 574–583. Londres: Routledge.

Octavio de Toledo, Á. 2015. "Futuros que se miran el ombligo: mesoclisis y anteposición de formas no personales en la historia del español". En *El orden de palabras en la historia del español y otras lenguas iberorromances*, eds. M. Castillo Lluch y M. López Izquierdo, 141–233. Madrid: Visor.

Ojea, A. 2017. "Core Intentional Features in the Syntactic Computation: Deriving the Position of the Subject in Spanish". *Lingua* 195: 72–91.

Olarrea, A. 2012. "Word Order and Information Structure". En *The Handbook of Hispanic Linguistics*, eds. J. Hualde, I. Olarrea y E. O'Rourke, 603–628. Hoboken: Wiley-Blackwell.

Rizzi, L. 1997. "The Fine Structure of the Left Periphery". En *Elements of Grammar*, ed. L. Haegeman, 281–337. Dordrecht: Kluwer.

Rodríguez Molina, J. 2010. *La gramaticalización de los tiempos compuestos en español antiguo: cinco cambios diacrónicos*. Tesis doctoral. Madrid: Universidad Autónoma de Madrid.

Rodríguez Molina, J. 2014. "La gramática oculta de la polaridad positiva en español antiguo". *RILCE* 30: 861–915.

Sitaridou, I. 2011. "Word Order and Information Structure in Old Spanish". *Catalan Journal of Linguistics* 10: 159–184.

Sitaridou, I. 2012. "A Comparative Study of Word Order in Old Romance". *Folia Linguistica* 46: 553–604.

Sitaridou, I. 2015. "La anteposición de participio en español antiguo debida a la estructura de la información del discurso". En *El orden de palabras en español medieval*, eds. M. López Izquierdo y M. Castillo Lluch, 111–140. Madrid: Visor.

Sitaridou, I. 2019. "Against V2 in Old Spanish". En *The Determinants of Diachronic Stability*, eds. A. Breitbarth, M. Bouzouita, M. Farasyn y L. Danckaert, 131–156. Ámsterdam: John Benjamins.

Suárez Fernández, M. 2007. "El tema y las funciones sintácticas en la lengua medieval". *Verba* 34: 157–200.

Wolfe, S. 2015. "The Nature of Old Spanish Verb Second Reconsidered". *Lingua* 164: 132–155.

Zubizarreta, M. L. 1999. "Las funciones informativas: tema y foco". En *Gramática descriptiva de la lengua española*, eds. I. Bosque y V. Demonte, 4216–4244. Madrid: Espasa.

20

Evolución de las relaciones interoracionales (Evolution of the marking of intersentential relations)

Francisco Javier Herrero Ruiz de Loizaga

1. Introducción

En este capítulo se expone la historia de las relaciones interoracionales en español. Tras el estado de la cuestión, se hace un planteamiento general de las relaciones interoracionales y los cambios que se han producido o la continuidad que hallamos respecto a la situación latina. Se analizan después los distintos tipos de relación interoracional (yuxtaposición, coordinación y subordinación) y los cambios más relevantes que se producen en la evolución de cada uno de los tipos de oraciones que se engloban bajo esos apartados generales.

Palabras clave: relaciones interoracionales; yuxtaposición; coordinación; subordinación oracional

In this chapter we describe the history of intersentential relations in Spanish. After a state-of-the-art review, we offer a general approach to intersentential relations and to the changes that have occurred or the continuity that we find with respect to the Latin starting point. We analyze the different types of intersentential relations (juxtaposition, coordination and subordination) and the most relevant changes that take place in the evolution of the marking of each one of the types of sentences included under these general sections.

Keywords: intersentential relations; juxtaposition; coordination; subordination

2. Estado de la cuestión

El estudio histórico de la sintaxis y, dentro de ella, de las relaciones interoracionales se ha desarrollado más tarde que el de otras disciplinas lingüísticas, como la fonética y la morfología. En Hanssen (1910) y García de Diego (1970) se encuentra solo información esquemática en los apartados dedicados a pronombres y conjunciones y tipos de oraciones, lo mismo que en monografías sobre obras (Menéndez Pidal 1944; Sanchis Calvo 1991) o épocas concretas (Keniston 1937). Ya tempranamente aparecen trabajos sobre tipos específicos de oraciones compuestas, como los de Gessner (1890) sobre las condicionales o Vallejo (1922, 1925) sobre las concesivas, que se multiplican desde los años 70 del pasado siglo: concesivas (Rivarola 1976), consecutivas (Narbona Jiménez 1978), comparativas (Cano Aguilar 1995; Romero Cambrón 1998; Freire Llamas 1999), condicionales (Mendeloff 1960; Harris 1986a, 1986b, 1971; Porcar Miralles 1993), causales (Bartol Hernández 1988; Mosteiro Louzao 1999), temporales (Eberenz 1982; Méndez García de Paredes 1995), etc. Un estudio histórico de conjunto de las relaciones interoracionales aparece por primera vez en Herrero Ruiz de Loizaga (2005). Y Company (2014) incluye un gran número de capítulos, realizados por destacados especialistas, dedicados al estudio de los distintos tipos de relación interoracional y a cada uno de los tipos de oraciones compuestas.

3. Tipos de relación interoracional. Cambios diacrónicos

Los tipos de relación interoracional (yuxtaposición, coordinación y subordinación) son los mismos en latín y en español, y también son los mismos los tipos de oraciones: copulativas, disyuntivas y adversativas dentro de las oraciones coordinadas, y sustantivas, adjetivas, adverbiales, causales, finales, condicionales, concesivas, comparativas y consecutivas dentro de las subordinadas. Sí hay cambios importantes en el paso del latín al español y, dentro de la historia del español, en el modo en que se estructura el sistema de determinados tipos de oraciones y, sobre todo, en la renovación de los nexos. Algunas conjunciones latinas han pervivido con meras modificaciones fonéticas: ET > *y*, AUT > *o*, SI > *si*; otras, en cambio, se han perdido en distintas épocas, a veces muy tempranamente y en todos los romances, como UT o las conjunciones concesivas del latín; otras dejaron huella solo en el español medieval, como QUIA > *ca*; algunas han ampliado sus funciones, como *que*, heredero del QUOD tardío, que experimentó una gran expansión de usos. Además, se han creado muchas nuevas conjunciones, algunas sustituidas por otras aún posteriores.

En la creación de nuevos nexos intervienen procesos de gramaticalización de los elementos integrantes de locuciones habilitadas para la indicación de un determinado tipo de relación oracional. Un tipo muy frecuente de locución utiliza el nexo más general para indicar subordinación desde época prerromance, QUOD (esp. *que*) precedido de algún elemento —frecuentemente, pero no exclusivamente, una preposición o un adverbio— que orienta el sentido de la relación. Este tipo se fue haciendo frecuente durante los siglos I–V, pues los textos de los siglos VI–VIII y la comparación de los primeros documentos romances dejan ver, con la excepción del rumano y el sardo, una locución causal (más raramente, final) del tipo PRO/PER + QUOD, locuciones temporales del tipo ANTE/POST + QUOD y otras consecutivas formadas por un intensivo de manera (TALIS/TANTUM/SIC + QUOD) que prefiguran el conjunto de locuciones conjuntivas que se hallan en los primeros textos (Herman 1963, 263–268; Herrero Ruiz de Loizaga 2014, 2799). Esta tendencia sigue operando dentro de los propios romances: en español se crean constantemente nuevas locuciones conjuntivas según este esquema, con introducción de *que* en funciones oracionales que originariamente no le correspondían, como en las comparativas, que parten de una correlación latina MAGIS ... QUAM cuyo segundo elemento debiera haber dado *ca* (como en gallego).

4. Yuxtaposición

La yuxtaposición es la unión asindética de dos o más oraciones. Las oraciones yuxtapuestas se incluyen en una misma curva melódica, con entonación descendente al final de cada una (Herrero Ruiz de Loizaga 2005, 20; Nieuwenhuijsen 2013, 136–137 y 2014, 2183). Se ha planteado que la yuxtaposición es un tipo de relación oracional más primitivo, pero no hay evidencia de que en general la hipotaxis sea posterior y resultado evolutivo de la parataxis (Cano Aguilar

2000 y 2001). El uso de la yuxtaposición estaría en relación con la lengua oral, frente a la preferencia por la subordinación, más propia de la lengua elaborada, que permite expresar matices más precisos (Dardel 1983, 87–92). Nieuwenhuijsen (2013 y 2014) señala que en las tradiciones discursivas más próximas a la oralidad, como la épica o el teatro, la yuxtaposición tiene un papel importante, mientras escasea en los textos historiográficos y didácticos, más alejados de ella, de modo que "las oscilaciones de frecuencia no guardan relación con la cronología de los textos" (Nieuwenhuijsen 2013, 144) (para mayor detalle, *cf.* cap. 21).

5. Coordinación

La coordinación es la unión de diversos elementos del mismo nivel sintáctico, independientes entre sí y unidos por una conjunción. Las oraciones coordinadas pueden ser copulativas, disyuntivas o adversativas. La coordinación copulativa expresa mera adición; la disyuntiva, alternancia; la adversativa, contraposición entre los miembros coordinados.

5.1 Coordinación copulativa

La coordinación copulativa no ha experimentado una transformación radical respecto al latín, pero conviene señalar algunos cambios, que conducen a una simplificación del sistema latino. Se ha mantenido la conjunción más frecuente, ET > y. Pero el latín contaba con otras conjunciones: AC indicaba 'adición' + 'unidad', -QUE indicaba 'adición' + 'unidad' + 'equivalencia'. Estos términos marcados podían ser sustituidos por ET, que acaba generalizándose (Coseriu 1968). En la Edad Media encontramos fundamentalmente la forma *e* < ET, aunque desde los textos más tempranos se encuentra también *y*, frecuente desde el siglo XV y ya dominante en el XVI.

En la coordinación copulativa negativa se ha mantenido formalmente *ni* < NEC, pero la forma generalizada es *y no*, en paralelismo con la coordinación positiva. En latín, ET NON solo se usaba para negar un término en contradicción con el primero, mientras NEC era de uso más general. En español, *ni* necesita que el primer término esté negado (Coseriu 1968).

5.2 Coordinación disyuntiva

En español continúa la conjunción *o* < AUT. En latín existía también la conjunción disyuntiva VEL (−VE en enclisis). Según Jiménez Juliá (1986), AUT se utilizaba para la disyunción exclusiva y VEL para la inclusiva, pero AUT era término no marcado que, por tanto, podía sustituir a VEL, y pervivió en las lenguas romances. En español se puede marcar explícitamente la disyunción exclusiva mediante la repetición de la conjunción ante cada miembro (*o* A *o* B).

5.3 Coordinación adversativa

En este ámbito se encuentran diferencias respecto al latín y cambios a lo largo de la historia del español (Herrero Ruiz de Loizaga 2005, 53–78; Iglesias Recuero 2014). Las conjunciones adversativas del latín desaparecieron: el lugar de SED, que tenía usos tanto restrictivos como exclusivos, fue ocupado en ambos casos por *mas*, procedente de la gramaticalización del cuantificador MAGIS. La conjunción *pero* procede de la secuencia protorrománica PER HOC 'por esto'. No se documenta en castellano hasta el siglo XIII. Usada con frecuencia en contextos negativos, se gramaticaliza como conector contraargumentativo y luego como conjunción adversativa sin movilidad posicional, superando en frecuencia a finales de la Edad Media a *mas*, que perdura en la lengua literaria clásica. En el siglo XVI, *pero* tiende a sustituir a *mas* en oraciones tanto restrictivas como exclusivas, pero en estas últimas se irá imponiendo *sino (que)*, conjunción de origen condicional que en principio tenía usos exceptivos. El resultado es un sistema del tipo del al. *aber/sondern*, con dos conjunciones básicas (*pero/sino*) claramente diferenciadas para las adversativas restrictivas y las exclusivas.

6. Subordinación

La subordinación relaciona oraciones con distinta jerarquía sintáctica: las subordinadas pueden funcionar como parte de una oración mayor en la que se integran o pueden unirse a otra oración sin equivaler estrictamente a un constituyente oracional, formando un período dentro del cual la oración subordinada está encabezada por una conjunción.

6.1 Subordinadas sustantivas

Pueden dividirse en dos grupos: las enunciativas, generalmente introducidas por la conjunción *que*, y las interrogativas indirectas.

Se discute el origen formal de *que* en el pronombre interrogativo neutro QUID (Diez 1836–1844; Dardel 1983), el relativo QUEM (Jeanjaquet 1894; Herman 1963) o la fusión de ambos (Herrero Ruiz de Loizaga 2014). Funcionalmente, es heredero del QUOD latino tardío, conjunción que sustituye a UT en determinados tipos de subordinadas sustantivas y también a las construcciones de acusativo con infinitivo, frecuentes en latín con verbos de deseo, lengua y entendimiento.

En la lengua medieval y clásica se observa la ausencia de preposición ante subordinadas sustantivas en casos en que el verbo posee normalmente régimen preposicional, así como en subordinadas sustantivas dependientes de sustantivo o adjetivo. El enlace preposicional se extiende a partir del siglo XVII en analogía con los términos no oracionales (Bogard y Company 1989; Herrero Ruiz de Loizaga 2014). En español moderno (con algún precedente desde el siglo XVII) se da el dequeísmo, extensión del enlace preposicional ante *que* completivo más allá de los casos en que lo pide la rección verbal (Granvik 2015; Herrero Ruiz de Loizaga 2014; Pountain 2014; Serradilla Castaño 2014, 2015, 2017).

Las construcciones con *que* pleonástico o duplicado fueron frecuentes en español medieval, pero salen de la norma escrita y del registro elaborado en el español clásico, aunque aún hoy se encuentran en el uso coloquial (García Cornejo 2006; Herrero Ruiz de Loizaga 2005, 2014). En todas las épocas, pero sobre todo en español clásico, puede suprimirse la conjunción ("pues vuestra merced *escribe se le escriba*", *Lazarillo*; *cf.* Keniston 1937, 676), fenómeno más frecuente con el verbo de la subordinada en subjuntivo que retrocede mucho en el español moderno. La extensión del artículo ante sustantivas con *que* ("*El que* esto sea así, yo lo sé", Cervantes, *Persiles*), comienza a documentarse en el siglo XVI y alcanza su máxima extensión en el siglo XVIII para disminuir después: pervive sobre todo con los verbos factivos y los que presentan un complemento directo que generalmente se interpreta como tópico (Herrero Ruiz de Loizaga 2013; Octavio de Toledo 2014). Este fenómeno es algo anterior en las interrogativas indirectas (Lapesa 1984).

Las interrogativas indirectas están introducidas por la conjunción *si* si son totales, y por un pronombre o adverbio interrogativo si son parciales. En latín clásico se construían generalmente en subjuntivo, pero en el latín tardío y vulgar tiende a usarse el indicativo, como en las lenguas romances. En esa línea evolutiva, el subjuntivo es algo más usual en español medieval y clásico que en el moderno: en el siglo XVI podía usarse con verbos de duda y pensamiento o construcciones que implican desconocimiento ("Ando buscando quién seas", Pérez de Oliva, *Teatro*; Keniston 1937, 391–392). En cuanto a las palabras interrogativas, se observa la desaparición del interrogativo *qui* < QUI, de uso muy intenso en el siglo XIII, que se halla hasta el XIV en textos castellanos y hasta el XV en textos aragoneses; contendía con *quién* < QUEM, que termina generalizándose. En español medieval *quién* es forma invariable, sin moción de número: desde finales de la Edad Media se desarrolla una forma analógica *quiénes*, generalizada en el siglo XVII (Herrero Ruiz de Loizaga 2005; Morala 2006). El interrogativo *cuál* < QUALEM pierde el valor cualitativo y puede usarse como determinante ("Preguntónos que *cuál parte* de esta sierra era la más áspera y escondida", *Quijote*, I, 23), uso que ha decaído en favor de *qué* y mantiene mayor vitalidad en Hispanoamérica. El posesivo interrogativo *cúyo* tuvo uso hasta el siglo XVII ("Cuenta Lázaro su vida, y *cúyo* hijo fue", *Lazarillo*): hoy solo sobrevive en algunas áreas americanas y canarias (Lapesa 1981, 589).

6.2 Oraciones adjetivas

Las oraciones adjetivas están introducidas por pronombres y adverbios relativos. El más frecuente en todo tiempo es *que* (<QUEM), que puede tener cualquier tipo de antecedente. *Quien* se utiliza prioritariamente con antecedente de persona; del mismo modo que en los interrogativos, se formó un plural *quienes*. *Qui*, igual que el interrogativo, desaparece en el siglo XIV. El relativo adjetivo *cuyo* compite con otras construcciones, como el relativo general *que* seguido de un artículo o posesivo, uso documentado en todas las épocas, aunque rechazado hoy en la norma escrita.

Hay procesos de gramaticalización que llevan a la formación de los relativos compuestos: *cual* podía construirse sin artículo en español medieval ("Quiero fer una prosa en román paladino/*en qual* suele el pueblo fablar con so vecino", Berceo, *Santo Domingo*, 1ab), pero también se halla la construcción *el cual*, dominante desde el XVI y exclusiva desde el XVII (Lapesa 1966; Elvira 1985); *el que*, de desarrollo más moderno (hay algún ejemplo del XIII, pero no adquiere cierto desarrollo hasta el XVI), se utiliza hoy solo tras preposición y no siempre es obligatorio el uso de la forma compuesta, pues son frecuentes las alternativas *en/con que* (Herrero Ruiz de Loizaga 2005, 150–154; Girón Alconchel 2009). *El cual* tuvo usos como relativo adjetivo ("era [...] esposo de Sancta Maria, de *la qual Sancta Maria* fo nado Ihesus", *Liber Regum, apud* Elvira 1985, 312; *cf.* Pons Rodríguez 2008).

Estas oraciones también pueden introducirse con adverbios relativos de tiempo, *cuando*, de modo, *como*, y de lugar: *donde* y, en español medieval, *o* < UBI (hasta el siglo XIV) y *onde* < UNDE, fusionados con *de* en *do* —hasta el siglo XVII— y *donde*, que pierden progresivamente su capacidad de indicar un origen (Elvira 2006; Herrero Ruiz de Loizaga 2002 y 2005).

6.3 Oraciones adverbiales

De lugar, tiempo o modo, funcionan como complementos circunstanciales dentro de otra oración. Pueden ir introducidas por adverbios relativos sin antecedente: las modales, generalmente mediante el heredado *como* (< QUOMODO), aunque surgen como conjunciones modales *según* < SECUNDUM (y su variante *según que*, empleada hasta el español clásico), de origen preposicional; *conforme*, a partir de un adjetivo (desde finales del siglo XVII), o —desde el siglo XIX— *igual que* (de origen comparativo: *igual ... que* es usual desde el siglo XV; *cf.* Herrero Ruiz de Loizaga 2018a). Mayor diferenciación y renovación hay en las oraciones temporales: junto al adverbio relativo *cuando* comparecen *de que/desque*, primero para la indicación de límite inicial y luego expresando simultaneidad (uso que decae ya en el español clásico, al tiempo que cunde *desde que*); para indicar el límite final se ha empleado siempre *hasta que* (con variantes formales —*ata, fa(s)ta*— en época medieval); para la posterioridad, sobre todo la inmediata, han proliferado los nexos, incluso con diferentes preferencias dialectales: *desde que, luego que, tan aína/ presto/pronto como, apenas, en cuanto, nada más* + infinitivo, etc. (Eberenz 1982, 2014; Herrero Ruiz de Loizaga 2018b y 2005, 216–283).

6.4 Oraciones causales

En el español medieval se conserva una conjunción de origen latino, *ca* (< QUIA), de amplio uso en el siglo XIII y mantenida hasta comienzos del siglo XVI. Desde orígenes se emplea *que*, heredero de los usos causales del latín tardío QUOD, y también la conjunción *porque*, creada mediante el procedimiento frecuente de unión de preposición y la conjunción *que* (PRO QUOD en textos del siglo VI, *pro que* en un documento asturiano de 854: *cf.* Bastardas Parera 1953, 190; *por ke* traduciendo QUOD en la glosa 86 de Silos). De su originario valor temporal, *pues* (< POST) se desliza al valor causal, como sucedió también con la locución *pues que*, desusada en el español moderno. *Ya que* no se consolida hasta el siglo XVI, especialmente en usos temporales, pero a partir del XVII introducirá fundamentalmente oraciones causales. *Puesto que*, gramaticalización de una estructura de participio absoluto, introducía oraciones concesivas hasta principios del XVII, cuando comienza a utilizarse con valor causal. *Como* introduce oraciones causales desde el español medieval, ya sea por continuación de los usos causales de QUOMODO en latín tardío o por desplazamiento desde contextos modal-comparativos ("Mas *como* dios lo quiso fue ella bien artera", *Apolonio*, 406cd; *apud* Cano Aguilar 1995, 103): introduce generalmente una oración antepuesta a la principal, presentando algo que se da como presupuesto. La construcción con *como* + imperfecto o pluscuamperfecto de subjuntivo en –*se* se documenta desde el siglo XIII y se dio con especial intensidad en los siglos XV-XVII por imitación del *cum* histórico latino (Bartol Hernández 1988, 142–144; Cano Aguilar 1995, 102–119; Herrero Ruiz de Loizaga 2005, 332–341; Pérez Saldanya 2014, 3576–3595).

6.5 Oraciones finales

En los textos primitivos se introducen con la conjunción *que*, dada la sustitución general de UT por QUOD y de QUOD por *que* en romance, más la posible confluencia formal de la conjunción latina QUO, usada cuando en la oración final había un comparativo. Tiene uso amplio en el siglo XII y aun en el XIII, pero ya en contienda con *porque* y luego con *para que*, al consolidarse la forma fusionada *para* (*por* + *a* > *pora* > *para*). El simple *que* decae aceleradamente a partir del XIV y aparece preferentemente con verbos de movimiento, en los que luego se generalizará el uso de la preposición *a* ante el complemento de finalidad, igual que ante el infinitivo y las construcciones verbo-nominales: "enbio a don Ferrand Perez de Ayala *que tomasse* vna tierra" (*Crónica de Pedro I*); "non avía logar de poner escusa ninguna *que* non diesse algunas de aquellas dignidades a su fijo" (*Lucanor*; ambos ejemplos *apud* Herrero Ruiz de Loizaga 2014, 2853). A partir del siglo XIV predomina *porque*, y desde la segunda mitad del XVI es ya *para que* la locución conjuntiva final más frecuente, aunque *porque* es aún común en el XVII.

6.6 Oraciones condicionales

Los períodos condicionales relacionan dos oraciones, el condicionante o prótasis, introducido por la conjunción *si*, y el condicionado o apódosis. En latín existían tres tipos formalmente diferenciados de condicionales, distinguidas por las correlaciones modo-temporales de los dos miembros del período: las reales o posibles, las potenciales (menor probabilidad de cumplimiento) y las irreales. Estos esquemas no pasan al español, donde se oponen las condicionales posibles a las irreales/potenciales.

Las condicionales posibles en latín, cuando estaban referidas al pasado, podían llevar cualquier tiempo del indicativo en prótasis y apódosis, situación mantenida en español (*si tenía, daba*). Las referidas al presente/futuro traen prótasis en presente (en latín, también en futuro) de indicativo y apódosis en presente, futuro o imperativo (*si tienes, das/darás/da*); el futuro de indicativo en la prótasis, aunque inusual, se da hasta el siglo XVI ("Si *querrás*, serás querido", Santillana, *Proverbios*, 2e), y es posible igualmente el futuro de subjuntivo (*si tuvieres, darás/da*) mientras pervive esta forma.

La correlación *si tuviese, daría*, con condicional, quizá proceda de la correlación latina SI HABUISSEM, DATURUS ERAM, ya que el participio de futuro con ESSE equivalía a la perífrasis infinitivo + HABERE, que terminará generalizándose y origina el condicional (DARE HABEBAM > *daría*). Esta correlación pudo utilizarse para la irrealidad de presente y de pasado, aunque esta última es menos frecuente ("Si tú no le dissiesses que Santiago eras,/[...] no dannarié su cuerpo con sus mismes tiseras", Berceo, *Milagros*, 203; *apud* Montero Cartelle 1989, 102). Para marcar claramente la irrealidad de pasado se utilizan formas compuestas (*si hubieses/hubieras tenido, hubieras/habrías dado*), pero abundó más, hasta el siglo XVII, el esquema *si tuviera, diera*, que puede proceder de SI HABUISSEM, DEDERAM, con extensión de la forma en *-ra* a la prótasis por armonía con la apódosis y posiblemente por la conservación más clara del valor de pluscuamperfecto en *amara* que en *amase* (*cf.* cap. 17). Este esquema, en origen casi reservado a las irreales/potenciales de pasado, pasará en época clásica a usarse también en las de presente/futuro: "si *tuviera* cien lunares como el que dices, en ella no *fueran* lunares, sino lunas y estrellas resplandecientes" (Cervantes, *Quijote*, II, 10), al tiempo que aumenta la frecuencia de formas compuestas, sobre todo en el XVII. Desde el XVIII, la forma en *-ra* cae en desuso en la apódosis de las condicionales de presente/futuro, pero, convertida en imperfecto de subjuntivo, se iguala con *-se* y puede aparecer en la prótasis: *si tuviese/tuviera, daría*. En las irreales/potenciales de pasado se generalizan los tiempos compuestos, con pervivencia de *hubiera dado* en la apódosis junto a *habría dado*, que se introduce gradualmente (Bartol Hernández 2018).

6.7 Oraciones concesivas

También presentan clara división en prótasis y apódosis. Semánticamente, son afines a las causales de causa ineficiente ("aunque tenía tiempo no fui a visitarle") o a las condicionales que niegan el cumplimiento de la condición ("aunque tenga tiempo no iré a visitarle"). En este segundo caso, las correlaciones que pueden darse son las mismas que en las condicionales, aunque con presente de subjuntivo en vez de indicativo en la prótasis de las reales/posibles, pues de otro modo serían indistinguibles de los casos en que se contradice una implicación causal.

No ha sobrevivido ninguna conjunción concesiva latina. La vernácula más antigua (ya en las *Glosas silenses* 281) fue *maguer(a) (que)* < μακάριε, vocativo de μακάριος 'feliz, bienaventurado', empleado en exclamativas desiderativas que adquirió el valor de 'ojalá', deslizándose hacia usos concesivos. Aunque no se documenta en el latín escrito, debió pasar al uso coloquial y ha dejado reflejos en los romances meridionales. En castellano predomina hasta finales del siglo XIII, decae en el XIV y queda anticuada en el XV. En el siglo XIV alcanzó un empleo notable como conjunción concesiva *comoquier((a) que)*, a partir de la gramaticalización de un relativo generalizador. *Aunque* (formada sobre el adverbio de foco *aun* 'incluso') se documenta desde el siglo XIII y se convierte en la conjunción concesiva más usada desde el XV. De una construcción absoluta con participio de pasado procede *puesto que*, predominantemente causal desde el siglo XVII (*cf.* § 6.4), y con formas derivadas del participio de presente se forman *no embargante que* (siglo XIV) y *no obstante que* (siglo XIV en textos aragoneses y XV en los castellanos), cuyo empleo decae al entrar el siglo XX. A partir de esquemas de preposición + sustantivo se forman *sin embargo (de) que* (siglo XVI), que decae fuertemente en el XX, y *a pesar de que*, frecuente desde el XVIII (Herrero Ruiz de Loizaga 2005; Montero Cartelle 1992; Pérez Saldaña y Salvador 2014; Rivarola 1976). En el español medieval fueron frecuentes las correlaciones con una conjunción adversativa en el segundo miembro (*maguer/comoquier/aunque ... pero*, en menor medida *mas, empero*, etc.): su uso disminuye en el XVII y hoy son poco frecuentes (Herrero Ruiz de Loizaga 2005, 471–473; Pérez Saldaña y Salvador 2014, 3818–3822; Saralegui 1992).

6.8 Oraciones comparativas

Las oraciones comparativas indican igualdad o desigualdad (superioridad o inferioridad) mediante elementos correlativos que explicitan la relación entre los dos términos.

Las comparativas de igualdad llevan en el primer término un elemento intensivo, p. ej., un cuantificador adverbial que incide sobre un adjetivo u otro adverbio, como en la correlación latina TAM ... QUAM, donde QUAM fue sustituida por QUOMODO > *como* debido al fuerte carácter comparativo de muchas construcciones modales introducidas por este elemento; en castellano, *tan ... como* se encuentra desde los primeros textos. TANTUS ... QUANTUS > *tanto ... cuanto*, hoy anticuada y retórica, es frecuente en la lengua medieval, aunque desde los orígenes compite con *tanto ... como*. Para la comparación cualitativa existe TALIS ... QUALIS > *tal ... cual*, con progresiva tendencia a sustituir *cual* por *como* (Cano Aguilar 1995, 45–54 y 80–91; Herrero Ruiz de Loizaga 2005, 485–489; Porcar Miralles 1996).

Las correlaciones de desigualdad se construían con las correlaciones MAGIS ... QUAM, MINUS ... QUAM (o con adjetivo/adverbio comparativo: ALTIOR/ALTIUS ... QUAM). De los comparativos sintéticos latinos solo sobreviven *mayor/menor/mejor/peor*, y QUAM será sustituido por la conjunción más general en romance, *que*, dando lugar a correlaciones de comparativo sintético/*más*/*menos* ... *que*. Ya en español se extiende la introducción con *de* de un segundo elemento con desarrollo oracional: "aún mucho finca, más de lo que coydades" (Berceo, *Santo Domingo*, 371–372), frente a "vos conviene a fazer más que cuydades" (*Otas*, CORDE); no hay aquí comparación entre dos verbos, sino que la segunda oración propone un límite nocional que se rebasa. El origen de estas construcciones probablemente esté en construcciones latinas de estimación de cantidad del tipo *plus/magis* + ablativo: *plus triginta annis* (Bassols de Climent 1956, I, 125; Romero Cambrón 1998, 183). Con la pérdida de la declinación casual, el ablativo fue sustituido por *de* + SN (*más de treinta años*), construcción con idea de límite que pudo extenderse a contextos sin cuantificación numérica (*más de cinco libros* > *más de lo que pensabas*). En español medieval alternan *más de lo que* y *más que*, pero la primera construcción se ha hecho prácticamente general en español moderno.

6.9 Oraciones consecutivas

Estas oraciones presentan una consecuencia de lo expresado en una primera oración. Sintácticamente, pueden distinguirse consecutivas de intensidad y consecutivas de manera (Narbona Jiménez 1978). Las primeras presentan un elativo que intensifica un elemento en la oración principal y una conjunción que introduce la segunda. El elativo podía ser en latín un demostrativo (IS, TALIS, TANTUS, etc.) o un adverbio o locución adverbial (SIC, ITA, ADEO, etc.; *cf.* Bassols de Climent 1956, 318), y la segunda oración estaba encabezada por UT. En castellano sobrevivieron como elativos *tal/tan/tanto* y *así* ("restriñe *assi* fuerte la garganta *que* a grand pena puede el tal animal comer", Vicente de Burgos, 1494, CORDE), además del adjetivo *tamaño* (< TAM MAGNUS), y UT se sustituye por *que*. En latín clásico, estas consecutivas se construían en subjuntivo, pero ya en latín vulgar y tardío se usa también el indicativo, que es lo general en romance, salvo que el subjuntivo esté motivado por un entorno modal (negación, interrogación, mandato/deseo/ruego, dependencia de un verbo que exige subjuntivo, etc.) en la principal: "Facanos Deus omnipotes *tal* serbitjo fere *ke* denante ela sua face gaudioso segamus" (*Glosa emilianense* 89). En el español medieval existieron unas construcciones, que Narbona Jiménez (1978, 144–155) denomina híbridas, en las que al valor consecutivo se une algún otro valor compatible con él, lo que se manifiesta formalmente en la aparición de elementos de relación propios de otros tipos oracionales: se dan, así, relativo-consecutivas, temporales-consecutivas ("*Tanto* las rogo *fata que* las assento", *Cid*, 2803) o finales-consecutivas ("que non les diesen a comer […] sinon pan et agua, et desto *tan* poco *por que* pudiesen solamente sostener su vida", *Siete Partidas*, apud Bartol Hernández 1986, 129).

En las consecutivas de manera, el nexo procede de la gramaticalización de un sintagma preposicional con el sustantivo *manera* u otro de significación análoga (*guisa, modo, suerte*, etc) como término y lo que en principio era una oración de relativo introducida por *que*. La preposición podía ser *por* o, más frecuentemente, *en* o *de*, esta última generalizada en español clásico (*por/en/de manera, guisa,* etc.). El germanismo *guisa* es ya de poco uso en el siglo XVI, mientras el cultismo *modo* se introduce en el siglo XV y crece desde entonces para hacerse habitual ya en siglo XVIII. Otras locuciones menos frecuentes son *de arte que* (siglos XVI-XVII), *de suerte que* (siglos XVI-XIX, hoy escasa) y *de forma que* (documentada en el XIV, pero frecuente solo desde el XVIII). Estas locuciones pueden aparecer también precedidas del elativo *tal* (consecutivas de intensidad-manera: *de tal manera que*, etc.). Para el estudio histórico de las consecutivas, *cf.* Narbona Jiménez (1978), el panorama histórico de Herrero Ruiz de Loizaga (2005) y Parodi (2014).

7. Conclusiones y perspectivas futuras

Del latín al español se mantienen los diferentes tipos de relación interoracional, se producen cambios en la estructuración del sistema de expresión de distintos tipos de oraciones, como las adversativas o las condicionales, y se da un importante proceso de renovación de las conjunciones y locuciones conjuntivas. Cobra especial importancia la conjunción *que*, la más versátil para la expresión de los distintos tipos de subordinación, que entra también a formar parte de un gran número de locuciones conjuntivas en las que se une a otro elemento que generalmente explicita el tipo de relación interoracional concreta que se da.

En las últimas décadas del siglo pasado y los primeros años del siglo XXI se realizaron importantes estudios históricos sobre los distintos tipos de relaciones interoracionales en español que han llevado a que tengamos un conocimiento bastante adecuado de su evolución. El desarrollo de los corpus informatizados desde los años 90 del siglo XX permitirá realizar nuevos estudios sobre un volumen mayor de textos que podrán completar y matizar en gran medida los resultados previos, tarea en la que todavía queda mucho camino por recorrer. Igualmente, el mayor desarrollo de los estudios sobre la pragmática histórica y el discurso debe conducir a una mayor profundización en el estudio de los valores pragmáticos y contextuales del uso de distintos tipos de oraciones y en la relación entre la tipología textual y las preferencias de uso de unos u otros tipos concretos de esquemas.

Lecturas recomendadas

Herman (1963) contiene una exposición global de la formación de los sistemas de subordinación en los distintos romances, que permite una comparación de semejanzas y diferencias entre ellos.

Herrero Ruiz de Loizaga (2005) ofrece una panorámica de todos los tipos de relación interoracional en la historia del español.

Herrero Ruiz de Loizaga (2014) dibuja la historia y usos de la conjunción *que*, la más frecuente en la subordinación española, y de las distintas locuciones conjuntivas en las que se integra.

Bibliografía

Bartol Hernández, J. A. 1986. *Oraciones consecutivas y concesivas en las Siete Partidas*. Salamanca: Universidad de Salamanca.

Bartol Hernández, J. A. 1988. *Las oraciones causales en la Edad Media*. Madrid: Paraninfo.

Bartol Hernández, J. A. 2018. "La expresión de la irrealidad condicional: *hubiera dado* vs. *habría dado*". En *Actas del X Congreso Internacional de Historia de la Lengua Española*, eds. M. L. Arnal *et al.*, vol. 1, 99–127. Zaragoza: Institución Fernando el Católico.

Bassols de Climent, M. 1956 [1981]. *Sintaxis latina*, 2 vols. Madrid: CSIC.

Bastardas Parera, J. 1953. *Particularidades sintácticas del latín medieval (cartularios españoles de los siglos VIII al XI)*. Barcelona: CSIC-Instituto Antonio de Nebrija.

Bogard, S. y C. Company. 1989. "Estructura y evolución de las oraciones completivas de sustantivo en español". *Romance Philology* 43: 258–273.

Cano Aguilar, R. 1995. *Sintaxis histórica de la comparación en español. La historia de 'como'*. Sevilla: Universidad de Sevilla.

Cano Aguilar, R. 2000. "Oración compleja y estructura del discurso: nuevos desarrollos en sintaxis histórica del español". *Revista de Investigación Lingüística* 2 (3): 95–122.

Cano Aguilar, R. 2001. "La construcción del discurso en el siglo XIII". *Cahiers de Linguistique Hispanique Médiévale* 24: 124–241.

Company, C., ed. 2014. *Sintaxis histórica de la lengua española. Tercera parte: Preposiciones, adverbios y conjunciones. Relaciones interoracionales*, 3 vols. México: Universidad Nacional Autónoma de México y Fondo de Cultura Económica.

Coseriu, E. 1968. "Coordinación latina y coordinación románica". En *Actas del Tercer Congreso Español de Estudios Clásicos. Estudios estructurales sobre las lenguas clásicas*, vol. 1, 35–57. Madrid: Sociedad Española de Estudios Clásicos.

Dardel, R. de. 1983. *Esquisse structurale des subordonnants conjonctionnels en roman commun*. Ginebra: Droz.

Diez, F. 1836–1844. *Grammatik der romanischen Sprachen*, 3 vols. Bonn: Eduard Weber.

Eberenz, R. 1982. "Las conjunciones temporales en español. Esbozo del sistema actual y de la trayectoria histórica en la norma peninsular". *Boletín de la Real Academia Española* 72: 289–385.

Eberenz, R. 2014. "Oraciones Temporales". En *Sintaxis histórica de la lengua española*, ed. C. Company, vol. 3.3, 4169–4279. México: Universidad Nacional Autónoma de México y Fondo de Cultura Económica.

Elvira, J. 1985. "*Qual* con antecedente en español antiguo". *Revista de Filología Española* 65: 305–316.

Elvira, J. 2006. "Adverbios relativos de lugar en español medieval". En *Filología y lingüística: estudios ofrecidos a Antonio Quilis*, ed. C. Hernández Alonso, 1235–1248. Madrid: CSIC, UNED y Universidad de Valladolid.

Freire Llamas, A. 1999. *Correlaciones comparativas y cualitativas en español antiguo*. La Coruña: Universidade da Coruña.

García Cornejo, R. 2006. *Morfología y sintaxis de 'que' en la Edad Media*. Sevilla: Universidad de Sevilla.

García de Diego, V. 1970. *Gramática histórica española*. 3ª ed. Madrid: Gredos.

Gessner, E. 1890. "Die hypothetische Periode im Spanischen in ihrer Entwicklung". *Zeitschrift für romanische Philologie* 14: 21–65.

Girón Alconchel, J. L. 2009. "Las oraciones de relativo II. Evolución del relativo compuesto *el que, la que, lo que*". En *Sintaxis histórica de la lengua española*, ed. C. Company, vol. 2.2, 1477–1590. México: Universidad Nacional Autónoma de México y Fondo de Cultura Económica.

Granvik, A. 2015. "Orígenes semánticos del 'dequeísmo'". En *Actas del IX Congreso Internacional de Historia de la Lengua Española*, ed. J. Mª García Martín, vol. 1, 837–855. Madrid y Fráncfort: Iberoamericana Vervuert.

Hanssen, F. 1910 [1945]. *Gramática histórica de la lengua castellana*. Buenos Aires: El Ateneo.

Harris, M. B. 1971. "The History of the Conditional Complex from Latin to Spanish: Some Structural Considerations". *Archivum Linguisticum* 2: 25–33.

Harris, M. B. 1986a. "The Historical Development of Conditional Sentences in Romance". *Romance Philology* 39: 405–436.

Harris, M. B. 1986b. "The Historical Development of *SI*-clauses in Romance". En *On Conditionals*, eds. E. C. Traugott *et al.*, 265–284. Cambridge: Cambridge University Press.

Herman, J. 1963. *La formation du système roman des conjonctions de subordination*. Berlín: Akademie Verlag.

Herrero Ruiz de Loizaga, F. J. 2002. "Sobre la evolución histórica del sistema de los adverbios relativos e interrogativos de lugar". En *Actas del V Congreso Internacional de Historia de la Lengua Española*, eds. M.ª T. Echenique y J. Sánchez Méndez, 657–674. Madrid: Gredos.

Herrero Ruiz de Loizaga, F. J. 2005. *Sintaxis histórica de la oración compuesta*. Madrid: Gredos.

Herrero Ruiz de Loizaga, F. J. 2013. "*El que sea esto así yo lo sé*. Aproximación histórica a las oraciones subordinadas sustantivas precedidas de artículo". En *Literatura, pasión sagrada. Homenaje al profesor Antonio García Berrio*, eds. F. González Alcázar, F. Á. Moreno Serrano y J. F. Villar Dégano, 445–461. Madrid: Editorial Complutense.

Herrero Ruiz de Loizaga, F. J. 2014. "La conjunción *que*. La complejización del sistema de subordinación". En *Sintaxis histórica de la lengua española*, ed. C. Company, vol. 3.2, 2789–2970. México: Universidad Nacional Autónoma de México y Fondo de Cultura Económica.

Herrero Ruiz de Loizaga, F. J. 2018a. "*Igual que* e *igual de ... que* en construcciones modales y comparativas: estudio histórico". En *Procesos de textualización y gramaticalización en la historia del español*, eds. J. L. Girón, F. J. Herrero y D. M. Sáez Rivera, 257–298. Madrid y Fráncfort: Iberoamericana Vervuert.

Herrero Ruiz de Loizaga, F. J. 2018b. "La expresión de la posterioridad inmediata: mantenimiento, pérdida y renovación de nexos y variación diatópica". En *Actas del X Congreso Internacional de Historia de la Lengua Española*, eds. M. L. Arnal *et al.*, 767–786. Zaragoza: Institución Fernando el Católico.

Iglesias Recuero, S. 2014. "Oraciones adversativas". En *Sintaxis histórica de la lengua española*, ed. C. Company, vol. 3.2, 2519–2669. México: Universidad Nacional Autónoma de México y Fondo de Cultura Económica.

Jeanjaquet, J. 1894. *Recherches sur l'origine de la conjonction "que" et des formes romanes équivalentes*. Neuchâtel: Librairie Attinger Frères.

Jiménez Juliá, T. 1986. "Disyunción exclusiva e inclusiva en español". *Verba* 13: 163–179.

Keniston, H. 1937. *The Syntax of Castilian Prose: The Sixteenth Century*. Chicago: The University of Chicago Press.

Lapesa, R. 1966 [2000]. "*El, la, lo* como antecedente de relativo en español". En *Estudios de morfosintaxis histórica del español*, 388–401. Madrid: Gredos.

Lapesa, R. 1981. *Historia de la lengua española*. 9ª ed. Madrid: Gredos.

Lapesa, R. 1984 [2000]. "El uso de actualizadores con el infinitivo y la suboración sustantiva en español: diacronía y sentido". En *Estudios de morfosintaxis histórica del español*, 515–556. Madrid: Gredos.

Mendeloff, H. 1960. *The Evolution of the Conditional Sentence Contrary to Fact in Old Spanish*. Washington, DC: The Catholic University of America Press.

Méndez García de Paredes, E. 1995. *Las oraciones temporales en castellano medieval*. Sevilla: Universidad de Sevilla.

Menéndez Pidal, R. 1944. *Cantar de Mio Cid. Texto, gramática y vocabulario*. Madrid: Espasa Calpe, 3 vols.

Montero Cartelle, E. 1989. *Gonzalo de Berceo y el Libro de Alexandre. Aproximación al sistema verbal de la época desde los esquemas condicionales*. Santiago de Compostela: Universidade de Santiago de Compostela.

Montero Cartelle, E. 1992. "Tendencias en la expresión de la concesividad en el castellano medieval". *Verba* 19: 107–128.

Morala, J. R. 2006. "Datos para la cronología del plural *quienes*". En *Actas del VI Congreso Internacional de Historia de la Lengua Española*, eds. J. J. de Bustos y J. L. Girón, vol. 1, 923–936. Madrid: Arco Libros.

Mosteiro Louzao, M. 1999. *Las conjunciones de causa en castellano medieval. Origen, evolución y otros usos*. Santiago de Compostela: Universidade de Santiago de Compostela.

Narbona Jiménez, A. 1978. *Las proposiciones consecutivas en español medieval*. Granada: Universidad de Granada.

Nieuwenhuijsen, D. 2013. "Yuxtaposición y tradiciones discursivas en el español antiguo". *La Corónica* 41 (2): 135–172.

Nieuwenhuijsen, D. 2014. "Oraciones yuxtapuestas". En *Sintaxis histórica de la lengua española*, vol. 3.2, ed. C. Company, 2181–2230. México: Universidad Nacional Autónoma de México y Fondo de Cultura Económica.

Octavio de Toledo, Á. 2014. "Espejismo de la frecuencia creciente: gramaticalización y difusión del artículo ante oraciones sustantivas". *RILCE* 30: 916–958.

Parodi, C. 2014. "Oraciones consecutivas". En *Sintaxis histórica de la lengua española*, ed. C. Company, vol. 3.2, 4093–4168. México: Universidad Nacional Autónoma de México y Fondo de Cultura Económica.

Pérez Saldanya, M. 2014. "Oraciones Causales". En *Sintaxis histórica de la lengua española*, ed. C. Company, vol. 3.3, 3447–3609. México: Universidad Nacional Autónoma de México y Fondo de Cultura Económica.

Pérez Saldanya, M. y V. Salvador. 2014. "Oraciones Concesivas". En *Sintaxis histórica de la lengua española*, ed. C. Company, vol. 3.3, 3697–3839. México: Universidad Nacional Autónoma de México y Fondo de Cultura Económica.

Pons Rodríguez, L. 2008. "*La qual çibdad*: las relativas con antecedente adjunto del siglo XIII a hoy. Evolución de un procedimiento cohesivo". *Romanistisches Jahrbuch* 58: 275–305.

Porcar Miralles, M. 1993. *La oración condicional. La evolución de los esquemas verbales condicionales desde el latín al español actual*. Castellón de la Plana: Universitat Jaume I.

Porcar Miralles, M. 1996. "La correlación comparativa en castellano medieval". En *Actas del III Congreso Internacional de Historia de la Lengua Española*, eds. A. Alonso et al., vol. 1, 505–523. Madrid: Arco Libros.

Pountain, C. J. 2014. "Preposición + *que* en español". *Cuadernos de Lingüística de El Colegio de México* 2: 9–54.

Rivarola, J. L. 1976. *Las conjunciones concesivas en español medieval y clásico*. Tubinga: Max Niemeyer.

Romero Cambrón, Á. 1998. *Historia sintáctica de las construcciones comparativas de desigualdad*. Cuenca: Universidad de Castilla-La Mancha.

Sanchis Calvo, M.ª C. 1991. *El lenguaje de la Fazienda de Ultramar*. Madrid: Real Academia Española.

Saralegui, C. 1992. "Construcciones que acumulan *aunque ... pero* en español clásico". En *Actas del II Congreso Internacional de Historia de la Lengua Española*, eds. M. Ariza et al., vol. 1, 813–821. Madrid: Pabellón de España.

Serradilla Castaño, A. 2014. "El auge del dequeísmo en el siglo XVIII o la desestabilización del sistema. Historia de una variación lingüística". *Zeitschrift für romanische Philologie* 130: 928–955.

Serradilla Castaño, A. 2015. "*Decir de que* o *jurar de que*: primeros casos de dequeísmo en el siglo XVIII". En *Actas del IX Congreso Internacional de Historia de la Lengua Española*, ed. J. M.ª García Martín, vol. 1, 1109–1122. Madrid y Fráncfort, Iberoamericana Vervuert.

Serradilla Castaño, A. 2017. "El avance del dequeísmo en el siglo XIX: factores desencadenantes". *Revista de Filología Española* 97: 145–173.

Vallejo, J. 1922. "Notas sobre la expresión concesiva". *Revista de Filología Española* 9: 40–51.

Vallejo, J. 1925. "Sobre un aspecto estilístico de D. Juan Manuel". En *Homenaje ofrecido a Menéndez Pidal: miscelánea de estudios lingüísticos, literarios e históricos*, vol. 2, 63–85. Madrid: Hernando.

21
Cambios en la arquitectura discursiva
(Changes in discourse structure)

Rafael Cano Aguilar

1. Introducción

El estudio de la arquitectura textual, entendida como la configuración sintáctica del discurso a partir de determinados parámetros, en este caso las secuencias inter- y supraoracionales, ha adquirido un renovado impulso en la lingüística histórica de orientación textual y discursiva. Su aplicación al análisis de textos de diversos tipos y tradiciones puede modificar radicalmente algunas ideas preconcebidas, verdaderos tópicos de la investigación lingüístico-histórica. Puede, igualmente, reorientar la investigación en sintaxis histórica para situar los fenómenos analizados en su contexto textual, y a los textos en que se hallan tales fenómenos en su contexto histórico y tradicional. De este modo, los "hechos" no deberían ser vistos como entes lingüísticos que se puedan aislar y seguir al margen de su ubicación. Y, con ello, la nueva sintaxis histórica vuelve a lo mejor de la herencia de la filología.

Palabras clave: arquitectura textual; construcción del discurso; período; conexión supraoracional; relaciones interoracionales

The study of textual architecture, understood as the syntactic configuration of discourse based on certain parameters, in this case inter- and supra-sentence sequences, has acquired a renewed impulse in textually and discursively-oriented historical linguistics. Its application to the analysis of texts of various types and traditions can radically modify some preconceived ideas, true "clichés" of linguistic-historical research. It can also reorient research in Historical Syntax placing the analyzed phenomena in their textual context, and by viewing the texts in which such phenomena are found in their historical and traditional context. In this way, the "facts" cannot be seen as linguistic entities that can be isolated and followed regardless of their location. As a result, the new historical Syntax returns to the best of the heritage of Philology.

Keywords: textual architecture; discourse construction; period; supra-sentence connection; inter-sentence relations

2. Consideraciones generales

Entendemos por "arquitectura" del discurso, en el marco del campo metafórico de la construcción utilizado para dar cuenta de la elaboración y análisis del discurso, la configuración sintáctica de sus secuencias, los tipos de relación dominantes dentro de las secuencias y entre ellas, y la mayor o menor complejidad existente en su interior. Son aspectos considerados por la tradición del análisis retórico y estilístico, y hoy son también objeto de análisis preferente por la lingüística de orientación textual y discursiva: sirven para caracterizar las tradiciones discursivas y textuales (cap. 7) de una época y de épocas sucesivas y para ver las continuidades o rupturas que se pueden haber producido entre unas y otras, pues son precisamente las diferentes técnicas de enlace entre cláusulas y su frecuencia relativa síntoma fundamental de las tradiciones y subtradiciones que pueda haber en géneros y textos (Kabatek *et al.* 2010). Esas tradiciones pueden ser determinantes en la configuración sintáctica adoptada por los textos:

> Las tradiciones discursivas predeterminan la elección de los medios lingüísticos y ciertas características de su combinatoria. Pero no es solo la finalidad discursiva la que determina la elección de los medios, sino también la tradición en la que el texto se inscribe.
>
> (Kabatek 2004, 260)

Ahora bien, otro elemento debe tenerse en cuenta: las relaciones interoracionales y sus tipos dependen también básicamente de las intenciones discursivas, de las funciones enunciativas, es decir, de lo que el productor del discurso quiere comunicar.[1] Tales actuaciones enunciativas son las que caracterizan en primer término los distintos tipos de textos, por hacer estos usos prototípicamente, en mayor grado de unas que de otras. En realidad, esta caracterización ha de aplicarse, más que a textos en su conjunto, a las distintas partes de cada texto, pues textos, géneros y tradiciones no son entidades homogéneas, de una sola cara, sino que pueden y suelen estar constituidas internamente de forma compleja, hasta el punto de que las etiquetas pueden volverse confusas y engañadoras, y no coincidir los especialistas en su aplicación. Así, la *General estoria*, o la *Estoria de España*, pueden presentarse como textos básicamente narrativos, pero en ellos la narración está entreverada continuamente por la intervención del autor, el traductor o el responsable en ese momento del texto, que se plantea la razón de lo que está narrando, discute determinados aspectos, argumenta, intenta explicar, lleva a cabo aclaraciones metalingüísticas, etc. Y a todo ello responden distintos modos de construir la "sintaxis del discurso". Es a través de estas actuaciones enunciativas como se configuran y constituyen los distintos tipos textuales (normalmente heterogéneos) y, por tanto, son ellas las que determinan cómo se organizan sintácticamente sus enunciados; en este caso, cómo se construyen las relaciones interoracionales y cuáles de estas son preferidas y, por tanto, van a dominar el texto resultante.

Naturalmente, la tradición discursiva o el género textual, como tales, pueden determinar por sí solos la aparición de los diversos tipos de secuencia. En los textos medievales se ve en la reiteración de fórmulas más o menos estereotipadas, de una cierta fraseología o discurso repetido, como el que abre tantos documentos notariales y órdenes regias ("Sepan quantos esta carta vieren e entendieren cómo..."). En ello, en los modos de vinculación de las secuencias del discurso, cuando la hay, en la complejidad interna de sus períodos y modos de conseguirla, y en el orden mutuo en que se disponen las secuencias es donde quizá pueda verse de forma más directa la influencia de la tradición discursiva y textual sobre la configuración sintáctica.

De acuerdo con esto, la investigación sobre estas cuestiones[2] debe partir, como unidad fundamental del análisis, de las secuencias o períodos delimitados por marcas sintácticas (marcadores, cambio de sujetos o de tiempos verbales), semánticas (cambios de referentes o de procesos o acciones nombrados) o discursivas (cambio de tópico discursivo, cambios en la modalidad de la enunciación), y también por la reconstrucción de las posibles entonación y pausas del discurso. A partir de ahí se analizarán los siguientes aspectos:

- Conexión o no entre las secuencias o períodos y modos en que se establece esa conexión.
- Relaciones interoracionales para- e hipotácticas, sin diferenciar en primera instancia entre "interordinación" y "subordinación", y proporción relativa de unas y otras.
- Extensión de los períodos, medida por el número de unidades oracionales que los integran.
- Existencia o no, y grado, de la recursividad o recurrencia de las relaciones interoracionales, es decir, de cómo las distintas unidades pueden a su vez expandirse en nuevas unidades, de modo que las secuencias subordinadas se coordinan a otras o generan a su vez nuevas secuencias dependientes.[3]
- Finalmente, el orden en que se disponen las unidades oracionales, en especial las de subordinada (o dependiente) y regente, puede ser significativo, desde un punto de vista estilístico, pero también para la caracterización de los distintos tipos textuales y discursivos. No obstante, aquí hay que tener también en cuenta componentes cognitivos, de modo que la disposición puede obedecer a ellos más que a un supuesto orden sintáctico básico en las lenguas románicas (prototípicamente, regente + regido) y a sus supuestas "transgresiones": así, la anteposición de la prótasis en las estructuras condicionales o concesivas no puede considerarse una "inversión", pues no está nada claro cuál es el orden "no marcado" en estas relaciones. Algo así ocurre en muchas relaciones temporales y causales. La colocación de las relativas, por último, dependerá de la posición del elemento nominal al que se adjunten. De ahí que el orden respecto de la regente de condicionales, concesivas y relativas no deba tenerse en cuenta para señalar las posibles "inversiones".[4]

3. Aproximaciones previas

Los antecedentes en el estudio de la "arquitectura textual" se encuadran en dos orientaciones, más metodológicas que teóricas: la situada en la "hipótesis de la parataxis" (Harris y Campbell 1995), que para la historia del español se encuentra en Badía Margarit (1960), donde se defendía un proceso evolutivo desde el dominio de la parataxis en un texto "primitivo", de "sintaxis suelta", como el *Cantar de mio Cid*, a otro más "evolucionado", de "sintaxis trabada", aunque en desarrollo aún imperfecto, en la *Estoria de España* alfonsí, texto en el que el dominio de la hipotaxis, si bien aún limitada a ciertos tipos, es evidente. La otra tiene una dimensión básicamente estilística, de "estilos" individuales y de época: una de sus muestras más destacadas sería el estudio de Alonso (1941) sobre la lengua del *Cantar*.

La primera orientación permea las visiones globales de las Historias de la lengua cuando estas se concentran en la historia textual (por ejemplo, en las páginas que dedica Lapesa a la historia sintáctica de los textos medievales) o los estudios particulares de autores. Entre estos han de destacarse los numerosos que Lope Blanch dedicó a la estructura de la cláusula[5] en textos medievales, áureos y modernos (incluyendo segmentos de producciones orales actuales). Para Lope Blanch (1983, 134–139) la diferencia, por ejemplo, entre la dominante parataxis del *Calila* y la hipotaxis omnipresente de *Cárcel de amor* tiene que ver con el enriquecimiento y complicación progresivos de la sintaxis castellana; sin embargo, la hipótesis evolutiva de la creciente complejidad falla al comparar la sintaxis de textos áureos (Diego de Ordaz, Quevedo) con la de autores modernos (Rulfo) o la de la oralidad actual, en principio mucho más "simples", o la mayor concisión de Gracián frente a Quevedo, por lo que ha de concluir, sin demasiada seguridad, que si en la época clásica dominaba la complejidad oracional hoy lo hace la complejidad léxica (Lope

Blanch 1983, 140–148 y 149–158). Es visión que continúa en autores más recientes. En cuanto a la orientación estilística, aparece igualmente en numerosos estudios, sin excluir necesariamente a la anterior. Esta combinación estaba también en Badía Margarit (1960), que intentaba conjugar su visión evolutiva, más arraigada en la lingüística, con la estilística de Alonso. Y se observa en diversos estudios de Lope Blanch, al hablar de la "variedad" en el *Quijote* vinculando dicha variedad al deseo del autor de no ser monótono y "deleitar" a los lectores (1995–1997 [2005], 105–122); o en su estudio sobre el prólogo de la *Gramática* de Nebrija, de complejidad máxima por su naturaleza de escrito más formal, en el que han de primar las relaciones hipotácticas por ser más complejas, elaboradas e "intelectuales" (2005, 89–103). La contraposición entre los moldes de la retórica escritural y su enfrentamiento a la sintaxis suelta de la oralidad es la base también del estudio de Orduna (1998) sobre la sintaxis narrativa de las *Crónicas* de Ayala.

La visión que ha ido desarrollándose en las últimas décadas es la que vincula los diferentes tipos de configuración sintáctica de la secuencia textual a los diferentes tipos de discurso, tradiciones, tipos de texto en que se insertan esas secuencias, con toda la complejidad que los géneros y los textos individuales pueden mostrar. Esa visión se ha intentado aplicar en diversos estudios sobre la configuración sintáctica de textos, medievales, clásicos y dieciochescos, de la historia del español (Cano Aguilar 1998, 1999, 2001, 2002, 2005, 2006, 2016, 2017, 2018, 2019, 2020a, b). Ha sido desarrollada desde la hipótesis de las tradiciones discursivas por Kabatek para la diferenciación sintáctica de *fazañas*, *fueros* y *partidas* (Kabatek 2001, 2004; también en sus estudios sobre la tradición del derecho "boloñés"), o para diversos textos medievales, pertenecientes a diferentes tradiciones textuales, géneros y sub-tradiciones de cada género (Kabatek *et al.* 2010: aquí se aplica también la teoría de la "junción" de Raible 1992). Girón Alconchel (2008 y 2014), por su parte, contrapuso, al modo de la vieja "hipótesis de la parataxis", coordinación, interordinación[6] y subordinación estricta, pero no como etapas de un proceso evolutivo sino como estrategias retóricas diferentes que tienen que ver con las respectivas tradiciones discursivas. Ahora bien, Girón Alconchel concede una importancia muy relevante, no ya a las tradiciones discursivas o textuales como tales, sino a las funciones enunciativas que están presentes en unos tipos de textos frente a otros. Esta última dimensión domina en Octavio de Toledo y Borreguero Zuloaga (2009) al analizar el *Arte cisoria* de Villena. Hay otros muchos estudios recientes en los que la organización sintáctica de cada texto (o sus diferentes organizaciones internas) se hace depender del tipo de texto y de las funciones que este intenta transmitir, de los cuales aquí solo se pueden citar algunos: Girón Alconchel (2016a y b; 2018) sobre textos del XVII historiográficos y técnicos; Pountain (2016) sobre la escritura de Santa Teresa; Del Rey Quesada (2016) sobre distintas traducciones medievales de la epístola ovidiana de Dido a Eneas, etc. Parece, pues, una metodología relativamente bien asentada en la actualidad.

4. La arquitectura textual en la historia del español: perspectivas actuales

Las investigaciones señaladas en § 3 y la que está en marcha (véase n. 2) han llegado a resultados y conclusiones que inciden claramente en la visión que ha de tenerse acerca de la historia de una lengua como el español desde sus orígenes escritos en cuanto a aspectos de la construcción discursiva como los señalados en § 2.

En este sentido, parece demostrado que la vinculación explícita entre las secuencias oracionales depende de los tipos textuales. Así se explican las profundas diferencias en textos de la misma época como el *Cantar de mio Cid* frente a los documentos notariales: en el primero domina la unión sin nexos, tanto entre períodos como dentro de ellos, como mecanismo fundamental en la vinculación entre las partes que componen el texto, cuando enuncia el juglar y cuando lo hace(n) alguno(s) de sus personajes; en los segundos la ilación explícita es absolutamente mayoritaria. Esta diferencia se perpetuará en épocas posteriores, si bien ya no serán los cantos épicos sino otros textos los que manifiesten la soltura de sus partes componentes: los poemas del *mester de clerecía* harán un uso muy escaso de enlaces explícitos entre los distintos períodos, y entre las estrofas que los encierran (el rígido molde estrófico de estos textos condicionará en parte sus opciones sintácticas). Por el contrario, los escritos en prosa de diferentes tipologías (documentos, narración histórica como la *General estoria*, tratados como el *Setenario* u otros) muestran un dominio absoluto de la conexión explícita entre períodos, de modo que la ilación cohesiva se convierte en principio organizador de sus discursos. Coinciden, además, en la pobreza de los elementos conectores: la copulativa *e(t)*, sola o combinada, es el procedimiento preferido. Solo en el *Setenario* este uso cede ante otros, si bien sigue siendo el mayoritario, aunque ya no absoluto. La acumulación mediante *e(t)* acabó siendo procedimiento tradicional durante la Edad Media para las secuencias narrativas y en las descripciones y exposiciones de situaciones jurídicamente relevantes o de supuestos y prescripciones de carácter técnico. Solo el discurso expositivo del *Setenario*, o los fragmentos en que los redactores de la *Estoria* reflexionan sobre los hechos o sobre los nombres que se les dan, escapan a esa simple acumulación lineal, utilizando conectores como *onde* y algún otro, aparte de conjunciones adversativas. En el *Setenario* aparecerá en mayor grado que en otros textos la ordenación mediante ordinales, mecanismo que se hará parte indisoluble de los tratados, no solo medievales, sino muy posteriores.

La situación se mantiene en el siglo XIV, con la misma diferencia entre los textos en prosa, con elevadísima cohesión explícita entre sus períodos constituyentes, y los poemas de clerecía, *Libro de buen amor* o *Rimado de Palacio*, donde domina la adjunción sin más de los períodos. Continúa también la escasez de elementos de cohesión, más allá de la copulativa *e(t)*; fuera de ella, se utilizan elementos lingüísticos con otra función intraoracional (pronombres anafóricos diversos, adverbios), y solo en muy pequeño grado conectores específicos: *dicho* y sus variantes en el lenguaje jurídico y administrativo, *otrosí* para el lenguaje técnico-expositivo.

En el siglo XV la situación empieza a cambiar: solo documentos notariales y crónicas continúan con la omnipresencia de la ilación supraoracional explícita y el dominio casi exclusivo de *e(t)* para tal función. No solo la poesía, sino también la narración no historiográfica, los tratados y los nuevos textos dialógicos (*Celestina*) presentan un peso mucho menor de la ilación entre períodos. También los procedimientos de conexión son más variados y ya no se concentran en torno a *e(t)*, sin que se hallen alternativas claras y generales: estas dependen de cada texto y cada tradición, pero todos coinciden en el escasísimo peso de los conectores especializados (*otrosí, por ende, por tanto*, etc.). En el XVI, documentos jurídicos y relatos (historiográficos o de ficción) perpetúan el grado elevado de ilación, pero solo las crónicas tienen a *y* como conector preferido, aunque continúa la dispersión de procedimientos utilizados: anafóricos o algunos conectores, que se renuevan, pues ceden *otrosí* o *por ende*, y surgen *por tanto* y otros del mismo tipo. Y en el XVII el dominio de la ilación, aunque en menor grado, es todavía visible en Cervantes, con un uso aún mayoritario de la copulativa, especialmente en las partes narrativas (más en la primera parte del *Quijote* que en la segunda); en la descripción o en los diálogos la ilación cede ante una mayor soltura de construcción, y aunque *y* sigue dominando se observa un uso más variado de conectores (si bien los nuevos: *en fin, en suma, en resolución*… son todavía de aparición esporádica). Situación semejante se halla en los tratados "arbitristas" coetáneos, aunque en ellos procedimientos ya conocidos como la relación por medio de ordinales gana terreno. Pero, frente a ellos, en los escritos informativos ("pre-periodísticos") de la época (las *Cartas* de Almansa, o *gacetas, relaciones* y *avisos*) la independencia formal, no de contenido, entre las partes del discurso parece bien establecida, situación esta que continúa en los escritos técnico-científicos de finales de siglo (los "novatores"), en los que la conexión supraoracional es claramente minoritaria, y las relaciones suelen establecerse por elementos gramaticales anafóricos, y en segundo lugar por las conjunciones (*y*, también *pero*).

En este punto hay que hacer referencia igualmente a la vinculación formal entre las intervenciones de las secuencias dialógicas construidas en los textos. Si bien los diálogos, o las intervenciones en estilo directo, existen desde los primeros textos castellanos, solo desde finales del XV (*Celestina*) adquieren mayor dimensión en los textos narrativos, constituyendo en algunos tipos el modo único, o mayoritario, del texto: "novelas" dialogadas (*Celestina*, *Lozana andaluza*), diálogos humanísticos próximos a o incluibles en los tratados (*Diálogo de la lengua*, *De los nombres de Cristo*) y, naturalmente, los textos dramáticos: en ellos la adjunción sin enlace explícito de las intervenciones es la solución más frecuente, seguida de la elipsis en las intervenciones subsiguientes, elipsis apoyada en la intervención anterior (co-construcción del discurso entre los turnos del diálogo).

También la complejidad interna de los períodos, en virtud de su extensión, grados y profundidad de la recursividad y orden de las secuencias oracionales, depende de forma muy estrecha de los tipos textuales. En los primeros textos castellanos (*Cantar*, documentos) la simplicidad en estos aspectos es notable, si bien en el primero se debe a su naturaleza de poema épico cantador de hazañas, y en los segundos más bien a su carácter inicial de una tradición escrita. Esa complejidad aumentará en épocas posteriores, aunque limitada a los textos en prosa: documentos notariales (donde la complejidad puede llegar a párrafos inmanejables), narración (cronística o no) y tratados (en estos, de forma algo más variable). En los textos narrativos del XIV o del XV ha de señalarse cómo dicha complejidad se incrementa de manera muy significativa en las reproducciones del hablar por medio del discurso indirecto. Pero también es evidente que en el XV la alta complejidad se va limitando a documentos y crónicas: la narrativa no historiográfica y los otros tipos de textos prefieren cada vez más una organización sintáctica de los períodos más simple y lineal, lo cual se compensa con el uso creciente de otros procedimientos retóricos, latinizantes o no: paralelismos, antítesis, etc. En el XVI la complejidad en la construcción del discurso es también variable: se concentra en narraciones, en mayor grado en las crónicas que en las primeras novelas, como *Lazarillo*, documentos notariales, y tratados, mientras que la lengua poética o la creación dialógica prefieren una organización aparentemente más simple, que o bien se compensa con otros mecanismos elaborados (poesía), o bien intenta ser una mímesis, aproximada y convencional, pero mímesis al fin y al cabo, de los coloquios reales. Esto último se ve incluso en los textos que, siendo tratados, adoptan el formato dialógico, si bien este es más verosímil en unos casos (Valdés) que en otros (Luis de León). En el XVII, la complejidad conseguida por estos medios parece que deja de ser preferida: en Cervantes, en los pasajes narrativos o en los diálogos más "elevados" (en función de su temática o de los dialogantes), en torno a la tercera parte de los períodos podrían considerarse verdaderamente "complejos"; pero en los diálogos más rápidos, inmediatos o de personajes de nivel inferior, disminuye hasta poco más del 10 %, si bien hay casos de este último tipo en los que la complejidad puede incrementarse hasta alcanzar proporciones notables, como en intervenciones de Sancho Panza o de Maese Pedro, construidas con extensas acumulaciones de secuencias con *que* de diferentes valores. Ahora bien, tampoco los textos "pre-periodísticos" de esa época son especialmente afines a la larga extensión de los períodos, su recursividad interna o sus variaciones de orden; ni lo son los textos de "arbitristas", entre los cuales son mucho más complejos, retóricos y envolventes los períodos de autores de principios del XVII que los de autores de épocas posteriores; ni los de autores técnicos *novatores*, si bien en todos ellos los prólogos (género con una tradición propia, de sintaxis extremadamente elaborada siempre) y determinados pasajes que requieren una actuación enunciativa especial (incremento de la argumentación, de las explicaciones, etc.) pueden dar lugar a períodos con notables dosis de complejidad. En suma, no solo los textos o las tradiciones a que pertenecen, sino las situaciones concretas de enunciación que puedan darse en su interior, o las distintas tradiciones que puedan encerrar, son factores que han de tenerse en cuenta a la hora de medir la complejidad en la construcción del discurso.

En cuanto a las proporciones internas de las relaciones interoracionales, tanto en su globalidad como en los distintos tipos empleados son condicionantes más bien las situaciones enunciativas que las tradiciones textuales. Además, no siempre está claro cómo inciden tales proporciones en la caracterización de estas tradiciones. Hay tipos oracionales, también, cuya alta presencia, casi siempre como minoría mayoritaria, parece constante en los textos: es el caso de las relativas, usadas para especificar, describir, caracterizar... situaciones, elementos o personajes. En otros tipos sí hay una vinculación más específica a determinadas actuaciones enunciativas, lo cual puede servir para caracterizar tradiciones textuales: así, las completivas, sobre todo las de objeto directo, se dan más en los textos narrativos, pues en ellos no solo importa lo que se hace, sino lo que se dice o se piensa que se hace. Las expresiones causales son, tras las anteriores, de las pocas que superan en casi todos los textos el 10 % e incluso el 15 %, lo cual demuestra su carácter transversal. Con algunas particularidades: mientras las causales con *pues*, en especial antepuestas, son más propias de un discurso "alto", las motivaciones con *que* aparecen en todo tipo de textos, pero a veces (*Lozana andaluza, Lazarillo*) su acumulación se da, intencionalmente, en pasajes más "inmediatos" (mímesis de lo oral), lo cual parece anunciar su futura restricción al discurso hablado o poco elaborado. En otros tipos, su escasa presencia hace difícil atribuirles propiedades textuales o discursivas más allá de las razones concretas de su aparición. Si acaso, podría señalarse la mayor proporción de temporales en el relato, para establecer la secuencia de los hechos, pero también, en determinados tratados medievales y en alternancia con las condicionales, para imaginar las situaciones en que pueden darse determinados hechos y poder atender a su remedio o solución. Las condicionales, por introducir las circunstancias hipotéticas en que puede darse una situación y la consecuencia que de ello resultaría, son más afectas al discurso especulativo de los tratados, pero también al discurso directo de los personajes. Las consecutivas se utilizan más para realzar subjetivamente lo enunciado que para establecer relaciones objetivas de consecuencia, de ahí que los poetas, pero también los narradores, suelan ser afectos a ellas. Y en los tratados, las modales con *según* o *como* sirven para los argumentos de autoridad y las citas. En cualquier caso, el escaso peso proporcional de estos tipos dificulta llegar a conclusiones válidas y generales.

Ahora bien, sí parecen más relevantes para la historia textual las proporciones globales de parataxis e hipotaxis (en sus diferentes tipos) y, dentro de la primera, el recurso a la unión directa de secuencias oracionales ("yuxtaposición"). En primer lugar, no hay un avance progresivo de la hipotaxis a lo largo del tiempo. Desde los orígenes ambos modos se reparten los tipos textuales: hasta, al menos, el siglo XV la parataxis domina en los textos poéticos, épicos o de *clerecía*, mientras que la hipotaxis lo hace en la prosa, y muy particularmente en los documentos jurídicos, lo cual no impide que esa hipotaxis se consiga con no demasiados tipos, y estos más bien simples: relativas, completivas...; en los técnicos y expositivos la parataxis, aun minoritaria, tiene una presencia mayor. En el XV la hipotaxis sigue dominante en la prosa, pero ya no en tan alto grado (sí en documentos y crónicas), aunque su hegemonía empieza a extenderse a los textos poéticos. Y esta situación continúa en los Siglos de Oro: los documentos y el relato historiográfico más tradicional siguen apegados a una hipotaxis abrumadora, mientras que en el resto de tipos el dominio de esta es algo menor, con un notable avance de las uniones paratácticas en los tratados del XVII (por ejemplo, Quevedo o Gracián).

Pero es dentro de la parataxis donde sí se halla un parámetro más relevante: la adjunción directa, o yuxtaposición, es abundante, incluso mayoritaria, en el *Cantar* y en los poemas de *clerecía*, hasta el punto de que yuxtaposición e hipotaxis son los dos modos básicos de organización del discurso, alternando sus proporciones según pasajes (la yuxtaposición domina en los pasajes narrativos, la hipotaxis en los de discurso directo). En los textos del XV cambia la situación: la yuxtaposición sale de sus límites anteriores, y salvo en documentos notariales y crónicas se convierte en un modo paratáctico frecuente, incluso dominante. Y en los Siglos de Oro llega a ser en muchos casos la forma mayoritaria de las relaciones paratácticas, mostrando una presencia renovada en los tratados o en las secuencias dialógicas, todo lo cual contradice el prejuicio de la yuxtaposición como una forma "primitiva" de organización del discurso, en retroceso constante ante una construcción más trabada (= hipotáctica).

5. Perspectivas futuras de la investigación

La investigación aquí sintetizada tiene un amplio campo y unas prometedoras perspectivas en el futuro. Naturalmente, las metodologías que se empleen pueden ser diferentes a las ya puestas en marcha, pero la base cuantitativa en la recogida de los datos y, sobre todo, la interpretación cualitativa en su análisis son elementos indispensables. Con ello, la Sintaxis histórica, al menos en este campo, habrá de depender menos de los corpus y más del estudio de los textos en su contexto histórico. Por otro lado, y también en el ámbito de la construcción del discurso, la vinculación de los hechos lingüísticos a los condicionamientos discursivos y al mundo textual, esto es, a las tradiciones en que se producen, ha mostrado que la historia lingüística, en este punto, no presenta un avance unidireccional (como ciertas corrientes del estudio sintáctico histórico parecen postular o suponer), sino un continuo zigzag que se mueve sobre parámetros constantes, aunque en una alternancia dialéctica de cambio y continuidad que no se podría entender si se concibiera como evolución estricta y cerradamente lingüística, menos aún formal.

La historia de la arquitectura textual en castellano puede y debe ampliarse, con lo cual la imagen ofrecida podría cambiar: han de incorporarse estudios sobre otras tradiciones y tipologías textuales, tanto en los siglos medievales como, muy particularmente, en los Siglos de Oro. En este terreno habrán de primarse tradiciones más vinculadas a situaciones más próximas a la inmediatez, o de un menor grado de elaboración: cartas y epístolas (pese al notable retoricismo de algunos productos de este tipo), literatura "ínfima" (coplas, panfletos), tratados técnicos, documentos notariales y escribaniles que recojan declaraciones orales, etc. La imprenta, pero también la producción manuscrita, de los siglos XVI y XVII produjo numerosos textos que necesitan una investigación lingüística a fondo en muchos aspectos, pero muy especialmente en el aquí considerado.

Pero quizá la ampliación más necesaria, aún en sus inicios, es la que se refiere a las épocas posteriores, el siglo XVIII y sobre todo los siglos "modernos", desde el XIX hasta la actualidad. Si bien todavía para el XVIII hay una cierta idea preconcebida de estilos dominantes, de lo barroco desmesurado al neoclasicismo más rígido, lo cierto es que no hay estudios lingüísticos exhaustivos que avalen o refuten tales supuestos. Pero es para los siglos modernos donde quizá más falta hagan estudios de este tipo, pues el prejuicio romántico de los estilos individuales y la creación personal ha impedido ver lo que, de tendencias globales, distribuidas en géneros, tipos y tradiciones, pueda hallarse en la arquitectura textual. También el prejuicio, hoy por fortuna progresivamente abandonado, de que del XIX a la actualidad ya no hay propiamente "historia" ni "estudio histórico" puede haber refrenado investigaciones con esta orientación. Por otro lado, el registro del habla y de la oralidad abre perspectivas inéditas, también en el campo del estudio histórico-lingüístico.

Notas

1 A ello responden constataciones tan obvias como la de que las causales o las condicionales se usan básicamente en la argumentación, las concesivas en la contraargumentación o las temporales en la narración.

2 En Cano (en prensa) se hará un exhaustivo estudio de estos hechos a lo largo de la historia del español así como se presentará un panorama más o menos completo de las investigaciones actuales al respecto.
3 Ello puede dar lugar a ramificaciones donde se pierde el "hilo" de la vinculación sintáctica. O puede ocurrir que sea difícil, incluso imposible, establecer la vinculación exacta (paratáctica o hipotáctica) de unas secuencias con otras, o la naturaleza misma de esa relación, p. ej., en los casos, habituales en la escritura medieval y clásica (hoy, más bien, en el discurso oral), de un *que* de difícil etiquetación: lo que, según Barra Jover (2002), caracterizaba la sintaxis antigua como "sintaxis de adjunción", frente a la moderna "sintaxis de rección".
4 En lo relativo al orden en los períodos condicionales, pueden verse Cano Aguilar 2014 y López Izquierdo 2019.
5 La *cláusula* en Lope venía a ser, aproximadamente, lo que otros muchos llaman, dentro de la tradición retórica, *período*. Pero la *cláusula* de Lope no solo no equivale sino que es radicalmente contraria a la *cláusula* tal como la definió Rojo en 1978 (cfr. Lope 1983, 52, n. 39).
6 A la "interordinación" pertenecen tipos difíciles de situar en la subordinación sintáctica estricta (ilativas, adverbiales "impropias", consecutivas, comparativas) y en la coordinación (adversativas).

Lecturas complementarias

En Cano Aguilar (En prensa) se analiza un corpus selecto de textos en lengua española, desde los orígenes medievales a la época actual, de acuerdo con los parámetros señalados en este trabajo.

Girón Alconchel (2016) contiene un análisis de dos textos en prosa del siglo XVII debidos a Juan de Zabaleta y Francisco Santos, en función del género textual en el que se inscriben, con análisis exhaustivo de las relaciones inter- y supraoracionales y de la integración o agregación de las unidades discursivas, con la mayor o menor proximidad a la mímesis de la oralidad en unos casos o la mayor complejidad en otros.

En Kabatek, Obrist y Vincis (2010) se analizan diversos textos medievales, desde una dimensión evolutiva, en los que se observa un aumento progresivo en el tiempo de la "junción" integrativa, con diferencias, no obstante, según los tipos textuales.

Referencias citadas

Alonso, D. 1941. "Estilo y creación en el *Poema del Cid*". *Escorial* III (núm. 8): 333–372 [recogido en: *Obras completas*, 2: 107–143. Madrid: Gredos, 1973].

Badía Margarit, A. M. 1960. "Dos tipos de lengua cara a cara". En *Studia Philologica D. Alonso*, I, 115–139. Madrid: Gredos.

Barra Jover, M. 2002. *Propiedades léxicas y evolución sintáctica. El desarrollo de los mecanismos de subordinación en español*. Noia: ToxoSoutos.

Cano Aguilar, R. 1998. "La sintaxis del castellano primitivo: oración compleja y estructura discursiva". En *Actas del IV Congreso Internacional de Historia de la Lengua Española*, eds. C. García Turza, F. González Bachiller y J. Mangado Martínez, vol. I, 17–36. Logroño: Universidad de La Rioja.

Cano Aguilar, R. 1999. "La construcción del discurso en el siglo XIII: diálogo y narración en Berceo y el *Alexandre*". *Moenia* 5: 257–269.

Cano Aguilar, R. 2001. "La construcción del discurso en el siglo XIII". *Cahiers de linguistique et civilisation hispaniques médiévales* 24: 123–141.

Cano Aguilar, R. 2002. "Sintaxis y discurso en la prosa del siglo XIII". En *Pulchre, bene, recte. Estudios en homenaje al Prof. Fernando González-Ollé*, eds. C. Saralegui y M. Casado, 213–234. Pamplona: Ediciones Universidad de Navarra.

Cano Aguilar, R. 2005. "Estructuración sintáctica y construcción del discurso en el *Quijote* (1605)". En *Antes y después del "Quijote" en el cincuentenario de la Asociación de Hispanistas de Gran Bretaña e Irlanda*, 33–57. Valencia: Generalitat Valenciana.

Cano Aguilar, R. 2006. "Otros dos tipos de lengua cara a cara: el conde Fernán González en el *Poema* y en la *Crónica* alfonsí". En *Actas del VI Congreso Internacional de Historia de la Lengua Española*, eds. J. J. Bustos Tovar y J. L. Girón Alconchel, vol. I, 569–584. Madrid: Arco/Libros, Universidad Complutense y Asociación de Historia de la Lengua Española.

Cano Aguilar, R. 2014. "Oraciones condicionales". En *Sintaxis histórica de la lengua española. Tercera Parte. Preposiciones, adverbios y conjunciones. Relaciones interoracionales*, ed. C. Company Company, vol. 3, 3905–4092. México: UNAM y Fondo de Cultura Económica.

Cano Aguilar, R. 2016. "Nuevos textos, nuevos discursos en la época de Cervantes". En *En la estela del Quijote. Cambio lingüístico, normas y tradiciones discursivas en el siglo XVII*, eds. M. Fernández Alcaide, E. Leal Abad, Á. S. Octavio de Toledo y Huerta, 85–106. Fráncfort: Peter Lang.

Cano Aguilar, R. 2017. "A la búsqueda de los textos olvidados. Los orígenes de la modernidad discursiva en la historia del español". *Romanistisches Jahrbuch* 68 (1): 279–301.

Cano Aguilar, R. 2018. "Sintaxis y discurso en las *Memorias* de Leonor López de Córdoba". En *Histoires, femmes, pouvoirs. Mélanges offerts au Professeur Georges Martin*, 391–404. París: Classiques Garnier.

Cano Aguilar, R. 2019. "Sobre la configuración sintáctica del discurso en el *Rimado de Palacio*". *E-Spania* 34. https://journals.openedition.org/e-spania/31673.

Cano Aguilar, R. 2020a. "Sobre algunos aspectos de la sintaxis discursiva en textos hispanoamericanos del siglo XVIII". En *El español de América: morfosintaxis histórica y variación*, eds. M. Fernández Alcaide y E. Bravo García, 53–83. Valencia: Tirant Humanidades.

Cano Aguilar, R. 2020b. "Textos y formas lingüísticas en el español del siglo XVIII". En *Tradiciones discursivas y tradiciones idiomáticas en la historia del español moderno*, eds. A. López Serena, S. Del Rey Quesada y E. Carmona Yanes, 31–49. Berlín: Peter Lang.

Cano Aguilar, R. En prensa. "Variación y cambio en la configuración sintáctica del discurso según géneros textuales". En *Sintaxis histórica de la lengua española. Cuarta parte. Orden de constituyentes, estructura argumental y discurso. Cambio, tradiciones y soportes textuales*. México: Fondo de Cultura Económica y UNAM.

Del Rey Quesada, S. 2016. "Ocho tipos de lengua cara a cara: las traducciones de la epístola ovidiana de Dido a Eneas en la Edad Media y el Siglo de Oro". En *El español a través del tiempo. Estudios ofrecidos a Rafael Cano Aguilar*, dirs. A. López Serena, A. Narbona Jiménez y S. Del Rey Quesada, vol. II, 415–439. Sevilla: Editorial Universidad de Sevilla.

Girón Alconchel, J. L. 2008. "Tradiciones discursivas y gramaticalización del discurso referido en el *Rimado de Palacio* y las *Crónicas* del Canciller Ayala". En *Sintaxis histórica del español y cambio lingüístico: Nuevas perspectivas desde las Tradiciones Discursivas*, ed. J. Kabatek, 173–195. Madrid y Fráncfort: Iberoamericana y Vervuert.

Girón Alconchel, J. L. 2014. "El *continuum* gramática-discurso: construcciones ilativas entre 1684 y 1746 en relatos históricos". En *Procesos de gramaticalización en la historia del español*, eds. J. L. Girón Alconchel y D. M. Sáez Rivera, 189–231. Madrid y Fráncfort: Iberoamericana y Vervuert.

Girón Alconchel, J. L. 2016a. "La segmentación lingüística del discurso en la prosa de la segunda mitad del siglo XVII". En *En la estela del Quijote. Cambio lingüístico, normas y tradiciones discursivas en el siglo XVII*, eds. M. Fernández Alcaide, E. Leal Abad y Á. S. Octavio de Toledo, 215–232. Nueva York: Peter Lang.

Girón Alconchel, J. L. 2016b. "La segmentación del discurso historiográfico. De Solís (1686) a Bacallar (¿1726?)". En *El español a través del tiempo. Estudios ofrecidos a Rafael Cano Aguilar*, dirs. A. López Serena, A. Narbona Jiménez y S. Del Rey Quesada, vol. II, 933–955. Sevilla: Ediciones Universidad de Sevilla.

Girón Alconchel, J. L. 2018. "Diacronía de la construcción discursiva en textos técnicos de los siglos XVII y XVIII". En *Nuevas perspectivas en la diacronía de las lenguas de especialidad*, eds. X. A. Álvarez Pérez, J. J. García Sánchez, M. Martí Sánchez y A. M. Ruiz Martínez, 155–188. Alcalá de Henares: Universidad de Alcalá.

Harris, A. C. y L. Campbell 1995. *Historical Syntax in Cross-Linguistic Perspective*. Cambridge: Cambridge University Press.

Kabatek, K. J. 2001. "¿Cómo investigar las tradiciones discursivas medievales? El ejemplo de los textos jurídicos castellanos". En *Lengua medieval y tradiciones discursivas en la Península Ibérica*, eds. D. Jacob y J. Kabatek, 97–132. Madrid y Francfórt: Iberoamericana y Vervuert.

Kabatek, K. J. 2004. "Tradiciones discursivas jurídicas y elaboración lingüística en la España medieval". *Cahiers de linguistique et de civilisation hispaniques médiévales* 27: 249–261.

Kabatek, K. J., P. Obrist y V. Vincis 2010. "Clause Linkage Techniques as a Symptom of Discourse Traditions. Methodological Issues and Evidence from Romance Languages". En *Approaches to Syntactic Variation and Genre*, eds. H. Dorgeloh y A. Wanner, 247–275. Berlín y Nueva York: De Gruyter.

Lope Blanch, J. M. 1983. *Análisis gramatical del discurso*. México: UNAM.

Lope Blanch, J. M. 1995–1997 [2005]. "La estructura de la cláusula en el *Quijote*". *Anales Cervantinos* 33: 13–25 [ahora en *Cuestiones de filología española*, 105–122. México: UNAM].

Lope Blanch, J. M. 2005. "La estructura sintáctica del discurso en el *Diario* de Cristóbal Colón". En *Cuestiones de filología española*, 89–103. México: UNAM.

López Izquierdo, M. 2019. *Las relaciones condicionales en la prosa ejemplar castellana de la Edad Media.* Madrid: Visor.

Octavio de Toledo, Á. S. y M. Borreguero Zuloaga. 2009. "Análisis crítico-discursivo de un texto medieval: el *Arte cisoria* de Enrique de Villena". *Español Actual* 92: 221–267.

Orduna, G. 1998. "La sintaxis del discurso narrativo en las *Crónicas* del Canciller Ayala". En *Actas del IV Congreso Internacional de Historia de la Lengua Española*, eds. C. García Turza, F. González Bachiller y J. Mangado Martínez, vol. I, 127–148. Logroño: Universidad de La Rioja.

Pountain, C. J. 2016. "Tradiciones de discurso y Santa Teresa". *Scriptum Digital* 5: 5–23.

Raible, W. 1992. *Junktion. Eine Dimension der Sprache und ihre Realisierungsformen zwischen Aggregation und Integration.* Heidelberg: Carl Winter Universitätsverlag.

22
Formación de palabras
(Word formation)

Franz Rainer

1. Introducción

El sistema de formación de palabras del español comprende centenares de patrones léxicos. Con solo enumerarlos, se podría llenar el presente capítulo, por lo cual un tratamiento exhaustivo está fuera del alcance de este estudio. Se ha preferido, por ende, presentar al lector en el apartado 2 los mecanismos morfológicos fundamentales por los cuales se ha renovado el léxico español de manera endógena y luego, en el apartado siguiente, las fuentes exógenas que han contribuido a tal renovación. Como los ejemplos de los apartados 2 y 3 conciernen exclusivamente a la afijación, se ha añadido un breve apartado 4 sobre la historia de los principales patrones compositivos. El texto se cierra con unas breves observaciones sobre las perspectivas futuras de este campo de investigación, así como unas recomendaciones para las lecturas complementarias.

Palabras clave: español; formación de palabras; diacronía; mecanismos de cambio; préstamo

The system of Spanish word formation consists of hundreds of lexical patterns. A complete description and analysis of these elements is beyond the scope of this chapter. Section 2 of this chapter introduces the reader to the basic internal mechanisms of derivational morphology by which the Spanish lexicon has renewed itself, while Section 3 provides an overview of the external sources for new derivational patterns. Whereas Sections 2 and 3 deal exclusively with affixation, the shorter Section 4 examines the history of the principal patterns of compounding. The chapter concludes with some brief observations on future prospects for research as well as with some recommendations for further reading.

Keywords: Spanish; word formation; diachrony; mechanisms of change; borrowing

2. Aproximaciones teóricas y conceptos fundamentales

Los conceptos fundamentales, aunque no necesariamente los términos, manejados en el estudio diacrónico de la formación de palabras remontan casi todos al siglo XIX. Las grandes olas innovadoras de la lingüística del siglo XX, como el estructuralismo o el generativismo, en sus múltiples ramificaciones, raras veces alcanzaron este ámbito de estudio, sobre el cual aparentemente poco tenían que decir. Y cuando algún estudioso ha intentado aplicar los preceptos de estas corrientes a la evolución de los patrones del léxico, el resultado ha sido poco convincente. Es este el caso tanto del estructuralismo benvenistiano (Amador Rodríguez 2009; Rainer 2013) como del minimalismo chomskiano (Moyna 2011; Rainer 2011a), por dar solo dos ejemplos. Otra escuela reciente, la llamada morfología de las construcciones, parece *a priori* mejor equipada para la investigación diacrónica de la formación de palabras por su cercanía a concepciones analogistas tradicionales, pero hasta la fecha se ha aplicado poco a la historia de la formación de palabras del español.

El estudio diacrónico de la formación de palabras ha sacado provecho, ante todo, de los impresionantes logros, a lo largo de los siglos XX y XXI, de la lexicografía histórica y etimológica de algunas lenguas europeas, aunque no, desgraciadamente, del español, que carece todavía de un *thesaurus* histórico del español de España y de las variedades americanas. La etimología —entendida como *étymologie histoire du mot*— y la formación de palabras son hermanas siamesas, como muestra a las claras la obra de maestros de la romanística como Meyer-Lübke, Gamillscheg, Spitzer, Brüch, von Wartburg, Baldinger, Wagner, Migliorini o, en el campo hispánico, Corominas y Malkiel. Sin embargo, en este frente el estudio diacrónico de la formación de palabras del español está también en desventaja en comparación con el francés o el italiano, por la escasa atención que dedica a las palabras complejas el mejor diccionario etimológico del español (Corominas y Pascual 1980–1991) así como por una cierta decadencia de los estudios etimológicos en general (Malkiel 1993). La ausencia de un diccionario histórico ha sido parcialmente compensada por los espectaculares avances tecnológicos de finales del siglo XX y del siglo XXI, que la lingüística de corpus ha sabido explotar para sus fines. Varios bancos de datos históricos permiten hoy al hispanista un acceso relativamente rápido a los datos léxicos primarios de los siglos pasados: el Corpus diacrónico del español (CORDE) de la Real Academia Española, el Corpus del español de Mark Davies, el Old Spanish Textual Archive de Francisco Gago Jover y Javier Pueyo Mena, así como Google Libros.

Entre las tendencias de la lingüística de los últimos decenios, se ha producido un fuerte impulso para la diacronía proveniente del renovado interés por los procesos de gramaticalización, es decir, la lenta transformación de material léxico en elementos gramaticales más abstractos. Es verdad que la gran mayoría de los estudios de este tipo se centran en la morfología flexiva y en palabras de interés sintáctico o discursivo, pero algún que otro estudio concierne también al campo de la formación de palabras. El caso clásico son los adverbios en -*mente* (Detges 2015), sufijo cuyo origen es el ablativo del sustantivo latino *mens, -tis* usado en sintagmas adverbiales como *placida mente* 'con espíritu tranquilo'. El proceso de gramaticalización empezó ya en época latina, como muestra la larga difusión del sufijo en las lenguas románicas. La forma femenina de la base, así como la preservación del acento de la base como acento secundario (*plácidamente*) reflejan todavía el origen sintáctico del patrón, mientras la separabilidad (*lisa y llanamente*) parece ser una peculiaridad que nació en la Edad Media con la escritura.

La gramaticalización, sin embargo, no ha sido, ni mucho menos, la fuente más importante de nuevos afijos en la formación de palabras del español. Un primer intento de sistematización del origen de los sufijos españoles fue debido a Pharies (2004), ensanchado en Pharies (2015) a escala panrománica. Rainer (2015) es un intento de sistematizar los mecanismos de cambio activos en la formación de palabras desde una perspectiva general. Se desprende de este último trabajo que, a pesar de su veneranda edad de dos siglos, la morfología diacrónica no ha desarrollado todavía hasta la fecha una clasificación y una terminología de los mecanismos de cambio en la formación de palabras que sean unitarias y aceptadas internacionalmente. En lo que sigue, presentaré brevemente los mecanismos principales que obraron en la evolución de la formación de palabras en español.

Desde la perspectiva formal, los patrones léxicos sufren, naturalmente, los mismos cambios fonológicos que el resto del léxico. Como *sŏlum* y *mŏla* dieron *suelo* y *muela*, el sufijo diminutivo *-ŏlum/a*, que llevaba acento en el latín vulgar, se transformó en *-uelo/a*. El cambio fonológico puede también, a veces, llevar a la fusión formal de afijos originariamente distintos: así, detrás de *-ajo/a* puede esconderse tanto el sufijo latino *-alium/a* (*mortualia* > *mortaja*) como el sufijo *-aculum/a* (*umbraculum* > *sombrajo*). El frecuente condicionamiento contextual del cambio fonológico puede también conducir al resultado opuesto, a la escisión de un afijo originariamente unitario. Tal fue el caso del sufijo latino *-alis*, convertido ya en el latín antiguo en *-aris* por disimilación después de bases que contenían una /l/ (*finis/finalis*, *luna/lunaris*). En español, esta distribución complementaria subsiste en los adjetivos, que en su gran mayoría son latinismos, mientras se relajó en la descendencia popular del sufijo *-ale* constituida por los nombres de lugar, donde los alomorfos originarios son ahora sufijos independientes (Colomina 2017), p. ej., *alfalfal* al lado de *alfalfar*, *manzanar* al lado de *manzanal*. La variación formal no tiene que ser necesariamente el resultado de cambios fonológicos, como muestra el origen de los llamados "interfijos" (Malkiel 1958; Lázaro Carreter 1972). Estos son, en parte, vestigios de un sistema morfológico ajeno (*tiempo/temp-or-al* < lat. *temporalis*). Otros nacen del afán de acercarse lo más posible en la forma al modelo analógico: *inca-n-ato* —en vez de **incato*[1]— sobre el modelo de *virrei-n-ato*; *joven-c-ísimo*, sobre *joven-c-ito*; mexicano *grand-ez-ote* sobre *grand-ec-ito*, etc. Otras fuentes de variación formal son la contaminación y la hipercaracterización. El sufijo *-edumbre* de *muchedumbre*, etc. fue el resultado de la contaminación del sufijo latino *-itūdinem* por *-ūmen*, que dio *-*itūminem* > *-edumbre* (como *fémina* dio *hembra* por evolución fonológica regular). En el caso de la hipercaracterización o pleonasmo afijal, un rasgo gramatical o semántico implícito recibe una expresión explícita o una segunda expresión más clara. En el lat. *nutrīcem*, el sufijo *-īx*, *-īcis* señalaba claramente el sexo femenino, pero como este sufijo perdió su productividad en español, los hablantes sentían la necesidad de expresar más claramente el sexo femenino del esp. ant. *nodriz*, resultado fonológicamente regular, añadiendo la *-a* del femenino (*nodriza*). Rohlfs (1969, § 888) explica el sufijo adverbial *-mientre* del español antiguo, que corresponde al *-mente* de hoy, como contaminación entre *mente* y el sufijo adverbial *-enter*, mientras Detges (2015) lo ve como un caso de pleonasmo afijal (*-mente* + *-iter*).

Desde la perspectiva semántica, se entrevé también un número reducido de mecanismos principales. Ya se ha mencionado la gramaticalización. Este término, sin embargo, no se refiere a un mecanismo en el sentido estricto de la palabra, porque los procesos de gramaticalización se pueden explicar más pertinentemente como resultado de uno o más de los mecanismos más básicos.

Probablemente, el mecanismo más básico de todos es el reanálisis, es decir, el establecimiento de nuevas asociaciones paradigmáticas entre una palabra compleja y otras palabras del léxico, sin alterar la forma superficial de la palabra, muchas veces probablemente por los que aprenden una lengua o por los oyentes.[2] El sustantivo *palo*, por ejemplo, designa tanto una pieza de madera como, por metonimia, un golpe dado con tal pieza (*lo molieron a palos*). De este sentido metonímico se puede formar un aumentativo, *palazo* 'golpe fuerte con un palo'. Si, en vez de referir *palazo* a *palo* 'golpe', el derivado se refiere a *palo* 'pieza de madera', el resto semántico, 'golpe fuerte', queda asociado automáticamente con el sufijo *-azo* que, de esta manera, se transforma de sufijo aumentativo a sufijo "contusivo-intensivo". Así es como nació el sufijo *-azo* con sentido de golpe, tan típico del español (Rainer 2010, 22–23). En otro ejemplo de reanálisis, como el reciente uso relacional de *-ífero* (*precio petrolífero* 'precio del petróleo'), la causa reside en que un elemento de la palabra compleja se ha vuelto opaco. En latín, el segundo elemento compositivo *-fer* (*-i-* era una vocal de enlace), relacionado paradigmáticamente con la raíz del verbo *ferre* 'llevar', significaba 'que lleva' (*aurifer* 'que lleva oro'). Este elemento compositivo se importó en español en préstamos e inicialmente conservaba el significado latino (*aurífero*).

Como en el español no se ha mantenido el verbo *ferre*, hablantes con escasos conocimientos del latín o sin conocimiento de esta lengua no entendían plenamente este segundo elemento y lo reinterpretaron a la luz de los contextos. Un *yacimiento petrolífero* puede interpretarse de manera etimológicamente correcta como 'yacimiento que lleva petróleo', pero también simplemente como 'yacimiento de petróleo' o 'yacimiento petrolero'. Esta nueva interpretación relacional del segundo elemento, que en español se considera más atinadamente como sufijo, quedó patente cuando este se aplicó en un contexto donde la interpretación etimológica ya no es posible, como en *precio petrolífero* ★★'precio que lleva petróleo'.

Este último ejemplo se aproxima ya bastante a un tipo de reanálisis llamado, entre otros términos, *secreción*, y que consiste en dar una nueva función a un material fónico asemántico. La historia de la formación de palabras del español depara también casos de este tipo. En la serie de números ordinales del español actual, *noveno* y *onceno* son los únicos que llevan el sufijo *-eno*, pero en el español antiguo hubo todavía más (*se(p)teno*, *doceno*, etc.). ¿Cómo nació el sentido ordinal de este sufijo, cuyo equivalente latino *-ēni* era un sufijo distributivo (*novēni* 'de nueve en nueve')? Según Jaberg (1965, 167), ya tempranamente el sufijo distributivo latino había dejado de ser entendido plenamente por el pueblo, que usaba medios sintácticos para la expresión de la distributividad. Eso permitía infundir nueva vida al sufijo y utilizarlo con nuevas funciones. Una de esas nuevas funciones fue la ordinal, cuya difusión, según Jaberg, fue favorecida en la Edad Media por el gran arraigo del sustantivo *novena*, que designaba una práctica devota que se ofrecía durante nueve días, pero también una que se celebraba el noveno día después de la muerte de una persona. Un ejemplo de tiempos más recientes es el nacimiento del morfema *-(i)llizo* para referirse a niños nacidos en partos múltiples: *trillizos*, *cuatrillizos*, *quintillizos*, *sextillizos*, *septillizos*, *octillizos*. El morfema fue extraído de *mellizo* donde, sin embargo, este material fónico carece de sentido propio. Con la superposición, algo artificial, de *tri-* 'tres, triple' a *mellizo* para designar un niño nacido en un parto triple, resultó natural asociar con *-llizo* el resto semántico.

En otra figura frecuente de reanálisis, los hablantes, partiendo de una palabra con la estructura [[[A]B]C], refieren la palabra entera directamente a A, convirtiendo de esa manera B y C en un sufijo unitario. Así es como se originó el sufijo *-ería*, etimológicamente compuesto de *-ero* e *-ía*. Mientras *panadería* se analiza, aun en sincronía, como *panader-ía* 'tienda del panadero', no queda más remedio que analizar *sastrería* como *sastr-ería* 'tienda del sastre' (no existe ★★*sastrero*). El contexto ambiguo que permitió el reanálisis lo constituyeron probablemente palabras como *pañería*, que toleraban las dos interpretaciones, *pañer-ía* 'tienda del pañero' y *pañ-ería* 'tienda de paños'.[3] En la aplicación del nuevo sufijo *-ería* a bases como *sastre*, intervino respecto de la base una metonimia producto > productor. El mismo tipo de reanálisis puede observarse también en palabras con otra estructura, por ejemplo [[A[B]]C], que a veces se simplificaron en [A[B]C], formando A y C lo que se llama un "circunfijo". Se puede atribuir a un reanálisis de este tipo el patrón *aborregado* (Malkiel 1941), típicamente español. Según el *DLE*, *aborregarse* significa 'adquirir rasgos atribuidos al borrego, especialmente la mansedumbre o el gregarismo'; por tanto, el participio pasado del verbo significa 'quien ha adquirido...'. Y como quien ha adquirido tales rasgos, los posee, *aborregado* —u otro adjetivo del mismo tipo— pudo fácilmente interpretarse como binario y denominal, [a[borreg]ado] 'parecido a un borrego'. La secuencia discontinua *a...ado* representa ahora un único morfema, un circunfijo, asociado *in toto* al significado 'parecido a'. Este circunfijo ha absorbido también la vocal temática *-a-* del verbo *aborreg-a-r*, que en el nuevo contexto perdió su función temática originaria. Sobre el nuevo patrón se han podido formar posteriormente otros adjetivos sin pasar por un verbo/participio intermedio, como *amulatado*, *anaranjado*, *aperlado*, etc. En la tradición hispánica, o romanística en general, la circunfijación suele llamarse *parasíntesis*.

Un tipo de reanálisis que tuvo gran protagonismo en la historia de la formación de palabras del español es la *absorción*. La razón por la cual este mecanismo fue tan frecuente en español, y en las lenguas románicas en general, es que el latín poseía un gran número de adjetivos de relación. Estos adjetivos formaban compuestos sintagmáticos con núcleo nominal, como *faber ferrarius* 'herrero', literalmente 'artesano [que trabaja el] hierro'. Los compuestos de más uso tendían a la elipsis del núcleo nominal, con la consecuencia de que el significado del núcleo, en un primer momento, quedaba flotando en el aire en busca de un nuevo soporte formal que luego encontraba en el sufijo del adjetivo convertido en sustantivo. De esta manera, el sufijo *-arius* acabó desarrollando una variante nominal con el sentido de *faber* 'artesano' y luego, más vagamente, 'agente'. El significado 'agente' acabó "absorbido" por el sufijo, de ahí el nombre del proceso. Otros sufijos desarrollaron otros significados, dependiendo del valor semántico del núcleo suprimido, que no resulta siempre recuperable. Así, es probable que la serie latina de los "establos" en *-ile* como *ovile*, *bovile*, etc. se originara por elipsis de *stabulum*. Una vez que este proceso de reanálisis fue consumado, el nuevo patrón nominal podía, con toda normalidad, servir de modelo para neologismos sin pasar por un compuesto sintagmático. Entre los sufijos españoles que nacieron de esta manera, unos designan árboles (*peral*, *higuera*), otros plantaciones y huertos frutales (*trigal*, *manzanar*), moradas de animales (*gallinero*, *zorrera*), edificios (*henil*, *toril*), objetos varios (*dedal*, *espaldar*), etc.

La analogía es la fuerza principal que impulsa el desarrollo del léxico (Rainer 2010). Una vez que se hubo creado por reanálisis un sufijo *-al* nominal con el sentido 'plantación', se podía crear sobre este primer modelo una larga serie de palabras con este mismo significado y una base de la misma categoría conceptual: *algodonal*, *arrozal*, *azafranal*, *cafetal*, *maizal*, *naranjal*, *palmeral*, *patatal*, *tomatal*, etc. En un principio, la analogía es una fuerza que garantiza la estabilidad de un sistema, porque en su aplicación estrictamente proporcional produce invariablemente solo nuevos lexemas correspondientes a los patrones ya existentes, lo que facilita evidentemente la descodificación. Si todas las analogías fueran estrictamente proporcionales, el cambio solo podría venir de mecanismos como los descritos arriba, así como de palabras complejas cuyo sufijo sufrió un cambio semántico, como en el caso de *-ífero*. Otro ejemplo de este tipo sería el nacimiento del significado peyorativo de *-ato*, como en *felipato*, *aznarato*, *zapaterato*, etc, connotación que la palabra no tiene en *cardenalato*, *generalato* y demás sustantivos de estatus más tradicionales. La primera palabra de la serie peyorativa fue *porfiriato*, denominación del largo régimen autoritario de Porfirio Díaz en México: fue en esta voz donde *-ato* se contagió de los valores negativos asociados al presidente-dictador que le sirve de base (Rainer 2007).

Jaberg (1905) pensaba que el cambio de significado de los patrones de formación de palabras tenía que pasar necesariamente por el cambio semántico de palabras individuales, como en el caso que se acaba de describir. En realidad, hay una segunda vía. Los hablantes pueden también tomarse una licencia con la formación de palabras en el acto mismo de crear un neologismo, combinando un patrón léxico existente con una metáfora o metonimia y ensanchando de esta manera el alcance del patrón (Rainer 2005). Si el neologismo es adoptado por la comunidad de hablantes, este puede constituir a su vez el modelo para nuevas analogías y de esta manera contribuir también al cambio del sistema de formación de palabras. Veamos ahora algunos ejemplos ilustrativos de este segundo tipo de cambio semántico (Rainer 2003 y 2010). Ya hemos visto arriba cómo el sufijo aumentativo *-azo* se convirtió por reanálisis en sufijo contusivo-intensivo, probablemente ya en la Edad Media tardía, aunque los primeros ejemplos documentados en la lengua escrita aparecen al inicio del siglo XVI. Del patrón originario de los golpes asestados agitando un arma u otro objeto análogo (el tipo *palazo*), el sufijo fue extendido tempranamente a golpes asestados con objetos que se pueden lanzar (el tipo *naranjazo*) y también a las entonces modernas armas de fuego (el tipo *cañonazo*). Un aspecto saliente de los disparos es el ruido característico que los acompaña: el desplazamiento metonímico hacia el significado 'ruido' es por ende casi automático (*oyeron cañonazos*). En estos procesos parece discutible si se trata de nuevos patrones independientes. Este paso se dio, sin lugar a dudas, en la etapa siguiente, cuando el significado acústico sirvió de modelo para crear palabras sin un correspondiente significado primario de golpe (el tipo *trompetazo*). En este momento, el sufijo se fragmentó: la acepción 'sonido' obviamente no nació por extensión metonímica del sentido de 'golpe' en *trompetazo* ('golpe asestado con una trompeta', significado no muy frecuente pero posible) sino por analogía aproximativa con palabras del tipo *cañonazo*. El nuevo patrón así creado llegó a ser productivo: *bocinazo*, chil. *diucazo* 'canto de la diuca',[4] etc. El sufijo se diversificó también en otra dirección. De 'golpe con N' pasó tempranamente a significar 'golpe en N' por metonimia (el tipo *espaldarazo*), que forma ahora un patrón independiente, como muestran *barrigazo*, *panzazo*, etc. La extensión puede haber sido facilitada por un derivado ambiguo como *cabezazo*: quien da un cabezazo contra una farola al mismo tiempo da y recibe un golpe. La base, en este caso, ya no denota el instrumento, sino la parte del cuerpo que recibe el golpe. Observamos un desplazamiento metonímico ulterior en *suelazo*, sinónimo de (*darse un*) *culazo*, pero este derivado parece que todavía no ha dado lugar a un patrón productivo. Una tercera línea de evolución que, esta sí, llegó a ser muy productiva, es de nuevo de tipo metafórico, refiriéndose a golpes y otros actos políticos más o menos espectaculares. Parece que todo empezó con *cuartelazo*, modelo seguido más tarde por *Bogotazo* (1948, Colombia), *Pinochetazo* (1973, Chile), *Rodrigazo* (1975, Argentina), *Caracazo* (1989, Venezuela), *gasolinazo*, *medicamentazo*, y muchísimos más. Como se ve, estas metáforas y metonimias combinadas con el patrón léxico pueden operar tanto a nivel del educto (aquí, las extensiones metafóricas) como sobre la relación entre base y afijo (aquí, las extensiones metonímicas).

3. Fuentes exógenas

En el apartado anterior hemos ilustrado con ejemplos españoles los mecanismos más importantes que obran en el desarrollo de la formación de palabras. El origen extranjero en forma de préstamo o calco suele mencionarse como fuente adicional para el enriquecimiento de los patrones de formación de palabras de una lengua. El préstamo o el calco, sin embargo, no son mecanismos de cambio, se sitúan en un plano conceptual distinto. Son, en primer lugar, medios de enriquecimiento léxico (Dworkin 2012) que, en un segundo momento, pueden también dar lugar a patrones de formación de palabras gracias a la analogía, precedida a veces de un reanálisis. Por su estrecha vinculación con el léxico, la formación de palabras es un sistema netamente más abierto a influencias ajenas que la flexión, como muestra la siguiente breve síntesis de los elementos exógenos que dieron lugar a patrones productivos en español. Se trata en la mayoría de casos de sufijos (para un estado de la cuestión, véase Pharies 2002).

Los probables elementos prelatinos como *-asco* (*peñasco*), *-ato* (*chivato*), *-oco/-ueco* (chileno *fiestoca*, navarro *ranueco* 'renacuajo'), *-usco/-uzco* (*pardusco*, *negruzco*) y el patronímico *-z* (*Muñoz*, *Sánchez*) pueden dejarse de lado aquí porque se integraron ya al latín hablado y, por ende, se transmitieron al español como partes integrantes de este. Empezaremos con una serie de sufijos tomados del vasco, aunque no podemos saber exactamente cuándo se integraron al español: *-arra* (*cegarra*), *-arro* (*guijarro*), *-orro* (*tintorro*) y *-urro* (*baturro*). La primera capa que se puede fechar con mayor precisión es la visigótica. Esta lengua legó al español el sufijo *-engo* (*realengo*), que representa el sufijo germánico *-ingôs* usado frecuentemente en nombres de fincas (*Villare Rodebaldencos*, 914), del cual luego se desarrolló también, según Pharies, la variante *-enco* (*azulenco*). El legado del árabe fue igualmente pobre en el campo de la formación de palabras. Efectivamente, el español tiene un único sufijo de origen árabe, el sufijo gentilicio *-í* (*marbellí*). Un contacto lingüístico más intenso existió en la Edad Media entre el español y los idiomas galorrománicos, el francés y el occitano, este último por entonces todavía muy similar al catalán. El sufijo de importación más importante fue -*aje*, extraído de préstamos franceses en -*age* y occitánicos en -*atge*; gozó de notable productividad hasta tiempos recientes en sus múltiples usos (*bailiaje, pontaje, carruaje, peregrinaje*), desplazando en gran medida al sufijo -*azgo* que descendía del mismo étimo latino -*aticum*. Mucho menos arraigo alcanzaron los sufijos -*ardo* (*moscarda, nasardo*) y -*el* (*cordel*). Otro patrón tradicionalmente atribuido a influencia transpirenaica es el de los nombres de acción por conversión en -*e* (*alcance*), inicialmente una vocal de apoyo usada para adaptar palabras galorrománicas acabadas en consonante. Pharies (2002, 181–183), sin embargo, pone reparos a esta interpretación por motivos cronológicos. En el caso de los diminutivos en -*ete*/-*eta* (*brazalete, carreta*), resulta difícil determinar un origen único, ya que, en francés, occitano, catalán y (alto-)aragonés el sufijo tenía la misma forma -*et*. Un análisis de la cronología y transparencia de los préstamos tempranos lleva a Pharies (2002, 181–183) a optar por el catalán. Con la misma metodología identifica también el catalán como fuente de otro sufijo apreciativo, -*ote* (*amigote*), que se había atribuido también en el pasado a influencia francesa (2002, 454–457). Se debieron también probablemente al catalán los usos instrumental (*rascador*) y locativo (*comedor*) del sufijo -*dor* (Rainer 2011b), aunque no se puede descartar una influencia occitánica. Tanto en catalán como en occitano, el sufijo instrumental-locativo latino -*torium* se fundió con el sufijo agentivo -*torem* por evolución fonológica regular, mientras en español -*torium* pasó a -*dero*, claramente distinto del sufijo -*dor* agentivo. Otros sufijos de origen catalán son -*alle* (*gobernalle*), -*ate* (*calabazate*) y -*amen* (*velamen*). Este último, que deriva del sufijo catalán -*am* y al cual corresponde etimológicamente en español -*ambre*, se ha hecho bastante productivo en el lenguaje coloquial (*tetamen*).[5] En el Renacimiento, incluso el italiano consiguió exportar a España dos de sus sufijos, -*esco* (*mercantesco*), destinado a volverse muy productivo, y -*ata* (*bravata, cabalgata*). La idea de atribuir al italiano del Renacimiento también la introducción en español de -*ísimo* choca con la cronología de los ejemplos: se trata de un latinismo introducido en la Edad Media tardía, cuya rápida difusión en el siglo XVI fue sin duda impulsada por los aires italianizantes del momento (Jörnving 1962). En tiempos modernos, el español entró en contacto con muchas lenguas indígenas del Nuevo Mundo, pero estos contactos apenas han dejado huellas en la formación de palabras. Aunque en el pasado ha habido varios intentos de reclamar paternidad amerindia para varios sufijos, el único caso claro es el sufijo -*eco* de *yucateco* y de otros gentilicios. Con el ascenso de los Borbones al trono de España en 1700, una segunda ola de galicismos se derramó sobre la lengua española, influenciando también profundamente la formación de palabras durante los siglos XVIII y XIX. No se trata, en el caso de la influencia francesa de aquella época, de la introducción de afijos nuevos, sino, la mayoría de las veces, del desarrollo de nuevas funciones en los ya existentes. Para dar solo un ejemplo entre muchos, el sufijo -*ero*, ya notablemente polisémico, adquirió a finales del siglo XVIII un nuevo uso relacional bajo influencia francesa (*industria manufacturera*, Rainer 2012). Finalmente, en la segunda mitad del siglo XX, el inglés se convirtió en la fuente de préstamos más importante, pero hasta la fecha esta lengua ha contribuido con pocos patrones nuevos a la formación de palabras. El caso más llamativo es el reciente sufijo -*ing* de *puenting, balconing, edredoning* y demás formaciones jocosas de este tipo.

En el apartado anterior se ha omitido la fuente exógena más importante del español, es decir, las lenguas clásicas, a las cuales se ha acudido continuamente desde los albores de la lengua. Los elementos griegos no se trasvasaron al español por vía directa, sino a través del latín de la Antigüedad (-*ía*, -*ismo*, -*ista*, -*esa*/-*isa*, -*izar*) y el latín medieval o moderno (-*ita*, -*itis*, -*oide*, etc.), a veces también a través del francés. Así, el elemento de origen griego -*(o)cracia* se convirtió en morfema productivo primero en Francia (*bureaucratie*, a. 1759), y solo más tarde cobró vida independiente también en español siguiendo el modelo francés (*yernocracia*, etc.). Algunos de estos sufijos sufrieron notables cambios formales y funcionales en el camino: *-itis*, por ejemplo, en griego formaba adjetivos de relación que modificaban el sustantivo *nosos* "enfermedad, inflamación", significado que el sufijo adjetival heredó por absorción después de la elipsis del sustantivo. Y con este significado lo recibió el español, donde hacia mediados del siglo XIX sufrió un cambio ulterior aplicándose jocosamente por metáfora a disposiciones juzgadas patológicas, por ejemplo, *mieditis, titulitis* (Julià Luna 2012). Parece que en este caso el español, por una vez, se adelantó a las otras lenguas europeas, que conocen también esta función del sufijo. Por supuesto, la contribución del latín ha sido netamente más importante que la del griego (latinizado). La prefijación, muy desarrollada en latín, se redujo durante la transición a las lenguas románicas, y fue reestablecida de nuevo a su vieja gloria en el campo nominal y adjetival a partir de los tiempos modernos y sobre todo en el siglo XIX: me refiero a sufijos como *anti-* (originariamente griego), *pro-*, *extra-*, *pre-*, *pos(t)-*, *sub-*, *super-*, *trans-*, etc. El patrón adjetival del tipo *subsahariano* alcanzó incluso, a partir del siglo XIX, una importancia mayor de la que había tenido en el latín (Lüdtke 1995). El rico sistema de prefijos verbales, por el contrario, solo fue resucitado en medida mucho menor (Iacobini 2019). En la sufijación, la relatinización llevó al surgimiento de muchos desdoblamientos, como *-ado/-ato*, *-año/-áneo*, *-azgo/-ático*, *-azo/-áceo*, *-anza/-ancia*, *-dero/-torio*, *-dor/-tor*, *-ear/-izar*, *-eño/-íneo*, *-ero/-ario*, *-esa/-isa*, *-ez/-icie*, *-eza/-icia*, *-iguar/-ificar*, *-ío/-ivo*, *-(i)ondo/-bundo*, *-izo/-icio*, *-zón/-ción*, y algunos más. La mayoría de las veces, los hablantes ya no establecen una relación directa entre estos dobletes, porque la evolución ha llevado a la variante popular muy lejos del punto de partida formal y/o semántico.

4. Evolución de la composición del latín al español

El dominio de la formación de palabras donde ha habido cambios más profundos entre el latín y el español es la composición. Los únicos patrones compositivos que seguramente pasaron al español por transmisión popular fueron los llamados compuestos sintagmáticos (Buenafuentes de la Mata 2010), es decir, construcciones sintácticas recicladas para fines léxicos. Para los compuestos en el sentido estricto del término, no hay ningún patrón sobre el que haya consenso entre los especialistas acerca de su transmisión popular. Los compuestos sintéticos con núcleo a la derecha del tipo *vexillifer* 'abanderado' desaparecieron, pero fueron reintroducidos luego en el proceso de relatinización. Ya se ha observado anteriormente que estos préstamos no eran plenamente analizables sobre el fondo de la lengua receptora, por lo cual *-ífero* se convirtió en un sufijo. Algo similar pasó con los compuestos del tipo *tauriformis* 'de forma de toro', reintroducido en español por vía culta (*cruciforme*). Aunque en este caso el segundo elemento resulta motivado por el sustantivo *forma*, es preferible considerar *-iforme* como sufijo en español, porque no existe ningún tipo compositivo N*i*N*e* motivado independientemente. El latín también poseía unos cuantos compuestos sintéticos con un elemento verbal en primera posición, del tipo *Verticordia*, sobrenombre de Venus (literalmente 'vuelve-corazones'). La cuestión de si este tipo de compuestos fue la base de los compuestos verbo-sustantivo (el tipo *matamoros*) o si este último resultó del reanálisis de sintagmas en época románica, no parece tener una respuesta definitiva (Nielsen Whitehead 2012).

El grupo de compuestos más nutrido del latín fueron los compuestos posesivos del tipo *albĭcomus* 'de pelo blanco', con vocal de enlace *-i-*, que se parecen a los españoles del tipo *pelirrojo*, aunque en estos la posición del adjetivo y del sustantivo está invertida. El orden románico, sin embargo, se documenta también en unas pocas palabras del latín tardío (*oriputidus* 'de aliento fétido') y del latín medieval (*barbirasus* 'con la barba afeitada'). El hecho de que la *-ĭ-* breve del latín tendría que haber evolucionado a /e/ en español y el que los ejemplos españoles más antiguos no tuvieran todavía esta vocal de enlace (Munthe 1889) favorece la hipótesis de que este tipo nació por reanálisis de una construcción sintáctica y que la vocal de enlace, añadida en un segundo momento, pudo ser debida a influencia latina.[6] Origen sintáctico seguro tiene también el tipo verbo-verbo (*pasapasa*).

Los compuestos más productivos en la actualidad son los tipos sustantivo-sustantivo y los compuestos adjetivo-adjetivo. Estos últimos (*ético-moral*) se originaron como calcos (*ethicomoralis*, innovación neolatina del siglo XVI). Los compuestos sustantivo-sustantivo no forman un conjunto homogéneo: en la mayoría de los casos, la relación semántica es coordinativa (*panadería-pastelería*) o atributiva (*niño prodigio*), pero existen también compuestos modificativos (*Monterrey*, *fútbol sala*) e incluso algunos pocos *dvandvas* (*ajoqueso*). Estos compuestos tienen múltiples fuentes, que quedan por estudiar en detalle. Su gran productividad no remonta más allá del siglo XIX y ha sido notablemente impulsada por modelos extranjeros. Lo mismo vale para el patrón *amarillo limón*, tomado del francés (Matrisciano y Rainer 2020).

5. Perspectivas actuales y futuras

La formación de palabras del español es un campo de investigación dinámico, pero la abrumadora mayoría de publicaciones conciernen a la sincronía. La contribución más importante al estudio diacrónico se debe a un único filólogo, Yakov Malkiel, quien, además, supo animar en la Universidad de Berkeley a un número apreciable de alumnos y alumnas que, en tesis doctorales, libros y artículos, esclarecieron muchos aspectos de la historia de la formación de palabras del español. En España y América Latina, los estudios diacrónicos escasean y raramente rebasan el formato del artículo. La vía abierta tan brillantemente por González Ollé (1962) y proseguida por Náñez Fernández (1973), que abordaron pormenorizadamente la evolución de una categoría derivacional entera (los diminutivos) durante siglos y sobre la base de un amplio corpus, desgraciadamente ha hallado pocos imitadores. No existen estudios de cierta envergadura de este tipo después de Pena (1976, 1980), libros dedicados a los nombres de acción. Esperemos que en el futuro la historia de cada una de las grandes categorías derivacionales reciba su propia monografía: la categoría derivacional, en efecto, es el marco ideal para el estudio diacrónico de los afijos, ya que el auge de uno normalmente va acompañado por el declive de otro.

Notas

1 Uso el asterisco doble para indicar agramaticalidad, ya que el asterisco simple está reservado en trabajos diacrónicos para señalar el carácter reconstruido de un étimo.
2 *Reanálisis* es un término relativamente moderno. En los estudios tradicionales el fenómeno se discutía bajo múltiples rótulos, por ejemplo, el de *falsa separación*, *falsa analogía* o incluso simplemente *analogía*.
3 Como este mismo tipo de reanálisis se encuentra en todas las lenguas románicas, es posible, incluso probable, que remonte al latín vulgar. Según Pharies (2002, 225), la forma del sufijo, -*ería*, sería indicio de que, en el momento del reanálisis, el latino -*arium* ya se había transformado en -*ero*, pasando por -*airu* (metátesis) y -*eiru* (asimilación vocálica). Otras variedades románicas con nombre de agente en -*ERU*, sin embargo, muestran la forma -*aría*, como el portugués (*paneiro*, pero *panaria*), el occitano o los dialectos de Italia del norte. Cabe la posibilidad de que la forma -*ería* del español fuera debida a la regularización de una alternancia anterior similar a la del portugués.
4 La diuca pertenece a la especie de los pinzones: *levantarse al primer diucazo* significa en Chile "levantarse a primera hora".
5 Sobre -*amen*, véase ahora Prieto García-Seco (2021).
6 El catalán conserva todavía el estado original (*camacurt* "de gambas cortas"). Desde una perspectiva panrománica, sin embargo, toda esta cuestión se presenta más compleja.

Lecturas recomendadas

Pharies (2002) proporciona una buena cobertura de los estudios sobre la sufijación hasta el momento de la publicación del diccionario y aporta al mismo tiempo soluciones originales a algunos problemas.

Para una visión de conjunto sobre los prefijos, se recomienda la lectura de Iacobini (2019), un trabajo de enfoque pan-románico pero cuyas conclusiones son aplicables también al español en sus grandes líneas.

Sobre la composición, existe la síntesis de Moyna (2011), trabajo basado esencialmente en fuentes lexicográficas.

Referencias citadas

Amador Rodríguez, L. A. 2009. *La derivación nominal en español: nombres de agente, instrumento, lugar y acción.* Fráncfort: Lang.

Buenafuentes de la Mata, C. 2010. *La composición sintagmática en español.* San Millán de la Cogolla: Cilengua.

Colomina, J. 2017. *El sufix -al/-ar amb valor col·lectiu, abundancial i augmentatiu: Un estudi de morfofonologia lèxica iberooccitanoromànica.* Alacant: Universitat d'Alacant.

CORDE: Real Academia Española: Banco de datos (CORDE). *Corpus diacrónico del español.* www.rae.es.

Corominas, J. y J. A. Pascual. 1980–1991 *Diccionario crítico etimológico castellano e hispánico.* Madrid: Gredos.

Corpus del español: Davies, Mark. 2002–. *Corpus del Español: Historical/Genres.* www.corpusdelespanol.org/hist-gen/.

Detges, U. 2015. "The Romance Adverbs in *-mente*: A Case Study in Grammaticalization". En *Word-Formation: An International Handbook of the Languages of Europe*, eds. P. O. Müller, I. Ohnheiser, S. Olsen y F. Rainer, vol. 3, 1824–1842. Berlín y Boston: De Gruyter.

DLE = Real Academia Española, *Diccionario de la lengua española.* https://dle.rae.es/

Dworkin, S. N. 2012. *A History of the Spanish Lexicon: A Linguistic Perspective.* Oxford: Oxford University Press.

González Ollé, F. 1962. *Los sufijos diminutivos en castellano medieval.* Madrid: CSIC.

Iacobini, C. 2019. "'Rapiéçages faits avec sa propre étoffe': Discontinuity and Convergence in Romance Prefixation". *Word Structure* 12 (2): 176–207.

Jaberg, K. 1905. "Reseña de M. Roediger, *Die Bedeutung des Suffixes* -ment. Tesis doctoral, Berlín, 1904". *Archiv für das Studium der neueren Sprachen und Literaturen* 114: 458–462.

Jaberg, K. 1965. "Ordinal- und Bruchzahlwörter". En K. Jaberg, *Sprachwissenschaftliche Forschungen und Erlebnisse. Neue Folge*, ed. S. Heinimann, 160–176. Berna: Francke.

Jörnving, R. 1962. "El elativo *-ísimo* en la lengua castellana de los siglos XV y XVI". *Studia Neophilologica* 34: 57–85.

Julià Luna, C. 2012. "La recepción del léxico científico en la lexicografía académica: las voces derivadas en *-itis*". *Revista de lexicografía* 18: 77–102.

Lázaro Carreter, F. 1972. "¿Consonantes antihiáticas en español?". En *Homenaje a Antonio Tovar ofrecido por sus discípulos, colegas y amigos*, 253–264. Madrid: Gredos.

Lüdtke, J. 1995. "Grundzüge der Entwicklung der Relationsadjektive vom Latein zum Romanischen". En *Konvergenz und Divergenz in den romanischen Sprachen. Romanistisches Kolloquium VIII*, eds. W. Dahmen, G. Holtus, J. Kramer, M. Metzeltin, W. Schweickard and O. Winkelmann, 138–150. Tubinga: Narr.

Malkiel, Y. 1941. "The 'Amulatado' Type in Spanish". *The Romanic Review* 32: 278–295.

Malkiel, Y. 1958. "Los interfijos hispánicos: problema de la lingüística histórica y estructural". En *Miscelánea homenaje a André Martinet. Vol 2: Estructuralismo e historia*, ed. D. Catalán, 107–199. La Laguna: Biblioteca filológica.

Malkiel, Y. 1993. *Etymology.* Cambridge: Cambridge University Press.

Matrisciano, S. y F. Rainer. 2020. "Origine et diffusion des expressions romanes du type *jaune paille*". *Romanische Forschungen* 133 (1): 3–27.

Moyna, M. I. 2011. *Compound Words in Spanish: Theory and History.* Ámsterdam y Filadelfia: Benjamins.

Munthe, Å. 1889. "Observations sur les composés espagnols du type *aliabierto*". En *Recueil de mémoires philologiques présenté à M. Gaston Paris par ses élèves suédois le 9 août à l'occasion de son cinquantième anniversaire*, 31–56. Estocolmo: Imprimerie centrale.

Náñez Fernández, E. 1973. *El diminutivo: historia y funciones en el español clásico y moderno.* Madrid: Gredos.

Nielsen Whitehead, B. 2012. *"Pickpocket" Compounds from Latin to Romance*. Tesis doctoral. Copenhague: Universidad de Copenhague.
Old Spanish Textual Archive, F. Gago Jover y J. Pueyo Mena. http://osta.oldspanishtextualarchive.org/.
Pena, J. 1976. *Usos anómalos de los sustantivos verbales en el español actual*. Santiago de Compostela: Universidade de Santiago de Compostela.
Pena, J. 1980. *La derivación en español: verbos derivados y sustantivos verbales*. Santiago de Compostela: Universidade de Santiago de Compostela.
Pharies, D. 2002. *Diccionario etimológico de los sufijos españoles*. Madrid: Gredos.
Pharies, D. 2004. "Tipología de los orígenes de los sufijos españoles". *Revista de Filología Española* 84 (1): 153–167.
Pharies, D. 2015. "The Origin of Suffixes in Romance". En *Word-Formation: An International Handbook of the Languages of Europe*, eds. P. O. Müller, I. Ohnheiser, S. Olsen y F. Rainer, vol. 3, 1854–1866. Berlín y Boston: De Gruyter.
Prieto García-Seco, D. 2021. "Nombres en *-ame(n)* en el español de los siglos XVI y XVII". *Verba* 48. https://doi.org/10.15304/verba.48.6455.
Rainer, F. 2003. "Semantic Fragmentation in Word-Formation: The Case of Spanish *-azo*". En *Explorations in Seamless Morphology*, eds. R. Singh y S. Starosta, 197–211. Nueva Dehli: Sage.
Rainer, F. 2005. "Semantic Change in Word Formation". *Linguistics* 43 (2): 415–441.
Rainer, F. 2007. "De *Porfiriato* a *zapaterato*". *Lingüística Española Actual* 29 (2): 251–259.
Rainer, F. 2010. "Sobre polisemia en la formación de palabras". *Hesperia. Anuario de Filología Hispánica* 13 (2): 7–52.
Rainer, F. 2011a. "Reseña de Moyna (2011)". *Word Structure* 7 (2): 246–251.
Rainer, F. 2011b. "The Agent-Instrument-Place 'Polysemy' of the Suffix *-tor* in Romance". *Language Typology and Universals/Sprachtypologie und Universalienforschung* 64 (1): 8–32.
Rainer, F. 2012. "El patrón INDUSTRIA MANUFACTURERA: la influencia francesa en el uso 'económico' de los adjetivos en *-ero*". En *Estudios de morfología y léxico en homenaje a Jesús Pena*, eds. M. Campos Souto, R. Mariño, J. I. Pérez Pascual y A. Rifón, 453–468. San Millán de la Cogolla: Cilengua.
Rainer, F. 2013. "La diacronía como evidencia externa en el análisis sincrónico: el caso del sufijo *-dor*". En *Trabajos de semántica y pragmática históricas: aportación al estudio de nuevos métodos*, eds. A. Puigbert Ocal y S. Iglesias Recuero, 167–190. Madrid: Editorial Complutense.
Rainer, F. 2015. "Mechanisms and Motives of Change in Word-formation". En *Word-Formation: An International Handbook of the Languages of Europe*, eds. P. O. Müller, I. Ohnheiser, S. Olsen y F. Rainer, vol. 3, 1761–1781. Berlín y Boston: De Gruyter.
Rohlfs, G. 1969. *Grammatica storica dell'italiano e dei suoi dialetti. Vol. 3: Sintassi e formazione delle parole*. Turín: Einaudi.

23
Unidades fraseológicas (Phraseological units)

María Teresa Echenique Elizondo

1. Introducción

En este capítulo se resume el estado actual de los estudios relativos a la formación histórica —global y particular— de las unidades fraseológicas, construcciones pluriverbales históricamente acuñadas a partir de combinaciones de palabras finalmente fusionadas en el uso con un grado variable de fijación y estabilidad. Su investigación diacrónica configura un espacio abierto y en crecimiento dentro de las corrientes lingüísticas actuales, cuyo paradigma más representativo es por el momento la fraseología histórica. Tras haber sufrido procesos de lexicalización y gramaticalización fraseologizada, los segmentos y secuencias fijas constituyen en la lengua unidades de sentido que participan de propiedades sintácticas, prosódicas, léxicas y semántico-pragmáticas con resultado lexicalizado e idiomatizado en grado diverso; están codificadas e insertadas en la lexicografía histórica desde sus inicios, así como trasvasadas a las gramáticas del español, lo que las convierte en objeto de estudio historiográfico; pueden presentar variación histórica, geográfica o sociolingüística; muestran vinculación con estereotipos universales de naturaleza cultural y su tipología se ha abordado desde perspectivas diferentes. Su ámbito específico de estudio ha venido siendo el discurso repetido, pero, por las posibilidades de ampliación sintáctica que entrañan, con implicaciones léxicas y gramaticales a un tiempo, se debate el lugar que ocupan en la estructura discursiva.

Palabras clave: construcciones pluriverbales; diacronía fraseológica; fraseología histórica; gramaticalización fraseologizada; idiomaticidad

This chapter will focus on current research trends in global and singular history of Spanish phraseological units, as they are multi-lexical constructions that originate in a combination of words that had become stable as a result of linguistic evolution over time. Their diachronic study —from multiple perspectives— is a vigorously growing field within linguistics, particularly in the context of historical phraseology. These multi-word or fixed expressions constitute units of meaning that contain properties of different orders such as syntactic, prosodic, lexical, semantic, and pragmatic features. As multi-word expressions, their idiomatic and lexical result is variable and depends on diachronic processes, mainly phraseologization. In addition, they are codified, so their appearance is recorded by historical lexicography since their beginning in parallel with their documentation and description by grammarians. Also, they tend to show variation of an historical, geographical, and sociolinguistic kind, as they are idioms closely related to cultural stereotypes but not precisely delimited within them. This research field has focused on the analysis of repeated discourse, but its position within the discourse structure is nowadays debated due to the wide range of syntactic possibilities with lexical and grammatical implications that multi-word expressions possess.

Keywords: multi-word constructions; phraseological diachrony; historical phraseology; phraseologization; idioms

2. Conceptos fundamentales

Las unidades fraseológicas son microtextos estereotipados con alta idiomaticidad y fijación graduada, que tienen su origen en una motivación originaria no siempre recuperable, se transmiten en gran medida por vía oral y están reconocidas institucionalmente; contraen relaciones semánticas de polisemia, sinonimia o antonimia y su inserción lexicográfica es objeto de estudio por la fraseografía; en ocasiones convergen con estereotipos culturales en tanto en cuanto representan puntos de vista transferidos socialmente, como sucede en comparaciones del tipo *fuerte como un toro, largo como un día sin pan.*

La *NGLE* (§ 1.10: 53) registra la existencia de expresiones lexicalizadas y semilexicalizadas entre las unidades sintácticas esto es, unidades sintácticas (semi)lexicalizadas más que unidades morfológicas en sentido estricto (§ 1.10m: 57) que, como "piezas léxicas", interesan tanto a la morfología como a la fraseología, la cual "se ocupa de las combinaciones que se consideran idiomatizadas, es decir, las locuciones, los giros, los clichés, los refranes, los dichos y otras clases de modismos" (*NGLE* § 1.10m: 57). Esta imprecisa caracterización académica refleja la ausencia de acuerdo entre los fraseólogos a la hora de describir tales combinaciones; a las ya mencionadas se pueden añadir otras denominaciones, como expresión pluriverbal, unidad pluriverbal lexicalizada y habitualizada, expresión fija, fraseologismo, frasema, unidad fraseológica, adherencia, fórmula de fijación pragmática, pragmatema, unidad fraseológica pragmadiscursiva..., sin ser las únicas.

Es general distinguir hoy entre las secuencias con autonomía sintáctica o *enunciados fraseológicos*, que engloban refranes, proverbios, sentencias, citas históricas y paremias en general, estudiadas por la paremiología, a las que se suma una variada gama de unidades fraseológicas pragmáticas, y los segmentos complejos no autónomos, *colocaciones* y *locuciones*, las últimas de las cuales han sido equiparadas por la tradición gramatical a clases de palabra categorizadas y por ello clasificadas en los correspondientes tipos (locuciones nominales, adjetivas, verbales); entre ellas, las locuciones adverbiales constituyen un grupo significativo por su elevado número, rasgos diferenciales y complejidad tanto formal como sintáctica (Montoro del Arco 2006; García-Page Sánchez 2008); fueron también las primeras en ser trasvasadas a las gramáticas. Esta triple perspectiva (colocaciones, locuciones, enunciados fraseológicos), propia de la fraseología en sentido amplio, que procede de Corpas Pastor (1996), ha modelado el punto de partida de la mayoría de estudios en torno a la fraseología, también en su consideración diacrónica.

Ha sido, asimismo, general considerar que hay una esfera de transición de la sintaxis móvil a la sintaxis fija conformada por las colocaciones, cuyo carácter fraseológico se discute porque la estabilidad de su combinación no impide que los componentes mantengan su aportación al significado (*refrescar la memoria, fumador empedernido*), mientras que unidades fraseológicas de las otras esferas generan un sentido nuevo que se archiva en bloque y se utiliza de manera global. Es lo que sucede en la locución adverbial *como agua para chocolate*, cuyos elementos pertenecen al léxico habitual de cualquier hablante del español: es idiomática, porque su contenido semántico se interpreta de forma integral, no permite su desautomatización y resulta opaca para hablantes de latitudes distintas a aquellas en que se usa. Según el diccionario académico, en Colombia, Costa Rica, Cuba, El Salvador y México se interpreta como "en actitud colérica": *Tita estaba como agua para chocolate, se sentía de lo más irritable* (*DLE, s. v. agua*). En una consideración evolutiva es relevante distinguir el núcleo en torno al cual se conforman históricamente las unidades fraseológicas, que garantiza su continuidad y permite su agrupación en familias fraseológicas, y la periferia, caracterizada por mayor variabilidad. Interesa también mencionar la existencia de léxico únicamente usado en secuencias complejas, como el contenido en las locuciones adverbiales *a mansalva* o *en un santiamén*; este último caso ha combinado en su diacronía la lexicalización, entendida aquí como fusión con resultado léxico, en la voz idiomática *santiamén* (palabra diacrítica procedente de [*Spiritu*] *sancti amén*) y la lexicalización gramaticalizada o fraseologización en el conjunto de la unidad (no se registran históricamente *⋆en dos santiamenes* o *⋆en santiamén*).

3. Aproximaciones teóricas

La fraseología aplicada al español tuvo ya en el siglo XX un cultivo importante en trabajos fundamentales de Casares o Zuluaga (García-Page Sánchez 2008, 38–44), pero la atención a su diacronía es más reciente. Al artículo inicial de Lapesa Melgar (1992 [1981]), se sumaron trabajos pioneros que iban dando cauce teórico a la aplicación de ideas lingüísticas generales a casos particulares, centrando el interés en las causas por las que sintagmas inicialmente libres habían pasado a convertirse en secuencias inmovilizadas. Con la ayuda metodológica procedente de estudios sobre propiedades distribucionales y funciones pragmáticas de las partículas discursivas, esta perspectiva ha tenido gran incidencia en la investigación fraseológica. Así, Martín Zorraquino (2001) iniciaba reflexiones sobre la gramaticalización de *desde luego* como marcador discursivo de modalidad, al tiempo que Pons Bordería y Ruiz Gurillo (2001) describían el proceso por el que la construcción libre *de todas maneras* llegó a adquirir un grado alto de fijación: todo ello era consecuencia del desarrollo en torno al análisis del discurso oral, que ha ido produciendo fructíferos trabajos sobre combinaciones antecesoras de marcadores discursivos (cap. 8). A su vez, el análisis de las unidades fraseológicas, que durante largo tiempo había acogido a estudiosos del "discurso repetido" (Coseriu 2007, 200–204), ha ampliado su marco teórico con cierta atención a la diacronía circunscribiendo las unidades fraseológicas pragmáticas estándar a la gramática del discurso y a la gramática de construcciones, en tanto ha ido creciendo el estudio de unidades fraseológicas de carácter más periférico; este acercamiento (Mellado Blanco 2020) considera las unidades fraseológicas como construcciones formadas por unidades graduables que pueden desembocar, bien en unidades con variación, bien en locuciones con mayor número de constituyentes léxicamente fijados.

La fraseología configura hoy un ámbito léxico-gramatical polivalente que atiende a implicaciones discursivas de las unidades fraseológicas, cuyo proceso constitutivo exige una mirada retrospectiva a su formación diacrónica, pues es general entre los fraseólogos atribuir a épocas pretéritas de la lengua cambios que han terminado por conformar construcciones idiomáticas: sirvan a modo de ejemplo las alusiones al cambio flexivo, cambio derivativo y otros tipos de cambio apuntados por García-Page Sánchez (2008, 230–255), en las que se afirma, por ejemplo, que la forma fija de una estructura morfológica "tiene, en algunas ocasiones, una explicación histórica" (García-Page Sánchez 2008, 232), afirmación muy válida, aunque carente de mayores concreciones.

Como teoría de fondo resulta fundamental la productividad alcanzada por los conceptos de lexicalización y gramaticalización, el último de los cuales engloba concepciones diversas en enfoque y contenido sobre procesos evolutivos de las lenguas, con raíz reconocida en Hopper y Traugott (2003), que, en definitiva, ponen el acento en el relieve que la mirada a la diacronía aporta al estudio de la gramática. Conviene destacar las precisiones hechas por Elvira a los conceptos de gramaticalización y lexicalización:

> la lexicalización afecta a dos o más piezas, que terminan fundiéndose en una nueva con valor gramatical. Esta es una diferencia esencial con respecto a la gramaticalización en su sentido clásico, que afecta [...] a una pieza aislada. Este es uno de los motivos por los que [...] debemos distinguir la gramaticalización y la lexicalización. Aunque el efecto pueda ser el mismo, es decir, la creación de una nueva pieza gramatical, el mecanismo que da lugar a ese resultado es diferente.
>
> (Elvira González 2020, 154)

En el caso de las combinaciones complejas, ambos procesos conducen, en definitiva, a la fraseologización, que, de forma general, se puede describir como el resultado idiomatizado propio de las unidades fraseológicas: se trata de un concepto tras el cual subyace la complejidad misma que acompaña a la definición de unidad fraseológica, pues no en vano lo idiomático conjuga factores lingüísticos con otros de orden cognitivo, social, tradicional, cultural o geográfico, todos ellos, en definitiva, idiosincrásicos.

Por otra parte, y dado que no resulta posible aún hoy explicar operativamente los mecanismos subyacentes, quizá fuera mejor hablar de lexicalización gramaticalizada que desemboca en una gramaticalización de carácter complejo o fraseologización (es decir, con más gramaticalización), con lo que, de paso, se eludiría la sobrecarga de contenido que ha acumulado el término gramaticalización.

Al fondo de cualquier concepción de unidad fraseológica late la idea de que constituye un producto portador de una trayectoria previa, razón por la que la fraseología histórica ha reunido en forma integral un planteamiento interdisciplinar en su estudio, enmarcado en el cultivo de la historia de la lengua.

Parafraseando reflexiones de Company Company (2014, XIX) sobre la investigación en sintaxis histórica y aplicándolas a la fraseología, se podría decir que, considerado multicausal el cambio fraseológico, así como caracterizado por involucrar casi siempre varios niveles de lengua y perspectivas de estudio, resulta necesario atender a datos fonológicos, morfológicos, léxicos, semánticos y pragmáticos cuando ayudan a describir de forma más conveniente los fenómenos que conducen a la fraseologización. En su vertiente más genuina, la perspectiva fraseológica de carácter histórico se nutre de la información que le proporcionan disciplinas como la gramática histórica, la lexicología y la lexicografía históricas, la dialectología histórica y la historia de la codificación gramatical. Al mismo tiempo, y en estrecha relación con la dialectología histórica, importa destacar que, en paralelo a la disponibilidad léxica, hay una disponibilidad fraseológica de los hablantes que limita determinadas unidades fraseológicas a un área determinada, bien porque nunca han salido de ella y son, por lo tanto, construcciones dialectales propias de tal espacio, bien porque han ido reduciendo o concentrando en el tiempo su amplitud geográfica por caminos que comienzan ahora a ser descritos (Ortega Ojeda y González Aviar 2016).

Dado que la construcción de unidades fraseológicas parte por principio de una dimensión histórica, una fracción del foco de naturaleza teórica colocado sobre su proceso de formación busca la reconstrucción diacrónica relativa, sea cual sea el carácter que se les atribuya en la jerarquía lingüística. En realidad, nos enfrentamos a las unidades fraseológicas como a un texto del pasado, en que la sintaxis se ha vuelto rígida, con el consiguiente bloqueo de los principios de percepción y reformulación en su sentido gramatical, por lo que la perspectiva diacrónica se revela fundamental.

La mayor parte de los estudiosos considera que hay una fraseología en sentido estricto, restringida al estudio de unidades fraseológicas pluriverbales que significan en bloque y tienen un significado semántico en mayor o menor medida idiomático (las locuciones centrales) y la fraseología en sentido amplio, ocupada en el estudio de unidades pluriverbales constitutivas de actos de habla, al tiempo que poseedoras de un significado pragmático y/o situacional que se activa en el discurso (localizadas en la zona periférica de la fraseología), sin que esté aún resuelta la asignación a la fraseología de aquellas unidades pragmáticas univerbales consideradas fraseológicas por tratarse de expresiones reducidas y, en todo caso, funcionalmente equivalentes a otras de carácter pluriverbal (como ¡*Aire*!).

Desde el punto de vista histórico se consideran también unidades fraseológicas aquellos agregados que, habiendo sido pluriverbales en el pasado, han terminado por fusionarse gráficamente, como es el caso de *adiós* (fusión de *a Dios*) o de *adefesio* (fusión del lat. *ad Ephesios*), pues el criterio de separación gráfica es, en todo caso, convencional (Martínez Alcalde 2018, 289) y no siempre resulta válido para delimitar fronteras que permanecen difusas. De la misma manera, la historia de la lengua acoge en la fraseología combinaciones que, habiendo existido en el pasado, no han llegado a consolidarse en la lengua general, como *a hurtacordel*, *por de hurto*, *como a hurto* "a hurtadillas", y estarían en el límite aquellas otras con frontera diacrónicamente más imprecisa que, procedentes de otras lenguas, han entrado en español ya lexicalizadas, como sucede en *equilicuá* (< it. *eccoli qua*), que en el diccionario académico se categoriza como adverbio.

Una diferencia importante del enfoque filológico aportado por la fraseología histórica, frente a otras perspectivas de estudio, es su aspiración a establecer la cronología absoluta de los procesos generales de formación de segmentos y secuencias complejas, así como de los particulares de cada caso, sin desdeñar la cronología relativa, pero buscando delimitar su devenir en el tiempo y lugar histórico concretos, y teniendo muy en cuenta la tipología textual y tradiciones discursivas de los testimonios conservados, así como los diferentes registros de lengua representados (cap. 7). La lingüística aplicada a la fraseología tiene también una vertiente teórica a la hora de determinar principios metodológicos empleados en la inserción de unidades complejas en los diccionarios, la fraseografía, que ha alcanzado amplio desarrollo en las últimas décadas. Además, paralelamente al afianzamiento de la metalexicografía en su ámbito de estudio, se empieza a hablar de metafraseografía como conjunto de carácter programático, que va más allá de la fraseografía al pretender abarcar los principios aplicados hasta hoy, de un lado, y los fundamentos teóricos necesarios para la elaboración de diccionarios, de otro, sean estos o no, en ambos casos, productos lexicográficos específicamente fraseológicos.

4. Perspectivas actuales

Además de las locuciones, que configuran el núcleo central, la fraseología ha acogido de forma general también el estudio de paremias. refranes, sentencias o proverbios (enunciados fraseológicos). Es, en cambio, discutible incluir en ella las colocaciones, dado que tales combinaciones formadas por dos unidades léxicas en relación sintáctica, con solidaridad léxica y restricciones combinatorias atribuibles al uso (Corpas Pastor 1996, 66; Penadés Martínez 2012, 11–14), no llegan a desarrollar el proceso semántico de abstracción y generalización que se precisa para dar lugar a la aparición de un significado figurado, tal como exigen las unidades fraseológicas. De modo que el alcance mismo del concepto de unidad fraseológica tiene límites imprecisos, cosa que afecta incluso a unidades centrales como las locuciones: la necesidad de delimitar y clasificar con detalle tales unidades fraseológicas ha dado lugar a monografías esenciales (Montoro del Arco 2006; Penadés Martínez 2012). Desde el punto de vista diacrónico, son la esfera de las locuciones y la de los enunciados fraseológicos las que han recibido mayor y más relevante atención.

Por otra parte, los lazos existentes entre la investigación lingüística histórica y la historiográfica han desplegado un dinamismo creciente en las últimas décadas con beneficiosos resultados para el campo fraseológico. Así, el estudio de la codificación apenas naciente ha dirigido su investigación hacia la historia textual de la tradición hispánica anterior a Nebrija (Pla Colomer y Vicente Llavata 2020), al tiempo que de la métrica y rima de los textos poéticos se están extrayendo principios fraseométricos innovadores (Pla Colomer 2017); a través de una mirada contrastiva hacia modalidades iberorrománicas, se persigue en ambos casos concretar los criterios que en época medieval condujeron a institucionalizar combinaciones locucionales mediante el afianzamiento de su empleo en registros textuales.

Junto a esta codificación aún no gramatizada en forma estándar, para períodos posteriores se cuenta con la tradición historiográfica procedente de obras con intención normativa. La investigación gramaticográfica dirigida al estudio del trasvase de locuciones concretas a los libros de gramática del español ofrece ya resultados relevantes sobre procesos de gramatización categorizada de las locuciones y su desgramatización ulterior (en aquellos casos en que se ha producido) (Gómez Asencio 2018), al tiempo que de la perspectiva historiográfica proceden otras implicaciones de carácter transversal que inciden de lleno en el ámbito fraseológico. Destacan, en ese sentido, los trabajos dedicados a la historia de la ortografía, pues, a pesar de que el criterio de separación gráfica no se haya aplicado homogéneamente a lo largo de la historia de la lengua ni siquiera en textos de intención codificadora, debido a que ha habido diferentes "convenciones de la escritura en cada etapa histórica hasta la actualidad" (Martínez Alcalde 2018, 289), el carácter pluriverbal de una combinación resulta en la práctica esencial a la hora de determinar el concepto de unidad fraseológica. Se considera necesario, por ello, insistir en la necesidad de "documentar fielmente las variantes gráficas de las unidades fraseológicas en distintos tipos de textos a lo largo de la historia, incluidos aquellos destinados a la codificación" (Martínez Alcalde 2018, 289). De hecho, hay fusiones gráficas con carácter normativo reciente de segmentos complejos que, escritos habitualmente en el pasado en forma separada, se han codificado finalmente con fusión gráfica (como *a Dios* > *adiós*, *en seguida* > *enseguida*), así como también a la inversa, tal como queda ejemplificado en la serie combinatoria con *más*, que ha llegado a consolidar fusiones gráficas (*demás*, *además*) no afianzadas en la serie con *menos* (*⋆demenos*, *⋆ademenos*) a pesar de registrarse ejemplos fusionados en épocas anteriores (Echenique Elizondo y Pla Colomer 2021, 343–379).

También en la fijación de las paremias ha habido criterios institucionales diferentes y seguramente la codificación ha contribuido a forjar su presencia historiográfica, pues los refranes han constituido para los gramáticos excelente ejemplo de uso autóctono cuando no había aún en la tradición literaria española modelos consolidados para su inclusión en obras de intención normativa; de hecho, figuraron en el diccionario académico común hasta su decimonovena edición.

Además de la ayuda proveniente de diccionarios y repertorios fraseológicos, la perspectiva histórica tiene su complemento en estudios específicos. Son ya numerosos los estudios dedicados a unidades fraseológicas particulares (Codita 2016), propias de categorías o de campos léxico-semánticos delimitados, conformadas por palabras gramaticales o con presencia de palabras diacríticas, así como los dirigidos a la influencia ejercida por la impronta latina en la fraseología castellana, todos ellos por lo general dentro de un acercamiento fraseológico de índole filológica.

Esta perspectiva, que continúa la estela de Rafael Lapesa, ha dado lugar al estudio de la fraseología histórica, disciplina en auge cuyos inicios se remiten por lo general a Echenique

Elizondo (2003) y se ha ido abriendo paso con prolongada continuación en trabajos que comparten método y objetivos (Echenique Elizondo *et al.* 2016; Echenique Elizondo, Schrott y Pla Colomer 2018; Echenique Elizondo 2021; Echenique Elizondo y Pla Colomer 2021, 52–69).

Entre sus resultados destaca la muestra nuclear y arquetípica de un diccionario fraseológico documentado, el *Diccionario histórico fraseológico del español* (*DHISFRAES*) (Echenique Elizondo y Pla Colomer 2021). Basado en datos procedentes de ediciones textuales cuidadosamente seleccionadas que abarcan diferentes períodos históricos de la lengua, el *DHISFRAES* ofrece un repertorio concentrado de unidades fraseológicas, aún parcial y en vías de experimentación, que documenta tanto las variantes que se han consolidado luego en la lengua como aquellas que no han llegado a formar parte del repertorio posterior de locuciones; agrupa los datos por familias fraseológicas generadas en procesos constitutivos que conducen a su fijación en torno a un núcleo, familias vinculadas por estrechas redes de relación que explican también su categorización como locuciones adverbiales o prepositivas. Tal agrupación en familias fraseológicas está inspirada en la noción de familia léxica aplicada por la lexicografía histórica y busca un criterio ordenador para las locuciones en la línea, en cierto modo semejante, que ha sido trazada para agrupar los enunciados fraseológicos en paremiotipos (Gargallo Gil y Álvarez Pérez 2014, 319).

Por otra parte, y en relación con el uso de las unidades fraseológicas por autores concretos, se ha iniciado el camino para ir trazando la historia fraseológica de la lengua mediante la recolección y análisis de datos específicos necesarios para reconstruir períodos e hitos históricos. La aplicación de criterios actualizados contribuye a establecer la cadena de procesos constitutivos de las unidades fraseológicas a través de apreciaciones como la siguiente:

> hemos comprobado que algunas UF con nombre propio se están haciendo en esta época: Góngora es el creador de *Cada uno estornuda como dios le ayuda* y Quevedo de *Poderoso caballero es don Dinero*. Pero, en general, ambos autores reproducen o juegan con UF ya existentes. Y, en cuanto a las clases de nombres propios presentes en las UF empleadas por nuestros autores, encontramos que, atendiendo a su origen, pueden ser tanto nombres propios *sensu stricto* (antropónimos y topónimos, sobre todo) como nombres comunes e, incluso, hemos encontrado sintagmas y oraciones funcionando como nombres propios. Y, por lo que respecta a sus funciones principales, suelen ser *tipónimos* o *ludónimos*.
>
> (Batista Rodríguez y García Padrón 2018, 106)

Llama la atención, por otra parte, la confluencia lograda en ocasiones desde enfoques en principio diferentes. Así, por ejemplo, Bizzarri, al determinar rasgos definitorios propios de las paremias desde una perspectiva estrictamente filológica, llega a conclusiones semejantes a las descritas por Pato para los paremiotipos con un planteamiento rigurosamente lingüístico. Desde presupuestos metodológicos distintos, ambos autores terminan formulando ideas convergentes sobre los rasgos que singularizan a las unidades fraseológicas: brevedad, oscuridad y abstracción como marcas estéticas de matriz retórica, por un lado (Bizzarri 2018, 25), frente a función cognitiva, lingüística y pragmática como resultado de un proceso de abstracción y generalización de la experiencia, por otro (Pato 2018, 149). De hecho, hay en la tradición una vertiente popular que recibe, transmite y en ocasiones renueva el saber heredado (*el que fue a Sevilla perdió su silla* es de uso general en España y América, *el que fue a Quito perdió el banquito* se registra en Ecuador, *el que va a Villeta pierde su silleta* es propia de Paraguay, o *el que fue a Olancho perdió su rancho* se usa en Honduras), que concurre con otra, culta, de creación personal generadora de sentencias y proverbios nuevos (*Poderoso caballero es don Dinero*).

A todo ello cabe sumar la perspectiva pragmática allí donde tradiciones colectivas e individuales aparecen entremezcladas, con límites difusos entre fórmulas sociales con alto grado de convencionalidad, por un lado, y cierto margen para la variación, por otro. En esta línea, la pragmalingüística ha inventariado fraseologismos comunicativos propios del género integrado por cartas privadas, fijando la mirada sobre fórmulas sociales de cortesía en las cuales pueden constatarse notas de fraseologización, dada su función dialógica: es el caso de la *salutatio* y la *conclusio*, esto es, las fórmulas de encabezamiento y cierre, en la correspondencia privada intercambiada entre España y América en el siglo XVI; en las numerosas cartas conservadas se comprueba, en efecto, cómo estructuras fraseológicas que parten de soluciones predefinidas, estereotipadas en alto grado y casi fosilizadas, funcionan socialmente dejando márgenes de variación, más marcados en las *conclusiones*, a la creación individual de cada autor (Schrott 2018, 126).

5. Perspectivas futuras y conclusiones

La tarea para reunir corpus materiales completos destinados a la investigación fraseológica en su amplitud hispánica histórica solo será verdaderamente posible cuando la RAE y la ASALE avancen en la elaboración del anunciado *Diccionario panhispánico de fraseología*. Mientras tanto, el *DHISFRAES* no es más que una muestra arquetípica que quiere servir para iniciar un camino que debe ser completado en el futuro, pues el objetivo final, aún lejano, es reunir un repertorio de datos completo a partir del cual puedan analizarse con fundamento los procesos generales y particulares de fraseologización. Aun así, permite ir vislumbrando rasgos constitutivos en la formación de las unidades fraseológicas del español: se puede observar, por ejemplo, que, junto a locuciones que muestran desde antiguo solidaridad entre la preposición y el núcleo de la unidad, con cohesión fijada idiomáticamente ya en sus primeras documentaciones, hay gran variación en otras —como sucede en el caso particular de *alrededor de*, con numerosas variantes históricas e incluso actuales, o en las heterogéneas cadenas gramaticalizadoras conformadas en torno a *más* (Echenique Elizondo y Pla Colomer 2021, 477–489 y 289–324)—. Un corpus completo de fraseología, además de ofrecer información descriptiva sobre el proceso de constitución de locuciones, serviría también para seguir trazando la historia de aquellas partículas cuyas relaciones entre las categorías de preposición, conjunción y adverbio llegan a ser más relevantes.

Todo ello deberá conducir a determinar aspectos gramaticales como los siguientes: qué agregados locucionales surgieron antes y cuáles después, qué combinaciones funcionaban ya en la lengua medieval como locuciones o estaban a medio camino entre preposiciones complejas y locuciones adverbiales, por qué se fusionaron determinadas unidades complejas, cuándo se puede afirmar que estaban ya fraseologizadas, cuándo tuvo lugar la lexicalización (primero) y la gramaticalización (después), qué combinaciones presentan fijeza (esto es, fijación total) y desde cuándo, cuáles admiten variaciones (singular-plural, masculino-femenino, inserción de otros componentes) y desde cuándo, en qué momento se puede hablar de cohesión total de los componentes de una locución, cuándo se llega a su invariabilidad morfológica, en qué momento es ya perceptible el debilitamiento semántico referencial de su origen, cómo se ha concretado a lo largo de la historia de la lengua la fijación del núcleo y la mayor o menor variación de los elementos periféricos con su adaptación a las necesidades comunicativas, dónde están y cómo se delimitan gradualmente las fronteras entre combinaciones libres y unidades fijas.

La historia de la lengua y la historiografía necesitan, a su vez, seguir reuniendo materiales adecuados y sistemáticos para concretar hasta qué punto la institucionalización y su aplicación normativa influyen en la fijación de las unidades fraseológicas, cuándo se han introducido en la lengua fórmulas registradas en textos sapienciales o jurídicos que, provenientes de la tradición latina, árabe o de cualquier otra vía, aparecen documentadas desde el principio como expresiones fijas y consolidadas, hasta qué punto el influjo ultrapirenaico visible en la lengua (como el provenzal u occitano perceptible en autores como Santillana) contribuye a asentar determinadas unidades fraseológicas o si ciertos espacios lingüísticos hispánicos han servido como aglutinantes para la formación de unidades fraseológicas castellanas (como el aragonés en el caso de Juan Fernández de Heredia), así como para establecer hitos históricos en los procesos de desfraseologización progresiva, sobre todo lo cual va habiendo ya conocimientos parciales.

Será también de interés continuar el estudio encaminado a desentrañar la articulación de unidades fraseológicas mediante procesos de desautomatización, muchas veces con intención lúdica, en textos de diferentes períodos históricos, así como a profundizar en la presencia de topónimos en la fraseología con valor claramente dependiente del contexto y la situación comunicativa, junto a concreciones sobre cuándo y cómo comienza la integración de nombres propios y topónimos en las unidades fraseológicas. Será interesante, en este sentido, determinar hasta qué punto hay o no creatividad lingüística en las expresiones fijas y cuáles son los límites entre creatividad fraseológica y desautomatización.

Dada la implicación existente entre fraseología y lexicología histórica, sería también relevante completar el estudio histórico de la disponibilidad léxica en palabras diacríticas o idiomáticas contenidas en unidades fraseológicas, con las implicaciones correspondientes a su distribución geográfica y social, delimitando el proceso mediante el cual una palabra común va siendo desplazada del uso diario por razones de cambio léxico, en tanto queda fijada idiomáticamente (en diferentes grados según los casos) en una unidad fraseológica determinada. Es, igualmente, muy necesario incrementar la aportación al conocimiento integral de la formación de unidades fraseológicas mediante la suma de recopilaciones parciales de carácter histórico con el fin de llegar al conocimiento adecuado de la fraseología del español de todos los tiempos y todas las tierras. Al mismo tiempo, a la mirada contrastiva hacia variedades geográficamente cercanas al espacio castellano, que aportan datos esclarecedores para la formación de unidades estrictamente castellanas, sería conveniente extender a lenguas distantes el criterio comparativo, lo que permitiría establecer notas de carácter más universal en la formación de complejos fraseológicos, o de sus equivalentes, en otras lenguas históricas.

Además, de la misma forma que se ha apuntado al paso del siglo XVII al XVIII para consolidar cambios destacados en la evolución de la sintaxis (Company Company 2014) (*cf.* el cap. 40), habría que establecer una periodización de los procesos de fraseologización en la historia de la lengua: partiendo de la cronología relativa (primero lexicalización y luego gramaticalización aplicada a casos concretos o categorizados) se podría llegar a situar la transformación constitutiva de las unidades fraseológicas en el momento histórico concreto, pues la fraseología histórica es el reverso complementario de la diacronía fraseológica. En todo ello habría que tener en cuenta también los casos en los que se ha producido una desfraseologización progresiva por efecto de fusiones gráficas.

Por otra parte, la atención a la fijación de los componentes de una secuencia compleja como hecho de naturaleza gramatical no impide continuar explorando caminos que asocien la función cognitiva, que conduce a los hablantes de una lengua concreta a conferir nuevos significados a los vocablos ya existentes, con la función pragmática, que modifica la interpretación de la realidad. Ahora bien, la fusión de componentes en la lengua escrita tiene naturaleza puramente convencional y, también por ello, cambiante, pues la diacronía de la lengua y la evolución de los sistemas ortográficos no siguen vías paralelas. Es necesario, en este sentido, seguir insistiendo en la necesidad de documentar fielmente las variantes gráficas de las unidades fraseológicas en distintos tipos de texto a lo largo de la historia, y es preciso encontrar explicación gramatical complementaria a procesos no solo gráficos: por qué la lengua ha construido *además de*, con fusión previa de pasos que posiblemente requieran ser sucesivos en el tiempo (*de más > demás > a demás > además > además de*), pero no se ha llegado a ★*ademásde*, así como tampoco a su antónimo ★*ademenos(de)*.

Continuando por la misma senda tendría gran interés investigar si ha existido un proceso histórico paralelo en la construcción de antónimos, algo así como sinonimia en la contraposición, esto es, hasta qué punto una construcción de la lengua arrastra a su antónimo en la misma dirección: existe *de más-de menos, hacer de más-hacer de menos*, pero no *además-ademenos*. Cabría profundizar, con ello, en la argumentación para explicar por qué la combinación de elementos opuestos ha sido muy productiva en la construcción de antónimos intrafraseológicos del español (*más o menos, ni más ni menos, sus más y sus menos, el que más y el que menos*).

En definitiva, se trataría de poder llegar a determinar adecuadamente la formación de una tipología de las unidades fraseológicas dentro del *continuum* histórico de la lengua y su consiguiente jerarquización, así como a distinguir combinaciones que aparecen solo esporádicamente a lo largo de la historia frente a construcciones ya comunes y habitualizadas desde época medieval, con prolongación continuada o intermitente hasta la actualidad. Se podría concretar entonces las categorías que mayoritariamente componen estos sintagmas y estudiar cómo se van integrando, a la vez que fijando, en el sistema fraseológico, pues la cadena de gramaticalización, esto es, la transformación de unidades lingüísticas en una nueva categoría no surge de forma inmediata, sino que experimenta modificaciones graduales y transitorias hasta lograr su consecución (Company Company 2014).

En todo caso, estamos aún lejos de llegar a establecer una taxonomía adecuada en la tipología de las unidades fraseológicas del español, y menos aún su periodización: serán necesarios muchos trabajos parciales previos para estar en condiciones de emprender una clasificación global completa y equilibrada. Por último, y como reflexión general de fondo, una visión amplia en la conformación de unidades fraseológicas con resultado de micro o, incluso, macrotextos estereotipados conduciría a considerar cierto paralelismo con la creación de romances, pues tanto en la fraseología como en el romancero se destaca su carácter popular, oral, anónimo y tradicional, pero también, según los casos, su condición de obra de autor (culto). Siguiendo por esta senda, habría que acentuar en el estudio fraseológico la importancia de rasgos prosódicos, hoy también considerados relevantes en el estudio de la sintaxis, subrayando su vinculación con patrones métricos, rítmicos e, incluso, musicales.

Lecturas recomendadas

García-Page Sánchez (2008) es un tratado exhaustivo de las unidades fraseológicas centrales. Junto a un clarificador estudio introductorio en torno a los orígenes y desarrollo de la fraseología hasta 2008, ofrece valiosa argumentación teórica. Pese a no tener un planteamiento netamente histórico, el apartado dedicado a la variación contiene múltiples referencias a cuestiones diacrónicas.

La obra de Echenique Elizondo, Schrott y Pla Colomer (2018) recoge, tras un primer capítulo programático en torno a tradición o innovación personal en la formación de enunciados fraseológicos, diferentes perspectivas de método aplicadas al estudio histórico de la fraseología, con análisis específicos sobre cambios detectados en registros textuales diversos.

Pla Colomer y Vicente Llavata (2020) aplica principios procedentes de la fraseología histórica a un campo medieval cohesionado, bien acotado y trabajado con rigor en su tejido textual. Es la primera investigación monográfica de unidades fraseológicas agrupadas en campos semánticos arquetípicos. Los gráficos comparativos de distintas variedades iberorrománicas conforman un recurso visualmente muy eficaz.

Referencias citadas

Batista Rodríguez, J. J. y D. García Padrón. 2018. "Nombres propios en fraseologismos de Góngora y Quevedo: función semántica e idiomaticidad". En *Cómo se hacen las unidades fraseológicas: continuidad* y renovación en la diacronía del espacio castellano, eds. M. T. Echenique Elizondo, A. Schrott y F. P. Pla Colomer, 71–109. Berna: Peter Lang.

Bizzarri, H. O. 2018. "Tradición sapiencial e innovación personal en la Edad Media". En *Cómo se hacen las unidades fraseológicas: continuidad y renovación en la diacronía del espacio castellano*, eds. M. T. Echenique Elizondo, A. Schrott y F. P. Pla Colomer, 15–27. Berna: Peter Lang.

Codita, V. 2016. *La conformación y el uso de las locuciones prepositivas en castellano medieval*. Madrid y Fráncfort: Iberoamericana y Vervuert.

Company Company, C. dir. 2014. *Sintaxis histórica de la lengua española*. Tercera parte: *Preposiciones, adverbios y conjunciones. Relaciones interoracionales*, vol. 3, t. 1 y 2. México: Fondo de Cultura Económica y Universidad Nacional Autónoma de México.

Corpas Pastor, G. 1996. *Manual de fraseología* del español. Madrid: Gredos.

Coseriu, E. 2007. *Lingüística del texto. Introducción a la hermenéutica del sentido*. Ed. O. Loureda Lamas. Madrid: Arco/Libros.

DLE: Real Academia Española. 2014. *Diccionario de la lengua española*, 23.ª ed. [versión 23.4]. http://dle.rae.es.

Echenique Elizondo, M. T. 2003. "Pautas para el estudio histórico de las unidades fraseológicas del español". En *Homenaje al profesor José Jesús Bustos Tovar*, coords. J. L. Girón Alconchel, S. Iglesias Recuero, F. J. Herrero Ruiz de Lozaiga y A. Narbona, 545–560. Madrid: Universidad Complutense.

Echenique Elizondo, M. T. 2021. *Principios de fraseología histórica española*. Madrid: Instituto Universitario "Seminario Menéndez Pidal".

Echenique Elizondo, M. T., M. J. Martínez Alcalde, J. P. Sánchez Méndez y F. P. Pla Colomer, eds. 2016. *Fraseología española: diacronía y codificación*. Madrid: CSIC.

Echenique Elizondo, M.ª T. y F. P. Pla Colomer, eds. 2021. *Diccionario histórico fraseológico del español (DHISFRAES). Muestra arquetípica*. Berna: Peter Lang.

Echenique Elizondo, M. T., A. Schrott y F. P. Pla Colomer, eds. 2018. *Cómo se hacen las unidades fraseológicas: continuidad y renovación en la diacronía del espacio castellano*. Berna: Peter Lang.

Elvira González, J. 2020. "Lexicalización primero, gramaticalización después: aproximación a la génesis de *cualquiera*". En *El español y las lenguas peninsulares en su diacronía: miradas sobre una historia compartida. Estudios dedicados a M. Teresa Echenique Elizondo*, eds. M. J. Martínez Alcalde, J. P. Sánchez Méndez, F. J. Satorre Grau, M. Quilis Merín, A. Ricós Vidal, A. García Valle, F. P. Pla Colomer y S. Vicente Llavata, 153–168. Valencia: Tirant lo Blanch.

García-Page Sánchez, M. 2008. *Introducción a la fraseología española. Estudio de las locuciones*. Barcelona: Anthropos.

Gargallo Gil, J. E. y X. A. Álvarez Pérez. 2014. "El proyecto ParemioRom. Refranes meteorológicos y geoparemiología romance". *Estudis Romànics* 36: 313–324.

Gómez Asencio, J. J. 2018. "Gramatización y desgramatización de locuciones prepositivas en la tradición gramatical española". En *Cómo se hacen las unidades fraseológicas: continuidad y renovación en la diacronía del espacio castellano*, eds. M. T. Echenique Elizondo, A. Schrott y F. P. Pla Colomer, 295–334. Berna: Peter Lang.

Hopper, P. J. y E. C. Traugott. 2003. *Grammaticalization*. 2.ª ed. Cambridge: Cambridge University Press.

Lapesa Melgar, R. 1981[1992]. "*Alma* y *ánima* en el *Diccionario histórico de la lengua española*: su fraseología". En *Léxico e historia. II. Diccionarios*, 79–86. Madrid: Istmo.

Martín Zorraquino, M. A. 2001. "Sobre la gramaticalización de *desde luego*". En *Actes de XXIIème Congrès International de Linguistique et Philologie Romanes*, eds. A. Englebert, M. Pierrard, L. Rosier y D. van Raemonk, vol. II, 307–318. Tubinga: Max Niemeyer.

Martínez Alcalde, M. J. 2018. "Unidad fraseológica, diacronía y escritura: reflexiones sobre un espacio en blanco". En *Cómo se hacen las unidades fraseológicas: continuidad y renovación en la diacronía del espacio castellano*, eds. M. T. Echenique Elizondo, A. Schrott y F. P. Pla Colomer, 275–294. Berna: Peter Lang.

Mellado Banco, C. 2020. "*(No) me importa un comino* y sus variantes diatópicas. Estudio de corpus desde la Gramática de Construcciones". En *Fraseología y variaciones (socio)lingüísticas y diatópicas*, eds. P. Mogorrón Huerta y A. Cuadrado Rey, 89–111. ELUA. Anexo VII. https://doi.org/10.14198/ELUA2020.ANEXO7.01

Montoro del Arco, E. T. 2006. *Teoría fraseológica de las locuciones particulares. Las locuciones prepositivas, conjuntivas y marcadoras en español*. Fráncfort: Peter Lang.

NGLE: Real Academia Española y Asociación de Academias de la Lengua Española. 2009. *Nueva gramática de la lengua española*. 2 volúmenes. Madrid: Espasa Libros.

Ortega Ojeda, G. y M. I. González Aviar. 2016. "Relación entre la fraseología histórica y la fraseología regional del español". En *Fraseología española: diacronía y codificación*, eds. M. T. Echenique Elizondo, M. J. Martínez Alcalde, J. P. Sánchez Méndez y F. P. Pla Colomer, 33–55. Madrid: CSIC.

Pato, E. 2018. "Sobre el estudio de la toponimia en los enunciados fraseológicos: de *Villadiego* a *Potosí* (sin pasar por *las Batuecas*)". En *Cómo se hacen las unidades fraseológicas: continuidad y renovación en la diacronía del espacio castellano*, eds. M. T. Echenique Elizondo, A. Schrott y F. P. Pla Colomer, 131–156. Berna: Peter Lang.

Penadés Martínez, I. 2012. *Gramática y semántica de las locuciones*. Alcalá de Henares: Universidad de Alcalá.

Pla Colomer, F. P. 2017. "Fundamentos para una fraseometría histórica del español". *Rhytmica* 15: 87–112.

Pla Colomer, F. P. y S. Vicente Llavata. 2020. *La materia de Troya en la Edad Media hispánica: historia textual y codificación fraseológica*. Madrid y Fráncfort: Iberomericana y Vervuert.

Pons Bordería, S. y L. Ruiz Gurillo. 2001. "Los orígenes del conector *de todas maneras*: fijación formal y pragmática". *Revista de Filología Española* 81 (3–4): 317–351.

Schrott, A. 2018. "Cartas privadas entre distancia e intimidad: el papel de la fraseología". En *Cómo se hacen las unidades fraseológicas: continuidad y renovación en la diacronía del espacio castellano*, eds. M. T. Echenique Elizondo, A. Schrott y F. P. Pla Colomer, 111–129. Berna: Peter Lang.

24
Caracterización del léxico medieval (Features of the lexicon of medieval Spanish)

Steven N. Dworkin

1. Introducción

El léxico es el componente más abierto y fluido de las varias estructuras que conforman una lengua. El número de elementos que lo conforma es enorme, siempre cambiante con la constante adición y pérdida de palabras, y por consiguiente no se presta a una estructuración que se amolde fácilmente a una descripción nítida. También vale esta aseveración para el lado semántico del léxico, con el desarrollo de nuevos sentidos y, a veces, la obsolencia o eliminación de otros. Cualquier descripción o análisis debe tener en cuenta tanto el inventario de los significantes como sus significados. El léxico del español medieval ha sufrido muchos cambios en su contenido y estructuras. Muchas palabras documentadas en fuentes de los primeros siglos medievales cayeron en desuso antes de finalizar la época medieval, cuyos dos últimos siglos acogieron gran cantidad de novedades e innovaciones léxicas. Este capítulo se propone tratar el léxico del español medieval desde una perspectiva evolutiva, en especial con respecto al inventario de sus significantes y sus diferencias con etapas posteriores de la lengua (véase los caps. 25 y 26).

Palabras clave: cambio léxico; pérdida léxica; préstamos léxicos; neologismos; cambio semántico

The lexicon is the most open-ended and fluid component of a language. The constant addition and loss of its constitutive elements render difficult a tidy characterization of the lexicon. This statement applies equally to the study of lexical semantics, as a result of semantic shifts. Many of the words documented in early medieval sources fell into disuse before the end of the medieval period, while the last two centuries of this period witnessed an influx of neologisms resulting from borrowings and internal creations. Within the limits of this Manual, this chapter will focus on the evolution of the inventory of the medieval Spanish lexicon and its differences with later stages of the language (see chaps. 25 and 26).

Keywords: lexical change; lexical loss; loanwords; neologisms; semantic change

2. Conceptos fundamentales

Desde una perspectiva histórica, el léxico del español (como el de cualquier otra lengua romance) consta de tres capas: (1) las palabras heredadas del latín hablado, es decir, el léxico patrimonial, (2) los préstamos de otras lenguas con las que el continuo latín-romance está en contacto desde la llegada de los romanos a la península ibérica y (3) los neologismos creados por procesos de derivación internos. Entendemos con la etiqueta "español medieval" las distintas variedades regionales y sociales hispanorromances conservadas en una documentación que abarca unos cinco siglos, desde la aparición de los primeros textos en los siglos x y xi (en su mayoría documentos notariales) escritos con una ortografía claramente romance, sin disfraz latinizante, hasta 1499, punto final de la tradición textual medieval. Los investigadores que quieran indagar cualquier aspecto del léxico del español medieval tienen que enfrentarse con varias limitaciones. Tienen acceso directo únicamente a una parcela reducida del acervo léxico de la época. La lengua medieval (como la de cualquier otra época histórica antes de la invención y empleo de grabadoras) ha pervivido solo en forma escrita; es decir, el español medieval es una lengua textual. Por consiguiente, leemos, analizamos y escribimos la historia de la lengua de una élite minoritaria letrada que vive entre una población hispanohablante medieval abrumadoramente analfabeta e inculta. La selección léxica medieval que conocemos refleja solamente ciertos registros de la lengua escrita asociados con ciertos géneros textuales y tradiciones discursivas.

Varios especialistas han llevado a cabo estudios de sesgo metodológico sobre las huellas de la oralidad o de la lengua hablada en el nivel popular conservadas en la sintaxis de la lengua medieval. Se ha hecho poco sobre el aspecto léxico de la oralidad. Los textos medievales no reproducen diálogos espontáneos que reflejen las realidades léxicas de las tradiciones discursivas orales, sobre todo con respecto a las voces menos refinadas de la época. Los diálogos en las crónicas y en la poesía son literarios y no son transcripciones fidedignas de las realidades de la lengua popular. No hay piezas de teatro de la época medieval con diálogo natural que refleje el habla espontánea, sobre todo la de las clases bajas. Se vislumbran en la poesía satírica conservada en los varios cancioneros del tardío Medievo algunos rasgos del léxico popular grosero con referencia a los órganos sexuales masculinos y femeninos —p. ej., *carajo, pixa/pija, vergajo, coño, crica, verija, foder, nicar, rezmilla, fazer traque traque*, todos documentados (algunos por primera vez)— en el *Cancionero de Baena*, compilación poética de la primera mitad del siglo xv (López Quero 2011). Los fueros medievales proporcionan las palabras para ciertas acciones socialmente inaceptables (*foder por el culo, cagar a puerta agena, dar con la calor del pedo en la faz*) y señalan varias voces cuyo empleo como insultos contra otra persona merece sancionarse con multas (p. ej., *fodiculo, fornezino, gafo, puto sabido*).

Además de identificar las voces que constituyen el caudal del léxico medieval, urge determinar cómo se mide la vitalidad auténtica de una palabra dentro de la comunidad lingüística. Es poco probable que los centenares de latinismos documentados en los textos del siglo xiii gozaran de vitalidad fuera de la lengua escrita en textos dirigidos a un público restringido. ¿Cuál es la vitalidad auténtica de las palabras que se documentan con poca frecuencia pero que se encuentran en textos hasta fines del siglo xv? Se puede hacer la misma pregunta con respecto a la vitalidad y grado de integración de los préstamos léxicos, sobre todo arabismos y galicismos, que se documentan muy pocas veces y que han acabado por desaparecer. Muy a menudo la selección léxica depende del género textual y de la tradición discursiva pertinente. Rastreos sistemáticos de textos de tradiciones discursivas no literarias (documentos notariales, compraventas, testamentos, inventarios de bienes, etc.) proporcionan voces pertenecientes a las realidades materiales de la vida cotidiana; también habrá en la lengua hablada vocablos sobre temas que casi nunca se tratan o se describen en la documentación medieval.

3. Aproximaciones teóricas

Como se ha señalado arriba, el léxico medieval no se presta a generalizaciones teóricas. No se ha formulado ninguna teoría general del cambio léxico. Abundan centenares (si no miles) de estudios sobre el origen y/o la historia de palabras individuales. Los estudiosos de la lengua medieval todavía no disponen de un diccionario completo basado en fuentes fidedignas y confeccionado con el rigor científico y filológico debido. No hay ninguna compilación comparable en su cobertura con los dos grandes diccionarios del francés medieval, el *Dictionnaire de l'ancien français* (Godefroy 1883–1895) y el *Altfranzösisches Wörterbuch* de Tobler-Lommatzsch (los dos ya bastante anticuados) o con el más reciente *Dictionnaire du français médiéval* (Matsumura 2015). Obras pioneras como El *Vocabulario medieval castellano* de Cejador y Frauca (1929), el *Medieval Spanish Word-List* de Oelschläger (1940) y el *Tentative Dictionary of Medieval Spanish* de Boggs *et al.* (1946) se basan en un número muy reducido de fuentes literarias y documentales. Aunque los dos tomos del *Diccionario medieval español* de Alonso Pedraz (1986), obra póstuma, ofrezca más de 30 000 entradas, carece de rigor filológico, porque se basa en ediciones de textos anticuadas y contiene muchas palabras fantasmas. La nueva versión del *Tentative Dictionary of Medieval Spanish* (Kasten y Cody 2001) se fundamenta en el rastreo de 86 textos. A pesar de su fecha de publicación, esta obra se apoya en una recopilación de datos concluida en los años setenta del siglo pasado. Entre 1987 y 2007 un equipo dirigido por Müller en Heidelberg publicó los primeros 26 fascículos del *Diccionario del español medieval*, llegando a la palabra *almohotac* antes de que este proyecto se interrumpiera por falta de financiación. En 2021 se publicó en línea (demel.uni-rostock.de) el *Diccionario español medieval electrónico* (*DEMel*) que ofrece en forma digitalizada el fichero del DEM que se había guardado en gavetas. Ofrece unas 659 000 documentaciones de más de 35 000 lexemas. Muchas de las entradas en los seis tomos del *Diccionario crítico etimológico castellano e hispánico* de Corominas y Pascual (1980–1991) arrojan luz sobre la historia y el significado de multitud de palabras de la lengua medieval.

Junto a estas herramientas, los investigadores del léxico español medieval tienen a su alcance varios diccionarios que registran de modo casi completo el vocabulario de ciertos ámbitos más restringidos. Los tres tomos de Kasten y Nitti (2002) registran todos los vocablos que se encuentran en los textos literarios y científicos conservados en manuscritos que proceden de la cancillería y el escritorio del rey Alfonso X el Sabio (1252–1284). Cada entrada presenta los significados de la palabra en español moderno, sus variantes formales en los manuscritos y ejemplos en su contexto. De estructura semejante es Sánchez González de Herrero (2000), un diccionario que contiene las voces de los documentos oficiales emitidos por Alfonso X. Los dos tomos de Herrera (1996) registran todas las palabras (salvo artículos, pronombres y preposiciones de alta frecuencia) que se documentan en textos médicos de los siglos xiv y xv. Capuano (2017) presenta los fitónimos y otros términos botánicos empleados en fuentes medievales y premodernas. Galmés de Fuentes *et al.* (1994) recoge el léxico de los textos aljamiados del Medievo tardío. Mackenzie (1984) es un diccionario, con glosas en inglés, del vocabulario de los textos aragoneses producidos en el escritorio de Juan Fernández de Heredia (1310–1396). Sin salir del dominio oriental de la península ibérica, el investigador puede recurrir al *Diccionario general y etimológico del castellano del siglo* xv *en la Corona de Aragón*, diccionario digitalizado (www.ghcl.ub.edu) dirigido por Lleal. Esta herramienta permite al lexicólogo acceder por varios caminos al vocabulario de numerosos documentos del siglo xv procedentes de la Corona de Aragón. Al lado de estos diccionarios temáticos se encuentran estudios monográficos sobre campos léxicos específicos: nombres de oficios y profesiones, nombres de tejidos, nombres de las partes del cuerpo humano, vocabulario cromático, etc.

Se pueden citar, además, centenares de vocabularios, glosarios y concordancias, impresos y digitalizados, que registran (de modo parcial o completo) el léxico de autores u obras individuales. Se ofrece una compilación de tales fuentes de datos léxicos en la bibliografía en línea *Lexical Studies of Medieval Spanish Texts* de Dworkin y Gago Jover (www.hispanicseminary.org/lsmst/index.htm), obra que sigue actualizándose. Acaba de publicarse en línea el *Old Spanish Textual Archive* (Gago Jover y Pueyo Mena 2021–) (http://oldspanishtextualarchive.org/), una concordancia enorme confeccionada sobre la base de unos 1 577 textos medievales. Siguen siendo de gran valor para el estudio del léxico medieval los datos almacenados en el *Corpus diacrónico del Español (CORDE)*, el *Corpus del Diccionario histórico de la lengua* y el Fichero General de la Real Academia Española. A diferencia de los diccionarios, glosarios y vocabularios, las concordancias ofrecen a sus usuarios datos léxicos brutos sin definiciones, traducciones o glosas: incumbe a cada usuario extraer sus propias conclusiones acerca de los significados de la palabra pertinente en cada contexto.

Aunque no exista una obra que ofrezca una visión completa del léxico del español medieval, hay algunos estudios de gran valor que pueden describirse como síntesis parciales. Sigue siendo un ejemplo modélico Clavería Nadal (2005), que enfoca el léxico del siglo XIII desde dos perspectivas complementarias: la procedencia etimológica de las voces documentadas y la constitución léxica de los campos semánticos que más se destacan en los textos de aquel siglo. Dworkin (2005) analiza los cambios que marcan la transición léxica en la Baja Edad Media, marcada por los primeros italianismos, la reducción de elementos árabes y un aumento significativo en la introducción de latinismos (sobre todo por vía escrita).

4. Perspectivas actuales

4.1 Capas léxicas

Como se ha señalado arriba, la primera capa histórica del léxico español la constituyen las palabras heredadas de las variedades regionales y sociales del latín hablado en la península ibérica mientras Hispania formó parte del Imperio romano, es decir, el léxico patrimonial. Se incluyen bajo esta rúbrica las palabras de presunto origen prerromano que acabaron por formar parte del léxico regional del latín y que evolucionaron en el hispanorromance como cualquier otra palabra del léxico latino heredado. No caben aquí las palabras de posible origen vasco que hayan entrado en el hispanorromance por el contacto medieval entre las variedades romances norteñas y el vasco, si bien surgen casos en los que es sumamente difícil determinar a cuál de estas capas pertenece una palabra bien arraigada y difundida con cognados en vasco: sirva de ejemplo el esp. ant. *esquierdo* (mod. *izquierdo*) con cognados en portugués (*esquerdo*) y catalán (*esquerre*). La mayoría abrumadora de las palabras más frecuentes en nuestras fuentes escritas medievales pertenece a la categoría de las voces patrimoniales. De las que se encuentran en la Jena List of Basic Cognates, solo seis no proceden del latín: *garra/garfa* (de origen árabe), *golpe* (un galicismo), *gusano*, *pequeño*, *chico*, *perro* (todos de origen desconocido o controvertido); siguen siendo polémicos los orígenes de *matar* y *tomar*, aunque es probable que remonten a bases latinas documentadas (MACTARE y AESTUMARE).

Las variedades romances de la península ibérica han aumentado su herencia léxica latina con dos categorías de neologismos. La primera la constituyen los muchos préstamos que han entrado en los romances medievales como consecuencia del contacto por vía oral y escrita con otras lenguas. Se repasarán en orden cronológico. El número de germanismos que proceden directamente de contacto con el visigótico es muy reducido (p. ej., *ataviar, ganso*, esp. ant. *luva* "guante"). No se puede descartar la posibilidad de que tales palabras ya formaran parte del latín hablado por los visigodos cuando entraron en la península ibérica después de abandonar sus territorios en el sur de Francia. La mayoría de las palabras de origen germánico que se incorporaron al español medieval son en realidad galicismos de procedencia germánica. Se ha convertido en tópico que el árabe es la segunda fuente en términos cuantitativos de vocablos españoles. Muchas de las voces árabes denotan realidades de la vida en la España musulmana o técnicas médicas, agrícolas, militares y científicas introducidas por los árabes y, por consiguiente, se documentan con poca frecuencia. Muchos arabismos no arraigaron en la lengua cotidiana y acabaron por desaparecer del léxico (véanse Giménez-Eguíbar, en este volumen, y Dworkin 2012, cap. 5).

Aumentaron el léxico los préstamos medievales tomados de otras lenguas romances. En términos cualitativos y cuantitativos, son las variedades galorrománicas septentrionales y meridionales las que han proporcionado el mayor número de préstamos. Debido al prestigio sociopolítico y cultural creciente del castellano en la península ibérica, las contribuciones de las lenguas vecinas, el catalán y el portugués (*cf.* Dworkin 2017), son bastante reducidas. Hay solamente unos pocos italianismos documentados en el Medievo tardío (p. ej., *belleza, capucho, soneto*), que entraron por vía escrita. Los apartados sobre préstamos tomados de estas lenguas en Dworkin (2012) proporcionan muchos ejemplos y análisis de los procesos, rivalidades léxicas y consecuencias de la introducción e incorporación al hispanorromance medieval de préstamos (algunos de origen controvertido) que resultan del contacto lingüístico en los niveles de lengua oral y de lengua escrita.

Dentro del marco del estudio de los préstamos, los latinismos tomados directamente del latín escrito de la Antigüedad forman una subcategoría aparte. Aunque abundan en muchos textos y en las obras de ciertos autores del siglo XIII (p. ej., las poesías de Gonzalo de Berceo y los textos históricos, legales y científicos procedentes de la cancillería regia de Alfonso X, 1252–1284), caracterizan los registros escritos sobre todo en ciertos géneros textuales y tradiciones discursivas altas. Es poco probable que tales palabras se emplearan en el nivel de la lengua hablada o de inmediatez comunicativa. Muchos de los latinismos de los textos berceanos y alfonsíes no vuelven a documentarse con frecuencia hasta finales de la Edad Media cuando escritores cultos, cada uno por su cuenta, los reintroducen en obras originales o en traducciones al romance de textos latinos (*cf.* López Izquierdo, en este volumen). También se documentan latinismos acuñados por escritores cultos del siglo XV como Juan de Mena e Íñigo López de Mendoza, marqués de Santillana, que no han cuajado en la lengua, p. ej., *belígero, clarífico, fruir, longevo, nubífero, vulto* (véase Dworkin 2012, 176). No es hasta las épocas premoderna y moderna cuando muchos latinismos comienzan a difundirse y hacerse moneda corriente en la lengua hablada (p. ej., *difícil/fácil, ejército, rápido, secreto, último, único, útil*).

Se hallan en la lengua medieval parejas de dobletes léxicos en las que una voz es la continuación por vía de transmisión oral de la base latina mientras que la otra es un latinismo. A diferencia de los dobletes de la lengua moderna del tipo *fraguar ~ fabricar, rezar ~ recitar*, no parece existir una diferencia semántica nítida entre los dos miembros. Después de un período de coexistencia documentada en las fuentes medievales, es la forma vernácula la que ha cedido el paso a la forma culta. Algunos ejemplos:

> *aorar ~ adorar* < ADORARE, *batear ~ bautizar* < BAPTIZARE, *cosso ~ curso* < CURSUM, *cutiano ~ cotidiano* < QUOTIDIANUM, *enfeñir ~ fingir* < FINGERE, *envidar ~ invitar* < INVITARE, *esleer ~ elegir* < ELIGERE, *mascar ~ masticar* < MASTICARE, *melezina ~ medicina* < MEDICINAM, *nodrir/nodrecer ~nutrir* < NUTRIRE, *preigar ~ predicar* < PRAEDICARE, *ruir ~ rugir* < RUGIRE, *viesso ~ verso* < VERSUM, *yente ~ gente* < GENTEM.

La segunda capa de neologismos está formada por la creación interna de voces nuevas mediante procesos de derivación, sobre todo por sufijación, prefijación y formación de palabras compuestas (*cf.* 4.4).

4.2 Estabilidad y pérdida léxicas

Junto a la incorporación de nuevos vocablos, la pérdida léxica es un fenómeno constante en la historia de la evolución del léxico español. Se encuentran en los cinco siglos documentados de la lengua medieval centenares (si no millares) de palabras que han caído en desuso. La presencia de estos vocablos es el rasgo más importante que distingue el léxico medieval del moderno. La pérdida léxica es un concepto relativo, porque muchas palabras que, a juzgar por su frecuencia en los textos, gozaron de bastante vitalidad en la lengua medieval perviven en el léxico moderno y siguen registrándose en los diccionarios contemporáneos, aunque con significados restringidos (p. ej., *bermejo, hueste, prieto*), o con resabio literario de arcaísmo (*luengo*). El cambio léxico demuestra a las claras la veracidad del dicho (acuñado originalmente con respecto a los cambios fonéticos) "cada palabra tiene su historia", realidad que dificulta la formulación de grandes teorías abstractas. Aunque se hayan identificado varios factores internos, de naturaleza estructural, y otros externos que pueden provocar la pérdida léxica (sin que esta ocurra automáticamente), no podemos extraer conclusiones generales ni se puede predecir la suerte de las palabras.

No parece que en la lengua medieval ciertos campos semánticos o ciertas categorías gramaticales (sustantivos, verbos, adjetivos, palabras funcionales) se muestren más susceptibles al fenómeno de la pérdida léxica que otros.

El español ha demostrado un alto grado de estabilidad y retención a través de los siglos con respecto a su vocabulario central (ing. *core vocabulary*). De los 200 conceptos analizados en la Jena List of Basic Cognates, solo nueve de los significantes pertinentes empleados con frecuencia en el español medieval han caído en desuso como términos básicos para expresar los conceptos siguientes: *alvo* "blanco", *can* "perro", *catar* "mirar", *finojo/hinojo* "rodilla", *luengo* "largo", *lueñe* "lejos", *se(d)er* "estar sentado", *siniestro* "izquierdo", *vero* "verdadero", *yazer* "estar acostado, acostarse con". Algunos de estos vocablos (*can, catar, finojo/hinojo, luengo, yazer*) siguen registrándose en los diccionarios normativos del español (p. ej., el *DLE*), aunque marcados como "desusado" o con significados restringidos. Las concordancias que acompañan a las ediciones digitalizadas de textos medievales confeccionadas por el Hispanic Seminary of Medieval Studies indican que las palabras más frecuentes han pervivido en las épocas premoderna y moderna. La gran mayoría de las palabras medievales que no han sobrevivido se documentan menos de quince veces en las fuentes medievales de las que disponemos.

Hay, sin embargo, varios campos léxicos que no han sufrido pérdidas desde su configuración medieval: los numerales cardinales, los términos de parentesco, el calendario (los nombres de los días de la semana, los meses del año, las estaciones). En cuanto a los colores primarios, *alvo/albo, prieto* y *vermejo/bermejo* han cedido el paso ante *blanco, negro,* y *roxo* (mod. *rojo*) como términos básicos. Algunos nombres medievales de animales domésticos y salvajes y partes del cuerpo humano han caído en desuso: *can* "perro", *mur* "ratón", *sierpe* "serpiente", *vulpeja/gulpeja* "zorro"; *cuer* "corazón", *tienlla* "sien", *tiesta* "cabeza".

No debe sorprender la pérdida de muchas palabras que designan realidades concretas de la vida sociopolítica y económica medieval, como la terminología relacionada con oficios, artesanos, pesos y medidas, monedas, estructura social, técnicas y estructuras militares o técnicas médicas que hoy no tienen vigencia (*abacero, alarife, alfaquí(m), alfayate, alfejeme, arienço, balanzario, baldrasero, escanciero, luvero*). Otros vocablos de este tipo han sobrevivido, pero con significados que reflejan las nuevas realidades sociales, p. ej., *alcaide, alcalde, alférez*. En varios casos (nombres relacionados con enfermedades y medicina, ciertos oficios, arquitectura, organización política), se trata de arabismos que han sido sustituidos por palabras de origen romance, situación que refleja los cambios sociales y políticos que acompañaron a la Reconquista, la reducción de la influencia árabe en la vida peninsular y una actitud negativa para con lo árabe y las palabras de este origen (véanse Giménez-Eguíbar y Mancho, en este volumen).

Hay un número no insignificante de adjetivos atributivos del español medieval que designan cualidades o estados negativos y que no han sobrevivido en la lengua premoderna: *amidos* "de mala gana", *avol* "malo, vil", *brozno* "rudo, áspero", *brudo* "salvaje", *enatío* "vil, malformado", *escoso* "estéril", *feble* "débil", *fol* "loco", *gafo* "leproso", *laido* "feo", *malato* "enfermo", *mesiello* "miserable", *podre* "podrido", *pudio* "podrido", *radio* "errante, vagabundo", *rafez/refez* "vil, común", *sobejo* "excesivo". Valdría la pena investigar con más detalle si hay correlación entre la pérdida léxica y el valor semántico negativo de un vocablo tanto en el español como en otras lenguas, tema tratado con respecto al español medieval en Dworkin (1995).

Como suplemento a lo que precede, se ofrece a continuación una selección muy reducida de ejemplos adicionales escogidos de sustantivos, adjetivos, verbos primarios (es decir, vocablos que no son derivados de otras bases subyacentes) y palabras funcionales que se documentan con cierta frecuencia en la lengua medieval (por lo menos quince veces) pero que ya han desaparecido del léxico activo. Prescindo de las palabras ya registradas o comentadas en los apartados anteriores de esta sección. Una muestra más amplia se halla en Dworkin (2018, 88–92). También se excluyen variantes fonéticas y morfológicas medievales de voces que han sobrevivido en formas más evolucionadas. Quiero señalar que la mayoría de las voces citadas en Dworkin (2018) que no se incluyen en la muestra ofrecida aquí se hallan menos de diez veces en la extensa documentación medieval. De vez en cuando, algunas palabras medievales desusadas pueden encontrarse en ciertos géneros literarios de la época premoderna (romances, libros de caballería, obras de teatro) con resabio medieval; pueden resucitarse, además, por fines comerciales (p. ej., *azafata* "sirvienta real"), con fines literarios en novelas históricas modernas y contemporáneas de ambientación medieval o como términos técnicos empleados por estudiosos de la Edad Media. Por consiguiente, tales voces siguen registrándose en diccionarios postmedievales (sobre todo en el llamado *Diccionario de autoridades* y sus secuelas académicas) y en bases de datos léxicas (p. ej., CORDE). Hay otras palabras de la lengua medieval que perviven en variedades rurales (p. ej. *aína* en asturiano) o en variedades del español sefardita (*escoso, hazino*).

Sustantivos

Abze/auze 'suerte', *aleve* 'traición', *baraja* 'riña, reyerta', *barata* 'fraude, engaño', *barrunte* 'espía', *comblueça* 'concubina', *conducho* 'víveres, comida', *exida* 'salida', *finiestra* 'ventana', *fonta/honta* 'vergüenza', *fornezino* 'bastardo', *fuz(i)a* 'confianza', *garçon* 'joven sirviente', *gulpeja/vulpeja* 'zorro', *hueste* 'ejército', *lixo* 'suciedad', *lu(v)a* 'guante', *maslo* 'macho', *melezina* 'medicina', *mesnada* 'gente armada', *mester* 'tarea, oficio', *muesso* 'mordisco', *poçón/po(n)çoña* 'veneno', *poridad* 'secreto', *saeta* 'flecha', *sierpe* 'serpiente', *taliento* 'voluntad', *trebejo* 'juego, burla', *trujamán* 'intérprete', *vegada* 'vez'.

Adjetivos

Adiano 'excelente, fuerte, valiente', *anviso/enviso* 'sabio, inteligente', *ardit/ardido* 'valiente, arrojado', *argudo* 'agudo, inteligente', *cabero* 'último', *contrallo* 'contrario', *desmarrido* 'triste, abatido', *duendo* 'manso', *feble* 'débil', *fol* 'loco', *forro/horro* 'libre', *genta* 'bonito, cortés', *guisado* 'razonable, apropriado', *homil/humil* 'humilde', *ledo/liedo* 'alegre', *liento* 'húmedo', *luengo* 'largo', *lueñe* 'lejos', *mañero* 'estéril', *muelle* 'blando', *postrimero* 'último', *prieto* 'negro', *sabrido* 'sabroso', *sandio/sendio* 'loco, necio', *vellido* 'bello, guapo', *vero* 'verdadero'.

Verbos

Acabdar 'conseguir', *asmar* 'pensar, estimar', *blasmar* 'ofender, injuriar', *captener* 'apoyar', *catar* 'mirar', *comedir* 'pensar', *compeçar* 'comenzar', *condesar* 'guardar, esconder', *conquerir* 'conquistar', *decir* 'bajar', *eguar*, 'igualar', *empe(s)cer* 'dañar', *esleer* 'elegir', *exir* 'salir', *fincar* 'quedar(se)', *guisar* 'preparar, disponer', *laz(d)rar* 'padecer, sufrir', *membrar* 'recordar', *messar* 'tirar del cabello o de la barba', *pescudar* 'preguntar', *pesquerir* 'investigar', *posfaçar/porfaçar/profaçar* 'calumniar', *puñar* 'luchar', *punir* 'castigar', *recudir* 'responder', *se(d)er* 'estar sentado', *segudar* 'perseguir, acosar', *sotar* 'saltar, bailar', *tañer* 'tocar', *trebejar* 'jugar, divertirse', *toller* 'quitar', *trocir* 'atravesar, pasar', *uviar* 'llegar, salir al encuentro', *yazer* 'acostarse, tener relaciones sexuales' (aunque siguió usándose en textos legales como el Código Penal español hasta 1995).

Palabras funcionales (preposiciones, conjunciones, adverbios léxicos)

Abés/avés 'apenas', *(ar)r(i)edro* 'hacia atrás', *assomo* 'hacia arriba', *asso(o)ra/asoras* 'de repente', *assaz* 'bastante', *aviessas* 'del revés', *aína* 'rápido', *ca* 'porque, puesto que', *cedo* 'pronto', *comoquier(a)* 'aunque', *condecabo* 'de nuevo', *cras* 'mañana', *desque* 'tan pronto como', *do* 'donde', *empós* 'detrás', *encara* 'aún', *ende* 'de allí, de ello', *ensomo* 'encima', *(en)troa* 'hasta', *fascas* 'casi', *maguer(a)/magar* 'aunque', *otrossí* 'también', *presto* 'rápidamente', *so* 'debajo de' (conservado como prefijo nominal y verbal), *(de)suso* 'arriba', *(de)yuso* 'abajo'.

Algunos de estos elementos (p. ej., *aína, ca, do, desque, otrossí*) muestran una frecuencia enorme en las fuentes medievales.

4.3 Cambio semántico

La adquisición de nuevos significados es un hecho constante en la historia del léxico. Es este un campo de la historia de la lengua española que no ha recibido la atención científica debida. Los especialistas han identificado varios mecanismos del cambio semántico, como la ampliación o la restricción del sentido, la amelioración o peyoración de sus significados o la adquisición de sentidos más abstractos provocados por procesos metafóricos, metonímicos y cognitivos. Son procesos (casi) universales y no tienen límites cronológicos dentro de la historia de una lengua. Como en otras muchas facetas de los estudios diacrónicos del léxico, cada palabra tiene su propia historia. Aunque en muchos casos una voz conserve su sentido original junto a los nuevos sentidos, en otros se pierde el significado original o este pasa a segundo o tercer plano. Se ofrecen a continuación ejemplos escogidos de palabras cuyo significado principal en la lengua medieval es distinto del que tiene en la lengua moderna.

Aborrir/aburrir 'odiar, aborrecer', *acordar* 'despertar', *afeitar(se)* 'maquillar(se), embellecer(se)', *aforrar/ahorrar* (cf. *forro/horro* 'libre') 'libertar de una servidumbre", *alcoba* 'nicho', *apellido* 'grito (de guerra)', *atropellar* 'vencer', *castigar* 'aconsejar, instruir', *catar* 'mirar', *cuidar* 'pensar', *curar* 'pensar en, preocuparse de', *enojar* 'aburrir, molestar', *quitar* 'perdonar una deuda o un pecado', *sabor* 'deseo, voluntad', *salir* 'saltar, subir', *tañer* 'tocar', *tornar* 'volver para atrás', *trabajar* 'torturar, esforzarse', *trasladar* 'traducir', *verano* 'primavera', *venado* 'cualquier animal cazado'.

4.4 Creaciones por derivación interna

Desde la segunda mitad del siglo XIII la lengua medieval, tal como se ha conservado en los registros escritos, se encuentra en un estado constante de elaboración. Los miembros letrados de la comunidad lingüística se habían propuesto elaborar la lengua escrita para que se parangonase con el latín como instrumento apto para la difusión de la ciencia por vía escrita. En el nivel léxico urgía la creación de un acervo más rico de voces que designaran con precisión y claridad conceptos y nociones novedosas y abstractas. Se siguieron dos caminos para lograr este propósito: la creación de neologismos mediante préstamos de la lengua modélica de cultura, el latín escrito de la Antigüedad (véase 4.1.), y la creación de nuevas palabras a través de procesos derivativos de la propia lengua.

4.4.1 Sufijación

La gran mayoría de los sufijos y prefijos empleados en la lengua medieval para acuñar neologismos derivados se heredaron del latín por vía oral: *-aço/-azo, -ada, -adgo, -ado, -al/-ar, -anç(i)a, -ano, -año, -dad, -dor, -duero, -(d)umbre -(d)ura, -eda, -ejo, -enç(i)a, -eño, -ero, -és, -ez(a), -ía, -iello, -ío, -iço/-izo, -ido, -iego, -ino, -miento, -ón, -or, -oso, -uelo, -uno, -zón*. Antes del siglo XV se hallan muy pocos derivados formados dentro del hispanorromance medieval por medio de sufijos cultos independizados de las bases latinas con las que habían entrado en la lengua. Los sufijos diminutivos más productivos son *-iello* (*-illo*), *-ejo* y *-uelo*. Los sufijos *-ito, in(o)* e *-ico* se empleaban con mucha menos frecuencia que en la lengua moderna. Para más detalles y análisis, véanse González Ollé (1962), Pharies (2002) y Rainer (en este volumen).

En las primeras fases de este proceso de creación interna se añadieron independientemente sufijos distintos a la misma base, creando series de dobletes y tripletes con ninguna (o poca) diferenciación semántica entre los diversos derivados. Con respecto al hispanorromance medieval, sería anacrónico hablar de una variedad estándar: no existía ninguna entidad que intentara fijar normas de uso léxico. La creación de tal variedad implica la reducción o eliminación de la variación, tanto formal como léxica. A medida que se fue creando, desde el fin de la Edad Media y el comienzo de la época premoderna, una variedad estandarizada del hispanorromance para la lengua escrita, muchas de las innovaciones derivativas, algunas de ellas efímeras, comenzaron a eliminarse. Muchos de los derivados pertinentes se documentan con tan poca frecuencia antes de desaparecer que cabe preguntar si no son en realidad creaciones efímeras por parte de autores individuales, quizá para cumplir con exigencias de métrica o rima en la poesía. A continuación se ofrece una selección reducida de ejemplos (más ejemplos en Dworkin 1989, para los sustantivos abstractos deadjetivales, así como en Dworkin 2018, 95–98):

Abondanç(i)a/abondamiento ← abondar; agror/agrura ← agro; ancheza/anchura/anchor ← ancho; asperez(a)/asperedumbre/asperidad ← áspero; bermejura/bermejedumbre ← bermejo; catamiento/catadura ← catar; feedad/feura/feumbre/fealdad ← feo; pobreza/pobredad/pobrerura ← pobre; preñadez/preñedad/preñedumbre/preñadura ← preñe, -ar; rictad/riqueza/ricura ← rico; tristeza/tristor/tristura/tristencia ← triste.

4.4.2 Prefijación

El inventario de prefijos heredados del latín hablado es bastante reducido: *a-, co(m)-/con-, de(s)-, en-/em-, entre-* (con la variante *tre-*), *es-, pre-, re-, sobre-, so-* y sus alomorfos /son-/sos-/sub-/su-/sub-/suc-/suc-/ça-, tra-* y sus alomorfos *tras-/trans-/tres-/tro-*. En la lengua medieval tardía y en la época premoderna la comunidad lingüística comienza a crear neologismos prefijados con el doblete culto, p. ej., *dis-* en vez de *des-*, *in-* en vez de *en-/em-*, *sub-* en vez de *so-*, *trans-* en vez de *tras-*.

Muchas formas verbales prefijadas medievales han acabado por caer en desuso. En muchos casos es posible que los hablantes no percibieran ninguna distinción semántica entre la forma simple y la prefijada. Este proceso de eliminación de variantes comienza a notarse en los siglos XVI y XVII (véase Del Barrio, en este volumen). Se ofrecen a continuación algunos ejemplos: *affazer, alimpiar, amatar, combolver, decoger, desfear, detardar, devedar, entropeçar/entrepeçar, escalentar, sobollir, sobrazar, sojuzgar, soliviar, sonrisar, sosañar*. En algunos casos triunfó la variante prefijada: *aconsejar/consejar, aconte(s)cer/conte(s)cer, agrade(s)cer/grade(s)cer, ahorrar/horrar, arrancar/rancar, arrepentir/repentir, arraigar/raigar*. Para más ejemplos, véase Dworkin (2018, 99–100).

4.4.3 Composición

Aunque el léxico del español heredara del latín algunas palabras compuestas (*bendezir, mantener*), a juzgar por los textos la lengua medieval no creó muchos neologismos por medio de este recurso, un mecanismo menos productivo que la sufijación y la prefijación. Antes del siglo XV escasean ejemplos del tipo verbo + sustantivo, p. ej., *baticor* "angustia", *mondadientes* "palillo", *matacanes* "tipo de valla", *matamigos* "aguafiestas", *quebrantahuesos* "tipo de halcón", *tornasol* "girasol". El resabio popular de tales formaciones se ve en nombres propios, especialmente apodos como *Escornavacas, Matacavallos, Trotaconventos*.

La lengua medieval contiene bastantes ejemplos de palabras compuestas del tipo sustantivo + verbo, patrón heredado del latín (*manumittere, animadvertere*). La mayoría de tales formaciones medievales son creaciones internas, p. ej., *caboprender* "comprender, entender", *cap/cabtener* "sostener", *fazferir* "ofender" (mod. *zaherir*), *manferir* "golpear o señalar con la mano", *ma(n)levar* "pedir prestado", *salpicar* "espolvorear sal". Los sustantivos compuestos del tipo sustantivo + sustantivo son poco frecuentes en el léxico medieval: *manquadra* "tipo de juramento", *orpel* "adornos dorados". El número de tales neologismos comenzó a aumentar en el Medievo tardío. A partir del modelo proporcionado por *bendezir* "bendecir" < BENEDICERE, *maldezir* "maldecir" < MALEDICERE, el léxico medieval creó nuevos sustantivos, verbos y adjetivos compuestos con los adverbios *bien, mal, menos*: *bienfechor, bienquisto, mallevar* "comportarse mal", *malmeter* "echar a perder", *malparar* "empeorar", *menoscabar, menospreciar* (véase Moyna 2011, 303–432).

5. Perspectivas futuras y conclusiones

Quedan muchas tareas por hacer para conseguir una descripción y un análisis diacrónico profundos del léxico del español medieval. El público tanto científico como estudiantil carece de recursos de gran envergadura que sinteticen nuestros conocimientos del léxico medieval. Urge la confección por un equipo de especialistas de un diccionario descriptivo (sin duda en forma digitalizada) que satisfaga las exigencias lexicográficas modernas y que se base en ediciones y transcripciones fidedignas o en la consulta directa de las fuentes medievales. Quizá puedan ofrecer un buen punto de partida los materiales y fichas inéditas del malogrado *Diccionario del español medieval* de Heidelberg (ya asequibles en el ya citado *DEMel*). Este nuevo diccionario podría contener datos etimológicos, como en los primeros veinte fascículos de aquel diccionario, sin convertirse por ello en un verdadero diccionario etimológico. La creación de un diccionario de frecuencias ya es factible gracias a las concordancias de frecuencias integradas en las muchas ediciones digitales preparadas por el HSMS. Tal herramienta proporcionaría la oportunidad de verificar la vitalidad de las palabras dentro del enorme acervo léxico del español medieval, de identificar las palabras efímeras y de indagar las posibles correlaciones entre vitalidad y pérdida léxicas. Un diccionario inverso del léxico medieval agilizaría el estudio de los patrones de derivación por sufijación de la lengua medieval. Un diccionario que registre de modo sistemático y completo las palabras medievales documentadas que han caído en desuso (completo o parcial) permitiría que el analista entreviera la extensión y el dinamismo del cambio léxico en la lengua.

Considerando las palabras individualmente, quedan muchas voces de origen desconocido o por lo menos controvertido. Después de más de siglo y medio de investigaciones etimológicas, parece poco probable que se identifiquen nuevas bases (latinas) documentadas que expliquen su génesis. Sin embargo, si se entiende la etimología en el sentido moderno más amplio de "historia completa de una palabra", quedan muchas cuestiones por resolver sobre temas como el camino preciso seguido por muchos préstamos o los cambios semánticos sufridos por las voces que constituyen el acervo del léxico español medieval.

El origen y difusión de los marcadores discursivos se ha convertido en un tema candente en los estudios de Historia de la lengua española. Su análisis toca simultáneamente cuestiones de lexicología, sintaxis (sobre todo con respecto a los procesos de gramaticalización y organización textual del discurso), semántica y pragmática. Hay indicios de la creación de tales marcadores y partículas con diversas funciones comunicativas en la lengua medieval, en la que este proceso parece haber seguido dos caminos distintos: el primero es la gramaticalización paulatina de elementos heredados, proceso favorecido en el siglo XIII con la evolución de marcadores como *pues, sin embargo, por cierto, por encima, a la fe*. A partir del siglo XV se ve, sobre todo en tradiciones discursivas altas, un aumento en el número de marcadores, en su mayoría generados como calcos sobre voces latinas que ya se habían convertido en marcadores en la lengua de Roma o en el latín medieval, o latinismos léxicos gramaticalizados (p. ej., *vale decir, así las cosas, respecto a, en sustancia, inclusive, exclusive, respective*: véanse Pons Rodríguez 2010 y Garachana, en este volumen).

Lecturas complementarias

Clavería Nadal (2005) enfoca el léxico del siglo XIII desde dos perspectivas complementarias: la procedencia etimológica de las voces documentadas y la constitución léxica de los campos semánticos que más se destacan en los textos de aquel siglo.

Dworkin (2005) describe los cambios más importantes que caracterizan la evolución del léxico español en los dos últimos siglos medievales, a saber: un aumento notable en la introducción e incorporación de latinismos, una reducción en préstamos del árabe y la pérdida de muchos arabismos ya existentes.

Aunque no limita su enfoque a la lengua medieval, diversos capítulos de Dworkin (2012) describen y analizan el papel en el desarrollo del léxico medieval de germanismos, arabismos, galicismos, lusismos, catalanismos, italianismos y latinismos.

Referencias citadas

Alonso Pedraz, M. 1986. *Diccionario medieval español. Desde las Glosas Emilianenses y Silenses (s. X) hasta el siglo XV*. 2 vols. Salamanca: Universidad Pontifica.

Boggs, R. S., *et al.* 1946. *Tentative Dictionary of Medieval Spanish*, 2 vols. Chapel Hill: University of North Carolina.

Capuano, T. 2017. *Diccionario herbario de textos antiguos y premodernos*. Nueva York: Hispanic Seminary of Medieval Studies.

Cejador y Frauca, J. 1929. *Vocabulario medieval castellano*. Madrid: Hernando (reimpresión Madrid: Visor, 1990).

Clavería Nadal, G. 2005. "Los caracteres de la lengua en el siglo XIII: el léxico". En *Historia de la lengua española*, coord. R. Cano Aguilar. 2.ª ed., 473–504. Barcelona: Ariel.

Corominas, J. y J. A. Pascual. 1980–1991. *Diccionario crítico etimológico castellano e hispánico*, 6 vols. Madrid: Gredos.
Dworkin, S. N. 1989. "Studies in Lexical Loss: The Fate of Old Spanish Postadjectival Abstracts in *-dad, -dumbre, -eza*, and *-ura*". *Bulletin of Hispanic Studies* 66: 335–342.
Dworkin, S. N. 1995. "The Role of Grammatical Category and Semantic Feature in Lexical Loss: Old Spanish Primary Adjectives". En *Panorama der lexikalischen Semantik. Thematisches Festschrift aus Anlass des 60. Geburtstag von Horst Geckeler*, ed. U. Hoinkes, 159–167. Tubinga: Günter Narr.
Dworkin, S. N. 2005. "La transición léxica en el español bajomedieval". En *Historia de la lengua española*, coord. R. Cano Aguilar. 2.ª ed., 643–656. Barcelona: Ariel.
Dworkin, S. N. 2012. *A History of the Spanish Lexicon: A Linguistic Perspective*. Oxford: Oxford University Press.
Dworkin, S. N. 2017. "Algunos presuntos lusismos en el castellano medieval: cuestiones analíticas y metodológicas". En *Español y portugués en contacto: préstamos léxicos e interferencias*, eds. D. Corbella y A. Fajardo, 3–18. Berlín y Boston: De Gruyter.
Dworkin, S. N. 2018. *A Guide to Old Spanish*. Oxford: Oxford University Press.
Dworkin, S. N. y F. Gago Jover. 2004–. *Lexical Studies of Medieval Spanish Texts*. www.hispanicseminary.org/lsmst/index.htm.
Gago Jover, F. y J. Pueyo Mena. 2021–. *Old Spanish Textual Archive*. www.oldspanishtextualarchive.org.
Galmés de Fuentes, Á. et al. 1994. *Glosario de voces aljamiado-moriscas*. Madrid: Gredos.
Godefroy, F. 1883–1895. *Dictionnaire de l'ancienne langue française et de tous ses dialectes*, 8 vols. París: Vieweg.
González Ollé, F. 1962. *Los sufijos diminutivos en castellano medieval*. Madrid: CSIC.
Herrera, M. T. 1996. *Diccionario de textos médicos antiguos*, 2 vols. Madrid: Arco/Libros.
Kasten, L. y F. Cody. 2001. *Tentative Dictionary of Medieval Spanish*, 2.ª ed. muy aumentada. Nueva York: Hispanic Seminary of Medieval Studies.
Kasten, L. y J. Nitti. 2002. *Diccionario de la prosa del Rey Alfonso X*, 3 vols. Nueva York: Hispanic Seminary of Medieval Studies.
Lleal, C. *Diccionario general y etimológico del castellano del siglo* xv *en la Corona de Aragón*. www.ghcl.ub.edu.
López Quero, S. 2011. "Léxico coloquial en el *Cancionero de Baena*. Ensayo de pragmática histórica". *Romance Philology* 65: 195–246.
Mackenzie, J. G. 1984. *A Lexicon of the 14th-Century Aragonese Manuscripts of Juan Fernández de Heredia*. Madison: Hispanic Seminary of Medieval Studies.
Matsumura, T. 2015. *Dictionnire du français médiéval*. París: Les Bellers Lettres.
Moyna, I. 2011. *Compound Words in Spanish: Theory and History*. Ámsterdam y Filadelfia: Benjamins.
Müller, B. 1987–2007. *Diccionario del español medieval*, 26 fascs. Heidelberg: Winter.
Oelschläger, V. R. B. 1940. *A Medieval Spanish Word-List: A Preliminary Dated Vocabulary of First Appearances up to Berceo*. Madison: University of Wisconsin Press.
Pharies, D. 2002. *Diccionario etimológico de los sufijos españoles*. Madrid: Gredos.
Pons Rodríguez, L. 2010. "Los marcadores del discurso en la historia del español". En *Los estudios sobre marcadores del discurso en español, hoy*, eds. O. Loureda y E. Acín, 523–614. Madrid: Arco/Libros.
Sánchez González de Herrero, M. N. 2000. *Diccionario español de documentos alfonsíes*. Madrid: Arco/Libros.
Tobler, A. y E. Lommatzsch. 1910–2002. *Altfranzösisches Wörterbuch*, 11 vols. Berlín, Wiesbaden y Stuttgart: Weidmann y Steiner.

25

Caracterización del léxico del español premoderno (Features of the lexicon of early modern Spanish)

María Jesús Mancho Duque

1. Introducción

En este capítulo se ofrece una panorámica sobre el léxico de los siglos XVI y XVII. Se parte de un estado de la cuestión que recoge las principales aportaciones de los estudios lexicológicos desde el pasado siglo. Se presentan como requisitos indispensables el marco hermenéutico de los acontecimientos históricos, sociales, religiosos y culturales de este período —especialmente el Renacimiento y Humanismo— y los conceptos lingüísticos esenciales para su análisis. Se sintetizan las principales perspectivas metodológicas aplicadas durante el siglo XX y se focaliza el objetivo perseguido en la actualidad: la descripción estructural y sistemática del léxico del español y su evolución a partir de la herencia tardomedieval hasta el final del Seiscientos. Se tienen en cuenta sus variedades geográficas y sociales, desde el vocabulario de la vida cotidiana a la jerga de maleantes, y los diversos registros de especialidad, desde el literario al de la espiritualidad o al de la ciencia y de la técnica en sus variadas manifestaciones. Se aborda la repercusión actual de las nuevas tecnologías digitales en el incremento de los trabajos y en el refinamiento metodológico, así como en el surgimiento de nuevos proyectos que se espera produzcan resultados interesantes en el futuro.

Palabras clave: léxico; Renacimiento; Humanismo, ciencia; mística

This chapter offers an overview of the lexicon of the 16th and 17th centuries. It surveys the main contributions of lexicological studies over the last century. The hermeneutic framework of the historical, social, religious and cultural reality of this period —the Renaissance and Humanism— and the essential linguistic concepts for their analysis constitute indispensable requirements. The study focuses on the main methodological perspectives of the 20th century. The primary goal is the structural and systematic description of the Spanish lexicon and its evolution from the late medieval period to the end of the 16th century. This chapter takes into account the geographical and social varieties, from the vocabulary of daily life to the jargon of thieves, and the various specialized registers that encompass the literary and spiritual or the scientific and technological realms. It studies the current impact of the new digital technologies on the increase of research and on the methodological refinement as well as on the emergence of new projects that are expected to produce interesting results in the future.

Keywords: lexicon; Renaissance; Humanism; science; mysticism

2. Conceptos fundamentales

Ofrecemos brevemente la situación de los estudios sobre el léxico premoderno desde mediados del siglo XX y los requisitos imprescindibles para su análisis.

2.1 Estado de la cuestión

Hasta bien entrado el siglo XX, el estudio del léxico español premoderno estuvo centrado en los textos literarios, preferentemente los de las principales figuras de la gran literatura áurea, con distinción de géneros y estilos. Esta tendencia se plasmó en la caracterización de la lengua de los autores más representativos y en la elaboración de diversos vocabularios (Torres Naharro, Herrera, Cervantes, Lope de Vega, Góngora, etc.), a los que se hace referencia en los capítulos correspondientes de los manuales de *Historia de la lengua española* (Lapesa 1980; Cano Aguilar 2005).

La evolución del léxico se estudiaba dentro del marco literario y retórico, desde las tendencias defensoras de la naturalidad y llaneza —sobre la base del modelo de Valdés—, hasta la oscuridad y conceptismo de las manifestaciones del Barroco en prosa y en verso. También interesaron los testimonios de corrientes espirituales típicamente hispanas, como las obras de los grandes místicos. Los análisis de relevantes filólogos (D. Alonso, Blecua, Bustos, García Blanco, Lapesa, Lázaro Carreter, Menéndez Pidal, etc.) constituyeron aportaciones fundamentales de obligada referencia.

Ciertos lenguajes 'especiales' suscitaron interés. En primer lugar, el "sayagués" —no restringido a la provincia de Zamora—, pseudodialecto arcaizante muy utilizado en el teatro de la época (Juan del Enzina, Lucas Fernández, Gil Vicente, etc.), hipercaracterizado (Lihani 1973), con variantes léxicas prioritariamente leonesas, pero también de índole rústica, algunas reproducidas en el *Tesoro* de Covarrubias y atestiguadas en el *Diccionario de autoridades* (NTLLE).

En segundo lugar, la germanía, jerga del mundo marginal como elemento de ocultación y protección ante la Justicia, disponía de un vocabulario, ya recogido por J. Hidalgo (1609) y reflejado en el *Tesoro de las dos lenguas, francesa y española* de Oudin (1607, NTLLE). Recreado literariamente desde los romances y literatura de cordel de finales del XV hasta la novela picaresca de finales del XVII y utilizado por autores como Lope de Vega, Cervantes o Quevedo, ha sido recopilado en varios diccionarios específicos (Alonso Hernández 1977; Hernández Alonso y Sanz Alonso 2002; Chamorro Fernández 2002).

En tercer lugar, la "fabla", reproducción literaria convencional con vocablos arcaizantes para recrear un ennoblecedor ambiente medieval, fue cultivada por dramaturgos de este período (Lope de Vega, Ruiz de Alarcón, Moreto, etc.).

Desde finales del siglo XX, el léxico de este período es mejor conocido por la aplicación de diferentes métodos analíticos y su extensión a una tipología textual más amplia, que incluye fuentes documentales. La incorporación de recursos informáticos, desde la confección de concordancias de las obras de diversos autores[1] a la progresión gradual de las nuevas tecnologías digitales, ha supuesto un aumento y refinamiento de los estudios.

2.2 Requisitos fundamentales

La interpretación hermenéutica del léxico del español premoderno presupone una contextualización histórica sobre las circunstancias políticas, sociales y económicas junto a una expansión en Europa y América que propició situaciones de lenguas en contacto y flujos humanos y comerciales, así como su ulterior declive. Asimismo, precisa una inmersión en las manifestaciones de los grandes movimientos culturales de este período: Renacimiento, Barroco, Humanismo —científico o bíblico, entre otros—, revolución científica, surgimiento y funcionamiento de instituciones: universidades, colegios, academias, etc.; historia de las disciplinas humanísticas, científicas y técnicas; arqueología de las artes y oficios; desarrollo de la imprenta y de estrategias editoriales, censura de libros, etc. También requiere conocer las corrientes espirituales de una época de gran complejidad: erasmismo, iluminismo, recogimiento, reforma, contrarreforma, mística, órdenes religiosas, inquisición, etc.

Paralelamente, se necesita conocimiento de la historia del español en este período: expansión del castellano, tensión bidireccional con los dialectos vecinos; interpenetración de modelos populares; pugna latín-romance; relaciones culturales con otros países; vernacularización de la ciencia, de la técnica y de las obras de espiritualidad; diversificación de géneros literarios y registros científicos y técnicos, y su repercusión en el vocabulario; historia de la traducción, literaria y científica, de autores clásicos y coetáneos, etc.

La investigación del léxico de este período exige riguroso manejo de los principales conceptos de la lingüística en sus diferentes niveles: etimología, morfología, semántica, lexicología, lexicografía, variación social y geográfica, contactos de lenguas y dialectos, etc. Asimismo, requiere familiaridad con las grafías para interpretar las múltiples variantes de los términos marcados, primordialmente los de carácter culto y dialectal.

3. Aproximaciones teóricas

Las aproximaciones teóricas propuestas corresponden a la aplicación de los principales métodos de análisis lingüístico sobre el léxico de este momento histórico en función de los principales focos de interés.

Numerosos estudios se han dirigido al establecimiento de la etimología de las voces, mediante la aplicación de los instrumentos fundamentales de la filología hispánica: diccionarios antiguos, etimológicos, dialectales; atlas históricos, estudios de historia del léxico, etc. Resulta imprescindible el *DCECH*, ahora con muchas más posibilidades de consulta en su edición en CD-ROM, junto a otros repertorios, como el *Tesoro lexicográfico del español marinero anterior a 1726* (Nieto Jiménez 2001) y los recogidos en el *NTLE*, que proporciona más información aún que el *NTLLE* académico, etc. Los trabajos de eminentes especialistas sobre la procedencia de las voces, reunidos en la *Enciclopedia lingüística hispánica* (1967), resultaron punto de partida indispensable para la investigación en este terreno.

Los latinismos gozaron de atención preferente, que ha puesto de relieve la evolución formal desde los comienzos del XVI hasta las manifestaciones del Barroco. Continuadores de los precedentes tardomedievales, a través de una depuración renacentista —con modelos en Garcilaso y en la traducción del *Cortegiano* efectuada por Boscán (Morreale 1959)—, lograron en la segunda mitad de Quinientos una cuidadosa elaboración estética mediante la asimilación de los autores latinos y de los contextos literarios clásicos (Pascual y Falque 2014). Dentro del registro de la espiritualidad, esta progresión se comprueba en los representantes de las principales órdenes, como Ignacio de Loyola, los franciscanos Bernardino de Laredo y Juan de los Ángeles, el carmelita Juan de la Cruz o el agustino Luis de León, máximo exponente de la contención y elegancia en la selección de latinismos (Lapesa Melgar 1973). Los cultismos latinos del registro poético (Herrero Ingelmo 1994–1995) han evidenciado un origen muy diverso: oratoria sagrada, ciencia, etc. Por ejemplo, en la obra de Juan de la Cruz (Mancho Duque 2004a), se imbrican, además de los recabados a la poesía culta, los procedentes de la Biblia, la filosofía o la teología.

La dificultad para concretar la primera documentación de los préstamos latinos —como en las restantes voces prestadas— proviene de la insuficiencia de las herramientas actuales, al no contar con un diccionario histórico de la lengua española completo, así como de la inadecuación de otros, como los diccionarios bilingües del Siglo de Oro, etc. La revisión de resultados previos a la existencia de los grandes bancos de datos, CORDE y CDH, ha ratificado la disminución de neologismos propuestos por adelanto de su datación a fechas anteriores. Respecto a la productividad neológica, se ha afirmado (Bustos Tovar 1982) la ralentización en el primer cuarto del XVI y el incremento en los dos siguientes, que se mantendría hasta la tercera década del XVII. Los latinismos semánticos, con prototipo en Garcilaso (Lapesa 1972), caracterizaron a poetas como Luis de León, Herrera o Góngora. Se establece, así, una red de relaciones con determinadas obras de la literatura y retórica latinas que llega a generar cultismos semiológicos (Bustos Tovar 1986). También se han reconocido en autores del ámbito de la mística, como Francisco de Osuna o Juan de la Cruz. Respecto al vocabulario del carmelita, se ha señalado el cruce del registro culto poético con elementos populares de la lírica tradicional (Alonso 1942), e incluso usos conservadores propios de una zona castellana central (Mancho Duque 2005a) en voces y acepciones (p. ej., *esquiva*, "dañosa, dolorosa", en lugar de "huidiza", en la *Llama de amor viva*).

Los helenismos, mejor conocidos gracias al estudio de Gil (2000), entraron generalmente en nuestro idioma a través del latín, pero dejaron descendientes directos en campos científicos de tradición universitaria —astronomía, geometría, etc.— donde muchos revisten carácter neológico.

Los arabismos, de origen andalusí (Corriente Córdoba 2003), sufrieron una sensible decadencia hasta desembocar en la obsolescencia de muchos de ellos. Interpretados peyorativamente a veces por estimación negativa de la lengua y sociedad árabes (Giménez- Eguíbar 2011), se mantuvieron preferentemente en el ámbito de la vida cotidiana y en terrenos artesanales (construcción, carpintería de lo blanco, etc.). Algunos pervivieron en determinados segmentos de la ciencia quinientista (alquimia, astronomía, botánica, matemáticas), pero muchos experimentaron un proceso de sustitución léxica de fondo románico.

Los italianismos, como consecuencia de las estrechas relaciones políticas y culturales entre ambos países eran muy abundantes. El estudio de Terlingen (1943), de lectura obligada, fue matizado por Corominas (1947). Las áreas preferentes fueron las del humanismo y las artes: música, literatura, danza, arquitectura, etc., pero también la milicia, especialmente en la primera mitad del XVI (López Vallejo 2008).

Los galicismos, minoritarios respecto a la Edad Media y el XVIII, se mantuvieron y se incrementaron desde la mitad del XVII (Varela Merino 2009) en designaciones de la indumentaria, la etiqueta, la heráldica y la milicia, especialmente la artillería. En muchos casos resulta difícil establecer nítidamente la frontera entre italianismos y galicismos. Las interferencias entre voces flamencas y españolas fueron exploradas por Vidos (1972) y Verdonk (1980, 2002), generalmente a través de otras francesas.

Los préstamos del catalán, para los que el *DCECH* es imprescindible, con precisiones de Colón (1989), dejaron huellas en ciertos registros técnicos, como el de la cantería del Renacimiento, y sirvieron de puente para la entrada de galicismos náuticos.

Se han analizado influjos de otras lenguas, como el occitano y el portugués (Corbella Díaz y Fajardo Aguirre 2017), con recientes prospecciones sobre lusismos y galleguismos, especialmente fitónimos, en el español de Canarias.

Respecto a los indigenismos americanos, los aspectos históricos de su introducción, cronología, su paulatina progresión según el sucesivo contacto con las principales lenguas amerindias de origen —taíno, náhuatl, quechua, aimara, guaraní, etc.—, diversificación de su penetración según las regiones españolas, campos designativos en que se introducen, recopilaciones glosográficas realizadas, etc., constituyen por sí mismos un capítulo particular de la historia del léxico español.

La neología generada mediante recursos morfológicos de la propia lengua española, especialmente por derivación, ha evidenciado su rentabilidad en la lengua general y en registros especializados. En las obras científicas y técnicas (Verdonk y Mancho Duque 2010), la sufijación, preferentemente nominal, prima sobre la prefijación, mientras que la parasíntesis pervive particularmente en terrenos artesanales. La composición sobre bases cultas es abundante en la geometría; la sintagmática, en las matemáticas y la economía.

Se han reseñado actitudes de resistencia neológica, mediante la terminologización de voces tradicionales con un significado especializado, para hacer las nociones más accesibles a un público menos cualificado en ciertos textos científicos, como en la medicina, o técnicos, como en la arquitectura (*aguja* en lugar de *obelisco*, por ejemplo).

Se ha subrayado en niveles divulgativos la presencia de binomios *cuasi*-sinonímicos: un cultismo o término marcado generalmente en primer lugar y una voz popular aclaratoria en segundo, unidos mediante las conjunciones *y o*. Abundan en diferentes registros: espiritualidad y determinadas especialidades científicas, como en las traducciones botánicas (Mancho Duque 2004b): *alopecia* y *peladura* de la cabeza; *hidromiel* o *aguamiel*, etc.).

El afán divulgador impulsaba a introducir aclaraciones del significado, a modo de glosas intertextuales o marginales, en textos místicos o de la ciencia y de la técnica. La tendencia cristalizará en repertorios que integrarán la corriente lexicográfica áurea (Carriazo Ruiz y Mancho Duque 2003), con singular relevancia en obras de arquitectura, navegación e ingeniería naval.

Otras líneas de investigación se han dirigido a la elaboración de vocabularios de especialidad, como el de García Salinero (1968) sobre el de los alarifes, y a la edición de obras con apartados léxicos muy desarrollados.

Desde una perspectiva semántica, se han estudiado obras de carácter espiritual y místico, como el *Diario espiritual* de Ignacio de Loyola o los *Abecedarios* de Francisco de Osuna, y se han analizado diversos procesos de metaforización. El léxico de este registro, que oscila entre el tecnicismo y el símbolo (Mancho 2004a), ha suscitado interesantes trabajos, como los referidos a las áreas del conocimiento de Juan de la Cruz (García Palacios 1992), o a las estructuras simbólicas de la *Llama* o la *Noche*.

El recurso a las metáforas, muy productivo en el ámbito científico-técnico, particularmente en los momentos iniciales de las disciplinas, ha puesto de manifiesto la rentabilidad de las referidas al cuerpo humano en los campos de la destilación y arquitectura, y las zoomórficas en la artillería de esta época.

4. Perspectivas actuales

El objetivo que se persigue en la actualidad es la descripción estructural y sistemática del léxico del español premoderno y el análisis de su evolución sobre la base de la herencia tardomedieval hasta finales del Seiscientos. Se presta particular atención a sus variedades geográficas y sociales, desde el vocabulario de la vida cotidiana a la jerga de maleantes, y se atiende a diferentes niveles de especialización, desde el empleado en oficios artesanales a otros más formales, como el literario, el de la espiritualidad o el de la ciencia y de la técnica en sus distintas manifestaciones.

A partir de las últimas décadas del pasado siglo, los esfuerzos han tendido a registros diferentes de los literarios, procedentes de textos marcados en una horquilla muy diversificada y de fuentes documentales no expurgadas. La finalidad, mediante la aplicación de una metodología lingüística más rigurosa, es comprender mejor el vocabulario de especialidad y los mecanismos de su creación y difusión: la interrelación de fenómenos de variación geográfica y social en el de la vida cotidiana, la inserción de la oralidad, etc.

Desde hace algunos años la investigación ha recibido un decisivo impulso gracias a la informática y a las nuevas tecnologías digitales, imprescindibles para el desarrollo de las humanidades, especialmente en su versión diacrónica (Corbella Díaz et al. 2018).

La aparición de los grandes corpus generales históricos del español (cap. 2) ha producido un aumento exponencial de datos, cuyo manejo hace posible una mayor fiabilidad de los análisis lexicológicos.

En la Red han surgido otros instrumentos muy valiosos para la ampliación y conocimiento del léxico de este período. El *Corpus Léxico de Inventarios* (CorLexIn), construido sobre fuentes inéditas notariales (testamentos, protocolos, inventarios, etc.) del Siglo de Oro y preferentemente del XVII, se propone implementar la información sobre el léxico de los textos cultos con datos relativos a la vida cotidiana y, mediante una representación cartográfica de los mismos, entender su situación diatópica. De este modo, pretende contribuir a la redacción del *DHLE* (Morala Rodríguez 2012), en cuya página se puede consultar.

Los distintos corpus integrados en la red internacional CHARTA constituyen una integración de corpus y atlas lingüístico para el estudio del léxico y su variación sobre documentación archivística inédita de varios siglos. Asimismo son reseñables las recopilaciones relativas al área jurídica, efectuadas a partir de archivos de la zona de Murcia (Puche Lorenzo 2003), y de documentos conservados en el Monasterio de Yuso (Carriazo Ruiz y Grande López 2015), con matiz rural o arcaizante, además de dialectal.

Esta línea, de notable desarrollo desde comienzos del siglo XX, ha permitido a los investigadores profundizar en el conocimiento del léxico cotidiano y de los oficios populares, verificar documentalmente su variación a través de la geografía española y proporcionar información de interés para la lexicografía histórica (Morala Rodríguez 2015) y ha generado abundante bibliografía especializada. En un contexto cultural de extraordinaria complejidad, en medio de un creciente proceso de vernacularización de la ciencia y de la técnica, con notable incremento de la producción libraria gracias al auge de la imprenta y a estrategias editoriales de alcance europeo, el registro científico en el Quinientos y primer cuarto del XVII ha suscitado una atención preferente.

El proyecto DICTER (*Diccionario de la ciencia y de la técnica del Renacimiento*) se inició en 2000 con la finalidad de recuperar del olvido textos técnicos y científicos (salvo los de medicina, botánica, zoología y otras "ciencias de la vida") producidos en España —y, en menor medida, el Nuevo Mundo— durante el siglo XVI y primer cuarto del XVII, editarlos de forma filológicamente fiable, elaborar concordancias y ofrecer en la Red su repertorio lexicográfico. Hasta 74 obras fueron transcritas (Mancho Duque y Quirós García 2005), digitalizadas y en su mayoría incorporadas al CORDE, y pueden consultarse igualmente en el portal de acceso libre https://dicter.usal.es/. Ha generado, además, glosarios parciales y monografías sobre prólogos científicos, tratados náuticos, léxico de las matemáticas (Molina Sangüesa 2017) o cambios en las mentalidades reflejados en el vocabulario (Carriscondo Esquivel 2017), así como abundantes estudios, desde aspectos gráficos, etimológicos y formales hasta semánticos, relativos a la divulgación científica, historia de los conceptos, historia de la traducción científica, etc.

La preponderancia naval española, reflejada en una importante producción escrita, ha impulsado el interés filológico sobre textos náuticos del XVI. Se han realizado concordancias léxicas a partir de la edición de algunas obras, con el objetivo de elaborar el *Diccionario de la Navegación del Siglo de Oro* (DINESO), que han facilitado la aparición de algunas monografías sobre el vocabulario de esta área (Carriazo Ruiz 2015) y otras aproximaciones lexicológicas parciales.

Para completar el conocimiento del léxico de esta importante temática marinera, se ha creado el *Corpus léxico de la navegación y la gente de mar (ss. XVI–XVIII)* (AGILEX), basado en los fondos documentales del Archivo General de Indias de Sevilla.

Un reciente proyecto, el *Léxico español de la alimentación y el arte culinario tradicionales*, establecido sobre un corpus textual de los siglos XIII a XVI, propone recoger las voces españolas de la culinaria medieval y renacentista y ofrecerlas en la red.

Un área científica mejor conocida ahora es la de la economía y contabilidad en el XVI, gracias al examen de obras de jurisprudencia (pragmáticas y leyes), confesionarios y textos del género penitencial, a los que a lo largo del Quinientos se unirían tratados de economía política y mercantiles, manuales de contadores, aritméticas prácticas, etc. Se han puesto de relieve ciertas características de este vocabulario (Quirós García 2019) con vistas a la confección de un glosario especializado.

Una vertiente que empieza a ofrecer interesantes resultados es la de la agricultura, apoyada sobre un conjunto textual en el que cobra singular relevancia la obra de Gabriel Alonso de Herrera (1513). El léxico, sometido a progresivas reincorporaciones en las sucesivas ediciones, se recogió en el *Diccionario de autoridades*. También la terminología de las plantas medicinales es mejor conocida a partir de la *Historia de las yerbas y plantas* de Jarava (1557), traducción de la obra de Leonhart Fuchs a través de una versión francesa, que recoge abundantes fitónimos, especialmente de origen griego.

Son muy importantes ciertas ediciones de autores clásicos que incorporan análisis detallados del léxico, como, en el ámbito de la mística, las obras de Juan de la Cruz. Mención especial merece, en este sentido, la del *Quijote* de la Real Academia Española y Asociación de Academias de la Lengua Española (2015), obra en la que se ha resaltado la presencia del vocabulario científico y técnico (Mancho Duque 2005b).

5. Perspectivas futuras y conclusiones

Las perspectivas para el conocimiento histórico del léxico del español premoderno basculan entre la decepción y el optimismo, como ya advirtió Clavería Nadal (2012, 13) sobre el léxico en general.

Los estudios han experimentado un notable auge, no solo cuantitativo, sino desde nuevas directrices metodológicas. La existencia de materiales tecnológicos de apoyo inimaginables hace unos años —portales, corpus globales y especializados, bibliotecas virtuales, etc.—, anima a divisar un futuro con la certeza de disponer de una cantidad mucho mayor de datos y la posibilidad de lograr un mayor refinamiento en su tratamiento.

Un instrumento digital que almacena datos bibliográficos, lingüísticos y documentales sobre el vocabulario de las lenguas románicas de la península ibérica y sus respectivas variedades es el *Portal de Léxico Hispánico* (PLH), de gran utilidad para paliar la dispersión informativa en múltiples publicaciones de variada tipología (Clavería Nadal *et al.* 2013).

El *DHLE* de la RAE, que ofreció en 2013 los primeros testimonios lexicográficos, avanza, sobre rigurosas bases lingüísticas, filológicas e informáticas, en la redacción de nuevos artículos y nuevas acepciones de voces relacionadas en redes genéticas, morfológicas, semánticas, etc. Los filólogos aguardan impacientes el incremento notable de una herramienta en la Red trascendental en los próximos años.

Por otro lado, persisten deficiencias estructurales. En los corpus históricos, que deberían estar sometidos a una corrección formal continua, sería necesaria una profunda revisión para suprimir algunos textos, por carecer de interés o por proceder de ediciones no fiables; y, a la inversa, incorporar otros interesantes en diferentes áreas especializadas.

Subsisten problemas de lematización y de falta de sistematicidad en los filtros de búsqueda que dificultan el manejo, si bien se van introduciendo aplicaciones informáticas de ayuda, como en el CDH, que implementa los datos para la indagación de la cronología con mejoras desde el punto de vista de las grafías y de la variación gramatical.

Sería conveniente ofrecer, de manera gradual, una marcación relativa a las variedades geográficas de los textos que transparente la presión de los dialectos vecinos del castellano y el flujo de préstamos en las dos direcciones. Serviría para la depuración de isoglosas del riojano, navarro y aragonés o de las hablas de Murcia y Andalucía oriental.

Para el optimismo animan fundadas esperanzas de ampliación de ciertos corpus organizados sobre documentación archivística, todavía insuficiente, como el CorLexIn, interesante, además, por centrarse más en el XVII, del que no se tienen tantos datos. Consecuencia esperable sería el aumento de la producción científica correspondiente.

Algo análogo cabría esperar de otros, como *el Corpus para el estudio de la lengua española científica y matemática del siglo XVII*, compuesto sobre manuscritos de la Real Academia de la Historia y de impresos de la Biblioteca Nacional, encaminado a recoger el léxico especializado en unos momentos importantes como puente para la llegada de los *novatores* y la Ilustración española. Ya se ha editado algún texto con un glosario de voces lógicas y matemáticas (Sánchez Martín 2019).

Asimismo, cabe mencionar el proyecto LEGRATEC17 (*Léxico y gramática en el siglo XVII: edición y estudio lingüístico de textos técnicos de navegación y astronomía*), enfocado a la constitución de un corpus de textos técnicos, impresos o manuscritos, entre 1600–1700, con el fin de publicarlos fidedignamente, acompañados de estudios léxicos y de glosarios terminológicos (García-Macho et al. 2016).

Otro instrumento interesante de esperable desarrollo es el *Portal de Historia de la Traducción en España*, pues ofrece una novedosa línea de investigación que facilita el análisis de los problemas del léxico en las traducciones literarias y científicas del período áureo.

Es esperable que prosiga la puesta al día de diccionarios digitales especializados, como la reciente incorporación en el DICTER de los glosarios de alquimia, metalurgia y minería, el incremento de imágenes, inestimables en la lexicográfica histórica científica, o la imprescindible actualización bibliográfica.

También se aguarda la consolidación de ciertos proyectos sobre diccionarios especializados ya iniciados, como el DINESO (García-Macho et al. 2016) o el *Diccionario del léxico español de la alimentación y el arte culinario tradicionales*, que han alumbrado ya algunos trabajos específicos.

Es previsible un crecimiento y profundización de análisis lexicológicos basados en los textos científicos de la época por parte de los equipos integrantes de la *Red Temática Lengua y Ciencia*. Análogamente, es presumible un destacado aumento de la producción bibliográfica sobre el vocabulario de la vida cotidiana y la variación dialectal. Sería especialmente interesante la relativa a la difusión léxica en zonas geográficas de contacto.

Como posibles sugerencias sobre cuestiones concretas, una que recabaría tratamiento más detenido es la intermediación de distintas lenguas, especialmente del italiano, en la introducción de latinismos tanto en textos literarios como científicos, ligados muchos de ellos a procesos de traducción. Otro aspecto interesante relativo a los problemas de lenguas en contacto es la interferencia entre italiano y francés en los préstamos propios de ciertos campos, como el militar, donde la internacionalización de los conflictos hace difícil precisar la lengua responsable del préstamo inmediato (p. ej., *alabarda*, como recoge el *DHLE*).

Un tema poco trabajado es el de la muerte de las palabras en este período. Una modalidad concreta atañe a los procedimientos de sustitución léxica como consecuencia de la adopción de préstamos léxicos. Los filólogos se han fijado preferentemente en los procesos de importación de un elemento nuevo y han relegado los de obsolescencia que afectan a la voz destituida. Un campo importante y poco estudiado donde se constatan estos procesos es el de la ciencia y la técnica, donde es posible establecer la cronología de la desaparición de algunas de estas voces. Un caso específico sería el de la pervivencia y/o la pérdida de los arabismos, así como de algunos de sus sustitutos, y el mantenimiento o los cambios posibles en los significados: *alarife*, *albañil*, *almanaque*, *almucábala*, *auge*, *cifra*, *helmuarife*, *zaquizamí*, etc. (*cf.* Giménez-Eguíbar 2011; cap. 31).

La perspectiva semántica está menos desarrollada. Una cuestión que requeriría mayor detenimiento es la terminologización o especialización del significado de una palabra de la lengua general, que adquiere especial relevancia en las obras de ciertos autores de la literatura científica y técnica de este momento histórico.

Asimismo, habría que profundizar en la pluriterminologización —transferencia de unidades léxicas de un terreno de especialidad a otro—, como ocurre con *gola*, en la arquitectura, fortificación y artillería, con la advertencia de que el paso de un vocabulario especializado a otro carga a los términos de una significación nueva.

El estudio de la metaforización en el ámbito de la ciencia y de la técnica se encuentra en estado muy incipiente, pues se ha detectado en ciertos campos, pero sin analizar en profundidad los mecanismos sobre los que se establece. También habría que averiguar las causas de la especial dispersión de sentidos metafóricos de ciertos términos en diferentes disciplinas, como el caso llamativo de *caracol*.

Sería igualmente recomendable indagar con mayor intensidad sobre la introducción y tipología de glosas explicativas y reformulaciones léxicas en los textos de la ciencia y de la técnica.

Como conclusión general, los trabajos futuros sobre el léxico premoderno español deberían cimentarse sobre la base de una sólida estructura teórica lingüística, desde una perspectiva variacionista geográfica y social y con atención a las tradiciones discursivas (López Serena 2006; cap. 7), teniendo en cuenta el complejo marco histórico y cultural en el que se inserta y con el concurso insoslayable de las tecnologías digitales.

Nota

1 Como las de san Ignacio de Loyola, san Juan de la Cruz, santa Teresa de Jesús y alguna de fray Luis de León.

Lecturas recomendadas

La selección de lecturas pretende representar tres perspectivas de investigación sobre el español premoderno: la caracterización del léxico de la mística (Mancho Duque 2004); la variación geográfica en el léxico de la vida cotidiana (Morala Rodríguez 2015) y los diferentes tipos de neología, tanto en el léxico de la lengua general como, primordialmente, en el de diversos registros de especialidad (Verdonk y Mancho Duque 2010).

Referencias citadas

Alonso, D. 1942. *La poesía de san Juan de la Cruz (Desde esta ladera)*. Madrid: CSIC.
Alonso Hernández, J. L. 1977. *Léxico del marginalismo del Siglo de Oro*. Salamanca: Ediciones Universidad de Salamanca.
Bustos Tovar, E. de. 1986. "Cultismos en el léxico de Garcilaso de la Vega". En *Academia Literaria Renacentista*, vol. 4, 123–163. Salamanca: Universidad de Salamanca.
Bustos Tovar, J. J. de. 1982. "El cultismo en el primer renacimiento". En *Actas del coloquio hispano-alemán Ramón Menéndez Pidal*, eds. W. Hempel y D. Briesemeister, 15–39. Tubinga: Niemeyer.
Cano Aguilar, Rafael (coord.). 2005. *Historia de la lengua española*, 2.ª ed. Barcelona: Ariel.

Carriazo Ruiz, J. R. 2015. *El vocabulario de la navegación en el Siglo de Oro*. A Coruña: Universidade da Coruña.
Carriazo Ruiz, J. R. y C. Grande López. 2015. "El léxico específico de los inventarios *post mortem* conservados en el archivo del Monasterio de Yuso, San Millán de la Cogolla: 1512–1682". En *Temas, problemas y métodos para la edición y el estudio de documentos hispánicos antiguos*, coords. J. P. Sánchez Méndez, M. de la Torre y V. Codita, 749–773. Valencia: Tirant Humanidades.
Carriazo Ruiz, J. R. y M. J. Mancho Duque. 2003. "Los comienzos de la lexicografía monolingüe". En *Lexicografía española*, coord. M. A. Medina Guerra, 204–234. Barcelona: Ariel.
Carriscondo Esquivel, F. 2017. *Palabras que cambiaron (en) la historia: (lexicología y lexicografía)*. Gijón: Trea.
CDH: Real Academia Española. 2013. *Corpus del Diccionario histórico de la lengua española (CDH)*. https://apps.rae.es/CNDHE.
Chamorro Fernández, M. I. 2002. *Tesoro de villanos. Diccionario de germanías*. Barcelona: Herder.
CHARTA: *Corpus hispánico y americano en la red: textos antiguos*. http://corpuscharta.es.
Clavería Nadal, G. 2012. "Nuevas perspectivas en el estudio de la evolución del léxico". En *Historia del léxico: perspectivas de investigación*, eds. G. Clavería, M. Freixas, M. Prat y J. Torruella, 13–90. Madrid y Fráncfort: Iberoamericana y Vervuert.
Clavería Nadal, G., C. Julià Luna, M. Massanell Messalles y J. Torruella Casañas. 2013. "*Portal de Léxico Hispánico*: un recurso electrónico para el estudio histórico del léxico". *Cuadernos del Instituto de Historia de la Lengua* 8: 39–60.
Colón, Germán. 1989. *El español y el catalán, juntos y en contraste*. Barcelona: Ariel.
Corbella Díaz, D. y A. Fajardo Aguirre, eds. 2017. *Español y portugués en contacto. Préstamos léxicos e interferencias*. Berlín y Boston: Walter de Gruyter.
Corbella Díaz, D., A. Fajardo Aguirre y J. Langenbacher-Liebgott, eds. 2018. *Historia del léxico español y Humanidades digitales*. Berlín: Peter Lang.
CORDE. Real Academia Española. *Corpus diacrónico del español*. http://corpus.rae.es/cordenet.html.
Corominas, J. 1947. "J. H. Terlingen, *Los italianismos en español desde la formación del idioma hasta principios del siglo XVII*". *Symposium* 1: 106–119.
Corpus Léxico de Inventarios (CorLexIn). http://corlexin.unileon.es.
Corpus Léxico de la navegación y la gente de mar (ss. XVI-XVIII) (AGILEX). http://corpusagilex.com.
Corriente, F. 2003. *Diccionario de arabismos y voces afines al iberorromance*. Madrid: Gredos.
DCECH: Corominas, J. y J. A. Pascual. 1980–1991. *Diccionario crítico etimológico castellano e hispánico*. Madrid: Gredos. ed. en CD-ROM, 2012.
DHLE: Real Academia Española. 2013. *Diccionario histórico de la lengua española*. http://rae.es/dhle.
DICTER: *Diccionario de la ciencia y de la técnica del Renacimiento*. M. J. Mancho Duque (dir.), Ediciones Universidad de Salamanca. http://dicter.usal.es/.
Enciclopedia lingüística hispánica. T. II. *Elementos constitutivos. Fuentes*. 1967. Madrid: Consejo Superior de Investigaciones Científicas.
García-Macho, M. L., J. R. Carriazo Ruiz y M. E. Azofra. 2016. "Léxico y gramática en el siglo XVII. Edición y estudio lingüístico de textos técnicos de navegación y astronomía (LEGRATEC17)". En *Lengua de la ciencia e historiografía*, coord. J. I. Pérez Pascual; ed. lit. C. Garriga, 53–63. A Coruña: Universidade da Coruña.
García Palacios, J. 1992. *Los procesos de conocimiento en san Juan de la Cruz. Estudio léxico*. Salamanca: Ediciones Universidad de Salamanca.
García Salinero, F. 1968. *Léxico de alarifes de los Siglos de Oro*. Madrid: Real Academia Española.
Gil, J. 2000. *Los cultismos grecolatinos en español*. Salamanca: Ediciones Universidad de Salamanca.
Giménez-Eguíbar, P. 2011. "Algunas cuestiones sobre la pérdida de arabismos". *Romance Philology* 64: 185–196.
Hernández Alonso, C. y B. Sanz Alonso. 2002. *Diccionario de germanía*. Madrid: Gredos.
Herrero Ingelmo, J. L. 1994–1995. *Cultismos renacentistas. (Cultismos léxicos y semánticos en la poesía del siglo XVI)*. Madrid: Real Academia Española.
Hidalgo, J. 1609. *Romances de germanía de varios autores con su bocabulario*. Barcelona: Sebastián de Cormella.
Lapesa, R. 1972. "El cultismo semántico en la poesía de Garcilaso". *Revista de Estudios Hispánicos. Homenaje a Margot Arce* II: 33–45. (Reimpreso en *Poetas y prosistas de ayer y de hoy*, 92–109. Madrid: Gredos, 1977).
Lapesa, R. 1973. "El cultismo en la poesía de Fray Luis de León". En *Atti del Convegno Internazionale sul tema: Premarinismo e Pregongorismo*, 301–318. Roma: Accademia Nazionale dei Lincei (Reimpreso en *Poetas y prosistas de ayer y de hoy*, 110–145. Madrid: Gredos, 1977).
Lapesa, R. 1980. *Historia de la lengua española*. 9.ª ed. Madrid: Gredos.

Léxico español de la alimentación y el arte culinario tradicionales. Proyecto de investigación sobre la documentación de los siglos XIII a XVI. https://people.unil.ch/rolfeberenz/proyecto/

Lihani, J. 1973. *El lenguaje de Lucas Fernández. Estudio del dialecto sayagués*. Bogotá: Instituto Caro y Cuervo.

López Serena, A. 2006 "Las tradiciones discursivas en la historiografía lingüística y en la historia de la lengua española". En *Cuatrocientos años de la lengua del Quijote. Estudios de historiografía e historia de la lengua española*, eds. M. Fernández Alcaide y A. López Serena, 49–54. Sevilla: Servicio de Publicaciones.

López Vallejo, M. Á. 2008. *Historia del léxico militar en el español áureo. La conquista de Granada, el conflicto hispano-italiano y las guerras de Flandes*. Granada: Universidad de Granada.

Mancho Duque, M. J. 2004a. "El léxico de los místicos: del tecnicismo al símbolo". En *La experiencia mística. Estudio Interdisciplinar*, ed. J. Martín Velasco, 219–246. Madrid: Trotta.

Mancho Duque, M. J. 2004b "Rasgos lingüísticos de las traducciones botánicas del siglo XVI: el caso de Jarava". En *Plantas medicinales y su vinculación con la farmacia a través de los siglos*, 21–40. Sansepolcro: Aboca Museum Edizioni.

Mancho Duque, M. J. 2005a. "Tradición y creación en el léxico del *Cántico espiritual*". En *Palabras, norma, discurso. En memoria de Fernando Lázaro Carreter*, eds. L. Santos Río, J. Borrego Nieto, J. F. García Santos, J. J. Gómez Asencio y E. Prieto de los Mozos, 763–776. Salamanca: Ediciones Universidad de Salamanca.

Mancho Duque, M. J. 2005b. "La divulgación científica y sus repercusiones léxicas en la época del Quijote". En *La ciencia y El Quijote*, coord. J. M. Sánchez Ron, 257–278. Barcelona: Crítica y Drakontos.

Mancho Duque, M. J., dir. y M. Quirós García, coord. 2005. *La ciencia y la técnica en la época de Cervantes: textos e imágenes*. Salamanca: Ediciones Universidad de Salamanca (CD-ROM).

Molina Sangüesa, I. 2017. *Letras números e incógnitas: estudio de las voces aritmético-algebraicas del Renacimiento*. Madrid y Fráncfort: Iberoamericana y Vervuert.

Morala Rodríguez, J. R. 2012. "El proyecto CorLexIn". En *Lexicografía hispánica del siglo XXI: nuevos proyectos y perspectivas. Homenaje al Profesor Cristóbal Corrales Zumbado*, eds. D. Corbella, J. Dorta y A. Fajardo, 421–439. Madrid: Arco/Libros.

Morala Rodríguez, J. R. 2015. "Variación diatópica y etimología en el léxico del Siglo de Oro". En *Actas del X Congreso Internacional de la Lengua Española*, coords. M. L. Arnal, R. M. Castañer, J. M. Enguita, V. Lagüéns y M. A. Martín Zorraquino, vol. 1, 215–238. Zaragoza: Institución "Fernando el Católico".

Morreale, M. 1959. *Castiglione y Boscán. El ideal cortesano en el Renacimiento*. Madrid: Real Academia Española.

Nieto Jiménez, L. 2001. *Tesoro Lexicográfico del español marinero anterior a 1726*. Madrid: Arco/Libros.

NTLE: Nieto Jiménez, Lidio y Manuel Alvar Ezquerra. 2007. *Nuevo tesoro lexicográfico del español (s. XIV–1726)*. Madrid: Arco/Libros.

NTLLE: Real Academia Española. 2001. *Nuevo tesoro lexicográfico de la lengua española*, edición en DVD. Madrid: Espasa [En línea: ntlle.rae.es].

Pascual, J. A. y E. Falque. 2014. "Los ecos del latín en la literatura renacentista castellana". En *Philologia, Universitas, Vita. Trabajos en honor de Tomás González Rolán*, eds. J. M. Baños Baños, M. F. del Barrio Vega, M. T. Callejas Berdonés, A. López Fonseca y T. González Rolán, 749–760. Madrid: Escolar y Mayo Editores.

Portal de Historia de la Traducción en España. https://phte.upf.edu/

Portal de Léxico Hispánico. http://portaldelexico.es/

Puche Lorenzo, M. A. 2003. *El español del siglo XVI en textos notariales*. Murcia: Universidad de Murcia.

Quirós García, M. 2019. "El *Libro de caja y manual de cuentas de mercaderes* (1590) de Bartolomé Salvador de Solórzano, y los orígenes de la nomenclatura contable en castellano". *Boletín de la Academia Peruana de la Lengua* 66: 195–228.

Real Academia Española y Asociación de Academias de la Lengua Española. 2015. *Don Quijote de la Mancha de M. de Cervantes Saavedra* Madrid: RAE y ASALE.

Red Temática Lengua y Ciencia. www.lenguayciencia.net/

Sánchez Martín, J. 2019. *"Método de la geometría" (1640) de Juan Carlos de la Faille. Estudio y edición*. Murcia: Ediciones de la Universidad.

Terlingen, J. H. 1943: *Los italianismos en español. Desde la formación del idioma hasta principios del siglo XVII*. Ámsterdam: N. V. Noord-Hollandsche Uitgevers Maatschappij.

Varela Merino, E. 2009. *Los galicismos en el español de los siglos XVI y XVII*. Madrid: Consejo Superior de Investigaciones Científicas.

Verdonk, R. 1980. *La lengua española en Flandes en el siglo XVII. Contribución al estudio de las interferencias léxicas y de su proyección en el español general*. Madrid: Ínsula.

Verdonk, R. 2002. "El español del Siglo de Oro en contacto con el francés y neerlandés. Interferencias léxicas y préstamos en la obra de Antonio Carnero y de otros autores españoles de Flandes (1567–1650)". En *Actas del V Congreso Internacional de Historia de la Lengua Española*, ed. M. T. Echenique y J. P. Sánchez Méndez, vol. II, 1845–1856. Madrid: Gredos.

Verdonk, R. y M. J. Mancho Duque, eds. 2010. *Aspectos de la neología en el Siglo de Oro. Lengua general y lenguajes especializados*. Ámsterdam y Nueva York: Rodopi.

Vidos, B. E. 1972. "Relaciones antiguas entre España y los Países Bajos y problemas de los préstamos holandeses (flamencos) en castellano". *Revista de Filología Española* 55: 238–242.

26

Caracterización del léxico de los siglos XVIII–XIX (Features of the lexicon of eighteenth and nineteenth century Spanish)

Josefa Gómez de Enterría

1. Introducción

Teniendo en cuenta la sucinta presentación a la que debe ceñirse este capítulo dedicado al léxico del español en los siglos XVIII y XIX, parece obligado prestar atención al aspecto más relevante de este vocabulario: los préstamos léxicos. Estos conforman un cuantioso contingente de voces nuevas que el español acoge procedente de otras lenguas —francesa, inglesa e italiana fundamentalmente— contribuyendo a su enriquecimiento.

Asimismo, dado el carácter didáctico de esta publicación, se describen los aspectos más destacados de los estudios sobre el léxico del español moderno hasta el momento actual, tomando como punto de partida los trabajos de Lapesa, Álvarez de Miranda, Seco, Colón y Mondéjar, por considerarlos pilares teóricos sobre los que se asientan las investigaciones actuales.

Palabras clave: español moderno; préstamo léxico; lengua e historia; lexicología; lexicografía

Taking into account the brief presentation to which this chapter dedicated to the lexicon of Spanish in the 18th and 19th centuries must adhere, it seems necessary to pay attention to the most relevant aspect of this vocabulary: lexical loans. These make up a large contingent of new words that Spanish received from other languages —mainly French, English and Italian— thus contributing to its enrichment.

Likewise, given the didactic nature of this Manual, this chapter will describe the most important studies on the lexicon of modern Spanish up to the present day. It takes as its starting point the works of Lapesa, Álvarez de Miranda, Seco, Colón and Mondéjar, as they are considered to be the theoretical pillars on which current research is based.

Keywords: modern Spanish; lexical loan; language and history; lexicology; lexicography

DOI: 10.4324/9781003035565-29

2. Conceptos fundamentales

La palabra *caracterización*, que encabeza el título de este capítulo, lleva a plantear el tema señalando los rasgos más destacados del vocabulario[1] del período propuesto, considerando dichos rasgos a partir de las diferencias que el léxico del español moderno establece con respecto a las etapas anteriores de su historia. Pero también posiciona los estudios que sobre el léxico del español moderno se están llevando a cabo en el momento actual como deudores de su inmediato pasado, ya que esta disciplina apenas cuenta con media centuria en su historia. Abordaremos pues el léxico del español en los siglos XVIII y XIX atendiendo únicamente a su aspecto más relevante: los préstamos léxicos, porque la creatividad que ofrece el vocabulario en esta etapa es bastante inferior al aluvión de préstamos que recibe de otras lenguas.

Al no ser nuestro objetivo una aproximación cuantitativa, sino cualitativa del léxico, es necesario acotar un espacio de tiempo que emane del propio devenir de la lengua (Eberenz 1991, 83), de ahí que el análisis y descripción del vocabulario no se constriña únicamente a las dos centurias enunciadas en el título, sino que se adelante incluyendo también las tres últimas décadas del seiscientos, con el período novator.

Tomamos, pues, como punto de partida el nacimiento del español moderno, etapa en la que el idioma ya había alcanzado la madurez que, en 1713, refrenda la creación de la RAE con su tarea de modernización y regularización de la lengua, hasta publicar el diccionario y la gramática. Sin embargo, para la historia del léxico esta delimitación no se puede ceñir a las fechas de inicio y fin de las dos centurias enunciadas pues conviene arrancar en el período denominado por Octavio de Toledo (2008, 895) y Dworkin (2012, 128) "español moderno temprano", esto es, en la segunda mitad del seiscientos. Según Eberenz (1991, 101) "no coincide en absoluto con la cronología de las acciones normativas, pero sí con el agotamiento de la cultura literaria de la época áurea". Además, por estos mismos años eclosiona en Europa una etapa de gran riqueza intelectual y cambio de mentalidades: la revolución novatora, cuyo eco llega hasta España en las últimas décadas del XVII (López Piñero 1969; Álvarez de Miranda 1996; Gómez de Enterría 2012; época tradicionalmente poco estudiada por los historiadores de la lengua[2] y, menos aún, por los del léxico.

El español moderno se engrosa durante el siglo XVIII con un cuantioso componente léxico que llega masivamente desde la lengua francesa, seguida por la italiana y en menor medida la inglesa. Las voces del francés llegan ininterrumpidamente al español desde la Edad Media hasta la mitad del siglo XX, con dos momentos de gran auge en los siglos XVII y XVIII. El siglo XIX ofrece, sin embargo, un panorama diferente con un acusado predominio de los anglicismos, aunque la pervivencia del galicismo aún es muy evidente. Castro (1924, 138) recuerda que la tradición galicista del XVIII se mantiene en la época romántica con numerosas traducciones del francés. Además, ambas lenguas de cultura, seguidas a gran distancia por la alemana, ejercerán una fuerte presión neológica a través del enorme caudal de traducciones de la ciencia y de la técnica que se vierten al español a lo largo de toda la centuria decimonónica (Pinilla y Lépinette 2015; Gómez de Enterría 2017). Son las versiones las que, desde los centros europeos del saber acercan el conocimiento, enriqueciendo el español y aportando las novedades sociales y estéticas que cristalizarán posteriormente en el cambio de las mentalidades.

3. Aproximaciones teóricas

El estudio del vocabulario del español moderno debe partir indiscutiblemente de la escuela creada por Rafael Lapesa en los años sesenta del pasado siglo. Sus planteamientos siguen el entonces novedoso enfoque de Georges Matoré, cuando el filólogo francés concibe el léxico con una finalidad histórico-sociológica, tomando como punto de partida el axioma de que el vocabulario de una civilización es el indicador más preciso de esta.

El magisterio de Lapesa, discípulo de Castro y de Menéndez Pidal, constituye hoy una aportación *clásica* a la historia de la lengua española concebida como estudio integrador de la lengua y su literatura. Sus numerosísimos trabajos constituyen los dos cauces por los que discurre hoy la investigación del estudio histórico del léxico, uno enfocado hacia la lexicología y otro centrado en la historia de la lexicografía.

La doctrina del maestro se recoge en Lapesa (1992) y (1996), además de los capítulos pertinentes de Lapesa (1981). El primer título de los citados contiene varios ensayos sobre el léxico enfocados desde la lexicología, en los que Lapesa aplica su atinado planteamiento metodológico a diferentes momentos de la Ilustración y el Romanticismo con claridad meridiana y gran sencillez. Al abordar el análisis del léxico siempre toma como punto de partida los textos, ya sean literarios, ensayísticos o de especialidad, para delimitar el vocabulario en momentos históricos concretos; analizando el significado particular de cada uno de sus elementos, junto con los problemas que pueden plantear las posibles variantes formales o significativas; concluyendo en un monumental mosaico con el que estructura en términos filológicos la historia del léxico español. El volumen II de Lapesa (1992) acoge sus planteamientos lexicográficos, particularmente relativos al diccionario histórico, incluyendo un excelente prólogo de extraordinario interés para la lexicografía española. Esta aportación de los ensayos lexicográficos posee además el valor testimonial añadido de la dedicación de Lapesa al frente del *DHLE* (1960–1996) cuyo proyecto cuidadosamente trazado se truncó en 1996. Es evidente que el gran avance, alcanzado en esta área de la lingüística durante las últimas décadas del pasado siglo se debe en gran medida a los nuevos planteamientos formulados por Lapesa (1992) y por Seco (2003).

El fértil magisterio de Lapesa se refleja también en un conjunto de excelentes tesis doctorales dedicadas al léxico del español moderno: Seoane (1965) sobre el primer lenguaje constitucional español, Ruiz Otín (1976) sobre el vocabulario de Larra y Álvarez de Miranda (1992) sobre el léxico de la Ilustración temprana en España. Esta última marca un nuevo hito para los estudios del léxico del español moderno, pues representa la apertura de una nueva estela para trazar la investigación sobre el léxico de carácter socio-histórico del español. Álvarez de Miranda, fiel discípulo de Lapesa y de Seco, es el filólogo que ha dedicado al estudio y a la descripción del léxico del español moderno más atención y aportación de conocimiento —como muestra su prolífica bibliografía con señeros ensayos—, así como también al estudio de la historia de la lexicografía. Siguiendo el ejemplo de sus maestros, no ha escatimado la exhaustiva consulta de las fuentes ni el rigor metodológico de la escuela lapesiana, explorando la lengua y la literatura siempre sobre el trasfondo de la historia y la sociedad en que surgen. Es así como ha desbrozado el ámbito del vocabulario del español moderno llegando a abarcar prácticamente todos los aspectos fundamentales de la historia del léxico y de la lexicografía de los siglos XVIII y XIX. Adentrarse en su cuantiosa bibliografía es para el estudioso del léxico del español moderno una verdadera inmersión en la vida socio-cultural e histórica del hablante dieciochesco y decimonónico. Su producción bibliográfica es ingente[3] tanto en los ensayos dedicados a aspectos concretos del léxico, como en las reveladoras visiones de conjunto (Álvarez de Miranda 2005a, 2006, 2009a, 2011). En muchas de sus publicaciones se ha hecho eco del hándicap que representa para los estudios del léxico la falta del diccionario histórico del español, así como la ausencia de una exhaustiva monografía dedicada a la historia del léxico español.

Otra perspectiva esencial para el análisis de la historia del léxico es la aportada por Germán Colón. Este filólogo emprende la historia del léxico tomando siempre el vocabulario románico como fundamento sustancial, y valorando la vida de las voces a partir de su inmersión en los textos no como piezas aisladas, sino "como miembros de una familia más amplia" con una clara alusión a la situación de la lengua española como parte de una amplia red iberorrománica (Colón 2002, 9). El elemento latino es la base y fundamento del idioma, advirtiendo que el latín no solo constituye la herencia, sino que conforma un gran contingente de elementos de lengua culta que el español sigue recibiendo e incorporando a lo largo de toda su historia. En los siglos

XVIII y XIX, esta aportación de cultismos latinos y griegos llega a ser muy productiva para la formación de los nuevos vocabularios terminológicos; no olvidemos que es precisamente en estas dos centurias cuando se produce el nacimiento y posterior desarrollo de la ciencia y de las técnicas modernas.

Colón (2002, 9) echa en falta reiteradamente la existencia de un tratado sobre el léxico digno de ese nombre e insiste en la necesidad de realizar monografías de cada una de las nuevas voces que llegan en torrente hasta la lengua durante el período acotado, especialmente las que proporcionan las traducciones de obras científicas y técnicas. Su doctrina la encontramos hoy acertadamente reunida en dos volúmenes que recopilan sus importantes estudios (Colón 2002).

El panorama que ofrece José Mondéjar (1980, 1991) viene a coincidir en esencia con los planteamientos teóricos antes citados, aunque presenta algunos aspectos divergentes. Para Mondéjar el análisis lingüístico, que fácilmente podemos extrapolar al del léxico, no es suficiente si solo se atiene a la descripción de los elementos en términos estructurales y de función, antes bien hay que estudiar cómo han llegado estos elementos hasta el sistema y cuáles han sido los movimientos socio-históricos que han condicionado su integración en la línea de fecunda fusión de lingüística histórica, estructuralismo y sociolingüística que, citando a Malkiel, remonta hasta Weinreich *et al.* (1968). Esta ardua tarea que exige otros conocimientos además de los lingüísticos, según Mondéjar (1980), deberá realizarse desde un enfoque social, histórico, científico, etc., que corra paralelo al enfoque literario, tradicional y largamente abordado, teniendo en cuenta que el enfoque social no puede ser estático sino en continuo movimiento, de la misma manera que se desarrolla la historia. Insiste además en la realización de trabajos monográficos como único camino viable para hacer la historia de la lengua. Aboga Mondéjar (1980, 45) por la combinación interdisciplinar del estudio del léxico junto con la semántica como auxiliar imprescindible en este proceso, siguiendo la estela que va desde Bréal hasta Matoré. Su enfoque metodológico queda perfectamente resumido en la cita siguiente: "No se trata, pues, de estudiar la evolución significativa de una palabra aislada desde que se incorpora a la organización mental de una sociedad hasta que se olvida, sino de determinar cada uno de sus significados —sucesivos y simultáneos— en relación con los de las demás palabras del campo lexicológico elegido en la etapa que se quiere considerar" (Mondéjar 1980, 47). La escuela creada en la Universidad de Granada por tan ilustre lingüista, a partir de la tesis de García-Godoy (1995) sobre el léxico del primer liberalismo español y mejicano, está abierta a nuevas perspectivas de estudio que llegan hasta el momento actual gracias a investigaciones de gran solidez y rigor metodológico.

A lo largo de las últimas décadas hemos percibido reiteradamente el sentir de los maestros ante la falta de un manual dedicado a la historia del léxico español. Desde el año 2012 contamos afortunadamente con la primera monografía dedicada a este tema (Dworkin 2012). El profesor de Michigan ofrece un excelente compendio de los préstamos léxicos que han llegado hasta el español a lo largo de toda la historia de la lengua, estudiando el léxico con una perspectiva interlingüística, desde el enfoque de lenguas en contacto.

4. Perspectivas actuales

Los estudios sobre el léxico histórico se orientan hoy en las vertientes lexicológica y lexicográfica. La primera está fuertemente afianzada en la escuela de Lapesa con ensayos trascendentales para el futuro del léxico español. Los trabajos de Álvarez de Miranda (2005a, 2006, 2009a, 2011, etc.) y las brillantes tesis realizadas bajo su dirección, Varela Merino (2009) y Prieto García-Seco (2011) ofrecen un planteamiento metodológico riguroso desde los textos, es decir, una demostración del progreso de la lexicología diacrónica en el momento actual. En el VI Congreso internacional de historia de la lengua española celebrado en Madrid en 2003, Álvarez de Miranda (2006, 1230) llamó la atención acerca del estado deficitario de los estudios sobre la historia del léxico, frente a todos los trabajos dedicados a la historia de la lexicografía en sus posibles variantes temáticas, incluida la recepción de las nuevas voces en los repertorios. Además, recomendaba encarecidamente la realización de trabajos de investigación léxica en forma de monografías para profundizar en el origen de las voces, —a pesar de que este arduo trabajo todavía hoy debe acometerlo el investigador sin contar con imprescindibles instrumentos como el diccionario histórico— y cuestionaba, asimismo, los peligros que hoy pueden acechar al filólogo ante el enorme volumen documental que proporcionan los corpus y la digitalización de textos en general.

Durante las dos últimas décadas se han desarrollado numerosos proyectos con interesantes líneas de investigación sobre el léxico del XVIII y XIX, si bien, es cierto que muchos de estos trabajos están dedicados a los vocabularios de especialidad. Lógico, si tenemos en cuenta que es, durante los dos siglos propuestos, cuando nacen o alcanzan su mayoría de edad las ciencias y las técnicas, con el consiguiente desarrollo de la lengua de especialidad, o incluso su nacimiento, en el caso del advenimiento de disciplinas nuevas. El análisis de los vocabularios de especialidad confirma la proposición de Eberenz (1991, 89): "Las obras literarias no deben tomarse nunca como los únicos testimonios lingüísticos de una época. Incluso cuando ésta resulte relativamente pobre en otros tipos de documentación", insiste el filólogo suizo en la importancia que conlleva el conocimiento del vocabulario de especialidad para trazar las coordenadas que rigen el léxico global de una lengua. Considerando que, desde el punto de vista cuantitativo, la llegada de préstamos de especialidad al primer español moderno fue masiva, el resultado son análisis con un obligado enfoque pluridisciplinar sobre diferentes aspectos del vocabulario social, histórico, ideológico, de la ciencia y de la técnica (Álvarez de Miranda 1992; García-Godoy 1995; Gómez de Enterría 1996; Garriga Escribano 2003, 2012; Bajo Santiago 2003; Clavería Nadal 2012; Corbella Díaz y Padrón Fernández 2013; Štrbáková 2014; Gutiérrez Cuadrado 2016; López Mora 2016; Moreno Villanueva 2017; Sánchez Martín 2018; Gómez de Enterría 2020).

Llegados a este punto, parece necesario ejemplificar algunas situaciones propicias para la entrada de los préstamos. En las últimas décadas del siglo XVII, en el período novator, la influencia francesa es muy acusada, los galicismos llegan con la nueva ciencia a través de las obras de sus introductores como Juan de Cabriada (1687): *febrífugo, pulverizar, pulverización*, o Juan Bautista Juanini (1689) —introductor en España de las obras del iatroquímico francés F. Bayle—: *arteriola, circulación de la sangre, higiene, alcoholizar, caphé*; vid. Gómez de Enterría (2020). En esta misma etapa Varela Merino (2009) atestigua el nacimiento de numerosos galicismos en otras áreas no relacionadas forzosamente con la ciencia, p. ej., en el campo léxico del ejército: *bayoneta, bloqueador, brigadier, cadete, campamento, carcasa, caserna, comandar*; de la indumentaria y la moda: *armelín, cotanza, bucle, chambergo, chupa*, o en campos diversos: *bucanero, cabaré, cafetada, calesa, alemanda*.[4]

Las traducciones han contribuido a lo largo de la historia a la renovación de la lengua común; las de las obras de especialidad enriquecen poderosamente la lengua de la ciencia y la técnica en el XVIII. En los años centrales de la centuria destaca el *Espectáculo de la naturaleza*, traducido por Esteban Terreros desde la obra de Noël Antoine Pluche, con galicismos como *hulla, litología, germen, estípula, pedúnculo, antena, colza, ortopedia, zigzaque*, etc. A finales del siglo la versión de José Clavijo y Fajardo de la *Historia natural, general y particular* de Buffon, introduce términos como *digestor, soplete, balanza aerostática, pesalicores, aerómetro*, etc. También es frecuente en el siglo ilustrado que los traductores vuelquen versiones francesas de originales escritos en lengua inglesa, como sucede con muchos tratados de economía y comercio (Gómez de Enterría 1996): Domingo Marcoleta traduce en 1771 la versión francesa que Plumart de Dangeul había realizado desde el texto original inglés de John Nickolls, con las primeras dataciones en español de los galicismos: *stock, budget, bounty, malt*.[5] Sin embargo, es más frecuente que las traducciones se hagan directamente desde la versión del original francés; así procede Torre y Mollinedo en 1767, con primeras dataciones de los galicismos: *refinería, balanza mercantil, debe*. Miguel Jerónimo Suárez Núñez, activo traductor de la Secretaría de Lenguas, vierte al castellano, entre otros, a Necker, Condillac y Turgot en 1778, con galicismos como *pagaré, agente de cambio, fondo de amortización*, etc. Entre los neologismos que llegan hasta el léxico de la economía en el siglo XVIII llama la atención la influencia del francés en los términos que denominan ocupación: *comisionista, economista, contratista, prestamista, rentista, oficinista, destajista, almacenista*, o también estado: *bancarrotista, capitalista*. Estamos ante las "creaciones inducidas" que señala Álvarez de Miranda (2009a), resultado de la confluencia entre el léxico de la lengua de origen y la lengua receptora. En ocasiones, exceden el marco románico, llegando a alcanzar el estatus de "europeísmos", sobre todo cuando se adoptan en el ámbito de los avances de la ciencia y de la técnica. Estos neologismos son para Geckeler (2013) "convergencias europeas en el léxico español" que llegan bajo la forma de préstamos, ya sea mediante la transmisión culta o bien con las lenguas de cultura del mundo occidental o las lenguas europeas modernas. Son elementos de una amplia red iberorrománica, según recuerda Colón (2002, 9) cuando alude a la situación del español como parte de una estructura mucho más amplia.

Otra vía para la entrada de los galicismos en los vocabularios de especialidad son las obras escritas en español por autores de lengua francesa y residentes en España, como algunos de los médicos que en los albores del XVIII vienen con la corte de Felipe V, entre otros Beaumont, Massoneau o Le Preux, introductores de galicismos en la medicina del período novator: *biliar, bisturí, contraindicación, estilete, tendinoso, atrófico, gastrorrafia, litotomía, lumbar, sindón*, etc., testimonio de la medicina francesa en la corte de Madrid (Gómez de Enterría 2020).

La prensa constituye quizá la mayor fuente de préstamos; las gacetas acercan términos foráneos a través de las noticias de política, comercio, ciencia o técnica. La *Gaceta de Madrid* de 1701 introduce neologismos como *bill, esquelín, libra sterlina, risdal, carta circular*, etc. También en la prensa especializada, p. ej., *Discursos mercuriales* de Juan Enrique de Graef (1755–1756) traen: *accisa, bilán, al portador, ciencia económica, competencia, riesgo, stochfich, pyrithología*, etc., en el *Diario Noticioso* de Nipho (1758), *muaré, moaré, moer, muer, stok-fish, subarrendar*, y en el *Semanario económico* (1767), *economizar, economista*. Sin embargo, no todo son galicismos, en los periódicos dieciochescos asomarán algunos anglicismos, incluso crudos, que posteriormente van a introducir en sus textos los autores prestigiosos, p. ej. Campomanes en 1762: *interlop* y *filibustier* (Gómez de Enterría 1996).

El italiano continúa siendo en esta época una de las grandes lenguas de cultura del mundo occidental, como muestran los numerosos préstamos que llegan hasta el español del XVIII. Álvarez de Miranda (2009b), en el único trabajo que existe hasta el momento sobre los préstamos del italiano en el siglo ilustrado, da testimonio de la importancia de los italianismos en los espectáculos: *arlequín, payaso, volatín*, el teatro: *coliseo, palco, platea, comparsa, improvisar*, la música: *serenata, aria, melodrama, soprano, sonata*, la arquitectura: *escalinata, rotonda*, etc. Estas voces son testigo de la pervivencia del predominio cultural de Italia en las relaciones diplomáticas, la política, la economía y la música de la corte de los Borbones.

Los albores del XIX son el comienzo de una nueva impronta en la lengua española con la entrada en tromba de los anglicismos, que seguirán en ascenso hasta el momento actual. Esta corriente coincide curiosamente en España con la llegada del galicismo *anglomanía* que, documentado en 1805 (Lorenzo 1996, 13), designa la irradiación del fenómeno cultural anglosajón. El conservadurismo generalizado de este siglo, junto con el desconcierto político y social, no permitió el desarrollo del conocimiento en España; sin embargo, el *espíritu del siglo* tuvo su representación más fidedigna en la prensa; el periodismo decimonónico fue en algunos momentos el principal medio para la instrucción de los lectores, a pesar de su irregular evolución a lo largo de la centuria (Seoane 1977). Los numerosos periódicos que vieron la luz en Madrid, Barcelona y provincias facilitaron la llegada de los neologismos, acercando hasta el lector las novedades más recientes con anglicismos de campos léxicos como el deporte (*record, sport, jockey*) o los medios de transporte (*break, tilbury, pailebot, pailebote, yatch, túnel, tender;* vid. (Lorenzo 1996; Vázquez Amador 2014).

Los avances de la ciencia y la técnica proporcionan nuevos términos en todos los ámbitos del saber; los estudios publicados sobre los vocabularios de especialidad de esta etapa son muy numerosos: Gállego Paz (2003), se ha ocupado de la fotografía; Sánchez Martín (2018), de las matemáticas; García Aranda (2008), de la meteorología; Bajo Santiago (2003), de la enología; Rodríguez Ortiz (1996), del ferrocarril; Díez de Revenga y Puche Lorenzo (2005–2006), de la minería, entre otros. Estas contribuciones permiten vislumbrar el amplio horizonte que conforman los vocabularios de especialidad en el siglo XIX, con investigaciones realizadas a partir de fuentes documentales y tipos de textos de muy diferente índole.

La vertiente lexicográfica enfoca el estudio del léxico a través de un riguroso análisis de los planteamientos metalexicográficos de cada diccionario, así como también de su historia, valorando además los vaivenes que han podido sufrir las voces para su recepción en los repertorios decimonónicos, académicos y no académicos. Se trata de trabajos cuya finalidad es desbrozar el devenir de la lexicografía con el objetivo último de reconstruir la historia de los diccionarios (Lapesa 1992; Seco 2003; Álvarez de Miranda 2011). En el momento actual se están desarrollando interesantes líneas de investigación que ahondan en la historia e intrahistoria de la lexicografía académica del XIX (Blanco Izquierdo *et al.* 2018; Clavería Nadal *et al.* 2012; Clavería Nadal 2016 y 2019). Es evidente que el fructífero desarrollo de la lexicografía durante las últimas décadas del pasado siglo ha favorecido el progreso de novedosas investigaciones, y estas han dado a las prensas abundantes trabajos en torno al léxico y su recepción en la lexicografía dieciochesca y decimonónica, siguiendo el rastro de la llegada de las voces hasta los repertorios en su más amplia extensión: académicos, no académicos, de la lengua común o de especialidad (Azorín Fernández 2007; Gutiérrez Rodilla 2012, 2017; Gómez Pablos 2014).

La informática facilita hoy muy convenientemente el trabajo del estudioso del léxico histórico. Las bases de datos electrónicas con los corpus textuales proporcionan grandes ventajas, pero también pueden plantear peligrosos escollos si no se abordan con las necesarias precauciones. Compilaciones excelentes como la realizada por M. Alvar Ezquerra y L. Nieto Jiménez (*NTLE*) con el gran banco de datos que constituye el *NTLLE* son recursos imprescindibles para el análisis de la recepción del léxico en la tradición lexicográfica.

5. Perspectivas futuras y conclusiones

Las *Humanidades digitales* son uno de los caminos por los que sigue en continuo progreso la investigación para el conocimiento de la evolución del léxico histórico, como muestra el desarrollo innovador que ha alcanzado en el momento actual; buena prueba son los interesantes proyectos de investigación en curso que recogen Corbella Díaz *et al.* (2018). El más destacado, dado que está comandado por la RAE, es el proceso de redacción del *DHLE* (2013–): el estado de la cuestión de Campos Souto (2018) acerca tan deseado repertorio con combinación de fuentes tradicionales, digitales y corpus.

Es obvio que el inminente progreso que nos depara el futuro digital transformará aún más los estudios dedicados a la historia del léxico y a la lexicografía, facilitando su desarrollo y estableciendo una productiva fusión entre lexicografía y humanidades digitales. Las investigaciones para la elaboración de diccionarios o para el estudio y descripción del léxico se realizan actualmente mediante los corpus textuales diacrónicos que facilitan los nuevos recursos tecnológicos. El procesamiento digital facilita el desarrollo de los estudios del léxico: sin embargo, el filólogo no debe confiar únicamente el estudio de las voces a la capacidad de las máquinas para procesar y seleccionar esa cantidad ingente de datos. Para hacer la historia del léxico —como atinadamente nos recuerdan los maestros (*vid.* § 3)— es necesario escudriñar la historia que esconde cada una de las voces, teniendo siempre muy presente que la vida de las palabras del español moderno solo se puede abordar desde un planteamiento interdisciplinar. Colón (2002, 80) lo verbaliza así: "Si el análisis del léxico no es historia de la cultura no es nada."; de ahí que el estudio histórico de los vocabularios científicos y técnicos, tan desarrollados en el período acotado, solo se pueda llevar a cabo con estos planteamientos.

Otro aspecto fundamental es la importancia que tiene la edición y el tratamiento de los textos en el transcurso de la investigación lingüística, de los que solo se podrán obtener resultados válidos si partimos de textos originales o ediciones fiables, preferentemente realizadas con una finalidad lingüística (Oesterreicher 2005, 757). La difusión de fuentes que proporcionan textos fiables es tarea hoy día de las Humanidades digitales.

Una importante laguna que atestigua serias carencias en los estudios del léxico es la ausencia de trabajos de investigación que profundicen en la naturaleza de los préstamos procedentes de las convergencias paralelas en las grandes lenguas de la cultura occidental (Geckeler 2013; Álvarez de Miranda 2009a). Sería muy deseable abrir líneas de trabajo que encaucen el amplio vocabulario que acoge la traducción de obras científicas en los siglos propuestos, desarrollando análisis de los mecanismos de lexicogénesis y abordando procesos de cambio semántico con un enfoque de carácter contrastivo, para analizar las numerosas convergencias entre las grandes lenguas de cultura, sobre todo del francés, italiano e inglés, pues acrecientan notablemente el léxico español del período propuesto.

La gran eclosión de trabajos sobre el léxico del español moderno pone de manifiesto como en las primeras décadas del siglo XXI ya ha cristalizado el enfoque propuesto por Lapesa (1996). Solo queda seguir fielmente las enseñanzas del maestro y aplicarlas rigurosamente para lograr que el conocimiento del léxico no sea una de las subdisciplinas más deficitarias de cuantas integran la lingüística histórica española (Álvarez de Miranda 2005b).

Notas

1 Empleo *léxico* y *vocabulario* como sinónimos a lo largo del capítulo.
2 Vid. Sáez Rivera y Octavio de Toledo (2020). Con esta crestomatía, imprescindible para el estudio del léxico en su historia, los autores cubren en parte la laguna existente en los estudios del período de transición, proporcionándonos una rica recopilación textual que arranca en 1700, en el inicio de la segunda etapa novatora.
3 Véase la base de datos Dialnet.
4 Voces tomadas de las letras a, b y c, de Varela Merino (2009).
5 Galicismos, pues consideramos el étimo inmediato, no el remoto.

Lecturas recomendadas

Álvarez de Miranda (2005a) es esencial para conocer a fondo la historia del léxico español en los siglos propuestos, dado que abarca de forma exhaustiva las características que ofrece el vocabulario del español moderno y su trayectoria histórica.

Clavería Nadal (2019) es un minucioso recorrido por la clasificación del préstamo léxico con abundante y rigurosa documentación textual especialmente de los siglos XVIII y XIX. Este trabajo es imprescindible para comprender la adaptación de los préstamos a las características estructurales del español.

La monografía de Gómez de Enterría (2020) ofrece el vocabulario neológico de la medicina en el español del siglo XVIII: una lengua en evolución con casos de neología y de cambio léxico. Su interés estriba en la metodología propuesta para la elaboración de un vocabulario a partir de dos corpus: textual y lexicográfico, los cuales sitúan la evolución del léxico de la medicina dieciochesca en su contexto histórico.

Referencias citadas

Álvarez de Miranda, P. 1992. *Palabras e ideas: el léxico de la Ilustración temprana en España (1680–1760)*. Madrid: RAE.

Álvarez de Miranda, P. 1996. "La época de los novatores, desde la historia de la lengua". *Studia Historica. Historia Moderna* 14: 85–94.

Álvarez de Miranda, P. 2005a. "El léxico español, desde el siglo XVIII hasta hoy". En *Historia de la lengua española*, coord. R. Cano. 2.ª ed., 1037–1064. Barcelona: Ariel.

Álvarez de Miranda, P. 2005b. "Estar de vuelta sin haber ido. Sobre la situación de los estudios léxicos en la lingüística histórica española". *La Corónica* 34: 131–135.

Álvarez de Miranda, P. 2006. "Problemas y estado actual de los estudios sobre historia del léxico español". En *Actas del VI CIHLE*, coords. J. L. Girón Alconchel y J. J. de Bustos Tovar, vol. 2, 1229–1239. Madrid: Arco Libros.

Álvarez de Miranda, P. 2009a. "Neología y pérdida léxica". En *Panorama de la Lexicología*, ed. E de Miguel, 133–158. Barcelona: Ariel.

Álvarez de Miranda, P. 2009b. "Sobre los italianismos en el español del siglo XVIII". *DIECIOCHO* 4: 19–47.

Álvarez de Miranda, P. 2011. *Los diccionarios del español moderno*. Gijón: Trea.

Azorín Fernández, D. 2007. "La incorporación de neologismos en los diccionarios del español del siglo XIX". En *El nuevo léxico*, coords, M. Campos Souto *et al.*, 53–66. Coruña: Universidad de La Coruña.

Bajo Santiago, F. 2003. "La terminología enológica del español en el s. XIX". *Asclepio* 55: 159–172.

Blanco Izquierdo, M. A., G. Clavería Nadal y E. Jiménez Ríos 2018. "Fuentes lexicográficas y estudio del léxico: el *Diccionario de la lengua castellana* de la Real Academia Española (1817–1852)". En *Historia del léxico español y Humanidades digitales*, eds. D. Corbella Díaz, A. Fajardo Aguirre y J. Lagenbacher-Liebgott, 449–475. Berlín: Peter Lang.

Campos Souto, M. 2018. "Las bases documentales del *NDHE*: Entre la realidad y el deseo". En *Historia del léxico español y Humanidades digitales*, eds. D. Corbella *et al.*, 19–46. Berlín: Peter Lang.

Castro, A. 1924. *Lengua, enseñanza y literatura*. Madrid: Victoriano Suárez.

Clavería Nadal, G. 2016. *De vacunar a dictaminar: la lexicografía académica decimonónica y el neologismo*. Madrid y Fráncfort: Iberoamericana y Vervuert.

Clavería Nadal, G. 2019. "Contribución a la historia de los procesos de adaptación en los préstamos del español moderno". En *Actas del X CIHLE*, coords. M. L. Arnal Purroy *et al.*, vol. 1, 157–191. Zaragoza: Institución "Fernando el Católico".

Clavería Nadal, G., M. Freixas Alás, M. Prat Sabater y J. Torruella Casañas, eds. 2012. *Historia del léxico: perspectivas de investigación*. Madrid y Fráncfort: Iberoamericana y Vervuert.

Colón, G. 2002. *Para la historia del léxico español*, ed. A. Soler y N. Mañé, 2 vols. Madrid: Arco Libros.

Corbella Díaz, D., A. Fajardo Aguirre y J. Langenbacher-Liebgott, eds. 2018. *Historia del léxico español y Humanidades digitales*. Berlín: Peter Lang.

Corbella Díaz, D. y R. Padrón Fernández. 2013. "El Ensayo de un vocabulario de Historia Natural de José Clavijo y Fajardo". En *Actas del XXVI Congreso Internacional de Lingüística y Filología Románicas*, coords. E. Casanova Herrero y C. Calvo Rigual, vol. 4, 125–138. Berlín: De Gruyter.

DHLE 1960–1996: Real Academia Española 1960–1996. *Diccionario histórico de la lengua española*. a-apasanca, b-bajoca. Madrid: Real Academia Española. http://apps2.rae.es/DH.html.

DHLE 2013: Real Academia Española. 2013. *Diccionario histórico de la lengua española*. http://rae.es/dhle/.

Dialnet. http://dialnet.unirioja.es.

Díez de Revenga, P. y M. Á. Puche Lorenzo. 2005–2006. "La *Colección de voces usadas en la minería*, edición y estudio de un manuscrito anónimo del siglo XIX". *Revista de Lexicografía* 12: 65–120.

Dworkin, S. N. 2012. *A History of the Spanish Lexicon: A Linguistic Perspective*. Oxford: Oxford University Press.

Eberenz, R. 1991. "Castellano antiguo y español moderno: reflexiones sobre la periodización en la historia de la lengua". *Revista de Filología Española* 71 (1/2): 79–106.

Gállego Paz, R. 2003. "El léxico de la fotografía en los textos del siglo XIX en España". *Asclepio* 55: 135–157.

García Aranda, M. A. 2008. "El léxico de especialidad en el siglo XIX: el *Manual de meteorología popular* de Gumersindo Vicuña". *ELUA* 22: 91–110.

García Godoy, M. T. 1995. *El léxico del primer liberalismo español y mejicano (1810–1814): estudio de lexicología sociopolítica*. Granada: Universidad de Granada.

Garriga Escribano, C. 2003. "La química y la lengua española en el s. XIX". *Asclepio* 55: 93–117.

Garriga Escribano, C. 2012. "*Átomo, corpúsculo, molécula, partícula*: o de cómo nombrar científicamente lo que no se ve". En *Historia del léxico: perspectivas de investigación*, eds. G. Clavería, M. Freixas, M. Prat y J. Torruella, 243–272. Madrid y Fráncfort: Iberoamericana y Vervuert.

Geckeler, H. 2013. "Convergencias europeas en el léxico español". En *Historia del léxico español: enfoques y aplicaciones*, ed. J. Lüdtke, 183–195. Madrid y Fráncfort: Iberoamericana y Vervuert.

Gómez de Enterría, J. 1996. *Voces de la economía y el comercio en el español del siglo XVIII*. Alcalá de Henares: Publicaciones de la UAH.

Gómez de Enterría, J. 2012. "El vocabulario médico de los novatores en el siglo XVIII". En *El español del siglo XVIII. Cambios lingüísticos en el primer español moderno*, ed. M. T. García Godoy, 55–84. Berna: Peter Lang.

Gómez de Enterría, J. 2017. "Un fenómeno traductológico a principios del siglo XIX". En *La comunicazione specialistica*, eds. M. V. Calvi et al., 111–125. Milano: Franco Angeli.

Gómez de Enterría, J. 2020. *El vocabulario de la medicina en el español del siglo XVIII*. Bern: Peter Lang.

Gómez Pablos, B. 2014. "Germanismos en el *Diccionario de autoridades*". *Revista de Lexicografía* 20: 57–76.

Gutiérrez Cuadrado, J. 2016. "Origen y etimología: el ejemplo de *onanismo* y *masturbación*". En *Etimología e historia en el léxico del español*, eds. M. Quirós, J. R. Carriazo, E. Falque y M. Sánchez Orense, 335–356. Madrid y Fráncfort: Iberoamericana y Vervuert.

Gutiérrez Rodilla, B. M. 2012. "La obra lexicográfica de Manuel Hurtado de Mendoza: sus diccionarios enciclopédicos de medicina". *Asclepio* 64: 467–490.

Gutiérrez Rodilla, B. M. 2017. "La preocupación por la lengua y su reflejo en la lexicografía". *Moenia* 23: 583–602.

Lapesa, R. 1981. *Historia de la lengua española*. 9.ª ed. Madrid: Gredos.

Lapesa, R. 1992. *Léxico e historia. I Palabras. II Diccionarios*, 2 vols. Madrid: Istmo.

Lapesa, R. 1996. *El español moderno y contemporáneo. Estudios lingüísticos*. Barcelona: Crítica.

López Mora, P. 2016. "Aportación a la historia del léxico del siglo XVIII: análisis de las *Obras de Mengs* de D. José Nicolas de Azara". *Dicenda. Cuadernos de Filología Hispánica* 34: 215–259.

López Piñero, J. M. 1969. *La introducción de la ciencia moderna en España*. Barcelona: Ariel.

Lorenzo, E. 1996. *Anglicismos hispánicos*. Madrid: Gredos.

Mondéjar, J. 1980. "Lingüística e Historia". *Revista Española de Lingüística* 10: 1–48.

Mondéjar, J. 1991. "Sobre palabras y términos (*Wortfeld* frente a *Sachfeld*)". *Revista Española de Lingüística* 21: 11–34.

Moreno Villanueva, J. A. 2017. "La nueva nomenclatura electroquímica y su recepción en español". *Revista de Investigación Lingüística* 20: 97–118.

NTLE: Nieto Jiménez, Lidio y Manuel Alvar Ezquerra. 2007. *Nuevo tesoro lexicográfico del español (s. XIV-1726)*. Madrid: Arco/Libros.

NTLLE: Real Academia Española. 2001. *Nuevo tesoro lexicográfico de la lengua española*, edición en DVD. Madrid: Espasa. http: ntlle.rae.es.

Octavio de Toledo, Á. S. 2008. "Un nuevo esquema adversativo en el primer español moderno (h. 1675–1825)". En *Actas del VII Congreso Internacional de Historia de la Lengua Española*, eds. C. Company Company y J. G. Moreno de Alba, vol. 2, 877–907. Madrid: Arco/Libros.

Oesterreicher, W. 2005. "Textos entre la inmediatez y la distancia comunicativas. El problema de lo hablado en lo escrito en el Siglo de Oro". En *Historia de la lengua española*, coord. R. Cano Aguilar. 2.ª ed., 729–769. Barcelona: Ariel.

Pinilla, J. y B. Lépinette, coords. 2015. *Traducción y difusión de la ciencia y la técnica en España (siglos XVI–XIX)*. Universitat de València: Servei de Publicacions.

Prieto García-Seco, D. 2011. *La creación léxica en Tirso de Molina contribución al estudio histórico del léxico español*. Madrid: Universidad Autónoma de Madrid.

Rodríguez Ortiz, F. 1996. "El léxico de los caminos de hierro en el español". En *Actas del III CIHLE*, vol. II, 1511–1519. Madrid: Arco Libros.

Ruiz Otín, D. 1976. *Ideología y visión del mundo en el vocabulario de Larra (con especial atención al campo político y social)*. Madrid: Universidad Complutense de Madrid.

Sáez Rivera, D. M. y Á. S. Octavio de Toledo, eds. 2020. *Textos españoles de la primera mitad del siglo XVIII para la historia gramatical y discursiva*. Madrid: Síntesis.

Sánchez Martín, F. J. 2018. "Herencias e innovaciones en el léxico matemático español peninsular del siglo XIX". *Onomázein* 39: 151–168.

Seco, M. 2003. *Estudios de lexicografía española*. Madrid: Gredos.

Seoane, M. C. 1965. *El vocabulario ideológico y político en la época de las Cortes de Cádiz*. Madrid: Universidad Complutense de Madrid.

Seoane, M. C. 1977. *Oratoria y periodismo en la España del XIX*. Madrid: Fundación Juan March y Castalia.

Štrbáková, R. 2014. "La dinámica del léxico de la moda en el siglo XIX: estudio de neología léxica". *Bulletin Hispanique* 116: 451–456.

Varela Merino, E. 2009. *Los galicismos en el español de los siglos XVI y XVII*, 2 vols. Madrid: CSIC.

Vázquez Amador, M. 2014. "Los anglicismos en la lengua española a través de la prensa de la primera mitad del siglo XIX". *Revista de Investigación Lingüística* 17: 221–241.

Weinreich, U., W. Labov and M. Herzog. 1968. *Empirical Foundations for a Theory of Language Change*. Austin: University of Texas Press.

Parte III
Historia lingüística desde la época prerromana al español europeo actual

27
Periodización de la historia de la lengua española (Periodization of the history of the Spanish language)

Rolf Eberenz

1. Introducción

La definición de periodos en que se divide la historia de un grupo humano, un fenómeno social o un objeto forma parte de las tareas fundamentales del historiador. Así ocurre también con la historia de la(s) lengua(s), disciplina de las ciencias humanas que nació durante el siglo XIX, en el contexto social e ideológico del estado nación. Esta visión supuso situar la trayectoria de las lenguas en el marco de la formación de las naciones modernas. Sin embargo, tal perspectiva distorsionó hasta cierto punto la definición de periodos que segmentarían su trayectoria evolutiva. En este capítulo se va a pasar revista a las principales propuestas de periodización del español, con especial ahínco en la problemática relación entre la *historia externa* y la *historia interna* de la lengua.

Palabras clave: periodización; historia de la lengua; lingüística diacrónica

The definition of periods in which the history of a human group, a social phenomenon or an object is divided is part of the fundamental tasks of the historian. This is also the case with the History of language(s), a discipline of Humanities that was born during the 19th century, in the social and ideological context of the nation state. This vision involved placing the evolution of languages within the framework of the formation of modern nations. However, such a perspective distorted to some extent the definition of periods that would segment their evolutionary trajectory. This chapter will review the main proposals for the periodization of Spanish, with special emphasis on the problematic relationship between the *external history* and the *internal history* of the language.

Keywords: periodization; history of the language; diachronic linguistics

2. Estado de la cuestión

Como cualquier otra disciplina diacrónica, la historia de las lenguas concibe su objeto de estudio como proceso segmentado en varias etapas que se caracterizan por una cierta homogeneidad de los hechos observados. Así han procedido los historiadores de las principales lenguas nacionales de Europa. Según una tradición inveterada que se constata, por ejemplo, en relación con el francés, el inglés o el alemán, se solía aplicar a su trayectoria una pauta tripartita, con periodos denominados *antiguo, medio* y *moderno*. En cambio, la evolución del español no suele segmentarse en tres etapas. En los tratados de historia de esta lengua se proponen generalmente subdivisiones más variadas y menos estrictas, algunas vinculadas a la historia política y social de España, otras a los periodos de su literatura o a determinadas corrientes intelectuales, y a cada una de estas etapas se suele atribuir un cierto número de rasgos lingüísticos. De esta forma se presentan las grandes obras sobre la historia del español de Menéndez Pidal (2005), Lapesa (1981), Cano Aguilar (2005a) y la que incluye el presente capítulo, así como los manuales de Candau de Cevallos (1985), Abad Nebot (2008) y Cano Aguilar (2015). Unas soluciones diferentes han elegido las autoras de dos manuales recientes: Torrens Álvarez (2007) organiza la materia en dos bloques, el primero dedicado a la lingüística diacrónica, donde se expone la evolución del español como *continuum*, sin subdivisiones; el segundo, a la historia de la lengua articulada en periodos convencionales. Pons Rodríguez (2010), en cambio, opta por el camino inverso, pues describe primero las etapas de la historia externa y, en segundo lugar, la evolución de la lengua.

Por otro lado, los historiadores de las lenguas no eran los únicos en sentir la necesidad de concebir la andadura de su objeto de estudio en fases, ya que otras ramas de la lingüística se enfrentaban con el mismo problema, especialmente la gramática, la lexicografía y la sociolingüística históricas. En algunas obras se propusieron periodizaciones aún más elementales, como señalamos en Eberenz (1991). Ahora bien, desde el final del siglo XX se ha formulado con creciente insistencia la pregunta de si a los periodos convencionales de la historia del español —Edad Media, Siglo de Oro, Ilustración, época moderna— les correspondían hechos del propio sistema lingüístico o, dicho de otro modo, si esas etapas coincidían con ciertos estados o procesos de transformación de la lengua. A los periodos convencionales se les vino a llamar *historia externa*, y a la evolución de los hechos lingüísticos, *historia interna* de la lengua. Por otro lado, es cierto que desde siempre se habían asignado a cada época determinados hechos de lengua, único método viable durante mucho tiempo debido al conocimiento fragmentario que se tenía de la evolución del español. Lo mismo ocurrió también con los demás idiomas europeos, y la situación no cambió realmente hasta la creación de los primeros corpus informatizados. No obstante, el objetivo resulta claro: conviene investigar a fondo la *historia interna* de la lengua y contrastarla con lo que se sabe de su *historia externa*. De esta manera, la historia de la lengua va ganando en interés, pero también en complejidad: tanto la evolución interna del sistema lingüístico como las circunstancias externas en que estos cambios se han producido se revelan mucho más complejas de lo que se creía, con lo cual se agravan las dificultades de análisis e interpretación. Por otra parte, la periodización no es únicamente un problema de la historia global de una lengua: también se han estudiado las posibles subdivisiones de ciertos segmentos, por ejemplo, del lapso de tiempo en que aparecen los primeros testimonios del castellano (Abad Nebot 1992; Martínez Alcalde y Quilis Merín 1996, 885; Quilis Merín 1999; López García 2000), de la época en que empieza a colonizarse América (Cano Aguilar 1992), del siglo XVIII (el "primer español moderno": Girón Alconchel 2008; Octavio de Toledo y López Serena 2017), o de los siglos XIX a XXI (Melis *et al.* 2003; Flores y Melis 2015a, 2015b; Company Company 2017; Narbona Jiménez 2005). Asimismo, se ha dedicado mayor atención a algunas zonas del dominio lingüístico del español, como las dos Américas (Guitarte 1983; Sánchez Méndez 2003, 24–34) o los Estados Unidos (Marcos Marín 2005, 108–114). El problema que plantean muchas de estas propuestas consiste en que se basan en un número muy limitado de fenómenos, cuando para los tiempos recientes disponemos de una enorme cantidad de datos.

3. Historia externa del español

Importa subrayar que la historia del español es esencialmente un objeto intelectual construido, no dado por naturaleza. Basta con recordar que los tratados dedicados a este objeto suelen iniciarse con las lenguas prerromanas de la península ibérica, continúan con la romanización y la latinidad de Hispania, para desembocar en la lenta transformación del latín hablado en distintas variedades romances. ¿Estas situaciones, incluida la de los textos latinos de la Edad Media que contienen las primeras palabras castellanas, representan realmente la lengua española? En el fondo, solo podemos responder de forma afirmativa si renunciamos a situarnos en cada una de estas fases y adoptamos el punto de vista de lo que el español es hoy en día. Esta visión teleológica dirigida hacia el final del proceso evolutivo parte de una ideología particular, que es la del estado nación. La lengua nacional, al igual que la literatura nacional y otros fenómenos culturales similares, era una de las principales señas de identidad de los estados nación del siglo XIX, y su historia se veía como proceso de perfeccionamiento orientado hacia el presente del observador. Así pues, los primeros testimonios del castellano se consideraron durante mucho tiempo ejemplos de unos estados de lengua imperfectos. Dámaso Alonso llamó a las *Glosas Emilianenses* "el primer vagido de nuestra lengua", idea que critica Orduna (1979, 25) señalando que, por el contrario, el glosador empleaba "un sistema de lengua completo". Por ello, Marcos Marín (1995, 325) opina que incluso el propio concepto de *periodización* suele estar al servicio de una ideología.

Pese a estas dificultades, parece imprescindible establecer divisiones de la trayectoria histórica de las lenguas, aunque hace falta definir sus bases de forma más explícita y transparente. Se puede mantener el binomio de la *historia externa* y la *interna*, pero intentando analizar mejor la interacción dinámica entre las dos.

La historia externa se construye sobre la base de una serie de fenómenos sociales, políticos y geográficos constitutivos del entorno en que se usan determinados sistemas lingüísticos a través del tiempo. He aquí algunas situaciones que influyen no solo en el relato de la andadura de la lengua sino, de manera variable, en la fijación de periodos de su historia.

1. *Etnias que emplean el sistema y territorios por los que se extiende su uso*: la historia del español se caracteriza por una sucesión de movimientos de expansión territorial y colonial que implica la expulsión o asimilación de otras etnias, como los hispanomusulmanes en Castilla la Nueva y Andalucía, la población autóctona de origen bereber en Canarias y los pueblos amerindios en América. En los territorios nuevamente ocupados, el sistema lingüístico hegemónico se modifica, entre otras cosas, a través de unos procesos de *koineización* (Tuten 2003).
2. *Convivencia de la etnia hegemónica con otros grupos lingüísticos*: la expansión territorial supone la imposición del sistema lingüístico de la etnia hegemónica a los demás pueblos, sea como medio de expresión exclusivo, sea como sistema vehicular interregional, tanto en la península ibérica como fuera de ella. Al mismo tiempo, el sistema dominante recibe influencias de esas otras lenguas: en primer lugar, las de ciertas regiones de la Península (euskera, árabe, catalán, gallego, etc.); en segundo, las de otros países europeos (francés, toscano o italiano, inglés, etc.), y en tercero, las de los pueblos amerindios (taíno, nahua, quechua, etc.).
3. *Medialidad de la comunicación*: a partir del siglo XII se documenta el uso escrito del castellano, con lo cual comienza su *era escriptográfica*, precedida de una etapa en que las variedades castellanas se emplean solo de forma oral. Durante los siglos posteriores, la comunicación oral predomina ampliamente sobre la escrita, todavía muy minoritaria. La introducción de la imprenta en la península ibérica a fines del siglo XV y la consiguiente difusión del libro impreso marcan otro hito crucial en la historia del castellano, pues inician su *era tipográfica*.

Esta difusión se va ampliando en las centurias siguientes, especialmente en los siglos XIX a XXI, con la comunicación masiva mediante la prensa, la radio y la televisión. Con el advenimiento de los ordenadores y la comunicación electrónica a través de Internet comienza la *era informática*, en la cual no desaparecen, por supuesto, ni la oralidad ni la escritura a mano ni la circulación de los textos impresos.

4 *Tradiciones discursivas y géneros de textos en que se emplea el castellano*: en la Edad Media se da un largo proceso de sustitución del latín por el castellano, especialmente en ciertos documentos administrativos y jurídicos o, mucho más tarde, en obras sobre temas científicos o teológicos. Por otra parte, se produce una progresiva diversificación de los géneros textuales en cuya producción se emplea el castellano. Las clases de textos son todavía escasas en los primeros siglos, pero su número aumenta notablemente en el siglo XIII debido a la intención del rey Alfonso X de mantener y ampliar el uso de esta lengua en la cancillería de sus reinos —donde ya lo había introducido su padre Fernando III— y de hacer redactar en ella una serie de obras historiográficas, jurídicas, científicas, etc., ámbitos intelectuales antes reservados al latín. Otro movimiento de diversificación se observa en el siglo XV con la redacción en castellano o la traducción a esta lengua de numerosos tratados sobre materias muy variadas (medicina, agricultura, cultura nobiliaria, religión, filosofía, historia, prosopografía, etc.). Otra vertiente de este movimiento es la creación de nuevos géneros literarios (poesía cancioneril, libros de caballerías, ficción sentimental, etc.). A continuación, el proceso diversificador continúa a un ritmo constante hasta la época actual.

5 *Fomento de un sentimiento de identidad colectiva basado en el uso del castellano*: este es uno de los objetivos de la obra historiográfica y jurídica de Alfonso X. Su manifestación discursiva más evidente es la creación y el empleo de nombres concretos del sistema lingüístico utilizado, como *lenguage de Castiella, castellano, lenguaje castellano*, etc., que contrastan con el uso, más común en esa época, del nombre general *romance*. Menos importante, aunque también significativa, es la sustitución —parcial— de los nombres *lengua castellana, castellano* por *lengua española, español* en los siglos XVI y XVII (Mondéjar 2002).

6 *Normalización del sistema*: hablar de *lengua* en el contexto de la Edad Media suele ser una abstracción, ya que sobre el terreno existía una gran variedad de hablas que constituían un *continuum* caracterizado por una serie de isoglosas, pero sin límites nítidos. Para la redacción de textos, especialmente de documentos administrativos, se necesitaba un sistema lingüístico estable, fijado de forma convencional. Así nacieron las *scriptae* o tradiciones regionales de escritura seguidas en notarías, consistorios municipales, cancillerías, monasterios, etc. A continuación, con la multiplicación de los textos, se originaron usos de alcance territorial cada vez más amplio, proceso que condujo a la creación de una lengua normalizada, unificada y más o menos homogénea. En el caso del castellano, este último proceso se produjo hasta cierto punto durante el siglo XIII, época muy temprana en comparación con lo que se hizo en otras regiones europeas.

7 *Codificación explícita de la normativa lingüística*: desde fines del siglo XV se imprimen tratados de gramática del castellano y diccionarios bilingües en que esta lengua se pone en contraste con otras (latín, italiano, francés, etc.). Las obras pioneras de esta corriente son la *Gramática castellana* (1492), el *Diccionario latino-español* (1492) y el *Vocabulario español-latino* (c1495) de Antonio de Nebrija. Al principio, el impacto social de estas obras debió de ser escaso, pero con el tiempo llegaron a servir de modelos a manuales, libros de texto y repertorios que empezaron a usarse en la enseñanza y para la corrección de textos destinados a la imprenta. Otros hitos cruciales en la historia de la codificación del español fueron la fundación de la Real Academia Española en 1713, así como la publicación de su primer diccionario, llamado *de Autoridades* (1726–1739), y de su gramática (1771).

8. *Valoración interna y proyección exterior de la creación literaria vehiculada por la lengua*: las literaturas escritas en los grandes idiomas europeos son objetos de cultura construidos por la apreciación de lectores y críticos, tanto en la época de su creación como posteriormente. Cada lengua suele tener su más alta manifestación estética en el corpus de su *literatura clásica*, fenómeno social vinculado a la creciente difusión de los libros impresos. Constituye también un importante conjunto de documentos lingüísticos, de modelos para el correcto uso de la lengua, si bien este aprovechamiento siempre es posterior a la época de su creación, como muestra, para el español, el *Diccionario de Autoridades*. De ahí que también los historiadores de las lenguas propongan un periodo *clásico* dentro de la trayectoria del idioma.
9. *Escolarización masiva de la comunidad lingüística*: a partir del siglo XIX, las autoridades de todos los países europeos impulsan la enseñanza pública, después de que durante siglos la escolarización de niños y adolescentes corriera a cargo de los municipios y de la iglesia.
10. *Debate sobre una norma única o plural del español*: con la emancipación de la América hispanohablante a principios del siglo XIX se inició un debate sobre la lengua estándar que debía emplearse en la comunicación escrita. Unos propugnaban la adopción de la norma codificada por la Real Academia Española, que representaba esencialmente la lengua peninsular, mientras que otros se mostraban partidarios de normas independientes, basadas en los usos nacionales y supranacionales de América. Esta última posición acabó por imponerse, especialmente después de realizarse amplias investigaciones sobre el español culto empleado en los distintos países del continente.

4. Historia interna del español

Desde hace treinta años, varios especialistas de la lingüística diacrónica analizan la documentación del español para detectar hechos que permitan dividir su trayectoria evolutiva en periodos. Algunos se han mostrado abiertamente escépticos frente a este procedimiento. Así se han manifestado, para el español, Penny (2005, 593) y, para las lenguas románicas en general, Wright (2013, 105–108). Estos autores piensan que la evolución de una lengua suele ser un *continuum* que no se puede segmentar. De hecho, la principal dificultad a la hora de analizar este *continuum* consiste en que se debe tener en cuenta un elevado número de variables fonológicas, morfológicas, sintácticas, discursivas y léxicas. Solo en el plano fónico existe un repertorio limitado de unidades, lo que explica la función pionera que tuvieron la fonética y fonología diacrónica en la datación de los cambios y en el establecimiento de etapas evolutivas. Otra dificultad reside en la heterogeneidad de la documentación disponible sobre los distintos siglos, sea porque para algunos de ellos no existen testimonios de determinados géneros de textos, sea porque estos todavía no se han editado o introducido en los corpus electrónicos. Además, todo cambio lingüístico, especialmente en los planos fónico y morfosintáctico, suele ser un proceso complejo y largo si se tienen en cuenta la aparición de los primeros testimonios de una innovación, la pugna entre la forma tradicional y la nueva y el triunfo del fenómeno neológico (Sánchez Lancis 2001, 402). Así pues, cuando se pretende definir segmentos en la historia interna de la lengua, las dificultades metodológicas y las deficiencias de los datos disponibles son inquietantes. Pese a ello, en los últimos decenios no han faltado tentativas de explorar este terreno. En lo que sigue se recoge una serie de cambios cuya cronología es actualmente bien conocida.

4.1 Fonología y fonética

He aquí una síntesis de los principales cambios descritos por Lloyd (1993, 503–559), Penny (2001, 94–108, 2005) y Cano Aguilar (2005b):

El fenómeno más destacado es sin duda alguna la sustitución, excepto ante *-ue-* y *-ie-*, de la *f-* inicial etimológica por la aspirada *h-* y, más tarde, la pérdida de esta última, de modo que la sucesión de cambios es /f/ > /h/ > /ø/.

El segundo conjunto de cambios se produce en las sibilantes. En la lengua culta del siglo XIII, representada por la obra de Alfonso X, existen tres pares de fonemas, cada uno con una unidad sorda y otra sonora. Con el tiempo, se ensordecen las sonoras de modo que se neutraliza la oposición entre las dos unidades:

(1) La apicoalveolar africada sorda /ŝ/ (*alçar, caça*, etc.) frente a la apicoalveolar africada sonora /ẑ/ (*dezir, pozo*, etc.);
(2) La apicoalveolar fricativa sorda /s/ (*passo, yesso*, etc.) frente a la apicoalveolar fricativa sonora /z/ (*casa, posar*, etc.);
(3) La prepalatal fricativa sorda /š/ (*baxo, roxo*, etc.) frente a la prepalatal fricativa sonora /ž/ (*fijo/hijo, muger*, etc.).

Pueden mencionarse igualmente algunos fenómenos muy difundidos, aunque no generalizados en la totalidad del dominio lingüístico: el *yeísmo* o neutralización —a veces parcial— del contraste entre /y/ (*poyo, raya*) y /ʎ/ (*pollo, ralla*); la aspiración de la *-s-* implosiva [a^hta, la^h kasa^h], así como la articulación aspirada [h] del fonema /χ/ (*aho, muher*). Se trata de alteraciones fonéticas, no fonológicas.

En resumen, en el plano de la pronunciación el español sufre transformaciones importantes, tanto fonológicas como fonéticas, durante los siglos XV y XVI. Los últimos cambios que afectan a todo el dominio lingüístico se consuman en el siglo XVI y principios del XVII.

4.2 Morfología

En los últimos decenios varios autores han revisado la investigación reciente sobre la cronología de un conjunto de cambios importantes y han aportado nuevos datos sobre ellos. En algunos de estos estudios se encuentran, incluso, inventarios más o menos extensos de los cambios morfológicos y sintácticos más representativos, con datos cronológicos generalmente aceptados. Así ocurre en los trabajos de Cano Aguilar (1992), Ridruejo Alonso (1993), Sánchez Lancis (1997/1998, 1998), Buenafuentes de la Mata (2002, 2019), Girón Alconchel (2002, 2004, 2005), Pons Rodríguez (2004, 2015), Eberenz (2005, 2009), Octavio de Toledo y López Serena (2017) y Granvik y Sánchez Lancis (2018). Se señalan aquí de forma resumida algunos de estos cambios.

4.2.1 Pronombres

Se sustituyen las formas antiguas de los pronombres personales tónicos *nos* y *vos* por *nosotros* y *vosotros* (siglos XV y XVI). La primitiva fórmula de cortesía del tipo *vos cantades* se desvaloriza y su significado se acerca al de *tú cantas* (siglo XV). Se crean nuevas expresiones de cortesía mediante sintagmas nominales, entre las cuales triunfa *vuestra merced* (> *usted*) (siglo XVI). Desaparece *hombre* con función de pronombre impersonal (siglo XV). Entre los pronombres personales clíticos, durante el siglo XVI *vos* se reemplaza por *os* y el grupo *ge lo* por *se lo*. En los de la 3.ª pers. se extienden el *leísmo*, el *laísmo* y, algo menos, el *loísmo*, esto es, el abandono parcial de la distinción etimológica entre las formas del complemento directo (*lo, la, los, las*) y del indirecto (*le, les*) (siglos XVI y XVII). Además, caen en desuso los adverbios pronominales *y* y *ende* (siglo XV).

En los demostrativos, la competencia entre *este* y *aqueste* así como entre *ese* y *aquese* se decide a favor de *este* y *ese* (siglo XV).

Los posesivos pierden sus formas del femenino *to* y *so* (siglo XIII) y la posibilidad de anteponer el artículo definido al pronombre en sintagmas como "*la su* casa" (siglo XVI).

Los relativos se caracterizan por la competencia entre el elemento universal *que* y, por otro lado, *quien* y la forma latinizante *el cual* (frecuente en el siglo XVI). *Quien*, al principio también usado con referencia a cosas, se va limitando a antecedentes de persona (siglo XVI).

4.2.2 Morfología verbal

En las desinencias de la 1.ª pers. sg. del presente de indicativo de *ser, dar, estar* e *ir*, las formas antiguas *so, do, estó* y *vo* ceden el paso a *soy, doy, estoy* y *voy* (siglos XV y XVI). La fórmula impersonal *ha* se sustituye por *hay*. Las formas tradicionales *trayo, cayo, oyo* se sustituyen por *traigo, caigo, oigo* (siglos XV y XVI). Las desinencias de la 2.ª pers. pl. *-ades, -edes, -ides* pierden la *-d-* intervocálica. Se imponen las formas resultantes *-áis* (variantes: *-aes, -ás*), *-éis* (variante: *-és*) e *-ís* (2.ª mitad del siglo XV). En el imperfecto y en el futuro hipotético de la 2.ª y la 3.ª conjugación desaparecen las variantes en *-ie-* (*comie, comerie*, etc.) frente a *-ía-* (*comía, comería*, etc.) (siglo XVI), que llegan a predominar ampliamente (siglo XVI). El futuro y el futuro hipotético pierden sus formas perifrásticas, hecho visible cuando por motivos sintácticos entre el infinitivo y la forma conjugada de *haber (aver)* se intercala un pronombre clítico: p. ej., *llevar-lo-e, ir-se-a*, etc. Estas fórmulas escindidas desaparecen en el XVII. En el perfecto compuesto se generaliza la perífrasis formada con *haber* (*ha trabajado*) y queda eliminada aquella construida mediante *ser* con los verbos intransitivos (*son venidos*) (siglo XVI). La perífrasis *haber* + participio se extiende a otros tiempos y modos del sistema verbal, especialmente al pluscuamperfecto de indicativo (*había cantado*) (siglo XVI). El significado del perfecto compuesto, originariamente limitado al estado resultativo de una acción vista desde el momento presente, empieza a extenderse a un pasado cercano (siglo XVI). La perífrasis resultativa con *estar* y participio del tipo "el trabajo *está hecho*" se generaliza en el XVII sustituyéndose a la fórmula antigua "el trabajo *es hecho*". Por otro lado, se debilita el uso del futuro de subjuntivo (*cantare, comiere, sintiere*, etc.) en ciertas oraciones subordinadas con sentido futuro (siglos XV a XVIII). El empleo de la forma en *-ra* (*cantara, comiera, sintiera*) como pluscuamperfecto de indicativo disminuye desde el siglo XV, y la forma se emplea cada vez más como imperfecto de subjuntivo.

4.2.3 Preposiciones

En el siglo XV caen en desuso *so* y *cabe*, y se consolida el empleo de *para* (< *por a*) con el sentido de finalidad y dirección, deslindándose claramente de *por*. La innovación más destacada de esa época es la creación masiva de locuciones prepositivas según el modelo adverbio + *de*, como *debajo de* (que sustituye a *so*), *delante de* (que compite con *ante*), *junto a* (en lugar de *cabe*), etc.

4.2.4 Conjunciones subordinantes

En todas las clases de oraciones subordinadas se observa un notable incremento de la variedad de nexos subordinantes mediante la creación de nuevas locuciones conjuntivas. Así, en las oraciones temporales, junto a las tradicionales *cuando* y *mientras*, se crean expresiones complejas como *de que* y *desque*. En las oraciones causales se extingue el nexo *ca*, sustituido por *pues (que), puesto que, porque*, etc. (siglos XV y XVI). En las concesivas, el nexo medieval *maguer (que)* se extingue en el siglo XV y es reemplazado, primero, por *comoquier* y, después, por *aunque*, que triunfará a partir del XVI.

4.3 Sintaxis

Pocos fenómenos generales se van a señalar aquí, y la información procede de nuevo de los estudios mencionados en el apartado anterior: se extiende la marcación, con la preposición *a*, del complemento directo referente a un ser humano, hasta volverse general (siglo XVII); desaparece la posposición de los pronombres clíticos (*dixo me, tornan se*, etc.) debido al cambio de los patrones del orden de palabras (a partir del siglo XVI); aumenta la frecuencia de la duplicación pronominal de los complementos que preceden al verbo, tanto los nominales ("*estas luces ø* vieron todos" > "*estas luces las* vieron todos") como los pronominales ("*a ti ø* llamo" > "*a ti te* llamo"); se incrementa la tendencia a introducir con *de* las subordinadas dependientes de un sustantivo ("tengo miedo *de* que venga") o de un adverbio ("se marchó después *de* que llegué yo") (desde el siglo XVI).

4.4 Léxico

La evolución del léxico fundamental del español está en gran parte por estudiar, y todavía no tenemos un diccionario histórico completo de la lengua. Contamos, evidentemente, con un gran número de trabajos monográficos sobre alguna parcela del vocabulario. Además, disponemos, por ejemplo, de buenas informaciones sobre los cambios que se produjeron en grupos de verbos tan esenciales como *haber – tener, ser – estar* o las fórmulas existenciales *es (son) – está(n) – hay*. Asimismo, hay que pensar en conjuntos de dos o más verbos, como *catar – mirar, atender – aguardar – esperar, cobijar – cubrir, cuidar – pensar, descender – bajar, fallecer (fallir) – faltar, fenecer – acabar – terminar, fincar – quedar, hallar – encontrar, henchir – llenar, mostrar – enseñar, mudar – trocar – cambiar, placer – agradar – gustar, quebrar – quebrantar – romper, tajar – cortar, tañer – tocar, toller – tirar – quitar, tornar – volver*, etc. (Eberenz 2004). Otro aspecto significativo del léxico es la introducción de préstamos de otras lenguas, por ejemplo, la adopción de un gran número de arabismos durante la Edad Media, la introducción, en los siglos XV y XVI, de un importante caudal de latinismos o los galicismos del español, con un primer contingente relativo a la cultura nobiliaria de la Edad Media y un segundo, adoptado desde el siglo XVIII (Dworkin 2012).

5. Síntesis y perspectivas

Una de las conclusiones que se imponen tras la revisión de la historia interna es que los cambios son numerosos y profundos en los primeros siglos del castellano, lo que lleva a Granvik y a Sánchez Lancis (2018) a postular una nueva periodización básica en dos etapas, la primera de 1000 a 1180 y la segunda de 1190 a 1970. Es obvio que el número y la visibilidad de los cambios va disminuyendo progresivamente desde la Edad Media. En el siglo XVII el español alcanza un cierto grado de estabilidad, de modo que la lengua del XVIII ya no diverge de la actual en aspectos fundamentales de los niveles fónico, morfológico y sintáctico. Se trata de un fenómeno observable en todas las lenguas europeas, que se debe esencialmente al creciente control social sobre el sistema lingüístico, según nuestros puntos 6, 7 y 9 de la historia externa. En el caso del español, esta paulatina desaceleración tiene que ver con acontecimientos del punto 1, especialmente con la constante expansión del dominio lingüístico, primero en la Península y después en América. Y es que, en comparación con otras lenguas europeas, la principal particularidad del español reside en que entre los siglos XI y XVIII la lengua se fue implantando casi sin interrupción en zonas recién ocupadas. Uno de los fenómenos directamente relacionados con este proceso de colonización continua es la relativa nivelación del castellano desde una época temprana —el siglo XIII—, situación muy diferente de la acentuada variación diatópica que se observa en otros dominios lingüísticos durante la Edad Media y aún más tarde. Es cierto que esta homogeneización que caracteriza al español se ha producido parcialmente también en otras lenguas que poseen una dimensión colonial, especialmente en el portugués del Brasil y en el inglés de América del Norte.

Ahora bien, si la evolución de las lenguas europeas se desacelera con el tiempo, este movimiento contrasta con el aumento progresivo de la cantidad de documentos disponibles. Mientras que en los orígenes del castellano los textos son todavía escasos, desde el siglo XIII su número se va incrementando, especialmente después de la introducción de la imprenta en el XV y, más aún, con la comunicación masiva de los siglos XIX y XX. Esto significa que para probar la pertinencia de un hecho lingüístico del Medioevo basta con atestiguarlo en los pocos textos existentes, en tanto que la misma operación resulta mucho más costosa y difícil respecto de la lengua moderna con sus millones de testimonios. Otro obstáculo es la multiplicación, desde el siglo XVI, de los documentos que atestiguan las variedades diastráticas y diafásicas de la lengua. Con la creciente presencia de la variación aumentan las dificultades para demostrar que una forma o construcción innovadora se da realmente en la totalidad de la lengua. De ahí que sea más arriesgado postular periodos para los siglos más recientes.

¿Qué decir entonces de la posibilidad de establecer una periodización de la trayectoria evolutiva del español sobre la base de la historia interna? Pese a los reparos de muchos lingüistas, esta opción parece viable puesto que ya poseemos algunos instrumentos para ponerla en práctica. Puede afirmarse que el lapso de tiempo de 1450 a 1700, aproximadamente, es fundamental para la generalización de los resultados de numerosos cambios iniciados mucho antes y para la consolidación de las estructuras básicas del español tal como lo conocemos actualmente. Quizá no sea conveniente llamar *español medio* a las manifestaciones lingüísticas de ese lapso de tiempo dado que no representa un estado de lengua estable sino, más bien, una fase de cambios. Estamos ante una etapa de transformación cuyas manifestaciones iniciales se solían calificar de *preclásicas*, mientras que el grueso de sus testimonios pertenece al llamado español *clásico*. Se trata del primer lapso caracterizado por una variadísima producción de textos y por unas intensas reflexiones sobre la lengua, sobre todo desde que se difunden textos impresos. En cambio, dentro de la época que media entre la aparición de los primeros testimonios del castellano y la mitad del siglo XV se pueden fijar varios periodos, como muestran los respectivos capítulos de la *Historia de la lengua española* coordinada por Cano Aguilar (2005a) —castellano primitivo, castellano del siglo XIII o época de Alfonso X, Baja Edad Media— o los de la presente obra. Para los siglos XVIII a XXI parece aconsejable prever el menor número de periodos posible, y en este manual se proponen dos capítulos, "El español de los siglos XVIII y XIX" (cap. 40) y "El español, lengua en ebullición" (cap. 41). Así pues, cuanto más nos acercamos a nuestra época, más el fenómeno de las variedades parece eclipsar a las cuestiones de diacronía y periodización.

Lecturas recomendadas

Cano Aguilar (2005a) coordina una historia lingüística del español desde sus orígenes indoeuropeos hasta la época actual, segmentándola en una serie de etapas interesantes para el debate teórico sobre la periodización.

Eberenz (2009) presenta un balance de la investigación sobre la evolución morfosintáctica del español realizada hasta ese momento y comenta en qué medida estos datos pueden utilizarse para delimitar los periodos de la historia de la lengua.

Sánchez Lancis (1997–1998) ofrece un panorama bien documentado, elaborado con métodos cuantitativos, de los principales cambios morfológicos ocurridos en el siglo XV, época crucial para la evolución del español.

Referencias citadas

Abad Nebot, F. 1992. "El 'español primitivo': concepto y algunas cuestiones que plantea". En *Actas del II Congreso internacional de historia de la lengua española*, eds. M. Ariza Viguera, R. Cano Aguilar, J. M. Mendoza Abreu y A. Narbona Jiménez, 2519–2528. Madrid: Pabellón de España.
Abad Nebot, F. 2008. *Historia general de la lengua española*. Valencia: Tirant lo Blanch.
Buenafuentes de la Mata, C. 2002. "Cambio gramatical y periodización en español". *Res Diachronicae. Anuario de la Asociación de Jóvenes investigadores de Historiografía e Historia de la Lengua* 1: 96–105.
Buenafuentes de la Mata, C. 2019. "Algunas consideraciones sobre la periodización de la historia morfosintáctica del español americano". En *Tendencias y perspectivas en el estudio de la morfosintaxis histórica hispanoamericana*, eds. M. de la Torre y V. Codita, 223–240. Madrid y Fráncfort: Iberoamericana y Vervuert.
Candau de Cevallos, M. del C. 1985. *Historia de la lengua española*. Potomac: Scripta Humanistica.
Cano Aguilar, R. 1992. "La sintaxis española en la época del Descubrimiento". En *Estudios filológicos en homenaje a Eugenio de Bustos Tovar*, eds. J. A. Bartol Hernández, F. J. de Santiago-Guervós y J. F. García Santos, 183–197. Salamanca: Universidad de Salamanca.
Cano Aguilar, R., coord. 2005a. *Historia de la lengua española*. 2.ª ed. Barcelona: Ariel.
Cano Aguilar, R. 2005b. "Cambios en la fonología del español durante los siglos XVI y XVII". En *Historia de la lengua española*, coord. R. Cano Aguilar. 2.ª ed., 825–857. Barcelona: Ariel.
Cano Aguilar, R. 2015. *El español a través de los tiempos*. 8.ª ed. Madrid: Arco/Libros.
Company Company, C. 2017. "El siglo XIX en la periodización sintáctica de la lengua española". En *Herencia e innovación en el español del siglo XIX*, eds. E. Carpi y R. M. García Jiménez, 75–101. Pisa: Pisa University Press.
Dworkin, Steven N. 2012. *A History of the Spanish Lexicon. A Linguistic Perspective*. Oxford: Oxford University Press.
Eberenz, R. 1991. "*Castellano antiguo y español moderno*: reflexiones sobre la periodización en la historia de la lengua española". *Revista de Filología Española* 71: 79–106.
Eberenz, R. 2004. "En torno al léxico fundamental del siglo XV: sobre algunos campos verbales". En *Historia del léxico español. Enfoques y aplicaciones. Homenaje a Bodo Müller*, eds. J. Lüdtke y Ch. Schmitt, 111–136. Madrid y Fráncfort: Iberoamericana y Vervuert.
Eberenz, R. 2005. "Cambios morfosintácticos en la Baja Edad Media". En *Historia de la lengua española*, coord. R. Cano Aguilar. 2.ª ed., 613–641 Barcelona: Ariel.
Eberenz, R. 2009. "La periodización de la historia morfosintáctica del español: propuestas y aportaciones recientes". *Cahiers d'Études Hispaniques Médiévales* 32: 181–201.
Flores, M. y C. Melis 2015a. "Periodización del español: evidencia para una tercera etapa evolutiva". *Études Romanes de Brno* 36: 11–28.
Flores, M. y C. Melis 2015b. "Introducción". En *El siglo XIX. Inicio de la tercera etapa evolutiva del español*, eds. M. Flores y C. Melis, 11–28. México, DF: UNAM.
Girón Alconchel, J. L. 2002. "Procesos de gramaticalización del español clásico al moderno". En *Actas del V Congreso Internacional de Historia de la Lengua Española*, eds. M. T. Echenique y J. Sánchez Méndez, vol. 1, 103–121. Madrid: Gredos.
Girón Alconchel, J. L. 2004. "Cambios sintácticos en el español de la Edad de Oro". *Edad de Oro* 23: 71–93.
Girón Alconchel, J. L. 2005. "Cambios gramaticales en los Siglos de Oro". En *Historia de la lengua española, coord.* ed. R. Cano, 859–893. Barcelona: Ariel.
Girón Alconchel, J. L. 2008. "La lengua de un embajador y un marino del siglo XVIII: ¿español moderno ya, o todavía clásico?". En *Actas del VII Congreso Internacional de Historia de la Lengua Española*, eds. C. Company Company y J. G. Moreno de Alba, vol. 2, 2243–2253. Madrid: Arco/Libros.
Granvik, A. y C. Sánchez Lancis 2018. "Un acercamiento cuantitativo a la periodización en la historia del español". En *Actas del X Congreso Internacional de Historia de la Lengua Española*, eds. M. L. Arnal Purroy, R. M. Castañer Martín, J. M. Enguita Utrilla, V. Lagüéns Gracia y M. A. Martín Zorraquino, vol. 1, 751–766. Zaragoza: Institución "Fernando el Católico" y Excma. Diputación Provincial de Zaragoza.
Guitarte, G. L. 1983. "Para una periodización de la historia del español de América". En *Siete estudios sobre el español de América*, 167–184. México, DF: UNAM.
Lapesa, R. 1981. *Historia de la lengua española*. 9.ª ed. Madrid: Gredos.
Lloyd, P. M. 1993. *Del latín al español. 1. Fonología y morfología históricas de la lengua española*. Versión española de A. Álvarez Rodríguez. Madrid: Gredos.

López García, Á. 2000. *Cómo surgió el español. Introducción a la sintaxis histórica del español antiguo.* Madrid: Gredos.
Marcos Marín, F. 1995. "La periodización". En *Homenaje a Félix Monge. Estudios de lingüística hispánica*, eds. Á. López García, M. A. Martín Zorraquino y E. Ridruejo, 325–333. Madrid: Gredos.
Marcos Marín, F. 2005. *Los retos del español.* Madrid y Fráncfort: Iberoamericana y Vervuert.
Martínez Alcalde, Mª J. y M. Quilis Merír. 1996. "Nuevas observaciones sobre la periodización". En *Actas del III Congreso Internacional de Historia de la Lengua Española (Salamanca, 22-27 de noviembre de 1993)*, eds. A. Alonso González, L. Castro Ramos, B. Gutiérrez Rodilla y J. A. Pascual Rodríguez, 1873–1886. Madrid: Arco/Libros.
Melis, Ch., M. Flores y S. Bogard 2003. "La historia del español: propuesta de un tercer período evolutivo". *Nueva Revista de Filología Hispánica* 51 (1): 1–56.
Menéndez Pidal, R. 2005. *Historia de la lengua española.* Madrid: Fundación Ramón Menéndez Pidal y Real Academia Española.
Mondéjar, J. 2002. *Castellano y español. Dos nombres para una lengua, en su marco literario, ideológico y político.* Granada: Universidad de Granada y Editorial Comares.
Narbona Jiménez, A. 2005. "Cambios y tendencias gramaticales en el español moderno". En *Historia de la lengua española*, coord. R. Cano Aguilar, 2.ª ed., 1011–1035. Barcelona: Ariel.
Octavio de Toledo, Á. S. y A. López Serena. 2017. "Joaquín Lorenzo Villanueva y la lengua de *La Bruja* (1830) editada por Salvá: ensayo de filiación morfosintáctica a tres bandas". En *Herencia e innovación en el español del siglo XIX*, eds. E. Carpi y R. M. Jiménez, 187–239. Pisa: Pisa University Press.
Orduna, G. 1979. "Algunas calas para la caracterización del español medieval". *Revista Universitaria de Letras* 1: 24–40.
Penny, R. 2001. *Gramática histórica del español*, ed. española de J. I. Pérez Pascual. Barcelona: Ariel.
Penny, R. 2005. "Evolución lingüística en la Baja Edad Media: evoluciones en el plano fónico". En *Historia de la lengua española*, coord. R. Cano Aguilar. 2.ª ed., 593–612. Barcelona: Ariel.
Pons Rodríguez, L. 2004. "Una reflexión sobre el cambio lingüístico en el siglo XV". En *Actas del V Congreso Andaluz de Lingüística General. Homenaje al profesor José Andrés de Molina Redondo*, 1563–1577. Granada: Granada Lingvistica.
Pons Rodríguez, L. 2010. *La lengua de ayer. Manual práctico de historia del español.* Madrid: Arco/Libros.
Pons Rodríguez, L. 2015. "La lengua del Cuatrocientos más allá de las Trescientas". En *Actas del IX Congreso Internacional de Historia de la Lengua Española*, dir. J. M. García Martín, coord. T. Bastardín Candón y M. Rivas Zancarrón, vol. 1, 394–430. Madrid y Fráncfort: Iberoamericana y Vervuert.
Quilis Merín, M. 1999. *Orígenes históricos de la lengua española.* Valencia: Universitat de València.
Ridruejo Alonso, E. 1993. "¿Un reajuste sintáctico en el español de los siglos XV y XVI?". En *Actas del Primer Congreso Anglo-Hispano*, ed. R. Penny, vol. 1, 49–60. Madrid: Castalia y Asociación de Hispanistas de Gran Bretaña e Irlanda.
Sánchez Lancis, C. 1997–1998. "Cambio morfológico y periodización". *Estudi General* 17–18: 173–199.
Sánchez Lancis, C. 1998. "Una reflexión global sobre el cambio gramatical en el español preclásico". En *Atti del XXI Congreso Internazionale di Linguistica e Filologia Romanza*, ed. G. Ruffino, vol. 1, 349–360. Tubinga: Niemeyer.
Sánchez Lancis, C. 2001. "Historia de la lengua, gramática histórica y periodización del español". *Estudi General* 21: 395–414.
Sánchez Méndez, J. 2003. *Historia de la lengua española en América.* Valencia: Tirant lo Blanch.
Torrens Álvarez, M. J. 2007. *Evolución e historia de la lengua española.* Madrid: Arco/Libros.
Tuten, D. N. 2003. *Koineization in Medieval Spanish.* Berlín y Nueva York: Mouton de Gruyter.
Wright, R. 2013. "Periodization". En *The Cambridge History of the Romance Languages*, eds. M. Maiden, J. Ch. Smith y A. Ledgeway, vol. 2, 107–124. Cambridge: Cambridge University Press.

28

La influencia de las lenguas prerromanas como consecuencia del contacto lingüístico (The influence of the pre-Roman languages as a result of language contact)

Luján, Eugenio R.

1. Introducción

A partir del siglo III a. C., el latín entró en contacto en la península ibérica con las lenguas indígenas, que en ese momento eran al menos el ibérico, el celtibérico, el lusitano, el turdetano y el vasco antiguo. La documentación epigráfica muestra la influencia del latín sobre estas lenguas y también la influencia inversa, por lo que resulta esperable que el español y los otros romances conserven elementos de aquellas. Estos se han buscado tradicionalmente en el léxico y la formación de palabras (derivación nominal), aunque debe haber habido también influencias en la fonética y la sintaxis, más difíciles de identificar, pero de las que queda huella en las informaciones de los autores latinos sobre el "acento" hispánico. El progreso en el conocimiento de las lenguas paleohispánicas y las metodologías recientes para el estudio del contacto lingüístico en la Antigüedad permiten ahora reevaluar los resultados de los estudios anteriores sobre el sustrato y sobre el léxico de origen prerromano.

Palabras clave: lenguas paleohispánicas; latín; contacto de lenguas; epigrafía; sustrato

Latin arrived in the Iberian Peninsula in the 3rd century B.C.E. and came into contact with the local indigenous languages. According to the extant documentation, at that time at least Iberian, Celtiberian, Lusitanian, Turdetanian, and certain varieties of ancient Basque were spoken in Spain and Portugal. Inscriptions show how Latin and these languages influenced each other. We can expect, therefore, that certain traits of those languages have survived in Spanish and the other Romance languages of the Iberian Peninsula. The focus has traditionally been on the lexicon and nominal suffixes, even if phonetics and syntax must have also undergone the impact of those languages, according to what we now know about such processes. This is a more difficult area, but, nonetheless, certain clues are found in the references by Latin writers to the existence of a special Hispanic accent in Latin. Significant progress has been made in the study of Palaeohispanic languages, which allows for further research in this area from new perspectives and for the reevaluation of the wealth of information provided by older studies on the substrate of Spanish (especially on words of pre-Roman origin) in light of the methodologies developed in the last years for the study of language contact in Antiquity.

Keywords: Palaeohispanic languages; Latin; language contact; epigraphy; substrate

2. Conceptos fundamentales

La presencia romana en la península ibérica a raíz de la Segunda Guerra Púnica (siglo III a. C.) supuso la entrada en contacto del latín con las lenguas indígenas habladas en ella. El latín que llegó a la Península no era homogéneo, pues entre sus hablantes había quienes tenían como lengua materna otra lengua itálica (especialmente del grupo sabelio, como el osco), factor que hay que tener en cuenta a la hora de valorar los fenómenos de contacto. Además, el contacto del latín con las diferentes lenguas paleohispánicas no se produjo simultáneamente, sino al hilo de la progresiva expansión romana hacia el occidente peninsular, así que los contactos con la lengua ibérica fueron mucho más tempranos que con el lusitano o el euskera.

La documentación epigráfica de las lenguas paleohispánicas remonta al menos al siglo VI a. C.[1] y revela la coexistencia del latín con el ibérico, el celtibérico, el lusitano, una lengua meridional no indoeuropea (turdetano) y variedades lingüísticas emparentadas con el euskera (aquitano). La lengua de las estelas del Sudoeste (denominada por algunos "tartesio") debía estar extinguida ya entonces. Y es posible que existieran otras variedades de las que no ha llegado documentación o cuyos escasos restos no permiten una identificación clara.

Como en todos los procesos de contacto lingüístico, las influencias fueron mutuas, del latín sobre las lenguas paleohispánicas y viceversa, aunque los influjos de esas lenguas sobre el latín y su pervivencia en español resultan más difíciles de establecer por varios motivos, entre ellos la escasa documentación de que disponemos para algunas lenguas, como el lusitano, y la utilización de un latín bastante estandarizado en la epigrafía latina.

Las aproximaciones tradicionales a esta cuestión giran en torno a la noción de sustrato. Ya desde finales del siglo XIX los romanistas emprendieron el análisis minucioso de los posibles restos de estas lenguas en el español y otras lenguas peninsulares (fundamentalmente léxico y sufijos) e identificaron rasgos fonéticos y hechos gramaticales que podían atribuirse al sustrato prerromano, utilizando como criterios básicos para poder identificarlos la antigüedad de su documentación en los romances, la imposibilidad de explicarlos por otras vías y también los paralelos en otras áreas de la Romania, que podían apuntar a la influencia de un posible sustrato "mediterráneo" antiguo.

En los últimos decenios los estudios sobre el contacto lingüístico en la Antigüedad han experimentado un auge muy notable, especialmente visible a raíz de la publicación de Adams (2003). Los métodos de análisis de la documentación (siempre escasa) se han afinado sustancialmente con la aplicación al mundo antiguo de los avances en la investigación sobre bilingüismo y contacto de lenguas (véase § 5).

Además, la investigación sobre las lenguas prerromanas (o, con más exactitud, "paleohispánicas")[2] ha avanzado muy sustancialmente durante la segunda mitad del siglo XX, tras el desciframiento de la escritura ibérica nororiental por Manuel Gómez Moreno, y también durante el siglo XXI, tanto por la aparición de nueva e importante documentación como por los progresos en el estudio de las escrituras paleohispánicas y en el análisis lingüístico de los textos, lo que ha permitido ganar en precisión en cuanto a la atribución de los fenómenos del latín y del español que pueden deberse a contacto lingüístico con ellas.[3]

Ese contacto lingüístico desemboca en la sustitución de la lengua de poblaciones enteras, y se produce, según sabemos hoy día, mediante mecanismos distintos y con cambios diferentes a los que tienen lugar en situaciones de contacto en las que no se produce tal reemplazo. El resultado final es claro: con la única excepción del vasco, las demás lenguas indígenas fueron sustituidas por el latín, vinculado a los grupos sociales dominantes. Adoptar una perspectiva sociolingüística es, pues, clave para comprender y poder identificar el tipo de fenómenos que debieron producirse.

3. Aproximaciones teóricas

La investigación tradicional de finales del siglo XIX y de la primera mitad del siglo XX (previa, por tanto, al conocimiento generalizado del desciframiento de la escritura ibérica)[4] recopiló toda una serie de datos importantes sobre hechos y fenómenos de la lengua española que, a partir del estudio de los materiales latinos y románicos, podían atribuirse a las lenguas prerromanas de la península ibérica. Aunque está por hacer una revisión sistemática de todo este caudal de datos a la luz de la información sobre las lenguas prerromanas de la que disponemos actualmente, es fundamental seguir teniéndolos en cuenta.

Las lenguas paleohispánicas están en su mayor parte escritas en diferentes variedades de escrituras propias de la península ibérica o "escrituras paleohispánicas", semisilabarios integrados por signos silábicos (para las combinaciones de oclusiva más vocal) y alfabéticos (para las continuantes y vocales).[5]

Aunque ya Hübner (1893) recopiló sistemáticamente la documentación entonces disponible, la investigación sobre los rasgos iberorromances atribuibles a las lenguas prerromanas se centró fundamentalmente en reconocer aquellos elementos para los que no podía considerarse un origen latino, árabe, germánico o cualquier otro identificable históricamente, lo que los convertía en buenos candidatos a explicarse por ese sustrato prerromano. La formulación de Lapesa (1981, 46) a propósito del léxico es muy representativa de estas aproximaciones:

> Son muy numerosas las palabras españolas que no encuentran etimología adecuada en latín ni en otras lenguas conocidas. No pocas, exclusivas de la Península, son tan viejas, arraigadas y características que invitan a suponerlas más antiguas que la romanización.

El interés decimonónico por las lenguas antiguas peninsulares culminó en la labor de Ramón Menéndez Pidal, quien les consagró numerosos trabajos, dedicados especialmente a la toponimia (Menéndez Pidal 1952) y reflejados en los capítulos correspondientes a esta cuestión en su *Historia de la lengua española* (Menéndez Pidal 2005). En estos estudios el concepto de "sustrato" fue clave para los análisis desarrollados, pero algunas asunciones que aparecen en ellos no resultan sostenibles hoy en día, como la idea de un sustrato ligur, que ya Hubschmid (1960b, 132) consideraba poco claro, prefiriendo hablar de un sustrato "paracelta", relacionado según él con el protoilirio y el protovéneto, entre otros.[6] Tampoco la investigación actual respalda la clasificación de Hubschmid (1960a), que diferenciaba dos grandes familias lingüísticas no indoeuropeas en el Mediterráneo occidental (la euroafricana y la hispanocaucásica), con las que vinculaba el léxico prerromano del español que clasificaba como hispano-vasco e hispano-caucásico, respectivamente. Corominas, combinando lingüística y arqueología, llegó a desarrollar la idea de una lengua "sorotáptica" para referirse a los indoeuropeos hispánicos preceltas y como lengua de los pueblos de los campos de urnas peninsulares,[7] con la que vinculó inscripciones como las láminas de plomo de Amélie-les-Bains,[8] idea que tampoco se acepta generalmente.

La investigación se ha articulado tradicionalmente sobre dos ejes que se entrecruzan: el tipo de fenómenos que podría deberse al sustrato y la identificación de los diferentes sustratos. Por lo que se refiere a los tipos de fenómenos, se agrupan en tres grandes bloques: léxico, morfología y fonética. En cuanto a los sustratos, Menéndez Pidal sumaba a los más claros sustratos celta e ibérico otros más antiguos, identificados como ligur e ilirio. El sustrato ibérico se ponía en relación, por un lado, con el "libio" del norte de África[9] y, por otro, con el euskera, con el que, lamentablemente, tampoco está probado el parentesco (Orduña 2019). Los sustratos ilirio y ligur no serían específicos de la Península. Se han considerado ligures los sufijos en *-sk-* (*-asco* y *-asca*), comunes con el norte de Italia, y en *-ona* se han querido ver correspondencias entre el sur de Francia, el norte de Italia, la región balcánica de Iliria y topónimos peninsulares como *Barcelona*, *Badalona*, *Ausona* o *Tarazona*, que son, sin embargo, formaciones ibéricas en *-o* adaptadas al latín como temas en nasal (Velaza 2011).

Para el léxico indoeuropeo ya Hubschmid (1960b) propuso una diferenciación entre el de origen "paracelta", con conservación de *p-* inicial, y las palabras de origen celta, en las que la *p-* inicial indoeuropea no se conserva (*cf.* lat. *pater* 'padre' frente a a. irl. *athair*, por ejemplo). Esta diferencia debe reformularse como distinción entre el lusitano (no celta, con conservación de *p-*) y el celtibérico (véanse Gorrochategui 1985–1986 y la reciente revisión de Luján 2019, 321–323).

Por lo que se refiere a la influencia del euskera, pervivían la vieja idea de Humboldt que identificaba ibérico y euskera y la suposición de que se habría hablado en un área muy importante de la península ibérica. Sin embargo, resulta muy difícil deslindar si puede haber algún elemento vasco en español que remonte a los contactos entre el latín y el euskera (y el aquitano)[10] en época antigua: muchos de los posibles elementos de origen vasco deben datar ya de época medieval y explicarse más bien como influencias de adstrato (véase Echenique 2005). Habitualmente se ha utilizado como criterio para atribuir tal origen a un fenómeno en español su presencia en las variedades románicas centronorteñas, como, por ejemplo, la evolución *f-* > *h-* > *Ø-*, con foco en el norte de Burgos, La Rioja y el Alto Aragón. También se suele mencionar en este contexto la ausencia de /v/ en castellano, gascón y euskera, aunque el betacismo se documenta antiguamente en la Lusitania (Prósper 1997).

En general, en todas las historias de la lengua española se dedica un apartado a estas cuestiones (destaca Quilis 1977, 13–28), si bien solo el capítulo de Correa (2005) refleja de forma adecuada los conocimientos actuales sobre las lenguas paleohispánicas.

4. Perspectivas actuales

Cuando tiene lugar una sustitución total de una lengua por otra, esta suele manifestarse de entrada en la fonética y la sintaxis que traen consigo los hablantes de la lengua L_1, pero se conserva el léxico de la lengua L_2. No es de extrañar, por tanto, que sobre un trasfondo léxico casi totalmente latino, las palabras identificables como prerromanas se concentren en los campos semánticos de los elementos de la naturaleza y el entorno (accidentes del terreno, nombres de plantas y animales, toponimia y quizá onomástica personal, si el *Enneges* de la lista de jinetes hispanos del bronce de Áscoli remite al vasco *Eneko*, esp. *Íñigo*). En la morfología, ya solo perviven (como observaron Menéndez Pidal y otros investigadores) algunos sufijos de tipo "expresivo", como *-asco-* y *-arro-*, sin función gramatical ni para la creación de nuevas unidades léxicas y únicamente, además, en el ámbito de la morfología nominal, pues no se han identificado elementos que puedan atribuirse al sustrato en el verbo o en el pronombre, por ejemplo.

Por lo que se refiere a la identificación de las lenguas concretas con las que vincular los diferentes elementos, hay que contar tan solo con las lenguas habladas en la península ibérica en el momento de la expansión romana. La supuesta existencia de un sustrato "mediterráneo" (ligur o de otro tipo) común a la Península y otras áreas del Mediterráneo occidental es cuando menos discutible y difícilmente demostrable con base sólida. En todo caso, tales lenguas, de haber existido, ya no se hablaban en el momento en el que el latín llegó a la Península, por lo que la transmisión de elementos procedentes de ellas tendría que haberse hecho necesariamente a través de las lenguas paleohispánicas. Referirse a aquellas como lenguas de sustrato del español equivaldría a considerar que el árabe estuvo en contacto con las lenguas nativas de América porque el español llevó allí palabras de tal origen.

En el terreno de la fonética, se viene atribuyendo tradicionalmente al contacto con las lenguas paleohispánicas la mencionada evolución *f-* > *h-* > Ø-. Parecería que aquí nos encontramos ante un hecho areal de la península ibérica en la Antigüedad (véase § 5), pues la ausencia de *f-* y, en general, de consonantes fricativas diferentes de las sibilantes es compartida por las lenguas paleohispánicas y, de hecho, se constata su práctica ausencia total en la onomástica indígena antigua, como ya indicara Albertos (1985–86). Tenemos, además, adaptaciones al ibérico de antropónimos latinos en las que la *f-* no aparece, como lat. *Fl(accus)*, iberizado como **bilake** en sellos de mortero del valle del Ebro (BDHesp Z.12.01). Sin embargo, la /h/ no parece formar parte de los repertorios fonológicos de las lenguas paleohispánicas (salvo en lusitano, pero como evolución de /s/; véase Luján 2019, 311–312), por lo que habría sido esperable más bien una evolución a labial sonora, como atestiguan los ejemplos de adaptación ibérica.

En algunos casos, la proximidad entre las lenguas indoeuropeas de la Península y el latín debía ser grande (véanse por ejemplo las formas acusativas del lusitano *porcom* 'cerdo', *taurom* 'toro' y *oilam* < *owila* 'oveja', esta última con sufijación diminutiva, cf. *ouicula* > *oveja*), lo que facilitaba la influencia.

Los campos semánticos en que más abunda el léxico de origen prerromano están en consonancia con las jerarquías formuladas para el préstamo lingüístico (Muysken 2010, 271), que señalan que el vocabulario técnico es el que más fácilmente se presta, y a continuación los nombres de animales y plantas (el ámbito de "agricultura y vegetación" ofrece un promedio de un 30 % de préstamos, y el de los animales, un 25,5%, según Tadmor 2009, 64–65). En el *DCECH* pueden encontrarse las etimologías propuestas, que son frecuentemente bastante hipotéticas, ya que hay pocos casos en que se cuente con información antigua, como ocurre con *arrugia*, atestiguado por Plinio (*HN* 33.70) en el sentido de los canales de agua utilizados para derrumbar montes en la extracción de la plata y que se puede poner en clara relación con esp. *arroyo*. Las glosas hispánicas antiguas están recopiladas en De Hoz 2010, 159–216, y no son esperables grandes hallazgos de nuevos textos latinos que vengan a aportar información abundante. Igualmente, aunque el número de inscripciones paleohispánicas siga aumentando al mismo ritmo que viene haciéndolo en los últimos años, no es previsible que se documenten en ellas palabras de los campos léxicos cuya pervivencia en español es más frecuente, debido al tipo de textos esperables en epigrafía (plomos de carácter comercial, inscripciones funerarias, inscripciones votivas, marcas de propiedad o, incluso, grandes bronces con *leges sacrae* o similares, entre otros).

Los topónimos antiguos pueden ofrecer información indirecta que corrobore el carácter prerromano de algunas palabras españolas, pues suelen tener una base denotativa. Para no caer en la tan frecuente *Wurzeletymologie* importa contar con criterios adicionales a la mera etimología, ya sean de distribución geográfica o de adecuación semántica al tipo de realidad referida. Basten dos ejemplos:

- La aparición en una inscripción de Mérida, conocida como el "dintel de los ríos", del nombre *Barraeca*, denominación antigua del río *Albárregas*, puede considerarse evidencia del carácter prerromano de la palabra *barro*, que el *DCECH* (*s. v. barro* I) da, además, como más característica del área occidental (Luján 2020a, 267).

- La existencia en la toponimia antigua de *Balsa*, localidad turdetana según Ptolomeo (II 5.2), identificada habitualmente con Tavira en el Algarve, parece confirmar que esta palabra (en el sentido de "hueco del terreno que se llena de agua, natural o artificialmente", según la definición del *DRAE*) es de origen prerromano, pues la ciudad se sitúa precisamente sobre la Ría Formosa (véase *DCECH*, s. v. *balsa* I).

Por otro lado, a la hora de estudiar el léxico de origen celta del español es necesario considerar que el latín estuvo en contacto con lenguas celtas desde muy pronto, especialmente con el galo (véase Lambert 2018 para el léxico francés de origen galo), desde el que se incorporaron al latín palabras como *alondra*, *cabaña*, *cerveza*, *sayo* o *vasallo*, entre otras. Salvo que se documenten en las palabras en cuestión evoluciones fonéticas propias del galo, pero no del celtibérico, no se podrá determinar si son de uno u otro origen. Así sucede con *lanza*, palabra hispánica según Varrón (citado por Aulo Gelio 15.30) con paralelos antiguos en la toponimia y etnonimia peninsulares,[11] pero palabra gala según Diodoro de Sicilia (V 30.4). Súmese a esto nuestra limitación de conocimiento del léxico de la mayor parte de los campos semánticos del celtibérico. No obstante, en algunos casos puede proponerse un origen celtibérico con bastante verosimilitud, como *busto* 'establo' (*DCECH*, s.v. *bosta*), relacionable con el ac. *boustom* del primer bronce de Botorrita (*MLH* K.1.1, *BDHesp.* Z.09.1).

5. Perspectivas futuras y conclusiones

En primer lugar, es crucial superar la idea de que prácticamente no conocemos nada de las lenguas paleohispánicas. Los cuatro primeros volúmenes de los *Monumenta Linguarum Hispanicarum* (*MLH*) de J. Untermann (1975–2018) supusieron ya un avance enorme en el campo, con una edición moderna de los textos que diferenciaba claramente las distintas lenguas. Tal y como se refleja en el Banco de Datos Hesperia (BDHesp), el número de inscripciones conocidas en la actualidad supera ya las 2500, si bien es verdad que muchas de ellas son grafitos muy breves de los que se puede extraer poca información lingüística. A los abundantísimos datos contenidos en De Hoz (2010, 2011, en prensa) y Sinner y Velaza (2019) se suman el volumen sobre onomástica personal de Vallejo (2005), completado y actualizado por él mismo en la sección de "Onomástica" del Banco de Datos Hesperia (<http://hesperia.ucm.es/presentacion_onomastica.php>), así como el volumen VI de los *MLH*, que recopila toda la toponimia indígena antigua de la Península. El volumen de documentación y su estado de edición y estudio van permitiendo tener una visión cada vez más rica y matizada de la situación lingüística de la península ibérica en la Antigüedad.

En el plano metodológico, el estudio de la influencia de las lenguas prerromanas sobre el latín hablado en Hispania debe abordarse siempre desde la perspectiva de los estudios sobre contactos de lenguas, su tipología y sus resultados. En el caso de la península ibérica hay que incidir sobre todo en el tipo denominado de "aprendizaje imperfecto" (o "imposición" en la terminología de Van Coetsem 1988; véanse Thomason 2001, 66–76, 2010, 36 y el escenario 3 de Muysken 2010, 273), pues a lo largo de varias generaciones los hablantes de las lenguas indígenas fueron adoptando una lengua que no era la suya (y creando una variedad de latín) hasta que se produjo el reemplazo total, salvo en el caso del euskera. Frente a lo que sucede en otras situaciones de contacto lingüístico, en este tipo de procesos el cambio no comienza por el léxico, sino que habitualmente los hablantes llevan consigo de su lengua L_1 a la lengua L_2 básicamente rasgos fonéticos y sintácticos, los cuales, pasados los siglos, resultan más difíciles de identificar que el léxico o los elementos morfológicos. Así pues, si en la investigación tradicional el foco se había puesto en aquello que se puede aislar más claramente, como el léxico y algunos sufijos, convendría apuntar ahora a otros ámbitos, aunque su estudio sea más complicado, pues resulta esperable que el latín de Hispania y las lenguas romances presenten influencias de las lenguas paleohispánicas en la sintaxis y en la fonética y fonología. La existencia de un "acento" hispano queda clara en testimonios como el referido a Quinto Cecilio Metelo, objeto de burla por su forma de hablar por parte de Cicerón (*Div. in Caec.* 39), quien también caracterizaba el acento de los poetas de Córdoba como "espeso y foráneo" (*Pro Arch.* 26). Y Mesala Corvino hacía escarnio del rétor hispano Porcio Latrón Séneca (*Contr.* 2.4.8). Es una lástima que estas y otras fuentes no permitan precisar cuáles eran los rasgos de estas variedades hispanas del latín para intentar correlacionarlas con los sistemas fonológicos de las lenguas paleohispánicas.

Más difícil aún resulta la atribución de rasgos gramaticales a la influencia de las lenguas paleohispánicas, sobre todo por nuestra aún escasa comprensión de la gramática de las no indoeuropeas (Sinner y Velaza 2019). Con todo, sería interesante, por ejemplo, plantearse si la existencia en los romances peninsulares de marcación diferencial de objeto (la utilización en determinados casos de preposición *a* con complementos directos referidos a animados) puede relacionarse con el hecho de que el ibérico fuera seguramente una lengua ergativa (como lo es también el vasco), aunque estamos lejos de poder confirmarlo (véanse Orduña 2008 y Luján 2010).

Por otra parte, el que un cambio pueda explicarse internamente como evolución del latín no es de por sí una razón para negar la influencia de las lenguas paleohispánicas siempre que haya razones fundadas para pensar en tal influencia. De hecho, como enfatizan los estudios sobre lenguas en contacto, suele suceder que por influjo de una lengua L_1 se seleccionan posibilidades o variantes que ya existen en la lengua L_2 (el latín, en nuestro caso) y que resultan más próximas a L_1; por tanto, para hablar de influencia por contacto no es necesario que se creen construcciones radicalmente nuevas o se adopte léxico no existente en la lengua L_2, especialmente cuando se trata de lenguas emparentadas y tipológicamente cercanas, como lo eran el celtibérico y el lusitano respecto del latín.

También debemos tener en cuenta los cambios en latín debidos a los propios hablantes de la lengua latina. En este caso, es esperable que los cambios sean fundamentalmente léxicos y consistan sobre todo en la adopción de palabras para referirse a realidades para las que no existía léxico específico en latín. Aquí es donde se explicaría la presencia significativa de léxico prerromano en español relativo a elementos del terreno y a animales y plantas.

Por otra parte, resulta importante investigar no solo qué elementos se han tomado de las lenguas prerromanas, sino cómo se han integrado en las variedades de latín hablado en la península ibérica, es decir, hay que analizar los mecanismos mediante los cuales se produce la transferencia de estructuras o materiales de una lengua a otra. Los estudios recientes sobre contacto de lenguas han identificado varios de estos mecanismos, como la alternancia de código en diferentes situaciones (*code alternation*), el cambio de código (*code switching*) dentro de una misma situación, los fenómenos de préstamo léxico para llenar huecos (*gap filling*), etc. (Thomason 2001, 129–152; sobre *gap filling* véanse también Matras 2009, 149–150 y Muysken 2010, 276, quien lo denomina "insertional code switching"). En el caso de las lenguas paleohispánicas estos fenómenos de *gap filling* están documentados en las dos direcciones. Así, el último bronce celtibérico publicado, el fragmentario de Novallas, da testimonio de la adopción de un préstamo léxico latino, pues el adjetivo *publicus* aparece en varias formas casuales dentro del texto. Y en la otra dirección, tenemos el caso del conocido *carmen* epigráfico de la provincia de León (*CIL* II 2660) que atestigua la palabra *páramo*, bien documentada igualmente en la toponimia antigua (*DCECH*, *s. v.*; Luján 2020a, 265–266) y una de las pocas interferencias de sustrato en las inscripciones latinas de Hispania de época imperial. Se puede pensar que se incluyó ese término (probablemente lusitano o de una variedad afín, por la conservación de *p-* inicial) por carecer de un equivalente exacto en latín. Casos de *code switching* claros los encontramos en lusitano, en cuyo escaso corpus son varias las inscripciones que tienen una parte en latín y otra en lusitano, como las de Arroyo de la Luz (BDHesp CC.03.01) y Lamas de Moledo (BDHesp VIS.01.01), donde tras un comienzo en latín (*Ambatus scripsi* y *Rufinus et Tiro scripserunt*, respectivamente) siguen los textos en lusitano. Estos fenómenos de *code switching* prueban que nos encontramos ante una población (o parte de ella) que maneja ya las dos lenguas; la evidencia de que disponemos parece apuntar a que el latín era la lengua habitual y el lusitano se vinculaba con contextos religiosos o rituales. Los testimonios no son muchos, como cabe esperar, pues la lengua de los textos religiosos y normativos o legales suele ser formular y conservadora. Es la misma razón por la que no resulta fácil la identificación de rasgos dialectales en el latín de Hispania (*cf.* cap. 29).

Debe tenerse en cuenta, igualmente, que tampoco había homogeneidad entre los hablantes de latín en la Península, pues entre ellos se contaban individuos procedentes de diversas partes del imperio, itálicos en un primer momento y también de otras regiones posteriormente. Para muchos de ellos el latín no era, en realidad, su primera lengua, sino una lengua vehicular que, dependiendo del nivel social y cultural, utilizaban con mayor o menor competencia. El panorama global, por tanto, es más complejo de lo que la palabra "sustrato" ha venido reflejando tradicionalmente.

Para encuadrar adecuadamente algunos hechos lingüísticos, hay que considerar la península ibérica en la Antigüedad como un área lingüística (concepto, por lo demás, no exento de dificultades: véase Campbell 2017), en la que se integran lenguas indoeuropeas y no indoeuropeas y a la que se sumaría en su momento el latín. Es esperable que, igual que sucede en otras áreas, como los Balcanes o la India, las isoglosas trasciendan la división genética por familias lingüísticas y resulte difícil determinar su origen. En el caso de la península ibérica antigua es llamativa, por ejemplo, la inexistencia de oclusiva labial sorda /p/ en los repertorios fonológicos tanto del ibérico como del celtibérico (no, en cambio, en lusitano). Por mencionar características que han pervivido en español, podemos apuntar a la existencia únicamente de cinco timbres vocálicos o a la oposición fonológica entre dos tipos de vibrante, que podrían obedecer a este tipo de hechos areales.

La consideración social de las lenguas que entran en contacto determina de forma fundamental el tipo de fenómenos que se producen. En ibérico, la lengua paleohispánica mejor documentada (unas dos mil inscripciones, aunque la mayoría muy breves), resulta muy difícil identificar influencias del latín. Esto puede deberse a factores de prestigio, pues las élites de las áreas ibéricas siguieron utilizando de forma pública su lengua hasta comienzos del imperio. Así, en una construcción tan típicamente romana como un teatro, el de Sagunto, hay una inscripción bilingüe en ibérico y latín (*MLH* F.11.08, BDHesp V.04.08), a pesar de que se menciona el nombre latino *Isidorus*, y una lápida funeraria de Ampurias (*MLH* C.01.01, BDHesp GI.10.03) que incluye un nombre romano (*koŕnel[*) y presenta prácticas epigráficas claramente latinas, está escrita, a pesar de todo, en lengua ibérica.

En definitiva, este campo de estudio complejo requiere combinar perspectivas y metodologías diferentes, así como una convergencia de las aproximaciones desde los ámbitos de la filología románica y la historia del español, la paleohispanística y las ciencias de la Antigüedad. Resulta necesaria una revisión sistemática de los fenómenos considerados tradicionalmente como debidos al sustrato prerromano a la luz de los datos hoy disponibles y los conocimientos actuales sobre las lenguas paleohispánicas para evaluar en qué medida algunos de ellos pueden estar relacionados con el paso de los hablantes de lenguas L_1 (las paleohispánicas) a utilizar una lengua L_2 (latín). Igualmente, es preciso realizar una reevaluación del léxico que puede considerarse prerromano en los iberorromances que tenga en cuenta los datos proporcionados no solo por las inscripciones, sino por el conjunto de la onomástica antigua, especialmente la toponimia.

Notas

1. Se ha propuesto que alguna de las inscripciones del Sudoeste (denominadas con frecuencia "tartesias") puedan remontar incluso al siglo VIII a.C., pero lo más probable es que se daten básicamente en los siglos VI y V a.C. (Correa y Guerra 2019, 125–126; Luján 2020b, 566; Jiménez Ávila 2021, 180–184).
2. La denominación "prerromanas" se considera menos apropiada hoy en día, pues aunque estas lenguas se hablaban antes de la llegada de los romanos, la mayor parte de la documentación (y toda la del lusitano y el celtibérico) es ya de época romana. Pueden verse los mapas generales de inscripciones paleohispánicas y su desglose cronológico en el portal del proyecto Hesperia (<http://hesperia.ucm.es/mapa.php>).
3. En el caso de la península ibérica, el corpus completo de inscripciones bilingües (latín y lenguas paleohispánicas) ha sido recopilado por Estarán (2016).
4. Manuel Gómez Moreno descifró la escritura ibérica nororiental en los años 30, pero la Guerra Civil y, luego, la Segunda Guerra Mundial retrasaron la difusión de su logro hasta la segunda mitad del siglo XX.
5. Para un resumen de la información véase Ferrer y Moncunill (2019), así como los diferentes capítulos específicos del volumen editado por Sinner y Velaza (2019). Algunas variedades de la escritura del ibérico diferencian oclusivas sordas y sonoras mediante un signo diacrítico consistente en una rayita o trazo adicional (véase Ferrer y Moncunill 2019). También el alfabeto griego y el latino se utilizaron para la escritura de estas lenguas. De hecho, toda la documentación del lusitano y una buena parte de la del celtibérico están escritas en alfabeto latino; en el caso del celtibérico, se utilizó una S con un diacrítico inferior para poder transcribir una de las fricativas o africadas de esta lengua, como atestigua el recientemente descubierto Bronce de Novallas (Beltrán Lloris *et al.* 2020).
6. Por poner un ejemplo, fenómenos fonéticos como los cambios *l-* > *ll-*, *r-* > *rr-*, *n-* > *nn-* > *ñ-*, interpretados como un refuerzo de la articulación inicial, fueron atribuidos por Rohlfs (1955) a ese supuesto sustrato ligur por sus paralelos con hechos similares del sardo, el siciliano y otras lenguas de Italia.
7. Véase, por ejemplo, Corominas (1972, vol. 2, 241–242 y n. 6).
8. Las inscripciones están perdidas hoy en día, lo que dificulta enormemente su estudio. Véase la edición de Lambert (2002, 247–250 n.° ★L-9).
9. La documentación norteafricana permite establecer de forma clara un sustrato amazig, es decir, de la familia bereber; véase Mùrcia (2011). Pero no es posible establecer una relación genética entre esta familia y el ibérico, a pesar de coincidencias llamativas como el nombre ibérico del 'hijo' **eban** (explicado a veces en relación con el semítico *bn*) y un posible femenino 'hija' **teban**, que recuerdan al morfema femenino de estado en estas lenguas (cf. Mùrcia 2011, vol. 2, 230–232).
10. Carecíamos hasta ahora de textos vascos antiguos, pues las supuestas inscripciones del yacimiento de Iruña-Veleia son, lamentablemente, falsificaciones. Sin embargo, se ha encontrado recientemente una inscripción en bronce, la mano de Irulegi, cuya primera línea contiene la secuencia "sorioneku", que podría interpretarse en relación con el euskera. Está clara la presencia de variedades lingüísticas de la familia del euskera al norte y al sur de los Pirineos en la Antigüedad, si bien el grueso de la documentación procede de la región de Aquitania, por lo que esta lengua suele denominarse "aquitano" (véase Gorrochategui 2018).
11. Λαγκίατοι (Ptol. II 6.28), *Lancia Oppidana* (Ptol. II 5.7), *lancienses oppidani* y *lancienses transcudani* (CIL II 770), Λαγκόβριγα/Λακκόβριγα (Ptol. II 5.5), Segontia Lanca (Ptol. II 6.55) = **sekontiaz lakaz** (*MLH* A.77, BDHesp. *Mon.*77).

Lecturas complementarias

El volumen colectivo editado por Sinner y Velaza (2019) ofrece un panorama muy completo, actualizado y fiable de la documentación y conocimientos actuales sobre las lenguas paleohispánicas y los sistemas de escritura utilizados para cada una de ellas, con la contextualización arqueológica, histórica y cultural pertinente.

La primera parte de Menéndez Pidal (2005), titulada "De Iberia a Hispania", es lectura obligada para conocer los enfoques con que se ha abordado el estudio de los elementos prerromanos en el español, pero debe tenerse en cuenta que muchos planteamientos de análisis, como, por ejemplo, la idea de un sustrato ligur común al Mediterráneo occidental, han quedado superados por la investigación actual.

Correa (2004) ofrece la mejor presentación de conjunto sobre las lenguas prerromanas de la Península Ibérica en relación con el español, con un panorama actualizado (hasta su fecha de aparición, hace casi veinte años) y atento a los datos de que disponemos. El apartado 4 del capítulo revisa de forma crítica los principales fenómenos que la investigación ha venido atribuyendo al sustrato.

Bibliografía citada

Adams, J. 2003. *Bilingualism and the Latin Language*. Cambridge: Cambridge University Press.

Albertos Firmat, M.ª L. 1985–1986. "Las aspiradas en las lenguas paleohispánicas: la F y la H". En *Actas del IV Coloquio sobre Lenguas y Culturas Paleohispánicas* (= *Veleia* 3–4), eds. J. Gorrochategui, J. Melena y J. Santos, 139–144. Vitoria: Universidad del País Vasco.

BDHesp = De Hoz, J. y J. Gorrochategui, coords. *Banco de Datos Hesperia*. Madrid: Universidad Complutense de Madrid. https:/hesperia.ucm.es.

Beltrán Lloris, F., C. Jordán Cólera, B. Díaz Ariño e I. Simón Cornago. 2020. *El bronce de Novallas (Zaragoza) y la epigrafía celtibérica en alfabeto latino* (= *Boletín del Museo de Zaragoza* 21). Zaragoza: Museo de Zaragoza.

Campbell, L. 2017. "Why Is It So Hard to Define a Linguistic Area". En *The Cambridge Handbook of Areal Linguistics*, ed. R. Hickey, 19–39. Cambridge: Cambridge University Press.

Corominas, J. 1972. *Topica Hesperica*. Madrid: Gredos.

Correa, J. A. 2005. "Elementos no indoeuropeos e indoeuropeos en la historia lingüística hispánica". En *Historia de la lengua española*, ed. R. Cano. 2ª ed., 35–57. Barcelona: Ariel.

Correa, J. A. y A. Guerra. 2019. "The Epigraphic and Linguistic Situation in the South-west of the Iberian Peninsula". En *Palaeohispanic Languages and Epigraphies*, eds. A. G. Sinner y J. Velaza, 109–137. Oxford: Oxford University Press.

DCECH = Corominas, J. y J. A. Pascual 1980–1991. *Diccionario crítico etimológico castellano e hispánico*, 6 vols. Madrid: Gredos.

De Hoz, J. 2010. *Historia lingüística de la península ibérica en la Antigüedad, vol. 1, Preliminares y mundo meridional prerromano*. Madrid: CSIC.

De Hoz, J. 2011. *Historia lingüística de la península ibérica en la Antigüedad, vol. 2, El mundo ibérico prerromano y la indoeuropeización*. Madrid: CSIC.

De Hoz, J. En prensa. *Historia lingüística de la península ibérica en la Antigüedad, vol. 3, La romanización y el mundo celtibérico*. Madrid: CSIC.

DELL = Ernout, A. y A. Meillet. 2001. *Dictionnaire étymologique de la langue latine. Histoire des mots*. 4.ª ed., corregida y aumentada por J. André. París: Klincksiek.

Echenique Elizondo, M.ª T. 2005. "La lengua vasca en la historia lingüística hispánica". En *Historia de la lengua española*, ed. R. Cano. 2ª ed., 59–80. Barcelona: Ariel.

Estarán Tolosa, M.ª J. 2016. *Epigrafía bilingüe del Occidente romano*. Zaragoza: Universidad de Zaragoza.

Ferrer, J. y N. Moncunill. 2019. "Palaeohispanic Writing Systems: Classification, Origin, and Development". En *Palaeohispanic Languages and Epigraphies*, eds. A. G. Sinner y J. Velaza, 78–108. Oxford: Oxford University Press.

Gorrochategui, J. 1985–1986. "En torno a la clasificación dialectal del lusitano". En *Actas del IV Coloquio sobre Lenguas y Culturas Paleohispánicas* (= *Veleia* 3–4), eds. J. Gorrochategui, J. Melena y J. Santos, 77–92. Vitoria: Universidad del País Vasco.

Gorrochategui, J. 2018. "La lengua vasca en la Antigüedad". En *Historia de la lengua vasca*, eds. J. Gorrochategui, I. Igartua y J. A. Lakarra, 245–305. Vitoria: Gobierno Vasco.

Hübner, E. 1893. *Monumenta Linguae Ibericae*. Berlín: Reimer.

Hubschmid, J. 1960a. "Lenguas prerromanas de la península ibérica: lenguas no indoeuropeas: testimonios románicos". En *Enciclopedia Lingüística Hispánica, vol. 1, Antecedentes. Onomástica*, dirs. Manuel Alvar et al., 27–66. Madrid: CSIC.

Hubschmid, J. 1960b. "Lenguas prerromanas de la península ibérica: lenguas indoeuropeas: testimonios románicos". En *Enciclopedia Lingüística Hispánica, vol. 1, Antecedentes. Onomástica*, dirs. Manuel Alvar et al., 127–149. Madrid: CSIC.

Hubschmid, J. 1960c. "Toponimia perromana". En *Enciclopedia Lingüística Hispánica*, vol. 1, *Antecedentes. Onomástica*, dirs. Manuel Alvar et al., 447–493. Madrid: CSIC.

Jiménez Ávila, J. 2021. "El contexto arqueológico de la escritura paleohispánica del Sudoeste peninsular". *Palaeohispanica* 21: 149–188.

Lambert, P.-Y. 2002. *Recueil des inscriptions gauloises (RIG), vol. 2, fasc. 2, Textes gallo-latins sur instrumentum (Gallia, suplemento 45)*. París: CNRS.
Lambert, P.-Y. 2018. *La langue gauloise*. 2.ª ed. París: Errance.
Lapesa, R. 1981. *Historia de la lengua española*. 9.ª ed. Madrid: Gredos.
Luján, E. R. 2010. "Las inscripciones musivas ibéricas del valle medio del Ebro: una hipótesis lingüística". *Palaeohispanica* 10: 289–301.
Luján, E. R. 2019. "Language and Writing Among the Lusitanians". En *Palaeohispanic Languages and Epigraphies*, eds. A. G. Sinner y J. Velaza, 304–334. Oxford: Oxford University Press.
Luján, E. R. 2020a. "La toponimia prerrománica hoy". En *El legado de Ramón Menéndez Pidal (1869–1968) a principios del siglo XXI*, ed. I. Fernández-Ordóñez, vol. 1, 261–292. Madrid: CSIC.
Luján, E. R. 2020b. "El Sudoeste de la península ibérica". *Palaeohispanica* 20: 561–589.
Matras, Y. 2009. *Language Contact*. Cambrige: Cambridge University Press.
Menéndez Pidal, R. 1952. *Toponimia prerrománica hispánica*. Madrid: Gredos.
Menéndez Pidal, R. 2005. *Historia de la lengua española*, 2 vols. Madrid: Fundación Menéndez Pidal y Real Academia Española.
MLH = Untermann, J. 1975–2018. *Monumenta Linguarum Hispanicarum*, 6 vols. Wiesbaden: Reichelt.
Mùrcia Sánchez, C. 2011. *La llengua amaziga a l'antiguitat a partir de les fonts gregues i llatines*. Barcelona: Món Juïc.
Muysken, P. 2010. "Scenarios for Language Contact". En *The Handbook of Language Contact*, ed. A. Hickey, 265–281. Oxford: Wiley-Blackwell.
Orduña, E. 2008. "Ergatividad en ibérico". *Emerita* 76: 275–302.
Orduña, E. 2019. "The Vasco-Iberian Theory". En *Palaeohispanic Languages and Epigraphies*, eds. A. G. Sinner y J. Velaza, 219–239. Oxford: Oxford University Press.
Prósper, B. M.ª 1997. "El nombre de la diosa lusitana Nabia y el problema del betacismo en las lenguas indígenas del Occidente Peninsular". *'Ilu. Revista de ciencias de las religiones* 2: 141–149.
Quilis, A. 1977. *Historia de la lengua española I*. Madrid: UNED.
Rohlfs, G. 1955. "Oskische Latinität in Spanien". *Revue de Linguistique Romane* 19: 221–226.
Sinner, A. G. y J. Velaza, eds. 2019. *Palaeohispanic Languages and Epigraphies*. Oxford: Oxford University Press (= 2021. *Lenguas y epigrafías paleohispánicas*, trad. Víctor Sabaté Vidal. Barcelona: Edicions Bellaterra).
Tadmor, U. 2009. "Loanwords in the World's Languages: Findings and Results". En *Loanwords in the World's Languages: A Comparative Handbook*, eds. M. Haspelmath y U. Tadmor, 55–75. Berlín: De Gruyter.
Thomason, S. G. 2001. *Language Contact*. Edimburgo: Edinburgh University Press.
Thomason, S. G. 2010. "Contact Explanations in Linguistics". En *The Handbook of Language Contact*, ed. A. Hickey, 31–47. Oxford: Wiley-Blackwell.
Tovar, A. 1948–1949. "Papeletas de epigrafía líbica VII–VIII". *Boletín del Seminario de Estudios de Arte y Arqueología* 14: 29–34.
Tovar, A. 1974–1989. *Iberische Landeskunde*, 3 vols. Baden-Baden: V. Koerner.
Vallejo, J. M.ª 2005. *Antroponimia indígena de la Lusitania romana*. Vitoria: Universidad del País Vasco.
van Coetsem, F. 1988. *Loan Phonology and the Two Transfer Types in Language Contact*. Dordrecht: Foris.
Velaza, J. 2011. "El elemento -o en la formación de topónimos del área lingüística ibérica". En Ἀντίδωρον. *Homenaje a Juan José Moralejo*, eds. M.ª J. García Blanco *et al.*, 567–572. Valladolid: Universidad de Valladolid.

29

En torno a la existencia de una variedad hispánica del latín (On the existence and nature of "Hispanic Latin")

Santiago Del Rey Quesada

1. Introducción

La existencia de una variedad hispánica del latín supone uno de los aspectos más controvertidos en la historia lingüística de la península ibérica. En este capítulo se expondrán las ideas tradicionalmente aducidas sobre los particularismos del latín de Hispania y las dificultades teórico-metodológicas que existen para su determinación. El estudio de las características de un supuesto latín hispano no puede realizarse al margen de otros problemas clave de la romanística, como el de la definición y delimitación del concepto de 'latín vulgar' o el de la importancia de los hechos de sustrato en la explicación del cambio lingüístico. Se insistirá en la necesidad de concebir la lengua latina como un diasistema con un espacio variacional propio a partir del cual se pueden entender coherentemente la variación espacial del latín y los demás parámetros de variación.

Palabras clave: latín de Hispania, variación lingüística, latín vulgar, contacto lingüístico, romanización

The existence of a Hispanic variety of Latin is one of the most controversial questions in the linguistic history of the Iberian Peninsula. In this chapter, the ideas traditionally put forward about the particular features of Latin in Hispania and the theoretical and methodological difficulties involved in determining them are discussed. The study of the characteristics of a supposedly Hispanic Latin cannot be carried out without addressing other key problems of Romance Linguistics, such as the definition of the concept of 'vulgar Latin' or the relevance of substratum languages in explaining linguistic change. This chapter will emphasise the need to conceive Latin as a diasystem with its own variational space from which its geographical variation and other crucial parameters of variation can be coherently understood.

Keywords: Hispanic Latin, linguistic variation, vulgar Latin, linguistic contact, Romanization

2. Latín clásico, latín vulgar, latín hispano: problemas de delimitación conceptual y aproximaciones teóricas

La mayoría de los adjetivos con los que se delimita el amplio espectro variacional que atañe al latín (arcaico, preclásico, clásico, hispano, vulgar, tardío, medieval, etc.) ha sido enormemente debatida por latinistas y romanistas. Sin duda el problema de la periodización es uno de los más controvertidos[1]. Por lo que respecta al latín que llega a Hispania en el año 218 a. C., las dificultades de delimitación cronológica no son menores, habida cuenta de la longevidad del latín en suelo ibérico. Beltrán Lloris (2005, 87–102) distingue cuatro etapas en el latín hispano: una primera de diversidad lingüística, marcada por el dominio de las lenguas locales, que iría del s. III al s. I a. C.; una segunda (s. I a. C.–s. III d. C.) coincidente con la pacificación definitiva de una Hispania en la que el latín es lengua materna de un gran número de romanos asentados en las provincias; una tercera al inicio de la antigüedad tardía (s. III–V d. C.), cuando las lenguas indígenas han desaparecido y el latín es hablado por la gran mayoría de habitantes de la Península, y una cuarta etapa visigoda (s. VI–VIII d. C.) donde habría que reconocer una incipiente diferenciación lingüística, aunque no lo suficientemente fuerte como para provocar la desaparición del latín como lengua general de la antigua Hispania romana.

La expansión de, primero, la República y, posteriormente, el Imperio romanos por el Mediterráneo, a costa de la hegemonía cartaginesa, significa la progresión de su lengua o *latinización*— consecuencia de la romanización política, administrativa y cultural —por las zonas conquistadas, con diversos ritmos no solo en Hispania, sino también en los otros territorios de implantación. En efecto, notables diferencias se advierten en el proceso de conquista de la Galia, consumada en prácticamente siete años, y la de Hispania, que se extendió dos siglos, dando lugar a diferencias en la intensidad y cronología de la romanización de las distintas áreas geográficas: mientras la Hispania meridional y levantina, de impronta ibérica, fueron romanizadas con bastante rapidez, las zonas del interior y del norte, habitadas en su mayoría por pueblos de origen indoeuropeo, fueron conquistadas con mayor dificultad. Solo en época de Augusto se consiguió la pacificación definitiva de astures y cántabros. La organización administrativa de Hispania se estableció de acuerdo con estas diferencias en el proceso de romanización: Bética y Tarraconense pronto asimilaron la influencia romana, lo que explica, dada la marcada estratificación social de las provincias peninsulares, que la gran mayoría de personajes ilustres que se suelen citar como ejemplo de la progresión política y sociocultural de Hispania —los emperadores Trajano y Adriano, el filósofo Séneca, los poetas Lucano y Marcial, entre otros— tenga ascendencia meridional u oriental.

En Hispania, el latín entra en contacto con lenguas como el ibérico, el celtibérico, el lusitano y el vasco (cap. 28). Esto explica la conformación de zonas bilingües en las que el latín asume el papel de lengua aprendida. Hispania, según Tovar (1968), se convierte así en la primera región donde el latín se instala profundamente. El contacto provoca, según se ha defendido (*cf*. § 2), que el latín, en las diferentes regiones en las que se implanta, adquiera características particulares. El uso del latín como lengua de comercio ha permitido incluso a algunos autores, como Wüest (1987), postular procesos de criollización en Hispania. En fin, la diferente estratificación social de los colonos, entre los que hay que destacar el alto contingente de militares, permite explicar, asimismo, la variación interna del latín en Hispania.

La designación *latín de Hispania* hace alusión a una esfera de variación esencialmente geográfica, pero, aparte de los condicionamientos cronológicos que se han expuesto en las líneas precedentes, el latín hablado en la Península no pudo dejar de estar sometido a factores de variación diastrática y diafásica. Se antoja crucial, en este sentido, precisar el concepto de 'latín vulgar', al que atañe el problema de las variedades geográfica, social y situacionalmente determinadas del latín. En efecto, la acuñación *latín vulgar* (LV), muy asentada en la filología latina y romance, es imprecisa, polisémica y conduce a confusiones terminológicas.[2] Ya en las mismas fuentes latinas es posible encontrar denominaciones que aluden a distintos tipos de variación en latín: hay caracterizaciones discursivas como *sermo agrestis* (Livio) y *sermo rusticus* (Aulo Gelio) que poseían —sobre todo la primera— una connotación sociolingüística negativa; el uso del *quotidianus sermo* como marca de distinción diafásica se encuentra en las cartas a Ático de Cicerón; en fuentes más tardías, como la obra de San Isidoro, encontramos marcas metalingüísticas como *vulgo dicitur*, que se refiere a un registro particular de lengua. A la vista de estas designaciones antiguas podemos observar que el concepto de LV encuentra su explicación y definición en una encrucijada de variedades, fundamentalmente diafásicas y diastráticas, pero también diatópicas y concepcionales (en el sentido de Koch y Oesterreicher 1990 [2007]: *cf.* cap. 7, cap. 8). En este sentido, el concepto de LV se presta muy oportunamente a una interpretación variacional integral (§ 3). Precisamente por esto, autores como Wüest (1998, 89) se han manifestado a favor de "une linguistique variationnelle du latin vulgaire"[3].

El término *latín vulgar* puede considerarse asimismo relativo, en el sentido de que alude muy frecuentemente a una realidad antagónica u opuesta a la de *latín clásico* (LC), elemento meliorativo de la oposición. Clackson (2016, 4) se refiere al LC como lengua típica de la literatura y marcada diastráticamente como alta; por su parte, Vincent (2016, 5) apunta la tendencia cada vez más acusada a la interpretación del LC en clave diastrática y diafásica más que diatópica. No faltan las interpretaciones mediales/concepcionales de la oposición entre LV y LC, en que la diferencia entre latín escrito y latín hablado se empareja con la que cabe atribuir a variedades diastráticamente altas y bajas, respectivamente: la superación del carácter medial de esta oposición parece cumplida en autores como Marazzini (1994), que se refiere al latín hablado como entidad rastreable en fuentes escritas, mientras que Tagliavini (1949, 211) ya aludía a la existencia de una "koiné latina parlata" sujeta a variación, es decir, donde lo hablado no se identifica únicamente con los rasgos que cabe atribuir al ámbito de la inmediatez comunicativa (§ 3). La variación concepcional del latín es interpretada como una especie de diglosia interna por Clackson (2016, 6), quien afirma que durante la República y el Imperio los hablantes de latín de todas las clases sociales adaptaban sus discursos a las características del contexto comunicativo, y que debió existir una separación clara entre las formas usadas en el lenguaje escrito y en el hablado.

Por otro lado, el término LV ha sido utilizado como etiqueta de periodización lingüística, lo que ha contribuido aún más a su dispersión conceptual. En sentido cronológico, el LV se entiende normalmente como el eslabón entre el LC y las lenguas romances. Según De Lot (1931), el latín sería una misma lengua en los tiempos de Augusto y Trajano, pero no en el último siglo del Imperio (383–476), cuando las diferencias se habrían pronunciado tanto que la gente común ya no comprendería la lengua de las clases altas, es decir, que la comunicación vertical se habría interrumpido.

La multitud de posturas adoptadas para la definición del LV ha provocado una mezcla de dimensiones perjudicial para la comprensión del concepto, como afirma Marazzini (1994, 138):

> il concetto di 'latino volgare' fa anche riferimento a uno sviluppo diacronico, che vede emergere nella tarda latinità usi linguistici spesso all'origine degli sviluppi romanzi. Il concetto di 'latino volgare' finisce dunque per mescolare due elementi di natura disomogenea, una componente sociolinguistica (sincronica) e una componente diacronica.

3. Perspectivas actuales de estudio en la diferenciación geográfica del latín: características tradicionalmente atribuidas al latín hispano

3.1 La diferenciación geográfica del latín

La mayoría de los latinistas y romanistas concuerda en que el latín, a lo largo y ancho del Imperio romano, debió de estar sometido a diferencias de índole diatópica. La propia epigrafía de época republicana da cuenta ya de particularismos geográficos, si bien en muchos casos se ha exagerado su representatividad: así, Adams (2007, 108) sostiene que la variación dialectal en época republicana, que se cree importante, ha de explicarse teniendo en cuenta que tanto las formas esperables en las inscripciones (es decir, las clásicas) como las no esperables son más frecuentes fuera de Roma porque, en conjunto, existe más material epigráfico de fuera de la *urbs* que de la metrópoli. La diversidad de lenguas romances proporciona, asimismo, un testimonio indiscutible de la diferenciación geográfica en latín: si, por un lado, hay evidencia de cambios lingüísticos panrománicos —que han servido para postular un supuesto *protorromance*—, no debe negarse, por otro, la evolución particular del latín en las diferentes áreas, influidas más o menos poderosamente por las lenguas prerromanas.

La variación diatópica del latín, sin embargo, también plantea una serie de dificultades de interpretación puestas de manifiesto por latinistas y romanistas. La primera se refiere al poder centralizador del latín de Roma, lengua imperial, no confinada geográficamente, que habría impuesto una relativa unidad de uso en todo el Imperio. En este sentido, Marazzini (1994, 143) destaca que

> [la] progressiva espansione geografica del latino [...] comportò la nascita di un 'latino delle province', la cui omogeneità fu garantita dalle forze centripete attive durante il lungo periodo in cui l'Impero potè esercitare la propria forza militare e culturale sui territori occupati.

Otro problema reside en la confusión de tipos de variación. Puesto que solo es posible trabajar sobre testimonios escritos, no siempre resulta fácil distinguir variantes diatópicas de otras que apuntan a otra clase de variación. Así, la oposición entre lat. *caballus* 'caballo de carga y tiro' y lat. *equa* (femenino de lat. *equus*, la palabra más general en latín para designar al caballo), que se suele citar como ejemplo de variación geográfica entre la península ibérica y otras áreas de implantación romana (frente a la distinción clásica entre lat. *equus* 'caballo' y lat. *equa* 'yegua'), representa, según Adams (2007, 421–422), una distinción que pertenecía al registro informal en todo el Imperio, incluso en zonas, como la Galorromania, donde después venció *jument* (del lat. *iumentum*, un tipo de caballo utilizado, igual que lat. *caballus*, para tareas domésticas) como término designativo para la hembra del caballo.

Por lo demás, la tradición bibliográfica ha desvirtuado en ocasiones la realidad sobre la diferenciación geográfica del latín. Es lo que ocurre con la idea de las *áreas periféricas o laterales* planteada por Bartoli (1925), que ha venido repitiéndose incesantemente en manuales, incluso en los más recientes. Según esta teoría, las zonas dialectales de la Romania situadas en la periferia compartirían características comunes, debido a su supuesta naturaleza lingüística arcaizante y conservadora, frente a las áreas centrales, de carácter más innovador. Las áreas centrales son las más cercanas a la metrópoli, núcleo social, político y administrativo del Imperio, donde existía una comunidad lingüística más numerosa y heterogénea y donde las innovaciones —basadas en la expresividad (metáfora, metonimia, contaminación semántica, etc.) o en las particularidades discursivas de ciertos grupos sociales, religiosos e intelectuales— se transmitirían con mayor facilidad y rapidez. Por el contrario, las áreas marginales se caracterizarían por una menor capacidad de innovación, seguramente motivada por la presión normativa de la escuela en zonas que no participaban cotidianamente del modelo idiomático representado por Roma, pero también por la supuesta dificultad de transmisión de las innovaciones entre grupos poblacionales alejados y no tan bien conectados geográficamente como los núcleos urbanos de las áreas centrales aspecto este especialmente discutible, dada la nutrida infraestructura viaria de la antigua Roma (*cf.* § 2.2). Ejemplos fundamentalmente léxicos han servido para argumentar la teoría de las áreas periféricas: por ejemplo, los herederos del lat. *caput/capitia* se dan en las lenguas iberorromances y en el rumano (pt. *cabeça*; esp. *cabeza*; cat., rum. *cap*), mientras que la mayoría de los dialectos galorromances e italorromances —aunque no todos— presenta derivados del lat. *testa* (fr. *tête*, it. *testa*). La inconsistencia de la teoría de las áreas periféricas se manifiesta en otros muchos ejemplos —basta echar un vistazo a los mapas que presenta Tagliavini (1949 [1982], 222–232) — que demuestran que la coincidencia etimológica entre zonas de la periferia románica no se sostiene. De hecho, Iliescu (1987) ha realizado análisis estadísticos exhaustivos del léxico románico y demostrado que el rumano es la lengua más innovadora, mientras que Italia, Galia e Hispania presentan un porcentaje de innovaciones muy similar, siendo de hecho más elevado el de la zona iberorrománica; para desmentir por completo la teoría de las áreas laterales, constata además que Hispania y Dacia no presentan ningún ejemplo de conservación exclusiva común.

3.2 ¿Un latín de Hispania?

No poco se ha debatido sobre los aspectos particulares del latín de Hispania. Beltrán Lloris (2005, 84) opina que las más de 20 000 inscripciones hispanas en latín no confirman la existencia de un latín diferenciado en la península ibérica, lo que sin duda tiene que ver con los condicionamientos discursivo-tradicionales (cap. 7) que afectan a la escritura epigráfica. Con todo, algunos testimonios dan cuenta de ciertos rasgos caracterizadores del latín hablado en Hispania, o al menos se prestan a una interpretación en clave diatópica. Por supuesto, en las inscripciones, sobre todo en las tardías, se representan algunos fenómenos que suponemos producto de las tendencias evolutivas del LV general y del hispano en particular. Las apreciaciones metalingüísticas de autores clásicos, como Plinio, Columela, Tácito, Marcial, los Séneca, etc., son también de enorme importancia para conocer las particularidades (sobre todo léxicas) del latín hispano.

Dichas particularidades —algunas constatadas, otras simplemente supuestas— han sido relacionadas con varios factores de condicionamiento del latín de Hispania que motivarían una diferenciación más o menos clara respecto del latín de la metrópoli. La temprana ocupación explicaría la conservación de características del latín denominado arcaico (*cf.* Díaz y Díaz 1960). Se ha repetido casi a manera de tópico que Hispania representa una zona geográficamente marginal del Imperio. Si bien esto es innegable por lo que respecta a su condición de límite occidental, autores como Adams (2007) han criticado que se use este argumento para defender el supuesto aislamiento de la Iberorromania, bien comunicada con la península itálica y otras regiones del Imperio por tierra y por mar. Los diversos contingentes humanos que llegan a la Península son mercaderes y sobre todo soldados que después se convierten en colonos, manteniendo su propia cultura y lengua e interactuando con los habitantes oriundos de las regiones que habitan.

Consecuencia de tales condicionamientos serían los rasgos más habitualmente imputados al latín de Hispania (*cf.* Mariner Bigorra 1983; Rodríguez-Pantoja 2005), esto es, su arcaísmo, en tanto que retiene formas documentadas en autores latinos preclásicos después desechadas por el latín hablado en Roma en época clásica; su conservadurismo, que explica el rechazo a la incorporación de innovaciones típicas de las zonas centrales del Imperio; su dialectalismo originario, que relaciona la fisonomía lingüística del latín de Hispania con el origen pretendidamente osco-umbro de sus primeros colonizadores; su occidentalidad, pues revela patrones de evolución comunes a las lenguas romances situadas a la izquierda de la línea imaginaria La Spezia-Rimini establecida por la romanística tradicional, y su variedad, que explica el origen de diferentes dialectos primarios en la península ibérica.

3.3 Discusión crítica de las supuestas características del latín hispano

El arcaísmo del latín de Hispania viene mencionándose desde obras clásicas como las de Lindsay (1894), Carnoy (1906), Löfstedt (1959) o Tovar (1968). Recientemente, Bonfante (1999, xvi) ha llegado a afirmar que, dado que Hispania se coloniza hacia finales del siglo III a. C., su lengua representaría el latín de Ennio, idea que critica duramente Adams (2007, 373). El arcaísmo supuestamente congénito a determinadas variedades geográficas del latín ha servido como pauta de diferenciación diatópica en la romanística. Bien conocido es el caso del sardo. También ha sido señalado el conservadurismo de la Bética, desde donde la lengua se expandiría a Asturica y Gallaecia, frente al latín de la Tarraconense, más permeable a innovaciones. El arcaísmo suele ponerse en relación con el inmovilismo de la lengua en una determinada región, pero es implausible que el latín estuviera fosilizado en Hispania: los soldados y demás colonizadores iban y venían, por lo que los arcaísmos podían sobrevivir o igualmente ser reemplazados.

Lo cierto es que se opera aquí con una noción impresionista de *arcaísmo*. Adams (2007, 395–402) insiste en que por definición un arcaísmo es un elemento que fue corriente en la lengua en un determinado momento pero que cae en desuso (*cf.* también Mariner Bigorra 1960, 203), a veces sobreviviendo en registros especializados tales como el lenguaje legal o religioso. El mismo Adams (2007, 398) intenta delimitar claramente las características de ciertos arcaísmos regionales como los hispanos, para evitar caer en la tentación de catalogar como regionalismos determinados por la fecha de ocupación romana términos que, habiendo llegado a Hispania o a Cerdeña en boca de los primeros hablantes de latín, continuaron usándose en todas partes incluso varios siglos después de la venida de esos primeros colonizadores. En este sentido, un arcaísmo hispano habría de cumplir tres requisitos (Adams 2007, 397): atestiguarse en época temprana, es decir, republicana; no estar documentado en ningún otro lugar, y sobrevivir únicamente en lenguas iberorromances. Un arcaísmo debería existir ya como tal en época clásica. Diferente es que una palabra común se asiente en algunas regiones en perjuicio de posteriores innovaciones (*cf.* Dworkin 2021, 49). En este sentido, Adams se cuestiona el arcaísmo de ciertas voces hispanas, como *magnus* 'grande' o *comedere* 'comer', que, según él, solo son regionalismos o arcaísmos hispanos desde una perspectiva teleológica, puesto que eran palabras generales en el latín clásico. Tampoco voces como *demagis* 'demás', documentada fuera de la Península, o *vaciuus* 'vacío', caso paradigmático de la no difusión de una innovación (*vacuus*), pero igualmente presente en otras áreas, serían arcaísmos hispánicos.[4]

Importa, asimismo, no confundir el arcaísmo con la no recepción de innovaciones. *Cras* no es un arcaísmo en sardo, pues fue una voz general durante el Imperio. El supuesto aislamiento de una región explica la no acogida de innovaciones, que no su arcaísmo. El tópico del arcaísmo y el conservadurismo hispanos ha dificultado una visión realista de la naturaleza innovadora de la Iberorromania. Palabras como lat. *mattiana* (> esp. *manzana*) frente a lat. *mela*, lat. *thius* (> esp. *tío*) frente a lat. *avunculus*, lat. *maneana* (> esp. *mañana*) frente a lat. *cras*, lat. *quaerere* (esp. *querer*) frente a lat. *amare*, lat. *plicare* (> esp. *llegar*, port. *chegar*) frente a lat. *venire*, etc., confirman este carácter, en oposición a la conservación de ciertas voces en un área "innovadora", como suele decirse de la Galorromania (*auunculus* 'tío', *uitellus* 'ternero', *agnellus* 'cordero', etc). Según Adams (2007,

430), la diversidad léxica del romance refleja los resultados impredecibles de la competición entre lo viejo y lo nuevo en la Romania.

En fin, el arcaísmo puede estar en relación con la formación del escribano o representar un rasgo de estilo: algunos escritores africanos cultos estudiaban el latín antiguo y seleccionaban términos específicos de la lengua de Plauto, Terencio y otros autores preclásicos para usarlos en su propia lengua literaria como arcaísmos deliberados. Asimismo, un arcaísmo puede no ser otra cosa que una marca discursivo-tradicional constituida por determinados formulismos en la escritura: el dativo en -*a* para la primera declinación —que se atestigua en la inscripción votiva de datación más temprana en la península ibérica, *M. Vibio Menrua*— es un rasgo distintivo de la epigrafía religiosa, que se mantuvo durante mucho tiempo. La escritura, dicen Clackson y Horrocks (2007, 269), actúa como "oscurecedora" de la variación lingüística en el Imperio: más bien habría que decir que responde a un tipo de variación diferente, determinada por parámetros concepcionales y discursivo-tradicionales (cap. 7). En relación con esto, y por lo que respecta a la característica del conservadurismo, es imprescindible distinguir entre conservadurismo gráfico y conservadurismo lingüístico, pues el hecho de encontrar una forma conservadora en una inscripción no es prueba inequívoca de que lo fuera el habla de la región en que se encuentra.

Otra controvertida característica del latín hispano, su dialectalismo originario, ha sido ampliamente discutida. La idea, para muchos preconcebida y sin fundamento, se afianza en España a partir de Menéndez Pidal (1950, 303–307). Tovar (1968) y autores más recientes, como Echenique Elizondo y Sánchez Méndez (2005), dan la teoría por sentada, mientras pueden encontrarse diversas revisiones críticas en Baldinger (1972), Mariner Bigorra (1983), Cano Aguilar (1988), Wright (1996) o Ariza Viguera (2006). La discusión gira en torno a la influencia del osco en el latín de la península ibérica, explicable por el alto porcentaje de soldados de este origen participantes en la colonización. El osco se parece más al latín que a otras lenguas indoeuropeas, pero también difiere más de él que el griego respecto de sus dialectos. Se han conservado más de doscientas inscripciones oscas, pero más de la mitad son nombres propios o fragmentos de palabras. Buck (1904) se refiere a la vasta extensión del osco en la península itálica, testimoniada por Ennio, pero a pesar de esa extensión y de la semejanza al latín —sobre todo sintáctica—, aquel debió tener una influencia muy limitada sobre este, casi exclusivamente en el plano léxico.

En lo que atañe a la supuesta influencia del osco en Hispania, la mayoría de los fenómenos aducidos son de evolución medieval, lo que exigiría recurrir a la idea del *estado latente* de Menéndez Pidal para explicar su efecto en la conformación de los romances peninsulares. Sobre el topónimo *Huesca*, Menéndez Pidal (1950, 305) se refiere a una posible etimología *Osca* que haría alusión al origen dialectal, ítalo-meridional, de sus fundadores, si bien hoy en día la hipótesis más probable es que se trate de una voz originalmente ibérica. Por lo que respecta al plano fonético, la crítica principal reside en que se mencionan rasgos que se aplican al osco sin que se sepa a ciencia cierta si realmente pertenecen a esta lengua. Por ejemplo, la reducción del grupo /mb/ no solo se da en la Iberorromania, sino también donde no hubo oscos; sobre la reducción del grupo /nd/, se destaca la banalidad de la asimilación, no solo atestada en romance (por lo demás, en zonas donde no se supone sustrato osco-umbro). La forma *octuber* por el latín *october* no se cree osca, ya que no se documenta el grupo /kt/ en esta lengua. Sobre la influencia del osco en el sistema vocálico del latín vulgar, Adams (2007, 694) opina que no tiene fundamento. Tampoco ha convencido la supuesta influencia en la morfología, sobre todo en la arcaica: nominativos singulares en -*i*, que pueden ser no más que una abreviatura, o nominativos plurales en -*eis*, que pueden explicarse como evolución directa del indoeuropeo. De nuevo, hay que aludir a los datos escritos para concluir que es posible que haya osquismos epigráficos puntuales, que no tienen por qué reflejar un estadio de lengua vivo: *i* por *e* ante *r* (*tirra*, *siruando*), aparentes síncopas de vocal final (si es que no se trata de abreviaturas: *secundins*, *Marins*), etc.

4. Perspectivas futuras: del *latín vulgar* al espacio variacional del latín

La aceptación de características particulares en el latín de Hispania no puede realizarse al margen de la consideración de la lengua latina como un diasistema, es decir, como un conjunto de variedades. La idea del latín como lengua homogénea y unitaria tiene probablemente que ver con el efecto estandarizador de la escritura, a partir del cual las lenguas son concebidas como entidades fijas e inmóviles. Que las decenas de miles de inscripciones que se conservan en suelo hispano no muestren indicios generales de variación no es prueba de la existencia de un latín monolítico en las provincias romanas sino de la regularidad de la escritura epigráfica y de la fuerza de los moldes discursivo-tradicionales en este ámbito. Lo cierto es que, así como no existe una lengua hablada unitaria, tampoco existe una lengua escrita unitaria. La idea preconcebida del monolitismo del latín se suele aplicar en general a las lenguas clásicas. Romaine (1982) insiste, sin embargo, en que las lenguas antiguas tuvieron tanta variación como las actuales, y es necesario partir de esta premisa para abordar cualquier caracterización del latín. Lo que sabemos acerca del funcionamiento y el cambio lingüísticos debe hacernos pensar que el latín fue una lengua histórica con capacidad de variación intrínseca. La consideración de diferentes variedades diastráticas y diafásicas del latín en la propia Roma se encuentra ya en la obra de Meillet (1966), y su variación geográfica en el vasto territorio del Imperio parece fuera de duda (§ 2). También Maiden (1995, 27) reacciona a la idea de un latín monolítico cuando dice que

> [è] facile cadere nell'errore di ritenere che il latino classico abbia costituito uno stato primordiale di precisione e di coesione linguistica che successivamente si sarebbe frammentato nei vari dialetti romanzi. In realtà, il latino dell'impero romano già presentava un'ampia gamma di variazione in base alla regione, alla classe sociale, al registro del discorso, e così via.

En cuanto a la variación concepcional, el mismo Koch (1998) afirma que, por lo que respecta a las características universales de lo oral, el latín es "une langue comme toutes les autres". No obstante, el estudio de la variación en latín ha tropezado con numerosos escollos terminológicos y conceptuales para su descripción, derivados del planteamiento, presente en algunos autores, de que el latín que evidencia un comportamiento histórico, en el sentido coseriano, no es el clásico, sino el denominado *latín vulgar* (*cf.* Mańczak 1987; Pulgram 1987).

El modelo concepcional de Koch y Oesterreicher (1990) se presta a la perfección a la discusión de los problemas que atañen al latín como diasistema, dentro del que cabe estudiar el latín de Hispania. En este sentido, resultan sumamente pertinentes las palabras de Van Uytfanghe (2012, 441) a propósito del latín vulgar:

> C'est plutôt le latin tout court qu'on envisage, caractérisé par une grande variabilité. S'il est vrai qu'une certaine dualité s'est instaurée, dès le début de notre ère, entre *Latine loqui* (où par ex. l'accusatif et l'ablatif tendaient à se confondre) et *grammatice loqui* (Quintilien, *Inst.*, I,6,27), ce qu'on continuera toujours à apprendre à l'école avec plus ou moins de succès, il faut prendre en compte, pour le latin comme pour d'autres langues, un spectre variationnel complexe entre la langue de l'immédiat (*Sprache der Nähe*) et celle de la distance (*Sprache der Distanz*). La langue écrite relève de cette dernière, mais avec également des variations, susceptibles éventuellement de la rapprocher quelque peu de la langue de l'immédiat, que ce soit dû à un choix stylistique personnel de l'auteur ou à son degré de formation (fautes

En torno a la existencia de una variedad hispánica del latín

"inconscientes"). [...] De toute façon, même le latin d'époque mérovingienne, dont le "chaos" apparent est plus structuré qu'on ne le croirait à première vue, garde toujours un contact systémique avec la langue parlée.

El autor insiste en la necesidad de considerar para el latín un espacio variacional complejo entre la inmediatez y la distancia comunicativas. Para comprender coherentemente, desde la perspectiva variacionista, este latín "tout court" del que habla Van Uytfanghe, no harían falta etiquetas como *latín vulgar*, *latín familiar*, *latín clásico*, *latín literario*, etc., que han provocado el caos conceptual. Como cualquier otra lengua, el latín consta de un espacio variacional en el que podemos distinguir, utilizando el esquema de la cadena de variedades (Koch y Oesterreicher 1990, 37; se emplea aquí la reformulación presentada en Del Rey Quesada 2021), variantes marcadas en el ámbito de la inmediatez comunicativa —a las que pertenecerían los regionalismos geográficos no generalizados en el latín del Imperio—, variantes no marcadas o pertenecientes a una variedad estándar y variantes marcadas en el ámbito de la distancia comunicativa (figura 29.1). Las variantes no marcadas pueden funcionar a la izquierda o a la derecha del esquema. Así, si partimos de este modelo para la disposición de ejemplos concretos (figura 29.2), una variante léxica como *cras* "mañana", opuesta a *demane* o *maneana* "mañana", no representaría una oposición entre latín vulgar y latín clásico, puesto que *cras*, como variante no marcada, también podría ser usada en discursos propios de la inmediatez comunicativa; igualmente, *inclitus* "famoso" no sería forma del latín clásico opuesta a *clarus/famosus* "famoso", sino que estas dos voces podrían usarse en cualquier tipo de textos, mientras que *inclitus* sería forma marcada en el ámbito de la distancia comunicativa. Algo parecido cabría argüir para el plano sintáctico y el fonético: *ad patrem* "al padre" podría considerarse variante propia de la inmediatez para la expresión de la función de objeto indirecto, pero no convendría considerar el dativo *patri* "al padre" forma del latín clásico entendida como variante culta o de la distancia, sino como forma estándar no marcada. Y la forma

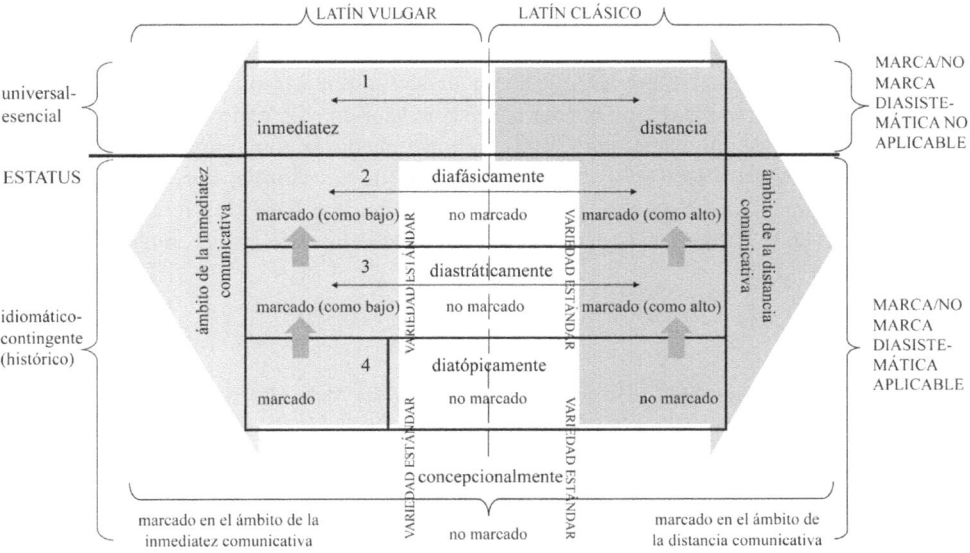

Figura 29.1 Remodelación del esquema del espacio variacional entre inmediatez y distancia comunicativas de Koch y Oesterreicher (1990, 39) propuesta en Del Rey Quesada (2021)

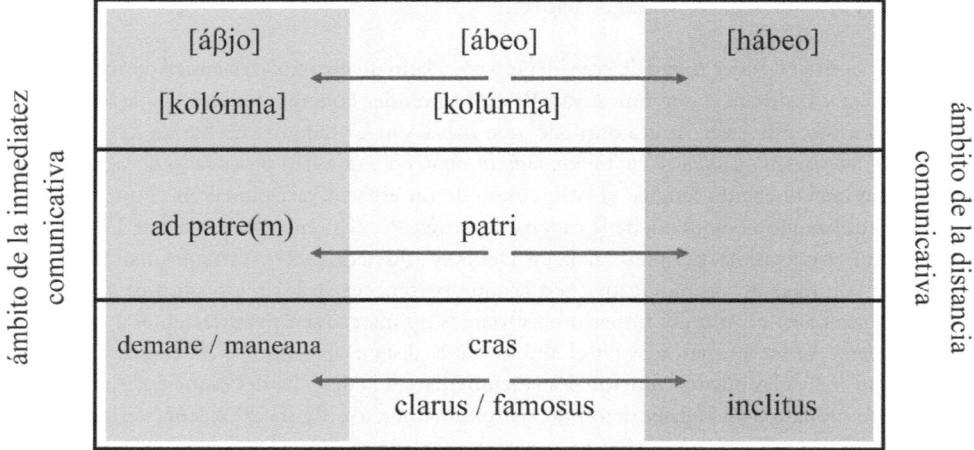

Figura 29.2 Ejemplos de variantes marcadas y no marcadas en el espacio variacional del latín de acuerdo con la propuesta de Del Rey Quesada (2021)

verbal *habeo* podría asociarse a diversas variantes fonéticas, unas marcadas a uno y otro lado del *continuum* (['habeo] en el ámbito de la distancia comunicativa y ['aβjo] en el de la inmediatez) y otra estándar (['abeo]), susceptible de ser usada en cualquier punto del *continuum*.

Naturalmente, proponer una caracterización de este tipo para una lengua de la que solo conservamos testimonios escritos es arriesgado, pero la interpretación del latín como lengua histórica susceptible de variación en función de estos parámetros tiene la ventaja de que nos permite prescindir de formulaciones imprecisas que confunden los distintos planos de variación. Y es que la etiqueta de *latín vulgar* impide aprehender que el latín hablado en sentido concepcional no solo corresponde al que denominamos aquí "ámbito de la inmediatez comunicativa", sino también a la variedad estándar del latín en cada uno de los espacios variacionales que quepa establecer; de ahí la enorme confusión provocada por un término que nos hace olvidar, además, que los diferentes tipos de variantes paradigmáticas, también en el latín, están estrechamente vinculados e interaccionan entre sí.

Notas

1 *Cf.*, entre otros, Coseriu (1987), Adamik (2015), Adams y De Melo (2016) y Clackson y Horrocks (2007), quienes, a propósito de la intrincada cuestión de la escisión latín-romance, hablan de un *continuum* latino-romance difícil de segmentar.
2 *Cf.* Hofmann (1934), Löfstedt (1959), Herman (1967), Lloyd (1979), Wright (1996) y Mańczak (1987, 183).
3 También Norberg (1966) y Zamboni (2000) son valedores del enfoque variacionista en la consideración del problema del LV.
4 Sí, en cambio, *cercius*, que satisface los requisitos que propone. En general, las voces que tienen que ver con la medida del terreno, la flora y la fauna son más susceptibles de ser interpretadas como arcaísmos regionales (*cf.* cap. 28), pero Adams insiste en que no conviene usar esta etiqueta a la ligera.

Lecturas recomendadas

Obra ingente que aporta cumplida información y ejemplos sobre la diversificación regional del latín en la República e Imperio romanos. Adams (2007) aporta datos sobre el latín hispano en los apartados dedicados a esta área geográfica (pp. 231–240 y 370–431) y en los capítulos introductorios y finales, estos últimos importantes también por sus reflexiones sobre conceptos fundamentales como "arcaísmo" e "innovación".

Beltrán Lloris (2005) ofrece un acercamiento historiográfico muy completo al problema del latín de Hispania y una discusión sucinta de sus características lingüísticas.

Van Uytfanghe (2012) contiene una sugerente revisión crítica del concepto de "latín vulgar" y su relación con otros términos controvertidos desde una perspectiva esencialmente variacionista.

Bibliografía citada

Adamik, B. 2015. "Periodization of Latin: An Old Question Revisited". En *Latin Linguistics in the Early 21st Century*, ed. G. Haverling, 630–650. Uppsala: Acta Universitaria Upsaliensis.

Adams, J. N. 2007. *The Regional Diversification of Latin 200 BC – AD 600*. Cambridge: Cambridge University Press.

Adams, J. N. y W. De Melo. 2016. "*Ad* versus the Dative: From Early to Late Latin". En *Early and Late Latin: Continuity or Change?*, eds. J. N. Adams y N. Vincent, 87–131. Cambridge: Cambridge University Press.

Ariza Viguera, M. 2006. "El supuesto influjo suritálico". En *Latin vulgaire-latin tardif VII: Actes du VII Colloque international sur le latin vulgaire et tardif*, ed. C. Arias Abellán, 67–80. Sevilla: Universidad de Sevilla.

Baldinger, K. 1972. *La formación de los dominios lingüísticos en la Península Ibérica*. Madrid: Gredos.

Bartoli, M. 1925. *Introduzione alla neolinguistica. Principi, scopi, metodi*. Ginebra y Florencia: Olschki.

Beltrán Lloris. 2005. "El latín en la Hispania romana: una perspectiva histórica". En *Historia de la lengua española*, ed. R. Cano. 2ª ed., 83–106. Barcelona: Ariel.

Bonfante, G. 1999. *The Origin of the Romance Languages: Stages in the Development of Latin*. Heidelberg: Winter.

Buck, C. D. 1904. *A Grammar of Oscan and Umbrian*. Boston: Ginn & Company.

Cano Aguilar, R. 1988. *El español a través de los tiempos*. Madrid: Arco Libros.

Carnoy, A. J. 1906. *Le latin d'Espagne d'après les inscriptions. Étude linguistique*. Bruselas: Misch & Thron.

Clackson, J. 2016. "Latin as a Source for the Romance Languages". En *The Oxford Guide to the Romance Languages*, eds. A. Ledgeway y M. Maiden, 3–13. Oxford: Oxford University Press.

Clackson, J. y G. Horrocks. 2007. *The Blackwell History of the Latin Language*. Oxford: Blackwell.

Coseriu, E. 1987. "Le latin vulgaire et le type linguistique roman". En *Latin vulgaire – Latin tardif. Actes du 1er Colloque international sur le latin vulgaire et tardif*, ed. J. Herman, 53–64. Tubinga: Niemeyer.

De Lot, F. 1931. "À quelle époque a-t-on cessé de parler latin?". *Archiuum Latinitatis Medii Aevi* 6: 97–159.

Del Rey Quesada, S. 2021. "Lo marcado y lo no marcado en la cadena de variedades: apuntes para una nueva propuesta". En *Was bleibt von kommunikativer Nähe und Distanz? Mediale und konzeptionelle Aspekte sprachlicher Variation*, eds. T. Gruber *et al.*, 205–238. Tubinga: Narr.

Díaz y Díaz, M. C. 1960. "El latín en la Península Ibérica: 1. Rasgos lingüísticos". En *Enciclopedia Lingüística Hispánica, vol. 1, Antecedentes. Onomástica*, dirs. Manuel Alvar *et al.*, 153–197. Madrid: CSIC.

Dworkin, S. 2021. *A History of the Spanish Lexicon. A Linguistic Perspective*. Oxford: Oxford University Press.

Echenique Elizondo, M.ª T. y J. P. Sánchez Méndez. 2005. *Las lenguas de un reino. Historia lingüística hispánica*. Madrid: Gredos.

Herman, J. 1967 [1997]. *El latín vulgar*, ed. C. Arias Abellán. Barcelona: Ariel.

Hofmann, J. 1934 [1958]. *El latín familiar*, ed. J. Corominas. Madrid: CSIC.

Iliescu, M. 1987. "Ce que nous apprend le vocabulaire de base du latin sur la diversification lexicale des langues romanes". En *Latin vulgaire – Latin tardif. Actes du 1er Colloque international sur le latin vulgaire et tardif*, ed. J. Herman, 109–120. Tubinga: Niemeyer.

Koch, P. 1998. "Une langue comme toutes les autres: latin vulgaire et traits universels de l'oral". En *Latin vulgaire – latin tardif IV*, ed. L. Callebat, 125–144. Hildesheim: Olms-Weidmann.

Koch, P. y W. Oesterreicher. 1990 [2007]. *Lengua hablada en la Romania: español, francés, italiano*. Trad. de A. López Serena. Madrid: Gredos.

Lindsay, W. M. 1894 [2010]. *The Latin Language: An Historical Account of Latin Sounds, Stems, and Flexions*. Cambridge: Cambridge University Press.

Lloyd, Paul M. 1979. "On the Definition of 'Vulgar Latin': The Eternal Return". *Neuphilologische Mitteilungen* 80: 110–122.

Löfstedt, B. 1959. *Late Latin*. Oslo: Aschehoug & Co.

Maiden, M. 1995. *Storia linguistica dell'italiano*. Bologna: Il Mulino.

Mańczak, W. 1987. "Origine des langues romanes: dogme et faits". En *Latin vulgaire – Latin tardif. Actes du 1er Colloque international sur le latin vulgaire et tardif*, ed. J. Herman, 181–188. Tubinga: Niemeyer.

Marazzini, C. 1994 [2002]. *La lingua italiana. Profilo storico*. Bologna: Il Mulino.

Mariner Bigorra, S. 1960. "2. Léxico". En *Enciclopedia Lingüística Hispánica, vol. 1, Antecedentes. Onomástica*, dirs. Manuel Alvar *et al.*, 199–236. Madrid: CSIC.

Mariner Bigorra, S. 1983. "Spanische Latinität und sprachliche Kontakte im römischen Hispanien". En *Aufstieg und Niedergang der römischen Welt: Geschichte und Kultur Roms im Spiegel der neueren Forschung, vol. 29.2, Sprache und Literatur*, ed. W. Haase, 819–852. Berlín: De Gruyter.

Meillet, A. 1966 [1977]. *Esquisse d'une histoire de la langue latine (avec une bibliographie mise à jour et complétée par J. Perrot)*. París: Klinsieck.

Menéndez Pidal, R. 1950 [1999]. *Orígenes del español. Estado lingüístico de la Península Ibérica hasta el siglo XI*. Madrid: Espasa.

Norberg, D. 1966. "À quelle époque a-t-on cessé de parler latin en Gaule?". *Annales. Economies, Sociétés, Civilisations* 21: 346–356.

Pulgram, E. 1987. "The Role of Redundancies in the History of Latin-Romance Morphology". En *Latin vulgaire – Latin tardif. Actes du 1er Colloque international sur le latin vulgaire et tardif*, ed. J. Herman, 189–198. Tubinga: Niemeyer.

Rodríguez-Pantoja, M. 2005. "El latín hablado en Hispania hasta el s. V". En *Historia de la lengua española*, ed. R. Cano. 2ª ed., 107–131. Barcelona: Ariel.

Romaine, S. 1982. *Socio-historical Linguistics: Its Status and Methodology*. Cambridge: Cambridge University Press.

Tagliavini, C. 1949 [1982]. *Le origini delle lingue neolatine*. Bologna: Pàtron.

Tovar, Antonio. 1968. *El latín de Hispania: aspectos léxicos de la romanización*. Madrid: Real Academia Española.

van Uytfanghe, M. 2012. "La diachronie latino-romane: le conflit des chronologies et la diglossie". *Zeitschrift für romanische Philologie* 128: 405–456.

Vincent, N. 2016. "Continuity and Change from Latin to Romance". En *Early and Late Latin: Continuity or Change?*, eds. J. N. Adams y N. Vincent, 1–13. Cambridge: Cambridge University Press.

Wright, R. 1996. "Latin in Spain: Early Ibero-Romance". En *The Origins and Development of Emigrant Languages*, eds. H. Nielsen y L. Schøsler, 277–298. Odense: Odense University Press.

Wüest, J. 1987. "Unité du latin ou unification du latin?". En *Latin vulgaire – Latin tardif. Actes du 1er Colloque international sur le latin vulgaire et tardif*, ed. J. Herman, 235–249. Tubinga: Niemeyer.

Wüest, J. 1998. "Pour une linguistique historique non linéaire: les formes analytiques du latin". En *La transizione dal latino alle lingue romanze*, ed. J. Herman, 87–98. Tubinga: Niemeyer.

Zamboni, A. 2000. *Alle origini dell'italiano. Dinamiche e tipologie della transizione dal latino*. Roma: Carocci.

30
El estadio lingüístico de la época visigótica (The linguistic state of the Visigoth period)

Isabel Velázquez

1. Introducción

En este artículo se estudia el estado de la lengua hablada en la Hispania visigoda (siglos VI–VII, principalmente) a través de algunos textos, en especial las denominadas pizarras visigodas. Se analizan algunos datos que permiten aproximarse a cómo ha evolucionado la lengua latina en esta época, en el momento anterior a su disgregación en las lenguas romances. El planteamiento del trabajo se enmarca en el contexto general de los estudios existentes sobre latín vulgar, latín tardío o primitivo romance y se tienen en cuenta las aportaciones realizadas sobre aspectos sociolingüísticos y variantes de la lengua. Se explica la necesidad de establecer qué errores o alteraciones a la norma pueden considerarse elementos definidores de la lengua y no simples errores. Se plantea por último la necesidad de revisar todos los textos, literarios y no literarios, para determinar qué informaciones pueden ser útiles para el conocimiento de la lengua en sus diferentes variaciones diastráticas y averiguar si se ha producido ya en este momento una situación de diglosia y de fractura entre la lengua escrita y culta y la lengua hablada, o si todavía existe una comunicación vertical entre una y otra.

Palabras clave: latín vulgar; lengua hablada; pizarras visigodas; inscripciones; testimonios literarios

This chapter studies the state of the language spoken in Visigothic Spain (mainly 6th–7th centuries), through some texts, especially the so-called Visigothic slates. It analyzes some data that help us to understand how the Latin language has evolved in this period, leading up to its transformation into the Romance languages. The approach of the work is framed in the general context of existing studies on Vulgar Latin, Late Latin or Early Romance. It takes into consideration studies made from the perspective of sociolinguistics and variation. It explains the need to establish which errors or alterations to the norm can be considered as defining elements of language and not simply errors. Finally, this chapter raises the need to review all texts, literary and non-literary, in order to determine what information may be useful for the understanding of language in its different diastratic variations and to discover whether a situation of diglossia and split has already occurred between written and spoken language, or whether there is still vertical communication between one register and the other.

Keywords: vulgar and spoken Latin; spoken language; visigothic slates; inscriptions; Literature

2. Conceptos fundamentales

La época visigoda, que abarca *grosso modo* desde los siglos V al VIII d. C., se corresponde justamente con el período crítico en el que la inmensa mayoría de los estudiosos considera que se produce el paso transcendental de la lengua latina a las lenguas romances que derivan de ella (Löfstedt 1980; Wright 1989; Banniard 1992; Hermann 1997; Quilis Merín 1999).

Otra cuestión diferente, pero fundamental, es cuándo los hablantes de las distintas comunidades lingüísticas, repartidas por la vasta geografía en la que el latín estaba implantado como lengua viva y de comunicación, tomaron conciencia de que las lenguas en las que se expresaban habitualmente —esto es, sus lenguas maternas— eran diferentes de la lengua escrita y de la lengua que estudiaban en la escuela, en este último caso, obviamente, solo por parte de aquellos que tenían acceso a la educación. La famosa mención del concilio de Tours de 812 (canon 17) a que se utilice en las homilías una "rusticam Romanam linguam aut Theodiscam, quo facilius cuncti possint intellegere quae dicuntur" (véase Wright 2013) puede interpretarse como la conciencia lingüística de que esta *rustica romana lingua* —que se pone en paralelo con la *theodisca*, es decir, la lengua alemana— no era ya la latina.

Son bien conocidos los documentos que se consideran primeros testimonios escritos de las nuevas lenguas romances en diferentes lugares de Europa, datables en los siglos IX–X, como los *Juramentos de Estrasburgo* de 842 o la llamada *Cantilena de Santa Eulalia*, las *Glosas* emilianenses y silenses, etc., en los que se presentan datos grafemo-fonéticos, morfológicos, sintácticos, léxicos y semánticos que permiten hablar ya de nuevos códigos lingüísticos diferentes del latín. Pero, cuando tales textos escritos, los nuevos *scripta*, aparecen es porque la lengua viva latina ha evolucionado hasta el punto de convertirse en otras lenguas que ya son capaces de manifestar por escrito variaciones sustanciales con respecto a la tradición escrita de la lengua latina.

Todas las lenguas están en constante cambio y transición, pero no todas desembocan en lenguas diferentes, como le ocurrió a la lengua latina (Wright 2003, 1). Los cambios operados en latín que condujeron a su disgregación en las lenguas romances no se produjeron simultáneamente, ni de forma rápida, sino a través de siglos, y no todos tenían igual envergadura, pero todos ellos contribuyeron a la desaparición del latín como lengua viva y al surgimiento de las nuevas lenguas (Herman 1997, 131–142).

Hasta ese momento, la única lengua escrita y hablada (Banniard 1992; Velázquez 2003a) era la latina, sujeta a las normas de la gramática y la escuela entre los letrados, aunque no uniforme y seguramente con múltiples variaciones. No obstante, algunos de los cambios que se originaron en esos siglos pudieron producirse sin dejar huella en esa lengua escrita o manifestarse en forma de errores con respecto a la norma. Y, de hecho, encontramos transgresiones a la norma, no solo en los textos no literarios, espontáneos o rudimentarios, sino también alteraciones en los textos compuestos por hombres cultos, que pretenden escribir correctamente.

A partir de ese momento, la lengua latina continúa existiendo durante muchos siglos como lengua escrita, el latín medieval, pero ya solo hablada por quienes la han aprendido en la escuela, por las gentes cultas; ha dejado de ser la lengua materna de los hablantes que ahora se expresan en romance.

El problema estriba en saber si en esos siglos críticos, precisamente sobre los que tenemos que centrarnos para analizar la situación lingüística en la Hispania visigoda, existió una situación de diglosia o por el contrario había una lengua viva, latina, pero con diferentes niveles de competencia lingüística activa por parte de los hablantes y si las distintas variaciones diatópicas, diastráticas, diafásicas o diamésicas impedían la comunicación entre los hablantes letrados e iletrados (Banniard 1992 y 2020).

3. Aproximaciones teóricas

El análisis de la situación lingüística de la península ibérica en la época visigoda debe contemplarse dentro del contexto más amplio de los estudios sobre la evolución de la lengua latina a través de los siglos hasta el inicio de las lenguas romances. Resulta ya inabarcable la bibliografía existente sobre conceptos como "latín vulgar", "latín tardío", "latín hablado", "prerromance", "protorromance" o "romance temprano" para referirse a estas épocas, la dedicada a establecer la periodización del latín, la diferenciación territorial o los estudios sobre aspectos sociolingüísticos, de bilingüismo y diglosia o de contactos entre lenguas. "Latín vulgar" es una denominación que, a pesar de algunas críticas, se ha consolidado como la expresión más habitual para definir "el conjunto de innovaciones y tendencias evolutivas aparecidas en el uso —sobre todo a nivel oral— de las capas latinófonas no influidas o poco influidas por la enseñanza escolar o los modelos literarios" (Herman 1997, 14; Banniard 1992, 27), definición sobre la que vuelve Banniard (2020, 546): "lingua parlata da locutori poco influenzati o non influenzati dai modelli scolastici o letterari". Pero, como este autor sugiere, la definición no es del todo satisfactoria, pues deja fuera de este panorama a los hablantes cultos o letrados. "Latín tardío" (Löfstedt 1980) es posiblemente una expresión más genérica, pero más apropiada para referirse a la lengua existente, hablada y escrita, en la Antigüedad Tardía, caracterizada frente al latín de épocas anteriores y al latín medieval, referido este último a la lengua latina escrita en una época en la que ya los hablantes no tienen como lengua materna el latín, aunque puedan hablarlo con soltura personas cultas o letradas (Gil 2005, 151; Bourgain y Hubert 2005).

Las diferentes denominaciones marcan, en ocasiones, la dicotomía entre las posturas de latinistas y romanistas, pero no se trata de cuestiones meramente terminológicas, sino de posiciones teóricas sobre la continuidad o no del latín como lengua viva en estos siglos críticos, con diferentes niveles de latinofonía (Banniard 1992) o la existencia de una lengua común prerromance, también con diferentes niveles, continuista de la latina, pero no latín, sino, para el caso de Hispania, un "romance o español temprano" (Wright 1989).

La idea de este autor de que "la invención del latín medieval" de la época carolingia contribuyó a establecer una situación de diglosia entre la lengua hablada y escrita (cap. 33) inexistente antes resulta adecuada. Sin embargo, aunque seguramente existía una separación evidente entre el habla de la gente letrada y culta y el habla de los iletrados, esta no impedía que se produjese una comunicación vertical entre unos y otros (Banniard 1992, 205; Velázquez 2003a, 41). Los niveles de comprensión y de corrección podían ser muy diferentes, pero no por ello hablaban lenguas distintas. La enseñanza del latín era sobre todo oral: las homilías y sermones realizados para que las escuchasen los fieles, el relato oral o leído en voz alta de las *Vitae* hagiográficas son elementos indicativos de una comunicación realizada oralmente en latín (Van Uyftanghe 1985; Bourgain y Hubert 2005; Banniard 2013), al margen de la escritura (Riché 1979; Wright 1989, 177–182).

La intención de algunos autores es la de escribir en un *sermo plebeius et rusticus*, tal como Isidoro de Sevilla anuncia en su *Regula monachorum*, para hacer asequible a los monjes de su época las normas de los monjes antiguos que podían resultar oscuras y difíciles. Pero este *sermo* es latino, no romance. Este autor aporta numerosos datos en sus obras para observar cómo se produce la comunicación entre diferentes hablantes. Isidoro procura hablar *latine et perspicue* y se dirige a sus lectores (Fontaine 2000), clérigos y monjes fundamentalmente, para que se instruyan en las Escrituras y aprendan a dominar el léxico y la expresión correcta (no el lenguaje elevado) a fin de poder leer en público y explicar a la población, es decir, a todos, letrados o no sin distinción, las enseñanzas (Velázquez 2003a).

Es una comunicación oral en la que, salvo la adaptación a una lengua sencilla, no hay realmente indicadores de que se trate de una lengua diferente de la que todos tienen por lengua materna, si bien con unas evidentes variaciones diastráticas y diafásicas. Isidoro, como recuerda Braulio de Zaragoza en su *Renotatio* (Martín Iglesias 2006), ajusta su discurso al nivel de su interlocutor "ut imperio doctoque secundum qualitatem sermonis existeret aptus" 'hasta el punto de adaptarse al nivel de la lengua, ya fuese para el ignorante o para el culto' (Velázquez 2003a, 11).

A pesar de ello, es evidente que en esta época había ya una acusada evolución de la lengua latina —el latín hablado tardío, según Banniard— que solo podemos entrever a través de lo que se consideran errores o transgresiones a la norma. Sin embargo, como señala Wright (2013, 127), hay que descartar en líneas generales esa idea de corrección frente a error, porque esos "errores" ponen de manifiesto la propia evolución de la lengua: más que un catálogo de errores, se debería establecer un catálogo de evoluciones en marcha o ya instaladas en la lengua, rechazando las viejas oposiciones entre lengua literaria y lengua vulgar (*sermo uulgaris*) (Biville 1995, 193–205; Velázquez 2003a), en el sentido de lengua de la elite cultural y lengua decadente (Banniard 2013, 89–90).

No sabemos si la pronunciación sería ya muy diferente de la escritura, como apuesta Wright (1989; Quilis Merín 1999, 193–202), aunque es evidente que algunos hechos ya debían ser comunes, como la palatalización del grupo *ty*, y seguramente la sonorización de sordas intervocálicas, al menos incipiente, al margen de fenómenos ya seculares como la monoptongación de *ae* o la indistinción de cantidades vocálicas, a pesar del cultivo aún de poesía cuantitativa, al lado de otro que se abría camino hacia la poesía rítmica (Norberg 1958; Bourgain 2000; Velázquez 2003b; García Calvo 2006, 1288–1292). Sin embargo, salvo la evidente distancia entre la lengua escrita y su pronunciación, no parece que esta hiciese irreconocibles los textos escritos o viceversa, y resulta poco probable que los hablantes letrados pronunciasen lo que escribían como si se tratase de una pronunciación ya plenamente romance, que habría tenido, en mi opinión, una constatación escrita mayor, como ocurre del siglo VIII en adelante (véase Wright 1989, 222–309).

Tampoco en los textos de época visigoda, literarios o no, hay claras variantes diatópicas que permitan reconocer rasgos dialectales entre las zonas donde después surgirán las diversas lenguas romances existentes en la península. Es cierto que Isidoro se refiere en las *Etimologías* a algunos términos usados en la Bética, pero en su mayoría pertenecen al léxico agrícola o son nombres de animales y resultan poco o nada significativos para pensar en una caracterización de la lengua de la Bética frente, por ejemplo, a la Tarraconense o la *Gallaecia*.

Los testimonios escritos de la Hispania visigoda presentan un profundo contraste, al menos *a priori*, entre los textos literarios, abundantes y correctos, sometidos a los paradigmas estilísticos y retóricos de los distintos géneros literarios cultivados, y los escasos textos, documentos e inscripciones no literarios. Pero a través de diversas inscripciones y, en especial, a través de la documentación escrita en pizarra, más propia de documentos que de textos epigráficos propiamente dichos (Velázquez 2008a), podemos observar múltiples fenómenos de evolución de la lengua indicadores de cuál era la situación lingüística en época visigoda.

4. Perspectivas actuales

Se presenta a continuación un panorama que trata de dibujar mínimamente cuál es la situación lingüística en la Hispania visigoda, a través de los principales estudios que se han dedicado a su análisis.[1]

Desde el punto de vista fonético, se ha producido ya una reorganización completa del sistema vocálico como consecuencia de la pérdida de cantidades. Las grafías muestran el resultado de la apertura de *ĭ > e*, confundido con los resultados de *ē*, y de *ŭ > o* con los resultados de *ō*, en cualquier posición átona o tónica: *ceuaria, ceuata, ordenatu, tegetur* (*ICERV* 276), *baselica* (*ICERV* 308); *sepolcri, kartola, fibola, tegola* (*ICERV* 303). En cambio, grafías de *e* por *i*, como *uendedit, perdedit*, pueden deberse a recomposición a partir de formas simples con *dedit*. Contaminaciones entre sufijos del tipo *-esco/-isco* o *-ulus/-olus* favorecen también las confusiones. Las vocales *ē* y *ō* se mantienen estables, aunque en ocasiones se producen grafías que muestran cierre de ambas vocales, respectivamente: *uindo, uinditor, uindere*, y *subrina* (*ICERV* 534), *maiures*; sin embargo, el mantenimiento es lo habitual: *sourino*. Es una tendencia que no debió prosperar. Aparecen también grafías de *i* por *ē*: *Crisciturus, ficisti* (que refleja probablemente ya la evolución romance), mientras *dicendet* por *descendet* puede deberse más a confusión de prefijos que a razones fonéticas. En la serie velar el uso de *o* por *ū* es muy escaso, aunque hay algunos ejemplos *Rofinus, plomacios*. Este panorama, junto a la persistencia general de la vocal *a* (*<ā/ă*) muestra un sistema simplificado de las cinco vocales resultantes en romance.

Entre los hechos más habituales del habla popular, se constatan casos de disimilación o asimilación vocálica, así *deuinam, defenito, Sabastianus* (*ICERV* 325). También hay muestras de vocal protética, incluso en los textos literarios: *iscurra* (Isid. *Etym.* 10.152), *ispiritum, ispe*, etc. La caída de postónica, con el usual *domnus*, es abundante en la Romania occidental. También es frecuente la resolución de vocales en hiato: *casios, uinias, Auriolus, abias* (por *habeas*), pero hay una notable vacilación, junto a *habeas, debead*, etc.

En cambio, no se documentan aún las diptongaciones *ĕ > ie* y *ŏ > ue* en posición tónica, a pesar de grafías del tipo *ualiente, obedientia, curriente*, etc., siempre procedentes de participios y seguramente analógicas con los participios de verbos en *-io*.[2]

El mantenimiento gráfico de los diptongos se debe al peso de la tradición escrita, aunque *au* y *eu*, de origen griego, muestran signos de vitalidad. Sobre todo, es destacable la interferencia entre *eu/eo* en nombres personales de origen gótico *Teud-* y de origen griego *Theod-*: *Teodulfus, Teudulfus, Teodadus, Teodatus*.

En el consonantismo es abundante la no notación de *h-* y se constata la reducción de la labiovelar en grafías tipo *cod, co, cot* por *quod, comodo* por *quomodo*, incluso grafías inversas como *quollige*. También es habitual la fricación de /u/ y, por tanto, la confusión gráfica *b/u*. La sonorización de sordas intervocálicas está documentada: *pontiuicatus* (*ICERV* 307) *scroua*. Con todo es un fenómeno que debía ser todavía incipiente o vacilante en esta época. La palatalización de grupos consonánticos también se ha producido: *aiutor, magior, facisteria* (por *facitergia*); confusiones de los grupos *cy/ty*: *untia*. Favorecen la confusión las interferencias entre sufijos: *-acius/-atius, -acius/-etius, icius/-itius, -ucius/-utius*: *Bonifatius, Gracianus*, etc. No obstante, es posible que hubiese ciertas diferencias de pronunciación todavía perceptibles, a juzgar por el testimonio de Julián de Toledo (véase Gil 2005, 160): "alterum namque sonum habet I post T, alterum post C. Nam post C habet pinguem sonum, post T gracilem". En cambio, la palatalización de *c + e, i* o de *g + e, i* es posible que aún no se hubiese producido o fuese incipiente.

La simplificación de geminadas parece bastante consolidada. El peso de la tradición gráfica favorece las continuas confusiones; de un lado simplificaciones y de otro, grafías inversas: *eclesia, sugerendum*, pero *honorabilli, Possidius*. Similar situación presenta la reducción de grupos consonánticos: *settembres* (*ICERV* 163), *suprascrittum*. La explicación de Isidoro de la etimología de *cattus* (*Etym.* 12.2.38: "hunc uulgo cattum a captura uocant; alii dicunt quod cattat, id est, uidet") testimonia tanto la conservación del grupo *pt* como la tendencia a la asimilación (*pt > tt > t*), además de atestiguar el cambio léxico-semántico de *cattare* (de 'catar' a 'ver'). Una grafía como *essurdinatione* por *ex ordinatione* (Piz. 39) puede indicar no solo la simplificación del grupo *ks* > *ss* y la pronunciación cerrada de la *o-*, sino, tal vez, una escritura tomada al dictado.

Las consonantes finales en gran medida se han perdido: *-m, -d, -t* (incluida la de *–n(t)*). La pervivencia gráfica se debe más a razones morfológicas que fonéticas, lo cual motiva confusiones continuas entre *-t/-d*, incluso con otras finales, como *ipsut* por *ipsum*. La *-s*, en cambio, pese a su tendencia histórica a la pérdida, parece mantenerse con cierta regularidad, debido a su valor morfológico, tanto en el paradigma nominal como en el verbal.

Más interesantes, y más difíciles de calibrar, son los fenómenos que afectan a la morfología y la sintaxis, pero aquí también los testimonios epigráficos y documentales ofrecen un panorama de hacia dónde camina la evolución de la lengua viva.

La flexión nominal se encamina decididamente a la reducción drástica: la práctica desaparición de la cuarta declinación en favor de la segunda; la desaparición de *-m* y apertura de *ŭ >o* final, que unifica desinencias de nominativo, acusativo y ablativo; el aumento del uso preposicional *de* + N en sustitución del genitivo y del ablativo sin preposición favorecen dicha reducción. Parece que sigue siendo operativa la oposición nominativo/acusativo, sobre todo en singular, aunque hay pérdidas de *-s*, pero en muchos casos, sobre todo en la onomástica, cuando se pierde se mantiene la *-u(s)* en nombres temáticos o, incluso, una grafía como *Gregorios* indica la resistencia a dejar de anotar la *-s*. Ya hay diversos testimonios de plural en *-as* por *-ae*, hecho que, en mi opinión, no se debe a rasgos dialectales antiguos heredados, sino a la pérdida de flexión. Ejemplos como "notitia de uer[uellas?] cot ispensas sunt" (Piz. 97) o "uide [il]las tegolas cas astritas sunt" (Piz. 103) demuestran esta tendencia, que, en cambio, se resiste en el nominativo del plural de la flexión temática, donde es operativa aún la diferencia *-i* (nom.)/*-os* (acus.), aunque ya en franca competencia: en una misma pizarra (53), una *notitia* de ganado, conviven *nouellos, uitelli* y *ecuas*.

Otro hecho constatable es la tendencia, aunque no consolidada todavía, a la pérdida del neutro y su cambio a femenino o masculino: *ceuaria, ceuata* (> 'cebada') y, sobre todo, en masculino: *mancipios, castros, lino[s], plomacios, mantos*.

En el sistema pronominal se está produciendo una similar reducción. El mantenimiento funcional de las oposiciones entre *hic/iste/ille* se observa sobre todo en textos formularios; sin embargo, las confusiones son evidentes. También se observa una extensión de *ipse* hacia el sistema demostrativo: "uindo portione de terra, ipsa terra", aunque mantiene aún su valor fórico y enfático: "adduxi teste Froila, ipse Froila" (ambas en Piz. 40).

No puede decirse que el artículo haga ya su aparición, pero algunas expresiones hacen pensar en su inmediata consolidación: "uide [il]las tegolas"; "oliba illa quollige" (Piz.103, una carta tan próxima al lenguaje hablado que se decanta como una joya del estado de la lengua en esta época).

En el sistema verbal destacan algunos hechos que deben estar produciéndose en esta época: confusión fonética entre formas del tipo *amabit/amauit*; progresiva sustitución del futuro sintético en *-bo* por la perífrasis *habeo/debeo* + infinitivo, aunque es difícil conjeturar si prevalece el valor de auxiliar de obligación o ya de futuro en expresiones como "ad petitione Basili iurare debead Lolus" o "et kabemus nos uobis" (Piz. 39) o "r[emi]ter[e][a]ngila pro caballu" (Piz. 42). La oposición indicativo/subjuntivo se mantiene y no se observa un gran retroceso del subjuntivo de subordinación, aunque en ocasiones se ha postulado. Con todo, se observan mezclas y, en especial, alternancia de las modalidades impresiva/expresiva entre imperativo y subjuntivo: "rogo te domne ut, comodo consu-/[etum] facere est, p(er) te ipsut oliba illa quollige" (Piz. 103). El deponente y la pasiva sintética desaparecen en la lengua viva, aunque se mantienen en textos jurídicos, formulares y, por supuesto, en textos literarios.

Las oraciones, en la medida en que los textos no literarios o las partes no formulares de los jurídicos pueden ofrecer información, presentan una cierta simplificación y tendencia a construcciones yuxtapuestas y coordinadas, en las que alternan *atque/et* o *non/neque*, pero en gran medida debido a las normas tradicionales del latín clásico. Las oraciones dependientes de subjuntivo siguen usando *ut* + subjuntivo, aunque a veces con mezclas y confusiones, tanto en uso completivo como final. Una vez más, la pizarra 103 da muestras de ello: "[cur?] ut ipsos mancipios in iuraremento/[coger]e debeas ut tibi fraudem non fa-[ciant]". Más interesante aún es el uso de infinitivo con valor final: "dum uenisse (por uenissem) ad loc[um - - -] tum lirigiare (por litigare]) ad domo Froilane" (Piz. 40.II, véase más abajo). Las oraciones casuales usan habitualmente *quoniam/quod*; las de relativo muestran cierto anquilosamiento de formas de los pronombres.

5. Perspectivas futuras. Conclusiones

Los datos presentados en el apartado anterior pretenden ofrecer una visión de síntesis del estadio de la lengua en la Hispania de época visigoda que reflejan sobre todo textos no literarios, en especial las llamadas pizarras visigodas, escritas por gentes con cierto nivel de instrucción (en especial las de contenido jurídico y religioso) que muestran múltiples aspectos de la lengua hablada, sobre todo en las partes expositivas de los documentos jurídicos que se alejan de los elementos formulares de otras partes de la estructura documental. Los textos que contienen *notitiae* o relaciones de ganado, de pagos de tributos o repartos de alimentos, y algún otro texto narrativo, escritos también por personas letradas, aunque seguramente con menos formación, ofrecen también, precisamente por su temática rural y a pesar de su parca sintaxis, datos muy útiles.

Las inscripciones que cabría llamar "convencionales" se han valorado de diferente manera por diversos autores (Herman 1997; Adams 2007; Adams 2018 [2016]; Tantimonaco 2017), pero ofrecen datos de enorme interés, siempre que se tengan en cuenta dos parámetros que son extensivos también a los textos de las pizarras y a cualquier otro texto: por una parte, no solo importa la documentación de errores o alteraciones, sino la comparación con las formas correctas; por otra, algunos errores pueden deberse a ignorancia o descuido de los lapicidas. Como ocurre en todas las lenguas y épocas, algunos hablantes cometen errores con respecto a la norma que son percibidos como tales por el conjunto de los hablantes y, por tanto, así deben considerarse. Un mero catálogo de errores no tiene por qué reflejar el estadio de la lengua: hay que considerar y detectar entre ellos aquellas alteraciones que constituyen rasgos de la evolución de la lengua de la época o del lugar que se estudia.

Las consideraciones expuestas en el apartado anterior reflejan razonablemente que el estadio de la lengua en los siglos VI–VII, en Hispania, corresponde a un nivel profundamente evolucionado, pero a mi modo de ver aún dentro de unos niveles de latinofonía (Banniard 1992 y 2020), no tanto un "romance temprano" (Wright 1989), aunque este autor ha puesto de relieve de manera espléndida el valor de la pronunciación para descubrir el estadio de la lengua hablada. Y lo que parece evidente es que en la centuria siguiente ya se produjo una fractura irrecuperable entre lengua escrita y lengua hablada y es posible que, incluso algo antes, existiese una suerte de diglosia entre hablantes cultos e iletrados (Gil 2005, 151).

De hecho, algunos pasajes de los textos de las pizarras, vistos en su conjunto, producen la impresión de que en el siglo VII las estructuras de la lengua latina están a punto de colapsar definitivamente. Una pizarra procedente de Diego Álvaro (Ávila), recientemente comentada por Adams (2018 [2016], 564–571), contiene una declaración en un juicio cuyas palabras reflejan un nivel de lengua hablada que, en cierta medida, dejan traslucir las grafías:

> ego Vnigild(us) de locum Langa/Tomanca, dum uenisse ad loc[um - - -]/tum lirigiare ad domo Froilani, ego ad-/duxsi teste ipse Froila, fraude ad do-/mo Desideri, dum istare in dom<o> Desideri,/fut ueniens Froila, et dix(it) mici: "leua, leuita,/et uadam(us) ad domo

Busani et Fasteni [- - -]/sucisit fuim(us) ad domo Busani [. .] unam ra[- - -]/[- - -] pro Froilane et dixsit nouis: "uadam(us)/ad fragis, ad uinias p[o]stas et pono te ibi in fragis et le-/uaui de domo Desideri p[- - -]rales duos...

'Yo Unigildo, del lugar de Langa Tomanca, al venir al lugar de [- - -] para entablar un litigio a casa de Froilán, aduje como testigo al propio Froilán, en relación con un fraude, junto a la casa de Desiderio. Mientras estaba en casa de Desiderio se presentó Froilán y me dijo: Ven, levita (levanta?), y vayamos a casa de Busano y Fasteno. Se acercó, fuimos a casa de Busano... una [- - -], en favor de Froilán y nos dijo: "Vamos al campo de fresas, junto a las viñas plantadas, y allí te sitúo en el campo de fresas", y me llevé de casa de Desiderio dos [- - -]rales.'

(reproducción parcial de Velázquez 2004, 223–224, Piz. 40.2)

El panorama que presenta este tipo de textos y las alteraciones que podemos encontrar en muchas de las inscripciones, similares a los ya descritos en el apartado anterior, resultan a todas luces incompletos si no se tienen en cuenta los textos literarios coetáneos, incluidos los textos litúrgicos y las inscripciones en verso o con pretensiones literarias, porque los autores de unos y otras eran también hablantes de la lengua que escribían en latín y, además, en un latín culto, a veces incluso con un estilo alambicado y ampuloso (Gil 2005, 173). Sería un error, a mi modo de ver, establecer una distinción neta entre unos hablantes y otros —como si de dos lugares, épocas o lenguas diferentes se tratase—, que no mantuvieran entre sí esa comunicación vertical a la que ya he aludido. Es evidente que existían profundas variaciones diastráticas entre unos y otros, pero todos consideraban que hablaban una lengua común. Las alusiones, ya citadas, de Isidoro de Sevilla cuando escribe en un *sermo plebeius uel rusticus* o del concilio XV de Toledo (688 d. C.), cuando el rey Ervigio en su *tomus regius* se refiere al *communis sermo* (Gil 2005, 151), hablan indudablemente de la conciencia lingüística de los hablantes cultos de que ya hay una profunda diferencia entre el estilo elevado y el popular, pero ¿no existe esta conciencia entre los hablantes actuales de cualquier lengua cuando se contrastan las diferencias entre hablantes cultos y hablantes no formados, por más que ahora no existan distancias tan grandes entre hablantes instruidos en la escuela e iletrados, habida cuenta de que cada vez existen menos personas que no tengan acceso, siquiera mínimo, a la enseñanza escolar?

La conciencia lingüística de los hablantes puede no ser definitiva a la hora de establecer el estado de una lengua; puede existir una brecha real entre lo que una persona habla y lo que cree hablar, es cierto, pero esa percepción es síntoma inequívoco de que los hablantes consideran que es la misma lengua la que se habla en todos los niveles, y para la lengua de época visigoda tenemos claros testimonios de ello (Velázquez 2003a).

Sería necesario, por tanto, releer los textos y extraer de ellos aquellos datos útiles que suministren información sobre la lengua hablada en Hispania en los siglos VI–VII. Información que viene suministrada no solo por las alteraciones a la norma, los "errores" que podemos catalogar, sino también por el mantenimiento de esa norma, por los niveles de inteligibilidad entre los hablantes y por los usos de textos como la liturgia de época visigoda (Díaz y Díaz 1965) y las inscripciones métricas o rítmicas. No es posible en este breve trabajo adentrarse en estos aspectos: sin embargo, tales textos muestran, en mi opinión, alteraciones que reflejan aspectos claros de la evolución de la lengua; además, tanto la poesía litúrgica como los *carmina epigraphica*, en muchos casos, no reflejan tanto transgresiones del sistema métrico cuantitativo por desconocimiento y fallos, sino un intento de realización de un tipo de poesía rítmica, aún no plenamente desarrollada, que es observable en estas épocas y aún después, hasta que resulta sustituido por la poesía rítmica medieval (Velázquez 2003b; García Calvo 2006, 1288–1291).

Estas alteraciones ofrecen rasgos que nos permiten acercarnos a la pronunciación/recitación de dichos poemas.

Y, por último, el léxico: sería necesario hacer un estudio profundo del léxico de los textos de época visigoda; de cualquier texto, no solo de las peculiaridades que ofrecen las pizarras, por ejemplo, o el abundante caudal de las *Etimologías* de Isidoro de Sevilla, de los que me he ocupado (Velázquez 2003a y 2004), sino de cualquier texto literario, documental, epigráfico, tanto para ver qué innovaciones se producen con respecto al latín clásico o tardío, como para contemplarlo en su evolución hacia las lenguas romances, ya sea en su forma o en su significado, como el citado *cattat* por *captat* con el significado de "ver" que ya menciona Isidoro, un testigo de esta época que ofrece un término que pervive en romance, por no decir que ya es romance.

Notas

1 Para todo lo que sigue, las fuentes fundamentales de consulta son: Díaz y Díaz 1957, 1965, 1986; Väänänen 1968 [1967]; Herman 1997; Gil 1970, 1973, 2005; Lapesa 1981; Velázquez 2003a y 2004. Los ejemplos que se citan a continuación proceden fundamentalmente del corpus de pizarras de época visigoda. Por razones de espacio no se especifica n.º de pieza, salvo en contadas ocasiones, para lo que remito a los índices de Velázquez 2004. Para otros ejemplos se cita el corpus de procedencia.
2 Debe descartarse, pues, la posible documentación en las pizarras de *ualiente* como diptongo. Tampoco se documenta en estos textos la diptongación de *o* > *ue*, ni la evolución del sufijo *-ariu* > *-ero*, como en la primera edición mantuve (Herman 1995; Velázquez 2004, 482–485; 2008b).

Lecturas recomendadas

Banniard (1992) se centra en la comunicación verbal y escrita en los siglos cruciales del latín tardío, manteniendo la hipótesis de que en toda la Romania se hablaba aún latín. Con perspectiva sociolingüística, establece los niveles de latinofonía hablada y escrita con una periodización matizada de las diferentes épocas. La obra ha sido objeto de una reedición italiana (Banniard 2020) con una *retractatio* del autor en que realiza una actualización bibliográfica crítica de publicaciones posteriores (1988–2018).

Gil (2005) es un estudio dedicado al latín de época visigoda, con análisis de numerosos ejemplos concretos para el estudio de la lengua. Aunque no ofrece una visión de conjunto a partir de esos datos, sí aporta reflexiones globales sobre el estadio de la lengua.

Velázquez (2004) es la última edición crítica con traducción y exhaustivo comentario lingüístico de un conjunto de 163 pizarras de época visigoda, con un capítulo global sobre el estadio de la lengua. Puede completarse con el libro de la misma autora sobre las obras de contenido gramatical de Isidoro de Sevilla (Velázquez 2003a).

Referencias citadas

Adams, J. N. 2007. *The Regional Diversification of Latin. 200 BC – AD 600*. Cambridge: Cambridge University Press.

Adams, J. N. 2018 [2016]. *An Anthology of Informal Latin. 200 BC – AD 900. Fifty Texts with Translations and Linguistic Commentary*. Cambridge: Cambridge University Press.

Banniard, M. 1992. *Viva Voce. Communication écrite et communication orale du IVᵉ au IXᵉ siècle en Occident latin*. París: Institut des Études Augustiniennes [Ed. italiana de L. Cristante y F. Romani, Trieste: Edizioni Università di Trieste, 2020].

Banniard, M. 2013. "The Transition from Latin to the Romance Languages". En *The Cambridge History of the Romance Languages*, eds. M. Maiden, J. C. Smith y A. Ledgeway, 57–106. Cambridge: Cambridge University Press.

Banniard, M. 2020. *Viva voce. Comunicazione scritta e comunicazione orale nell'Occidente latina dal IV al IX secolo*. Edición italiana con una "Retractatio" del autor, ed. L. Cristante y F. Romanini. Trieste: Edizioni Università di Trieste.

Biville, F. 1995. "*Qui vulgo dicitur...* Formes 'vulgaires' de la creation lexicale en latin". En *Latin vulgaire – Latin tardif IV. Actes du 4ᵉ Colloque international sur le latin vulgaire et tardif*, ed. L. Callebat, 193–203. Zürich y Nueva York: Hildesheim y Olms-Weidmann.

Bourgain, P. 2000. "Les theories du passage du mètre au rythme d'après les textes". En *Poesia dell'alto Medioevo europeo: Manoscritti, lingua e musica dei ritmi latini*, ed. F. Stella, 25–42. Florencia: Sismel.

Bourgain, P. y M.-C. Hubert. 2005. *Le latin medieval*. Turnhout: Brepols.

Díaz y Díaz, M. C. 1957. "Movimientos fonéticos en el latín visigodo". *Emerita* 25: 369–386.

Díaz y Díaz, M. C. 1965. "El latín de la liturgia hispánica". En *Estudios sobre la liturgia mozárabe*, ed. J. F. Rivera Recio, 55–87. Toledo: Diputación Provincial de Toledo.

Díaz y Díaz, M. C. 1986. "Algunos aspectos lingüísticos y culturales de las pizarras visigóticas". *Myrtia* 1: 13–25.

Fontaine, J. 2000. *Isidore de Séville. Genèse et originalité de la culture hispanique au temps des Wisigoths*. Turnhout: Brepols.

García Calvo, A. 2006. *Tratado de rítmica y prosodia y de métrica y versificación*. Zamora: Lucina.

Gil, J. 1970. "Notas sobre fonética del latín visigoda". *Habis* 1: 45–86.

Gil, J. 1973. "Para la edición de textos visigodos y mozárabes". *Habis* 4: 189–234.

Gil, J. 2005. "El latín tardío y medieval (siglos VI-XIII)". En *Historia de la lengua española*, coord. R. Cano Aguilar. 2.ª ed., 149–182. Barcelona: Ariel.

Herman, J. 1995. "Les ardoises wisigothiques et le problème de la diférenciation territorial du latin". En *Latin vulgaire, lati tardif IV. Actes du IVe Colloque international sur le latin vulgaire et tardif*, ed. L. Callebat, 63–75. Zürich y Nueva York: Hildesheim y Olms-Weidmann.

Herman, J. 1997. *El latín vulgar*. Trad. introd. índice y bibliografía por C. Arias Abellán. Barcelona: Ariel Lingüística.

ICERV: Véase Vives 1969.

Lapesa, R. 1981. *Historia de la lengua española*. 9.ª ed. Madrid: Gredos.

Löfstedt, E. 1980. *Il latino tardo: aspetti e problemi*. Con una nota bibliográfica di G. Orlandi. Trad. de C. Giorgetti. Brescia: Paideia.

Martín Iglesias, J. C. 2006. *Scripta de vita Isidori Hispalensis episcopi*, ed. J. C. Martín Martín. Turnhout: Brepols.

Norberg, D. 1958. *Introduction à l'étude de la versification latine médiévale*. Estocolmo: Almqvist y Wiksell.

Piz.: Véase Velázquez 2004.

Quilis Merín, M. 1999. *Orígenes históricos de la lengua española*. Valencia: Universitat de València.

Riché, P. 1979. *Écoles et enseignement dans le Haut Moyen Âge*. París: Aubier.

Tantimonaco, S. 2017. *El latín de Hispania a través de las inscripciones. La provincia de la Lusitania*. Barcelona: Universitat de Barcelona.

Väänänen, V. 1968 [1967]. *Introducción al latín vulgar*. Trad. de M. Carrión. Madrid: Gredos.

Van Uytfanghe, M. 1985. "L'hagiographe et son public à l'époque mérovingienne". *Studia Patristica* 16: 54–62.

Velázquez, I. 2003a. *"Latine Dicitur, Vulgo Vocant". Aspectos de la lengua escrita y hablada en las obras gramaticales de Isidoro de Sevilla*. Logroño: Fundación San Millán de la Cogolla.

Velázquez, I. 2003b. "Primeras manifestaciones de poesía rítmica en inscripciones hispanas". En *Poetry of the Early Medieval Europe. Manuscripts, Language and Music of the Rhythmical Latin Texts*, eds. E. D'Angelo y F. Stella, 5–30. Florencia: Sismel.

Velázquez, I. 2004. *Las pizarras visigodas (Entre el latín y su disgregación. La lengua hablada en Hispania, siglos VI–VIII)*. Madrid y Burgos: Real Academia Española e Instituto Castellano y Leonés de la Lengua.

Velázquez, I. 2008a. "Los estudios epigráficos. Cuestión de métodos interdisciplinares". *Pyrenae* 39 (1): 7–41.

Velázquez, I. 2008b. "Pizarras visigodas: mea culpa". En *El primitivo romance hispánico*, ed. B. Díez Calleja, 109–128. Burgos: Instituto Castellano y Leonés de la Lengua.

Vives, J. 1969. *Inscripciones cristianas de la España romana y visigoda*. Barcelona: CSIC.

Wright, R. 1989. *Latín tardío y romance temprano en España y la Francia carolingia*. Versión española de R. Lalor. Madrid: Gredos.
Wright, R. 2003. "La période de transition du latin, de la lingua romana et du français". Traduit de l'anglais par C. Lucken. *Médiévales. Langues, Textes, Historie* 45: 1–12. www.journals.openedition.org/medievales/586
Wright, R. 2013. "Periodization". En *The Cambridge History of the Romance Languages*, eds. M. Maiden, J. C. Smith y A. Ledgeway, 107–124. Cambridge: Cambridge University Press.

31
La contribución del árabe al hispanorromance (The Arabic contribution to Spanish)

Patricia Giménez-Eguíbar

1. Introducción

Este trabajo proporciona un estado de la cuestión de los arabismos léxicos en el español peninsular para, a continuación, centrarse en la aplicación de las herramientas metodológicas actuales que aportan nuevas perspectivas a un tema tradicional: las huellas del árabe en el español. En la segunda parte del trabajo se analizan, a la luz de la Lingüística de las variedades, parejas léxicas "cuasi-sinónimas" formadas por un arabismo y una voz romance cuyo uso varía en los textos coetáneos. Estos ejemplos sirven para mostrar la contundencia con la que esta perspectiva explica el mecanismo de dicha variación. Se analizan, por otro lado, otros préstamos del árabe a la luz de la Sociolingüística, especialmente en el marco de la estandarización lingüística, para concluir proponiendo la Sociología de la religión y la Semántica sociocognitiva como marcos idóneos para el análisis de este legado léxico.

Palabras clave: arabismos léxicos; lingüística variacionista; sociolingüística histórica

This paper provides an up-to-date survey of questions regarding lexical Arabisms in standard Spanish. It focuses on the application of current methodological tools that provide new perspectives to a traditional topic: lexical traces of Arabic in the Spanish language. The second part of the paper studies, within the context of variational linguistics, the rivalry between "quasi-synonymous" lexical pairs formed by an Arabism and a Romance word. These examples serve to show how power of this tool is when explaining the mechanism of said variation. Similarly, other loanwords from Arabic are analyzed through the lens of sociolinguistics, especially in the framework of linguistic standardization. The chapter concludes by proposing the sociology of religion and socio-cognitive semantics as suitable frameworks for the analysis of this lexical legacy.

Keywords: lexical Arabisms; variational linguistics; historical sociolinguistics

2. Conceptos fundamentales

Los arabismos son préstamos léxicos derivados del contacto con grupos de arabófonos en al-Andalus principalmente durante la Edad Media, aunque no exclusivamente, y son resultado del prolongado contacto producido en distintos momentos hasta la actualidad. Por cuestiones de espacio, este trabajo se limita a la contribución léxica del árabe al romance, por ser esta la de mayor impacto en el mismo. Los arabismos hispánicos proceden del haz dialectal andalusí y su adaptación al romance conlleva alteraciones tanto fonéticas como morfológicas debido a las discrepancias entre el sistema lingüístico semítico y el latino (Corriente 1992). La importación y recepción de arabismos han experimentado altos y bajos en intensidad dependiendo de la época. Si en la Edad Media se toman prestados abundantemente, una vez que se inicia la expansión atlántica del imperio español tras el Tratado de Tordesillas (1494), se produce un descenso importante. De hecho, el árabe andalusí comienza, a partir de ese momento, un proceso de obsolescencia que lo aboca a su desaparición como lengua viva en la Península. En el terreno léxico se inicia un periodo de rechazo hacia lo semítico que implica una paulatina sustitución de voces árabes por otras derivadas de las lenguas romances con más prestigio y por cultismos (Giménez-Eguíbar 2011). Posteriormente ya en el siglo XIX el árabe norteafricano se convierte en una lengua transmisora de arabismos o estos se importan a través del portugués o el francés, dependiendo del momento.

Del mismo modo, la valoración del elemento árabe en el español ha variado según los siglos de acuerdo con los intereses sociales, políticos y religiosos de cada etapa. De este hecho dan cuenta las recopilaciones de los arabismos hispánicos desde el siglo XVI por Alcalá o Tamarid, obras concebidas para que los misioneros aprendieran árabe y catequizaran en el vencido reino de Granada. Más adelante, se redescubre el legado hispanomusulmán y, paralelamente, el interés por su estudio durante el reinado de Carlos III, principalmente, como consecuencia de los intereses políticos en Marruecos tal y como da cuenta la publicación de obras lexicográficas como las de De la Torre, Dozy y Engelmann, Eguílaz y Yanguas, Castillo y Olivas, Simonet o Lerchundi, hasta el siglo XX con las de Federico Corriente a la cabeza.

Para la gran mayoría de arabismos, la vía de penetración más importante es la lengua oral, mientras que la transmisión culta y libresca suele intervenir en las voces de la ciencia y de la técnica. Esta vía de penetración oral ha condicionado enormemente el destino de estos préstamos dentro del proceso de elaboración y normalización lingüística. Es decir, la ortografía de muchos de ellos no se ha regularizado en el proceso de elaboración de gramáticas o diccionarios, mientras que se han normalizado las denominaciones patrimoniales o del fondo latino con las que los arabismos competían. Como consecuencia existen muchos arabismos con multitud de variantes ortográficas: *alfóncigo*, por ejemplo, cuenta con más de diecisiete variantes (entre ellas *alfónsigo, alhóncigo alhózigo, alócigo, alhózego, alhésigo, alhósico; alfóstigo, alhóstigo*). En esta misma línea, el *Diccionario histórico de la lengua española* (1960–1996) de la Real Academia Española proporciona once formas distintas para *alholí*, diecisiete para *alfayate* o diez para *almocafre*. Esta inestabilidad formal ha perpetuado su consideración como variantes orales careciendo, por tanto, de interés para la lengua escrita hasta épocas recientes en las que se han empezado a estudiar con la profundidad que merecen.

Por otro lado, como se trata de voces fácilmente reconocibles debido a que muchos de ellos incluyen en su forma léxica el artículo aglutinado del árabe *a(l)* (aunque sin funcionalidad), con el tiempo, se han ido identificado con el colectivo semítico, se han asociado con él en épocas de intolerancia religiosa o, más adelante, con las clases populares, hecho que ha condicionado su sustitución por voces cultas (o de fondo romance) en etapas avanzadas de elaboración del idioma (Giménez-Eguíbar 2015, 1413–1427), principalmente, aunque no de manera exclusiva, en el siglo XVI.

Finalmente, la identificación entre lengua árabe e islam que se produce tanto entre musulmanes como entre cristianos en la Península Ibérica (Gallego 2003, 107–139) ha repercutido en cuestiones de política lingüística durante el Renacimiento, ha influido en la conciencia lingüística de la clase letrada y ha contribuido al rechazo de estas voces que se identificaban con el sempiterno enemigo religioso de la Corona (Giménez-Eguíbar 2016a, 363–380). Todo lo anterior no es óbice para que el español estándar aún cuente con un nutrido número de arabismos con mucho arraigo en su léxico.

El estudio de la evolución del componente árabe en español es una tarea complicada, no solo porque requiere desentrañar hechos históricos, religiosos, demográficos, sociológicos sino porque su estudio necesita conocimientos de dialectología árabe, hispánica, etimología, traducción, sociolingüística histórica, aproximaciones filológicas a los textos que se toman como base y exige un enfoque multidimensional que en ocasiones ha limitado los resultados y el éxito de esta labor.

3. Aproximaciones teóricas

El estudio de los arabismos ha suscitado una voluminosa producción bibliográfica, con trabajos de diversa extensión, importancia y enfoque cuyo objetivo reside en el cómputo, la comparación con otras variedades romances, su diatopía, diacronía, grado de integración, presencia en corpus literarios o en documentación archivística, evolución semántica o vitalidad, los aspectos culturales de su adopción o pérdida, su etimología, organización en campos onomasiológicos, sustitución y pérdida, así como las actitudes e ideología ante los arabismos.[1] La filología hispánica ha tendido a acumular estas voces en listas para su organización en campos onomasiológicos o para periodizar su momento de entrada o salida. Otro aspecto al que se ha dado máxima prioridad es el componente numérico que este caudal supone, sin que hasta el momento se haya podido proporcionar una cifra exacta.

Son todavía escasos los estudios con una base teórica adecuada, como el de la sociolingüística histórica o el contacto lingüístico (como los pioneros de García González 1993–1994, 335–365, 2008) o el de la lingüística de variedades (*cf*. Koch y Oesterreicher 2007) y la distinción entre distancia e inmediatez comunicativas para encuadrar las distintas voces hispanoárabes (Carriazo Ruiz y Giménez-Eguíbar 2019, 363–382). Como se trata de préstamos de venerable antigüedad en el romance, estamos ante el paso de voces antiguas en el idioma desde la lengua hablada a la escrita, de la *oralidad* a la *escrituralidad* (Koch y Oesterreicher 2007, 20–22), es decir, la "transferencia de elementos del medio oral al medio escrito" (Kabatek 2012, 45), hecho con alto impacto en muchos arabismos dado que se utilizan en escritos de concepción oral, reflejo de la lengua hablada. El hecho de que la historia de la lengua haya priorizado el uso de corpus literarios para las descripciones lingüísticas ha arrinconado y reducido el interés académico por los arabismos de las clases populares y transmitidos por la vía oral como objeto de estudio lingüístico. No obstante, gracias a las recientes investigaciones basadas en inventarios de bienes, cartas privadas o documentación archivística, ámbitos de escritura en los que utilizan con frecuencia, se tiene un mejor conocimiento de uso y extensión de los mismos. Tal es el caso de *alhamel* ("ganapán, mozo de cuerda", "arriero que se alquila para llevar cargas"), escasamente documentado por su condición de variante oral que solo hallamos en textos de la inmediatez, como el manuscrito del *Libro de la expedición a la Especiería* (Carriazo Ruiz 2019, 52–57).

La transición léxica de la Baja Edad Media a la Edad Moderna (Dworkin 2005, 643–654) supone un punto de inflexión en el que se atestigua la sustitución de muchos arabismos con pleno rendimiento y funcionalidad hasta el momento, proceso paralelo a la relatinización del léxico del español del siglo XVI como parte de la estandarización del castellano (Harris-Northall 1999, 1–12). Esta relatinización del léxico castellano es la responsable de que aparezcan voces cultas o de fondo romance que empiezan a competir con las voces árabes con las que se aludía a aquella realidad. De este modo voces como *albéitar* empiezan a competir con *veterinario* o *alarife* con *arquitecto*, *rafez-rahez* con *vil*, o *azogue* con *mercurio*. En la gran mayoría de estos casos, se selecciona la denominación del fondo romance para la lengua estándar, y los arabismos se convierten en voces obsolescentes. En otros, se trata de variación diatópica como en el caso de *alberca* frente a *piscina*, o de *alhucema* frente a *espliego*, es decir, los arabismos hispánicos se convierten en uno de los máximos exponentes de fenómenos de variación léxica (diatópica, diafásica, diacrónica y diastrática). Se trata de dobletes cuasisinonímicos, en los que, a pesar de compartir el mismo referente, no son intercambiables en todos los contextos o registros ni comparten la misma función apelativa o expresiva y desde luego, como se comprobará a continuación, tienen rasgos diferenciales o divergentes de tipo contextual extralingüístico, es decir, sociocultural o estilístico. A este aspecto particular se dedica el resto del capítulo.

4. Perspectivas actuales

El estudio de la competición léxica entre arabismos y palabras del fondo romance pone de manifiesto que estos últimos aparecen en discursos próximos a la oralidad concepcional[2] (escrituralidad medial del tipo de documentos privados, cartas, deposiciones de testigos, instrucciones de oficios, etc.), a saber, en documentos que, en general, se conciben como soporte para la oralidad y, como tales, no se imprimen (a partir de la difusión de la imprenta). Por el contrario, las variantes rivales (del fondo romance o clásico) se utilizan en el registro más elevado (en el sentido de la diglosia de Ferguson 1959, 325–340), que es el de la comunicación a distancia con un público masivo y desconocido, la literatura "culta", a través de textos de escrituralidad tanto concepcional como medial pertenecientes a géneros o discursos con prestigio.

Un claro ejemplo lo encontramos en el empleo de la denominación *arquitecto* en la traducción de Vitruvio por Diego de Urrea "Porque el *architecto* que d'estas sciencias careciere no podrá ser perfecto *architecto*" (apud CORDE, al igual que el resto de citas textuales salvo indicación de lo contrario) o en la *Institución* (1548) de Juan de Herrera, frente a *alarife*, que aparece en los *Documentos de obra del monasterio del Escorial* u otros similares (contratos, por ejemplo) transmitidos en manuscritos y de oralidad concepcional, reflejo de la lengua hablada. Lo mismo cabría decir de las denominaciones *sangrador* o *barbero* en un *Arte complida de cirugía* cuatrocentista ("quien deua ser el sangrador & en que manera deue vsar aquel ofiçio"), frente al arabismo *alfageme* que aparece en obras de marcada oralidad concepcional, como las *Listas de gastos de la abadía de Silos* ("Dan al *alfageme*, porque sangra a los monjes"). En lo que se refiere al binomio *sastre/alfayate*, el arabismo se encuentra en ordenanzas antiguas medievales (*Ordenanza del obispo de Burgos*), frente al dominio del catalanismo en tratados impresos como el *Libro de geometría, práctica y traza*.

De esta manera, los tratados del siglo XVI ofrecen numerosos ejemplos del predominio de los arabismos concebidos como variantes orales frente a los cultismos empleados en textos de la distancia. En el *Libro de Agricultura* de Gabriel Alonso de Herrera (1513–1539), por ejemplo, comparecen *erisipela* y *alhombra* para referirse a la rojez que manifiestan distintas enfermedades infecciosas: "una enfermedad que se llama *erisipila*, que en castellano llamamos *alhombra*" (IV.22, 114v). Los textos coetáneos revelan que el helenismo se utiliza en la literatura científica, mientras el arabismo se emplea en obras destinadas a la divulgación entre un público general mediante textos como los recetarios. Otro ejemplo es "*draganti que comúnmente* llamamos *alquitira*" (II.13, 35r), en que asistimos de nuevo al encuentro de dos variantes léxicas: una propia de la inmediatez (*alquitira*) y otra de la distancia comunicativa (*draganti*). El hecho de que Herrera utilice abundantemente estos dobletes está relacionado con la multiplicidad de destinatarios a los que el talabricense dirige su tratado: los agricultores, propietarios de las tierras, y los cultos tratadistas, frente a los labradores o campesinos, es decir, la gente sin letras, para los cuales aclara los conceptos cultos con el uso de arabismos, que conocen bien por su extendido uso en el registro oral.

Por otro lado, las tradiciones discursivas,[3] además de difundir las innovaciones lingüísticas, proporcionan un eslabón hermenéutico entre los factores externos e internos a la lengua (Gallegos Shibya 2018, 13–30). En esta línea, dichas tradiciones propician el mantenimiento de ciertos elementos léxicos sin apenas productividad ni frecuencia en variedades lingüísticas peninsulares y que, por el contrario, exhiben una renovada vitalidad en tradiciones discursivas coloniales novohispanas. Se ha señalado la afición a los arabismos en los escritos de Colón o en los de Cortés[4] y se ha explicado la inesperada presencia de estos arabismos o bien por la procedencia de los conquistadores (Menéndez Pryce 2004, 101–102), o bien por la creencia de hallarse en las indias orientales (Morínigo 1953, 234–235) o, incluso, como recurso para designar lo exótico (Marcos Maíllo 2003, 228–235). No obstante, es preciso analizar esta presencia de arabismos obsolescentes en las variedades peninsulares a la luz de las mencionadas tradiciones discursivas. Según los historiadores, la colonización de Nueva España sigue los modelos de las precedentes conquistas granadina y norteafricana; los exploradores estaban, de hecho, formados en la frontera de Granada[5] y pertenecían a "las últimas generaciones de españoles imbuidas de mudejarismo" (Bunes Ibarra 1985, 226–227). El uso de arabismos, producto de este mudejarismo, es visible en el conjunto de la tradición discursiva colonial novohispana para la caracterización, o mejor dicho, arabización del indígena de las Américas. En aras a ilustrar esta arabización del indígena, veamos un texto menos conocido, la *Relación de la jornada de Cíbola* de Pedro Castañeda de Nájera, que narra los eventos asociados con la expedición de Francisco Vázquez de Coronado por el actual suroeste de los Estados Unidos en 1540–1542 (Giménez-Eguíbar y Kania 2021a, 331–359 y 2021b). En ella se hallan *alárabe* en la acepción "nómada" en contraste con los indios pueblo, de vivienda fija "dieron en vnas rrancherias de gente *alarabe* que por alli son llamados querechos" (Kania *et al.* 2017, 78r); *alcoholar* "ennegrecer con alcohol los bordes de los párpados, las pestañas, las cejas o el pelo", que se usa para caracterizar a una india de rasgos étnicos muy marcados "vna india tam blanca como muger de Castilla saluo que tenia labrada la barua como morisca de Berberia que todas se labran en general de aquella manera por alli se *ahogolan* los ojos" (Kania *et al.* 2017, 81v–82r); *alijares* para designar las rancherías o conjunto de viviendas de los teyas "dieron en otras rrancherias a quatro jornadas a manera de *alixares*" (Kania *et al.* 2017, 83r) y *enjalma* o arreos "con sus tiendas y harrias de perros aparejados con lomillos y *enxalmas* y sincha" (Kania *et al.* 2017, 120v).

Parece evidente que se usan los arabismos en esta tradición discursiva para ilustrar con mayor plasticidad una cultura desconocida y pagana a través de códigos familiares. De esta manera, cumplen una función específica dentro de los hábitos comunicativos y se emplean los mismos términos al describir los sistemas de gobierno de los incas o los aztecas y los sultanatos norteafricanos u otomanos. Tales paralelismos y analogías entre el mundo árabe y el indígena se materializan mediante el uso de voces árabes para reforzar la idea mesiánica de la que trata con profundidad García-Arenal (1992, 153).

Asimismo, la publicación de documentos notariales y jurídicos desconocidos hasta la fecha en corpus lingüísticos de distintas áreas dialectales ha supuesto una mejor comprensión de los préstamos árabes, puesto que estos son los registros de la oralidad y permiten localizar arabismos escasamente documentados en otras fuentes tradicionales. Así, en las dos últimas décadas se han estudiado, por ejemplo, los arabismos en el reino de León (Oliver Pérez 2004), Asturias (García Arias 2006), Ávila (Sánchez González de Herrero y Sánchez Romo 2018), Granada (González Sopeña 2019; Calderón Campos 2015), Málaga (López Mora y García Aguiar 2018) o Córdoba (López Mora 2000), en ordenanzas andaluzas (Carrasco Cantos y Carrasco Cantos 2018), en documentación catalana en latín (Biosca i Bas 2006, 219–226) o, por último, en los inventarios del *CorLexIn* (Morala Rodríguez 2012).

5. Perspectivas futuras y conclusiones

A pesar del gran progreso en el conocimiento de los arabismos en el último siglo, todavía existen vías inexploradas y análisis por realizar. En general ha habido una tendencia al estudio de los arabismos en testimonios concretos sin tener en cuenta su transmisión textual. Así, por ejemplo, a pesar de tener a nuestra disposición un abundante conjunto de manuscritos e impresos de las *Partidas* de Alfonso X, los estudios sobre arabismos en el corpus alfonsí se han limitado casi exclusivamente a la edición sevillana de Díaz de Montalvo (García González 1993–1994). Un estudio comparativo de los distintos testimonios centrado tanto en la innovación como en la preservación de variantes (como los de Harris-Northall 1996, 123–146; Tejedo-Herrero 2008, 30–58; Giménez-Eguíbar y Tejedo-Herrero, 2023, 187–230) arrojaría luz respecto a la sustitución o reemplazo de arabismos, que a continuación se ilustra con el caso del arabismo *fadrubado*, por ejemplo, presente en el ms. BNE 12794 de la *Segunda Partida* "e por otra ferida de que fuese lisiado, asy commo quebrantado o *fadrubado*, deve aver yient maravedis" (Juárez Blanquer y Rubio Flores 1991, 152) que la edición de Díaz de Montalvo elimina en su edición impresa "E por otra ferida de que fuese lisiado assi como quebrado deue auer çiento marauedis" (Díaz de Montalvo 1491: II.26:2, 129v). Otro ejemplo, la sustitución de la voz *trugimanería* del ms. *British Library* 20787 por *concierto* en el impreso[6] es, según Tejedo-Herrero (2008, 39), "sorprendente cuando no se observa ningún cambio significativo en la tradición manuscrita presentada". Lo mismo se observa en la transmisión textual de obras impresas de este mismo siglo, el XVI, en el *Libro de Agricultura* (Alonso de Herrera 1539) donde el arabismo *alholí* aparece junto a *troxe* en las cinco primeras ediciones para desaparecer en la sexta y última edición modificada por el autor,[7] sin que la sustitución conlleve un cambio semántico. Este tipo de intervenciones en aras a la eliminación de la variedad formal de la lengua han sido descritas con detalle (Milroy y Milroy 1985, 8) como prácticas estandarizadoras. En el caso concreto de los arabismos, se han descrito algunos casos de sustituciones de arabismos (Giménez-Eguíbar 2011, 2015, 2016a y 2016b); no obstante, el siglo XVI cuenta con una rica nómina de autores y de impresos todavía por explorar. La comparación de testimonios debería, pues, aplicarse con más regularidad, no solo para describir el proceso de obsolescencia de estas denominaciones sino en aras a un mayor entendimiento de la construcción de la lengua estándar.

Desde el punto de vista semántico, muchos arabismos comparten una marcada polisemia, así como una multitud de variantes formales (Giménez-Eguíbar 2011) como se aludía en el apartado 2. En efecto, la enorme variación gráfica que exhiben los arabismos es llamativa: como señala Oesterreicher (1996, 319), "lo hablado, o la inmediatez comunicativa, presenta una afinidad con la realización fónica pasajera, y lo escrito, o la distancia comunicativa, a su vez con la realización gráfica perdurable" y este hecho ha provocado que solo recientemente se les haya dado una fijación gráfica en gramáticas y diccionarios del español, aspecto en el que merece la pena profundizar.

Respecto a la polisemia, los arabismos del campo onomasiológico de las profesiones, son una muestra de ello: el caso de *alhamel, alarife, albéitar, alfayate* y *alfageme* si se comparan con sus monosemáticos rivales léxicos, *arquitecto, veterinario, sastre* y *barbero/sangrador* (Giménez-Eguíbar 2011). El estudio de los arabismos y su cotejo tanto de manuscritos con los impresos de una misma obra dan una idea de los hábitos y las prácticas estandarizadoras[8] de la élite, y atestiguan cómo la especialización semántica de formas con más de un significado (es decir, la reducción de la polisemia) y la selección formal entre variantes de una misma forma (es decir, la reducción de la variación formal) únicamente se llevan a cabo en el caso de los competidores léxicos de los arabismos, quedando estos últimos totalmente excluidos en textos de la distancia comunicativa (Giménez-Eguíbar 2011). En esta misma línea, se requiere un análisis de los arabismos bajo este marco teórico para una cabal comprensión de los cambios producidos desde arriba, en el sentido de Labov.

En cuanto a los cambios desde abajo y en el marco de la semántica léxica, el enfoque sociocognitivo (Caravedo 2014, 228–255) ofrece otro marco aún inexplorado para el estudio de la polisemia de los arabismos a través de la percepción de los hablantes. Esta óptica parte de la agencialidad de los hablantes y da cuenta de sus ideales lingüísticos, hechos que sin duda influyen en la dirección del cambio. Se ha de aplicar la noción de variación funcional para abordar la multiplicidad de significaciones que las voces adquieren "en determinados contextos, lo que implica atribuir un carácter dinámico y mutable a los significados, cuyos verdaderos autores son los hablantes" (Caravedo 2014, 231). Este marco explicaría, por ejemplo, la presencia del arabismo *almadraque*[9] en un único inventario riojano de los bienes dejados por Pedro Márquez en 1513. El notario que lo redacta alude también a una *camisa* y una *mesa morisca*, es decir, se deduce por el contexto que el difunto está relacionado con la minoría morisca. En el resto de los inventarios riojanos que redacta ese notario utiliza exclusivamente la variante *cojín* o *colchón*, junto con otras denominaciones del campo onomasiológico del ajuar (Carriazo Ruiz y Giménez-Eguíbar 2019). No parece una coincidencia que la única vez que el notario utiliza *almadraque* en ese inventario sea precisamente en un escrito en el que describe los objetos de un difunto de herencia morisca.

Por último, la relevancia de la religión como factor determinante de la variación lingüística ha recibido una atención sustancial en las últimas dos décadas en el marco del desarrollo de la sociología de la lengua (Fishman 2006). Los sucesos acontecidos durante la Edad Media y la Edad Moderna en la península ibérica ilustran de forma ejemplar el impacto de la religión en las actitudes lingüísticas y en la política lingüística, así como en el rechazo de algunos lexemas hispanoárabes y la posterior obsolescencia léxica de los mismos (Giménez-Eguíbar 2016a). Si bien contamos con algunos trabajos a este respecto (Gallego y Giménez-Eguíbar 2020), este marco teórico resulta fundamental a la hora de estudiar estas voces y sus relaciones.

A lo largo de este capítulo se ha hecho hincapié en que la variación existente entre arabismos y voces romances forma parte de un proceso muy complejo y todavía en marcha en el que interactúan múltiples factores sociales, lingüísticos, históricos, antropológicos, religiosos y textuales. Para abordar esta intrincada situación de variación hay que acudir a los textos y tratarlos desde la Filología en su integridad y a la luz de los distintos marcos teóricos actuales propios de la sociolingüística histórica, la lingüística de las variedades, la sociología de la lengua y de la religión y la semántica sociocognitiva, entre otros.

Notas

1 Las restricciones de espacio del volumen impiden el desarrollo de la amplia bibliografía al respecto: véanse Giménez-Eguíbar (2016b, 303–318) y Carriazo Ruiz y Giménez-Eguíbar (2019, 363–382) para los detalles bibliográficos.
2 Para la distinción entre oralidad/inmediatez de carácter medial y las de carácter concepcional (o de distancia comunicativa), véase López Serena (este volumen).
3 Según Kabatek (2005, 154) "el rasgo que define las tradiciones discursivas es [...] la relación de un texto en un momento determinado de la historia con otro texto anterior: una relación temporal a través de la repetición de algo". "Se trata pues de modelos o esquemas histórico-contingentes que guían la producción y recepción de cualquier texto o discurso y que, si bien rebasan el marco de las lenguas individuales, seleccionan en éstas (al menos parcialmente) el uso de una variedad lingüística o modelos verbalizadores determinados" (Gallegos 2018, 14).
4 En los textos de Colón, la canoa es *almadía*, los indios son *gandules*, *azagayas* son sus armas, *alfaneques* sus casas, *alcatraz* el pelícano americano, los taparrabos *almaizares*, los indios guía *adalides*. Cortés utiliza

alfaquís y *mezquitas* para designar a los sacerdotes y templos aztecas, *grano turco* para el maíz, *habitaciones moriscas*, el mercado de la ciudad de México "que parece propiamente la *alcaicería* de Granada".

5 "Las bases ideológicas de la conquista de Nueva España deben mucho a la exaltación mesiánica producida en to[rn]o a la Conquista de Granada, que incluye sueños de conversión universal y la percepción de una lucha cósmica entre la Cristiandad y el Islam" (García-Arenal 1992, 154–155). "As unlikely as it seems, they frequently reacted as if the people encountered on the other side of the Atlantic were Muslims. This is not to say they truly believed the Indies had any connection to Islam. Rather, because the Spanish saw humanity defined and separated by known religious differences, they lacked a category for the native peoples of the Americas, and so used one of their existing categories to make sense of a form of difference they were encountering for the first time" (Manseau 2015, 42).

6 [troxieron la *trugimaneria* en Ms. *British Library* 20787 ca. 1290: 101v] frente a [troxeron el *conçierto* en Díaz de Montalvo 1491: I.17.21]

7 "Y prosigue diziendo que la simiente que assí en seco se sembrare estará no menos guardada so tierra que en el *alholí o troxe*" (Herrera 1539, I.7; 8r). Compárese, la tabla de contenidos de la edición príncipe "Capítulo .xj. de las *troxes o alholis*" (Herrera 1513, I.11; 13v) con la sexta y última edición que el autor modifica "Capítulo XI. De las *troxes y silos*" (Herrera 1539, I.11; 13v).

8 "The ideal case of minimal variation in form would be a hypothetical 'pure' variety of a language having only one spelling and one pronunciation for every word, one word for every meaning" (Haugen 1972, 107, *apud* Tejedo-Herrero 2008, 47). "La percepción se expresa con notable intensidad cuando se trata de la variación léxica no gramatical de una lengua, incluso más que en el terreno de la sintaxis, quizás porque el léxico es el área por excelencia del significado referencial y porque gran parte de los objetos del mundo material y afectivo los conocemos ensamblados con las palabras como si fueran una única entidad" (Caravedo 2014, 228).

9 "vn almadraque vieJo & vna coçedra vieJa [...] vn almadraque andado vn cabeçal andado [...] um almadraque viejo [...] tres almadraques e vn par de colchas vn par de almuzelas"; "otra *camysa morisca* syn mangas", "vna sobre *mesa morisca*".

Lecturas recomendadas

Corriente (1992) es obra crucial en la que el autor describe la variedad dialectal árabe de la península ibérica a la que incluso puso nombre, el andalusí, y a la que además le siguen numerosas adiciones.

Corriente (1997) es un diccionario que tiene como objetivo fundamental el léxico andalusí.

Corriente, Pereira, y Vicente (2015) es una obra en cinco volúmenes dedicados respectivamente a gramática, diccionario, arabismos, interferencias romances y bereberes, y toponimia (este último todavía inédito) y que aglutina todos los aspectos del dialecto andalusí. Como conclusión a su obra, se ha de destacar que uno de sus grandes aciertos es conceder a la cultura popular un valor preponderante, abordando con el más sofisticado análisis dialectológico aquellas composiciones y expresiones que suelen quedar relegadas bajo la categoría de "soeces" o de "mal gusto".

Bibliografía citada

Alonso de Herrera, G. 1539. *Libro de agricultura* [...]. Alcalá de Henares: Joán de Brocar.

Biosca i Bas, A. 2006. "Aproximación a los arabismos en la documentación de Jaime I". En *IV Congreso Internacional de latim medieval hispânico*, eds. A. Nascimento y P. F. Alberto, 219–226. Lisboa: Faculdade de Letras.

Bunes Ibarra, M. Á. 1985. "El descubrimiento de América y la conquista del Norte de África: dos empresas paralelas en la Edad Moderna". *Revista de Indias* 45 (175): 225–233.

Calderón Campos, M. 2015. *El español del reino de Granada en sus documentos (1492–1833): oralidad y escritura*. Berna: Peter Lang.

Caravedo, R. 2014. *Percepción y variación lingüística. Enfoque sociocognitivo*. Madrid y Fráncfort: Iberoamericana y Vervuert.

Carrasco Cantos, I. y Carrasco Cantos, P. 2018. "La palabra y los textos: acercamiento fonético y léxico a la documentación andaluza (siglos XVI–XIX)". En *Reescribiendo la historia de la lengua española a partir de la edición de documentos*, eds. M. Castillo Lluch y E. Díez del Corral Areta, 201–220. Berna: Peter Lang.

Carriazo Ruiz, J. R. 2019. "Terminología histórica y vocabulario marcado en el *Libro de la expedición a la Especiería* (1506/1508)". *Cuadernos del Instituto Historia de la Lengua* 12: 37–64.

Carriazo Ruiz, J. R. y P. Giménez-Eguíbar. 2019. "Los arabismos léxicos de los siglos XVI–XVII a través de los inventarios postmortem conservados en el Archivo del Monasterio de Yuso". En *Quan Sabias E Quam Maestras, Disquisiones de lengua española*. Analecta Malacitana, Anejo 103: 363–382.

CORDE: Real Academia Española, Banco de datos (CORDE) [en línea]. *Corpus diacrónico del español*. www.rae.es.

Corriente, F. 1992. *Arabe Andalusí y lenguas romances*. Madrid: Mapfre.

Corriente, F. 1997. *A Dictionary of Andalusi Arabic*. Leiden: Brill.

Corriente, F., Ch. Pereira y Á. Vicente. 2015–. *Encyclopédie linguistique d'Al-Andalus*. Berlín y Boston: De Gruyter.

DCECH: Corominas, J. y J. A. Pascual. 1980–1991. *Diccionario crítico etimológico castellano e hispánico*. Madrid: Gredos.

Dworkin, S. N. 2005. "La transición léxica en el español bajomedieval". En *Historia de la lengua española*, ed. R. Cano Aguilar. 2.ª ed., 643–654. Barcelona: Ariel.

Ferguson, C. 1959. "Diglossia". *Word* 15: 325–340.

Fishman, J. A. 2006. "A Decalogue of Basic Theoretical Perspectives for a Sociology of Language and Religion". En *Explorations in the Sociology of Language and Religion*, eds. T. Omoniyi and J. A. Fishman, 13–25. Ámsterdam y Filadelfia: John Benjamin.

Gallego, M. Á. 2003. "The Languages of Medieval Iberia and Their Religious Dimension". *Medieval Encounters* 9 (1): 107–139.

Gallego, M. Á. y P. Giménez-Eguíbar. 2020. "He Who Loses His Language Loses His Law: The Politics of Language in Medieval and Early Modern Iberia". *Revista Ideação* 22 (2): 121–143.

Gallegos Shibya, A. 2018. "La relación entre tradiciones discursivas y la dinámica de variedades de lengua". *LaborHistórico* 4 (1): 13–30.

García-Arenal, M. 1992. "Moriscos e indios. Para un estudio comparado de métodos de conquista y evangelización". *Chronica Nova* 20: 153–175.

García Arias, X. L. 2006. *Arabismos nel dominiu lingüísticu ástur*. Oviedo: Academia de la Llingua Asturiana.

García González, J. 1993–1994. "El contacto de dos lenguas: los arabismos en el español medieval y en la obra alfonsí". *Cahiers de Linguistique Hispanique Médiévale* 18–19: 335–365.

García González, J. 2008. "Viejos problemas desde nuevos enfoques: Los arabismos en el español medieval desde la perspectiva de la Sociolingüística". En *Discurso y sociedad II. Nuevas contribuciones al estudio de la lengua en contexto social*, eds. J. L. Blas Arroyo *et al.*, 671–684. Castellón de la Plana: Universitat Jaume I.

Giménez-Eguíbar, P. 2011. *Arabismos del campo semántico de los oficios: de la competición a la pérdida*. Tesis doctoral. Madison: University of Wisconsin Madison.

Giménez-Eguíbar, P. 2015. "Dos casos de sustituciones léxicas: los arabismos alfayate y alfajeme". En *Actas del IX Congreso Internacional de Historia de la Lengua Española*, ed. J. M. García Martín, 1413–1427. Madrid y Fráncfort: Iberoamericana y Vervuert.

Giménez-Eguíbar, P. 2016a. "Attitudes Toward Lexical Arabisms in 16th-Century Spanish Texts". En *Spanish Language and Sociolinguistic Analysis*, eds. S. Sessarego y F. Tejedo-Herrero, 363–380. Ámsterdam: John Benjamins.

Giménez-Eguíbar, P. 2016b. "Ni contigo ni sin ti: el arabismo albéitar en el léxico español". En *Etimología e historia en el léxico del español. Estudios ofrecidos a José Antonio Pascual (Magister bonus et sapiens)*, eds. M. Quirós García *et al.*, 303–318. Madrid y Fráncfort: Iberoamericana y Vervuert.

Giménez-Eguíbar, P. y S. Kania. 2021a. "Los indigenismos léxicos en la *Relación de la jornada de Cíbola*: la americanización del español". *Revista de Filología Española* 101 (2): 331–359.

Giménez-Eguíbar, P. y S. Kania. 2021b. "El retrato de la otredad en la *Relación de la jornada de Cíbola*: recursos léxicos para la arabización del indígena". *Al-Qanṭara* 42 (2): e16. https://doi.org/10.3989/alqantara.2021.013

Giménez-Eguíbar, P. y F. Tejedo-Herrero. 2023. "Mas digo ser yo el primero que en castellano procuré poner las reglas y arte d'ello: Tradición e innovación léxica en el *Libro de Agricultura* (1513–1539) de Gabriel Alonso de Herrera". *Boletín de la Real Academia Española* 103: 187–230.

González Sopeña, I. 2019. *Los arabismos en el reino de Granada a través de la documentación archivística (finales del siglo XV–XVII)*. Granada: Universidad de Granada.

Harris-Northall, R. 1996. "Printed Books and Linguistic Standardization in Spain: The 1503 *Gran Conquista de Ultramar*". *Romance Philology* 50: 123–146.

Harris-Northall, R. 1999. "Re-Latinization of Castilian Lexis in the Early Sixteenth Century". *Bulletin of Hispanic Studies* 76: 1–12.

Haugen, E. 1972. *The Ecology of Language*. Stanford: Stanford University Press.

Juárez Blanquer, A. y A. Rubio Flores, eds. 1991. *Partida segunda de Alfonso X el Sabio. Manuscrito 12794 de la Biblioteca Nacional*. Granada: Impredisur.

Kabatek, J. 2005. "Tradiciones discursivas y cambio lingüístico". *Lexis: Revista de lingüística y literatura* 29 (2): 151–177.

Kabatek, J. 2012. "Corpus histórico, oralidad y oralización". En *En pos de la palabra viva: huellas de la oralidad en textos antiguos. Estudios en honor al profesor Rolf Eberenz*, eds. V. Béguelin-Argimón, G. Cordone y M. de la Torre, 37–50. Berna: Peter Lang.

Kania, S., C. Kauffeld y I. Sanz-Sánchez. 2017. *Texts and Concordances of the "Relación de la jornada de Cíbola" by Pedro de Castañeda de Nájera (1596)*. Nueva York: Hispanic Seminary of Medieval Studies, CD-ROM.

Koch, P. y W. Oesterreicher. 2007. *Lengua hablada en la Romania*. Gredos: Madrid.

López Mora, P. 2000. "Arabismos léxicos de las ordenanzas del concejo de Córdoba (1435)". *Analecta Malacitana* 23 (2): 613–637.

López Mora, P. y L. C. García Aguiar. 2018. "De las voces de origen árabe en DITECA: aportación al estudio histórico del arabismo léxico (siglos XIII – XVIII)". En *Reescribiendo la historia de la lengua española a partir de la edición de documentos*, eds. M. Castillo Lluch y E. Díez del Corral Areta, 221–244. Berna: Peter Lang.

Manseau, P. 2015. *One Nation, Under Gods: A New American History*. Nueva York: Little, Brown.

Marcos Maíllo, A. 2003. "Los arabismos más utilizados por los conquistadores de Nueva España en el siglo XVI". *Res Diachronicae* 2: 230–237.

Menéndez Pryce, A. 2004. "Léxico de Cuba: panorama geolectal". En *Estudios de lexicografía y léxico cubanos*, eds. M. Aleza Izquierdo y J. Sanmartín Sáez, 101–118. Valencia: Universitat de València.

Milroy, J. y L. Milroy. 1985. *Authority in Language. Investigating Language Prescription and Standardization*. Londres: Routledge.

Morala Rodríguez, J. R. 2012. "Arabismos en textos del siglo XVII escasamente documentados". *Revista de Investigación Lingüística* 15: 77–102.

Morínigo, M. A. 1953. "La formación léxica regional hispanoamericana". *Nueva Revista de Filología Hispánica* 7 (1/2): 234–241.

Oesterreicher, W. 1996. "Lo hablado en lo escrito: reflexiones metodológicas y aproximación a una tipología". En *El español hablado y la cultura oral en España e Hispanoamérica*, eds. T. Kotschi, W. Oesterreicher y K. Zimmermann, 317–340. Madrid y Fráncfort: Iberoamericana y Vervuert.

Oliver, D. 2004. "Los arabismos en la documentación del Reino de León (siglos IX–XII) y Glosario de arabismos". En *Orígenes de las lenguas romances en el Reino de León. Siglos IX–XII*, vol. II, 99–291. León: Centro de Estudios e Investigación "San Isidoro", Caja de España de Inversiones y Archivo Histórico Diocesano.

Real Academia Española (1960–1996): Diccionario histórico de la lengua española. https://apps2.rae.es/DH.html.

Sánchez González de Herrero, M. N. y R. Sánchez Romo. 2018. "Sobre léxico de la documentación notarial medieval del sur de Ávila: léxico de la vida cotidiana". En *Reescribiendo la historia de la lengua española a partir de la edición de documentos*, eds. M. Castillo Lluch y E. Díez del Corral Areta, 239–318. Berna: Peter Lang.

Tejedo-Herrero, F. 2008. "Prácticas estandarizadoras del léxico de las *Siete Partidas*". *Romance Philology* 62: 29–58.

32

Aspectos sociolingüísticos del contacto entre cristianos, judíos y musulmanes (Sociolinguistic features of contact among Christians, Jews, and Muslims)

Laura Minervini

1. Introducción

Las comunidades religiosas del mundo ibérico medieval se diferenciaban, entre otras cosas, por sus complejos repertorios lingüísticos, solo parcialmente compartidos entre ellas. Los contactos entre comunidades produjeron efectos limitados sobre la estructura de las lenguas iberorromances; el léxico constituye su herencia más relevante y al mismo tiempo el elemento más característico de los textos romances de procedencia judía y musulmana. Esos textos, cuando estaban destinados a un público comunitario, se escribieron normalmente en alfabeto hebreo y árabe, lo que parece haber sido un marcador importante de la identidad del grupo.

Palabras clave: comunidades religiosas; identidad lingüística; plurilingüismo; repertorio; diglosia

Partially shared complex linguistic repertoires distinguished the religious communities of medieval Iberia. Contacts among communities had limited structural effects on the Ibero-Romance languages. The lexicon represents their most significant heritage; it is also the most characteristic feature of Romance texts of Jewish and Muslim authorship. Such texts, whenever directed to an in-group audience, were commonly written in Hebrew and Arabic scripts, respectively, and this was probably an important marker of group identity.

Keywords: religious communities; linguistic identity; multilingualism; (linguistic) repertoire; diglossia

2. Conceptos fundamentales

El mundo ibérico medieval presenta un alto grado de diversidad lingüística, religiosa y cultural, sin que haya exacta correlación entre las tres —es decir, la pertenencia a una comunidad lingüística no coincide necesariamente con la pertenencia a una comunidad religiosa o cultural, con líneas divisorias a menudo en el interior de cada una—. Así, el hecho mismo de evaluar los contactos sociolingüísticos desde la perspectiva de la afiliación religiosa implica privilegiar un elemento —central, sin duda— de la identidad individual y colectiva frente a otros, pues, además de los mencionados, los hay de tipo social, profesional, local, etc., que contribuyen a la definición personal y del grupo (Brann 2002; Catlos 2004, 389–408; Ray 2005, 2009; Baum 2019).

El cuadro resulta, pues, muy complejo, aún más si se considera que la individuación y la caracterización de las diferentes comunidades religiosas que coexistieron durante muchos siglos en el espacio peninsular han sido y siguen siendo objeto de discursos ideológicamente muy cargados. Revisamos aquí de forma sintética algunos conceptos básicos, apoyándonos en la investigación histórica más reciente, sin pretender sustraernos a la influencia de la *Weltanschauung* actual, tal como ocurrió con los investigadores del pasado.

Se llama *mozárabes*, en documentos latinos y luego también romances desde el siglo XI en adelante, a los cristianos lingüística y culturalmente arabizados emigrados desde al-Andalus o incorporados a la población de los reinos hispánicos del norte en su expansión político-militar. La palabra procede del ár. *mustʿarab* o *mustʿarib* "arabizado", pero no se encuentra en fuentes escritas andalusíes con referencia a la población cristiana local, que se designa normalmente de otra manera (Hitchcock 2008, 1–23, 53–74). El etnónimo sería una autodenominación habitual del grupo, cuyos miembros lo habrían transmitido al mundo latino (Urvoy 1993; Aillet 2010, 3–5, 310–311). El adjetivo *mozárabe* tiene hoy en el ámbito científico un amplio abanico de empleos, utilizándose entre otras cosas con referencia a los cristianos arabizados que vivían en al-Andalus y a la variedad romance por ellos empleada: mientras que en el primer caso la extensión referencial resulta legítima (a pesar de la falta de documentación), en el segundo parece carecer de sentido, ya que el rasgo peculiar de los mozárabes era justamente su arabización. Esta es parte de un proceso de aculturación de larga duración que comienza con la conquista militar araboislámica de 711 y se ha cumplido sustancialmente ya en el siglo X, cuando termina la fase de bilingüismo general árabe-romance; después de tal fecha, el romance andalusí sobrevive en forma residual hasta su desaparición en el siglo XII (Corriente 2005, 185–187, 2008, xx). La traducción del salterio, de los evangelios y de las epístolas paulinas en árabe (siglos IX–X) testimonia el cambio de lengua de la comunidad cristiana andalusí y la capacidad de adaptación de su iglesia: no hubo, pues, desintegración de las fronteras del grupo, aunque debilitado por las conversiones, sino una tentativa (solo parcialmente exitosa) de construir una cultura cristiana de lengua árabe en el marco del *Dār al-Islām* (Aillet 2010, 37). La interpretación rigorista del islam abrazada por los almorávides y los almohades (siglos XI-XII) empujó finalmente los mozárabes a abandonar al-Andalus con destino a las regiones centro-septentrionales de la Península bajo dominio cristiano; ahí confluyeron con los mozárabes locales, que habían conservado entre sus señas identitarias la liturgia isidoriana, el derecho visigótico y la lengua árabe. Es bien conocido el caso de los mozárabes toledanos, que redactaron sus documentos en árabe hasta 1303, más de doscientos años después de la toma de la ciudad por Alfonso VI (1085) (Molénat 1994, 2008).

Desde finales del siglo XI se encuentran en los reinos ibéricos grupos importantes de musulmanes libres, hombres y mujeres que permanecieron en sus lugares de residencia tras la conquista cristiana sujetos a un régimen jurídico garantizado por pactos de capitulación, una situación comparable al estatuto de protección (*ḏimmah*) de cristianos y judíos en al-Andalus. En las fuentes latinas se los llama *mauri pacis* "moros de paz" o *mauri regis* "moros del rey", mientras que la denominación *mudéjares* —corriente en la historiografía contemporánea— se documenta por primera vez en las últimas décadas del siglo XV. El término castellano adapta el ár. *mudaǧǧan* "sometido", de documentación bastante tardía en árabe andalusí (Maíllo Salgado 1988, 105). Las comunidades mudéjares, establecidas predominantemente en el ámbito rural, estaban organizadas y reconocidas a nivel político y solían tener una estructura socioeconómica compleja (Catlos 2004, 125–178; Echevarría Arsuaga 2008; Ladero Quesada 2010). Con la conversión forzosa al cristianismo (en 1501–1502 en la Corona de Castilla, en 1526 en la Corona de Aragón) los mudéjares cesaron de existir como grupo, transformándose en *cristianos nuevos de moros* o *moriscos*: este apelativo, común hoy en día, fue raramente utilizado por ellos mismos, al menos en su producción escrita (López-Morillas 1995, 195–196). Los moriscos siguieron en general practicando clandestinamente su antigua religión; las autoridades cristianas tomaron varias medidas con el fin de erradicarla, poniendo atención en todos los aspectos de la vida relacionados con ella. Sospechosos de connivencia con los turcos, los moriscos fueron expulsados de todos los territorios de la Monarquía Hispánica entre 1609 y 1613.

Mudéjares y moriscos conservaron durante largo tiempo el uso del árabe así en la oralidad como en la escritura, pero en general acabaron romanizándose a través de varias etapas de bilingüismo. La rapidez y la intensidad del proceso fueron distintas según las regiones y los contextos socioculturales: en Aragón, los mudéjares todavía no estaban lingüísticamente asimilados en el siglo XIII, pero entre los moriscos de la misma región solo una minoría de profesionales de la religión (los alfaquíes) podía leer y entender el árabe escrito; los moriscos de Valencia, en cambio, fueron mayoritariamente arabófonos hasta la expulsión (Catlos 2004, 239–244; Cardaillac 2011–2013, 370–378; Labarta 2011–2013, 225–227). Desde el siglo XIV se escribieron, en particular en Aragón, textos romances en alfabeto árabe (en su mayoría traducciones de obras religiosas), pero los manuscritos más antiguos conservados se remontan al siglo XV (Montaner 2002). Esta producción manuscrita se califica hoy de *aljamiada*, es decir, escrita en *aljamía* (del ár. *al-'ağamiyya* "la lengua extranjera"), palabra que entre mudéjares y moriscos indicaba más bien el romance en oposición al árabe, *algarabía* (del ár. *al-'arabiyya*). En el ámbito científico, *aljamiado* y *aljamía* se utilizan hoy para referirse también a la tradición literaria de los mudéjares/moriscos — no es siempre evidente si una obra procede de uno u otro grupo— y a su lengua, una variedad aragonesa o castellana matizada con aragonesismos, con unos rasgos peculiares a nivel fonético, sintáctico y sobre todo léxico (Montaner 2003; Castilla 2019).

En al-Andalus los judíos, reunidos en comunidades asentadas en zonas tanto rurales como urbanas, conocieron un largo periodo de relativa prosperidad económica y extraordinaria productividad intelectual, sin que su alto nivel de integración en el entorno social perjudicara el desarrollo de una fuerte identidad de grupo (Scheindlin 2002, 317, 366). La arabización lingüística y cultural de los judíos andalusíes fue rápida e intensa (Wasserstein 2002) y está atestiguada por un conjunto impresionante de textos de todo tipo escritos en letras hebreas en una variedad de árabe clásico con cierta proporción de elementos dialectales, apodada por los investigadores modernos *judeoárabe* (Hary 2003). El cambio de condiciones sociopolíticas que siguió a la conquista del poder por las dinastías almorávides y almohades fomentó la migración de los judíos hacia el norte, tal como pasó con los mozárabes. En los reinos cristianos los judíos andalusíes se agregaron a las comunidades locales, de antigua raíz o de más reciente formación, preservando unos rasgos distintivos que acabaron connotando el judaísmo hispánico, aunque su aceptación no fue siempre general ni pacífica. Entre ellos, cabe recordar su habilidad para hablar y/o leer y escribir el árabe, que les permitió actuar como funcionarios públicos en distintos ámbitos, desde la recaudación de los impuestos entre mudéjares a la gestión de relaciones diplomáticas con países musulmanes (Assis y Meyerson 2018, 130–131). Pero a medida que los judíos de procedencia andalusí se fueron ajustando a su nuevo contexto, se produjo un complejo proceso de cambio lingüístico mediante el cual el romance se impuso como lengua de uso diario, el árabe fue reduciendo su funcionalidad social y el hebreo ganó espacio fuera de la esfera litúrgico-religiosa. Todo ello no se dio de manera uniforme ni simultánea, de modo que si el hebreo vino afirmándose desde la mitad del siglo XII como lengua de la cultura escrita, no consiguió reemplazar completamente al árabe en algunos sectores, tales como la medicina o la astronomía (Scheindlin 2002, 327–329; Gutwirth 2011, 519–521). Por otra parte, los judíos adquirieron espontánea y rápidamente las variedades iberorrománicas de sus lugares de asentamiento, utilizándolas como medio de comunicación oral y escrita: los textos más antiguos en letras latinas —es decir, dirigidos a un público extracomunitario— se remontan a las últimas décadas del siglo XII (Hernández 2009, 260–265), mientras la redacción de textos romances en letras hebreas se documenta desde finales del siglo XIII. Tales textos se denominan, en el ámbito científico, *aljamiados* o *aljamiados hebreos*, para distinguirlos de los escritos por mudéjares/moriscos en alfabeto árabe, mucho más numerosos.

Las conversiones masivas con ocasión de los motines antijudíos de 1391 y los años siguientes llevaron a la formación de un nuevo grupo, social y culturalmente heterogéneo; sus miembros, cuya identidad religiosa resulta muy esquiva, se califican en las fuentes españolas de *conversos*, *confesos* o *cristianos nuevos*, y de *'anūsīm* "forzados" en las fuentes hebreas, mientras que el epíteto *marranos* —posiblemente del ár. *muḥarram* 'anatemizado' (Corriente 2008, 369)— se refiere más bien, con claras connotaciones despectivas, a los bautizados sospechosos de ser criptojudíos. El cambio de religión, normalmente forzoso, no supuso la quiebra de las relaciones familiares y profesionales entre conversos y judíos, residentes a menudo en los mismos barrios, pero la reducción de las distancias entre los grupos causó una creciente inquietud y acabó desestabilizando la comunidad cristiana, enfrentada a la pérdida de una definición coherente de la alteridad religiosa (Nirenberg 2007). En este marco se sitúan la creación del Tribunal de la Inquisición (1478) para perseguir a los conversos acusados de *judaizar* —verbo de significación amplia e imprecisa (Márquez Villanueva 2006, 95–114)— y, finalmente, la expulsión de los judíos de los reinos de Castilla y Aragón (1492), Portugal (1496–1497) y Navarra (1498).

3. Consideraciones metodológicas

El plurilingüismo del mundo ibérico medieval y los contactos entre grupos que este supone se suelen tratar con los instrumentos interpretativos ofrecidos por la Sociolingüística histórica, subdisciplina del campo lingüístico cuyos paradigmas se han definido desde los años ochenta en adelante, pero con antecedentes más antiguos por lo común desconocidos. Huelga aquí subrayar las limitaciones de los métodos sociolingüísticos utilizados en diacronía: mencionaremos tan solo la cuestión de la representatividad de la lengua escrita respecto de la hablada, ya que "las manifestaciones escritas muestran un perfil de la lengua de uso, y no a esta en toda su complejidad registral", y frecuentemente "la élite cultural que escribe puede corresponder a una minoría no proporcionalmente representativa del grueso de la población" (Sánchez-Prieto Borja 2011, 406–407). Sin embargo, la investigación lingüística en su dimensión histórica no tiene más remedio que manejar fuentes escritas, de las cuales puede sacar el mayor provecho reconstruyendo su contexto de producción e interpretándolas gracias a lo que se sabe hoy sobre las dinámicas de las lenguas en la sociedad: un empleo cauteloso del "principio de uniformidad", a pesar de los riesgos de anacronismo (Bergs 2014), puede contribuir a leer con más acierto situaciones lingüísticas del pasado cuando se haya estudiado bien su fisonomía histórico-social.

Uno de los modelos sociolingüísticos que con más frecuencia se ha aplicado al medioevo ibérico es el de la diglosia, en su versión original o en sus evoluciones posteriores (Fishman 2002). Es cierto que los repertorios de cristianos, musulmanes y judíos incluían, de manera funcionalmente organizada, una variedad o lengua baja (L(ow)), de aprendizaje espontáneo y uso en ámbitos informales, y una alta (H(igh)) más prestigiosa y codificada, adquirida por medio del estudio y empleada en contextos formales. Pero la panorámica arriba esbozada de las comunidades religiosas, cada una con su peculiar trayectoria histórica, deja claro lo problemático de encajar en el mismo molde bipartito experiencias lingüísticas tan distintas, que evolucionaron con ritmos variados y no necesariamente en la misma dirección.

Así, por ejemplo, para los mozárabes toledanos de los siglos XII–XIII tenemos que imaginar un repertorio complejo, con el árabe clásico —aunque con varias desviaciones respecto a la norma, debidas al desarrollo interno de la lengua y a la interferencia con el romance (Ferrando 2000, 49–54)— en función de H, y en la de L el árabe andalusí, gradualmente suplantado por el castellano (Beale-Rivaya 2012), quizás inicialmente con el apoyo del romance andalusí. La existencia en el siglo XIII de documentación mozárabe en castellano escrito en letras latinas, sobre todo perteneciente al ámbito de las transacciones económicas privadas (Olstein 2006; Hernández 2009, 280–281), modifica la articulación de la parte alta del repertorio y, al mismo tiempo, señala la incipiente asimilación lingüística del grupo. Por lo que atañe a los judíos, en la época de su apogeo sociocultural en al-Andalus (del siglo X a la primera mitad del XII) el hebreo complementaba al judeoárabe en función de H, si bien las élites culturales conocían también el árabe clásico estándar (Brann 2002), mientras que el árabe andalusí funcionaba normalmente de L. En los reinos cristianos, cambios importantes afectaron al repertorio comunitario en su conjunto desde el siglo XII en adelante, ya que el hebreo expandió sus espacios funcionales en detrimento del árabe y el romance sustituyó al árabe andalusí en el habla, penetrando a lo largo de los siglos XIV y XV también en la documentación escrita de tipo literario y jurídico-administrativo (son ejemplos ilustres de ello los *Proverbios morales* de Sem Tob de Carrión (*ca.* 1350) y las ordenanzas de las comunidades de Castilla de 1432).

En conclusión —y dejando al lado la problemática de la aplicación de nociones tales como *prestigio* o *estándar* a la realidad medieval— la diglosia ofrece un modelo interpretativo importante a condición de calibrarlo con mucho cuidado respecto a grupos bien definidos desde el punto de vista histórico y sociocultural (Vicente 2006; Gutwirth 2013).

Más recientemente ha tenido cierta difusión la perspectiva de los apodados *religiolectos*, es decir variedades lingüísticas utilizadas por comunidades religiosas (Hary y Wein 2013, 88). El prototipo de los religiolectos judíos comprende muchos rasgos, entre ellos la incorporación de elementos léxicos hebreos y arameos, la presencia de arcaísmos y dialectalismos "desplazados" (*displaced dialectalisms*), la designación por medio de glotónimos particulares (*yiddish, judezmo, bagito*, etc.), el uso del alfabeto hebreo y la formación de géneros literarios específicos, como la traducción *verbatim* de textos sagrados; ese prototipo se puede adaptar, *mutatis mutandis*, a otras comunidades religiosas (Hary y Wein 2013, 89–93, 100–105). Pero algunos de esos rasgos no son lingüísticos en sentido estricto, ya que no se refieren a la estructura de la lengua sino a su codificación; de los demás, los dialectalismos fuera de su lugar originario se dan en todas las experiencias lingüísticas migratorias —un asunto sobre el cual se ha acumulado mucha bibliografía en las últimas décadas—, y el concepto de arcaísmo resulta muy controvertido por la dificultad de separarlo del dialectalismo y del vulgarismo, ya que los efectos de la variación diacrónica, diatópica y diastrática suelen entrelazarse. Queda así, esencialmente, un componente léxico peculiar de cada tradición religiosa, debido a la estrecha relación entre una comunidad y sus textos sagrados.

En definitiva, la perspectiva de los religiolectos no parece proporcionar herramientas para la comprensión de fenómenos lingüísticos más valiosas que las ya elaboradas por la Sociolingüística. Es más: al concentrarse en la dimensión religiosa de la comunidad, minimiza una parte importante de su realidad cultural, que puede ser (como en el caso de los judíos ibéricos) rica y variada, sin subestimar el sentido de la diferencia religiosa y las experiencias históricas que de tal diferencia proceden. En consecuencia, quienes han adoptado la perspectiva de los religiolectos se han ceñido primariamente a textos de temática religiosa, que reflejan un registro particular dentro de un espectro mucho más amplio, descartando los demás textos por ser obras de escribanos cultos y poco representativos (Bunis 2015, 120).

4. Perspectivas actuales

Evaluar en conjunto la incidencia a nivel lingüístico de los contactos entre las comunidades religiosas medievales no es fácil, considerada la extrema variedad de las situaciones y su dinamismo. El impacto del sustrato romance sobre el árabe andalusí se considera muy relevante: entre otras cosas, sería responsable de la pérdida de la cantidad vocálica y de la introducción de los fonemas "marginales" /p/ y /tʃ/ en el sistema fonológico del árabe andalusí (Corriente 2005, 193, 2008, xxvi, xxxv, xliii, xlv). En cambio, las influencias del árabe y del hebreo sobre los romances peninsulares resultan de menor alcance, limitándose con contadas excepciones al ámbito léxico. Por supuesto, la posición de las dos lenguas semíticas no es comparable, ya que solo el árabe, en su variedad andalusí, fue durante muchos siglos lengua primaria de algunas comunidades de hablantes, así que solo en su caso se habría podido esperar que dejara en romance huellas de mayor trascendencia. Pero al analizar detenidamente las distintas etapas del contacto y sus agentes, se llega a la conclusión de que el bilingüismo social árabe-romance fue a menudo parcial y asimétrico, propio además de grupos demográficamente minoritarios y tal vez desprestigiados — mozárabes y mudéjares en Castilla y Aragón, soldados de frontera, comerciantes y ganaderos en el Transduero (García González 2008, 2012)—. En tales condiciones, se comprende que el léxico sea el sector donde más claramente se observan los efectos del contacto, mientras que las interferencias de tipo fonético-fonológico o gramatical, probablemente frecuentes en la interacción comunicativa, casi no se reflejan a nivel de sistema:[1] resulta llamativo, pues, el caso de la duplicación distributiva del numeral (*tres tres karneros* "tres carneros cada uno"), arabismo sintáctico nada raro en la antigua documentación toledana (Sánchez-Prieto Borja 2011, 403).

Respecto a los arabismos léxicos del español, sabido es el predominio de los tecnicismos de ámbito jurídico, militar, comercial, etc., muchos de los cuales se han perdido a lo largo de los siglos, debido a la renovación técnica y cultural y a la depreciación de palabras por su falta de transparencia semántica o por cambios en el gusto de los hablantes (Corriente 2005, 203–204; Dworkin 2012, 108–111). De particular interés resulta la presencia, en textos de procedencia judía, de arabismos no documentados de otra forma, tal como *alḥajé/algaxé* "menudillos de la res" (del ár. *al-ḥaša(n)* 'las vísceras'), o documentados solo en textos de mudéjares/moriscos, tal como *alḥad* "domingo" (del ár. *[yawmu] l-ʿaḥad* 'el primer [día]') (Galmés *et al.* 1994, 61; Minervini 2011, 39; Corriente 1999, 68, 2008, 133–134). Ello sugiere que los judíos pudieron poseer algunos arabismos distintos de los de su entorno cristiano y/o pudieron eliminarlos más lentamente a causa de su prolongado bilingüismo árabe-romance y de su escasa participación en la boga latinizante y en la reacción cultural antiislámica características del mundo hispánico bajomedieval (Corriente 1999, 77–78).

El léxico resulta no solo el ámbito más afectado por los contactos con el árabe, sino también el que más claramente caracteriza la variedad lingüística propia de cada comunidad. Así, los textos romances escritos por judíos no ofrecen rasgos distintivos relevantes a nivel fonético, fonológico o morfológico, mientras que a nivel sintáctico se diferencian de los demás solo en las construcciones hebraizantes, ya sean traducciones directas del hebreo o influenciadas por modelos hebreos.[2] A nivel léxico, esos textos están en su mayoría connotados por la presencia de hebraísmos, arabismos y una peculiar terminología perteneciente a una antigua tradición judía de romanceamiento del texto bíblico (Girón-Negrón y Minervini 2006, 108–111; Dworkin 2012, 113–116). En algunos textos de autoría cristiana —tales como el *Auto de los reyes magos*, la *Danza de la muerte*, el *Diálogo entre un cristiano y un judío*— se representa a judíos prototípicos caracterizados por un léxico particular: *hamihala* (quizá del ár. *al-ḥamdu li-llāhi* "alabanza a dios"), *meldar* "leer, estudiar" (del bajo lat. MELETARE "meditar", de origen griego), *beraha* (del heb. *bərakhah* "bendición"), *dayanes* (del heb. *dayyan* "juez"), *galud* (del heb. *galūth* "exilio"), etc. En la poesía cancioneril de los siglos XV–XVI se dan además casos de acumulación de hebraísmos, aparentemente alusiones hostiles al origen converso de los personajes satirizados; pero la acusación de ser judaizante se puede interpretar a nivel metafórico más bien que biográfico: lo judío como polo de negatividad, expresión de incapacidad poética, grosería, animalidad (Nirenberg 2013, 229–237). Sea como fuere, observamos que el sentido de la alteridad judía se construye, a nivel lingüístico, esencialmente a través del patrimonio léxico. No parece en todo caso que en el mundo hispánico medieval los cristianos hayan percibido la existencia de un dialecto o una variedad romance propia de los judíos, y tampoco los mismos judíos, que en fuentes hebreas designaban habitualmente su lengua de uso diario con el nombre genérico de *la'az* "vernáculo" (Bunis 2016, 10, 19–20).

El empleo del alfabeto hebreo es otro elemento diferencial de los textos romances de origen y destinatario judío. Debido inicialmente a hechos prácticos —la educación básica era en lengua hebrea—, tal empleo acabó teniendo una función simbólica y se transformó en un importante marcador de la identidad del grupo: no acaso las letras latinas se denominaban *cristian(i)egas*, en oposición a las *jud(i)egas* o *judaicas* (Minervini 2012, 209; Bunis 2016, 10–11). Algo parecido se dio entre mudéjares y moriscos, que utilizaron habitualmente el alfabeto árabe escribiendo en romance e hicieron de ello una seña de la cohesión religiosa y cultural de la comunidad (López-Morillas 1995, 200). Pero la caracterización lingüística de sus textos aljamiados resulta más problemática que la de los aljamiados hebreos, pues se encuentran en aquellos, además de los esperados arabismos léxicos y sintácticos, algunos rasgos gráfico-fonéticos de interpretación bastante dudosa: nos referimos, en particular, a la confusión gráfica entre las vocales posteriores /o/ y /u/ y entre las consonantes fricativas apicoalveolares /ś/, /ź/ y la prepalatal /ʃ/, confusión que —tomada al pie de la letra— parecería configurar un sistema fonológico mudéjar/morisco distinto del de los demás hispanófonos. Una vez más, es preciso poner los datos en perspectiva histórica, sin igualar la situación lingüística del período inicial, cuando se fijaron las convenciones gráficas aljamiadas, con los desarrollos posteriores. El sistema de escritura romance en alfabeto árabe, basado en antecedentes andalusíes, se estabilizó en los momentos más tempranos de la producción aljamiada, esto es, en el siglo XIV; luego, mudéjares y moriscos escribieron "de acuerdo con el código grafonómico aprendido y no a partir de una equivalencia constantemente renovada entre grafemas árabes y fonemas romances" (Montaner 2006, 355), lo que parece confirmado por el hecho de que en los textos moriscos escritos en alfabeto latino no haya confusiones notables entre *o* y *u*, *-ss-*, *-s-* y *-x-* (Montaner 2003, 107–108; López-Morillas 2011, 117). Los testimonios tardíos no presentan un cuadro lingüísticamente uniforme de la comunidad musulmana de España: según Bernardo de Aldrete, en la rebelión de las Alpujarras (1568–1571) la pronunciación *xebolia* por *cebolla* identificaba a los moriscos granadinos, pero en el *Tesoro de la lengua castellana* de Covarrubias (1611) se diferencian los moriscos de Valencia y Andalucía, que tienen un conocimiento superficial del español, de los de Castilla y Aragón, "que saben igualmente nuestra lengua y la suya, de modo que apenas se pueden distinguir ni conocer" (Salvador Plans 2005, 777–778).

5. Perspectivas futuras y conclusiones

La reconstrucción del contacto sociolingüístico entre las comunidades religiosas que se ha esbozado en las páginas anteriores está lejos de ser plenamente satisfactoria ni definitiva: las líneas generales parecen suficientemente claras, pero muchos detalles quedan por precisar y profundizar. Nos limitaremos solo a señalar un asunto de máxima relevancia y complejidad que merecería particular atención, el de la relación entre lengua e identidad.

Como varios investigadores han observado, en los textos medievales se encuentran escasas referencias a las situaciones de plurilingüismo y a los problemas con ellas conectados (Varvaro 2004; Cano Aguilar 2011), lo que resulta particularmente sorprendente en el ámbito ibérico. Se ha postulado en consecuencia que "en la Edad Media las lenguas no cumplían en absoluto la función identitaria que comenzaron a adquirir en la época moderna y que, de forma clamorosa, ostentan desde el Romanticismo y las revoluciones nacionalistas" (Cano Aguilar 2011, 215–216). Ahora bien: si es cierto que no hubo en el Occidente medieval el tipo de vinculación entre una comunidad, un territorio, una lengua y un núcleo de memorias históricas o legendarias que constituye la nación en el sentido moderno de la palabra, ello no quiere decir que las lenguas no tuvieran función identitaria en absoluto, siendo uno de los elementos en que los individuos fundamentan su sentimiento de pertenencia a una comunidad; tampoco implica que los hechos de naturaleza lingüística no pudieran tener una dimensión política o que las lenguas en cuanto instituciones sociales no se insertaran en dinámicas políticas (García Martín 2008, 35): sobran para demostrarlo el rápido cambio, simbólico además de práctico, del latín al árabe en la acuñación de monedas en al-Andalus (Vicente 2006, 47) o la temprana utilización del vernáculo en las cancillerías navarra y castellana como forma de afirmación política (Fernández-Ordóñez 2011, 350, 353).

El problema todavía sin resolver es cuál de las lenguas presentes en el repertorio comunitario vehiculaba su identidad. El epitafio multilingüe que Alfonso X (1252–1284) hizo grabar para su padre, Fernando III (1217–1252), con textos en latín, castellano, árabe y hebreo, sugiere que eran las lenguas de la parte alta del repertorio, junto con los alfabetos y el calendario, las que definían las comunidades religiosas, aunadas por el uso del castellano (Dodds et al. 2008, 199–201):[3] de este se quería valorar la función sociopolítica, poniéndolo al lado (y por encima) de lenguas de más antigua tradición, a pesar de su reciente institucionalización.

La evidente motivación política del epitafio no aminora la perspicacia de su intuición: las lenguas del culto y de la cultura y los alfabetos con los que normalmente se escriben son importantes señas identitarias de las comunidades religiosas que las utilizan. No son y nunca fueron las únicas, así como no son ni fueron solo religiosas las comunidades en las que forman y formaban parte los individuos, con sus distintas lealtades, sistemas de referencia y marcas de pertenencia. De todo ello las fuentes medievales nos dejan entrever algo, ciertamente menos de lo que nos gustaría; pero sí sabemos que en el siglo XV estaban en marcha cambios importantes, y aún más en el XVI, debido en el área hispánica a la creación de una nueva forma de monarquía, al desarrollo de una fuerte conciencia lingüística y a una intensa actividad de reflexión metalingüística (Sánchez Méndez 2019, 364). Sería un anacronismo, con todo, hablar de planificación lingüística a propósito de la abundante legislación quinientista contra todo uso del árabe, aun en la onomástica (Giménez-Eguíbar y Wasserman Soler 2011; Castilla 2019, 111–112): más bien tenemos aquí un indicio de la distinta consideración que, en los umbrales de la Edad Moderna, el poder político llegará a reconocer a la lengua como factor de cohesión social.

Notas

1 En comparación con la situación ibérica, y a pesar de la diferente distribución del poder político entre los respectivos hablantes, no parece que el contacto entre el dialecto normando y el inglés medio haya producido a largo plazo efectos muy distintos (Durkin 2014, 254–280).

2 La excepción más importante a nivel morfosintáctico la constituye la forma *el dio*, documentada desde el siglo XV en adelante y aparentemente lexicalizada. Cabe añadir que en textos como las citadas ordenanzas castellanas de 1432 se encuentran frecuentes fenómenos de cambio de código (*code switching*)

castellano-hebreo, incluso en el interior del enunciado: se trata de textos de tipo normativo cuya versión romance no llegó a separarse completamente del molde originario hebreo.

3 El epitafio de Fernando III presenta varias analogías —pero también no pocas diferencias— con el epitafio de la madre del clérigo Grisanthus (Palermo 1149), escrito en latín, griego, árabe y judeoárabe (Zeitler 1996; Mandalà 2008).

Lecturas recomendadas

Molénat (2019) trata sobre el tema de la pluralidad cultural y religiosa que caracterizó, con rasgos peculiares y distintos de las demás ciudades hispánicas, el Toledo en época bajo-medieval. Tal como los dos artículos siguientes, a pesar de no concentrar su interés en asuntos lingüísticos, delinea el contexto histórico cuyo conocimiento es necesario para la interpretación d los datos lingüísticos.

Ray (2005) aborda el tema de la formación de la identidad en la sociedad ibérica medieval, centrándose en las interacciones individuales entre miembros de diferentes comunidades religiosas.

Soifer (2009) explora varios aspectos problemáticos del concepto de "convivencia" en la España medieval, entre ellos la polarización del campo entre "tolerancia" y "persecución" y la falta de atención a los matices de las relaciones de poder social y político que afectaron la coexistencia entre cristianos, judíos y musulmanes.

Referencias citadas

Aillet, C. 2010. *Les mozarabes. Christianisme, islamisation et arabisation en péninsule Ibérique (IXe-XIIe siècle).* Madrid: Casa de Velázquez.

Assis, Y. T. y M. Meyerson. 2018. "The Iberian Peninsula". En *The Cambridge History of Judaism, vol. VI. The Middle Ages: The Christian World*, ed. R. Chazan, 129–184. Cambridge: Cambridge University Press.

Baum, I. 2019. "*Jofre (Jaufre)*: The Circulation of Arthurian Romances Among Late Medieval Catalan Jews". *Journal of Medieval Iberian Studies* 11. https://doi.org/10.1080/17546559.2019.1597275

Beale-Rivaya, Y. 2012. "The Written Record as Witness: Language Shift from Arabic to Romance in the Documents of the Mozarabs of Toledo in the Twelfth and Thirteenth Centuries". *La Corónica* 40: 27–50.

Bergs, A. 2014. "The Uniformitarian Principle and the Risk of Anachronism in Language and Social History". En *The Handbook of Historical Sociolinguistics*, eds. J. M. Hernández-Campoy y J. C. Conde-Silvestre, 80–98. Oxford: Wiley Blackwell.

Brann, R. 2002. "Reflexiones sobre el árabe y la identidad literaria de los judíos de al-Andalus". En *Judíos y musulmanes en al-Andalus y el Magreb. Contactos intelectuales*, ed. M. Fierro, 13–28. Madrid: Casa de Velázquez.

Bunis, D. M. 2015. "Jewish and Arab Medieval Ibero-Romance: Toward a Comparative Study". En *In the Iberian Peninsula and Beyond. A History of Jews and Muslims (15th–17th centuries)*, eds. J. A. R. Silva Tavim, M. F. Lopes de Barros y L. Liba Mucznik, 64–148. Newcastle upon Tyne: Cambridge Scholars Publishing.

Bunis, D. M. 2016. "Speakers' 'Jewishness' as a Criterion for the Classification of Languages: The Case of the Languages of the Sephardim". *Hispania Judaica Bulletin* 12: 1–57.

Cano Aguilar, R. 2011. "Cuando las lenguas no eran un problema. El contacto lingüístico en la Castilla medieval". En *Variación lingüística y contacto de lenguas en el mundo hispánico. In memoriam Manuel Alvar*, eds. Y. Congosto Martín y E. Méndez García de Paredes, 199–218. Madrid y Fráncfort: Iberoamericana y Vervuert.

Cardaillac, L. 2011–2013. "Los moriscos aragoneses y sus lenguas". *Sharq al-Andalus* 20: 369–384.

Castilla, N. de. 2019. "Uses and Written Practices in Aljamiado Manuscripts". En *Creating Standards. Intersections with Arabic Script in 12 Manuscript Cultures*, eds. D. Bondarev, A. Gori y L. Souag, 111–129. Berlín: De Gruyter.

Catlos, B. A. 2004. *The Victors and the Vanquished. Christians and Muslims of Catalonia and Aragon, 1050–1300.* Cambridge: Cambridge University Press.

Corriente, F. 1999. "Arabismos peculiares del judeo-español (de Salónica)". *Estudios de Dialectología Norteafricana y Andalusí* 4: 65–81.
Corriente, F. 2005. "El elemento árabe en la historia lingüística peninsular". En *Historia de la lengua española*, coord. R. Cano Aguilar. 2.ª ed., 185–206. Barcelona: Ariel.
Corriente, F. 2008. *Dictionary of Arabic and Allied Loanwords. Spanish, Portuguese, Catalan, Gallician and Kindred Dialects*. Leiden y Boston: Brill.
Dodds, J. D., M. R. Menocal y A. Krasner Balbale. 2008. *The Arts of Intimacy. Christians, Jews, and Muslims in the Making of Castilian Culture*. New Haven y Londres: Yale University Press.
Durkin, Ph. 2014. *Borrowed Words. A History of Loanwords in English*. Oxford: Oxford University Press.
Dworkin, S. N. 2012. *A History of the Spanish Lexicon. A Linguistic Perspective*. Oxford: Oxford University Press.
Echevarría Arsuaga, A. 2008. "Los mudéjares: ¿minoría, marginados, o 'grupos culturales privilegiados'?". *Medievalismo* 18: 45–65.
Fernández-Ordóñez, I. 2011. "Las lenguas de los documentos del rey: del latín a las lenguas vernáculas en las cancillerías de la península ibérica". En *La construcción medieval de la memoria regia*, eds. P. Martínez Sopena y A. Rodríguez López, 323–361. Valencia: Universidad de Valencia.
Ferrando, I. 2000. "The Arabic Language among the Mozarabs of Toledo During the 12th and 13th Centuries". En *Arabic as a Minority Language*, ed. J. Owens, 45–63. Berlín y Nueva York: Mouton De Gruyter.
Fishman, J., ed. 2002. *Focus on Diglossia*. Berlín y Nueva York: Mouton De Gruyter.
Galmés de Fuentes, Á., M. Sánchez Álvarez, A. Vespertino Rodríguez y J. C. Villaverde Amieva. 1994. *Glosario de voces aljamiado-moriscas*. Oviedo: Universidad de Oviedo y Fundación Menéndez Pidal.
García González, J. 2008. "Cuestiones pendientes en el estudio de los arabismos del español medieval: una nueva revisión crítica". En *Lenguas, reinos y dialectos en la Edad Media ibérica: La construcción de la identidad. Homenaje a Juan Ramón Lodares*, eds. J. Elvira, I. Fernández-Ordóñez y A. Serradilla Castaño, 257–286. Madrid y Fráncfort: Iberoamericana y Vervuert.
García González, J. 2012. "Identidades y actitudes en el contacto entre el árabe y el español medieval y su reflejo en algunos cambios semánticos". *e-Spania* 13. http://journals.openedition.org/e-spania/21036.
García Martín, J. M. 2008. "Relaciones entre los estados peninsulares y significado de las lenguas en la baja Edad Media". En *Lenguas, reinos y dialectos en la Edad Media ibérica: La construcción de la identidad. Homenaje a Juan Ramón Lodares*, eds. J. Elvira, I. Fernández-Ordóñez y A. Serradilla Castaño, 31–62. Madrid y Fráncfort: Iberoamericana y Vervuert.
Giménez-Eguibar, P. y D. I. Wasserman Soler. 2011. "*La mala algarabía*: Church, Monarchy, and the Arabic Language in 16th-century Spain". *The Medieval History Journal* 14: 229–258.
Girón-Negrón, L. y L. Minervini, eds. 2006. *Las Coplas de Yosef. Entre la Biblia y el Midrash en la poesía judeoespañola*. Madrid: Gredos.
Gutwirth, E. 2011. "History, Language and the Sciences in Medieval Spain". En *Science in Medieval Jewish Cultures*, ed. G. Freudenthal, 511–528. Cambridge: Cambridge University Press.
Gutwirth, E. 2013. "Medieval Poliglossia: The Jews in Christian Spain". *Medioevo Romanzo* 37: 125–149.
Hary, B. 2003. "Judeo-Arabic: A Diachronic Reexamination". *International Journal of the Sociology of Language* 163: 61–75.
Hary, B. y M. J. Wein. 2013. "Religiolects: On Jewish-, Christian- and Muslim-Defined Languages". *International Journal of the Sociology of Language* 220: 85–108.
Hernández, F. J. 2009. "The Jews and the Origins of Romance Script in Castile: A New Paradigm". *Medieval Encounters* 15: 259–306.
Hitchcock, R. 2008. *Mozarabs in Medieval and Early Modern Spain. Identities and Influences*. Aldershot y Burlington, VT: Ashgate.
Labarta, A. 2011–2013. "La cultura de los moriscos valencianos". *Sharq al-Andalus* 20: 223–247.
Ladero Quesada, M. A. 2010. "Los mudéjares de Castilla cuarenta años después". *En la España Medieval* 33: 383–424.
López-Morillas, C. 1995. "Language and Identity in Late Spanish Islam". *Hispanic Review* 63: 193–210.
López-Morillas, C., ed. 2011. *El Corán de Toledo. Edición y estudio del manuscrito 235 de la Biblioteca de Castilla-La Mancha*. Gijón: Trea.
Maíllo Salgado, F. 1988. "Acerca del uso, significado y referente del término 'mudéjar'". En *Actas del IV Congreso Internacional Encuentro de las Tres Culturas*, 103–112. Toledo: Ayuntamiento de Toledo.
Mandalà, G. 2008. "Stèle funéraire quadrilingue d'Anne, mère du clerc Grisanthe". En *Qantara. Patrimoine méditerranéen: Traversée d'Orient et d'Occident*, eds. L. Bender *et al.*, 60–61. París: Institut du Monde Arabe. www.qantara-med.org/public/show_document.php?do_id=1161

Márquez Villanueva, F. 2006. *De la España judeoconversa. Doce estudios.* Barcelona: Bellaterra.

Minervini, L. 2011. "El componente léxico árabe en la lengua de los judíos hispánicos". En *Lexicología y lexicografía judeoespañolas*, eds. W. Busse y M. Studemund-Halévy, 33–52. Berna: Lang.

Minervini, L. 2012. "La documentación judeo-aragonesa medieval: nuevas publicaciones y nuevas interpretaciones". *eHumanista* 20: 204–214. www.ehumanista.ucsb.edu/volumes/20

Molénat, J. P. 1994. "L'arabe à Tolède, du XIIe au XVIe siècle". *Al-Qanṭara* 15: 473–496.

Molénat, J. P. 2008. "La fin des chrétiens arabisés d'al-Andalus. Mozarabes de Tolède et Gharb au XIIe siècle". En *¿Existe una identidad mozárabe? Historia, lengua y cultura de los cristianos de al-Andalus (siglos IX-XII)*, eds. C. Aillet, M. Penelas y Ph. Roisse, 287–297. Madrid: Casa de Velázquez.

Molénat, J. P. 2019. "Toledo, siglos XII-XV. La coexistencia de cristianos (latinos y mozárabes), musulmanes y judíos. Una síntesis". *Al-Qanṭara* 40: 385–405.

Montaner Frutos, A. 2002. "Literatura aljamiada". En *Diccionario filológico de literatura medieval española*, eds. C. Alvar y J. M. Lucía Megías, 1035–1042. Madrid: Castalia.

Montaner Frutos, A. 2003. "La aljamía: una voz islámica en Aragón". En *Jornadas sobre la variación lingüística en Aragón a través de los textos*, ed. J. M. Enguita Utrilla, 99–204. Zaragoza: Institución "Fernando el Católico".

Montaner Frutos, A. 2006. "La edición de textos aljamiados: balance de un decenio (1994–2004)". *Romance Philology* 59: 343–371.

Nirenberg, D. 2007. "Une société face à l'altérité: Juifs et Chrétiens dans la peninsule Ibérique 1391–1449". *Annales. Histoire, Sciences Sociales* 62: 755–790.

Nirenberg, D. 2013. *Anti-Judaism. The Western Tradition.* Nueva York y Londres: Norton.

Olstein, D. 2006. "The Arabic Origins of Romance Private Documents". *Islam and Christian-Muslim Relations* 17: 433–443.

Ray, J. 2005. "Beyond Tolerance and Persecution: Reassessing Our Approach to Medieval Convivencia". *Jewish Social Studies* 11: 1–18.

Ray, J. 2009. "Images of the Jewish Community in Medieval Iberia". *Journal of Medieval Iberian Studies* 1: 195–211.

Salvador Plans, A. 2005. "Los lenguajes 'especiales' y de las minorías en el Siglo de Oro". En *Historia de la lengua española*, coord. R. Cano Aguilar. 2.ª ed., 771–797. Barcelona: Ariel.

Sánchez Méndez, J. P. 2019. "La base ilustrada del policentrismo del español americano". En *La configuración histórica de las normas del castellano*, eds. V. Codita, E. Bustos Gisbert y J. P. Sánchez Méndez, 359–396. Valencia: Tirant Humanidades.

Sánchez-Prieto Borja, P. 2011. "El castellano de Toledo y la historia del español". En *'Así se van las lenguas variando'. Nuevas tendencias en la investigación del cambio lingüístico en español*, eds. M. Castillo Lluch y L. Pons Rodríguez, 389–409. Berna: Peter Lang.

Scheindlin, R. P. 2002. "Merchants and Intellectuals, Rabbis and Poets: Judeo-Arabic Culture in the Golden Age of Islam". En *Culture of the Jews. A New History*, ed. D. Biale, 313–386. Nueva York: Schocken Books.

Soifer, M. 2009. "Beyond Convivencia: Critical Reflections on the Historiography of Interfaith Relations in Christian Spain". *Journal of Medieval Iberian Studies* 1: 19–35.

Urvoy, D. 1993. "Les aspects symboliques du vocable 'Mozarabe', essai de réinterprétation". *Studia Islamica* 78: 117–153.

Varvaro, A. 2004. "'La tua loquela ti fa manifesto': lingue e identità nella letteratura medievale". En *Identità linguistiche e letterarie nell'Europa romanza*, 227–242. Roma: Salerno ed.

Vicente, Á. 2006. *El proceso de arabización de Alandalús. Un caso medieval de interacción de lenguas.* Zaragoza: Instituto de Estudios Islámicos y del Oriente Próximo.

Wasserstein, D. J. 2002. "Langues et frontières entre juifs et musulmans en al-Andalus". En *Judíos y musulmanes en al-Andalus y el Magreb. Contactos intelectuales*, ed. M. Fierro, 1–11. Madrid: Casa de Velázquez.

Zeitler, B. 1996. "*Urbs felix dotata populo trilingui*: Some Thought about a Twelfth Century Funerary Memorial from Palermo". *Medieval Encounters* 2: 114–139.

33
Latín tardío y romance temprano (Late Latin and Early Romance)

Roger Wright

1. Introducción

En este capítulo se investigan las relaciones que hubo, en la península ibérica, entre la lengua escrita y el habla durante los ocho siglos que se extienden entre los años finales del imperio romano occidental y los primeros textos intencionadamente escritos de la manera novedosa que se llama ahora "el romance". El habla siguió evolucionando, de la manera normal, en todos sus aspectos, fonéticos, morfológicos, sintácticos, semánticos y léxicos, pero los detalles de la escritura, enseñados en la formación de los escribas, quedaron inalterados en lo esencial. Sin embargo, aunque el habla y la escritura seguían apartándose cada vez más por esta razón, en la península ibérica todavía, según parece, creían tener una sola lengua, la lengua latina. Los filólogos modernos, por otro lado, han preferido a menudo vislumbrar aquí la coexistencia de dos lenguas distintas: la lengua latina, evidenciada en los textos que sobreviven de aquella época, y la lengua hablada romance, deducida y reconstruida sobre la base de la que vemos atestiguada en los textos vernáculos del siglo XIII. Pero se puede también sugerir que los hablantes de aquella época tuvieran razón al concebir el habla y la escritura como dos modalidades de la misma lengua durante esta época, igual que pasa hoy día en otros contextos alfabetizados.

Palabras clave: lengua latina; latín tardío; romance temprano; escritura; habla; formación en la escritura

This chapter will investigate the relations between speech and writing in the eight centuries from the political end of the Western Roman Empire to the appearance of the first texts deliberately written in the new way known as "Romance". The spoken language continued to change over time, as is normal, in every aspect (phonetic, morphological, syntactic, semantic and lexical), but the details of the written form, taught to apprentice scribes, remained essentially the same. Even so, despite the increasing divergence of speech from writing, they still seem to have regarded their language as a single one, called "Latin". Modern analysts, on the other hand, have often preferred to see there the coexistence of two different languages: Latin, as attested in the surviving texts of the age, and spoken Romance, which can be reconstructed on the basis of the vernacular texts written in the thirteenth century. Yet it is worth considering whether the speakers of the time were right to think of speech and writing as two manifestations of the same language, as happens nowadays in other literate societies, rather than two different ones.

Keywords: Latin; Late Latin; Romance; Early Romance; writing; speech; scribal training

2. Conceptos fundamentales: estado de la cuestión

La lengua del imperio romano, tanto hablada como escrita, era la lengua latina. Durante los siglos que duró el imperio se hablaron allí muchas otras lenguas también, pero dentro de la península ibérica es probable que estas hubieran caído en desuso para el siglo V (aparte del vascuence). A pesar de todas las dificultades que persistieron entre los siglos V y VIII, la sociedad seguía, en principio, organizándose sobre la base de documentos escritos. Las leyes del reino visigótico llenan varios volúmenes. La Iglesia cristiana inspiraba a muchos autores a que produjeran textos escritos; en el siglo VII la Península era la parte más activa, intelectualmente, del occidente cristiano. El ambiente cultural de este siglo se ha llamado "renacimiento visigótico" (Fontaine 1983) aunque no tenía aspecto visigótico alguno (Collins 2004). Todo lo escrito era en latín; no vemos nada en ninguna forma germánica, y es probable que ni siquiera san Isidoro de Sevilla entendiera la lengua gótica (Díaz y Díaz 1982). La lengua de los enormes libros legales, religiosos y filosóficos representa un estilo alto e intelectual, desde luego, como es normal en todas las comunidades alfabetizadas, pero también hay testimonios de otra índole; hay epitafios, por ejemplo, y las pizarras descubiertas en las provincias de Salamanca y Ávila que llevan rasgados encima textos de varios tipos. Estas, desafortunadamente, se han solido etiquetar de "pizarras visigóticas", pero no son en absoluto visigóticas (véase Velázquez Soriano 1989, y el cap. 30); son prueba de que incluso en un área de poca cultura había varias personas que sabían leer y al menos unos pocos que sabían también escribir. La escritura, a diferencia del habla, no se puede practicar sin escribas formados; necesariamente, existía allí alguien que sabía enseñar al menos los detalles básicos de la escritura. No hace falta discutir sobre si podríamos llamar a la lengua de estas pizarras "latín (tardío)" o "romance (temprano)"; estos son dos nombres de una misma lengua polifacética (Wright 1989). Los que escribían en estas pizarras no eran bilingües; sencillamente, sabían escribir la lengua que hablaban de la manera que se les había enseñado. No había otra. Y se puede ver que incluso el hipererudito san Isidoro de Sevilla hablaba la lengua vernácula de su época.

Pero hay otra manera distinta de interpretar los testimonios que nos quedan en la península ibérica de la lengua de los siglos V al XII (véase Van Uytfanghe 2012). Esta teoría, ya presentada, de un monolingüismo bastante complejo, se opone a la teoría de que había dos lenguas habladas durante y después del imperio: el latín, atestiguado en la escritura, y el "protorromance", reconstruido a partir de las lenguas vernáculas romances posteriores (Hall 1976; De Dardel 1996). Los lingüistas que promulgan esta perspectiva toman su inspiración de los que han reconstruido el protoindoeuropeo de hace cinco milenios sobre la base de todas las lenguas indoeuropeas derivadas, sin recurrir a textos escritos. Pero la única razón por la que no investigan textos escritos se encuentra sencillamente en el hecho de que no existen. Si se descubren datos del pasado remoto en las arenas de Turquía, por ejemplo, los investigan con avidez. Los que reconstruyeron el protorromance dedujeron, sin embargo, que sería preferible en principio no usar datos escritos en absoluto, y por eso no hacían ni el más mínimo caso de todo lo que escribieron (en los siglos V–XII) los que hablaban la lengua que ellos iban reconstruyendo. Son pocos ahora los que siguen este camino; y los que usan todavía la palabra "protorromance" (p. ej., Banniard 1992) ya no suelen abrigar la original visión purista del concepto. Suelen querer indicar con ello lo mismo que "romance temprano".

Otro nombre de lengua que a veces se ha usado en estas discusiones es el de "latín vulgar". En su libro magistral llamado sencillamente, pero a lo mejor desafortunadamente, *El latín vulgar*, József Herman (1997) hace hincapié en el hecho de que no fuera este "latín vulgar" una lengua en sí. Lo define como un término colectivo que incluye todos los fenómenos lingüísticos latinos que sabemos que existían en el habla de todos, pero que no venían recomendados por los gramáticos. Los gramáticos (y había varios) apenas decían nada sobre el habla, y en las ocasiones en que lo intentaron, no siempre son fáciles de entender. Suelen concentrarse en lo que creían que se debía decir más que en lo que realmente se decía. Pese a ello, se pueden deducir detalles de vez en cuando; Consentius, por ejemplo, nos ayuda a veces. Aelius Donatus, en el siglo IV, escribió su *Ars Minor* para ayudar a sus lectores a leer los respetados textos de los *antiqui*, sin saber que siglos más tarde se usaría como la base de la enseñanza eclesiástica medieval; en su contexto inicial era esencialmente una lista de detalles morfológicos, de utilidad en una época en que la morfología nominal se usaba cada vez menos en la vida normal.

El "latín vulgar" es un término que no necesitamos, en verdad. Y diría lo mismo del "latín clásico", en parte porque esta frase tiene dos sentidos distintos. Tiene un sentido cronológico: así, se habla de la "época clásica" (la de, por ejemplo, Virgilio y Cicerón), aunque no todos los escritores del período hayan escrito a la manera de estos dos autores. Y la frase también tiene un sentido estilístico: así, se ha dicho a veces que algunos de los escritores de la antigüedad tardía, o incluso del renacimiento del siglo XVI, emplearon el "latín clásico" por haber imitado a Virgilio. El "latín vulgar" se opone al segundo sentido, el estilístico, de cualquier época, y el "latín tardío" se opone al primero, el cronológico, de cualquier estilo. El título de los congresos bienales sobre "latín vulgar y tardío" —cuyas actas se publican como *Latin vulgaire – latin tardif*; (p. ej., García Leal y Prieto Entrialgo 2018)— se opone al latín llamado "clásico" de los dos tipos. Ya es tarde, pero si pudiera, aconsejaría que no se usara ni la etiqueta de "latín clásico" ni la de "latín vulgar"; las dos forman parte del "latín" tout court. La etiqueta de "latín tardío" se puede usar sensatamente aún, pero solo si tiene valor exclusivamente cronológico, el de que un texto se escribió tras la caída política del imperio de occidente; no significa nada más. Y durante la época del latín tardío, hasta que se estableció el concepto distinto que llamamos "latín medieval" (no se llamaba así entonces, desde luego; era la *Grammatica* de los carolingios y del renacimiento del siglo XII), los que lo escribieron en el área del habla romance hablaban el romance temprano de su época.

Los que creían haber reconstruido el "protorromance" como lengua distinta habían descubierto, de hecho, algo importante: la fonética del latín. Concebían su "protolengua" como una lengua distinta del latín, y no lo era. Establecieron la mayor parte de lo que sabemos ahora de la fonética latina, y de los cambios fonéticos que se verificaron, pero sin poder localizarlos cronológicamente. Además, tenían una idea poco verosímil de la manera en que funcionan los cambios fonéticos. Creían, o al menos parecen haber creído, que la aparición de un nuevo rasgo lingüístico dentro de una comunidad promueve el desuso más o menos inmediato del rasgo que antes llenaba la misma función; por ejemplo, dentro de la fonética, supondrían que los primeros usos de la consonante sonora [b] en vez de la [p] intervocálica, en palabras como *lupos* ("lobos"), de modo que se pronunciaba [lúbos], se habrían acompañado de la pérdida de la forma fonética anterior [lúpos]. Tales cambios, sin embargo, no suceden de esta manera tan neta, pues no todos los hablantes cambian a la vez. La Sociolingüística nos asegura que la variación es no solo normal sino incluso necesaria. Y lo que suele pasar es que la llegada de lo nuevo conduce a un período, que puede durar siglos, en que coinciden los dos fenómenos dentro de la comunidad de habla. No hay ninguna dificultad en esto: la variación es normal, por la razón que sea, y la que surge por razones diacrónicas es la que suele verse durante un cambio. Algunos usarían la [p], otros la [b], y muchos —a lo mejor la mayoría— variarían, según el contexto. Todos lo entenderían al oír tanto [lúbos] como [lúpos]. Es más, es probable que esta variación debida a la sonorización de las consonantes sordas intervocálicas haya coincidido con la variación debida al cambio que se iba experimentando de la vocal [u] breve hasta la [o] cerrada. Así que, al menos en algunas regiones durante bastante tiempo, se habrían oído tanto [lúpos] como [lúbos], [lópos] y [lóbos]. Al final, después de un siglo o dos o quizás más, la variación se habría resuelto y todos dirían [lóbos].

Sin embargo, durante toda esta turbulenta falta de consistencia, la palabra seguía escribiéndose *lupos*. Se habría enseñado esta forma escrita dentro de la formación de los escribas. Siempre es así: los profesores enseñan la forma tradicional "correcta" de cada palabra: nunca aconsejan que los escribas intenten aproximar su uso escrito a una representación fonética de su habla normal. Es una lástima, a los ojos de la filología, que por esta razón no aparezca en estos siglos del primer milenio a. D. en la Península ninguna transcripción fonética directa así. Esta carencia no sorprende porque incluso hoy las formas escritas que se aproximen más a la transcripción fonética que a la corrección tradicional se castigan como errores.

Pasaba lo mismo en la morfología: los profesores aconsejaban que se usara la morfología tradicional en la escritura. En cuanto a la morfología verbal, que no cambió mucho durante el primer milenio, no era difícil seguir esta práctica; los paradigmas perdidos en el habla, tales como los de la voz pasiva sintética (p. ej., *videtur*, *videbitur*, *videbatur*) o los del tiempo futuro activo (p. ej., *videbit*), que apenas se usaban en el habla para la segunda mitad del primer milenio, no se habrían representado tampoco en la modalidad escrita de su lengua; y las formas de la nueva morfología, tales como el futuro *videre habet*, o la pasiva analítica formada con *esse*, se creaban con palabras que ya existían desde hacía milenios. Estas no presentaban ningún problema al escriba, porque tenían una forma escrita que ya conocían todos.

La morfología nominal, sin embargo, era otra cosa. Incluso durante el imperio, las desinencias fueron perdiéndose del habla. El caso locativo, antes vivo, parece haber desaparecido para el siglo V. El caso ablativo lo iba siguiendo hasta el desuso, en gran parte porque se usaba casi siempre con preposición y el sentido de la frase preposicional se podría comunicar mediante esta preposición. El caso genitivo tenía un rival en la preposición *de*, que sufrió un leve cambio semántico para significar lo mismo; esta variación duró mucho tiempo, y hay documentos que incluyen tanto desinencias genitivas como frases preposicionales formadas con *de* incluso en el siglo XII. El caso dativo también tenía competencia preposicional, con *ad* ([a]), desde el imperio, pero en este caso la semántica del dativo (la de objeto indirecto) persistía, y persiste, en los pronombres de la tercera persona. En la península ibérica (no en Francia ni en Italia) el caso nominativo se iba perdiendo también del habla en la mayoría de los sustantivos, a pesar de su notable permanencia en el sistema de los pronombres singulares. De este modo se puede conjeturar que en la boca y la competencia lingüística de muchos hablantes las formas acusativas, singular y plural, eran las únicas que empleaban.

Los que formaban a los aprendices en la técnica de la escritura serían conscientes de esto. Lo había reconocido Aelius Donatus, cuya *Ars Minor* se concentra en la morfología nominal. Los manuscritos del *Ars* no parecen haber sido frecuentes en la Península medieval, pero la tradición que había iniciado Donato continuaba presente incluso después de la llegada de los musulmanes en el siglo VIII. El problema mayor que solían encontrar al escribir un texto nuevo, de cualquier tipo, era que, aunque las formas de los sustantivos se podían aprender desde aquella tradición pedagógica (morfología), no se podía aprender de la misma manera la certeza sobre qué forma se debía usar y en qué circunstancias lingüísticas (sintaxis). Así, por toda el área de habla romance (no solamente en la península ibérica) encontramos textos en que las formas morfológicas no son en sí incorrectas, pero parecen haber sido escogidas al azar. Aun con toda esta confusión, casi siempre se entienden, lo que indica que quizás estas desinencias no hayan sido tan necesarias. Las indicaciones sintácticas sobre qué sustantivo era el sujeto y qué el objeto directo, que antes habían dependido de las desinencias, iban efectuándose en el habla cada vez más mediante el orden de palabras, o, en cuanto al objeto directo, mediante la preposición [a] (*ad*).

Los cambios semánticos no proporcionaban problema alguno en la escritura. Muchas palabras fueron cambiando su sentido en este período (igual que en todos los otros), a veces ligeramente, a veces de una manera sorprendente, pero las palabras se podían escribir todavía mediante su forma normal cualquiera que fuera su sentido; eso es, la palabra *collocat*, por ejemplo, se podía escribir así tanto si significaba "coloca", su sentido original, como si significaba "cuelga", su sentido nuevo. Es probable que una vez que el cambio hubiera finalizado, en la mayoría de casos ni el escritor ni el lector supiera de la existencia del otro sentido anterior.

La formación de palabras nuevas mediante los procesos de la morfología derivativa tampoco presentaba problemas al escribir. Los prefijos y los sufijos que ya existían desde hacía siglos se podían escribir de la misma manera que siempre, aun si se unían a lexemas que no habían conocido antes; las dos partes de la nueva palabra *rápidamente*, por ejemplo, ya tenían una forma bien reconocida, y su uso dentro de esta combinación nueva habría sido fácil.

La mayor dificultad de todas, y al parecer la que inspiró algunos de los primeros experimentos ortográficos, era la que presentaban algunos nombres de persona y de lugar que no tenían forma canónica tradicional. Algunos de estos eran de origen germánico; después del siglo VIII, el problema se acentuó por el influjo de nombres y topónimos de origen árabe.

Así, podemos ahora entrever cómo, durante varios siglos, los escribas y autores escribían su propia lengua hablada (el romance temprano) dentro de lo que parece más o menos la forma tradicional escrita (el latín tardío). El romance escrito, como forma textual distinta, no se había inventado todavía, pero se puede vislumbrar, dentro de muchos de los documentos y textos de la época, la sintaxis, la morfología verbal y la semántica del romance temprano. No se puede vislumbrar en estos de la misma manera directa la morfología nominal, influenciada por lo que se les había dicho a los escribas en su formación: por ejemplo, parece probable que los profesores les hubieran dicho que no debían usar en la escritura todas las preposiciones que usaban en el habla; y solo de vez en cuando podemos entrever su fonética, disfrazada por la forma tradicional escrita de cada palabra (si la tenía).

3. Aproximaciones teóricas y perspectivas actuales

La divergencia entre el latín tardío y el romance temprano

En los siglos VIII–XII, a pesar de la presencia en el sur de hablantes del árabe, las relaciones seguían igual que antes entre la escritura (latín tardío) y el habla (romance temprano, que, con referencia a esta época, a veces ahora se llama "iberorromance", o "hispanorromance"). Algunos hablantes del romance seguían aprendiendo la escritura y escribiendo su lengua.

Parece probable que más de la mitad de los que cruzaron el estrecho de Gibraltar desde África en el siglo VIII supieran hablar y entender el romance temprano que se hablaba en la península ibérica. El Estrecho no formaba una frontera ni lingüística ni cultural. En el siglo VIII, solamente los dirigentes de los recién llegados habrían hablado el árabe. A lo mejor muchos de los inmigrantes hablaban una de las lenguas beréberes, pero la lengua que estos tenían en común era el romance. Así, los hablantes peninsulares y los inmigrantes se habrían entendido bastante bien. Los descendientes de algunos de los inmigrantes permanecieron en la Meseta, y contribuyeron a la mezcla de dialectos que formó allí, hacia finales del siglo IX, el castellano más primitivo (Peterson 2009).

No nos quedan muchos textos del siglo VIII peninsular, pero sabemos que todavía se escribía el latín tardío en el siglo VIII, tanto al norte como al sur de la frontera que había entre el norte cristiano y el sur multicultural. Los participantes hispánicos de la controversia surgida en torno al llamado "adopcionismo" hablaban la lengua romancwwe de la época y escribían en la forma latina tradicional, tanto en Toledo (p. ej., Elipando), al sur, como al norte (p. ej., Félix de Urgel).

Las circunstancias culturales de Córdoba se pueden apreciar en mayor detalle en el siglo IX. La ciudad de Córdoba era el centro no solo de la cultura árabe sino también de la cristiana y de la judía. Hubo, por ejemplo, un concilio de Córdoba en 839 al que acudieron al menos ocho obispos andaluces y cuyas actas sobreviven todavía en León (publicadas por Gil 1973, 135–141; véase también Wright 2012). Estas actas critican severamente una supuesta herejía practicada en el pueblo de Cabra. Su mera presencia nos asegura que incluso entonces la escritura tradicional se enseñaba y se aprendía, porque nadie sabe escribir sin haber sido, al menos hasta cierto punto, formado en la técnica de hacerlo. Pero para mediados de este siglo IX iban llegando a Córdoba, desde el oriente, libros de gran valor, que aumentaron el interés entre todos los cordobeses por la cultura oriental. A lo mejor por esta razón Eulogio emprendió en 850 su viaje desde Córdoba hacia Francia, en busca de manuscritos cristianos que pudieran tener un efecto semejante. Llegó a los Pirineos, al parecer cruzando la supuesta frontera sin dificultad, pero no pudo llegar más al norte porque tal viaje habría sido demasiado peligroso. Al volver trajo consigo varios venerables manuscritos de algunos de los monasterios pirenaicos, y su biógrafo, Álvaro, nos dice cuáles eran. Sobre la base de estos textos los dos querían mejorar el estilo de lo que escribían en la década de los 850, y escribían mucho (todo publicado en Gil 1973). Su estilo resulta bastante extraño, y no obtuvo el resultado que querían. Parece que los cordobeses en general, incluso los indígenas, preferían concentrarse en la cultura árabe más que en la latina; varios textos cristianos se tradujeron al árabe, y apenas se han conservado textos latinos escritos en el sur desde finales del siglo IX (aparte algunos epitafios). Desde aquel momento todavía hubo muchos hablantes del romance en el sur, la mayoría a lo mejor bilingües, pero si sabían escribir, solo sabían escribir el árabe. Cuando los leoneses entraron en Toledo en 1085, encontraron allí a cristianos que sabían escribir el árabe, pero no sabían leer el latín.

Al norte de la supuesta frontera entre el mundo multicultural del sur y el cristiano tradicional del norte, seguían hablando su romance (íberorromance, si se quiere) y escribiendo, cuando era necesario, de la manera tradicional (Wright 1995). En cada pueblo, según parece, había al menos alguien que sabía escribir. Sobreviven ahora muchos documentos legales de los siglos IX–XI en los que los notarios querían alcanzar un respetable estilo tradicional, lo que no les resultaría siempre fácil. Hay también textos de un estilo bastante elevado: la historiografía asturiana de la década de los 880 es un interesante ejemplo de tal estilo (Gil *et al.* 1985); pero también los hay que habrían escandalizado a Donato, y también a los filólogos modernos quienes los tacharían de "bárbaros". Estos textos, sobre todo los documentos legales que se encuentran hoy en Castilla, formaron la materia explotada por el maestro Ramón Menéndez Pidal en su magistral *Orígenes del español* de 1926.

Aunque se publicó hace ya un siglo, este sigue siendo el libro más importante que se ha escrito sobre el romance peninsular hablado y el latín de aquella época. Por esta razón, los siglos IX–XI se llaman a veces "la época de orígenes". El concepto del "origen" de una lengua hablada no se debe tomar muy en serio; no se puede localizar cronológicamente, al menos, porque el cambio es continuo. En realidad, lo que estaba investigando Menéndez Pidal eran los orígenes del romance español escrito, y los descubrió en los muchos errores gráficos de estos textos. Los escribas de la época no usaban ningún tipo de alfabeto fonético, desde luego, porque este no se había inventado todavía, pero muchas veces (no todas) los errores gráficos que cometieron habían sido inspirados por rasgos de su fonética. Pero Menéndez Pidal parece haber supuesto también que cuando una forma se ha escrito bien, desde el punto de vista de la correcta ortografía tradicional, esto indica que el escriba la habría pronunciado con la fonética tradicional también. En esto a lo mejor no tenía razón.

En su formación, a los escribas se les habría enseñado a escribir siempre la forma gráfica tradicional de cada palabra. Por ejemplo, aprendían que la palabra latina IPSE debía escribirse con estas letras, *i-p-s*, a pesar del hecho de que se pronunciaba [ése] en Castilla. Había variaciones dialectales, pero en ningún territorio peninsular se incluía en la forma hablada de esta palabra una [p]. Sin embargo, siempre se escribía con la letra *p*. Era la voz romance con su semántica romance evolucionada: esto es, significaba 'ese', aunque en el imperio romano había tenido el sentido de 'el mismo'; y se puede suponer que los escribas la escribían con *p* porque en su formación se les había dicho que debieran hacerlo así. Es más: si alguien se hubiera inspirado en la forma escrita para decir [ípse] con [p], habría sido un error. No habría sido un síntoma de latinidad, ni de "cultismo", sino sencillamente un error. Lo mismo si alguien hubiera pronunciado una [h-] que correspondiera a la letra *h-* inicial de formas como *hominem* en el siglo X; o bien la letra *h-* inicial de *hombre* en el siglo XXI. Es incluso posible, a veces, deducir que una forma incorrecta ha sido aconsejada erróneamente; por ejemplo, la "iglesia" se escribe tantas veces *eglesia* en los documentos leoneses de esta época que se puede deducir que se les hubiera enseñado así (Pensado 1991) Muchos de los documentos de esta época se leían en voz alta a los interesados para que estos afirmaran en el texto que lo habían oído y entendido, aunque fueran analfabetos. Podemos deducir de esto que los lectores leían con la fonética más o menos normal del vernáculo, aunque tal vez empleando un estilo eclesiástico o legal (es lo que pasa siempre). Indica igualmente que los oyentes habrían entendido los detalles morfosintácticos del texto leído, y también los elementos léxicos, salvo quizás algunos términos esotéricos propios del género. Podemos deducir lo mismo en cuanto a la lectura de las vidas de santos, cuya finalidad era explícitamente la de inducir emociones en los oyentes; estos tenían que haberlas entendido para llegar a ese resultado. A veces en los estudios modernos se ha dado la impresión de que los analfabetos se excluían de la cultura y las tradiciones escritas; pero no era así (véase Banniard 1992; Wright 2005; Davies 2013).

La vieja hipótesis de que en esta época los profesionales cristianos hubieran hablado de una manera latina internacional sistemáticamente distinta en su fonética de la de sus parroquianos hablantes del romance no parece ser válida en la península ibérica antes del siglo XII. El concepto de "cultismo", en el sentido de que en esta época la fonética de muchas palabras eclesiásticas hubiera mantenido un rasgo original latino sencillamente por referirse a la Iglesia, ya no se puede aceptar. Además, hay palabras eclesiásticas que evolucionaron de una manera algo extravagante, más de lo que se habría esperado. La palabra castellana *obispo* y la francesa *évêque*, por ejemplo, derivadas las dos de EPISCOPUM, no tienen ningún fonema en común, y se asemejan las dos muy poco al étimo. Se pueden hacer conjeturas en los dos casos sobre el motivo de su evolución poco usual, pero no se pueden atribuir a una pronunciación eclesiástica latinizante. La modalidad internacional del habla latina iba a existir más tarde, desde luego; pero en el mundo de habla romance, este era un fenómeno nuevo que se estableció por primera vez en la Francia carolingia hacia finales del siglo VIII, siguiendo la práctica que había sido ya normal desde hacía siglos en las áreas de lengua germánica o céltica (Wright 1989, cap. 3). Los eruditos que tenían el mayor prestigio en la corte del emperador Carlos (Carlomagno) tenían estos orígenes, y solían hablar y leer en voz alta por el método que usamos todos hoy al leer un texto latino, pronunciando un sonido fonético que correspondiera a cada letra escrita. Los alemanes y los anglosajones habían leído siempre la forma escrita EPISCOPUS como [e-pí-sko-pus]; es lo que se les había enseñado en su formación inicial. Cuando este principio se adoptó también en las regiones carolingias de habla romance, se introdujo, por primera vez, una distinción más o menos clara entre la ya vieja fonética romance de la vida normal y la nueva fonética latina de la Iglesia. La Iglesia carolingia consiguió mantener esta distinción, al menos en principio, a lo largo de los siglos IX, X y XI; y cuando, hacia finales del siglo XI, lo que llamamos nosotros "el renacimiento del siglo XII" se exportó a las regiones de habla romance fuera del imperio carolingio, se exportó también, con este renacimiento de la vida cultural, la distinción entre habla romance y habla latina, que solo se había conocido antes, en la península, en algunos centros catalanes. Cataluña ya formaba parte del mundo carolingio desde finales del siglo VIII; y, de hecho, ha sobrevivido mucha documentación de la Cataluña carolingia en latín tardío. Más al oeste, una de las manifestaciones recién llegadas de esta nueva distinción conceptual se unía al nuevo rito francés importado en aquellos años en los reinos españoles para reemplazar al venerable rito toledano; en Castilla, este cambio se decretó en el concilio de Burgos del año 1080, y en los años siguientes llegaron desde Francia varios monjes y profesores para ayudar a los hispánicos a que aprendieran la nueva manera.

Los franceses, por estos años, ya conocían también la posibilidad de escribir a propósito de una forma nueva que se correspondía más de cerca a su manera de hablar. En cambio, en la península, en textos anteriores se nota la presencia de la morfosintaxis del romance, como en el orden de palabras, la semántica del romance, incluso el léxico nuevo del romance, y también vemos alguna que otra indicación de la fonética del romance temprano; pero estas manifestaciones no habían sido intencionadas. Se puede deducir que llegó con los franceses la idea de que a lo mejor sería posible escribir a propósito de una manera más cercana al romance temprano hispánico.

Lo que se atestigua en las célebres *Glosas riojanas* es la idea de que se podía escribir su lengua de una nueva manera hispánica. Y ahora que casi todos los especialistas ya están de acuerdo en que estas glosas datan de las últimas décadas del siglo XI, las vemos en su propio contexto, el del renacimiento del siglo XII. (Menéndez Pidal propuso una datación de casi un siglo antes, en la década de los 970). En los monasterios de San Millán de La Cogolla y de Santo Domingo de Silos, alguien, quizás un solo espíritu insólitamente emprendedor, quizás un equipo mayor, hizo un experimento en dos manuscritos de textos latinos, escribiendo algunas palabras del romance en los márgenes en una forma gráfica nueva. Los textos no se tradujeron; la mayor parte de las palabras textuales quedaron sin glosar; pero la explicación más verosímil de tal novedad es que el glosador quería ayudar a un lector a dar al texto una lectura oral, ya que aquellos textos se destinaban a tal lectura; o tal vez quería ayudarse a sí mismo para una ocasión posterior (Wright 2016). Hay más de 500 glosas en estos dos manuscritos, y puede ser que todavía no entendamos su entera razón de ser, pero sin duda marcan un hito en el proceso de disgregación conceptual de las dos modalidades lingüísticas anteriores, el romance temprano (modalidad hablada) y el latín (modalidad escrita de la misma lengua). En su contexto, las glosas se concibieron como nueva manera de escribir la misma lengua; se pueden comparar con los modernos mensajes SMS, que no son una lengua nueva sino modalidad escrita nueva de la misma lengua que antes.

Durante el siglo XII, la nueva distinción entre el nuevo latín (medieval) y el romance (ya viejo) dependía de la presencia, en un centro cultural, de este latín profesional, que acompañó al nuevo rito francés; y una parte de esta revolución era precisamente la lectura según la técnica de proferir un sonido especificado para cada letra ya escrita de cada palabra. Se puede ver que a muchos centros peninsulares esto no les gustaba. Otros la emprendieron con mayor entusiasmo; y la diferencia suele corresponderse con la presencia de letrados franceses. Los había, por ejemplo, en Santiago de Compostela; estos enseñaron a algunos de los letrados gallegos, y una consecuencia de su presencia es una notable elevación en el nivel estilístico de lo que se escribía en tales centros (algo que ya notó Menéndez Pidal). La llegada de un nuevo obispo a Salamanca en el año 1166, por ejemplo, coincide con tal elevación estilística en los textos producidos en aquel escritorio. Este obispo era el célebre gallego Pedro Suárez de Deza, quien se trasladó luego al arzobispado de Santiago en 1173, donde permaneció hasta el siglo siguiente. No es probable que los experimentos de las *Glosas* de San Millán y de Silos se hayan conocido en el siglo

XII, pero sí iba cundiendo la idea de que la propia lengua se podía escribir de una manera más parecida al habla. A finales del siglo XII, vemos el romance escrito en varios documentos de Toledo. El primer documento importante escrito en la cancillería castellana en forma romance se preparó en 1206; es el *Tratado de Cabreros*, acordado entre León y Castilla (editado en Wright 2000; cp. Torrens Álvarez en este volumen). Hay otros textos preparados por la cancillería castellana (que no la leonesa) en forma romance en estos años 1206–1208; y la versión que tenemos del *Poema de Mio Cid*, el primer texto literario largo escrito en forma iberorromance, aunque no sabemos dónde. La cancillería real tenía el mayor prestigio sociolingüístico, naturalmente, y la disgregación final llegó cuando Alfonso X le dio su autoridad a la nueva forma de escritura en la década de los 1250. El romance hispánico, que ya no "temprano", se había establecido como lengua distinta y de prestigio.

4. Conclusiones y perspectivas futuras

Esta disgregación de lo que había sido en el imperio romano una lengua polifacética, el latín, en dos lenguas, el latín medieval y el romance, tardó largos siglos en cumplirse. Durante estos siglos el romance temprano (hablado) y el latín tardío (escrito) eran dos modalidades de la misma lengua, parecidas a las dos modalidades del castellano, del francés, del inglés, etc., de nuestros días, en que la lengua hablada sigue evolucionando, pero siguen iguales los detalles de la ortografía tradicional. Todo cambiaría con la llegada del nuevo latín medieval, que cundió por la Península durante el siglo XII, y dio lugar finalmente al uso deliberado de una nueva forma, el romance escrito (que nosotros llamamos "español antiguo", pero que en su contexto era más bien el español joven).

Esta parece la perspectiva más probable, pero en algunos aspectos resulta todavía controvertida. Afortunadamente, muchos de los textos de la "época de orígenes" se han publicado en versiones fiables en los últimos años, incluso en Internet, tales como los del *Becerro gótico* de San Millán (www.ehu.eus/galicano). Lo que importa ahora es que los filólogos y estudiantes los observen de cerca, buscando en ellos evidencia del léxico, de la semántica y de la morfosintaxis del romance; la encontrarán. En las universidades modernas, el estudio de la lengua medieval romance suele iniciarse con textos preparados en el siglo XIII, pero debe también incluir los documentos preparados en la época de orígenes, que atestiguan, bajo el disfraz de las grafías tradicionales, la misma lengua romance.

Lecturas recomendadas

Herman (1997) era el especialista más respetado por sus estudios del latín llamado vulgar; lo define como la suma de todos los rasgos lingüísticos del latín que no recomendaron los gramáticos.
Menéndez Pidal (1926) era el historiador y filólogo español más conocido de su época, y este minucioso estudio de varios textos de los siglos X–XII colocó a España en la vanguardia de la filología románica durante una década o más.
Wright (1989) es la versión española de la versión inglesa publicada en 1982 (*Late Latin and Early Romance*. Liverpool: Francis Cairns). En esta obra se explica la teoría de que el romance y el latín no se disgregaron conceptualmente en la Península antes del renacimiento del siglo XII.

Bibliografía citada

Banniard, M. 1992. *Viva Voce: communication écrite et communication orale du IVe au IXe siècle en Occident latin*. París: Études Augustiniennes.
Collins, R. 2004. *Visigothic Spain, 409–711*. Oxford: Blackwell.

Davies, W. 2013. "Local Priests and the Writing of Charters in Northern Iberia in the Tenth Century". En *Chartes et cartulaires comme instruments de pouvoir: Espagne et Occident chrétien (VIIIe–XIIe siècles)*, ed. J. Escalona y H. Sirantoine, 29–43. Madrid: CSIC.

De Dardel, R. 1996. *A la recherche du proto-roman*. Tubinga: Niemeyer.

Díaz y Díaz, M. C. 1982. "Introducción general". En *San Isidoro de Sevilla: Etimologías*, ed. J. Oroz Reta, 1–257. Madrid: Biblioteca de Autores Cristianos.

Fontaine, J. 1983. *Isidore de Séville et la culture classique dans l'Espagne wisigothique*. 2.ª ed. París: Études Augustiniennes.

García Leal, A. y C. E. Prieto Entrialgo, coords. 2018. *Latin vulgaire – latin tardif XI*. Heidelberg: Olms-Weidmann.

Gil, J. 1973. *Corpus Scriptorum Muzarabicorum*. Madrid: Instituto de Antonio de Nebrija.

Gil, J., J. L. Moralejo y J. I. Ruiz de la Peña. 1985. *Crónicas asturianas*. Oviedo: Universidad de Oviedo.

Hall, R. A., jr. 1976. *Proto-Romance Phonology*. Nueva York: Elsevier.

Herman, J. 1997. *El latín vulgar*. Barcelona: Ariel.

Menéndez Pidal, R. 1926. *Orígenes del español*. Madrid: Espasa-Calpe.

Pensado, C. 1991. "How Was Leonese Vulgar Latin Read?". En *Latin and The Romance Languages in the Early Middle Ages*, ed. R. Wright, 190–204. Londres: Routledge.

Peterson, D. 2009. *Frontera y lengua en el Alto Ebro, siglos VIII-XI: las consecuencias e implicaciones de la invasión musulmana*. Logroño: Instituto de Estudios Riojanos.

Van Uytfanghe, M. 2012. "La diachronie latino-romane: le conflit des chronologies et la diglossie". *Zeitschrift für Romanische Philologie* 128: 405–456.

Velázquez Soriano, I. 1989. *Las pizarras visigodas: edición crítica y estudio*. Murcia: Universidad de Murcia.

Wright, R. 1989. *Latín tardío y romance temprano en España y la Francia carolingia*. Versión española de R. Lalor. Madrid: Gredos.

Wright, R. 1995. *Early Ibero-Romance*. Newark, DE: Juan de la Cuesta.

Wright, R. 2000. *El Tratado de Cabreros (1206): estudio sociofilológico de una reforma ortográfica*. Londres: Queen Mary Westfield College.

Wright, R. 2002. *A Sociophilological Study of Late Latin*. Turnhout: Brepols.

Wright, R. 2005. "El léxico y la lectura oral". *Revista de Filología Española* 85: 133–149.

Wright, R. 2012. "La composición de las Actas del Concilio de Córdoba (839)". En *Actas del VIII Congreso Internacional de Historia de la Lengua Española*, ed. E. Montero Cartelle, 173–193. Santiago de Compostela: Meubook.

Wright, R. 2016. "Las Glosas Silenses y los orígenes del romance". En *El español a través del tiempo. Estudios ofrecidos a Rafael Cano Aguilar*, ed. A. López Serena, A. Narbona Jiménez y S. Del Rey Quesada, vol. I, 341–353. Sevilla: Universidad de Sevilla.

34

La "época de orígenes": los primeros testimonios romances hasta los inicios del siglo XIII (The "period of origins": the first Romance texts until the beginning of the thirteenth century)

María Jesús Torrens Álvarez

1. Introducción

En este capítulo nos ocupamos de las primeras manifestaciones del romance escrito, es decir, de las muestras más tempranas de escritura claramente diferenciada de la tradicional latina. El objetivo no es solo dar a conocer cuáles son estos primeros testimonios, sino, sobre todo, reflexionar sobre qué factores condicionan la aparición del romance en la escritura, quiénes son los responsables de esta elección y quiénes los artífices de su codificación. Sin duda, el tipo de texto y su finalidad son un factor determinante: el romance hace su aparición de manera más decidida en los textos literarios (por ejemplo, el *Auto de los Reyes Magos* o la *Disputa del alma y el cuerpo*). También se escriben en romance los documentos notariales de carácter informativo, pero no así los de carácter dispositivo, contratos que se siguen escribiendo en latín o, sobre todo, en hibridismo latinorromance. Este hibridismo no es, como generalmente se dice, resultado de la escasa competencia de los escribas, sino un código deliberadamente utilizado por los escribanos, creadores, además, de los nuevos sistemas de escritura.

Palabras clave: escritura romance; hibridismo latinorromance; sistemas gráficos; primeros textos

In this chapter, we deal with the first manifestations of vernacular writing, that is, the earliest samples of continuous Romance writing that are clearly differentiated from traditional Latin systems. The objective is not only to identify these first testimonies, but, above all, to establish what factors condition the appearance of Romance in writing, who are responsible for this choice, and who are responsible for its codification. Definitely, the type of text and its purpose are determining factors: Romance appears more decisively in literary texts (for example, *Auto de los Reyes Magos* or *Disputa del alma y el cuerpo*). Also notarial documents of informative purpose are written in Romance, but not the dispositive ones, such as contracts that continue to be written in Latin, or, rather, in a Latin-Romance hybrid system. This hybridism is not, as is generally claimed, the result of the poor competence of the notarial scribes, but a conscious and deliberate code of the scribes, who are the creators of the new writing system.

Keywords: vernacular writing; Latin-Romance hybridism; writing systems; earliest texts

2. Conceptos fundamentales

Ante todo, conviene hacerse una idea de cómo son estos primeros testimonios romances,[1] pues en los siglos X–XII la escritura vernácula deliberadamente diferenciada de la tradicional latina está muy lejos de mostrarse homogénea, fluida y consistente; por el contrario, las muestras más tempranas se limitan a palabras sueltas, sintagmas o breves frases, o a una sintaxis romance a pesar de que se mantengan formas mixtas latinorromances. Sirvan como ejemplo unas líneas sacadas de un documento burgalés de compraventa del año 993 (corpus CORHEN, n. 5) con sintaxis claramente romance, lo que no quita para que persistan partículas y formas latinas o híbridas latinorromances:

(1) bendibimos a tibe Didaco et ad uxor tua Prollina nostra ereditatem que abimos de nostros parentes in terretorio de Tamaio, in terras, in binias, in pumares, in ortales, in kasas.[2]

Algo parecido puede decirse de muchas de las *Glosas silenses*, fechadas a finales del siglo XI, aunque por lo general la representación del romance es algo más sólida:

(2) ignorans: qui non sapiendo (17)
    absente: luenge stando (83)
    omnia exercere: manda pro fere totas cosas (121)
    sterilis: infecunda, sine fruitu (143)
    usque ad finem: ata que mueran (201)
    tempestates: bientos malos (276)

Latín y romance se entremezclan en todos los niveles, desde el seno de una sola palabra hasta el texto como unidad. El hibridismo es característico de los documentos notariales y los fueros hasta las primeras décadas del siglo XIII, como muestra el *Fuero de Madrid* (precepto 25):

(3) Toto homine qui ad alguno de los alcaldes uel fiadores aut adelantados & illos andando per proueio de conzeio, quomodo iuratos son, qui pignos reuelaret illis, pectet i morauedi & isto dicat ueritate per la iura quod habet facta.

Pero por los mismos años se empleaba ya una escritura plenamente romance en los textos poéticos, como puede apreciarse en la *Disputa del alma y el cuerpo*:

(4) [S]i quereedes oyr/lo que uos quiero dezir,/dizre uos lo que ui,/nol uos i quedo fallir./ Un sabad[o e]sient,/dom[i]ngo amanezient,/ ui una grant uision/en mio leio dormient:/ eram asem[eian]t/que so un lenzuelo nueuo/jazia un cuerpo de uemne muerto;/ell alma era fuera/[e] fuert mientre que plera,/ell ama es ent esida,/desnuda ca non uestida.

Son muchos los temas objeto de estudio y discusión por parte de los investigadores que se ocupan de este amplio periodo, cuestiones que, por necesidades expositivas, pueden agruparse en tres grandes bloques:

a) las referidas al hecho en sí de la creación del código de escritura romance y el abandono de la tradicional escritura latina;
b) las referidas a las circunstancias de producción de los textos conservados, asunto central para todas las demás cuestiones, pues cualquier acercamiento histórico a épocas pretéritas ha de partir forzosamente de los propios textos, más aún en el estudio de la escritura y la lengua antiguas. La datación cronológica y geográfica serán objetivos principales;
c) las referidas a la dimensión propiamente lingüística de los datos, centradas en la descripción de los sistemas de escritura y en su interpretación como medio para intentar acercarnos al conocimiento de la lengua hablada.

3. Aproximaciones teóricas a la aparición del romance escrito

Los *Orígenes del español* de Ramón Menéndez Pidal (1950) son, pese a estar muy cerca de cumplir un siglo desde su primera edición en 1926, un punto de referencia imprescindible para cualquier estudio sobre esta época. La obra lleva como subtítulo *Estado lingüístico de la Península Ibérica hasta el siglo XI*, y a la reconstrucción de ese estado por periodos y regiones dedica casi 600 páginas, con una riqueza extraordinaria de datos sacados de un amplísimo corpus documental que rebasa con creces, hay que decir, el siglo XI establecido por él como término *ad quem*. La exhaustividad en el acopio y la clasificación de los datos gráficos y lingüísticos son el fundamento de toda su reconstrucción, porque las hipótesis no pueden hacerse ni en contra ni al margen de los datos empíricos, lección esta que sigue plenamente vigente.

Cosa distinta es que la visión que ofrece sea hoy aceptada sin reservas, como lo fue durante muchas décadas. Su posición castellanocentrista, según la cual este dialecto muestra un claro carácter innovador, diferenciado y decidido respecto de las variedades vecinas —rasgos que preconizan su futura conversión en el español estándar—, condiciona con frecuencia su interpretación de los datos y le lleva a dar más importancia a unos fenómenos y a infravalorar otros. También se le ha criticado mucho que dé como originales textos que no lo son, así como la utilización de cartularios de los siglos XII y XIII, en los que la distancia temporal respecto al documento original en ellos copiado es enorme. Otra crítica que se le ha hecho es que no siempre distingue adecuadamente lo que es fonético y lo que es meramente gráfico, foneticismo en ocasiones excesivo que ha tardado también mucho tiempo en superarse (trabajos en los que se presentan estas revisiones son, entre otros, Cano Aguilar 1998, Fernández-Ordóñez 2011 o varios de los recogidos en Bustos Gisbert y Cano Aguilar 2020 y Fernández-Ordóñez 2020).

Sobre la historia del uso del romance en la escritura, en el mismo prólogo de la obra que comentamos dice Menéndez Pidal que se encontró con dos corrientes:

> una que venía de los siglos antiguos y se extinguía en el curso de los dos primeros tercios del XI; otra que empezaba en el último tercio del XII y triunfaba con la adopción del lenguaje vulgar en el XIII. ¿Qué había ocurrido a fines del XI para detener la primera de estas dos corrientes? Pues la reforma cluniacense que restauró la latinidad y se alzó como barrera aisladora entre las dos direcciones señaladas.
>
> (Menéndez Pidal 1950, VIII)

Muchas décadas después, esta observación sobre las dos corrientes separadas por una restauración de la escritura latina será ampliamente desarrollada por Roger Wright (1989 [1982]), para quien es precisamente esta vuelta a la latinidad la que provocará el nacimiento de la escritura vernácula. Para Wright, no existían dos lenguas, latín y romance, sino solo una, el romance, que se seguía escribiendo a la manera tradicional, es decir, como latín, y cuya correspondencia en la lectura en voz alta se hacía mediante un sistema logográfico. La recuperación de la formación en latín (el llamado latín medieval o reformado, de uso exclusivamente escrito) y un nuevo sistema de lectura basado en la correspondencia letra-fonema trae como consecuencia que los textos pasen a leerse como latín, por lo que surge la necesidad de crear un nuevo sistema de representación de la lengua hablada (véase el cap. 33).

La teoría de Wright supuso una verdadera revolución en las investigaciones de historia del español, y ha ayudado a entender que la escritura no es una representación fiel de la realidad oral y que la conservación de una grafía latina no es necesariamente indicio de una pronunciación conservadora (Sánchez-Prieto Borja 2012). No hay que olvidar que los escribanos se valen del mismo alfabeto latino que lleva empleándose desde la Antigüedad clásica. No obstante, también ha llevado a formulaciones extremas, que proponen equivalencias logográficas incluso en los niveles sintáctico y léxico (por ejemplo, que la pasiva sintética latina se leyera como verbo auxiliar más participio, o que *domus* se leyera /ˈkasa/). La propuesta puede parecer perfecta si nos quedamos en un plano estrictamente teórico y abstracto, pero en mi opinión resulta casi imposible de defender si intentamos aplicarla en la práctica.

Como se ve, de Menéndez Pidal a Wright ha habido un cambio en el foco de la investigación, pues mientras el primero quería dibujar el panorama lingüístico de la península ibérica valiéndose del análisis minucioso de los textos, al segundo no le interesan las cuestiones lingüísticas concretas, ni siquiera la descripción de los sistemas gráficos, sino las razones de la creación del código de escritura vernácula y el nacimiento de la conciencia lingüística de las variedades romances frente al latín.

Consecuencia natural de este cambio de intereses ha sido el preguntarse por quiénes son los responsables no solo de la invención de la escritura romance, sino también de su elección frente a la tradicional latina. Hernández (1999), siguiendo a Wright, consideraba que la escritura vernácula ha de nacer en los centros donde se practicaba la mejor latinidad, es decir, en las catedrales. Más recientemente, el mismo Hernández (2018) propone que la invención del español escrito es obra de los monjes occitanos de las nuevas órdenes monásticas (cistercienses y premonstratenses) que llegan a Castilla en los años 80 del siglo XII y que traen la costumbre de escribir en romance, como ya era habitual en sus centros de origen; los benedictinos, orden mucho más antigua, las catedrales y las cancillerías regias continuaron escribiendo en latín durante varias décadas más. En consecuencia, la elección entre el romance y el latín a la hora de redactar los documentos notariales y los sistemas gráficos para ello empleados venían determinados por la institución para la que trabajaba el escribano, por lo que serían rasgos de escuela y no servirían para conocer la realidad lingüística local.

Es esta una idea atractiva y sin fisuras en su formulación teórica, pero de nuevo surgen las dudas cuando se somete a un acercamiento empírico que tome en cuenta el conjunto de la documentación y no solo unas muestras seleccionadas:[3] se aduce el caso de Burgos a fines del XII y comienzos del XIII, "cuando las tradiciones latinas de la Catedral conviven con la vigorosa cultura notarial en clave romance que florece en Las Huelgas desde 1180" (Hernández 2018, 69); pero el examen de la documentación (corpus CORHEN) muestra que los diplomas de contenido propiamente eclesiástico o religioso se siguen escribiendo en latín también en Las Huelgas, y que los documentos híbridos y romances de este monasterio están suscritos en su mayor parte por los mismos escribanos responsables de los textos en idéntico código de la catedral o del monasterio benedictino de San Juan de Burgos.

La llegada de monjes occitanos a Castilla pudo ser un factor importante para el desarrollo de la escritura romance, pero no el único ni seguramente el principal. Estas nuevas fundaciones monásticas, a diferencia de los cenobios benedictinos, suelen ubicarse en las ciudades, en las que la agricultura convive con una actividad económica, y en consecuencia también social, cada vez más diversificada, con una incipiente burguesía. Todo ello va a provocar una gran demanda de producción de escritos, que se desplaza del campo a la ciudad en un proceso de progresiva laicización de todos los ámbitos de la sociedad, incluido el clero —separación de las mesas episcopal y capitular en las catedrales, con un cabildo que deja de vivir en comunidad, o la aparición de las órdenes mendicantes— (Torrens Álvarez y Tuten 2022). Pero todo esto solo culminará en los años 30–40 del siglo XIII.

4. Perspectivas actuales sobre los textos conservados

En este apartado se comentarán brevemente los textos más antiguos y sobresalientes del periodo de orígenes, de algunos de los cuales se ha ofrecido un breve fragmento en el § 2. El mayor inconveniente que presentan muchos de ellos, a excepción de los documentos notariales de carácter dispositivo o contractual, es que no están fechados, lo que a su vez dificulta la necesaria distinción entre el texto como creación y el testimonio que lo ha transmitido, que puede ser el original o una copia más o menos tardía. Aquí solo se presentarán manuscritos que no sobrepasen el límite temporal marcado en el capítulo.

En orden cronológico, los más antiguos son textos breves y anotaciones de carácter práctico no destinados a conservarse, que han llegado hasta nosotros por casualidad al haber sido escritos en otros documentos o códices en latín que sí eran de interés para las instituciones que los mandaron elaborar. Tal es el caso de la conocida *Nodicia de kesos*, del año 974 o poco posterior, un inventario de los quesos de un monasterio leonés hecha por el monje despensero, "noticia" que se ha conservado por estar escrita en el vuelto de una escritura de donación de tierras. Es una huella (y no la única) de la "historia subterránea" de la escritura romance, textos funcionales de naturaleza efímera que tuvieron que servir de ensayo para la futura configuración del sistema gráfico (Sánchez-Prieto Borja 2012).

También de finalidad práctica, pero sí destinadas a preservarse, son las mucho más famosas *Glosas emilianenses* y *Glosas silenses*, anotaciones marginales o interlineales cuya finalidad primordial era aclarar el sentido de palabras y frases del texto religioso en latín (*cf.* supra el ejemplo 2). Así llamadas por encontrarse en sendos códices del monasterio de San Millán de la Cogolla (La Rioja) y Santo Domingo de Silos (Burgos), fueron consideradas durante décadas las muestras más tempranas de romance[4] por datarlas Menéndez Pidal a mediados del siglo X y en la segunda mitad de dicho siglo, respectivamente. Hoy en día la mayoría de los estudiosos las consideran bastante posteriores. Ruiz Asencio (1993, 83–118) fecha las primeras en el último cuarto del s. XI, y las segundas, a finales del XI. Se piensa que pueden estar copiando un texto anterior de un mismo glosador, de ahí las claras similitudes lingüísticas que guardan. Ya Menéndez Pidal (1950, 484–485) opinaba que las silenses estaban hechas a imitación de las emilianenses, y no hay duda de que los rasgos lingüísticos de las burgalesas no son típicamente castellanos, sino riojanos o navarroaragoneses.

Los documentos notariales (en su mayor parte, donaciones y compraventas de tierras) de los siglos X y XI dan muestra de una escritura romance incipiente, sobre todo en el cuerpo o parte central, donde se describen las tierras objeto de transacción y sus límites (*cf.* supra el ejemplo 1). Los nombres de localidades y de personas son los primeros en escribirse en romance, tal vez por no contar todos ellos con una tradición de escritura en latín, pero también para asegurar una correcta identificación de lugares e individuos. Esta práctica se mantendrá incluso en textos redactados en latín reformado, antes de que la nueva corriente vernácula venga para quedarse. A partir de 1180 son ya numerosos los documentos que se escriben en romance (aunque puedan mantener las partes más formularias de inicio y cierre en latín), muy especialmente los que carecen de valor dispositivo, como las pesquisas, remembranzas[5] e inventarios. Sorprende por lo temprano un documento sin data que por su tenor y características materiales se ha fechado hacia 1156, carta escrita en romance consistente por la que Diego Pérez recibe del obispo de Osma el castillo de Alcózar y le jura vasallaje.

Otra tipología textual que se escribió pronto en romance (primeramente en un acusado hibridismo) son las cartas pueblas y los fueros municipales, como el *Fuero de Madrid*, fechable en 1202 (*cf.* supra el ejemplo 3; véase Lapesa 1985 [1963] y Torrens Álvarez 2019). Un fuero es un ordenamiento jurídico o conjunto de normas otorgado por la autoridad (rey, señor o concejo) a una localidad: tanto los pobladores como quienes debían velar por el cumplimiento de las normas tenían que entender el texto foral, de ahí la temprana tendencia al empleo del romance.

En el ámbito de la cancillería real, el primer documento plenamente romance conservado es el *Tratado de Cabreros* (Valladolid), firmado entre Alfonso VIII de Castilla y Alfonso IX de León en 1206, diploma que recoge el derecho del futuro Fernando III al trono leonés (Hernández 1999; Wright 2000; Sánchez-Prieto Borja 2007, 136–138). No parece que hubiera, sin embargo, una continuidad del romance en la cancillería, en la que se seguirá usando el latín hasta los años 20, cuando ya con Fernando III volvamos a encontrar algún diploma redactado en castellano, si bien el avance decidido llegará a partir de 1230, año en el que Fernando unirá bajo su persona los reinos de Castilla y León. Corresponderá a su hijo, Alfonso X, terminar de convertir al castellano en una lengua válida para la transmisión de cualquier tipo de saber, pero la tradicionalmente denominada "ortografía alfonsí", que llegará a convertirse en norma y modelo de escritura fuera del ámbito cancilleresco, ya es utilizada en la cancillería de su padre (Sánchez-Prieto Borja 1996; Ariza Viguera 1998).

Llegamos así a los textos literarios. Rafael Lapesa señaló en diversas ocasiones el notable retraso de la prosa romance respecto a la poesía (p. ej., Lapesa 1985 [1963], 157): por su antigüedad y singularidad destacan el *Auto de los Reyes Magos* y la *Disputa del alma y el cuerpo*, características ambas que son a la vez motivo de las mayores dificultades de análisis e interpretación, al carecerse de otros testimonios y de otras composiciones similares que sirvan de término de comparación. Es mucho lo que se ha escrito sobre los dos, tanto desde la perspectiva filológico-literaria como filológico-lingüística, bibliografía de la que no es posible dar cuenta aquí.

El bautizado como *auto* es el texto teatral sobre el tema de la Epifanía más antiguo en una lengua románica, pero tiene además la peculiaridad de cerrarse con una disputa dialéctica entre dos rabinos, interpretada por la crítica literaria como confrontación por el conocimiento de la verdad entre la vieja ley, el judaísmo, y la nueva, el cristianismo (Weiss 1981; Deyermond 1989, entre otros).[6] Escrito a línea corrida en un hueco en blanco al final de un códice de contenido religioso de la catedral de Toledo, justamente a continuación de las *Lamentationes Jeremiae* (profeta citado en el *Auto*), su escritura, poco regular, puede datarse en los últimos años del siglo XII o primeros del XIII. Los rasgos lingüísticos no se pueden adscribir fácilmente a una geografía, y desde los primeros trabajos de Lapesa (1967), han sido diversas las procedencias propuestas para el autor y/o el copista, hipótesis originadas en su mayoría en la necesidad de explicar las supuestas rimas anómalas. Esta percepción se basa en la creencia de que la rima en la poesía medieval era absolutamente consonante; pero Sánchez-Prieto Borja (2004) demuestra, a la luz de otros casos similares en el ámbito románico, que podía ser perfectamente válida, por ejemplo, una rima *mundo: redondo*, al considerarse equivalentes las dos vocales velares.

No menos singular y problemática es la *Disputa del alma y el cuerpo* (*cf.* supra el ejemplo 4), debate incompleto que presenta a un hombre rico difunto cuya alma, al separarse del cuerpo en el momento de la muerte, culpa a este de ser causa de su condena eterna. El tema, de amplia difusión en la Europa medieval, remonta a la *Visio Philiberti*, pero el fragmento castellano guarda una estrecha relación con *Un Samedi par nuit*,[7] si bien, más que una traducción, parece una recreación del texto francés (Solalinde 1933). Franchini (2001) ofrece una sintética y lúcida revisión de este texto y de sus principales problemas. Conservado también por casualidad gracias a haber sido escrito en el dorso de una importante donación en latín de 1201, perteneciente al monasterio de San Salvador de Oña, su letra irregular y cursiva ha sido datada de manera muy dispar: Menéndez Pidal (1900, 449), tras afirmar que la escritura es coetánea a la del documento notarial del anverso,[8] señala que "podía pertenecer al siglo anterior", lo cual supondría aceptar la anomalía de que el pergamino se hubiera utilizado primero por el lado del pelo y no de la carne, que es, en toda lógica, el que ocupa la donación, salvo que la idea pidalina se refiera a la posibilidad de que el escriptor fuera una persona de edad avanzada y no familiarizada con los usos escriturales de hacia 1200, sino con otros más antiguos. En el otro extremo, el primer editor del fondo de Oña (Álamo 1950, 409) la fecha de manera sorprendente en el siglo XIV, datación que repite Hernández (2018, 96). En cuanto a la fecha de creación del texto, hoy la crítica acepta, a partir de un trabajo de Mayol-Ferrer (1996) sobre las monedas mencionadas, su propuesta de situarla entre 1145 y 1172, lo cual supone, hay que decir, un uso muy precoz del romance para un texto de marcado carácter clerical.

Como vemos, no son pocas las características que estos textos literarios comparten: son versiones únicas que por su contenido y fuentes han de provenir de ambientes clericales, por lo que parece sensato pensar que sus autores eran miembros del cabildo de la catedral de Toledo y del monasterio de San Salvador de Oña, respectivamente. Los manuscritos transmisores sirvieron inicialmente de soporte de textos latinos destinados a conservarse, aprovechados después para copiar los textos romances, escritos ambos sin división en versos y con una escritura irregular que revela manos no profesionales. No parece, pues, que tuvieran gran importancia en su momento, ninguna, desde luego, en el caso del fragmento de la *Disputa*, aunque su singularidad haya hecho de ellos dos de las joyas más preciadas de la literatura medieval.

5. Perspectivas futuras: nuevas aproximaciones

Para los orígenes del español escrito, son todavía pocas las certezas y muchos los interrogantes que quedan por contestar, lo que se debe principalmente a la escasez de textos conservados de una misma tipología, hecho que limita su comparabilidad. Las muestras de romance jalonan una dilatada historia de escritura latina, sin que haya una progresión verdaderamente sostenida, que solo comienza a partir de los años 20–30 del siglo XIII.

Aun así, la comparación es la herramienta fundamental del trabajo filológico, y no es en absoluto desdeñable la información que nos proporciona no ya sobre la propia inmanencia de los textos, sino sobre la razón misma de la elección del romance en la escritura. Así, el simple hecho de que la *Disputa del alma y el cuerpo* sea coetánea del documento notarial en latín del anverso del pergamino nos demuestra que en el mismo monasterio benedictino de San Salvador de Oña se usaban estos dos códigos de escritura, el romance destinado a la creación literaria, y el latino, a los documentos de naturaleza jurídica. La comparación paleográfica de los dos textos y la valoración de su calidad caligráfica también revela que el monje que escribió o copió la *Disputa* no era un amanuense profesional del monasterio.

Si cotejamos el documento notarial y la *Disputa* con el *Fuero de Madrid*, escrito por los mismos años, de inmediato percibiremos que el fuero presenta un grado de hibridismo latinorromance elevado, ausente en los otros dos textos, que se sitúan en los extremos latino y romance, respectivamente. Esta mezcla de códigos ha sido atribuida por la generalidad de los estudiosos a la falta de habilidad de los escribanos. En efecto, a pesar de las importantes diferencias entre los seguidores de la escuela tradicional y los partidarios de Wright, unos y otros coinciden en que el hibridismo y el alto grado de variación gráfica que caracteriza a los textos de hasta casi mediados del siglo XIII es el resultado de la mala formación de los escribas, que intentan escribir a la manera tradicional (es decir, en latín) pero no son capaces, por lo que el romance se cuela a cada paso. Pero ¿acaso las autoridades que encargaron la redacción del *Fuero de Madrid* no encontraron un escribano profesional más preparado? Al final del manuscrito se inserta una carta de otorgamiento, especie de resumen del fuero para recabar la aprobación del rey Alfonso VIII, escrita en latín aunque con elementos romances. ¿Por qué no se encargó la redacción de todo el texto a este segundo notario, mucho mejor conocedor del código tradicional? El hibridismo no es, al menos no solo, el resultado de una escritura deficiente, sino un código o registro escrito intencionadamente y utilizado por permitir hacer comprensible un texto de naturaleza legislativa como es el fuero sin privarle de la autoridad que le confiere el latín (Torrens Álvarez 2019).[9]

Que la elección del código guarda una estrecha relación con el tipo de documento queda patente cuando es un mismo escribano el que utiliza diferentes registros: hibridismo para los documentos notariales dispositivos y romance para las remembranzas, como es el caso de Nicolaus Martini, escribano laico que presta sus servicios a particulares y distintas instituciones religiosas de la ciudad de Burgos en las dos primeras décadas del siglo XIII (Torrens Álvarez y Tuten 2022).

Esto nos lleva al tercer bloque de cuestiones sobre la época de los orígenes que anunciábamos en § 2: la creación de los sistemas gráficos de escritura romance y su interpretación como representación de la lengua (representación que está lejos de ser literal). ¿Quiénes son los artífices de la escritura vernácula? Como se ha visto en § 3, siempre se piensa en las grandes instituciones: monasterios, catedrales y, muy especialmente, la cancillería regia, por ser la que, al adoptar el código romance y proporcionarle un alto grado de estandarización, impulsa su extensión a otros ámbitos. Esto es así, pero la cancillería ha tenido que valerse de ensayos anteriores. Ya se ha señalado que la progresiva laicización de la sociedad propició que el romance fuera ganando terreno al latín, pero no ocurrió exactamente al mismo tiempo ni de la misma manera en toda la Península. Por ejemplo, a diferencia de otras ciudades importantes como Toledo, todavía en las primeras décadas del siglo XIII la catedral de Burgos no contaba con escribanía propia, por lo que para escriturar asuntos de carácter no religioso acudían a escribanos profesionales, los mismos que daban su servicio a otras instituciones y particulares.

Es precisamente en la documentación particular o privada, no en la eclesiástica ni en la regia, donde se ensayan los primeros sistemas de representación gráfica del romance. Las soluciones pueden ser muy variadas, pues cada individuo inventa las suyas propias. Muchas veces se habla de rasgos de escuela y de *scriptae* o, lo que es lo mismo, de tradiciones gráficas de un determinado ámbito geográfico, que interfieren entre sí y que explican usos peculiares que no esperaríamos. Pero esto solo puede suceder cuando el romance escrito ya ha alcanzado una considerable madurez y cuando determinados sistemas gráficos se han convertido en modelo. Antes, desde luego hasta los primeros años del siglo XIII, lo que encontramos son usos personales, que pueden o no coincidir con los de otros escribanos, pero no producto de una escuela, porque al menos en las escuelas monásticas y catedralicias la enseñanza práctica era del latín y no del romance (Torrens Álvarez 2015).

Características de estos sistemas primitivos de representación del romance son la polifuncionalidad de determinadas grafías (por ejemplo, la <i> para los diferentes sonidos consonánticos palatales, como *per proueio de conzeio* "per provecho de concejo" en el *Fuero de Madrid*) y la variación gráfica, que lleva a muchos a tachar la escritura antigua de caótica. Esta imagen es resultado, sin embargo, de medir la escritura medieval temprana con los mismos criterios de la norma cancilleresca de Fernando III y Alfonso X, basada en la correspondencia biunívoca letra-fonema, por coincidir esta con nuestro ideal de escritura fonográfica. Pero antes, y aún en paralelo a la norma de la cancillería, la elección de las grafías no obedece siempre a los sonidos que se quieren representar, sino que hay otros factores, como el paleográfico, que pueden explicar esos aparentes desajustes.

La grafemática es la disciplina que se encarga de determinar el valor fonético de las grafías, y para ello es necesario que el estudioso averigüe cuáles son los criterios que rigen y dan coherencia al sistema gráfico de un determinado amanuense o escribano. Solo así evitaremos atribuir al plano fónico alternancias meramente gráficas, o desechar los datos como fuente de información lingüística por considerarlos erráticos.

Aun así, cuanto más nos remontemos en el tiempo, más limitadas serán las posibilidades de reconstruir la lengua hablada del momento a través de las fuentes escritas. Ya hemos visto cómo el latín pervive como lengua de escritura durante mucho tiempo, y sobre él se moldeará no solo la escritura del romance, sino también los propios textos.

Notas

1 Me referiré al "romance" y no al "castellano" porque en estos primeros siglos son muy pocos los rasgos que pueden identificarse como inequívocamente castellanos, ni siquiera en las grafías, frente a otras variedades hispánicas. Aun así, salvo excepciones necesarias por la importancia de los casos, se comentarán solo textos del ámbito geográfico del castellano.
2 Presento ediciones paleográficas que mantienen las grafías del manuscrito, pero con algunas intervenciones, como el desarrollo de las abreviaturas, el uso de mayúsculas y la puntuación, para facilitar la comprensión.
3 Para el caso de Burgos, el más estudiado por Hernández, se basa exclusivamente en la documentación publicada por Menéndez Pidal (1919) en sus *Documentos lingüísticos de España*, sin tener en cuenta el conjunto de los fondos archivísticos y dando por hecho que los documentos se escribieron en la institución donde se conservaron.
4 Lo son, sin duda, del vasco, lengua que se utiliza en algunas de las emilianenses.
5 Las pesquisas son investigaciones ordenadas generalmente por una autoridad para dirimir quién tiene razón en un litigio, y las remembranzas describen sucesos pasados, muchas veces también para ser presentadas en un juicio. Ambas tienen en común el estar escritas a partir de los testimonios orales de personas entrevistadas, cuyo discurso directo a veces queda recogido.
6 Gutiérrez (2009), en cambio, cree que el debate enfrenta a los viejos mozárabes y a los nuevos cluniacenses y su reforma. Véase su análisis paleográfico y lingüístico.
7 Que se supone compuesto en el XII, aunque los testimonios sean del XIII y XIV.
8 Pero en absoluto por la razón que afirma Franchini (2001, 29): "Como la letra gótica del documento y la del fragmento poético se parecen, se acepta generalmente una fecha muy cercana al año del documento". Ningún parecido guardan las dos letras, más allá de pertenecer al mismo canon paleográfico general. La del documento es una escritura muy cuidada, regular y armoniosa, propia de un escribano profesional, mientras que la de la *Disputa* es acusadamente cursiva e irregular, con errores y correcciones que más parecen apuntar a un borrador.
9 El hibridismo varía notablemente de unos escribanos a otros, tanto en el grado de acercamiento al polo del latín o al del romance, como en los niveles textuales en los que se aplica y la manera concreta de hacerlo. Pueden verse algunos ejemplos en Torrens Álvarez (2018).

Lecturas recomendadas

Menéndez Pidal (1950) sigue siendo punto de referencia obligado y, aunque muchas de sus hipótesis hayan sido superadas, se levantan sobre un monumental corpus de datos expuestos con precisión y que siguen disponibles para nuevas interpretaciones.

Es muy recomendable la lectura de todos los trabajos citados de Sánchez-Prieto Borja y en especial el de 2012, por centrarse en las primeras manifestaciones del romance en la documentación notarial de los tres dialectos históricos y por su propuesta teórica acerca de la necesidad de una historia de la escritura como subsidiaria de la historia de la lengua.

Torrens Álvarez (2015) presenta de manera sucinta cuestiones metodológicas necesarias para abordar el estudio de la escritura castellana de las primeras décadas del siglo XIII y, a través del análisis de varios ejemplos, muestra las opciones gráficas individuales de distintos escribanos y su coherencia interna, antes de que pueda hablarse de *scripta* o tradiciones de escritura.

Referencias citadas

Álamo, J. del. 1950. *Colección diplomática de San Salvador de Oña (822–1284)*. Madrid: CSIC.
Ariza Viguera, M. 1998. "Fernando III y el castellano alfonsí". En *Estudios de lingüística y filología españolas. Homenaje a Germán Colón*, 71–84. Madrid: Gredos.
Bustos Gisbert, E. y R. Cano Aguilar, eds. 2020. *Noventa años de "Orígenes del Español"*. Valencia: Tirant lo Blanch.
Cano Aguilar, R. 1998. "Los orígenes del español: nuevos planteamientos". En *Estudios de lingüística y filología españolas. Homenaje a Germán Colón*, eds. I. Andrés-Suárez y L. López Molina, 127–140. Madrid: Gredos.
CORHEN = *Corpus Histórico del Español Norteño*, dir. M. J. Torrens Álvarez. www.corhen.es.
Deyermond, A. 1989. "El *Auto de los Reyes Magos* y el renacimiento del siglo XII". En *Actas del IX Congreso de la Asociación Internacional de Hispanistas*, coord. S. Neumeister, vol. I, 187–194. Fráncfort: Vervuert.
Fernández-Ordóñez, I. 2011. *La lengua de Castilla y la formación del español. Discurso leído el día 13 de febrero de 2011 en su recepción pública por la Excma. Sra.* Madrid: Real Academia Española.
Fernández-Ordóñez, I., ed. 2020. *El legado de Ramón Menéndez Pidal (1869–1968) a principios del siglo XXI*. Madrid: CSIC.
Franchini, E. 2001. *Los debates literarios en la Edad Media*. Madrid: Ediciones del Laberinto.
Gutiérrez, C. 2009. "Estudio y edición del *Auto de los Reyes Magos*: análisis paleográfico, lingüístico y literario". *Diálogo de la Lengua* 1: 26–69.
Hernández, F. J. 1999. "Sobre los orígenes del español escrito". *Voz y Letra. Revista de Filología* 10: 133–166.
Hernández, F. J. 2018. "Huellas de Occitania en la invención del español escrito: siete imágenes probatorias". En *Los modelos anglo-normandos en la cultura letrada en Castilla (siglos XII-XIV)*, eds. A. Arizaleta y F. Bautista, 67–102. Toulouse: Presses Universitaires du Midi.
Lapesa, R. 1967. "Sobre el *Auto de los Reyes Magos*: sus rimas anómalas y el posible origen de su autor". En *De la Edad Media a nuestros días. Estudios de historia literaria*, 37–47. Madrid: Gredos.
Lapesa, R. 1985 [1963]. "El Fuero de Madrid". En *Estudios de historia lingüística española*, 157–166. Madrid: Paraninfo.
Mayol-Ferrer, J. R. 1996. "Sobre la fecha de la *Disputa del alma y el cuerpo*". *Bulletin Hispanique* 98: 253–260.
Menéndez Pidal, R. 1900. "Disputa del alma y el cuerpo y Auto de los Reyes Magos". *Revista de Archivos, Bibliotecas y Museos* 4: 449–462.
Menéndez Pidal, R. 1919. *Documentos lingüísticos de España*. Madrid: Centro de Estudios Históricos.
Menéndez Pidal, R. 1950. *Orígenes del español. Estado lingüístico de la Península Ibérica hasta el siglo XI*. 3.ª ed. Madrid: Espasa-Calpe.
Ruiz Asencio, J. M. 1993. "Hacia una nueva visión de las *Glosas emilianenses y silenses*". En *Las Glosas emilianenses y silenses. Edición crítica y facsímil*, eds. C. Hernández Alonso J. Fradejas Lebrero, F. Martínez Díez y J. M. Ruiz Asencio, 83–118. Burgos: Ayuntamiento de Burgos.
Sánchez-Prieto Borja, P. 1996. "Sobre la configuración de la llamada *ortografía alfonsí*". En *Actas del III Congreso Internacional de Historia de la Lengua Española*, coord. A. Alonso González, L. Castro Ramos, B. M. Gutiérrez Rodilla y J. A. Pascual Rodríguez, vol. I, 913–922. Madrid: Arco/Libros.
Sánchez-Prieto Borja, P. 2004. "¿Rimas anómalas en el *Auto de los Reyes Magos*?". *Revista de Literatura Medieval* 16: 149–220.
Sánchez-Prieto Borja, P. 2007. "El romance de los documentos de la catedral de Toledo (1171–1252): la escritura". *Revista de Filología Española* 87: 131–178.
Sánchez-Prieto Borja, P. 2012. "Para una historia de la escritura romance en León, Castilla y Aragón: algunas claves interpretativas". *Medioevo Romanzo* 36: 24–64.
Solalinde, A. G. 1933. "La *Disputa del alma y el cuerpo*. Comparación con su original francés". *Hispanic Review* 1: 196–207.
Torrens Álvarez, M. J. 2015. "¿Tradiciones de escritura o normas gráficas individuales en la Castilla de comienzos del XIII?". En *Temas, problemas y métodos para la edición y el estudio de documentos hispánicos antiguos*, eds. J. P. Sánchez Méndez, M. de La Torre y V. Codita, 155–173. Valencia: Tirant Humanidades.
Torrens Álvarez, M. J. 2018. "Variedades en contacto en la documentación notarial medieval: latín, romance e hibridismo latinorromance". En *Lenguas en contacto, ayer y hoy. Traducción y variación desde una perspectiva filológica*, eds. S. Del Rey Quesada, F. del Barrio de la Rosa y J. González Gómez, 69–98. Berna: Peter Lang.

Torrens Álvarez, M. J. 2019. "El hibridismo latinorromance de fueros y documentos de finales del siglo XII y comienzos del XIII". En *Quan sabias e quam maestras. Disquisiciones de lengua española*, eds. D. Esteba Ramos, M. Galeote López, L. C. García Aguiar, P. López Mora y S. Robles Ávila, 101–112. Málaga: Universidad de Málaga.

Torrens Álvarez, M. J. y D. Tuten. 2022. "From 'Latin' to the Vernacular: Latin-Romance Hybridity, Scribal Competence, and Social Transformation in Medieval Castile". *Speculum* 97 (3): 698–736.

Weiss, J. 1981. "The Auto de los Reyes Magos and the Book of Jeremiah". La Corónica 9: 128–131.

Wright, R. 1989 [1982]. *Latín tardío y romance temprano*. Madrid: Gredos.

Wright, R. 2000. *El Tratado de Cabreros (1206): estudio sociofilológico de una reforma ortográfica*. Londres: Queen Mary and Westfield College.

35
Latín e hispanorromance durante la Edad Media (1200–1450) (Latin and medieval hispano-romance)

Marta López Izquierdo

1. Introducción

La etapa que discurre de 1200 a 1450 representa la expansión del romance como lengua de cultura y el inicio de la estandarización para algunas de las variedades peninsulares. Este proceso conlleva una reconfiguración del contacto latín/romance que deja de obedecer a una situación de diglosia, aunque el latín sigue funcionando como lengua de prestigio. Es en este marco donde hay que situar el avance del romance en los diferentes textos y tradiciones discursivas antes reservadas al latín, el papel de las traducciones del latín al romance y la difusión de latinismos léxicos, morfológicos y sintácticos que entran en los vernáculos por estas vías.

Palabras clave: expansión del romance; diglosia; bilingüismo; contacto latín/romance; latinismos

The period from 1200 to 1450 marks the rise of Romance as a language of culture and the beginning of the standardization for some of the peninsular Romance varieties. This process led to a reconfiguration of Latin/Romance contact that no longer conformed to a situation of diglossia, although Latin continued to function as a language of prestige. It is within this framework that we must situate the progression of Romance through different types of texts and discursive traditions previously reserved for Latin, the role of translations from Latin to Romance, and the diffusion of lexical, morphological and syntactic Latinisms that enter the vernacular through these channels.

Keywords: expansion of Romance language; diglossia; bilingualism; Latin/Romance contact; latinisms

2. Conceptos fundamentales: nuevas configuraciones latinorromances en la sociedad medieval

Suele aceptarse que, tras una primera etapa de formación que se extiende hasta finales del siglo XII, la lengua romance alcanza una autonomía que la distingue claramente del latín.

Consecuentemente, la diglosia[1] que había caracterizado la etapa anterior se resuelve en un bilingüismo (*cf.* Menéndez Pidal 1950; Bastardas i Parera 1960; Díaz y Díaz 1981). Sin embargo, atendiendo al papel de lengua de prestigio que conservará el latín durante toda la Edad Media, es posible seguir hablando de diglosia hasta al menos el siglo XIV según algunos estudiosos (Schmid 1998, 430). De igual modo, se ha considerado al latín en este período tanto superestrato como adstrato del romance. Es razonable pensar que estamos ante un proceso continuo de reconfiguración de la relación del latín con el romance que no deja de evolucionar entre superestrato y adstrato entre los siglos XIII y XV, a medida que el vernáculo ocupa espacios de la cultura escrita antes reservados al latín.

Solo a partir de fines del siglo XII aparecen los primeros textos hispánicos (dejando al margen el ámbito catalán) escritos totalmente en romance, sin el "vestido latinizante" o el "hibridismo" que habían conservado hasta la fecha. Los siglos siguientes serán testigos del avance progresivo del romance en los distintos ámbitos de la escrituralidad y en su consolidación como lengua de cultura, aunque siempre bajo el manto del latín, que actúa como lengua-techo (*Dachsprache*: Muljačić 1989, siguiendo a Kloss) hasta finales de la Edad Media.

Paralelamente, el latín deja de ser una lengua aprendida de forma espontánea y su adquisición se realiza en los ámbitos escolares, con un cultivo —principalmente escrito, aunque no exclusivamente— en círculos letrados reducidos pero influyentes. El latín medieval experimenta sus propios procesos evolutivos, con innovaciones propias que trasladará a los romances en relación adstrática (Barra 2007, 2008, 2010), pero también a través de préstamos tomados de esos mismos romances, como hacía valer ya Alonso de Cartagena en la controversia que lo opuso a Bruni y Decembrio en el siglo XV (González Rolán *et al.* 2000). Por otro lado, es necesario recordar que el afianzamiento de las letras romances no supuso la decadencia del cultivo de las letras latinas, sino que, muy al contrario, se asiste al mismo tiempo a una etapa de esplendor en la literatura latina hispánica (en sintonía con lo que ocurre también en Europa), con nombres como Lucas de Tuy, Rodrigo Ximénez de Rada, Ramon Llull, Alfonso de Cartagena o el Tostado, entre otros. Igualmente, hay que considerar la pervivencia del latín como lengua litúrgica, como lengua de los círculos religiosos (clero y monasterios) y como lengua de la enseñanza.

En esta etapa (1200–1450), la producción escrita en lengua romance no se limita ya a textos dispersos en el tiempo y en el espacio, que no han podido influenciarse mutuamente, como en la fase anterior, sino que se alcanza ahora una producción de magnitud considerable que permite el establecimiento de tradiciones textuales, vinculadas a centros de producción y de difusión especializados, en las que se puede observar la evolución de la lengua vulgar. Del mismo modo que se ha descrito para la primera etapa de emergencia de los romances una distribución de determinados tipos de textos paralela para toda la Romania, aunque con diferencias cronológicas importantes (Koch 1993; Frank y Hartmann 1997), conviene reflejar la distribución y cronología del proceso de expansión del romance escrito en territorio hispánico comparando las distintas variedades romances que se cultivan durante la época señalada y estudiando las influencias que unos romances han podido tener en otros a la hora de favorecer o retrasar el desarrollo de ciertas tradiciones discursivas, así como en la difusión de latinismos.

Por otro lado, la traducción constituye en estos siglos la vía de entrada de nuevos modelos textuales y, con ellos, de recursos (léxicos, sintácticos, discursivos) existentes en la lengua de cultura tradicional, el latín. Los textos catalanes, por ejemplo, son, hasta mediados del siglo XIV, traducciones (Pujol 2004). Además de la práctica traductora escrita, existieron múltiples situaciones en la vida cotidiana (justicia, iglesia, escuela) que sin duda exigían una práctica de la traducción oral, de la que no quedan más que testimonios indirectos.

3. Aproximaciones teóricas

3.1 La expansión del romance y las nuevas relaciones con el latín adstrático

Es necesario interrogarse sobre qué entendemos por diglosia y bilingüismo, aplicados a las sociedades medievales de la península ibérica. Si seguimos la definición inicial de Ferguson, la diglosia es una situación lingüística en la que dos variedades altamente diferenciadas de una misma lengua coexisten dentro de una misma comunidad, cada una de ellas con su propia función. Según Ferguson (1996 [1959], 1991), esta situación no coincide con aquella en que coexisten dos lenguas distintas (emparentadas o no). La aparición de una conciencia del romance como lengua diferente del latín supondría por consiguiente la desaparición de la diglosia *stricto sensu*, si bien ciertas características propias de la situación anterior se mantuvieron vivas durante varios siglos, entre ellas: 1. la especialización funcional entre latín y romance, aunque se produce un acceso progresivo del romance a los contextos antes reservados al latín que no puede considerarse concluido hasta el siglo XVIII; 2. el prestigio mayor del latín y una imagen del romance como lengua inferior o menos capacitada para determinados ámbitos; 3. la adquisición del latín como lengua escolar por parte de una élite que se continúa hasta una época tardía; 4. la existencia de una rica tradición gramatical para el latín, heredada de la Antigüedad clásica o elaborada en la época medieval, frente a la ausencia de codificación gramatical para la lengua romance hasta finales del siglo XV; 5. el uso de préstamos léxicos tomados de la lengua de prestigio en la lengua vernácula (*cf.* el cap. 38).

Un criterio importante para determinar cuándo dos sistemas lingüísticos deben considerarse variedades de una misma lengua o dos lenguas diferentes es el criterio émico, basado en la percepción y los juicios de los locutores, algo que se puede rastrear en los textos romances medievales a través de las denominaciones que surgen para las nuevas lenguas y, de manera palmaria, en traducciones o expresiones metalingüísticas como las que encontramos en las *Flores de derecho* a mediados del siglo XIII: "los voceros que son dichos en latin *advocati*" (I, 2, *apud* Kabatek 2005, 249) o en la famosa fórmula de Berceo: "Quiero fer una prosa en romanz paladino/en cual suele el pueblo fablar a su vecino,/ca no só tan letrado por fer otro latino" (*Vida de santo Domingo de Silos*, v. 5–7). Ello no impidió a Berceo ser el mayor introductor de cultismos léxicos latinos en la lengua española, indicio de que la percepción del romance como lengua diferente del latín no significaría la desvinculación entre uno y otro, facilitando que se produjeran fenómenos de transferencias léxicas y sintácticas durante toda la Edad Media.

El estudio de esta relación y de sus dinámicas debe tomar en consideración los tipos de textos y de tradiciones discursivas que el romance va conquistando, junto a otros factores como el destinatario o el contexto histórico en que se producen los nuevos textos romances.

3.2 Tipos de textos y tradiciones textuales

Es ampliamente reconocida la importancia de la documentación notarial así como de la tradición jurídica a la hora de estudiar el ascenso del romance a la escritura a lo largo de un período de tiempo relativamente corto (menos de un siglo en algunos territorios) en el que conviven textos en latín con textos latinorromances híbridos en mayor o menor grado (Torrens Álvarez 2018), con una separación neta entre ambas lenguas a partir del siglo XIII. En el ámbito cancilleresco, el uso del vulgar se documenta por primera vez en Navarra (1169), seguida por Castilla (1194), pero con una aparición más tardía en Aragón (documento en catalán de 1240). El romance se generaliza poco después en Navarra (1234) y Castilla (1246) y suplanta definitivamente al latín una década más tarde (Navarra 1245, Castilla 1252). En el reino de Aragón, habrá que esperar al siglo XIV para que el romance supere al latín en la documentación de la cancillería real, pero este seguirá usándose hasta finales de la Edad Media en determinados tipos textuales, como los testamentos regios. La selección del romance en la documentación obedece a factores múltiples, entre los que juega un papel importante la tipología textual, pues se prefiere el romance en documentos breves con disposiciones de gobierno o resoluciones jurídicas, como disposiciones económicas o pesquisas judiciales. Asimismo, su aparición en los fueros es temprana (primera mitad del siglo XIII para el castellano y el navarro), si bien podía coexistir con una versión latina, como en el caso del fuero de Córdoba de 1241. Un segundo factor destacado en la selección del romance lo constituye el destinatario, que suele ser un particular o un concejo en la primera etapa, conservándose el latín durante más tiempo para iglesias y monasterios o, hasta el final de la Edad Media, para la correspondencia internacional. Según Fernández-Ordóñez (2011), a estos factores hay que añadir el contexto histórico, como fue la reconquista de Andalucía y su repoblación en el caso del reino de Castilla, así como la explotación del vernáculo al servicio de la identidad política de Castilla con Alfonso X el Sabio o en Navarra, con la llegada de una dinastía foránea que pudo sostenerse gracias al apoyo de la nobleza apegada al romance local. En el ámbito de la tradición jurídica, el punto de inflexión en la separación del latín y del romance se observa en el *Libro de los fueros de Castiella*, compuesto en la primera mitad del XIII, que frente a otros textos jurídicos anteriores, como las *Fazañas de Palenzuela* o el *Fuero de Madrid*, está escrito en un romance libre de latinismos. El libro, por su contenido y su disposición, muestra una fuerte vinculación con los círculos eruditos, buenos conocedores del latín y conectados con los centros del saber ultrapirenaicos, más adelantados en el romanceamiento de la escritura (Kabatek 2005).

3.3 Traducciones

Se ha destacado la importancia de la traducción, en particular del latín en el caso de los romances, como motor de elaboración lingüística (en el sentido de Kloss 1967), aunque deben incorporarse igualmente en este proceso otras direcciones de traducción, en particular romance > romance y, de manera más ocasional, romance > latín. Existe un desarrollo diacrónico del fenómeno traductivo, que se manifiesta tempranamente en el romance a través de las glosas y más tarde de las traducciones interlineales, como la que configura el salterio bilingüe prealfonsí (Cátedra 2005), antes de aparecer en textos independientes. Las más tempranas traducciones al vulgar en textos independientes datan de los siglos XII o inicios del XIII: las primeras traducciones de la Vulgata al castellano (Esc. I.i.6 y I.i.8) son de mediados del siglo XIII, mientras que el sermonario catalán de las *Homilies d'Organyà*, asimismo traducción del latín, remonta al siglo XII. Pero será ya en pleno siglo XIII cuando se propulsen las traducciones del latín al vernáculo, especialmente durante el reinado de Alfonso X (1252–1284). El *scriptorium* alfonsí tradujo, compendió y utilizó numerosísimas obras latinas, antiguas y medievales, en el proceso de redacción de su *General estoria* y de la *Estoria de España* (Fernández-Ordóñez 1992; Almeida Cabrejas 2004). Saquero Suárez-Somonte (2010, 197) estima que el 95 % de las fuentes manejadas en la *General Estoria* son latinas, frente a un 5 % de fuentes árabes y romances. Por esos mismos años, la actividad traductora se desarrolla en otras órbitas peninsulares, en las que destaca la figura de Ramon Llull (1232–1316), que escribe y traduce en árabe, catalán y latín.

Sin embargo, las traducciones del latín no se hacen mayoritarias hasta el siglo XIV, coincidiendo con el desarrollo de la traducción romance > romance. Entonces decae la influencia de la cultura árabe y se refuerza la importancia del latín como lengua fuente mayoritaria de las traducciones peninsulares, con un claro predominio del catalán como lengua meta, en el entorno de la corte real de Pedro III y sus hijos. Destaca igualmente la labor traductora en aragonés, bajo el mecenazgo de Juan Fernández de Heredia. La traducción a través de otra lengua romance intermediaria, con frecuencia el catalán, pero también el occitano, el francés, el italiano, el portugués y el provenzal (traducciones al aragonés de las *Historiae* de Orosio a través del italiano o de la *Agricultura* de Paladio a través del catalán, por ejemplo), prolongó la influencia del original latino y a la vez supuso un cauce de entrada para nuevos elementos foráneos. En el ámbito castellano, destaca la figura del canciller Ayala (1332–1407) como traductor o comanditario de traducciones de textos latinos (*Sentencias* de san Isidoro, *Consolación* de Boecio, *Morales* de Gregorio Magno, *Caída de príncipes* de Boccaccio, etc.). Se dan igualmente traducciones de textos ejemplares y tratados morales o políticos de fuente latina (*Libro de los gatos*, *Viridario*, *Regimiento de príncipes*, etc.). Finalmente, se documenta en esta etapa el inicio de la actividad traductora en gallego, en particular de textos latinos y castellanos (*Livro de alveitaria*, *Livro de Esopo*, *Historia troyana*, *General estoria*).

En la primera mitad del siglo XV se manifiesta ya la tendencia que dominará hasta finales de siglo: el panorama de la traducción se hace mucho más complejo y variado, con traductores que son a su vez escritores (Enrique de Villena, Juan Rodríguez del Padrón, Juan de Mena, el Tostado) y con el afianzamiento del latín (clásico, tardío y medieval) como lengua fuente, junto a la traducción interrománica. Se amplía igualmente el público lector: por ejemplo, en la sociedad catalana, caballeros, ciudadanos, mercaderes y artesanos poseen ahora bibliotecas, antes reservadas a la alta nobleza, y en ellas abundan las traducciones (Pujol 2004, 641). Se inicia en este siglo igualmente la reflexión en torno a la actividad traductora, que se refleja en los prólogos a las traducciones mismas (Cartagena 2009). Paralelamente a los textos literarios, se traducen durante todo el siglo XV textos religiosos y moralizantes, cuya difusión fue considerable, (*cf.* cap. 37).

4. Perspectivas actuales: efectos del contacto latín/romance

Los términos de préstamo, latinismo, cultismo, calco latino, entre otros, se han empleado generalmente para identificar los distintos efectos del contacto del latín con el romance en los diversos planos léxico, morfológico y sintáctico, aunque con desarrollo diferente. No pudiendo profundizar aquí en las distintas conceptualizaciones que implican las diferencias terminológicas, nos referiremos a todos estos fenómenos con el término de *préstamo*, que usamos como hiperónimo, o *latinismo*, para los préstamos del latín.

Los préstamos léxicos del latín son frecuentes, desde los orígenes de los romances peninsulares hasta el fin del periodo aquí estudiado, a través del contacto en el ámbito escolar, religioso (la predicación, en particular) y jurídico. Se documentan en textos doctrinales desde el siglo XIII (*Diez mandamientos*, *Bocados de oro*, *Libro de los buenos proverbios*), de manera masiva con el mester de clerecía (en Berceo, sobre todo: *sillava*, *sermonario* "discurso", *leticia*, *edificación* "devoción", etc.), así como en la producción alfonsí, especialmente en los ámbitos de la ciencia y el derecho (*matemática*, *geometría*, *opilación*, *obtalmía*, *fideicomiso*, *depósito*, *árbitro*, *acta*, *codicilo*); en el siglo XIV, con Juan Ruiz, don Juan Manuel, el canciller Ayala, etc. (*consonante*, *conversar*, *indulgencia*, *perpetuo*, *reptil*, *universo*), y, finalmente, durante el prehumanismo (Villena, Mena, Martínez de Toledo, Cartagena, entre otros), de manera más sistemática, dentro de una latinización que recubrió los diversos aspectos de la lengua (léxico, semántica, sintaxis y retórica) y que en muchos casos no perduró en el idioma. En catalán y en gallego-portugués se observan procesos similares.

Son especialmente interesantes por su carácter híbrido los llamados *semicultismos*, es decir, términos con una adaptación parcial a la lengua meta, que han recibido diversas explicaciones: por ser su vía de entrada oral y no escrita (Bustos Tovar 2006) o bien porque son formas especialmente sujetas a la presión de la forma latina culta que habría frenado su desarrollo patrimonial: *siglo* < SAECULUM (Pountain 2011). Se han podido originar igualmente a partir de préstamos tempranos afectados luego por los procesos comunes de cambio. Según Bustos Tovar (2006, 1594), estos cambios se hacen especialmente visibles en el siglo XIV, momento que coincide con la utilización de un latín medieval "jergal" o "mutilado": *luxuria/loxuria, instrumento/estromente/estormente, elemento/alemento*, etc. Los semicultismos (para una revisión de este concepto, *cf.* también Clavería Nadal 1991, 14–18), en alternancia con formas patrimoniales o propiamente cultas, dan lugar a fenómenos de duplicación léxica o dobletes, muy frecuentes todavía hoy, que podrían ser pervivencia de una antigua diglosia: es característico que los hablantes dispongan de dos términos emparentados especializados en registros diferentes.

El préstamo morfológico es consecuencia en parte del préstamo léxico, pues la adopción y extensión de un afijo derivativo se ve facilitada por la entrada de piezas léxicas que lo contienen, por ejemplo, el sufijo -ALE(M) > -*al*, el -*nte* de los participios de presente (sobre cuyo uso cuatrocentista existe abundante bibliografía) o el elativo -*ísimo* que, aunque documentado ya en Berceo, solo empieza a cundir, todavía tímidamente, en el s. XV (*cf.* cap. 22).

El estudio del préstamo sintáctico latino presenta dificultades metodológicas específicas, como refleja la multiplicidad de denominaciones que ha suscitado: calco sintáctico, préstamo gramatical, sintaxis latinizante, latinismo sintáctico, relatinización, etc. En primer lugar, hemos de plantearnos qué entendemos por latinismos sintácticos y cómo pueden reconocerse, pues, como señalan Cornillie y Drinka (2019), los llamados latinismos pueden resultar de un proceso de copia de construcciones latinas en las lenguas romances, o bien puede tratarse de estructuras vernáculas que han evolucionado de manera similar al modelo latino. Por causa de la relación genética entre latín y lenguas neolatinas, es difícil diferenciar categóricamente los desarrollos autónomos romances de las construcciones que imitan la sintaxis latina: ¿es el *sino* exceptivo romance copia del latino *nisi* o un desarrollo independiente del vernáculo, según procesos universales que afectan a las condicionales negativas? (López Izquierdo 2021); ¿son las estructuras correlativas medievales calcos de las latinas *qualis... talis..., tantum... quantum...,* o desarrollos vernáculos? (Elvira 2010); ¿cómo afecta la influencia indirecta del latín en la selección de determinadas variantes más prestigiosas frente a otras, más comunes, o de variantes más periféricas frente a otras más centrales? En las sociedades medievales, además, el contacto entre el latín y el romance se efectúa en la esfera escritural culta, con una interacción oral circunscrita a determinados grupos y contextos muy específicos, si bien son justamente esos círculos letrados los responsables del trasvase de los modelos textuales —y gramaticales— latinos al romance.

Cabe plantearse, en fin, si la distinción entre formas cultas y patrimoniales aplicada al préstamo léxico sobre la base de la evolución fonética puede extrapolarse a las construcciones sintácticas: Pountain (1998) ofrece diferentes criterios para ello, basándose tanto en factores externos como estructurales y estilísticos; entre los factores internos incluye la cronología de ciertos fenómenos, con una curva de ascenso y descenso bien acotada en determinados períodos, como en el caso de la construcción de AcI (*Accusativus-cum-Infinitivo*) con verbos declarativos. En Greco (2019) se prefiere al de préstamo o calco el término de *influencia* sintáctica o, incluso, estilística: el desarrollo de la sintaxis románica medieval se concibe como tensión constante entre dos extremos, los desarrollos vernáculos independientes y las formas bajo influjo del latín, que funciona durante toda la Edad Media como "lengua-techo" de las variedades romances.

Para la época que estudiamos, la entrada de latinismos sintácticos se documenta principalmente en textos traducidos del latín o en textos prehumanistas, altamente permeables a las estructuras latinas. Como en el caso de la construcción latina *minari casum* "amenazar caída" estudiada por Cornillie y Octavio de Toledo (2015), el préstamo latino puede experimentar un desarrollo propio una vez que se integra en la lengua de llegada, con la gramaticalización de la secuencia *amenazar* (+ prep.) + *infinitivo* que se documenta a finales del siglo XV en castellano y surge paralelamente en otras lenguas europeas.

Al producirse generalmente a través de las traducciones, la entrada de nuevas construcciones latinas parece representar un cambio abrupto y no gradual, mientras que su difusión, por el contrario, es generalmente gradual: el préstamo aparece en una tradición discursiva determinada y se produce luego su extensión a otras tradiciones, con frecuencia también gracias a la actividad traductora. Así se explica la aparición del reformulador *esto es* por calco del latín *id est* en textos jurídicos tempranos, con una expansión progresiva a otros tipos de textos entre los siglos XIII–XV (Pons Bordería 2008). Siguen asimismo esta vía de entrada numerosas partículas discursivas que son traducción directa o préstamos semánticos de modelos latino-medievales: *en sustancia* < IN SUBSTANTIA, *respecto a* < RESPECTU A, *a la fin* < TANDEM, etc. (Pons Rodríguez 2010a, 2020; Iglesias Recuero 2007).

5. Perspectivas futuras y conclusiones

La intensa labor traductora que se desarrolla en estos siglos, así como las trayectorias de elaboración que recorren los romances siguiendo la estela del modelo latino, suponen una importante fuente de contactos interlingüísticos latinorromances. No solo se han de estudiar las diferentes estrategias de retextualización que utilizan los traductores romances en su acercamiento al texto latino, sino también los efectos que tiene sobre el desarrollo y fijación del estándar romance el contacto con el latín como modelo de lengua de cultura, dentro de los procesos evolutivos que han venido identificándose como *cambios desde arriba* (Jakob y Kabatek 2001). Dentro de esta perspectiva, se ha propuesto la distinción entre elaboración por calco, a través del contacto con el latín, y elaboración vernácula, cuando se desarrolla un recurso desde la propia lengua (Pons Rodríguez 2010a, 565), como reflejo de lo que Labov (2006) identificó con cambio desde arriba y cambio desde abajo, diferentes en su patrón de difusión: las innovaciones vernáculas permiten seguir toda su génesis y desarrollo en los textos romances, mientras en el cambio desde arriba el préstamo entra abruptamente en la lengua a través de una clase específica de texto o tradición discursiva para expandirse luego progresivamente: así, las construcciones de AcI figuran ya en la traducción de los *Morales* por Ayala (o su entorno) casi medio siglo antes de que se observe su amplia difusión en castellano cuatrocentista; resulta significativo que el propio canciller, que maneja esta traducción así como el texto latino fuente para componer su *Rimado de palacio*, elimine sin embargo de su poema la construcción latinizante (López Izquierdo 2019).

El cotejo de las traducciones romances con el texto latino fuente es una línea de trabajo con desarrollos recientes para la que se necesitan nuevos estudios sistemáticos. Para la época que nos ocupa, pueden consultarse los trabajos de Del Rey Quesada (2016a, 2016b, 2018) y Octavio de Toledo (2017). Desde una perspectiva romanista, Del Rey Quesada compara las traducciones de textos como las *Heroidas* de Ovidio (en el taller alfonsí) o el *De senectute* de Cicerón, contribuyendo a la delimitación de las diversas formas en que puede manifestarse el latinismo sintáctico, ya sea como interferencia positiva (transposición, hiperlatinismo, heterolatinismo) o negativa (identidad, antilatinismo), y ofreciendo una base empírica indispensable para valorar su posible papel en la difusión de innovaciones. Del Rey Quesada observa que los fenómenos de convergencia latinizante propiamente dichos son minoritarios (aunque pueden presentar porcentajes variables según los textos y las épocas), frente al predominio de los fenómenos de divergencia como los antilatinismos. Sin embargo, desde nuestro punto de vista, esto no invalida el papel crucial que representaron las traducciones del latín como vía de entrada de construcciones latinizantes, que luego podrán experimentar una mayor o menor difusión en otras tradiciones discursivas. Octavio de Toledo, por su parte, estudia los recursos lingüísticos que utiliza Mena en su traducción de la *Ilias latina* y muestra la graduación que se hace del latinismo en la prosa culta prehumanista en función del nivel de elaboración buscado.

Además de los préstamos de construcciones sintácticas específicas, ha de tenerse en cuenta el modelo que ofrece la prosa latina en lo que respecta a la organización textual a través de diversos procedimientos, como los marcadores discursivos o la sintaxis de la oración compleja, cuyos esquemas de subordinación siguen las lenguas romances. En López Izquierdo (2018a, 2018b, 2020) se coteja el texto latino de las *Fabulae* del anglonormando Odo de Chériton y dos traducciones romances de este texto (en castellano y en francés): el texto castellano muestra un fuerte desarrollo de procedimientos de cohesión textual a través del uso de proposiciones adverbiales antepuestas, como las subordinadas temporales introducidas por *desque*, que presentan una extensión funcional a valores conectivos o ilativos expresados en latín con *cum* histórico, procedimiento que no ha dejado descendencia directa en los romances. Puede considerarse este un *préstamo funcional*, en que se copia la función textual de la subordinada con *cum* pero se expresa por medio de una forma romance patrimonial.

Es necesario igualmente continuar las líneas de trabajo iniciadas en investigaciones como las de Barra Jover (2007, 2008, 2010) acerca de las innovaciones del latín medieval y su difusión en las distintas áreas románicas. Esta base latina adstrática constituyó un "pasillo unificador" para la prosa romance: la construcción DICTUM + Nombre y otros procedimientos innovadores de correferencia nominal se documentan primero en los cartularios latinos del siglo XIII y solo con posterioridad en la tradición notarial en romance (*el dicho, o dito, lo dit*), desfase cronológico que sugiere que la innovación fue latina y se extendió progresivamente en los diferentes romances a partir de esa tradición concreta. Necesitamos más estudios que indaguen la vitalidad del latín medieval, su variación interna y los mecanismos que rigen el cambio lingüístico en lenguas adquiridas secundariamente. De igual modo, debe considerarse la dimensión oral del latín durante la Edad Media, que usarían los clérigos más o menos cultos, así como los círculos escolares y letrados, en que aparecerían diversos grados de acomodación al romance.

Quedan igualmente pendientes de ampliación y diversificación los estudios sobre el latinismo, en particular el latinismo sintáctico, ya que, como indica Del Rey Quesada (2018), suele atenderse a algunos fenómenos particulares (construcciones de AcI, construcciones absolutas, orden de palabras) en detrimento de otros (superlativo sintético, coniunctio relativa del tipo *el cual hombre*, oraciones completivas asindéticas, imitación de *cum* histórico, etc.). Por otra parte, los estudios de este tipo suelen concentrarse en las innovaciones cuatrocentistas, mientras quedan en sombra épocas anteriores, en particular el siglo XIV, durante el cual se llevó a cabo una labor traductora de gran intensidad con predominio del latín como lengua fuente (directa o mediada por otros romances): no podría entenderse el florecimiento latinizante del XV sin la actividad traductora en torno a figuras como Heredia o Ayala en el siglo XIV y sus efectos en la interacción latín/romance.

En definitiva, el avance en este campo debería asociar un estudio más sistemático de las fuentes de entrada de latinismos a una mejor comprensión de las diversas variedades latinas que coexisten (e interfieren) con las variedades romances. Asimismo, habría que diversificar el número de fenómenos estudiados y ampliar su rastreo a siglos menos explorados en esta perspectiva, como el trescientos.

Nota

1 Utilizamos aquí el término de diglosia en el sentido de Ferguson (1996 [1959]), *cf.* infra, § 3.1.

Lecturas complementarias

Castillo Lluch y López Izquierdo (2010) incluye diversos trabajos dedicados a la emergencia y periodización de las lenguas romances y la formación de su léxico y morfosintaxis desde la perspectiva del contacto latino. Cabe destacar en particular dos trabajos sobre innovaciones del latín medieval difundidas en el ámbito iberorrománico: Barra Jover 2010; Pons Rodríguez 2010b.

Del Rey Quesada (2016a) estudia el romanceamiento de la *Heroida* VII de Ovidio en la *Estoria de España* alfonsí. Se adapta a la traducción escrita la noción de *interferencia lingüística* de Kabatek (1997), al tiempo que se observa una tendencia *antilatinista* que da preferencia a las estructuras sintácticas romances que divergen de las latinas.

Garachana (2019) estudia el origen de la preposición *mediante* como un ejemplo de latinismo sintáctico, introducido desde el oriente peninsular en el siglo XIV, y no como resultado de la gramaticalización de un participio de presente. Se muestran los diferentes patrones de funcionamiento y difusión observables en la documentación para los cambios "desde abajo" (aquí, los procesos de gramaticalización) y "desde arriba" (el latinismo).

Bibliografía

Almeida Cabrejas, B. 2004. *La historia de Roma en la Quinta Parte de la General Estoria. Edición y estudio*. Tesis de doctorado, Universidad de Alcalá.

Barra Jover, M. 2007. "Cambios en la arquitectura de la prosa española y romance: sintaxis y cohesión discursiva por correfencia nominal". *Revista de Filología Española* 87 (1): 7–43.

Barra Jover, M. 2008. "Tradición discursiva, creación y difusión de innovaciones sintácticas: la cohesión de los argumentos nominales a partir del siglo XIII". En *Sintaxis histórica del español y cambio lingüístico. Nuevas perspectivas desde las Tradiciones Discursivas*, ed. J. Kabatek, 127–150. Madrid y Fráncfort: Iberoamericana y Vervuert.

Barra Jover, M. 2010. "Cómo vive una lengua 'muerta': El peso del latín medieval en la evolución romance". En *Modelos latinos en la Castilla medieval*, eds. M. Castillo Lluch y M. López Izquierdo, 63–80. Madrid y Fráncfort: Iberoamericana y Vervuert.

Bastardas i Parera, J. 1960. "El latín medieval". En *Enciclopedia Lingüística Hispánica*, vol. 2, 251–290. Madrid: CSIC.

Bustos Tovar, J. J. de. 2006. "Contactos lingüísticos: latín e iberorromance". En *Romanische Sprachgeschichte/Histoire linguistique de la Romania*, eds. Gerhard Ernst *et al.*, vol. 2, 1591–1600. Berlín: Walter de Gruyter.

Cartagena, N. 2009. *La contribución de España a la teoría de la traducción. Introducción al estudio y antología de textos de los siglos XIV y XV*. Madrid y Fráncfort: Iberoamericana y Vervuert.

Castillo Lluch, M. y M. López Izquierdo, eds. 2010. *Modelos latinos en la Castilla medieval*. Madrid y Fráncfort: Iberoamericana y Vervuert.

Cátedra, P. M. 2005. "El salterio bilingüe prealfonsí". En *Palabras, norma, discurso: en memoria de Fernando Lázaro Carreter*, eds. L. Santos Río y F. Lázaro Carreter, 291–306. Salamanca: Ediciones Universidad de Salamanca.

Clavería Nadal, G. 1991. *El latinismo en español*. Bellaterra: Universitat Autònoma de Barcelona.

Cornillie, B. y B. Drinka, eds. 2019. "Latin Influence on the Syntax of the Languages of Europe". *Belgian Journal of Linguistics* 33.

Cornillie, B., y Á. S. Octavio de Toledo. 2015. "The Diachrony of Subjective *Amenazar* 'Threaten'. On Latin-Induced Grammaticalization in Spanish". En *New Directions in Grammaticalization Research*, eds. A. D. M. Smith, G. Trousdale y R. Waltereit, 187–208. Ámsterdam: John Benjamins.

Del Rey Quesada, S. 2016a. "Interferencia latín-romance en Alfonso X: La traducción como pretexto de la elaboración sintáctica". *La Coronica* 44 (2): 75–109.

Del Rey Quesada, S. 2016b. "Ocho tipos de lengua, cara a cara: las traducciones de la epístola ovidiana de Dido a Eneas en la Edad Media y el Siglo de Oro". En *El español a través del tiempo. Estudios ofrecidos a Rafael Cano Aguilar*, eds. A. López Serena, A. Narbona y S. Del Rey Quesada, vol. 1, 415–439. Sevilla: Editorial Universidad de Sevilla.

Del Rey Quesada, S. 2018. "El *De senectute* de Cicerón en romance (siglos XIV–XVI): un estudio sintáctico contrastivo". *Anuari de Filologia* 8: 21–56.

Díaz y Díaz, M. C. 1981. "El cultivo del latín en el siglo X". *Anuario de Estudios Filológicos* 4: 71–81.

Elvira, J. 2010. "Modelos latinos y mecanismos pragmáticos en las correlaciones medievales castellanas". En *Modelos latinos en la Castilla medieval*, eds. M. Castillo Lluch y M. López Izquierdo, 131–143. Madrid y Fráncfort: Iberoamericana y Vervuert.

Ferguson, C. A. 1991. "Epilogue: Diglossia Revisited". *Southwest Journal of Linguistics* 10 (1): 214–234.

Ferguson, C. A. 1996 [1959]. "Diglossia". En *Sociolinguistic Perspectives. Papers on Language in Society, 1959–1994*, ed. T. Huebner. Nueva York: Oxford University Press.

Fernández-Ordóñez, I. 1992. *Las Estorias de Alfonso X el Sabio*. Madrid: Istmo.

Fernández-Ordóñez, I. 2011. "La lengua de los documentos del rey: del latín a las lenguas vernáculas en las cancillerías regias de la península ibérica". En *La construcción medieval de la memoria regia*, eds. P. Martínez Sopena y A. Rodríguez, 323–362. Valencia: Universitat de València.

Frank, B. y J. Hartmann. 1997. *Inventaire systématique des premiers documents des langues romanes*, 5 vols. Tubinga: G. Narr.

Garachana, M. 2019. "The History of the Preposition *mediante*. Beyond the Theory of Grammaticalization". *Languages* 4 (2), 26: 109–132.

González Rolán, T., P. Saquero y A. Moreno. 2000. *Humanismo y teoría de la traducción en España e Italia en la primera mitad del siglo XV. Edición y estudio de la "Controversia Alphonsiana" (Alfonso de Cartagena vs. L. Bruni y P. Candido Decembrio)*. Madrid: Clásicas.

Greco, P. 2019. "On the Notion of Linguistic Influence in Syntax. Evidence from Medieval Italo-Romance Texts". *Belgian Journal of Linguistics* 33: 11–42.

Iglesias Recuero, S. 2007. "Marcadores del discurso e historia del español: *al fin*, *en fin* y *finalmente*". En *Ex admiratione et amicitia. Homenaje a Ramón Santiago*, eds. A. Puigvert Ocal y I. Delgado Cobos, 623–646. Madrid: Ediciones del Orto.

Jacob, D. y J. Kabatek. 2001. "Introducción. Lengua, texto y cambio lingüístico en la Edad Media iberorrománica". En *Lengua medieval y tradiciones discursivas en la península ibérica. Descripción gramatical – pragmática histórica – metodología*, eds. S. Jacob y J. Kabatek. Madrid y Fráncfort: Iberoamericana y Vervuert.

Kabatek, J. 1997. "Dime cómo hablas y te diré quién eres. Mezcla de lenguas y posicionamiento social". *Revista de Antropología Social* 6: 215–236.

Kabatek, J. 2005. *Die Bolognesische Renaissance und der Ausbau romanischer Sprachen: Juristische Diskurstraditionen und Sprachentwicklung in Südfrankreich und Spanien im 12. und 13. Jahrhundert*. Tübingen: Max Niemeyer Verlag.

Kloss, H. 1967. "Abstand Languages and Ausbau Languages". *Anthropological Linguistics* 9: 29–41.

Koch, P. 1993. "Pour une typologie conceptionnelle et médiale des plus anciens documents/monuments des langues romanes". En *Le passage à l'écrit des langues romanes*, ed. M. Selig, 39–82. Tubinga: Max Niemayer Verlag.

Labov, W. 2006. *The Social Stratification of English in New York City*. 2.ª ed. Cambridge: Cambridge University Press.

López Izquierdo, M. 2018a. "De la sintaxis oracional a la estructura del texto: la organización discursiva en el *Libro de los gatos* y en su fuente latina". En *Gramaticalización y textualización en la historia del español*, eds. J. L. Girón Alconchel, J. Herrero Ruiz de Loizaga y D. S. Sáez Rivera, 143–168. Madrid y Fráncfort: Iberoamericana y Vervuert.

López Izquierdo, M. 2018b. "Traducciones y patrones de organización discursiva: textos ejemplares latinos y romances en la Edad Media". En *Lenguas en contacto, ayer y hoy. Multilingüismo y traducción desde una perspectiva filológica*, eds. S. Del Rey Quesada, F. del Barrio de la Rosa y J. González, 143–168. Fráncfort: Peter Lang.

López Izquierdo, M. 2019. "Reelaboración sintáctica de los *Morales* en el *Rimado de Palacio*: las cláusulas de infinitivo no concertado en la prosa y en el verso". *e-Spania* 34. http://doi.org/10.4000/e-spania.32014.

López Izquierdo, M. 2020. *Traduction et retextualisation dans la tradition des Fabulae d'Odo de Cheriton: le rôle des propositions cadratives*. Estrasburgo: ELiPhi.

López Izquierdo, M. 2021. "Si no(n) → sino(n) en francés y en español: dos historias CASI paralelas". En *El espacio interlingüístico en el continuo románico: convergencias y divergencias entre el iberorromance y el galorromance*, ed. M. López Izquierdo y M. Labrousse, vol. 6, 131–162. Studia Linguistica Romanica.

Menéndez Pidal, R. 1950. *Orígenes del español. Estado lingüístico de la Península Ibérica hasta el siglo XI*. 3.ª ed. Madrid: Espasa-Calpe.

Muljačić, Žarko. 1989. "Über den Begriff Dachsprache". En *Status and Function of Languages and Language Varieties*, ed. U. Ammon, 256–277. Berlín: De Gruyter.

Octavio de Toledo, Á. S. 2017. "Juan de Mena como traductor: aspectos lingüísticos del *Omero romançado*". En *Romanische Sprachgeschichte und Übersetzung*, ed. H. Ashenberg y S. Dessì Schmid, 53–114. Universitatsverlag Winter: Heidelberg.

Pons Bordería, S. 2008. "Gramaticalización por tradiciones discursivas: el caso de *esto es*". En *Sintaxis histórica del español. Nuevas perspectivas desde las tradiciones discursivas*, ed. J. Kabatek, 249–274. Madrid y Fráncfort: Iberoamericana y Vervuert.

Pons Rodríguez, L. 2010a. "Los marcadores del discurso en la historia del español". En *Los estudios sobre marcadores del discurso en español, hoy*, ed. Ó. Loureda Lamas y E. Acín Villa. Madrid: Arco/Libros.

Pons Rodríguez, L. 2010b. "La elaboración léxica desde modelos latinos: tres estudios de caso en el castellano medieval (inclusive, exclusive, respective)". En *Modelos latinos en la Castilla medieval*, ed. M. Castillo Lluch y M. López Izquierdo, 81–112. Madrid y Fráncfort: Iberoamericana y Vervuert.

Pons Rodríguez, L. 2020. "In Substance, they Came from Above. On the Acquisition of Discourse Particles in Medieval Spanish". En *Changes in Meaning and Function. Studies in Historical Linguistics with a Focus on Spanish*, eds. J. Fernández Jaén y H. Provencio Garrigós, 221–235. Ámsterdam: John Benjamins.

Pountain, C. J. 1998. "Learnèd Syntax and the Romance Languages: The 'Accusative and Infinitive' Construction with Declarative Verbs in Castilian". *Transactions of the Philological Society* 96: 159–201.

Pountain, C. J. 2011. "Latin and the Structure of Written Romance". En *The Cambridge History of the Romance Languages: Volume 1: Structures*, eds. A. Ledgeway, J. C. Smith y M. Maiden, vol. 1, 606–659. Cambridge: Cambridge University Press.

Pujol, J. 2004. "El ámbito de la cultura catalana. Traducciones y cambio cultural entre los siglos XIII y XV". En *Historia de la traducción en España*, ed. F. Lafarga y L. Pegenaute, 623–650. Salamanca: Ambos Mundos.

Saquero Suárez-Somonte, P. 2010. "Alfonso X el Sabio y la tradición cultural occidental". En *Modelos latinos en la Castilla medieval*, ed. M. Castillo Lluch y M. López Izquierdo, 185–200. Madrid y Fráncfort: Iberoamericana y Vervuert.

Schmid, B. 1998. "Un aspecto sintáctico de la lengua latinizante de Estéfano de Sevilla, médico del siglo XIV: el uso del gerundio". En *Estudios de Lingüística y Filología españolas. Homenaje a Germán Colón*, eds. I. Andrés-Suárez y L. López Molina, 429–448. Madrid: Gredos.

Torrens Álvarez, M. J. 2018. "Variedades en contacto en la documentación notarial medieval: latín, romance e hibridismo latinorromance". En *Lenguas en contacto ayer y hoy. Traducción y variación desde una perspectiva filológica*, ed. S. Del Rey Quesada, F. del Barrio de la Rosa y J. González Gómez, 69–95. Berlín: Peter Lang.

36

El castellano de los siglos XIII y XIV (Castilian in the thirteenth and fourteenth centuries)

Javier Rodríguez Molina

1. Introducción

En este capítulo se estudiarán las principales tendencias de cambio lingüístico que afectan al castellano de los siglos XIII y XIV, con especial atención a la figura de Alfonso X y a los procesos de estandarización.

Palabras clave: castellano medieval; siglos XIII-XIV; Alfonso X; estandarización; dialectología histórica.

This chapter deals with Old Spanish mainstream linguistic changes across the 13th and 14th centuries, focusing on Alfonso X's legacy and on standardization processes.

Keywords: Old Spanish; Alfonso X; 13th–14th century; standardization; historical dialectology

En la periodización del castellano medieval, las historias de la lengua han identificado tres núcleos fundamentales desde los orígenes hasta mediados del siglo XV, con la figura de Alfonso X como parteaguas: un periodo fundacional (c1150–1250, época prealfonsí: *cf*. cap. 34) acotado por la forja de la escritura en romance y el reinado de Fernando III; una etapa lingüística con el nombre del rey Sabio (1252–1283, época alfonsí), supuesto configurador de una (mal) llamada norma gráfica alfonsí y garante de la elaboración extensiva e intensiva del castellano, cuya herencia se prolongaría hasta las primeras décadas del siglo XV; una lengua cuatrocentista, en fin, modelada por los albores del humanismo, la influencia latinizante en todos los niveles y el avance de rasgos lingüísticos innovadores (*cf*. cap. 37), que cristalizaría en ese español preclásico (1474–1525) que prefigura la revolución lingüística del Siglo de Oro (*cf*. cap. 39).

En este capítulo expondremos las luces y sombras de esta periodización, abordaremos sucintamente los principales fenómenos lingüísticos que la sustentan y expondremos de qué fuentes textuales y herramientas dispone el historiador de la lengua para estudiar el castellano de la Edad Media, con atención preferente a la etapa alfonsí.

2. Estado de la cuestión

La doble correlación con la historia política y los estilos literarios practicada por Menéndez Pidal (2005) o Lapesa (1981) fija el núcleo del castellano medieval en el reinado de Alfonso X, con un límite cronológico en torno a 1400 y márgenes que se retrotraen hasta cerca de 1350 y se extienden hasta cerca de 1425. La caracterización del siglo XIII como "época alfonsí" remite a un perfil lingüístico bien trazado en la bibliografía (Fernández-Ordóñez 2005), y el adjetivo se ha aplicado también, no sin controversia, a sustantivos como "norma(s)" (Lapesa 1981 y 1982) u "ortografía" (Ariza Viguera 1998; Sánchez-Prieto Borja 2005). Los vaivenes en la fijación de una tradición gráfica y los procesos de cambio bullentes en la época de orígenes se consideran estabilizados mediante la elaboración intensiva y extensiva del castellano que comenzó Fernando III y consolidó Alfonso X, cuya importancia para la historia del español se manifiesta en una cuádruple dimensión.

En primer lugar, a Alfonso X se debe la institucionalización del castellano como lengua de trabajo de la cancillería, así como la normalización de su uso en todo tipo de documentos: cuando muere Alfonso VIII en 1214, la cancillería regia solo había emitido siete documentos en romance, mientras que Alfonso X abandonó el latín en los documentos de cancillería y produjo más de 2 000 diplomas en romance (Fernández-Ordóñez 2011b; Martín Aizpuru 2020). La unión previa de Castilla y León en 1230 con Fernando III facilitó la convergencia lingüística entre ambos territorios; después, la decisiva preferencia de Alfonso X por el castellano como lengua de la cancillería cerraría el paso al leonés como variedad de prestigio, contribuyendo a su lento declinar y a su confluencia con el castellano durante el s. XIV, al menos como lengua escrita de la distancia comunicativa (Fernández-Ordóñez 2011b, 333).

En segundo lugar, Alfonso X promovió una serie de producciones textuales sin parangón en el ámbito legislativo (*Fuero Real, Partidas*), historiográfico (*Estoria de España*, *EE* desde aquí; *General estoria*, *GE* en adelante) y científico (traducciones de tratados árabes como el *Lapidario* o el *Libro de astromagia*). Dos de estos textos, la *EE* y las *Partidas*, se cuentan entre los textos más copiados en la Edad Media, y tanto su hechura lingüística como sus moldes textuales ejercieron una notable influencia sobre la lengua medieval: Alfonso importa como autor, pero también como *auctor*, esto es, como modelo de autoridad (Fernández-Ordóñez 2005; Cano Aguilar 2008–2009, 2021). Mediante esa labor traductora el castellano incorporó cultismos y no pocos arabismos, accedió a tradiciones discursivas antes solo reservadas al latín y al árabe y "comenzó a mostrar sus fuerzas" en la prosa (*cf.* Cano Aguilar 2008–2009; Sánchez-Prieto Borja 2015). Por ello, es frecuente describir los textos medievales en términos de mayor o menor cercanía respecto del conjunto de fenómenos más representativos del *scriptorium* alfonsí: preservación de la apócope extrema (*fuent, mont*), conservación de -ĕllum > -iello (*castiello* y no *castillo*), mantenimiento gráfico de *f*- < F- (*fijo* "hijo"), reparto etimológico de *b* < b-, -p- y *u/v* < u-/v-/-u-/-b- (*lobo, bien*, pero *aver* y *cavallo*), reducción de -mb- > -m- (*amos* y no *ambos*), distinción de las sibilantes, distinción de género en los posesivos (*mio padre, to coraçón*), paradigma pronominal con *nós/vós, vos* y *connusco/convusco*, conservación de *ý* < ĭbī y *ende* < ĭnde, adverbios en -*mient(r)(e)*, imperfectos y condicionales en -*ié*, perfectos fuertes (*miso, conquiso*) y diptongados (*dixiemos*), conservación de participios en -*udo*, concordancia del participio con el objeto en los tiempos compuestos y doble sistema de auxiliaridad *ser/haber*, doble negación o preferencia de *pora* frente a *para*, entre otros (Fernández-Ordóñez 2005). Los textos alfonsíes fijaron también unas preferencias retóricas y discursivas que caracterizarían la prosa medieval por más de un siglo, con una neta querencia por la polifuncionalidad del nexo *que* y la coordinación con *e(t)* de largos periodos en los que se engastaban estructuras con tópicos antepuestos (muchas veces acumulados) o con recomplementación (la llamada "duplicación" del *que* completivo) y construcciones absolutas de participio (Fernández-Ordóñez 2008–2009; Sánchez-Prieto Borja 2016; Cano Aguilar 2021).

En tercer lugar, a los equipos alfonsíes se debe la consolidación del canon gótico en la escritura y la fijación de una tradición de escritura —mal llamada a veces "ortografía alfonsí"— que dejó durante siglos una impronta indeleble en la imagen gráfica del castellano elaborado: su manifestación más conspicua es la distinción grafemática de los seis sonidos sibilantes (<s~ss> para /z/~/s/, <i/j/g (ante e, i) ~ x> para /ʒ/~/ʃ/, <z~c/ç> para /dz/~/ts/), junto con la preferencia por ch/ñ/ll/y para las palatales, <i/j> para /i/ o <m> ante /p, b/ (cf. cap. 13). Más que de una norma ortográfica, concepto extemporáneo en el siglo XIII, cabría hablar de una cierta tradición de escritura desarrollada en la corte de Fernando III, adoptada y difundida por los equipos alfonsíes y continuada, ya con visos de ruptura, por Sancho IV y Fernando IV (Martín Aizpuru 2020).

Por último, Alfonso X consolidó una frontera con Al-Ándalus que apenas cambiaría hasta la conquista de Granada (1492). Las conquistas de su padre, Fernando III, en Andalucía (Córdoba, 1236; Jaén, 1246; Sevilla, 1248) y las propiamente alfonsíes de Niebla (1262) y Murcia (1266) convirtieron a Castilla, con diferencia, en el territorio peninsular más extenso y con mayor número de habitantes y de hablantes de romance, fijaron la divisoria suroriental con el catalán (que aún hoy coincide sustancialmente con los límites del tratado de Almizra de 1244) y sentaron las bases para la repoblación de Andalucía, cuya variedad lingüística occidental hunde sus raíces en la época alfonsí (cf. § 4.2).

La aportación de Alfonso X a la historia del español ha sido justamente destacada y perfilada en los últimos años, y se conocen bien los rasgos lingüísticos que caracterizan su época (Sánchez González de Herrero 2002; Fernández-Ordóñez 2005; Sánchez-Prieto Borja 2005 y 2015; Cano Aguilar 2008–2009 y 2021; Martín Aizpuru 2020). También se ha estudiado el castellano en tiempos de Fernando III (Ariza Viguera 1998), ya sea el cancilleresco o el de textos concretos (Torrens Álvarez 2002 sobre el *Fuero de Alcalá* de c1235 o Enrique-Arias 2010 sobre la *Biblia prealfonsí* de c1250 de los mss. E6/E8). En los últimos años se ha intensificado la atención prestada a la época de Sancho IV: al programático artículo de Sánchez-Prieto Borja (1996b) han seguido numerosos trabajos de los responsables del corpus GEDYTHAS, entre los que descuella el de Martín Aizpuru (2020), que estudia pormenorizadamente los usos gráficos de las cancillerías de Sancho IV y Fernando IV.

Engastado entre dos centurias con fuerte personalidad lingüística, el siglo XIV se considera mero apéndice de la producción alfonsí en que se perpetúan sus modelos lingüísticos y no se verifican cambios de calado: consiguientemente, el lapso c. 1284–1425 suele tratarse como un todo lingüísticamente homogéneo. Así, Lapesa (1981), siguiendo a Menéndez Pidal, tituló "La época alfonsí y el siglo XIV" un capítulo en que se caracterizó la lengua de toda esa etapa sobre todo a través de los "estilos personales" de sus figuras literarias más representativas (Juan Manuel, Juan Ruiz, Sem Tob y Ayala), caracterización que ha hecho fortuna en la filología española, por lo que la visión del siglo XIV como una centuria sin personalidad lingüística propia y ancilar de la lengua alfonsí apenas ha variado (cf. Cano Aguilar 1999; Eberenz 2005; Santiago Lacuesta 2005, 538–543). Si en las últimas décadas los investigadores se han replanteado los conceptos de norma alfonsí y de *castellano drecho* (Cano Aguilar 1985 y 2008–2009); si se ha subrayado que las obras alfonsíes responden a modelos lingüísticos heterogéneos debido a la dispar procedencia dialectal de traductores, compiladores y copistas (Fernández-Ordóñez 2005); si se ha afinado en la distinción entre la lengua de los códices y la lengua de la cancillería (Sánchez-Prieto Borja 1996a); si se ha señalado que el modelo lingüístico alfonsí no tuvo continuidad (Fernández-Ordóñez 2005) y si, en fin, la labor editorial y la investigación lingüística sobre el *scriptorium* alfonsí ha cambiado de manera sustancial nuestra visión de la figura de Alfonso X y su papel en la historia del español (Sánchez-Prieto Borja 2009; Kleine 2015; Martín Aizpuru 2020), no se ha producido, sin embargo, un cambio de perspectiva análogo en el estudio de la lengua del siglo XIV. No se ha dedicado ninguna monografía lingüística a esta centuria, al tiempo que escasean estudios de conjunto sobre la lengua de textos o autores de este siglo, más allá de los ya antiguos de Hoyos Hoyos (1982) sobre el *Conde Lucanor* o de Gutiérrez Cuadrado (1997) sobre el *Libro de buen amor*; ni siquiera Ayala o Sem Tob han sido particularmente atendidos, más allá de apuntes concretos sobre aspectos de sintaxis, estilo y construcción del discurso (Santiago Lacuesta 2005; Lapesa 2010).

3. Aspectos metodológicos. El castellano de los siglos XIII y XIV: fuentes para su estudio

3.1 Universos textuales y constelaciones documentales

La transcripción paleográfica del corpus alfonsí completo (21 mss., 3 334 643 palabras) en la universidad de Wisconsin-Madison constituye un recurso capital (Gago Jover 2013) dentro del que destacan los códices regios de la primera y cuarta parte de la *GE* (*cf.* la ed. coordinada por Sánchez-Prieto Borja 2009), así como el manuscrito Esc. Y-I-2, original alfonsí de la *EE* (Ward 2019) y los códices, también originales, del *Lapidario*, el *Libro complido de los judizios de las estrellas*, el *Libro de las cruzes* y el *Libro de axedrez*. Probablemente sean también originales varias copias del *Fuero Real*, promulgado en 1255, que se tenían hasta ahora por códices más modernos (Fernández-Ordóñez 2023). Vinculados al entorno de Sancho IV se hallan dos códices sin data, pero fácilmente fechables, la *Versión amplificada de la Estoria de España* (1289) y la *Gran conquista de Ultramar* (copiado c. 1293), a los que puede sumarse el libro de cuentas del rey de 1294 (AHN Códices L.985). En los últimos años se han transcrito también numerosos documentos de cancillería (corpus GEDYTHAS: Martín Aizpuru y González Sánchez de Herrero 2019) y se han compilado corpus específicos centrados de manera exclusiva o preponderante en el siglo XIII, como el CORHEN, con documentación de Burgos, Palencia y Valladolid o la sección del siglo XIII del CODEA (Sánchez González de Herrero *et al.* 2014).

En comparación con la producción textual del siglo XIII, para el que apenas quedan textos romances sin edición moderna, el XIV ofrece un vasto desierto editorial, más allá de los oasis que representan las obras de don Juan Manuel, Juan Ruiz y López de Ayala, cuyos testimonios tardíos complican su uso como fuentes de datos fiables, con la excepción del ms. G (RAE 19, copiado en 1389) del *Libro de buen amor*; Ayala es a (casi) todos los efectos un autor cuatrocentista, pese a haberse convertido en la figura representativa para el estudio de la lengua de la segunda mitad del siglo XIV, no obstante la complicada historia textual y el carácter tardío de sus códices, como sucede con el *Rimado de palacio* (Lapesa 2010).

La historia lingüística del siglo XIV podrá reescribirse con mayor solidez gracias a los materiales del corpus LIMES (Rodríguez Molina y Octavio de Toledo, en preparación), que aportará más de 50 testimonios redactados entre c. 1280 y c. 1420, muchos con fecha de copia expresa, entre los que destaca la producción textual de Alfonso XI, menos conocida y estudiada que la de su sabio bisabuelo: el original del *Ordenamiento de Madrid* de 1347, los dos manuscritos regios del *Ordenamiento de Alcalá* de 1348 (1348–1351), la *Historia troyana* (1350) o la *Crónica de Alfonso XI* (copia de 1376), entre otros textos, permitirán abordar con confianza el estudio de la lengua de la primera mitad del siglo XIV.

3.2 Diccionarios y repertorios léxicos

El léxico alfonsí es el mejor conocido de toda la Edad Media (Clavería 2005; Sánchez-Prieto Borja 2015), gracias a la existencia de dos diccionarios de cabecera: el *DPCAX* para la obra en prosa y el *DEDA* para los documentos; ambos ayudan a mitigar la ausencia de un diccionario histórico (Dworkin 2018, 83–85). El estudio de los cultismos del siglo XIV es todavía tarea pendiente, como prueba el escaso espacio concedido por Gil Fernández (2019, 135–138) a esta centuria en relación con el ubicuamente cultista siglo XV (se ocupa, empero, de las *Sumas de historia troyana* como vivero de cultismos).

4. Límites y márgenes en el castellano de la Edad Media

4.1 La "norma alfonsí"

En el impulso que para el romance castellano supuso la labor de Alfonso X algunos autores han querido ver una intervención personal del rey y una voluntad decidida por crear una lengua común (Menéndez Pidal 2005) o incluso una norma o modelo lingüístico (*cf.* Lapesa 1981 y 1982 y la matización de Cano Aguilar 2008–2009); voluntad que se cifra en el conocido pasaje del *Libro de las figuras de las estrellas fixas* en que se menciona el *castellano drecho* (*cf.* Cano Aguilar 1985, 2008–2009 y Fernández-Ordóñez 2005, 400 para la interpretación de este concepto). Otros se han inclinado por considerar a Alfonso X una figura clave en la estandarización del español (Penny 2004, 297–298), pues bajo su reinado se alcanzó, supuestamente, la uniformidad de la lengua literaria, a costa del declive de los dialectos preliterarios (Menéndez Pidal 2005, pero *cf.* la crítica de Fernández-Ordóñez 2011a).

Sin embargo, no cabe concebir la labor alfonsí desde las actuales nociones de norma y estandarización. Esta última implica tres etapas: selección de una variedad, normalización de esa variedad y codificación normativa de sus usos lingüísticos (Fernández-Ordóñez 2011b); de las tres, solo una (la elaboración *extensiva* o acceso de la variedad lingüística castellana a todo tipo de discursos textuales y situaciones comunicativas) puede arrogársele al rey Sabio, si bien las obras teológicas y filosóficas siguieron escribiéndose en latín hasta el siglo XV. Alfonso X no sintió la necesidad de codificar ningún modelo normativo mediante una gramática o diccionario, ni tampoco se preocupó por legislar en materia lingüística en ninguna de sus obras jurídicas; ni hay tal norma en el terreno morfosintáctico, pues, a pesar de algunas preferencias lingüísticas claras (*cf.* § 2), el castellano de los textos alfonsíes está transido de variación dialectal, sin contar que muchas de las opciones privilegiadas en ellos fueron preteridas por la norma culta posterior (*cf.* § 4.3). La imposibilidad de asignar fenómenos a variantes estándar o subestándar en los textos alfonsíes impide suponer, por lo demás, un proceso de selección de la variedad dentro de una lengua caracterizada más bien por su permeabilidad a la diversidad lingüística de los compiladores y copistas, como refleja, por ejemplo, la impronta lingüística oriental del *Libro de las cruzes* (Fernández-Ordóñez 2005), así como la fluidez con la que los textos traducidos del árabe acogen arabismos léxicos y sintácticos como la reduplicación distributiva del numeral, tipo *dos dos ovejas* "cada uno con dos ovejas" (Sánchez-Prieto Borja y Horcajada Diezma 1994; Corriente Córdoba 2010). La ausencia de oposición entre el término metalingüístico *castellano* y otras variedades romances peninsulares en las obras alfonsíes debe interpretarse igualmente como indicio de una falta de conciencia lingüística acerca de la supremacía de una variedad sobre otra en los usos del rey y sus colaboradores (Cano Aguilar 2013).

Conviene, pues, restringir el alcance de la norma alfonsí al plano gráfico y, aun en este caso, entender el concepto de norma como preferencia laxa que favorece ciertas tradiciones de escritura, sin dejar por ello de acoger la *variatio* típica de todas las *scriptae* medievales en función de factores (paleo)gráficos (letras de palos, cursividad, tipo de letra gótica, etc.) y/o extralingüísticos (tipo documental, destinatario del documento, procedencia sociogeográfica de los escribanos: *cf.* Sánchez González de Herrero 2002; Kleine 2015; Martín Aizpuru 2020). Con todo, esa "norma gráfica alfonsí" o, mejor, "tradición gráfica alfonsí", se halla ya consolidada en la cancillería de Fernando III, por lo que a Alfonso y a sus escribanos cabe atribuirles más su difusión que su génesis (Sánchez-Prieto Borja 1996a).

Tampoco resulta posible hoy adscribir las preferencias lingüísticas de los textos alfonsíes a un modelo burgalense o toledano, como se había propuesto (Lapesa 1981, 1982; Penny 2004), pues aunque muchos de los escribanos de la cancillería eran castellanos, había no pocos sevillanos y toledanos entre los colaboradores del rey. El estudio de la documentación toledana del siglo XIII revela, además, notables diferencias entre la lengua de estos documentos y las soluciones preferidas por los equipos alfonsíes, empañando así el tópico del supuesto privilegio de Alfonso X a favor de la primacía lingüística de Toledo (González Ollé 2002; Fernández-Ordóñez 2005; Sánchez-Prieto Borja 2019).

Así las cosas, cabe concluir que las decisiones de Alfonso X en materia lingüística y cultural obedecen más al proyecto personal y político del rey que a un verdadero proyecto institucional destinado a estandarizar una variedad, pues sin estado no hay estándar posible, y ambos conceptos, estándar y estado, resultan sustancialmente ajenos a la realidad política y lingüística del siglo XIII. Más que hacer a la lengua compañera del imperio, Alfonso pretendió llegar al imperio por medio de la lengua, y aunque ni alcanzó aquel ni estandarizó esta, sí sentó las bases para que el castellano, denominación lingüística que él mismo contribuyó a difundir (Cano Aguilar 2013), se convirtiera en lengua del derecho, la ciencia y la historia.

4.2 Variación y heterogeneidad lingüísticas

Menéndez Pidal (2005) y Lapesa (1981) entrelazaron con agrado el hito que supuso elevar el castellano a lengua literaria con el mito que entronizaba a Alfonso X como árbitro y garante de esa elevación. En esta concepción de la historia, la primacía política de Castilla iba unida a su expansión como potencia lingüística, con una lengua que, gracias al rey Sabio, resultaba vehículo literario de primer orden, homogénea en su gramática y con escasa variación interna, hasta cierto punto uniforme en su grafía y firme en su vocación de expansión territorial desde la estrecha cuna cántabra a la amplia cuña castellana (Fernández-Ordóñez 2011a). El desplazamiento del objeto de estudio desde los códices literarios a la documentación notarial ha matizado bastante este panorama: hoy sabemos que la aparente uniformidad, sustentada en el aspecto gráfico de códices y documentos emanados de la corte (*cf.* § 4.1), acoge diversos fenómenos de variación, especialmente en la gramática y el léxico, que obligan a admitir una heterogeneidad lingüística mayor de la que supuso Menéndez Pidal (*cf.* ya Lapesa 1981, 239 y 242; Fernández-Ordóñez 2005). Así, textos como el *Libro de los privilegios de Toledo*, cuya primera sección se compuso y copió en un lujoso códice en letra gótica en tiempos de Fernando IV, no distingue <z/ç>, y sabemos también que la distinción de sibilantes se mantuvo con desigual fuerza en el norte peninsular (*cf.* Sánchez González de Herrero *et al.* 2014), mientras en la documentación burgalesa de la segunda mitad del s. XIII hay casos de <-*y*-> para /ʒ/ (*conceyo*), de /l/ por /r/ (*sulco*) o no inhibición de la evolución del grupo *s* + yod a consonante palatal (*igleja* por *iglesia*), datos que obligan a matizar el alcance de la hipótesis de la cuña pidalina (Pascual Rodríguez 2008; Fernández-Ordóñez 2011a).

La variación no solo caracteriza diatópicamente a unos textos frente a otros en su conjunto — la conocida filiación oriental del *Libro de las Cruzes* o el *Libro complido de los judizios de las estrellas*, los únicos textos del *scriptorium* alfonsí que emplean, p.ej., la preposición *troa* "hasta", contrasta con el modelo predominantemente centroccidental del códice regio de la cuarta parte de la *GE*, con p. ej., leísmo con objetos animados y contables, interpolación pronominal y perfectos en *-iron*: *cf*. el exhaustivo análisis texto a texto de Fernández-Ordóñez (2005)—, sino que se manifiesta también en la composición interna de los códices: los manuscritos alfonsíes se compilaron en diferentes fases y por diferentes equipos, y en su estudio nunca debe perderse de vista que puede haber secciones de un mismo códice con acusadas diferencias lingüísticas, como sucede con el original de la *EE*, con no menos de cinco secciones cuya lengua muestra soluciones dialectales diversas (ya Menéndez Pidal demostró que la apócope extrema se manifestaba solo en la sección más antigua del texto: *cf*. Lapesa 1982, 209). Ello es lógico, pues tanto en los talleres alfonsíes como en la cancillería regia trabajaron individuos de distinta procedencia geográfica y dispar formación cultural. Se conoce, por suerte, el nombre de algunos de ellos: en la redacción de la *GE* colaboró el canónigo de Sevilla Bernardo de Brihuega; entre los escribanos de cancillería descuellan Álvar García de Frómista y Millán Pérez de Ayllón (suscriptor además de la copia escurialense Z-III-16 del *Fuero Real* de 1255); el códice regio de la cuarta parte de la *GE* lo firma Martín Pérez de Maqueda, y en varios libros científicos trasladados del árabe colaboró el judío Yehudá ben Mošé, auxiliado por el aragonés Juan de Aspa en la traducción del *Libro de las Cruzes*. Basten estas señas para ilustrar con nombres las cifras que Fernández-Ordóñez (2005) aporta acerca de la procedencia geográfica de los escribanos del rey: un 66 % de castellanos, sobre todo de las regiones al sur del Duero, por un 16 % de leoneses.

Menos clara resulta todavía la posible génesis del andaluz, pues resulta discutible que los fenómenos típicos de esta variedad hundan sus raíces en el siglo XIII, como postulaba Frago Gracia (1993). Resta por investigar a fondo el origen (posiblemente occidental en muchos casos), la génesis (difícilmente anterior al s. XV) y la difusión (más bien postmedieval) de fenómenos propiamente meridionales, así como valorar en su justa medida la contribución de las variedades sureñas a la difusión de rasgos hoy propios de la lengua común que pudieron gestarse o verse favorecidos en los territorios al sur del Tajo, como la pérdida de la concordancia en los posesivos (Tuten 2002). La deuda del andaluz con las variedades lingüísticas occidentales resulta innegable, como prueba la continuidad de fenómenos comunes al occidente peninsular desde León a Huelva, tales como la articulación no apical de la ese, la neutralización de /r/~/l/ o el propio yeísmo, fenómeno bien conocido del leonés medieval que tuvo por fuerza que vivir en estado latente en castellano por siglos antes de manifestarse de manera clara en época moderna. Pese a la hipótesis de Frago Gracia (1993) de que el andaluz nació ya en el s. XIII, resulta hoy arriesgado hablar de meridionalismo con anterioridad al s. XVI (*cf*. Cano Aguilar 2005).

4.3 Vientos de cambios y primeras hojas del Otoño de la Edad Media

Suele identificarse el *Otoño de la Edad Media* con el siglo XV castellano (cap. 37), en la creencia de que existe una continuidad apenas quebrada entre Alfonso X y el siglo XIV (Lapesa 1981; Menéndez Pidal 2005). Frente al cúmulo de cambios que se suceden en el siglo XV, Lapesa (1981) cifra en solo siete los fenómenos que caracterizan lingüísticamente el siglo XIV: (1) pérdida de la apócope extrema; (2) reducción *-iello* > *-illo* (*castiello* > *castillo*); (3) paso *f-* > [h], Ø; (4) reemplazo de *-ié* > *-ía* en imperfectos y condicionales; (5) pérdida de la *-d-* en las desinencias verbales (*canta(d)es*); (6) gramaticalización de *nos-otros*, *vos-otros*; (7) la introducción de cultismos. Con la excepción de algunos fenómenos adicionales en la sintaxis discursiva (Santiago Lacuesta 2005), esta nómina ha pasado inalterada a los más recientes estados de la cuestión de

Penny (2005) y Eberenz (2005), que dedican una atención marginal al siglo XIV frente a la rica información que proporcionan de la centuria siguiente.

Sin embargo, el periodo c. 1280–c. 1425 concentra indudablemente más cambios de los tradicionalmente advertidos, lo que hace que, por tanto, asomen ya en este periodo los primeros ocres otoñales: por ejemplo, la abrumadora presencia de participios de presente en dos códices de la *Catena aurea* de Tomás de Aquino (traducida c1350–1370) revela que la tendencia a la prosa latinizante ya echaba raíces en el último tercio del trescientos; estos mismos manuscritos y otros de la segunda mitad del siglo XIV arrojan abundantes cultismos que antedatan, en ocasiones, la fecha de entrada de los repertorios léxicos más conocidos (Lapesa 1981, 260–262; Gil Fernández 2019, 135–138).

Gracias a la bibliografía reciente y al cotejo exhaustivo de fuentes inéditas resulta hacedero proponer una nómina, siquiera provisional, de tendencias de cambio y variación propias del periodo c. 1280–c. 1425 que invite a reconsiderar la visión del siglo XIV como una época de continuidad y escasos cambios. En el terreno gráfico-fonético, la pérdida de la apócope nominal, como ya señaló Lapesa (1981), se reduce de manera notable entre c1290–c1325. A este se pueden sumar hasta ocho cambios en el plano gráfico: el avance y consolidación de <ç-> delante de <e, i>, fenómeno estabilizado en torno a 1325; la preferencia por <v-> para /u/ y por <-n-> frente a <-m-> antes de <-p-, -b->; la profusión de <h-> antietimológica; la reducción *ee* > *e* en infinitivos (*veer* > *ver*); la querencia por las grafías dobles iniciales <ff-, ss-, rr->, fenómeno ascendente que alcanza su cenit c1350–1370 para declinar a finales de siglo; la <-t/-d> antietimológica en el indefinido *algún* (*algund/algunt*), fenómeno privativo del s. XIV; la vocalización, al menos gráfica, de la <g> de *regno, regnado*, muy acusada desde mediados del XIV y, por último, la pérdida de la distinción gráfica de <-s-> y <-ss->, muy avanzada ya en los imperfectos de subjuntivo a finales del siglo XIV. Si la restitución de la apócope nominal marca el inicio de la centuria (la pronominal y verbal se mantendrán hasta el s. XV), el fenómeno fonético por excelencia que caracteriza el fin del periodo c. 1280–c. 1425 es la reducción del diptongo *-iello* > *-illo*, fenómeno de raigambre antigua en el área de Burgos que en la lengua literaria asoma de manera tibia en las primeras décadas del XIV, pero que es ya general a principios del siglo XV (Enrique-Arias, Ribas Marí y Gomila Albal 2023).

En el ámbito de la morfosintaxis, el colapso de la concordancia de género en los posesivos es palpable ya en las personas 2.ª y 3.ª, con *tu* y *su* generalizados para masculino y femenino en las primeras décadas del XIV, mientras que la forma masculina *mio* frente a *mi* resiste hasta el ecuador de la centuria, aunque con fuerza decreciente (Del Barrio de la Rosa 2014). Una cronología ligeramente retrasada muestran los imperfectos y condicionales en *-ié*, fenómeno también sometido a variación dialectal, pues fueron propios del castellano central (Moral del Hoyo 2016): todavía el manuscrito regio Esc. Y-II-10 (1376) muestra una predominancia clara de la forma en *-ié*. A finales del siglo XIV principia la pérdida de la *-d-* en las formas 2.ª y 5.ª del presente de indicativo (*vós ~ vosotros sabedes > sabés ~ sabéis*). El siglo XIV asiste a la remoción completa de los participios en *-udo*, presentes todavía en la prosa alfonsí. En la morfología pronominal descuellan la gramaticalización de *vosotros* y *nosotros*, fenómeno que discurre en paralelo con la pérdida de *connusco* y *convusco*, sustituidos por *con nós* y *con vós*, primero, y por *con nosotros* y *con vosotros* después (Gomila Albal 2016 y 2018). El paradigma pronominal se engrosa en el XIV con la incorporación del indefinido *alguien*, de raigambre occidental y acentuación aguda en origen (cap. 5), y prácticamente se extinguen algunos adverbios y preposiciones típicos del siglo XIII, como *pora* (Ueda 2015), *ý* < ĭbĭ (Matute Martínez 2016), *fascas* o *escuantra*.

Entre los fenómenos sintácticos que sirven para caracterizar el siglo XIV cabe citar tres fundamentales: la pérdida de la concordancia entre objeto y participio en los tiempos compuestos, abandonada de manera masiva ya c1350 (Rodríguez Molina 2010); la aparición del laísmo, cuyas primeras manifestaciones se ubican en esta centuria (Matute Martínez 2004, 23–24) y la pérdida de la interpolación pronominal (*que lo non dixo*), restringida en este siglo a los textos más occidentalizantes (abunda, empero, en Esc. H-I-6).

Como se ha mencionado antes, las tendencias latinizantes que caracterizan la prosa del cuatrocientos hunden sus raíces en el siglo XIV. Al menos dos fenómenos pueden retrotraerse a esta centuria: la consolidación de la terminación culta -*mente* como formante de los adverbios de manera (frente a las formas diptongadas propias del siglo XIII *miente/mientre*), que avanza poderosamente desde mediados de la centuria (Del Barrio de la Rosa 2018), y el empleo de adjetivos en -*nte* troquelados sobre los participios de presente al modo latino, que se muestra ya como un fenómeno en plenitud en los manuscritos de la *Catena aurea* de c1350–70 y en los *Soliloquios* de Pedro Fernández Pecha (Lapesa 1981, 261–262).

Si bien esta nómina de fenómenos, provisoria y sujeta a revisión, no permite equiparar los cambios del trescientos a la gran revolución lingüística del Siglo de Oro que alumbró el español clásico, estimamos que sí justifica una reorientación lingüística en el siglo XIV, que da la espalda a las soluciones preferidas por Alfonso X, prefigura la tendencia latinizante del siglo XV y mixtura la gramática del castellano con soluciones lingüísticas venidas de oriente y occidente que alteraron para siempre la configuración de esta lengua, propia del reino de Castilla, hasta convertirla en lengua compartida de todos los reinos que Alfonso X se complacía en citar entre sus títulos.

5. Conclusiones y perspectivas

En las últimas décadas se han multiplicado los estudios sobre Alfonso X y la lengua del siglo XIII: por un lado, se han llevado a cabo revisiones críticas sobre la lengua de la cancillería y el concepto de "norma alfonsí" y se ha ampliado y refinado la nómina de fenómenos de variación y cambio más característicos de la centuria; por otro, se han estudiado todos los códices alfonsíes y se han editado casi todas las obras patrocinadas por Alfonso X, así como abundante documentación notarial, al tiempo que se han compilado diccionarios notables como el *DEDA* o el *DPCAX*. Esta situación contrasta con el conocimiento lingüístico del s. XIV, centuria mucho menos atendida que precisa atención en tres frentes: sería deseable replicar el estudio de Martín Aizpuru (2020) para las cancillerías de Alfonso XI y Pedro I; conviene también atender al estudio lingüístico de la producción textual de Alfonso XI, cuyo contraste con la lengua de Alfonso X está por hacer, así como prestar atención a códices originales y datados como el hagiográfico BNE MSS/9247 (copiado en 1380), el escurialense H-III-3 (copiado en 1392; contiene, entre otros textos, el *Vergel de consolación*) o los códices inéditos de la *Postilla de Nicolás de Lira* copiados en Sevilla en 1420–1422 (BNE MSS/10282–83), de alto valor para dilucidar los orígenes del andaluz; por último, el léxico del siglo XIV pide un estudio de sus cultismos y la compilación de un diccionario equivalente al *DPCAX*.

Bibliografía recomendada

Fernández-Ordóñez (2005) ofrece una imprescindible visión de conjunto sobre la lengua de los textos alfonsíes y la importancia de Alfonso X en la historia del español.

Martín Aizpuru (2020) es una monografía de referencia para el estudio lingüístico y el contexto de producción de los documentos de la cancillería castellana entre 1230 y 1312.

Sánchez-Prieto Borja (2005) expone los usos gráficos y las soluciones fonéticas de los textos del siglo XIII, y revisa el concepto de "norma u ortografía alfonsí".

Bibliografía citada

Ariza Viguera, M. 1998. "Fernando III y el castellano alfonsí". En *Estudios de lingüística y filología españolas. Homenaje a Germán Colón*, eds. I. Andrés Suárez y L. López Molina, 71–84. Madrid: Gredos.
Cano Aguilar, R. 1985. "Castellano ¿drecho?". *Verba* 12: 287–306.
Cano Aguilar, R. 1999. *El español a través de los tiempos*. Madrid: Arco Libros.
Cano Aguilar, R. 2005. "Cambios en la fonología del español durante los siglos XVI y XVII". En *Historia de la lengua española*, ed. R. Cano Aguilar. 2ª ed., 825–858. Barcelona: Ariel.
Cano Aguilar, R. 2008–2009. "Alfonso X y la historia del español: imagen histórica". *Alcanate* 6: 173–193.
Cano Aguilar, R. 2013. "De nuevo sobre los nombres medievales de la lengua de Castilla". *e-Spania* 15. https://doi.org/10.4000/e-spania.22518.
Cano Aguilar, R. 2021. *Alfonso X. estudios sobre la lengua de los textos alfonsíes*. Sevilla: Universidad de Sevilla.
Clavería Nadal, G. 2005. "Los caracteres de la lengua en el siglo XIII: el léxico". En *Historia de la lengua española*, ed. R. Cano Aguilar. 2ª ed., 473–504. Barcelona: Ariel.
Corriente Córdoba, F. 2010. "Apostillas etimológicas a las voces orientales del *Diccionario de la prosa castellana de Alfonso X* de Kasten & Nitti". *Revista de Filología Española* 90: 47–106.
DEDA = Sánchez González de Herrero, Mª N. 2000. *Diccionario español de documentos alfonsíes*. Madrid: Arco Libros.
Del Barrio de la Rosa, F. 2014. "Factores externos y cambio lingüístico: la pérdida de la distinción genérica de los posesivos del español antiguo". *Revista de Historia de la Lengua Española* 9: 3–26.
Del Barrio de la Rosa, F. 2018. *Espacio variacional y cambio lingüístico en español*. Madrid: Visor.
DPCAX = Kasten, Ll. A. y J. Nitti. 2002. *Diccionario de la prosa castellana de Alfonso X*. Nueva York: Hispanic Seminary of Medieval Studies.
Dworkin, S. 2018. *A Guide to Old Spanish*. Oxford: Oxford University Press.
Eberenz, R. 2005. "Cambios morfosintácticos en la Baja Edad Media". En *Historia de la lengua española*, ed. R. Cano Aguilar. 2ª ed., 613–641. Barcelona: Ariel.
Enrique-Arias, A., ed. 2010. *La Biblia Escorial I.I.6: transcripción y estudios*. San Millán de la Cogolla: CILENGUA.
Enrique-Arias, A., P. Ribas Marí y M. Gomila Albal. 2023. "Algunos trasvases lingüísticos entre Castilla y el oriente peninsular en la baja Edad Media". En *La lengua española en las fuentes documentales del siglo XIII al XIX. Estudios sobre el corpus CODEA*, eds. P. Sánchez-Prieto Borja y B. Almeida, 137–173. Valencia: Tirant lo Blanch.
Fernández-Ordóñez, I. 2005. "Alfonso X el Sabio en la historia del español". En *Historia de la lengua española*, ed. Rafael Cano Aguilar, 381–422. Barcelona: Ariel.
Fernández-Ordóñez, I. 2008–2009. "Orden de palabras, tópicos y focos en la prosa alfonsí". *Alcanate* 6: 139–172.
Fernández-Ordóñez, I. 2011a. *La lengua de Castilla y la formación del español*. Madrid: Real Academia Española.
Fernández-Ordóñez, I. 2011b. "La lengua de los documentos del rey: del latín a las lenguas vernáculas en las cancillerías regias de la Península Ibérica". En *La construcción medieval de la memoria regia*, eds. P. Martínez Sopena y A. Rodríguez, 323–361. Valencia: Universitat de València.
Fernández-Ordóñez, I. 2023. Manuscrito. "Manuscritos del siglo XIII del *Fuero Real*".
Frago Gracia, J. A. 1993. *Historia de las hablas andaluzas*. Madrid: Arco Libros.
Gago Jover, F. 2013. *Biblioteca Digital de Textos del Español Antiguo. Obra en prosa de Alfonso X el Sabio*. www.hispanicsemi-nary.org/t&c/ac.
Gil Fernández, J. 2019. *Los cultismos grecolatinos en español*. Salamanca: Universidad de Salamanca.
Gomila Albal, M. 2016. "Sobre el origen y la difusión geográfica de las formas *nosotros* y *vosotros* en castellano". *Iberorromania* 83: 103–125.
Gomila Albal, M. 2018. "Variación diacrónica y diatópica de *con* + pronombre personal de 1ª y 2ª personas del plural". *Bulletin of Hispanic Studies* 95: 801–823.
González Ollé, F. 2002. "El habla cortesana, modelo principal de la lengua española". *Boletín de la Real Academia Española* 82: 153–231.
Gutiérrez Cuadrado, J. 1997. "La lengua del *Libro de buen amor*". En *Estudios de frontera: Alcalá la Real y el Arcipreste de Hita*, eds. F. Toro Ceballos y J. Rodríguez Molina, 279–322. Jaén: Diputación Provincial de Jaén.
Hoyos Hoyos, M.ª del C. 1982. *Contribución al estudio de la lengua de El conde Lucanor*. Valladolid: Universidad de Valladolid.

Kleine, M. 2015. *La cancillería real de Alfonso X. Actores y prácticas en la producción documental*. El Puerto de Santa María: Universidad de Sevilla.

Lapesa, R. 1981. *Historia de la lengua española*. Madrid: Gredos.

Lapesa, R. 1982. "Contienda de normas lingüísticas en el castellano alfonsí". En *Actas del Coloquio Hispano-alemán*, eds. W. Hempel y D. Briesemeister, 172–190. Tubinga: Niemeyer.

Lapesa, R. 2010. *Rimado de Palacio, Canciller Pero López de Ayala. Esbozo de edición crítica*. Valencia: Biblioteca Valenciana. https://bivaldi.gva.es/es/consulta/registro.cmd?id=7750.

Martín Aizpuru, L. 2020. *La escritura cancilleresca de Fernando III, Alfonso X, Sancho IV y Fernando IV. Estudio paleográfico y gráfico-fonético de la documentación real de 1230 a 1312*. Berna: Peter Lang.

Martín Aizpuru, L. y Mª N. Sánchez González de Herrero. 2019. "El estudio de la documentación alfonsí: un proyecto abierto". En *Humanidades Digitales: Miradas hacia la Edad Media*, eds. D. González Martínez y H. Bermúdez Sabel, 111–130. Berlín: De Gruyter.

Matute Martínez, C. 2004. *Los sistemas pronominales en español antiguo. Problemas y métodos para una reconstrucción histórica*. Madrid: Universidad Autónoma de Madrid.

Matute Martínez, C. 2016. "Entre pronombres y adverbios: mecanismos de cambio en la historia dialectal peninsular de *ý/hi* < IBI". *Boletín de la Real Academia Española* 96: 201–237.

Menéndez Pidal, R. 2005. *Historia de la lengua española*, 2 vols. Madrid: Fundación Ramón Menéndez Pidal y Real Academia Española.

Moral del Hoyo, M.ª C. 2016. "El castellano en los orígenes del cambio gramatical: el pretérito imperfecto de la 2ª y 3ª conjugación (*-ié-/-ía*)". En *Lingüística de corpus y lingüística histórica iberorrománica*, eds. J. Kabatek y C. De Benito, 322–357. Berlín: De Gruyter.

Pascual Rodríguez, J. A. 2008. "Más allá de la ley fonética: sobre la evolución de las vocales átonas iniciales y de la *sj* en castellano". En *Romanística sin complejos. Homenaje a Carmen Pensado*, ed. F. Sánchez Miret, 185–218. Berna: Peter Lang.

Penny, R. 2004. *Variación y cambio en español*. Madrid: Gredos.

Penny, R. 2005. "Evolución lingüística en la Baja Edad Media: evoluciones en el plano fónico". En *Historia de la lengua española*, ed. R. Cano Aguilar. 2ª ed., 593–612. Barcelona: Ariel.

Rodríguez Molina, J. 2010. *La gramaticalización de los tiempos compuestos en español antiguo: cinco cambios diacrónicos*. Tesis doctoral. Madrid: Universidad Autónoma de Madrid.

Rodríguez Molina, J. y Á. Octavio de Toledo. En preparación. *LIMES digital* [corpus en línea].

Sánchez González de Herrero, Mª N. 2002. "Rasgos fonéticos y morfológicos de los documentos alfonsíes". *Revista de Filología Española* 82: 139–177.

Sánchez González de Herrero, Mª N., et al. 2014. *Textos para la historia del español, vol. 9, Documentos medievales de Miranda de Ebro*. Alcalá de Henares: Universidad de Alcalá.

Sánchez-Prieto Borja, P. 1996a. "Sobre la configuración de la llamada 'ortografía alfonsí'". En *Actas del III Congreso Internacional de Historia de la Lengua Española*, eds. A. Alonso et al., vol. 1, 913–922. Madrid: Arco Libros.

Sánchez-Prieto Borja, P. 1996b. "El castellano escrito en torno a Sancho IV". En *La literatura en la época de Sancho IV*, eds. C. Alvar y J. M. Lucía, 267–286. Alcalá de Henares: Universidad de Alcalá.

Sánchez-Prieto Borja, P. 2005. "La normalización del castellano escrito en el siglo XIII. Los caracteres de la lengua: grafías y fonemas". En *Historia de la lengua española*, ed. R. Cano Aguilar, 423–448. Barcelona: Ariel.

Sánchez-Prieto Borja, P., ed. 2009. *Alfonso X el sabio. General estoria*, 6 vols. Madrid: Biblioteca Castro.

Sánchez-Prieto Borja, P. 2015. "El léxico de la *General estoria* de Alfonso X el Sabio". *Anuario de Estudios Medievales* 45: 17–53.

Sánchez-Prieto Borja, P. 2016. "Variación en el orden de palabras en el castellano alfonsí". *Aemilianense* 4: 505–555.

Sánchez-Prieto Borja, P. 2019. "La llamada norma toledana a la luz de las fuentes documentales". En *La configuración histórica de las normas del castellano*, eds. E. Bustos Gibert y J. Sánchez Méndez, 19–49. Valencia: Tirant Lo Blanch.

Sánchez-Prieto Borja, P. y B. Horcajada Diezma. 1994. "La reduplicación del numeral en textos medievales: ¿una estructura distributiva en castellano antiguo?". *Zeitschrift für Romanische Philologie* 110: 146–152.

Santiago Lacuesta, Ramón. 2005. "La historia textual: textos literarios y no literarios". En *Historia de la lengua española*, ed. R. Cano Aguilar. 2ª ed., 533–554. Barcelona: Ariel.

Torrens Álvarez, Mª. J. 2002. *Edición y estudio lingüístico del Fuero de Alcalá (Fuero viejo)*. Alcalá: Fundación Colegio del Rey.

Tuten, D. 2002. "¿Nació el andaluz en el siglo XIII?". En *Actas del V Congreso Internacional de Historia de la Lengua Española*, ed. Mª T. Echenique y J. P. Sánchez Méndez, vol. 1, 1457–1466. Madrid: Gredos.

Ueda, H. 2015. "Frecuencia contrastiva, frecuencia ponderada y método de concentración. –Aplicación al estudio de las dos formas prepositivas del español medieval, *pora* y *para*-". En *Actas del IX Congreso Internacional de Historia de la Lengua Española*, ed. J. Mª García Martín, vol. 1, 1139–1155. Madrid, Iberoamericana.

Ward, Aengus. 2019. *Estoria de España Digital* [recurso en línea]. Birmingham: University of Birmingham. https://blog.bham.ac.uk/estoriadigital.

37
Transición de la lengua medieval a la premoderna (Transition from medieval Spanish to pre-modern Spanish)

Lola Pons Rodríguez

1. Introducción

En este capítulo se estudiarán las principales tendencias de cambio lingüístico que afectan al castellano del siglo XV como periodo de transición de la lengua medieval a la premoderna. Se detallarán los cambios fónicos, gramaticales y léxicos que ocurren desde el reinado de Juan II hasta la etapa de Nebrija.

Palabras clave: baja Edad Media: siglo XV; castellano medieval; dialectología histórica; latinismo; elaboración lingüística

This chapter will study the changes that occurred in Spanish in the transition from the medieval to the pre-modern language. It will focus on the 15th century and the changes that took place in that period. We will detail the phonic, grammatical and lexical changes occurring from the reign of Juan II to the Nebrija period.

Keywords: late Middle Ages: 15th century; Medieval Spanish; historical dialectology; Latinism; linguistic elaboration

Es simbólico recurrir al año 1453, momento de la caída de Constantinopla, como jalón final de la Edad Media; sin embargo, otros factores hicieron que, lejos de Bizancio, el occidente europeo siguiera viviendo en un entorno socioeconómicamente medieval después de esa fecha. Para el carácter fundacional, de apertura de época, del siglo XVI hay, en cambio, un mayor acuerdo: la conciencia de un tiempo naciente en que descuellan los humanistas, los movimientos de reforma y contrarreforma religiosa, la política imperial de los Austrias y el nuevo mapa mundial trazado por la exploración atlántica se reflejan en la lengua y la literatura mediante el surgimiento de tradiciones *nacionales* basadas en figuras prestigiadas que fundan el canon. Los Siglos de Oro conforman, en efecto, el núcleo de la historiografía literaria española y en ellos se constituye el español como lengua con norma ejemplar, diccionarios y gramáticas (cap. 39, cap. 3, cap. 4). La Baja Edad Media se convierte así, *a posteriori*, en pórtico de la etapa áurea y se presenta como el estertor del castellano medieval al tiempo que antesala del español de mayor prestigio literario.

En este capítulo se presentarán los cambios lingüísticos ocurridos en castellano en ese tránsito desde la lengua medieval, centrándonos en el siglo XV.

2. Breve estado de la cuestión

La posición del siglo XV en la periodización general de la historia del español ha merecido una notable atención crítica. Si el español del XVI se tiene por *clásico* y el de la época alfonsí se concibe como constitutivo, los siglos XIV y XV son vistos como parte de un periodo transicional (cap. 36) entre los dos momentos más repetidamente estudiados como fundacionales para la lengua: el XIII, inicio de la construcción de un romance en el ámbito de la distancia comunicativa (cap. 7), y el XVI como etapa de enaltecimiento literario y fijación gramatical. Esta etapa intermedia ha sido denominada *español medio* (Eberenz 1991) y fijada en su arranque cronológico de forma variable: 1450 para Eberenz (1991) o 1470–1492 para Girón Alconchel (2004), entre otras propuestas (cap. 27).

¿Qué ocurre entre la lengua medieval y la del XVI para que empecemos a hablar de otro modelo de lengua en el quinientos? Dos grandes líneas de cambio se abren en el siglo XV: por un lado, se inician procesos de declive, ascenso y selección de formas y construcciones que solo el Siglo de Oro terminará resolviendo; por otro lado, los textos bajomedievales inician una transformación estilística que implica la incursión en la lengua de rasgos novedosos que imitan el latín y que, aunque con desigual fortuna ulterior, suponen un movimiento de renovación en el catálogo de elementos lingüísticos en variación. Estas formas ingresarán en los procesos de selección, descarte y ascenso de usos que ocurren del XV al XVI. Si la lengua del quinientos nos parece más unitaria, más nivelada y menos variable que la del XV no es porque aquella carezca de heterogeneidad interna sino porque consagra modelos de español donde esa variación se refleja menos: al menos en la nueva norma ejemplar urbana que la corte estaba configurando en época de Carlos I y Felipe II, un buen número de procesos de cambio fonético, de muerte morfosintáctica (no tanto de *reajuste sintáctico* como proponía Eberenz 1991 y matizaban Ridruejo Alonso 1993 y el propio Eberenz 2009) y de renovación léxica abiertos en el XV (cap. 24) se precipitan en procesos de selección y depuración, y ello permite con toda claridad enfrentar la lengua del XIV y la de fines del XVI como la de dos épocas distintas. Caracterizaremos en lo que sigue la lengua castellana del siglo XV en su topografía de uso territorial y funcional y los principales fenómenos de cambio que se desarrollan.

3. La topografía del castellano en el siglo XV

3.1 Mapa lingüístico

La tópica historiográfica ubica en la etapa áurea el momento de mayor expansión de la Corona de Castilla y tiende a asociar esa expansión con la difusión de la lengua española. Aunque en el siglo XV el mapa lingüístico del castellano es limitado si lo comparamos con el posterior periodo de los Austrias, resulta de interés detenerse a considerar los espacios castellanohablantes en el periodo tardomedieval.

En el siglo XV se consolida el proceso de vernacularización del castellano en los territorios incorporados para Castilla en el XIII. Por ejemplo, la frontera del valle del Guadalquivir, que en siglos anteriores había sido la protagonista de campañas militares y del lento asentamiento de contingentes de repoblación, está dando en el XV muestras de génesis cultural y dialectal propia. A principios del siglo, un cenáculo sevillano reúne a Ferrán Manuel de Lando, Ruy Páez de Ribera y miembros de la aristocracia municipal que participan en la génesis de la primera gran recopilación poética cancioneril, el *Cancionero de Baena*. En torno al reino de Granada se configura una típica sociedad de límite, tendente al cambio. El nacimiento de algunos rasgos lingüísticos en el reino de Sevilla se data en este siglo, y hay de ello algún rastro externo (Mosé Arragel de Guadalajara en 1435 declara: "Por las letras e por modos de órganos ['forma de pronunciar'] [...] en Castilla sean cognoscidos leoneses e sevillanos e gallegos" (*Biblia de Arragel*, I, 614); son apuntes históricos de la dialectalización interna del castellano que se estaba desarrollando. El XV es el primer momento en que vemos multiplicarse las referencias a contrastes dialectales internos, inicio de la formación de una conciencia lingüística informal que no cristalizará hasta el XVI (cap. 39).

El castellano conocerá en el siglo XV expansiones más allá de la Reconquista. La muerte del monarca aragonés Martín el Humano sin descendencia se resuelve con la coronación de Fernando de Antequera, del linaje real castellano de los Trastámara (1412). Aunque el nuevo rey mantiene la cancillería de su antecesor, con él se inicia una castellanización progresiva de la corte y los estratos urbanos a costa del romance aragonés (González Ollé 2009). El aragonés contaba con una fecunda tradición literaria a la que habían llegado modelos textuales que no circulaban aún por Castilla, como los empleados por el maestre Juan Fernández de Heredia: pese a ello, la tradición literaria aragonesa se va agotando en favor de la castellana, que no duda en dejarse influir por las corrientes culturales que a través de Aragón llegaban a la Península.

En efecto, la corona aragonesa recibió antes que Castilla el aire de la renovación humanista desde sus territorios itálicos. Esa impronta supone una reivindicación simultánea del vulgar y del buen latín mediante la búsqueda de textos filológicamente fiables que transmitan la cultura grecolatina y la construcción de un estilo alto en romance que fuera equiparable al que las retóricas cifraban exclusivamente en el latín. El ideal del *Quattrocento* llega a España mermado por las condiciones sociohistóricas peninsulares: deturpación del latín universitario y monástico, necesidad de traducciones para acceder a las fuentes, imposibilidad de renovación de los *studia humanitatis*... Solo con Nebrija (no tanto en 1492 sino antes, en 1481, con las *Introductiones latinae*) este panorama cambiará y se podrá empezar a hablar de Renacimiento en España. Hasta entonces, lo que llega desde Italia se puede singularizar en la demanda de traducciones y el intento de construir un modelo de lengua romance elaborada que trata de alcanzar para el castellano el estilo alto adoptando rasgos novedosos, cultismos morfosintácticos como la superlación con *-ísimo* (*altísimo*, *grandísimo*), la copia de las estructuras de infinitivo no concertado (*accusativus cum infinitivo*: "pensemos la oración *ser* un árbol intelectualmente entendido" en Alonso de Cartagena; *cf.* Pons Rodríguez 2008, 128), el empleo de participios de presente con sujeto propio ("regnante Foroneo"), la adaptación del CUM causal latino mediante *como* e imperfecto de subjuntivo ("como viese..."), el gusto por la anteposición del adjetivo y por la posposición verbal: innovaciones gramaticales que son cambios por imitación latina (Pons Rodríguez 2006), opuestos a otros cambios del siglo XV ocurridos en estructuras históricas en el idioma que se desarrollan de forma gradual y que no están dominados por la acomodación del castellano al latín. Los primeros llegan desde arriba, los segundos se difunden gradualmente no por vía libresca, sino desde abajo (cap. 6): ambos retratan el cruce de influencias característico de este siglo.

Las posesiones mediterráneas aragonesas (Sicilia, Montpellier, Nápoles) fueron administradas por funcionarios que establecen una suerte de cinturón de comunicación entre la nueva cultura cuatrocentista y la península ibérica; muchos de los contenidos nuevos que llegan a la Corona de Castilla acceden intermediados desde Aragón. El desplazamiento se explica a través de un componente humano fundamental para justificar no solo la llegada de neologismos sino su difusión más allá del círculo de la corte: los secretarios reales desplazados a la cancillería napolitana son enlaces en la difusión de los nuevos gustos lingüísticos, hay una capilaridad textual desde la prosa documental a la literaria, y de la lengua especializada a la lengua común a través de bandos y pregones. El aragonés y el catalán pueden, así, funcionar como lenguas puente para fenómenos llegados al castellano: Lleal (1995, 30) explica que el CUM causal con subjuntivo se copia en castellano con *como* y no con *con* debido a "la proximidad fonética de *cum* y el catalán *com*", y el participio de presente concordado ("e non consideran cómo en el mundial revolvimiento, *él regnante por centanales de años e millares*, es causa de la sabieza"en la *Visión deleitable* de Alfonso de la Torre; *cf.* Pons Rodríguez 2015a, 406) es uno de esos rasgos latinizantes que se dan más entre autores influidos por el aragonés que entre los castellanos; también las preposiciones impropias *durante*, *mediante* (Sánchez Lancis 2001–2002) derivan de tales usos, así como fórmulas de naturaleza concesiva contrargumentativa (*no embargante*, *no obstante*; *cf.* Garachana Camarero 2014).

Por otra parte, el peso de la rama aragonesa en el gobierno de Castilla hizo que la corte de Aragón fuera un lugar de referencia para los castellanos como escenario de medro o de formación. La primera figura que en el XV traduce contenidos latinos y renueva el lenguaje es catalanohablante: Enrique de Villena (1384–1434), el más osado de los escritores en castellano del XV. El acusado hipérbato, el recurso al acusativo griego o el uso de *ser a* + pronombre como imitación del dativo posesivo, además de un abundante catálogo de neologismos léxicos, anuncian en él lo que será después una variable tendencia a la elaboración artificiosa en otros autores de la época. La versión castellana de la *Eneida* de Villena proporciona tempranas documentaciones de palabras que concurren tanto en él como en otros autores, pero es Villena el pionero entre ellos (pensemos en voces como *inaudito*, *ninfa*, *oráculo* o *náufrago*, *cf.* Pascual Rodríguez 1974).

La ausencia de una capitalidad estable que filtre rasgos explica que en esta etapa aún no se haya configurado una norma ejemplar que consagre un modelo geolectal. El protagonismo oriental que acompaña a la primera recepción de la renovación italiana se ve acompañado de la difusión de rasgos romances iniciados en Aragón o en el este de Castilla: así, en lo léxico expresiones locativas como *en torno* o *(de)bajo* (Octavio de Toledo 2016), voces como *ejército* (frente a *hueste*) o el reemplazo de *tañer* por *tocar* son difusiones de oriente a occidente (cap. 24), mismo patrón al que obedece la propagación de cambios gramaticales (Fernández-Ordóñez 2011) como las formas pronominales *nosotros* y *vosotros* o la nueva colocación de los pronombres átonos. Pero ello no frena que desde el occidente al centro se expandan rasgos de lengua, como el indefinido personal *alguien* (primitivamente *alguién*, como el port. *alguem*) o *(en)cima* (frente al centrooriental *somo*). Por último, desde variedades centrales se expandirán rasgos que se decantan hacia su triunfo o pérdida definitivos: el posesivo con artículo (*la mi casa*), por ejemplo, progresivamente desaparecido del uso hablado en Castilla en el siglo XV, se conserva en los romances laterales, mientras la innovación de su pérdida se difunde desde Navarra hacia Castilla oriental y el Bajo Aragón (cap. 5).

3.2 Mapa funcional

Es preciso atender al mapa social de la lengua, a los dominios funcionales en que esta circulaba sin restricción alguna y a aquellos en que era relegada en favor del latín (cap. 35). El siglo XV muestra una cartografía de relaciones entre el romance y el latín distinta de la de etapas previas. Con Alfonso X se había dado ingreso al castellano en tradiciones de discurso asociadas a las lenguas de cultura: tal proceso de intelectualización se consolida en la Baja Edad Media, pero se amplía funcionalmente, ya que el castellano comienza a emplearse en universos de discurso por los que apenas había transitado. Así como continúa el empleo del castellano en la historiografía (enriquecida en subgéneros), en lo legislativo y en lo científico (donde se enseñorea del tipo textual del *tratactus*, que engloba especulación escolástica, disquisición religiosa, prosa técnica o contenidos metalingüísticos), el romance avanza hacia nuevos horizontes textuales: la poesía lírica (tradicionalmente escrita en gallegoportugués incluso entre castellanohablantes), el verso de arte mayor, el diálogo de tradición humanística (distinto de la *disputatio* medieval) o la epistolografía.

Al tiempo que se produce este ensanchamiento funcional del castellano, con la ampliación de recursos lingüísticos que de ella se deriva, nos encontramos con el primer momento en que se inicia la modelización del diálogo conversacional, ya en obras en prosa (el *Corbacho* del Arcipreste de Talavera) o dialógicas (*Celestina*). Esa corriente popular se manifiesta a veces en los mismos autores (marqués de Santillana o Juan de Mena) que se tienen por modelos de creación literaria elaborada. Enraizado en el gusto más popular, el fin del XV es el periodo en que el romancero "estaba más en boga entre todas las clases sociales de la Península" (Menéndez Pidal 1939, 14).

Los dominios de uso del castellano crecen en el XV en relación con etapas previas y varía el tipo de autor que escribe en castellano. El mapa social de los autores que tratan de renovar el castellano y de elaborar (en el sentido de *construir*) una versión romance del estilo alto latino son letrados como Juan de Mena, aristócratas como el marqués de Santillana (que protagonizará la primera de las aportaciones al debate hispánico entre armas y letras al defender que la ciencia "no embota el fierro de la lanza ni faze floxa la espada") o miembros de la burguesía conversa como Alonso de Cartagena, traductor de los *Diálogos* de Séneca. La cultura autóctona castellana se enriquece por la afición de estos letrados que se interesan por la Antigüedad y buscan acceder a ella mediante la lectura de fuentes grecolatinas traducidas. Esta renovación cultural coincide con hechos que afectan a la producción y al consumo de textos: la nobleza castellana colecciona libros y los compila en bibliotecas, la imprenta favorece a finales del siglo la adquisición de obras y desde el XIV crecía la lectura privada.

La distinción que se busca en la posesión del conocimiento se quiere trasvasar a la lengua; el ideal que se construye en la práctica escritural de la elite cortesana es el de alejamiento de la lengua común: no solo la injerencia de elementos latinos funciona como cercado simbólico, sino que se abrazan las variantes patrimoniales más prestigiadas por infrecuentes y propias de la distancia comunicativa (Octavio de Toledo 2017). Valga el ejemplo de los mecanismos de junción oracional; podríamos calificar de *evitación* el mecanismo subyacente a tres fenómenos sintácticos que promueven el descenso de uso de *que* como subordinante: las estructuras calcadas del *accusativus cum infinitivo* inhiben el uso del *que* completivo, al tiempo que crece su omisión directa (asíndeton) y el *que* relativo sufre una severa competencia por parte del relativo *el cual*; en los tres casos se apunta a la sustitución del simple *que* por formas y esquemas que apuntan hacia una mayor distancia comunicativa. Lo mismo podemos señalar de las cláusulas absolutas: el gusto por la escisión sintáctica de la frase en unidades periféricas favorece el préstamo del participio de presente concordado, pero también el ascenso de uso de cláusulas absolutas de participio o gerundio que existían en la lengua o la generación de subordinantes con núcleo participial (*dado que* y *visto que*).

La conciencia de individualidad se irradia a la concepción del idioma. De una consideración generalista, que integraba a todos los romances bajo el marbete de *vulgares*, desde la Baja Edad Media observamos una mayor distinción interna entre romances. En este contexto puede situarse una cuestión simbólica como la del nombre de la lengua (Eberenz 2006, 89; Ynduráin 1982, 23): el sintagma *lengua castellana* crecerá en la segunda mitad del XV a costa de genéricos como *romance* o *vulgar*. Aunque persiste mucha tópica en torno a la inferioridad del romance respecto al latín (Mena llama al castellano "rudo y desierto romance"), se despierta hacia el castellano una nueva sensibilidad.

4. Principales cambios lingüísticos en el castellano del siglo XV

4.1 Procesos de cambio fónico

Los textos del XV avisan en sus grafías del inicio del macroproceso de cambio fónico que se desarrollará a lo largo del XVI y las primeras décadas del XVII en español y que dará lugar no solo al abandono de consonantes medievales sino a la conformación de un doble sistema de pronunciación castellana que desgajará un español castellano-norteño fundado en los rasgos empleados en torno a Madrid y un español meridional basado en los rasgos nacidos en el reino de Sevilla (cap. 13, cap. 14).

En el sistema fonológico, la divisoria entre la lengua medieval y la premoderna no se cifra en 1500: la aspiración de F- latina sigue expandiéndose por el centro y sur, si bien el fenómeno conoce en el XV un cambio de concepción en cuanto a su posición en el haz de sonidos de su tiempo, pues la Baja Edad Media avanza hacia la consideración de la aspirada glotal no como alófono de /f/ sino como fonema distinto del labiodental. La introducción de cultismos léxicos en el castellano del XV, muchos de ellos con una F- inicial que, por libresca, no conocía la variante aspirada ayuda a disociar los dos sonidos en sendos fonemas. Simultáneamente, la pérdida de la aspiración (del tipo /ˈetʃo/ para *hecho*) está extendida en Castilla la Vieja ya en el XV.

Sin que se pueda trazar una isoglosa fuerte entre el castellano norteño y el de Castilla la Nueva, a la zona burgalesa cabe atribuir en la Baja Edad Media ciertas peculiaridades fónicas: pérdida de la aspiración, desfonologización de la oposición /b/:/β/ y ausencia de variantes sonoras para las parejas de sibilantes. En esa misma época, el reino de Sevilla muestra indicios de convergencia entre dentoalveolares y alveolares: aunque es pronto para hablar de seseo o ceceo, la igualación gráfica permite atisbar los procesos de cambio que se darán en los Siglos de Oro.

Por último, variantes fónicas extendidas en la Edad Media empiezan a ser rarezas: *amos* se repliega ante el avance de *ambos*, que se extiende desde el occidente en el castellano literario; el formante adverbial *-mente*, esta vez oriental, se generaliza en ese tiempo por encima de *-mientre* o *-miente*; no hay ya en el XV *quiçab* y sí *quiçá*, y los finales en dental sorda (*verdat, edat*) desaparecen a fines de siglo; las palabras con labial implosiva decaen en favor de la vocalización (*cibdad* > *ciudad*; *debda* > *deuda*), y en las primeras personas del presente de verbos con sufijos incoativos (*conoscer, merescer* o *parescer*) se produce en el ecuador del siglo la generalización de *zc* por encima de *sc* (*connosco* > *connozco*).

4.2 Variación morfosintáctica

Desde el XIII al XV la gramática del castellano muestra un relevante conjunto de fenómenos gramaticales que atraviesan procesos de variación. Muchos de ellos están resueltos en los primeros decenios del XVI, por lo que el XV se convierte en el momento en que el conflicto entre formas innovadoras y conservadoras se decanta, sea a favor de la selección de la variante novedosa, la recategorización de la forma conservadora o la muerte de una de ellas. Sin pretensión de exhaustividad, se presentan algunos de los principales cambios en el paradigma pronominal, verbal, la configuración del sintagma nominal y la construcción discursiva del castellano cuatrocentista para entender cómo la época áurea nivela lo que en el castellano del XV varía.

En cuanto a los pronombres, se consolida la difusión de *nosotros* y *vosotros* en reemplazo de *nós/vós*, que estaban en decadencia ya a mediados de siglo. Subsistirá *vós* como forma de cortesía; su alto empleo dentro de clases populares explica que las altas dignidades reciban fórmulas de tratamiento (*vuestra señoría, vuestra merced*) que siembran el germen de la modificación en el uso reverencial (*tú/usted*) que ocurrirá en el XVI (cap. 18). En el paradigma de los pronombres átonos hay relevantes cambios fónicos: *vos* pierde su primer elemento labial y pasa a *os*, mientras se da de manera rápida la sustitución de *ge* por *se* en las secuencias de dativo y acusativo procedentes de ILLI ILLUM > *gelo*: la forma novedosa, apoyada por los trueques de sibilantes y la existencia de secuencias con *se* reflexivo del tipo *se lo*, está presente en la primera parte del XV, pero en su último cuarto el cambio se acelera. La distribución pronominal muestra la recesión de un rasgo medieval, la interpolación de elementos entre pronombre y verbo (*lo non veo*), y la tímida incorporación de novedades que no explotarán hasta el español del XVII: tendencia a la proclisis del pronombre ante verbo conjugado (*lo vi* en contextos antes típicos de *vilo*) y ascenso de la duplicación pronominal (*le dijo a su hermana*).

La configuración del sintagma nominal sufre relevantes cambios. Por una parte, los significantes de los elementos a la izquierda del núcleo se estabilizan: *este* y *ese* inician su victoria definitiva sobre *aqueste* y *aquese*, siempre variantes minoritarias; por otra parte, decrecen los sintagmas nominales escuetos y el artículo se hace cada vez más frecuente acompañando a sujetos preverbales; cambian las posibilidades distribucionales del artículo: el posesivo con artículo (*la mi casa*) está en decadencia en el XV en la lengua castellana común; será también ocasional el empleo del posesivo duplicador (*su casa de él*).

En los indefinidos, las principales novedades se precipitan hacia mediados y final de siglo, cuando *algo* y *un tanto* comienzan a presentar valor adverbial, se expanden *alguién* y *nadie*, decrecen *ál* y *otrie*, surge *es(t)otro* o se pierde *hombre* como impersonal ("para mejor recoger el entendimiento derramado e acordarse *ombre* de sí, necesario es que ponga silencio a todo lo ál" en Teresa de Cartagena, apud Eberenz 2000, 444); es la época en que se estratifican los cuantificadores *asaz* y *harto* asociados a distinto nivel de prestigio: el primero ligado a la distancia comunicativa y el segundo a registros menos elaborados. En el XIV se inicia la pérdida de adverbios pronominales como *ende* (salvo en la locución *por ende*) o *ý* (sustituido por *ahí*), ambos ya raros en el segundo cuarto del siglo XV.

Dentro del verbo se dan relevantes cambios. La morfofonética verbal presenta ya avanzados procesos iniciados tiempo atrás: el desuso de los imperfectos y condicionales en -*ié*, confinados como rasgo geolectal (toledano) aún a principios del siglo XVII, y la sustitución de *so*, *estó*, *do*, *vo*, *ha* por las formas terminadas en -*y*. Desde 1350 el paradigma de terminaciones de segunda persona del plural estaba variando por la pérdida de /d/ intervocálica, en un proceso de largo alcance que tarda dos siglos en resolverse. La etapa considerada se sitúa en un momento intermedio: iniciado el cambio en el XIV para las formas verbales paroxítonas (*llegades, tenedes, salides*), los textos de fines del XV muestran ya la desaparición completa de esa consonante y la fluctuación entre las formas derivadas con diptongo (la etimológica *llegáis*, las analógicas *tenéis* o, para la tercera conjugación, *saléis*, hoy viva pero subestándar) y las contractas (las etimológicas *tenés*, *salís* y la analógica *llegás*), que en el XVI se fijarán al uso del pronombre *vós* (cap. 39). Varían todavía los futuros sintéticos de la segunda y tercera conjugaciones (*averé~avré*), las alternancias vocálicas en el radical de perfecto (*puse~posieron*) o la retención de *d* en formas como *vido* frente a *vio*, sin que haya en estos casos una decantación rápida de usos privilegiados frente a preteridos. También el futuro analítico *verlo he*, siempre de menor uso que el sintético, sigue vivo en el XV.

En los usos de tiempos y estructuras verbales, se anticipan todos los procesos que se resuelven en el XVI (cap. 39): el siglo XV es el último momento en que persiste viva la forma verbal en -*ra* (*cantara*) con su valor modal y temporal etimológico de pluscuamperfecto de indicativo, que en el XVI ya se decanta hacia el sentido contrafactual derivado de su uso en prótasis de condicionales irreales. Los verbos fundamentales en la expresión de la existencialidad, temporalidad y aspectualidad del español actual se fijan en el periodo premoderno, pero la etapa aquí considerada muestra no solo la variación viva sino (al menos desde el ecuador del siglo) apuntes de cuáles serán las formas generalizadas un siglo después: así, en la auxiliación de perífrasis no pasivas con participio, *ser* decrece en favor de *haber*, mientras que este disminuye en favor de *tener* en la expresión de posesión y *estar* se irá difundiendo para la expresión de valor locativo, estativo y resultativo. Estos procesos estuvieron orientados dialectológicamente: los tiempos compuestos tuvieron su foco de desarrollo en el oriente, como es orientalismo la frontalización del participio (*dicho he*); fue un rasgo norteño (pero nunca central ni meridional) la interpolación de elementos en el interior de tiempos compuestos (*he yo dicho*), y la concordancia entre participio y objeto directo (*dichas las he*) es más bien extracastellana. Donde el siglo XVI muestra una generalización de *haber* auxiliar (frente a *ser*) y la fijación del orden e inmovilización actuales de los participios en los tiempos compuestos, el siglo XV permite aún hacer la fotografía dialectal del ámbito de uso vivo de esas formas (Fernández-Ordóñez 2011): compuestos como *he dicho* o *había dicho* tienen difusión notable desde el XIII, pero en el XV el resto de tiempos compuestos muestra una frecuencia de uso bastante baja excepto en zonas (centro)orientales.

La renovación de la junción oracional es notable; el repertorio de nexos conformado desde orígenes y asentado en la prosa alfonsí parece quedar agotado en la época y, sin que varíen las nociones asociadas a cada subgrupo oracional, se detecta una clara renovación de significantes (cap. 21): en las adversativas, siguen en convivencia *mas* y *pero* al tiempo que *empero* decae; *sino que* se generaliza en el habla del siglo XV. Si la concesividad se había expresado en la Edad Media típicamente con *maguer*, este nexo cede terreno a mediados del XV en favor de *aunque, comoquier* y soluciones neológicas como *non embargante*. Mismos procesos de renovación de nexos se observan en las suboraciones temporales (declive de *cada que, cuanto que* o *de(s)que* en favor de *siempre que* o *cada vez que*), modales (caída de *guisa* y reemplazo por *manera* y *modo* en subordinantes) y causales (pérdida de *ca*, ascenso de *porque* y *como*) (cap. 20). La renovación del repertorio de nexos se explica por el crecimiento en tipos textuales: las conjunciones adquieren pronto sentidos marcados que explican su especialización textual. Funcionan en el plano supraoracional y enunciativo, pero son piezas léxicas los abundantes marcadores discursivos que se introducen; tienen especial interés los que se toman por calco (p. ej., *así las cosas*, desde SIC STANTIBUS REBUS, *cf.* Pons Rodríguez 2015b).

Los cambios en la disposición de los elementos en la oración son característicamente cuatrocentistas, y este es quizá el rasgo más definitorio de la escritura del periodo: desde el hipérbaton más acusado de Villena o Rodríguez del Padrón a la preferencia por la anteposición del adjetivo, uso este menos agresivo a la sensibilidad actual que ha quedado cimentado como parte de la tradicionalidad discursiva de la escritura literaria.

4.3 Renovación léxica

En todas las etapas de la lengua conviven procesos de innovación con otros de muerte léxica. En el siglo XV esta doble tendencia puede singularizarse en dos movimientos claramente identificables y complementarios: una corriente neológica latinizante que viene a ocupar el espacio que deja el acusado declive de palabras previamente comunes en el vocabulario básico.

En la caracterización global del léxico, para el siglo XV se puede postular la existencia de un movimiento de *relatinización* (Harris-Northall 1999), sea desde el latín clásico o el medieval (Pons Rodríguez 2015a). La diferencia con el XVI es mucha: para los cuatrocentistas, el latín es un modelo inspirador que funciona como "un repertorio de posibilidades para su tejemaneje poético, en modo alguno aquel modelo augusto que veneró el humanismo del Renacimiento" (Lázaro Carreter 1972, 101).

Los latinismos cuatrocentistas forman un capital que funciona, como mínimo, simbólicamente, dado que la creatividad es mayor que la voluntad de absorción e integración de estas formas en el habla común. Muchos de los neologismos cuatrocentistas quedaron limitados a lo literario o incluso confinados como hápax: *soror* 'hermana', *vulto* 'cara', *esi* < ETSI como conjunción concesiva (Pons Rodríguez 2013). Otras voces, en cambio, se vernacularizaron. Es llamativo observar cómo en su día fueron palabras crípticas vocablos hoy básicos que comenzaron a documentarse en la Baja Edad Media: baste el caso de *existencia* que, tras alguna aparición en el corpus herediano, comparece en los textos castellanos del siglo XV y crece (junto a otros elementos de su familia léxica) solo a partir del XVIII (Pountain y García Ortiz 2019, 55).

La novedad desplaza a lo vernáculo. Una parte de los latinismos se integra, favorecidos por la concepción de que los neologismos resultaban de inicio tecnicismos más precisos que los vocablos transmitidos por el fondo patrimonial. Palabras de gran frecuencia en los siglos previos experimentan en el XV una caída de uso: *abondar* 'bastar' decrece en favor de *abastar*, el adjetivo *flaco* mengua y aumenta *débil*, las voces *cuitado* y *mezquino* decaen mientras se desarrolla *triste*, *fallecer* se verá sustituido por *faltar*, *fincar* 'quedarse' será relevado por *quedar* y *membrar* es sustituido por *recordar* y *acordar* (Dworkin 2005; cap. 24). La renovación léxica puede modificar grupos semánticos completos: en los adverbios celerativos, formas como *improviso*, *pronto*, *rápido*, *(de) repente* y *(de) súbito* llegan para mudar por completo el paradigma mientras que *aína*, *cedo* o *toste* pasarán a ser en el XVI voces en desuso (Rodríguez Molina 2016, 748). Determinadas palabras pudieron ser usadas en el reino de Aragón y penetrar en los textos de autores que estuvieron ligados a la corte aragonesa de los Trastámara: el latinismo *dividir*, usado en Aragón en el XIV, es neologismo del castellano en el XV y termina reemplazando a *departir* (Pérez Pascual 1983, 343).

La llegada remueve principios de frecuencia prosódica del idioma. El esquema esdrújulo, común en la conjugación verbal pero escaso en adjetivos, sustantivos y adverbios, crece en frecuencia en el siglo XV a través de este contingente novedoso de cultismos: se extienden *bélico*, *ejército*, *límite*, *línea*, *magnífico*, *máxime*, *pálido*, *prólogo*, *próximo*, *último* (que barre a *postrero* y *cabero*), *undécimo* elimina a *onceno*, ingresa *único*. En ocasiones el nuevo esdrújulo desplaza por completo a la variante patrimonial: *nítido* barre a *nidio*. Una innovación morfológica de este periodo fue la introducción, sobre todo en el último tercio del siglo, del superlativo latino en -ISSIMUS, que en la evolución patrimonial se suplía con esquemas analíticos (Pons Rodríguez 2012). La adaptación fonética que se practica sobre este caudal de palabras introducidas a lo largo del XV es mínima: el mantenimiento del esquema esdrújulo se logra a veces con la falta de apócope de la vocal final (como en las efímeras *débile*, *útile*). En general, el prestigio de las nuevas formas dará lugar no solo a la pérdida de las versiones vernáculas de estas voces (*antigo*, *contino*, *preigar*, entre otros, ceden paso a *antiguo*, *continuo* o *predicar*) sino al auge de determinadas soluciones fónicas frente a las más arraigadas en la fonética medieval (*cf.* de nuevo los cultismos del tipo *fama, fortuna*).

Si desde los tratados y la creación literaria se auspicia la introducción de neologismos de impronta clásica, hay un movimiento complementario al anterior que apunta hacia la pérdida de arabismos en favor de otros vocablos competidores de origen latino (Giménez-Eguíbar 2015; cap. 31): *alcatea*, *alfayate* caerán en desuso en favor de *manada*, *sastre*. En el ámbito de las locuciones adverbiales de manera que expresan gratuidad, el arabismo *de balde* fue reemplazado por el latinismo *gratis* (Dworkin 2012). El proceso es más significativo ideológica que cuantitativamente.

5. Conclusiones

El historiador Johan Huizinga acuñó el sintagma más poético para caracterizar al siglo XV europeo: *el otoño de la Edad Media*. Esta etapa otoñal lo es en la lengua si observamos fenómenos de pérdida: el inicio de la simplificación consonántica del castellano, la remodelación de las estructuras a la izquierda del núcleo nominal, los cambios de papeles funcionales en verbos de gran uso como *ser*, *haber* o *estar*, la desaparición de palabras muy arraigadas... Pero no hay fase en la historia lingüística que no sea también etapa de ganancias. Las del siglo XV tienen que ver con el aumento de los lectores y de la producción escritural, el ascenso en funciones del castellano, el incremento de la cantera de palabras y estructuras traídas intencionalmente desde el latín. El periodo transicional lo es a nuestros ojos de sabedores de las costuras del español áureo. Los lectores españoles hasta el siglo XVI tuvieron por canónico a un autor cuatrocentista, Juan de Mena, que puso en verso el principio que podríamos invocar para toda lengua viva con su natural tendencia al cambio lingüístico: "ca tu firmeza es non ser constante".

Lecturas recomendadas

Eberenz (2006) presenta las consecuencias que para la lengua del siglo XV tuvo el desarrollo de hábitos novedosos (la lectura silenciosa, la difusión de la imprenta) y cómo los cambios sociales se reflejaron en el castellano.

Pons Rodríguez (2015) lista las principales innovaciones lingüísticas del siglo XV venidas por imitación libresca y traza su extensión en ese siglo y su continuidad posterior.

Ynduráin (1982) ejemplifica algunas tensiones entre latín y romance en el siglo XV y analiza el comportamiento de las traducciones al castellano.

Bibliografía citada

Dworkin, S. 2005. "La transición léxica en el español bajomedieval". En *Historia de la lengua española*, ed. R. Cano. 2ª ed., 643–656. Barcelona: Ariel.

Dworkin, S. 2012. *A History of the Spanish Lexicon. A Linguistic Perspective*. Oxford: Oxford University Press.

Eberenz, R. 1991. "Castellano antiguo y español moderno: reflexiones sobre la periodización en la historia de la lengua". *Revista de Filología Española* 71: 79–106.

Eberenz, R. 2000. *El español en el otoño de la Edad Media. Sobre el artículo y los pronombres*. Madrid: Gredos.

Eberenz, R. 2006. "Cultura lingüística y cultivo del castellano en el otoño de la Edad Media". En *Actas del VI Congreso Internacional de Historia de la Lengua Española*, eds. J. J. Bustos y J. L. Girón, 85–102. Madrid: Arco Libros.

Eberenz, R. 2009. "La periodización de la historia morfosintáctica del español: propuestas y aportaciones recientes". *Cahiers d'Études Hispaniques Médiévales* 32: 181–201.

Fernández-Ordóñez, I. 2011. *La lengua de Castilla y la formación del español*. Madrid: Real Academia Española.

Garachana Camarero, M. 2014. "Gramática e historia textual en la evolución de los marcadores discursivos: el caso de *no obstante*". *RILCE* 30: 959–984.

Giménez-Eguíbar, P. 2015. "Dos casos de sustituciones léxicas: los arabismos *alfayate* y *alfajeme*". En *Actas del IX Congreso Internacional de Historia de la Lengua Española*, ed. J. M. García Martín, 1409–1424. Madrid y Fráncfort: Iberoamericana Vervuert.

Girón Alconchel, J. L. 2004. "Cambios sintácticos en el español de la Edad de Oro". *Edad de Oro* 23: 71–93.

González Ollé, F. 2009. "Actitudes lingüísticas de los Reyes de Aragón". En *Baxar para subir: colectánea de estudios en memoria de Tomás Buesa Oliver*, ed. V. Lagüéns, 85–110. Zaragoza: Institución Fernando el Católico.

Harris-Northall, R. 1999. "Re-Latinization of Castilian Lexis in the Early Sixteenth-Century". *Bulletin of Hispanic Studies* 76: 1–13.

Lázaro Carreter, F. 1972 [1979]. "La poética del arte mayor castellano". En *Estudios de poética*, 75–111. Madrid: Taurus.

Lleal, Coloma. 1995. "El secretario: el nuncio y la difusión del latinismo en el siglo XV". *Lletres Asturianes* 56: 19–34.

Menéndez Pidal, R. 1939 [1958]. *Los romances de América y otros estudios*. Madrid: Espasa Calpe.

Octavio de Toledo, Á. 2016. *Los relacionantes locativos en la historia del español*. Berlín: De Gruyter.

Octavio de Toledo, Á. 2017. "Juan de Mena como traductor: aspectos lingüísticos del *Omero romançado*". En *Romanische Sprachgeschichte und Übersetzung*, eds. S. Dessì y H. Aschenberg, 53–113. Heidelberg: Winter.

Pascual Rodríguez, J. A. 1974. *La traducción de la Divina Comedia atribuida a D. Enrique de Aragón. Estudio y edición del Infierno*. Salamanca: Universidad de Salamanca.

Pérez Pascual, J. I. 1983. "A propósito de la edición de Ramón Santiago Lacuesta de la primera versión castellana de *La Eneida* de Virgilio". *Verba* 10: 337–343.

Pons Rodríguez, L. 2008. "Las construcciones imitativas del *accusativus cum infinitivo*: modelos latinos y consecuencias romances". *Revista de Historia de la Lengua Española* 3: 117–148.

Pons Rodríguez, L. 2012. "La doble graduación *muy – ísimo* en la historia del español y su cambio variacional". En *Estudios de filología y lingüística españolas. Nuevas voces en la disciplina*, eds. E. Pato y J. Rodríguez Molina, 93–133. Berna: Peter Lang.

Pons Rodríguez, L. 2013. "Frecuencia lingüística y novedad gramatical. Propuestas sobre el hápax y las formas aisladas, con ejemplos del XV castellano". *Iberoromania* 78: 222–245.

Pons Rodríguez, L. 2015a. "La lengua del Cuatrocientos más allá de *las Trescientas*". En *Actas del IX Congreso Internacional de Historia de la Lengua Española*, ed. J. M. García Martín, 393–433. Madrid y Fráncfort: Iberoamericana Vervuert.

Pons Rodríguez, L. 2015b. "Prejuicios y apriorismos en la investigación histórica sobre marcadores discursivos (con algunas notas sobre *así las cosas*)". En *Les marqueurs du discours dans les langues romanes*, eds. M. Borreguero y S. Gómez-Jordana, 285–303. Limoges: Lambert-Lucas.

Pountain, C. e I. García Ortiz. 2019. "La investigación de las voces cultas a través de los corpus históricos". *Revista de Historia de la Lengua Española* 14: 47–76.

Ridruejo Alonso, E. 1993. "¿Un reajuste sintáctico en el español de los siglos XV y XVI?". En *Actas del Primer Congreso Anglo-Hispano*, ed. R. Penny, 49–60. Madrid: Castalia.

Rodríguez Molina, J. 2016. "Adverbios y locuciones adverbiales de manera". En *Sintaxis histórica de la lengua española*, ed. C. Company, vol. 3.1, 733–937. México: Fondo de Cultura Económica y Universidad Nacional Autónoma de México.

Sánchez Lancis, C. 2001–2002. "La gramaticalización de los participios latinos de presente *durante* y *mediante* a través de las gramáticas y los diccionarios del español". *Anuari de Filologia* 23–24: 95–110.

Ynduráin, D. 1982. "La invención de una lengua clásica". *Edad de Oro* 1: 13–34.

38
Latín y romance como lenguas de cultura desde 1450 hasta 1700 (Latin and romance as languages of culture from 1450 to 1700)

Christopher J. Pountain

1. Introducción

En el transcurso de los años 1450–1700, determinadas lenguas románicas cobraron cada vez más prestigio como lenguas de cultura, no solo en el ámbito literario sino también en el científico, en detrimento del latín, si bien este todavía tenía un firme arraigo en las universidades y en la iglesia y continuó la producción literaria en neolatín, sobre todo en el siglo XVI. En España y por razones esencialmente políticas, el castellano fue la variedad románica preferida como lengua de cultura. La relación entre castellano y latín era simbiótica, ya que se buscaban en el latín los recursos necesarios para la elaboración del vernáculo, como resultado del declarado afán humanístico de emular a la lengua del Imperio romano. Por eso vemos una interacción interesante entre factores políticos, lingüísticos y culturales en la evolución del castellano. Gran parte de los detalles lingüísticos de este proceso queda por investigar con la profundidad que merece, aunque se han identificado las líneas de trabajo más provechosas: la importancia de las tradiciones discursivas, el papel de la traducción, la elaboración de corpus lingüísticos capaces de apoyar esta labor analítica y una mejor comprensión de la fijación de préstamos y calcos.

Palabras clave: lengua latina; elaboración lingüística; préstamo lingüístico; registro lingüístico; literatura española

During the years 1450–1700 certain Romance languages gained increasing prestige vis-à-vis Latin as languages of culture, not only in literary writing, but also in the academic and theological domains. Latin, however, maintained a stronghold in universities and the church, and literary production in Neo-Latin continued, especially in the 16th century. In Spain, for essentially political reasons, Castilian was preferred over other Romance varieties as the language of culture. But the relation between Castilian and Latin was a symbiotic one, since the resources for the elaboration of the vernacular were sought in Latin, as a result of the explicit Humanist desire to emulate the language of the Roman Empire. We therefore see an interesting interaction of political, linguistic and cultural factors in the evolution of Castilian. Much of the detail of this process is still to be investigated, although several currently feasible directions have been identified: the importance of traditions of discourse, the role of translation, the construction of linguistic corpora which are capable of supporting this analytical work, and a better understanding of the integration of loans and calques.

Keywords: Latin language; linguistic elaboration; linguistic borrowing; linguistic register; Spanish literature

2. Conceptos fundamentales

2.1 ¿Qué es una "lengua de cultura"?

Por "lengua de cultura" se suele entender una lengua que sirve de vehículo a la expresión creativa y a la erudición, contrapuesta a una lengua vernácula que es la lengua hablada cotidiana. Entre estos dos extremos están varios tipos de lengua intermedios: la lengua de los documentos legales y administrativos y también la de alfabetización práctica ("practical literacy" en la terminología de Burke 1987), como la de los documentos comerciales, la de la correspondencia para fines esencialmente prácticos, etc. Cuanto más alto es el nivel del idioma, más se "elaboró" en el sentido de Kloss (1967), enriquecido de modo que permita la expresión de conceptos nuevos y sutilezas semánticas que no son necesarias en el habla de todos los días. El latín ya era una lengua elaborada, porque el latín clásico era vehículo de una cultura prestigiosa, y se elaboró aún más en la Edad Media, cuando la necesidad de representar nuevos conceptos y la creatividad interna acuñaron muchos neologismos. En cambio, el castellano/español, que fue en origen el resultado del desarrollo vernáculo del latín, en un principio no era adecuado para la expresión de conceptos complejos, y en el período 1450–1700 podemos observar una fase muy interesante de su elaboración para fines culturales.

2.2 Actitudes hacia la lengua

Otro factor que hay tener en cuenta en la elección de una lengua de cultura es la actitud de los usuarios. De ahora en adelante nos referimos tan solo al "castellano" por motivos de claridad. "Castellano" es el único término apropiado para la lengua medieval, ya que "España" como entidad política no existía; a partir del siglo XVI sí cabe identificar la lengua con "España", pero un aspecto importante de este proceso es que otras lenguas románicas de la península ibérica fueron eclipsadas por el castellano, de modo que todavía es útil distinguir esta variedad. El castellano, como otras lenguas románicas, estaba asociado desde el siglo XIII a la expresión creativa, ya que la nobleza, que patrocinaba esta actividad y constituía el público lector, tenía escasos conocimientos de latín. El latín, por su parte, siguió siendo el vehículo preferido para la comunicación científica en el ámbito académico, lo que le dotó de un enorme prestigio. Ramos Maldonado (1999) señala que el uso de una lengua u otra dependía de los destinatarios: por ejemplo, Bernardino Gómez Miedes dice en el Prefacio a su *De uita et gestis Iacobi* (1582) que escribió el libro en latín porque estaba destinado a un público extranjero; su *Historia de Jaime I*, escrita originalmente en latín, fue traducida al castellano para alcanzar un público más amplio; en cambio, su *Manual contra la gota*, como texto práctico, se escribió en castellano. En las universidades, aunque oficialmente las clases de lenguas clásicas, teología, derecho y filosofía se daban en latín, los libros de texto se traducían al castellano para que los estudiantes entendieran mejor la materia (Coroleu 1999, 7).

También es fundamental tomar en cuenta la corriente humanística que llegó a imperar en España a partir del siglo XV. En términos generales, se puede decir que el deseo de elaborar el romance en la dirección del latín se debe al humanismo (para una visión más matizada, véase 4.1.), y, al mismo tiempo, alentó la traducción de textos latinos y griegos a las lenguas vernáculas.

2.3 El castellano frente a otras lenguas románicas en la península ibérica

Hay que tomar en cuenta la posición del castellano frente a otras lenguas románicas en lo que vino a constituir la geografía española, ya que la competencia entre latín y romance se redujo en la primera mitad del siglo XVI a una pugna entre el latín y el castellano. Juan de Valdés, en su *Diálogo de la lengua*, escrito en 1535, observó que el castellano se hablaba en el reino de Aragón, en Galicia, Asturias y Navarra (áreas en origen no castellanohablantes) e incluso entre la gente vulgar, lo que sugiere su difusión exitosa como lengua nacional. El uso del castellano como lengua de cultura es aún más notable, desplazando, por ejemplo, al catalán en el período tradicionalmente denominado *Decadència*: se suele considerar que la última obra prestigiosa en catalán (o, más bien, valenciano) fue *Tirant lo Blanch*, de Joanot Martorell, a fines del siglo XV. Testimonio temprano del cultivo del castellano es la obra de Juan Boscán, catalán de nacimiento, cuya traducción de *Il Cortegiano* de Baldassare Castiglione (1528) fue escrita en castellano (*El cortesano*, 1534) y fue considerada un modelo para la prosa. La razón de la supremacía del castellano era predominantemente política: el resultado de la hegemonía de Castilla como foco de la Reconquista; su posterior predominio en la unión con la Corona de Aragón, que cambió las preferencias de los mecenas de quienes dependían los autores; y su expansión a América, donde en territorios españoles solo se implantó el castellano. Es más, se tenía a otras variantes romances en baja estima: por ejemplo, en las comedias del Siglo de Oro se empleaba con fines humorísticos el "sayagués", forma tal vez estereotipada del leonés, para representar a los rústicos (Lihani 1973).

2.4 Contacto entre latín y romance

Ya nos referimos (2.1, 2.2) al tema de la elaboración del romance mediante elementos latinos. Este tipo de contacto cultural ha constituido la influencia externa más significativa en la historia de las lenguas románicas de Europa occidental y ha impactado en todos los niveles lingüísticos (véase Pountain 2011). Merece una atención especial el proceso de integración ("embedding") en el vernáculo receptor (véanse 3.3, 5.3).

3. Aproximaciones teóricas

3.1 El enfoque histórico

Parece claro que el prestigio de un idioma está determinado en gran medida por el contexto histórico de su uso. El período histórico que nos ocupa aportó enormes cambios que afectaron directamente a la fortuna de las lenguas románicas de la península ibérica. Fijémonos tan solo en el año 1492. La "reconquista" de Granada finalizó el proceso de expansión de Castilla hacia el sur y reforzó la unión de las coronas de Castilla y Aragón en la que Castilla, y como consecuencia el castellano, sería dominante. El descubrimiento de América patrocinado por Castilla llevó a la expansión del uso del castellano a un vasto territorio y a una fuente nueva de riqueza; nunca se había demostrado tan claramente lo que afirmó Antonio de Nebrija en el Prólogo a su *Gramática de la lengua castellana* del mismo año (pero antes de que zarpara la expedición de Colón): que la lengua "siempre fue compañera del imperio". Para mediados del siglo XVI España era la potencia global preeminente. El castellano se iba haciendo lengua internacional: la anécdota famosa de Brantôme cuenta que en 1536 Carlos V escogió el castellano al desafiar a Francisco I de Francia, diciendo que "[el castellano] es tan noble que merece ser sabida y entendida de toda la gente cristiana" (Lapesa 1981, 296–297). La aparición de gramáticas y otros manuales destinados a extranjeros en el siglo XVI confirman el interés internacional por el castellano. *The Spanish schoole-maister* de William Stepney (1591), por ejemplo, contiene siete diálogos paralelos en castellano e inglés que cubren diversos aspectos de la vida, centrándose en el viaje y el comercio, por lo que se puede comprobar que son estos campos los que motivan la redacción de este tipo de libros. También había interés por la cultura española: Boro (2011) describe el éxito internacional que tuvo la novela sentimental española en el siglo XVI, evidenciado en la publicación de ediciones políglotas.

3.2 El enfoque cultural

Tanto la lingüística histórica del castellano como los estudios literarios suelen considerar que este período representa el triunfo del castellano sobre el latín y resta importancia al latín como vehículo de cultura. Sin embargo, el resumen muy valioso de la cultura literaria latina del Renacimiento español de Coroleu (1999) permite apreciar su riqueza: llaman la atención obras originalísimas como el *Somnium* de Juan Maldonado (1541), relato fantástico que ofrece una crítica de la conquista de América. Coroleu observa, con razón, que el latín estaba muy lejos de estar muerto como vehículo de expresión literaria y filosófica (véase también 4.1).

En cuanto al castellano, otro asunto de importancia en el Siglo de Oro es la polémica sobre el origen del castellano y la consiguiente interpretación de su relación con el latín. Bernardo de Aldrete, en *Del origen y principio de la lengua castellana* (1606), abogó por lo que hoy en día parece obvio: que el origen del castellano era el latín (y que el castellano no era una de las lenguas primitivas de Babel). Elvira (2019) arguye que el libro de Aldrete influyó en el proyecto de Luis de Góngora de acercar el castellano al latín, ya que legitimó la empresa de intentar que el castellano emulara a un vehículo de cultura superior del que era la evolución empobrecida. La comparación con el latín también cobró más importancia con la expansión del castellano al Nuevo Mundo: los humanistas no dejaron de señalar que había llegado a tener un alcance más grande que el del latín y que debía tener un prestigio igual o incluso mayor (Guitarte 1986).

Dentro de Europa, la cultura española se difundió de forma impresionante como resultado del poder que llegó a tener España en el siglo XVI (Lapesa 1981, 291–299). Diversas obras literarias en castellano fueron traducidas a otros idiomas e influyeron en otras literaturas nacionales. Un caso de especial interés es Italia: hasta esta época, Italia había sido fuente de influencias renacentistas, pero, como consecuencia de la presencia española en los reinos de Nápoles y Sicilia como territorios aragoneses, el caudal cultural empezaba a cambiar de rumbo. Valdés (véase 2.3.), escribiendo en Nápoles en 1535, informa de que el castellano se hablaba allí "sí entre damas como entre cavalleros".

3.3 El enfoque lingüístico

Bajo este epígrafe se pueden distinguir varios temas de interés para la lingüística histórica. La producción literaria en castellano en estos siglos y, sobre todo, la explosión de productividad en el siglo XVI, nos proporcionan un valioso acervo de material textual en el que se pueden vislumbrar evidencias de variación sociolingüística. Pensemos, por ejemplo, en las comedias en prosa de Lope de Rueda (c.1510–1565), cuyos personajes pertenecen a varias capas distintas de la sociedad (hidalgos, artesanos y mercaderes, criados). Rueda es muy sensible a la variación lingüística, que utiliza como recurso humorístico, por lo que sirve de informante fidedigno del habla de su época, si bien se puede sospechar que representa estereotipos en un deseo de obtener mayor efecto dramático. Para un ejemplo de lo que se puede deducir de las formas de tratamiento, que tanto dependían de relaciones de superioridad e inferioridad entre los hablantes y fluctuaban mucho durante todo el período que nos ocupa, véase Pountain (2009).

Debido al interés humanístico por la lengua vernácula, es también en este período cuando empezamos a tener evidencia de actitudes hacia determinadas variantes lingüísticas por parte de los hablantes. El *Diálogo de la lengua* de Valdés, por ejemplo, aprueba la supresión del nexo *que* (p. ej., *creo será bien hazer esto* en vez de *creo que será bien*), diciendo que el *que* es superfluo, de lo que se puede concluir que esta supresión gozaba de cierto prestigio en la primera mitad del siglo XVI. Casi cien años más tarde, sin embargo, en 1625, la encontramos condenada en el *Arte de la lengua española castellana* de Gonzalo Correas, quien reclama que deja la expresión confusa. Aunque tales datos son difíciles de interpretar y deben ser tratados con cautela, quizás reflejen un cambio de actitud que rechazara la tendencia —acusada en algunos autores— a suprimir el *que* a favor de la norma académica que iba a prevalecer definitivamente a partir del siglo XVIII, que en general favoreció una sintaxis más explícita. Pero no es solo en obras de carácter primariamente lingüístico donde encontramos estos juicios secundarios: de vez en cuando surgen en textos literarios. A través del *Quijote*, por ejemplo, tenemos pruebas, por las críticas que hace Don Quijote a Sancho, del valor sociolingüístico de algunas variantes: un caso muy conocido es el uso que hace Sancho del verbo *regoldar*, que Don Quijote califica de torpe, recomendando el cultismo *eru(c)tar*, que fue, en efecto, la variante que acabó triunfando.

El proceso de elaboración lingüística del castellano que imperó, en distintos grados, durante todo este período es, como ya observamos, un caso destacado de contacto entre lenguas (latín y castellano) y de préstamos en todos los niveles. Los casos más conocidos son los préstamos léxicos, ya que son muy numerosos y muchos de ellos han llegado a ser palabras muy corrientes en la lengua moderna. Dworkin (2012, 157–181, 2021) llama la atención sobre la cuestión de cómo se incrustaron los préstamos latinos en la lengua receptora: si se trata simplemente de la expresión de nuevos conceptos o si existió competencia entre esos préstamos y palabras ya existentes, como en la sustitución de *hueste* por *ejército* o de *poridad* por *secreto*. Los préstamos léxicos también incidieron en la estructura del castellano: introdujeron grupos consonánticos complejos que históricamente se habían simplificado (*cf.* el culto *octavo* frente al patrimonial *ocho*), y la adopción de varios verbos en *-ir* reforzó la que había amenazado con ser una conjugación muy escasa (Pountain 2021). También son de interés los posibles préstamos sintácticos: Pountain (2011, 643–656) destaca la posible deuda de varias construcciones con la influencia o imitación del latín; la proliferación de conjunciones subordinantes más matizadas, como *dado que, puesto que, a fin de que*, cuya frecuencia mostró un incremento masivo a partir de los siglos XV y XVI; la imitación de *cum inversum* (p. ej. *Estábamos para salir, cuando llegó mi madre*); la discriminación de relativos (*el/la/los/los/lo cual/que*), el uso de *cuyo* y el llamado relativo "de transición" (p. ej., *Hizo construir una capilla con cuatro celdas y dependencias, por cuyo motivo se le considera el fundador y patrono*: NGLE, 22.5i); las construcciones absolutas que imitan un uso del ablativo latino (p. ej., *Dicho esto, salió*) o el incremento en la frecuencia de adjetivos calificativos y su colocación antes del sustantivo.

4. Perspectivas actuales

4.1 El latín y el español en la literatura

Coroleu (1999) observa que los estudiosos de la cultura literaria del Renacimiento español se suelen centrar en la literatura de las lenguas vernáculas en detrimento de obras en latín. Esto es quizás porque las obras en latín mejor conocidas son de filosofía y otros campos académicos, como las del gran humanista Juan Luis Vives (1493–1540). Es importante, pues, destacar la coexistencia del latín (o, si se prefiere, el "neolatín") con los vernáculos. Varios autores escribían en las dos lenguas y la mayoría, como personas cultas, tenían buen conocimiento del latín: se relata que Lope de Vega sabía leer tanto en castellano como en latín a la edad de cinco años y que a la edad de diez años ya traducía poesía latina al castellano. Basta con mirar las obras del Padre José de Acosta, jesuita misionero, conocido principalmente por su *Historia natural y moral de las Indias* (1590), que ya se había publicado en latín en el año anterior bajo el título de *De natvra nobi orbis libri dvo, et de promvlgatione evangelii apud barbaros sive de procvranda indorvm salvte, libri sex*. Entre sus otras obras se encuentran varios tratados en latín, además de obras teológicas y manuales de instrucción religiosa en castellano destinados a usuarios americanos, así como correspondencia también en esta lengua. Lo cierto es que la literatura creativa en latín siguió prosperando, por lo menos en los siglos XV y XVI, si bien para fines del siglo XVII había disminuido perceptiblemente; así, Benito Arias Montano (1527–1598) publicó varios tomos de poesías religiosas, y en las universidades se representaban piezas originales en latín de varios géneros, junto con las piezas clásicas y traducciones de otros idiomas.

Como es lógico, la literatura en castellano de la Edad Áurea es mucho mejor conocida y ha sido objeto de intenso estudio, siendo considerada un punto culminante de la cultura española: las "autoridades" del *Diccionario de autoridades*, el primer diccionario de la Real Academia fundada en el siglo XVIII, son, en efecto, los autores de esta época, así que en cierto modo sientan la base del español normativo de hoy en día. Lapesa (1981, 265–280; 303–366), siguiendo la metodología tradicional de trazar la historia de la lengua a través de los textos literarios, identifica tres fases cronológicas que se pueden distinguir por su actitud hacia la incorporación de latinismos.

En primer lugar, figura, ya en el siglo XV, la obra latinizante de poetas como Juan de Mena (1411–1456) y el marqués de Santillana (1398–1458). La influencia latina en Mena procede de su fuerte admiración por la literatura clásica, cuyas cualidades quería que el castellano emulara: calificó al castellano de "rudo y desierto romance" y "humilde y baja lengua" (Bahner 1956 [1966], 34) necesitada de ampliación y adecuación a la expresión compleja y sutil. De modo semejante, Santillana creía que los temas elevados no podían ser tratados en el vernáculo, aunque en él es probable que la influencia latina actuara de manera más indirecta: su latín se muestra inseguro y conoció el mundo clásico más bien por medio de traducciones; en él, sin embargo, influyeron los grandes poetas del Renacimiento italiano, lo que plantea la posibilidad de que algunos latinismos llegaran a través del italiano: Pons Rodríguez (2015, 399–404) sugiere que el uso que hace Santillana del sufijo *-ísimo* proceda de esta lengua. En efecto, el hecho de que las lenguas románicas occidentales (por no mencionar el inglés) compartan muchos latinismos, tanto léxicos como morfológicos y sintácticos, permiten suponer que hubiera una influencia mutua: véase Pountain *et al.* (2022) y Cornillie y Drinka (2019).

En la segunda fase, que corresponde a la mayor parte del siglo XVI, vemos una actitud más cautelosa frente al uso de latinismos. Mientras que todavía se valoraba a Mena, el juicio que da Juan de Valdés en el *Diálogo de la lengua* es mesurado: alaba su "doctrina y alto estilo", pero dice que en el *Laberinto de amor* "escrivió tan escuro que no es entendido". La presencia del latín en castellano es un tema al que vuelve muchas veces, censurando la pretensión de los que imitan el latín para ganar efecto y rechazando tal imitación en la escritura; pero al mismo tiempo aprueba los préstamos que considera ventajosos para el castellano: comentando el uso de la palabra *obiecto* en *La Celestina* (1499) de Fernando de Rojas, opina que es válido porque no hay palabra castellana que exprese la misma noción y evita un "rodeo de palabras" para explicarla. Pero si bien los vernáculos eran exaltados, también por este motivo se quería que resultaran adecuados para ser vehículos de cultura en la misma medida que las lenguas clásicas:

Cristóbal de Villalón (1510?–1588?) escribió que "la lengua que Dios y la naturaleza nos ha dado no nos deve ser menos apazible ni menos estimada que la latina, griega y hebrea, a las cuales creo no fuesse nuestra lengua algo inferior si nosotros la ensalçássemos y guardássemos y puliéssemos con aquella elegancia y ornamento que los griegos y los otros hazen en la suya" (Lapesa 1981, 301). La incorporación de nuevos latinismos quedaba restringida: Fray Luis de León (1527?–1591), hombre docto y autor de varias obras doctrinales en latín, defendió la traducción de los textos sagrados porque creía que una lengua materna es capaz de expresar cualquier pensamiento (Carrera de la Red 1988, 330); en sus composiciones en romance evitó el uso de nuevos latinismos patentes, si bien extendió el sentido de palabras castellanas ya existentes a partir de sus étimos latinos (Lapesa 1981, 324–325). Y desde *Celestina* (1499) vemos el cultivo tanto de la lengua corriente como de estilos altos; la manifestación más clara de esta yuxtaposición, muchas veces explotada por autores de esta época para fines artísticos, está en el *Quijote*, donde Don Quijote adopta el estilo arcaico de los libros de caballerías frente al lenguaje cotidiano de Sancho.

En una tercera fase se observa un retorno a la caza de cultismos en el llamado estilo barroco, en el que se valoraba la ingeniosidad y el uso de figuras retóricas. El apogeo de la imitación del latín, no solo del léxico sino también de la sintaxis, se ve en Luis de Góngora (1561–1627). Lo curioso es que, aunque Góngora utilizaba los latinismos no por necesidad de cubrir nuevos conceptos sino para lograr efectos estilísticos, y su estrategia era motivo de polémica, buen número de sus innovaciones léxicas se fijaron en la lengua (Lapesa 1981, 346) e influyó profundamente en la producción literaria del siglo XVII dentro del llamado "culteranismo". Por contraste, Francisco de Quevedo (1580–1645), crítico ácido de Góngora, cultivaba en su estilo "conceptista" la extrema concisión, juegos de palabras y nuevas acuñaciones que utilizaban recursos ya existentes en el idioma.

4.2 Tradiciones discursivas

Una perspectiva muy importante hoy en día en la lingüística histórica del castellano es el reconocimiento de la importancia de distintas tradiciones discursivas en la evolución del idioma. Un autor determinado no empieza su obra *ex nihilo*, sino que depende de otros textos que ya conoce y que dejan huella en su trabajo. Kabatek (2005) propone que cualquier documento está sujeto a un "doble filtro" de conformidad, no solo a las reglas gramaticales de la lengua sino también a una tradición discursiva: Pons Rodríguez (2015, 418), por ejemplo, sugiere que el uso del sufijo superlativo *-ísimo* está vinculado al discurso religioso, mientras que el "participio presente" (formas en *-nte*) remeda el discurso oficial (administrativo o eclesiástico), o sea, que los latinismos no se aprovechaban a granel, sino que dependían de determinados registros del propio castellano. Pero dado que muchos autores de este período tenían buen dominio del latín y estaban familiarizados con textos latinos hasta tal punto que se les puede calificar de bilingües, es obvio que estos podían servirles de modelos: Pascual (1999) estudia la relación entre latín, neolatín y castellano en la obra de poetas sevillanos de la primera mitad del siglo XVI, afirmando que la influencia de modelos latinos fue decisiva en la evolución de la poesía culta en castellano. Sin embargo, también se puede observar el proceso inverso: Pascual encuentra en la poesía neolatina de Antonio Carrión una deuda con la poesía vernácula de Juan de Mena.

Una meta importante de la lingüística histórica es encontrar evidencia de la lengua hablada en otras épocas, ya que tradicionalmente interesaba lo que se concebía como la evolución "natural" de la lengua desprovista de influencias cultas. Pountain (2011), sin embargo, arguye que en la historia de cualquier lengua hoy en día "elaborada" (en el sentido del *Ausbau* de

Kloss) es forzoso contar con tales influencias, reforzadas en tiempos recientes por la educación pública. Koch y Oesterreicher (1985) propusieron que la dicotomía tradicional entre lengua escrita y lengua hablada es demasiado simplista y que en realidad hay un continuo entre las dos de lo que denominan "distancia comunicativa": cuanto más se acerca la lengua al habla, más alto es su grado de "inmediatez". Oesterreicher (2005) destaca la posibilidad de recuperar lo que llama "lo hablado en lo escrito". Este enfoque ha puesto en primer plano textos antes desatendidos como objetos de estudio lingüístico, como son la correspondencia particular, transcripciones de testimonios legales, etc. Para un ejemplo de lo que se puede conseguir en este sentido, véase el análisis lingüístico que hace Fernández Alcaide (2009) de cartas particulares del siglo XVI en el Archivo de Indias. También hay que reconocer, sin embargo, que en la literatura del Siglo de Oro, sobre todo del siglo XVI, hay abundantes muestras de lo que se puede calificar como lengua espontánea. Solo hay que pensar en las comedias en prosa de Lope de Rueda (3.3), el diálogo de la novela picaresca o textos como *Celestina* o *La lozana andaluza*, donde intervienen personajes de todas las capas sociales cuyos modos de expresarse contrastan entre sí: por esta razón no cabe hablar, por ejemplo, de un supuesto "registro literario" o asociar la cultura escrita tan solo con la "distancia comunicativa". En 5.1. comentaremos en más detalle los retos que ha planteado este enfoque y su importancia para trazar el impacto del latín en el castellano de esta época.

4.3 La traducción

Ya hemos mencionado (2.2) el papel fundamental que desempeñó la traducción en la transmisión de la cultura clásica a un público que no tenía conocimientos suficientes de latín como para leer los textos originales. También es lógico asumir que la traducción constituía una ruta importante de préstamo, ya que parece que muchos latinismos léxicos tempranos se introdujeron al castellano en textos traducidos: pensemos, por ejemplo, en la obra de Juan Fernández de Heredia (1310?–1396) o de Enrique de Villena (1384–1434) (véase Dworkin 2012, 164–167). La labor de los traductores merece un análisis pormenorizado. En un escrutinio de latinismos sintácticos en cuatro traducciones erasmistas del siglo XVI, Del Rey (2018) identifica, además de latinismos patentes paralelos al texto original, casos de latinismos espontáneos en pasajes que no figuran en el original o "hiperlatinismos", "antilatinismos" (cuando se evita el uso de una estructura latina calcada) y "heterolatinismos" (cuando la traducción se sirve de otro tipo de latinismo); de ellos, el antilatinismo es el fenómeno más representado. De modo semejante, en Del Rey (2021) concluye que la influencia directa del latín en las traducciones romances de grupos léxicos paratácticos "no es tan intensa como podría sospecharse". Este tipo de investigación filológica (véase también 5.1) es fundamental para una apreciación de la relación entre latín y romance y de cómo funcionaba el contacto lingüístico entre ellos.

5. Perspectivas futuras y conclusiones

Concluimos ofreciendo unas sugerencias personales sobre los posibles rumbos de investigación futura en este campo tan fundamental, sobre todo para la historia del castellano. Eso no quiere decir que no sea de interés la ampliación de estudios del neolatín en esta época, cuanto más porque es de esperar que la cultura neolatina (distinta de la cultura clásica, aunque también dependía de esta) formara parte de la tradición textual de algunos autores. Pero lo que se observa en este período es el auge del romance frente al declive del latín como lengua de cultura, por lo que es el proceso del triunfo del romance el que más captará nuestra atención.

5.1 Evaluación filológica de la evidencia de los textos

La interpretación filológica de los datos textuales es compleja, sobre todo en los textos literarios, los vehículos más destacados de la cultura, donde se observa una interacción de distintos tipos de lengua que a veces son muy difíciles de desentrañar. Tomemos por ejemplo el conocido problema del estilo de Santa Teresa, que ha suscitado interés lingüístico por tener fama de rayar en lo coloquial y constituir un estilo "llano". Oesterreicher (2005, 755) comenta al respecto que, más que imitar la lengua hablada, se concibe con finalidades estéticas. Pountain (2016) concuerda en que la lengua del *Libro de la vida* no corresponde completamente a la lengua hablada espontánea, a pesar de su modo de composición (narrativa escrita en poco tiempo y sin modificación posterior para su confesor), ya que el léxico y muchas construcciones sintácticas son sofisticados; es más, la supresión del nexo *que* que prolifera en sus escritos demuestra ser más propia de la escritura técnica de la época que del uso vulgar. En las versiones sucesivas del *Camino de perfección* de la santa vemos, en efecto, una supresión creciente de *que*, en lo que Octavio de Toledo (2011) ha calificado, en un análisis detallado de esta y otras construcciones sintácticas, como movimiento en dirección a la "escrituralidad" o mayor distancia comunicativa.

Lo cierto es que en el uso del castellano como lengua de cultura vemos un abanico de estilos y registros mucho más amplio que en el uso del latín. Esto es comprensible porque, aunque el latín se cultivaba muy extensamente en determinados ámbitos de la sociedad, su uso siempre acataba las normas clásicas, si bien hacían falta nuevas acuñaciones léxicas para denominar nuevos conceptos. Aunque no faltaron expertos con conocimientos del latín desde la niñez, para la vasta mayoría de las personas que lo empleaban era esencialmente una lengua extranjera, si bien gozaba de un estatus especial. En el transcurso del período que nos ocupa dejó de emplearse espontáneamente como medio de comunicación oral y fue sustituido por el romance progresivamente. El castellano, en cambio, presentaba la variación y la potencialidad innovadora características de cualquier lengua viva, y esta variación e innovación se explotaban como recursos artísticos por los escritores creativos, alentados por la exaltación humanística del romance. Al mismo tiempo, el castellano se iba elaborando para adecuarse como rival del latín en cuanto vehículo de la expresión académica, científica e incluso teológica, aunque la iglesia católica era oficialmente reacia a esta tendencia. Todos estos procesos se documentan en textos de varios tipos, que son susceptibles de un análisis filológico cuantitativo que permitirá entenderlos mejor. Lo que urge es la disponibilidad de textos no literarios, tradicionalmente desatendidos, para apreciar la gama completa de los registros del idioma a través de todos los grados del continuo de distancia comunicativa en esta época tan crítica en el desplazamiento del centro de gravedad del latín al romance. Ya hay buenos comienzos: la red CHARTA, por ejemplo, ha asumido la tarea de editar y digitalizar textos de los siglos XIII–XIX con el fin de representar precisamente esta variación (para una descripción de sus objetivos y varios ejemplos de lo que se puede conseguir con este recurso, véase Torrens y Sánchez-Prieto 2012).

5.2 Uso de los corpus

A la luz de lo que venimos diciendo, es imprescindible la elaboración de corpus lingüísticos fiables y de fácil consulta como herramientas fundamentales de la investigación filológica. El castellano ya cuenta con una plétora de corpus de distintos tipos, entre los que se incluyen tres corpus históricos enormes: el CDE de Davies y el CORDE y el CDH (derivado del CORDE y del CREA) de la Real Academia Española. No hay espacio aquí para el análisis que merecen estos y otros corpus impresionantes. Nos limitamos a observar que lo que interesaría ante todo para el tema del romance como lengua de cultura es que se incluyesen textos que representaran una amplia gama de géneros, que se distinguiesen rigurosamente formas latinas de formas romances y que hubiese, en la medida de lo posible, un etiquetado de géneros o registros. Hay que decir que los corpus existentes son muy desiguales en estos aspectos. El CDE divide los textos en géneros tan solo para el siglo XX, mientras que el CORDE tiene un sistema de clasificación por género bastante matizado. Las palabras latinas y las citas en latín no se distinguen en ninguno de los corpus. Los textos literarios predominan, sin duda por ser este el género más asequible, pues existen en textos ya editados y digitalizados.

5.3 Fijación del idioma

Por último, señalaremos la conveniencia de intentar establecer cómo se fijan los préstamos en la lengua receptora, en este caso la introducción de los préstamos cultos en el castellano. Esto es importante para entender el proceso de elaboración, que, como ya vimos en 2.1., es un aspecto fundamental de una lengua de cultura. La mera aparición de un neologismo no garantiza su incorporación: muchas palabras cultas encontradas en la obra de autores literarios nunca se emplearon más ampliamente, y construcciones calcadas como el uso de las formas en *-nte* como participio presente o el "acusativo ccn infinitivo" nunca cuajaron en la gramática estándar. Al mismo tiempo, determinadas palabras cultas se generalizan al uso cotidiano, a veces después de un largo período en el que se puede pensar que estuvieran restringidas a registros altos del idioma, por lo que cambian de valor diafásico: por ejemplo, *problema*, palabra de origen griego tomada por el latín, fue un término técnico filosófico o matemático cuya frecuencia creció solo a partir del siglo XVIII para convertirse hoy día en una de las palabras más comunes del castellano (para más detalles y otros ejemplos de esta índole, véase Pountain *et al.* 2022).

Lecturas recomendadas

Lapesa (1981, 265–417) es un examen clásico del español de los albores del humanismo en el siglo XV y del Siglo de Oro (siglos XVI–XVII). En las páginas 303–366 trata la importancia lingüística de los principales escritores en castellano del Siglo de Oro y su contexto cultural.

Coroleu (1999) presenta un examen muy valioso de los escritores peninsulares en latín entre 1480 y 1600.

Pountain (2011) ofrece un panorama de los diversos tipos de influencia latina en las lenguas románicas occidentales.

Bibliografía citada

Bahner, W. 1956 [1966]. *La lingüística española del siglo de oro: aportaciones a la conciencia lingüística en la España de los siglos XVI y XVII*. Madrid: Ciencia Nueva.

Boro, J. 2011. "Multilingualism, Romance, and Language Pedagogy; or, Why Were So Many Sentimental Romances Printed as Polyglot Texts?". En *Tudor Translation*, ed. F. Schurink, 18–38. Nueva York: Palgrave Macmillan.

Burke, P. 1987. "The Uses of Literacy in Early Modern Italy". En *The Social History of Language*, eds. P. Burke y R. Porter, 21–42. Cambridge: Cambridge University Press.

Carrera de la Red, A. 1988. "La latinidad de Fray Luis de León". *Helmántica* 39: 311–331.

CDE: Davies, M. 2002–. *Corpus del Español*. www.corpusdelespanol.org.

CDH: Real Academia Española. *Banco de datos* (CDH). *Diccionario histórico de la lengua española*. www.rae.es/banco-de-datos/cdh.

CORDE: Real Academia Española. *Banco de datos* (CORDE) [en línea]. *Corpus diacrónico del español*. www.rae.es/banco-de-datos/corde.

Cornillie, B. y B. Drinka, eds. 2019. *Latin Influence on the Syntax of the Languages of Europe: Foundations and New Perspectives* (*Belgian Journal of Linguistics* 33). Ámsterdam: Benjamins.

Coroleu, A. 1999. "Introduction". En *Latin and Vernacular in Renaissance Spain*, eds. B. Taylor y A. Coroleu, 1–12. Manchester: Manchester Spanish and Portuguese Studies.

CREA: Real Academia Española. *Banco de datos* (CREA). *Corpus de Referencia del Español Actual*. www.rae.es/banco-de-datos/crea.

Del Rey Quesada, S. 2018. "Latinismo, antilatinismo, hiperlatinismo y heterolatinismo: la sintaxis de la prosa traducida erasmiana del Siglo de Oro". En *Actas del X Congreso Internacional de Historia de la Lengua Española, Zaragoza, 7–11 de septiembre de 2015*, eds. M. L. Arnal Purroy, R. M. Castañer Martín, J. M. Enguita Utrilla, V. Lagüéns Gracia y M. A. Martín Zorraquino, 623–645. Zaragoza: Institución "Fernando el Católico" y Excma. Diputación Provincial de Zaragoza.

Del Rey Quesada, S. 2021. "Learnèd Borrowings Induced by Translation: Paratactic Lexical Groups as Interference Phenomena in Medieval and Early Renaissance Romnace Texts". En *New Worlds for Old Words. The Impact of Cultured Borrowing on the Languages of Western Europe*, eds. C. J. Pountain y B. Wislocka Breit, 25–52. Wilmington, DE y Málaga: Vernon Press.

Dworkin, S. N. 2012. *A History of the Spanish Lexicon*. Oxford: Clarendon Press.

Dworkin, S. N. 2021. "Latinisms as Lexical Substitutes in Late Medieval and Early Modern Spanish". En *New Worlds for Old Words. The Impact of Cultured Borrowing on the Languages of Western Europe*, eds. C. J. Pountain y B. Wislocka Breit, 135–156. Wilmington, DE y Málaga: Vernon Press.

Elvira, M. 2019. "Góngora, Aldrete, el castellano y el latín: cruces de polémicas". *e-Spania* 32. http://journals.openedition.org/e-spania/29813.

Fernández Alcaide, M. 2009. *Cartas de particulares en Indias del siglo XVI. Edición y estudio discursivo*. Madrid y Fráncfort: Iberoamericana y Vervuert.

Guitarte, G. L. 1986. "La dimensión imperial del español en la obra de Aldrete: sobre la aparición del español de América en la lingüística hispánica". En *The History of Linguistics in Spain*, eds. A. Quilis y H. J. Niederehe, 129–187. Ámsterdam y Filadelfia: Benjamins.

Kabatek, J. 2005. "Tradiciones discursivas y cambio lingüístico". *Lexis* 29: 151–177.

Kloss, H. 1967. "'Abstand Languages' and 'Ausbau Languages'". *Anthropological Linguistics* 9: 29–41.

Koch, P. y W. Oesterreicher. 1985. "Sprache der Nähe – Sprache der Distanz. Mündlichkeit und Schriftlichkeit im Spannungsfeld von Sprachtheorie und Sprachgeschichte". *Romanistisches Jahrbuch* 36: 15–43.

Lapesa, R. 1981. *Historia de la lengua española*. 9.ª ed. Madrid: Gredos.

Lihani, J. 1973. *El lenguaje de Lucas Fernández. Estudio del dialecto sayagués*. Bogotá: Publicaciones del Instituto Caro y Cuervo.

NGLE: Real Academia Española y Asociación de Academias de la Lengua Española. 2009–2011. *Nueva gramática de la lengua española. Fonética y fonología. Morfología. Sintaxis*. Madrid: Espasa Libros.

Octavio de Toledo, Á. S. 2011. "Santa Teresa y la mano visible: sobre las variantes sintácticas del *Camino de perfección*". En *Así se van las lenguas variando: nuevas tendencias en la investigación del cambio lingüístico en español*, eds. M. Castillo Lluch y L. Pons Rodríguez, 241–304. Berna: Peter Lang.

Oesterreicher, W. 2005. "Textos entre inmediatez y distancia comunicativas. El problema de lo hablado escrito en el Siglo de Oro". En *Historia de la lengua española*, ed. R. Cano Aguilar. 2.ª ed., 729–769. Barcelona: Ariel.

Pascual, J. A. 1999. "Bilingual Cultures in Renaissance Seville and Ancient Rome". En *Latin and Vernacular in Renaissance Spain*, eds. B. Taylor y A. Coroleu, 113–119. Manchester: Manchester Spanish and Portuguese Studies.

Pons Rodríguez, L. 2015. "La lengua del Cuatrocientos más allá de las Trescientas". En *Actas del IX Congreso Internacional de Historia de la Lengua Española*, ed. J. M. García Martín, 393–433. Madrid y Fráncfort: Iberoamericana y Vervuert.

Pountain, C. J. 2009. "Variation in Address Forms in 16th-Century Spanish Prose Drama". En *Stvdia Lingvistica in Honorem Mariae Manoliu*, ed. Sanda Reinheimer-Rîpeanu, 282–293. Bucarest: Editura Universității din București.

Pountain, C. J. 2011. "Latin and the Structure of Written Romance". En *The Cambridge History of the Romance Languages. Volume I: Structures*, eds. M. Maiden, J. C. Smith y A. Ledgeway, 606–659. Cambridge: Cambridge University Press.

Pountain, C. J. 2016. "Tradiciones de discurso y Santa Teresa". *Scriptum Digital* 5: 5–23.

Pountain, C. J. 2021. "Cultured Borrowing of Verbs: The Case of the Spanish *-ir* Conjugation". En *New Worlds for Old Words. The Impact of Cultured Borrowing on the Languages of Western Europe*, eds. C. J. Pountain y B. Wislocka Breit, 173–189. Wilmington, DE y Málaga: Vernon Press.

Pountain, C. J. y B. Wislocka Breit, eds. 2021. *New Worlds for Old Words. The Impact of Cultured Borrowing on the Languages of Western Europe*. Wilmington, DE y Málaga: Vernon Press.

Pountain, C. J., B. Wislocka Breit, R. Díaz-Bravo e I. García Ortiz. 2022. "How Old Words Become New (and then New Again)". En *Language Acts and Worldmaking: How and Why the Languages we Use Shape Our World and Our Lives*, eds. C. Boyle *et al.*, 166–209. Londres: John Murray Press y Hodder and Stoughton.

Ramos Maldonado, S. 1999. "Latin and vernacular in the works of Bernardino Gómez Miede". En *Latin and Vernacular in Renaissance Spain*, eds. B. Taylor y A. Coroleu, 105–111. Manchester: Manchester Spanish and Portuguese Studies.

Taylor, B. y A. Coroleu, eds. 1999. *Latin and Vernacular in Renaissance Spain*. Manchester: Manchester Spanish and Portuguese Studies.

Torrens Álvarez, M. J. y P. Sánchez-Prieto Borja, eds. 2012. *Nuevas perspectivas para la edición y el estudio de documentos hispánicos antiguos*. Berna: Peter Lang.

39
El español clásico (Spanish of the sixteenth and seventeenth centuries)

Florencio del Barrio de la Rosa

1. Introducción

A lo largo de los siglos XVI y XVII, el español atraviesa un proceso de codificación mediante un mecanismo de selección de rasgos lingüísticos llevado a cabo por agentes normativos (cortesanos, impresores, gramáticos, escritores, etc.). Por esta razón, el español clásico o de los Siglos de Oro constituye un período crucial en el desarrollo histórico del español como lengua nacional, estándar y supralocal. La bibliografía ha subrayado la importancia de estos procesos de estandarización y convergencia, prestando gran atención a normas sociales, estilos, registros, etnolectos, lengua de germanías, hablas rústicas y otras convenciones lingüísticas más o menos estilizadas; sin embargo, no se ha procedido a un análisis sistemático de las relaciones entre las variables lingüísticas y sus dimensiones sociodiscursivas. El presente capítulo se propone mostrar cómo en esta época las variantes regionales (variación horizontal o geográfica) adquieren prestigio y se convierten en marcadores sociales (variación vertical o social) o bien terminan circunscritas a la modalidad coloquial. Tras una descripción breve de los principales rasgos caracterizadores del español clásico, se examina en qué medida la estratificación sociolingüística del español de los Siglos de Oro está condicionada por la norma madrileña.

Palabras clave: español clásico; estandarización; variación sociodiscursiva; habla rural; norma madrileña

During the sixteenth and seventeenth centuries, Spanish underwent a process of codification through a selection of linguistic features carried out by normative agents such as courtiers, printers, grammarians, writers, or poets. Therefore, Golden Age or classical Spanish represents a crucial period in the development of Spanish as a standardised, supralocated, national language. Previous scholarly literature has emphasized processes of standardization and convergence and has given much attention to social norms, styles, registers, ethnolects, brigands' parlance, rustic jargons, and other linguistic conventions, but has failed to systematically examine the way in which linguistic variables correlate with social and stylistic dimensions. The present chapter attempts to show how regional variants (geographical or horizontal variation) acquire overt prestige and become social markers (social or vertical variation) or otherwise remain restricted to colloquial speech. Firstly, it will provide the reader with a concise description of the main linguistic features characterizing classical Spanish. Secondly, the chapter will explore to what extent the sociolinguistic stratification of Golden Age Spanish results from the Madrid courtly norm (*norma madrileña*).

Keywords: classical Spanish; standardization; socio-stylistic variation; rural speech; Madridean norm

2. Cuestiones teóricas y metodológicas

Los términos *clásico*, *áureo* o *de los Siglos de Oro* se refieren de manera convencional y equivalente al español empleado entre 1500 y 1700. La etiqueta *español medio* (*cf. moyen français*, *middle English*, *Mittelhochdeutsch*) insiste en el carácter de "período transicional" (Fernández Alcaide *et al.* 2016) del español clásico, "a period of transition between Old Spanish and Modern Spanish" (Keniston 1937, xi; *cf*. cap. 27). Los procesos de cambio ocurridos durante los siglos XVI–XVII se han caracterizado como "revolución fonológica" (Ariza Viguera 1990), "reajuste sintáctico" (Ridruejo 1993) o "ruptura gramatical" (Company 2016). Si para la periodización lingüística solo importan las fases de "prolongada estabilidad" (Eberenz 1991, 93), parece evidente que esta no forma parte de las características del español áureo.

En las descripciones del español clásico, bien generales (Girón Alconchel 2004, 2005) o bien ceñidas a un autor (Gutiérrez Cuadrado 1998) o a un género literario (Medina Morales 2005), se corrobora la dificultad de identificar, más allá del esplendor artístico de la lengua literaria, procesos de cambio que distingan esta etapa como período autónomo. Los cambios constitutivos del español moderno se ponen en marcha antes de 1500 o bien atraviesan los Siglos de Oro para resolverse en fases posteriores. Cabría retrotraer el término inferior del período hasta 1450 (Eberenz 1991) o 1492, con la *Gramática* de Nebrija (Girón Alconchel 2005); los límites superiores resultan aún más difusos, si bien a partir del fallecimiento de Felipe IV (1665) el español parece adquirir una fisonomía más uniforme y homogénea. Si el siglo XVI funciona como filtro depurador del "polimorfismo" medieval, con las correspondientes revoluciones y reajustes (cap. 37), a finales de esa centuria la "norma madrileña" (Bustos Gisbert y Santiago Lacuesta 2002) acaba con la "pluralidad de normas" característica de las épocas precedentes y consuma la conversión "de castellano a español" considerada como prototípica de esta era.

En efecto, el período clásico suele presentarse como una etapa de codificación lingüística que se plasma en la cristalización de una norma estable y unitaria. Por más que el término *estandarización* no se mencione explícitamente en los compendios generales (Lapesa 1981; Cano Aguilar 1988), en esta etapa se instituye una norma común y suprarregional. Eberenz (1991) hace notar la falta de una autoridad externa encargada de la fijación normativa durante los Siglos de Oro y resalta la forma "intuitiva" en que se lleva a cabo el proceso normativizador. Sin embargo, no faltan agentes normativos que intervienen de modo consciente en la selección lingüística. Estos están representados por los impresores que desechan opciones anticuadas o favorecen una variante por encima de sus competidoras (Tejedo-Herrero 2012), por los gramáticos que sancionan o prescriben las formas innovadoras (Girón Alconchel 1996; Anipa 2001) o por los escritores que, guiados por un ideal de "lengua elaborada", corrigen la lengua de sus obras, poniendo al descubierto el estatuto diastrático de las alternativas lingüísticas (Octavio de Toledo 2006).

En la época áurea aflora, además, la conciencia lingüística de escritores, tratadistas y cortesanos y se hace explícito un "discurso de la variación" (Rivarola 2002–2003; Fernández Alcaide 2017). Junto a la competencia *interna* de los hablantes, surge una conciencia lingüística *externa* (Gauger 2005) en los diversos tratados de los Siglos de Oro que ensalzan el español frente a otras lenguas europeas o clásicas o evalúan los modelos lingüísticos, aunque frecuentemente mediante representaciones idealizadas, sin acudir a normas vigentes. Los "lenguajes especiales" (jergas de germanías, etnolectos, hablas rústicas, registros arcaizantes, etc.; *cf.* Salvador 2005) insinúan el peso que cobra la variación como marca sociolingüística.

La lengua literaria muestra solo la superficie de la variación lingüística en el período áureo. Estudios recientes han aplicado la metodología de la sociolingüística actual al análisis de la variación en los Siglos de Oro (baste citar Blas Arroyo y Vellón Lahoz 2020). A pesar de que estos estudios se limitan a los textos de la inmediatez comunicativa (Oesterreicher 2005), sin incluir una gama más amplia de ámbitos discursivos, la consideración de variables extralingüísticas demuestra ser un método prometedor para calibrar el prestigio social de los rasgos que concurren en los procesos de cambio (cap. 6).

La elaboración de una norma general para el español clásico debe ponerse en relación con otros procesos estandarizadores en la Europa de los siglos XVI–XVII (Burke 2006). Desde esta perspectiva deben enfocarse los efectos de la capitalidad de Madrid desde 1561. La nueva capital se convierte en "centro de atracción de todas clases" (Carbajo Isla 1987, xiv) y experimenta un profundo proceso de urbanización (Moreno Fernández 2005). La mezcla dialectal resultante de la inmigración interna da lugar a un fenómeno de *koineización* que conduce a la creación de una norma suprarregional mediante mecanismos de *simplificación* y *nivelación lingüística* que reducen o reasignan las variantes en contacto (Penny 2004). Se perfila en el centro peninsular una norma estándar que, por efecto de la *supralocalización* (Conde Silvestre 2007, 326–327), se irradia a modo de norma de prestigio superpuesta al resto de normas sociales y geográficas. La reasignación o recolocación de las variantes dialectales implica la transformación de la variación dialectal u horizontal en estratificación social o vertical: la diversidad dialectal queda, por una parte, sumergida en las hablas rurales y, por otra, se organiza en el eje diastrático cortesano (urbano)/rústico (rural).

Así, el estudio del español clásico plantea dos desafíos principales. De un lado, la relevancia que adquiere la conciencia estilística y de la variación apunta a la intervención decisiva en la dirección y ritmo de los cambios lingüísticos de factores externos de carácter socio-estilístico que deben ser todavía precisados y analizados. Por otra parte, esta nueva conciencia lingüística subyace a la creación de una norma suprarregional difundida desde Madrid como foco de prestigio a partir de 1561: cumple, pues, determinar el grado en que la norma madrileña organiza la heterogeneidad lingüística de esta época y fija los usos normativos. Para ambas tareas, las décadas centrales de este período (del final del siglo XVI al primer cuarto del XVII) suponen un momento crucial.

3. El español clásico como período transicional

El español clásico se caracteriza por ser un período de revoluciones y reajustes del sistema. Aunque no es fácil localizar cambios específicos y distintivos de los siglos XVI y XVII, resulta interesante observar cómo algunas transformaciones de raíz antigua y otras de nuevo cuño interactúan entre sí, cerrando posibilidades incipientes, acelerando procesos o promoviendo fenómenos de corta duración que, sin embargo, pueden ser indicios de reestructuraciones más profundas. La morfosintaxis no ha merecido hasta épocas recientes la misma atención que el plano fónico en la caracterización de este cronolecto, si bien en las últimas décadas se ha descrito un conjunto amplio de cambios con el objeto de comprobar si en el ámbito morfosintáctico tiene lugar una transformación comparable a la "revolución fonológica" de este período (Cano Aguilar 2005). Bustos Gisbert y Santiago Lacuesta (2002) estudian, de hecho, el papel desempeñado por la "norma madrileña" en el reajuste de sibilantes, en particular, en los procesos de desafricación de los fonemas dentales (/ts/, /dz/) o el ensordecimiento de los sonoros (/dz/, /ʒ/, /z/) (cap. 14).

3.1 Reajustes sintácticos en el español clásico

Los estudios de Girón (2004, 2005) ofrecen al lector una descripción completa de los principales cambios morfosintácticos del período, sus orígenes, evolución y motivaciones. No se trata aquí de elaborar un repertorio exhaustivo de rasgos privativos; más bien conviene repasar algunos reajustes sintácticos ya descritos y dibujar, siquiera con trazo grueso, las redes que los interconectan. La búsqueda de conexiones entre microprocesos y macrofenómenos (Fernández Alcaide *et al.* 2016, 23–24) delinea un campo de investigación fructífero para entender el cambio lingüístico, especialmente en una fase de intensos reajustes como esta.

La subjuntivización de *cantara* (Ridruejo Alonso 1990; Veiga Rodríguez 2006) ilustra tales interacciones dentro del dominio morfosintáctico de la modalidad. El proceso se origina en los ámbitos discursivos más cercanos a la oralidad y se acelera en las décadas a caballo de los siglos XVI–XVII (Del Barrio de la Rosa 2016a, 149–151): en origen un pluscuamperfecto de indicativo, *cantara* accede primero al subjuntivo como tiempo perfecto ("hubiera cantado") y, sucesivamente, como imperfecto, donde confluye con *cantase*. Los movimientos en la esfera del subjuntivo, junto al fortalecimiento de *cantaría*, inciden de manera decisiva en la reestructuración de las correlaciones tempo-modales de las oraciones condicionales: durante esta época se va configurando el esquema de potencialidad actual (*si tuviera, daría*), se acentúa la coincidencia contextual de *-ra* y *-se* y se difunden esquemas de "irrealidad pasada" con los tiempos compuestos correspondientes (*si hubiera tenido, diera ~ hubiera dado*) (Cano Aguilar 2014). La polifuncionalidad de *cantara* en *El Quijote* pone en evidencia la compleja situación de esta forma (Gutiérrez Cuadrado 1998, 848), indicio de la redistribución funcional que está ocurriendo en la esfera tempo-modal entre los dos siglos áureos. Esta serie de cambios iterados que reestructuran el subjuntivo repercute en el destino del futuro de subjuntivo *cantare*, que decae definitivamente a partir de 1650.

Los cambios que afectan a los verbos auxiliares *haber* y *ser* ofrecen otro ejemplo de complejo reajuste con repercusiones en distintos subsistemas de la gramática (Pountain 1985; Ridruejo Alonso 1993) y se completan y estabilizan alrededor de las primeras décadas del siglo XVII. La extensión de *haber* como único auxiliar de los tiempos compuestos restringe la auxiliarización con *ser* (*soy venido*), cuya decadencia se observa a lo largo del siglo XVI. Las restricciones de *ser* como auxiliar se manifiestan igualmente en el reparto con *estar* de los usos copulativos (*es maestra, está enferma*) y locativos, así como en el "reajuste de la diátesis" (Girón Alconchel 2005, 877) entre una construcción pasiva activa (*es escrito*, que abandona, además, el significado etimológico y medieval de "ha sido escrito" y adopta el actual) y la estativa o resultativa (*está escrito*). La distribución de las cópulas del español sucede entre los siglos XVI y XVII (Sánchez Marco y Marín Gálvez 2015). Por otro lado, la gramaticalización de *haber* como auxiliar arrastra al verbo *tener* al terreno de la posesión (Del Barrio de la Rosa 2016b), sustitución muy activa en el siglo XV, pero con contextos resistentes al cambio todavía en 1580–1620, como son, desde el punto de vista sintáctico, la combinación con objetos abstractos (*haber efecto/gloria/menester*) y, discursivamente, las tipologías textuales conservadoras (p. ej., la documentación jurídica y cancilleresca: Del Barrio de la Rosa 2017). Según avanza el XVII, los efectos de la completa fijación de *haber* en las cadenas de gramaticalización de tiempos compuestos y futuros/condicionales se completan con la desaparición del orden <participio + auxiliar> (*engañado me has*), la imposibilidad de interpolar elementos (*has con elocuencia hablado*) y la desaparición de los "futuros analíticos" (*cantar lo he/hía*), fenómenos a los que cabría añadir el aumento de la enclisis con el futuro (*cantarelo*), la reducción fónica (*hemos* por *habemos*) y otros microcambios oportunamente señalados por Girón Alconchel (2005, 873–874). El declive del orden <forma no finita (participio, infinitivo) + haber> puede ponerse también en relación con una nueva configuración de la estructura informativa, de acuerdo con la cual el español tiende a rechazar el foco débil o informativo en posición preverbal (Octavio de Toledo 2015).

Una nueva marcación de las funciones informativas subyace, asimismo, al progresivo aumento de la duplicación pronominal del complemento indirecto: entre los siglos XVI y XVII tiene lugar un "quiebre cualitativo" en un contexto clave, con complemento léxico posverbal (*Juan le regaló un libro a su novia*: Company 2006). El doblado retoma un complemento con propiedades tópicas y lo integra mediante el clítico en el núcleo verbal, reforzando el carácter argumental del objeto indirecto. Este fenómeno se ha puesto en relación con otros dos cambios relacionados con la expansión de las marcas típicas de dativo que se aceleran en los Siglos de Oro (Flores y Melis 2007): la extensión del leísmo personal promovido por el prestigio de la norma madrileña (Sánchez-Prieto Borja y Vázquez Balonga 2018) y la creciente marcación del complemento directo (personal) con *a*. Este segundo fenómeno está paralelamente implicado en la fijación de las marcas relacionales (disminución de las alternancias de régimen, analogía del régimen preposicional para todas las categorías rectoras, extensión de *de* en completivas dependientes de sustantivos o adjetivos, etc.; *cf.* Girón Alconchel 2005, 879). Todos estos fenómenos redundan en un intensa y progresiva *sintactización* de las relaciones gramaticales.

La investigación reciente, en definitiva, va desvelando conexiones significativas entre el repertorio de rasgos del español clásico y transformaciones más profundas en la estructuración sintáctica e informativa del español.

3.2 Factores estilísticos y dinámica del cambio

La historia de la lengua debe atender al entero edificio o arquitectura del español, incluyendo aspectos variacionales, para trazar una historia lingüística menos unidimensional (Eberenz 2009; cap. 5). Como ya se ha mencionado, el español clásico brinda una oportunidad excepcional para aplicar la diversidad de registros y estilos a la explicación del cambio lingüístico. En cuanto al ritmo del cambio, los registros más conservadores retienen durante más tiempo las estructuras en retroceso, mientras que las situaciones de mayor cotidianidad favorecen el incremento de innovaciones; en cuanto al origen y dirección de los cambios, es oportuno investigar si las innovaciones surgen en tipologías textuales de mayor formalidad y planificación o, por el contrario, en discursos más próximos a la oralidad (cambios "de arriba abajo" y "de abajo arriba"), lo que permite entrever el prestigio atribuible a esas innovaciones y aventurar, así, hipótesis acerca de su difusión y adopción (cap. 6, cap. 37). Una historia pluridimensional requiere un corpus textual que, como el CODEA (Sánchez-Prieto Borja 2012), permite colocar los documentos en una escala de mayor a menor formalidad según los ámbitos en que se emiten. La escala registral cancillerescos > judiciales > municipales > eclesiásticos > particulares se corresponde con los polos de la distancia y de la inmediatez comunicativas (Oesterreicher 2005; cap. 7). Tres casos pueden servir para ilustrar la interrelación entre procesos de variación y dimensiones sociodiscursivas en el español clásico.

En esta época se asiste a una importante renovación de los adverbios léxicos: se desechan formas típicamente medievales (*acullá, assaz, demientre, dende, hogaño, passo, presto* o *yuso*) o se incorporan nuevos elementos (p. ej., la serie *demasiado/demasiadamente/en demasía*), mientras continúa la variación en casos como *ansí~assí, estonce(s)~entonces* o *agora~ahora* (Girón Alconchel 2005, 872). Ahora bien, la considerable frecuencia de *ansí* en documentos más formales como los judiciales (y, en menor medida, los cancillerescos) demuestra el prestigio de esta variante en las décadas centrales del período (Tabla 1), por lo que no cabe calificar *ansí* como forma no estándar, marcada o vulgar en este tiempo (Medina Morales 2005, 253). Nótese además que la forma actual abunda en el ámbito de la comunicación privada.

El fin de la variación en los temas del futuro puede datarse como rasgo característico del español clásico e ilustra el cese del polimorfismo medieval. Los futuros con metátesis (*terné, ternía*), típicos del dialecto castellano medieval, son reemplazados por la solución con epéntesis (*tendré, tendría*) acuñada en el oriente peninsular a partir del siglo XIV (Moreno Bernal 2004). Ambas soluciones confluyen en el centro peninsular en la época áurea. Los futuros en -rn-, asociados a la inmigración castellana norteña llegada a la nueva capital a finales del siglo XVI, se encuentran en claro retroceso a principios del XVII. Su presencia en tipos textuales poco elaborados del ámbito eclesiástico, como cartas de compraventa o testamentos, indican su escasa valoración social, mientras los futuros epentéticos, a pesar de su clara vinculación con la inmediatez comunicativa, cuentan con el prestigio de la cancillería real (*cf.* de nuevo la Tabla 1). El mismo método de análisis podría extenderse a casos como el auge de los temas en -*ig*- de los presentes de indicativo (*cayo~caigo, trayo~traigo*) y subjuntivo (*haya~haiga, vaya~vaiga*) o el declive de los radicales con vocal velar en el perfecto (*ove, sope, tove, troxe~truxe*).

La colocación del clítico en el esquema <preposición + infinitivo> presentaba variación entre los órdenes *para lo hacer* y *para hacerlo*. Aunque el segundo domina claramente desde principios

Tabla 39.1 Incidencia del factor estilístico en la variación de tres fenómenos típicos del español clásico

Ámbito de emisión	Adverbios léxicos de manera	
	ansí	assí
Cancilleresco	36 % (10/28)	64 % (18/28)
Judicial	84 % (21/25)	16 % (4/25)
Eclesiástico	18 % (3/17)	82 % (14/17)
Particular	23 % (14/61)	77 % (47/61)

Ámbito de emisión	Morfología de los futuros	
	Metátesis (terné)	Epéntesis (tendré)
Cancilleresco	33 % (1/3)	67 % (2/3)
Eclesiástico	70 % (7/10)	30 % (3/10)
Particular	38 % (3/8)	62 % (5/8)

Ámbito de emisión	Posición de los clíticos <preposición + infinitivo>	
	Anteposición (para lo hacer)	Posposición (para hacerlo)
Cancilleresco	60 % (3/5)	40 % (2/5)
Judicial	88 % (15/17)	12 % (2/17)
Municipal	33 % (1/3)	67 % (2/3)
Eclesiástico	19 % (5/27)	81 % (22/27)
Particular	4 % (1/25)	96 % (24/25)

del XVI (Nieuwenhuijsen 2006), la dimensión socioestilística sigue influyendo a las puertas del XVII (Tabla 1): el orden moderno se difunde "desde abajo", mientras los ámbitos más conservadores retienen la colocación antigua del clítico en proporciones alrededor del 80%.

Queda, pues, fuera de duda que la mayor o menor formalidad de la comunicación condiciona tanto el ritmo como la dirección en el continuo social de los cambios lingüísticos en el español de los Siglos de Oro. En un período caracterizado por la intensidad de las transformaciones morfosintácticas, la consideración de este factor se convierte en una exigencia metodológica para examinar la naturaleza y extensión de los cambios.

4. Observaciones finales y perspectivas futuras: en torno a la emergencia de la norma madrileña

Un replanteamiento de la norma madrileña (Bustos Gisbert y Santiago Lacuesta 2002) pasa por el cotejo sistemático de los rasgos lingüísticos en su dimensión sociodiscursiva y dialectal con el objetivo de comprobar su aceptación dentro de un estándar ejemplar. El asentamiento de la corte en Madrid (1561) convierte a la nueva capital en un foco de prestigio (Sánchez-Prieto Borja 2019) y, a partir de sus usos lingüísticos, se configura una variedad suprarregional que actúa como unidad de medida para valorar otros modelos idiomáticos ("norma toledana", "norma castellana", "norma cortesana": *cf.* González Ollé 2002). Más allá de los comentarios impresionistas que abundan en los tratadistas áureos, conviene examinar fenómenos concretos para cuya resolución cabe suponer un papel decisivo de la norma madrileña en los tramos centrales del período.

4.1 El conflicto normativo y el prefijo a- en los verbos

La alternancia de los verbos con y sin prefijo *a-* proporciona un caso interesante de variación lingüística poco estudiado, a pesar de constituir un fenómeno característico del español clásico. La rivalidad derivativa de formaciones verbales como *acepillar~cepillar*, *aplanchar~planchar* o *atapar~tapar* recorre los Siglos de Oro (Medina Morales 2005, 113–114). Aunque vinculada con la que muestran verbos como *abajar, alimpiar, amostrar* o *apresentar* desde la etapa medieval y no resuelta en algunos pares hasta el siglo XVIII, caracteriza el período clásico la fijación de muchas de estas alternancias.

El modelo analógico proporcionado por estos derivados alimenta la productividad del esquema parasintético para la creación de verbos denominales con semántica instrumental (Del Barrio de la Rosa 2019). Estigmatizados hoy, los derivados con *a-* comparecen en ámbitos discursivos de elevada formalidad vinculados a la autoridad real al comienzo del español áureo: así, *amostrar* se registra en una petición judicial dada en 1503 en Medina del Campo, y *apregonar*, en una real provisión de 1518 (CODEA, docs. 1409 y 26, respectivamente).

A partir de la segunda mitad del XVI, las soluciones prefijadas se localizan en territorios alejados del centro peninsular (León, Badajoz, Zaragoza, Sevilla, Granada) y en tipologías textuales menos elaboradas (inventarios, testamentos, ordenanzas) o en situaciones de intimidad comunicativa (cartas privadas). A finales del siglo, soluciones que gozaban del favor de los grupos dominantes del norte de Castilla descienden en la escala valorativa y se dirigen a la estigmatización social que hoy presentan: la nueva norma emanada desde Madrid se separa de un estándar prestigioso anterior representado por la Castilla norteña, condicionando la transformación de variantes dialectales en marcadores sociolingüísticos (Del Barrio de la Rosa 2021a).

La breve mención de este estudio de caso apremia a la reflexión acerca de las consecuencias lingüísticas de los movimientos de población producidos en torno a la corte madrileña en la

Edad Moderna y las diferencias respecto de los ocurridos durante la etapa medieval (Fernández-Ordóñez 2011). El intenso proceso de urbanización de Madrid desde las últimas décadas del siglo XVI tuvo un efecto decisivo en la mencionada conversión en marcadores sociolingüísticos de rasgos dialectales que entran en contacto con la llegada de inmigrantes de distinta procedencia. Dentro del marco de la koineización (cap. 11), la historia del español clásico requiere estudios que cotejen la procedencia dialectal de fenómenos concretos y la combinen con dimensiones sociales y de estilo. El conflicto entre un estándar norteño en declive y la flamante norma madrileña podría explicar la difusión "fallida" de fenómenos noroccidentales como los relativos compuestos *estotro* y *esotro*, que contaron con el favor fugaz de la corte (Octavio de Toledo 2018).

4.2 El menosprecio de la lengua aldeana y la extensión de la terminación *-steis*

Blas Arroyo y Vellón Lahoz (2020) muestran cómo las élites sociales y culturales de los Siglos de Oro se apropian de la variante innovadora *ahora* (frente a *agora*) con un empleo casi categórico en el corte cronológico 1601–1650, y se preguntan por las causas que llevan a estas élites a la adopción de un cambio surgido "desde abajo". Considerando el mantenimiento de *agora* en Aragón hasta finales del siglo XX (Pato Maldonado 2010), es posible aventurar que esta variante va adquiriendo tintes dialectales a lo largo de su historia y termina arrinconada por constituir una expresión marcadamente regional. Este apunte sobre la variación *agora~ahora* sugiere que las nociones de "cambio desde arriba" y "cambio desde abajo", cuya utilidad ha sido reclamada justamente con miras a elaborar una historia lingüística multidimensional (Eberenz 2009), deben ser complementadas con una metodología que incorpore, con relación a las comunidades de habla del español áureo, la valoración social y estilística de variantes de procedencia dialectal.

Esta perspectiva metodológica puede ayudar a comprender un cambio crucial en la historia del español: la evolución de las desinencias verbales de 2ª persona plural. Si bien la reducción fónica se pone en marcha ya a finales del siglo XIV en las formas verbales de acentuación grave (*cantades*, *queredes*, *vivides*, *sodes*), la fijación del diptongo desinencial, general en el estándar europeo moderno, y su extensión a los tiempos esdrújulos (*cantávades*, *cantaríades*, *cantássedes*, *cantárades*, *cantáredes*) y, en particular, al pretérito (*cantastes*), tienen lugar en los siglos XVI-XVII. Aunque se registra ya a finales del siglo XVI, la difusión del diptongo en los verbos esdrújulos y en el pretérito no se completará hasta finales del seiscientos (Del Barrio de la Rosa 2018, 217–221). La evolución de estas desinencias merece, por tanto, figurar en el conjunto de "parámetros esenciales" o definidores (Sánchez Lancis 2009) del español clásico, y podría considerarse incluso como uno más de los reajustes morfosintácticos característicos de esta época, pues pone en marcha una sucesión de nivelaciones analógicas, condiciona la decadencia de formas antiguas (la terminación sincopada *-rdes* del futuro de subjuntivo no sobrepasa el ecuador del XVI), se asocia con la variación en el imperativo (*cantad/cantá/cantay*; *poneldos* se conserva en cartas privadas hasta 1633) y, asunto no menor importancia, origina un rasgo distintivo crucial para la división de los dialectos hispánicos (*cantás*, *querés*, *vivís*, *sos*: cap. 45.3).

La extensión de la desinencia diptongada a la terminación *-stes* del pretérito ha quedado sorprendentemente fuera del foco de atención de los historiadores del español. La escasa penetración que la forma estándar moderna muestra en las modalidades rurales de los siglos XX–XXI deja suponer que la terminación con diptongo tomó una dirección "desde arriba". Algunas de las primeras apariciones de *-steis* en documentos reales y textos legislativos emitidos en enclaves madrileños (El Escorial, Alcalá de Henares) en torno a 1600 permiten corroborar su estatuto prestigioso y proponer el centro peninsular como foco de irradiación de la flexión estándar (Del Barrio de la Rosa 2021b). La mezcla dialectal en la nueva capital puso a disposición un amplio repertorio de variantes equipolentes: testimonian el grado de hibridismo formas mixtas como *pudiéredeis, estuviéredeis* (localizadas ya por Cuervo 1893, 84), *entendiéradeis* o *llegáredeis* en testimonios madrileños de las décadas centrales del XVII, como la edición de la tercera parte de *El Criticón* (1657), los manuscritos del *Sueño de la muerte* de Quevedo, las comedias de Agustín Moreto o las cartas del propio Felipe IV a María Jesús de Ágreda. Del bagaje dialectal de los inmigrantes, los agentes normativos escogen rasgos lingüísticos para la elaboración de un estándar general, por lo que es posible que la presencia de *-steis* en el Madrid áureo fuera consecuencia de un trasvase desde la variedad de algunos migrantes y que su foco de creación no coincida con el de difusión; parece claro que la propagación del diptongo desinencial en las formas proparoxítonas y el pretérito podría ampliar el catálogo de los fenómenos difundidos por la norma madrileña: las élites sociales urbanas, conducidas por un ideal idiomático cortesano, habrían seleccionado las desinencias innovadoras con el deseo de distanciarse de las hablas rurales vecinas y los estratos más populares. Este mecanismo de divergencia dialectal, característico del habla del Madrid capitalino (*cf.* Molina Martos 2020), encarnaría el tópico literario del menosprecio de la vida aldeana y la exaltación de las virtudes cortesanas (González Ollé 1999). Esta evitación de la *rusticitas* lingüística podría dar la clave para penetrar en el rechazo de determinadas opciones y comprender, en definitiva, otros fenómenos de cambio ocurridos en el español clásico.

Lecturas recomendadas

Girón Alconchel (2004) proporciona un catálogo completo de los cambios morfosintácticos del español clásico analizados desde las perspectivas gramatical, gramaticográfica y textual. Estos cambios permiten establecer los límites cronológicos del período.

Del Barrio de la Rosa (2016a) relaciona la dimensión sociodiscursiva con el desarrollo de seis procesos de cambio característicos del español de los Siglos de Oro y muestra la incidencia del factor registral en su desarrollo.

Sánchez Prieto-Borja (2019) Este capítulo ofrece una nueva y actualizada perspectiva en el estudio de la conformación de la "norma madrileña". Considera elementos decisivos la generalización del lenguaje administrativo y la urbanización de la nueva capital.

Bibliografía citada

Anipa, K. 2001. *A Critical Examination of Linguistic Variation in Golden-Age Spanish*. Berna: Peter Lang.

Ariza Viguera, M. 1990. *Manual de fonología histórica del español*. Madrid: Síntesis.

Blas Arroyo, J. L. y F. J. Vellón Lahoz. 2020. "La apropiación de un cambio por las élites sociales: la evolución de *a(h)ora* en el español de los Siglos de Oro". *Revista de la sociedad española de lingüística* 501: 87–118.

Burke, P. 2006. *Lenguas y comunidades en la Europa moderna*. Madrid: Akal.

Bustos Gisbert, E. y R. Santiago Lacuesta. 2002. "Para un nuevo planteamiento de la llamada 'norma madrileña' (siglos XVI y XVII)". En *Actas del V Congreso Internacional de historia de la lengua española*, eds. M.ª T. Echenique Elizondo y J. P. Sánchez Méndez, 1123–1136. Madrid: Gredos.

Cano Aguilar, R. 1988. *El español a través de los tiempos*. Madrid: Arco Libros.

Cano Aguilar, R. 2005. "Cambios en la fonología del español durante los siglos XVI y XVII". En *Historia de la lengua española*, ed. R. Cano Aguilar. 2ª ed., 825–858. Barcelona: Ariel.

Cano Aguilar, R. 2014. "Oraciones Condicionales". En *Sintaxis histórica de la lengua española*, ed. C. Company, vol. 3.3, 3905–4092. México: Fondo de Cultura Económica y Universidad Nacional Autónoma de México.

Carbajo Isla, M. F. 1987. *La población de la villa de Madrid desde finales del siglo XVI hasta mediados del siglo XIX*. Madrid: Siglo XXI.

Company, C. 2006. "El objeto indirecto". En *Sintaxis histórica de la lengua española*, ed. C. Company, vol. 1.1, 479–574. México: Fondo de Cultura Económica y Universidad Nacional Autónoma de México.

Company, C. 2016. "Estandarización cultural y marginalidad lingüística. El siglo XVII: una gran paradoja en la historia de la lengua española". En *Hispanismos del mundo. Diálogos y debates en (y desde) el Sur*, ed. L. Funes, 131–158. Buenos Aires: Miño y Dávila.

Conde Silvestre, J. C. 2007. *Sociolingüística histórica*. Madrid: Gredos.

Cuervo, R. J. 1893. "Las segundas personas de plural en la conjugación castellana". *Romania* 22: 71–86.

Del Barrio de la Rosa, F. 2016a. "Hacia un 'mapa variacional' de documentos no literarios de los Siglos de Oro (1581–1620)". En *En la estela del Quijote: cambio lingüístico, normas y tradiciones discursivas en el siglo XVII*, eds. M. Fernández Alcaide, E. Leal Abad y Á. Octavio de Toledo, 133–161. Fráncfort: Peter Lang.

Del Barrio de la Rosa, F. 2016b. "De *haber* a *tener*. La difusión de *tener* como verbo de posesión en la historia del español: contextos y focos". En *En torno a 'haber': construcciones, usos y variación desde el latín hasta la actualidad*, eds. C. de Benito Moreno y Á. Octavio de Toledo, 239–279. Fráncfort: Peter Lang.

Del Barrio de la Rosa, F. 2017. "Piezas léxicas y variación morfosintáctica en la historia del español. Tres casos en el español de los Siglos de Oro (1581–1620)". En *Palabras, vocabulario, léxico. La lexicología aplicada a la didáctica y a la diacronía*, ed. F. del Barrio de la Rosa, 251–265. Venecia: Edizioni Ca' Foscari.

Del Barrio de la Rosa, F. 2018. *Espacio variacional y cambio lingüístico en español*. Madrid: Visor.

Del Barrio de la Rosa, F. 2019. "Verbos con y sin prefijo en el CODEA. Dialectología histórica y aspectos variacionales de las formaciones en *(a)-ar, (en)-ar, (a)-ecer* y *(en)-ecer*". *Philologia Hispalensis* 33: 31–52.

Del Barrio de la Rosa, F. 2021a. "La prefijación 'inexpresiva' en el español rural: verbos parasintéticos denominales con *a-*". *Revista de Filología Española* 101: 95–125.

Del Barrio de la Rosa, F. 2021b. "Sociodialectología histórica de las desinencias de 2.ª persona plural en el español peninsular europeo. Transmisión, difusión y divergencia dialectal". En *Variación diatópica y morfosintaxis en la historia del español*, eds. B. Garrido Martín, Mª del Carmen Moral del Hoyo y M. Raab, 223–256. Santiago de Compostela: Universidade de Santiago de Compostela (anejo 82 de *Verba*).

Eberenz, R. 1991. "Castellano antiguo y español moderno: reflexiones sobre la periodización en la historia de la lengua". *Revista de Filología Española* 71: 79–106.

Eberenz, R. 2009. "La periodización de la historia morfosintáctica del español: propuestas y aportaciones recientes". *Cahiers d'Études Hispaniques Médiévales* 32: 181–201.

Fernández Alcaide, M. 2017. "Nuevo acercamiento a la variación lingüística en el *Tesoro* de Covarrubias". *Revista de Filología Española* 97: 69–90.

Fernández Alcaide, M., E. Leal Abad y Á. Octavio de Toledo. 2016. "El mal considerado siglo nuestro: problemas poco atendidos y fenómenos poco explorados en el español del siglo XVI". En *En la estela del Quijote. Cambio lingüístico, normas y tradiciones discursivas en el siglo XVII*, eds. M. Fernández Alcaide, E. Leal Abad y Á. Octavio de Toledo, 9–44. Fráncfort: Peter Lang.

Fernández-Ordóñez, Inés. 2011. *La lengua de Castilla y la formación del español*. Madrid: Real Academia Española.

Flores, M. y C. Melis. 2007. "El leísmo desde la perspectiva del 'marcado diferencial del objeto'". *Revista de Historia de la Lengua Española* 2: 83–107.

Gauger, H.-M. 2005. "La conciencia lingüística en la Edad de Oro". En *Historia de la lengua española*, ed. R. Cano. 2ª ed., 681–699. Barcelona: Ariel.

Girón Alconchel, J. L. 1996. "Las gramáticas del español y el español de las gramáticas en el Siglo de Oro". *Boletín de la Real Academia Española* 76 (269): 285–308.

Girón Alconchel, J. L. 2004. "Cambios sintácticos en el español de la Edad de Oro". *Edad de Oro* 23: 71–93.

Girón Alconchel, J. L. 2005. "Cambios gramaticales en los Siglos de Oro". En *Historia de la lengua española*, ed. R. Cano. 2ª ed., 859–893. Barcelona: Ariel.

González Ollé, F. 1999. "Orígenes de un tópico lingüístico: alabanza de la lengua cortesana y menosprecio de la lengua aldeana". *Boletín de la Real Academia Española* 79 (277): 187–195.

González Ollé, F. 2002. "El habla cortesana, modelo principal de la lengua española". *Boletín de la Real Academia Española* 82 (286): 153–231.

Gutiérrez Cuadrado, J. 1998. "La lengua del Quijote: rasgos generales". En M. de Cervantes, *Don Quijote de la Mancha*, ed. F. Rico, 819–856. Barcelona: Instituto Cervantes y Crítica.

Keniston, H. 1937. *The Syntax of Castilian Prose. The Sixteenth Century*. Chicago: The University of Chicago Press.

Lapesa, R. 1981. *Historia de la lengua española*. Madrid: Gredos.

Medina Morales, F. 2005. *La lengua del Siglo de Oro. Un estudio de variación lingüística*. Granada: Universidad de Granada.

Molina Martos, I. 2020. "Between Dialect and Standard Dynamics of Variation and Change in Madrid". *Spanish in Context* 17: 178–199.
Moreno Bernal, J. 2004. "La morfología de los futuros románicos. Las formas con metátesis". *Revista de Filología Románica* 21: 121–169.
Moreno Fernández, F. 2005. *Historia social de las lenguas de España*. Barcelona: Ariel.
Nieuwenhuijsen, D. 2006. "Cambios en la colocación de los pronombres átonos". En *Sintaxis histórica de la lengua española*, ed. C. Company, vol. 1.2, 1339–1404. México: Fondo de Cultura Económica y Universidad Nacional Autónoma de México.
Octavio de Toledo, Á. 2006. "*Varia lectio* y variación morfosintáctica: el caso del *Crotalón*". En *Historia de la lengua y crítica textual*, ed. L. Pons Rodríguez, 195–263. Madrid y Fráncfort: Iberoamericana y Vervuert.
Octavio de Toledo, Á. 2015. "Futuros que se miran el ombligo: mesoclisis y anteposición de formas no personales en la historia del español". En *El orden de palabras en la historia del español y otras lenguas iberorromances*, eds. M. Castillo Lluch y M. López Izquierdo, 141–233. Madrid: Visor.
Octavio de Toledo, Á. 2018. "De un occidentalismo cortesano y una transfusión fallida: historia de *es(t)otro*". *Estudios de Lingüística del Español* 39: 305–361.
Oesterreicher, W. 2005. "Textos entre inmediatez y distancia comunicativas. El problema de lo hablado escrito en el Siglo de Oro". En *Historia de la lengua española*, ed. R. Cano. 2ª ed., 729–769. Barcelona: Ariel.
Pato Maldonado, E. 2010. "Los adverbios *agora* y *ahora*: dos orígenes, un mismo resultado". *Revista de Historia de la Lengua Española* 5: 167–173.
Penny, R. 2004. *Variación y cambio en español*. Madrid: Gredos.
Pountain, C. 1985. "Copulas, Verbs of Possession and Auxiliaries in Old Spanish: The Evidence for Structurally Interdependent Changes". *Bulletin of Hispanic Studies* 62: 337–356.
Ridruejo Alonso, E. 1990. "¿Cambios iterados en el subjuntivo español?". En *Indicativo y subjuntivo*, ed. I. Bosque, 361–382. Madrid: Taurus.
Ridruejo Alonso, E. 1993. "¿Un reajuste sintáctico en el español de los siglos XV y XVI?". En *Actas del Primer Congreso anglo-hispano*, ed. R. Penny, 49–60. Madrid: Castalia.
Rivarola, J. L. 2002–2003. "El discurso de la variación en el *Diálogo de la Lengua* de Juan de Valdés". *Filología* 1–2: 155–176.
Salvador Plans, A. 2005. "Los lenguajes 'especiales' y de las minorías en el Siglo de Oro", En *Historia de la lengua española*, ed. R. Cano. 2ª ed., 771–797. Barcelona: Ariel.
Sánchez Lancis, C. 2009. "Corpus diacrónicos y periodización del español". *Cahiers d'Études Hispaniques Médiévales* 32: 159–180.
Sánchez Marco, C. y Marín Gálvez, R. 2015. "Origins and Development of Adjectival Passives in Spanish: A Corpus Study". En *New Perspectives on the Study of 'Ser' and 'Estar'*, eds. I. Pérez-Jiménez, M. Leonetti y S. Gumiel-Molina, 239–266. Ámsterdam: John Benjamins.
Sánchez-Prieto Borja, P. 2012. "Desarrollo y explotación del Corpus de Documentos Españoles Anteriores a 1700 (CODEA)". *Scriptum Digital* 1: 5–35.
Sánchez-Prieto Borja, P. 2019. "Madrid en la configuración del español moderno". En *Reescribiendo la historia de la lengua española a partir de la edición de documentos*, eds. M. Castillo Lluch y E. Diez del Corral Areta, 85–111. Berna: Peter Lang.
Sánchez-Prieto Borja, P. y D. Vázquez Balonga. 2018. "Toledo frente a Madrid en la conformación del español moderno: el sistema pronominal átono". *Revista de Filología Española* 98: 157–187.
Tejedo-Herrero, F. 2012. "Sobre algunas transformaciones sintácticas y la activa evolución del castellano en el siglo XVI". *Romance Philology* 66: 423–447.
Veiga Rodríguez, Alexandre. 2006. "Las formas verbales subjuntivas. Su reorganización modo-temporal". En *Sintaxis histórica de la lengua española*, ed. C. Company, vol. 1.1, 95–242. México: Fondo de Cultura Económica y Universidad Nacional Autónoma de México.

40
El español europeo de los siglos XVIII y XIX: aspectos generales y fenómenos gramaticales (European Spanish in the eighteenth–nineteenth centuries: general aspects and grammatical features)

Álvaro S. Octavio de Toledo y Huerta

1. Introducción

Este capítulo se aproxima al estado actual del conocimiento en torno a las principales transformaciones de orden lingüístico-histórico acontecidas en España en los siglos XVIII–XIX (para el español americano en esta época, *cf.* el cap. 44), centrándose en los cambios que atañen a los usos morfosintácticos (para los cambios en el léxico, *cf.* el cap. 26). Puesto que se trata de un campo de investigación de desarrollo reciente, la descripción de los procesos evolutivos se pondrá en relación con el modo en que estos siglos se han ido perfilando como objeto propio de estudio lingüístico (§ 2) y con las innovaciones metodológicas que ha traído consigo el análisis de sus textos (§ 3). Tras una exposición muy somera de los tipos de cambios explorados hasta la fecha y el modo en que cabe correlacionarlos (§ 4), se sintetizarán los rasgos de la investigación futura que se antojan más esperables y provechosos (§ 5).

Palabras clave: español moderno (posclásico, precontemporáneo); periodización; morfosintaxis histórica; tradicionalidad discursiva; sintactización.

This chapter deals with our current knowledge of the overall linguistic history of European Spanish from 1650–1900, with a particular focus on morphosyntactic change. After a general consideration of this period as a (rather recent) object of study for language historians (§ 2), attention will be drawn to the textual sources that have been analyzed to describe its grammar, underscoring the methodological innovations introduced therein (§ 3). A panoramic overview of the (kinds of) changes hitherto explored and their possible clustering into larger processes (§ 4) will then be followed by a brief synthesis of future avenues for research (§ 5).

Keywords: modern Spanish (post-classical, pre-contemporary); morphosyntax; discourse traditionality; syntacticisation; periodisation.

2. Estado de la cuestión: los siglos XVIII–XIX como objeto de estudio

Más allá del léxico, el estudio del español europeo de los siglos XVIII–XIX apenas había cultivado hasta hace dos décadas "algunas fértiles parcelitas" (García Godoy 2008, 33), desatención motivada posiblemente por la creciente cercanía cronológica del periodo, por una visión historiográfica tradicionalmente negativa de la transición del seiscientos al setecientos (el tramo 1670–1760 se percibe ya desde los siglos XVII–XVIII en términos de *decadencia* por causa del hundimiento del imperio español, con la consiguiente postración ante potencias e ideas extranjeras, y por el declive literario tras los fulgores del Siglo de Oro) y por la tendencia, afianzada también ya durante el setecientos, a contemplar la lengua de los clásicos áureos como producto lingüísticamente acabado y modélico, codificado y difundido por los agentes normativos como sustento de un estándar escritural pretendidamente perdurable.[1]

En consecuencia, el tiempo posterior a la desaparición de las últimas luminarias del barroco español (Gracián, Moreto, Calderón) se venía abordando como un todo relativamente uniforme prolongado hasta la actualidad y principalmente desde la óptica de la estandarización, las entidades reguladoras de la lengua y la política lingüística.

El avance reciente en el estudio histórico de la morfosintaxis de este lapso amplísimo se ha acompañado de la sugerencia de escindirlo en dos mitades, propuesta que se imponía, así fuera con fines meramente heurísticos, para poder observar el primero de los dos tramos —del último tercio del siglo XVII al primero del XIX, aproximadamente— como objeto de estudio autónomo tanto respecto de la lengua áurea como de la actual. El marbete de "primer español moderno" para designar dicho tramo ha tenido alguna fortuna, especialmente a partir de la aparición de García Godoy (2012). Parece irse asentando, en todo caso, el traslado a la historia lingüística de un partidor cronológico tradicional en la historiografía literaria y en la político-social, que ve en un conjunto de procesos que se consolidan solo durante el reinado de Isabel II (1833–1868) otros tantos hitos que demarcan el fin del Antiguo Régimen y el inicio de una nueva etapa. Entre ellos, y con especial impacto en el devenir de la lengua (*cf.* también Moreno Fernández 2006), cabe citar la andadura inicial de las repúblicas americanas, que irán configurando desde entonces sus propios estándares lingüísticos (los "dialectos terciarios" en el sentido de Coseriu 1981); el asentamiento del parlamentarismo y, con él, de la acción legislativa, el debate político, la prensa periódica y otras manifestaciones de la "esfera pública" habermasiana, con la correspondiente floración de nuevas formas de discurso (o, si se quiere, la emergencia de un *universo de discurso* enteramente novedoso); las grandes desamortizaciones y la aceleración del desarrollo industrial, con los consiguientes desplazamientos de población rural al ámbito urbano; los comienzos de la instrucción pública (Ley Moyano de 1857) y, por ende, lingüística, de importantes sectores de la población o la penetración del paradigma romántico (frente al clásico, al que irá arrinconando) y el auge de las tendencias secularizadoras, que favorecen la exploración de moldes, estrategias y recursos textuales menos marcadamente tradicionales.

La reivindicación del siglo XIX como entidad lingüística específicamente historiable es algo anterior a la del XVIII y sus décadas aledañas, y refleja en buena medida la conciencia de las mudanzas sociales recién apuntadas. Así, Brumme (1997) lo aborda como primer gran siglo normalizador, en que el desarrollo programático de un estándar nacional se aúna a su difusión a gran escala, a través de la escuela y las nuevas formas de comunicación de masas, incluso en territorios peninsulares con mayoría de hablantes no nativos, dando pie a nuevas y más frecuentes formas de contacto (*cf.* el cap. 42). Entre los americanistas, precisamente, ha surgido la idea de que diversos cambios sintácticos avalan, según avanza el ochocientos, la conformación de un "tercer periodo evolutivo" tanto en las antiguas colonias como en España (*cf.* Flores y Melis 2015 y el cap. 44). Y ya en los años ochenta se inició la investigación sintáctica de tradiciones discursivas creadas o impulsadas por el Romanticismo español —p. ej., el artículo de opinión y costumbrista o la novela histórica (Lapesa 1984; Martín Zorraquino 1986)—, que revela cómo el gusto romántico por la hibridación de registros diversos activa una serie de fenómenos arcaizantes (a veces parcial o totalmente recreados, como el empleo indicativo de *cantara* o la enclisis con verbo finito en contextos vedados en la lengua medieval) que pasarán a marcar la prosa elaborada del resto del XIX —la de Galdós, por ejemplo (Octavio de Toledo y Pons Rodríguez 2009)— y, a la vez, un conjunto de construcciones oralizantes al servicio de la mímesis conversacional, que se multiplican con la novela realista (Nieto Caballero 2022); desde mediados del ochocientos, además, la novela prodiga fenómenos diatópica y diastráticamente marcados (Rodríguez Marín 2005). Tal polifacetismo lingüístico bebe de distintos caños —entre ellos, el historicismo decimonónico, atraído por las fuentes medievales y las hablas tradicionales; la consulta permanente del modelo cervantino; los nuevos modos del discurso político y científico o la voluntad de reflejar tanto las tensiones de la psique individual como los contrastes, también de lengua, en la emergente sociedad de clases— y caracteriza los productos literarios más destacados de las últimas décadas del siglo, ya muy distintos en este sentido de los de la centuria anterior.

Estas variadas líneas de investigación convergen, pues, en discernir un límite en torno al comienzo del periodo isabelino a partir del cual los hablantes del español (o al menos aquellos con acceso a la cultura escrita) pasarán a relacionarse con su propia variedad de un modo significativamente diferente, intermediado por la presión de la difusión acelerada de los estándares nacionales, especialmente en el entorno urbano (lo que provoca igualmente una creciente conciencia de la variación al margen del estándar), y filtrado, por otra parte, por el tamiz de una competencia textual que incluye prácticas comunicativas (jurídicas, sociopolíticas, científico-técnicas, literarias) considerablemente distintas de las disponibles para los hablantes del siglo XVIII. Parece sensato concluir que pudieron cuajar, a partir de la cuarta década del siglo, modificaciones en la lengua paralelas a las que, con evidencia, experimentaron sus condiciones de uso. Cabe apreciar, en todo caso, cómo el tramo 1670–1900 alberga transformaciones decisivas para el español europeo respecto de cada uno de los diez parámetros enunciados por Eberenz (en este volumen) para la fijación de periodos en la historia de una lengua: extensión territorial (hacia las periferias peninsulares) que ocasiona un contacto de variedades de tipo generalmente diglósico y alcance previamente desconocido; ampliación de la medialidad a través de la comunicación de masas; gran diversificación de las tradiciones discursivas y acceso del español a todo el espectro de textos cultivables (con culminación, por tanto, del proceso de elaboración extensiva); intento de forja de una identidad nacional española asociada también a la lengua (y su literatura); avances muy destacados en la normalización del idioma y su codificación gramaticográfica y lexicográfica (*cf.* caps. 3 y 4); acuñación de un canon literario clásico; escolarización masiva y, en fin, emergencia de los estándares americanos en competencia con el europeo.

La investigación morfosintáctica del siglo XIX apenas ha dado lugar, sin embargo, a trabajos de conjunto que lo aborden individualmente y por entero, detectando los (haces de) fenómenos que lo transitan para dar cuenta de los principales procesos de cambio que separan inicio y fin de la centuria (*cf.* no obstante la reciente aportación de Company 2017). Existe, ciertamente, una plétora de análisis, frecuentemente de orientación estilística, dedicados a la lengua de autores individuales, principalmente los primeros románticos y los realistas finiseculares (y entre estos, singularmente, Galdós, aunque no solo: *cf.* la nutridísima bibliografía de Rodríguez Marín 2005); hay también gran cantidad de información dispersa en estudios de carácter holocrónico o, al menos, de diacronía amplia (muy favorecidos en las dos últimas décadas por el recurso a los corpus electrónicos) acerca de fenómenos individuales; pero estos y aquellos no se han integrado aún suficientemente en un relato histórico acerca de las fases y límites cronológicos dentro del ochocientos español.[2] De ahí el lamento de los especialistas por el "hueco en blanco" (Ramírez Luengo 2012, 7) que deja entre el siglo XVIII y el XX esa "cercana diacronía opaca" (Buzek y Šinková 2015) sin lindes perfiladas, poblada de cabos sueltos y huérfana todavía de reflexiones acerca de la clase de vínculos que podrían reatarlos. Quizá dificulte adicionalmente la tarea que el último tramo del siglo sea todavía percibido como soldado a la contemporaneidad, una especie de "pasado inmediato" en el que, justamente hacia el fin del periodo isabelino, nacen ya autores que, como Unamuno, Valle o Blasco Ibáñez, han sido leídos hasta fecha muy cercana al modo de "clásicos contemporáneos". Con todo, la celebración desde 2014 de congresos con el título *El español del siglo XIX* está dando lugar a publicaciones (Buzek y Šinková 2015; Carpi y García Jiménez 2017; López Serena *et al.* 2020) con numerosas contribuciones sobre aspectos morfosintácticos que abren el camino a una futura reflexión más sistemática acerca del cambio gramatical en el español ochocentista.

Distinta es, hoy por hoy, la situación del "primer español moderno", cuya morfosintaxis se ha explorado, desde el arranque de este siglo, en relación con procesos de cambio de largo alcance que se modifican notablemente a medida que atraviesan el periodo y permiten separar el español clásico del actual (Girón Alconchel 2002) o distinguir las variedades estándar contemporáneas entre sí (Company 2002). Es común partir de la observación de lapsos amplios que cubren la transición del siglo XVII al XVIII (p. ej., Girón Alconchel 2002 y 2012; Cano Aguilar 2017), el XVIII en su totalidad (en la mayoría de estudios) o la transición de este al XIX (p. ej., Espinosa Elorza 2015; Octavio de Toledo y Pons Rodríguez 2016; Octavio de Toledo 2020), y se percibe en todo caso un consenso en torno a la concepción del setecientos y las décadas que lo rodean como tramo relativamente unitario a efectos de periodización: ello ha favorecido la aparición de monografías muy centradas en la morfosintaxis de ese tiempo (García Godoy 2012; Sáez Rivera y Guzmán Riverón 2012; Guzmán Riverón y Sáez Rivera 2016) que han contribuido a consolidar su estudio como campo de investigación con identidad propia.

3. Cuestiones metodológicas

El tramo 1670–1860 carece (especialmente hasta 1785, cuando inician su andadura "clásicos modernos" como Jovellanos, Meléndez Valdés o Leandro Fernández de Moratín) de un canon literario sólidamente asentado y prestigioso; escasean, pues, las ediciones modernas de obras de ese tiempo, y ello ocasiona una representación muy reducida en corpus electrónicos como el CORDE, en fuerte contraste con el periodo clásico precedente (Octavio de Toledo 2016b). La ausencia de un corpus canónico ha tenido, sin embargo, en fechas recientes la consecuencia positiva de un acercamiento desprejuiciado al amplio conjunto de fuentes disponibles, de por sí más abundantes, diversas y accesibles que en épocas precedentes por su mejor preservación material, la mencionada proliferación de moldes (sub)genéricos novedosos desde comienzos del ochocientos y el pleno acceso del español a todos aquellos ámbitos textuales que hacia 1650 aún preferían el latín —de la filosofía y teología a la ciencia experimental, pasando por la gramática especulativa o ciertas áreas del derecho (*cf.* cap. 38)—.

Es muy abarcador, así, el abanico de manifestaciones textuales examinado,[3] desde las relaciones de sucesos notables —p. ej., terremotos, autos de fe o festejos públicos— a las disquisiciones filosóficas, médicas y químicas (Cano Aguilar 2017; Martí Sánchez 2020), pasando por manuales e informes técnicos (Girón Alconchel 2018; Cano Aguilar 2020) o productos aún más efímeros, como los anuncios periodísticos (Leal Abad 2020) o las cédulas de expósitos (Díaz Moreno *et al.* 2012). Junto a la novela histórica y la realista, con sus autores señeros (*cf.* § 2), se han considerado otras formas de ficción de notable éxito popular, como la costumbrista, la sentimental y la de peripecias, así como la historiografía culta (p. ej., Girón Alconchel 2012 y 2016), y no ha faltado interés por la sintaxis de los textos dramáticos, especialmente el teatro popular (de Pérez Teijón 1985 a Fernández Martín 2021). La epistolografía ha recibido atención muy destacada, sobre todo la correspondencia privada (Girón Alconchel 2008; Vaamonde 2015; Martínez Pasamar y Tabernero Sala 2019; Díez del Corral Areta 2021; Garrido Martín 2021 o los trabajos contenidos en Blas Arroyo 2019, entre otros), pero también las cartas al director (Carmona Yanes 2019) o a las autoridades (Octavio de Toledo 2019). Ante una época tan destacadamente codificadora, se ha atendido también al uso lingüístico de gramáticas y obras de preceptiva (Brumme 1997; Sáez Rivera 2010; Octavio de Toledo y López Serena 2015, entre otros). La rebusca documental, en fin, ha tendido a orientarse hacia núcleos urbanos con gran dinamismo en el periodo, como Madrid (Sánchez-Prieto Borja 2021), Cádiz (Frago Gracia 2013), Málaga (García Aguiar 2014) o Bilbao (Gómez Seibane y Ramírez Luengo 2007).

Tal amplitud de fuentes satisface los requisitos de pluralidad y diversidad textuales formulados por Kabatek (2013) para la reconstrucción del entero edificio variacional de una época. En efecto, muchos de los trabajos recién citados no procuran solo la detección de rasgos morfosintácticos caracterizadores, sino su interrelación y sentido en un entorno sociolingüístico determinado (p. ej., el ámbito urbano madrileño, con su rica estratificación y movilidad social y su capacidad de irradiación de un uso lingüístico prestigiado: *cf.* Paredes García y Molina Martos 2019; Sánchez-Prieto Borja 2021), que se reflejan en el empleo variable de marcadores sociolingüísticos concretos, como p. ej., el leísmo y laísmo (*cf.* entre otros García Godoy 2002; Sáez Rivera 2008; Vaamonde 2015).

No pocos trabajos de la última década adoptan, por otra parte, las nociones teóricas propias del paradigma de las tradiciones discursivas (Octavio de Toledo 2023; *cf.* el cap. 7),[4] aspirando a caracterizar la *tradicionalidad* de los fenómenos morfosintácticos en esta época, es decir, su comportamiento ora respecto de los polos de inmediatez y distancia comunicativas (tradicionalidad *general*), ora en relación con las restricciones y preferencias asociables a patrones textuales concretos (tradicionalidad *específica*): invita a ello, sin duda, la percepción de que los usos morfosintácticos en estos siglos de conciencia metalingüística agudizada no suelen prodigarse azarosamente, sino con plena idea de las marcas asociadas a su estatuto variacional y de las estrategias discursivas y configuraciones tradicionales deliberadamente seleccionadas que los favorecen o inhiben.

El giro discursivista característico de la lingüística histórica del español a partir de los últimos años del siglo pasado se manifiesta con particular vigor en el estudio del lapso 1650–1900, como corresponde a su impulso reciente: abundan los trabajos que buscan en la observación de los fenómenos sintácticos no tanto el esclarecimiento de una fase en su evolución diacrónica cuanto su papel en la expresión de los propósitos enunciativos propios de una clase textual, un texto individual y/o sus secciones constitutivas (*cf.* en especial las referencias arriba citadas acerca de los textos científico-técnicos y los periodísticos/cronísticos), de determinadas estrategias discursivas —p. ej., la atenuación cortés (Martínez Pasamar y Tabernero Sala 2019); la intensificación afectiva (Garrido Martín 2021); la persuasión publicitaria (Leal Abad 2020), etc.— y actos de habla (p. ej., los directivos: Albitre Lamata 2021; Gancedo Ruiz 2022), de ciertos esquemas macrosintácticos —p. ej., el tránsito en los textos especulativos del setecientos de una estructura silogística a secuencias argumentativas caracterizadas por marcas de impersonalidad (Carpi

2019)— o de modalidades de discurso como la dialógica (p. ej. Fernández Alcaide 2012; Nieto Caballero 2022).

Los aspectos (macro)sintácticos de la construcción de los textos (su "arquitectura discursiva": *cf.* cap. 21) se han abordado especialmente para la transición del siglo XVII al XVIII (Girón Alconchel 2003; Cano Aguilar 2017; Méndez Orense 2021) y comienzan a combinarse con modelos teóricos de segmentación discursiva (Girón Alconchel 2016). Parece perfilarse, según avanza el XVIII (y en unos textos más que en otros: *cf.* Cano Aguilar 2017), una creciente marcación mediante nexos específicos y biunívocos de las relaciones implicativas (o de causa-consecuencia), al tiempo que se va abandonando el enunciado multioracional típico de la prosa clásica en favor del bimembre (Girón Alconchel 2003 y 2018; Garrido Medina 2013), tendencias probablemente acentuadas con la mayor penetración de modelos de prosa franceses (y, algo después, ingleses) en la transición del XVIII al XIX. Este proceso se acompaña de un apreciable desarrollo de las nominalizaciones con complementos propios —máxima expresión de la sintaxis integrativa (Raible 1992)— y de la profusión de elementos de contenido procedimental en el margen izquierdo y el arranque oracional (conectores variados, marcadores del discurso, adverbios modalizadores, esquemas predicativos con nombres o adjetivos de contenido epistémico, etc.), terreno en el que se ha apuntado a los siglos XVIII–XIX como época crucial (*cf.* entre otros Pons Rodríguez 2015; Espinosa Elorza 2015; Garcés Gómez 2020 y cap. 10). Se diversifican asimismo los procedimientos anafóricos y de encapsulación y la articulación temarema (Borreguero Zuloaga y Octavio de Toledo 2006 y 2007; Duttenhofer 2018; López Mora y García Aguiar 2020). Además, el auge de las oraciones hendidas (Pérez Saldanya 2021) se aúna tras 1650 al declive de las anteposiciones focales y del empleo en la escritura culta de tópicos no vinculados (*cf.* cap. 19). El resultado es una estructuración informativa del discurso de mayor linealidad y con marcas sintácticas más explícitas y elaboradas (*cf.* § 4).

La multiplicidad de fuentes textuales, la consideración de todas las dimensiones de la variación (y, en particular, del continuo entre inmediatez y distancia comunicativas) y la atención destacada a aspectos sintáctico-discursivos como la estructura informativa, la arquitectura textual y la correspondencia entre esquemas sintácticos y finalidades elocutivas constituyen, pues, rasgos destacados de las investigaciones dedicadas al tramo 1670–1900, cuyos textos han servido de banco de pruebas para la práctica de estos enfoques metodológicos novedosos.

4. Perspectivas actuales: macroprocesos, microcambios y dinámica variacional de 1650 a 1900

Resulta hoy insostenible la idea de que en los siglos XVIII–XIX se desarrolla o resuelve tan solo una cantidad reducida y marginal de cambios gramaticales.[5] No hay, por ejemplo, ámbito morfosintáctico de los citados por Eberenz (en este volumen) como relevantes para la periodización que no registre importantes transformaciones entre 1670 y las décadas finales del ochocientos: en los pronombres personales, la generalización de *usted(es)* o la fijación de una norma para los usos leístas, laístas y loístas; en los relativos, el declive final de *el cual* y el comienzo del de *quien* en relativas oblicuas, que coexisten con el crecimiento gradual de *el que* oblicuo y con el rápido auge y caída, entre 1670 y mediados del XIX, de su empleo no oblicuo; en la morfología verbal, el abandono o la veloz pérdida de prestigio de opciones relacionadas con los radicales de final vocálico y/o la velar posradical, como *haiga*, *traduzga*, *riyendo* o *tray(n)*, que llegan aún, ya marginalizados, a las primeras décadas del ochocientos; en el uso de las formas verbales, la pérdida del futuro de subjuntivo fuera de sus consabidos nichos jurídicos, la progresiva delimitación de la esfera de *he cantado* frente a *canté* (con los conocidos resultados divergentes a ambas orillas del Atlántico, de los que no hay indicios sólidos en el periodo clásico) o el decaimiento de los esquemas condicionales del tipo si *tuviera*, *diera* y, por tanto, de la forma en *-ra* como equivalente de *daría* y de *hubiera dado*, frente a su raudo avance a partir del XIX como competidora de *-se* en todos los contextos; entre las perífrasis verbales de gran frecuencia de uso, la acelerada progresión de *ir a* + infinitivo o la recesión y dialectalización de *haber/tener de* + infinitivo, con fuerte emergencia de *tener que* y de la construcción deóntica impersonal *hay que*; en las relaciones entre el verbo y sus complementos, la definitiva asociación del marcado preposicional de objeto directo a los animados (pues hasta bien avanzado el XIX no es infrecuente que falte la marca ante animados indefinidos o definidos plurales, ni que aparezca ante nombres propios inanimados) y —como hace ver el cap. 44— la notable extensión del doblado mediante clítico de los dativos de núcleo nominal y los inicios de la discordancia del clítico con dativos plurales (*le dio las gracias a sus alumnos*), por no mencionar el avance de esquemas de experimentante dativo (p. ej., *me gusta X* en vez de *gusto de X*) o el cambio en abundantes opciones de régimen (p. ej., *juzgar/usar (de) algo, ser ajeno de > a, estar persuadido a > de, tener codicia a > de*, etc.); entre las preposiciones y locuciones prepositivas se difunden *bajo (la cama/su mandato)* o *frente a (la casa/su autoridad)* y tiende a generalizarse *para* con valor final en detrimento de *por*, y al tiempo que declinan las oraciones de infinitivo no concertadas (*decía ser él su padre*) y el asíndeton en completivas con indicativo (*me parecía veía era un ángel*), progresa el artículo ante *que* completivo (luego regresivo en el XIX) y empieza a aflorar el dequeísmo. Parece claro que todos estos cambios, más o menos promovidos por fenómenos de selección de la norma o reajustes de prestigio escritural, tienen consecuencias en la reconfiguración de áreas nucleares del español (europeo) como sistema lingüístico: paradigmas pronominales y verbales, oposiciones tempoaspectuales, expresión del futuro y la obligación, rección y concordancia de los complementos, relaciones locativas, subordinación relativa, sustantiva y final, etc.

Desde los alrededores de 1650 se multiplican, además, los síntomas de la aceleración de un macroproceso de *sintactización* (en el sentido de Givón 1979; *cf.* ya Girón Alconchel 2005) por el que se fomentan las marcas sintácticas explícitas, una construcción más nítidamente jerarquizada de los periodos plurioracionales y un ordenamiento más configurativo y menos informativo del orden de constituyentes (*cf.* § 3): pertenecen igualmente a ese proceso el afianzamiento del orden SVO, frente a la regresión evidente del orden VS (Melis *et al.* 2006) y, en general, de la configuración de verbo finito inicial (V1) y sus efectos asociados (por ejemplo, la enclisis del tipo *díjolo*) (*cf.* cap. 19). Y aumentan notablemente, en paralelo, las marcas de relación entre el verbo y sus argumentos, que van ya generalmente pospuestos a él (extensión del doblado clítico de los dativos y de la preposición *a* con los objetos directos animados), así como las marcas de dependencia ante oraciones completivas (generalización de *de* ante las dependientes de nombre o adjetivo y de ciertos grupos de verbos, empleo de *el* ante *que* y las interrogativas indirectas, floración subestándar del dequeísmo, tendencia a la eliminación del asíndeton).

Tampoco hay razón alguna para suponer que los fenómenos estén sujetos a dinámicas de variación menos intensas en este lapso temporal que en otros: el decaimiento en estos dos siglos y medio —al menos en la prosa elaborada europea— de la forma plena *grande* ante adjetivo (*un grande hombre*), de la preposición *de* (en favor de *por*) ante el complemento agente, de las relativas reasuntivas (*un caballero que le dieron un gran golpe*; *una señora que su afán era escribir*), del subjuntivo tras *como* y también en interrogativas indirectas (*como viese que no venía; no sé qué sea*), del artículo ante nombres de estados (*la Francia*) o el demostrativo ante posesivo (*esta nuestra nación*), de los diminutivos *-ico* e *-illo*, del cuantificador partitivo *los más* ante sustantivo (*las más naciones*), de *más bien* "mejor" y *no más* "solo" o de *haber* asociado a la medida de tiempo (*ha tres meses*), igual que la revitalización de *cantara* indicativo (González Ollé 2012) o la pervivencia, muy fluctuante según los textos, de la enclisis del tipo *díjolo* o el *mas* adversativo ilustran, junto a muchos otros fenómenos (*cf.* especialmente García Godoy 2012; Espinosa Elorza 2015; Octavio de Toledo y

Pons Rodríguez 2016; Company 2017; Blas Arroyo 2019; Octavio de Toledo 2016a, 2016b, 2019, 2020), la profusión de procesos de promoción, selección y remoción activos en los textos orientados a la distancia comunicativa, del mismo modo que el alejamiento progresivo del laísmo y del leísmo "de cosa" revela, en el ámbito de la variación diatópica, el inicio de la "dialectologización" de Castilla la Vieja (González Ollé 1991), esto es, la consolidación de una norma ejemplar que no es estrictamente la derivable de los rasgos diatópicos del centro-norte castellano, ni siquiera en su variedad madrileña, mientras se perfilan con creciente nitidez las hablas meridionales, y en particular las andaluzas (cf. ya Mondéjar 2007), reforzando así la divisoria dialectal norte/sur característica del español europeo moderno, superpuesta a las franjas de norte a sur heredadas de la época medieval (cf. cap. 5).

Pueden observarse, finalmente, numerosos cambios de corto recorrido (microfenómenos) prácticamente ausentes antes de fines del siglo XVII y que decaen significativamente o desaparecen hacia mediados del siglo XIX: son especialmente abundantes en el terreno de la conexión (§ 3) y la subordinación (ínterin "mientras", sino es "sino", mediante que "porque", en medio de que "aunque", solo sí "sino"/sí también "sino además", el uso no oblicuo del relativo compuesto, etc.), pero los estudios de curvas de frecuencia permiten detectar asimismo un importante declive hacia 1850 de fenómenos que perduran hasta hoy día, como la anteposición de nada al verbo (nada sé) o el empleo del artículo el ante oraciones completivas, entre otros. Estas evoluciones temporalmente muy acotadas rara vez modifican significativamente la configuración del ámbito de la gramática al que afectan, pero permiten, en cambio, atisbar fronteras cronológicas (p. ej., la de hacia 1835–1850) con mayor precisión que los cambios de largo alcance y notable impacto sistémico, característicamente más graduales.

5. Conclusiones y perspectivas futuras

En este ámbito de investigación relativamente joven, es previsible que los avances en un futuro inmediato se produzcan por las vías que hemos ido señalando como novedosas en los anteriores apartados: cabe esperar, así, que se acrezcan la compilación y análisis de fuentes textualmente diferenciadas, la plena conciencia de la tradicionalidad discursiva que vincula la manifestación de los fenómenos a constelaciones textuales concretas y la nómina tanto de los microcambios como de los ámbitos morfosintácticos que experimentan cambios sustanciales durante el tramo 1650–1900. Con tales mejoras descriptivas debe aspirarse, en último término, a la detección de modificaciones en el estatuto variacional de las formas y construcciones y a la determinación de su posible participación en macroprocesos de largo aliento. La investigación de este periodo aspira, finalmente, a dar cuenta de las estrategias y procedimientos gramaticales de construcción de los discursos, cuyo estudio para este tramo se concibe ya como inconsútilmente integrado con el de su morfosintaxis.

A raíz de estas pesquisas debieran poder deducirse con más claridad las fronteras cronológicas internas del periodo, que aquí, a modo de hipótesis, hemos situado en los años centrales del ochocientos, proponiendo un "primer español moderno" que se extendería desde las últimas décadas del siglo XVII hasta mediados del XIX, hipótesis que solo podrán confirmar o falsar los estudios venideros.

Notas

1 El "mito de la decadencia" (Kamen 2006) ha sido arrumbado hace varias décadas por los historiadores, pero hasta comienzos del presente siglo estos "replanteamientos […] apenas han alcanzado a los historiadores de la lengua" (Álvarez de Miranda 1996, 86; cf. Octavio de Toledo 2016a, 204–205 y 2016b, 58–60).

2   Company (2017) apunta a la posibilidad de que se obtengan resultados distintos si se atiende al XIX en bloque, en relación con grandes procesos activos en el siglo anterior y hasta hoy día (*macroperiodización*), y si se divide internamente el ochocientos para dar cuenta de procesos que se desarrollan principalmente en su interior (*microperiodización*), lo que parece revelar un contraste entre el primer tercio del siglo y los dos siguientes. Esta observación, sin embargo, se basa en el estudio de un único fenómeno microperiodizado (*voy (a) por agua*), y las conclusiones respecto de la posibilidad de aislar el XIX no son especialmente alentadoras, pues este, para la autora, "desde un punto de vista sintáctico, intra- e interoracional, es más bien un periodo de continuidades [...] y de transición" (Company 2017, 96).

3   No es posible referir aquí con detalle cada clase textual estudiada ni todos los trabajos que las abordan; ofrezco tan solo unas pocas referencias ilustrativas: una relación más detallada puede encontrarse en Octavio de Toledo (2023, 505–507).

4   Dichas nociones se han aplicado también a la misma catalogación descriptiva, edición o selección antológica de las fuentes de estos siglos (cf. respectivamente Iraceburu 2018; Octavio de Toledo y Pons Rodríguez 2016; Sáez Rivera y Octavio de Toledo 2020, entre otros).

5   Es imposible detallar aquí los trabajos dedicados a cada cambio individual: puede verse la abundante bibliografía recogida en Octavio de Toledo y Pons Rodríguez (2016) y Octavio de Toledo (2016a y 2020). Omito, además, los trabajos referidos a los usos y formas de cortesía, que registran grandes cambios en esta época (cf. el cap. 18).

Lecturas recomendadas

García Godoy (2012) es un excelente volumen colectivo con especial atención a la morfosintaxis del siglo XVIII que marcó un hito en los estudios sobre la lengua de este tiempo y difundió, al tiempo que la sometía a examen crítico, la noción de "primer español moderno".

Company (2017) constituye un intento pionero de detectar quiebres y continuidades en la manifestación de un amplio elenco de hechos morfosintácticos durante el siglo XIX tanto europeo como americano.

López Serena, Del Rey y Carmona (2020) ofrece un conjunto de estudios que revela el actual interés por el estudio de la lengua de los siglos XVIII–XIX en todas sus dimensiones a partir de las metodologías más recientes.

Referencias citadas

Albitre Lamata, P. 2021. "Pragmática histórica del español: una primera aproximación al estudio de actos directivos en cartas privadas (S.XIX–S.XXI)". *Textos en Proceso* 7 (1): 38–59.

Álvarez de Miranda, P. 1996. "La época de los *novatores*, desde la historia de la lengua". *Studia Historica. Historia Moderna* 14: 85–94.

Blas Arroyo, J. L., ed. 2019. *Sociolingüística histórica: tras las huellas de la variación y el cambio lingüístico a través de textos de inmediatez comunicativa*. Madrid y Fráncfort: Iberoamericana Vervuert.

Borreguero Zuloaga, M. y Á. Octavio de Toledo. 2006. "La crónica de sucesos (s. XVII–s. XIX): evolución y desarrollo de la organización informativa textual". En *Actas del VI Congreso Internacional de Historia de la Lengua Española*, eds. J. J. de Bustos Tovar y J. L. Girón Alconchel, vol. 2, 2653–2668. Madrid: Arco Libros.

Borreguero Zuloaga, M. y Á. Octavio de Toledo. 2007. "Presencia y función de los encapsuladores en las crónicas periodísticas del siglo XVII". *Philologia Hispalensis* 21: 125–159.

Brumme, J. 1997. *Spanische Sprache im 19. Jahrhundert. Sprachliches Wissen, Norm und Sprachveränderungen.* Münster: Nodus.

Buzek, I. y M. Šinková. 2015. "Introducción. Una cercana diacronía opaca: estudios sobre el español del siglo XIX". *Études Romanes de Brno* 36 (1): 7–10.

Cano Aguilar, R. 2017. "A la búsqueda de los textos olvidados. Los orígenes de la modernidad discursiva en la historia del español". *Romanistisches Jahrbuch* 68: 279–301.

Cano Aguilar, R. 2020. "Textos y formas lingüísticas en el español del siglo XVIII". En *Tradiciones discursivas y tradiciones idiomáticas en la historia del español moderno*, eds. A. López Serena, S. del Rey y E. Carmona, 31–49. Berlín: Peter Lang.

Carmona Yanes, E. 2019. *Tres siglos de cartas de lectores en la prensa española*. Berlín: Peter Lang.

Carpi, E. 2019. "Tradiciones discursivas en una polémica dieciochesca entre aristotélicos y novatores". En *Lexicalización, léxico y lexicografía en la historia del español*, ed. F. del Barrio, 281–292. Venecia: Edizioni Ca' Foscari.

Carpi, E. y R. García Jiménez, eds. 2017. *El español del siglo XIX: herencia e innovación*. Pisa: Pisa University Press.

Company, C. 2002. "Gramaticalización y dialectología comparada: una isoglosa sintáctico-semántica del español". *Dicenda* 20: 39–72.

Company, C. 2017. "El siglo XIX en la periodización sintáctica de la lengua española". En *El español del siglo XIX: herencia e innovación*, eds. E. Carpi y R. M. García Jiménez, 75–101. Pisa: Pisa University Press.

Coseriu, E. 1981. "Los conceptos de dialecto, nivel y estilo de lengua y el sentido propio de la dialectología". *Lingüística Española Actual* 3: 1–32.

Díaz Moreno, M.ª del R., R. Martínez Sánchez y P. Sánchez-Prieto Borja. 2012. "Los documentos de la inclusa de Madrid: su valor para la historia de la escritura y de la lengua del siglo XIX". En *Por sendas ignoradas: estudios sobre el español del siglo XIX*, ed. J. L. Ramírez Luengo, 33–60. Lugo: Axac.

Diez del Corral Areta, E. 2021. *Archivo privado. Correspondencia epistolar entre primos: las cartas de Pedro de Ávila a Justo Diez (1873–1887)*. Alcalá de Henares: Universidad de Alcalá.

Duttenhofer, A. 2018. "Formas anafóricas de cohesión nominal en las relaciones de autos de fe impresas del XVIII". *Estudios humanísticos. Filología* 40: 145–161.

Espinosa Elorza, R. 2015. "La sintaxis de la época de la Constitución de Cádiz (1750–1850)". En *Actas del X Congreso Internacional de Historia de la Lengua Española*, ed. J. M. García Martín, vol. 1, 309–329. Madrid y Fráncfort: Iberoamericana Vervuert.

Fernández Alcaide, M. 2012. "El diálogo en *Fray Gerundio de Campazas* y la relación oralidad-escrituralidad". *Oralia* 15: 147–175.

Fernández Martín, E. 2021. "El habla de Madrid a finales del siglo XVIII según *Los madrileños adoptivos* (1790)". *Revista de Filología de la Universidad de La Laguna* 43: 85–108.

Flores, M. y C. Melis. 2015. "Periodización del español: evidencia para una tercera etapa evolutiva". *Études Romanes de Brno* 36 (2): 11–28.

Frago Gracia, J. A. 2013. "Entre Cádiz y México ante la independencia de América: revisión documental y lingüística". *Boletín de Filología de la Universidad de Chile* 48: 81–102.

Gancedo Ruiz, M. 2022. *Pragmática histórica del español: imagen social familiar en el teatro de los siglos XIX y XX*. Pamplona: EUNSA.

Garcés Gómez, M. P. 2020. "La incorporación de marcadores discursivos en el español de los siglos XVIII y XIX: tradiciones discursivas y variación lengua escrita y lengua oral". En *Tradiciones discursivas y tradiciones idiomáticas en la historia del español moderno*, eds. A. López Serena, S. del Rey y E. Carmona, 231–250. Berlín: Peter Lang.

García Aguiar, L. 2014. *El español del siglo XVIII. Edición y estudio de un corpus de documentación municipal malagueña*. Tesis doctoral. Málaga: Universidad de Málaga.

García Godoy, M.ª T. 2002. "Notas sobre el leísmo en la historia del español de Andalucía (s. XVIII)". En *Actas del V Congreso Internacional de Historia de la Lengua Española*, eds. M.ª T. Echenique y J. Sánchez Méndez, vol. 1, 645–656. Madrid: Gredos.

García Godoy, M.ª T. 2008. "La reconstrucción del sistema de tratamientos en el español de Andalucía (s. XIX)". En *Nuevas perspectivas en torno a la diacronía lingüística*, eds. E. Montoro, M. Á. López Vallejo y F. J. Sánchez García, 31–65. Granada: Universidad de Granada.

García Godoy, M.ª T., ed. 2012. *El español del siglo XVIII: cambios diacrónicos en el primer español moderno*. Berna: Peter Lang.

Garrido Martín, B. 2021. "Cartas de mujeres y recursos para la intensificación y la expresión afectiva en un corpus del siglo XVIII". *Hipogrifo* 9: 1027–1048.

Garrido Medina, J. 2013. "Evolución de la construcción del discurso en el ensayo entre 1648 y 1726". En *Trabajos de semántica y pragmática históricas*, eds. A. Puigvert y S. Iglesias, 55–94. Madrid: Editorial Complutense.

Girón Alconchel, J. L. 2002. "Procesos de gramaticalización del español clásico al moderno". En *Actas del V Congreso Internacional de Historia de la Lengua Española*, eds. M.ª T. Echenique y J. Sánchez Méndez, vol. 1, 103–121. Madrid: Gredos.

Girón Alconchel, J. L. 2003. "Evolución de la cohesión en el discurso ensayístico entre 1648 y 1726". En *Estudios ofrecidos al profesor José Jesús de Bustos Tovar*, eds. J. L. Girón *et al.*, vol. 1, 331–360. Madrid: Editorial Complutense.

Girón Alconchel, J. L. 2005. "Cambios gramaticales en los Siglos de Oro". En *Historia de la lengua española*, ed. R. Cano. 2ª ed., 859–893. Barcelona: Ariel.

Girón Alconchel, J. L. 2008. "La lengua de un embajador y un marino del siglo XVIII: ¿español moderno ya, o todavía clásico?". En *Actas del VII Congreso Internacional de Historia de la Lengua Española*, eds. C. Company y J. G. Moreno, vol. 2, 2243–2254. Madrid: Arco Libros.

Girón Alconchel, J. L. 2012. "El cambio y el no cambio gramatical en el relato histórico en la transición del siglo XVII al XVIII". *Cuadernos Dieciochistas* 13: 29–49.

Girón Alconchel, J. L. 2016. "La segmentación lingüística del discurso historiográfico. De Solís (1686) a Bacallar (¿1726?)". En *El español a través del tiempo. Estudios ofrecidos a Rafael Cano Aguilar*, eds. A. López Serena, A. Narbona y S. del Rey, vol. 2, 933–955. Sevilla: Universidad de Sevilla.

Girón Alconchel, J. L. 2018. "Diacronía de la construcción discursiva en textos técnicos de los siglos XVII y XVIII". En *Nuevas perspectivas en la diacronía de las lenguas de especialidad*, eds. X. A. Álvarez Pérez *et al.*, 155–188. Alcalá de Henares: Universidad de Alcalá.

Givón, T. 1979. *On Understanding Grammar*. Nueva York: Academic Press.

Gómez Seibane, S. y J. L. Ramírez Luengo. 2007. *El castellano de Bilbao en el siglo XVIII: materiales para su estudio*. Bilbao: Universidad de Deusto.

González Ollé, F. 1991. "La 'dialectologización' de Castilla la Vieja en el siglo XVIII". *Anuario de Letras* 29: 173–194.

González Ollé, F. 2012. *Continuidad histórica ininterrumpida de la forma -ra indicativo: tradiciones discursivas y sintaxis*. Pamplona: EUNSA.

Guzmán Riverón, M. y D. M. Sáez Rivera, eds. 2016. *Márgenes y centros en el español del siglo XVIII*. Valencia: Tirant lo Blanch.

Iraceburu, M. 2018. *Estudio pragmadiscursivo de las relaciones de sucesos (siglo XVII)*. La Coruña: SIELAE.

Kabatek, J. 2013. "¿Es posible una lingüística histórica basada en un corpus representativo?". *Iberoromania* 77: 8–28.

Kamen, H. 2006. *Del Imperio a la Decadencia: los mitos que forjaron la España moderna*. Barcelona: Planeta.

Lapesa, R. 1984. "El lenguaje literario en los años de Larra y Espronceda". En *Homenaje a Julián Marías*, 345–380. Madrid: Espasa Calpe.

Leal Abad, E. 2020. "Configuraciones históricas del discurso publicitario como lengua de especialidad: recursos lingüísticos y enunciativos. El anuncio impreso a finales del siglo XVIII". *Estudios de Lingüística del Español (ELiEs)* 42: 307–325.

López Mora, P. y L. García Aguiar. 2020. "La anáfora reiterativa y resuntiva en documentación notarial malagueña: siglos XVI a XIX". *Estudios de Lingüística delEspañol (ELiEs)* 42: 373–396.

López Serena, A., S. del Rey y E. Carmona, eds. 2020. *Tradiciones discursivas y tradiciones idiomáticas en la historia del español moderno*. Berlín: Peter Lang.

Martí Sánchez, M. 2020. "Construcciones formales y tradiciones discursivas en cuatro textos médicos novatores fundamentales". *Revista de Filología Española* 100: 161–193.

Martínez Pasamar, C. y C. Tabernero Sala. 2019. "Reflexiones metodológicas sobre el tratamiento de la atenuación y la intensificación en corpus históricos: cartas privadas del siglo XIX". En *Lengua, cultura, discurso: estudios ofrecidos al profesor Manuel Casado Velarde*, eds. R. González, I. Olza y Ó. Loureda, 429–446. Pamplona: EUNSA.

Martín Zorraquino, M.ª A. 1986. "Aspectos lingüísticos de la novela histórica española (Larra y Espronceda)". En *Entre pueblo y corona: Larra, Espronceda y la novela histórica del romanticismo*, eds. G. Güntert y J. Luis Varela, 179–210. Madrid: Universidad Complutense.

Melis, C., Y. Aguilar, A. Aguilar and J. Araiza. 2006. "Nueva evidencia en favor del tercer periodo evolutivo del español: el orden de las palabras". *Signos Lingüísticos* 3: 33–67.

Méndez Orense, M. 2021. *La tradicionalidad discursiva del texto preensayístico en los siglos XVII y XVIII: caracterización lingüística del discurso sobre economía política de arbitristas y proyectistas*. Berlín: Peter Lang.

Mondéjar, J. 2007. "De la antigüedad y de la naturaleza de las hablas andaluzas". En *Las hablas andaluzas y la enseñanza de la lengua*, eds. J. A. Moya y M. Sosinski, 13–24. Granada: Universidad de Granada.

Moreno Fernández, F. 2006. "Lengua e historia: sociolingüística del español desde 1700". En *Estudios sociolingüísticos del español de España y América*, eds. A. M.ª Cestero, I. Molina y F. Paredes, 81–96. Madrid: Arco Libros.

Nieto Caballero, G. 2022. "Propuesta para el análisis literario de la representación de la oralidad en la novela realista española: un enfoque de corpus". *Oralia* 25: 85–105.

Octavio de Toledo, Á. 2016a. "Antonio Muñoz y la sintaxis de la lengua literaria durante el primer español moderno (*ca.* 1675–1825)". En *Márgenes y centros en el español del siglo XVIII*, eds. M. Guzmán y D. M. Sáez, 201–299. Valencia: Tirant lo Blanch.

Octavio de Toledo, Á. 2016b. "El aprovechamiento del CORDE para el estudio sintáctico del primer español moderno (*ca.* 1675–1825)". En *Lingüística de corpus y lingüística histórica iberorrománica*, ed. J. Kabatek, 57–89. Berlín y Boston: De Gruyter.

Octavio de Toledo, Á. 2019. "Sintaxis de la prosa del instante: la lengua de una tradición efímera en los albores del siglo XIX". *Anuari de Filologia* 9: 91–144.

Octavio de Toledo, Á. 2020. "La lengua en la corte de Carlos IV: rasgos morfosintácticos de la novela culta en los albores del siglo XIX". En *Tradiciones discursivas y tradiciones idiomáticas en la historia del español moderno*, eds. A. López Serena, S. del Rey y E. Carmona, 51–134. Fráncfort: Peter Lang.

Octavio de Toledo, Á. 2023. "Discourse Traditions in the History of European Spanish". En *Manual of Discourse Traditions in Romance*, eds. E. Winter-Froemel y Á. Octavio de Toledo, 489–525. Berlín y Boston: De Gruyter.

Octavio de Toledo, Á. y A. López Serena. 2015. "¿*Ut grammatica poesis*? Vicente Salvá y la lengua de su novela *Irene y Clara*". *Études Romanes de Brno* 36 (1): 149–178.

Octavio de Toledo, Á. y L. Pons Rodríguez. 2009. "¿Mezclando dos hablas? La imitación de la lengua medieval castellana en las novelas históricas del XIX". *La Corónica* 37 (2): 157–183.

Octavio de Toledo, Á. y L. Pons Rodríguez. 2016. *Queja política y escritura epistolar durante la Guerra de Independencia: documentación de la Suprema Junta Central en el AHN. Selección, edición y estudio lingüístico*. Alcalá de Henares: Universidad de Alcalá.

Paredes García, F. e I. Molina Martos 2019. "La configuración de la norma madrileña desde la dialectología y la sociolingüística". En *La configuración histórica de las normas del castellano*, eds. V. Codita, E. Bustos Gisbert y J. P. Sánchez Méndez, 51–77. Valencia: Tirant lo Blanch.

Pérez Saldanya, M. 2021. "De las copulativas identificativas a las construcciones hendidas". *Verba* 48 [en línea]. https://doi.org/10.15304/verba.48.6468.

Pérez Teijón, J. 1985. *Contribución al estudio lingüístico del siglo XVIII. Los sainetes de Juan Ignacio González del Castillo*. Salamanca: Universidad de Salamanca.

Pons Rodríguez, L. 2015. "Prejuicios y apriorismos en la investigación histórica sobre marcadores discursivos (con algunas notas sobre *así las cosas*)". En *Les marqueurs du discours dans les langues romanes: une approche contrastive*, eds. M. Borreguero y S. Gómez-Jordana, 285–303. Limoges: Lambert-Lucas.

Raible, W. 1992. *Junktion. Eine Dimension der Sprache und ihre Realisierungsformen zwischen Aggregation und Integration*. Heidelberg: Winter.

Ramírez Luengo, J. L. 2012. "El español del siglo XIX. O la historia de un abandono". En *Por sendas ignoradas. Estudios sobre el español del siglo XIX*, ed. J. L. Ramírez Luengo, 7–10. Lugo: Axac.

Rodríguez Marín, R. 2005. *Metalengua y variación lingüística en la novela de la restauración decimonónica*. Madrid: Real Academia Española.

Sáez Rivera, D. M. 2008. "Leísmo, laísmo y loísmo en el siglo XVIII en España: gramática y norma". En *Actas del VII Congreso Internacional de Historia de la Lengua Española*, eds. C. Company y J. G. Moreno, vol. 1, 1087–1104. Madrid, Arco Libros.

Sáez Rivera, D. M. 2010. *La lengua de las gramáticas y métodos de español como lengua extranjera en Europa (1640–1726)*. Tesis doctoral. Madrid: Universidad Complutense.

Sáez Rivera, D. M. y M. Guzmán Riverón, eds. 2012. *El español del siglo XVIII* [número monográfico]. *Cuadernos Dieciochistas* 13.

Sáez Rivera, D. M. y Á. Octavio de Toledo. 2020. *Textos españoles de la primera mitad del siglo XVIII para la historia gramatical y discursiva: vientos de arrastre y de cambio en la historia del español*. Madrid: Síntesis.

Sánchez-Prieto Borja, P. 2021. "Morfosintaxis". En *La lengua de Madrid a lo largo del tiempo*, eds. P. Sánchez-Prieto, M.ª J. Torrens y D. Vázquez Balonga, 259–280. Sevilla: Universidad de Sevilla.

Vaamonde, G. 2015. "Distribución de leísmo, laísmo y loísmo en un corpus diacrónico epistolar". *Res Diachronicae* 13: 58–79.

41
El español, lengua en ebullición: cambios en curso en las variedades del español moderno (Spanish, a boiling language: in progress changes in the varieties of modern Spanish)

Francisco Moreno Fernández

1. Introducción

El español moderno está experimentando cambios que se encuentran en distintas etapas de su desarrollo y se manifiestan de diferente modo en sus variedades americanas y europeas. Este capítulo presenta algunos de los principales cambios vivos que el español está conociendo en los niveles fonético, gramatical, léxico y pragmático. Tras el comentario de las causas generales de la evolución lingüística, se identifican las tendencias que favorecen una buena parte de los cambios vivos contemporáneos, entre las que destacan la simplificación, la convergencia centrípeta hacia las variedades estandarizadas o la confluencia interurbana. Los materiales sobre los que se observa la evolución contemporánea del español proceden tanto de la lengua hablada como de la lengua escrita, incluidas manifestaciones de lengua "tecleada". El análisis de estos materiales se aborda desde disciplinas como la dialectología o la sociolingüística, y mediante la adopción de una perspectiva comparada en el estudio de las variedades del español.

Palabra clave: lengua española; cambio lingüístico; sociolingüística; dialectología; neologismos

Modern varieties of European and American Spanish are undergoing changes at different stages of development and in different ways. This chapter presents some of the main changes in progress that modern Spanish is undergoing at the phonetic, grammatical, lexical and pragmatic levels. After surveying the general causes of the language evolution, this chapter attempts to identify the trends that favor a good part of the contemporary changes in progress, among which simplification, centripetal convergence towards standardized varieties or urban convergence stand out. The materials on which the ongoing evolution of Spanish can be observed come from both the spoken and the written language, including "typed" language. The analysis of these materials is approached from the findings of such disciplines as dialectology or sociolinguistics, especially by adopting a comparative perspective in the study of varieties of Spanish.

Keywords: Spanish language; linguistic change; sociolinguistics; dialectology; neologisms

2. Conceptos fundamentales y apuntes epistemológicos

En los intentos que hasta hoy se han realizado de identificación y descripción de los cambios vivos del español (Kany 1945; Lapesa 1963; Lorenzo 1966; Moreno Fernández 2005; Álvarez de Miranda 2005; Narbona 2005), siempre se ha resaltado la dificultad de la tarea. Lorenzo aludía a los inconvenientes de acometer una investigación sincrónica de la lengua y precisaba que

> Cualquier desplazamiento o cambio dentro de los elementos del idioma conlleva reajustes y modificaciones en la totalidad, aunque no siempre seamos capaces de percibirlos.
> (Lorenzo 1966, 23)

Estas palabras revelan dos hechos significativos: por un lado, el reto de observar los cambios en marcha y, por otro, que cada cambio, por nimio que sea, puede tener repercusiones en el conjunto del sistema. En efecto, la experiencia vital de lingüistas y no lingüistas nos hace ser conscientes de los cambios más superficiales que la lengua de nuestro entorno va experimentando con el paso del tiempo. Así, en las primeras décadas del siglo XXI ya no existen dominios sociales en los que oír palabras como *disquete*, *VHS*, *disco telefónico* o *cinexín*, al tiempo que los hispanohablantes contemporáneos han incorporado plenamente —incluso con pérdida de la conciencia de la novedad— palabras como *hashtag*, *webinario*, *favear*, *viagra* y *selfi*, o nuevas acepciones de palabras preexistentes, como *reenviar*, *carpeta*, *aplicación*, *tendencia* o *viral*.

Las referencias citadas nos llevan a considerar algunos conceptos fundamentales relativos a los cambios vivos en el español actual, como las diferencias entre los cambios debidos a factores externos y los motivados en factores internos, los posibles efectos de los cambios sobre los distintos componentes de la lengua o la importancia de la metodología aplicada en cada caso para el seguimiento de los cambios lingüísticos.

Las *causas internas* de los cambios lingüísticos están relacionadas con la búsqueda de economía en el esfuerzo comunicativo. Keller (1994, 109) lo expresaba en forma de ley o principio imperativo: habla de modo que gastes la menor cantidad de energía posible. La amplia difusión del yeísmo, aún en progreso y mutación, es un ejemplo claro (Gómez y Molina 2013). Con todo, la estrategia habría de consistir en ser tan económico como se pueda, pero tan redundante como se necesite para conseguir el fin comunicativo perseguido. Esta forma de entender los cambios está ligada a las funciones que cumplen los distintos componentes del lenguaje. De hecho, los elementos que más difícilmente cambian son aquellos de cuya función no se prescinde. Pongamos como ejemplo la tendencia a debilitar /s/ en posición final de sílaba, muy intensa en muchas áreas hispánicas, pero no tanto cuando /s/ es indicadora de plural o de segunda persona en el verbo, ya que con su elisión se pierde, aunque sea parcialmente, una muy relevante información gramatical (López Morales 1983; Moreno Fernández 2005[2]). Los cambios internos vendrían determinados por el sistema lingüístico internalizado por los propios hablantes (Andersen 1973).

Las *causas externas* que afectan a los cambios en las lenguas son muy variadas y complejas, pues afectan a los modos de vida, los contactos con comunidades externas, las dinámicas sociales, las prescripciones de uso o las ideologías lingüísticas, entre otros factores. Los avances tecnológicos, por ejemplo, han hecho que formas como *tocadiscos*, *estereoscopio* o *tribómetro* dejen de tener uso popular, mientras se difunden formas como *dron*, *cibercafé* o *videoconsola*. Los contactos, inmediatos o mediatos, entre comunidades lingüísticas conducen a la aparición de transferencias léxicas y semánticas (Thomason y Kaufman 1988), sobre todo desde el inglés en las últimas décadas, no siempre percibidas como invasoras: *bot, ebook, link, phishing, distancia social* (< ing. *social distancing*). Y los acontecimientos de mayor trascendencia social, como una pandemia, también pueden facilitar la popularización de términos especializados (*coronavirus, Covid*) o la creación de nuevas voces (*covidiota, coronabonos*).

Las dinámicas sociales llevan a favorecer o desfavorecer el auge de usos lingüísticos sobre la base de argumentos como el prestigio, la espontaneidad, la identidad o la especialización (Casado Velarde 1985). Las prescripciones de uso, transmitidas principalmente a través de la escuela y del modelo de los medios de comunicación social, afectan a los cambios por su capacidad de frenarlos o acelerarlos (Milroy y Milroy 1985). Del mismo modo, las ideologías sociales pueden mover a la difusión de usos innovadores, aunque no siempre tengan una aceptación general, como ocurre con las propuestas de desdoblamiento de género que se están haciendo en nombre de un lenguaje inclusivo o incluyente (Bosque 2012).

Finalmente, resulta fundamental el concepto de *asincronismo* o falta de simultaneidad en el origen, la intensidad, la expansión, la aceptación, la consumación y la actualización de los cambios lingüísticos. Este hecho explica que existan cambios en un lugar que nunca llegan a consumarse en otros, o bien adquieren diferente alcance, se producen en distintos momentos o con diferencias formales entre territorios (Moreno Fernández 2019). Esto explica, asimismo, que existan neologismos en unos dominios que otros desconocen o que usos que en unas latitudes son percibidos como arcaísmos gocen en otras de plena vigencia (Lope Blanch 1968, 1999–2000; Fernández Sevilla 1982).

Los cambios lingüísticos en curso vienen siendo objeto de estudio continuado desde los años sesenta, cuando comenzaron a tomar forma dos propuestas que han abordado el cambio desde ángulos diferentes: por un lado, la por entonces incipiente gramática generativa vinculó los procesos de cambio a los de adquisición lingüística, poniendo el acento en la dimensión psicológica de los procesos (Chomsky 1976; Lightfoot 1991; Kerswill 1996); por otro lado, la sociolingüística de la variación ha hecho del estudio del cambio una de sus banderas, significativamente en su dimensión social (Weinreich *et al.* 1968; Labov 1972, 2001; Hernández-Campoy y Conde-Silvestre 2014); será en esta última propuesta en la que pondremos más interés, sin menosprecio por los cambios que emanan del interior de la lengua.

Desde una perspectiva sociolingüística, por más que los usos verbales se produzcan de un modo individual, en contextos concretos y enunciados específicos, los cambios lingüísticos requieren el concurso de la comunidad para su compleción. Esto significa que el cambio lingüístico es un fenómeno observable en el plano comunitario. Así, lo que para unos grupos puede ser un proceso en sus primeras etapas de desarrollo —p. ej., la introducción de formas de tratamiento o apelativos entre jóvenes: *tío* en España; *güey* en México; *parce* en Colombia (Serrano 2014; Brasdefer 2019)—, para otros puede ser un elemento adquirido como resultado de su alta frecuencia de uso en la comunidad. Ello revela que los procesos reales de cambio lingüístico son complicados y que están entretejidos por una cantidad imprevisible de factores: de ahí que modernamente se recurra al estudio comparado de las variedades (Coseriu 1982; Tagliamonte 2002) y a un tratamiento cuantitativo que permite observar dinámicas emergentes y complejas (Baker 2010; Sankoff 2019).

3. Aproximaciones teóricas: la dirección de los cambios

La explicación de los cambios lingüísticos vivos podría hacerse con un sentido teleológico, entendiendo que los cambios se producen con un fin determinado; por ejemplo, de naturaleza pragmática (Grice 1989 [1975]). Sin embargo, existen múltiples dinámicas lingüísticas, sociales, psicosociales o comunicativas que pueden influir de manera decidida sobre los procesos activos de cambio. Entre ellas destacan actualmente las relacionadas con la globalización (Moreno Fernández 2016). Estos factores favorecen o intensifican la incidencia de tendencias evolutivas, entre las cuales destacan la *convergencia* hacia el estándar, las *transferencias* entre lenguas y variedades y la *simplificación*. Ninguna de ellas es absolutamente nueva y otros expertos las identifican de modo diferente —Briz, por ejemplo (2023) habla de nivelación dialectal, de deslocalización y de lo dialectal como marca identitaria—, pero todas esas tendencias encuentran en el actual panorama socioeconómico, comunicativo y tecnológico una intensidad desconocida anteriormente. Al tiempo, todas ellas pueden verse condicionadas por un factor transversal: la *indicidad* o *indexicalidad*.

La *convergencia hacia el estándar*, movimiento centrípeto orientado por criterios de norma, es una dinámica antigua en cualquier lengua normalizada. Romaine (1982, 14–22) ha explicado que el uso de un sistema dado en la confección de textos escritos hace progresivamente apremiante la necesidad de una normalización de sus estructuras, al tiempo que la fijación de la lengua patrón impone un freno a las variantes innovadoras. Ahora bien, frente a la convergencia centrípeta y universal hacia un estándar único, las dinámicas actuales revelan la importancia de las convergencias hacia estándares regionalizados. Así, por ejemplo, los análisis de las hablas andaluzas nos muestran una aproximación al modelo castellano en rasgos como la distinción /s/ – /θ/ (Villena 1997 y 2012), al tiempo que los estudios de los hablantes caribeños en Nueva York revelan que estos modifican la frecuencia de los pronombres nulos sujeto para acomodarlos a pautas locales dictadas por hablantes de origen mexicano o colombiano (Otheguy y Zentella 2010). En México, se ha observado que la comunidad lingüística de la gran ciudad y su área metropolitana tiende a la difusión del estándar, al tiempo que se reduce la brecha sociolingüística entre los grupos extremos de esta sociedad capitalina en términos fónicos, morfológicos y léxicos (Serrano Morales 2014).

Asimismo, la movilidad y la conexión favorecen la progresiva confluencia entre las hablas urbanas de todos los espacios hispánicos, así como la preeminencia de las hablas urbanas sobre las rurales. Este fenómeno fue detectado por Gonçalves y Sánchez (2014) a partir de materiales léxicos reunidos dentro del proyecto VARILEX (Ueda y Ruiz Tinoco 2007) procedentes de 50 millones de tuits en español geolocalizados y enviados desde todo el mundo a lo largo de dos años. El estudio concluía que el léxico de los mensajes analizados podía ordenarse en dos grandes grupos, denominados "superdialectos", el primero localizado en las grandes ciudades hispanohablantes y el segundo, en las áreas rurales. Dentro de este último se distinguen tres agrupaciones léxicas en España, el Cono Sur y, por último, México, Centroamérica y el Caribe, junto a los Estados Unidos.

Entre las *transferencias* sobresalen hoy las que se producen desde otras lenguas, singularmente el inglés. También podrían considerarse transferencias las que se dan entre variedades del propio español como consecuencia de la conexión entre espacios y de la movilidad de los hablantes. Estas suponen también una convergencia o aproximación y se observan en todas las variedades del español, tanto americanas como europeas. Tal aproximación está sirviendo, según Narbona (2001), para nivelar usos y para reforzar la conciencia de que la realidad del español es pluricéntrica.

El tercer gran proceso general que afecta a los cambios en el español actual es la *simplificación*. En realidad, se trata de una constante que afecta a la historia de todas las lenguas, singularmente las de gran dominio geográfico, y cuyo opuesto es la *complejización*, proceso por el que una lengua adquiere mayor complejidad o surge una variedad más compleja. Según Peter Trudgill (2011), el entorno más favorable para la complejización se halla en comunidades con bajo nivel de contacto con otras lenguas, alta estabilidad y homogeneidad social, tamaño reducido y gran cantidad de información comunitariamente compartida. Por el contrario, el contacto entre lenguas diferentes, así como la heterogeneidad social, provocan resultados lingüísticos simplificadores. Por eso las lenguas internacionales, en su proceso de expansión, suelen simplificar algunos de sus sistemas: el sur peninsular y América, por ejemplo, perdieron el uso de *vosotros* y optaron por la indistinción fónica entre *ese* y *zeta*, aunque la simplificación no se haya detenido ahí.

Las tendencias mencionadas, por otro lado, pueden verse condicionadas por la *indicidad*, que vincula los fenómenos con los contextos específicos donde surgen y las identidades que se les asocian. Así, cabría incluir en el apartado de cambios en curso aquellos que resultan en la resignificación de un uso lingüístico, p. ej., el valor "identitario" que está adquiriendo el voseo entre los jóvenes centroamericanos que viven en Estados Unidos, con el consiguiente abandono de su percepción como rasgo indicador de "ruralidad" en sus países de origen (Woods y Rivera-Mills 2012). También podría considerarse como efecto de indicidad la incorporación o difusión de formas jergales o de vocablos propios de lenguajes especializados entre hablantes jóvenes (Sanou 2018), con posible expansión posterior al conjunto de la comunidad, p. ej., *ser muy/tener un TOC* 'padecer trastorno obsesivo compulsivo' o *estalkero* 'el que fisgonea constantemente las redes sociales de otras personas'.

4. Perspectivas actuales. Algunos cambios vivos

Los cambios actuales en progreso son innumerables y afectan a todos los niveles de la lengua. Propondremos a continuación algunos ejemplos que ilustren las fuerzas inductoras de cambio que parecen actuar de forma más intensa en la actualidad, frente a otras épocas o frente a otras tendencias: la convergencia, la transferencia y la simplificación, junto a las consecuencias de la indicidad.

4.1 Convergencias

En el español peninsular actual es digno de estudio el proceso de convergencia de las hablas andaluzas hacia patrones castellanos, no tanto por la vecindad geográfica como porque aquellos se perciben como referencia del estándar. Es sabido que en Andalucía es predominante, aunque no homogéneo, un paradigma fónico que incluye rasgos como el seseo o el debilitamiento de las consonantes en coda silábica. Sin embargo, los estudios sociolingüísticos más recientes revelan cómo ese paradigma meridional se ha hecho permeable a rasgos del sistema castellano norteño. Tanto en Sevilla (Santana 2017) como en Málaga (Villena 2001, 2012), la convivencia de patrones de pronunciación convergentes hacia las variedades castellanas, con soluciones dialectales divergentes propias de las modalidades andaluzas, explica que pueda encontrarse la oposición entre los fonemas /s/:/θ/ junto a soluciones con un único fonema /θs/, bien seseantes (con alófono [s]) o bien ceceantes (con alófono [θ]).

Ese mismo tipo de convergencia explicaría el aumento de la frecuencia de soluciones leístas donde las hablas vernáculas han manejado tradicionalmente los pronombres acusativos: en Sevilla se está observando (Repede 2017) un avance del leísmo con referente personal, especialmente entre los jóvenes, las mujeres y los hablantes mejor instruidos. Merecería la pena igualmente hacer un seguimiento de los usos no etimológicos en América, sobre todo allí donde ya se han documentado —Uruguay, Perú, Argentina (Uruburu 1993)—, para determinar hasta dónde llegan los procesos de convergencia y hasta dónde los desarrollos autóctonos, especialmente como consecuencia del contacto con otras lenguas americanas (Klee y Lynch 2009).

También interpretamos como tendencia a la convergencia el intercambio de formas léxicas entre diversos países hispanohablantes, probablemente como consecuencia del muy fácil acceso mutuo a las distintas modalidades a través de los medios de comunicación y la movilidad. Así, se van percibiendo como generales voces originadas o predominantes en América (*vibra, ameritar, ningunear, pibe/a*) o bien en España *(ligar, valer* 'estar conforme', *¡joder!* interjectivo, *ponerse las pilas).* Esta aproximación interhispánica ya fue observada por Lapesa (1963), por lo que su actual intensificación no resulta extraña.

Finalmente, podría interpretarse como convergencia (internacional y multilingüe, no solo hispánica) el creciente empleo de topónimos en su variante más cercana a la lengua original o a sus denominaciones oficiales, en lugar de las formas adaptadas al español: *Beijing* (Pekín), *Bodensee* (Lago Constanza), *Myanmar* (Birmania), *Trier* (Tréveris), *Kolkata* (Calcuta), *Sri Lanka* (Ceilán). Lorenzo lo observó en 1966, pero la tendencia se ha generalizado notablemente por toda la geografía hispanohablante. Naturalmente, esta tendencia no impide que se sigan prefiriendo otras variantes hispanizadas, como Londres, Nueva York o Estambul.

4.2 Transferencias

Si bien muchos procesos de convergencia podrían inscribirse con naturalidad bajo este epígrafe, sin duda los procesos de transferencia más frecuentes en el español actual remiten a la lengua inglesa, como ocurre en muchas otras lenguas del mundo. Entre las transferencias del inglés, llamadas genéricamente *anglicismos*, encontramos la incorporación de nuevas voces referidas a distintos campos o dominios. Alba (2014) comparó el léxico disponible de los dominicanos en los años noventa y en los años diez y comprobó que había palabras que habían desaparecido del inventario léxico (comidas y bebidas: *jalea, mortadela*; juegos y diversiones: *balonazo, caperucita roja, el avioncito*; ropa: *chalina, corpiño, justillo*), mientras otras, muchas de ellas anglicismos, se habían incorporado con vigor (comidas: *cheesecake, cheeseburger, wrap*; juegos y diversiones: *game boy, ipod, play station*; ropa: *baggy jeans, legging, t-shirt*). La República Dominicana sirve de muestra de un fenómeno que afecta a todo el espacio hispanohablante. En el plano léxico-semántico, los anglicismos nuevos (*banner, vintage, nude*) han llegado con la misma intensidad que los calcos semánticos (*reclutar* 'contratar', *zona cero* 'epicentro', *premium* adj., 'especial/superior'). Asimismo, podría pensarse en transferencias desde el inglés para explicar la tendencia al uso de sustantivos abstractos como concretos (*utilidad* 'recurso informático', *funcionalidad* 'función', *movilidad* 'vehículo'), si bien el proceso no es desconocido en la historia del español.

Sin embargo, en el español actual se están produciendo otras transferencias desde el inglés que tienen tanto interés como las léxico-semánticas. Por un lado, la adaptación de los plurales en *-s*, ya advertida por Lorenzo en 1966, ha ido penetrando de tal modo que formas como *clubs, iPads, tracks, podcasts, tablets* o *bots*, con pronunciación de las consonantes postnucleares, ya no se sienten como extrañas, aunque la diversidad fonodialectal del español también les afecte. En el plano gramatical, es llamativa la difusión de algunos usos que solo se consideraban posibles en contextos de intenso contacto con el inglés, como el empleo de gerundio por infinitivo —p. ej., "mezclándonos en Europa nos permite salir de nuestras inquietudes primarias" (*La Vanguardia*, 17–05–2019)—. Y podría añadirse la importación de otros recursos gramaticales, como el productivo empleo del sufijo *-gate* (<*Watergate*) para denominar situaciones o acciones políticamente escandalosas: en Argentina, *Yomagate*; en Perú, *Petrogate*; en Chile, *Milicogate*; en España, *dieselgate*.

A todo ello se suma un proceso que podríamos considerar reciente en su desarrollo fuera de las áreas de contacto: se trata de la alternancia del español y el inglés con una frecuencia creciente en algunos dominios profesionales (informática, economía), sin que ello implique un conocimiento del inglés por parte del hablante, y muy especialmente en la publicidad, sin que ello implique un conocimiento del inglés por parte del oyente. Es el caso de fragmentos de comerciales recogidos en España en 2020 como los siguientes: *que gusta a todo el mundo everybody*; *despierta seco every morning*; *nunca in your life*; *Universidad Europea. Question Everything*. En esta misma línea puede interpretarse el uso del inglés en la publicidad de marcas comercializadas internacionalmente, bien para proyectar una imagen mundial unificada, bien por razones de ahorro en el gasto publicitario: p. ej., *Nissan, innovation that excites; Renault, lo quieres now; El futuro es apasionante. Ready?; Nokia. Connecting people*. Cuando son otras las lenguas insertadas, este uso puede también deberse a un deseo de relacionar un producto con un espacio cultural y lingüístico, confiriéndole al texto un carácter identitario: *Volkswagen. Aus Liebe zum Automobil; L'amour. Dior*.

4.3 Simplificación

En la actualidad, tiene sentido apelar a la tendencia a la simplificación del español no solo por la amplitud de sus territorios, sino por la facilidad sin precedentes para la comunicación entre todos ellos. No resulta tan simple, en cambio, identificar qué procesos responden netamente a una simplificación y cuáles a otro tipo de fenómenos, tratándose casi siempre de procesos multicausales. En cualquier caso, comentaremos algunos casos cuyos resultados son más "simples" que sus antecedentes.

En el español actual tienden a decantarse situaciones de variación procedentes de épocas anteriores: así, el perfecto simple *terminé* sigue avanzando en detrimento del compuesto *he terminado* en numerosas comunidades hispánicas. También sigue progresando la extensión del imperfecto de subjuntivo en *-ra*, claramente mayoritario en América, frente a las formas en *-se* (Sterck 2000), como ya observó Lorenzo (1966). En el plano fónico, la generalización del yeísmo alcanza lentamente los pocos enclaves geográficos donde aún no existe, aunque con mayor retardo en las zonas de lenguas en contacto; al mismo tiempo, hay áreas específicas que conocen desarrollos yeístas particulares, como ocurre en las hablas rioplatenses, en las que el rehilamiento de la palatal está evolucionando hacia soluciones más o menos tensas dependiendo de factores sociales y contextuales (Link 2019). Asimismo, el debilitamiento de las consonantes en coda silábica, si bien permanece plenamente activo como tendencia, se encuentra sujeto a condicionamientos tanto contextuales como sociales (Moreno Fernández 2005^2).

En el plano gramatical, se ha acelerado en las últimas décadas (véase ya Lorenzo 1966, 162), por la frecuencia y facilidad de los contactos interhispánicos, la pérdida de valores del subjuntivo, que a la postre provoca un debilitamiento del sistema modal. Hay usos que gozan de vitalidad en México y América Central (Moreno de Alba 2003; Lastra y Martín Butragueño 2012) pero que están totalmente ausentes en muchas áreas hispanohablantes (p. ej., *no sé qué tal les parezca; no sé si tenga sopa*). El desplazamiento del subjuntivo por el indicativo progresa de tal modo que ya pueden oírse enunciados como *me alegro de que habéis comido bien*, aunque en ocasiones el desplazamiento es más sutil, al producirse como resultado de la alternancia de dos construcciones: *si lo sé... /si lo hubiera sabido...* (Lapesa 1963).

Otros tres procesos de simplificación podrían incluirse entre los cambios gramaticales vivos. En primer lugar, la tendencia a construir oraciones de relativo con el pronombre *que* como único elemento de enlace, desprovisto de variantes y elementos adyacentes (Kock et al. 1992). Tal vez ello explique el desplazamiento del componente preposicional al final de la oración de relativo (p. ej., *el chico que tu amiga salió con él*) o, por supuesto, el galopante desplazamiento de *el cual* y de *cuyo/a* (p. ej., *un amigo suyo que se casaba su hija*) (Álvarez Martínez 1987–1988; Hett Chauvet 1998). Ligado a ello podría estar el uso de un *que* relativo con valor condicional: *los padres que trabajan los dos podrán dejar a sus hijos en la escuela*.

En segundo lugar, podría mencionarse la tendencia a prescindir del artículo determinado, frecuentemente en registros o contextos específicos. Así, una gestante debe *ir a monitores* y un enfermo puede *ir a paliativos*, los entrevistados *pasan a plató*, el dueño de un restaurante da órdenes *en cocina*, las autoridades del metro advierten de *no introducir el pie entre coche y andén*, los periodistas de España cubren las sedes *de PP y PSOE*, los narradores deportivos nos hablan de avances *por banda derecha*, de *sacar por línea de fondo* o *chutar con pierna izquierda*, y en las redes sociales se dice de algo que *es tendencia*. En tercer lugar, parecen avanzar, también muy lentamente, las construcciones con objetos directos nulos (p. ej., *Le he preguntado muchas veces si quiere venir. No le Ø pregunto más; Le explicas una vez la cuestión y Ø entiende enseguida*), sin que sea obligado recurrir al contacto de lenguas para explicarlas (Moreno Fernández 2019).

Finalmente, es obligado referirse a la tendencia a reducir los pares *oír-escuchar* y *ver-mirar* (Rodríguez Espiñeira 2000). La neutralización del primer par en favor de *escuchar* cuenta con una gran difusión por todo el espacio hispanohablante, incluidas las generaciones más jóvenes; pero el segundo par ha iniciado el mismo proceso, como se observa en este ejemplo recogido en los subtítulos en español de la película *Jojo Rabbit* (2019): "la gente se me quedará viendo". Y no se trata de un hápax. Análisis aparte merece la tendencia, con consecuencias aún insospechadas, a redactar textos y discursos breves o muy breves, sobre todo cuando se emiten por las redes sociales (McCulloch 2019; Benito Moreno 2021).

4.4 Indicidad

La vida social de las lenguas incluye su adaptación a contextos específicos, así como el surgimiento de valores contextualizados previamente desconocidos. Tal circunstancia afecta a muchos procesos de cambio, como puedan ser, en el nivel fónico, el debilitamiento de las consonantes en coda silábica o en posición intervocálica, o las variantes yeístas de cada comunidad específica (Moreno Fernández 2005^2); o, en el plano pragmático, la resignificación social de determinadas particularidades: las formas de tratamiento pronominales y nominales, por ejemplo, muestran un dinamismo en la práctica social contextualizada que evoluciona con las generaciones (Hummel et al. 2009).

Existen ámbitos comunicativos en los que las tendencias de cambio se hacen más evidentes, en buena medida por requerimientos sociolingüísticos. Uno es el que corresponde a los lenguajes profesionales, que exigen marcar distancias con la lengua general o permiten a los hablantes ofrecer una imagen profesional. El uso de neologismos y tecnicismos propios de la informática, la política o la economía prolifera en los medios de comunicación (Alvar Ezquerra 2003). También caben aquí expresiones que pueden ofrecer apariencia de profesionalidad, como el uso focalizador de la forma *tema*, con gran difusión: *en el tema trabajo, siempre soy serio* ('en cuanto al trabajo...') o *me dediqué un tiempo al tema modelo* ('... a trabajar como modelo').

Por otro lado, el coloquio, así como la comunicación entre jóvenes, son dos ámbitos donde los cambios lingüísticos proliferan de manera continua (Casado Velarde 1985). En relación con el coloquio, podría apuntarse el avance en España de la locución adverbial *para nada* (Alvar Ezquerra y Corpas Pastor 2001), también frecuente entre jóvenes, o de la expresión de valor superlativo *no, lo siguiente*: —*¿Es caro el abrigo?* —*No, lo siguiente*. En la lengua coloquial, también está progresando en España el uso de un esquema con *hacer* y un nombre propio con valor identificador de una acción conocida por la comunidad (Portolés 2018): *hacer un Pastora Vega* 'sufrir un ataque de miedo escénico'; *Beyoncé se ha hecho un Miley Cyrus* 'se ha cortado el cabello'. En relación con el lenguaje juvenil, puede comentarse la tendencia a utilizar rutinas coloquiales con final en *-i* (p. ej., *holi* 'hola'; *hasta nunqui* 'hasta nunca'), registrada en jóvenes de la generación Z (nacidos entre 1994 y 2003) de varios países hispanohablantes, generalmente en redes sociales. Estos ejemplos podrían multiplicarse exponencialmente si se atendiera a los usos coloquiales y juveniles de cada rincón hispanohablante.

Finalmente, las últimas décadas han puesto en primer plano dos tendencias sociales con repercusiones lingüísticas cuyas consecuencias, aunque parcialmente visibles en el presente, ofrecen incertidumbres hacia el futuro. Una de ellas es la "corrección política", que produce tanto innovaciones léxicas como desplazamientos semánticos. Así, hace décadas el adjetivo *retrasado* fue sustituido por *deficiente*; este a su vez por *discapacitado*; y este, más recientemente, por *diverso/a funcional*. Esto no quiere decir que haya desaparecido el empleo de los usos más antiguos: simplemente han sido desterrados del discurso público. Otro ejemplo es el intento de representar la diversidad sexual mediante una sigla que va modificando su forma a medida que se reclaman nuevas identidades sexuales: LG > LGB > LGBT > LGBTI > LGBTIQ > LGBTIQ+ (Rodríguez 2011). La otra tendencia, también de consecuencias difíciles de anticipar, es la inclusividad. El lenguaje inclusivo o incluyente está difundiendo, al menos en el discurso público de los grupos políticos, sindicales y profesionales un desdoblamiento casi sistemático de las formas masculinas y femeninas o la introducción de supuestos morfemas, como *-e* o *-x* (p. ej., *ministres, nosotres, todes, todxs*) (García Meseguer 1977; Zabalegui 2021). Las consecuencias sociolingüísticas de estos procesos en el ámbito de la comunidad, si es que las tienen, están por ver y analizar.

5. Conclusiones

En el estudio de los cambios vivos del español actual, de los procesos de variación y cambio en ebullición, es posible identificar tendencias motivadas en gran medida por fenómenos transversales como la globalización. Entre estas tendencias, las que más se acusan en el contexto contemporáneo, aunque no fueran desconocidas anteriormente, son las convergencias, las transferencias, las simplificaciones y los valores indexicalizados. En el mundo hispanohablante, por su extensión y diversidad, están siendo especialmente interesantes las convergencias interhispánicas, evidenciadas en distintos niveles, especialmente en el léxico. El conocimiento de los múltiples procesos que reflejan esas tendencias se hace complejo, ya que en cada territorio pueden adquirir formas y ritmos diferentes en su evolución. Muy frecuentemente los cambios se producen en un nivel público, en el eco de los medios de comunicación y las redes sociales, desde donde pueden verse fuertemente acelerados, aunque también abandonados. En otros casos, la evolución no es tan visible por afectar a los niveles de consciencia más bajos o a los componentes menos prestigiosos de la lengua.

El estudio de la variación y los cambios en curso debe recurrir a las herramientas analíticas que cada época pone al servicio de la investigación. En la actualidad, es impensable repetir una tarea similar a la realizada por Kany (1945 y 1960) sobre la semántica y la sintaxis hispanoamericanas. Hoy, los corpus lingüísticos, las técnicas dialectales y sociolingüísticas, la estadística y la informática ofrecen una ayuda imprescindible. Con todo, probablemente no se podrá conocer un avance metodológico más decidido hasta que la tecnología del aprendizaje automático (*machine learning*) no se aplique de un modo sistemático sobre grandes masas de datos lingüísticos. Será entonces cuando la ebullición de los cambios vivos se aprecie en toda su extensión e intensidad.

Nota

Agradezco a los revisores de este capítulo sus sugerencias, que he aceptado e integrado con gusto, y especialmente su espíritu constructivo.

Lecturas recomendadas

Álvarez de Miranda (2005) presenta la evolución del léxico español desde la Ilustración hasta el siglo XX, distinguiendo el léxico patrimonial, de los préstamos y de las nuevas creaciones internas.

Moreno Fernández (2005) presenta los principales cambios fonético-fonológicos del español actual en toda su geografía y teniendo en cuenta la incidencia de factores de naturaleza socioestilística.

Narbona (2005) presenta las tendencias de cambio más interesante en el ámbito de las divergencias morfológicas y de la sintaxis desde una interpretación general de la variación y el cambio gramaticales.

Referencias citadas

Alba, O. 2014. *Observación del cambio lingüístico en tiempo real: el nuevo léxico disponible de los dominicanos*. Books. 8. https://scholarsarchive.byu.edu/books/8

Alvar Ezquerra, M. 2003. *Nuevo diccionario de voces de uso actual*. Madrid: Arco/Libros.

Alvar Ezquerra, M. y G. Corpas Pastor. 2001. "Usos y valores de *para nada* en un corpus de español peninsular actual". En *Gramática española: enseñanza e investigación*, dir. J. de Kock, 229–243. Salamanca: Universidad de Salamanca.

Álvarez de Miranda, P. 2005. "El léxico español, desde el siglo XVIII hasta hoy". En *Historia de la lengua española*, coord. R. Cano Aguilar. 2.ª ed., 1039–1064. Barcelona: Ariel.

Álvarez Martínez, M. Á. 1987-1988. "Los pronombres *el cual* y *cuyo*: dos relativos en desuso". *Revista de Filología. Universidad de La Laguna* 6–7: 79–92.

Andersen, H. 1973. "Abductive and Deductive Change". *Language* 40: 765–793.

Baker, P. 2010. *Sociolinguistics and Corpus Linguistics*. Edinburgo: Edinburgh University Press.

Benito Moreno, C. de 2021 "The Spanish of the Internet": Is That a Thing? Discursive and Morphosyntactic Innovations in Computer Mediated Communication". En *English and Spanish in Interaction*, eds. D. Pérez, M. Hundt, J. Kabatek y D. Schreier, 258–286. Cambridge: Cambridge University Press.

Bosque, I. 2012. "Sexismo lingüístico y visibilidad de la mujer". *El País*, 4 de marzo. https://elpais.com/cultura/2012/03/02/actualidad/1330717685_771121.html

Brasdefer, J. C. F. 2019. *Pragmática del español: contexto, uso y variación*. Londres: Routledge.

Briz, A. 2023. "Tres hipótesis explicativas del cambio dialectal: el caso del habla de la comarca de Requena-Utiel". En *Studia Philologica in honorem José Antonio Samper*, 173–184. Madrid-Arco Libros-Academia Canaria de la Lengua.

Casado Velarde, M. 1985. *Tendencias en el léxico español actual*. Madrid: Coloquio.

Chomsky, N. 1976. *Reflections on Language*. Londres: Temple Smith.

Coseriu, E. 1982. *Sentido y tareas de la dialectología*. México: UNAM.

Fernández Sevilla, J. 1982. *Neología y neologismo en español contemporáneo*. Granada: Universidad de Granada y Editorial Don Quijote.

García Meseguer, Á. 1977. *Lenguaje y discriminación sexual*. Madrid: Cuadernos para el Diálogo.

Gómez, R. e I. Molina. 2013. *Variación yeísta en el mundo hispánico*. Madrid Fráncfort: Iberoamericana y Vervuert.

Gonçalves, B. y D. Sánchez. 2014. "Crowd-sourcing Dialect Characterization Through Twitter". *PLoS ONE* 9 (11): e112074.

Grice, P. H. 1989 [1975]. "Logic and Conversation". En *Studies in the Way of Words*, ed. P. H. Grice, 22–40. Cambridge, MA: Harvard University Press.

Hernández-Campoy, J. y J. C. Conde-Silvestre. 2014. *The Handbook of Historical Linguistics*. Oxford: Willey Blackwell.

Hett Chauvet, D. 1998. "Diferentes estrategias para evitar el empleo del pronombre *cuyo* en el español de México". *Morphé* 15–16: 117–126.

Hummel, M., B. Kluge y M. E. Vázquez Laslop, eds. 2009. *Formas y fórmulas de tratamiento en el mundo hispánico*. México, DF: El Colegio de México y Karl-Franzens-Universität Graz

Kany, Ch. E. 1945. *American-Spanish Syntax*. Chicago: University of Chicago Press.

Kany, Ch. E. 1960. *American-Spanish Semantics*. Los Angeles y Berkeley: University of California Press.

Keller, R. 1994. *On Language Change: The Invisible Hand in Language*. Londres: Routledge.

Kerswill, P. 1996. "Children, Adolescents, and Language Change". *Language Variation and Change* 8: 177–202.

Klee, C. A. y A. Lynch. 2009. *El español en contacto con otras lenguas*. Washington, DC: Georgetown University Press.

Kock, J. de, C. Gómez Molina y R. Verdonk. 1992. *Gramática española. Enseñanza e investigación, II. Gramática. 5. Los pronombres relativos y demostrativos*. Salamanca: Universidad de Salamanca.

Labov, W. 1972. *Sociolinguistic Patterns*. Filadelfia: University of Pennsylvania Press.
Labov, W. 2001. *Principles of Linguistic Change. 2 Social Factors*. Oxford: Wiley-Blackwell.
Lapesa, R. 1963. "La lengua desde hace cuarenta años". *Revista de Occidente* 8–9: 193–208.
Lastra, Y. y P. Martín Butragueño. 2012. "Aproximación al uso del modo subjuntivo en el corpus sociolingüístico del español de México". *Boletín de Filología* 47: 101–131.
Lightfoot, D. 1991. *How to Set Parameters: Arguments from Language Change*. Cambridge, MA: The MIT Press.
Link, K. 2019. *Variation im Städtischen Raum. Eine soziolinguistische Untersuchung zur intraurbanen Koexistenz von "ʒeísmo" und "ʃeísmo" in Buenos Aires*. Berlín: De Gruyter.
Lope Blanch, J. M. 1968. "El supuesto arcaísmo del español americano". *Anuario de Letras* 8: 85–110.
Lope Blanch, J. M. 1999–2000. "De nuevo sobre arcaísmos". *Cauce* 22–23: 489–493.
López Morales, H. 1983. *Estratificación social del español de San Juan de Puerto Rico*. México: UNAM.
Lorenzo, E. 1966. *El español de hoy, lengua en ebullición*. Madrid: Gredos.
McCulloch, G. 2019. *Because Internet. Understanding the New Rules of Language*. Nueva York: Riverhead Books.
Milroy, J. y L. Milroy. 1985. *Authority in Language. Investigating Standard English*. Londres: Routledge.
Moreno de Alba, J. G. 2003. *Estudios sobre los tiempos verbales*. México: UNAM.
Moreno Fernández, F. 2005. "Cambios vivos en el plano fónico del español: variación dialectal y sociolingüística". En *Historia de la lengua española*, coord. R. Cano Aguilar. 2.ª ed., 973–1010. Barcelona: Ariel.
Moreno Fernández, F. 2016. "La búsqueda de un español global". *VII Congreso Internacional de la Lengua Española*. Instituto Cervantes y Real Academia Española. http://congresosdelalengua.es/puertorico/ponencias/seccion_5/ponencias_seccion5/moreno-francisco.htm
Moreno Fernández, F. 2019. "Macro-regional Sociolinguistics: Uses and Preferences on Null Direct Objects in Spanish". *Journal of Linguistic Geography* 7: 46–60.
Narbona, A. 2001. "Movimientos centrífugos y centrípetos en la (s) norma(s) del español". En *II Congreso Internacional de la lengua española*. www.cvc.cervantes.es/obref/congresos/valladolid/ponencias/unidad_diversidad_del_espanol/1_la_norma_hispanica/narbona_a.htm
Narbona, A. 2005. "Cambios y tendencias gramaticales en el español moderno". En *Historia de la lengua española*, coord. R. Cano Aguilar. 2.ª ed., 1011–1036. Barcelona: Ariel.
Otheguy, R. y A. C. Zentella. 2010. *Spanish in New York*. Oxford: Oxford University Press.
Portolés, J. 2018. "Nombre y propialidad". *Rilce Revista de Filología Hispánica* 34: 746–766.
Repede, D. 2017. "El uso de las formas pronominales átonas de 3.ª persona en el corpus Preseea-Sevilla". *Borealis: An International Journal of Hispanic Linguistics* 6: 200–221.
Rodríguez, F. 2011. *Diccionario del sexo y el erotismo*. Madrid: Alianza.
Rodríguez Espiñeira, M. J. 2000. "Percepción directa e indirecta en español. Diferencias semánticas y formales". *Verba* 27: 33–85.
Romaine, S. 1982. *Socio-Historical Linguistics*. Cambridge: Cambridge University Press.
Sankoff, G. 2019. "Language change across the life-span: three trajectory types", *Language*, 95(2): 197–229.
Sanou, R. M. 2018. "Anglicismos y redes sociales". *Cuadernos de la ALFAL* 10: 176–191.
Santana, J. 2017. "Variación de las realizaciones de /θs/ en el sociolecto bajo de la ciudad de Sevilla: datos de PRESEEA-SE". *Linred* 15. www.linred.es/monograficos_pdf/LR-monografico15-articulo2.pdf
Serrano Morales, J. C. 2014. *Procesos sociolingüísticos en español de la ciudad de México. Estudio en tiempo real*. México: El Colegio de México.
Sterck, G. de. 2000. "Registros y áreas geográficas en lingüística. Valores y usos de las formas verbales -ra, -se, -ría y -re". En *Gramática española. Enseñanza e investigación*, dir. J. de Kock. Salamanca: Universidad de Salamanca.
Tagliamonte, S. 2002. "Comparative Sociolinguistics". En *The Handbook of Language, Variation and Change*, eds. J. K. Chambers, P. Trudgill y N. Schilling-Estes, 729–763. Oxford: Blackwell.
Thomason, S. G. y T. Kaufman. 1988. *Language Contact, Creolization, and Genetic Linguistics*. Berkeley, Los Ángeles y Oxford: University of California Press.
Trudgill, P. 2011. *Sociolinguistics and Typology*. Oxford: Oxford University Press.
Ueda, H. y A. Ruiz Tinoco. 2007. "Investigaciones sobre la variación léxica del español: proyectos y resultados de 1992 a 2007". *VARILEX* 15: 1–19.
Uruburu, A. 1993. *Estudios sobre leísmo, laísmo y loísmo. (Sobre el funcionamiento de los pronombres personales átonos o afijos no reflejos de 3.ª persona, o de 2.ª persona)*. Córdoba: Universidad de Córdoba.
Villena, J. A. 1997. "Convergencia y divergencia dialectal en el continuo sociolingüístico andaluz: datos del vernáculo urbano malagueño". *Lingüística Española Actual* 19: 83–125.

Villena, J. A. 2001. *La continuidad del cambio lingüístico*. Granada: Universidad de Granada.
Villena, J. A. 2012. "Patrones sociolingüísticos del español de Andalucía". En *Estudios sobre el español de Málaga. Pronunciación, vocabulario y sintaxis*, eds. J. A. Villena y A. Ávila, 27–66. Málaga: Sarriá.
Weinreich, U., W. Labov y M. Herzog. 1968. "Empirical Foundations for a Theory of Linguistic Change". En *Directions for Historical Linguistics*, eds. W. Lehman y Y. Malkiel, 95–195. Austin: University of Texas Press.
Woods, M. y S. Rivera-Mills. 2012. "Transnacionalismo voseante: salvadoreños y hondureños en los Estados Unidos". *Lengua y Migración/Language and Migration* 1: 97–111.
Zabalegui, M. 2021. *Inclusivo. Un lenguaje hacia la(s) equidad(es)*. Buenos Aires: Autores de Argentina.

42.1
Historia de los contactos entre el español y otras lenguas de la península ibérica. Contactos entre el español y el vasco
(History of the contacts between Spanish and the other languages of the Iberian Peninsula. Spanish and Basque contacts)

Bruno Camus Bergareche y Sara Gómez Seibane

1. Introducción

Abordamos el contacto entre español y vasco desde la consideración de su resultado principal: la variedad de español de contacto que denominamos castellano del País Vasco (en adelante, CPV). Situamos esta tarea en el contexto de su constitución, desarrollo y relaciones con otras variedades de español en territorio vasco. Atendemos a la evolución del conocimiento sobre las relaciones español-vasco y a la progresiva ampliación de perspectivas e intereses. Describimos los rasgos más prominentes del CPV a partir de su definición como producto del contacto intenso y de larga duración con el euskera. Finalmente, sugerimos futuras investigaciones desde la consideración de las dinámicas sociolingüísticas presentes hoy en la sociedad vasca.

Palabras clave: dialectología; contacto lingüístico; castellano del País Vasco; convergencia lingüística; euskera

This chapter deals with Spanish and Basque linguistic contact from the perspective of the emergence of a new variety known as Basque Country Spanish. It will present its constitution, development and relations with other Spanish varieties. This chapter will next describe its most prominent features that reflect the long-lasting contact with Basque. Finally, it considers future research challenges in the context of the sociolinguistic dynamics of today's Basque society.

Keywords: dialectology; linguistic contact; Basque Country Spanish; linguistic convergence; Basque language

2. Consecuencias del contacto vascorrománico: el castellano del País Vasco

La conformación actual del CPV está ligada a las reformas educativas de la Restauración canovista del último tercio del siglo XIX, que extendieron el conocimiento del español en territorios bilingües. Esta castellanización se produjo entre la población vascoparlante mediante el refuerzo crucial del acceso a la escritura en todo el territorio y aceleró el desplazamiento social y geográfico de la lengua vasca, en marcha ya en áreas fronterizas con el español desde época medieval. El resultado será la fijación de esta variedad y su nativización en generaciones sucesivas (Gómez Seibane 2019).

Antes del siglo XIX en la zona vasca había una masa popular monolingüe en euskera y una élite bilingüe, con un reparto diglósico con el español como lengua de cultura y de poder. El acceso a esta lengua era rudimentario para la mayoría de la población, lo que resultó en el desarrollo de un *castellano aprendido*, próximo a lo que la lingüística aplicada denomina "interlengua". Sirvió como caracterización de personajes literarios: el vizcaíno del Siglo de Oro y el aldeano del costumbrismo decimonónico. En las zonas de la frontera cántabro-burgalesa y navarro-riojana, por el contrario, el romance era la lengua autóctona bajo la forma de distintas modalidades bien integradas en el continuo románico, *romance patrimonial*, por tanto (Camus Bergareche y Gómez Seibane 2012, 4). El aprendizaje, dominio y nativización final del español en las áreas interiores vascoparlantes dio lugar al nacimiento de una nueva variedad dialectal de castellano, el CPV, cuyos rasgos presentan caminos de evolución semejantes a los procesos de gramaticalización (cap. 9): expansión unidireccional de una forma o estructura, aumento de su frecuencia de uso, ampliación de sus contextos de distribución y aparición de nuevos valores más generales y abstractos. Estos cambios, documentados ya en cartas de la primera mitad del siglo XIX (Camus Bergareche y Gómez Seibane 2020), se explican desde la *convergencia* lingüística: se trata de la replicación de patrones, esto es, cambios en una forma o estructura de la lengua meta inspirados por otras de la lengua fuente y desencadenados por las necesidades comunicativas de los bilingües (Matras 2009). Suponen, así, innovaciones en el significado y en la distribución de los patrones originales afines a las que se dan en las gramaticalizaciones.

3. El estudio de las relaciones entre español y vasco: del sustrato prerromano a la lingüística de contacto

En los trabajos iniciales sobre la historia del español recibe especial atención el papel del vasco en el desarrollo de los rasgos del castellano de la época de orígenes y Alta Edad Media. Prueba de su estrecha relación es la presencia en la documentación temprana de San Millán tanto de glosas romances como de dos glosas vascas. Estas se explican por la repoblación vasca de los valles de los ríos Tirón (Burgos) y Oja (La Rioja). Menéndez Pidal y los filólogos de principios del siglo XX se centraron en los préstamos léxicos del vasco y en una posible explicación, desde esta lengua, de especificidades fonéticas castellanas tales como el betacismo, la aspiración de /f/ inicial o el sistema vocálico. Sobrevolando todo esto está, además, la pretendida conexión del vasco con la lengua ibérica y, por tanto, la presencia en español de elementos de este sustrato prerromano vasco-ibérico (Echenique Elizondo 2005, 63–68).

A lo largo del último tercio del siglo XX las investigaciones de Ciérbide, Echenique, González Ollé, Líbano o Saralegui, entre otros, sobre cartularios y documentación administrativa cántabra, burgalesa, riojana y navarra, y también vizcaína y alavesa, dan pie a avances importantes en el conocimiento de la naturaleza de los contactos medievales entre vasco y romance (Gómez Seibane y Ramírez Luengo 2007, 223–224). Estos trabajos permiten asegurar la continuidad entre el español actual de las Encartaciones, cuadrillas alavesas de Ayala, Añana y Laguardia y comarcas ribereñas del Ebro en general, y el latín resultado de la romanización de estos territorios. Son hablas romances patrimoniales en territorios donde la presencia romana fue intensa, continua y duradera, como testimonian los restos arqueológicos y epigráficos latinos y la toponimia romance mayoritaria. En su forma antigua resultan coincidentes con las hablas vecinas castellanas, riojanas o navarro-aragonesas, con rasgos que todavía se pueden rastrear en las modalidades actuales (Saralegui 2006). Durante la Baja Edad Media los territorios colindantes al este y norte de esta área vasca de romance patrimonial debieron constituir zonas de contacto vascorrománico y bilingüismo intenso, especialmente en poblaciones mayores, como Vitoria (Echevarría Isusquiza 2012).

Más problemática es la presencia de romance en lo que todavía hoy son áreas vascoparlantes (Guipúzcoa, Vizcaya central y oriental y Navarra septentrional). La sugerencia de Echenique (1986, 160) acerca de una eventual continuidad entre focos latinos antiguos y el castellano actual de esta zona fue contestada, entre otros, por Gorrochategui (1999, 22), para quien es difícil constatar la existencia medieval de romance nativizado en el País Vasco interior. De todos modos, está bien documentado durante la Baja Edad Media el uso del castellano (y gascón en San Sebastián o Navarra), especialmente como lengua escrita, entre eclesiásticos, clases altas y, sobre todo, altos funcionarios letrados, notarios y escribanos (Camus Bergareche y Gómez Seibane 2012, 3–7).

Desde finales del siglo XV el desplazamiento y sustitución del euskera por el castellano se irá verificando definitivamente en el oeste y centro de Álava y la zona media de Navarra. El principal agente del proceso es el contacto oral con la población monolingüe castellanoparlante vecina, que aumenta progresivamente. El español que acabará nativizándose en estas áreas no es, por tanto, resultado de la evolución *in situ* de la lengua de una población latinizada, como ocurre con las modalidades de romance patrimonialantes mencionadas .

La situación del castellano en Vizcaya y Guipúzcoa entre los siglos XVI y XVIII se refleja en la documentación publicada por Isasi y sus colaboradores en los últimos veinticinco años (Gómez Seibane y Ramírez Luengo 2007, 225). Son ejemplos de literatura jurídica y cartas redactadas por escribanos y élites civiles y eclesiásticas alfabetizadas, cada vez más numerosas, que aprenden mediante una educación formal más o menos eficaz. Son estos los principales usuarios del español, pues la inmensa mayoría de la población vascoparlante no tiene acceso a la escritura ni, por tanto, al castellano. Con todo, son conocidos los casos de individuos de esta procedencia (emigrantes a América, criados y sirvientes de la nobleza letrada o habitantes de ciudades como Bilbao) capaces de comunicarse en español con cierta destreza. Representantes del tópico clásico del habla de vizcaínos, tienen un *castellano aprendido* que, en los casos de menor dominio, se acerca a una interlengua.

Los documentos privados del siglo XIX muestran el progreso de la castellanización del País Vasco interior y la consolidación del español importado (CPV) y de buena parte de sus rasgos definitorios. El instrumento crucial de este proceso será la extensión de la enseñanza y la alfabetización en español, primero en las ciudades y áreas urbanas y, ya en pleno siglo XX, también en áreas rurales. El estudio de esta modalidad, tras la labor lexicográfica de mediados del siglo

XX de Baráibar, López de Guereñu o Iribarren, se ha centrado en este siglo en el resto de sus características, sobre todo las sintácticas. Como modalidad reciente condicionada por el contacto, puede considerarse junto a otras variedades españolas de contacto europeas y americanas.

4. Los rasgos del castellano del País Vasco en la actualidad

El CPV en la actualidad resulta reconocible en buena medida por sus rasgos sintácticos. Atenderemos, por tanto, en primer lugar, a algunos de ellos, para recordar brevemente a continuación algunos rasgos fonéticos y léxicos.

Una de las características más sobresalientes es el funcionamiento de los pronombres clíticos (Camus Bergareche y Gómez Seibane 2012, 12–14), con leísmo de referencia animada masculino y femenino (1) y omisión del pronombre acusativo de referencia inanimada (2).

(1) a   A la madrugada *les* tienes todavía sin venir a casa [a los jóvenes].
    b   A mí me gustaban mucho las ovejas, por eso *les* tengo todavía. (ambos *apud* Fernández-Ordóñez 1999, 1350).

(2)   No sé si me habéis visto *el gorro*, ya me Ø habéis visto, ¿no? (*apud* Camus Bergareche y Gómez Seibane 2015, 221).

Paralelamente, hay un fenómeno contrario a la omisión: la duplicación de objetos directos, o coaparición en la misma oración del clítico y el sintagma en posición canónica de objeto (Gómez Seibane 2017, 148).

(3)   Había una peregrinación a Roma, y fuimos a ver*le al Papa*.

La duplicación es más habitual en CPV que en otras variedades del español: 1 de cada 13 casos, frente a 1 de cada 70 en el centro y 1 de cada 98 en el sur peninsular. En CPV sucede mayoritariamente con referentes humanos (3); en el centro y sur, en cambio, con referentes inanimados (4–5).

(4)   Cogía *las botellas esas* y las escondía debajo la cama. Y como éramos cuatro o cinco de servicio, pos nos hacíamos unas perrerías, se *las* quitábamos *las botellas*.
(5)   Sacabas *la carne* y eso, y *la* ponías *la carne* con el tocino (*apud* Gómez Seibane 2017, 149–150).

El leísmo se ha explicado por el contacto entre bilingües vascorromances y hablantes de asturiano y variedades cántabras (Fernández-Ordóñez 2001). Constituye un ordenamiento pronominal basado en la animación del referente, con independencia de caso y de género, morfema no relevante en la lengua vasca. Por otro lado, la omisión se desencadena por la incorporación morfológica de los argumentos del verbo en el propio auxiliar verbal y la ausencia de pronombres en lengua vasca. Ello redunda en una disminución de las restricciones sobre la ausencia del pronombre en el CPV, que puede omitirse más allá de referentes indefinidos e inespecíficos. Por último, la duplicación permite marcar la animación, rasgo prominente en ambas lenguas. A partir de la relativa extensión de la duplicación con objetos indirectos, prototípicamente humanos o animados, esta estructura se reutiliza para la marcación de objetos directos con referentes de alto grado de animación.

En cuanto al orden de palabras, el CPV muestra mayor frecuencia de OV, con el objeto asociado, además, a información nueva (6), lo que no corresponde siempre con el español general, donde el objeto adelantado es el tema o introduce temas nuevos; este orden OV, de nuevo favorecido por la animación y la accesibilidad del objeto, parece emular la posición preverbal del foco en vasco (7a), frente al orden SVO del español con foco posverbal (7b) en las interacciones neutras (Gómez Seibane 2021).

(6) *Otra cosa* tenía pensado, pero ahora no me acuerdo (*apud* Gómez Seibane 2012, 131).
(7) a Jonek   ama _{FOC}   ikusi   zuen. (SOV)
        Jon.ERG   madre.ABS   ver   AUX
        "Jon vio a su madre".
     b Jon vio [a su madre _{FOC}] (SVO)

Por otro lado, en el CPV la perífrasis *soler* + infinitivo y expresiones como *ya* o *o así* (también *y así*) adoptan usos modalizados que se pueden relacionar con fenómenos presentes en euskera. Efectivamente, *soler* + infinitivo se usa en contextos extraños en otras variedades, p. ej., con tiempos compuestos (8a) o verbos de estado que atribuyen rasgos esenciales (8b), modalizando afirmaciones cuya veracidad el hablante no quiere o puede garantizar. A este valor ampliado contribuye quizás la partícula vasca *ohi*, prefijo preverbal con interpretaciones que incluyen la habitualidad, pero también otros contenidos modalizadores.

(8) a Muchos ejecutivos me *han solido comentar* que esa txistorra es el mejor bocado.
     b Iñaki Alonso no *suele tener* pelos en la lengua (ambos *apud* Camus Bergareche 2012, 219–221).

Más allá del valor temporal, *ya* se usa en CPV, en posición preverbal y con una gran variedad de verbos, como marcador de la modalidad afirmativa de la oración.

(9) Soy nuevo en el foro [...] aunque *ya* he solido meterme aquí (*apud* Camus Bergareche y Gómez Seibane 2018, 27).

En español general, *o (algo) así* señala imprecisión del contenido previo y se usa como estrategia de atenuación para lograr acuerdo y/o aceptación (Gómez Seibane 2018a). Generalmente, desdibuja una referencia temporal o geográfica (*llegaréis* {*a las nueve y media/hasta Badajoz*} *o así*). Pero en CPV *o así* puede atenuar también la fuerza ilocutiva del acto de habla, rebajando el compromiso epistémico del hablante (10). El modelo para este uso pudiera ser la conjunción del euskera *edo(ta)*, que en posición final de enunciado puede expresar inferencias atenuadas o debilitadas. En la misma línea se explica la modalización de *y así* en CPV (Gómez Seibane 2018b).

(10) Subimos a Salamanca, estuvimos dos o tres días en Salamanca y luego ya vinimos para aquí. Cuando toca un viaje largo *o así*, solemos repartir y en vez de ir una semana vamos diez doce días y vas conociendo los sitios (Gómez Seibane 2018a, 97).

Respecto a la fonética, aunque las diferencias etarias y de instrucción resultan relevantes, la prosodia del CPV de vascófonos tiene una fuerte impronta del vasco. La de los castellanoparlantes resulta también característica, pero menos marcada. El alineamiento tonal en las sílabas acentuadas distingue el CPV de Bilbao del de Vitoria y, sobre todo, del castellano de Madrid (Elordieta Alcibar e Irurtzun Sviaguincheva 2012). También característica es la articulación de las vibrantes: los hablantes con mayor exposición al euskera muestran mayor porcentaje de vibración en coda silábica (*barco*) y entre consonante obstruyente y vocal (*freno*) (Merino Villar 2012).

Finalmente, parte del vocabulario específico del CPV son vasquismos de uso corriente entre monolingües en vasco (Camus Bergareche 2011): *amaiquetaco* "almuerzo", *chalo* "aplauso", *chanda* "turno", *chocholo* "atontado", *potolo/pocholo* "regordete". Su integración puede conllevar sufijación románica, como *gesurtero* "mentiroso" (*gezur* "mentira") o *txarranada* "jugada fea, marranada" (*txerri/txarri* "cerdo"). Hay también calcos semánticos, como *esquina* "borde de un recipiente o plato" (*ertz* "borde, esquina") o las expresiones con *andar* (*andar triste* por *estar triste*) paralelas a los usos del vasco *ibili* "andar". Además, hay términos de origen románico compartidos con variedades vecinas: *alubia* "judía", *galipot* "alquitrán", *limaco* "babosa", *vaina* "judía verde", *aguachirri* "aguachirle", *campa* "pradera", *verdel* "caballa", etc.

5. Perspectivas futuras

Aunque en el último decenio se ha avanzado en la descripción interna del CPV, sigue siendo necesario disponer de una buena base de datos o corpus que reúna materiales orales representativos de su considerable variación social, geográfica y estilística.

Asimismo, un aspecto interesante respecto a la descripción de sus rasgos sintácticos es su consideración en el marco más general del estudio de otras variedades de español de contacto, de modo que sea posible establecer relaciones con variedades americanas, p. ej., las andinas, con coincidencias interesantes en áreas como los clíticos, los marcadores del discurso (*pues*) y los mecanismos atenuadores (*ya*, *o así*, *y así*). Ello será útil para el mejor conocimiento de los mecanismos de desarrollo de pautas lingüísticas y gramaticalización en situaciones de contacto intenso de lenguas.

Otro terreno de investigación particularmente prometedor tiene que ver con la sociolingüística del español hablado en el País Vasco. Incluimos aquí parcelas como el estudio de la variación interna en CPV y su evolución actual en el contexto de una creciente presión normativa de las formas estándar de español y vasco a través de la enseñanza reglada, medios de comunicación y redes sociales. Resultaría, así, del máximo interés el estudio de las actitudes lingüísticas, sobre todo entre jóvenes, mayoritariamente bilingües ya, frente al español local y sus características léxicas y sintácticas. Asimismo, conviene estudiar los contextos sociales de uso de euskera y español entre los jóvenes y la extensión y características del cambio de código (*code-switching*), abundantemente documentado (Ibarra Murillo 2012, 60–61).

En una perspectiva diacrónica, todavía falta un mayor conocimiento de bastantes aspectos relativos a la situación lingüística en territorio vasco durante la Edad Media, especialmente en las áreas vascoparlantes de Vizcaya y Guipúzcoa. Convendría avanzar en la investigación sobre el grado y mecanismos de acceso al castellano de la población local y conocer mejor la sociolingüística de las áreas donde el bilingüismo pudo haber sido habitual, como el sur de Álava y Vitoria o las villas y ciudades de la Navarra media con pobladores francos, en especial Pamplona. Sabemos también poco de la castellanización de Vitoria a lo largo del siglo XVIII o de la presencia creciente del castellano en la margen izquierda de la ría de Bilbao y en la propia capital vizcaína desde el siglo XV, información ciertamente relevante en esta historia del contacto vascorrománico.

Por último, es importante seguir recuperando y estudiando la documentación del siglo XVI en adelante en todos los territorios, al modo de lo apuntado en Camus Bergareche y Gómez Seibane (2020), sobre todo la privada de carácter más informal, especialmente iluminadora de los usos lingüísticos de los siglos XVIII-XIX. De gran interés sería conocer cómo funcionaba entre las clases altas, clero y escribanos el aprendizaje del castellano, qué grado de transmisión espontánea existía en estos sectores de la población y qué uso hacían de esta lengua: contextos, situaciones o grado de conocimiento.

Son, en fin, muchas cuestiones que dejan delimitado y bien abierto a la exploración futura el estudio de las relaciones entre la lengua vasca y el español. Es de desear que los próximos años permitan ir colmando las lagunas y, con ello, se vayan respondiendo las numerosas preguntas de investigación de este campo de estudio.

Lecturas complementarias

Camus Bergareche y Gómez Seibane (2012) es la primera monografía sobre el castellano hablado en zona vasca y su historia. Los editores proponen la triple distinción entre *castellano aprendido*, *dialectal* y CPV, describiendo su formación, características, cronología y tipología de hablantes. En sus cuatro secciones (bilingüismo y contacto, léxico, fonética y sintaxis), distintos especialistas revisan con datos modernos fenómenos ya estudiados (la distribución de la vibrante múltiple, la omisión y duplicación de objetos, el uso del condicional por el subjuntivo, etc.) y otros menos conocidos (la entonación, el yeísmo o la modalización). Incluye una amplia bibliografía.

Echenique Elizondo (2005) ofrece un completo estado de la cuestión acerca de la historia de los contactos vascorrománicos en la Península desde época prerromana, con atención especial a la Edad Media y Moderna. Su autora es la principal responsable del cambio de perspectiva en esta área de estudio desde los últimos años del siglo XX. Atiende a la influencia sustratística en español del vasco, y no falta la mención a la presencia vasca en América.

La investigación de Isasi (2006) sobre las características gráfico-fonéticas y léxicas de los textos notariales vizcaínos tardomedievales supuso un notable avance en el conocimiento del castellano de zona vasca. En este trabajo se reivindica la importancia de los fenómenos gráfico-fonéticos documentados con independencia de su frecuencia de aparición y se revisan distintos fenómenos pronominales y verbales para relacionarlos en lo posible con fenómenos idénticos en áreas próximas.

Bibliografía citada

Camus Bergareche, B. 2011. "El castellano de San Sebastián: desarrollo y caracterización". *Oihenart* 26: 59–101.

Camus Bergareche, B. y S. Gómez Seibane, eds. 2012. *El castellano del País Vasco*. Bilbao: Universidad del País Vasco/Euskal Herriko Unibertsitatea.

Camus Bergareche, B. y S. Gómez Seibane. 2015. "Nuevos datos acerca de la omisión de objetos en el castellano del País Vasco". *Círculo de Lingüística Aplicada a la Comunicación* 61: 211–236.

Camus Bergareche, B. y S. Gómez Seibane. 2018. "Modalización por contacto en el castellano del País Vasco". *Revista Internacional de Lingüística Iberoamericana* 32: 21–33.

Camus Bergareche, B. y S. Gómez Seibane. 2020. "Lenguas y sociolingüística en el interior del País Vasco en el siglo XIX: testimonios del Archivo Zavala". En *Fontes Linguae Vasconum 50 urte*, eds. E. Santazilia, D. Krajewska, E. Zuloaga y B. Ariztimuño, 164–175. Pamplona: Gobierno de Navarra.

Echenique Elizondo, M.ª T. 1986. "El romance en territorio euskaldun". En *Lengua y literatura románica en torno al Pirineo*, ed. R. Ciérbide, 153–169. Bilbao: Universidad del País Vasco/Euskal Herriko Unibertsitatea.

Echenique Elizondo, Mª T. 2005. "La lengua vasca en la historia lingüística hispánica". En *Historia de la Lengua Española*, ed. R. Cano. 2ª ed., 59–82. Barcelona: Ariel.

Echevarría Isusquiza, I. 2012. "Del castellano y la toponimia del País Vasco". En *El castellano del País Vasco*, eds. B. Camus y S. Gómez Seibane, 87–116. Bilbao: Universidad del País Vasco/Euskal Herriko Unibertsitatea.

Elordieta Alcibar, G. y A. Irurtzun Sviaguincheva. 2012. "Estudio comparativo de alineamiento tonal en el castellano de Bilbao". En *El castellano del País Vasco*, eds. B. Camus y S. Gómez Seibane, 119–137. Bilbao: Universidad del País Vasco/Euskal Herriko Unibertsitatea.

Fernández-Ordóñez, I. 1999. "Leísmo, laísmo y loísmo". En *Gramática descriptiva de la lengua española*, eds. I. Bosque y V. Demonte, vol. 1, 1317–1397. Madrid: Espasa Calpe.

Fernández-Ordóñez, I. 2001. "Hacia una dialectología histórica. Reflexiones sobre la historia del leísmo, el laísmo y el loísmo". *En Boletín de la Real Academia Española* 81: 389–464.

Gómez Seibane, S. 2012. "Contacto de lenguas y orden de palabras: OV/VO en el español del País Vasco". *Lingüística Española Actual (LEA)* 34: 115–136.

Gómez Seibane, S. 2017. "Español en contacto con la lengua vasca: datos sobre la duplicación de objetos directos posverbales". En *Variación y cambio lingüístico en situaciones de contacto*, ed. A. Palacios, 143–159. Madrid y Fráncfort: Iberoamericana Vervuert.

Gómez Seibane, S. 2018a. "Variación interdialectal de *o así*: de la atenuación de lo dicho a la atenuación del decir". *Lingüística Española Actual* 40: 87–110.

Gómez Seibane, S. 2018b. "Gramaticalización, modalización y contacto: *y así* en dos variedades de español". *Círculo de Lingüística Aplicada a la Comunicación* 75: 137–154.

Gómez Seibane, S. 2019. "El peso de la norma lingüística en la configuración del castellano del País Vasco: una mirada al siglo XIX". En *La configuración histórica de las normas del castellano*, eds. E. Bustos Gisbert y J. Sánchez Méndez, 249–267. Valencia: Tirant lo Blanch.

Gómez Seibane, S. 2021. "Leísmo y duplicación de objeto directo en tres variedades de español peninsular". En *Variedades del español en contacto con otras lenguas: metodologías, protocolos y modelos de análisis*, eds. É. Blestel y A. Palacios, 97–114. Berna: Peter Lang.

Gómez Seibane, S. y J. L. Ramírez Luengo. 2007. "La historia del castellano en el País Vasco: recuento bibliográfico, trabajos desarrollados, perspectivas de futuro". *Revista Internacional de Lingüística Iberorrománica* 10: 221–240.

Gorrochategui, J. 1999. "La romanización del País Vasco: Aspectos lingüísticos". En *Antiqua. VI Jornadas sobre la Antigüedad*, eds. J. Arce, J. Gorrochategui y M.ª M. Urteaga, 10–23. San Sebastián: Diputación Foral de Guipúzcoa.

Ibarra Murillo, O. 2012. "Rasgos del habla actual de jóvenes bilingües". En *El castellano del País Vasco*, eds. B. Camus y S. Gómez Seibane, 45–62. Bilbao: Universidad del País Vasco/Euskal Herriko Unibertsitatea.

Matras, Y. 2009. *Language Contact*. Cambridge: Cambridge University Press.

Merino Villar, J. A. 2012. "La vibrante en el español del País Vasco: un estudio en el español hablado en Bizkaia". En *El castellano del País Vasco*, eds. B. Camus y S. Gómez Seibane, 155–172. Bilbao: Universidad del País Vasco/Euskal Herriko Unibertsitatea.

Saralegui, C. 2006. "Notas para la identificación de dos tipos de romance en Navarra". *En Oihenart* 21: 453–465.

42.2
Historia de los contactos entre el español y otras lenguas de la península ibérica. Contactos entre el español y el gallego[1]
(History of the contacts between Spanish and the other languages of the Iberian Peninsula. Spanish and Galician contacts)

Montserrat Recalde

1. Introducción

En este capítulo se resumen los principales aspectos del contacto lingüístico gallego-castellano desde el punto de vista social, interaccional y estructural. Se identifican los rasgos idiosincráticos de la penetración del castellano en Galicia y de su expansión social (§ 2) y se revisan críticamente las principales perspectivas analíticas del contacto lingüístico desde los años setenta (§ 3). Se analiza el peso demográfico actual del castellano en Galicia, sus caracterizaciones empíricas más recientes y el valor simbólico-identitario que posee para sus hablantes (§ 4), y se concluye con una propuesta de líneas de investigación futuras.

Palabras clave: español de Galicia; lenguas en contacto; bilingüismo; sustitución lingüística; transferencia lingüística

This chapter summarizes the main aspects of Galician-Spanish linguistic contact, from the social, interactional, and structural points of view. It identifies the idiosyncratic features of the penetration of Spanish in Galicia and of its social expansion (§ 2) and critically reviews the main analytical perspectives about language contact from the 1970s (§ 3). Section 4 describes the demographic weight of Galician Spanish, its most recent empirical characterizations, and the identity value of this variety for its speakers. It concludes with a proposal for future lines of research.

Keywords: Galician Spanish; language contact; bilingualism; language shift; language transfer

2. Conceptos fundamentales

En la historia del contacto español-gallego conviene diferenciar una vertiente glotopolítica y otra social. La primera está relacionada con el conjunto de decisiones políticas que convierten a Galicia en un territorio bilingüe, mientras la segunda implica la existencia de bilingüismo social, entendido como el conocimiento y uso efectivo de dos lenguas por parte de un considerable número de hablantes. Desde mediados del siglo XV, Galicia es políticamente bilingüe, pero no lo será socialmente hasta cinco siglos después. La decisión de los Reyes Católicos de situar a la cabeza de las instituciones delegadas de la corona a miembros de la aristocracia castellana implicó la castellanización de estos espacios de poder, pero no tuvo impacto entre la mayoría social gallegohablantes. Asimismo, las leyes educativas de los siglos XVIII, XIX y primer cuarto del XX, dirigidas a la castellanización de la población española, tropezaron aquí con una precaria red escolar y un elevado absentismo de la población rural (que representaba el 90 % del total). Durante este largo período, Galicia estaba principalmente compuesta por dos comunidades monolingües: una minoritaria castellanohablante, formada por la aristocracia y la burguesía mercantil de procedencia foránea, y otra mayoritaria gallegohablante, integrada por el campesinado iletrado.

El contacto lingüístico se producía en el seno de la reducida clase media bilingüe que actuaba de intermediaria entre los dos grupos anteriores. En ella se encuentra el origen histórico de lo que en adelante llamaremos *español de Galicia* (EdG). Ya desde finales del XVI existe intercambio epistolar bilingüe entre miembros de la nobleza gallega (*cf.* Tobío 1991). El corpus GONDOMAR, representativo del gallego medio, incorpora textos literarios bilingües, y se han detectado abundantes interferencias del gallego en textos en castellano y en topónimos y antropónimos castellanizados a lo largo del siglo XVIII (Lema 1991; Boullón 2012; Gómez Seibane 2012). Asimismo, las grandes figuras del *Rexurdimento* pertenecían a la intelectualidad castellanohablante que usaba el gallego en la creación poética.

Pese a lo anterior, la expansión del bilingüismo en Galicia empieza a mediados del siglo XX, ligado a la generalización de la escolarización obligatoria en español, el desarrollo urbano y la movilidad socioeconómica. Se nutre inicialmente de gallegohablantes desplazados del campo a la ciudad que incorporan progresivamente el español, en el que acaban educando a sus hijos como estrategia de ascenso social. Este bilingüismo gallego-español, cuyo desenlace previsible es la sustitución lingüística, se ha extendido a todos los núcleos de población medianos. Desde los años ochenta del pasado siglo, se complementa con un movimiento en sentido opuesto, estimulado por el capital simbólico que adquiere el gallego al ser estandarizado, declarado lengua cooficial de Galicia (1981–1983) y usado en las instituciones. Se trata de un bilingüismo español-gallego de castellanohablantes que incorporan con distinta intensidad el gallego como L2. Esta nueva situación sociolingüística ha tenido importantes implicaciones. Por una parte, favorece prácticas heteroglósicas y, por tanto, fenómenos de contacto (interferencia y transferencia, alternancia y mezcla de códigos, convergencia e hibridación). Por la otra, surgen nuevas variedades y perfiles de hablantes (rural/urbano, monolingüe/bilingüe, neohablante/hablante tradicional, multilectal, etc.) que reestructuran el espacio sociolingüístico y reconfiguran las tradicionales relaciones de poder social entre las lenguas. Todo esto ha transformado la situación de contacto lingüístico en Galicia de tal modo que ya no puede ser explicado con los marcos conceptuales tradicionales.

3. Aproximaciones teóricas

En lo fundamental, ha habido tres aproximaciones al contacto de lenguas en Galicia que, aunque desarrolladas de forma aislada, y a veces enfrentada, ofrecen conjuntamente una imagen completa y detallada de la situación.

En primer lugar, desde los años setenta del pasado siglo surgen los enfoques macrosociolingüísticos o de la Sociología del lenguaje. Se trata de dos subtipos de investigaciones íntimamente relacionadas. Por una parte, las encuestas poblacionales sobre las actitudes lingüísticas y el uso de las lenguas (quién habla qué lengua, con quién, cuándo y dónde); por otra, los trabajos teórico-descriptivos que analizan sus funciones y estatus social desde el paradigma del bilingüismo, la diglosia y el conflicto lingüístico. En segundo lugar, aparecen las investigaciones *micro* de la Sociolingüística interaccional, que tratan de explicar los significados sociales del uso de las lenguas en la conversación. Finalmente, las aportaciones realizadas en el ámbito de la Sociolingüística del contacto que tienen como objetivo la caracterización estructural del EdG a partir de las transferencias y préstamos del gallego.

Los estudios cuantitativos arrojan luz sobre la evolución del número de hablantes de cada lengua, su estratificación social, la distribución geográfica por tipo y tamaño poblacional y el peso del bilingüismo (Rojo 1980; Fernández 1993; IGE 2018). Los resultados generales indican que la castellanización aumenta a menor edad y mayor nivel sociocultural, cualificación profesional y urbanización del núcleo poblacional. El *Mapa sociolingüístico de Galicia* (1992–1995) (vid. Fernández y Rodríguez 1995, 52–55) refleja la evolución en tiempo aparente del uso de las lenguas entre los nacidos entre 1877 (aproximadamente) y 1974. En la generación de nacidos alrededor de los cincuenta, el monolingüismo en gallego se desploma del 71,6 % al 32,5 % a favor del bilingüismo, que aumenta del 22,6 % al 56 %. El 20,1 % de los nacidos en 1947 eran bilingües con dominio del español, y el 38,5 % con dominio del gallego. Esa generación protagoniza el primer gran cambio demolingüístico de la historia de Galicia, coincidente con el exponencial incremento poblacional de las ciudades a partir de 1950. Desde los años noventa, el español es la L1 del 48,9 % de los nacidos en dichos núcleos, siendo los jóvenes de 16 a 25 años el grupo más castellanizado. La transversalidad socioeconómica que observa Fernández (1993) en este proceso implica que el español urbano se está desclasando y, en consecuencia, perdiendo su rol como tradicional marca de distinción de las élites. La cifra de monolingües en español en Vigo y A Coruña, las dos ciudades más industrializadas de Galicia actualmente, asciende al 45,3 % y 48,6 % respectivamente; en Ferrol, la más industrializada hace décadas, es del 52,7 % (IGE 2018).

El bilingüismo en Galicia ha sido caracterizado por distintos autores acudiendo a algunas de las múltiples acepciones de *diglosia* que podemos encontrar en sociolingüística: funcional (cada variedad lingüística tiene asignados sus dominios funcionales, de alto o bajo prestigio) y de adscripción (las variedades A y B están socialmente estratificadas); endodiglosia y exodiglosia (según las variedades pertenezcan a la misma lengua o sean lenguas distintas), macrodiglosia (hay una variedad baja, una media y una alta), diglosia adulta (los hablantes de la variedad de bajo prestigio aprenden la de alto prestigio como L2 para ciertas funciones) y bilingüismo difuso (toda la comunidad es bilingüe), etc. La necesidad de añadirle calificaciones restrictivas denota la inoperatividad del término para explicar realidades sociolingüísticas heterogéneas y cambiantes. Por otra parte, la *diglosia* se asocia al conflicto sociolingüístico, así como a una identidad problemática del hablante bilingüe que no corroboran ni la reflexión metalingüística de muchos hablantes ni los análisis empíricos de la Sociolingüística interaccional. Esta propone, desde los noventa, acercarse al bilingüismo desde un enfoque pragmático-discursivo, analizando la mezcla y alternancia de códigos como estrategia de codificación de significados simbólicos compartidos por la comunidad. El repertorio bilingüe y multilectal sirve a los hablantes para mostrar alineamientos durante la interacción, situarse en un *continuum* identitario, y establecer relaciones interpersonales y de poder social (Álvarez Cáccamo 1993; Rodríguez-Yáñez 1997). Estos estudios han mostrado cómo la institucionalización del gallego ha revertido, en parte, las funciones tradicionales de las lenguas, de modo que el español se usa para marcar informalidad y el gallego estándar para el discurso formal ritualizado y autorizado. Se registran, además, prácticas translingüísticas en las que, combinando la gramática y léxico de una lengua con la prosodia y fonética de otra, se puede estar hablando gallego "en español" y viceversa (Álvarez Cáccamo 2000, 113). Esto muestra que, a través de combinaciones diversas de voces y registros, los hablantes expresan su identidad de forma no binaria, observación que abre paso a propuestas analíticas hibridistas (Pawlikowska 2016).

En cuanto a la tercera perspectiva, ha sido poco productiva, pese a iniciarse a finales del XIX. Las descripciones generales están, por lo común, orientadas a la identificación de las interferencias procedentes del gallego en distintos niveles del sistema, con un enfoque a veces purista y conclusiones derivadas de observaciones subjetivas que a menudo se reproducen mecánicamente de un trabajo a otro, sin tener en cuenta el grado de integración de los fenómenos en el sistema, la L1 de los hablantes y su competencia en cada lengua, o las diferencias entre castellanohablantes que conservan el gallego como lengua de sustrato familiar y aquellos otros cuyas familias se castellanizaron hace generaciones —perfiles sociolingüísticos que pueden afectar al tipo y frecuencia de los fenómenos de contacto—. Entre los aspectos identificados como propios del EdG (vid. Rojo 2005, entre otros) están numerosos préstamos léxicos, rasgos entonativos, la presencia de dos grados de abertura en el vocalismo medio tónico frente a uno del castellano estándar, la neutralización de oposiciones temporales en el sistema verbal y el uso de perífrasis calcadas del gallego, como *venir de + infinitivo* ('acabar de') o *dar + participio* con valor continuativo-perfectivo ('ser capaz de') —el origen gallego de esta última es cuestionado por datos recientes (*cf.* Regueira y Vázquez Rozas, en prensa)—.

4. Perspectivas actuales

En los últimos años han aparecido detallados trabajos descriptivos sobre el EdG desde orientaciones pragmático-discursivas, de la sociolingüística del contacto o centradas en las opiniones y creencias metalingüísticas de los hablantes (vid. ya Kabatek 2000 [1996]). Son estudios basados en muestras recolectadas *ad hoc* o extraídas de corpus más amplios, como el *Corpus de lengua hablada de la ciudad de A Coruña*, elaborado en los años noventa bajo la dirección de Mauro Fernández (1990–1995), o el *Corpus oral del español de Galicia* (ESLORA), recopilado entre el 2007 y 2015 por el grupo *Gramática del español* de la Universidad de Santiago. Por razones de espacio, me centraré en las dos últimas perspectivas.

Desde la perspectiva del contacto, contamos actualmente, además del estudio general de Regueira y Vázquez Rozas (en prensa), con tres tipos de investigaciones: fonético-fonológicos, gramaticales y lexicológicas.

Las primeras han analizado los efectos del contacto en la curva melódica de las interrogativas y el vocalismo medio del EdG. En la entonación se perciben pautas generales, como un patrón interrogativo que sigue el modelo del gallego tradicional (con tonema final descendente/circunflejo en interrogativas absolutas) y se diferencia del español central (con tonema ascendente en las absolutas informativas y descendente en las confirmatorias). Existe variación en las interrogativas absolutas en función de factores como la presión social del español o el grado de formalidad comunicativa, aunque por ahora no hay resultados concluyentes. Pérez Castillejo (2012) observa una convergencia hacia el modelo castellano entre hablantes urbanos y, en tareas formales, también entre los no urbanos, mientras otros autores detectan un modelo híbrido con tonema ascendente final propio del castellano y acento nuclear en el pronombre interrogativo propio del gallego (Regueira y Fernández Rei 2020).

Por lo que se refiere al vocalismo medio, se observa cierta estratificación social, así como la influencia de la dominancia lingüística y de la distribución de los hablantes en el eje urbano/no-urbano. La presencia de las cuatro vocales medias propias del gallego es mayor entre hablantes de estratos sociales bajos o medio-bajos y de mayor edad, menos castellanizados (Faginas 2001; De la Fuente Iglesias 2020). Ni los monolingües en castellano ni los bilingües con dominancia del español reproducen en el EdG el sistema vocálico gallego, mostrando solo dos vocales medias, pero entre los bilingües con dominancia del gallego parecen darse dos situaciones diferentes: la reproducción del sistema del castellano estándar y la coexistencia de dos modelos correlacionados con la tonicidad silábica (*cf.* De la Fuente Iglesias 2020; Regueira y Fernández Rei 2020). En posición tónica, el patrón mayoritario reproduce en EdG el fonema subyacente en gallego, mientras en posición pretónica es mayoritaria la pronunciación estándar. Regueira y Fernández Rei (2020) señalan que todos los hablantes tienden al cierre del vocalismo final característico del gallego, lo que interpretan como una marcación intencional de su identidad etnolingüística.

Los estudios gramaticales se han centrado en el sistema verbal, donde se observan divergencias con el modelo estándar procedentes de la adaptación del paradigma español al gallego desde el inicio de la castellanización poblacional. El análisis de las formas verbales de pasado muestra una reorganización del paradigma en la que interviene la conciencia metalingüística de los hablantes al tratar de evitar en el EdG las formas identificadas como galleguismos e interpretadas como rasgos de un "español mal hablado", lo que genera hipercorrecciones (Pollán 2001; Azpiazu 2017; Vázquez Rozas 2020). Este comportamiento contrasta con las positivas valoraciones metalingüísticas de los hablantes de EdG, incluido el uso "agallegado" de los tiempos verbales (Recalde 2012; Azpiazu 2017), lo que apunta a la acción conjunta del prestigio abierto del estándar y el encubierto del EdG (tema que retomamos al final del apartado).

Aunque en el uso tradicional mayoritario en EdG la forma *canté* se utiliza también con valores de antepresente (pasado reciente, continuo y hodierno) además de pretérito, ya hay muestras de empleo del antepresente como pasado remoto en sustitución de *canté* (Azpiazu 2017). Otro punto conflictivo del sistema es la oposición entre pretérito y antepretérito de indicativo, al entrar en juego la forma *cantara*, integrada en EdG con todos los valores que tiene en gallego (equivalentes a *canté, había cantado, hube cantado, cantaría* y *cantara* en español general). Estos usos podrían estarse modificando por la incorporación de *había cantado* con valor de antepretérito en sustitución de *cantara*, pero también con el significado de pretérito que posee *cantara* en gallego (Vázquez Rozas 2020), de forma que *había cantado* amplía en EdG los significados modo-temporales que tiene en español estándar. La distribución social de las formas *cantara/ había cantado* muestra correlación con el nivel educativo. Si los hablantes de estudios primarios utilizan más frecuentemente la forma *-ra* común con el gallego, sucede lo contrario con los titulados universitarios, diferencia atribuida por Vázquez Rozas (2020) a la presión normativa de la enseñanza. Por otra parte, la oposición *canté/cantara/había cantado* ha adquirido valor pragmático en EdG. Pollán (2001) identifica una variable morfológica subyacente cuyas variantes se oponen por el grado de focalización: *cantara-había cantado* marcan baja relevancia informativa mientras *canté* se usa como forma no marcada.

Fuera del paradigma verbal, Rodríguez Espiñeira (2019) ha analizado el empleo de *si cuadra* como adverbio de posibilidad epistémica en EdG, valor calcado del gallego *se cadra*.

Los estudios sobre disponibilidad léxica arrojan luz sobre los préstamos y transferencias del gallego en diferentes clases léxicas y su relación con la lengua habitual. Se observa así cómo la penetración del vocabulario gallego predomina en las clases léxicas referidas al mundo rural tradicional (animales, ganadería, labores del campo, mundo vegetal), con mayor frecuencia en el castellano de los gallegohablantes (Álvarez de la Granja y López Meirama 2013).

Finalmente, las actitudes hacia el contacto de lenguas son contradictorias en Galicia. Por una parte, se juzgan negativamente los fenómenos de interferencia, transferencia e hibridación, dado que contravienen la "calidad" y "corrección" idiomáticas. Pero por otra, se valoran positivamente todos estos fenómenos porque resultan funcionales para comunicar contenidos pragmáticos, y son marcadores (con prestigio encubierto) de identidad etnolingüística y adhesión grupal (Recalde 2012). En coherencia, los hablantes de español con "acento" gallego son peor valorados en las dimensiones relativas al estatus, pero mejor valorados en las que expresan solidaridad o atractivo social (González 2003; De la Fuente Iglesias 2020).

5. Perspectivas futuras y conclusiones

El avance social del español en los últimos cincuenta años ha producido cambios sociolingüísticos que están afectando a la tipología, frecuencia y evolución de los fenómenos de contacto, de modo que algunos de los rasgos típicamente identificados con el EdG parecen estar sometidos a procesos de reestructuración y variación social.

Según datos del IGE (2018), el español, solo o junto al gallego, es ya la lengua materna del 55,3 % de la población y la lengua habitual del 47,3 %. El bilingüismo adquiere importancia creciente. Además de ser bilingüe habitual casi la mitad de la población gallega (44,6 %), es una práctica sostenida en el tiempo, pues el 72 % de los bilingües nativos continúan siéndolo activamente toda su vida y el 53,1 % se siente igualmente competente en las dos lenguas. La extensión del comportamiento bilingüe crea condiciones favorables para los procesos de transferencia, mezcla e hibridación lingüísticas, tanto a nivel estructural como discursivo, lo que amplía el campo de investigación de estos fenómenos.

La expansión del español en Galicia ha tenido un carácter marcadamente urbano y atlántico, siendo las áreas tradicionalmente más industrializadas (Ferrol, A Coruña, Pontevedra–Vigo) las más castellanizadas, por la incorporación de la clase obrera a sus filas de hablantes. La "proletarización" del EdG introduce un factor de estratificación social interna anteriormente inexistente, cuyos efectos lingüísticos será preciso investigar. De momento, el nivel educativo, el carácter más o menos urbano del hábitat residencial, el grado de presencia del gallego en el dominio familiar y el perfil lingüístico del hablante (monolingüe/bilingüe con una dominancia u otra) parecen ser las variables más correlacionadas con los fenómenos de contacto más investigados: el perfil entonativo, el sistema vocálico o el paradigma verbal. A juzgar por los datos, parece estarse asentando un acento "de ciudad" que converge hacia el modelo estándar frente a un acento "de aldea", más habitual en villas medianas o pequeñas, que conserva las características tradicionales del gallego y del EdG. Los resultados de los estudios de disponibilidad léxica confirman la centralidad de la oposición rural/urbano, si consideramos el mayor porcentaje de préstamos léxicos que han penetrado en el EdG relacionados con la naturaleza y la vida rural frente a otros relativos a vías de comunicación u objetos del aula. Los estudios actitudinales señalan que ambos acentos se identifican con dimensiones afectivas diferentes: los hablantes con acento urbano son más valorados en términos de éxito social, y los que tienen acento rural, en solidaridad y atractivo social.

Paralelamente, la existencia de gran variación interindividual, con formas innovadoras conviviendo con otras más tradicionales, apoya la tesis de que no hay un único EdG, sino dialectos híbridos que se sitúan en un continuum entre dos estándares y tienen diferente prestigio social. En este sentido, hay que tener presente que la estigmatización y los prejuicios hacia el gallego son extensibles a los rasgos más característicos del EdG, como constatan los usos hipercorrectos de *había cantado* y *he cantado* en sustitución de *cantara* y *canté*, respectivamente. Este fenómeno señala la presión que ejerce el modelo de prestigio castellano-central en la variación interna del EdG y apunta la posible dirección de futuros cambios lingüísticos (como la desaparición de *cantara* como (ante)pretérito o la neutralización del grado de abertura en el vocalismo medio). No obstante, también se ha confirmado, tanto a través de reflexiones metalingüísticas de los hablantes como del registro de usos, que los rasgos más genuinos del EdG poseen prestigio encubierto: así se ha interpretado el modelo híbrido de curva entonativa descendente con acento de intensidad en el pronombre interrogativo, y así pueden interpretarse también los factores evaluativos de estatus/solidaridad mencionados más arriba.

En los últimos años ha habido un salto cualitativo en los estudios sobre el EdG favorecido por el manejo de datos empíricos. La existencia de corpus orales como el ESLORA, estratificado por grupos de edad, sexo y nivel educativo, y formado por entrevistas semidirigidas junto a conversaciones coloquiales, abre un campo de posibilidades que permitirá profundizar en algunos de los fenómenos de contacto ya analizados y explorar otros nuevos, observando su distribución por grupos poblacionales desde una perspectiva pragmático-discursiva, conversacional o sociolingüística. Entre las líneas de investigación futura está el desarrollo de estudios sobre variación y cambio lingüístico en distintos niveles del sistema, la función pragmática de determinadas transferencias del gallego, el valor de ciertos marcadores discursivos en contraste con otras variedades del español (ej., los fáticos *boh* y *ho*, como marcadores de desacuerdo y apelación, el operador de refuerzo argumentativo *aún por encima*, etc.), las estrategias de cambio de código o sus condicionantes estructurales, etc. La presencia de entrevistas semidirigidas junto a conversaciones coloquiales también permitirá analizar la variación estilística de determinados elementos. Finalmente, la existencia de un *Corpus oral informatizado da lingua galega* (http://ilg.usc.gal/corilga/) hace posible iniciar estudios contrastivos entre las dos lenguas basados en datos empíricos y observar cómo afecta la situación del contacto a cada una de ellas.

Lecturas recomendadas

Rojo (2005) define y delimita conceptualmente el EdG, considerando la diferencia entre *interferencia* e *integración*, y ofrece una descripción general de los principales efectos del contacto en los sistemas fonético, gramatical y léxico.

Recalde (2012) analiza discursivamente las actitudes y opiniones sobre el EdG de una submuestra de informantes del corpus ESLORA a partir de sus declaraciones metalingüísticas, y realiza una revisión crítica del enfoque purista que ha predominado en las aproximaciones tradicionales a esta variedad.

Mediante el contraste de unidades y frecuencias en diferentes corpus del español, Regueira y Vázquez Rozas (en prensa) delimitan los aspectos fonético-fonológicos, gramaticales y léxicos más característicos del EdG y revisan la validez de las caracterizaciones tradicionales sobre esta variedad.

Nota

1 Agradezco a Victoria Vázquez Rozas las observaciones a la versión inicial de este trabajo.

Referencias citadas

Álvarez Cáccamo, C. 1993. "The Pigeon House, the Octopus and the People: The Ideologization of Linguistic Practices in Galiza". *Plurilinguismes* 6: 1–26.

Álvarez Cáccamo, C. 2000. "Para um modelo do 'code-switching' e a alternância de variedades como fenómenos distintos: dados do discurso galego-português/espanhol na Galiza". *Estudios de Sociolingüística* 1: 111–128.

Álvarez de la Granja, M. y B. López Meirama. 2013. "A presenza do galego no léxico dispoñible do español de Galicia. Análise distribucional". En *Contacto de linguas, hibridade e cambio*, eds. E. Gugenberger, H. Monteagudo y G. Rei-Doval, 49–96. Santiago de Compostela: Consello da Cultura Galega.

Azpiazu, S. 2017. "Actitudes lingüísticas de los hablantes gallegos de español frente a la oposición Pretérito Perfecto Compuesto (PPC)/Pretérito Perfecto Simple (PPS)". *Lingüística en la Red* 15: 1–34.

Boullón, A. 2012. "A gheada na onomástica (achegas á estandarización)". *Estudos de Lingüística Galega* 4: 151–168.

Corpus oral informatizado da lingua galega. http://ilg.usc.gal/corilga/.
De la Fuente Iglesias, M. 2020. *Contacto de lenguas e identidad regional: la variación de las vocales medias en castellano de Galicia.* Tesis doctoral. Universidad de Minnesota.
ESLORA: Corpus para el estudio del español oral. http://eslora.usc.es, versión 2.0 de septiembre de 2020.
Faginas, S. 2001. "A interferencia fonética no español da Coruña: a vocal [o] tónica". En *Actas do I simposio internacional de bilingüismo*, 686–698. Vigo: Universidade de Vigo.
Fernández, M., dir. 1990–1995. *Corpus de lengua hablada de la ciudad de La Coruña* (inédito).
Fernández, M. 1993. "La lengua materna en los espacios urbanos gallegos". *Plurilinguismes* 6: 27–53.
Fernández, M. y M. Rodríguez, coords. 1995. *Usos lingüísticos en Galicia.* A Coruña: Real Academia Galega.
Gómez Seibane, S. 2012. "Algunos fenómenos sintácticos del español en Galicia (1767–1806)". *Anuario de Estudios Filológicos* 35: 85–102.
GONDOMAR. Corpus dixital de textos galegos da Idade Moderna. 2017. Eds. R. Álvarez y E. González. Santiago de Compostela: Instituto da Lingua Galega. http://ilg.usc.gal/gondomar/.
González, M., dir. 2003. *O galego segundo a mocidade.* A Coruña: Real Academia Galega.
IGE: Instituto Galego de Estatística. 2018. *Enquisa estrutural dos fogares: coñecemento e uso do galego.* https://bit.ly/3nQBaSC.
Kabatek, J. 2000 [1996]. *Os falantes como lingüistas. Tradición, innovación e interferencias no galego actual.* Vigo: Xerais.
Lema, X. M. 1991. "Interferencias lingüísticas do galego no castelán de Galicia dos Séculos Escuros. Algunhas calas nunha comarca rural: a terra de Soneira". *Cadernos de Lingua* 3: 111–133.
Pawlikowska, M. 2016. "En torno a los fenómenos de lenguas en contacto entre gallego y castellano". *Itinerarios* 23: 107–122.
Pérez Castillejo, S. 2012. "Estudio sociofonético de los tonemas de las interrogativas absolutas en castellano de Galicia". *Estudios de Lingüística Universidad de Alicante* 26: 235–268. https://doi.org/10.14198/ELUA2012.26.08.
Pollán, C. 2001. "The Expression of Pragmatic Values by Means of Verbal Morphology: A Variationist Study". *Language Variation and Change* 13: 59–89.
Recalde, M. 2012. "Aproximación a las representaciones sociales del español de Galicia". En *Cum corde et innova grammatica. Estudios ofrecidos a Guillermo Rojo*, eds. T. Jiménez, B. López Meirama, V. Vázquez Rozas y A. Veiga, 667–680. Santiago de Compostela: Universidad de Santiago de Compostela, Servizo de Publicacións e Intercambio Científico.
Regueira, X. L. y E. Fernández Rei. 2020. "The Spanish Sound System and Intonation in Contact with Galician". En *Spanish Phonetics and Phonology in Contact. Studies from Africa, the Americas and Spain*, ed. R. Rao, 327–362. Ámsterdam: John Benjamins.
Regueira, X. L. y V. Vázquez Rozas. En prensa. "Spanish in Contact with Galician". En *Contact Varieties of Spanish and Spanish-Lexified Contact Varieties*, eds. L. Cerno, H. Döhla, M. Gutiérrez Maté, R. Hesselbach y J. Steffen. Berlín: Mouton De Gruyter.
Rodríguez Espiñeira, M. J. 2019. "La expresión epistémica 'si cuadra' en español de Galicia". *Estudios de Lingüística Galega* 11: 197–231.
Rodríguez-Yáñez, X. P. 1997. "Aléas Théoriques et méthodologiques dans l'étude du bilinguisme. Le cas de la Galice". En *Plurilinguisme: "contact" ou "conflict" des langues?*, ed. H. Boyer, 191–254. París: L'Harmattan.
Rojo, G. 1980. "Conductas y actitudes lingüísticas en Galicia". *Revista Española de Lingüística* 11: 269–310.
Rojo, G. 2005. "El español de Galicia". En *Historia de la lengua española*, ed. R. Cano Aguilar. 2.ª ed., 1087–1101. Barcelona: Ariel.
Tobío, L. 1991. "Actitude verbo da lingua galega". En *Catro ensaios sobre o conde de Gondomar*, 109–129. Fundación Otero Pedrayo: Trasalba.
Vázquez Rozas, V. 2020. "Había + participio no español falado en Galicia: un estudo de corpus". En *Variedades lingüísticas en contacto na Península Ibérica*, eds. F. Dubert-García, V. Míguez y X. Sousa, 195–219. Santiago de Compostela: Consello da Cultura Galega.

42.3
Historia de los contactos entre el español y otras lenguas de la península ibérica. Contactos entre el español y el catalán (History of the contacts between Spanish and the other languages of the Iberian Peninsula. Contact between Spanish and Catalan)

Carsten Sinner

1. Introducción

En este subcapítulo se presentan aspectos fundamentales de la historia del contacto entre el castellano y el catalán, centrándonos siempre en el primero. Se ofrece una visión panorámica de la historia externa del contacto lingüístico y se señalan los rasgos más relevantes del desarrollo del castellano en los diferentes ámbitos y territorios en los que ha entrado en contacto con el catalán. Al mismo tiempo que se exponen las características más sobresalientes de las variedades del español explicables por este contacto lingüístico y algunos aspectos diasistemáticos, se comenta el estatus del español usado en las regiones catalanohablantes y se dan unas pinceladas sobre la historia de su consideración en la investigación.

Palabras clave: historia de la lengua; contacto lingüístico; castellano; catalán; variación diasistemática

This subchapter presents fundamental aspects of the history of Spanish-Catalan language contact, focusing on the Spanish language. It will give an overview of the external history of this language contact and it will describe the most relevant aspects of the development of Spanish in the different areas and domains in which it was or is in contact with Catalan. An outline of the most characteristic features of Spanish resulting from this linguistic contact and diasystematic aspects will be accompanied by comments on the status of the Spanish used in the

Catalan-speaking regions. It will also offer some details concerning the history of research on Spanish-Catalan language contact.

Keywords: language history; language contact; Spanish; Catalan; diasystematic variation

2. Estado de la cuestión: historia del contacto entre catalán y español

Desde que surgieron las lenguas neolatinas, castellano y catalán han estado en contacto en diferentes ocasiones y con diferente intensidad (*cf.* Sinner 2004 y Poch 2016, con bibliografía). Ya hubo contactos directos entre hablantes de los dos idiomas en la población de las islas Canarias y los territorios de ultramar. Además, los dos idiomas estaban en contacto en las zonas fronterizas. A ello se suman los contactos directos e indirectos (circulación de personas, textos y traducciones) (caps. 35 y 37).

Hasta el siglo xv, el catalán gozó de gran prestigio político y cultural (Kailuweit 1997, 78). Sin embargo, cuando María de Castilla trasladó la corte a Valencia se inició la castellanización de la administración y los círculos culturales. Con la unificación de las coronas de Castilla y Aragón, en 1469, se introducen las instituciones, gobernantes y tropas castellanas en Cataluña, y la monopolización castellana del comercio eclipsa su economía. A finales del siglo, el castellano empieza a ser un reto intelectual para las clases cultas catalanas (Kailuweit 1997, 78).

En 1536, el castellano es proclamado lengua oficial de la diplomacia y lengua común de toda la cristiandad por Carlos I. Esto supone un ascenso ideológico del idioma que lo prestigia y lo eleva sobre las demás lenguas peninsulares.

A partir del siglo xvi se constata, entre algunos sectores de la nobleza catalana, mermada por la crisis económica y política del siglo xv, una tendencia a la castellanización a través de enlaces con la nobleza no catalana. Las altas jerarquías eclesiásticas, nombradas por el rey, no son ocupadas, generalmente, por catalanes, lo que favorece la castellanización de la Iglesia (Barceló 1984, 271) y la jurisdicción. La creación de los virreinatos en Cataluña y Valencia favorece aún más la castellanización cultural. Durante el siglo xvi, Valencia se castellaniza notablemente, con diglosia en las clases dirigentes y entre literatos (Fuster 1962, 127–134); en Cataluña, el catalán seguía siendo lengua exclusiva en el campo y entre clases populares, artesanado y burguesía mercantil de las ciudades; la diglosia solo se supone para Barcelona en la aristocracia (Vallverdú 1972, 24–25). En la segunda mitad del siglo xvi, el prestigio del catalán ya parece haber disminuido considerablemente (Kailuweit 1997, 81).

A finales del xvii, el castellano aún es lengua de distinción social: la mayoría de la población no lo habla, pero se extiende entre las capas dominantes (Kailuweit 1997, 90–91). A comienzos del xviii, después de la guerra de Sucesión (1702–1711), el reforzamiento del centralismo repercute gravemente en el terreno lingüístico —lengua administrativa, de la Iglesia e, incluso, literaria— (Hernández González 1992, 409) y provoca el retroceso del catalán en su manifestación escrita. Con el cierre de las universidades (Lüdtke 1991, 237) y la orden de Felipe V que obliga al uso del castellano en la formación educativa y la instrucción religiosa (Comas 1967, 8) avanza el proceso de sustitución lingüística; también se intensifica la castellanización de la administración y la burguesía.

Durante los reinados de Fernando VI (1746–1759) y Carlos III (1759–1788), el uso de la lengua autóctona en la burguesía catalana sigue perdiendo terreno, y en la segunda mitad del siglo xviii, el empleo del catalán se prohíbe sistemáticamente en diferentes ámbitos de la vida social, económica y cultural (en la educación, en el sector editorial, en la parcela religiosa y comercial).

No obstante, estas medidas no consiguen la completa desaparición del catalán. Más bien desembocan en una situación de diglosia: el castellano se utiliza como lengua culta, de las solemnidades; el catalán, como lengua de contextos informales y orales. La castellanización en Cataluña avanza lentamente, debido al poco conocimiento del castellano y las resistencias, particularmente por parte de los funcionarios; documentos de menos importancia siguen redactándose en catalán (Lüdtke 1991, 237). A principios del XIX, la administración aún no estaba del todo castellanizada (Kailuweit 1997, 97).

Si bien ya en torno a 1800 la identificación cultural y lingüística de los catalanes, especialmente los barceloneses, con la nación española los llevó a "sentirse los representantes más puros de esta cultura" (Kailuweit 1996, 741) y su lengua (Jorba 1979, 45), el dominio del castellano parece no haberse extendido en las capas menos cultas: fuera de las ciudades de provincia algo mayores casi ni se habla (Kailuweit 1997, 154). En las ciudades parece existir, en este período, una gran mayoría de personas que dominan el castellano.

El despertar de la conciencia de pueblo entre los catalanes en la época de las guerras civiles del siglo XIX lleva a la *Renaixença*, movimiento reivindicativo del catalán que contribuye a la recuperación de esta lengua, ralentizando la castellanización. A finales del XIX, las clases altas están prácticamente castellanizadas, pero la mayor parte de la burguesía de la ciudad, la nobleza terrateniente del campo y los campesinos son catalanohablantes (Kailuweit 1997, 251–258). En este contexto, la llegada de castellanohablantes empieza a tener relevancia. En 1877, el 25,4 % de los habitantes de Barcelona procede de fuera de Cataluña (Martínez-Marí 1964, 13); a partir de entonces, el porcentaje de nacidos fuera de Cataluña ya no bajará a menos del 20% en esta ciudad.

El *I Congrés Internacional de la Llengua Catalana* (1906) da inicio a una larga serie de acontecimientos importantes para la extensión social del catalán, igual que la normativización del catalán durante las primeras décadas del siglo. En el mismo período hay un aumento considerable de la inmigración castellanohablante: en 1930, el 19,7 %, de los 2 790 000 habitantes de Cataluña y un 37,1 % de los de Barcelona son inmigrantes.

Durante el autogobierno de la *Mancomunitat* (1914–25), el catalán es lengua oficial; pero su supresión en 1925 reduce libertades en el uso y enseñanza del catalán. En la *Generalitat* (1932–39) se convierte en lengua cooficial y, por primera vez, las escuelas primarias y la universidad son bilingües.

Con la derrota republicana, en 1939, se inicia una represión anticatalana feroz y se persigue el uso público del catalán en todos los ámbitos (Ferrer i Gironès 1985). A las medidas represivas se suma la masiva inmigración castellanohablante. De 1950 a 1960 se calcula una inmigración de hasta 500 000 personas; entre 1961–1965, unos 800 000 inmigrantes (Jutglar 1968, 14). Solo con el acercamiento del régimen franquista a los países occidentales tras la posguerra, se autorizan algunas manifestaciones culturales catalanas como la impresión de determinados libros en ortografía prenormativa, danzas, etc. Con la muerte de Franco en 1975 se inicia una mejoría de la situación del catalán, pero la castellanización continúa reforzada por los medios, la escuela y los fuertes núcleos inmigrados castellanohablantes (Vallverdú 1982, 81). En algunos de los territorios catalanohablantes, el catalán se convierte en lengua cooficial y entran en vigor leyes para normalizar y regular el uso del catalán en la educación y la vida pública. La educación bilingüe no merma el nivel del castellano de la mayoría de los alumnos. Los hábitos lingüísticos de la población aún reflejan la larga historia de persecución y opresión de la lengua catalana. Al mismo tiempo, determinados políticos y medios de comunicación inician una campaña anticatalana que repercute también en las actitudes lingüísticas (Sinner 2020a).

3. Características lingüísticas y consideraciones teóricas

Durante mucho tiempo, cualquier elemento distintivo del castellano de las regiones catalanohablantes se consideraba un catalanismo y se rechazaba como error o interferencia. Así, la mayor parte de los trabajos sobre el contacto lingüístico consistían en listados de "errores" que cometían los catalanohablantes en castellano y en estudios contrastivos con fines didácticos. Solo a partir de los años 90 del siglo XX se asume que, además de la influencia del catalán, operan tendencias internas del castellano, propiciadas por el influjo de las variedades dialectales que acompañaron a los numerosos castellanohablantes migrantes a estos territorios y que desempeñan un papel importante en la constitución variacional, de modo que la equiparación automática de *catalanismo* con *error* no es admisible.

Las variedades del castellano de las zonas catalanohablantes son hoy las más estudiadas de las regiones bilingües de España. Si bien por cuestiones históricas las áreas dialectales del castellano en territorios catalanohablantes se diferencian bastante, hay una serie de características que pueden considerarse comunes a todas ellas. Entre las más destacadas en la bibliografía pertinente cabe mencionar:

- yeísmo casi inexistente;
- seseo ocasional;
- tendencia a la diferenciación de /v/ y /b/: ['vaka] *vaca* vs. ['baka] *baca*;
- abertura de los fonemas /a/ y /o/ en posición tónica; neutralización de /a/ y /e/ y cierre de /o/ en /u/;
- velarización de /l/ (con fuerte marcación diastrática y generacional);
- realización sorda de oclusivas al final de palabra: [sa'lut] *salud*;
- entonación descendente en frases interrogativas;
- alta frecuencia del diminutivo -*ete/a*;
- particularidades morfosintácticas como pérdida del artículo (*la mayoría de personas*), uso de *cada* con significado generalizador y uso distintivo de preposiciones (ante todo, *en*, *a* y *de*) en muchos contextos;
- empleo de *hacer* en locuciones o en construcciones estereotipadas: *hacer un café* 'tomar', *hacer mala cara* 'tener';
- desbloqueo de las restricciones deícticas en verbos de movimiento (*vengo* por *voy*);
- en el léxico, arcaísmos del castellano, en parte explicables por el influjo de variedades andaluzas (*granja* 'cafetería', *colmado* 'tienda de comestibles con un amplio surtido de otros productos'), ampliación o restricción semántica (*me sabe mal* 'lo siento') y frecuencia alterada de muchos lexemas.

No obstante, resulta difícil la determinación de un núcleo mínimo (Sinner 2004) de elementos que caracterizan las variedades diatópicas del castellano de las regiones catalanohablantes, dadas su insuficiente descripción y la constante evolución de las dinámicas del contacto. Así, la velarización de /l/, otrora considerada prototípica del castellano de catalanohablantes, ha pasado a ser un fenómeno menos frecuente y marcado diastráticamente —[+edad avanzada, +procedencia rural] (Sinner 2004)—, mientras la aparición en textos formales, ensayos universitarios, etc. de elementos como *degana* 'decana' o *de una banda, ... de otra banda* 'por un lado, ... por otro' reflejan el acceso del catalán a dominios antes vedados (Sinner 2010).

Es un problema grave que fenómenos clasificados ya en el siglo XIX como "errores" típicos provocados por el catalán sigan clasificándose como interferencias cuando, en realidad, se integraron hace generaciones en el castellano de los territorios catalanohablantes. Un mismo elemento, pues, puede representar un fenómeno distinto en diferentes personas de las mismas características (edad, profesión, lengua materna, lengua hablada por el cónyuge, lugar de residencia, etc.): una interferencia del catalán, un vocablo aprendido con el castellano hablado por los padres o un préstamo empleado por razones estilísticas y a sabiendas de que se trata de un rasgo no normativo, etc. (Sinner 2004).

A esto hay que añadir la dificultad de diferenciar claramente entre uso consciente e inconsciente, por un lado, y entre cambio de código y préstamo, por otro. Llega a ser dificultosa incluso la determinación de la lengua matriz (Sinner 2008).

En los manuales de dialectología hispánica, de historia de la lengua española y de gramática española no suele otorgarse el estatus de *dialecto* a las variedades del castellano hablado en las regiones de habla catalana. En Zamora Vicente (1967) y Alvar (1996), por ejemplo, ni se mencionan; Lapesa se refiere al "habla castellana de regiones bilingües o dialectales", al "castellano de las zonas bilingües" (1981, 455) o a "variedades de adstrato" (1982, 29–31); Echenique Elizondo y Sánchez Méndez (2005, 329) mencionan "hablas de contacto con otra modalidad peninsular". Seco (1989, 24–25) señala, explícitamente, que no puede hablarse de *dialecto* (lo que justifica con la explicación equivocada de que se trata solamente de particularidades fonéticas) y que es preferible hablar de "modalidades del español". Siguiendo a Coseriu, las variedades del español resultantes del contacto con el catalán se han clasificado como "dialectos terciarios", planteamiento refutado en diferentes ocasiones precisamente por la gran variabilidad de biografías y perfiles lingüísticos que subyacen a la arquitectura lingüística (Sinner 2004, 22).

Desde hace dos décadas se aboga por considerar el castellano de las regiones catalanohablantes dentro de la dialectología hispánica y por que los manuales lo incluyan junto a otras variedades diatópicas (Sinner 2004; Sinner y Wesch 2008; Sinner y Tabares Plasencia 2014). Desde la década de los 90, además, empieza a entenderse mejor el papel de los medios de comunicación en la difusión de elementos que aparentemente surgieron en el seno del castellano de los territorios catalanohablantes.

4. Perspectivas actuales

Existen aún ciertos prejuicios en la investigación del contacto lingüístico y el bilingüismo: se sostiene que, en los bilingües, la manera en que se influyen mutuamente las variedades o los ámbitos lingüísticos en los que más se manifiesta su bilingüismo dependen de cuál sea su lengua materna o más dominante; persiste también la idea de que la lengua dominante en una situación de contacto impacta con más fuerza en la lengua dominada que al contrario. Ambos planteamientos han impregnado fuertemente la investigación sobre el contacto entre castellano y catalán, pero aún no se ha podido establecer una tendencia clara en la dinámica del contacto. Esto se debe, al menos en parte, al hecho de operar con grupos no representativos, a no solucionar de forma satisfactoria los retos de la significatividad estadística o a errores de generalización a partir de los datos obtenidos (Sinner 2020a).

La idea de que existen diferencias en los resultados del contacto lingüístico dependiendo de la lengua materna de los individuos se ha basado en estudios que adolecen de una grave imprecisión en su diseño, pues no tienen en cuenta que habría que determinar si el fenómeno que manifiesta un individuo se explica por su propio bilingüismo o por la constitución lingüística de su entorno, es decir, la conformación de la lengua de las personas de las que este individuo ha aprendido las suyas: haría falta, pues, averiguar qué variedad de la lengua A y qué variedad de la lengua B entran en contacto en el sujeto en una determinada situación lingüística. Este planteamiento evitaría interpretar un fenómeno como interferencia de la lengua A en la lengua B cuando, de hecho, constituye un elemento ya integrado en B.

Por lo demás, los hablantes bilingües (como mostraron Lüdi y Py 1984 y Lüdi 1996) disponen del repertorio de ambas lenguas y pueden "moverse" entre un polo más monolingüe y uno más bilingüe. Para determinar el punto más monolingüe que es capaz de alcanzar un hablante habría que estudiar a fondo *muchas* de sus realizaciones de la lengua A en *muchos* contextos muy variados y que propicien el uso de una variedad lo más monolingüe posible. Así se establecería la realización "media" del modo monolingüe de A de este hablante. Solo entonces podrá estudiarse el impacto de B sobre este modo monolingüe de A en dicho hablante. Y lo mismo habría que hacer con B. Esta operación cabría realizarla con cada individuo cuyo idiolecto se quiera analizar, para poder agruparlos según la constitución exacta del modo monolingüe.

Desde hace unos veinte años estamos presenciando una diversificación de los trabajos sobre el contacto lingüístico entre catalán y castellano con atención a la variación lingüística. El problema de muchos de estos trabajos es, sin embargo, que no siempre asimilan los resultados de estudios anteriores, o que se generalizan los datos obtenidos cuando, vistos el tamaño y la variación de los grupos estudiados, no deberían considerarse más que estudios de caso. Esta generalización sigue siendo un gran defecto de los estudios del contacto lingüístico (Sinner 2020a).

Otra vertiente que cobra importancia en estos momentos es la investigación del contacto desde una perspectiva histórica facilitada por la lingüística de corpus, si bien cabe lamentar la constatación de conclusiones generalizadoras que delatan cierto desconocimiento de los enfoques sociolingüísticos. También se trabaja con datos procedentes de los territorios catalanohablantes en el seno de la lingüística general, pero estos estudios suelen interesarse por la comprobación de los postulados de tal o cual modelo gramatical sin atender al fenómeno del contacto lingüístico, lo que produce errores al interpretar la motivación de los datos o la semántica de algunos elementos y lleva a conclusiones completamente inadmisibles desde la perspectiva de la lingüística de las variedades o la lingüística de contacto. Predomina en estas aproximaciones una tendencia al uso de herramientas y enfoques más o menos exitosos en la lingüística general anglosajona, pero que se aplican sin más miramientos y sin comprobación crítica de su idoneidad, lo que lleva a graves deficiencias metodológicas (*cf*. Sinner 2020a).

5. Perspectivas futuras y conclusiones

En los estudios del contacto entre catalán y castellano, habría que subsanar los problemas metodológicos y teóricos mencionados que, de forma más o menos pronunciada, han caracterizado la investigación de las últimas décadas.

Habría que indagar más en la función más bien estilística o pragmática con que los hablantes se sirven de las dos variedades, lo cual parece relacionarse con su conocimiento de la arquitectura lingüística de su espacio variacional, incluyendo el empleo de la lengua para la construcción identitaria.

Además de la investigación sincrónica, debe reforzarse el estudio diacrónico: este enfoque podría permitir determinar (o por lo menos delimitar mejor) el grado de influencia del catalán en el uso de ciertos fenómenos. Habría que analizar también las consecuencias de la progresiva normalización lingüística del catalán y sus retrocesos, así como la diferenciación lingüística de los distintos grupos de hablantes. Deben continuarse los trabajos centrados en situaciones y vestigios de contactos históricos en diferentes géneros textuales, entre ellos las traducciones; y hace falta contrastar textos semejantes de diferentes épocas para determinar el papel de las condiciones políticas y sociales y poder establecer una periodización del contacto entre las variedades.

En las últimas décadas han cambiado apreciablemente tanto los flujos migratorios, de un lado, como la opinión de la población monolingüe respecto de las lenguas minorizadas, de otro, por lo que hay que reparar también nuevamente en el desarrollo de las actitudes lingüísticas a la luz de los conflictos lingüísticos que se dieron en España en las primeras décadas del siglo XXI, que impactaron también en las actitudes de los hablantes, en el consumo de productos en las diferentes lenguas y en el empleo efectivo de estas.

Lecturas complementarias

En Poch (2016), el objetivo principal de los trabajos dedicados al contacto con el catalán es contribuir a establecer las características fonéticas, léxicas y morfosintácticas del español de Cataluña, en parte resultantes del contacto lingüístico.

En Sinner (2004) se resume el marco histórico del contacto lingüístico y se hace un recorrido por la investigación sobre el castellano de Cataluña y sobre el contacto de lenguas.

Sinner y Wesch (2008) ofrece un recorrido bibliográfico sobre el contacto lingüístico entre catalán y castellano y compila una serie de estudios sobre la formación y las características del castellano hablado y escrito en Cataluña, Valencia y Baleares.

Referencias citadas

Alvar, M., ed. 1996. *Manual de dialectología hispánica: El español de España*. Barcelona: Ariel.
Barceló, M., dir. 1984. *Historia de los pueblos de España. Los antiguos territorios de la Corona de Aragón. Aragón, Baleares, Cataluña, País Valenciano*. Barcelona: Argos Vergara.
Comas, A. 1967. *Les Excel·lències de la llengua catalana*. Barcelona: Dalmau.
Echenique Elizondo, M. T. y J. Sánchez Méndez. 2005. *Las lenguas de un reino. Historia lingüística hispánica*. Madrid: Gredos.
Ferrer i Gironès, F. 1985. *La persecució política de la llengua catalana. Història de les mesures preses contra el seu ús des de la Nova Planta fins avui*. Barcelona: Edicions 62.
Fuster, J. 1962. *Nosaltres, els valencians*. Barcelona: Edicions 62.
Hernández González, C. 1992. "Spanisch: Externe Sprachgeschichte/Historia lingüística externa". En *Lexikon der Romanistischen Linguistik*, eds. G. Holtus, M. Metzeltin and C. Schmitt, vol. VI, 1, 406–414. Tubinga: Niemeyer.
Jorba, M. 1979. "Sobre la literatura catalana al final de l'Antic Règim: el *Diario de Barcelona* (1792–1808)". *Els Marges* 17: 27–52.
Jutglar, A. 1968. "Perspectiva històrica de la fenomenologia immigratòria a Catalunya". En *La immigració a Catalunya*, 7–21. Barcelona: Edició de Materials.
Kailuweit, R. 1996. "El castellano de Barcelona en torno a 1800. La formación de un dialecto terciario". En *Actas del III Congreso Internacional de Historia de la Lengua Española*, eds. A. Alonso González et al., 737–746. Madrid: Arco/Libros.
Kailuweit, R. 1997. *Vom eigenen Sprechen – eine Geschichte der spanisch-katalanischen Diglossie (1759–1859)*. Fráncfort: Lang.
Lapesa, R. 1981. *Historia de la lengua española*. 9.ª ed. Madrid: Gredos.
Lapesa, R. 1982. "Unidad y variedad de la lengua española". *Cuenta y Razón* 8: 21–34.
Lüdi, G. 1996. "Mehrsprachigkeit". En *Kontaktlinguistik. Ein internationales Handbuch zeitgenössischer Forschung*, eds. H. Goebl et al., vol. 1, 233–245. Berlín y Nueva York: Gruyter.
Lüdi, G. y B. Py. 1984. *Zweisprachig durch Migration. Einführung in die Erforschung der Mehrsprachigkeit am Beispiel zweier Zuwanderergruppen in Neuenburg (Schweiz)*. Tubinga: Niemeyer.
Lüdtke, J. 1991. "Katalanisch: Externe Sprachgeschichte/Histoire externe de la langue". En *Lexikon der Romanistischen Linguistik*, eds. G. Holtus, M. Metzeltin y C. Schmitt, vol. V, 2, 232–242. Tubinga: Niemeyer.
Martínez-Marí, J. M. 1964. *La immigració a Barcelona*. Barcelona: Dalmau.
Nadal, J. y E. Giralt. 2000. *Immigració i redreç demogràfic. Els francesos a la Catalunya dels segles XVI i XVII*, trad. I. Estany i Morros, pròleg de J. Torras. Vic: Eumo.
Poch, D., ed. 2016. *El español en contacto con las otras lenguas peninsulares*. Madrid y Fráncfort: Iberoamericana y Vervuert.
Seco, M. 1989. *Gramática esencial del español: introducción al estudio de la lengua*. 2.ª ed. Madrid: Espasa Calpe.
Sinner, C. 2004. *El castellano de Cataluña. Estudio empírico de aspectos léxicos, morfosintácticos, pragmáticos y metalingüísticos*. Tubinga: Niemeyer.

Sinner, C. 2008. "Castellano y catalán en contacto: oralidad y contextos informales". *Oihenart* 23: 521–543.

Sinner, C. 2010. "Influències lingüístiques com a senyal de vitalitat d'una llengua". En *Actes del XIVê Col·loqui Internacional de Llengua i Literatura Catalanes*, eds. K. Faluba e I. Szijj, vol. III, 43–67. Barcelona: AILLC y Abadia de Montserrat.

Sinner, C. 2020a. "Opinión, medición y generalización como retos de la lingüística de contacto. Ejemplos del estudio del contacto entre castellano y catalán". En *Variedades lingüísticas en contacto na Península Ibérica*, eds. F. Dubert-García, V. Míguez y X. Sousa, 18–45. Santiago de Compostela: Consello da Cultura Galega.

Sinner, C. 2020b. "Información vs. manipulación respecto de Cataluña en los medios de comunicación españoles". *PhiN* 22: 52–72. http://web.fu-berlin.de/phin/beiheft22/b22t5.pdf.

Sinner, C. y E. Tabares Plasencia. 2014. "L'espagnol en Europe". En *Manuel des langues romanes*, eds. A. Klump, Johannes Kramer y Aline Willems. 558–587. Berlín y Boston: de Gruyter.

Sinner, C. y A. Wesch, eds. 2008. *El castellano en las tierras de habla catalana*. Madrid y Fráncfort: Iberoamericana y Vervuert.

Vallverdú, F. 1972. *Ensayos sobre bilingüismo*. Barcelona y Esplugues de Llobregat: Ariel.

Vallverdú, F. 1982. "Situación de la lengua catalana". *Revista de Occidente* 10–11: 77–91.

Zamora Vicente, A. 1967. *Dialectología española*. 2.ª ed. Madrid: Gredos.

Parte IV
Historia de las variedades no europeas del español

Parte IV

43

El español en América (I): primera etapa colonial (siglos XVI–XVII) (Spanish in America (I): beginning of the colonial period (sixteenth and seventeenth centuries))

Juan Pedro Sánchez Méndez

1. Introducción

Este capítulo se centra en la historia del español en América durante su primera fase colonial o virreinal, que abarca desde finales del siglo XV hasta el primer tercio del siglo XVIII. En primer lugar, se define qué se entiende por *español colonial*. Luego se ofrece una sucinta relación de las diferentes teorías en torno a los orígenes del español en América y se continúa con la presentación del cuadro general en que se diversificó la América colonial hispana, dando lugar a las principales características lingüísticas de las distintas regiones y a las diferencias entre estas y con España. Finalmente, se exponen algunas cuestiones pendientes de investigación más amplia y sometidas todavía a controversia en la bibliografía.

Palabras clave: historia del español colonial en América; orígenes del español americano; regionalización lingüística hispanoamericana colonial

This chapter focuses on the history of the Spanish language in America during its first colonial or viceregal phase, from the end of the 15th century to the first third of the 18th century. First, it defines what is meant by *colonial Spanish*. It then offers a brief overview of the different theories about the origins of Spanish in America and continues with the presentation of the general scheme in which Hispanic colonial America was diversified, which gave rise to the main linguistic characteristics of the different regions and the differences between them and with Spain. Finally, the chapter presents some issues that remain controversial and require further research.

Keywords: history of colonial Spanish in America; origins of American Spanish; Colonial Hispano-American linguistic regionalization

DOI: 10.4324/9781003035565-50

2. Conceptos fundamentales

El llamado *periodo colonial*, que podría denominarse también, con más propiedad histórica, *periodo virreinal*, hace referencia a un lapso temporal de la historia de la lengua española en América que ocupa aproximadamente trescientos años: desde finales del siglo XV, con la creación los primeros asentamientos hispánicos en el Nuevo Mundo, hasta bien entrado el siglo XIX, cuando se produce el proceso de emancipación de casi toda la América hispana. En su origen, y durante la mayor parte de la historia de la América española, no hubo colonias *stricto sensu*, sino que se instaló una administración que seguía el modelo peninsular europeo y se organizó en provincias indianas articuladas en torno a los virreinatos, que se dividían en entidades menores como las audiencias, gobernaciones, capitanías, etc.

Desde el punto de vista de la historia de la lengua, dentro de la época colonial podríamos establecer un primer periodo que cubriría desde finales del siglo XV hasta comienzos del siglo XVIII, que es el que tratará este capítulo. En él podemos distinguir, a su vez, dos subetapas: la de los "orígenes del español americano" (siglo XVI: *cf.* el § 3), y la de la reestructuración y consolidación de la lengua (siglo XVII: *cf.* el § 4). Ambas subetapas suponen la implantación del español en el Nuevo Mundo, su arraigo y americanización (Guitarte 1983; Sánchez Méndez 2003 y 2019a). Su final se puede fijar en los primeros decenios del siglo XVIII, punto de inflexión importante, con el surgimiento de una actividad intelectual que irá afianzando una conciencia americana de la lengua, a la vez que la evolución lingüística comenzará a definir lo que hoy es el español americano (Sánchez Méndez 2019b).

Por otro lado, hay que tener en cuenta, como ya señaló González Ollé (1996–1997), que sería erróneo suponer que la castellanización de América se dio en la época colonial siguiendo un proceso uniforme de incremento. La castellanización, en cuanto arraigo de la lengua en un nuevo medio geográfico y en una nueva sociedad, corresponde sin duda al periodo colonial o virreinal, pero la extensión geográfica y social del castellano será en gran medida obra de la América independiente.

Asimismo, hay que prevenirse de la falsa sensación de unidad lingüística a la que puede dar lugar la expresión *lengua colonial* o *virreinal*, que se puede encontrar con frecuencia en la bibliografía. Como ha señalado acertadamente Lüdtke (2014, 116), *español colonial* es un término complejo que puede referirse tanto a la lengua culta como a la lengua común hablada a nivel de un dialecto secundario (es decir, un dialecto que se diferencia en el español por un conjunto de características lingüísticas diatópicas o geográficas, como son las variedades del español de la Península y las variedades del español en América, *cf.* Coseriu 1981) a través de sus variedades geográficas. No hay una sola lengua colonial, sino que este término abarca una realidad compleja de la que luego surgió, o sobre la que se constituyó, la variación americana actual. Lo que tenemos es un estado de variación determinado en un romance que llegó a América y allí, según las distintas zonas y sus características, evolucionará a estados de variación más o menos diferentes que funcionaron con parámetros distintos a los peninsulares. Como resume Lüdtke (2014, 115–116), la variación del español peninsular continuó en América en la lengua hablada y escrita, aunque con otra arquitectura lingüística.

En efecto, durante los tres siglos virreinales, y muy marcadamente en los dos primeros, Hispanoamérica se conformó en un macrocosmos lingüístico en el que tenían cabida (o irían definiéndose) variedades y variantes que funcionaban en niveles diatópicos, diastráticos y diafásicos parcialmente distintos a los peninsulares, a lo que se añaden las variedades contactuales surgidas del contacto de las lenguas amerindias con el español. No existe, por tanto, *un* español colonial, unívoco y fácilmente reconocible, al igual que es inapropiado hablar hoy de *un* español de América. Se ha considerado que los orígenes del español americano estarían en un fondo idiomático y koinético más o menos común, producto de la nivelación entre hablantes de distinta procedencia dialectal. A partir de él, pronto el español a lo largo y ancho de la América colonial se fue diversificando según las circunstancias cambiantes de cada región, y no siempre de manera convergente.

Finalmente, conviene advertir que lo que se presentará a continuación no es más que una visión sintética de un tema vasto, lo que implica tener que dejar al margen algunos asuntos. Así, por ejemplo, a pesar de ser importante, no se tratará en este capítulo el extenso y complejo tema de las lenguas amerindias y africanas en contacto con el español. Gran parte de lo que vamos a señalar aquí se ha de entender en el seno de las sociedades indianas o coloniales, multiétnicas, multiculturales y, en algunos casos, multilingües.

3. Aproximaciones teóricas

A partir de finales del siglo XV el español, tras su historia medieval, se bifurcó en su tránsito al español moderno en una rama peninsular europea y en otra americana. Esta última, a su vez, se fue diversificando, sobre un fondo común, en distintas variedades regionales, que tienen su origen en la administración de la América hispana. El español americano no es un "desgajamiento" o "desviación" a partir de un supuesto español de España homogéneo del siglo XVI, porque ese español, como cualquier otra lengua, no era más que un estado de variación diatópica, diastrática y diafásica en un determinado momento (Penny 2003). El español americano virreinal sería una derivación, en todo caso, del trasplante del estado de variación del español europeo a un nuevo territorio donde hubo de establecerse, reconfigurarse y generalizarse.

El tema de los orígenes del español americano ha sido uno de los que ha suscitado mayor interés y controversia en la bibliografía. Desde hace un siglo se han formulado sucesivas teorías y explicaciones sobre los orígenes, que han dado lugar a un debate que sigue abierto hasta el día de hoy. Estas teorías se caracterizan por su modificación sustancial a medida que se han ido incorporando nuevas perspectivas y datos sobre la realidad histórica dialectal hispánica. Muy resumidas y en orden cronológico, si bien algunas de ellas son contemporáneas, porque representan la interpretación de los mismos hechos a partir de diferentes postulados y enfoques teóricos, son las siguientes:

a) La teoría indigenista postulaba la hipótesis de que, en el origen y la configuración de las diferentes variedades de español americano, posiblemente podamos encontrar un importante influjo de sustrato de las lenguas indígenas habladas en los respectivos lugares cuando se superpuso el español. Esto explicaría la posterior regionalización del español americano. Esta teoría fue propuesta a finales del siglo XIX por Lenz (1893) a propósito del español de Chile. Cuando la formuló todavía se desconocía considerablemente la realidad dialectal hispánica y no sabía que muchos de los rasgos chilenos que atribuía a influjo araucano se daban también en otros lugares del mundo hispánico. No obstante, la teoría continuó desarrollándose posteriormente desde otras perspectivas, que han tratado de precisar el influjo de las lenguas indígenas en el español americano. Se considera en general que el sustrato indígena solo actuaría en algunos casos, pero no ha tenido un papel importante o esencial en el origen del español americano y su diversificación regional, ni explica la mayor parte de las características lingüísticas que lo definen. Sin rechazar el sustrato, la investigación actual se ha reorientado y se estima que las lenguas indígenas son solo la base de (o están presentes en) algunas variedades regionales o sociolectos del español en ciertas comunidades de determinados países.

b) Las teorías poligenética y andalucista tratan de explicar los orígenes de las principales características del español americano y de indicar las bases sobre las que se asientan las modalidades lingüísticas hispanoamericanas. Cada una de ellas representa una posición opuesta a la otra ante la interpretación de los mismos hechos. Se puede seguir la historia de ambas teorías en Guitarte (1983). La mayoría de los rasgos lingüísticos, especialmente los fonético-fonológicos, que definen las variedades americanas están también presentes de una forma u otra en las variedades del español europeo. Por lo tanto, podríamos pensar que las características de las hablas americanas son heredadas de España, ya que durante la colonización entraron en contacto hablantes de todas las variedades dialectales de la Península. De ellos, los hablantes meridionales fueron los más numerosos, lo que explicaría que el andaluz fuera la principal variedad que nutrió a las hablas americanas con sus características, aunque en grado diverso.

Para la teoría poligenética (Henríquez Ureña 1932; Alonso 1967), las principales características del español americano aparecen en América al mismo tiempo (o incluso antes) que en España, de ahí el nombre de poligénesis. Niegan, pues, el origen meridional andaluz de los fenómenos esenciales en los que coinciden América y Andalucía.

Para la teoría andalucista (Wagner 1920; Menéndez Pidal 1962; Lapesa 1964), el andaluz está en la base y génesis de las diferentes modalidades americanas. Boyd-Bowman (1976), con documentación sólida y abundante, demostró que, en la colonización del Nuevo Mundo, Andalucía y Canarias aportaron el 65,5 % del total de individuos pasados a América durante el siglo XVI. Menéndez Pidal (1962) destacó la importancia de la conexión entre los puertos andaluces y los americanos: a un primitivo español andaluzado, producto de la nivelación entre hablantes de diferentes regiones españolas, que debió de ser común en todas las regiones del continente, seguiría después una diferenciación determinada por la distinta comunicación que los territorios americanos mantuvieron con la metrópoli. Las zonas costeras de América seguirán conectadas durante algo más de dos siglos con los puertos andaluces, lo que motivará el refuerzo allí de los rasgos coincidentes con Andalucía (relajación y pérdida de consonantes finales, pronunciación aspirada de /x/, caída de -d- intervocálica, etc.). En cambio, las zonas del interior del continente permanecerán ajenas a estos cambios de las costas. Las cortes virreinales y sus regiones adyacentes serán también decisivas para la configuración lingüística, pues recibirán las innovaciones septentrionales surgidas en el ámbito cortesano madrileño y las difundirán en su entorno en detrimento de las más meridionales.

Según Lapesa (1964), lo andaluz es solo un factor más de los diversos elementos que entran en la formación del español americano, en el cual han intervenido, en proporción variable: a) rasgos lingüísticos procedentes de regiones no meridionales de España, b) elementos derivados del contacto de lenguas y c) cambios fonéticos, morfosintácticos y léxicos particulares en cada área. Los andalucismos no arraigaron por igual en las distintas zonas. Los primeros testimonios documentales americanos reflejan la expansión inicial del tipo de habla andaluza por toda América, pero no su consolidación y su difusión social. La mayor o menor presencia actual de rasgos meridionales en las hablas americanas es el resultado del afincamiento definitivo en distinta proporción de colonos regionales, del mayor o menor influjo de las lenguas indígenas y de las diferentes condiciones de vida y cultura de cada zona. De los meridionalismos, solo el seseo es general y el yeísmo, vasto y discontinuo. Los demás rasgos son menos generales y más localizados geográficamente (por ejemplo, la aspiración de -s implosiva). En cambio, en las altiplanicies de México, Ecuador, Perú y Bolivia el habla se aproxima más a la castellana septentrional.

Para Rivarola (1990) el andalucismo del español de América se refiere solo a la fijación de los principales fenómenos en los que América o alguna de sus regiones coinciden con Andalucía. Unos rasgos del andaluz alcanzaron gran difusión hasta hacerse generales o muy extendidos (precisamente los aceptados en los acrolectos sevillanos), logrando después resistir a la acción niveladora septentrional, y otros, en cambio, nunca pasaron la esfera de lo regional o de sociolectos bajos.

c) Las teorías de la koineización y estandarización y de la reestructuración patrimonial. A partir de finales de los años 80 del siglo pasado se desarrollaron dos nuevas perspectivas en cuanto a la conformación lingüística de la América virreinal: una toma como origen de las variedades americanas un mismo español koinético andaluzado, generalizado por todo el continente (*cf.* Granda 1994; Fontanella de Weinberg 1992a), aunque mostrara a veces particularidades regionales; la otra parte de una situación de variedades en contacto que dio lugar a nuevos espacios de variación lingüística diferentes entre sí y respecto de los peninsulares (Rivarola 2001 y 2005; Sánchez Méndez 2003; y, en parte, Lüdtke 2014).

Desde posiciones teóricas basadas en las conclusiones de Siegel (1985), Granda (1994, 13–49) y Fontanella de Weinberg (1992a) desarrollan la teoría de la koineización y de la estandarización. Esta teoría supone para América una situación inicial de variedades dialectales en contacto que da lugar a una koiné de base andaluzada general americana, aunque con algunas particularidades regionales. Posteriormente, y según las diferentes circunstancias socioculturales e históricas de cada región, se fueron cumpliendo distintos procesos de estandarización en grado diverso de esa koiné originaria. De esta manera, en algunas regiones, como las virreinales, se suprimieron los rasgos lingüísticos hipercaracterísticos (es decir, muy marcados frente a las otras variedades españolas) y se suavizaron los más meridionales a favor de los septentrionales y cortesanos, mientras que en otras se reforzaron los meridionales o los más marcados. La diferente estandarización en cada región dará lugar a las respectivas modalidades actuales hispanoamericanas.

Por su parte, Rivarola (2001, 85–106, 2005, 804 y ss.) rechaza esta teoría, por cuanto no encuentra para el mundo andino la homogeneidad inicial generalizada que se supone a la koiné y prefiere hablar de una reestructuración patrimonial, que, en su opinión, explicaría mejor la distribución social de determinados fenómenos lingüísticos. Con este concepto se designa un proceso por el cual, a partir de un conjunto heterogéneo de variantes existentes, en el español llegado a cada región se produjo, en el marco de unas circunstancias particulares, una selección de algunas de ellas, que terminaron generalizándose. Una conclusión parecida, con mayor grado de detalle, presenta Lüdtke (2014, 115 y ss.).

4. Perspectivas actuales

Durante la segunda subetapa del primer periodo virreinal se produjo la reestructuración y consolidación del español americano. Abarcaría desde finales del siglo XVI hasta el primer tercio del siglo XVIII. Las distintas zonas fueron configurándose lingüísticamente: en algunas áreas los rasgos meridionales pervivirán, en otras serán atenuados e incorporarán a sus hablas características del español septentrional; habrá zonas especialmente conservadoras y otras innovadoras, y todas las regiones, en conjunto, fueron asumiendo y desarrollando sus rasgos lingüísticos propios y su distribución social según factores diversos. Se trataría de un periodo de maduración de la sociedad virreinal, organizada en núcleos urbanos agrupados a través de una división administrativa estable en virreinatos, gobernaciones, audiencias y provincias.

En el Nuevo Mundo van a confluir distintos colonizadores procedentes de todas las regiones (y dialectos) de Castilla, a los que se sumarían algunos aragoneses y portugueses. A medida que se iban creando las nuevas sociedades se produjo un proceso de nivelación lingüística entre todos ellos, que podríamos denominar *fusión*, que dará lugar a una variedad contactual (o conjunto de ellas) en cada territorio. Por lo tanto, se puede considerar que la situación de contacto histórico en la Península entre las variedades internas del castellano, por un lado, y entre estas y otros romances (y el vasco), por el otro, se traslada a América y continuará, con otros presupuestos y en grado diverso, en las nuevas sociedades. Es decir que la historia románica compartida por el castellano con otras modalidades peninsulares se insertó también en América. De este modo,

Hispanoamérica supone la prolongación del continuo románico lingüístico peninsular en el Nuevo Mundo, pero ahora ya no manifestado en la geografía, sino en el interior del idioma.

En las jóvenes sociedades americanas la lengua comenzó a funcionar socialmente de modo distinto a Europa (*cf.* Rivarola 2001, 79 y ss.), lo que afectó a la pronunciación y sus características. En los siglos virreinales, las que en la Península no eran más que variantes geográficas en América se convirtieron también en sociales mediante una reasignación de variantes. A su vez, la distinta distribución y proporción de rasgos meridionales y septentrionales se va a ver matizada, según zonas, por rasgos lingüísticos más innovadores o conservadores.

La América virreinal, con una lengua extendida mucho más allá de su foco originario y, además, instalada en un territorio separado, se convirtió en un área lingüística denominada *lateral*. Es propia de las áreas laterales la tendencia tanto al conservadurismo como a la innovación respecto de las áreas más centrales (Sánchez Méndez 2003, 115 y ss.).

El conservadurismo es una característica observada en todas las modalidades virreinales del español. Estas asumieron el mantenimiento en el tiempo de muchas características lingüísticas que en la Península ya se habían resuelto, al menos en la lengua literaria y urbana. El español que llegó a América presentaba una gran inestabilidad, con cambios lingüísticos en marcha. El carácter de lengua trasplantada en una zona lateral ralentizó más la resolución de esos cambios, por lo que la inestabilidad del sistema y el polimorfismo hubo de durar mucho más en América, aunque no fue igual en todas las zonas (*cf.* Fontanella de Weinberg 1992b). Por ejemplo, la vieja forma *nós* ("nosotros") presentó una desigual pervivencia en la geografía hispanoamericana, llegando hasta el siglo XVII; el antiguo carácter perfectivo de la construcción de perfecto simple con *ser*, en expresiones como *ser dicho*, se prolongó hasta el último tercio del siglo XVIII (*dicho es* "se ha dicho, está dicho"); la pasiva refleja con *se* no se impuso en la mayor parte de las regiones hasta la primera mitad del siglo XVIII; las construcciones con *ser* locativo, del tipo *es a la puerta*, todavía mostraban cierta vitalidad a finales del siglo XVIII en muchas regiones; el futuro de subjuntivo, en franca decadencia en la Península, en casi toda la América hispana presentó un amplio y extenso uso hasta principios del siglo XIX (*cf.* Fontanella de Weinberg 1992a, 75–76).

A todo esto, se suma el hecho de que también hubiera desfase entre las distintas zonas americanas. En todas las regiones muchos de los procesos de cambio lingüístico en marcha en España culminaron, pero Fontanella de Weinberg (1992b) muestra que hubo áreas más centrales, como las virreinales, o aquellas en contacto estrecho con los puertos españoles, donde estos cambios concluyeron antes que en otras más periféricas.

Por otro lado, la lejanía de la metrópoli y de las cortes virreinales impulsó en muchas zonas americanas direcciones distintas en la conservación y desarrollo de antiguos usos lingüísticos. Aquí tenemos un ejemplo de la segunda característica: la innovación. Esto supone la asunción de rasgos innovadores que en otros contextos o en las áreas centrales de América serían considerados dialectales o subestándares.

Por lo tanto, podemos ver que, durante los primeros siglos virreinales, América era un área lingüística lateral donde las diferencias entre regiones se daban básicamente: a) en la variación lingüística y en su evolución (no siempre coincidente), b) en la prolongación de cambios lingüísticos en marcha y c) en la conservación de estructuras antiguas o en la adopción de nuevas. Además, ya aparecen los primeros testimonios que permitirían establecer, *grosso modo*, la definición del espacio variacional del español de algunas regiones.

La forma en que se dividió administrativamente el continente tendrá repercusiones importantes, pues durante buena parte de su historia las distintas provincias indianas funcionaron de forma muy autónoma unas de otras, de manera que con ellas se fueron conformando e integrando también los diferentes espacios políticos, culturales y lingüísticos. En la caracterización lingüística de cada zona no solo intervino el diverso grado de comunicación con la metrópoli (o la ciudad virreinal), sino también la variada comunicación o incomunicación entre regiones. Es fácil imaginar que muchas regiones se convirtieron en islas lingüísticas, de modo que se incrementaron las diferencias entre ellas o se manifestaron evoluciones y cambios lingüísticos divergentes entre unas y otras que aún se dejan sentir en la actualidad. El resultado fue la diversificación regional americana.

Desde el punto de vista que nos interesa, hubo tres tipos de zonas. Un primer grupo de regiones más centrales son las áreas virreinales. El virreinato fue la unidad administrativa y política más importante de América. Durante los siglos XVI y XVII hubo dos: el de Nueva España, con capital en México, que comprendía todos los territorios al norte del actual Panamá; y el de Perú, que controlaba desde la ciudad de Lima el resto de las posesiones en Sudamérica hasta Panamá. Las ciudades que gozaron del privilegio de ser virreinales conocieron un amplio e intenso desarrollo urbanístico, social y cultural. Las cortes no se limitaron solo a imponer sus rasgos septentrionales cortesanos, sino que también desplegaron su influencia a la hora de determinar los resultados y la duración de los cambios lingüísticos en marcha. En tanto que modelos lingüísticos, se atribuye a las cortes virreinales el freno en sus áreas de influencia de determinadas evoluciones lingüísticas divergentes respecto los cambios operados en la corte madrileña, dando lugar, de este modo, a una dicotomía geográfica en América. Un ejemplo ilustrativo de esto es el voseo. Las capitales virreinales y las zonas bajo su influjo impusieron el uso de *tú* como único pronombre que expresaba el trato de confianza. En cambio, en aquellas regiones americanas caracterizadas por su escasa vida urbana o alejadas de las áreas de influencia de las capitales virreinales, el empleo afectivo de *vos* continuó junto con *tú*, perdurando con diversa intensidad para finalmente fundirse en el paradigma voseante típico de un tercio de América.

Hubo un segundo grupo de regiones a lo largo y ancho de América que podríamos denominar innovadoras, al igual que Andalucía con respecto a Castilla en el siglo XVI. Son las regiones americanas que por sus características geográficas (el hecho de tener puertos) y demográficas (el predominio de la presencia de meridionales al principio y el continuo arribo de estos en épocas posteriores) tuvieron más contacto con los puertos de Andalucía. La mayor parte de las áreas costeras de América, especialmente el Caribe y las Antillas, reforzaron y extendieron los rasgos meridionales ya presentes en la nivelación de los primeros tiempos.

El tercer tipo corresponde a regiones como Chile, Argentina, parte de Centroamérica o el caso extremo de Paraguay. La mayoría de ellas se caracterizó durante la época virreinal por ser áreas periféricas, atrasadas, mal comunicadas y con escasos contactos con los puertos andaluces y con las cortes virreinales. El español nivelado que se formó allí en los primeros tiempos continuó su evolución de manera más independiente del resto de zonas y de los centros americanos de poder y cultura. La tradición normativa hispánica estuvo mucho más atenuada y, como señala Pascual (2000, 91), el debilitamiento tradicional de la norma hispánica y su carácter tardío en determinadas áreas impuso un desarrollo más flexible de las tendencias lingüísticas de las capas bajas de la población, sin que las clases altas, minoritarias e incomunicadas con las de otras regiones, fuesen capaces de frenarlas.

5. Perspectivas futuras y conclusiones

El problema básico de este periodo es el de poder conocer y describir adecuadamente la manera en que se originaron las variedades americanas, que sigue abierto en la bibliografía, así como la filiación andaluza de muchos rasgos americanos generales, que continúa sin aceptase por parte de algunos investigadores actuales (*cf.* Noll 2005). En general, los dos problemas fundamentales de las cinco teorías examinadas sobre los orígenes del español americano son los siguientes: a) se basan mayoritariamente en datos que se encuentran en el nivel fonético-fonológico, marginando los demás niveles de análisis lingüístico (el nivel morfosintáctico histórico ha comenzado a estudiarse sistemáticamente en los últimos decenios); b) el conjunto de datos que se utiliza para justificar o probar sus postulados (especialmente en el caso de las dos últimas teorías: koineización y reestructuración patrimonial) es claramente insuficiente y, por lo tanto, especulativo. Existe todavía una falta de investigación sistemática y exhaustiva en los documentos antiguos que pueda mostrar nuevos datos y verificar (o refutar) las hipótesis que se han vertido.

En efecto, todas estas teorías han carecido de pruebas empíricas cuantitativas y cualitativamente más amplias, basadas en una documentación exhaustiva seleccionada según criterios sociolingüísticos, históricos y geográficos: no basta con observar un determinado fenómeno y testimoniarlo en un documento, sino que también hay que considerar su difusión social y su inclusión en el espacio de variación (*cf.* Cock Hincapié 1969). Todo esto implica que las teorías han sido fundamentalmente de naturaleza hipotética y parcial, altamente susceptibles de ser refutadas por nuevos datos.

La teoría de la koineización y estandarización, a pesar de ser muy sugestiva, parte de una koineización general en toda América no evidenciada claramente en los documentos coloniales (o sustentada a veces con datos endebles). Además, no va mucho más allá de la fonología, en la que parece funcionar bien, e ignora otros niveles lingüísticos, donde algunas investigaciones posteriores han comprobado que suele fallar en sus predicciones o han aportado datos que la contradirían. Hay ejemplos en el nivel morfosintáctico de difícil encaje en esta teoría, como, por citar solo dos casos sacados a colación en la investigación, el abundante polimorfismo que presentan los documentos durante generaciones o la existencia de estructuras sintácticas antikoinéticas, como la persistencia hasta el siglo XIX del futuro de subjuntivo en toda América. En resumen, según algunos investigadores la teoría supone una simplificación excesiva de los orígenes que no basta para explicar los hechos lingüísticos observables en la documentación.

La segunda teoría, la de la reestructuración patrimonial propuesta por Rivarola (2001 y 2005) aunque no desarrollada del todo, está mejor fundamentada en datos documentales (pero limitada al mundo peruano) y es la que menos problemas plantea. No obstante, la documentación colonial para otras zonas lleva en gran medida, por un lado, a estar en general de acuerdo con lo señalado por Rivarola, pero, por el otro, a matizarlo también. Los testimonios que ofrecen los documentos estudiados para la Audiencia de Quito (Sánchez Méndez 1997), igualmente andina, se acercan más a lo postulado por el estudioso peruano; sin embargo, los datos obtenidos para otras regiones más costeras, como las venezolanas (Sánchez Méndez 1997) o Puerto Rico (Álvarez Nazario 1991), apuntan a que a determinadas zonas llegó un español más unitario (o mucho menos heterogéneo), producto de una nivelación que podrían entenderse en el sentido koinético señalado por Granda (1994) o Fontanella de Weinberg (1992a). Parece, por lo que sabemos hasta ahora, que hubo unas regiones que respondieron mejor a los procesos koinéticos señalados por Granda y Fontanella y otras, como las andinas, donde, por las características de su colonización, debió de imponerse desde el principio un español más heterogéneo (aunque también nivelado con algunos elementos meridionales) en el que luego operaría la reestructuración patrimonial en la manera descrita por Rivarola. Esto es un hecho sin demostración aún en el que se ha de profundizar con el fin de conocerlo más en detalle y verificarlo o modificarlo.

Es necesaria, pues, una investigación de índole más empírica en la que se parta de una amplia documentación americana de, al menos, los primeros cien años de la colonización española del Nuevo Mundo. El objetivo es profundizar en los orígenes del español americano partiendo de las teorías de la koineización y estandarización y de la reestructuración patrimonial. Esto se debería realizar sobre una sólida base de datos que den cuenta de todos los niveles lingüísticos, para saber cómo se formaron y definieron en su origen las variedades americanas del español desde el punto de vista lingüístico (variedades en contacto) y sociolingüístico (reconfiguración de la variación interna de la lengua). De esta manera, en definitiva, se ha de ir más allá de la naturaleza excesivamente teórica de los modelos de orígenes. A su vez, se trata también de conocer en qué medida los datos extraídos de los documentos permiten responder a las preguntas de cómo es una koiné en sus niveles fonológico, morfosintáctico y léxico, si es igual a una nivelación o si se trata de algo distinto, y de saber si fue idéntica en todos lados o había diferencias regionales (y desde cuándo y en qué consistían estas).

Queda pendiente, asimismo, la descripción del español virreinal de muchas zonas de América en estos primeros siglos. Es cierto que desde los años ochenta del siglo pasado han aparecido importantes trabajos que, a partir de ricas fuentes documentales indianas, han descrito el primer español de regiones como Buenos Aires, Santo Domingo, Tucumán, Perú, Venezuela, Quito, México, Costa Rica o Bolivia, pero queda todavía mucho por hacer para cubrir toda la América hispana. A su vez, la manera en que se ha utilizado la documentación para sacar conclusiones ha sido muy heterogénea y a veces algo atomista, es decir, se ha hecho desde postulados teóricos diversos, no siempre coincidentes o confundiendo en algunos casos, por ejemplo, lo propio de lo oral con lo escrito, cuando no con errores de transcripción o interpretación de las grafías. Afortunadamente, contamos ya con abundantes colecciones de documentos indianos transcritos con rigor tanto en su versión impresa como en bases de datos en línea. Estas colecciones, junto con la aplicación de nuevos métodos a fuentes documentales inéditas, han supuesto un profundo cambio cualitativo en la investigación y en nuestro conocimiento de la configuración lingüística del Nuevo Mundo. Asimismo, mientras abundan los estudios de lexicología, de fonética y fonología, todavía es mucho lo que queda por hacer para la investigación de la morfosintaxis del español virreinal y de su historia. No disponemos aún de una morfosintaxis histórica hispanoamericana, aunque es cierto que ya hay varios proyectos en marcha para elaborarla, aunque sea parcialmente.

Por otro lado, la perspicaz visión de conjunto de Menéndez Pidal (1962) sigue siendo, sin duda, imprescindible: sintetiza con notable acierto las causas de la diferenciación lingüística regional americana y ofrece un cuadro bien fundamentado en el que analizar la historia virreinal del español. Sin embargo, hay todavía muchas cuestiones sin resolver y pendientes de investigación más detallada y, hasta ahora, sin abordar: no se han tratado todavía factores sociales y culturales igualmente importantes en la configuración lingüística de América y solo podemos explicar en parte la gestación progresiva de la cultura normativa policéntrica actual del español americano. Aún está pendiente de estudio pormenorizado la incidencia real de las cortes virreinales, cómo se produjo, hasta dónde alcanzaba (o no) y en qué consistía exactamente. En lo referente a la norma cortesana y su presencia rastreable en determinadas hablas americanas, tampoco están claras, como señalan con acierto Bustos Gisbert y Santiago (2002) y Bustos Gisbert (2019), algunas cuestiones de importancia: la delimitación más precisa entre "norma madrileña" y "norma cortesana", cómo y cuándo se produjo el proceso de expansión geográfica y social de los rasgos más característicos de ambas o cómo frenó o no logró imponerse a otros más meridionales en América, pues los datos y testimonios que nos llegan son algunas veces contradictorios.

Lecturas recomendadas

Menéndez Pidal (1962), aunque antiguo, sigue siendo importante y esclarecedor para explicar las bases de la lengua colonial en América y la importancia de la conexión entre los puertos andaluces y los americanos. Se presenta la influencia que el habla de Sevilla, centro comercial, junto con la de Madrid, asiento de la corte, tuvieron en el español de América, y cómo los rasgos lingüísticos de ambas ciudades se difundieron por América, conformando las distintas áreas.

En Rivarola (2005) se hace una revisión crítica de las teorías sobre los orígenes del español americano, especialmente de la teoría de la koineización y estandarización. Basado en la documentación colonial que maneja, Rivarola propone una nueva reinterpretación de los orígenes a partir de la noción de reestructuración patrimonial, que retoma algunos sólidos argumentos de Amado Alonso (1967) y de la teoría poligenética.

Sánchez Méndez (2003) ofrece una descripción amplia del denominado español colonial. Aparecen tratados con más detenimiento muchos asuntos que han quedado fuera de este capítulo por razones de espacio, como la América indígena y africana y las diferentes situaciones de lenguas en contacto que se produjeron, así como sus resultados en variedades contactuales.

Referencias citadas

Alonso, A. 1967. *Estudios lingüísticos. Temas hispanoamericanos*. Madrid: Gredos.

Álvarez Nazario, M. 1991. *Historia de la lengua española en Puerto Rico*. San Juan: Academia Puertorriqueña de la Lengua Española.

Boyd-Bowman, P. 1976. "Patterns of Spanish Emigration to the Indies Until 1600". *Hispanic American Historical Review* 56 (4): 580–604.

Bustos Gisbert, E. 2019. "Norma madrileña, norma cortesana y norma americana". En *La configuración histórica de las normas del castellano*, ed. V. Codita, 317–333. Valencia: Tirant lo Blanch.

Bustos Gisbert, E. y R. Santiago. 2002. "Para un nuevo planteamiento de la llamada 'norma madrileña'". En *Actas del V Congreso Internacional de Historia de la Lengua española*, eds. M. T. Echenique Elizondo y J. P. Sánchez Méndez, vol. I, 1123–1136. Madrid: Gredos.

Cock Hincapié, O. 1969. *El seseo en El Nuevo Reino de Granada (1550–1650)*. Bogotá: Instituto Caro y Cuervo.

Coseriu, E. 1981. "Los conceptos de 'dialecto', 'nivel' y 'estilo de lengua' y el sentido propio de la dialectología". *Lingüística Española Actual* 3 (1): 1–32.

Fontanella de Weinberg, B. 1992a. *El español de América*. Madrid: Mapfre.

Fontanella de Weinberg, B. 1992b. "Variedades conservadoras e innovadoras del español de América durante el período colonial". *Revista de Filología Española* 72: 361–378.

González Ollé, F. 1996–1997. "La precaria instalación del español en la América virreinal". *Anuario de Lingüística Hispánica* 12–13 (1): 327–359.

Granda, G. de 1994. *Español de América, español de África y hablas criollas hispánicas*. Madrid: Gredos.

Guitarte, G. 1983. *Siete estudios sobre el español de América*. México: UNAM.

Henríquez Ureña, P. 1932. *Sobre el problema del andalucismo dialectal de América*. Vol. 1 de la Biblioteca de Dialectología Hispanoamericana. Buenos Aires: Universidad de Buenos Aires.

Lapesa, R. 1964. "El andaluz y el español de América". En *Pasado y presente de la lengua española*, vol. II, 173–182. La Laguna: Universidad de La Laguna.

Lenz, R. 1893. "Beiträge zur Kenntnis des Amerikanospanischen". *Zeitschrift für romanische Philologie* 17 (1–4): 188–214.

Lüdtke, J. 2014. *Los orígenes de la lengua española en América. Los primeros cambios en las Islas Canarias, las Antillas y Castilla del Oro*. Madrid y Fráncfort: Iberoamericana y Vervuert.

Menéndez Pidal, R. 1962. "Sevilla frente a Madrid. Algunas precisiones sobre el español de América". En *Miscelánea Homenaje a André Martinet*, ed. D. Catalán, vol. 3, 99–165. La Laguna: Universidad de La Laguna.

Noll, V. 2005. "Reflexiones sobre el llamado andalucismo del español de América". En *El español en América. Aspectos teóricos, particularidades, contactos*, eds. V. Noll, K. Zimmermann e I. Neumann-Holzschuh, 95–112. Madrid y Fráncfort: Iberoamericana y Vervuert.

Pascual, J. A. 2000. "La idea que Sherlock Holmes se hubiera hecho de los orígenes del español de América". En *El español y sus variedades*, ed. I. Carrasco, 75–93. Málaga: Ayuntamiento de Málaga.

Penny, R. 2003. *Variación y cambio en español*. Madrid: Gredos.

Rivarola, J. L. 1990. "La formación del español de América". *Español Actual* 53: 13–26.

Rivarola, J. L. 2001. *El español de América en su historia*. Valladolid: Universidad de Valladolid.

Rivarola, J. L. 2005. "La difusión del español en el Nuevo Mundo". En *Historia de la lengua española*, coord. R. Cano Aguilar. 2.ª ed., 799–823. Barcelona: Ariel.

Sánchez Méndez, J. P. 1997. *Introducción histórica al español de Venezuela y Ecuador durante los siglos XVII y XVIII*. Valencia: Tirant lo Blanch.

Sánchez Méndez, J. P. 2003. *Historia de la lengua española en América*. Valencia: Tirant lo Blanch.
Sánchez Méndez, J. P. 2019a. "La periodización de la historia del español americano desde la evolución morfosintáctica". En *El español de América: morfosintaxis histórica y variación*, eds. M. Fernández Alcaide y E. Bravo, 151–185. Valencia: Tirant lo Blanch.
Sánchez Méndez, J. P. 2019b. "La base ilustrada del policentrismo del español americano". En *La configuración histórica de las normas del castellano*, ed. V. Codita, 359–396. Valencia: Tirant lo Blanch.
Siegel, J. 1985. "Koinés and Koineization". *Language in Society* 14: 357–378.
Wagner, M. L. 1920. "Amerikanospanisch und Vulgärlatein". *Zeitschrift für romanische Philologie* 40: 286–312 y 357–390.

44
El español en América (II): de la Colonia a las Independencias (ca. 1680–1830) (Spanish in America (II): from the colonial period to independence (ca. 1680–1830))

Concepción Company Company

1. Introducción

Este capítulo pone en diálogo la historia externa de la lengua española en América con la gramática histórica para hacer evidente que el siglo XVIII es un periodo clave para entender las actuales configuraciones gramaticales del español en este continente. El XVIII constituye el primer español americano moderno o un español precontemporáneo. Durante esa centuria se documentan por primera vez o se afianzan en frecuencia de empleo formas y construcciones que hoy se consideran panamericanismos gramaticales. El primer apartado presenta la periodización tradicional del español americano para ubicar el lapso 1680–1830, objeto de este capítulo. El segundo apartado está dedicado a exponer cinco hechos de la historia colonial de América que constituyen un marco para entender algunas de las características gramaticales del español en este continente. Finalmente, el capítulo presenta siete fenómenos gramaticales que emergen o aumentan en frecuencia de empleo en el siglo XVIII.

Palabras clave: historia externa del español; español americano; siglo XVIII; sintaxis histórica; americanización gramatical del español

This chapter focuses on the interaction between the external history of Spanish in America and the historical grammar of this language in this continent. The paper focuses on the 18th century to show that this period is nuclear to understand the configuration and linguistic identity of American Spanish nowadays. The 18th century is the first modern American Spanish, or a pre-contemporary American Spanish. An important number of constructions, which are considered grammatical pan-Americanisms, are either documented for the first time or increase notably in frequency of use in that century. The first part of the chapter presents the traditional periodization of American Spanish and situates the period 1680–1830 in that periodization.

The chapter next describes five features of the external history of Colonial American Spanish as a frame for a better understanding of the grammatical facts. Finally, the paper presents seven morpho-syntactic constructions which emerge or increase in frequency in the 18th century.

Keywords: external history of Spanish; American Spanish; 18th century; historical syntax; americanization of Spanish grammar

2. Cuestiones conceptuales y metodológicas: la periodización de la lengua española en América y el tramo 1680–1830

La periodización tradicionalmente aceptada para el español americano comprende cuatro grandes etapas, que se corresponden, *grosso modo*, con hechos históricos, políticos y culturales: 1. Conquista y primeros asentamientos poblacionales (finales del siglo xv y durante todo el siglo xvi). 2. Criollismo (siglo xvii y primeras décadas del xviii). 3. Preindependencia (siglo xviii, sobre todo en su segunda mitad, y dos primeras décadas del xix). 4. Independencia (a lo largo del siglo xix).[1] Esta periodización general debe ser matizada según las zonas geográficas, la mayor o menor antigüedad de los poblamientos, la complejidad étnica y demográfica de los actuales países hispanoamericanos y la existencia o no de centros económicos y culturales importantes en esas zonas.

El lapso 1680–1830, objeto de estudio de este capítulo, se encabalga con el segundo periodo señalado a la vez que constituye por sí mismo el tercero. Estos 150 años, unas tres o cuatro generaciones, son particularmente importantes para comprender las actuales configuraciones lingüísticas americanas, ya que en ese periodo se documentan por primera vez, se afianzan o se generalizan formas y construcciones morfosintácticas, además de infinidad de nuevos ítems léxicos, procedentes en su mayoría de las lenguas amerindias de adstrato, todo lo cual, en conjunto, otorga a la lengua española en América unas identidades propias.

En este tramo temporal es particularmente protagónica la segunda mitad del xviii, pues a lo largo de ella se incuban las posteriores independencias americanas y se sedimentan, al tiempo, usos lingüísticos que constituyen el germen de las progresivas autonomías gramaticales americanas respecto del español europeo.

Este capítulo analiza siete construcciones gramaticales que emergen o se afianzan en el siglo xviii americano. Los datos base del análisis están obtenidos, fundamentalmente, del CORDIAM, que contiene documentos de archivo, obras literarias y textos de prensa escritos en América de 1494 a 1905. Me he valido ocasionalmente del CORDE.

3. El soporte de la historia externa

Cinco hechos históricos son de especial relevancia para entender la progresiva americanización de la lengua española, en orden cronológico: *a*) afianzamiento de élites criollas cultas a partir de la segunda mitad del siglo xvii; *b*) creación de dos nuevos virreinatos en el siglo xviii; *c*) emergencia en las primeras décadas del siglo xviii y a lo largo de toda esta centuria de grupos intelectuales ilustrados; *d*) migración de indígenas a los principales núcleos urbanos de los virreinatos, en particular durante la segunda mitad del siglo xviii, y *e*) implantación a partir de 1754 de las reformas borbónicas.

En cuanto al primer hecho, en muchas zonas de América, a lo largo del siglo xvii, se consolidaron élites criollas cultas que generaron y demandaron para sus hijos cultura y educación, lo cual llevó a un incremento de la creación científica y literaria en América, con el consecuente auge de producción editorial y multiplicación de imprentas, editores, universidades y otros centros educativos en las capitales de los virreinatos y en algunos otros núcleos urbanos. Hacia 1680–1690 se constata una producción literaria y científica americana sin precedentes en amplitud y calidad, con figuras bien conocidas como los novohispanos Juana Inés de la Cruz y Carlos de Sigüenza y Góngora, los limeños Juan del Valle y Caviedes y Juan de Espinosa Medrano o el quiteño Antonio Bastidas. En estos autores empiezan a aflorar formas y expresiones indicativas de una americanización de la lengua que décadas después tomarán carta de naturaleza como americanismos lingüísticos.

Simultáneamente, intelectuales y minorías económicas virreinales tomaron conciencia de una identidad propia y de que su estatus y privilegios ciudadanos eran inferiores a los de los recién llegados de España. Tal paulatina toma de conciencia es conocida como *criollismo*, y resulta ser mucho más acusada en la segunda mitad del siglo XVII, de modo muy especial en sus dos o tres últimas décadas. En este siglo se documenta por primera vez el gentilicio *americano* (1a), a pesar de que el topónimo *América* está documentado desde 1507 en la cartografía. Los usos tempranos del gentilicio hablan de una toma de conciencia basada en la "memoria" propia de los americanos, sus razones para "gloriarse" y el buscado contraste con los europeos, injustamente desdeñosos (1b) y, en ocasiones, perdedores en la comparación (1c).

(1) a   Muy digno de admiración es, que [Cortés] viva tan impreso en *la memoria de los americanos* que no hay quien ignore su famoso nombre (Antonio Tello, *Fragmentos de una historia de la Nueva Galicia*, ca. 1650, México, CORDE).
   b   procura nuestra desgracia el que no se propague por el mundo lo que *por ser americano*, aunque en si sea muy grande, lo tienen *en el resto del universo* por despreciable cosa (Carlos de Sigüenza y Góngora, *Paraýso occidental*, 1682, México, CORDIAM).
   c   En esto bien tiene en qué ocuparse *la Europa*, como *gloriarnos los americanos* de no necesitar de conseguir estas dichas (Carlos de Sigüenza y Góngora, *Obras. Preludio 1*, 1680, México, CORDIAM).

El segundo hecho histórico es la creación de dos nuevos virreinatos durante el siglo XVIII: el Nuevo Reino de Granada en 1717 (refundado en 1739), con capital en Santafé de Bogotá, y el Río de la Plata en 1776, con capital en Buenos Aires. Ambas fundaciones generaron nuevas autonomías administrativas, que debieron agudizar las diferencias dialectales existentes en torno a esos espacios, dieron lugar a renovados flujos migratorios de europeos y de americanos hacia esas zonas y motivaron la creación de nuevos centros de promoción y difusión de cultura con que afianzar la americanidad lingüística.

El tercer hecho histórico es la aparición a lo largo de todo el XVIII de grupos de intelectuales ilustrados que hacen visible y defienden la americanidad étnica, antropológica, cultural, política y social y, junto con ellas, la americanidad lingüística. Uno de los muchos resultados visibles de la ilustración americana es la creación de la prensa de este continente, ocurrida precisamente en el siglo XVIII. De manera casi simultánea, se publican en diversas ciudades periódicos varios: en la capital mexicana, la *Gazeta de México* (1721, primer periódico americano), la *Gazeta de Literatura* o el *Mercurio Volante*; en Bogotá, el *Papel Periódico* y *El Volante*; en Lima, la *Gazeta de Lima*, el *Diario de Lima* y el *Mercurio Peruano*; la *Gazeta de Guatemala*, etc. La mayoría de estos periódicos comenzó dando noticias de Europa, pero pronto pasaron a describir la realidad americana (2a), con los esperables efectos lingüísticos (2b).

(2) a Las historias antiguas de los indios nos aseguran, que, en el tiempo de su gentilidá, comían varios insectos, y entre ellos las lagartijas; y las tenían en tanta estimación los Chichimecas, que hacían de ellas sacrificios al Sol. [...] La medicina que usaban ellos pronta, y eficaz en todas las enfermedades, que se padecían en esta Nueva España [...] (*Gazeta de México*, 1784, CORDIAM).
  b Adoratorios en donde se sacrificaban á sus ídolos, les hacian libaciones de chicha, ofrecian cuyes y coca, insuflando, ó consumiendo por medio del fuego las especies que les presentaban (*Mercurio Peruano*, 1791, CORDIAM).

El cuarto hecho histórico relevante es que en el siglo XVIII, y no antes, se produjo una migración masiva de indígenas a los principales núcleos urbanos motivada por la conjunción de varios fenómenos, tales como la eliminación administrativa de los pueblos de indios y del sistema de repartimientos o una notable recuperación demográfica de los pueblos indígenas, con la consecuente escasez en el reparto de tierras comunales. Se produce, así, una *ciudadanización* del indígena con importantes efectos sociales derivados de una participación mucho más directa de este grupo étnico y social en el espacio urbano público (mercados, calles y plazas, lugares de culto) y privado (casas de criollos), alentándose con ello un mayor mestizaje étnico, cultural y, por ende, lingüístico. Para la Nueva España se produce en el siglo XVIII la mayor entrada de indigenismos al caudal léxico del español, nunca antes ni después registrada con tal intensidad en la historia del español de México (Company 2007). Basten los ejemplos de (3), documentados solo a partir del siglo XVIII, en los que el grado de lexicalización y las extensiones metafóricas prueban la profundidad histórica de ese mestizaje lingüístico: el español aporta las voces de significado ligero mientras que la lengua indígena (en este caso, el náhuatl) aporta las voces que especifican el significado del constructo.[2]

(3) a **dar**.
    ~ *atole* **con el dedo**. LOC. VERB. supran. Engañar a alguien con falsas promesas: "No te van a ascender, nomás te están dando atole con el dedo".
    ~ **la** *machincuepa*. LOC. VERB. *En política*, cambiar de partido: "Hoy en día casi todos los políticos dan la machincuepa".
  b **espantar**.
    ~ **con el** *petate* **del muerto**. LOC. VERB. Asustar con cosas sin importancia: "No me espantes con el petate del muerto, tu problema no es tan grave".

El quinto hecho histórico tiene que ver con el cambio de dinastía (de los Austrias a los Borbones) a finales del siglo XVII. Entre 1750 y 1760, Carlos III emitió unas leyes conocidas bajo el marbete de "reformas borbónicas" para imponer mayor control sobre los territorios americanos, centralizar el poder administrativo y eliminar los privilegios separadores. Su entrada en vigor resultó un acicate para disparar las independencias americanas y favoreció una nueva y aguda toma de conciencia por parte de los hablantes americanos de su diferente identidad y estatus jurídico. La conocida respuesta novohispana a estas leyes borbónicas de "se acata pero no se cumple" se extendió rápidamente a otros territorios americanos. Junto con la emancipación económica, política y administrativa, los hablantes americanos cobraron conciencia plena de ser distintos del otro, tanto de los españoles europeos como de los otros americanos, también en cuanto a la lengua. En efecto, la segunda mitad del siglo XVIII es un parteaguas lingüístico, posiblemente el primero y mayor, entre el español de América y el de España (Company 2012).

4. El siglo XVIII y la progresiva emancipación gramatical americana

La variación lingüística, consustancial al funcionamiento de cualquier lengua, se hace más acusada cuando se trata de caracterizar el español hablado o escrito en la enorme extensión de la actual Hispanoamérica —poco más de 12 millones de kilómetros cuadrados y algo más de 11 mil kilómetros de norte a sur—, con algo más de 415 millones de hablantes (censos oficiales de 2014), gran diversidad étnica, social y cultural y complejísimas redes sociolingüísticas, caracterizadas, simultáneamente, por una gran movilidad y una fuerte rigidez y verticalidad sociales cuya interacción modela el uso de la lengua española americana. Todo lo anterior impide hablar de *un* solo español en América y de homogeneidad sintáctica y hace necesario definir la noción de *americanismo sintáctico*. Siguiendo a Company (2020), este remite a una forma, construcción o distribución innovadora resultante de un proceso de cambio interno y que *a*) hoy es característica del habla de grandes comunidades urbanas capitalinas de hablantes nativos americanos; *b*) no debe su existencia a contacto lingüístico con lenguas amerindias —al menos no en un primer acercamiento—, y *c*) difiere de la norma urbana del español europeo en distribución y significado y/o en una gran diferencia de frecuencia de empleo.[3]

Por razones de espacio, daré cuenta solo de siete americanismos sintácticos que o bien se documentan ya abundantemente en el siglo XVIII o bien inician su andadura gramatical americana en esa centuria, al menos en los datos que proporciona el CORDIAM. Todos ellos constituyen hoy plenos panamericanismos.[4] Aparecen en zonas diversas de la América española dieciochesca, con frecuencia variable de uno a otro espacio, y atañen a muy diversas zonas gramaticales: formas de tratamiento, argumentos del verbo, selección de tiempos verbales, entre otras, prueba de que la americanización gramatical, como era de esperarse, se produjo de manera transversal en la lengua. El hecho de que aparezcan registros en la lengua escrita es señal de que debían estar vivos en la oralidad de esos países unas dos o tres generaciones antes, al menos.

4.1 *Empleo no deferente de ustedes con interlocutor plural*

Es sabido que en América el pronombre *ustedes* perdió su carácter originario de "deferencia" o "respeto" y se generalizó como único modo de referirse a dos o más interlocutores (*cf.* cap. 18). Este pronombre concurre con el verbo en 3.ª persona del plural (4), de manera que en Hispanoamérica el paradigma verbal de persona en plural tiene solo dos terminaciones: *nosotros cantamos, ustedes/ellos cantan*. El pronombre *vosotros* y sus formas paradigmáticamente relacionadas, el adjetivo-pronombre *vuestro(s)-vuestra(s)*, el clítico *os* y las desinencias verbales de plural *-áis, -éis, -ís* acabaron por desaparecer en América.[5]

Los ejemplos de (4), que aparecen en contextos de indudable inmediatez comunicativa y en diferentes territorios (Chile, México, Venezuela), anticipan de manera inequívoca la obligatorificación de *ustedes*, que tendrá lugar a lo largo de la segunda mitad del siglo XIX.

(4) a después de poco tiempo de haver estado, el referido Juan Estevan, platicando con dichos sus compañeros, se quedó el declarante admirado por haverle oydo decir, al expresado Juan Estevan, estas indignas palabras de proferir: "*saven ustedes* lo que ay, que la cruz donde Christo fue clavado he savido escupirla, patearla y botarla por ay" (1739, México, CORDIAM).

   b A mi Señora Madre mil cordiales memorias y que no me deje de besítar a la Agustina y que a todos los mire en caridá como lo acostumbra. Remito ocho reales para que Vuestra merced me enbíe una cebollas (sic). Y lo que *ustedes escribiecen* ce[a] por cubierta del Señor Don Juan Gavilan (1766, Chile, CORDIAM).

c   rompemos aora el candado del cepo, y nos bamos todos. A que ellos respondieron: "no señor, *vallance ustedes si quieren*, que nosotros no tenemos delito para huir" (1787, Venezuela, CORDIAM).

Una evidencia importante de este panamericanismo es, paradójicamente, el notable decremento de documentaciones de *vosotros-vuestro-os* en el CORDIAM, precisamente, en el siglo XVIII. Por ejemplo, la comparación de este siglo con la centuria precedente arroja resultados significativos: búsqueda vosotr*, XVII = 236 > XVIII = 23; *os*, XVII = 1314 > XVIII = 140. La búsqueda vuestr* sufre un mínimo decremento, 4964 > 4654, porque está asociado a expresiones fijas de la administración virreinal-colonial, *vuestras señorías, vuestras mercedes*, pero es asimismo un debilitamiento significativo.

4.2 Empleo de vos para trato cercano e íntimo

El voseo es, como se sabe, un cambio consistente en el empleo de *vos* con un significado de cercanía o no deferencial. Echa sus raíces en la reestructuración de la oposición de los pronombres de segunda de singular *tú/vos* existente en el siglo XVI y parte del XVII (Bertolotti 2015). Todos los actuales países hispanoamericanos conocen el voseo, si bien su estatus sociolingüístico es complejísimo, con muy diversos grados de estigmatización (*cf.* cap. 18 y cap. 45.3). El voseo no tiene clíticos específicos y se emplean los del tuteo, como se aprecia en los ejemplos de (5).

(5) a   tamuien *te* lleva un sombrero de castor y me perdonareis mi querida, que yo quisiera ymviar*te* mi corazon y es verdad que lo más del tiempo estoy sin él pues lo tengo siempre en *vos*, que aunque dise el adajio que la ausencia causa olvido digo que es falso porque yo experimento lo contrario (1712, Colombia, CORDIAM).
    b   Señor *vos tenes* la culpa de que mi Hermana *te* ofenda, pues *sabes vos* mejor que yo el estado en que se halla, y no lo remedias, y me *tenes* â mi tan immovil para trabajar, y darle lo necesario para mantenerse; remediallo *vos* como quisieres (1766, El Salvador, CORDIAM).

Estos ejemplos muestran que en entornos de total proximidad comunicativa se voseaba en el siglo XVIII en países donde actualmente se vosea. En el caso colombiano de (5a), la intimidad es de tintes eróticos, mientras (5b), salvadoreño, emplea *vos* para acercar(se) en el diálogo a dios, cercanía de trato religioso característica del español general, sea con voseo o con tuteo.

4.3 Incremento de marcación prepositiva en objetos directos inanimados

El español americano hace un uso más extendido que el europeo de la marca preposicional de caso *a* ante objeto directo inanimado en el orden no marcado verbo-objeto. Este cambio es todavía incipiente en la primera mitad del siglo XVIII, pero se documenta ya con regular frecuencia a finales del XVIII, como se aprecia en los ejemplos de (6). Aparecen con marca prepositiva objetos directos inanimados, en singular y definidos (concretos y abstractos), los más reacios a admitir la preposición por estar semánticamente más alejados del OD humano individuado, la subcategoría en que comenzó el marcado preposicional. Los verbos pueden ser, aspectualmente, de baja transitividad, *contestar* (6a), que es lo esperado, pero también se documentan algunos de transitividad alta, como *destruir* (6b). Estas documentaciones prueban que el origen de la amplia extensión actual de la marca prepositiva de OD en el español en América no es reciente y corroboran que el siglo XVIII constituyó un microquiebre muy importante para la moderna configuración gramatical americana.

(6) a en cuias resultas salio cruelmente garroteado, y apaleado por Andres Cabezas, tanto que se bio em peligro de la vida, ante la notoria Justificacion de Vmd *contestando al traslado* que se le da en Escrito de Dicho Cauezas (1799, Uruguay, CORDIAM).
   b los ácidos minerales *destruyen al barniz* que reviste al hueso del diente (1787, México, CORDIAM).

4.4 Incremento acusado de la duplicación del objeto indirecto

Un rasgo distintivo bien conocido del español, frente a otras lenguas romances, es la posibilidad de que un objeto indirecto léxico, animado o inanimado, aparezca duplicado con un clítico dativo en su misma frase verbal, en el orden no marcado verbo-OI. El español en América hace un uso casi categórico de este doblamiento, superior a 90 %, con algunas diferencias frecuenciales según que el verbo sea transitivo o intransitivo; el español europeo también duplica el OI, pero no con la misma frecuencia (70 % en promedio), ni con el amplio rango léxico de objetos y de verbos que lo hace el americano. El siglo XVIII es el periodo en que se observa el impulso americano de la duplicación. En los ejemplos de (7) aparecen duplicados OI plurales, más reacios que el singular para el doblamiento, con papeles semánticos muy diversos e incluso con inanimados (7c–d). La documentación de este aumento frecuencial es temprana: desde inicios del XVIII hay numerosos ejemplos en el CORDIAM.

(7) a un pedacillo de tierras que *les tocava a dichos sus hijos* (1701, Colombia, CORDIAM).
   b que [...] sea sepultado en la [...] parte y lugar que quisiere y *les paressiere a mis albasseas* (1713, Bolivia, CORDIAM).
   c Y para que se nos bendieran las tortillas, y los tamales, *les echábamos a las tortillas* sangre (1736, México, CORDIAM).
   d La voz Gazeta, la tomamos del Italiano. [...] En Francia *se les dà à estos papeles* el nombre de Diarios, ò Jornales (1744, Perú, CORDIAM).

4.5 Pérdida de concordancia del objeto indirecto plural y el clítico dativo correferente

Un cambio sintáctico vinculado al anterior es la ausencia de concordancia del clítico de dativo *les* cuando tiene un referente plural. La falta de concordancia era ya señalada como un uso general de Hispanoamérica por Lapesa (1981, 587); el fenómeno ha alcanzado carácter de norma en América. La ausencia de concordancia indica que el clítico dativo ha perdido, en esta área de la gramática, su estatus de pronombre, puesto que la regla del español es que un pronombre átono concuerde con su referente en número y persona, y para algunos pronombres, en género, y que se ha convertido en un marcador de caso objetivo, que anticipa que en esa predicación existe un argumento exigido o pedido por el verbo, el OI. El periodo a partir del cual se pueden documentar en el español americano con relativa facilidad tales pérdidas de concordancia es, de nuevo, el siglo XVIII en sus últimas décadas (8).

(8) a que *le* permitiese *a los negros*, que fueron de doña Xaviera Londoño, difunta, que trabajasen en algunos velesitos de la mina que havia comprado (1772, Colombia, CORDIAM).
   b Hija, yo te mando que te cases, *le* avisaré *a tus padres* (1791, México, CORDIAM).

4.6 Incipiente documentación de la pronominalización se los/se las en bitransitivas

En el español americano,[6] en todo tipo de registro y soporte, la pronominalización ortodoxa por la cual los clíticos de OD y OI deben concordar con sus referentes en número y persona (el primero, también en género) es sistemáticamente alterada cuando ambos pronombres aparecen en secuencia junto al verbo bitransitivo que los rige y el referente del clítico dativo *se* es plural (9). El OD puede tener un referente singular específico (9c) o, más frecuentemente, un referente discursivo, "todo lo anteriormente dicho" (9ab).

Las primeras documentaciones inequívocas de este cambio se registran, de nuevo, en la segunda mitad del siglo XVIII. Dado que es un cambio que hasta bien entrado el siglo XX estaba estigmatizado, el hecho de documentarlo en lengua escrita formal, jurídica y prensa, es prueba de que esta pronominalización debía estar ya presente en la lengua oral de la centuria dieciochesca.

(9) a solo a los cercanos *se los he dicho* en persona; que el era el que se avia coxido el tabaco, y que sola esta ocacion *se los oyo* [decir] (1769, El Salvador, CORDIAM).
  b Por varios Montes donde hay Encinales producen muchísima bellota [...]: la pueden recoger los Indios [...] y trasportarla á la Ciudad [...], que los tratantes *se los agradecerán*, y pagarán muy bien (1786, México, CORDIAM).
  c todos tres enfermos quedaron en mucha debilidad [...]: seis papeles [...] con un grano de tártaro emético mixturado, y *esto se los daba* por delante en los primeros días (1795, *Gazeta de México, apud* Company 2016).

La pronominalización *eso se los dije* codifica no solo la pluralidad del objeto indirecto sino también el carácter humano de este argumento; es decir, el morfema -s de *se los* es una marca tanto de pluralidad como de animacidad. Prueba de ello es que cuando el OI es inanimado, en el español americano no surge la pronominalización innovadora, sino que se prefiere emplear un solo pronombre, el de dativo; oraciones como *¿ya le(s) echaste agua a las macetas?* o *¿ya le(s) pusiste agua a los coches?* tienen, por lo común, como respuesta espontánea *sí, ya les eché, ya les puse*, y no la secuencia con doble clítico *se los eché, se los puse*.

Varios de los cambios anteriores están estrechamente relacionados. La generalización y obligatoriedad de *ustedes* para referirse a dos o más interlocutores desencadenó una recarga referencial del clítico *les*, ya que este, dada la pérdida del clítico *os*, debe codificar obligatoriamente la referencia de 2.ª persona del plural en el español americano (*les ... a ustedes*), la cual se añade a la referencia etimológica de 3.ª persona del plural que siempre tuvo *les* en el español general (*les ... a ellos/ellas*). En consecuencia, se produjo una mayor necesidad de desambiguación de *les*, necesidad que activó la duplicación del objeto indirecto. La mayor duplicación activó, a su vez, la pérdida de concordancia del clítico dativo plural. La necesidad de desambiguar la referencia de *les* se hizo crítica en el caso de la doble clitización de OD + OI, porque el clítico dativo *se*, conocido como "dativo espurio", totalmente opaco, tenía en el español americano mayor recarga referencial: *ustedes + ellos* (*se los advierto a ustedes/a ellos*). Al mismo tiempo, el mayor avance de la marcación prepositiva en objetos directos inanimados provocó una aproximación del OD al OI en su codificación externa: ambos con *a*, aproximación formal que motiva que el OI refuerce su estatus categorial mediante el doblamiento con clítico, doblamiento más acusado en América, y mantenga su distanciamiento respecto del OD y su posición generalmente más alta en las diversas jerarquías en que ambos objetos intervienen: animacidad, individuación, papeles semánticos y topicalidad.

Lo significativo para los fines de este capítulo es que el siglo XVIII constituye el mayor microquiebre de primeras documentaciones, afianzamientos e incrementos de estas cinco innovaciones imbricadas en esta diacronía general encadenada.

4.7 Generalización del pretérito simple

El siglo XVIII es el periodo en que se produce un incremento importantísimo de uno de los caracterizadores americanos mejor conocidos, a saber, un extensivo empleo del pretérito simple con un consecuente retraimiento del antepresente o pretérito perfecto. En Hispanoamérica (con la única excepción de Bolivia), el pretérito simple se generalizó e invadió el margen temporal del antepresente (10). El efecto de esta extensión es que ambos tiempos se recategorizan en el español de América como formas fundamentalmente aspectuales y no temporales, ya que con el primero se codifica una acción concluida, télica, sin importar su cercanía o lejanía con el momento del habla, y con el segundo se codifica una acción abierta no concluida, como indica el contraste de (10d) entre *no ha vuelto* y *asistió y vió*. En el continente americano, este rasgo sigue un camino diatópico: cuanto más sureño es el país (Argentina, Chile, Uruguay), más se emplea el pretérito simple télico.

(10) a   una negra esclaba de la dicha Andrea, llamada Maria. le dijo a otra [...]: Micaela dame de la ierba que le echaste a Señor Lorenzo de Muños Nuestro amo para echarle a Francisco porque lo *vide* con otra (1701, México, CORDIAM).
 b   y que por no aberme dado nada de los quatro meses a que era obligado para mi manuntensión, *gasté* mucho más de lo que el dicho me abía de dar por estar fuera de toda conveniensias (1716, Costa Rica, CORDIAM).
 c   que toda via está en dicho viaje y *no â vuelto*. Y que este testigo *azistio y vio* todas estas dispociciones de como yba difirido con dichas Cargas de cacao y pasaxeros â los dichos puertos (1710, Ecuador, CORDIAM).

5. Conclusiones y perspectivas de futuro

El siglo XVIII es el primer español americano precontemporáneo. Cinco hechos de la historia externa de este continente permiten explicar mejor el gran concentrado de cambios gramaticales dieciochescos. Una vez definido el concepto de americanismo sintáctico, se hace posible detectar hasta siete fenómenos gramaticales cuya documentación escrita emerge o se afianza en el siglo XVIII en muy diversas zonas de la geografía hispanohablante americana.

La investigación futura habrá de ampliar la documentación de este periodo, identificar nuevos fenómenos e insertarlos en una periodización más precisa del español americano.

Notas

1 Cf., entre otros, Guitarte (1983), Moreno de Alba (2001, cap. 1), Ramírez Luengo (2007).
2 Ejemplos tomados, con mínimas adaptaciones, de Academia Mexicana de la Lengua (2022).
3 Una caracterización completa del concepto de *americanismo sintáctico* requeriría sumar la retención o manifestación conservadora de formas, construcciones y distribuciones, que no puede analizarse aquí.
4 Para el español americano actual considero imprescindible distinguir cuatro niveles de americanismos sintácticos según el grado de difusión diatópica: absolutos o panamericanismos, macroespaciales, microespaciales y simples. Para el siglo XVIII, en cambio, estas distinciones se antojan impracticables, dado el muy diferente tamaño espacial compartido, la diferente complejidad demográfica y las isoglosas discontinuas, nada infrecuentes, que estructuran esos tamaños espaciales.

5 Bertolotti (2020) señala que en el español de Uruguay quedan restos de *vuestro-a* en correferencia con *ustedes* y con *usted* para significar un trato respetuoso y particularmente deferente: "sepan disculpar las molestias, mientras damos luz a vuestro espacio" (anuncio en una cafetería de Montevideo).
6 Rasgo este compartido con el español de las Canarias y con leísmo, *se les*, en el de Aragón.

Lecturas recomendadas

Company (2006) contiene capítulos sobre la diacronía del OD, del OI, de oraciones bitransitivas y de tiempos simples y compuestos; todos incorporan el español americano en contraste con el europeo.

Varios capítulos de Fernández Alcaide y Bravo García (2020) contienen información de variación sincrónica y diacrónica de transitividad y de sistemas pronominales.

El volumen de Sánchez Méndez, Corredor Aveledo y Padrón Castilla (2019) aborda muchos ángulos del sistema pronominal de la lengua española en América con datos abundantes de los diferentes sistemas de tratamiento.

Bibliografía citada

Academia Mexicana de la Lengua. 2022. *Diccionario de mexicanismos. Propios y compartidos*. Madrid y México: Espasa.

Bertolotti, Virginia. 2015. *'A mí de vos no me trata ni usted ni nadie'. Presente e historia de las formas de tratamiento en la lengua española en América*. México y Montevideo: Universidad Nacional Autónoma de México y Universidad de la República.

Bertolotti, Virginia. 2020. "The Loss of *vosotros* in American Spanish". En *Address in Portuguese and Spanish*, eds. M. Hummel y C. Lopes dos Santos, 291–316. Berlín: De Gruyter.

Company, Concepción, dir. 2006. *Sintaxis histórica de la lengua española. Primera parte: La frase verbal*. México: Fondo de Cultura Económica y Universidad Nacional Autónoma de México.

Company, Concepción. 2007. *El siglo XVIII y la identidad lingüística de México*. México: Academia Mexicana de la Lengua y Universidad Nacional Autónoma de México.

Company, Concepción. 2012. "El español del siglo XVIII. Un parteaguas lingüístico entre España y México". En *El español del siglo XVIII. Cambios diacrónicos en el primer español moderno*, ed. M.ª T. García Godoy, 255–292. Berna, Berlín y Bruselas: Peter Lang.

Company, Concepción. 2016. "Historia del español en América". En *Enciclopedia de lingüística hispánica*, ed. J. Gutiérrez-Rexach, 601–611. Londres: Routledge.

Company, Concepción. 2020. "El concepto 'tamaño espacial'. Una variable necesaria en la sintaxis del español americano". En *El español de América: morfosintaxis histórica y variación*, eds. M. Fernández Alcaide y E. Bravo García, 17–38. Valencia: Tirant lo Blanch.

CORDE = Real Academia Española. *Corpus Diacrónico del Español*. www.rae.es.

CORDIAM = Academia Mexicana de la Lengua. *Corpus Diacrónico y Diatópico del Español de América*. www.cordiam.org.

Fernández Alcaide, Marta y Eva E. Bravo García, eds. 2020. *El español de América. Morfosintaxis histórica y variación*. Neuchâtel y Valencia: Université de Neuchâtel y Tirant lo Blanch.

Guitarte, Guillermo. 1983. "Para una periodización de la historia del español en América". En *Siete estudios sobre el español de América*, 167–182. México: Universidad Nacional Autónoma de México.

Lapesa, R. 1981. *Historia de la lengua española*. 9th ed. Madrid: Gredos.

Moreno de Alba, José G. 2001. *El español en América*. México: Fondo de Cultura Económica.

Ramírez Luengo, José Luis. 2007. *Breve historia del español de América*. Madrid: Arco Libros.

Sánchez Méndez, J. P., A. Corredor Aveledo y E. Padrón Castilla, eds. 2019. *Estudios de morfosintaxis histórica hispanoamericana, vol. 1, El pronombre*. Valencia: Tirant lo Blanch.

45.1
El español en América (III): de las Independencias a nuestros días. Variedades de México y Centroamérica
(Spanish in America (III): from independence to the present-day. Mexican and Central American varieties)

José Luis Ramírez Luengo

1. Introducción

El presente trabajo pretende ofrecer una visión general del desarrollo que ha experimentado el español mexicano y centroamericano durante los siglos XIX y XX. Para ello, se comenzará por analizar los principales procesos sociolingüísticos que han tenido lugar durante las dos centurias mencionadas —especialmente, aunque no solo, su expansión social— y las consecuencias que producen tales cambios en su situación y estatus. Posteriormente, desde el punto de vista interno, se procederá a describir las características fundamentales que presentan las variedades decimonónicas de la región en los diferentes niveles lingüísticos, haciendo hincapié tanto en los procesos de dialectalización que se observan en ellas como en las diferencias que van a dotar de personalidad a cada una de las zonas que conforman el área analizada. Finalmente, se terminará con una reflexión sobre las tareas que es aún necesario llevar a cabo para obtener un conocimiento más profundo y completo de esta cuestión.

Palabras clave: México; Centroamérica; siglos XIX-XX; historia externa; dialectalización

The purpose of this paper is to present an overview of the development of 19th and 20th century Mexican and Central American Spanish. The study starts by analyzing the major sociolinguistic processes occurring in the aforementioned centuries —particularly, social expansion—, and their effects on the condition and status of Spanish brought about by such changes. Subsequently, the main characteristics of the 19th century regional dialects will be described, from an internal perspective, focusing not only on the attested dialectalization processes, but also on the differences which will endow every region under study with a personality of its own. Finally, this chapter will discuss some necessary tasks that must be carried out in order to gain a deeper and more complete understanding of the topic.

Keywords: Mexico; Central America; 19th–20th centuries; external history; dialectalization

2. Aproximaciones teóricas

Quizá el primer problema al que se enfrenta el investigador interesado en la historia del español mexicano y centroamericano de los siglos XIX y XX sea la escasez de trabajos existentes sobre esta cuestión, que constituye uno de esos huecos en blanco que presenta todavía la diacronía del español. En este caso específico, el vacío bibliográfico mencionado responde a dos tradicionales abandonos que se potencian entre sí: por un lado, el reducido interés que han despertado entre los estudiosos las etapas históricas más cercanas a la época actual, tanto el Ochocientos como muy especialmente el siglo XX; por otro, la tradicional falta de atención que se ha prestado al español centroamericano, no solo en sincronía sino también diacrónicamente (Quesada Pacheco 2008, 166–168), a lo que se suma otra no menor falta de atención hacia la historia de las variedades regionales mexicanas.[1]

De este modo, si bien es verdad que existen ya estudios específicos que encajan en las coordenadas geográficas y cronológicas mencionadas, no lo es menos que la información con que se cuenta hasta el momento resulta parcial y fragmentaria: a manera de ejemplo, mientras que es posible citar trabajos puntuales sobre Honduras, el altiplano mexicano y muy especialmente Costa Rica (Herranz 2001; Quesada Pacheco 1995; Ramírez Luengo 2011, 62–75), otras áreas como Guatemala, Nicaragua, El Salvador o el resto de México resultan mucho más desconocidas; así mismo, la mayor parte de las investigaciones se centra en cuestiones relacionadas con la historia externa (Azcúnaga López s. f.; Quesada Pacheco 2010; Villavicencio 2010), pero son aún pocas (Herrera 2021; Quesada Pacheco 2013; Ramírez Luengo 2021) las que se dedican a describir las principales características lingüísticas del español de la región durante el lapso temporal señalado.

Es aún muy poco, pues, lo que se sabe acerca del español empleado en México y Centroamérica durante los dos últimos siglos, y muchas las tareas que se deben acometer para obtener una visión más o menos completa de los procesos que tienen lugar en este momento fundamental de la historia americana. Las siguientes páginas tratarán de ofrecer un poco de luz sobre esta cuestión atendiendo a dos objetivos fundamentales: por un lado —y a partir de las noticias parciales con que se cuenta—, dar una visión general y ordenada de la situación que presenta el español en la diatopía y sincronía(s) mencionadas, describiendo las cuestiones que son generales a toda el área y precisando, en la medida de lo posible, aquellas que diferencian las distintas regiones que la componen; por otro, apuntar posibles líneas de trabajo que contribuyan a aclarar aspectos que por el momento no se conocen y que se deberán atender en un futuro próximo.

3. Perspectivas actuales

En este punto, se debe comenzar con una serie de notas de historia externa que expliquen los nuevos contextos sociohistóricos que se desarrollan en los siglos XIX y XX y su incidencia en la expansión demográfica del español, en el estatus que adquiere y en la (muy probable) aparición/generalización de sociolectos de esta lengua con una fuerte impronta indígena; posteriormente se aportarán algunas informaciones relacionadas con las características que, en estos momentos, presentan en sus diversos niveles lingüísticos las variedades geográficas de la región, centrando el análisis en las grandes líneas de evolución que determinan su dialectalización[2] y, de forma secundaria, en aspectos más específicos.

3.1. El siglo XIX supone un momento fundamental en la historia del español americano, marcado por una serie de transformaciones en su distribución demográfica y en su estatus a las que no van a ser ajenos México y Centroamérica: en este sentido, los cambios sociohistóricos que suponen los movimiento independentistas de las primeras décadas del siglo XIX van a tener una serie de consecuencias lingüísticas de primera importancia en todo el continente que permiten entender este momento como un antes y un después en la historia del español americano (Guitarte 1991, 168).

En primer lugar, el fraccionamiento político de los antiguos virreinatos, que va a dar lugar a las diferentes repúblicas americanas, supone que las distintas capitales nacionales se transforman no solo en el centro político del estado, sino también en un importante foco administrativo, educacional y —en numerosas ocasiones— económico, especialmente desde el definitivo fracaso de la Federación Centroamericana (1839) y la aparición de los diversos países del Istmo. En lo lingüístico, este importante peso de la capital va a producir poco a poco la "imposición de su *forma de hablar* como modelo normativo en todo el país, lo que favorece, así, la normativización de sus usos propios [...] como estándar culto regional" (Ramírez Luengo 2011, 16), algo que —si bien no es tan marcado en México, cuya vastedad geográfica impide que tal influencia de la ciudad capital llegue a todo el territorio[3]—, resulta muy evidente en las repúblicas de América Central, según demuestra el caso de Costa Rica, donde "por primera vez en la historia lingüística del país, el habla del Valle Central se perfila como guía en el modelo lingüístico nacional con San José como capital y centro irradiador" (Quesada Pacheco 2009, 505).

Junto a esto, el otro fenómeno fundamental que tiene lugar en estos momentos es la expansión social del español, que se produce a lo largo de todo el periodo analizado —con especial incidencia en el siglo XIX— y termina por producir su decisiva consolidación entre prácticamente todos los estratos de la sociedad hispanoamericana. Por supuesto, la propia composición demográfica de los países —con una menor proporción indígena en Honduras o El Salvador que en Guatemala o la práctica totalidad de México— va a determinar que los tiempos de este proceso de hispanización lingüística no sean semejantes, aunque sí lo son en general los factores que lo producen.

A este respecto, hay que tener en cuenta la importante urbanización que experimenta la región durante este periodo (Moreno Fernández 2006, 91), con la consecuente emigración de indígenas monolingües o bilingües a las ciudades hispanohablantes; este hecho determina el empleo entre ellos del español como lengua vehicular de comunicación intercomunitaria, algo que se ve favorecido, además, por su incorporación al mundo del trabajo o incluso al ejército, ámbitos donde predomina este idioma (Herranz 2001, 186, 202; Villavicencio 2010, 738, 747). Ahora bien, no cabe duda de que el principal factor de hispanización lo constituye la escuela, donde el niño indígena no solo adquiere el español, sino que también asimila el estatus prestigioso que se le presupone a esta lengua, en un proceso que se acentúa a partir de mediados del siglo XIX (Herranz 2001, 188 y 202; Villavicencio2010, 761–762).[4]

Naturalmente, este proceso de hispanización tiene como contraparte en toda la región el descenso del número de hablantes de numerosas lenguas indígenas, e incluso la desaparición de algunas como el subtiava, el chorotega o el cacopera (Quesada Pacheco 2010): a manera de ejemplo, Herranz (2001, 201) establece en el periodo 1881–1920 "la ruptura consciente y generalizada de la enseñanza del lenca a los hijos en el núcleo familiar", mientras que en El Salvador la marginalización colonial del pipil se acrecienta durante el siglo XIX y culmina en 1932 con las masacres indígenas derivadas del levantamiento campesino, que suponen el definitivo declive de este idioma (Azcúnaga López s. f.). Al mismo tiempo, el importante acrecentamiento del bilingüismo entre la población indígena va a determinar la formación —y extensión por los grupos populares— de nuevas variedades regionales de español fuertemente influidas por las lenguas autóctonas, las cuales, al entrar en contacto con los usos monolingües de la clase alta, terminarán por establecer la compleja variación sociolingüística que existe actualmente en la zona (Ramírez Luengo 2011, 17).

3.2. Según se dijo ya, los estudios dedicados a la descripción del español centroamericano y mexicano de esta época no son abundantes, pero aun así es posible extraer de ellos datos suficientes como para avalar la idea de que es en este momento cuando terminan por cristalizar los procesos de dialectalización que se han producido con anterioridad.

Desde el punto de vista fónico, trabajos sobre diversas zonas de Centroamérica (Quesada Pacheco 2009; Ramírez Luengo 2018, 2019, 2021, en prensa) y en menor medida de México (Ramírez Luengo 2011, 65–67) evidencian cómo para principios del siglo XIX se han impuesto ya los rasgos fundamentales que identifican hoy a estas variedades: junto a un yeísmo generalizado, un consonantismo fuerte en el altiplano mexicano, Guatemala y Costa Rica y uno de carácter innovador en El Salvador, Honduras y Nicaragua, caracterizado por la aspiración de la /-s/ y el debilitamiento u omisión de /r, n, d/ en posición implosiva/final y/o intervocálica. Frente a esto, es probable que otros fenómenos —como la realización plena de los grupos cultos, la diptongación de los hiatos, las vacilaciones vocálicas o las *vocales caedizas*— experimenten en esta época cambios en su extensión sociolingüística, si bien es algo que aún se debe analizar.

En cuanto a la morfosintaxis, la situación es muy semejante: la presencia en el siglo XVIII de rasgos identificadores del altiplano mexicano —aumento de frecuencia del diminutivo, pluralización anómala del objeto directo (*el libro ¿quién se los prestó [a ellos]?*), proliferación de pronombres dativos en posiciones no argumentales y duplicaciones posesivas, predominio del valor aspectual del pretérito perfecto (Company 2007)— confirma la dialectalización gramatical de esta variedad ya durante el periodo analizado, en el que comienzan a aparecer, además, otros elementos identificadores como *siempre* con su función de marcador discursivo o el nexo relativo *mismo que* (Guzmán y Maldonado 2015, 277; Echevarría y Melis 2015, 197); en el caso centroamericano, el Ochocientos va a registrar también cambios de interés, por ejemplo, en el sistema verbal, pues será en este siglo cuando se produzca un importante descenso en el uso costarricense del futuro sintético (Quesada Pacheco 2009, 257) o cuando se establezcan las funciones modernas de los pretéritos perfectos en Costa Rica y Guatemala, aún sin delimitar a mediados de la centuria (Quesada Pacheco 2009, 323; Herrera 2021).

Así mismo, tampoco carece de interés este periodo para las fórmulas de tratamiento, dado que constituye el momento en el que se afianza el voseo en las repúblicas del Istmo (Quesada Pacheco 2010) y se registra —tanto en México como en Centroamérica (Ramírez Luengo 2011, 68; Quesada Pacheco 2009, 261)— la sustitución de *vosotros* por *ustedes* como forma de confianza, si bien la primera se mantiene durante todo el siglo XIX en ciertos registros formales de, por ejemplo, Costa Rica y Guatemala (Quesada Pacheco 2009, 256–260; Herrera 2021).

Pasando al léxico, es evidente que los eventos históricos que tienen lugar durante estos dos siglos producen fenómenos de naturaleza muy variada —que van desde la sustitución del vocabulario administrativo colonial por el de las naciones independientes hasta la introducción de terminología de las nuevas industrias, pasando por la incorporación de galicismos en el siglo XIX y anglicismos durante el siglo XX (Quesada Pacheco 2010)—, pero quizá lo más relevante a este respecto sea la *americanización* del mismo por medio de diversos procesos cuyos resultados, presentes ya en la Colonia, se evidencian también en el Ochocientos: así, una cala en el vocabulario de un culto salvadoreño del siglo XIX (Ramírez Luengo 2017) permite detectar tanto muestras de la *estrategia de modificación* —es decir, de la resemantización de vocablos endohispánicos: *ingenio* 'planta donde se procesa el mineral', *invierno* 'temporada de lluvias', *reducción* 'pueblo de indígenas convertidos al cristianismo'— como de la *estrategia de incorporación*, en forma de préstamos de las lenguas amerindias, y en especial de algunas históricamente privilegiadas como el náhuatl o las antillanas (*achiote, cacao; bejuco, hamaca*);[5] a estas se suma, además, la *estrategia de prelación*, entendida como la preferencia diatópica por una voz específica frente a otras sinónimas presentes en el sistema (*estero, fierro, frijol*).

Con todo, es importante mencionar que esta americanización, común en sus procesos, no lo es tanto en cuanto a los vocablos que incorporan las distintas variedades, lo que pone de manifiesto en el texto mencionado la presencia de elementos geográficamente muy restringidos, auténticos *centroamericanismos* como *pajullú, tenance, hamaca* 'puente colgante' o *ladino* 'mestizo'; se puede concluir, por tanto, que la dialectalización de este nivel lingüístico durante la época analizada no solo distingue estas variedades diatópicas de otras del mundo hispánico, sino que probablemente también las individualiza entre sí, mostrando ya en estos momentos la fuerte personalidad léxica que hoy las caracteriza.

Por último, aunque el habla de los bilingües ha sido aún poco estudiada históricamente, existen ya algunos análisis que describen estas variedades con fuerte impronta indígena: por ejemplo, Quesada Pacheco (2009, 467–477) analiza una *Loa de un indio mangue* (1907) cuyo español —notablemente influido por el chorotega— presenta fenómenos como el ensordecimiento de /g/ y /y/, la generalización del tipo silábico CV, la omisión del artículo y las marcas de plural o la incorporación de vocablos de esta lengua que no pasan al uso general (*eque, bapá*). Así, a la luz de lo anterior se puede sostener que durante esta época deben de existir en numerosas zonas de México y Centroamérica variedades semejantes a esta, cuya importancia resulta evidente para obtener no solo una más completa descripción de la situación lingüística del momento, sino también una comprensión más profunda de los resultados que se descubren hoy en el español de los grupos bilingües de la región.

4. Perspectivas futuras y conclusiones

La revisión desarrollada en el apartado anterior pone en evidencia que, durante los siglos XIX y XX, el español de México y Centroamérica experimenta una serie de transformaciones de indudable trascendencia que, generales en todo el continente, también modifican el perfil lingüístico de estos países.

Desde el punto de vista externo, las cuestiones fundamentales son dos: por un lado, el desarrollo de procesos de estandarización en los distintos territorios, que van a dar como resultado el surgimiento de normas cultas regionales; por otro, la expansión social del español por razones muy variadas —entre las que destaca la escolarización—, que generaliza esta lengua entre grupos que anteriormente no la hablan y produce, como contrapartida, el decaimiento y en ocasiones la desaparición de las lenguas autóctonas. Este último proceso determina, a su vez, la formación de variedades indigenizadas del español, fruto del bilingüismo, que se extienden socialmente por los grupos populares y enriquecen la variación sociolingüística.

En cuanto al plano interno, lo más destacable es la cristalización, en estos momentos, de los procesos de dialectalización que se inician en periodos anteriores y que terminan por bosquejar el mapa diatópico actual: así, en lo fónico se detecta la imposición geográficamente determinada del consonantismo fuerte/débil, a lo que se suma la aparición de usos morfosintácticos muy caracterizadores en lo pronominal, lo verbal o las fórmulas de tratamiento; por su parte, el léxico experimenta cambios de importancia debido a los avatares históricos y muestra los resultados de su americanización en forma de un vocabulario dialectalmente restringido que dota de personalidad a este nivel del sistema. Finalmente, el habla de los bilingües evidencia fenómenos peculiares, fruto del contacto lingüístico, que configuran unas variedades generalmente estigmatizadas, pero fundamentales para comprender los resultados lingüísticos que hoy se descubren en la zona.

Con todo, es evidente que son aún muchas las cuestiones que es necesario investigar para obtener una comprensión más completa del español de la región en los siglos XIX y XX: por ejemplo, se debe analizar —textual e historiográficamente— el proceso "que llevaría a una unión más estrecha entre la escrituralidad y la oralidad debido en buena medida a la estandarización lingüística" (Quesada Pacheco 2010), así como delinear con mayor detalle el proceso de hispanización y la distribución y empleo de las variedades no estándares —especialmente las indigenizadas— en las diversas zonas geográficas consideradas; por otro lado, es necesario seguir describiendo las características internas del español empleado en estos momentos tanto por los monolingües como por los bilingües, para lo que resulta perentorio, además, crear corpus lingüísticos a partir de materiales de muy diversa naturaleza que reflejen la extensa variación que, por el momento, tan solo se deja intuir. Por último, si estas tareas son imprescindibles en general, se hacen todavía más urgentes para zonas concretas —como El Salvador, Nicaragua, Guatemala y diferentes áreas mexicanas más allá del Altiplano Central— que han sido poco atendidas por los investigadores, y cuya historia lingüística, por tanto, sigue siendo todavía hoy prácticamente desconocida.

Notas

1 Tradicionalmente, los estudios dedicados a la historia del *español de México* se refieren en realidad al español del Altiplano Central, y más en concreto de la propia Ciudad de México. Se desconocen, por tanto, los procesos diacrónicos que dan lugar a la riquísima variación regional que presenta hoy en día el país.
2 En este caso, se entiende por *dialectalización* el resultado de los procesos de selección normativa que conllevan la imposición (o el rechazo) de determinados fenómenos que identifican y caracterizan geográficamente el español de una región (Ramírez Luengo 2011, 18).
3 Lo que no supone, con todo, que este proceso no se produzca, dado que en esta época "se va perfilando la conciencia de un español propio, una variante mexicana desde la cual se organizan o sancionan prácticas lingüísticas específicas" que "adquiere carta de reconocimiento oficial en el transcurso del siglo XIX" (Villavicencio 2010, 769).
4 A tales factores de hispanización se deben sumar, además, su utilidad como elemento de promoción social —pues "los sectores emergentes imponen el uso del español en los ámbitos políticos y administrativos"— y su transformación a lo largo del Ochocientos en símbolo de la identidad nacional, que lo convierte "en uno de los factores aglutinantes de la nueva identidad criolla y del proyecto de nación" (Villavicencio 2010, 746, 762).
5 En el caso de la Guatemala decimonónica también es posible registrar voces de origen maya (Herrera 2021, 150), si bien siempre de forma minoritaria frente a nahuatlismos y antillanismos.

Lecturas recomendadas

Villavicencio (2010) expone detalladamente las transformaciones sociolingüísticas que tienen lugar en el México decimonónico —aplicables también en general a Centroamérica— y que determinan no solo la creciente hispanización de la población hablante de lenguas indígenas, sino también la transformación del español en un símbolo de la nueva nacionalidad.

Herranz (2001) se centra, dentro de América Central, en la historia de la política lingüística hondureña, describiendo y enfatizando la importancia de la escuela en este proceso, pero sin olvidar otras cuestiones de interés —no solo para Honduras— como son las migraciones internas.

Quesada Pacheco (2009) resulta fundamental para conocer la evolución diacrónica del español costarricense, pues describe no solo los cambios fónicos, morfosintácticos y léxicos que tienen lugar en los siglos XIX y XX, sino también cuestiones más amplias relacionadas con la dialectología y la sociolingüística históricas; se trata, pues, de un excelente modelo para posteriores trabajos que se enfoquen en el estudio de otras áreas centroamericanas o de México.

Referencias citadas

Azcúnaga López, R. E. (s. f.). *Apuntes para un esquema de la periodización de las lenguas indígenas en El Salvador.* https://es.scribd.com/document/16898736/

Company, C. 2007. *El siglo XVIII y la identidad lingüística de México.* México DF: UNAM y Academia Mexicana de la Lengua.

Echevarría, M. I. y Ch. Melis. 2015. "La formación del nexo relativo *mismo que*". En *El siglo XIX. Inicio de la tercera etapa evolutiva del español*, eds. Ch. Melis y M. Flores, 173–207. México: UNAM.

Guitarte, G. L. 1991. "Para una periodización de la historia del español de América". En *Siete estudios sobre el español de América*, 167–184. México, DF: UNAM.

Guzmán, R. y R. Maldonado. 2015. "Siempre repito a veces lo mismo". En *El siglo XIX. Inicio de la tercera etapa evolutiva del español*, eds. Ch. Melis y M. Flores, 241–281. México, DF: UNAM.

Herranz, A. 2001. *Estado, sociedad y lenguaje. La política lingüística en Honduras.* Tegucigalpa: Guaymuras.

Herrera, G. 2021. "El español literario en Guatemala durante las primeras décadas del siglo XIX". En *La palabra olvidada. Lengua y literatura en Centroamérica (siglos XVI–XIX)*, eds. G. Cruz Volio, A. Sánchez Mora y J. L. Ramírez Luengo, 131–170. San José: Encino Ediciones.

Moreno Fernández, F. 2006. "Lengua e historia. Sociolingüística del español desde 1700". En *Estudios sociolingüísticos del español de España y América*, eds. A. M. Cestero Mancera, I. Molina Martos y F. Paredes García, 81–95. Madrid: Arco/Libros.

Quesada Pacheco, M. Á. 1995. *Diccionario histórico del español de Costa Rica.* San José: Editorial Universidad Estatal a Distancia.

Quesada Pacheco, M. Á. 2008. "El español de América Central ayer, hoy y mañana". *Boletín de Filología* 43: 145–174.

Quesada Pacheco, M. Á. 2009. *Historia de la lengua española en Costa Rica.* San José: Universidad de Costa Rica.

Quesada Pacheco, M. Á. 2010. "Actitudes y políticas lingüísticas en Centroamérica en el siglo XIX". En *Actas del V Congreso Internacional de la Lengua Española.* Valparaíso: ASALE. https://congresosdelalengua.es/valparaiso/paneles-ponencias/america-lengua-espanola/quesada-ma.htm.

Quesada Pacheco, M. Á. 2013. "El sistema verbal del español de Costa Rica en los albores de la época independiente". *Signo y Seña* 23: 81–102.

Ramírez Luengo, J. L. 2011. *La lengua que hablaban los próceres. El español de América en la época de las Independencias.* Buenos Aires: Voces del Sur.

Ramírez Luengo, J. L. 2017. "El léxico de un culto centroamericano en los inicios del siglo XIX: notas sobre la *Memoria del estado político y eclesiástico de la Capitanía General de Guatemala* (1821), de J. M. Méndez". *Philologica Canariensia* 23: 63–78.

Ramírez Luengo, J. L. 2018. "Datos sobre la historia del español en Centroamérica: el nivel fónico en la Guatemala del siglo XVIII". *Études Romanes de Brno* 39 (2): 41–54.

Ramírez Luengo, J. L. 2019. "La configuración fónica del español salvadoreño en la época colonial (1650–1803)". *Boletín de la Real Academia Española* 99: 817–834.

Ramírez Luengo, J. L. 2021. "El español de Nicaragua en los albores de la Independencia (1801–1817): principales rasgos fónicos". En *La palabra olvidada. Lengua y literatura en Centroamérica (siglos XVI–XIX)*, eds. G. Cruz Volio, A. Sánchez Mora y J. L. Ramírez Luengo, 103–125. San José: Encino Ediciones.

Ramírez Luengo, J. L. En prensa. "La historia fónica del español hondureño: una aproximación a la época tardocolonial (1650–1800)". *Revista de Filología Española.*

Villavicencio, F. 2010. "Entre una realidad plurilingüe y un anhelo de nación. Apuntes para un estudio sociolingüístico del siglo XIX". En *Historia sociolingüística de México*, eds. R. Barriga Villanueva y P. Martín Butragueño, vol. II, 713–794. México, DF: El Colegio de México.

45.2
El español en América (III): de las Independencias a nuestros días. Variedades andinas y caribeñas (Spanish in America (III): from independence to the present-day. Andean and Caribbean varieties)

Miguel Gutiérrez Maté y Elena Diez del Corral Areta

1. Introducción

Este capítulo presenta las perspectivas fundamentales del estudio histórico del español de, aproximadamente, los últimos doscientos años en las áreas geográfico-culturales andina y caribeña. Se incluyen, por tanto, informaciones diversas de Bolivia, Colombia, Cuba, Ecuador, Perú, Puerto Rico, República Dominicana y Venezuela (con alusiones ocasionales a las regiones no andinas ni caribeñas de estos países), que relacionamos con procesos generales del español hispanoamericano del siglo XIX, subrayando los cambios y soluciones de continuidad con respecto al español colonial. Asimismo, se señala la conformación idiosincrásica del ideal del español puro en Colombia y se anticipan posibles vías de investigación.

Palabras clave: variedades andinas, variedades caribeñas; historia lingüística externa; siglo XIX; purismo lingüístico

This chapter presents the main perspectives of the last two hundred years on the historical study of Spanish in the Andean and Caribbean geographic-cultural areas. We include data from Bolivia, Colombia, Cuba, Ecuador, Puerto Rico, Peru, the Dominican Republic and Venezuela (with occasional reference to the non-Andean or Caribbean regions of these countries). We relate these data to the general processes of Hispanic American Spanish from the 19th century, and with its changes and continuity solutions with regard to colonial Spanish. Additionally, we point out the singular construction of the ideal of Colombia's pure Spanish and identify potential lines of further research.

Keywords: Andean Spanish, Caribbean Spanish; external linguistic history; 19th century; linguistic purism

2. Cuestiones generales: cinco siglos de evolución y contactos lingüísticos

Si ya etiquetas como "andino" o "caribeño" son en gran medida artificiales para el lingüista, puede sorprender la agrupación aquí de ambos conjuntos de variedades, muy heterogéneos entre sí. Sin embargo, existen algunos elementos cohesivos que permiten considerarlos conjuntamente: primero, no faltan desarrollos estructurales y, sobre todo, sociolingüísticos comunes a las dos macroáreas, en la medida en que comparten con toda Hispanoamérica muchas de las transformaciones sociales e ideológicas que llevaron de la colonia a la formación de las diferentes repúblicas; segundo, dos países, Colombia y Venezuela, participan al mismo tiempo del mundo andino y del caribeño, si bien sus capitales —en torno a las cuales se configuraron en buena parte los correspondientes estándares nacionales— se sitúan en áreas distintas: Bogotá es, lingüísticamente, parte del "superdialecto central-andino" de Colombia (Montes Giraldo 1982), mientras que Caracas acoge una subvariedad caribeña; tercero, el contacto lingüístico ha estado muy presente en las dos áreas, aunque las lenguas implicadas y los resultados fueran distintos: en el espacio andino, contactos con quechua, aymara, chibcha y otras lenguas indígenas y, en el Caribe, con lenguas Níger-Congo (destacando el kikongo, que predominó sobre otras lenguas que arribaron a Hispanoamérica durante el primer *boom* esclavista, coincidente con la *unión ibérica* de 1580–1640), con lenguas criollas a partir del s. XVII (sobre todo, *kreyòl ayisyen*, papiamentu y varios criollos de base inglesa) y con el inglés, sobre todo en Puerto Rico a partir del siglo XX, sin desestimar el papel de los contactos hispano-indoamericanos de los siglos XV–XVI (Jansen 2011); cuarto, la llegada del español a ambas regiones es muy antigua (fines del siglo XV en el Caribe, década de 1530 en los Andes), por lo que el español posterior a las independencias se asienta sobre una variedad cuya "reestructuración patrimonial" (Rivarola 2001) llevaba siglos teniendo lugar.

En relación con este último asunto, el problema está en determinar cuánto de la idiosincrasia del español andino y caribeño actuales se desarrolla en una época posterior a las independencias y cuánto se formó durante la colonia en el castellano de los criollos descendientes de españoles: dado que estos fueron los principales agentes de las independencias y, por ello, los "fundadores" de las nuevas naciones, sería esperable que su impacto en las variedades que se consolidan en el s. XIX fuera notable e impidiera una ruptura demasiado abrupta con las variedades coloniales (*cf.* Mufwene 2001 sobre el llamado *founder principle* en sociedades coloniales y poscoloniales). En todo caso, los cambios en la Hispanoamérica del s. XIX —con la explosión demográfica en la segunda mitad del siglo y las migraciones campo-ciudad que seguirían desarrollándose en la centuria siguiente— produjeron nuevos procesos de "competición y selección" de rasgos lingüísticos (Mufwene 2001) en las sociedades de los países americanos; además, el nuevo contexto político-administrativo y la difusión de la prensa escrita —la cual, por ejemplo, en el caso del Cuzco, se ha visto como un medio para la efectiva "instalación de la República" (Glave 2004)— contribuyeron a la formación de nuevos tipos de discursos con nuevas "reglas discursivas" (Koch 1997), en los que encontramos: 1) elementos innovadores; 2) elementos inspirados en otras fuentes discursivas internacionales, ligadas a las transformaciones políticas y económicas tras la Revolución Francesa y la independencia de EE. UU., y 3) readaptaciones de los modelos coloniales. Estudio aparte merecerían, además, los casos de Cuba y Puerto Rico, colonias españolas hasta 1898.

Lo que está claro es que la profundidad histórica de las variedades andinas y caribeñas constituye una diferencia con algunas variedades vecinas: por ejemplo, el punto de partida del español de las tierras bajas occidentales colombianas no se localiza antes del s. XVIII, ligado a la minería aurífera de aluvión, y el español amazónico no comienza su desarrollo hasta finales del s. XIX, vinculado con la "fiebre del caucho".

3. Perspectivas y objetos de estudio tradicionales

En términos generales, el volumen de estudios sobre el español de estas regiones durante los dos últimos siglos es menor respecto de los que se ocupan de la conquista y la colonia. Esta situación perjudica sobre todo nuestro conocimiento del siglo XIX. Por lo que respecta a la centuria siguiente, desde su primera mitad contamos ya con la actividad de filólogos/lingüistas que describen distintas variedades regionales o nacionales (*cf.* Benvenutto Murrieta 1936 para Perú; Navarro Tomás 1948 para Puerto Rico; Toscano Mateus 1953 para Ecuador, etc.) y con los trabajos de algunos "padres" de la disciplina denominada *español de América*, como Pedro Henríquez Ureña (*cf.* Valdez 2015 sobre la ideología lingüística de este autor). A la filología colombiana, más precoz, nos referiremos en §§ 4–5.

Afortunadamente, la mencionada laguna bibliográfica sobre el siglo XIX no es total, como demuestra, por ejemplo, el estudio de la historia del español antillano: así, se ha analizado la convulsa historia lingüística de la República Dominicana (Granda 1991), se ha descrito el "español jíbaro" a través de la literatura popular y costumbrista puertorriqueña (Álvarez Nazario 1990) y se han estudiado con relativa profundidad los contactos afrohispánicos en Cuba (Perl y Grosse 1995), donde el impacto de las lenguas traídas con el segundo *boom* esclavista (desde fines del s. XVIII y, sobre todo, a partir de la revolución haitiana) explica que aún hoy exista el uso ritual de algunas de estas lenguas —o de frases en ellas— en las distintas religiones o "reglas" de origen africano (Fuentes Guerra y Schwegler 2005).

Por otra parte, en el s. XIX se inicia la lexicografía sobre provincialismos en América, en la que destacan el diccionario de Pichardo para Cuba o el de Arona para Perú. La tradición decimonónica sienta las bases de una lexicografía contrastiva que se extiende hasta la actualidad: por ejemplo, el *Diccionario de colombianismos* (2018) parte de un concepto "diferencial; es decir, el término debe usarse en cualquier región de Colombia, pero no en el español peninsular" (https://colombianismos.caroycuervo.gov.co); la lexicografía integral, en cambio, aún no ha recibido la misma atención que para otras variedades.

Por lo que respecta a la descripción de fenómenos lingüísticos, la metodología más habitual ha consistido en estudiar fuentes literarias. Estas constituyeron el fundamento empírico de la *American-Spanish Syntax* de Kany (1945) y se siguen empleando hoy: así, Díaz Collazos (2015, 158–278) elabora un estudio exhaustivo sobre la evolución del voseo colombiano andino a partir de un amplio corpus literario de 1828 a 1976. Resulta interesante, a este respecto, que el voseo antioqueño no se documente hasta 1873, si bien su uso seguramente fue constante desde la colonia. Su ausencia en la primera literatura regional después de la independencia se relacionaría con una ideología lingüística (explícita en las *Advertencias* de Bello) que censuraba el voseo, conforme a la propia evolución del género narrativo colombiano en el XIX, que apenas en las últimas décadas refleja abiertamente la lengua oral (Díaz Collazos 2015, 163). Aunque a menudo los diálogos literarios no trasladan fidedignamente el uso lingüístico, estas fuentes siguen siendo válidas, siempre que se conozcan las particularidades de cada época, país, corriente literaria, escritor y obra. Como ejemplo podemos destacar el valor lingüístico del *Diario de un llanero*, escrito por el apureño Antonio J. Torrealba (1883–1949), donde las construcciones con *ser* focalizador (del tipo "Él siempre sueña *es* con tigres") aparecen por primera vez con un uso verdaderamente frecuente (Sedano 2016), o *Las estrellas son negras* (1949) del chocoano Arnoldo Palacios, quien afinó sus percepciones lingüísticas con el dialectólogo Luis Flórez, al que había servido como informante (vid. Gutiérrez Maté y Cancino Cabello 2014, 251).

Las consideraciones anteriores evidencian la carencia de trabajo de archivo y corpus lingüísticos para la historia reciente de estas regiones, si bien para principios del XIX existen algunos estudios basados en documentación (Frago Gracia 2010; Diez del Corral 2015). Este panorama podría beneficiarse, además, del renovado interés por la lengua del siglo XIX que se ha generado en las primeras décadas del XXI en todo el mundo hispánico, como muestran los congresos monográficos celebrados recientemente en Brno (2014), Pisa (2016), Sevilla (2018) y Madrid (2022) (*cf.* cap. 40).

4. Un caso paradigmático: la unidad del idioma y el "hablar bien" colombiano

El siglo XIX es de excepcional valor para los estudios gramaticográficos americanos, situándose en este contexto la *Gramática de la lengua castellana destinada al uso de los americanos* (1847) del humanista venezolano-chileno Andrés Bello. La relevancia de su prolífica obra, cuya doctrina gramatical sigue en cierta manera vigente, es indudable y muestra un posicionamiento claro en la polémica intelectual, ferviente en aquella época, sobre la unidad lingüística y cultural del continente americano. Su propósito principal, manifiesto en su prólogo, es evitar en América un fraccionamiento idiomático semejante al del latín y conservar el castellano (la lengua de "nuestros padres"). Esta temida diversificación del idioma la señala también, medio siglo más tarde, el colombiano Rufino José Cuervo en una carta-prólogo al poema *Nastasio* del argentino Francisco Soto y Calvo (1899). A lo largo de la obra de Cuervo se hace explícita una idea que estuvo presente ya en el ambiente intelectual colombiano desde la década de 1820: que el idioma y la literatura castellanas son bienes culturales que merecen conservarse (Ennis y Pfänder 2009, 176).

Junto al ambicioso *Diccionario de construcción y régimen de la lengua castellana* que emprendió Cuervo en sus últimos años, destacan las *Apuntaciones críticas sobre el lenguaje bogotano* en sus múltiples ediciones (1867–1871, 1876, 1881, 1885, 1907, más las póstumas de 1914 y 1939): en ellas, el autor va incorporando gradualmente, por una parte, metodologías provenientes del comparatismo alemán y dando cabida, por otra, a un pensamiento variacional elemental (aunque extremadamente meritorio en su contexto intelectual) que distingue entre lenguaje culto-literario y común-familiar, con lo que admitía que también los cultos pueden producir, en un ámbito privado o en circunstancias relajadas, ciertos usos que en principio serían más representativos de estratos sociales bajos (Guitarte 1983; Gutiérrez Maté 2020, 184–185).

Si bien la manifestación de la "buena educación" a través del lenguaje ha sido un valor importante en toda Hispanoamérica, hasta el punto de que buena parte de las variables lingüísticas se resuelven en primer lugar por asignación de marcas socioindexicales, parece que en Colombia el cuidado por el lenguaje entró con más fuerza en la vida pública (y la autopercepción de este cuidado ha calado más en la sociedad civil, consciente de hablar un "buen español"). Esto tiene como consecuencia, entre los hablantes con cierta formación, una aproximación de la lengua oral a la escrita. A este respecto, Flórez (1963, 34) observó:

> En el uso colombiano no hay, sin embargo, esa extraordinaria libertad que se puede observar entre los españoles. Para usar el idioma los colombianos están casi siempre pendientes de lo que digan los libros. Muchas veces parece que hablaran por libro.

En este contexto, el que los colombianos "hablen *por* libro" se puede entender en el sentido de que "hayan aprendido a hablar *a partir de* los libros". El desarrollo y expansión de la cultura del "hablar bien" colombiana es uno de los fenómenos sociológicos más interesantes de la Hispanoamérica de los dos últimos siglos, que podría hundir sus raíces más profundas en una ideología lingüística purista existente en Bogotá durante al menos el último medio siglo de la colonia, difundida en los periódicos de esa época y orientada a la norma metropolitana, aunque fuera respetuosa con algunas características de la variedad regional (Niño-Murcia 2001). Este fenómeno formaría parte de los procesos tardíos de "estandarización policéntrica" que afectaron a varias colonias durante el s. XVIII (según el modelo de Granda 1994), si bien esta por sí sola no basta para explicar las diferentes actitudes americanas con respecto a España y al castellano en la centuria siguiente.

El caso colombiano se podría vincular con el contexto ideológico y sociopolítico del s. XIX (y buena parte del XX) y con un discurso nacionalista elaborado por y para el colombiano blanco, que excluyó al indígena y, más aún, al afrodescendiente, de la vida pública (Schwegler y Correa 2020), así como con la presencia habitual de filólogos y humanistas dentro de la clase política colombiana. Hitos fundamentales en esta línea fueron también la formación y reconocimiento social de la Academia Colombiana de la Lengua (1871), primera academia americana, con participación de filólogos como Cuervo y Miguel Antonio Caro —después presidente de la república (1894–1898)—, y la creación, en honor a ambos autores, del Instituto Caro y Cuervo (ICC) en 1942.

5. Expectativa de avances en la investigación de los próximos años

Una vía de estudio que promete resultados interesantes es la comparación de los materiales actuales con los recogidos desde mediados del siglo XX en el marco de encuestas dialectales, lo que permitirá el estudio de la dialectología histórica reciente. Dada la mayor antigüedad de la profesionalización de la filología en Colombia, no sorprende que fuera en este país donde se desarrollara primero la geografía lingüística: el proyecto del *Atlas Lingüístico y Etnográfico de Colombia* (ALEC) fue el primero en iniciarse en Hispanoamérica (encuestas y estudios a partir de 1950, publicación en 1982–1983). En la actualidad, el ALEC está disponible en línea (http://alec.caroycuervo.gov.co) y proyecta digitalizar un corpus con 1250 archivos sonoros. Dada la transformación del país y los desplazamientos poblacionales como consecuencia del complejo conflicto armado interno, presente desde 1960, es muy probable que los mapas dialectales se hayan modificado sustancialmente.

Asimismo, es esperable un interés creciente en los resultados lingüísticos de los procesos migratorios intranacionales —de los ya citados *desplazados* colombianos, de la migración constante de la sierra a la costa en el Perú (Klee y Caravedo 2005), de los migrantes aimaras provincianos en La Paz (Godenzzi y Fernández Mallat 2014), etc.—, así como de las migraciones internacionales, en consonancia con el auge actual de la lingüística de la migración. Incorporar los métodos de análisis y los postulados teóricos de esta subdisciplina sería beneficioso en dos aspectos: en primer lugar, en el análisis de la extensión de cambios en cuya difusión la migración ha venido jugando un papel decisivo: por ejemplo, de igual modo que se ha especulado sobre la migración desde Colombia y otros países como posible causa de la extensión del *ser* focalizador en Venezuela en los años 70–80 (Sedano 2016, 40–41), coincidiendo con una etapa de bonanza económica en ese país, la fuerte migración actual de venezolanos a otros países podría ser concausa de la ampliación de la geografía del fenómeno); en segundo lugar, en la comprensión de la formación y del "ciclo vital" de variedades de migrantes en suelo americano, también en épocas pasadas: por ejemplo, variedades de sirios y otros arabófonos en la Colombia de principios del siglo XX (Fawcett de Posada 1991), de curazoleños —hablantes de papiamentu— en el Puerto Rico del s. XIX (Álvarez Nazario 1970), de haitianos —hablantes de kreyòl— en la península de Samaná (República Dominicana) desde principios del s. XIX (Barzen 2020), etc.

Por otro lado, cabe prever un aumento del estudio de fenómenos lingüísticos en relación con aspectos identitarios, una línea de trabajo de la que no han faltado exponentes en las últimas décadas, en sintonía con los avances en la sociología del lenguaje y el análisis del discurso. Así, por ejemplo, se ha demostrado que el *ustedeo* en Mérida constituye una forma de identidad intragrupal para reivindicar la identidad venezolana andina frente a la caribeña-caraqueña (Álvarez Muro y Carrera de la Red 2006); además, se ha constatado que la representación lingüística de la dominicanidad durante la "era de Trujillo" (1930–1961) se configuró concretamente a partir de la subvariedad cibaeña, que se utilizó como expresión de la identidad nacional a través de merengues hechos en todo el país (Jansen 2017).

Por último, el examen de todo cambio lingüístico se beneficiará de los avances en lingüística de corpus —presentes ya en algunos trabajos recientes como Bertolotti y Álvarez (2020) sobre *su merced*— que permitirán aclarar, por ejemplo, cómo, cuándo y por qué tiene lugar la pérdida de *vosotros* y cómo surge el paradigma híbrido de *ustedes* con la integración del posesivo *vuestro* (*Les agradecemos por vuestra atención*; *¡Vuestra tarea hagan!*), que se documenta aisladamente en varias regiones y es de uso común en el español andino surperuano (Dankel y Gutiérrez Maté 2021).

Lecturas recomendadas

Los capítulos 6, 7 y 10 de López Morales (1998) constituyen una lectura rigurosa y amena sobre, respectivamente, el nacimiento de las Academias, la situación en Puerto Rico y Cuba en 1898 y el contacto español-inglés en Puerto Rico.

En Granda (1994) y otras obras del autor siguen resultando de interés tanto sus modelos generales sobre la historia y los contactos lingüísticos hispanoamericanos como sus estudios específicos sobre las áreas caribeña y andina. Aunque su base empírica era mínima y algunas interpretaciones resultan hoy cuestionables, su obra sigue destacando por la práctica de lo que él llamaba "método sociohistórico" (muy próximo a los intereses de la denominada actualmente "ecología lingüística externa": *cf.* Mufwene 2001).

Jansen (2008) aborda el purismo en Colombia en relación con las "leyes de unidad del idioma" en un contexto panamericano.

Bibliografía citada

Álvarez Muro, A. y M. Carrera de la Red. 2006. "El *usted* de solidaridad en el habla de Mérida". En *La cortesía en el mundo hispánico. Nuevos contextos, nuevos enfoques metodológicos*, ed. M. Schrader-Kniffki, 117–130. Madrid y Fráncfort: Iberoamericana y Vervuert.

Álvarez Nazario, M. 1970. "Un texto literario del papiamento documentado en Puerto Rico en 1830". *Revista del Instituto de Cultura Puertorriqueña* 47: 1–4.

Álvarez Nazario, M. 1990. *El habla campesina del país. Orígenes y desarrollo del español en Puerto Rico*. Puerto Rico: Editorial de la Universidad de Puerto Rico.

Barzen, J. 2020. *Das Samaná-Kreyòl in der Dominikanischen Republik: eine korpusbasierte Studie zum Sprachkontakt zwischen einer Migrantenvarietät des Haitianischen Kreols und dem Spanischen*. Tesis doctoral. Erlangen: Friedrich-Alexander-Universität Erlangen-Nürnberg.

Benvenutto Murrieta, P. M. 1936. *El lenguaje peruano*. Lima: Sanmartí.

Bertolotti, V. y L. Álvarez López. 2020. "La doble vida de *su merced* entre los siglos XVI y XIX". *Nueva Revista de Filología Hispánica* 48: 105–136.

Dankel, P. y M. Gutiérrez Maté. 2021. "El uso de *vuestro* en el español de Cuzco: nuevos datos y nuevas perspectivas de estudio". *Lexis* 45: 5–76.

Díaz Collazos, A. M. 2015. *Desarrollo sociolingüístico del voseo en la región andina de Colombia (1555–1976)*. Berlín: De Gruyter.

Diez del Corral Areta, E. 2015. "El siglo XIX y su relevancia para el estudio histórico de marcadores del discurso". *Études romanes de Brno* 36 (1): 21–39.

Ennis, J. y S. Pfänder. 2009. "La unidad de la lengua y la irrupción de la lingüística: el caso Cuervo". *Revista Argentina de Historiografía Lingüística* 1: 175–194.

Fawcett de Posada, L. 1991. *Libaneses, palestinos y sirios en Colombia*. Barranquilla: Centro de Estudios Regionales de la Universidad del Norte.

Frago Gracia, J. A. 2010. *El español de América en la independencia*. Santiago de Chile: Taurus.

Fuentes Guerra, J. y A. Schwegler. 2005. *Lengua y ritos del Palo Monte Mayombe: dioses cubanos y sus fuentes africanas*. Madrid y Fráncfort: Iberoamericana y Vervuert.

Glave, L. M. 2004. *La república instalada. Formación nacional y prensa en el Cuzco 1825–1839*. Lima: Instituto Francés de Estudios Andinos e Instituto de Estudios Peruanos.

Godenzzi, J. C. y V. Fernández Mallat. 2014. "*En aquí, en allá*: adverbios demostrativos de lugar en el español de migrantes andinos bolivianos". *Lexis* 38: 181–205.

Granda, G. de. 1991. *El español en tres mundos. Retenciones y contactos lingüísticos en América y África*. Valladolid: Universidad de Valladolid.

Granda, G. de. 1994. *Español de América, español de África y hablas criollas hispánicas*. Madrid: Gredos.

Guitarte, G. L. 1983. "El camino de Cuervo al español de América". En *Philologica hispaniensia in honorem Manuel Alvar*, vol. 1, 243–318. Madrid Gredos.

Gutiérrez Maté, M. 2020. "Neues zur Entstehung und Ausbreitung der Konstruktion mit '*ser* focalizador'. Ein Plädoyer für die afrohispanische Hypothese". En *Diachrone Varietätenlinguistik: Theorie, Methoden, Anwendungen*, eds. Carolin Patzelt y Elton Prifti, 177–203. Berlín: Peter Lang.

Gutiérrez Maté, M. y N. Cancino Cabello. 2014. "Lo oral, lo rústico y lo 'afro' en la configuración del etnolecto negro del Chocó (Colombia): el valor lingüístico de *Las estrellas son negras* de Arnoldo Palacios". *Romance Philology* 68: 249–284.

Jansen, S. 2008. "La 'defensa' del español en Hispanoamérica: normas y legislaciones acerca del uso de la lengua". En *Lengua, nación e identidad: la regulación del plurilingüismo en España y América Latina*, eds. Kirsten Süselbeck, Ulrike Mühlshlegel y Peter Masson, 239–270. Madrid y Fráncfort: Iberoamericana y Vervuert.

Jansen, S. 2011. *Indiana Submersa. Indianisches Substrat und Antillenspanisch. Eine linguistische Archäologie*. Tesis de habilitación. Halle: Martin-Luther-Universität Halle-Wittenberg.

Jansen, S. 2017. "Los sonidos del merengue: variación lingüística e identidad en la música nacional dominicana". *Revista Internacional de Lingüística Iberoamericana* 15: 145–160.

Kany, C. 1945. *American-Spanish Syntax*. Chicago: University of Chicago Press.

Klee, C. A. y R. Caravedo. 2005. "Contact-Induced Language Change in Lima, Peru: The Case of Clitic Pronouns". En *Selected Proceedings of the 7th Hispanic Linguistics Symposium*, ed. David Eddington, 12–21. Somerville, MA: Cascadilla Proceedings Project. www.lingref.com, document #1082.

Koch, P. 1997. "Diskurstraditionen: zu ihrem sprachtheoretischen Status und ihrer Dynamik". En *Gattungen mittelalterischen Schriftlichkeit*, eds. Barbara Frank, Thomas Haye y Doris Tophinke, 43–79. Tübingen: Narr.

López Morales, H. 1998. *La aventura del español en América*. Madrid: Espasa.

Montes Giraldo, J. J. 1982. "El español de Colombia. Propuesta de clasificación dialectal". *Thesaurus* 37: 23–93.

Mufwene, S. 2001. *The Ecology of Language Evolution*. Cambridge: Cambridge University Press.

Navarro Tomás, T. 1948. *El español en Puerto Rico. Contribución a la geografía lingüística hispanoamericana*. Río Piedras: Universidad de Puerto Rico.

Niño-Murcia, M. 2001. "Late-Stage Standardization and Language Ideology in the Colombian Press before Independence". *International Journal of the Sociology of Language* 149: 119–144.

Perl, M. y S. Große. 1995. "Textos afro-hispánicos y criollos del siglo XIX". En *Estudios de literatura y cultura colombianas y de lingüística afro-hispánica*, eds. Peter P. Konder, Matthias Perl y Klaus Pörtl, 205–221. Berna: Peter Lang.

Rivarola, J. L. 2001. *El español de América en su historia*. Valladolid: Universidad de Valladolid.

Schwegler, A. y A. Correa. 2020. "Languages in Contact. The Case of Colombia". En *Biculturalism and Spanish Contact. Sociolinguistic Case Studies*, ed. Eva Núñez-Méndez, 145–175. Londres y Nueva York: Routledge.

Sedano, M. 2016. "Presente, pasado y futuro de las construcciones con verbo *ser* focalizador". *Lingua Americana. Revista de Lingüística* 20 (38): 37–59.

Toscano Mateus, H. 1953. *El español en el Ecuador*. Madrid: Consejo Superior de Investigaciones Científicas (*Revista de Filología Española*, anejo 61).

Valdez, J. R. 2015. *En busca de la identidad: la obra de Pedro Henríquez Ureña*. Buenos Aires: Katatay.

45.3
El español en América (III): de las Independencias a nuestros días. Variedades del Cono Sur (Spanish in America (III): from independence to the present-day. Spanish varieties of the Southern Cone)

Virginia Bertolotti y Magdalena Coll

1. Introducción

Argentina, Chile, Paraguay y Uruguay comparten una historia de colonización tardía, desarrollada mayoritariamente por criollos, que se dio lejos de los centros coloniales de poder. Tienen también en común el contacto entre variedades del español y lenguas originarias, al tiempo que presentan diferentes situaciones de contacto con lenguas africanas y otras lenguas europeas. Estas circunstancias van delineando perfiles lingüísticos que se caracterizan por tener rasgos innovadores y rasgos conservadores, pero que también presentan importantes diferencias entre sí. Describir estos perfiles es precisamente el objetivo de este capítulo que contribuye al estudio sociolingüístico histórico del español de América del Sur.

Palabras clave: español; Cono Sur; contacto lingüístico; historia; rasgos caracterizadores

Argentina, Chile, Paraguay and Uruguay share a history of late colonization primarily carried out by criollos, not Spaniards, and away from the colonial seats of power. All four of these countries also have a history of contact with varieties of Spanish and indigenous languages and, to a lesser extent, with African and other European languages. Such circumstances have produced linguistic profiles that are characterized by conservative and innovative features, while also exhibiting fundamental differences among the countries. This chapter deals with those profiles and contributes to the historical sociolinguistic study of the Spanish of South America.

Keywords: Spanish; Southern Cone of South America; language contact; History; characteristic features

2. Conceptos fundamentales: el Cono Sur como entidad dialectal

En el plural del título de este capítulo es particularmente relevante el énfasis en la existencia de *variedades* del Cono Sur. Así como hay algunos puntos comunes en la historia lingüística del Cono Sur y algunos rasgos comunes en las modalidades de español que allí se hablan, hay otros tantos rasgos que hacen difícil hablar de *un* Cono Sur lingüístico. No es del caso desarrollarlo aquí, pero cabe señalar que la percepción de los hablantes del Cono Sur sobre las variedades de la zona tampoco la justificarían como zona lingüística. Hay una clara percepción identitaria cruzada entre uruguayos y argentinos, que identifican sus variedades como parecidas y poco compartida por chilenos y paraguayos, con respecto a los otros dos países y entre sí, como muestran estudios recientes (Chiquito y Quesada 2014). No hay dudas de que la pertinencia de la denominación *Cono Sur* es mayor desde una mirada política y geográfica (que suele agrupar los países mayoritariamente hispanohablantes más meridionales de América del Sur: Argentina, Chile, Uruguay y a veces Paraguay) que desde una mirada estrictamente lingüística.

Si bien toda zonificación es, en mayor o menor medida, un artificio metodológico que depende de cuán abarcativa quiera ser, con qué perspectiva y con qué objetivo la estemos determinando, no por ello es vano recordar someramente cómo se ha considerado la región que estamos tratando en dialectalizaciones de este siglo y del pasado. La primera zonificación lingüística (Henríquez Ureña 1921), a la que hasta el día de hoy seguimos recurriendo, tenía una fuerte base demográfica (hablantes de lenguas indígenas americanas como base para la definición de características dialectales del español) y ubica los cuatro países en la misma zona. Las subsiguientes, sobre todo a partir de Rona (1964), han buscado la caracterización con base en rasgos fónicos, morfológicos, sintácticos y léxicos, y separan a Chile y Paraguay de Uruguay y Argentina, lo cual recoge en mapas de forma muy ilustrativa Quesada Pacheco (2014). En el siglo XXI, Moreno Fernández (2018), en un cruce de criterios lingüísticos y perceptivos, propone la existencia de tres modalidades de español predominantes para el espacio geográfico ocupado actualmente por los cuatro países mencionados arriba: el español de Chile, el español austral y el español andino. Considerando que el español andino es objeto específico de tratamiento en este volumen, nos concentraremos aquí en los dos primeros, esto es, el español de Chile y el español austral, que engloba, según Moreno Fernández, parte de la actual Argentina, parte del actual Uruguay y parte del actual Paraguay, y consideraremos tres aspectos: el fónico, el léxico y el campo de los tratamientos pronominales.

Las propuestas de división dialectal son, como es esperable, una fotografía del momento en que son realizadas, sin centrarse fuertemente en una dialectología histórica. Siendo este un manual de Lingüística histórica, cabe mejor centrarse en entender los procesos, y en este punto, aunque con desarrollos y resultados diferentes, es donde podemos encontrar rasgos comunes a la zona, entre ellos el haber sido comunidades de contacto.

3. Periodización y contactos

De manera muy básica, podemos identificar cuatro etapas, originalmente pensadas para dar cuenta de la historia lingüística del Uruguay (Bertolotti y Coll 2013, 11), pero que nos permiten describir en grandes pinceladas lo sucedido en ese conjunto que estamos llamando Cono Sur, e incluso en América. Estas etapas lingüísticas son: la preeuropea (hasta el siglo XVI), la europea (siglos XVI al XIX), la del multilingüismo (siglo XIX y principios del XX) y la de la retracción de modalidades lingüísticas no hispanas (siglo XIX), con sus matices y con sus diferencias.[1]

La ETAPA LINGÜÍSTICA PREEUROPEA. En la zona bajo estudio, de gran diversidad ecológica —desde las áridas estepas de la Patagonia hasta la selva tropical del actual Paraguay, desde la alta montaña hasta las infinitas llanuras pampeanas—, se desarrollaban, adaptadas a esa diversidad de medios, las sociedades prehistóricas con economías eclécticas en función de los recursos disponibles (caza, pesca, recolección, horticultura y aun ganadería en los Andes). Esa diversidad económica se reflejaba, esperablemente, en heterogéneas organizaciones sociales y culturales con una notable diversidad lingüística. Existían, además, lenguas de comunicación interétnica entre las cuales el ejemplo más referido en la zona de nuestro interés es el guaraní.

La ETAPA EUROPEA. En esta vasta zona, con recursos y densidades poblacionales tan diversas, el establecimiento europeo, español pero también portugués, fue todo menos uniforme. No obstante, esta etapa es fundacional en el sentido de que establece las bases de la actual situación lingüística de predominio absoluto del español sobre cualquier otro medio lingüístico de comunicación en el Cono Sur, con excepción del Paraguay. Las consecuencias lingüísticas de este establecimiento, esto es, los diferentes procesos de sustitución y pérdida y también los de conservación se explican, en buena medida, por una combinación de las formas de asentamiento europeo con las características sociales y culturales de las sociedades indígenas preexistentes. El proceso de sustitución y pérdida de las lenguas indígenas fue más radical en los lugares de asentamiento, europeo en los que el contacto se dio con poblaciones de cazadores-recolectores.

Una característica común es que la colonización se produjo *desde dentro y alejada de los centros de poder*. Esto es, los núcleos poblacionales de la zona están conformados por personas que ya estaban en América y que en muchos casos no eran siquiera primera generación: por tanto, su español, era ya un español propiamente americano, en menor medida si eran hijos de hombres españoles y mujeres indígenas y en mayor medida si eran de tercera generación.

Como se ha señalado en Bertolotti (2012, 18), también parece ser una característica común el hecho de que, como consecuencia de las nuevas olas migratorias hispanas producto de las reformas borbónicas en la segunda mitad del siglo XVIII, se introduce un español europeo en las clases comerciantes y gobernantes de las sociedades del Cono Sur.

La ETAPA DEL MULTILINGÜISMO. Durante la *etapa europea* se incorporan también al paisaje lingüístico de la zona hablantes de lenguas africanas que son traídos a América a través del comercio esclavista, en forma marcada en los casos de los actuales Uruguay y Argentina, en menor medida en Paraguay y muy poco en la entonces Capitanía de Chile. En esta etapa todavía permanecen vitales buena parte de las lenguas indígenas y el proceso de expansión del español es creciente.

La ETAPA DE LA RETRACCIÓN DE MODALIDADES LINGÜÍSTICAS NO HISPANAS. El siglo XIX es de gran intensidad de los procesos lingüísticos, que tienen como rasgo común, en todos los países excepto Paraguay, la instalación definitiva del español en la vida pública. Avanzan sustancialmente los procesos de sustitución y pérdida de las lenguas indígenas y de las lenguas africanas, de las cuales se registran en la actualidad apenas algunas huellas léxicas. El proceso de desplazamiento y pérdida de las lenguas indígenas fue total en Uruguay, parcial en Argentina y Chile. En estos dos últimos países hay una clara dominancia del español con presencia vital de lenguas indígenas: mapuche, quechua y guaraní, entre otras, en Argentina y principalmente el mapuche en Chile. La excepción la constituye Paraguay, donde hay un bilingüismo español/guaraní con fuerte dominancia del guaraní.

También en esta etapa se incorporan, a través de la inmigración, hablantes de diversas lenguas europeas: variedades itálicas, gallego, lenguas eslavas, francés, alemán e inglés. La presencia de hablantes nativos de lenguas europeas no hispánicas y, por lo tanto, el contacto histórico del español con ellas, es significativamente mayor en la zona estudiada (salvo, quizá, en Paraguay) que en otras latitudes americanas en el siglo XIX.

La zona tiene también en común dos fases glotopolíticas en el siglo XIX y primeras décadas del XX: una primera corresponde a los hijos de la revolución, los románticos, que ponen a la lengua española en el centro del "problema de la lengua"; la segunda es la de "los civilizadores", que impulsan acciones de planificación de estatus y de corpus en los otros tres países (Narvaja de Arnoux 2008; Di Tullio 2003; Bertolotti y Coll 2012), con la excepción de Paraguay. Este país, casi monolingüe indígena con clara predominancia de la lengua guaraní, comienza a abandonar en el siglo xix la escritura en esa lengua para, tímidamente y desde el Estado, buscar —a través de la educación— la expansión del español sobre el guaraní, que apenas se consolida en el siglo xxi en el marco de una mayor generalización de la educación y de una mayor urbanización (Verón 2017).

En los otros países, los procesos de urbanización se dan más tempranamente y las capitales se vuelven foco de innovación a través de su prestigio lingüístico. Allí se diseñarán los planes educativos, que, tomando el español como vehículo de la educación, terminarán de consolidarlo como lengua dominante de la mano de Domingo Faustino Sarmiento en Argentina, de Andrés Bello en Chile y de José Pedro Varela en Uruguay. Por otra parte, en el siglo xix cobra importante presencia la prensa escrita en español como medio de comunicación masivo y, por tanto, como difusora y legitimadora de la lengua española.[2]

La colonización realizada por "americanos viejos", la rehispanización de la clase alta producto de las reformas borbónicas, el permanente y caleidoscópico contacto lingüístico, la conciencia de identidad producto de las independencias y los procesos de estandarización tardíos pueden tentarnos a establecer una relación entre estos factores y las características del español de esta zona: muy innovador y, al mismo tiempo, muy conservador, como veremos a continuación.

4. Rasgos lingüísticos comunes o caracterizadores actuales

En el plano fonológico, es caracterizador de esta zona de América el seseo, rasgo que ya se detecta en la etapa fundacional y es compartido con todas las variedades americanas y algunas europeas. Las grafías seseantes se constatan, solo para mencionar algunos ejemplos, en 1588 en las crónicas de Vivar (Cartagena 2002, 24), en cartas escritas en Buenos Aires en el siglo XVII (Fontanella de Weinberg 1987, 21) o en documentos escritos en la recién fundada Montevideo a principios del siglo xviii (Elizaincín *et al.* 1997). El seseo, un rasgo innovador en la lengua española, se expandió a lo largo del tiempo consolidándose de manera categórica en toda la región.

El yeísmo es más tardío en relación con el seseo y no se extiende por toda la zona que nos ocupa. Es rasgo generalizado en Argentina y Uruguay, aunque en Chile todavía subsisten enclaves distinguidores. Bien distinta es la situación en Paraguay, que se caracteriza por la ausencia de yeísmo (Granda 1979). Por otra parte, en la zona de influencia de Buenos Aires y Montevideo el yeísmo se desarrolló de manera peculiar e innovadora. En el español rioplatense se da el rehilamiento, altamente caracterizador de esta modalidad. Documentado históricamente, consiste en una vibración intensa que se produce generalmente por un desplazamiento del aire por la zona articulatoria. De esta manera, tanto *llave* como *mayo* se pronuncian con /ž/: [žáβe], [mážo]. A su vez, este fonema rehilado tendrá históricamente dos variantes en competencia: la sonora y la sorda.

Algunos rasgos fonéticos consonánticos que se presentan en el español de la zona son, entre otros, la aspiración y la pérdida de /-s/ en contextos implosivos, la elisión de /-d/ en final de palabra, la simplificación de grupos consonánticos. Estos rasgos suelen estar estigmatizados. Como en el resto del mundo hispano, hay inestabilidad vocálica, principalmente de las vocales átonas, en el habla popular.

Las formas de tratamiento gramatical, esto es, los pronombres y verbos que se emplean al tratar a otra(s) persona(s), son comunes al Cono Sur. La presencia del voseo, conservado en su forma y resignificado en sus usos americanos, es general en la zona, por cuanto se emplea voseo pronominal y voseo verbal en los cuatro países bajo estudio. Este último cuenta con diferentes expresiones morfológicas: *cantás, comés, escribís* en Argentina, Paraguay y Uruguay y *cantái, comís, escribís*, en Chile.[3] Además, sobre todo en Uruguay y en Chile, son frecuentes y significativas las combinaciones de pronombre *tú* con la flexión voseante: *tú cantás* o *tú cantái*. En forma gradual, antes del fin del siglo XIX se estabiliza un paradigma voseante con las formas de los pronombres átonos del tuteo (*te miro* y no *os miro*), así como para los posesivos *tu(s), tuyo/a(s)* ("tu carta que vos me escribiste desde el barco me trajo recuerdos tuyos") y no *vuestro/a(s)* (# "vuestra carta que vos me escribiste desde el barco me trajo recuerdos vuestros").[4]

La distribución social y por registros del voseo dista de ser uniforme y, en consecuencia, tampoco lo es la distribución entre *tú* y *vos* en aquellos países en los que alternan ambas. Ausente de la comunicación cotidiana en la zona de habla rioplatense de la Argentina, *tú* está presente en los otros tres países considerados aquí (para su distribución regional, *cf.* el cap. 18).

El cuadro 1 resume la presencia del voseo en la zona, señalando su generalidad en un país, sus restricciones regionales, su variación diastrática o social y su variación situacional. Se observa que no hay variación diastrática en Argentina, Paraguay o Uruguay, ya que no hay en la actualidad una asociación entre voseo y clases sociales. Esta sí se da en Chile, donde aún hay actitudes negativas hacia el voseo, que por otra parte comienza a ser empleado por jóvenes de estratos educados y altos. Por otro lado, en Uruguay como en Paraguay todavía se emplea el tuteo en contextos de enseñanza y, en Uruguay existe una forma "cuidada" de tuteo pronominal con voseo verbal como un registro propio del ámbito laboral, educativo o en alocuciones dirigidas a niños.

Los espacios comunicativos de empleo de las formas de cercanía (voseo y tuteo) son cada vez mayores, como sucede en todo el mundo hispánico. Por lo tanto, el empleo de *usted* y su paradigma es crecientemente restringido, aunque más conservador que en el español europeo. Si ubicáramos los cuatro países bajo análisis en una misma línea, en un extremo estaría Chile, que es el que tiene más contextos de empleo de *usted* en la actualidad, seguido por Uruguay y luego por Argentina. En el polo opuesto estaría Paraguay, casi sin contextos de empleo de *usted*, no por reducción de sus ámbitos, sino por razones históricas. Hay situaciones en las cuales en Uruguay o en Chile todavía es esperable el trato de *usted* en tanto que ya no lo es en la Argentina rioplatense, por ejemplo, en muchas interacciones comerciales con adultos o con adultos mayores (Rigatuso 2019).

A diferencia de la gran variación en las formas singulares, en el tratamiento plural en el Cono Sur se emplea una única forma para el plural, esto es, el pronombre *ustedes* y las formas verbales concordantes *caminan, comen, escriben*. Como en el resto de América, *vosotros/as* y las formas verbales en *-áis, -éis, -ís* con significado plural escasean ya desde el siglo XVIII (cap. 18).

Tabla 45.3.1 Distribución regional, social y situacional del voseo en el Cono Sur (siglos XX y XXI)

País	Variación regional	Variación social	Variación situacional
Chile	central, zonas no cercanas a Perú y Bolivia	sí, pero también usado por jóvenes cultos	informal, íntimo
Paraguay		no, tuteo escolar	no
Argentina (rioplatense)	general	no	no
Uruguay	general con zonas T-T[5]	no	T-V uso cuidado (deferencial) T-T uso afectado o dialectal

A nivel léxico, cabe destacar la presencia de léxico patrimonial actualmente en desuso en otras variedades del español, así como un conjunto de innovaciones léxicas producto del contacto: tal es el caso de quechuismos como *quincho* ('techo de paja'), *achura* ('vísceras de una res'), *chaucha* ('vaina comestible de un tipo de judía') y de guaranismos como *murucuyá* ('pasionaria'), *timbó* ('tipo de árbol muy corpulento'), *yaguareté* ('jaguar'), estos últimos empleados en Uruguay y Argentina y muy especialmente en Paraguay, donde la presencia de léxico de origen guaraní es muchísimo más abundante. Las voces de origen mapuche —*coipo* ('tipo de roedor'), *ñire* ('tipo de árbol típico de la zona andino-patagónica'), *ruca* ('vivienda de los indígenas pampeanos y patagónicos'— se presentan en Chile y el sur de Argentina.

En el español del Cono Sur también hay préstamos de las lenguas africanas —*mandinga* ('diablo'), *mucama* ('empleada doméstica o encargada de la limpieza en hoteles y hospitales'), *quilombo* ('prostíbulo, lío, desorden')— que datan de la época de la colonia. Andando el tiempo, la región se nutrirá de préstamos de las lenguas europeas: entre estos, los de la península itálica —*morfar* ('comer'), *gambeta* ('regate'), *ñoqui*— son particularmente característicos de Uruguay y Argentina.

5. Perspectivas futuras y conclusiones

Después de poner en discusión el concepto de Cono Sur como entidad dialectal hemos mostrado cómo existen, de todas maneras, algunas características lingüísticas compartidas entre las modalidades hispanas habladas en los actuales Argentina, Chile, Paraguay y Uruguay.

Hemos mostrado también que hay procesos y etapas comunes, todas ellas tardías con respecto a otras zonas americanas. En este sentido, si tenemos en cuenta que Sánchez Méndez y Bustos Gisbert (2019, 11) proponen la existencia de una norma lingüística virreinal para las variedades de español americanas, cabe establecer aquí un matiz y hablar para esta zona de una norma de español virreinal tardío o de un español de virreinato de segunda generación.[6]

Como hemos mostrado con ejemplos, lo patrimonial se renueva en esta región como consecuencia de múltiples contactos y de las características peculiares de su poblamiento, que explican una estandarización tardía y en conflicto (a veces explícito, a veces implícito) con la variedad europea de español. Esto da como resultado modalidades lingüísticas con algunos rasgos en común, algunos de los cuales fueron aquí considerados.

No es posible cerrar este texto sin señalar que, a pesar de los avances en los datos y en la reflexión sistemática sobre la historia del español en la región, quedan aún enormes lagunas, sobre todo en la formación del español en el Paraguay. Avanzar en el conocimiento lingüístico histórico de la zona y de las particularidades de cada uno de estos países permitirá comparaciones que echen mayor luz sobre los procesos de cambio lingüístico acontecidos en ellos.

Notas

1 Note el lector al caracterizar una etapa como de multilingüísimo no estamos negando la existencia de multilingüísimo de lenguas indígenas en la etapa preeuropea y la existencia de multilingüísimo entre estas lenguas y el español en la etapa europea. Note también que hablamos de retracción en el siglo XIX estamos aludiendo a tres procesos diferentes y que se dan en momentos distintos: la retracción de lenguas indígenas y la retracción de lenguas africanas en la primera mitad del siglo, y a la retracción del portugués en el último cuarto de este mismo siglo, en el caso del actual Uruguay.

2 También existió en la misma etapa prensa escrita en otras lenguas europeas cuyos hablantes habían migrado a la zona, con consecuencias lingüísticas, en principio, diferentes, aunque hasta ahora poco estudiadas.

3   El voseo chileno presenta formas específicas en el futuro y también en el imperativo, con -*e* paragógica, ej., *sale de ahí*. Esto último también se presenta en algunas variedades del español en el Uruguay.
4   No cabe aquí explicar la presencia residual del posesivo *vuestro* en contextos marcados.
5   T-T significa tuteo pronominal y verbal, T-V significa tuteo pronominal y voseo verbal. Cabe insistir en que solo se está considerando la zona rioplatense y no otras zonas dialectales de la Argentina.
6   "A lo largo y ancho de la América colonial se fueron fraguando distintos espacios de variación en torno a un modelo de lengua peninsular (o lo que se creía que era este) que podemos denominar, *grosso modo*, virreinal" (Sánchez Méndez y Bustos Gisbert 2019, 11).

Lecturas recomendadas

Bertolotti y Coll (2014) es un estudio panorámico sobre la historia de las lenguas en Uruguay. Aborda la conformación del español en la región y su convivencia histórica con el portugués. También atiende la situación de las lenguas indígenas habladas a la llegada de los europeos y de cómo se dio su coexistencia con el español. Las lenguas de origen africano, y su historia en la región, se incluyen también en esta investigación.

Dedicado al español en Chile, Cartagena (2002) desarrolla la historia de varios rasgos lingüísticos de esa variedad, tanto a nivel fonético y gramatical como léxico. También brinda una propuesta de periodización del español en Chile.

Fontanella de Weinberg (1987) es un texto dedicado a la historia del español en la provincia de Buenos Aires. Pionero en su época, aborda temas de lingüística externa e interna, en un diálogo muy fructífero. Presenta además una propuesta de periodización del español bonaerense. Aunque tiene más de 30 años, es un texto muy claro que mantiene su vigencia.

Granda (1988) describe la situación lingüístico-histórica del Paraguay, con énfasis en el contacto entre el español y el guaraní. Contextualiza la sociedad y la historia de ese contacto de manera valiosa. Aun siendo un estudio del siglo pasado, sigue siendo un texto de referencia.

Referencias citadas

Bertolotti, V. 2012. "Claves para la historia del español en el Río de la Plata: avances y rectificaciones sobre el tuteo y el voseo". *RASAL* 1: 7–26.

Bertolotti, V. y M. Coll. 2012. "Reflexiones sobre la lengua en América". En *Reflexión lingüística en la España del siglo XIX. Marcos, balances y nuevas aportaciones*, ed. y coord. A. Zamorano, 443–466. Múnich: Lincom Europa.

Bertolotti, V. y M. Coll. 2013. "Contacto y pérdida: el español y las lenguas indígenas en el Río de la Plata entre los siglos XVI y XIX". *Boletín de Filología* 48 (2): 11–30.

Bertolotti, V. y M. Coll. 2014. *Retrato lingüístico del Uruguay. Un enfoque histórico sobre las lenguas en la región*. Montevideo: Universidad de la República.

Cartagena, N. 2002. *Apuntes para la historia del español en Chile*. Santiago de Chile: Academia Chilena de la Lengua.

Chiquito, A. B. y M. Á. Quesada Pacheco. 2014. "Actitudes lingüísticas de los hispanohablantes hacia el idioma español y sus variantes". *Bergen Language and Linguistic Studies (BeLLS)* 5. http://doi.org/10.15845/bells.v5i0.687 [2/08/2022].

Di Tullio, A. 2003. *Políticas lingüísticas e inmigración. El caso argentino*. Buenos Aires: EUDEBA.

Elizaincín, A., M. Malcuori y V. Bertolotti. 1997. *El español en la Banda Oriental en el siglo XVIII*. Montevideo: Facultad de Humanidades y Ciencias de la Educación, Universidad de la República.

Fontanella de Weinberg, M. B. 1987. *El español bonaerense. Cuatro siglos de evolución lingüística*. Buenos Aires: Hachette.

Granda, G. de. 1979. "Factores determinantes de la preservación del fonema 'll' en el español de Paraguay". *Lingüística Española Actual* 1: 403–412.

Granda, G. de. 1988. *Sociedad, historia y lengua en el Paraguay*. Bogotá: Publicaciones del Instituto Caro y Cuervo.

Henríquez Ureña, P. 1921. "Observaciones sobre el español de América I". *Revista de Filología Española* 8: 357–390.

Moreno Fernández, F. 2018. "Dialectología/Dialectology". En *The Routledge Handbook of Spanish Language Teaching*, eds. J. Muñoz-Basols, E. Gironzetti y M. Lacorte, 377–390. Londres: Routledge.

Narvaja de Arnoux, E. 2008. *Los discursos sobre la nación y el lenguaje en la formación del estado (Chile 1842–1862)*. Buenos Aires: Santiago Arcos editor.

Quesada Pacheco, M. 2014. "División dialectal del español de América según sus hablantes Análisis dialectológico perceptual". *Boletín de Filología* 49 (2): 257–309. Disponible en https://boletinfilologia.uchile.cl/index.php/BDF/article/view/35862/37524. [consultado el 2/08/2022].

Rigatuso, E. 2019. "*Dime ¿querés que lo coloque?* Usos característicos de las fórmulas de tratamiento en encuentros de servicio comerciales del español bonaerense actual 1". En *Lengua, Sociedad e Interculturalidad en la enseñanza/aprendizaje de portugués y español-Língua, sociedade e interculturalidade no ensino-aprendizagem do português e do español*, 105–125. Foz do Iguaçu: EDUNILA.

Rona, J. P. 1964. "El problema de la división del español americano en zonas dialectales". En *Presente y futuro de la lengua española. Actas de la Asamblea de Filología del I Congreso de Instituciones Hispánicas*, vol. I, 215–266. Madrid: OFINES.

Sánchez Méndez, J. y E. Bustos Gisbert. 2019. "Introducción". En *La configuración histórica de las normas del castellano*, ed. V. Codita, coords. E. Bustos Gisbert y J. P. Sánchez Méndez, 9–15. Valencia: Tirant Humanidades.

Verón, M. Á. 2017. "Paraguay: una nación pluricultural con dos lenguas oficiales". *Revista de Llengua i Dret. Journal of Language and Law* 67: 106–128.

46
El español en América (IV): los Estados Unidos (Spanish in America (IV): the United States)

Sonia Kania

1. Introducción

En este capítulo se proporcionan algunos de los puntos de discusión relativos al español de los Estados Unidos de América (EE. UU.), sobre todo con respecto a su diacronía. Tras un breve resumen de su historia externa, se presenta una diferenciación general entre sus vertientes coloniales (o tradicionales) e inmigrantes, relacionando estas manifestaciones con el concepto del desplazamiento lingüístico. A continuación, se ofrece un panorama sobre el estudio del español en los EE. UU. como disciplina, recogiendo críticamente las diferentes perspectivas de análisis que se han propuesto. La cuarta parte aborda el estado de la cuestión sobre el español tradicional del suroeste del país utilizando el ejemplo concreto del español de Nuevo México. Se exponen los conocimientos actuales sobre las características de esa variedad durante la época colonial, presentando los datos dentro del marco de la sociolingüística histórica. Finalmente, se señalan algunas lagunas en la investigación, como la necesidad de recoger más datos archivísticos, y se presentan algunos proyectos de corpus prometedores, además de otros caminos provechosos para el futuro de la disciplina.

Palabras clave: español tradicional de los Estados Unidos; desplazamiento lingüístico; español de Nuevo México; sociolingüística histórica; proyectos de corpus

This chapter discusses some of the fundamental concepts related to Spanish in the United States of America, especially in regard to its diachrony. After a brief summary of the external history of Spanish in the U.S., we present a general division between its colonial vs. immigrant varieties, relating these manifestations to the concept of language shift. Next, we offer an overview of the study of Spanish in the U.S. as a discipline, critically assessing the various analytical perspectives that have been proposed. The fourth part discusses the state of the question regarding traditional Spanish of the Southwest, using the concrete example of New Mexican Spanish. We share our current knowledge regarding the characteristics of this variety during the colonial period, presenting the information within the framework of historical sociolinguistics. Finally, we point out some remaining lacunae, such as the need to collect more archival data, and present some promising corpus projects, as well as other useful directions for the future of the discipline.

Keywords: traditional U.S. Spanish; language shift; New Mexican Spanish; historical sociolinguistics; corpus projects

2. Conceptos fundamentales

La historia del español en el territorio que hoy constituyen los Estados Unidos se remonta a 1513, año en que Juan Ponce de León arribó a las costas de la Florida. Según nuestros conocimientos actuales, el español fue el primer idioma europeo que se ha hablado en estas tierras. Este es un dato sorprendente para muchos norteamericanos que aprendieron que la historia de los EE. UU. consistía en una marcha progresiva de este a oeste llevada a cabo por los angloamericanos, sin considerar hechos inconvenientes para esta versión histórica, como el dominio español de las tierras sureñas y occidentales del país (las llamadas *Spanish Borderlands*) durante tres siglos (Weber 1992).

Estas tierras fronterizas españolas se pueden dividir en tres regiones principales: la Florida, Luisiana y el Suroeste (los estados actuales de Texas, Nuevo México, Arizona y California). Aunque se han conocido por el término colectivo de *Spanish Borderlands*, se fundaron en épocas distintas y por razones diversas, y cada región mantuvo una comunicación independiente con la metrópoli (Kessell 2002). La Florida fue española desde su descubrimiento en 1513 hasta 1821, con la excepción del período británico de 1763–1783. Representaba un punto estratégico para los españoles contra incursiones de franceses y británicos; administrada desde las Antillas, se mantuvo como avanzada militar y nunca llegó a desarrollarse como asentamiento importante. Fue cedida a los EE. UU. por el Tratado de Adams-Onís. Luisiana, también periférica para la estrategia general de los españoles, fue cedida a España por los franceses en 1762. En 1800 volvió a ser territorio francés para luego ser vendida a los norteamericanos en 1803 como parte de la Venta de Luisiana.

Los españoles empezaron a explorar los vastos territorios del suroeste a raíz de las noticias que llegaron a México después de la odisea de Cabeza de Vaca (1528–1536). Ansiosos de repetir los éxitos de conquista, lanzan expediciones de exploración, la más importante, la de Vázquez de Coronado (1540–1542). Tras el fracaso de Coronado, no llegan a establecer una presencia permanente hasta 1598 con la colonización de Nuevo México. El suroeste representaba varios puntos tácticos. Desde el este permitía la protección contra incursiones de los franceses, lo que llevó a los españoles a establecer una colonia en la zona del este de Texas en 1689. En el sur los presidios de la Pimería Alta (actual sur de Arizona), fundada en 1701, protegían las minas de Sonora. En el oeste, aunque la costa del Pacífico se había explorado anteriormente, las incursiones de los rusos a mediados del siglo XVIII impulsaron la colonización de la Alta California en 1769. Con la independencia de México, estas zonas pasaron a formar parte de la República Mexicana. La época mexicana fue bastante breve; en Texas dura hasta 1836, año de su independencia, y en el resto de la zona dura una década más, hasta el estallido de la guerra entre México y EE. UU. en 1846. Con el Tratado de Guadalupe Hidalgo de 1848 y la Venta de La Mesilla de 1854, México pierde estas tierras, aunque muchos de los habitantes permanecen, lo que da origen al dicho popular "Nosotros no cruzamos la frontera, la frontera nos cruzó".

A partir del siglo XX, empezaron a llegar a los EE. UU. oleadas masivas de inmigrantes latinoamericanos, provocadas en gran parte por la inestabilidad creada por las guerras. La primera oleada de inmigrantes mexicanos llegó a raíz de la Revolución Mexicana (1910–1920); los puertorriqueños, tras la Guerra Hispano-estadounidense de 1898, y la mayoría después de la Segunda Guerra

Mundial; los cubanos, durante la época de la Revolución Cubana (1958–1959); los dominicanos, en los años 60 después de la dictadura de Trujillo y los salvadoreños, durante los turbulentos años 70 y 80 por los conflictos políticos en su país. Muchos de estos inmigrantes se han asentado en las antiguas tierras fronterizas españolas (Los Ángeles, Phoenix, Houston, Miami); también viven en las ciudades industriales del norte y el noreste (Chicago, Nueva York) y, desde los años 90, en partes inusitadas del país como los estados del noroeste (Oregón) y del sureste (Georgia).

Según datos del *U.S. Census Bureau*, se calcula que unos 60 millones de hispanos viven en los EE. UU. (el 18 % de la población total); representan el grupo minoritario más grande del país. El español es el segundo idioma más hablado, después del inglés. Con 42 millones de hispanohablantes en 2019, EE. UU. ocupa el quinto lugar mundial. Sin embargo, este número, como porción de la población hispana, va disminuyendo. Mientras que el 80 % de los hispanos indicó usar el español en el hogar en 2000, en 2010 era un 74 %, y se calcula que para 2020 descenderá a un 68 %. Estos datos ponen de relieve que, mientras se mantiene el español en el país a nivel social mediante la continua inmigración, se pierde a nivel individual por el hecho de que no se transmite a las sucesivas generaciones de hablantes, fenómeno encapsulado en el patrón del *desplazamiento de tres generaciones*. Es decir, los inmigrantes, para quienes el español es la lengua dominante, suelen tener hijos bilingües y nietos monolingües en inglés. Así, la lengua de los inmigrantes se pierde en la tercera generación.

Estudiar el español en este país es una tarea complicada, no solo porque requiere desentrañar hechos históricos y demográficos, sino también por las múltiples manifestaciones de la lengua: lengua colonial y lengua de inmigrantes (Craddock 1973, 1981). Como lengua de inmigrantes hay representación de los 21 países hispanos. Como lengua colonial, llegan a nuestros días dos variedades que representan la continuidad lingüística: el español de los isleños de Luisiana, hablado por los descendientes de inmigrantes canarios del siglo XVIII, y el español tradicional de Nuevo México, hablado por los descendientes de los colonos de los siglos XVI y XVII. La inmigración masiva del XX ha borrado, en cierto sentido, las manifestaciones coloniales de otras variedades del suroeste, y hay que buscar sus huellas en la documentación archivística. Dado el carácter histórico de este manual, aquí se tratará del español desde la época colonial hasta entrado el siglo XX y, exclusivamente, del español del suroeste.

3. Aproximaciones teóricas

El español de los Estados Unidos carece de una obra de conjunto que examine sus variedades históricas. A pesar del creciente interés por su estudio a partir de los años 70 del siglo pasado, la inmensa mayoría de los trabajos publicados se centran en la vertiente sincrónica. Sea como fuere, la investigación sobre las variedades del español en los Estados Unidos ve la luz en las primeras décadas del siglo XX. Los estudios pioneros de Espinosa sobre el español de Nuevo México son los más exhaustivos (Sanz 2009, 14). Siguiendo los modelos de la dialectología tradicional, Espinosa ofrece descripciones minuciosas de los niveles fonológico (1909) y morfológico (1911–1913) de la variedad contemporánea, con un análisis de las influencias del inglés (1914–1915). La traducción al español de las primeras dos partes, llevada a cabo por Alonso y Rosenblat (Espinosa 1930, 1946), hace que el español de Nuevo México, la variedad más antigua de los EE. UU., llegue a ser la más conocida en los ámbitos dialectológicos del español. Sin embargo, a pesar del interés suscitado entre lingüistas y filólogos, se creó una paradoja: por recurrir a tópicos y lugares comunes en la descripción de la variedad, quedó reducida a una reliquia dejada por los conquistadores del siglo XVI (por ejemplo, Orstein 1951). La continua orientación sobre sus rasgos arcaicos hizo que ese mito perdurara (Bills y Vigil 2008, 14; Trujillo 2010), como se observa a continuación:

> La lengua es aquí arcaizante, como lo son los cristos de palo con sus brazos articulados o los santos vestidos de remotos soldados españoles, o la emoción medieval de los romances religiosos o las misiones —ya— en ruinas o tantas cosas como evocan el occidente leonés o las tierras luminosas de Andalucía. Todo supervivencias de un pasado que se hermana en la lengua o en la fe.
>
> (Alvar 1992, 477)

Un primer paso en el estudio de la diacronía del español en los Estados Unidos lo encontramos en Craddock (1981), artículo en el que el autor avanza su trabajo futuro (véase Proyecto Cíbola abajo), notando que la fuente principal para nuestros conocimientos sobre el español hablado en las tierras fronterizas se encuentra en los documentos históricos, desde la fundación de los primeros pueblos permanentes hasta el fin del imperio español. Además, describe el español tradicional novomexicano apropiadamente como una fuente de estudio por ser superviviente de la época colonial. Los primeros estudios exclusivamente diacrónicos surgen en la década de los 90 (Craddock 1992; Perissinotto 1992), inspirados por el renovado interés en la historia del español en las Américas en vísperas de la conmemoración de los 500 años de la llegada de los españoles. Los dos trabajos son estudios filológicos sólidos con datos lingüísticos obtenidos de textos escritos, del análisis de cuentos folklóricos de Nuevo México en el caso de Craddock y de memorias y facturas de la Alta California en el de Perissinotto.

Otros estudios de la década de los 90, como los de Lope Blanch (1990) y Alvar (1992), también tenían la meta de describir el español tradicional, pero los métodos dialectológicos viables en otros contextos eran poco adecuados para las manifestaciones norteamericanas de la lengua por darse en territorios en los que los angloamericanos habían desarrollado un proceso de colonización secundaria con la subsiguiente implantación del español de nuevos inmigrantes. El mismo Alvar (1992) reconoció que para estudiar la "diacronía y sincronía" del español de los Estados Unidos se necesitaban métodos diferentes a los de la geografía lingüística. La metodología de Espinosa, hijo nativo de Nuevo México, resultó más viable porque recogió sus datos antes de que el territorio llegara a ser estado, cuando el español era la lengua más hablada y operaba como lengua "nacional" de un grupo de personas que todavía no habían experimentado todos los efectos de la colonización secundaria de los angloamericanos (*cf.* Lipski 2000, 4).

Dos importantes proyectos iniciados en la década de los 90 abrieron un nuevo horizonte de investigación dialectológica y diacrónica. El primero es el proyecto NMCOSS (New Mexico-Colorado Spanish Survey), dirigido por Bills y Vigil, que tenía como meta describir el español contemporáneo de Nuevo México y del sur de Colorado. Con entrevistas a más de 350 informantes, estos investigadores rompieron el molde de los estudios tradicionales incluyendo no solo información lingüística sino también social (edad, sexo, formación escolar) para dar cuenta de la gran diversidad de la lengua hablada en la zona y percibir los cambios en marcha (Bills y Vigil 2008). El segundo, el Proyecto Cíbola dirigido por Craddock, se dedica al estudio y publicación de documentos relacionados al suroeste hispano (Craddock 2013). Con centro en los eventos históricos más importantes de Nuevo México en los siglos XVI y XVII, los resultados han ampliado el acceso a ediciones filológicamente fiables con las cuales desentrañar la historia lingüística del español colonial de esa zona.

El Proyecto Cíbola ha tenido una producción extraordinaria con la publicación de varias ediciones de textos coloniales basadas en transcripciones paleográficas —*cf.*, entre otros, Craddock 1998; Imhoff 2002; Kania 2009, 2013a, 2013b, 2021—. Una de las tendencias más prometedoras de los últimos años es la aplicación de teorías de la sociolingüística, como la koineización y el contacto de dialectos (Trudgill 1986), a los datos obtenidos de textos históricos variados, entrelazando así información histórica, social y lingüística. Este marco de la sociolingüística histórica (Balestra 2008; Martínez 2010), acoplado a consideraciones sobre la política lingüística, ha ayudado no solo a mejorar los conocimientos sobre las características del español colonial sino también a explicar el desplazamiento de la mayor parte de las variedades tradicionales del español en lo que era suelo español. Entre los estudios que se produjeron dentro de este nuevo marco se encuentran investigaciones sobre el español de Nuevo México (Sanz 2009; Sanz-Sánchez 2013), California (Moyna y Decker 2005; Moyna 2010) y Texas (Martínez 2002), además de las comparaciones entre variedades (Gubitosi 2010).

Por las contribuciones de Espinosa (1930, 1946), el proyecto NMCOSS y el Proyecto Cíbola, el español de Nuevo México sigue siendo la variedad más conocida.

4. Perspectivas actuales

Actualmente el español de Nuevo México se manifiesta en dos dialectos principales: el de la frontera sur (*Border Spanish*) y el del norte (*Traditional New Mexican Spanish*, TNMS) (Bills y Vigil 2008). Mientras que el español de la frontera es producto de inmigraciones más recientes, sobre todo a partir de 1910, el TNMS, que ocupa las dos terceras partes norteñas del estado y se extiende al sur de Colorado, representa la continuidad del español llevado a Nuevo México por los españoles, liderados por el primer gobernador Juan de Oñate, en 1598. Llegados a los pueblos gemelos de San Juan y San Gabriel, los colonos pronto ocuparon este como su primer cuartel o capital. Esta se trasladó a Santa Fe a partir de su fundación oficial en 1610. El contingente original de colonos consistía en unas 600–700 personas, incluyendo aproximadamente 200 soldados, sus familias, sirvientes y esclavos; entre todos, un grupo bastante heterogéneo de españoles, criollos, mestizos e indígenas. Pronto se desilusionaron con la empresa colonizadora por las duras condiciones de vida, pues pasaban frío y hambre, sin la recompensa del descubrimiento de metales o minerales preciosos. La mayor parte de la colonia abandonó la entonces capital de San Gabriel en el último cuarto de 1601. Se calcula que unos 150 colonos "leales" permanecieron. Se han identificado los orígenes geográficos de 112 de ellos, entre los que figuran 54 españoles y 52 criollos mexicanos (Snow 1998). De los españoles, los andaluces eran el grupo más numeroso (19,35 %); entre andaluces y canarios (3), el 41 % representaba hablas meridionales.

Hubo poca comunicación con el exterior y el crecimiento demográfico fue interno. Los intercambios con la metrópoli, por ejemplo, ocurrían a través de la caravana que llegaba de México cada tres años, recorriendo las 1 500 millas del Camino Real. Para 1680, año de la rebelión de los indios pueblo, la población ascendía a unas 2 000 almas. El resentimiento acumulado entre los indígenas, por las continuas presiones económicas y culturales que amenazaban su supervivencia, estalla y los españoles se ven obligados a refugiarse en El Paso del Norte (las ciudades actuales de El Paso, Texas y Ciudad Juárez, México). Bajo el gobernador Diego de Vargas llegan a repoblar la zona en 1693. En ese repoblamiento participaron unos 800 de los colonos de la época anterior a la rebelión; en 1695 se sumaron unos 400 colonos reclutados de México, principalmente de la zona del altiplano central, sobre todo de la ciudad de México y de la provincia de Zacatecas (Sanz-Sánchez 2013, 324 y 326). La colonia se fue estabilizando con un incremento paulatino de la población y con la expansión de asentamientos, como el de Albuquerque en 1706. Aunque mejoraron las relaciones externas a través del comercio con Chihuahua durante los siglos XVIII y XIX (Lipski 2008, 198–199), en términos generales, la colonia se caracterizaba por el aislamiento que sentó las bases de una sociedad que vivía al margen de las normas lingüísticas de prestigio.

Los eventos históricos descritos llevan a la siguiente periodización del español novomexicano: la época colonial con sus dos fases —la primera (1598–1680), que abarca del año del asentamiento original hasta la rebelión de los indios pueblo, y la segunda (1693–1821), desde el año de la repoblación hasta la independencia de México—; la época mexicana (1821–1848), que termina con el Tratado de Guadalupe Hidalgo; la época de la segunda colonización (1848–1912), cuando Nuevo México era territorio angloamericano; y la época moderna, iniciada el año en que el territorio se convierte en el cuadragésimo séptimo estado de la Unión.

El español de Nuevo México comparte los rasgos generales de todas las variedades americanas, que se caracterizan por un seseo general y el uso de *ustedes* tanto para 2.ª persona plural formal como informal, además del uso casi general del paradigma en *-ra* para el imperfecto de subjuntivo, a expensas de las formas en *-se*. Entre los rasgos particulares de la variedad, enumeramos los más citados (*cf.* Craddock 1992, 807; Lipski 2008, 204–208; Sanz 2009, 16–20). Fonéticos y fonológicos: 1) variación en el timbre de las vocales átonas; 2) creación de un diptongo de vocales en hiato; 3) simplificación de los grupos consonánticos; 4) refuerzo de /we/ inicial con [g]; 5) mantenimiento de la aspiración en palabras con étimos latinos en /f/ inicial; 6) pérdida de /d/ intervocálica y final de palabra; 7) aspiración de /s/ implosiva; 8) neutralización de /ɾ/ y /l/ en coda; 9) pronunciación fricativa de /ʧ/: [ʃ]; 10) yeísmo; 11) /j/ intervocálica débil, con pérdida en contacto con /i/. Morfológicos: 12) mantenimiento de formas pretéritas de *traer* en /u/ (*truje*) y de pretéritos rizotónicos de *ver* (*vide*, *vido*); 13) formas verbales de primera persona plural en *-nos* en vez de *-mos*; 14) formas analógicas de imperfecto en *-iba* para la segunda y tercera conjugaciones. Casi todos estos rasgos se documentan en la época colonial.

Algunas de estas características son fenómenos panhispanos que hoy se asocian con variedades rurales o no estándares, a pesar de haber sido comunes en los siglos XVI y XVII, incluso entre los hablantes más letrados (*cf.* Penny 2000, 133–135 *passim*). En este grupo se incluyen los rasgos 1, 3, 4, 12. En los textos analizados en Sanz (2009) y Sanz-Sánchez (2013), estos fenómenos se asocian con los hablantes novomexicanos de la primera fase colonial, lo cual se ve en ejemplos como *resebi* 'recibí', *segilto* 'sigilo', con variación de /e/~/i/; *coletor* 'colector', con simplificación de la secuencia /kt/, y *conseuto*, con vocalización de la oclusiva implosiva; *gueco* 'hueco' con /g/ inicial, además de múltiples ejemplos de *truj-*, *vid-*.

Otros rasgos del TNMS se asocian con variedades meridionales del español peninsular, algunos también documentados entre hablantes de la primera fase de la época colonial, incluyendo la aspiración de la /f-/ (*jue* 'fue', *jalle* 'hallé'); la pérdida de /-d/ (*incomidada* 'incomodidad'); la aspiración de /-s/ (*la cartas* 'las cartas'); y la neutralización de /-ɾ/ y /-l/ (*señar* 'señal'). La presencia de estos fenómenos en el dialecto incipiente de Nuevo México no es de extrañar dados los orígenes geográficos de muchos de los colonos y el contacto dialectal que tuvo lugar durante las primeras generaciones de hablantes antes de 1680. Además, su documentación en el altiplano central de México durante los siglos XVI y XVII (Kania 2010b) indica que formaban parte de la koiné americana durante esa época y fue llevada al norte en boca de los colonos. Sin embargo, el yeísmo probablemente solo se encontraba en un estado embrionario durante la primera fase de la época colonial, con una mayor difusión en la segunda, ayudada por el reciclamiento del contacto dialectal tras el ingreso de nuevos colonos del altiplano central a partir de 1695 ya que posteriormente se documenta una mayor frecuencia de errores ortográficos como *balla* 'vaya' y *llo* 'yo'. Este dato concuerda con la evidencia de que el yeísmo no estaba tan generalizado como el seseo en la koiné americana, y que no llegó a difundirse en México hasta entrado el siglo XVIII (Kania 2010a). La pérdida de /-j-/ en contacto con /i/ (*bia* 'villa') y la creación de diptongos de vocales en hiato (*apalio* 'apaleó') también se documentan en la segunda fase de la época colonial y pueden haber surgido por el contacto con estos nuevos colonos.

De momento carecemos de documentación colonial para la pronunciación fricativa de /ʧ/, rasgo sumamente difícil de registrar por no tener una manifestación ortográfica obvia. Es posible que llegara con los primeros colonos o que surgiera como consecuencia del contacto entre hablantes de Nuevo México y el norte de México mediante el comercio con Chihuahua; Lipski (2008, 199–200) postula esa conexión para explicar la aspiración de /s/ implosiva en el español novomexicano. Como hemos visto, este rasgo se documenta ya para el siglo XVII, aunque es posible que el contacto con hablantes que tenían esa pronunciación ayudara a consolidarla. Finalmente, hay documentación esporádica en la segunda mitad del siglo XVIII de las formas de imperfecto de tipo *traiba* 'traía' y *caiba* 'caía', además de las formas de primera persona plural en *-nos*, p. ej., *benianos* 'veníamos'.[1]

En el plano léxico, el español novomexicano de hoy se caracteriza por el uso de retenciones léxicas (*recordar* 'despertar', *túnico* 'vestido'), nahuatlismos (*tecolote* 'búho', *zacate* 'hierba') y anglicismos (*fil* 'terreno' < ing. *field*, que compite con *milpa*) (Bills y Vigil 2008). A pesar de la presencia continua de la cultura de los indios pueblo durante cuatro siglos, hay muy pocos préstamos de sus lenguas, debido al contacto social limitado entre los dos grupos (Cobos 2003, XII). Entre los más comunes figuran palabras asociadas con ceremonias religiosas como *cachina* 'muñeca', *cunques*, originalmente 'migas de harina de maíz' ahora 'migas', 'sedimento', 'posos' y *kiva* 'recinto subterráneo'. Un préstamo de los pueblo que llega a tener una gran difusión es *cíbolo* 'bisonte' < *Cíbola* < del zuni *šiwin'a*, originalmente una designación para sus pueblos y más tarde para toda la región de Arizona y Nuevo México. Los españoles crean la extensión semántica *vaca de Cíbola* para dar nombre al bisonte, parte de la nueva realidad que no conocían (Kania 2020).

Los primeros colonos llegan al territorio con un español en el cual ya se había incorporado gran número de indigenismos y así se documentan tainismos como *bohío*, *macana* y *maíz* desde los primeros años, además de los nahuatlismos *jacal*, *mezquite* y *milpa*. También llevan en sus bocas palabras que llegarán a ser características del dialecto como *cimarrón* 'esclavo o animal huido', *estancia* 'finca', *frezada* 'manta', *gallina de la tierra* 'pavo', *paraje* 'parada', *pescado* 'pez', además de otros lexemas típicos de la época que se preservarán en el español novomexicano tales como *ansí*, *mesmo*, *muncho*, *priesa*.

El futuro de las palabras prototípicas del TNMS no es muy prometedor, como tampoco lo es la suerte que corre el dialecto por la falta de transmisión intergeneracional ante la continua influencia del inglés, por una parte, y del español normativo, por otra. Esto se puede apreciar en los nombres que se han utilizado en el TNMS para designar el pavo (Kiddle 1951; Bills y Vigil 2008, 215–217). En encuestas realizadas en los años 30 del siglo pasado, el 27,4 % de los encuestados usaron *gallina de la sierra* o *gallina de la tierra*. En encuestas realizadas en los años 90, solo el 5,6 % de las personas mayores a 65 años usó el término tradicional y ninguno menor de 40, lo cual indica su extinción en el TNMS. Los competidores más usados entre el grupo de hablantes más jóvenes, los dos con un 25,6 % de las respuestas, eran la también tradicional *ganso* (otra extensión semántica) y las variantes del inglés *turkey*, entre ellas *terque*, *torque* y *turkey*. En los años 30 solo el 11,6 % de los encuestados usaron el anglicismo, no documentado en la época estudiada por Espinosa.

5. Perspectivas futuras y conclusiones

A pesar del gran progreso de conocimientos de las variedades históricas del español en los Estados Unidos en las últimas tres décadas, queda mucho por hacer. En primer lugar, hace falta ampliar nuestro saber tanto para el español novomexicano como para el de otras variedades, sobre todo las variedades coloniales no mexicanas (de Luisiana y La Florida). Esto ayudará a esclarecer los varios elementos que influyeron en la formación de cada uno de estos dialectos. Incluso para las variedades coloniales mexicanas (de Texas, Arizona y California), hacen falta más estudios. El español colonial del sur de Arizona está sin investigar y la mayor parte de la documentación de las variedades californiana y tejana data del período americano (*cf.* Moyna y Decker 2005;

Moyna 2010; Martínez 2002). En cualquier caso, con los datos parciales que tenemos, se pueden hacer algunas comparaciones con el español novomexicano.

Como otras variedades periféricas, exhiben ciertos rasgos innovadores al lado de otros "arcaicos", además de los rasgos panhispanos propios de las hablas rurales o no estándares: la variación en el timbre de las vocales átonas (*prebilegio* 'privilegio', *lixitimo* 'legítimo'), la simplificación de los grupos consonánticos (*esacta* 'exacta', *esiste* 'existe'), el mantenimiento de pretéritos rizotónicos como *truje*, *trujo*, *vide*, *vido* y las retenciones léxicas de tipo *ansina*, *mesmo*, *naiden*. En las dos variedades también se documentan algunos rasgos asociados con variedades meridionales del español peninsular: el mantenimiento de la aspiración de lo que era /f/ inicial (*jue, juyendo, dijunta*), la pérdida de /d/ final de palabra (*salu* 'salud') y la aspiración esporádica de /s/ implosiva en el español californiano (*ata* 'hasta'). En las dos se documenta un yeísmo pleno (*yeve* 'lleve', *hayi* 'allí'), que no sorprende dadas las fechas tardías de los asentamientos en esas regiones. Es de notar que no se documenta la neutralización de /ɾ/ y /l/ en coda, rasgo que posiblemente se había eliminado del español de los colonos de esas variedades. En el caso de California procedían sobre todo de Baja California, Sonora y Sinaloa, y en Tejas, de Coahuila y Nuevo León.[2] De los rasgos presentados arriba para el español novomexicano, llaman la atención los siguientes, por las conexiones que pueden tener sobre un origen colonial común: la creación de un diptongo de vocales en hiato, documentada en el español californiano (*falsiarlo* 'falsearlo'); /-j-/ débil con pérdida en contacto con /i/, también en el californiano (*Bonia* 'Bonilla'); y formas analógicas de imperfecto en *-iba* en el español tejano (*traiba* 'traía').

El camino futuro más importante para el estudio de la historia del español en los Estados Unidos será la búsqueda de fuentes archivísticas del período colonial. Para reconstruir las características de la lengua en esa época, será necesario identificar textos de variada índole, tanto públicos como privados, que aproximen los registros formales e informales. Una vez encontradas estas fuentes, será necesario transcribirlas paleográficamente siguiendo pautas estrictas de fidelidad textual. El paso siguiente será el análisis lingüístico completo y la explicación de sus rasgos usando el marco teórico de la sociolingüística histórica. Una avenida inicial podrá ser el examen de textos ya editados cuyo contenido está aún por analizar.[3] Solo así se podrán contestar los muchos interrogantes pendientes tanto para el español novomexicano como para el de otras variedades coloniales, por ejemplo, la datación de la articulación fricativa de /ʧ/ y de los rasgos morfológicos de *-nos* por *-mos* e imperfectos como *caiba*, *traiba*. Una ampliación de nuestra base de datos también ayudará a esclarecer el desarrollo de rasgos panamericanos, como los cambios en el sistema de formas de tratamiento y de los imperfectos de subjuntivo en *-ra* y *-se*, además de desarrollos panhispanos como el devenir del futuro de subjuntivo.

De inmensa utilidad para lograr estos objetivos será el proyecto embrionario CORDINA (Corpus diacrónico del español de Norteamérica), iniciado en 2019 y dirigido por Ricardo Pichel Gotérrez desde la Universidad de Alcalá.[4] El proyecto se ocupa de la edición y estudio de fuentes archivísticas novohispanas, en especial la documentación pública y privada del área norteamericana (incluidos el suroeste estadounidense y el norte de México) entre los siglos XVII y comienzos del XX. En este sentido, CORDINA aspira a convertirse no solo en repositorio de textos propios del proyecto, sino también en un corpus de referencia del español histórico norteamericano complementario a otras iniciativas, como el corpus de textos coloniales coordinado por Kania y Gago Jover (2018–), el corpus Cíbola y la documentación norteamericana incluida en el CORDIAM (Pichel Gotérrez, comunicación personal).

Finalmente, en el intervalo, será necesaria la continua aplicación de métodos sociolingüísticos a los datos que tenemos. Como ejemplo podemos aplicar la noción de la vitalidad etnolingüística al español de California y al de Nuevo México en la segunda mitad del siglo XIX para explicar la pervivencia de este hasta nuestros días en comparación con la casi desaparición de aquel.[5] La vitalidad etnolingüística de una lengua minoritaria, como el español en los Estados Unidos, se puede medir mediante factores demográficos (su uso entre una población grande vs. reducida; el aislamiento de los hablantes vs. su contacto con otros grupos; la endogamia vs. la exogamia), el apoyo institucional (el uso de la lengua en los medios de comunicación, las escuelas, las instituciones religiosas y gubernamentales), además de cuestiones sobre la valoración de la lengua tanto entre el grupo minoritario como el mayoritario (Giles *et al.* 1977). Estos factores determinan la resistencia al desplazamiento.

Al término de la guerra entre México y Estados Unidos en 1848, se calcula que la población hispana de California consistía en unas 7500 personas y la de Nuevo México en 60000 (Lipski 2008, 81). Mientras California experimentó una inmigración masiva de angloamericanos, sobre todo en el norte con el descubrimiento de oro, Nuevo México, por su falta de recursos preciosos, no despertó los intereses de los angloamericanos hasta mucho más tarde, después de la llegada del ferrocarril en 1879. La mayor parte de la población permaneció aislada y concentrada en Santa Fe y otros pueblos del norte del estado y del sur de Colorado. Se puede apreciar el desarrollo demográfico distinto de cada territorio por la fecha en la que obtiene su categoría de estado. Por el crecimiento en la población angloamericana, California se convierte en el trigésimo primer estado de la Unión en 1850, solo dos años después del Tratado de Guadalupe Hidalgo. Por otra parte, por la reducida población angloamericana, Nuevo México no llega a ser estado hasta 1912. California había atraído empresarios extranjeros incluso durante las épocas coloniales y mexicanas, y muchos se casaron con mujeres mexicanas, así que la exogamia era relativamente común, al menos entre los terratenientes. También es de notar que, aunque el español gozaba de apoyo institucional por la abundancia de periódicos en español durante esa época en las dos regiones, no era suficiente para combatir la influencia del inglés como lengua de poder y, por lo tanto, de prestigio. Nuevo México pudo resistir más tiempo; el inglés no llega a imponerse en las escuelas hasta 1910, en comparación con la legislación de California que lo institucionaliza en 1855. Sin embargo, incluso en Nuevo México el español es relegado al ámbito del hogar para los años 30 del siglo XX. La falta de transmisión intergeneracional de la variedad tradicional en la actualidad asegura que morirá dentro de los próximos 60 años, y así correrá la misma suerte que otras variedades tradicionales del suroeste, que también sufrieron el desplazamiento dialectal. Con el estudio de sus manifestaciones en la documentación colonial, empero, podemos preservar su legado y rendir homenaje a las variedades europeas más antiguas de los Estados Unidos.

Notas

1 Las búsquedas en CORDIAM no han arrojado muchos datos para complementar esta documentación, aunque uno es notable: la forma *traiba* se encuentra en los escritos satíricos de Caviedes de 1689, en una parodia del habla de un indígena peruano. Este poeta también parodia el habla de los criollos yeístas de Perú (Kania 2010a, 73).
2 Las partes más sureñas de Texas pertenecían a la provincia de Nuevo Santander, fundada en 1749, hoy divididas entre los estados actuales de Texas (EE. UU.) y Tamaulipas (México).
3 Véanse, por ejemplo, las decenas de ediciones del Proyecto Cíbola en https://escholarship.org/uc/rcrs_ias_ucb_cibola.
4 Véase el proyecto de investigación HERES http://textoshispanicos.es/index.php?title=Investigaci%C3%B3n_y_proyectos.
5 Para el caso Texas, *cf.* Balestra (2008), cuyo marco conceptual se emplea aquí, además de los datos obtenidos en Moyna y Decker (2005) y Moyna (2010).

Lecturas complementarias

Estudios sobre el español de Nuevo Méjico de Aurelio M. Espinosa, traducida y reelaborada por Amado Alonso y Ángel Rosenblat (1930, 1946) es obra clásica que provee una visión detallada de una variedad tradicional norteamericana en los umbrales del siglo XX, antes de que el territorio llegara a ser estado de la Unión.

Lipski (2008) constituye un libro de referencia sobre el estado actual del español en este país. Describe las variedades contemporáneas y tradicionales principales, además de abarcar los temas del llamado *Spanglish*, el contacto de lenguas y el cambio de código.

Rivera-Mills y Villa (2010) contiene una compilación de artículos escritos por algunos de los investigadores más importantes del español en los EE. UU. con secciones sobre aspectos históricos, el desplazamiento lingüístico, la identidad y la enseñanza del español a hablantes de herencia.

Referencias citadas

Alvar, M. 1992. "El español de los Estados Unidos: diacronía y sincronía". *Revista de Filología Española* 72: 469–490.

Balestra, A. 2008. "Part I. Recovering the U.S. Hispanic Linguistic Heritage". En *Recovering the U.S. Hispanic Linguistic Heritage: Sociohistorical Approaches to Spanish in the United States*, eds. A. Balestra, G. Martínez y M. I. Moyna, 1–72. Houston: Arte Público Press.

Bills, G. D. y N. A. Vigil. 2008. *The Spanish Language of New Mexico and Southern Colorado: A Linguistic Atlas*. Albuquerque: University of New Mexico Press.

Cobos, R. 2003. *A Dictionary of New Mexico and Southern Colorado Spanish*. Rev. ed. Santa Fe: Museum of New Mexico Press.

CORDIAM: Academia Mexicana de la Lengua. *Corpus Diacrónico y Diatópico del Español de América* (CORDIAM). www.cordiam.org.

Craddock, J. R. 1973. "Spanish in North America". En *Current Trends in Linguistics, 10: Linguistics in North America*, ed. T. Sebeok, 467–501. La Haya: Mouton.

Craddock, J. R. 1981. "New World Spanish". En *Language in the USA*, eds. C. Ferguson and S. B. Heath, 196–211. Cambridge: Cambridge University Press.

Craddock, J. R. 1992. "Historia del español en los Estados Unidos". En *Historia y presente del español americano*, ed. C. Hernández Alonso, 803–826. Madrid: Junta de Castilla y León/ Pabecal.

Craddock, J. R. 1998. "Juan de Oñate in Quivira". *Journal of the Southwest* 40: 481–540.

Craddock, J. R. 2013. "The Cíbola Project: A Brief Historical Account". *Romance Philology* 67: 247–259.

Espinosa, A. M. 1909. "Studies in New Mexican Spanish, Part I: Phonology". *Revue de Dialectologie Romane* 1: 157–239.

Espinosa, A. M. 1911–1913. "Studies in New Mexican Spanish, Part II: Morphology". *Revue de Dialectologie Romane* 3: 251–286, 4: 241–256, 5: 142–172.

Espinosa, A. M. 1914–1915. "Studies in New Mexican Spanish, Part III: The English Elements". *Revue de Dialectologie Romane* 6: 241–317.

Espinosa, A. M. 1930, 1946. *Estudios sobre el español de Nuevo Méjico, I: Fonética; II: Morfología*. Trad. y anot. por A. Alonso y Á. Rosenblat. 2 vols. Buenos Aires: Facultad de Filosofía y Letras de la Universidad de Buenos Aires, Instituto de Filología.

Giles, H., R. Y. Bourhis y D. M. Taylor. 1977. "Towards a Theory of Language in Ethnic Group Relations". En *Language, Ethnicity and Intergroup Relations*, ed. H. Giles, 307–348. Londres: Academic Press.

Gubitosi, P. 2010. "Passive Expressions as Isogloss between New Mexican and Californian Spanish Dialect Areas". En *Spanish in the Southwest: A Language in Transition*, eds. S. V. Rivera-Mills y D. J. Villa, 207–221. Madrid y Fráncfort: Iberoamericana y Vervuert.

Imhoff, B. 2002. *The Diary of Juan Domínguez de Mendoza's Expedition into Texas (1683–1684): A Critical Edition of the Spanish Text with Facsimile Reproductions*. Dallas: Clements Center for Southwest Studies, Southern Methodist University.

Kania, S. 2009. "The *Probanza de méritos* of Vicente de Zaldívar: Edition and Notes to Part 1 (1601–1602)". *Journal of the Southwest* 51: 187–274.

Kania, S. 2010a. "Documenting *Yeísmo* in Medieval and Colonial Spanish Texts". *Romance Philology* 64: 71–82.

Kania, S. 2010b. *Mexican Spanish of the Colonial Period: Evidence from the Audiencia of New Galicia*. Nueva York: Hispanic Seminary of Medieval Studies.

Kania, S. 2013a. "The *Probanza de méritos* of Vicente de Zaldívar (1602): Edition and Notes to Part 4". *Romance Philology* 67: 261–316.

Kania, S. 2013b. "Vicente de Zaldívar in New Mexico: Edition and Notes to Part 3 of the *Probanza de méritos* (1602)". *Journal of the Southwest* 55: 295–376.

Kania, S. 2020. "The Words They Brought with Them: The Lexis of the Early Spanish of New Mexico". En *Studies in Hispano-Romance Historical Linguistics and Lexicography: A Tribute to John J. Nitti*, eds. S. Kania y C. Kauffeld, 109–178. Nueva York: Hispanic Seminary of Medieval Studies.

Kania, S. 2021. *Vicente de Zaldívar's Services to the Crown: The "Probanza de méritos" (1600)*. Dallas: Clements Center for Southwest Studies, Southern Methodist University.

Kania, S. y F. Gago Jover, eds. 2018. *Colonial Texts. Digital Library of Old Spanish Texts*. Hispanic Seminary of Medieval Studies. www.hispanicseminary.org/t&c/col/index-en.htm.

Kessell, J. L. 2002. *Spain in the Southwest: A Narrative History of Colonial New Mexico, Arizona, Texas, and California*. Norman: University of Oklahoma Press.

Kiddle, L. B. 1951. "'Turkey' in New Mexican Spanish". *Romance Philology* 5: 190–197.

Lipski, J. M. 2000. "Back to Zero or Ahead to 2001: Issues and Challenges in U.S. Spanish Research". En *Research on Spanish in the United States*, ed. A. Roca, 1–41. Somerville, MA: Cascadilla Press.

Lipski, J. M. 2008. *Varieties of Spanish in the United States*. Washington, DC: Georgetown University Press.

Lope Blanch, J. M. 1990. *El español hablado en el suroeste de los Estados Unidos: materiales para su estudio*. México: UNAM.

Martínez, G. 2002. "Colonial Lag, Social Change, and Ethnolinguistic Identity in South Texas, 1791–1910". *Southwest Journal of Linguistics* 21: 119–135.

Martínez, G. 2010. "Introduction. Documenting the Past, Envisioning the Future: The Historical Sociolinguistics of Spanish in the U.S. Southwest". En *Spanish in the Southwest: A Language in Transition*, eds. S. V. Rivera-Mills y D. J. Villa, 17–23. Madrid y Fráncfort: Iberoamericana y Vervuert.

Moyna, M. I. 2010. "Varieties of Spanish in Post-Annexation California (1848–1900)". En *Spanish in the Southwest: A Language in Transition*, eds. S. V. Rivera-Mills y D. J. Villa, 25–42. Madrid y Fráncfort: Iberoamericana y Vervuert.

Moyna, M. I. y W. Decker. 2005. "A Historical Perspective on Spanish in the California Borderlands". *Southwest Journal of Linguistics* 24: 145–167.

Ornstein, J. 1951. "The Archaic and the Modern in the Spanish of New Mexico". *Hispania* 34: 137–142.

Penny, R. 2000. *Variation and Change in Spanish*. Cambridge: Cambridge University Press.

Perissinotto, G. 1992. "El español de los presidios y misiones de California en 1782". *Estudios de Lingüística Aplicada* 10: 35–47.

Rivera-Mills, S. V. y D. J. Villa, eds. 2010. *Spanish in the Southwest: A Language in Transition*. Madrid y Fráncfort: Iberoamericana y Vervuert.

Sanz, I. 2009. *The Diachrony of New Mexican Spanish, 1683–1926: Philology, Corpus Linguistics, and Dialect Change*. Tesis doctoral. Berkeley: University of California.

Sanz-Sánchez, I. 2013. "Variedades de español en contacto en el Nuevo México colonial". *Romance Philology* 67: 317–368.

Snow, D. H. 1998. *New Mexico's First Colonists: The 1597–1600 Enlistments for New Mexico under Juan de Oñate, Adelante [sic] & Gobernador*. Albuquerque: Hispanic Genealogical Research Center of New Mexico.

Trudgill, P. 1986. *Dialects in Contact*. Oxford: Blackwell.

Trujillo, J. A. 2010. "A Historical Perspective on Contemporary New Mexican Spanish Archaisms". En *Spanish in the Southwest: A Language in Transition*, eds. S. V. Rivera-Mills y D. J. Villa, 61–82. Madrid y Fráncfort: Iberoamericana y Vervuert.

Weber, D. J. 1992. *The Spanish Frontier in North America*. New Haven: Yale University Press.

47

El judeoespañol (*djudezmo, ladino*): formación, rasgos lingüísticos, estado moderno (Judeo-Spanish (*Judezmo, Ladino*): genesis, linguistic features, present state)

David M. Bunis

1. Introducción

Este capítulo presenta una visión general del judeoespañol (*djudezmo* [dʒuˈðezmo]/*ladino* [laˈðino]) desde el punto de vista de cuatro tipos de lingüistas: los hispanistas y romanistas, los especialistas en lenguas judías, los sociolingüistas en general y los balcanistas. Se discuten conceptos fundamentales relacionados con esta variedad (§ 2), se revisa la evolución de los estudios del djudezmo desde sus orígenes hasta hoy (§ 3) y, finalmente, se ofrece un panorama general de la estructura del djudezmo en su diversidad histórica, regional, estilística y sociolingüística (§ 4).

Palabras clave: judeoespañol; judíos sefardíes; lenguas judías; lenguas balcánicas; sociolingüística

This chapter presents an overview of Judeo-Spanish (Judezmo/Ladino) from the vantage point of four types of linguists: Hispanic and general Romance linguists, Jewish language specialists, linguists concerned with broader sociolinguistic topics, and linguists concerned with languages of the Balkans. The first section discusses fundamental concepts concerning the language. The next section reviews the evolution of Judezmo studies from its late nineteenth-century origins into the present. Then, a general overview of the structure of Judezmo in its historical, regional, stylistic and sociolinguistic diversity is offered.

Keywords: Judeo-Spanish; Sephardim/Sephardic Jews; Jewish languages; Balkan languages; sociolinguistics

2. Conceptos fundamentales: estudios sobre el djudezmo: y desarrollo histórico

Historiadores de principios del siglo XIX como Zunz (1823) y Lindo (1848) mostraron interés en los judíos ibéricos medievales y sus últimos descendientes en Europa, el Imperio otomano y el norte de África. La literatura en djudezmo de los sefardíes otomanos desde el siglo XVI hasta mediados del XIX no muestra inhibiciones por parte de los hablantes en el cultivo de su lengua. Son los observadores externos, desde comienzos del siglo XIX, quienes, conscientes de las divergencias respecto del español normativo, comenzaron a denostar esa variedad como "corrupta" o "mixta" (*cf.* p. ej., la nota del editor en Ben Ḥayyim 1818: [i]b).

Ello creó cierta inseguridad en las primeras generaciones occidentalizadas de hablantes de djudezmo, que hicieron propio el desprecio ajeno por su lengua grupal. Algunos periodistas (p. ej., Kalwo 1866) propusieron —aunque sin éxito— que los sefardíes abandonaran el alfabeto hebreo empleado desde la Edad Media y purgaran la lengua de elementos no hispanos o incluso la sustituyeran por el español moderno. Tampoco faltaron ideólogos (como los periodistas Samuel S. Levy, Hizkia Franco y Enrique Bejarano, *cf.* Bunis 2012) que, con fortuna igualmente limitada, argumentaron que el djudezmo, aunque relacionado con el español, era una lengua aparte. Desde entonces hasta hoy, la actitud de hablantes e investigadores está caracterizada por una tensión entre quienes se centran en la variedad en su evolución propia y sus rasgos más característicos y quienes, en cambio, propugnan una mayor confluencia con el español.

3. Aproximaciones teóricas: los estudios sobre el djudezmo desde sus orígenes hasta hoy

3.1 El djudezmo como lengua hispánica y románica

Los hispanistas y romanistas de fines del siglo XIX y los primeros estructuralistas concibieron el djudezmo como dialecto del español, útil para investigar el iberorromance medieval en su diversidad regional: señalaron "arcaísmos" e "innovaciones", remitiendo todo rasgo ausente del español normativo a alguna variedad regional, por remota que fuera, y consideraron los textos en djudezmo parte del corpus literario español.

Los estudiosos del siglo XIX (p. ej., Caplan 1868; Wiener 1895) se centraron principalmente en los textos escritos. En el siglo XX, Sephiha (1973a) avanzó en el estudio de la lengua calco literal y arcaizante de las traducciones bíblicas, que empleaba el orden de palabras del hebreo y estructuras morfosintácticas y elementos léxicos obsoletos. Otros (p. ej., Minervini 1992, García Moreno 2004) publicaron ediciones críticas de textos anteriores y posteriores a la expulsión, señalando rasgos distintivos como los elementos de origen no romance y el cambio de código djudezmo-hebreo. Bunis (2005) y Schwarzwald (2021) analizaron la ortografía tradicional hebrea y su historia frente a la romana aceptada por la Akademia del Ladino en Israel (Bunis 2001, 2021a). La lexicografía del djudezmo comenzó a fines del siglo XIX (p. ej., Cherezli 1898–1899), y a partir de Nehama (1977) se integra en la lingüística moderna.

Desde fines del siglo XIX se analizan datos orales para documentar los dialectos regionales vivos y la literatura oral cultivada en ellos: *cf.* p. ej., Bidjarano (1885); Benoliel (1926–1928, 1952), sobre la *haketía* o judeoespañol de Marruecos; Wagner (1914, 1950); Luria (1930a, b); Crews (1935); Bunis (1988); Varol-Bornes (2008), sobre los dialectos del Imperio otomano. La mayoría de estos trabajos comparan esos dialectos con variedades iberorrománicas (aragonés, leonés, portugués, catalán), con atención solo reciente a las innovaciones internas (p. ej., García Moreno 2012). La dialectología comparada culmina en Quintana (2006), quien describe las principales isoglosas del judeoespañol en todos los niveles estructurales y cartografía las (sub) regiones dialectales con una cobertura sincrónica y diacrónica detallada.

Se han estudiado asimismo algunas palabras características (*ladino/djudezmo* como nombres del idioma en Bunis 2011a; *desmazalado* "desafortunado" en Pato Maldonado y Porcel Bueno 2020) y se ha abordado la periodización de la lengua (Révah 1961, 176–177; Bunis 1993a,

17–47), para la que algunos sugirieron una koineización temprana (Wagner 1930, 9–28; 1950, 9–12; Minervini 1999), mientras otros (p. ej., Bunis 1993a) explican esa aparente koineización como abandono en el siglo XVI de características empleadas solo por una pequeña élite atenta a los usos prestigiados previos a la expulsión, frente a una lengua con rasgos populares y regionales que iría abriéndose camino y desarrollándose internamente con el tiempo.

A partir sobre todo de los años ochenta, el interés ha recaído en las estructuras morfosintácticas distintivas del djudezmo, especialmente las formas verbales y sus funciones. En los últimos años, los avances en lingüística computacional han llevado al ensamblaje de corpus y léxicos digitales, con algunos análisis derivados de ellos (cf. Bunis 2019, 216–220 para un estado de la cuestión).

3.2 El djudezmo como lengua judía

A fines del siglo XIX, décadas antes del surgimiento de la Sociolingüística propiamente dicha, se despertó el interés por una comunidad religiosa dispersa geográficamente con sus propias lenguas sagradas antiguas (hebreo, arameo) y las vernáculas que venían usando desde la Edad Media. Los hablantes mismos reconocían la existencia de este grupo lingüístico definido socialmente, más que genealógica o estructuralmente: los hablantes de djudezmo, por ejemplo, se referían a tales lenguas como "linguas de djuḏyós" (*Konstitusyón para la nasyón israelita de la Turkía* de 1865, p. 11). Existía entre ellos conciencia del *yiddish* y otros idiomas judíos y surgieron los primeros activistas del djudezmo, como Shemuel/Sam Levy de Salónica. Cuando la conferencia de Czernowitz (1908) en apoyo del *yiddish* se preguntó si este era "un" idioma o más bien "el" idioma judío, un periodista en djudezmo proclamó: "Ya tenemos muestras letras, muestra lingua djuḏía" (*El Kirbach* 1:29, Salónica, 1910, p. 2).

Loewe (1911) señaló las siguientes características compartidas por esas variedades lingüísticas distintivas empleadas por los judíos: (1) identificación del idioma por parte de los vecinos no judíos (p. ej., turco *yahudice/musevice* 'djudezmo'); (2) estatus inferior al hebreo según los propios judíos y, por consiguiente, relación diglósica entre la variedad ceremonial y la cotidiana; (3) reflejos lingüísticos en esta última de la cultura y religión judías; (4) en algunos casos, migración desde el lugar originario de la variedad (p. ej., Iberia) a nuevas regiones pobladas por hablantes de otros idiomas (p. ej., el Imperio otomano), lo que deriva en un multilingüismo generalizado y en la incorporación de elementos por contacto con diversas lenguas (p. ej., turco y lenguas balcánicas en el caso del djudezmo otomano); (5) profunda influencia de lenguas de prestigio internacional (p. ej., francés, italiano o alemán en el caso del djudezmo); y, en consecuencia, (6) tensión entre modelos normativos en competencia, como una lengua popular con evolución propia frente al estándar del correlato no judío (p. ej., djudezmo popular frente a español desde mediados del siglo XIX); (7) cambios políticos cuyo resultado es una mayor presión para que los hablantes de lengua judía la abandonen y adopten en exclusiva la lengua local (p. ej., el turco en vez del djudezmo), junto a una migración moderna a nuevos lugares, con el resultado de nuevos préstamos, multilingüismo, mezcla de lenguas y, en última instancia, pérdida de la variedad (p. ej., la migración de hablantes de djudezmo a fines del siglo XX hacia los Estados Unidos y partes de Europa Occidental).

Birnbaum (1915) reforzó la concepción de los idiomas judíos como independientes de sus correlatos no judíos, si bien no apareció una gramática integral del djudezmo hasta Bunis (1993b). Blondheim (1925) se centró en las características compartidas por las variedades judías de lenguas románicas en traducciones bíblicas calco. Weinreich (1973) examinó el djudezmo en el marco de las lenguas judías, y Bunis (p. ej. 1981) ha analizado la componente hebreo-aramea del djudezmo y del *yiddish*.

3.3 Djudezmo y Sociolingüística general

En occidente, la Sociolingüística comenzó a establecerse en los años sesenta. El djudezmo comenzó a abordarse desde esta perspectiva a partir de la década siguiente. Sephiha (1973b) llamó la atención sobre el *judeofrañol*, variedad de djudezmo con un rico componente francés de resultas de la acción educativa de la Alliance Israélite Universelle y el alto prestigio del francés en las regiones otomanas desde fines del siglo XVIII. Bunis (1982) investigó el uso divergente de la lengua en razón de variables como sexo, grupo etario, franja social, sector profesional, grado y tipo de educación u observancia religiosa. Gerşon (1983) estudió los cambios de actitud hacia el djudezmo en el contexto del contacto cultural. Harris (1994) analizó el djudezmo como lengua amenazada, mientras que Altabev (1996) lo examinó en el marco del renacimiento lingüístico. En años más recientes, Vučina-Simović y Filipović (2009) se han ocupado del papel como marcador de identidad y el estatus del djudezmo en los Balcanes, junto con su representación en el paisaje lingüístico local, mientras Romero (2012) se ha concentrado en su situación en Turquía. Bunis (2011b, 2012) examina la ideología lingüística en pro del djudezmo entre escritores de principios del siglo XX. Bürki (p. ej. 2006), en fin, ha estudiado textos periodístico-literarios en djudezmo en el marco del análisis del discurso.

3.4 El djudezmo como lengua de los Balcanes

Con su llegada al Imperio otomano en el 1492 tras la invitación de Bayaceto II (1447–1512), los inmigrantes judíos de habla iberorromance y sus descendientes se convirtieron en participantes plenos y activos de la vida social, cultural y económica de los Balcanes, aunque como miembros de un grupo étnico-religioso distinto, separado y subordinado. Los judíos se asentaron en la región mucho después de que otros grupos étnicos (griegos, eslavos del sur, albaneses, rumanos) entraran en contacto y se influyeran mutuamente durante cerca de un milenio. Desde un siglo antes de la llegada de los judíos, estos otros grupos con lenguas filogenéticamente distantes también habían sufrido un influjo cultural y lingüístico turco. Todo ello condujo al establecimiento de patrones de lengua y cultura parcialmente compartidos, que actuaron progresivamente sobre los judíos a partir del siglo XVI (cap. 32). Los judíos eran también distintos de los grupos indígenas, pues no eran ni cristianos, como la mayoría de los no turcos, ni musulmanes, como los turcos otomanos, por lo que su adaptación a otros pueblos solo era parcial. No obstante, durante los más de cuatro siglos transcurridos hasta comienzos del siglo XX, cuando el djudezmo entró en grave declive debido al cambio gradual de sus hablantes a otros idiomas, la influencia turca resultó considerable; fue más moderada, en cambio, de la de las demás lenguas balcánicas. Con todo, ni uno ni otro influjo se revelan tan profundos como p. ej., en el rumano.

Desde que Sandfeld (1926) sentó las bases de lo que llamó "filología balcánica" o "lingüística balcánica", la conexión lingüística entre las lenguas de la región ha pasado a conocerse como *Sprachbund* balcánico, cuyos rasgos compartidos van de la fonología (presencia de ciertos fonemas) al léxico (préstamo de morfemas y lexemas), pasando por la morfosintaxis (p. ej., uso de formas verbales evidenciales, abandono del infinitivo, tratamiento distintivo de condicionales, futuros y perfectos, etc.). La detección en djudezmo de préstamos del griego moderno y el turco (incluso verbos construidos con bases turcas y afijos hispánicos) se remonta a Grünbaum (1896, 5), quien notó una mayor permeabilidad a los préstamos (también del hebreo) en las obras publicadas en letras hebreas —los descendientes de conversos, en cambio, empleaban el alfabeto latino—. Danon (1903–1904, 1922) publicó sendos inventarios de préstamos del turco y del griego, mostrando que comenzaron a penetrar en djudezmo en el siglo XVI y se multiplicaron a partir de entonces (*cf.* también Romeu 1988–89). Subak (1906) incluyó préstamos del eslavo meridional y otras lenguas balcánicas. Wagner (1914, 153–168), prestó notable atención a los elementos de origen griego y turco en el djudezmo de Estambul, señalando calcos compartidos por otras lenguas balcánicas. Lamouche (1907, 986–987) identificó diversos préstamos del turco, muchos de ellos comunes a "otras lenguas balcánicas" en el djudezmo de Salónica. Desde la década de 1930 se describen las hablas de los "judíos balcánicos" o "sefardíes balcánicos" (*cf.* Baruch 1935), de las que Révah (1961) ofreció un bosquejo histórico. En la década de 1960, y ya desde una perspectiva eminentemente balcanista, Stankiewicz (1964) y Sala (1965) examinaron los elementos balcánicos y eslavos del djudezmo de esta área geográfica, principalmente en la fonología y el léxico.

Se produjo un punto de inflexión en el estudio del djudezmo con las contribuciones de Gabinskij (p. ej. 1967, 1996) sobre ciertos rasgos del *Sprachbund*, como el tratamiento del infinitivo. Fueron también dignos de mención en su momento las síntesis de Trost (1972), Sephiha (1974) y Moskona (1976). Bunis (1984) llamó la atención sobre los elementos balcánicos del léxico alimentario en una obra rabínica en djudezmo de 1862, mientras en Bunis (2008) se compara el componente turco en djudezmo con el componente árabe norteafricano en haketía. Varol-Bornes (1996), por su parte, presenta una visión general del componente turco en el djudezmo del Estambul contemporáneo.

Tanto Montoliu y van der Auwera (2004) como Friedman y Joseph (p. ej., 2014) han creído ver coincidencias del djudezmo con "lenguas balcánicas" en la fonología, la morfosintaxis y el léxico, si bien a partir de un corpus reducido de textos del djudezmo moderno y con un conocimiento limitado de esa lengua y su historia. Aunque reconocen que ciertos rasgos se dan también en variedades históricas y regionales del iberorromance, les asignan mayor incidencia en el djudezmo balcánico que en las variedades iberorromances o la haketía.

4. Perspectivas actuales: la estructura del djudezmo y su variación histórica, regional, estilística y sociolingüística

La investigación existente sobre el djudezmo ha arrojado bastante luz sobre la estructura y el uso de la lengua desde el siglo XVI hasta la época moderna, algo que puede observarse a través de las etapas históricas del idioma:

(1) Djudezmo antiguo (comienzos–c. 1492), más cercano a diversas variedades regionales y sociales, especialmente populares, de los iberorromances medievales. En un extremo del espectro se encuentran los textos de orientación rabínica, como los reglamentos comunales (*Taqqanot*) de Valladolid de 1432 (Minervini 1992), con una componente hebreo-aramea especialmente marcada que incluye locuciones con un verbo soporte hispánico y un núcleo hebreo o arameo ([ser masˈkim] 'aprobar', [faˈzer ʃevuˈa] 'jurar'), y abundantes cambios de código entre djudezmo y hebreo. En el extremo opuesto están las transcripciones en letras hebreas de textos escritos por no judíos, lingüísticamente no distintivos pero sujetos a adaptación cultural, como la supresión del diálogo de la muerte con el rabino en la edición de la *Danza general de la muerte*. En medio se sitúan los textos cuya lengua recuerda la de los españoles cultos no judíos, pero con lexemas y formas distintivas como [el ˈdjo] 'Dios' o [ʤuˈðezmo] 'judaísmo' y popularismos o regionalismos que acabarán decayendo en español, como [atorˈɣar] 'confesar', junto a judeoarabismos como [alˈχad] 'domingo' (para evitar *domingo* y sus matices cristológicos) y hebraísmos como [ʃaˈbað] 'sábado' o [enχereˈmar] 'excomulgar'. En conjunto, la lengua de todos estos documentos sugiere que los escritores estaban familiarizados con el español literario de la época y tendían a aceptar sus normas al menos con respecto a los elementos iberorromances.

(2) Djudezmo medio (1493–c 1796), período durante el cual se abandonaron las variedades iberorrománicas distintas del castellano traídas de la Península, como el portugués o el

catalán, que no obstante dejaron algunas huellas, en su mayoría léxicas (p. ej., [ˈkale] 'uno debe', [akaviˈðar] 'advertir'), en el djudezmo otomano, que se desarrolló principalmente a partir del castellano judío popular. Las variedades utilizadas en el siglo XVI por los grupos socioeconómicos altos, más próximas al castellano literario de la época, fueron suplantadas por una lengua de masas más popular que tenía una importante componente hebreo-aramea y estaba cada vez más abierta a la influencia de las lenguas de contacto en las regiones otomanas, especialmente el turco y el griego urbano popular.

El inventario fonológico de la lengua de este período, en su mayoría procedente del castellano antiguo, se mantuvo en el djudezmo hasta la era moderna, incluidas las oposiciones de sibilantes sordas-sonoras /s/:/z/ ([ˈpasa], [ˈkaza], [deˈzir]), /ʃ/:/ʒ/ ([ˈbaʃo], [muˈʒer]) y /tʃ/:/dʒ/ ([ˈmuntʃo], [ˈdʒente]), así como la /b/ oclusiva ([abaˈʃar]) frente a /v/ fricativa ([alaˈvar]). Los sonidos [s] y [θ] se fusionaron temprano en [s]: el grafema hebreo śin, que quizás denotaba [s], alterna crecientemente con samek̠, que quizás denotaba en principio [θ] (p. ej., [pas] o [paˈsar] pasan a escribirse con ambas letras hebreas). A lo largo del siglo XVII, la *f-* latina aún se reflejaba de forma vacilante mediante los grafemas hebreos que se corresponden con [f] y [h], mientras desde el siglo XVIII abunda el álef que denota un cero fonético. El fonema velar sordo /χ/ del djudezmo ([χaraˈɣan] 'perezoso') probablemente carecía de equivalente fonético en el español antiguo. Durante la primera parte de este período, el grafema hebreo correspondiente al lateral [λ] del español antiguo es lámed + yod (+ yod), sugiriendo quizás una articulación lateral; desde el siglo XVIII alterna con yod + yod, que se realiza como [j] ([jeˈvar]). También hacia el siglo XVIII surgieron varios desarrollos internos, p. ej., la difusión de rasgos —quizás limitados al habla popular— como [nw] > [mw] ([mwez] 'nuez'), [fw] > [χw] ([ˈχwero]) y formas con [ʃk] en lugar de [sk] ([buʃˈkar]).

En la morfología se nota, desde mediados del siglo XVI, un paulatino distanciamiento del español literario, muchas veces mediante nivelaciones analógicas y cambios fónicos característicos del djudezmo. Así, [V́ʃ] se emplea cada vez más por el español [V́js], tanto en lexemas ([ˈseʃ] 'seis') como en las formas de 2.ª persona del plural /-V́ʃ/ en todos los tiempos, por ejemplo, [ˈsoʃ] 'sois'; la forma 1.ª persona del plural del pretérito de la primera conjugación pasa a ser [-ˈemos] y, a principios del siglo XVIII, [-ˈimos], como en las otras conjugaciones ([toˈmemos] > [toˈmimos] 'tomamos'); también por analogía, el marcador de 1.ª persona del singular es desde el siglo XVIII [-ˈi] ([tomˈi] 'tomé'; García Moreno 2012), y la oposición de 2.ª persona (singular y plural) cambió de [-Vste]: [-Vstes] a [-Vstes]: [Vsteʃ]. En el presente de indicativo alternaron tempranamente formas como [eˈstoj]: [eˈsto], pero se impuso la segunda ([estˈo]). Después de algunas vacilaciones en el siglo XVI, en el pretérito de indicativo se prefieren las bases irregulares, incluidas algunas alternativas rechazadas en el español normativo, como [ˈkiʒ(e)] 'quis(e)' o [ˈtruʃ(e)] 'traje'.

El léxico de los textos de mediados del siglo XVI destinados a un público popular muestra gran cantidad de elementos de origen hebreo-arameo ([balaˈbajiθ] 'cabeza de familia', [eð] 'testigo', [χoχˈma] 'sabiduría', etc.), híbridos con base hebraica y afijo romance como [darˈsar] 'sermonear' (< heb. *drš*), [asoχaðeˈar] 'sobornar' (< heb. *šoḥad*) o [gaaˈvento] 'altivo' (< [gaaˈva] 'orgullo') y esquemas hibridados con verbo soporte ([ˈser zoˈχe] 'ser digno'). Se perciben ya préstamos del turco: [truˈʃi] 'escabeche', [katriˈdʒi] 'arriero' (< tur. *turşu, katırcı*). Para el siglo XVIII se detecta mayor presencia de hebraísmos, y los híbridos muestran morfemas del turco y otras lenguas balcánicas: [saˈmasa] 'esposa del bedel de la sinagoga' (heb. med. *šammaš* + esp. *-a*), [χaraɣaˈnuθ] 'pereza' (esp. *haragán* + sufijo abstracto heb. *-ut*), [pizmonˈdʒi] 'cantante de himnos religiosos' (heb. *pizmon* + tur. *-ci*), Fem.Pl. [kasaˈboθ] 'aldeas' (tur. *kasaba* (< ár.) + Fem. Pl. heb. *-ot*).

Ya en el período temprano se perfilan algunas de las principales isoglosas dialectales del djudezmo otomano, con el característico contraste entre sureste (Salónica, Estambul) y el noroeste

(Sarajevo, Bucarest). Así, el grafema dálet con diacrítico ('ד) para /ð/ aparece alguna vez en *Meza de el alma* (Salonika 1568), pero nunca figura en escritos del noroeste, cuyo djudezmo carece de este fonema; ya en el siglo XVI el grafema ṣadi denota en el noroeste /ts/, fonema ausente en el sudeste; para el siglo XVIII la secuencia metatética [ðr] (['taðre] 'tarde') predomina sobre [rð] en el sureste, mientras que en los textos del noroeste —donde se publica en djudezmo solo desde el siglo XIX y no existe [ð]— predomina [rd] (['tardi]). Las *responsa* rabínicas del siglo XVI ya documentan formas hipocorísticas de origen eslavo de nombres personales (Bunis 2017) en representaciones del Djudezmo del Noroeste, mientras que están ausentes en el Sureste.

Valga tan solo una muestra de la lengua calco empleada en traducciones bíblicas y otros textos sacros, que siguió empleándose hasta tiempos modernos: así traduce Génesis 26:241 el *Pentateuco de Constantinopla* (1547):

Hebreo	Wa-yar'	'el-aw	Adonay	ba-layla	ha-hu	wa-yomer
Español (literal)	y-apareció	a-él	Adonay	en-la-noche	la-esa	y-dijo
Djudezmo	l-a.pareciose	a-el	Adonay	en.la.noche	la-esa	i-disho

Español (Reina-Valera): Y se le apareció Jehová aquella noche, y le dijo:

Anoki	Eloh-e	Avraham	av-ika	al-tira'	ki	ittĕ-ka	Anoki
Yo	dios-de	Abraham	padre-tuyo	no-temas	porque	con-tú	yo
Yo	Dyo-de	Avraam	tu-padre	non-temas	ke	kon-tigo	Yo

"Yo soy el dios de Abraham, tu padre; no temas, porque yo estoy contigo,

u-verak-ti-ka	wĕ-hirbeti	'et-zar'a-ka	ba 'avur	Avraham	'avd-i
y-bendecir-haré-tú	y-multiplicaré	OBJ-semilla-tuya	por	Abraham	siervo-mío
I-bendizir-te-é	i-muchiguaré	a-tu-semen	por	Avraam	mi-syervo

y te bendeciré y multiplicaré tu descendencia por amor de Abraham, mi siervo".

Como muestra el texto, la sintaxis hebrea se conserva en la mayor medida posible: se calca el determinante hebreo que precede a sustantivo y demostrativo (*la noche la esa*), se prescinde de las cópulas inexistentes en hebreo (*Yo Dyo, kon tigo Yo*), la marca diferencial de objeto directo definido *'et* se refleja incluso ante un núcleo inanimado (*a tu semen*), contra la sintaxis ordinaria del djudezmo (y del español); se preservan, además, construcciones arcaicas como el llamado "futuro analítico" (*bendizirteê*), se emplean lexemas distintivos de este tipo textual (p. ej., *muchiguaré*) y los nombres propios bíblicos se conservan en sus formas hebreas (*Adonay*).

(3) El djudezmo tardío o moderno (desde 1797) se ha distanciado crecientemente del español estándar mediante innovaciones internas en todos los niveles estructurales y bajo la influencia de las lenguas coloniales turca y alemana (en las regiones austrohúngaras), además de la impronta italiana y francesa. A fines del s. XVIII, las formas de segunda persona del pretérito pierden la [s] radical ([toˈmates] 'tomaste', [toˈmateʃ] 'tomasteis'). En los textos que parecen representar el habla popular afloran más isoglosas que oponen sureste a noroeste, como la preservación de *f-* latina ([faˈzer]) en la mayoría de los lexemas en el noroeste (y Salónica) frente al cero fonético de Estambul y el sureste ([aˈzer]).

El *judeofrañol* o registro altamente galicizado descrito por Sephiha (1973b) surgió en el siglo XIX y ganó protagonismo en el siglo XX entre los hablantes occidentalizados. Su principal resultado fue la relexificación masiva, con reemplazo de elementos locales y hebreos, p. ej., [kal] (origen heb.) > [sinaˈgoga] (origen romance), y la gestación de nueva terminología, p. ej., [ʤor'nal]/[ʒur'nal] (del it. o fr.) 'periódico'. En el plano morfosintáctico, la influencia francesa o italiana contribuyó a la fijación como [sus] del determinante posesivo también en singular ([sus kaza] 'su casa'). La reorientación hacia el humanismo liberal de la Europa occidental debilitó ciertas características tradicionales del cultivo del djudezmo: se fue abandonando el alfabeto hebreo, se perdió el registro rabínico heredado del siglo XVI y se produjo una disminución general del uso de elementos de origen hebreo. En lo sociolingüístico, los hablantes occidentalizados pasan a preferir el registro altamente galicado e italianizado o djudezmo [franke'aðo] frente al común y popular o djudezmo [ka'ba], percibido cada vez más como dialecto corrupto del español.

Desde fines del siglo XIX, el contacto creciente con otras lenguas locales, que va de la mano de una mayor incorporación de los sefardíes a la vida social, política y cultural de los nuevos estados-nación surgidos tras el hundimiento de los Imperios otomano y austro-húngaro, condujo a una mayor balcanización del djudezmo en la fonología (incorporación del fonema del noroeste /ts/, p. ej., ['ratsa] 'raza' en Sarajevo), la morfosintaxis (aparente reflejo de la evidencialidad en el verbo a semejanza del marcador turco -mış, al menos en las generaciones recientes, o aumento del doblado clítico del objeto directo: [al 'iʒo lo man'dateʃ al beða'χe] 'mandasteis al hijo al cementerio', *La Amérika* 4:136, Nueva York, 27.2.1914, p. 4) y el léxico, con numerosos turquismos y grecismos, además de eslavismos en el noroeste (*cf.* Friedman y Joseph 2014).

5. Perspectivas futuras y conclusiones

El djudezmo es un idioma crecientemente amenazado desde hace al menos un siglo, y especialmente desde el final de la primera guerra mundial. Hoy suma menos de 100 000 hablantes como resultado de numerosos factores sociales y políticos, entre ellos la baja consideración del djudezmo por parte de los europeos residentes en el Imperio otomano, muy influyentes a partir del siglo XIX, como los educadores de las escuelas judías que alentaron a sus alumnos a abandonar su lengua grupal distintiva en favor del francés y otras lenguas occidentales. Además, los nuevos estados-nación poscoloniales presionaron para que se adoptara el idioma estatal a todos los efectos, a expensas del djudezmo. La migración a países que promueven la homogeneidad lingüística, como Estados Unidos, Francia e Israel, provocó el cambio y pérdida del idioma. El Holocausto aniquiló gran parte de las comunidades de habla en Grecia y el sudeste europeo.

Con todo, el djudezmo experimenta una especie de reviviscencia desde los años noventa. Algunos miembros de las últimas dos generaciones (ya bilingües, no monolingües) se han esforzado por alentar el uso del idioma en redes sociales como Ladinokomunita, por documentar el idioma en videos subidos a plataformas de Internet y por ofrecer clases divulgativas de djudezmo tanto dentro como fuera de Internet. En 1996 se estableció en Jerusalén la Autoridad Nasionala del Ladino i su Kultura que, aunque sin formación en lingüística, ha tratado de establecer un marco formal para la organización de actividades culturales y educativas. En 2020, con el apoyo de la Real Academia Española, se fundó la Akademia del Ladino en Israel para brindar a los investigadores especializados una referencia más estrictamente académica para el estudio y la propagación del idioma en Israel y otros países, si bien hasta el momento la Akademia solo ha emprendido la fijación de reglas para escribir djudezmo en letras latinas y hebreas, y proyecta realizar diccionarios terminológicos del djudezmo empleado en diversos ámbitos. Es de esperar que en los próximos años la Akademia se pronuncie acerca de cuestiones de uso, como la tensión entre quienes prefieren un enfoque de elaboración del idioma (*Ausbau*) que permita una mayor diferenciación respecto del español y quienes ven el español como el modelo más importante para el futuro; la conveniencia de traducir al djudezmo los grandes clásicos literarios mundiales;

el desarrollo de herramientas de alto nivel para la enseñanza e investigación del idioma, como un diccionario histórico completo, una gramática histórica extensa y corpus textuales etiquetados tanto históricos como contemporáneos, semejantes al CORDE y CREA de la RAE. Para lograr tales objetivos, la Akademia necesitaría, claro está, de una mayor financiación.

Desde los años ochenta ha aumentado la presencia del djudezmo en las universidades: en las principales de Israel y algunas de los Estados Unidos y Europa se imparten introducciones al idioma. La investigación acerca del djudezmo cubre ya muchos aspectos y produce constantes avances. La transcripción en alfabeto romano de textos tradicionales que empleaban las letras hebreas ha provocado cierta confrontación entre quienes prefieren la ortografía de la Autoridad Nasionala, más fonémica, y los que defienden el uso de la ortografía castellana con la adición de numerosos signos diacríticos. Se han iniciado importantes proyectos de digitalización (p. ej., de publicaciones periódicas en djudezmo a través del proyecto Historical Jewish Press) e intentos de emplear el reconocimiento óptico de caracteres para trasladar al alfabeto romano textos en escritura hebrea, incluido el *soletreo* cursivo, forma del alfabeto hebreo utilizada en la escritura manuscrita. En letras hebreas o romanas, el extenso corpus de textos en djudezmo necesita ser examinado en detalle para poder comparar mejor la situación lingüística actual con la de las generaciones precedentes. Así, necesitamos comprender mejor qué elementos (fonológicos, gramaticales o léxicos) de origen balcánico deben considerarse incorporaciones recientes que señalan el tránsito de los hablantes de djudezmo a las lenguas locales y cuáles, en cambio, han formado parte integral de la lengua durante siglos. El ámbito sintáctico, por lo demás, apenas se ha abordado: el corpus existente también debe examinarse en busca de características morfosintácticas distintivas que hayan escapado a la atención de los investigadores.

Los materiales audiovisuales producidos en un intento de preservar muestras de habla de la generación actual (quizá la última) de hablantes nativos, como entrevistas con activistas lingüísticos o conversaciones en grupo en djudezmo, proporcionan una documentación valiosísima de la lengua contemporánea a menudo fácilmente disponible en Internet. Los lingüistas deberían atender a estas grabaciones para analizar aspectos del djudezmo hablado previamente descuidados por los investigadores, como la fonética del habla rápida e informal, los elementos de relleno suscitados por las pausas, el "acento" distintivo del djudezmo, los contornos entonativos (en comparación con los del español en su variación regional, social y estilística), la creación improvisada de nuevos elementos léxicos, los usos gestuales y el lenguaje corporal, etc. Entre las cuestiones sociolingüísticas aún discutidas por hablantes e investigadores, merecen sin duda atención los nombres preferidos para la lengua, las variedades o registros de lengua promovidos por los distintos hablantes, las actitudes hacia la corrección o el uso de voces de diverso origen, y las ideas acerca del papel (si lo tuviera) del español contemporáneo en el futuro desarrollo de la lengua. A pesar de la ya extensa bibliografía, la investigación del djudezmo ofrece aún numerosos desafíos a los investigadores dispuestos a adquirir la amplia formación necesaria para trabajar con un idioma que tiene su propio sistema de escritura tradicional y que se deriva de fuentes tan variadas.

Lecturas recomendadas

Bunis (2016) ofrece un panorama sincrónico y diacrónico del djudezmo en sus escenarios sociales y culturales.

Quintana Rodríguez (2006) contiene un análisis sincrónico y diacrónico detallado de la geografía dialectal del djudezmo otomano.

Varol-Bornes (2008) proporciona un amplio análisis de las variedades de djudezmo utilizadas en Estambul desde la segunda guerra mundial.

Bibliografía citada

Altabev, M. 1996. *Judeo-Spanish in the Turkish Social Context: Language Death, Swan Song, Revival or New Arrival?* Estambul: Gözlem.
Baruch, K. 1935. "Les juifs balkaniques et leur langue". *Revue Internationale des Études Balkaniques* 1: 511–517.
Ben Ḥayyim, Yisra'el (tr.). 1818. *Ḥoxmat Yĕhošua' ben Sira*, Vienna.
Benoliel, J. 1926–1928, 1952. "Dialecto judeo-hispano-marroquí o hakitía". *Boletín de la Real Academia Española* 13 (1926): 209–233, 342–363, 507–538; 14 (1927): 137–168, 196–234, 357–373, 566–580; 15 (1928): 47–61, 188–223; 32 (1952): 255–289 [reimp. en *Dialecto judeo-hispano-marroquí o hakitía*. Madrid: Varona, 1977].
Bidjarano, H. 1885. "Los judíos españoles de Oriente: lengua y literatura popular". *Boletín de la Institución Libre de Enseñanza* 9: 23–27.
Birnbaum, S. 1915. *Praktische Grammatik der jiddischen Sprache*. Viena: A. Hartleben's Verlag.
Blondheim, D. S. 1925. *Les parlers judéo-romans et la Vetus Latina*. París: Champion.
Bunis, D. M. 1981. "A Comparative Analysis of Judezmo and Yiddish". *International Journal of the Sociology of Language* 30: 49–70.
Bunis, D. M. 1982. "Types of Nonregional Variation in Early Modern Eastern Spoken Judezmo". *International Journal of the Sociology of Language* 37: 41–70.
Bunis, D. M. 1984. "Elements of Hebrew and Balkan Origin in the Terminology of Foodways in R. Eliezer ben Šem Tov Papo's *Sefer Dammeseq Eli'ezer*". *Jerusalem Studies in Jewish Folklore* 5/6: 151–195 [en hebreo].
Bunis, D. M. 1988. "The Dialect of the Old Yishuv Sephardic Community in Jerusalem". En *Studies in Jewish Languages*, ed. M. Bar-Asher, 1–40. Jerusalén: Misgav Yerushalayim.
Bunis, D. M. 1993a. "The Language of the Sephardic Jews: A Historical Overview". En *Moreshet Sefarad*, ed. H. Beinart, vol. 2, 399–422. Jerusalén: Magnes Press.
Bunis, D. M. 1993b. *The Judezmo language*. Jerusalén: Magnes [en hebreo].
Bunis, D. M. 2001. "On the Incorporation of Slavisms in the Grammatical System of Yugoslavian Judezmo." En *Jews and Slavs*, ed. W. Moskovich, vol. 9, 325–337. Jerusalem-Vienna: Hebrew University of Jerusalem.
Bunis, D. M. 2005. "Writing as a Symbol of Religio-national Identity: On the Historical Development of Judezmo Spelling". *Pe'amim* 101–102: 111–171 [en hebreo].
Bunis, D. M. 2008. "The Differential Impact of Arabic on Ḥaketía and Turkish on Judezmo". *El Presente* 2: 177–207.
Bunis, D. M. 2011a. "Native Designations of Judezmo as a 'Jewish Language'". En *Studies in Language, Literature and History Presented to Joseph Chetrit*, eds. Y. Tobi y D. Kurzon, 41–81. Haifa y Jerusalén: Haifa University y Carmel.
Bunis, D. M. 2011b. "A Doctrine of Popular Judezmism as Extrapolated from the Judezmo Press, c. 1845–1948". En *Satirical texts in Judeo-Spanish by and about the Jews of Thessaloniki*, eds. R. Molho, H. Pomeroy y E. Romero, 244–268. Salónica: Ets Ahaim Foundation.
Bunis, D. M. 2012. "The Anti-Castilianist Credo of Judezmo Journalist Hizkia M. Franco (1875–1953)". En *Homenaje a Elena Romero*, ed. A. García Moreno, *ehumanista* 20, 63–97. www.ehumanista.ucsb.edu/volumes/volume_20/pdfs/articles/monographic%20issue/5%20Bunis.v20.pdf.
Bunis, D. M. 2013. "From Early Middle to Late Middle Judezmo: The Ottoman Component as a Demarcating Factor". *Menorah* 3: 115–163.
Bunis, D. M. 2016. "Judezmo (Ladino)". En *Handbook of Jewish Languages*, eds. L. Kahn y A. D. Rubin, 365–450. Leiden: Brill.
Bunis, D. M. 2017. "Lexical Elements of Slavic Origin in Judezmo on South Slavic Territory, 16–19th Centuries: Uriel Weinreich and the History of Contact Linguistics". *Journal of Jewish Languages* 5: 217–252.
Bunis, D. M. 2019. "Judezmo (Ladino/Judeo-Spanish): A Historical and Sociolinguistic Portrait". En *Languages in Jewish Communities, Past and Present*, eds. B. Hary y S. Bunin Benor, 185–238. Berlín y Boston: De Gruyter.
Bunis, D. M. 2021a. "La lingua de los sefaradim en romanizasion/Lĕšon ha-sĕfaradim bĕ-romanizatsya". En *Las Ortografías del Ladino*, ed. O. (Rodrigue) Schwarzwald, 21–37, 35–45. Jerusalén: La Akademia del Ladino en Israel [en djudezmo y hebreo].
Bunis, D. M. 2021b. "Judezmo/Ladino/Judeo-Spanish". En *Jewish Languages: Text Specimens, Grammatical, Lexical, and Cultural Sketches*, eds. L. Edzard y O. Tirosh-Becker, 392–481. Wiesbaden: Harrassowitz.

Bürki, Y. 2006. "El discurso periodístico de la prensa judeoespañola del siglo XIX". *Revista Internacional de Lingüística Iberoamericana* 4: 53–76.

Caplan, M. 1868. "Un mot sur la version espagnole juive de la Bible et sur la littérature judéo-espagnole controversale". *Archives Israélites* 29: 755–761.

Cherezli, S. I. 1898–1899. *Nuevo chiko diksyonaryo judeo-espanyol/fransés*. Jerusalén: Luncz, vol. 1, 1898, vol. 2, 1899.

Crews, C. 1935. *Recherches sur le judéo-espagnol dans les pays balkaniques*. París: Droz.

Danon, A. 1903–1904. "Essai sur les vocables turcs dans le judéo-espagnol". *Keleti Szemle* 4 (1903): 215–229; 5 (1904): 111–126.

Danon, A. 1922. "Les éléments grecs dans le judéo-espagnol". *Revue des Études Juives* 75: 211–216.

Friedman, V. A. y B. D. Joseph. 2014. "Lessons from Judezmo about the Balkan Sprachbund and Contact Linguistics". *International Journal of the Sociology of Language* 226: 3–24.

Gabinskij, M. A. 1967. "Začatki utraty infinitiva v sefardskih govorah Makedonii". *Makedonski Jazik* 18: 69–78.

Gabinskij, M. A. 1996. "Die sephardische Sprache aus balkanologischer Sicht". *Zeitschrift für Romanische Philologie* 112 (3): 438–457.

García Moreno, A. 2004. *Relatos del pueblo ladinán (Me'am lo'ez de Éxodo)*. Madrid: CSIC.

García Moreno, A. 2012. "Los tiempos pretéritos con cierre vocálico en el judeoespañol de Salónica (1935)". En *Tiempo y espacio y relaciones espacio-temporales en judeoespañol*, eds. Y. Bürki y C. Sinner, 15–26. Múnich: Peniope.

Gerşon, K. 1983. *Language Change as Influenced by Cultural Contact – A Case: Ladino*. Tesis doctoral. Estambul: Boğaziçi University.

Grünbaum, M. 1896. *Jüdisch-Spanische Chrestomathie*. Fráncfort: Kauffmann.

Harris, T. K. 1994. *Death of a Language: The History of Judeo-Spanish*. Newark, Delaware: University of Delaware Press.

Kalwo, Y. 1866. "A los djidyós espanyoles ke en todo el mundo". En *El Nasyonal*, vol. 1. Viena.

Lamouche, L. 1907. "Quelques mots sur le dialecte espagnol parlé par les israélites de Salonique". *Romanische Forschungen* 23: 969–991.

Lindo, E. H. 1848. *The History of the Jews of Spain and Portugal*. Londres: Longman, Brown, Green y Longmans.

Loewe, H. 1911. *Die Sprachen der Juden*. Colonia: Jüdischer Verlag.

Luria, M. A. 1930a. "A Study of the Monastir Dialect of Judeo-Spanish Based on Oral Material Collected in Monastir, Yugo-Slavia". *Revue Hispanique* 74: 323–583.

Luria, M. A. 1930b. "Judeo-Spanish Dialects in New York City". En *Todd Memorial Volumes*, eds. J. Driscoll Fitz-Gerald y P. Taylor, vol. 2, 7–16. Nueva York: Columbia University Press.

Minervini, L. 1992. *Testi giudeospagnoli medievali: Castiglia e Aragona*, 2 vols. Nápoles: Liguori.

Minervini, L. 1999. "The Formation of the Judeo-Spanish Koiné: Dialect Convergence in the Sixteenth Century". En *The Proceedings of the Tenth British Conference on Judeo-Spanish Studies*, ed. A. Benaim, 41–51. Londres: Department of Spanish, Queen Mary and Westfield College.

Montoliu, C. y J. van der Auwera. 2004. "On Judeo-Spanish Conditionals". En *Balkan Syntax and Semantics*, ed. O. Mišeska Tomić, 461–474. Ámsterdam y Filadelfia: Benjamins.

Moskona. I. 1976. "On Some Influences on 'Judezmo': The Language of the Balkan Jews". *Annual [of the Social, Cultural and Educational Association of the Jews in the People's Republic of Bulgaria]* 11: 173–194.

Nehama, J. 1977. *Dictionnaire du judéo-espagnol*. Madrid: CSIC.

Pato Maldonado, E. y D. Porcelo Bueno. 2020. "Nuevas consideraciones sobre el "hebraísmo" *sesmazalado/desmezalado* en español y portugués". *Revista de Filología Española* 100: 419–442.

Quintana Rodríguez, A. 2006. *Geografía lingüística del judeoespañol*. Berna: Peter Lang.

Révah, I. S. 1961. "Formation et évolution des parlers judéo-espagnols des Balkans". *Iberida* 6: 173–196.

Romero, R. 2012. *Spanish in the Bosphorus. A Sociolinguistic Study on the Judeo-Spanish Dialect Spoken in Istanbul*. Estambul: Libra.

Romeu, P. 1988–89. "Turquismos en la *Crónica de los Reyes Otomanos* de Mošé ben Baruj Almosnino". *Miscelánea de Estudios Árabes y Hebraicos* 37–38: 91–100.

Sala, M. 1965. "Elementos balcánicos en el judeoespañol". En *Actas del XI Congreso Internacional de Lingüística*, vol. 4, 2151–2160. Madrid: CSIC.

Sandfeld, K. 1926. *Balkanfilologien: En oversigt over dens resultater og problemer*. Copenhague: Lunp [trad. francesa: *Linguistique balkanique: problèmes et résultats*, París: Champion, 1930].

Schwarzwald, O. 2021. "Introduksion a las reglas de la ortografia en Ladino en letras ebreas"/"Las reglas de la ortografia en Ladino en letras ebreas". En *Las Ortografías del Ladino*, ed. O. (Rodrigue) Schwarzwald, vii–xx/7–16. Jerusalén: La Akademia del Ladino en Israel [en djudezmo y hebreo].
Sephiha, H. V. 1973a. *Le ladino: Judéo-espagnol calque – Deutéronome*. París: Centre de Recherches Hispaniques.
Sephiha, H. V. 1973b. "Le judéo-fragnol". *Ethno-psychologie* 2–3: 239–249.
Sephiha, H. V. 1974. "L'hispaniseur -*ear* en judéoespagnol". *Travaux. Aspects des Civilisations Ibériques* 10: 85–93.
Stankiewicz, E. 1964. "Balkan and Slavic Elements in the Judeo-Spanish of Yugoslavia". En *For Max Weinreich on His Seventieth Birthday*, eds. U. Weinreich *et al.*, 229–236. La Haya: Mouton.
Subak, J. 1906. "Zum Judenspanischen". *Zeitschrift für Romanische Philologie* 30: 129–185.
Trost, P. 1972. "Balkanismes et le judéo-espagnol". *Études Balkanistiques Tchecoslaviques* 4: 59–62.
Varol-Bornes, M.-C. 1996. "Influencia del turco en el judeoespañol de Turquía". En *Sephardica 1: Hommage à Haïm Vidal Sephiha*, eds. W. Busse, H. Kohring y M. Shaul, 213–237. Berna: Peter Lang.
Varol-Bornes, M.-C. 2008. *Le judéo-espagnol vernaculaire d'Istanbul*. Berna: Peter Lang
Vučina-Simović, I. y J. Filipović. 2009. *Etnički identitet i zamena jezika u sefardskoj zajednici u Beogradu*. Belgrado: Zavod za udbenike.
Wagner, M. L. 1914. *Beiträge zur Kenntnis des Judenspanischen von Konstantinopel*. Viena: Hölder.
Wagner, M. L. 1930. *Caracteres generales del judeo-español de Oriente*. Madrid: Hernando.
Wagner, M. L. 1950. "Espigueo judeoespañol". *Revista de Filología Española* 34: 9–106.
Weinreich, M. 1973. *Geshikhte fun der yidisher shprakh*, 4 vols. Nueva York: YIVO.
Wiener, L. 1895. "The Ferrara Bible". *Modern Language Notes* 10: 81–85; 11: 24–42, 84–105.
Zunz, L. 1823. "Über die in den hebräisch-jüdischen Schriften vorkommende hispanischen Ortnamen". *Zeitschrift für die Wissenschaft des Judenthums* 1: 114–176.

48
La historia de la lengua española en África
(The history of the Spanish language in Africa)

John M. Lipski y Lotfi Sayahi

1. Introducción

La presencia de la lengua española en África tiene dos vertientes a causa de factores geográficos, sociopolíticos y económicos. En el norte de África han coexistido variedades del español desde los tiempos medievales, mientras que la llegada del español al África subsahariana se llevó a cabo como secuela de las exploraciones portuguesas del siglo XV. En ambas regiones el español ha arraigado como consecuencia de complejas trayectorias sociolingüísticas, cuyos detalles se presentan a continuación.

Palabras clave: África, bilingüismo, Guinea Ecuatorial, Marruecos, Sáhara Occidental

The presence of the Spanish language in Africa has two principal divisions, due to geographical, socio-political, and economic factors. In North Africa, Spanish varieties have co-existed since medieval times while the arrival of Spanish in sub-Saharan Africa began after the 15th century Portuguese explorations. In both regions the Spanish language has taken root as a result of complex sociolinguistic trajectories, whose details appear in the present chapter.

Keywords: Africa, bilingualism, Equatorial Guinea, Morocco, Western Sahara

2. Historia del español en el norte de África

La presencia de la lengua española en el norte de África puede dividirse en tres períodos históricos principales (Sayahi 2015): un período temprano (1492–1860) que abarca las principales olas de refugiados de la Reconquista y las primeras incursiones militares de los españoles en la región, un período colonial (1860–1956) que cubre el establecimiento de España como poder colonial en el norte de Marruecos y el Sáhara Occidental, y un período poscolonial (desde 1956) que se inicia con la independencia de Marruecos y se extiende hasta el presente.

2.1 El período temprano (1492–1860)

Aunque el contacto lingüístico entre la península ibérica y la región occidental del norte de África se remonta a tiempos anteriores a la época de Al-Ándalus, fue a partir del final de la Reconquista cuando variedades de la lengua española se introdujeron de forma más notable en lo que es hoy el Magreb. Desde muy temprano quedó plasmada la importancia geopolítica del norte de África para España cuando Isabel I de Castilla en su testamento incitó a sus herederos a que "no cesen de la conquista de África", o en la determinación de Carlos V, quien proclamó: "Quedaré muerto en África, ó entraré vencedor en Túnez". La caída de Granada en 1492 hizo que gran número de musulmanes y judíos buscaran refugio en lo que es hoy Marruecos, Argelia y Túnez. Con la expulsión final de los moriscos entre 1609 y 1613 alrededor de 300 000 moriscos se instalaron en la región, la mayoría con mucha menos competencia en el árabe que las generaciones anteriores (Epalza 1992; Thomas y Sayahi 2019). Aunque los moriscos se asimilaron lingüísticamente de forma rápida a la sociedad norteafricana, la presencia del judeoespañol (o *hakitía*, como se conoce a la variedad hablada en el norte de Marruecos) duró hasta la llegada del período colonial, durante el cual el judeoespañol se vio absorbido por el español moderno impuesto por las instituciones españolas (Benoliel 1926).

En Túnez, los moriscos fundaron pueblos enteros que todavía mantienen parte de su herencia arquitectónica morisca, como es el caso del pueblo de Testour. Sin embargo, las incursiones de España en Túnez no duraron más de 34 años en su época más larga (1535–1569) y, por consiguiente, el español no dejó huellas más allá de algunos apellidos o algunas palabras en el dialecto del árabe tunecino, como *duro* en referencia a la moneda. En el caso de Argelia, la historia del español tiene más arraigo no solamente por las historias de los cautivos en Argel que tanto describió Cervantes, quien estuvo preso varios años allí (1575–1580), sino también por la importancia de la ciudad de Orán, bajo control de España desde 1509 hasta 1791 con solo un intervalo de 24 años de dominio argelino. Más tarde, con la ocupación de Argelia por Francia en 1830, casi 150 000 españoles se establecerían en Argelia, donde el español tuvo presencia hasta bien entrado el siglo XX (Bonmatí Antón 1992; Moreno Fernández 1992).

Pero realmente es en Marruecos donde el español ha tenido una historia más rica. Primero, por el efecto de su presencia en Ceuta y Melilla. Melilla fue ocupada en 1497 y Ceuta fue retenida de los portugueses en 1668; ambas tienen el estatus oficial de ciudad autónoma y sirven como focos para la proyección del español por el norte de Marruecos. Además, a partir de la guerra de África (1859–1860) y el auge del movimiento africanista a finales del siglo XIX, el español se introdujo con más fuerza en Marruecos y lo que es hoy el Sáhara Occidental.

2.2 El período colonial (1860–1956)

La batalla de Tetuán, culminación de la guerra de África, fue un giro importante en la historia del español en el norte de Marruecos. Al perder Marruecos la guerra, España se garantizó a través del tratado que siguió varios privilegios que abrieron las puertas a una presencia más extendida durante el siguiente siglo. Entre otros privilegios, se ampliaron las superficies de Ceuta y Melilla, la ciudad de Tetuán quedó bajo control español hasta 1862 y España se garantizó el derecho de ocupar el territorio de Santa Cruz de Mar Pequeña en lo que sería más tarde Sidi Ifni en el Sáhara español.

Esta primera acción colonial se vio formalizada en 1912 cuando España y Francia se dividieron Marruecos según el Tratado de Fez. Francia ocupó la mayoría del territorio marroquí, mientras España se quedó con la zona norte del país, una región donde además del árabe se habla una lengua tamazight (bereber) conocida como tarifit o rifeño. Esta lengua es diferente de las otras lenguas bereberes que se usan en el centro y en el sur de Marruecos. Al ocupar el norte de Marruecos, y después de la guerra del Rif y lo que los españoles llamaron Período de Pacificación, que duró hasta 1927, la zona del protectorado tuvo tres sistemas educativos. Siguiendo una división etnorreligiosa, había escuelas separadas para los cristianos europeos, los judíos sefardíes y la población musulmana indígena (Sayahi 2015). El resultado fue el mantenimiento como lengua nativa del español entre la población europea, la rehispanización de la población sefardí y su desplazamiento hacia el español moderno y un acceso limitado de la población musulmana a la lengua española en el sistema educativo.

Además de la presencia militar, hubo una presencia significativa de población civil que se instaló buscando oportunidades económicas. Entre militares y civiles, el número de españoles residentes en el protectorado rondaba las 200 000 personas en 1954 (Salafranca 2001). La ciudad internacional de Tánger, que oficialmente no formó parte de la zona del protectorado, tenía 18 618 españoles en el año 1941 (Sayahi 2005a). Además de las escuelas y las diferentes actividades económicas, se establecieron iglesias, hospitales y centros de actividades culturales españoles que se fueron reduciendo en la segunda parte del siglo XX.

La población española durante el protectorado mantuvo el español como única lengua nativa. El español que se usaba variaba según el origen del hablante, pero, dada la cercanía de Andalucía, los rasgos del español andaluz dominaban entre la población general, con la excepción de profesores, militares y altos cargos administrativos que mostraban mayor diversidad de origen. La presencia de españoles en el norte de África en la primera mitad del siglo XX también se hizo notar en otras partes ocupadas por Francia, donde inmigrantes españoles, especialmente después de la guerra civil (1936–1939), formaron comunidades en ciudades como Casablanca en el centro de Marruecos u Orán en Argelia. Estos españoles aprendían el francés en la escuela e, incluso, algo del árabe dialectal en la comunidad, pero también mantenían el español como lengua comunitaria.

En el área que se conoce hoy como Sáhara Occidental, la presencia del español dominaba en el sistema rudimentario de educación que existía, dado el número reducido de la población —en 1975 la población civil del Sáhara constaba de 17 500 españoles y 73 497 saharauis (Diego Aguirre 1991, 43–45)—. Como gran parte de la población indígena no era sedentaria, existieron incluso clases rurales y nómadas (Salafranca 2001). La sorprendente decisión del gobierno de España de declarar el Sáhara provincia española en 1958, lo cual no fue el caso en el norte de Marruecos, añadió mayor importancia a la lengua española en esta región hasta su abandono por España en 1975. Incluso hoy en día se puede apreciar el uso del español en algunas partes del sistema educativo de los saharauis.

2.3 El período poscolonial (1956–presente)

Con la independencia de los países norteafricanos, la mayoría de los descendientes de inmigrantes españoles se marcharon a España, especialmente a Andalucía (para los que salían de Marruecos) o la costa valenciana (para los que dejaban Argelia). Sin embargo, varios centenares de hablantes siguieron viviendo en el norte de Marruecos hasta bien entrado el siglo XXI, atendidos por las instituciones españolas presentes en el área. Estos hablantes, algunos incluso de tercera generación, seguían identificándose como españoles, por ejemplo, en Tetuán.

Aunque sorprende el mantenimiento de la lengua entre descendientes de inmigrantes españoles, siendo este grupo una pequeña minoría, lo explican varios factores, como la religión y las ventajas que se asocian con la nacionalidad española a la hora de acceder a servicios de salud y beneficios sociales. La cercanía de Ceuta, Melilla y la península facilitaron la continuidad del contacto, el acceso a los medios de comunicación y un grado de vitalidad etnolingüística muy alto (Sayahi 2005b). Durante el protectorado, muchos marroquíes desarrollaron un conocimiento oral del español interactuando con españoles en el día a día, ocupando varias funciones en el sistema del protectorado y sirviendo en el ejército español. Sin embargo, con la independencia es el francés el que se estableció como segunda lengua en Marruecos. Al mismo tiempo, los marroquíes de la antigua zona del protectorado todavía perciben cierta necesidad de aprender español para acceder a oportunidades económicas asociadas con la presencia de España en el área y la cercanía de la península.

2.4 El español en contacto con el árabe y el tamazight en el norte de África en el siglo XXI

Aunque incluso hoy en día siguen existiendo escuelas y otras instituciones españolas en el norte de Marruecos, muchos de los que usan sus servicios no son de origen europeo. A medida que los jóvenes se trasladan a España para estudiar, el número de españoles se ve reducido a un pequeño grupo de ancianos. Es cierto, sin embargo, que, con la cercanía de España, algunos hablantes nativos del español de origen marroquí pueden volver a instalarse en Marruecos, contribuyendo así al aumento del valor de esta lengua en el mercado lingüístico local. Con todo, hoy en día el español en el norte de África es lengua nativa en Ceuta y Melilla, lengua fronteriza en el norte de Marruecos, y una lengua adicional para miles de hablantes en el resto de la región.

Los rasgos lingüísticos de los hablantes nativos del español en el norte de África dependen del tipo de competencia. En Ceuta el español está principalmente en contacto con el árabe, mientras que en Melilla está principalmente en contacto con el tamazight. Sin embargo, los hablantes nativos de origen europeo en Ceuta y Melilla presentan rasgos parecidos a la región andaluza y no muestran influencia del árabe o del tamazight porque no adquieren estas lenguas, que no gozan de estatus oficial en las ciudades autónomas. Los hablantes de origen marroquí que crecen bilingües en Ceuta y Melilla o los que aprenden el español como segunda lengua en el norte de Marruecos presentan diferentes grados de bilingüismo. El rasgo más marcado es la inestabilidad de las vocales que, con menor competencia en el español, se ven alteradas, por ejemplo *empresarios* > *empr[i]sarios* y *directo* > *direct[u]* (Sayahi 2006; Scipione y Sayahi 2005). Los hablantes de origen marroquí suelen elidir la /s/ final y sesear, aunque los que asisten a las escuelas españolas todavía presentes en la zona pueden usar la distinción fonológica /s/-/θ/ y mantener la /s/ en posición final con más frecuencia. Algunos hablantes eliden la vocal inicial para dejar un grupo consonántico complejo al inicio de la sílaba, como ocurre en el árabe marroquí (*instalar* > [Ø]*nstalar*). En el nivel morfosintáctico, dependiendo del grado de competencia, algunos hablantes muestran divergencias en el uso de los tiempos verbales, más notables en la extensión del presente perfecto del indicativo a eventos télicos con referencias temporales precisas en el pasado. De hecho, la mayoría de los rasgos que distinguen el español usado por la población de origen marroquí tienen que ver con diferentes procesos y niveles de competencia más que con la formación de una variedad local estable. Como es de esperar, entre los hablantes bilingües se puede identificar una serie de fenómenos de contacto que incluyen el cambio de código y el préstamo léxico (Sayahi 2011). Algunos ejemplos de los préstamos del árabe marroquí que ya se pueden encontrar incluso en el diccionario de la Real Academia Española incluyen vocablos relacionados con el ejército y la administración marroquíes durante el protectorado (*áscari* 'soldado', *ámel* 'jefe de distrito', *dahír* 'decreto', *harca* 'partida de rebeldes marroquíes', *mehala* 'cuerpo de ejército regular', *majzén* 'gobierno marroquí', y *nádir* 'administrador'), además de palabras relacionadas con la cultura local (*chilaba* 'pieza de vestir con capucha', *cabila* 'tribu de berberes', *jaima* 'tienda de campaña', *tayín* 'plato de carne' y *zagüía* 'ermita').

De otro lado, el español ha sido una fuente más de los préstamos que el árabe y el tamazight tienen para incorporar vocablos principalmente conectados con las culturas occidentales, la ciencia y la tecnología.

3. Historia de la lengua española en el África subsahariana

A partir de las exploraciones portuguesas del siglo XV, España quedó excluida del comercio directo con el África subsahariana por la hegemonía portuguesa, consolidada por el Tratado de Tordesillas de 1494, pero la tentación de las incalculables riquezas africanas era irresistible y muchos empresarios españoles violaban las prohibiciones oficiales. En 1454 una flotilla española partió de Andalucía para explorar la costa de "Guinea"; aparentemente, los aventureros lograron un exitoso comercio en la Senegambia, pero, a su regreso, ya muy cerca del puerto de Cádiz, fueron atacados por una armada portuguesa. Los españoles no desistieron por causa de esta emboscada, y la presencia clandestina de comerciantes españoles a lo largo de la costa africana fue un denominador común de los siguientes siglos, aunque solo a comienzos del siglo XIX alcanzó la lengua española una presencia significativa, sobre todo en la región ecuatorial de lo que llegaría a ser la Guinea Española, hoy día República de Guinea Ecuatorial.

3.1 Desde la Guinea Española a la República de Guinea Ecuatorial

La actual República de Guinea Ecuatorial es un país compuesto de varios segmentos geográficamente inconexos: la isla de Bioko, antes llamada Fernando Poo; Río Muni, un enclave entre Gabón y Camerún; la remota isla de Annobón, situada más allá de la república insular de Santo Tomé y Príncipe, y las pequeñas islas de Corisco, Elobey Grande y Elobey Chico, situadas cerca de la costa de Río Muni. La historia de la Guinea Española y de Guinea Ecuatorial se documenta en Ballano Gonzalo (2014), Bolekia Boleká (2003), Castro y Ndongo (1998), Fegley (1989), Fleitas Alonso (1989), Hahs (1980), Liniger-Goumaz (1979, 1988, 1989), Muakuku Rondo Igambo (2000), Ndongo Bidyogo (1977), Pélissier (1964), Terán (1962) y numerosas obras tempranas, cuyas referencias se encuentran en los trabajos ya citados.

Fernando Poo pasó a manos españolas como resultado de los tratados de San Ildefonso (1777) y El Pardo (1778) con Portugal, pero la ocupación española efectiva no comenzó hasta mucho después; entre tanto, en 1827 los ingleses obtuvieron permiso para utilizar la isla. No solo circulaba el idioma inglés entre la población blanca, sino que existía un considerable grupo de africanos traídos de otras regiones de África occidental que también hablaban el inglés con soltura. Los descendientes de estos africanos angloparlantes se conocen hoy día como *fernandinos*, y formaban una clase privilegiada dentro de la sociedad insular. Además del inglés británico, de uso muy limitado entre la población africana, desde los primeros contactos angloafricanos en Fernando Poo circulaba el inglés pidginizado conocido como *pichinglis* o simplemente *pichi* (Lipski 1992; Yakpo 2009; Zarco 1938). Describiendo la situación en el siglo XX, González Echegaray (1959, 23) lamentaba que "el *pichinglis*, por este aspecto que posee de esperanto de los negros, es hoy el mayor enemigo en nuestra zona de la difusión del castellano". Durante el régimen español el pichinglis no recibió reconocimiento oficial, y aún hoy ninguna variedad del inglés figura en los programas didácticos del gobierno de Guinea Ecuatorial.

Los españoles solo comenzaron a asentarse en Fernando Poo a partir de 1858 y la colonización avanzó a pasos agigantados en comparación con los demás territorios africanos y americanos. Después de poco tiempo se formó una aristocracia de plantadores de cacao, de origen valenciano, que luego se convirtió en el principal sostén económico de la colonia. Justamente durante esta época llegaron unos negros sublevados de Cuba, junto con subversivos blancos cubanos y negros de Sierra Leona y Liberia. Estos últimos hablaban una variedad pidginizada del inglés y llegaron a llamarse *fernandinos* (Sundiata 1972); sus descendientes todavía hablan el pichinglis de manera diferente a los demás pueblos africanos y constituyen una élite dentro de la sociedad de Bioko. Los cubanos (blancos y negros) se asimilaron a la población guineana, pero es posible que hayan logrado introducir algunos cubanismos en el léxico del español guineano (Aranzadi 2012; Balmaseda 1869; Granda 1994; Valdés Infante 1898).

En Río Muni la colonización española fue aún más tardía, puesto que fue necesario ajustar varias reivindicaciones territoriales con Francia, cuya última resolución se retrasó hasta el Tratado de París de 1900. A partir de esta fecha España comenzó la colonización del territorio continental, pero los asentamientos se limitaban a una estrecha franja de la costa. Solo después de 1923 se llevó a cabo la exploración del interior, y hasta hoy en día existen incógnitas en cuanto a los recursos naturales y humanos del interior de Río Muni.

Desde 1778 hasta la independencia de la Argentina en 1810, los "territorios españoles del Golfo de Guinea" fueron administrados por el Virreinato de Buenos Aires, y posteriormente por el gobierno peninsular: de 1926 a 1959 los territorios guineanos formaron la colonia de Guinea Española, para después convertirse en provincia española de ultramar. La autonomía territorial llegó en 1964, y en 1968 la República de Guinea Ecuatorial vio la luz como nación independiente. Francisco Macías Nguema, el primer presidente, pronto se convirtió en un tirano dictatorial cuyas acciones afectaron al perfil de la lengua española. Bajo el pretexto de la "africanización", los topónimos coloniales fueron reemplazados por nombres vinculados al nuevo régimen: la capital, Santa Isabel, pasó a ser Malabo, San Carlos sería Luba, la isla de Fernando Poo se llamó Masie Nguema Biyogo (posteriormente Isla Bioko), Annobón recibió el nombre de Pagalu ('papá gallo' en la lengua criolla annobonesa *fa d'ambú*) y Río Muni se transformó en Mbini. Para 1975 todas las escuelas estaban cerradas y Macías intentó desterrar la lengua española a favor del fang, su lengua nativa, argumentando que la retención del español era un gesto antipatriótico.

Después de 1979, cuando fue derrocado el primer régimen poscolonial, el gobierno ecuatoguineano ha restaurado relaciones con el resto del mundo. En 1985 Guinea Ecuatorial se adjuntó a la zona monetaria centroafricana de países francófonos, y como consecuencia la lengua francesa pasó a ser una lengua oficial que desde entonces se enseña en las escuelas guineanas. En 2007 se agregó el portugués a la lista de lenguas oficiales, y la lengua portuguesa circula principalmente entre inmigrantes de Cabo Verde y Santo Tomé y Príncipe. A pesar de la presencia del francés y del omnipresente *pichinglis*, el español mantiene su vitalidad como lengua nacional ecuatoguineana, y aun cuando los guineanos emplean lenguas vernáculas entre sí, reconocen que el español les brinda una identidad destacada entre las demás naciones africanas. Las encuestas de Quilis (1983, 1988, 1989) elicitaban actitudes favorables hacia la lengua española, aunque el hecho de que un profesor de España las llevara a cabo en el ámbito educativo puede haber afectado a los resultados. Gomashie (2019), en una encuesta anónima realizada a través de Internet, también obtuvo respuestas que indican una expansión del español frente a las lenguas autóctonas.

3.2 Los inicios de la lengua española en Guinea

Debido a la llegada relativamente tardía de colonos europeos a la Guinea Española, es lógico que la lengua española no haya sido adquirida completamente por los guineanos durante las primeras décadas de la colonia. Los primeros brotes de la lengua española en suelo africano fueron variantes interlinguales producidas por la primera generación de africanos en contacto con esta lengua europea, así que los comentarios tempranos sobre el español de la Guinea Española no fueron nada halagadores. Dadas las actitudes racistas de los europeos hacia los africanos, muchas de las observaciones sobre los primeros brotes de la lengua española entre la población guineana hacían hincapié en la incapacidad del africano de hablar correctamente el español, como si esto hubiera sido un acto voluntario o bien un indicio de debilidad mental. Martínez y Sanz (1856, 58) dijo de los residentes de Santa Isabel que "no se conoce ni el idioma español, ni la religión de España, ni su moneda, ni sus costumbres". El explorador español Manuel Iradier describe un viaje a lo largo de la costa occidental de África, desde la Senegambia hasta la Guinea Española; ofrece varios fragmentos del español empleado por africanos, en su mayoría encontrados en la nueva colonia española del Golfo de Guinea:

Mí no sabe, señol (Iradier 1887, 55) [Senegambia]
Mi marcha esta noche a uaka (Iradier 1887, 219) [Río Muni]
Mi piensa que esa cosa es como culebra grande (Iradier 1887, 229) [Corisco]

Ferrer Piera (1900, 105–108) reproduce el habla de un bubi de Fernando Poo:

El bosque rompe la ropa, y bubí anda mejor desnudo y descalzo... .
Yo gusta más ir vestido, quitar botas para no caer y andar mejor... .
Bubís estar en el bosque

Bravo Carbonel (1917, 47) dijo de los pocos fernandinos que saben hablar español "aunque uno que hable castellano tenga interés vital en que le entiendan, encuentra siempre invencibles dificultades, haciéndose comprender al cabo, claro es, pero con circunloquios y rodeos y vacilaciones". Los annoboneses, en cambio, "conocen y emplean el idioma español", pronunciando la /r/ final como /l/: *señol, favol* (68). Arija (1930, 62) indicó que los bengas "siempre fueron los más adictos e incondicionales a la causa española [...] conocen perfectamente el español", y los annoboneses "conocen bastante bien el idioma español" (58). De Madrid (1933, 114–115) tenemos la siguiente narración:

> Vayamos a la relación del indígena con esta otra autoridad que es el maestro. Si este es misionero, aprende malogradamente el castellano. Sabe decir *buenos días* cuando es por la noche y *buenas tardes* cuando es por la mañana. No sabe apenas el castellano para poderlo hablar [...] si van a la escuela oficial, aprenden un castellano correcto y enrevesado, y saben escribir con bastante claridad.

Y también (145): "El castellano de los indígenas es por regla general el mismo que puede balbucir un niño de tres años. No sabe lo que es conjugar un verbo ni analizar una frase cualquiera en castellano". El tenor de estos comentarios constituye un hilo que atraviesa la trayectoria lingüística guineana desde su inicio, dejando huellas que aún hoy no han sido totalmente extirpadas (véanse también Soler 1957; Ramos Izquierdo y Vivar 1912, 46).

De Annobón existe la observación temprana de que los nativos de dicha isla hablaban "una especie de chapurrado portugués-español" (Muñoz y Gaviria 1899, 219), pero Moros y Morellón (1844, 27) ya había observado que los annoboneses "hablan el portugués y español lo bastante para hacerse entender en las relaciones que con ellos pudieran entablarse".

3.3 Características actuales del español de Guinea Ecuatorial

Después de las observaciones preliminares de Castillo Barril (1964, 1966, 1969), González Echegaray (1951, 1959) y Salanova Orueta (1953), el español de Guinea Ecuatorial ha figurado en las monografías de Bibang Oyee (2002), Lipski (1985, 1990) y Quilis y Casado-Fresnillo (1995), además de los trabajos recogidos en Granda (1991, 1994) y varios artículos reunidos en Lipski (en prensa). Para la mayoría de los ecuatoguineanos el español aún no es una lengua nativa, y hasta las personas con mayor dominio demuestran rasgos lingüísticos que los identifican como hablantes de la variedad guineana. La mayoría de los estudios lingüísticos ubican los rasgos particulares del habla ecuatoguineana dentro del marco de la interferencia de las lenguas nativas y la adquisición incompleta del castellano (véase Schlumpf 2016 para un resumen), aunque Lipski (1985, 1990, y sobre todo 2008, 2014) afirma la existencia de un dialecto ecuatoguineano coherente, cuya variación interna no sobrepasa las dimensiones de otras variedades canónicas. Entre los rasgos de mayor presencia están la realización oclusiva de /d/ en contextos donde predomina la aproximante [ð] en otros dialectos, dando como resultado un sonido muy parecido a [r] (Lipski 2020). Tampoco es consistente la distinción entre /s/ y /θ/, ya que durante la época colonial predominaba el seseo entre los valencianos mientras que los residentes oriundos de Castilla distinguían los dos fonemas sibilantes. El aspecto suprasegmental más distintivo del español ecuatoguineano es el empleo de tonos fonológicos en cada sílaba (Lipski 2016). Todas las lenguas nativas de Guinea Ecuatorial (a excepción del annobonés) tienen tonos léxicos asignados individualmente a cada sílaba, de manera que es lógico que los respectivos sistemas tonales influyan sobre el español guineano. Las principales lenguas de Guinea Ecuatorial (bubi, fang, ndowé, benga, bisió) distinguen dos tonos fonológicos, alto y bajo, y cada sílaba de cada palabra conlleva un tono léxico que no varía de acuerdo con el contexto en que se encuentre la palabra. Esto difiere de manera significativa de la entonación del español, donde el despliegue de tonos ocurre a lo largo de la oración entera y sirve, por ejemplo, para distinguir las afirmaciones de las interrogaciones.

Además de los rasgos fonéticos, el español hablado por ecuatoguineanos suele presentar unas características morfosintácticas divergentes, producto tanto del entorno colonial como del bilingüismo. A pesar de que los principales dialectos de España que subyacen al español guineano distinguen plenamente los pronombres *ustedes* y *vosotros* y las respectivas terminaciones verbales, muchos guineanos fluctúan en el empleo de ambas configuraciones. No solo es frecuente que el mismo hablante alterne entre *ustedes* y *vosotros* al dirigirse a los mismos interlocutores, sino que también pueden darse discrepancias de concordancia sujeto-verbo. Es más frecuente que se combine el pronombre *ustedes* y una forma verbal correspondiente a *vosotros* (p. ej., *ustedes tenéis*), pero a veces se produce el caso contrario. Debemos reconocer que las mismas discrepancias pueden encontrarse (hoy en día con poca frecuencia) en el habla rústica de Andalucía occidental (p. ej., Mendoza Abreu 1985, 103; Narbona 1979, 271).

Es frecuente el empleo del pronombre *usted* acompañado de las formas verbales correspondientes a la segunda persona del singular (*tú*). Esta combinación no se encuentra en todos los idiolectos guineanos, pero ocurre con una frecuencia suficientemente alta como para ser considerada característica representativa del dialecto. Es posible que esta combinación tan frecuente en el español de Guinea Ecuatorial responda al trato pronominal asimétrico que existía durante el régimen colonial: el europeo se dirigía al africano con el tuteo paternalista, pero se esperaba que el africano tratase de *usted* al europeo. Como los dialectos peninsulares más prominentes en la Guinea Española colonial (los de Castilla y Levante) se caracterizan por la articulación fuertemente sibilante de la /s/ final de palabra, las formas verbales que corresponden al pronombre *tú* son fáciles de percibir. No debe sorprender, pues, que el africano haya combinado el pronombre de deferencia *usted* y las formas verbales más frecuentemente escuchadas del tuteo al construir su propia manera de hablar el español. Como respaldo a esta hipótesis podemos citar el caso del dialecto portugués de los barrios populares de Angola (los *musseques*), donde se produce el mismo fenómeno: se usa el pronombre deferente *você* y la forma verbal que corresponde a *tu*.

Tabla 48.1 Ubicación dialectológica del español de Guinea Ecuatorial (*apud* Lipski 2004)

rasgo guineano	¿en España?	¿en América?	¿otros lugares?
/b/, /d/, /g/ oclusivas	no	zonas bilingües	Filipinas, norte de África
distinción variable /s/-/θ/	Andalucía	no	Filipinas
usted + verbo de 2ª persona sing.	no	zona quechua/aymara	Portugués de Angola
voy **en** Bata	no	Río de la Plata (contacto con el italiano); Paraguay	no
variación *ustedes-vosotros*	Andalucía occ., Canarias	no	Filipinas
neutralización /r/-/r/	no	zonas bilingües; afroboliviano	Filipinas (a veces), español sefardí
/j/ débil en contacto con [i], [e]	no	Norte de México; Centroamérica, Perú	Norte de África
3.ª persona singular como única forma verbal	no	zonas bilingües; afroboliviano	Norte de África, Filipinas, Angola
lapsos de concordancia sustantivo-adjetivo	no	zonas bilingües; afroboliviano	Filipinas, norte de África, Angola
tonos individuales en cada sílaba	no	San Basilio de Palenque (Colombia)	no

El ambiente sociolingüístico de la Angola colonial era similar al de la Guinea Española, como refleja el trato pronominal parecido (Lipski 1995). En Hispanoamérica, la combinación del pronombre *usted* y una forma verbal que corresponde al tuteo se da con frecuencia en la zona andina entre hablantes bilingües que no dominan la lengua española, tal vez como otra manifestación del ambiente sociolingüístico en la época colonial. Este fenómeno aparece a veces en la literatura costumbrista, por ejemplo en *El partido de la contrapartida* del dramaturgo boliviano Raúl Salmón (1969).

La tabla 48.1 resume los principales rasgos del español de Guinea Ecuatorial y los ubica dentro de un marco comparativo.

4. Conclusiones

La vitalidad de la lengua española en África está garantizada en el norte por los vínculos lingüísticos y culturales con España y en la región ecuatorial por la presencia de Guinea Ecuatorial, que ha llegado a ser un importante exportador de petróleo. Su condición de lengua no nativa para la mayoría de sus hablantes no impide su prominencia como medio de comunicación interétnica, regional, e internacional.

Lecturas complementarias

Sayahi (2005a) ofrece un resumen de la historia del español en Tánger y la antigua zona del protectorado español de Marruecos junto con una descripción de los rasgos más notables entre diferentes tipos de hablantes en la región.

Tarkki (1995) presenta una descripción detallada de los rasgos del español hablado entre la población saharaui en los campamentos de Tinduf en Argelia.

Lipski (1990) describe las características fonéticas del español ecuatoguineano y la relevancia para la reconstrucción de las hablas afrohispánicas de antaño.

Bibliografía citada

Aranzadi, I. de. 2012. "El legado cubano en África. Ñáñigos deportados a Fernando Poo. Memoria viva y archivo escrito". *Afro-Hispanic Review* 31: 29–60.

Arija, J. 1930. *La Guinea Española y sus riquezas*. Madrid: Espasa-Calpe.

Ballano Gonzalo, F. 2014. *Aquel negrito del África tropical: el colonialismo español en Guinea (1778–1968)*. Madrid: SIAL Ediciones.

Balmaseda, F. J. 1869. *Los confinados a Fernando Poo e impresiones de un viage a Guinea*. Nueva York: Imp. de la Revolución.

Benoliel, J. 1926. "Dialecto judeo-hispano-marroquí o hakitía". *Boletín de la Real Academia Española* 13: 209–233.

Bibang Oyee, J. 2002. *El español guineano: interferencias, guineanismo*. Malabo: J. Bibang Oyee.

Bolekia Boleká, J. 2003. *Aproximación a la historia de Guinea Ecuatorial*. Salamanca: Amarú.

Bonmatí Antón, J. F. 1992. *Los españoles en el Magreb (siglos XIX y XX)*. Madrid: MAPFRE.

Bravo Carbonel, J. 1917. *Fernando Poo y el Muni: sus misterios y riquezas*. Madrid: Imp. de "Alrededor del Mundo".

Casado-Fresnillo, C. 1995. "Resultados del contacto del español con el árabe y con las lenguas autóctonas de Guinea Ecuatorial". In *Spanish in Four Continents: Studies in Language Contact and Bilingualism*, ed. C. Silva-Corvalán, 281–292. Washington, DC: Georgetown University Press.

Castillo Barril, M. 1964. "El español en la Guinea Ecuatorial". *Español Actual* 3: 8–9.

Castillo Barril, M. 1966. *La influencia de las lenguas nativas en el español de la Guinea Ecuatorial*. Madrid: CSIC.

Castillo Barril, M. 1969. "La influencia de las lenguas nativas en el español de Guinea". *Archivo de Estudios Africanos* 20: 46–71.

Castro, M. y D. Ndongo. 1998. *España en Guinea, construcción del desencuentro: 1778–1968*. Madrid: Sequitur.

Diego Aguirre, J. R. 1991. *Guerra en el Sáhara*. Madrid: Istmo.

Epalza, M. de. 1992. *Los moriscos antes y después de la expulsión*. Madrid: Editorial MAPFRE.

Fegley, R. 1989. *Equatorial Guinea, an African Tragedy*. Nueva York: Peter Lang.

Ferrer Piera, P. 1900. *Fernando Póo y sus dependencias*. Barcelona: A. López Robert.

Fleitas Alonso, C. 1989. *Guinea: episodios de la vida colonial*. Madrid: Instituto de Cooperación para el Desarrollo, Agencia Española de Cooperación Internacional.

Gomashie, G. 2019. "Language Vitality of Spanish in Equatorial Guinea: Language Use and Attitudes". *Humanities* 8: 33. http://doi.org/10.3390/h8010033

González Echegaray, C. 1951. "Notas sobre el español en África". *Revista de Filología Española* 35: 106–118.

González Echegaray, C. 1959. *Estudios guineos, t. 1: Filología*. Madrid: Instituto de Estudios Africanos.

Granda, G. de. 1991. *El español en tres mundos: retenciones y contactos lingüísticos en América y África*. Valladolid: Universidad de Valladolid.

Granda, G. de. 1994. *Español de América, español de África y hablas criollas hispánicas*. Madrid: Gredos.

Hahs, B. G. 1980. *Spain and the Scramble for Africa: The Africanistas and the Gulf of Guinea*. Tesis doctoral. Universidad de Nuevo México.

Iradier, M. 1887. *África*, tomo I. Vitoria: Impr. de la Viuda e Hijos de Iturbe.

Lewis, M. 2007. *An Introduction to the Literature of Equatorial Guinea: Between Colonialism and Dictatorship*. Columbia, MO: University of Missouri Press.

Liniger-Goumaz, M. 1979. *Historical Dictionary of Equatorial Guinea*. Methuen, NJ: Scarecrow Press.

Liniger-Goumaz, M. 1988. *Brève histoire de la Guinée Équatoriale*. París: Harmattan.

Liniger-Goumaz, M. 1989. *Small is Not Always Beautiful: the Story of Equatorial Guinea*. Totowa, NJ: Barnes y Noble.

Lipski, J. 1985. *The Spanish of Equatorial Guinea*. Tubinga: Max Niemeyer.

Lipski, J. 1990. *El español de Malabo: procesos fonéticos/fonológicos e implicaciones dialectológicas*. Madrid y Malabo: Centro Cultural Hispano-Guineano, disponible en línea. http://http://bibliotecadigital.aecid.es/.

Lipski, J. 1992. "Pidgin English Usage in Equatorial Guinea (Fernando Poo)". *English World-Wide* 11: 33–57.

Lipski, J. 1995. "Portuguese Language in Angola: Luso-creoles' Missing Link?". *Presentado en la reunión annual de la American Association of Teachers of Spanish and Portuguese (AATSP)*, San Diego, California, agosto de 1995. www.personal.psu.edu/jml34/papers.htm

Lipski, J. 2004. "The Spanish of Equatorial Guinea". *Arizona Journal of Hispanic Cultural Studies* 8: 115–130.

Lipski, J. 2008. "El español de Guinea Ecuatorial en el contexto del español mundial". En *La situación actual del español en África*, ed. G. Nistal Rosique y G. Pié Jahn, 79–117. Madrid: Casa de África y SIAL.

Lipski, J. 2014. "¿Existe un dialecto 'ecuatoguineano' del español?". *Revista Iberoamericana* 248/249: 865–882.

Lipski, J. 2016. "'Toned-up' Spanish: Stress → Pitch → Tone(?) in Equatorial Guinea". En *Romance Linguistics 2013. Selected Papers from the 43rd Linguistic Symposium on Romance Languages*, ed. C. Tortora et al., 233–255. Ámsterdam: Benjamins.

Lipski, J. 2020. "Equatorial Guinea Spanish Non-continuant /d/: More than a Generic L2 Trait". En *Spanish Phonetics and Phonology in Contact: Studies from Africa, the Americas, and Spain*, ed. R. Rao, 15–31. Ámsterdam: Benjamins.

Lipski, J. En prensa. "Ecuatorial Guinea". En *Manual of Romance languages in Africa*, ed. U. Reutner. Berlín: Mouton de Gruyter.

Madrid, F. 1933. *La Guinea incógnita (vergüenza y escándalo colonial)*. Madrid: Ed. España.

Martínez y Sanz, M. 1856. *Breves apuntes sobre la isla de Fernando Poo*. Madrid: Imprenta de Higinio Reneses.

Mendoza Abreu, J. 1985. *Contribución al estudio del habla rural y marinera de Lepe (Huelva)*. Huelva: Excma. Diputación Provincial de Huelva.

Miranda Díaz, M. 1963. *España en el continente africano*. Madrid: CSIC.

Moreno Fernández, F. 1992. "El español en Orán: notas históricas, dialectales y sociolingüísticas". *Revista de Filología Española* 72: 5–35.

Moros y Morellón, J. y J. M. de los Ríos. 1844. *Memorias sobre las islas africanas de España, Fernando Póo y Annobón*. Madrid: Compañía Tipográfica.

Muakuku Rondo Igambo, F. 2000. *Guinea Ecuatorial: de la esclavitud colonial a la dictadura nguemista*. Barcelona: Ediciones Carena.

Muñoz y Gaviria, J. (Vizconde de San Javier). 1899. *Tres años en Fernando Póo: viaje a África*. Madrid: Urbano Manini.

Narbona, A. 1979. "Problemas de sintaxis andaluza". *Analecta Malacitana* 2 (2): 245–285.

Ndongo Bidyogo, D. 1977. *Historia y tragedia de Guinea Ecuatorial*. Madrid: Editorial Cambio 16

Nistal Rosique, G. 2006. "El caso del español en Guinea Ecuatorial". En *El Español en el Mundo: Anuario del Instituto Cervantes 2006–2007*, 73–76. Madrid: Instituto Cervantes.

Nsue Angüe, M. 1985. *Ekomo*. Madrid: UNED.

Pélissier, R. 1964. *Los territorios españoles de África*. Madrid: CSIC.

Quilis, A. 1983. "Actitud de los ecuatoguineanos ante la lengua española". *Lingüística Española Actual* 5: 269–275.

Quilis, A. 1988. "Nuevos datos sobre la actitud de los ecuatoguineanos ante la lengua española". *Nueva Revista de Filología Hispánica* 36: 719–731.

Quilis, A. 1989. "La actitud de los guineanos ante la lengua española". *África 2000 Año IV*, Época II, núms. 10–11: 76–83.

Quilis, A. y C. Casado-Fresnillo. 1995. *La lengua española en Guinea Ecuatorial*. Madrid: UNED.

Ramos Izquierdo y Vivar, L. 1912. *Descripción geográfica y gobierno, administración y colonización de las colonias españolas del Golfo de Guinea*. Madrid: Imp. de Felipe Peña Cruz.

Salafranca Ortega, J. 2001. *El sistema colonial español en África*. Málaga: Algazara.

Salanova Orueta, D. 1953. "Brotes superfluos del idioma en Guinea". *África* (I.D.E.A.) enero de 1953, núm. 153.

Salmón, R. 1969. *Teatro boliviano*. La Paz: Los Amigos del Libro.

Sayahi, L. 2005a. "Language and Identity among Speakers of Spanish in Northern Morocco: Between Ethnolinguistic Vitality and Acculturation". *The Journal of Sociolinguistics* 9 (1): 95–107.

Sayahi, L. 2005b. "El español en el norte de Marruecos: historia y análisis". *Hispanic Research Journal* 6 (3): 195–207.

Sayahi, L. 2006. "Phonetic Features of Northern Moroccan Spanish". *Revista Internacional de Lingüística Iberoamericana* 8: 167–180.

Sayahi, L. 2011. "Spanish in Contact with Arabic". In *The Handbook of Spanish Sociolinguistics*, ed. M. Díaz-Campos, 473–490. Malden, MA: Wiley-Blackwell.

Sayahi, L. 2015. "*España ante el mundo*: Spain's Colonial Language Policies in the Maghreb". *Journal of Peripheral Cultural Production of the Luso-Hispanic World* (número especial dedicado a Sahara Occidental): 62–75.

Schlumpf, S. 2016. "Hacia el reconocimiento del español de Guinea Ecuatorial". *Estudios de Lingüística del Español* 37: 217–233.

Scipione, R. y L. Sayahi. 2005. "Consonantal Variation of Spanish in Northern Morocco". En *Selected Proceedings of the Second Workshop on Spanish Sociolinguistics*, ed. L. Sayahi y M. Westmoreland, 127–132. Somerville, MA: Cascadilla Press.

Soler, B. 1957. *La selva humillada*. Barcelona: Planeta.

Sundiata, I. K. 1972. *The Fernandinos: Labor and Community in Santa Isabel de Fernando Po 1827–1931*. Tesis doctoral. Northwestern University.

Tarkki, P. 1995. *El español en los campamentos de refugiados de la República Árabe Saharaui Democrática*. Helsinki: Centro Iberoamericano de la Universidad de Helsinki.

Terán, M. de. 1962. *Síntesis geográfica de Fernando Poo*. Madrid: CSIC.

Thomas, J. y L. Sayahi. 2019. "Language Contact in Three Aljamiado Texts: Religion as a Sociolinguistic Factor". *eHumanista Journal of Iberian Studies* 41 (número especial: *Places of Encounter: Language, Culture, and Religious Identity in Medieval Iberia*): 142–154.

Valdés Infante, E. 1898. *Cubanos en Fernando Poo: horrores de la dominación española en 1897 a 1898*. La Habana: Imprenta "El Fígaro".

Yakpo, K. 2009. *A Grammar of Pichi*. Berlín y Accra: Isimu Media.

Zarco, M. de. 1938. *Dialecto inglés-africano o "broken english" de la colonia española del Golfo de Guinea*. Turnmout, Bélgica: H. Proost.

Índice

Nota: Los números de páginas en **negrita** corresponden a tablas dentro de la página. Los números de páginas en *cursiva* corresponden a figuras dentro de la página.

ablativo 182–186, 200, 204, 240, 257, 356, 386, 442
acomodación 124, 125, 126, 130, 411, 429
acusativo 34–36, 102, 182–190, 193, 199–200, 204, 206, 227, 236, 356, 430, 433, 447, 488
África 126–129, 131, 366, 548, 566, 577–583
Alfonso X 138, 281, 283, 320, 322, 367, 379, 398, 407, 415–423
americanización 523–524, 535–536
analogía 102, 169, 177, 260–261
andaluz 68, 294, 369, 421, 476–477, 504, 514–517, 558, 579, **585**
andino 539–540, 547
anglicismo 304, 308, 478, 535, 560
apódosis 238–239
árabe 283, 332, 363–366, 374, 580; andalusí 363, 369, 376–377
arabismo 280, 283, 285, 294, 299, 362–368, 377, 435
aragonés 52, 151, 429–430
arcaísmo 34, 43, 344–345, 504
áureo 44, 247, 436, 443, 451–452, 456

Balcanes 335, 568
barroco 252, 292–293, 444, 462
bilingüismo 498
binario 24, 208, 211, 213, 216–218, 259
Buenos Aires 22, 66, 68–69, 549, 552

calco *véase* préstamo
cambio lingüístico 1–3, 18, 21, 34, 51–52, 63–65, 67–68, 71, 75, 81, 100, 104, 123, 132, 165, 321, 339, 374, 411, 415, 427, 436, 453–454, 475, 499, 516, 544, 551
caribeño 129, 476, 539

castellanización 52, 429, 486–487, 494–503, 512
castellano 55, 57, 58, 67, 252, 283, 398, 430–432, 439–446, 503–505, 583; en Cataluña 501–506; en Galicia 493; en el País Vasco 486–491; medieval 66, 131, 147–151, 158–159, 197, 202, 204, 320, 415–419, 427–435; moderno 127; norteño 181, 432, 477; primitivo 163–164, 319, 387
Castilla 52–58, 131, 396, 417, 420, 428–430, 440, 456, 502, 517
catalán 262, 264, 294, 405, 407–408, 430, 440, 501–506
categoría gramatical 13, 23, 31, 205, 221, 284
categorización 78–80, 99
Centroamérica 212, 476, 517, 532–536, 585
Chile 513, 548, 550
codificación 25, 34, 134–137, 139–141, 165, 270, 272, 277, 376, 393, 406, 419, 450–451, 463, 495, 529
Colombia 540–543
colonia española 129
colonial: época 512, 578; fases 559; historia 522; lengua 512, 556
comparación 20, 54, 58n, 367, 399
comunicación 54, 58, 79–81, 89, 126, 138, 140, 143, 150, 319–321, 351–354; oral 150, 319, 354, 375, 446; vertical 341, 351–353, 358
conjunción 55, 110, 122, 233–237, 242
Cono Sur 546–547, **550**, 551
conservadurismo 66, 308, 343–345, 516; gráfico 345; lingüístico 66, 345
convergencia 476, 477; lingüística 416, 486
corpus 51, 53, 64, 71, 78, 218, 296, 309, 418, 573; diacrónico 17–24, 26, 53, 163, 166,

561; lingüístico 176, 438, 446, 537; oral 499; proyectos 554, 561; uso 446
cortesía 36, 54, 210–211, 217, 322, 454
criollización 123–125, 127–133, 340
criollo 126–127, 129, 131
cronología 21, 54, 151, 271, 395, 405
cultismo 158, 293, 306, 389, 406, 408, 409, 419, 444
cultura 115, 124, 135, 137, 140, 150, 152–154, 176, 304, 308, 310, 320–321, 343, 366, 369, 373–374, 379, 388–389, 396, 405, 410, 429–431, 438–448, 463, 486, 503, 514, 516–519, 523–524, 560, 568, 580

dativo 34–35, 91, 102, 182–*186*, 189, 200–202, 345, 386, 430, 433, 454, 467, 528–529
derivación 102, 264, 287, 289, 295, 328
desinencia 55, 60, 169, 173, 175, 196–197, 208, 217, 323, 356, 386–387, 457–458
diacrónico 18, 21, 43, 63, 78, 88, 407, 506, 557
dialectología 473, 485; histórica 51–58, 270, 415, 427
diálogo 31, 92, 250, 431, 441, 541
diccionario 21, 31, 36, 39–46, 257, 271, 273, 281, 288–289, 294, 298, 309, 419
diglosia 375, 376, 406, 409, 495, 503
discurso 8, 31, 43, 54, 58, 69, 71, 76–78, 80, 91–93, 101, 104, 112–113, 116, 136, 140, 210, 223, 228, 241, 245–253, 267, 269, 271, 289, 354, 368, 408, 418, 430, 444, 451, 462–463, 466, 490, 568; conversacional 92; formal 495; informal 69; nacionalista 543; público 481
dislocación a la izquierda 221, 222, 224, 227
djudezmo 565–573

Edad Media 11, 29, 53, 58, 127, 153, 158–160, 215, 257, 259, 262, 304, 320, 324, 363, 368, 405–411, 419, 421, 439, 566; Baja 157, 165, 282, 364, 427, 430–432, 487
edición 8–9, 12–14, 137, 140, 309; crítica 10, 13
enseñanza 11, 36, 39, 138, 320, 358, 385, 400, 405, 487, 497, 550, 573; deductiva 30; eclesiástica 385; escolar 353, 358; a extranjeros 32; pública 321; reglada 490
escrituralidad 93, 365, 446
España 67, 137, 215, 262, 273, 304, 308, 429, 439, 441, 480, 507, 514, 577–582, **585**; Nueva 128–130, 366, 517, 525
español novomexicano 557–561
Estados Unidos 554, 556, 560
estandarización 2, 12, 39, 64, 72, 128, 134–139, 141, 362, 364, 400, 404, 415, 419, 450, 499, 515, 518, 520, 536, 537, 543, 549, 551
estilo 54, 70, 77, 247, 252, 358, 388, 417, 429, 444–446
estructura informativa 3, 88, 92, 221, 466

etimología 35, 117, 257, 289, 293, 330, 332, 345, 355, 364
euskera 319, 329, 331, 333, 485–490
evolución 1–3, 19, 24, 36, 39–40, 43, 45, 52, 55, 57, 64, 66, 67, 72, 78–79, 86, 91, 104, 113–116, 119, 124, 127, 150–153, 157–165, 168–171, 181–185, 195; diacrónica 20, 465; fonético-fonológica 149, 153, 409; fónica 2

facilitación 106
femenino versus masculino 68, 104, *105*, 181–193, 253, 258, 274, 280, 323, 442, 488
filología 8–13, 26, 30, 45, 65, 89, 141n, 148, 152, 293, 341, 386, 364, 399, 446, 543
filólogo 25, 147, 292, 298, 307, 310, 383, 391, 486 *véase* filología
fonética 14, 30, 127, 363, 385–386, 389, 409, 435, 489
fonética y fonología 147–150, 322, 496, 514
fonología 126, 157–165, 172, 258, 321, 335, 432, 451–452, 549, 570
formación de palabras 257–263
formalidad *véase* cortesía
Francia 32, 104, 308, 331, 389–390, 578–579, 582
fraseología 43, 246, 267–272, 274–276
frecuencia de uso 71, 100, 103, 117
frontalización 221, 224–226, 229, 434
fuente 9, 12–14, 22, 29–30, 35–36, 39, 45, 53, 89–93, 113, 257, 261, 308, 341, 375, 379, 401, 422, 464, 519, 541, 561

galicismo 262, 280, 283, 294, 304, 307–308, 535
gallego 3, 11, 153, 170, 234, 319, 363, 368, 390, 408, 493–499, 548
generacional 71, 100, 124, 333, 480, 495, 548, 556, 560–562, 572–573, 579, 582
genitivo 182–186, 200–201, 356, 386
gerundio 98, 101, 106, 109, 203–205, 226, 229, 431, 478
gramática 34–36, 113, 126, 170, 202, 318, 334, 423, 432, 464; escolar 32; para extranjeros 32; generativa 100–101, 176, 475; historia 31; histórica 552, 573; interna/externa 29; de referencia 31
gramaticalización 34, 98–102
gramatización 34, 136, 138, 272
griego 9, 161, 262–263, 297, 336, 345, 355, 378, 430, 447, 568–570

Hispanoamérica 512–516, 523, 527, 530, 540, 542, 582
hispanorromance 282–283, 287, 362, 387, 404–411
historiografía 274, 424, 462; lingüística 29, 39
homogeneidad 19, 67, 128, 335, 476, 515, 526, 572
humanismo 137, 291, 294, 415, 434, 440, 572

identidad 319, 374–380, 495, 497; dialectal 57; nacional 463, 537, 544, 549; sexual 481
iglesia *véase* religión
imprenta 10, 53–54, 138, 252, 293–294, 319, 320, 329, 365, 431
impreso *véase* imprenta
indígena 12, 41, 269, 294, 328, 330, 333, 513, 525, 534, 548, 558, 579, 583
informática *véase* tecnología
Inglaterra 33
inglés 68–69, 72, 170, 218, 225, 262, 307, 310, 325, 475, 478, 540, 556, 560, 562, 581
innovación 52, 67
interactividad 13, 89
interoracional 233, 234, 241–242, 469
interpretación 8, 29, 43, 64, 78–79, 82, 87, 89, 91, 113, 136, 149–150, 164, 170, 197, 211, 221, 223–226, 228–229, 252, 259, 262, 275, 292, 318, 341–343, 348, 373, 378, 380, 395, 398, 400, 419, 441, 446, 482, 513–514, 519
Italia 32, 45, 11, 257, 262, 283, 294, 298, 304, 308, 331, 343, 429, 430, 441, 443, 572, **585**

jurídico 20, 23, 53, 69, 87, 115, 149, 274, 248, 250, 252, 280, 356–357, 366, 394, 396–397, 401, 406, 408, 410, 420

koineización 67, 124–131, 176–177, 452, 515, 518–520, 559, 567

latín 104, 182, 196, 200, 221, 235–241, 263, 328–334, 339–348, 394, 439–445; medieval 213–217, 391, 405–411; tardío 189, 204, 385–388; temprano 186; vulgar 351–353
latinismo 262, 283, 408–411, 435, 445
lematización 13, 20, 21, 298
leonés 52, 151, 388, 416, 421
lexicalización 267, 269–270, 274–275, 525
léxico 35, 40, 44, 81, 126, 130, 269, 279–283, 288–289, 291–299, 304–310
lexicografía 41–42
lexicología 1, 270, 275, 289, 293, 305–306, 519
lingüística: de corpus 17; atlas 53; variación 64–67, 77, 87, 101
literatura 9, 11, 252, 442–443, 566, 585
locución: adverbial 268; conjuntiva 234, 241, 323; prepositiva 323, 467

Madrid 67–68, 452
manuscrito 8, 54, 365, 367, 374, 397, 399, 400, 421–422
marcador 54, **112**; de cambio 246; discursivo 91–93, 111–118, 269, 289, 434, 466, 490; de género 187–191; de identidad 378, 450; sociolingüístico 456–457, 465
metalenguaje 34, 45

México 476, 524, 532–537
migración 177, 374, 387, 452, 457, 503, 523, 525, 534, 537, 540, 543, 548, 555–556, 568, 579
morfología 31, 35, 66, 322, 331, 409, 570; nominal 386–387; verbal 169–176, 196–206, 323, 386–387, 466
morfosintaxis 43, 51, 98–108, 452, 519, 535, 567, 572; histórica 462–468, 518; nominal 181–193; variación 432; verbal 195–207, 580
mozárabe 67, 373–379
mujer 11, 19, 25, 54, 68–69

nativo 31, 34, 125–126, 131, 498, 548, 57, 580
neologismo 260, 435, 447
nivelación 56, 67, 124, 177, **186**, 324, 513–515
nominativo 201, 345, 356
norma 29, 94, 140, 398, 451; retórica 93, 114
notarial *véase* jurídico
Nuevo México 555–562

oración 100, 107–108, 205, 226–227, 233–236, 241, 273, 323, 356–357, 411, 453, 466–467, 479, 529, 531; adjetiva 237; causal 238; concesiva 239; comparativa 240; completiva 58, 468; declarativa 229
oralidad 248, 252
oralidad y escritura 86–94, 280, 320, 365, 374, 454, 537
originalidad 8, 14, 20, 53, 65, 286, 310, 395, 397, 445

paleografía 10, 12
paleográfico 12, 23, 400–401
paradigma 35, 56, 75, 79, 81, 94, 140, 170, 173, 182–183, 208–210, 212, 215–218, 267, 356, 416, 422, 432–433, 435, 462, 465, 477, 495, 497–498, 517, 526, 544, 550, 559
Paraguay 273, 517, 546–551, 585
península ibérica 51, 55
perífrasis 56–57, 91, 106–108, 196, 198, 199, 205, 226, 323, 356, 434, 467, 489, 496
periodización 116, 134, 317–318, 325, 340–341, 353, 415, 428, 464–466, 522, 523, 547, 558
persistencia *véase* retención
Perú 517
poscolonial 579, 582
pragmática 35, 80, 92, 111–113, 138, 505
predicación 195, 200, 203–205, 223–224, 408, 528
preposicional 35–36, 190, 200–201, 223, 236–237, 356, 386, 454, 467, 527
préstamo 93, 159–160, 256, 261, 279, 298, 304, 308, 362, 408–409, 442
prestigio 53–56, 66–68, 363, 389, 391, 435, 452, 495, 498; lengua 405–406, 438–440, 502, 534, 567
pronominal 66, 91, 104, 106, 195, 199, 208–213, 215, 217–218, 324, 356, 421, 432–3, 454, 536, 550, 584–585

pronunciación 29–34, 42, 150, 158, 163, 165, 354, 432
prótasis 92, 238–239, 247, 433
proto-indoeuropeo 196, 202

reanálisis 101, 125, 187, 258–260, 264n
reconstrucción 9–10, 64, 92
redes sociales 67, 477, 480, 481
religión 222, 293–295, 320–321, 362, 368, 373–375, 384, 389, 405, 420, 438, 446, 502, 567, 579, 583
renacimiento 22, 40, 262, 291, 293–294, 296, 363, 384–385, 390, 429, 434, 441–443, 568
representatividad 19
retención 99, 104, 284
romance 150, 345, 373–378, 406–410, 430–431, 440–446, 486–487; escrito 395–400; fondo 364–365; temprano 353–359, 383–391
rural: desplazamiento 462; habla 57, 66, 452, 476, 561

semántica 91, 102, 124, 170, 172, 200, 258, 264, 283, 287–289, 293, 295, 299, 306, 332, 342, 364, 367, 368, 377, 386–387, 389–391, 408, 456, 481, 504, 506, 560
simplificación 67
sincrónico 88, 165
sintagma 210, 216, 222–223, 227, 229, 241, 431–433, 435, 488
sintaxis 31, 35, 113; histórica 81
social 54, 91; jerarquía 66, 69
sociolingüística 27, 54, 57, 63–61, 88, 92, 123, 125, 135, 156, 267, 306, 330, 341, 362, 375, 376, 385, 441, 450, 452, 475–476, 481, 485, 490, 494–496, 499, 526, 535–536, 557, 565, 567–569, 573, 577; histórica 2, 23–24, 63–65, 67, 70–71, 141, 364, 554, 561; variacionista 52, 72
sociología del lenguaje 64, 368, 495
subjuntivo 55, 57, 67, 69–70, 171–172, 175–176, 196, 236, 238–239, 241, 323, 356–357, 422, 429–430, 453, 455, 457, 466–467, 479, 516, 518, 559, 561
subordinación 215, 233–235, 241, 247–248, 356, 411, 468

sujeto 12, 55, 57, 102, 104–*106*, 108, 129, 182, 186, 189, 191, 196, 198, 200–204, 210–211, 221, 224–225, 228–229, 386, 429, 444, 476, 479, 505, 584

tamazight 580
tecnología 17–25, 41, 257, 292, 296–298, 309, 316, 474, 481
ternario 208, 211, 216–217
testimonio 9, 12, 19, 53, 65, 335, 343, 384; comparación 367; epigráfico 356; escrito 352; primer 319, 393, 514; tardío 378
texto 8–10, 13, 17–24, 70, 77, 79–80, 89, 93, 130, 246–249
tradición discursiva 75–77
traducción 40, 100–101, 115, 138, 148, 224, 293, 296–297, 310, 320, 373, 376, 398, 405, 407, 408, 410, 421, 438, 440, 444–445, 556
traductor 32, 246, 308, 408, 431
transcripción 9, 21, 65
transferencias 131, 406, 475–478, 481, 495, 497
transitividad 195, 198, 199–202, 527
Túnez 578
turco 568
tuteo 57, **210**, 212, 216, 550, 584

Uruguay 212, 547, 549–550

variación 21, 24, 29, 63–67, 98, 103–104, 342, 385, 466; dialectal 91, 342; diatópica 44, 151, 342, 365, 468; formal 258; gráfica 20, 367, 400, 420; interna 57, 151; del latín 346–348; lingüística 43, 58n, 77, 86, 100, 339, 368, 456, 526; morfosintáctica 432; textual 78
verbo 31, 55, 70, 99, 102–104, 106–107, 128–129, 168–173, 176–177, 196–205, 221–222, 224, 229, 236, 238, 241, 259, 263–264, 288, 324, 331, 375, 396, 433, 463, 467–468, 474, 488, 526–529, 569–572, 583–585
virreinato 517–518, 523–524, 534, 582, 502, 512–513, 516
visigodo 354; pizarra 357, 359
vocativo 182, 210–212, 239
voseo 209, 215–216
voz: alta 353, 389; media 197; verbal 108, 195–198